U0930085

2018

BEIJING EDUCATION YEARBOOK

北京教育年鉴

北京市教育委员会　编

图书在版编目（CIP）数据

北京教育年鉴．2018 / 北京市教育委员会编．— 北京：方志出版社，2019.2

ISBN 978-7-5144-3700-3

Ⅰ．①北… Ⅱ．①北… Ⅲ．①教育事业 — 北京 — 2018 — 年鉴 Ⅳ．① G527.1-54

中国版本图书馆 CIP 数据核字（2019）第 044339 号

北京教育年鉴（2018）

编　　者：北京市教育委员会
责任编辑：齐笑

出 版 人：冀祥德
出 版 者：方志出版社
地址 北京市朝阳区潘家园东里 9 号（国家方志馆 4 层）
邮编 100061
网址 http://www.fzph.org
发　　行：方志出版社图书经销中心
电话（010）67110500
经　　销：各地新华书店
印　　刷：北京强华印刷厂

开　　本：889×1194　1/16
印　　张：45
字　　数：1700 千字
版　　次：2019 年 2 月第 1 版　2019 年 2 月第 1 次印刷
印　　数：0001 ～ 2500 册

ISBN 978-7-5144-3700-3　**定价**：200.00 元

STAFF | 工作人员 MEMBER

北京教育年鉴编纂委员会（2018）

主　任　刘宇辉

副主任　郑吉春　唐立军　郑登文　狄涛　王文生　叶茂林　李奕　黄侃　陈江华
王定东　张永凯　冯洪荣　葛巨众　刘莉　关国珍　冯义国

委　员（按姓氏笔画排序）

马千里（常务）　王力志　王东江（常务）　王军　王建辉　王栋（常务）
王艳霞（常务）　龙梅　卢向红　刘晓明（常务）　刘新军　刘霄（常务）
祁昕（常务）　孙志刚　杨江林（常务）　李丽辉　李艳春　吴雅星
沈聪伟　张士佐　张凤华（常务）　张龙　张宪国　张晓玲　武怀海
周彤（常务）　姚林修（常务）　聂荣　徐建姝（常务）　郭春彦（常务）
陶春梅　寇红江（常务）　韩宝来　潘芳芳

《北京教育年鉴》（2018）工作人员名录

主　　编　王永刚

副 主 编　华蕾

责任编辑（按姓氏笔画排序）

王永刚　华蕾　孙晓楠　张驰　张晓兰　张晓白　汪玥　邱小培　胡雨

特约编辑（按姓氏笔画排序）

1997

1997 年起，逐年编纂

2018

“掌上北京教育年鉴”微信小程序开通

EDITOR'S NOTE 编辑说明

一、《北京教育年鉴》是一部大型专业性资料工具书。在中共北京市委教育工委、北京市教委领导下，由北京教育年鉴编纂委员会办公室（北京教育年鉴编辑部）主持编纂。本年鉴始终坚持以马克思列宁主义、毛泽东思想、邓小平理论、“三个代表”重要思想、科学发展观、习近平新时代中国特色社会主义思想为指导，遵循实事求是的原则，科学、客观地反映实际情况。

二、本年鉴以文章和条目为基本体裁，条目为主，使用规范的语体文、记述体，直陈其事，文字力求言简意赅。文前配有彩色图片，文内配有彩色随文图片，文后附有主题词索引、单位名称索引和人名索引。

三、本年鉴从 1997 年开始逐年编纂。当年出版的年鉴，记述上一年内北京教育事业各个方面发生的新情况，为领导决策提供依据，为教育规划发展提供资料，为国内外各方面人士了解、研究北京教育事业提供最新的信息。自 2017 年起，本年鉴以正式出版的年鉴版本、《北京教育年鉴简本》和《北京教育年鉴》网络版（njzypt.jyzh.cn）三个版本呈现，各有侧重。

四、本年鉴除记述北京市属教育部门情况外，对北京行政区划内中央部委所属各级各类教育单位的情况也作全面记述，力求反映北京教育事业全貌。

五、2018 卷年鉴按教育管理、教育教学、教育服务支撑三大系统布局结构，采用分类编纂法，设特载、北京教育总述、大事记、学前教育、基础教育、普通高等教育、职业与成人教育、民办教育、德育体育美育、综合管理、教育督导、科学研究、师资建设、学生管理、招生与考试、交流与合作、京津冀教育协同发展、各区教育、市教委直属单位、社会团体、调研报告、统计表、附录 23 个类目。

六、2018 卷年鉴增设“人物”类目，分为“先进人物”和“逝世人物”两个分目收录北京教育人物。在“综合管理”类目下增设“党的建设”分目，在“德育体育美育”类目下增设“冬季奥林匹克教育”分目。

七、本年鉴附录部分通过图表记述北京行政区划内教育事业发展基本情况，便于读者查询相关信息。

八、本年鉴收录单位在收录时限内更名的，以原名称为正名，新名称用括号附在正名后。由于版面限制，年鉴中出现的国务院和北京市机构原则上使用规范简称，彩色插页和随文图片的说明使用各单位的规范简称，具体见附录“部分单位全称简称对照表”。

九、本年鉴收录北京各级教育行政部门主要负责人名录，所列均以 2017 年内任职为限，其中任免情况分别予以注明。

十、本年鉴收录的文章、条目和图片均由各级教育行政部门和各级各类教育单位专人提供，并经部门和单位主要负责人审核。北京市教育事业统计资料由北京市教委发展规划处提供。

十一、本年鉴记述货币名称中，人民币直书“元”，其他货币采用通用名称。

十二、本年鉴涉及各项年度数据以 2017 年 12 月 31 日为统计口径，其他非年度数据以统计部门或业务主管部门的统计口径为准。

十三、本年鉴反映 2017 年 1 月 1 日至 12 月 31 日期间情况 (部分内容依据实际情况时限向前略有延伸)。

Editor's Note

1.Beijing Education Yearbook is a large scale specialized reference book. Under the instructions of Education Commission of Beijing Municipal Committee of CPC and Beijing Municipal Education Committee, it is Compiling Committee of Beijing Education Yearbook (Beijing Education Yearbook Editorial Office) who is responsible for compiling this book. It always adheres to the guiding principles of Marxism-Leninism, Mao Zedong Thought, Deng Xiaoping Theory, the important thought of "Three Representatives", the Scientific Outlook on Development and Xi Jinping Thought on Socialism with Chinese Characteristics for a New Era, and follows the principle of seeking truth from facts to reflect the actual situation scientifically and objectively.

2.With articles and entries as the basic literature type, this yearbook is mainly consists of entries. It uses narratives to present straightly and make efforts to be brief and to the point. There are color pictures before and in the articles. There are indexes of key words, units and names at the back of the article.

3.This Yearbook has been published annually since 1997. Each yearbook records previous year's new incidents and events happened in Beijing educational system, which offers both references for decision making and information for educational planning and development. In addition, it also helps people from both home and abroad to understand and doing research about the status quo of Beijing education. Since 2017, this yearbook has been presented in three versions, the officially published yearbook version,the Brief Edition of the Beijing Education Yearbook and the online edition of the Beijing Education Yearbook (njzypt.jyzh.cn),each has its own emphasis.

4.This Yearbook embodies the panorama of Beijing education situation, including not only those educational departments directly under Beijing Municipal, but also all level all kinds of educational sections of different districts under central education ministry.

5.The 2018 Education Yearbook was compiled by categories, which has Education Management,Teaching and Education Service three major sections. Specifically, this yearbook contains 23 categories, chronologically including special feature, generality of Beijing education, major events, preschool education, elementary education, higher education, vocational and continuing education, private education, moral physical and aesthetic education, integrated management, education supervision, scientific research, teachers construction, students management, enrolling and testing, communication and cooperation, the collaborative development of education in Beijing-Tianjin-Hebei, districts education, institutions directly under Beijing municipal commission of education, social groups,research report, statistics, appendix.

6.The 2018 Education Yearbook added Personage category,

which includes two sub-categories: Advanced Figures and Personage Passed Away. Added Party Building subcategory under the Integrated Management category, and Winter Olympic Education subcategory under the category of Moral, Physical and Aesthetic Education.

7.The Appendix Section uses chart to indicate the basic educational development of Beijing different districts for the readers' convenience.

8.In this Yearbook, those working units included which have changed their names during the editing period would still be referred to as their primitive names with the new names in the following brackets. Due to layout limitations, abbreviations are used in referring to party and government institutions in the yearbook. Abbreviations are used in referring to the name of the Institutions in captions of the colour pictures. Details could be found in the Appendix Full name & Abbreviation table of some institutions.

9.This Yearbook contains a namelist of chief leaders of Beijing Educational Administrative sections at various levels, all of whom held office in 2017 and the appointment and dismissal are noted separately.

10.All the articles, entries and pictures in this yearbook are provided by specialized staff from all types of educational administrative sections and examined carefully by their managers and people in charge. The Statistical Material of Beijing Education is provided by Development Planning Department of Beijing Municipal Education Committee.

11.In terms of the currency in this yearbook, RMB is referred to as Yuan and the common names are used in referring to other currencies.

12.Every annual statistic involved in this yearbook takes the statistical criteria of December 31, 2017 as standard and other non annual statistics take the ones from statistical or operating departments as standard.

13.This Yearbook describes educational happenings between January 1, 2017 and December 31, 2017. Some of its content may dated back a minor deal according to its practical circumstance.

改革创新 | REFORMATION AND INNOVATION

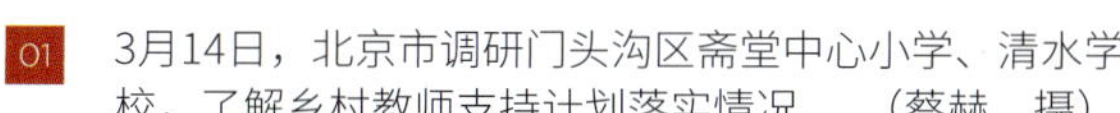

01 3月14日，北京市调研门头沟区斋堂中心小学、清水学校，了解乡村教师支持计划落实情况　　（蔡赫　摄）

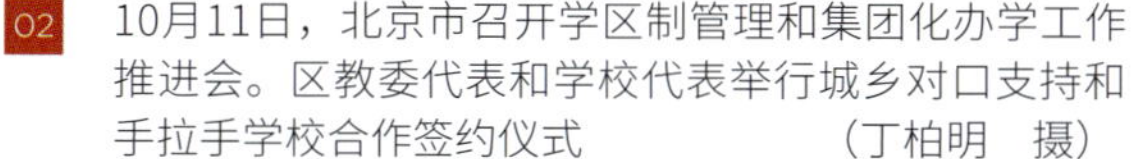

02 10月11日，北京市召开学区制管理和集团化办学工作推进会。区教委代表和学校代表举行城乡对口支持和手拉手学校合作签约仪式　　（丁柏明　摄）

03 12月4日，市委教工委、市教委、市政府教育督导室举办国家宪法日主题教育活动　　（蔡赫　摄）

04 12月5日，东城区东华门幼儿园责任督学公示牌揭牌　　（东城区教委　供）

01 2月20日，北京高校思想政治工作会议召开
（蔡赫　摄）

02 6月22日，北京市职业教育教学改革现场会
（李松　摄）

03 10月20日，北京市第三期学前三年行动计划部署会
（蔡赫　摄）

04 12月27日，北京市基础教育课程改革总结推进会
（市教委相关处室　供）

01 3月30日，北京市九年一贯制学校发展论坛（丁柏明 摄）

02 4月20日，北京市区域优质教育资源整合模式丰台现场会（蔡赫 摄）

03 6月22日，2017年中高考改革背景下北京生涯指导建设现场会召开（邓利 摄）

04 9月28日，北京市普通高中学生综合素质评价工作推进会暨综评平台培训会（市教委相关处室 供）

人才培养 | TALENT CULTIVATION

学前教育

01 5月2日，北京市第五幼儿园幼儿在第七届读书节活动中，表演话剧《孔融让梨》（五幼　供）

02 5月5日，延庆区永宁幼儿园传统文化活动向全市幼儿教师开放（吴永忠　摄）

03 9月1日，北京市六一幼儿院举办“开学第一课”活动（六一幼儿院　供）

04 10月9日，密云区第六幼儿园举办戏剧表演展示观摩活动（崔子敏　摄）

05 10月12日，海淀区民族幼儿园举办幼儿互动性安全教育课题观摩研讨会（梁德君　摄）

01　1月4日，《北京市中小学生日常行为规范（2016年修订）》正式发布　（蔡赫　摄）

02　3月17日，北京市中小学培育和践行社会主义核心价值观——连环画进校园工作座谈会中，学生展示自创的连环画古诗　（丁柏明　摄）

03　3月29日，北京市中小学生“重家教　树家风　传美德　共育人”主题教育实践活动启动　（丁柏明　摄）

04　6月2日，“拒绝毒品 健康生活”——2017年北京市中小学毒品预防教育工作经验交流推进会暨启动优秀课程资源上线活动　（蔡赫　摄）

05　9月15日，光明小学举办“我们是东城‘非遗’宣讲员”传统文化课程展示活动　（光明小学　供）

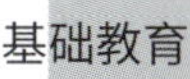

基础教育

01 4月6日，北京市第一〇一中学怀柔校区开展主题课程活动——二十四节气之影响农事活动的非生物因素主题课程（怀柔区教委　供）

02 4月19日，昌平区民族团结教育现场会（郑文民　摄）

03 4月19日，北京市教育学会小学教育研究分会举办“聚焦课堂教学培育核心素养”——走进北京第一师范学校附属小学现场研讨会（蔡赫　摄）

04 5月3至13日，海淀区中关村第二小学举办第六届“悦读·幸福”读书节（中关村二小　供）

05 10月10日，大兴区教师进修学校开展“近名师，自教研”同课异构教研活动（董翠娟　摄）

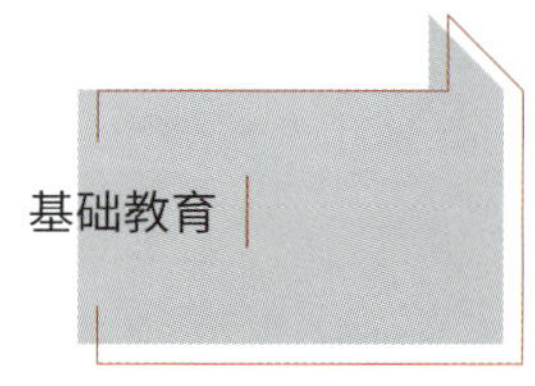

01 1月18日，北京市中小学生第一届冬季运动会
（丁柏明　摄）

02 2月21日，海淀区成为首个全国青少年校园足球综合改革试验区　（海淀区教委　供）

03 4月18日，北京市第20届学生艺术节器乐展演活动
（王杨　摄）

04 6月29日，北京市中小学生冰雪运动普及与推广活动
（丁柏明　摄）

05 11月3日至5日，第55届北京市中学生田径运动会
（丁柏明　摄）

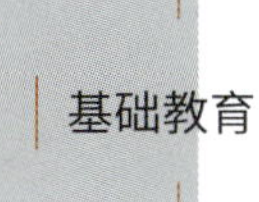

高等教育

01 1月13日，北京高校“引智扶贫”工程签约仪式（丁柏明　摄）

02 2月14日，北京工业大学获批建设“工业大数据应用技术国家工程实验室”（北工大　供）

03 5月10日，北京航空航天大学启动“月宫365”计划，志愿者在“月宫一号”内做实验（北航　供）

04 9月21日，中国人民公安大学成为“双一流”建设高校（公安大学　供）

05 12月8日，北京师范大学和首都师范大学共建世界一流教育学科协议签约（蔡赫　摄）

01

02

高等教育

01 5月17日，北京大学生舞蹈节开幕　　（丁柏明　摄）

02 5月27日，首都高等学校第55届学生田径运动会开幕　　（丁柏明　摄）

03 6月11日，北京科技大学MEI团队获全国大学生机器人大赛一等奖　　（北科大　供）

04 9月11日至14日，第三届北京高校学生军事特训营　　（蔡赫　摄）

05 12月10日，清华大学开展纪念“为祖国健康工作五十年”提出60周年系列活动，师生参加冬季迷你马拉松赛　　（石加东　摄）

05

01　4月，北京市总工会职工大学开展素质工程微培训
（市总职大　供）

02　5月12日，2017北京职业教育宣传月活动启动
（丁柏明　摄）

03　10月17日，西城经济科学大学开展社区大课堂特色课程教学
（西城经科大　供）

04　11月，北京金隅科技学校开展技能训练
（金隅学校　供）

05　12月11日，2017年“北汽新能源杯”全国职业院校新能源汽车服务技能大赛在北京信息职业学院举办
（白舰　摄）

民办教育

01 1月25日，北京市海嘉双语学校举办中国文化节活动（王伟 摄）

02 3月30日至31日，北京市二十一世纪国际学校举办书法节系列活动（郭明 摄）

03 9月3日，北京市正泽学校开展开学初的破冰营地活动（启行 摄）

04 9月20日，北京市民办学校党建工作现场推进会召开（市委教工委相关处室 供）

05 11月28日，北京市新英才学校“I创空间”揭牌暨第一届科技周启动（新英才学校 供）

STRONG TALENT
人才强教 | TO TEACH

01 1月21日，第七届首都十大教育新闻人物揭晓暨颁奖仪式 （蔡赫 摄）

02 4月24日，北京市促进通州区教师素质提升支持计划暨通州区“十三五”教师培训启动大会 （丁柏明 摄）

03 6月28日，北京市中小学教师法治教育基本能力大赛现场决赛 （丁柏明 摄）

04 9月9日，2017年北京市教师节庆祝活动 （蔡赫 摄）

05 9月21日，北京市第30届“紫禁杯”优秀班主任表彰暨“紫禁杯”优秀班主任评选30年纪念活动 （丁柏明 摄）

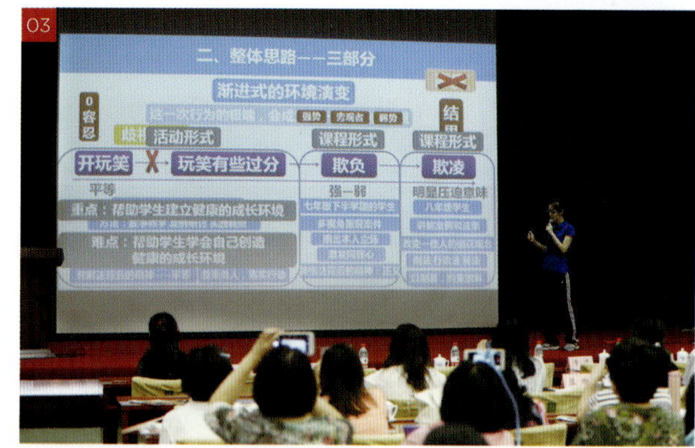

01 3月30日，德茂协作区开展各学科骨干教师展示课活动（张佳　摄）

02 6月3日，北京市学前儿童保教工作者协会举办“幼儿园膳食安全、营养烹饪技能（面点）专题培训研修班”结业式（保教协会　供）

03 7月9日，朝阳区小学青年班主任基本功展示活动（朝阳区教委　供）

04 9月15日，北京市国际教育交流中心开展引进外籍教师参与中小学英语教学改革项目（国际教育交流中心　供）

05 11月25日，海淀区中关村第二小学举办首届体育教师基本功展示（中关村二小　供）

01 7月6日，清华大学举办2017年教职工粉笔板书比赛（清华 供）

02 8月，北京金隅科技学校教师丁宾获得“北京市优秀教师”称号（金隅学校 供）

03 9月，中国地质大学(北京)邢立达获中国地质学会第十六届青年地质科技奖银锤奖（地大 供）

04 11月8日，北京市“十三五”时期校外美术教师专业选修课培训开班（学生活动中心 供）

05 11月，北京农业职业学院教师首获全国职业院校信息化教学大赛奖项（孟利前 摄）

COMMUNICATION AND COOPERATION | 交流与合作

01 3月20日，北京与凡尔赛教育合作签约 （蔡赫 摄）

02 3月21日，"一带一路"倡议下中波大学联盟在北京工业大学成立，中波大学联盟23所高校签署合作意向书 （北工大 供）

03 4月9日，2017年北京市中小学外国学生汉语节启动仪式暨中国国粹赏析体验活动 （蔡赫 摄）

04 12月4日，市教委与布宜诺斯艾利斯省教育和文化局签订合作谅解备忘录 （蔡赫 摄）

01 4月至8月，北京市第二中学亦庄学校开展国际交流活动 （刘超　摄）

02 7月13日至26日，丰台区第一小学举办中美夏令营活动 （王晓凯　摄）

03 8月，北京市国际教育交流中心举办首都国际语言环境建设项目——暑期英语夏令营活动 （郑静慧　摄）

04 10月12日，朝阳区白家庄小学五年级学生和香港小学师生共同体验STEM课程 （朝阳区教委　供）

CONTENTS
目录

编辑说明

特载

习近平总书记给中国工合国际委员会、北京培黎职业学院的回信 …… 002
习近平在中国政法大学考察时强调：立德树人德法兼修抓好法治人才培养 励志勤学刻苦磨炼促进青年成长进步 …… 003
习近平致信祝贺中国人民大学建校 80 周年 …… 005
习近平给南南合作与发展学院首届硕士毕业生回信 …… 005

北京教育总述

2017 年北京教育事业发展简况 …… 008
2017 年北京教育事业发展综述 …… 011

大事记

2017 年北京教育大事提要 …… 018
2017 年北京教育大事记 …… 020

学前教育

综述

概述 …… 026
继续实施第二期学前教育三年行动计划 …… 026
治理无证幼儿园 …… 026
提升学前教育质量 …… 026
起草第三期学前教育行动计划 …… 026
33 所幼儿园达到一级园验收标准 …… 026
海淀维护学前教育安全稳定 …… 027
燕山与房山幼儿园结对帮扶 …… 027
开展学前教师队伍建设调研 …… 027
第十批市级示范幼儿园公布 …… 027
第十批北京市示范幼儿园名单 …… 027
学前教育社区办园点安全管理工作基本要求（试行）印发 …… 028
丰台一幼成立劳模工作室 …… 028
平谷四幼多举措预防春季传染病 …… 028
延庆一幼创设游戏体验空间 …… 028
平谷三幼多举措推进特色主题课程 …… 028

保育教育

芳庄三幼举办国旗教育活动 …… 029
奥园幼儿园开展融合性户外区域游戏活动 …… 029
昌平工业幼儿园举办图书馆体验活动 …… 029
东城区召开新锐教师交流会 …… 029
人民大学朝阳幼儿园举办保教管理开放活动 …… 029
延庆二幼开展幼小衔接系列活动 …… 029
昌平教工幼儿园防震减灾教育和逃生演练 …… 029
房山区开展公办幼儿园亲子分享阅读培训 …… 030
总后六一幼儿园开展保育工作培训 …… 030
五幼开设足球课 …… 030
密云四幼开展剪纸活动 …… 030
平谷三幼召开超体重幼儿家长会 …… 030
北京实验学校附属幼儿园举办儿童常见病专题讲座 …… 030

延庆二幼举办世园会和冬奥知识进校园活动 …… 030
石景山区幼儿园开展师德教育 …… 031

幼儿园选介

北京市东城区东华门幼儿园 …… 031
北京市第一幼儿园 …… 031
北京市第五幼儿园 …… 032
北京市东城区崇文第三幼儿园 …… 032
北京市北海幼儿园 …… 033
北京市西城区马连道幼儿园 …… 033
北京市宣武回民幼儿园 …… 034
北京市西城区棉花胡同幼儿园 …… 034
北京市朝阳区泛海幼儿园 …… 034
北京市朝阳区枣营幼儿园 …… 035
北京市朝阳区奥园幼儿园 …… 035
北京市丰台区丰台第一幼儿园 …… 035
中国人民解放军总后勤部六一幼儿园 …… 036
北京市丰台区芳庄第三幼儿园 …… 036
北京市石景山区幼儿园 …… 036
北京市石景山区第二幼儿园 …… 037
北京明天幼稚集团 …… 037
北京市六一幼儿院 …… 037
北京市海淀区四季青镇常青幼儿园 …… 038
北京师范大学实验幼儿园 …… 038
北京市门头沟区第一幼儿园 …… 038
北京市房山区良乡第二幼儿园 …… 039
北京市通州区新城东里幼儿园 …… 039
北京市顺义区建南幼儿园 …… 039
北京市顺义区怡馨幼儿园 …… 040
北京市昌平区教工幼儿园 …… 040
北京市昌平区工业幼儿园 …… 041
北京市大兴区黄村镇第一中心幼儿园 …… 041
北京市大兴区第七幼儿园 …… 041
北京市怀柔区第二幼儿园 …… 042
北京市怀柔区第三幼儿园 …… 042
北京市平谷区第三幼儿园 …… 042
北京市平谷区第四幼儿园 …… 043
北京市密云区第四幼儿园 …… 043
北京市密云区第六幼儿园 …… 043
北京市延庆区第一幼儿园 …… 044
北京市延庆区第二幼儿园 …… 044
北京市延庆区第三幼儿园 …… 044
北京市燕山幼儿园 …… 045
北京市房山区燕山阳光幼儿园 …… 045
北京市房山区燕山小天使幼儿园 …… 045

基础教育

综述

概述 …… 048
扩增优质教育资源 …… 048
教育综合改革和管理模式创新 …… 048
坚持实践育人 …… 049
城乡义务教育一体化发展 …… 049
义务教育保障责任强化 …… 049
办好特殊教育 …… 049
推进民族教育 …… 050
远郊区学生到城区游学 …… 050
继续加强优势教育资源统筹 …… 050
推进高中多样化特色发展 …… 050
义务教育课程工作会 …… 050
西城房山两区教委签约合作 …… 050
基础教育工作会议 …… 050
第七届书香燕京阅读指导活动 …… 051
九年一贯制学校发展论坛 …… 051
3 所中小学与北京教科院签约合作 …… 051
区域优质教育资源整合模式丰台现场会 …… 051
中小学装备管理人员业务培训 …… 052
青少年科技创新“雏鹰计划”探究体验活动亮相 …… 052
第九届翱翔科学论坛 …… 052
朝阳东城两区教委签约合作 …… 052
百名安全生产专家服务进学校 …… 052
推进城乡义务教育一体化改革发展 …… 052
北京学生暑期英语夏令营 …… 052
北京市中小学健康教育研究中心成立 …… 053
学区制管理和集团化办学工作推进会 …… 053
基础教育质量提升支持计划启动 …… 053
中小学综合素质评价校长论坛和教师论坛 …… 053
寻找美丽活动 …… 053
推进教育信息化应用名校联盟启动 …… 054
基础教育课程改革总结推进会 …… 054

小学教育

昌平小学教育特色发展项目现场会 …… 054
“京山杯”小学教育论坛 …… 054
西城小学精品学校联盟成立 …… 054
“京城杯”小学课堂教学交流活动 …… 054
小学生综合素质评价区域研讨活动 …… 055

中学教育

大兴农村中学专项视导 ………… 055
东城中学选科排课研讨会 ………… 055
普通高中学生综合素质评价工作推进会 ………… 055
高中课程改革深化研讨会 ………… 055
高中课程改革培训 ………… 055

民族教育

内地民族班主管领导工作会 ………… 055
内地新疆高中班演讲比赛 ………… 056
民族教育“十二五”教育科研总结表彰 ………… 056
民族团结教育指导纲要专题培训 ………… 056
爱我中华韵律操教练员培训 ………… 056
中小学民族团结教育嘉年华 ………… 056
36 所学校入选第三批民族团结教育示范校 ………… 056
第三届“胜利杯”教学大赛 ………… 057
中小学生葫芦丝吹奏展演 ………… 057
加快发展民族教育工作的意见印发 ………… 057
民族团结教育学科课堂教学评价标准研制
中期研讨 ………… 057
基础教育管理干部民族政策专题研修班 ………… 057

特殊教育

丰台东城培智中心校签约合作 ………… 057
海淀召开融合教育国际研讨会 ………… 058
西城顺义怀柔三区特教学校合作办学研讨会 ………… 058
特教教师专业发展体验式培训 ………… 058
4 个特教优质资源输出项目建立 ………… 058

小学选介

北京市东城区府学胡同小学 ………… 058
北京市东城区史家胡同小学 ………… 059
北京光明小学 ………… 059
北京第一实验小学 ………… 059
北京市西城区奋斗小学 ………… 060
北京市西城区中古友谊小学 ………… 060
北京建筑大学附属小学 ………… 061
北京市朝阳区花家地实验小学 ………… 061
北京市朝阳区芳草地国际学校 ………… 061
北京市朝阳区第二实验小学 ………… 062
北京市朝阳区高碑店中心小学 ………… 062
北京市丰台区东高地第三小学 ………… 063
北京市丰台区丰台第一小学 ………… 063
北京市丰台区师范学校附属小学 ………… 064
首都师范大学附属云岗小学 ………… 064
北京市石景山区爱乐实验小学 ………… 064
北京市海淀区中关村第一小学 ………… 065
北京大学附属小学 ………… 065
清华大学附属小学 ………… 065
北京师范大学实验小学 ………… 066
中国人民大学附属小学 ………… 066
北京市门头沟区大峪第一小学 ………… 067
北京第二实验小学永定分校 ………… 067
北京市第八中学京西附属小学 ………… 067
北京市房山区良乡第三小学 ………… 068
北京教育科学研究院通州区第一实验小学 ………… 068
北京市史家小学通州分校 ………… 068
北京小学通州分校 ………… 069
北京市通州区张家湾镇中心小学 ………… 069
北京市顺义区石园小学 ………… 070
北京市顺义区东风小学 ………… 070
北京市顺义区天竺第一小学 ………… 070
北京市昌平区昌盛园小学 ………… 071
北京市昌平区城北中心小学 ………… 071
北京市昌平区南口镇小学 ………… 072
北京市昌平第二实验小学 ………… 072
北京市昌平区大东流中心小学 ………… 072
北京教育科学研究院大兴实验小学 ………… 073
北京市大兴区第二小学 ………… 073
北京市怀柔区第一小学 ………… 073
北京市怀柔区第三小学 ………… 074
北京市平谷区靠山集中心小学 ………… 074
北京市平谷区第八小学 ………… 074
北京市平谷区黄松峪中心小学 ………… 075
北京市密云区第四小学 ………… 075
北京市密云区太师屯镇中心小学 ………… 076
北京市延庆区第二小学 ………… 076
北京市延庆区第三小学 ………… 076
北京市燕山东风小学 ………… 077

中学选介

北京市第二中学 ………… 077
北京市第一六六中学 ………… 077
北京市广渠门中学 ………… 078
北京市第五十中学 ………… 078
北京汇文中学 ………… 079
北京市第四中学 ………… 079
北京市第八中学 ………… 080
北京市第三十五中学 ………… 080
北京市育才学校 ………… 081
北京师范大学附属中学 ………… 081
北京市第十四中学 ………… 081
北京市楼梓庄中学 ………… 082

北京中学 …… 082
北京市陈经纶中学 …… 083
北京青年政治学院附属中学 …… 083
北京市第八十中学 …… 083
北京市第十二中学 …… 084
北京市丰台区丰台第二中学 …… 085
北京市首都师范大学附属丽泽中学 …… 085
北京市第十中学 …… 085
北京市第十八中学 …… 086
北京市古城中学 …… 086
北京市第九中学 …… 087
北京理工大学附属中学 …… 087
清华大学附属中学 …… 087
中国人民大学附属中学 …… 088
北京市第二十中学 …… 088
首都师范大学附属中学 …… 089
北京市中关村中学 …… 089
北京大学附属中学 …… 090
北京市八一学校 …… 090
北京市第一〇一中学 …… 091
北京市育园中学 …… 091
北京市大峪中学分校 …… 091
首都师范大学附属中学永定分校 …… 092
北京市房山区良乡第二中学 …… 092
北京市通州区运河中学 …… 092
北京市通州区潞河中学 …… 093
北京市通州区永乐店中学 …… 093
北京中加学校 …… 093
北京市顺义区高丽营学校 …… 094
北京市顺义牛栏山第一中学 …… 094
北京市顺义区第一中学 …… 095
北京市昌平区第一中学 …… 095
北京市昌平区第二中学 …… 096
北京市第十五中学南口学校 …… 096
北京市大兴区德茂中学 …… 097
北京亦庄实验中学 …… 097
北京市大兴区第一中学 …… 097
北京市第二中学亦庄学校 …… 098
北京市怀柔区第一中学 …… 098
北京市怀柔区第五中学 …… 098
北京绿谷小香玉艺术学校 …… 099
北京市平谷区山东庄中学 …… 099
北京市平谷区峪口中学 …… 099
北京市平谷中学 …… 100
北京市平谷区第五中学 …… 100
北京市密云区水库中学 …… 100
北京市密云区第二中学 …… 101
北京市密云区太师屯中学 …… 101
首都师范大学附属密云中学 …… 101
北京市延庆区十一学校 …… 102
北京市延庆区第一中学 …… 102
北京市延庆区第四中学 …… 103
北京市燕山东风中学 …… 103

民族教育学校选介

北京市东城区回民小学 …… 104
北京市东城区回民实验小学 …… 104
北京市回民学校 …… 104
北京市民族学校 …… 105
北京西藏中学 …… 105
北京市海淀区民族小学 …… 105
中央民族大学附属中学 …… 106
北京市门头沟区妙峰山民族学校 …… 106
北京市昌平区西贯市回民小学 …… 106
北京市怀柔区喇叭沟门满族乡中心小学 …… 107

特殊教育学校选介

北京市东城区特殊教育学校 …… 107
北京市东城区培智中心学校 …… 107
北京市西城区培智中心学校 …… 108
北京启喑实验学校 …… 108
北京市朝阳区安华学校 …… 109
北京市丰台区培智中心学校 …… 109
北京市石景山区培智中心学校 …… 109
北京市盲人学校 …… 110
北京市健翔学校 …… 110
北京市通州区培智学校 …… 111
北京市顺义区特殊教育学校 …… 111
北京市昌平区特殊儿童教育学校 …… 112
北京市大兴区特殊教育中心 …… 112
北京市怀柔区培智学校 …… 112
北京市平谷区特教中心 …… 113
北京市延庆区特殊教育中心 …… 113

普通高等教育

综述

概述 …… 116
优化实施高水平人才交叉培养计划 …… 116
继续建设北航北京学院 …… 116
卓越新闻人才培养高校联盟系列活动 …… 116

举办 25 项大学生学科竞赛 …… 116
教学管理信息化建设 …… 117
17 门课程入选国家级精品资源共享课 …… 117
第二批“国家级精品资源共享课”（北京高校） …… 117
亚洲大学联盟成立 …… 117
全球外国语大学联盟校长论坛成立 …… 117
卓越工程师教育培养计划高校联盟暑期学校活动 …… 117
8 所民族高校共研学生思想政治教育工作 …… 117
首届全国公安院校警务英语教学改革研讨会 …… 118
高校实验教学开放共享项目研讨会 …… 118
高校实培项目遴选申报暨信息管理平台使用培训会 …… 118
提升北京高校人才培养能力 …… 118
中医药大学举办首届全国中医药大学生成长论坛 …… 118
大学通识教育联盟年会 …… 118
中国社科大揭牌 …… 118
全球音乐教育联盟成立 …… 119
北航入选一流网络安全学院建设示范项目 …… 119
北京高校“双一流”建设 …… 119
“双一流”建设高校（北京） …… 119
“双一流”建设学科（北京） …… 119
中国共产党创办新型高等教育 80 年论坛 …… 120
卓越艺术人才（舞蹈）培养高校联盟系列活动 …… 121
全国高校社会主义经济理论与实践研讨会年会召开 …… 121
全国高校采购管理专业联盟成立 …… 121
全国高等音乐艺术院校基本乐科课程建设学术研讨会召开 …… 121
电力卓越工程师培养校企联盟成立 …… 121
智能电网创新联盟成立 …… 121
北京市属高校一流专业建设 …… 121
北京市属高校一流专业建设名单 …… 122
高等教育质量提升与人才培养模式创新论坛 …… 122
首届全国行业特色型大学马克思主义学院建设与学科发展研讨会 …… 122
中国高校外语慕课联盟成立 …… 122
北京高校 194 个学科进入 A 类 …… 123

学位与研究生教育

全国艺术硕士优秀电影作品巡展举办 …… 123
全国高校马克思主义理论学科研究生学术论坛 …… 123
中国音乐学院实施博士研究生课题制招生改革 …… 123
北京市研究生英语演讲比赛 …… 123
市学位委员会换届 …… 123
国科大获学士学位授予权 …… 124
北京 5 所马克思主义学院研究生学习交流研讨会 …… 124
学位授予管理 …… 124
研究生学位授权学科和专业学位授权类别动态调整 …… 124

本专科教育

新增 108 个本科专业 …… 124
2016 年度教育部备案或批准设置高等学校本科专业（北京　不含民办） …… 124
外交学院召开本科教学工作会议 …… 125
首经贸新版本科人才培养方案实施 …… 125
公安大学召开本科教学工作会议 …… 125
矿大召开本科生全程导师制工作会 …… 126
《北京高等教育质量报告 2016 年（本科）》 …… 126

普通高等学校

■ 北京大学

概述 …… 126
四国政要到访 …… 127
两个新机构成立 …… 127
地理学科建立 65 周年和城市与环境学院建院 10 周年庆祝活动 …… 128

■ 中国人民大学

概述 …… 128
三国政要到访 …… 129
习近平新时代中国特色社会主义思想研究中心和党史党建研究院成立 …… 129
第七届吴玉章人文社会科学奖和第六届吴玉章人文社会科学终身成就奖颁发 …… 129

■ 清华大学

概述 …… 129
“开放交流时间”制度推出 …… 130
文科建设“双高”计划推出 …… 131
全面推行大类招生大类培养 …… 131
第 14 次党代会 …… 131
新设两项教学奖颁奖 …… 131

■ 北京交通大学

概述 …… 131
新增中外合作办学专业 1 个 …… 132
新学术委员会成立 …… 132
第 11 次党代会 …… 132

■ 北京工业大学

概述 …… 132
撤销实验学院成立通州校区管理中心 …… 133

第 11 次党代会 …… 134
■ 北京航空航天大学
概述 …… 134
与亚太空间合作组织签署合作协议 …… 135
北航学院成立 …… 135
《先进材料》出版北航 65 周年校庆纪念专刊 …… 135
■ 北京理工大学
概述 …… 136
《关于加强和改进新形势下学校思想政治工作的实施方案》发布 …… 137
深圳北理莫斯科大学首届开学 …… 137
■ 北京科技大学
概述 …… 137
庆祝建校 65 周年 …… 138
第四届魏寿昆科技教育奖颁奖 …… 138
■ 北方工业大学
概述 …… 138
第 8 次党代会 …… 139
■ 北京化工大学
概述 …… 140
巴黎居里工程师学院获批建设 …… 141
昌平新校区正式启用 …… 141
■ 北京工商大学
概述 …… 141
中国白酒健康研究院成立 …… 142
合作出版期刊 …… 142
■ 北京服装学院
概述 …… 142
首届博士研究生毕业 …… 143
“敦煌服饰文化研究暨创新设计中心”成立 …… 143
■ 北京邮电大学
概述 …… 144
天地互联与融合北京市重点实验室 …… 144
人才工作会议 …… 145
■ 北京印刷学院
概述 …… 145
与国家新闻出版广电总局签署合作协议 …… 145
获批独立招收和培养博士后资格 …… 145
■ 北京建筑大学
概述 …… 146
纪念办学 110 周年座谈会召开 …… 147
第一次党代会 …… 147
■ 北京石油化工学院
概述 …… 147
马克思主义学院成立 …… 148
首届“中法工程师班”开班 …… 148
■ 北京电子科技学院
概述 …… 148
教育教学大讨论开展 …… 149
庆祝建校 70 周年 …… 149
■ 中国农业大学
概述 …… 149
首届习近平“三农”思想与乡村振兴学术论坛举办 …… 150
土地科学与技术学院成立 …… 151
首届大禹青年学者论坛举办 …… 151
■ 北京农学院
概述 …… 151
“百家实验室进千家企业”专场对接会 …… 152
林果业高效节水栽培国际学术论坛 …… 152
■ 北京林业大学
概述 …… 152
纪念两名院士百年诞辰 …… 153
“梁希实验班”创办十周年纪念暨总结表彰会 …… 153
■ 北京协和医学院（中国医学科学院）
概述 …… 154
庆祝建校 100 周年 …… 155
中国医学科学院牛津研究所成立 …… 155
■ 首都医科大学
概述 …… 155
首届肿瘤生物学论坛 …… 157
系列培养模式改革 …… 157
■ 北京中医药大学
概述 …… 157
首届北京中医药大学岐黄奖 …… 158
国家中医体质与治未病研究院成立 …… 158
■ 北京师范大学
概述 …… 158
人工智能与未来媒体实验室成立 …… 159
第 13 次党代会 …… 159
首届 GES 未来教育大会 …… 160
■ 首都师范大学
概述 …… 160
第 13 次党代会 …… 161
■ 首都体育学院
概述 …… 161
3 期田联培训班和两期社会体育指导员培训 …… 161
6 期讲坛和两场讲座 …… 162

■ 北京外国语大学
概述 162
首开 6 门亚非语种课程 162
■ 北京第二外国语学院
概述 163
《旅游导刊》正式创刊 164
夏斗湖学院成立 164
第 8 次党代会 164
■ 北京语言大学
概述 164
“南山会讲”首讲 165
与首都博物馆签约合作 165
■ 中国传媒大学
概述 165
优化中西融合课程体系 166
■ 中央财经大学
概述 167
国内首个文化 PPP 研究中心成立 168
金融科技系成立 168
■ 对外经济贸易大学
概述 168
第五届暑期国际学校开课 169
与成都市政府签署战略合作协议 169
通识教育制度制订 169
■ 北京物资学院
概述 169
获批中关村开放实验室 170
运河文化带建设研讨会 170
■ 首都经济贸易大学
概述 170
“骆驼精神”文化体系系列活动 171
党代会及双代会召开 171
首次推出“开学第一课” 171
■ 外交学院
概述 172
外交翻译系列讲座 173
第一期“涉外创新创业成长营” 173
中日韩青年峰会 173
■ 中国人民公安大学
概述 173
党代会及双代会召开 174
系列改革措施和方案出台 174
“中国公安大讲堂”开讲 174
■ 国际关系学院
概述 174
国际核议程评估学术研讨会 175
首期 C Book 发布会 175
■ 北京体育大学
概述 176
校企签约合作 177
中国足球运动学院成立 177
■ 中央音乐学院
概述 177
首次建立海外民族音乐教学点及专业学位项目 178
本科教学改革 178
■ 中国音乐学院
概述 178
第五届教职工代表大会召开 179
启用新校徽 179
新建综合教学楼投入使用 179
第一次党代会 180
■ 中央美术学院
概述 180
思想政治理论课“五位一体”教学改革 181
「未·未来」全球教育计划开启 181
■ 中央戏剧学院
概述 181
世界戏剧教育联盟 2017 国际大学生戏剧节 182
第五届中国高等戏剧教育联盟交流会 182
第二次党代会 182
■ 中国戏曲学院
概述 183
京剧学国际学术研讨会召开 183
■ 北京电影学院
概述 184
国际电影摄影工作坊举办 184
国家电影智库成立 184
习近平文艺思想研究中心成立 185
■ 北京舞蹈学院
概述 185
民间舞系建系 30 周年 186
第一次党代会 186
■ 中央民族大学
概述 186
少数民族事业发展协同创新中心挂牌 187
国家民委与海南省政府共建民大海南校区 187
■ 中国政法大学
概述 188
首次夏季学期运行 189
第 8 次党代会 189

■ 华北电力大学
概述 ··· 189
入选北京市重点实验室 ··· 190
足球队获中国大学生足球联盟总冠军 ··· 190
■ 中华女子学院
概述 ··· 190
中华经典女子诵读中心成立 ··· 191
首届“媒介与妇女”跨界论坛 ··· 191
■ 北京信息科技大学
概述 ··· 192
首届文化艺术节 ··· 193
首届勤信人物（团队）评选 ··· 193
首届科技创新节 ··· 193
■ 中国矿业大学（北京）
概述 ··· 193
中国矿业知识产权联盟成立 ··· 194
马克思主义学院揭牌 ··· 194
■ 中国石油大学（北京）
概述 ··· 194
思想政治工作会议召开 ··· 195
第 11 次党代会 ··· 195
全面推行扁平化管理 ··· 196
■ 中国地质大学（北京）
概述 ··· 196
首次增设土地整治工程专业 ··· 197
第十届中日韩研究生论坛举办 ··· 197
65 周年校庆系列活动举办 ··· 197
■ 北京联合大学
概述 ··· 197
北京濒危手工艺传承人才培养项目 ··· 198
第五次党代会 ··· 198
■ 中国青年政治学院
概述 ··· 198
■ 中国劳动关系学院
概述 ··· 199
总工会与教育部共建劳关学院 ··· 200
■ 中国科学院大学
概述 ··· 200
8 个二级学院成立 ··· 200
获臻溪谷 1 亿元捐赠 ··· 201
中国—丹麦科研教育中心大楼启用 ··· 201
■ 中国社会科学院大学（中国社会科学院研究生院）
概述 ··· 201
第五届 MBA 校内案例大赛 ··· 202
3 个学院成立 ··· 202
■ 中国农业科学院研究生院
概述 ··· 202
与澳大利亚高校签约合作 ··· 203

职业与继续教育

综述

概述 ··· 206
职业院校专业结构调整 ··· 206
职业教育发展通道拓宽 ··· 206
职业教育内涵建设强化 ··· 207
打造职教德育品牌 ··· 207
学生技术技能提升 ··· 207
职业院校精准扶贫 ··· 207
职业与继续教育宣传力度加强 ··· 207
北京市首家职成一体化教育集团成立 ··· 207
国内首家中职发展研究协同创新中心成立 ··· 208
北京市职业教育教学改革现场会 ··· 208
中关村战略新兴产业职教集团成立 ··· 208
职业教育专业建设与产业发展契合度调研 ··· 208
中英创新创业职业教育联盟成立 ··· 208

职业教育

新增职业教育专业 ··· 209
参加全国中职学校班主任基本功大赛 ··· 209
物流专业胡格教育模式改革试验项目启动 ··· 209
职业教育宣传月 ··· 209
第 13 届“文明风采”竞赛 ··· 209
黄炎培职业教育奖 ··· 209
燕东微电子学院成立 ··· 210
智能电动汽车职业教育联盟成立 ··· 210
市中职学校英语课程学业水平测试 ··· 210
职业院校信息化教学比赛 ··· 210
5 校入选教育部第二批现代学徒制试点单位 ··· 210
参加全国职业院校技能大赛获奖 ··· 210
全国职业院校技能大赛（常规赛项）中职组一等奖（北京） ··· 211
全国职业院校技能大赛（常规赛项）高职组一等奖（北京） ··· 211
中华优秀传统文化艺术表演赛获奖（北京） ··· 211
首次全额资助汽修专业胡格项目学生赴德国实习 ··· 212
北京市中职学校班主任基本功大赛 ··· 212
北京市职业院校技能比赛 ··· 212
职业教育质量年度报告 (2016) ··· 212

继续教育

高等学历继续教育专业设置管理改革完成 ………… 212
专项检查教育部现代远程教育试点高校在京学习中心 ………… 212
高校继续教育系统教学骨干研修班 ………… 212
北京高校学历继续教育英语口语竞赛 ………… 212
新一代开放学习平台“学银在线”开通 ………… 213
素质工程教学基本功竞赛 ………… 213
首届网络教育年会 ………… 213
首批北京市职工继续教育及新型职业农民培训基地认定 ………… 213
首批北京市职工继续教育基地 ………… 213
首批北京市新型职业农民培训基地 ………… 213
北京高校继续教育质量年度报告 ………… 214

学习型城市建设

学习型城市工作建设成果展示交流 ………… 214
第八批首都市民学习之星评选 ………… 214
北京市家庭教育与家风建设项目启动 ………… 214
第二批学习指导师高级研修班 ………… 215
首批北京市民终身学习示范基地认定 ………… 215
北京市全民终身学习活动周 ………… 215

高等职业院校

■ 首钢工学院

概述 ………… 215
虚拟现实技术实训基地通过验收 ………… 216

■ 北京工业职业技术学院

概述 ………… 216
大国工匠高凤林大师工作室揭牌 ………… 217

■ 北京信息职业技术学院

概述 ………… 217
首期埃及苏伊士运河大学教师培训班结业 ………… 217
首次招收贯通培养试验项目学生 ………… 218

■ 北京电子科技职业学院

概述 ………… 218
贯通学生创新课业展 ………… 219
与本科院校共建实践基地 ………… 219

■ 北京京北职业技术学院

概述 ………… 219

■ 北京交通职业技术学院

概述 ………… 219
校企联办技能竞赛 ………… 220

■ 北京青年政治学院

概述 ………… 220
北京青年中科创新创业学院成立 ………… 221

■ 北京农业职业学院

概述 ………… 221
动物科学院士工作站成立 ………… 222
中学生农业游学之旅 ………… 222
南繁科研育种基地建设 ………… 222

■ 北京政法职业学院

概述 ………… 223
“青年马克思主义成长营”教育实践活动 ………… 223
第一次学生代表大会 ………… 223

■ 北京财贸职业学院

概述 ………… 224
引智帮扶 4 个低收入村 ………… 225
与民大附中合作办学 ………… 225
海外学习中心成立 ………… 225

■ 北京戏曲艺术职业学院

概述 ………… 225
建校 65 周年 ………… 226

■ 北京经济管理职业学院

概述 ………… 226
宝玉石鉴定与加工专业现代学徒制试点签约 ………… 226
联想服务器班揭牌 ………… 227

■ 北京劳动保障职业学院

概述 ………… 227

■ 北京社会管理职业学院

概述 ………… 228
完成民政职业技能培训和鉴定 17775 人次 ………… 228

■ 北京体育职业学院

概述 ………… 228
开辟实训基地共育人才 ………… 229

■ 北京交通运输职业学院

概述 ………… 229
戴姆勒铸星教育项目正式签约 ………… 230

■ 北京卫生职业学院

概述 ………… 230

独立建制成人高等学校选介

■ 国家开放大学

概述 ………… 231
全国性行业企业全网教学试点启动 ………… 232
首届教育类专业教师教学技能大赛 ………… 232
探索士官远程教育新模式 ………… 232
首个海外学习中心成立 ………… 232
利用云教室开展远程培训 ………… 233

■ 北京教育学院

概述 ………… 233
法国中学生海外游学项目 ………… 234

《教师发展研究》创刊号出版 ··· 234
STEM+ 创新教育大会 ··· 234
基础教育人才发展 20 人北京论坛 ··· 234
首届全国中小学管理理论与实践研讨会 ··· 234
教师实践培训基地研修工作总结 ··· 234
视频直播互动教学系列活动 ··· 234

■ 北京开放大学

概述 ··· 234
自主业务首届学生毕业 ··· 235
人工智能创客直通车进社区进校园 ··· 235

■ 北京宣武红旗业余大学

概述 ··· 235
首届大学生 4G 创新创业教学实践课程班 ··· 236

■ 北京市总工会职工大学

概述 ··· 236
草桥校区试运行 ··· 237
第一期机器人师资培养班 ··· 237
培训工会干部 21077 人次 ··· 237

■ 北京市西城经济科学大学

概述 ··· 237
首届社区居民专科课程班 ··· 238
学分课程建设项目培训协议签订 ··· 238
首次面向企业定制专业招生 ··· 238
首届校企合作专科生毕业 ··· 238

国家重点中等职业学校选介

北京市昌平职业学校 ··· 238
北京市延庆区第一职业学校 ··· 239
北京市密云区职业学校 ··· 240
北京市怀柔区职业学校 ··· 240
北京金隅科技学校 ··· 241
北京市园林学校 ··· 241
中央音乐学院附属中等音乐学校 ··· 242
北京市什刹海体育运动学校 ··· 243
北京市外事学校 ··· 243
北京市实美职业学校 ··· 244
北京市财会学校 ··· 244
北京市实验职业学校 ··· 245
北京市商务科技学校 ··· 245
北京市黄庄职业高中 ··· 246
北京市丰台区职业教育中心学校 ··· 246
北京市电气工程学校 ··· 247
北京市求实职业学校 ··· 248
北京市平谷区职业学校 ··· 248
北京国际职业教育学校 ··· 249
北京市大兴区第一职业学校 ··· 249
北京现代职业学校 ··· 250
北京铁路电气化学校 ··· 250
北京市商业学校 ··· 251
北京商贸学校 ··· 252
北京市供销学校 ··· 252
北京水利水电学校 ··· 253
北京市自动化工程学校 ··· 253
北京市劲松职业高中 ··· 254
中国音乐学院附属中等音乐专科学校 ··· 255

民办教育

综述

概述 ··· 258
民办高校管理机制完善 ··· 258
民办高校备案 ··· 258
民办学校党建工作推进 ··· 258
全国民办中小学校校长沙龙 ··· 259
民办高校及民办高等教育机构办学状况年检 ··· 259
民办高校变更 ··· 259
民办高校及非学历高等教育机构年度招生政策公布 ··· 259
2017 年北京市具有招生资格的民办普通高校及独立学院（15 所） ··· 259
2017 年北京市具有招生资格的民办非学历高等教育机构（60 所） ··· 260
调整压缩教育培训机构 ··· 260

民办教育管理

怡海教育集团工会联合会成立 ··· 260
朝阳加强对民办单位资金监管 ··· 260
通州首次开展社会力量办学单位教师职评工作 ··· 261
西城开展民办教育机构和民办幼儿园安全检查 ··· 261
大兴开展民办幼儿园年度考核 ··· 261
昌平开展民办幼儿园危机管理与师幼情绪抚慰专题培训 ··· 261
门头沟民办教育工作有序推进 ··· 261
朝阳加强自办学校日常安全监管力度 ··· 261
海淀规范民办培训机构管理 ··· 262

民办高等学校

■ 北京城市学院

概述 ··· 262
北京市首家校园网络消费维权志愿服务站成立 ··· 263
阿里巴巴大数据学院成立 ··· 263
加入欧盟伊拉斯莫斯高等教育合作交流项目 ··· 263

■ 北京北大方正软件技术学院
概述 …… 263
■ 北京经贸职业学院
概述 …… 263
“导师制”培养模式试点 …… 264
■ 北京经济技术职业学院
概述 …… 264
好女子学堂 …… 265
■ 北京汇佳职业学院
概述 …… 265
获全国 3D 大赛最高奖项 …… 266
■ 北京吉利学院
概述 …… 266
与椅子网共建商科职场化综合实训中心 …… 266
互联网人才培养扶贫工程项目签约启动 …… 266
■ 首都师范大学科德学院
概述 …… 267
推行全员育人教学改革 …… 267
承办全国无人机航拍竞赛 …… 267
■ 北京工商大学嘉华学院
概述 …… 268
中韩合作项目首批学生出国 …… 268
全面推行导师制培养模式 …… 268
■ 北京科技职业学院
概述 …… 268
一岗“N”责试行初见成效 …… 269
建校 20 周年 …… 269
教学工作诊断 …… 270
■ 北京培黎职业学院
概述 …… 270
首届应用西班牙语专业开课 …… 271
■ 北京邮电大学世纪学院
概述 …… 271
主导制定手机（移动终端）动漫国际标准 …… 272
专业改革试点 …… 272
■ 北京工业大学耿丹学院
概述 …… 272
比目鱼—耿丹 BIM 学院成立 …… 272
■ 北京艺术传媒职业学院
概述 …… 273
■ 北京第二外国语学院中瑞酒店管理学院
概述 …… 273
中瑞酒店线上业务课程 …… 273
与锦江国际会展联手打造线下综合展览平台 …… 273
■ 北京网络职业学院
概述 …… 274
民办高等教育机构选介
北京现代音乐研修学院 …… 274
北京工商管理专修学院 …… 275
北京人文大学 …… 275
现代管理大学 …… 276
民办中小学幼儿园选介
北京市二十一世纪实验幼儿园 …… 276
北京市昌平区幸福童年双语幼儿园 …… 277
北京王府幼儿园 …… 277
北京中芯幼儿园 …… 277
北京市大兴区十一建华实验幼儿园 …… 278
北京市延庆区人文大学附属幼儿园 …… 278
北京市正泽学校 …… 278
北京第二实验小学怡海分校 …… 279
北京市第八中学怡海分校 …… 279
北京市海淀外国语实验学校 …… 280
北京市二十一世纪国际学校 …… 280
北京市海嘉双语学校 …… 281
北京市新英才学校 …… 281
北京王府学校 …… 282
北京市中芯学校 …… 282
北京市私立君谊中学 …… 283
北京市延庆区庆源学校 …… 283
德育体育美育
综述
行为习惯养成教育和传统文化教育 …… 286
德育队伍建设 …… 286
改进教学促进体育美育均衡发展 …… 286
丰富体育美育实践形式提高学生参与度 …… 287
校园足球 …… 287
冰雪进校园 …… 287
学生时事、法制安全和心理健康教育 …… 287
阳光体育系列活动 …… 287
推进校外教育“三个一”工作 …… 287
社会主义核心价值观教育系列活动 …… 288
金银帆奖获奖名单公布 …… 288
235 所学校当选北京市中小学艺术教育特色学校 …… 288
126 所学校当选北京市中小学国防教育示范校 …… 288
校外教育专项调研 …… 288
传承中华传统美德系列教育活动 …… 289

52 所学校当选首批冰雪运动特色学校 ············ 289
北京市冰雪运动特色学校名单（第一批）············ 289
100 所学校及 1 个区入选国家级校园足球特色单位 ············ 290
中小学养成教育三年行动计划发布 ············ 290
高校新生引航工程启动 ············ 290
两家教育单位入选首批全国中小学生研学实践教育基地 ············ 290

德育

■ 德育工作

主题家庭教育实践活动启动 ············ 290
怀柔班主任队伍建设观摩研讨 ············ 291
博物馆之春活动启动 ············ 291
10 所高校纪念中国共产党创办高等教育 80 周年 ············ 291
中华美德故事汇第三辑首演 ············ 291
社会大课堂资源单位安全指导意见首次发布 ············ 291
全国德育工作会议上介绍经验 ············ 292
5 所学校入选首届全国文明校园 ············ 292
121 家单位入选第六批社会大课堂资源单位 ············ 292
中小学德育工作区校行 ············ 292
第二届中华经典诗词诵读吟唱比赛 ············ 292
351 所学校成为第二批北京市中小学文明校园 ············ 292
20 家单位当选社会大课堂优质资源单位 ············ 293
2017 年度北京市中小学生社会大课堂市级优质资源单位 ············ 293
第二届高校大学生阅读演讲比赛 ············ 293
表彰 329 项“四个一”活动优秀案例 ············ 293

■ 专门教育

概述 ············ 293
海淀寄读学校召开中考改革与课堂教学会议 ············ 293
朝阳工读学校举办首届校园文化节 ············ 294
海淀寄读学校开展专项护苗活动 ············ 294
朝阳工读学校改革体育课程 ············ 294

■ 国防教育

第二届国防大讲堂开讲两期 ············ 294
高校学生定向运动比赛 ············ 294
首届北京高校国防教育主题摄影比赛 ············ 294
第四届国防教育主题演讲比赛 ············ 295
国旗文化建设 ············ 295
获全国学生军事训练营团体第一名 ············ 295
第三届北京高校学生军事特训营 ············ 295
第二届高校学生国防类社团交流与培训 ············ 295
第 15 届中小学生定向越野锦标赛 ············ 296
在校退役大学生国防教育主题演讲比赛 ············ 296

体育卫生

■ 体育

青少年校园足球后备人才梯队建设训练营 ············ 296
海淀区成为首个全国校园足球综合试验区 ············ 296
中小学生足球冠军赛 ············ 296
全国首家校园足球通讯社成立 ············ 297
校园足球联赛 ············ 297
高中男子 3X3 篮球联赛（北京赛区）············ 297
民族传统体育节系列活动 ············ 297
阳光体育展示活动操舞系列赛 ············ 297
首都高校第 55 届学生田径运动会 ············ 297
首都高校首届瑜伽表演赛 ············ 298
清华女篮北大男篮分获大学生篮球联赛总冠军 ············ 298
首个全国小学校园足球联盟成立 ············ 298
青少年体育文化夏令营 ············ 298
首届校园足球特色校校长论坛 ············ 298
第 11 届“和谐杯”中小学生乒乓球比赛 ············ 298
校园足球海外引智计划 ············ 298
校园足球国际交流活动 ············ 299
西城两校一园与足球俱乐部签约合作 ············ 299
第 55 届中学生田径运动会 ············ 299
阳光体育展示活动小球系列赛 ············ 299
中国初高中篮球联赛（北京赛区）············ 299
中小学生武术比赛 ············ 299
小学生“小球”计划推广比赛 ············ 300
中小学生游泳比赛 ············ 300
中小学生跆拳道比赛 ············ 300

■ 学校卫生

高校心理素质教育工作会议 ············ 300
健康科普专家进校园活动 ············ 300
正确饮水主题活动 ············ 300
首都大学生心理健康直通车启动 ············ 300

冬季奥林匹克教育

朝阳快乐成长冰雪冬令营 ············ 300
顺义冰雪运动普及推广活动 ············ 301
三校冰雪协作工作研讨会 ············ 301
两届中小学生冬季运动会 ············ 301
黄庄职高增设冰雪服务与运营专业技能方向 ············ 301
延庆冰雪运动进课堂 ············ 301
中小学生冰雪运动普及与推广活动 ············ 302
通州中小学第一届冰上运动会 ············ 302
中国奥林匹克引智中心落户北体大 ············ 302
怀柔中小学冰壶比赛 ············ 302
十五中南口学校举办冰雪知识讲座 ············ 302

喇叭沟门满族乡中心小学冰雪运动进校园活动 …… 303
北京冬奥高峰论坛 …… 303
房山第二季冰雪节滑雪体验活动 …… 303
门头沟首届中小学生冬季运动会 …… 303
冬奥会和冬残奥会会徽选定中央美院设计 …… 303
平谷特教中心开展特奥冰雪运动培训 …… 303
北体大冬奥培训学院成立 …… 303
密云推动冰雪运动进校园 …… 304

艺术与校外教育

■ 艺术教育

第三届青少年玩转音乐比赛 …… 304
中央美院举办“高参小”教学成果汇报展 …… 304
中瑞中小学文化艺术交流演出 …… 304
北京大学生舞蹈节 …… 305
民族艺术进校园 …… 305
传统艺术体验活动 …… 305
北京大学生戏剧节 …… 305
中小学舞蹈教研组成立 …… 305
首都学生演出季 …… 305
国际大学生微电影盛典 …… 305
阳光少年艺术节 …… 305
中小幼校园影视评比活动 …… 306
第 20 届学生艺术节 …… 306

■ 校外教育

中小学生环保主题演讲比赛 …… 306
阳光少年摄影比赛 …… 306
青少年自然科学挑战赛 …… 306
校园屏内容建设工作启动 …… 306
首届梅西耶马拉松竞赛 …… 307
阳光少年活动指南发放 …… 307
阳光少年微电影比赛 …… 307
第十届全国高校模拟新闻发言人大赛 …… 307
第五届全国大学生模拟政协提案大赛 …… 307
北京国际模拟联合国大会 …… 307
首届中小学生朗诵大赛 …… 307
第二届青少年模拟政协活动 …… 308
高中学生物理研究性学习实践活动 …… 308
第 20 届全国儿童故事邀请赛 …… 308
首届古诗词挑战赛 …… 308
第 18 届中小学师生电脑作品评选活动 …… 308
首届动漫创客展评活动 …… 308
第五届全国高校模拟外交谈判大赛 …… 308
少年慈善论坛活动 …… 309
课外校外教育理论与实践研讨会 …… 309

■ 科技活动

中国航天科技教育联盟成立 …… 309
第 37 届青少年科技创新大赛颁奖 …… 309
联盟校园创客空间活动 …… 309
航天科普进校园活动 …… 309
阳光少年文化科普进校园活动 …… 310
科技文化夏令营 …… 310
北航刷新世界大学生航空发动机设计大赛中国学生最佳成绩 …… 310
中小学生航天科技体验与创意设计大赛 …… 310
第三届北京市大学生工程设计表达竞赛 …… 311
第四届小学生绿色创新挑战赛 …… 311
13 人获中小学生科学建议奖 …… 311
第九届北京市中小学生科学建议奖 …… 311

综合管理

综述

推进教育领域综合改革 …… 314
落实全国高校思想政治工作会议精神 …… 314
推进依法治教 …… 315
通州区教师素质提升支持计划 …… 315
防治中小学欺凌和暴力工作 …… 315
完成上级批示督办件 88 项 …… 315
教育系统安全稳定工作 …… 315
两委一室年度工作要点 …… 315
刘延东慰问民大师生 …… 316
林克庆调研普通高校 …… 316
向城市副中心派驻工作专班 …… 316
林克庆王宁调研高教园区 …… 316
北京高校思想政治工作会议 …… 316
第 28 届北京教育装备展示会 …… 317
直属单位年度工作绩效考核汇报会 …… 317
学习贯彻习近平考察政法大学讲话座谈会 …… 317
陈吉宁检查高考服务保障工作 …… 317
14 项公共服务事项入住政务服务中心 …… 317
市深改组教育体制改革专项小组成立 …… 318
推出教育便民新地图 …… 318
市教委增设内设机构并核增编制 …… 318
高校书记校长座谈会 …… 318
刘宇辉调研怀柔教育工作 …… 318
刘延东考察首师大 …… 318
权力清单调整 …… 319
陈宝生检查北京秋季开学 …… 319
空气重污染应急预案 …… 319

通州区基础教育质量提升计划 …… 319
郑吉春到昌平宣讲调研 …… 319
城市副中心教育战略与规划研究研讨会 …… 319
“首都教育”粉丝量突破 35 万人 …… 319
疏解部分高校学生 1.4 万人 …… 320
突发事件应急处理工作 …… 320
绩效任务落实推进 …… 320
公车改革 …… 320
信息报送 …… 320
构建教育社情民意数据平台 …… 320
办结人大代表建议和政协提案 …… 320

党的建设

学习宣传贯彻党的十九大精神 …… 320
推动教育系统党建工作 …… 321
“两学一做”学习教育常态化 …… 321
全面从严治党 …… 321
中小学校及民办学校党建工作 …… 321
加强高校思想政治建设 …… 322
录制三期党建难点访谈节目 …… 322
聘任第二批高校党建专家 …… 322
6 所高校接受中央专项巡视 …… 322
6 所高校接受教育部巡视 …… 322
基层党组织书记述职评议考核 …… 322
北京教育系统党建工作领导小组调整 …… 323
高校党建工作基本标准印发 …… 323
加强和改进高校党建工作的若干意见印发 …… 323
“两学一做”学习教育常态化实施方案 …… 323
高校第二批党建难点项目支持计划启动 …… 323
中国共产党成立 96 周年表彰大会 …… 323
机关主题党日活动 …… 323
中小学校党的建设工作会议 …… 323
民办学校党建实施方案印发 …… 324
联系基层党组织制度建立 …… 324
高校基层党建工作重点任务推进会 …… 324
两委一室机关第四次党员代表大会 …… 324
党务专题培训班 …… 324
教育系统学习贯彻党的十九大精神部署会 …… 325
党建基本标准入校检查 …… 325
高校学习贯彻党的十九大精神座谈会 …… 325
高校学习贯彻党的十九大精神宣讲团动员会 …… 325
教育系统党的十九大精神宣讲报告会 …… 325
蔡奇到清华宣讲党的十九大精神 …… 325
28 所中小学校入选第三批党建示范点 …… 326
机关团委第三次代表大会 …… 326
基础教育系统学习党的十九大精神报告会 …… 326
党务工作培训班 …… 326
推进社会组织两个覆盖 …… 326

政策法规

概述 …… 326
机关领导干部法律法规集中学习 …… 327
年度法治工作要点印发 …… 327
教育法治工作座谈会 …… 327
首届小学生法治教育情景剧展演 …… 327
《法治与校园》首批学生记者站启动 …… 327
首届中小学教师法治教育基本能力大赛 …… 327
中小学校章程建设推进 …… 328
“学宪法讲宪法”活动 …… 328
中小学校长依法治校专题培训 …… 328
中小学法治教育骨干教师培训 …… 328
青少年法治教育中心成立 …… 328
教育法治研究基地成立 …… 328
文件发布清理工作 …… 329
行政规范性文件 37 项印发 …… 329

组织干部工作

概述 …… 329
党代会代表推荐提名工作 …… 329
干部监督考核 …… 329
高校领导干部理论学习文章评审 …… 330
高校党委书记述职评议考核会 …… 330
高校组织部长会议 …… 330
延长高校领导干部退休年龄 …… 330
北京高校流动党员排查 …… 330
学习贯彻高校思政会精神培训班 …… 330
首次新任处级干部宪法宣誓 …… 330
下拨补助、党费返还 38121260.30 元 …… 330
领导干部调配 …… 331
领导干部个人事项报告工作 …… 331
从严管理干部 …… 331
出国（境）政审备案 …… 331
社团兼职清理规范工作 …… 331
教育系统各级各类干部教育培训 …… 331
干部挂职援派 …… 331
失联党员处置工作 …… 331
27 所高校完成党委纪委换届 …… 331
教育系统政工师评审 …… 332
人才选派工作 …… 332

宣传与思想教育工作

概述 …… 332
高校宣传教育工作会议 …… 332

高校形势政策报告会 …… 332
市属高校贯彻思政会议精神研讨班 …… 332
高校辅导员民族与宗教工作专题研修班 …… 333
学习贯彻思想政治工作会议精神专题报告会 …… 333
青年教师中国特色社会主义理论培训班 …… 333
研究生党员骨干培训班 …… 333
社会主义核心价值观主题教育活动 …… 333
大学生记者团集体采访活动启动 …… 333
第二批思政课改革示范点 …… 333
第二批北京高校思政课教育教学改革示范点名单 …… 334
高校思想政治工作系列报道推出 …… 334
名家领读经典市级思政课 …… 334
高校师生主题作品巡回展 …… 334
学习习近平新时代社会主义思想博士生宣讲团成立 …… 334
高校辅导员学习党的十九大精神研修班 …… 335
推动新时代社会主义思想“三进” …… 335
高校优秀学生基层组织创建活动 …… 335
高校红色“1+1”示范活动展示评选会 …… 335
高校青年教师社会调研优秀成果评选 …… 335
《习近平谈治国理政》第二卷读书研讨会 …… 335
社会主义核心价值观新媒体传播工作室 …… 336
北京高校社会主义核心价值观新媒体传播工作室支持名单 …… 336
新时代高校思想政治工作创新发展研讨会 …… 336
首批高校学业辅导示范中心 …… 336
全国“双巡”活动北京高校优秀辅导员宣讲团 …… 336
高校思政教学创新和教师队伍建设项目 …… 337
北京高校思想政治理论课教学改革创新重大项目名单 …… 337
北京高校思想政治理论课教师扬帆资助计划专项课题名单 …… 337
北京高校思想政治理论课教师择优资助计划名单 …… 337
多家媒体报道北京高校学习党的十九大活动 …… 337
思政课专职教师岗位补贴 …… 338
高校思政课建设加强 …… 338
哲学社会科学骨干研修班 …… 338

统一战线与群众工作

概述 …… 338
高校心桥工程实施意见印发 …… 338
高校民族宗教专题培训班 …… 338
高校对台交流小组成立 …… 339
高校统一战线工作意见印发 …… 339
高校工会工作意见印发 …… 339
高校统战大讲堂 …… 339
党外代表人士高级研修班 …… 339
高校系统全国及市政协委员换届 …… 339

纪检与监察

概述 …… 339
教育系统党风廉政建设工作会议 …… 340
直属单位党风廉政建设工作专项督查 …… 340
“两个专项”治理工作 …… 340
重要时间节点监督检查 …… 340
重要事项监督检查 …… 340
移送问题线索工作机制建立 …… 340

发展规划

概述 …… 340
环境与艺术学校并入北京服装学院 …… 341
成立人大附中通州学校 …… 341
扩大高校农村地区专项招生工作 …… 341
控制市属高校招生规模 …… 341
“十三五”时期高等学校设置规划 …… 341
表彰教育事业统计工作先进 …… 341
编制城市副中心基础教育设施规划 …… 341

财务

概述 …… 342
决算编报 …… 342
规范中小学改革发展项目管理 …… 342
预决算公开 …… 342
58 个教育项目绩效评价 …… 342
贯通培养生均定额标准调整 …… 342
事业单位产权登记 …… 342
四类基础教育寄宿学生生活补助标准调整 …… 342
预算编制 …… 343
部分基本经费拨款制度修订 …… 343

审计

概述 …… 343
工程跟踪审计 …… 343
整改跟踪检查 …… 343
年度审计工作会 …… 343
预算执行与决算审计 …… 343
经济责任审计 …… 344
对两所高校开展内部控制审计 …… 344
经济责任审计协调小组会 …… 344
治理教育乱收费工作会 …… 344
后续审计工作 …… 344

教育收费检查 …… 344
经责审计总结会 …… 344
审计整改工作实施办法 …… 345
内审工作质量评价 …… 345

基本建设

概述 …… 345
规范中小学室内装修改造 …… 345
中小学基本建设专业培训 …… 345
防汛工作巡检巡查 …… 345
市教育系统基本建设管理培训 …… 346
首师大附中通州校区改扩建工程开工 …… 346
市属高校新校区建设 …… 346

后勤管理

概述 …… 346
《北京市中小学生午餐推荐带量食谱》 …… 346
“营”在校园平衡膳食行动 …… 347
“阳光餐饮”工程建设实施方案 …… 347
中小学校食堂管理办法 …… 347
中小学校外供餐管理办法 …… 347
教育系统节能减排培训会 …… 347
高校后勤标准化创建达标验收工作会 …… 347
《高等学校碳排放管理规范》地方标准 …… 347
中小学在校就餐工作推进会 …… 347
《北京市中小学校服色彩体系》标准 …… 348
学校基地直供公益平台运行稳定 …… 348
征订学生装 104.6 万套 …… 348

校园安全工作

概述 …… 348
“平安校园”建设提升工程意见印发 …… 349
首都高校安全稳定工作会议 …… 349
校园周边环境秩序专项排查 …… 349
国家安全教育日宣传教育活动 …… 349
防治中小学生欺凌和暴力工作交流研讨会 …… 349
学校实验室危险化学品安全管理方案 …… 350
规范高校技防建设 …… 350
防治中小学生欺凌和暴力实施意见 …… 350
电气火灾综合治理实施方案 …… 350
危险化学品安全综合治理三年行动计划 …… 350
“校园安全宣传月”活动 …… 350
小学生交通安全帽配发 …… 351
投保校方责任保险及附加无过失保险 …… 351
中小学校长幼儿园园长安全专题培训 …… 351
安全隐患大排查大清理大整治专项行动 …… 351
平安校园建设考核工作 …… 351
危险化学品安全管理工作 …… 351

离退休干部与关心下一代工作

概述 …… 351
离退休干部工作实施意见印发 …… 352
关工委全体委员会议 …… 352
教育系统离退休干部工作会 …… 352
关心下一代工作会议 …… 352
北京高校老干部大讲堂 …… 352
关心下一代教育基地揭牌 …… 352
高校离退休干部思想状况调查 …… 352
建言党的十九大系列座谈会 …… 352
为党的事业增添正能量系列活动 …… 353
离退休党支部书记培训班 …… 353
主题教育读书活动演讲比赛 …… 353
教育老干部大学建校 20 周年 …… 353
教育系统关工委成立 25 周年 …… 353
全国职业院校关工委工作交流研讨会 …… 353
高校离退休干部工作研讨班 …… 353
关工委换届 …… 354
离退休人员学习贯彻党的十九大精神 …… 354
军训服装捐赠 …… 354
第四届全国中学生朗诵大会 …… 354
学习贯彻党的十九大精神专题报告会 …… 354
老少同听报告会活动 …… 354

语言文字

概述 …… 354
市民语言文化大讲堂启动 …… 355
小学生朗诵邀请赛 …… 355
中小学生辩论赛 …… 355
中小学教师和高中生演讲比赛 …… 355
首届国际语言文化博览会 …… 356
语言康复教育研究中心揭牌 …… 356
学校语言文字工作规范化建设检查 …… 356
语言文化数字博物馆项目通过鉴定 …… 356
语言文字工作规范化建设达标学校评选 …… 356
语言文化学校联盟成立 …… 356
中共北京市委教育工作委员会
书记、副书记、委员 …… 357
北京市教育委员会主任、副主任，
巡视员、副巡视员 …… 357
中共北京市委教育工作委员会北京市教育委员会
处室负责人 …… 357
中共北京市教育纪律检查工作委员会
书记、副书记 …… 357

中共北京市纪律检查委员会、北京市监察委员会驻中共北京市委教育工作委员会北京市教育委员会纪检监察组组长、副组长 …… 357

教育督导

综述

11 个区和燕山地区成立教育督导委员会 …… 360
教育督导政策、标准研制工作基本完成 …… 360
完善第三方教育评估监测机制 …… 360
发布 13 个教育督导报告 …… 361
召开专题学习会 …… 361
教育督导改革发展研讨会 …… 361
特约教育督导员座谈会 …… 361
唐立军调研小香玉艺术学校 …… 361
教育督导工作会议 …… 361
教育工作满意度调查 …… 362
教育督导与评价研讨会 …… 362
高招现场专题考察调研 …… 362
京津冀（青岛）教育督导区域协作研讨会 …… 362

政府履职督导

建立有偿补课长效治理工作机制 …… 362
春秋季开学专项督导检查 …… 363
初中实践活动实施情况调查 …… 363
市属行业企业履行法定教育职责督导检查 …… 363
区政府履行法定教育职责督导检查 …… 363
全市幼儿园办园行为专项督导评估 …… 363
区教育督导部门督政工作督导调研 …… 363
幼儿园责任督学挂牌督导工作启动 …… 364
中小学办学体制机制改革情况督导调研 …… 364

学校督导

市级中小学责任督学挂牌督导创新区评估认定 …… 364
高职院校课堂教学诊断和现状调研 …… 364
中小学校经常性督导和内部督导意见印发 …… 364
中小学培育和践行社会主义核心价值观督导评估方案 …… 365
市属高校师德建设和学风建设督导调研 …… 365
学校督导规程印发 …… 365
学科督导创新探索研讨会 …… 365
中小学培育和践行社会主义核心价值观督导调研 …… 365
基础教育学科教学改进情况督导调研 …… 366
国家级中小学校责任督学挂牌督导创新区创建工作 …… 366

评估与监测

规范第三方机构教育评估监测工作 …… 366
本科教学工作审核评估启动会 …… 366
国家义务教育质量监测工作 …… 366
市属高校本科专业评估试点完成 …… 367
教育评估监测第三方机构库建立 …… 367
本科教学工作审核评估培训会 …… 367
学前教育发展情况监测 …… 367
与北师大签署区域教育质量监测合作协议 …… 367
完成 4 所市属高校本科教学工作审核评估 …… 367
年度硕士学位论文抽检 …… 368

督学管理与信息化

教育督导信息化工作培训会 …… 368
督学队伍建设情况调研 …… 368
督学大讲堂 …… 368
市督学培训项目开班 …… 368
教育督导人员信息采集工作 …… 368
市中小学责任督学挂牌督导工作交流会 …… 368
督导信息管理应用平台新版上线运行 …… 369
市督学信息化应用专题培训 …… 369
市督学集中培训 …… 369

各区教育督导

石景山开展人民满意学校测评 …… 369
门头沟举办提升深山区学生文化艺术素养活动 …… 369
密云教育督导机构改革 …… 369
大兴开展“党建”专项督导 …… 370
海淀首家校外教育单位接受综合督导 …… 370
昌平完成国家义务教育质量监测 …… 370
延庆“减负”督导监测 …… 370
燕山开展“减负”专项督导 …… 370
海淀优秀督学表彰大会召开 …… 370
海淀调整督导科室职能 …… 371
怀柔完成教育系统创城专项督导工作 …… 371
密云开展镇街素质教育综合督导 …… 371
通州幼儿园实现责任督学挂牌督导全覆盖 …… 371
东城启动幼儿园责任督学挂牌督导 …… 371
房山幼儿园责任督学挂牌督导 …… 371
燕山幼儿园责任督学挂牌督导 …… 372
昌平幼儿园、民办中小学校挂牌督导全覆盖 …… 372
西城幼儿园责任督学全覆盖 …… 372
丰台幼儿园责任督学挂牌督导工作现场会 …… 372
海淀学前教育督导工作会 …… 372
丰台中小学教育满意度发布 …… 372
怀柔幼儿园责任督学挂牌督导 …… 372

朝阳注册幼儿园挂牌督导全覆盖 372
怀柔强化政府督导职能 373
朝阳开展中学诊断式督导 373
西城全面实施素质教育综合督导 373
北京市人民政府教育督导室主任、副主任 373
北京市人民政府教育督导室处室负责人 373
各区人民政府教育督导室主任 373

科学研究

综述

科技人员及投入 376
科技活动 376
科技产出 376
科技推广 376
人文社会科学人员及投入 376
人文社会科学活动 377
人文社会科学研究成果 377
北京实验室建设 377
26 项成果获国家科技奖 377
2016 年度国家自然科学奖二等奖（北京高校　第一完成单位） 377
2016 年度国家技术发明二等奖（北京高校　第一完成单位　通用项目） 377
2016 年度国家科学技术进步奖一等奖（北京高校　第一完成单位　通用项目） 378
2016 年度国家科学技术进步奖二等奖（北京高校　第一完成单位） 378
49 个北京市重点实验室被认定 378
2016 年度北京市重点实验室（北京高校） 378
2016 年度北京市工程技术研究中心（北京高校） 379
托马斯研究院在北航成立 379
3 项成果入选中国科学十大进展 380
50 项成果获市科学技术奖 380
2016 年度北京市科学技术奖一等奖（北京高校　第一完成单位） 380
清华与国家统计局共建数据开发中心 380
167 项成果获市哲社优秀成果奖 380
世界摩擦学大会首次在中国举办 380
11 人当选工程院院士 380
中国工程院 2017 年当选院士名单（北京高校） 381
9 人当选中科院院士 381
中国科学院 2017 年当选院士名单（北京高校） 381
两个北京实验室建设文件印发 381
两项成果入选中国高等学校十大科技进展 381

科研管理

122 个课题立项市“十三五”教育技术应用课题 381
建设期满的哲学社会科学研究基地评估 381
市属高校特色教育资源库项目验收完成 381
教育行业网络安全监管工作 382
500 个项目入选科研计划项目 382

科研成果

躲不开的食品添加剂获国家科技奖 382
急倾斜厚煤层走向长壁综放开采关键理论与技术获国家科技奖 382
电弧炉炼钢复合吹炼技术的研究应用获国家科技奖 382
高危非致残性脑血管病及其防控关键技术与应用获国家科技奖 382
中国发展指数 (2016) 与中国发展信心调查 (2016) 结果发布 382
揭示 RNA 剪接的关键分子机制入选中国科学十大进展 383
世界首个稳定可控的单分子电子开关器件入选中国科学十大进展 383
揭示水的核量子效应入选中国科学十大进展 383
世界首条超高分子量聚异丁烯中试生产线建成 383
水稻孕穗期耐冷基因克隆与进化研究成果发表 383
首次建立具有全能性特征的多潜能干细胞系 383
超高强韧马氏体时效钢研究成果发表 384
基金与高线资管业环境压力测试方法发布 384
基于故障关联信息的站域分布式新型保护系统通过鉴定 384
“算表”获吉尼斯世界纪录认证 384
金叶紫穗槐生态适应性与繁育技术研究通过验收 384
“月宫 365”计划实施 384
成功研制新一代微型化双光子荧光显微镜 385
电子商务经济监测、预测、政策模拟平台发布 385
量子研究领域取得重要突破 385
科学载荷登上国际空间站 385
首次实现人类胚胎干细胞体外诱导为卵泡样细胞 385
“神威·太湖之光”超级计算机蝉联世界超算冠军 385

高温气冷堆核燃料元件生产线第 20 万个球形燃料元件成功下线 …… 386
小肠干细胞和结直肠癌的调控新机制研究成果发表 …… 386
国产卫星导航地基增强系统应用于北斗系统民航飞行测试 …… 386
供热机组调峰运行控制关键技术及工程应用通过鉴定 …… 386
水果保鲜包装新技术获国家发明展览会金奖 …… 386
一种虚实结合的建筑施工工艺信息化教学装置获专利 …… 386
非线性地震模拟研究获“戈登·贝尔”奖 …… 387
《中华医学百科全书》首批 35 卷发布 …… 387
首台百万燃煤机组飞灰脱汞系统投入商业运行 …… 387
非对称微腔光场调控新原理研究入选高校十大科技进展 …… 387
5 纳米碳纳米管 CMOS 器件入选高校十大科技进展 …… 387
《中国语言文化典藏》丛书发布 …… 387
中国新建本科院校质量报告发布 …… 387
西藏首现鸟类足迹化石 …… 387

教育科学研究

北京市教育科学规划项目专家工作管理办法发布 …… 388
中医药教学化开发成果展示 …… 388
深化教育领域综合改革与学校课程一体化建设主题研讨会 …… 388
北京市生涯指导建设现场会 …… 388
《学习学》系列丛书发布 …… 388
学习方式变革研讨会 …… 388
全国首套数字化家庭教育跟随服务系统建立 …… 389
6 节小学禁毒教育课程成功研发 …… 389
基于核心素养五大领域的教学实验研究成果研讨会 …… 389
职业教育人才培养质量评价研究结题 …… 389
幼儿园课程实践与创新阶段性成果汇报会 …… 389
北京市教育规划课题立项 376 个 …… 389
19 项课题入选全国教育科学规划课题 …… 390

教育教学研究

初中英语听说教学系列研讨活动 …… 390
聚焦学生发展核心素养的高中课程创新专题研讨会 …… 390
北京市中国传统音乐“神州大地 鼓乐铿锵”主题大课堂教学研讨会 …… 390
第三届北京市小学语文教学观摩活动 …… 390
中小学教师优秀课堂教学设计征集与评选 …… 390
21 个单位成为课程建设先进单位 …… 391
172 节体育课例获“千人百课”优秀教学课例 …… 391
英语课堂教学观摩研讨会 …… 391
首届中小学主题班会观摩展示活动 …… 391
中小学心理健康教育主题交流展示 …… 391
中学历史教学设计总结会 …… 391

师资建设

综述

继续实施乡村教师支持计划 …… 394
中小学教师开放型教学实践活动 …… 394
通州试点中学教师开放型在线辅导计划 …… 394
思政课骨干教师、优秀辅导员人物肖像首发 …… 395
18 人获有突出贡献人才称号 …… 395
第 12 批“北京市有突出贡献的科学、技术、管理人才”名单（教育系统）…… 395
第五届高校辅导员职业能力大赛 …… 395
102 人入选长江学者奖励计划 …… 395
2016 年度“长江学者奖励计划”特聘教授入选名单（北京）…… 396
2016 年度“长江学者奖励计划”青年学者入选名单（北京）…… 396
市教委直属事业单位招聘 51 人 …… 396
31 人入选市优秀青年人才 …… 396
第八批“北京市优秀青年人才”表彰人选名单（教育系统）…… 396
通州区教师素质提升支持计划启动 …… 397
支持高校专业技术人员创新创业实施意见 …… 397
青年教师暑期社会实践 …… 397
625 人获市优秀教师称号 …… 397
132 人获市高等学校教学名师和青年教学名师奖 …… 397
当代教师风采微视频获奖 …… 398
当代教师风采微视频优胜作品（北京市）…… 398
当代教师风采微视频入围作品（北京市）…… 398
9 人获市人民教师称号 …… 398
“北京市人民教师”称号获得者名单 …… 398
北京市人民教师提名奖获得者名单 …… 398
庆祝教师节暨优秀教师代表座谈会 …… 398
7 人入选北京学者 …… 399
2017 年北京学者名单（教育系统及高校附属医院）…… 399

"紫禁杯"优秀班主任评选表彰30年纪念活动 …… 399
社会组织党建工作补充调研 …… 399
5103人获乡村学校从教30年证书 …… 399
市属高校及中小学岗位设置摸底 …… 399
高校与新闻单位互聘"千人计划"工作座谈会 …… 400
191人入选市优秀人才个人项目 …… 400
35人入选当代教育名家 …… 400
"当代教育名家"名单(北京) …… 400
"中国好老师"公益行动计划推进会 …… 400
高校及直属单位岗位设置方案调整审核及备案工作 …… 400
接收安置军转干部75人 …… 401
9家社团成立 …… 401
教育装备行业协会完成行政机关脱钩 …… 401
支持通州区教师素质提升 …… 401

师资管理

班主任队伍建设优秀成果表彰会 …… 401
市优秀班主任研究室成立 …… 401
中小学教师绩效奖励激励机制项目管理补充办法 …… 401
2017市属高校高水平教师队伍建设支持计划 …… 401
108人进入教师发展基地学习 …… 401
4所高校入选教师考核示范校 …… 402
校长境外学历认证 …… 402
市教师管理信息系统维护工作 …… 402
签订师范生免费教育协议书 …… 402
通州区名校长工作室启动 …… 402
2018年度市属高校高水平教师队伍建设支持计划 …… 402
市职业院校教师素质提升计划 …… 402
首批高校辅导员工作室年度总结考评会 …… 402
教师管理服务平台实现中小学教师全覆盖 …… 403
乡村教师特岗计划招聘331人 …… 403
调剂增加优质高中教育资源校教师编制465个 …… 403
市属高校科技成果转化岗备案58人 …… 403

师资培训

"十三五"校外教师系列培训 …… 403
"十三五"时期中小学教师培训学分管理办法 …… 404
"十三五"时期幼儿园干部教师培训工作实施意见 …… 404
第二批名校长发展工程启动 …… 404
首届新任教师教学风采展示活动 …… 404
校长专题培训 …… 405
举办中小学美术教师作品展 …… 405
市级高端教师培训项目 …… 405
中小学各类干部专题培训 …… 405
研发社会主义核心价值观与中华优秀文化公共必修课 …… 405
25所乡村学校实施协同创新学校计划 …… 405

职称评定与资格认定

19263人通过教师资格认定 …… 406
222人获市特级教师称号 …… 406
高校教师155人晋升专业技术职务 …… 406
中专教师67人晋升专业技术职务 …… 406
中小学教师71人晋升正高级教师 …… 406
2017年北京市中小学正高级教师评审通过人员名单 …… 406
组织教师资格考试 …… 407

学生管理

综述

毕业生就业创业 …… 410
学籍学历管理 …… 410
大学生征兵工作 …… 410
定向生履约管理 …… 410
高校毕业生就业创业工作电视电话会议 …… 410
首个智能化学生卡管理中心建成使用 …… 410
高校学生转学工作意见印发 …… 411
高校毕业生就业质量年度报告发布 …… 411

学籍管理

新生学籍电子注册 …… 411
学历证书电子注册 …… 411
高校学生学籍学历与就业情况发展报告发布 …… 411

创新创业

中国互联网＋大学生创新创业大赛北京赛区启动 …… 411
北京地区高校创新创业教育峰会 …… 412
14所高校入选第二批北京市深化创新创业教育改革示范高校 …… 412
4所高校入选全国创新创业典型经验高校 …… 412
97支优秀创业团队入驻市级创业园孵化 …… 412
13个中心入选第二批北京高校示范性创业中心 …… 412
8所高校分园纳入北京高校大学生创业园孵化体系 …… 412
北京地区高校大学生创业园高校分园名单 …… 413

毕业与就业

毕业生就业工作会 …… 413
高校毕业生赴新疆和西藏开展基层工作 …… 413
高等教育培养毕业生 235318 人 …… 413
2018 年毕业生就业工作会 …… 414
138 场毕业生双选会 …… 414

征兵工作

退役大学生士兵专场招聘会 …… 414
高校征兵工作动员部署 …… 414
夏秋季征兵工作动员大会 …… 414
退役大学生士兵就业就学工作落实 …… 414

奖贷助学

全国学生资助规范管理年大检查 …… 415
落实学生资助政策 …… 415
资助政策十周年 …… 415
学生资助制度完善 …… 415

招生与考试

综述

落实“大考务”理念 …… 418
考试命题特色鲜明 …… 418
“四个严”确保平安高考 …… 418
政府统筹义务阶段入学工作 …… 418
中考改革持续推进教育均衡化发展 …… 419
高考综合改革工作机制建立 …… 419
高考改革平稳有序实施 …… 419
持续调减市属高校和职业学校办学规模 …… 419
研究生招生改革 …… 419
成人高考招生继续扩大改革试点范围和规模 …… 420
高等教育自学考试改革稳步推进 …… 420
社会考试顺利完成 …… 420
北京成为第二批高考综合改革试点省市 …… 420
完善优质高中名额分配招生 …… 420
高考突发事件应急处置领导小组成立 …… 420
教育考试招生工作电视电话会议 …… 420
2018 年中考新增科目 …… 421
高职院校分类考试招生改革推进 …… 421
市属高校研究生招生适度增长 …… 421
市属成人高等教育招生基本稳定 …… 421
全国独立设置音乐院校本科招生工作研讨会 …… 421

高级中等学校招生

概述 …… 421
1301 名随迁子女符合申报中等职业学校条件 …… 421
高级中等学校招生简章（2017 年）发布 …… 422
1800 名考生获得加分和优先照顾录取资格 …… 422
818 人参加体育特长生统一测试 …… 422
60467 人参加中考文化课考试 …… 422
中考统招录取 38736 人 …… 422
64979 人参加 2018 年中考英语听说机考 …… 422

高中毕业会考

概述 …… 422
91287 人报名参加春季高中会考 …… 423
自主会考成绩验收 …… 423
核发高中会考合格证 …… 423
53358 人报名夏季高中会考 …… 423
87938 人报名 2018 年春季会考 …… 423

普通高等学校招生

概述 …… 423
2513 名高职生升入本科学习 …… 423
367 人报考高水平运动队招生统一测试 …… 423
28 所高校完成高职自主招生 9773 人 …… 424
1146 人参加体育专业测试 …… 424
36378 人参加外语口试 …… 424
649 人参加体育单招文化课统一考试 …… 424
231 人在京参加港澳台学生联招考试 …… 424
50539 人参加高考文化课考试 …… 424
普通高校最低录取控制分数线确定 …… 424
高校招生计划汇总 …… 424
高考招生录取 54904 人 …… 424
63073 人报考 2018 年高考 …… 425
4252 人参加 2018 年美术类专业统一测试 …… 425
55295 人报名英语首次听力机考 …… 425
1196 人参加 2018 年高水平艺术团招生测试 …… 425

研究生招生

概述 …… 425
全国统一命题科目评卷完成 …… 425
推荐 14628 人免试攻读研究生 …… 426
25618 人报考同等学力申请硕士学位全国统考 …… 426
硕士研究生录取 95341 人 …… 426
博士研究生录取 23612 人 …… 426
322897 人报名 2018 年硕士生入学考试 …… 426
112397 人参加 2018 年硕士生招生考试 …… 426

成人高等学校招生

概述 …… 426
75281 人参加上半年成人本科学士学位英语考试 …… 426
成人高校招生专业比上年减少 …… 427
71963 人报考成人高校招生考试 …… 427

80769 人报考下半年成人本科学士学位英语考试 …… 427
成人高校招生统考及阅卷工作 …… 427
成人高校招生录取最低控制分数线划定 …… 427
成人高校招生录取 44066 人 …… 427

高等教育自学考试

概述 …… 427
65642 人报考 4 月自学考试 …… 428
高等教育自学考试非学历证书考试 …… 428
74844 人报考 10 月自学考试 …… 428
自考本科毕业生网上申办学位 …… 428

社会考试

概述 …… 428
中小学教师资格考试 …… 428
112639 人报考全国计算机等级考试 …… 429
北京英语口语证书考试 …… 429
中国书画等级考试 …… 429
北京地区全国大学英语四、六级考试 …… 429
北京市国家司法考试 …… 429

中外合作考试

概述 …… 429
9524 人参加英语口语等级考试 …… 429
3245 人参加剑桥英语教学能力证书考试 …… 429
托福及 GRE 考试 …… 429

交流与合作

综述

首都教育对外交往格局优化 …… 432
对外交流层次提高 …… 432
对外交往内容丰富 …… 432
对外推介力度加大 …… 432
外籍人员子女学校加强管理和指导 …… 433
规范因公出国（境）管理 …… 433
国家公派出国留学 …… 433
港澳台教育交流力度提升 …… 433
法国总理访问北大 …… 434
沙特阿拉伯国王访问北大 …… 434
马达加斯加总统访问人民大学 …… 434
首都学生外语展示系列活动 …… 434
挪威首相访问北大 …… 434
取消自费出国留学中介机构资格认定许可 …… 434
埃塞俄比亚总理访问外经贸大 …… 434
第六届世界和平论坛 …… 435
加拿大总督访问清华 …… 435
多米尼克国总理访问清华 …… 435
中日大学生千人交流大会 …… 435
塔吉克斯坦共和国总统访问清华 …… 435
北京市民讲外语游园会 …… 435
第 14 届北京论坛 …… 436
巴拿马总统访问人民大学 …… 436
韩国总统访问北大 …… 436

国际交流与合作

■ 中外合作办学

概述 …… 436
北京中法实验学校揭牌 …… 436
规范中外合作办学管理 …… 437

■ 友好往来

北师大召开金砖国家经贸合作重点议题专家交流会 …… 437
2017 年金砖国家智库论坛 …… 437
北京—济州道高中生互访交流 …… 437
78 个项目入选北京市中小学友好校交流项目 …… 437
中美大学校长论坛 …… 437
中英校长交流会 …… 438
北京—世宗青少年艺术交流活动 …… 438
北京—首尔青少年体育友好交流大会 …… 438
海丝艺术发展国际论坛 …… 438

■ 一带一路

“一带一路”与中国特色大国外交高端论坛 …… 438
“一带一路”中波大学联盟成立 …… 438
清华“一带一路”战略研究院揭牌 …… 439
首届中国“一带一路”与古丝绸之路重要货源地旅游发展论坛 …… 439
“一带一路”音乐教育联盟成立 …… 439
高校参与“一带一路”情况新闻媒体座谈会 …… 439
首届“一带一路”涉外法律服务论坛 …… 439
“一带一路”沿线国家经济社会发展报告发布 …… 439
六种语言发布《“一带一路”故事》丛书 …… 439
海淀民族小学参加“一带一路”沿线国家儿童节活动 …… 440
《中国与“一带一路”沿线国家经贸合作国别报告》出版 …… 440
26 所学校成为首批“一带一路”国家人才培养基地 …… 440
北京市“一带一路”国家人才培养基地项目入选学校 …… 440
“一带一路”学术出版联盟成立 …… 441
首届“一带一路”语言文化高峰论坛 …… 441
冰雪运动“一带一路”联合实验室成立 …… 441

"一带一路"建设与全球治理国际研讨会 …… 441
"一带一路"建筑类大学国际联盟成立 …… 442
《"一带一路"2017 年度十大进展和 2018 年十大趋势》发布 …… 442
"一带一路教育对话"论坛 …… 442
"一带一路"经贸合作与民族事务治理研讨会 …… 442
首届"一带一路"大学校长论坛 …… 442
职业教育服务"一带一路"战略 …… 442
■ 外国学生教育与管理
概述 …… 443
外国留学生汉语之星大赛 …… 443
国际学生北京夏令营 …… 443
中国寻根之旅魅力北京夏冬令营 …… 443
北京市中小学外国学生汉语节 …… 444
■ 国际汉语教育
首届汉教英雄会 …… 444
欧盟来华研修班结业 …… 444
友好城市汉语培训班 …… 444
首都高校学生赴国外教学实习 …… 444
首届汉语视听说教学理论与应用研讨会 …… 444
孔子学院及课堂建设 …… 445
汉语教师和志愿者招募及派出 …… 445
驻华使馆官员汉语学习课堂 …… 445
境外汉语教师培训 …… 445
对外汉语教学培训 …… 445
北京汉语网宣传推广 …… 445
港澳台侨交流与合作
概述 …… 445
京港学校交流 …… 446
京港澳职业院校金融投资大赛 …… 446
内地与港澳法学教育联盟成立 …… 446
北京—澳门中学生科技合作交流 …… 446
京港澳学生交流夏令营 …… 447
寰宇暑期实习计划 …… 447
京台基础教育校长峰会 …… 447
京沪港澳红十字青年人道问题辩论赛 …… 447
香港入境事务处赴内地研修 …… 447
京港澳姊妹学校及平台建设 …… 448
对口支援与区域合作
概述 …… 448
京藏优质教育资源远程互动教学项目启动 …… 448
京沈教育对口合作 …… 448
京豫高校合作签约 …… 448
对口支援干部教师选派 …… 449
京津冀沪宁晋川交通职教集团联盟成立 …… 449
教育系统对口支援相关单位和个人获表彰 …… 449
北京市对口支援工作先进个人名单(10 人) …… 449
公安大学成立西藏人才培养办公室 …… 449
京银教育合作框架协议签订 …… 449
西藏内高班教育改革和发展研讨会 …… 449
39 个"内涵式"培训班 …… 450
"融入式"跟岗研修 …… 450
"组团式"支教 …… 450
"精准式"送教 …… 450
"手拉手"合作落实 …… 450
倾情帮扶受援合作地区内高班师生 …… 450
运用信息技术实现资源共享 …… 451
受援地师生到京游学 …… 451
推动职业教育东西协作行动计划落实 …… 451
加强与河北省扶贫协作 …… 451
援助雄安新区办学 …… 451
京津冀教育协同发展
综述
职业教育推动京津冀协同发展 …… 454
京津冀教育协同发展工作推进会 …… 454
京津冀诵读展演大赛 …… 454
京津冀基础教育装备协同发展框架协议签订 …… 455
京津冀青少年柔道邀请赛 …… 455
京津冀红十字青少年交流营 …… 455
京津冀教育协同发展备忘录 …… 455
京津冀职业院校校长高级研修班 …… 455
京津冀发展报告(2016)获奖 …… 455
2017 京津冀校长交流会议 …… 456
首届京津冀高校辅导员发展论坛 …… 456
首届京津冀兵棋推演邀请赛 …… 456
第三届京津冀大学生思政教育协作论坛 …… 456
京津冀高校大学生艾滋病防控宣传辩论赛 …… 456
第三届京津冀中学生辩论邀请赛 …… 457
第一届京津冀中小学生辩论赛 …… 457
12 个京津冀高校联盟成立 …… 457
河北省骨干校长赴京挂职 …… 457
学前教育
大兴七幼开展京津冀幼儿园"手拉手"活动 …… 457
三区市幼儿园骨干教师跨区交流 …… 457
北京一幼与崇礼区一幼签约合作 …… 458
明天幼稚集团与河北易县幼儿园对口支援签约 …… 458

基础教育

京津冀中小学师生美术作品展 …… 458
京津冀中学协同发展工作会 …… 458
京津冀中学历史核心素养专题高端论坛 …… 458
京津冀“非遗进校园”交流活动 …… 459
京津冀青年教师成长五校联盟活动 …… 459
承德市隆化县、丰宁县中学生北京夏令营 …… 459
京津冀中小学班主任共同体第二届研讨交流年会 …… 459
京津冀特教学校研讨会 …… 459
京津冀地区盲校教育新编教材教学研讨会 …… 459
聋校义务教育新编教材京津地区教学研讨会 …… 460

高等教育

京津冀金融支持产业升级高端论坛 …… 460
京津冀协同创新与科技成果转化论坛 …… 460
京津冀理工类高校魅力汉语大会 …… 460
首届京津冀休闲体育论坛 …… 460
首届京津冀高等学校大学生测绘技能大赛 …… 461
京津冀高校首届研究生网络与信息安全技术大赛 …… 461
京津冀农业科技人才协同发展研讨会 …… 461
京津冀协同创新联盟高校首届教育信息化协作论坛 …… 461
京津冀农林高校协同创新联盟年会 …… 461
首届京津冀地区东盟留学生汉语大赛 …… 461

职业与继续教育

京津冀职业技术技能交流赛 …… 462
京津冀中职校会计文化节 …… 462
京津冀职成院校中华优秀传统文化传承与创新发展联盟成立 …… 462
京冀职业院校（高职组）中华茶艺技能大赛 …… 462
“雄·安·丰·容”电子商务联盟成立 …… 462
京津冀民族吹管乐器及打击乐器演奏邀请赛 …… 462
京保石邯职业教育联盟成立 …… 463
京津冀出入境服务领域产教联盟启动 …… 463
第二届京津冀养老高峰论坛 …… 463
京津农广校师资培训交流 …… 463

各区教育

东城区

概述 …… 466
青少年优秀传统文化教育大讲堂 …… 467
小学工作总结会 …… 467
“文化·传承 2030 工程”启动 …… 467
教育综合改革推进会 …… 467
第 20 届学生艺术节项目展演 …… 468
民办教育机构参与小学教学改革研讨 …… 468
交通安全文化节启动 …… 468
经典诵读实践活动 …… 468
教师礼仪规范首发 …… 468
学区制改革论坛 …… 469
小学世界读书日活动 …… 469
东城教育网络学习中心平台上线 …… 469
“1+3”培养试验项目研讨 …… 469
校园足球赛 …… 469
禁毒教育片首发式 …… 469
学院制改革推进研讨会 …… 470
年度教育工作会 …… 470
青少年科技后备人才拔尖培养计划启动 …… 470
青少年法治教育学院成立 …… 470
全民终身学习活动周启动 …… 470
艺术教育成果展示 …… 471

西城区

概述 …… 471
德育“四个一”活动 …… 472
推进中考中招改革 …… 472
“城宫计划”实现义务教育阶段全覆盖 …… 472
继续整区推进学农实践活动 …… 472
小初衔接课堂教学研讨会 …… 473
两个教育集团成立 …… 473
义务教育入学工作 …… 473
第十届市民讲外语风采大赛 …… 473
考核验收 56 所幼儿园 …… 473
中国京剧梅派艺术传承基地落户 …… 474
3 所幼儿园晋升级类 …… 474
非遗进校园推进会 …… 474
中考中招工作完成 …… 474
“高校支持西城区小学发展”项目签约 …… 474
完成秋季招生工作 …… 474
棉花胡同幼儿园松树街分园开园 …… 474
自考工作 …… 475
第 13 届“西城杯”小学课堂教学评优活动 …… 475
学校资源整合 …… 475

朝阳区

概述 …… 475
小学生绘制我家根脉图活动 …… 476
国旗文化培训 …… 476

解决入园难问题 …… 476
初中学校学科魅力月活动 …… 476
职业能力培养工程 …… 477
完善特教工作制度 …… 477
第十届中小学阅读日学术研讨会 …… 477
朝阳区养老人才培养联盟成立 …… 477
幼儿园质量评估 …… 477
学区教研工作站成立 …… 477
中小学教师职称评审完成 …… 477
中小学体质健康标准监测 …… 478
付晓洁办学实践研讨会 …… 478
朝阳区义务教育课程改革项目办公室成立 …… 478
体育教育教学质量提升计划总结会 …… 478
儿童摄影学校庆祝挂牌 30 周年 …… 478
宁鸿彬语文教育思想研讨会 …… 478
中外团队教学研究项目 …… 478
中小学主题班会评优活动 …… 479
公租房入住 …… 479
疫情接报处置工作 …… 479
183 人受聘成为特殊教育骨干教师 …… 479
学生资助工作 …… 479

丰台区

概述 …… 479
校长书记工作室成立 …… 480
首届体育舞蹈比赛 …… 480
3 个劳模工作室成立 …… 480
创建文明示范区展示交流会 …… 480
丰台区职业与成人教育集团成立 …… 481
首都市民学习之星评选 …… 481
少先队丰台第六次代表大会 …… 481
方庄教育集群发展与改革理论座谈会 …… 481
大成学校办学实践研讨会 …… 481
“春苗计划”培训项目启动会 …… 482
民办机构参与学科教改项目研讨会 …… 482
综合实践课程现场展示 …… 482
“晓月杯”中小学骨干班主任表彰 …… 482

石景山区

概述 …… 482
中小学综合检查 …… 483
融合教育培训 …… 483
教科研部门支持中小学发展成果展示 …… 483
名著阅读论坛活动启动 …… 483
接受国家义务教育质量监测 …… 483
法制共建协议签署 …… 484
特殊奥林匹克融合学校运动会 …… 484
民族团结教育月活动 …… 484
北大附中附小石景山教育集团成立 …… 484
全民终身学习活动周 …… 484
第三届“少年说”系列教育活动 …… 485
教师队伍专业化发展 …… 485
对口支援与交流工作 …… 485

海淀区

概述 …… 485
3 所学校委托承办 …… 486
两所学校更名 …… 486
3 名学生获“市长奖” …… 487
召开 4 次办学实践及教学实践研讨会 …… 487
积极心理健康教育研讨 …… 487
少年科学院成立 …… 487
宣传思想工作会 …… 488
完善义务教育入学规则 …… 488
推进中考中招制度改革 …… 488
学生获世界青少年国际象棋冠军 …… 488
人大附中北大附小联合实验学校开学 …… 488
首届中小学生学区足球联赛 …… 488
网络安全服务大队成立 …… 489
中学教育工作会 …… 489
疏解整治促提升专项行动 …… 489
整顿未经审批自办学校幼儿看护点 …… 489
小学教育工作会 …… 489

门头沟区

概述 …… 490
校园足球德国训练营 …… 490
青年教师风采展示活动 …… 490
中小衔接课程建设研讨会 …… 490
生态课堂建设研讨会 …… 490
首届书香校园评选表彰活动 …… 490
教育机构变更 …… 491
第 35 届学生科技节 …… 491
领导干部经济责任审计新举措 …… 491
教育科研工作大会 …… 491
研学旅行活动 …… 491
落实乡村教师岗位生活补助 …… 491

房山区

概述 …… 491
职成教育工作 …… 492
乡村教师支持计划推进会 …… 492
两人获全国“最美中学生”称号 …… 492

苏霍姆林斯基教育思想研究会成立 ·················· 492
与育才教育集团签约合作 ························ 492
与首师大附中签约合作 ························· 493
与回民学校签约合作 ·························· 493

通州区

概述 ···································· 493
“互联网 +”助力全面深化教育综合改革
总结会 ································· 494
通州区家庭教育研究中心成立 ···················· 494
第 20 届学生艺术节舞蹈和器乐展演 ················ 494
教育高端引领培养工程总结展示会 ················· 494
多种渠道方便入学 ···························· 494
第 35 届学生科技节 ·························· 494
永乐店中学教育联盟成立 ······················· 495
隔代育婴培训启动 ···························· 495
反校园欺凌教育行动启动 ······················· 495
首届“京教杯”教师基本功总结表彰会 ·············· 495
梨园学堂揭牌 ······························· 495
接管台湖镇 2 所配套幼儿园 ····················· 496
3 所幼儿园通过市级示范园验收 ··················· 496
乡村教师计划补助补发 ························· 496
潞苑小学投入使用 ···························· 496
职成教育定位与发展研讨会 ······················ 496
市民终身学习平台“通学网”开通 ················· 496

顺义区

概述 ···································· 496
寒假教育培训大会 ···························· 497
书院式教育干部培训 ·························· 497
非法幼儿园关停专项行动协调会 ··················· 497
教育单位变更 ······························· 497
西辛小学教育集团教育风采展示会 ················· 498
国家义务教育质量监测 ························· 498
港馨小学凤秧歌参加中国教育电视台节目录制 ········· 498
“高参小”班会展示活动 ························ 498
国学讲堂开讲 ······························· 499
全国青少年航海模型总决赛获佳绩 ················· 499
顺义区教育财务管理服务中心成立 ················· 499
特殊支持教育中心迁址 ························· 499
多种活动提升教师综合素养 ······················ 499
民族团结教育现场会 ·························· 499
教育人才公租房分配会 ························· 499
中学生古诗文成语大赛 ························· 499
首师大杨镇实验幼儿园揭牌 ······················ 500
校服管理工作 ······························· 500

昌平区

概述 ···································· 500
学生健康体检 ······························· 501
城乡市民教育大讲堂培训 ······················· 501
中小学优秀健康教育课评比 ······················ 501
非遗入校园交流研讨会 ························· 501
教育系统校长培训 ···························· 501
民族团结教育现场会 ·························· 501
学习型城区建设成果展示 ······················· 501
首届中高职信息化教学设计比赛 ··················· 502
两所幼儿园通过市级一级一类园验收 ················ 502
中招录取工作 ······························· 502
华北电力大学回龙观幼儿园开园 ··················· 502
学校特色建设现场会 ·························· 502
高校支持附中附小项目座谈会 ···················· 502
学生常见病及健康危险因素监测 ··················· 503
首届机器人大赛 ····························· 503
课程建设专项视导 ···························· 503
教育史电子库及实物库建设 ······················ 503
教师资格认定 ······························· 503
制作教育专题电视节目 56 期 ····················· 503

大兴区

概述 ···································· 504
中学教育工作会 ····························· 504
学前教育工作会 ····························· 504
科研名师工作室开展系列培训 ···················· 504
首届中学生中华传统诗词大赛 ···················· 505
中招体检工作完成 ···························· 505
中学班主任生涯教育高研班 ······················ 505
中小学生舞蹈节 ····························· 505
青少年教育活动基地挂牌 ······················· 506
高等教育自学考试 ···························· 506
4 个大兴农广校镇工作站挂牌 ···················· 506
审核小学校本教材 ···························· 506
学校布局调整 ······························· 506
新建幼儿园开园 ····························· 506
北京小学大兴分校亦庄学校投入使用 ················ 506
魏书生教育实验基地揭牌 ······················· 506
大兴一中成为“1+3”培养项目改革试点 ············· 507
二中亦庄学校并入人大附中教育团队 ················ 507
4 所成人学校通过新型职业农民培训基地
验收 ·································· 507
亦庄协作区首届科技教育嘉年华 ··················· 507
推进早期教育工作 ···························· 507

幼儿园市级类别验收 507

怀柔区

概述 507
幼儿园课程建设培训 509
板栗修剪培训班 509
小学校长发展工作室活动 509
送教上门研讨交流 509
第 20 届中小学生艺术节舞蹈比赛 509
评选首届十大美德少年 509
民俗旅游接待服务品质提升培训 509
融合教育培训会 509
市级示范园验收 510
两个学前工作室启动 510
桥梓镇中心幼儿园迁址 510
养成教育三年行动计划专题培训会 510
学科综合实践活动管理机制研讨 510
学前教育联盟半日观摩活动 510
首届小学生攀岩比赛 511
首届中小学生排球赛 511
第 35 届学生科技节 511
食品安全创新科普进校园活动 511
新建 3 个镇乡社区教育中心 511
30 名非京籍应届研究生进入教师队伍 511
低收入农户家庭学生资助工作 511

平谷区

概述 512
教师基本功大赛总结大会 513
提高教育教学质量专题论坛 513
首届职业学校教师教学基本功竞赛 513
首家民办园晋升市级一级一类园 513
校 (园) 长科研领导力提升三年行动计划启动 513
学习型城市建设成果展示交流会 513
幼儿读书节 513
德育体系构建研讨 514
人事管理系统应用培训会 514
河西走廊科学考察活动 514
常态课视导活动 514
农民继续教育教材出版 514
主题教育读书活动 514
初中教学工作汇报交流会 514
幼儿园特色打造系列活动 515
新型职业农民培训 515
安全隐患大排查 515
民办园园长观摩活动 515
高中学科竞赛 515

密云区

概述 515
干部教师培训 516
成人教育社区教育工作交流研讨 516
小学校长研究工作室项目总结活动 517
中学校长办学实践研讨会 517
新增 4 所市级一级一类园 517
幼儿园课程建设交流研讨会 517
名师工作室建设总结大会 517
首届美丽少年诗词大会 517
资源教师走进北庄中心小学 517
小学生水文化之旅活动 517
直播课堂首次授课 518
第 35 届学生科技节 518
“倡家风讲规矩传美德”总结表彰会 518
小学生演讲展示活动 518
美丽中学生表彰会 518
推动职业教育转型发展 518
执行教师准入标准 518
3 所学校建设工程完工并投入使用 518
各项扶贫助学资金发放 519

延庆区

概述 519
教师岗位交流工作 520
教师业务培训 520
名师名校长培养项目启动 520
十佳美德少年 520
微德育视频评选活动 520
农民中专班 520
首届中小学生风筝节 521
学校干部到东城挂职培训 521
首届延教杯课堂教学评优课展示 521
第三届社团嘉年华活动 521
中学生汉字听写大赛 521
庆祝建园展示活动 521
区教育督导委成立及区教委内设机构调整 522
两所幼儿园新建工程完成 522
养成教育三年行动计划解读 522
落实各项减免政策 522
教师职称评定工作 522
教师资格认定 522
招聘 104 人补充教职工队伍 522

燕山地区

概述 523
青少年校外教育工作会 524
中小学足球联赛 524
第五届教育科研工作会 524
3 所幼儿园通过市级示范园验收 524
首届新任教师教学风采展示活动 525
3 所优质园半日开放观摩活动 525
第 25 届中小学生田径运动会 525
中小学生健康体检 525
青少年法制教育基地揭牌 525
非物质文化体验活动 526
中小学生茶艺大赛 526
传统文化课程与活动展示 526
老年教育推进大会 526
各区委教工委、区教委领导名单 526

社会团体

北京市教育学会

概述 530
签约支教华师大二附黄中 530
马芯兰数学“翼课程”教育思想研讨会 530
“通州课程建设人才培养”专题培训 531
首都书法教育 2017 学术前沿论坛 531
学术年会 531
农村中小学教育研究会成立 531

北京市高等教育学会

概述 531
优秀高等教育研究机构评选 532
全国研究生英语教学改革研讨会 532
北京高校信息化工作论坛 532
电工学青年教师教学比赛 532
《现代外语教学与研究 (2017)》论文集出版 532
市属高校“双一流”建设专题调研 532
6 个研究分会召开学术年会 532

北京市职业技术教育学会

概述 532
搭建校企合作平台 533
中职学校公共基础课程教学成果展示 533
与区教委合作开展课题研究 533

北京民办教育协会

概述 533
政府购买社会组织服务项目监督管理 533
民办高校办学特色经验交流活动 533
“社会组织公益行”系列活动 534

北京市学前儿童保教工作者协会

概述 534
科学创新幼儿趣味体操高级研修班 534
托幼机构家园共育观摩 534
幼儿园膳食安全、营养烹饪技能专题培训 534

北京老教育工作者总会

概述 534
赴密云支教 535
表彰“融入社区、服务社区”先进工作者 535
纵横汉字输入技能大赛 535

北京校外教育协会

概述 535
承办阳光少年系列活动 535
承办多项校外教育活动 536

北京高校国防教育协会

概述 536
推进引领学生思想的育心工程 536
推进增强学生心智体魄的育体工程 536
推进提高会员和学生国防素质的育林工程 537

北京教育装备行业协会

概述 537
组织参加中国教育装备展示会 537
初步完成脱钩工作 537

北京市红十字会

概述 537
海淀寄读学校成为全国首家红十字青少年人道教育实验基地 538
首届首都红十字青年国际人道问题辩论赛 538
2017 人道教育第一课 538
海淀区红十字会学工委海淀学区分会成立 538
首届首都高校造血干细胞公益宣传动画大赛 538
通州区实现全区中小学教学班急救箱全覆盖 538
首都高校手语歌大赛 539
首都高校防艾主题活动 539

北京市民族教育学会

概述 539
与外省市教育交流 539
培训基地揭牌 539

市教委直属单位

北京教育科学研究院

概述 542
与燕山办事处合作办学 542
北京市课程建设优秀成果评选 542
“欢创 N 次方·联盟共成长”六一游学活动 543
走进 4 个区开展教学调研 543
“学生欺凌和暴力与学校危机管理”研讨会 543
实验学校联盟年会 543
第四届北京教育论坛 543
国际学生评价项目 (PISA) 培训会 543
首届全国可持续发展教育高级培训班 544
3 个质量报告编制完成 544
幼儿教师专业素养提升培训 544
《教育快报》编印完成 544

北京教育考试院

概述 544
“艺考面对面”高招广播咨询活动 545
学业水平考试（会考）评价体系研究课题结题 545
中招网络及电话咨询 545
2017 年中考情况通报会 545
中高考英语听说机考系统通过验收 545
针对各区开展考试评价服务 545
中、高、会考考试评价研究 545

北京教育音像报刊总社

概述 546
20 万名中小学生参加丘瑞斯英语达人争霸赛 546
“世界读书日”活动 546
实践研训活动 546
教师节公益活动 546
第五届高校普法微视频作品征集评选 547
家庭教育公共服务平台设立 547
走进 33 所学校拍摄《身边的好学校》 547
“健康教育进校园”系列活动 547

北京市教工休养院

概述 547
建立内控制度 548
硬件设施改造工程 548

北京市校办产业管理中心

概述 548
各项国有资产日常监管工作 548
事业单位所属企业国有资产产权登记 549
国有企业财务会计决算 549
校办企业国有资产监管自查 549
科技成果转化数据库完善 549

北京教育网络和信息中心

概述 549
骨干光纤及信息安全运维 550
市教委门户网站运维管理 550
虚拟现实实验教室建成 550
电子政务系统及日常技术支持 550
基础设施服务优化改造 551
数据中心 IT 及基础设施维护管理 551
教育信息网及科研网出口运维 551

北京教育综合服务中心

概述 551
2017 年职称备案 551
专业技术人员职称评审 551

北京市教育系统人才交流服务中心

概述 551
“一街三园”大学生创业孵化体系建设推进 552
北京市积分落户审核 552
就业质量年度报告和就业状况调查报告完成 552
归档各类教师及未就业毕业生人事档案 552
毕业生就业手续办理及学籍审核 552
直属单位及农村中小学公开招聘 553
服务博士生 (后) 挂职锻炼 553
受理学历认证申请 553

北京市国际教育交流中心

概述 553
承办 3 次交流夏令营 553
“中华文化小使者”交流活动 553
承办 3 次友好交流活动 554
境内外汉语专业教师及人员培训 554
北京汉语网运维 554
“2017 国际语言环境建设”项目实施 554

北京学生活动管理中心

概述 554
8 项外事出访活动 555
2 次市级自然科学比赛 555
7 次主题教育活动 555
7 项市级科技活动 555

教学植物园建园 60 周年 …… 556
7 项交流活动 …… 556
5 场音乐会 …… 556
5 项对口支援与合作工作 …… 556
承办 3 次学生运动会 …… 556
承办 8 项市级体育活动 …… 556
承办 12 项市级体育比赛 …… 557
协办 2 项全国体育比赛 …… 557
承办 6 项市级艺术类活动 …… 557
5 次主题冬夏令营活动 …… 557
6 次植物主题科普活动 …… 557
新教务管理系统上线 …… 558

北京市教育技术设备中心

概述 …… 558
“李小燕工作室”成立 …… 558
实验室危化品安全专项培训 …… 558
实验室安全调研及隐患排查 …… 558
危化品专用设备评估 …… 558
初中开放性科学实践活动管理 …… 558

北京教育老干部活动中心

概述 …… 559
北京老教育工作者门球赛 …… 559
两委机关离退休老同志趣味运动会 …… 559
高校老同志健身项目展示活动 …… 559
北京老教育工作者文艺演出 …… 559
锅炉低氮环保改造 …… 559
高校老同志健康咨询义诊活动 …… 559

北京高校房地产开发总公司

概述 …… 559
接管两个小区物业管理服务项目 …… 560
通过三标管理体系再认证 …… 560
北京德宏盛景物流公司股权出售 …… 560

北京教育志编纂委员会办公室

概述 …… 560
年鉴新标识系统发布 …… 560
年鉴获全国编校质量特等奖 …… 560
年鉴简本创刊 …… 560
《北京教育史料 (2016)》出版 …… 561
《北京教育图志 (2016)》出版 …… 561
北京教育年鉴应用展示举办 …… 561
北京教育年鉴在线资源平台开通 …… 561
北京教育年鉴在线编纂系统正式运行 …… 561
网络版年鉴首次发布 …… 562
《北京市八一学校史略》出版 …… 562
纸质正本年鉴全面改版 …… 562
《薪火相传历久弥新——第三批北京市“百年学校”史略》出版 …… 562
《北京市职业教育志稿》出版 …… 562

北京市学生资助事务管理中心

概述 …… 562
结余资金清缴 …… 562
受助中专学校学生数据核查 …… 562
市属高校国家奖学金评审 …… 562
全级段系统培训班 …… 563
参与社会捐赠项目 …… 563
资助政策宣传力度加强 …… 563

北京教育新闻中心

概述 …… 563
首都教育新闻网升级改版 …… 563
打造首都教育新媒体传播矩阵 …… 563
优化网络评论团队结构 …… 564
家庭教育全媒体传播与服务平台 …… 564
“命题式”系列采访报道 …… 564

北京学校后勤事务中心

概述 …… 564
食堂价格平抑资金上调及入校专项审计检查 …… 564
高校学生公寓床上用品质量抽检 …… 564
《北京校服》LOGO 征集活动 …… 565
调研统计中小学校及幼儿园在校就餐情况 …… 565
加强校园安全管理 …… 565
北京市教育系统食品安全监测 …… 565
推动节能减排 …… 565

人物

先进人物

吴良镛获首都杰出人才奖 …… 568
张东晓当选美国国家工程院院士 …… 568
丛京生当选美国国家工程院院士 …… 568
陈掌星当选加拿大工程院院士 …… 568
柴嵩岩获评第三届国医大师 …… 568
张福锁当选工程院院士 …… 569
戴琼海当选工程院院士 …… 569
聂祚仁当选工程院院士 …… 569
宁滨当选工程院院士 …… 569
周济当选工程院院士 …… 569

张建民当选工程院院士 ······ 569
董家鸿当选工程院院士 ······ 570
吴锋当选工程院院士 ······ 570
孙逢春当选工程院院士 ······ 570
陈杰当选工程院院士 ······ 570
乔杰当选工程院院士 ······ 571
方复全当选中科院院士 ······ 571
郑志明当选中科院院士 ······ 571
杨万泰当选中科院院士 ······ 571
段文晖当选中科院院士 ······ 571
欧阳明高当选中科院院士 ······ 571
陈晔光当选中科院院士 ······ 572
王小云当选中科院院士 ······ 572
陆林当选中科院院士 ······ 572
魏悦广当选中科院院士 ······ 572
杨迟被授予瑞典皇家北极星勋章 ······ 572

逝世人物

李晨逝世 ······ 572
张腾霄逝世 ······ 572
张公瑾逝世 ······ 573
项祖华逝世 ······ 573
柯俊逝世 ······ 573
姜维壮逝世 ······ 573
卢乐山逝世 ······ 573
萧灼基逝世 ······ 573

调研报告

关于北京市 2017 年教育经费执行情况的公告 ······ 576
北京市 2017 年教育法律法规执行情况督导检查报告 ······ 579
北京市 2016—2017 学年学前教育发展状况监测报告 ······ 581
北京市 2017 年教育工作满意度调查报告 ······ 586
北京市中小学办学体制改革情况督导调研报告 (2017 年度) ······ 589

统计表

2017—2018 学年度北京市教育事业统计资料 ······ 596

附录

基础教育

北京市冰雪运动特色学校名单 (第一批) ······ 620
2017 年 (第九届) 北京市中小学生科学建议奖提名奖 ······ 621
第三批北京市民族团结教育示范学校 ······ 621
2017 年度北京市中小学生社会大课堂市级优质资源单位 ······ 621
2016 年度北京市中小学生金帆奖、银帆奖获奖名单 ······ 622
2017 年北京市中小学友好校交流项目入选学校 ······ 624
2018 年北京市中小学友好校交流项目入选学校 ······ 625

高等教育

2016 年度北京市科学技术奖二等奖 (北京高校) ······ 626
2016 年度北京市科学技术奖三等奖 (北京高校) ······ 626
2018 年度市教委科研计划项目 ······ 627
2018 年度社科重点项目 ······ 628

部分单位全称简称对照表

国务院部分机构全称简称对照表 ······ 629
北京市部分机构全称简称对照表 ······ 629
部分学校全称简称对照表 ······ 629
市教委直属单位全称简称对照表 ······ 631
社会团体全称简称对照表 ······ 631

索引

CONTENTS
目录

EDITOR'S REMARKS

SPECIAL FEATURE

General Secretary Xi Jinping 's reply to International Committee for the Promotion of Chinese Industrial Cooperatives and Beijing Bailie University ···· 002
General Secretary Xi Jinping emphasized the importance of cultivating talents with morality and law, encouraged college students to study hard and hone their skills so as to promote the growth and progress of young people during his visit to China University of Political Science and Law ···· 003
General Secretary Xi Jinping replied to the first graduates of master's degree from Institute of South-South Cooperation and Development ···· 005

GENERALITY OF BEIJING EDUCATION

A brief introduction to the development of Beijing education cause in 2017 ···· 008
A summary of the development of Beijing education cause in 2017 ···· 011

MAJOR EVENT RECORDS

Major events of Beijing education in 2017 ···· 020

PRESCHOOL EDUCATION

SUMMARY

Overview ···· 026
Keep implementing the second three-year preschool education action plan ···· 026
Improve the quality of preschool education ···· 026
Tenth batch of municipal example kindergartens were published ···· 027
The basic requirements for the safety management of preschool education community-run kindergartens were issued ···· 028

NURSERY EDUCATION

Dongcheng district held a seminar for new generation teachers ···· 029
Fangshan district carried out parent-child sharing reading training for public kindergartens ···· 030

INTRODUCTION OF SELECTED KINDERGARTENS

BEIJING DONGHUAMEN KINDERGARTEN OF DONGCHENG DISTRICT ···· 031
BEIJING NO.1 KINDERGARTEN ···· 031
BEIJING NO.5 KINDERGARTEN ···· 032
BEIJING DONGCHENG CHONGWEN NO.3 KINDERGARTEN ···· 032
BEIJING BEIHAI KINDERGARTEN ···· 033
BEIJING XICHENG MALIANDAO KINDERGARTEN ···· 033

BEIJING XUANWU HUIMIN KINDERGARTEN ······ 034
BEIJING XICHENG MIANHUA HUTONG KINDERGARTEN ······ 034
BEIJING CHAOYANG FANHAI KINDERGARTEN ······ 034
BEIJING CHAOYANG ZAOYING KINDERGARTEN ······ 035
BEIJING CHAOYANG AOYUAN KINDERGARTEN ······ 035
BEIJING FENGTAI DISTRICT FENGTAI NO.1 KINDERGARTEN ······ 035
LIUYI KINDERGARTEN OF PLA'S GENERAL LOGISTICS DEPARTMENT ······ 036
BEIJING FENGTAI FANGZHUANG NO.3 KINDERGARTEN ······ 036
BEIJING SHIJINGSHAN KINDERGARTEN ······ 036
BEIJING SHIJINGSHAN NO.2 KINDERGARTEN ······ 037
BEIJING TOMORROW KINDERGARTEN GROUP ······ 037
BEIJING LIUYI KINDERGARTEN ······ 037
BEIJING HAIDIAN SIJIQING TOWN CHANGQING KINDERGARTEN ······ 038
EXPERIMENTAL KINDERGARTEN OF BEIJING NORMAL UNIVERSITY ······ 038
BEIJING MENTOUGOU NO.1 KINDERGARTEN ······ 038
BEIJING FANGSHAN LIANGXIANG NO.2 KINDERGARTEN ······ 039
BEIJING TONGZHOU XINCHENGDONGLI KINDERGARTEN ······ 039
BEIJING SHUNYI JIANNAN KINDERGARTEN ······ 039
BEIJING SHUNYI YIXIN KINDERGARTEN ······ 040
BEIJING CHANGPING TEACHING STAFF KINDERGARTEN ······ 040
BEIJING CHANGPING INDUSTRIAL KINDERGARTEN ······ 041
BEIJING DAXING HUANGCUN TOWN NO.1 CENTRAL KINDERGARTEN ······ 041
BEIJING DAXING NO.7 KINDERGARTEN ······ 041
BEIJING HUAIROU NO.2 KINDERGARTEN ······ 042
BEIJING HUAIROU NO.3 KINDERGARTEN ······ 042
BEIJING PINGGU NO.3 KINDERGARTEN ······ 042
BEIJING PINGGU NO.4 KINDERGARTEN ······ 043
BEIJING MIYUN NO.4 KINDERGARTEN ······ 043
BEIJING MIYUN NO.6 KINDERGARTEN ······ 043
BEIJING YANQING NO.1 KINDERGARTEN ······ 044
BEIJING YANQING NO.3 KINDERGARTEN ······ 044
BEIJING YANQING NO.2 KINDERGARTEN ······ 044
BEIJING YANSHAN KINDERGARTEN ······ 045
BEIJING FANGSHAN YANSHAN SUNSHINE KINDERGARTEN ······ 045
BEIJING FANGSHAN YANSHAN LITTLE ANGEL KINDERGARTEN ······ 045

ELEMENTARY EDUCATION

SUMMARY

Overview ······ 048
Increase the quality education resources ······ 048
Comprehensive education reform and management model innovation ······ 048
The integrative development of urban and rural compulsory education ······ 049
Strengthening the guarantee responsibility of compulsory education ······ 049
Develop special education ······ 049
Promote ethnic education ······ 050
Students from outer suburban districts attended the study tour to schools in urban areas ······ 050
Basic education quality improvement support plan started ······ 053

PRIMARY SCHOOL EDUCATION

'Jingshan Cup' elementary education forum ······ 054

SECONDARY SCHOOL EDUCATION

Seminar on deepening high school curriculum reform ······ 055

ETHNIC EDUCATION

36 schools selected into the third patch of ethnic solidarity education example school ······ 056
Opinions on accelerating the development of ethnic education was issued ······ 057

SPECIAL EDUCATION

Haidian district held an international seminar on integrated education ······ 058

Experiential training of special education teachers' professional development ················ 058

INTRODUCTION OF SELECTED PRIMARY SCHOOLS

BEIJING DONGCHENG FUXUE HUTONG PRIMARY SCHOOL ························ 058
BEIJING DONGCHENG SHIJIA HUTONG PRIMARY SCHOOL ························ 059
BEIJING GUANGMING PRIMARY SCHOOL ································ 059
BEIJING NO.1 EXPERIMENTAL PRIMARY SCHOOL ························ 059
BEIJING XICHENG FENDOU PRIMARY SCHOOL ························ 060
CHINA-CUBA FRIENDSHIP PRIMARY SCHOOL ································ 060
THE AFFILIATED PRIMARY SCHOOL OF BEIJING UNIVERSITY OF CIVIL ENGINEERING AND ARCHITECTURE ························· 061
BEIJING CHAOYANG HUAJIADI EXPERIMENTAL PRIMARY SCHOOL ································ 061
BEIJING CHAOYANG FANGCAODI INTERNATIONAL SCHOOL ················· 061
BEIJING CHAOYANG NO.2 PRIMARY SCHOOL ························ 062
BEIJING CHAOYANG GAOBEIDIAN CENTRAL PRIMARY SCHOOL ················ 062
BEIJING FENGTAI DONGGAODI NO.3 PRIMARY SCHOOL ···················· 063
BEIJING FENGTAI DISTRICT FENGTAI NO.1 PRIMARY SCHOOL···················· 063
THE AFFILIATED PRIMARY SCHOOL OF BEIJING FENGTAI NORMAL SCHOOL ································ 064
THE AFFILIATED YUNGANG PRIMARY SCHOOL OF CAPITAL NORMAL UNIVERSITY ···························· 064
BEIJING SHIJINGSHAN PHILHARMONIC EXPERIMENTAL PRIMARY SCHOOL ································ 064
BEIJING HAIDIAN ZHONGGUANCUN NO.1 PRIMARY SCHOOL···················· 065
PRIMARY SCHOOL AFFILIATED TO PEKING UNIVERSITY······················ 065
TSINGHUA UNIVERSITY PRIMARY SCHOOL ································ 065
EXPERIMENTAL PRIMARY SCHOOL OF BEIJING NORMAL UNIVERSITY ···························· 066
THE ELEMENTARY SCHOOL AFFILIATED TO REMMIN UNIVERSITY OF CHINA ································ 066
BEIJING MENTOUGOU DAYU NO.1 PRIMARY SCHOOL ························ 067
YONGDING BRANCH SCHOOL OF BEIJING NO.2 EXPERIMENTAL PRIMARY SCHOOL ························ 067
JINGXI PRIMARY SCHOOL AFFILIATED TO BEIJING NO. 8 HIGH SCHOOL ············ 067
BEIJING FANGSHAN LIANGXIANG NO.3 PRIMARY SCHOOL···················· 068
BEIJING ACADEMY OF EDUCATIONAL SCIENCES TONGZHOU NO.1 EXPERIMENTAL PRIMARY SCHOOL ·········· 068
TONGZHOU BRANCH SCHOOL OF BEIJING SHIJIA PRIMARY SCHOOL ································ 068
TONGZHOU BRANCH SCHOOL OF BEIJING PRIMARY SCHOOL ································ 069
BEIJING TONGZHOU ZHANGJIAWAN TOWN CENTRAL PRIMARY SCHOOL ································ 069
BEIJING SHUNYI SHIYUAN PRIMARY SCHOOL ································ 070
BEIJING SHUNYI DONGFENG PRIMARY SCHOOL ························ 070
BEIJING SHUNYI TIANZHU NO.1 PRIMARY SCHOOL ························ 070
BEIJING CHANGPING CHANGSHENYUAN PRIMARY SCHOOL ························ 071
BEIJING CHANGPING CHENGBEI CENTRAL PRIMARY SCHOOL ················ 071
BEIJING CHANGPING NANKOU TOWN PRIMARY SCHOOL ·················· 072
BEIJING CHANGPING NO.2 EXPERIMENTAL ELEMENTARY SCHOOL ································ 072
BEIJING CHANGPING DADONGLIU CENTRAL PRIMARY SCHOOL ················ 072
BEIJING ACADEMY OF EDUCATIONAL SCIENCES DAXING EXPERIMENTAL PRIMARY SCHOOL ························ 073
BEIJING DAXING NO.2 PRIMARY SCHOOL ································ 073

BEIJING HUAIROU NO.1 PRIMARY SCHOOL ········ 073
BEIJING HUAIROU NO.3 PRIMARY SCHOOL ········ 074
BEIJING PINGGU KAOSHANJI CENTRAL PRIMARY SCHOOL ········ 074
BEIJING PINGGU NO.8 PRIMARY SCHOOL ········ 074
BEIJING PINGGU HUANGSONGYU CENTRAL PRIMARY SCHOOL ········ 075
BEIJING MIYUN NO.4 PRIMARY SCHOOL ········ 075
BEIJING MIYUN TAISHITUN TOWN CENTRAL PRIMARY SCHOOL ········ 076
BEIJING YANQING NO.2 PRIMARY SCHOOL ········ 076
BEIJING YANQING NO.3 PRIMARY SCHOOL ········ 076
BEIJING YANSHAN DONGFENG PRIMARY SCHOOL ········ 077

INTRODUCTION OF SELECTED SECONDARY SCHOOLS

BEIJING NO.2 MIDDLE SCHOOL ········ 077
BEIJING NO.166 HIGH SCHOOL ········ 077
BEIJING GUANGQUMEN MIDDLE SCHOOL ········ 078
BEIJING NO.50 MIDDLE SCHOOL ········ 078
PEKING ACADEMY ········ 079
BEIJING NO.4 HIGH SCHOOL ········ 079
BEIJING NO.8 HIGH SCHOOL ········ 080
BEIJING NO.35 HIGH SCHOOL ········ 080
BEIJING YUCAI SCHOOL ········ 081
THE HIGH SCHOOL AFFILIATED TO BEIJING NORMAL UNIVERSITY ········ 081
BEIJING NO.14 MIDDLE SCHOOL ········ 081
BEIJING LOUZIZHUANG MIDDLE SCHOOL ········ 082
BEIJING ACADEMY ········ 082
BEIJING CHENJINGLUN HIGH SCHOOL ········ 083
MIDDLE SCHOOL AFFILIATED TO BEIJING YOUTH POLITICS COLLEGE ········ 083
BEIJING NO.80 HIGH SCHOOL ········ 083
BEIJING NO.12 HIGH SCHOOL ········ 084
BEIJING FENGTAI DISTRICT FENGTAI NO.2 MIDDLE SCHOOL ········ 085
LIZE MIDDLE SCHOOL AFFILIATED TO BEIJING CAPITAL NORMAL UNIVERSITY ········ 085
BEIJING NO.10 MIDDLE SCHOOL ········ 085
BEIJING NO.18 HIGH SCHOOL ········ 086
BEIJING GUCHENG SCHOOL ········ 086
BEIJING NO.9 MIDDLE SCHOOL ········ 087
HIGH SCHOOL AFFILIATED TO BIT ········ 087
TSINGHUA UNIVERSITY HIGH SCHOOL ········ 087
BEIJING NATIONAL DAY SCHOOL ········ 088
BEIJING NO.20 HIGH SCHOOL ········ 088
CAPITAL NORMAL UNIVERSITY HIGH SCHOOL ········ 089
BEIJING ZHONGGUANCUN HIGH SCHOOL ········ 089
THE AFFILIATED HIGH SCHOOL OF PEKING UNIVERSITY ········ 090
BEIJING BAYI SCHOOL ········ 090
BEIJING 101 MIDDLE SCHOOL ········ 091
BEIJING YUYUAN HIGH SCHOOL ········ 091
BRANCH SCHOOL OF BEIJING DAYU SCHOOL ········ 091
YONGDING BRANCH SCHOOL OF CAPITAL NORMAL UNIVERSITY HIGH SCHOOL ········ 092
BEIJING FANGSHAN LIANGXIANG NO.2 MIDDLE SCHOOL ········ 092
BEIJING TONGZHOU YUNHE HIGH SCHOOL ········ 092
BEIJING TONGZHOU LUHE HIGH SCHOOL ········ 093
BEIJING TONGZHOU YONGLEDIAN HIGH SCHOOL ········ 093
BEIJING CONCORD COLLEGE OF SINO-CANADA ········ 093
BEIJING SHUNYI GAOLIYING SCHOOL ········ 094
BEIJING SHUNYI NIULANSHAN FIRST SECONDARY SCHOOL ········ 094
BEIJING SHUNYI NO.1 HIGH SCHOOL ········ 095
BEIJING CHANGPING NO.1 HIGH SCHOOL ········ 095
CHANGPING NO.2 HIGH SCHOOL OF BEIJING ········ 096
BEIJING NO.15 MIDDLE SCHOOL NANKOU SCHOOL ········ 096
BEIJING DAXING DEMAO JUNIOR HIGH SCHOOL ········ 097
BEIJING ETOWN ACADEMY ········ 097

BEIJING DAXING NO.1 MIDDLE SCHOOL ········ 097
BEIJING NO.2 MIDDLE SCHOOL YIZHUANG SCHOOL ········ 098
BEIJING HUAIROU NO.1 MIDDLE SCHOOL ········ 098
BEIJING HUAIROU NO.5 MIDDLE SCHOOL ········ 098
BEIJING LVGU XIAOXIANGYU ART SCHOOL ········ 099
BEIJING PINGGU SHANDONGZHUANG MIDDLE SCHOOL ········ 099
BEIJING PINGGU YUKOU MIDDLE SCHOOL ········ 099
BEIJING PINGGU MIDDLE SCHOOL ········ 100
BEIJING PINGGU NO.5 MIDDLE SCHOOL ········ 100
BEIJING MIYUN SHUIKU MIDDLE SCHOOL ········ 100
BEIJING MIYUN NO.2 MIDDLE SCHOOL ········ 101
BEIJING MIYUN TAISHIZHUANG MIDDLE SCHOOL ········ 101
MIYUN HIGH SCHOOL AFFILIATED TO CAPITAL NORMAL UNIVERSITY ········ 101
BEIJING YANQING SHIYI SCHOOL ········ 102
BEIJING YANQING NO.1 MIDDLE SCHOOL ········ 102
BEIJING YANQING NO.4 MIDDLE SCHOOL ········ 103
BEIJING YANSHAN DONGFENG MIDDLE SCHOOL ········ 103

INTRODUCTION OF SELECTED ETHNIC SCHOOLS

BEIJING DONGCHENG HUIMIN PRIMARY SCHOOL ········ 104
BEIJING DONGCHENG HUIMIN PRIMARY EXPERIMENTAL SCHOOL ········ 104
BEIJING HUIMIN SCHOOL ········ 104
BEIJING NATIONALITY SCHOOL ········ 105
BEIJING TIBET MIDDLE SCHOOL ········ 105
BEIJING HAIDIAN MINZU PRIMARY SCHOOL ········ 105
THE HIGH SCHOOL AFFILIATED TO MINZU UNIVERSITY OF CHINA ········ 106
BEIJING MENTOUGOU MIAOFENGSHAN MINZU SCHOOL ········ 106
BEIJING CHANGPING XIGUANSHI HUIMIN PRIMARY SCHOOL ········ 106
BEIJING HUAIROU LABAGOUMENMANZUXIANG CENTRAL PRIMARY SCHOOL ········ 107

INTRODUCTION OF SELECTED SPECIAL EDUCATION SCHOOLS

BEIJING DONGCHENG SPECIAL EDUCATION SCHOOL ········ 107
BEIJING DONGCHENG PEIZHI CENTRAL SCHOOL ········ 107
BEIJING XICHENG PEIZHI CENTRAL SCHOOL ········ 108
BEIJING EXPERIMENTAL SCHOOL FOR THE DEAF ········ 108
BEIJING CHAOYANG ANHUA SCHOOL ········ 109
BEIJING FENGTAI PEIZHI CENTRAL SCHOOL ········ 109
BEIJING SHIJINGSHAN PEIZHI CENTRAL SCHOOL ········ 109
BEIJING SCHOOL FOR THE BLIND ········ 110
BEIJING JIANXIANG SCHOOL ········ 110
BEIJING TONGZHOU PEIZHI SCHOOL ········ 111
BEIJING SHUNYI SPECIAL EDUCATION SCHOOL ········ 111
BEIJING CHANGPING SPECIAL EDUCATION SCHOOL FOR CHILDREN ········ 112
BEIJING DAXING SPECIAL EDUCATION CENTER ········ 112
BEIJING HUAIROU PEIZHI SCHOOL ········ 112
BEIJING PINGGU SPECIAL EDUCATION CENTER ········ 113
BEIJING YANQING SPECIAL EDUCATION CENTER ········ 113

HIGHER EDUCATION

SUMMARY

Overview ········ 116
Optimize the implementation of cross-cultivation program for high-level talents ········ 116
Keep constructing Beijing college of Beihang University ········ 116
Organize 25 College Students' Discipline Competitions ········ 116
Improve the ability of talent cultivation in universities and colleges in Beijing ········ 118
The annual meeting of University General Education Alliance ········ 118

The construction of "double first class" in Beijing universities ···· 119
The MOOC alliance for foreign languages in Chinese universities founded ···· 122

DEGREE AND POSTGRADUATE EDUCATION

Beijing Graduate English Speech Contest ···· 123

UNDERGRADUATE AND VOCATIONAL EDUCATION

Beijing Higher Education Quality Report 2016 (Undergraduate) ···· 126

COLLEGES AND UNIVERSITIES

■ PEKING UNIVERSITY
Overview ···· 126
■ RENMIN UNIVERSITY OF CHINA
Overview ···· 128
■ TSINGHUA UNIVERSITY
Overview ···· 129
■ BEIJING JIAOTONG UNIVERSITY
Overview ···· 131
■ BEIJING UNIVERSITY OF TECHNOLOGY
Overview ···· 132
■ BEIHANG UNIVERSITY
Overview ···· 134
■ BEIJING INSTITUTE OF TECHNOLOGY
Overview ···· 136
■ UNIVERSITY OF SCIENCE AND TECHNOLOGY BEIJING
Overview ···· 137
■ NORTH CHINA UNIVERSITY OF TECHNOLOGY
Overview ···· 138
■ BEIJING UNIVERSITY OF CHEMICAL TECHNOLOGY
Overview ···· 140
■ BEIJING TECHNOLOGY AND BUSINESS UNIVERSITY
Overview ···· 141
■ BEIJING INSTITUTE OF FASHION TECHNOLOGY
Overview ···· 142
■ BEIJING UNIVERSITY OF POSTS AND TELECOMMUNICATIONS
Overview ···· 144
■ BEIJING INSTITUTE OF GRAPHIC COMMUNICATION
Overview ···· 145
■ BEIJING UNIVERSITY OF CIVIL ENGINEERING AND ARCHITECTURE
Overview ···· 146
■ BEIJING INSTITUTE OF PETROCHEMICAL TECHNOLOGY
Overview ···· 147
■ BEIJING ELECTRONIC SCIENCE AND TECHNOLOGY INSTITUTE
Overview ···· 148
■ CHINA AGRICULTURAL UNIVERSITY
Overview ···· 149
■ BEIJING UNIVERSITY OF AGRICULTURE
Overview ···· 151
■ BEIJING FORESTRY UNIVERSITY
Overview ···· 152
■ PEKING UNION MEDICAL COLLEGE (CHINESE ACADEMY OF MEDICAL SCIENCES)
Overview ···· 154
■ CAPITAL MEDICAL UNIVERSITY
Overview ···· 155
■ BEIJING UNIVERSITY OF CHINESE MEDICINE
Overview ···· 157
■ BEIJING NORMAL UNIVERSITY
Overview ···· 158
■ CAPITAL NORMAL UNIVERSITY
Overview ···· 160
■ CAPITAL UNIVERSITY OF PHYSICAL EDUCATION AND SPORTS
Overview ···· 161
■ BEIJING FOREIGN STUDIES UNIVERSITY
Overview ···· 162
■ BEIJING INTERNATIONAL STUDIES UNIVERSITY
Overview ···· 163
■ BEIJING LANGUAGE AND CULTURE UNIVERSITY
Overview ···· 164
■ COMMUNICATION UNIVERSITY OF CHINA
Overview ···· 165
■ CENTRAL UNIVERSITY OF FINANCE AND ECONOMICS
Overview ···· 167
■ UNIVERSITY OF INTERNATIONAL BUSINESS AND ECONOMICS
Overview ···· 168

■ BEIJING WUZI UNIVERSITY
Overview ········ 169
■ CAPITAL UNIVERSITY OF ECONOMICS AND BUSINESS
Overview ········ 170
■ CHINA FOREIGN AFFAIRS UNIVERSITY
Overview ········ 172
■ PEOPLE'S PUBLIC SECURITY UNIVERSITY OF CHINA
Overview ········ 173
■ UNIVERSITY OF INTERNATIONAL RELATIONS
Overview ········ 174
■ BEIJING SPORT UNIVERSITY
Overview ········ 176
■ CENTRAL CONSERVATORY OF MUSIC
Overview ········ 177
■ CHINA CONSERVATORY OF MUSIC
Overview ········ 178
■ CENTRAL ACADEMY OF FINE ARTS
Overview ········ 180
■ THE CENTRAL ACADEMY OF DRAMA
Overview ········ 181
■ NATIONAL ACADEMY OF CHINESE THEATRE ARTS
Overview ········ 183
■ BEIJING FILM ACADEMY
Overview ········ 184
■ BEIJING DANCE ACADEMY
Overview ········ 185
■ MINZU UNIVERSITY OF CHINA
Overview ········ 186
■ CHINA UNIVERSITY OF POLITICAL SCIENCE AND LAW
Overview ········ 188
■ NORTH CHINA ELECTRIC POWER UNIVERSITY
Overview ········ 189
■ CHINA WOMEN' S UNIVERSITY
Overview ········ 190
■ BEIJING INFORMATION SCIENCE & TECHNOLOGY UNIVERSITY
Overview ········ 192
■ CHINA UNIVERSITY OF MINING AND TECHNOLOGY,BEIJING
Overview ········ 193
■ CHINA UNIVERSITY OF PETROLEUM-BEIJING
Overview ········ 194
■ CHINA UNIVERSITY OF GEOSCIENCES (BEIJING)
Overview ········ 196
■ BEIJING UNION UNIVERSITY
Overview ········ 197
■ CHINA YOUTH UNIVERSITY FOR POLITICAL SCIENCES
Overview ········ 198
■ CHINA INSTITUTE OF INDUSTRIAL RELATIONS
Overview ········ 199
■ UNIVERSITY OF CHINESE ACADEMY OF SCIENCES
Overview ········ 200
■ GRADUATE SCHOOL OF CHINESE ACADEMY OF SOCIAL SCIENCES
Overview ········ 201
■ GRADUATE SCHOOL OF CHINESE ACADEMY OF AGRICULTURAL SCIENCES
Overview ········ 202

VOCATIONAL AND CONTINUING EDUCATION

SUMMARY

Overview ········ 206
Adjustment of speciality structure in vocational colleges ········ 206
Development channel of vocational education widened ········ 206
Connotation construction of vocational education strengthened ········ 207
Improvement of students' technical skills ········ 207

VOCATIONAL EDUCATION

New specialty of vocational education ········ 209
Vocational education propaganda month ········ 209

CONTINUING EDUCATION

First annual conference on network education ········ 213
Identify the first batch of Beijing workers' further education and new vocational farmer training bases ········ 213

LEARNING CITY BUILDING

The election of the 8th batch of Capital citizens' Learning Star ········ 214

Identify the first batch of example bases for Beijing citizens' lifelong learning ······ 215

HIGHER VOCATIONAL COLLEGES

■ SHOUGANG INSTITUTE OF TECHNOLOGY

Overview ······ 215

■ BEIJING POLYTECHNIC COLLEGE

Overview ······ 216

■ BEIJING INFORMATION TECHNOLOGY COLLEGE

Overview ······ 217

■ BEIJING POLYTECHNIC

Overview ······ 218

■ NORTHERN BEIJING VOCATIONAL EDUCATION INSTITUTE

Overview ······ 219

■ BEIJING JIAOTONG VOCATIONAL TECHNICAL COLLEGE

Overview ······ 219

■ BEIJING YOUTH POLITICS COLLEGE

Overview ······ 220

■ BEIJING VOCATIONAL COLLEGE OF AGRICULTURE

Overview ······ 221

■ BEIJING COLLEGE OF POLITICS AND LAW

Overview ······ 223

■ BEIJING COLLEGE OF FINANCE AND COMMERCE

Overview ······ 224

■ BEIJING OPERA ART'S COLLEGE

Overview ······ 225

■ BEIJING INSTITUTE OF ECONOMIC AND MANAGEMENT

Overview ······ 226

■ BEIJING VOCATIONAL COLLEGE OF LABOUR AND SOCIAL SECURITY

Overview ······ 227

■ BEIJING SOCIAL ADMINISTRATION VOCATIONAL COLLEGE

Overview ······ 228

■ BEIJING COLLEGE OF SPORTS

Overview ······ 228

■ BEIJING VOCATIONAL COLLEGE OF TRANSPORTATION

Overview ······ 229

■ BEIJING HEALTH VOCATIONAL COLLEGE

Overview ······ 230

INTRODUCTION ADULT HIGHER COLLEGES

■ THE OPEN UNIVERSITY OF CHINA

Overview ······ 231

■ BEIJING INSTITUTE OF EDUCATION

Overview ······ 233

■ BEIJING OPEN UNIVERSITY

Overview ······ 234

■ BEIJING XUANWU HONGQI SPARE-TIME UNIVERSITY

Overview ······ 235

■ BEIJING FEDERATION OF TRADE UNIONS WORKERS AND STAFF UNIVERSITY

Overview ······ 236

■ BEIJING XICHENG COLLEGE OF ECONOMIC SCIENCE

Overview ······ 237

NATIONAL KEY SECONDARY VOCATIONAL SCHOOLS

BEIJING CHANGPING VOCATIONAL SCHOOL ······ 238

BEIJING YANQING VOCATIONAL SCHOOL ······ 239

BEIJING MIYUN VOCATIONAL SCHOOL ······ 240

BEIJING HUAIROU VOCATIONAL SCHOOL ······ 240

BEIJING JINYU POLYTECHNIC ······ 241

BEIJING LANDSCAPE ARCHITECTURE SCHOOL ······ 241

CENTRAL CONSERVATORY OF MUSIC MIDDLE SCHOOL ······ 242

BEIJING SHICHAHAI SPORTS SCHOOL ······ 243

BEIJING FOREIGN AFFAIRS SCHOOL ······ 243

BEIJING SHIMEI VOCATIONAL SCHOOL ······ 244

BEIJING ACCOUNTING SCHOOL ······ 244

BEIJING EXPERIMENTAL VOCATIONAL SCHOOL ······ 245

BEIJING COMMERCE AND TECHNOLOGY SCHOOL ······ 245

BEIJING HUANGZHUANG VOCATIONAL SCHOOL ······ 246

BEIJING FENGTAI VOCATIONAL HIGH SCHOOL ······ 246

BEIJING ELECTRICAL ENGINEERING SCHOOL ······ 247
BEIJING QIUSHI VOCATIONAL SCHOOL ······ 248
BEIJING PINGGU VOCATIONAL SCHOOL ······ 248
BEIJING INTERNATIONAL VOCATIONAL EDUCATION SCHOOL ······ 249
DAXING NO.1 VOCATIONAL SCHOOL IN BEIJING ······ 249
BEIJING MODERN VOCATIONAL SCHOOL ······ 250
BEIJING RAILWAY ELECTRIFICATION COLLEGE ······ 250
BEIJING BUSINESS SCHOOL ······ 251
BEIJING COMMERCE AND TRADE SCHOOL ······ 252
BEIJING MUNICIPAL SUPPLY AND MARKETING INSTITUTE ······ 252
BEIJING WATER CONSERVANCY SCHOOL ······ 253
BEIJING AUTOMATIC ENGINEERING SCHOOL ······ 253
BEIJING JINSONG VOCATIONAL SCHOOL······ 254
THE MIDDLE SCHOOL AFFILIATED TO CHINA CONSERVATORY OF MUSIC ······ 255

PRIVATE EDUCATION

SUMMARY

Overview ······ 258
Improvement of management mechanism in private colleges ······ 258
Registration of private colleges and universities ······ 258
National private primary and secondary school principal salon ······ 259

PRIVATE EDUCATION MANAGEMENT

Tongzhou district carried out the evaluation of teachers' professional titles in schools by non-governmental sectors for the first time ······ 261
Daxing district carried out the annual assessment of private kindergartens ······ 261
Haidian district regulates the management of private training institutions ······ 262

PRIVATE COLLEGES AND UNIVERSITIES

■ BEIJING CITY UNIVERSITY
Overview ······ 262
■ PEKING UNIVERSITY FOUNDER TECHNOLOGY COLLEGE
Overview ······ 263
■ BEIJING PROFESSIONAL BUSINESS INSTITUTE
Overview ······ 263
■ BEIJING INSTITUTE OF BUSINESS AND TECHNOLOGY
Overview ······ 264
■ BEIJING HUIJIA PRIVATE COLLEGE
Overview ······ 265
■ BEIJING GEELY UNIVERSITY
Overview ······ 266
■ KEDE COLLEGE OF CAPITAL NORMAL UNIVERSITY
Overview ······ 267
■ CANVARD COLLEGE, BEIJING TECHNOLOGY & BUSINESS UNIVERSITY
Overview ······ 268
■ UNIVERSITY FOR SCIENCE & TECHNOLOGY,BEIJING
Overview ······ 268
■ BEIJING BAILIE UNIVERSITY
Overview ······ 270
■ CENTURY COLLEGE, BEIJING UNIVERSITY OF POSTS AND TELECOMMUNICATIONS
Overview ······ 271
■ GENGDAN INSTITUTE OF BEIJING UNIVERSITY OF TECHNOLOGY
Overview ······ 272
■ BEIJING ART AND MEDIA VOCATIONAL COLLEGE
Overview ······ 273
■ ALUMNI ASSOCIATION OF BEIJING HOSPITALITY INSTITUTE
Overview ······ 273
■ BEIJING INTERNET COLLEGE
Overview ······ 274

INTRODUCTION OF SELECTED PRIVATE HIGHER EDUCATIONAL INSTITUTES

BEIJING CONTEMPORARY MUSIC ACADEMY ······ 274
BEIJING UNIVERSITY FOR BUSINESS ADMINISTRATION ······ 275
BEIJING HUMANITIES UNIVERSITY ······ 275

UNIVERSITY OF MODERN ADMINISTRATION ······ 276

INTRODUCTION OF SELECTED PRIVATE KINDERGARTEN,PRIMARY AND SECONDARY SCHOOLS

BEIJING 21ST CENTURY EXPERIMENTAL KINDERGARTEN ······ 276
BEIJING CHANGPING HAPPY CHILDHOOD KINDERGARTEN ······ 277
BEIJING ROYAL KINDERGARTEN ······ 277
BEIJING SMIC PRIVATE KINDERGARTEN ······ 277
BEIJING DAXING SHIYI JIANHUA EXPERIMENTAL KINDERGARTEN ······ 278
BEIJING YANQING KINDERGARTEN AFFILIATED TO HUMANITIES UNIVERSITY ······ 278
BEIJING ZHENGZE SCHOOL ······ 278
BEIJING NO.2 EXPERIMENTAL PRIMARY SCHOOL YIHAI BRANCH ······ 279
BEIJING NO.8 HIGH SCHOOL YIHAI BRANCH ······ 279
BEIJING HAIDIAN FOREIGN LANGUAGE SHI YAN SCHOOL ······ 280
BEIJING 21ST CENTURY INTERNATIONAL SCHOOL ······ 280
BEIJING INTERNATIONAL BILINGUAL ACADEMY ······ 281
BEIJING NEW TALENT ACADEMY ······ 281
BEIJING ROYAL SCHOOL ······ 282
BEIJING SMIC PRIVATE SCHOOL ······ 282
BEIJING JUNYI PRIVATE MIDDLE SCHOOL ······ 283
BEIJING YANQING QINGYUAN SCHOOL ······ 283

MORAL, PHYSICAL AND AESTHETIC EDUCATION

SUMMARY

Construction of moral education teams ······ 286
Campus football ······ 287
Ice and snow sports entered campuses ······ 287
Series of activities on education of core Socialist values ······ 288
Three-year action plan for formation education in primary and secondary schools released ······ 290

MORAL EDUCATION

■ MORAL EDUCATION WORKS

First release of safety guidelines for large social classroom resource units ······ 291
Five schools were selected as the first national civilized campus ······ 292
Primary and secondary school moral education entered the district schools ······ 292
351 schools became the second batch of civilized campuses in Beijing primary and secondary schools ······ 292

■ SPECIALIZED EDUCATION

Overview ······ 293

■ NATIONAL DEFENSE EDUCATION

First national defense education theme photo competition in Beijing universities ······ 294
National flag culture construction ······ 295

PHYSICAL EDUCATION AND HYGIENE

■ PHYSICAL EDUCATION

The country's first campus football news agency was established ······ 297
Tsinghua women's basketball team and Peking university men's basketball team won the CUBA championship respectively ······ 298
The country's first primary school campus football league was established ······ 298
Competition of pupils' little ball program promotion ······ 300

■ SCHOOL HYGIENE

Capital university students' mental health express train was launched ······ 300

WINTER OLYMPIC EDUCATION

The first ice games of primary and secondary schools in Tongzhou ······ 302
China Olympic Intelligence Center was located in Beijing sport University ······ 302
Central Academy of Fine Art was selected to design the Winter Olympic Games and Paralympic Games emblem ······ 303

ART AND OFF–CAMPUS EDUCATION

■ ART EDUCATION

Beijing College Student Dance Festival ······ 305
Ethnic art entered campuses ······ 305
International Micro-film Festival for University Academy Forum ······ 305
20th Student Art Festival ······ 306

■ OFF-CAMPUS EDUCATION

Youth Natural Science Challenge ······ 306
The first Messier Astronomical Observation marathon ······ 307
The 10th national college mock spokesperson competition ······ 307

The 5th national college students model CPPCC proposal competition ··· 307

■ SCIENCE AND TECHNOLOGY ACTIVITIES

China Aerospace Science and Technology Education Alliance was established ··· 309

Awards of the 37th youth science and technology innovation competition ··· 309

Beihang University refreshed the world college student aviation engine design competition ··· 310

The 9th Beijing science and technology award for primary and secondary school students ··· 311

INTEGRATED MANAGEMENT

SUMMARY

Promoted the comprehensive reform in the field of education ··· 314

Promoted law-based teaching ··· 315

Prevention and control of bullying and violence in primary and secondary schools ··· 315

Emergency plan for heavy air pollution ··· 319

Transferred 14,000 students from some universities ··· 320

PARTY BUILDING

Study and implementation of the spirit of the 19th CPC National Congress ··· 320

Promoted Party Building in education system ··· 321

Normalization of Studies on the Theoretical and Practical Issues of Party Building ··· 321

Seeing Party self-governance exercised fully and with rigor. ··· 321

POLICIES AND REGULATIONS

Overview ··· 326

Promoted the construction of primary and secondary schools' constitutions ··· 328

Special training for principals of primary and secondary schools in ruling schools by law ··· 328

The research base of education rule of law was established ··· 328

ORGANIZATION AND CADRES WORK

Overview ··· 329

Extended the retirement age of leading cadres in colleges and universities ··· 330

Strict management of cadres ··· 331

27 universities completed the replacement of Party committee and discipline inspection commission ··· 331

PROPAGANDA AND IDEOLOGICAL EDUCATION

Overview ··· 332

College publicity and education work conference ··· 332

Thematic education activities on Core Socialist values ··· 333

Selection meeting of Red "1+1" demonstration activities in colleges and universities ··· 335

UNITED FRONT AND MASS WORK

Overview ··· 338

Ideas on the united front work in colleges and universities was issued ··· 339

Ideas on the trade union work in colleges and universities was issued ··· 339

DISCIPLINE INSPECTION AND SUPERVISION

Supervision and inspection at important time points ··· 340

Supervision and inspection of important matters ··· 340

DEVELOPMENT PLAN

Overview ··· 340

Beijing Environment and Art School merged into Beijing Institute of Fashion Technology ··· 341

Colleges and universities expanded the special enrollment work in rural areas ··· 341

FINANCIAL AFFAIRS

Overview ··· 342

AUDITING AFFAIRS

Overview ··· 343

Economic responsibility audit ··· 344

Work conference against unauthorized collection of fees by educational institutions ··· 344

FUNDAMENTAL CONSTRUCTION

Overview ··· 345

Standardized the renovation of interior decoration in primary and secondary schools ··· 345

Construction of new campus of municipal universities ··· 346

LOGISTICS MANAGEMENT

Overview ··· 346

Regulations on the management of canteens in primary and secondary schools ··· 347

Regulations on the management of food supply from outside of primary and secondary schools · · · 347
Ordered 1046,000 sets of student clothes · · · 348
CAMPUS SAFETY
Overview · · · 348
Ideas on the construction and promotion of Safe Campus was issued · · · 349
Special inspection of the environment and order around campus · · · 349
Comprehensive management of electrical fires · · · 350
Campus Safety propaganda month activity · · · 350
THE RETIRED CADRES AND CARE FOR THE NEXT GENERATION
Overview · · · 351
Ideas on implementation of the work of retired cadres was issued · · · 352
Work conference on caring for the next generation · · · 352
CHINA-LANGUAGE WORK
Overview · · · 254
Citizen language and culture lecture hall launched · · · 355
The first international language and culture exposition · · · 356
CPC BEIJING MUNICIPAL COMMITTEE OF EDUCATION
Secretary, Deputy Secretary and Committee Members · · · 357
BEIJING MUNICIPAL EDUCATION COMMISSION
Chairman, Vice Chairman, Counsel, Associate Counsel · · · 357
CPC BEIJING MUNICIPAL COMMITTEE OF EDUCATION & BEIJING MUNICIPAL EDUCATION COMMISSION
Head of the department · · · 357
CPC BEIJING MUNICIPAL COMMISSION FOR DISCIPLINE INSPECTION EDUCATION COMMITTEE
Secretary and Deputy Secretary · · · 357

EDUCATION SUPERVISION

SUMMARY
Improved the monitoring mechanism for third-party education assessment · · · 360
Published 13 Education Supervision Reports · · · 361
Seminar on reform and development of education supervision · · · 361
GOVERNMENT PERFORMANCE SUPERVISION
Special Supervision and Inspection of School Opening in Spring and Autumn · · · 363
SCHOOL SUPERVISION
Listed supervision innovation districts of supervision responsibility in municipal primary and secondary schools · · · 364
Regular and Internal Supervision Guidelines for Primary and Secondary Schools was issued · · · 364
Rules of School Supervision was issued · · · 365
EVALUATION AND MONITORING
Pilot evaluation of municipal college majors was completed · · · 367
Monitored the development of preschool education · · · 367
SUPERVISION MANAGEMENT AND INFORMATIZATION
Training Meeting on informatization of education supervision · · · 368
Education supervision forum · · · 368
DISTRICTS EDUCATION SUPERVISION
Shijingshan launched evaluation of people's satisfaction schools · · · 369
Haidian's first off-campus educational institution accepted the comprehensive supervision · · · 370
Dongcheng launched listed supervision of supervision responsibility in kindergartens · · · 371
EDUCATION SUPERVISION BUREAU OF PEOPLE'S GOVERNMENT OF BEIJING MUNICIPALITY
Director, Deputy Director · · · 373
EDUCATION SUPERVISION BUREAU OF PEOPLE'S GOVERNMENT OF BEIJING MUNICIPALITY
Head of department · · · 373
BEIJING DISCIPLINE INSPECTION COMMITTEE OF THE CPC,BEIJING MUNICIPAL SUPERVISION COMMITTEE APPOINTED TO BEIJING MUNICIPAL EDUCATION COMMISSION AND EDUCATION COMMITTEE OF THE BEIJING MUNICIPAL COMMITTEE OF THE CPC
Director · · · 373

SCIENTIFIC RESEARCH

SUMMARY

Scientific and technological personnel and investment ······ 376
Scientific and technological activities ······ 376
Scientific and technological output ······ 376
Scientific and technological propaganda ······ 376
Humanity and Social science personnel and investment ······ 376
11 people were elected as academicians of Chinese Academy of Engineering ······ 380
9 people were elected as academicians of Chinese Academy of Science ······ 381

SCIENTIFIC RESEARCH MANAGEMENT

500 projects were selected as research projects ······ 382

SCIENTIFIC RESEARCH ACHIEVEMENTS

The inevitable food additives ······ 382
"Moon Palace 365"plan ······ 384
The first 35 volumes of 'The Medical Encyclopedia of China' were published ······ 387
A new book of 'The Chinese Language and Culture Collection' is published ······ 387

EDUCATIONAL SCIENCE RESEARCH

Management Measures of Expert Work in Beijing Education Science Planning Project ······ 388
Seminar on learning style change ······ 388

EDUCATION AND TEACHING RESEARCH

The third Beijing primary school Chinese teaching observation activity ······ 390
21 units become advanced units in curriculum construction ······ 391
The first observation and exhibition on theme class meeting of primary and secondary schools ······ 391

TEACHERS CONSTRUCTION

SUMMARY

Continue to implement the support plan for rural teachers ······ 394
Primary and secondary school teachers' open teaching practice activities ······ 394
9 people won the Beijing People's Teacher Award ······ 398

TEACHING STAFF MANAGEMENT

Beijing Excellent Head Teacher Research Division was established ······ 401
The special post plan of rural teachers recruited 331 people ······ 403

TEACHING STAFF TRAINING

Special training for cadres in primary and secondary schools ······ 405

PROFESSIONAL TITLE EVALUATION AND QUALIFICATION ASSESSMENT

19263 people passed the certification of teacher qualifications ······ 406
222 people won the title of Beijing top teacher ······ 406

STUDENTS MANAGEMENT

SUMMARY

Graduates' employment and entrepreneurship ······ 410
Management of students' status and academic records ······ 410
The opinions on students' transfer between colleges and universities was issued ······ 411

STUDENTS' STATUS MANAGEMENT

Electronic registration of freshmen' status ······ 411

INNOVATION AND ENTREPRENEURSHIP

Beijing University Innovation and Entrepreneurship Summit ······ 412

GRADUATION AND EMPLOYMENT

Higher education cultivated 235318 graduates ······ 413
138 bidirectional selection meetings for graduates ······ 414

CONSCRIPTION WORKS

Special recruitment fair for retired college students ······ 414

STUDENT SCHOLARSHIPS AND LOANS

Implemented student funding policy ······ 415
10th anniversary of the funding policy ······ 415

ENROLLING AND TESTING

SUMMARY

Government's Integration of Enrolment Work at the Obligatory Stage ······ 418
The reform of Entrance Examination in Middle school continuously promoted the balanced development of education ······ 419
Smooth and orderly implementation of College Entrance Examination reform ······ 419
Graduate enrollment reform ······ 419

ENROLLMENT OF SENIOR HIGH SCHOOL

Overview ······ 421

60467 students took cultural examination of senior high school entrance examination ········ 422
38736 students enrolled in senior high schools ········ 422

SENIOR HIGH SCHOOL GRADUATION EXAMINATION

Overview ········ 422
91287 students applied for spring senior higher school graduation examination ········ 423
53358 students applied for summer senior higher school graduation examination ········ 423

ENROLLMENT OF HIGHER EDUCATION INSTITUTES

Overview ········ 423
50539 students attended the College Entrance Examination ········ 424

POSTGRADUATE ENROLLMENT

Overview ········ 425
Enrolled 95341 Master Degree Candidates ········ 426
Enrolled 23612 Doctoral Students ········ 426

ENROLLMENT OF ADULT HIGHER EDUCATION INSTITUTES

Overview ········ 426
75281 people applied for the Adult Bachelor Degree English examination on the first half year ········ 426
80769 people applied for the Adult Bachelor Degree English examination on the second half year ········ 427

HIGHER EDUCATION SELF-TAUGHT EXAMINATION

Overview ········ 427
65642 people took Self-taught Higher Education Examination in April ········ 428
74844 people took Self-taught Higher Education Examination in October ········ 428

SOCIETY EXAMINATIONS

Overview ········ 428
Beijing Oral English Certificate Examination (BOEC) ········ 429
Beijing National Judicial Examination ········ 429

SINO-FOREIGN COOPERATIVE EXAMINATIONS

Overview ········ 429
9524 people took the oral English test ········ 429
TOFEL and GRE Test ········ 429

COMMUNICATION AND COOPERATION

SUMMARY

Increased the level of external communication ········ 432
External exchanges were rich in content ········ 432
Strengthened the external promotion ········ 432
Strengthened the management and guidance in schools for children of foreigners ········ 433
Educational exchanges between Hong Kong, Macao and Taiwan was promoted ········ 433
Prime Minister of French visited Peking University ········ 434
King of Saudi Arabia visited Peking University ········ 434
President of Madagascar visited Renmin University of China ········ 434
Prime Minister of Norwegian visited Peking University ········ 434
Prime Minister of Ethiopia visited University of International Business and Economics ········ 434
The 6th World Peace Forum ········ 435
Governor of Canada visited Tsinghua University ········ 435
Prime Minister of Dominica visited Tsinghua University ········ 435
President of the Republic of Tajikistan visited Tsinghua University ········ 435
Beijing citizens speak foreign language garden party ········ 435
The 14th Beijing Forum ········ 436
President of Panama visited Renmin University of China ········ 436
South Korean President Visited Peking University ········ 436

INTERNATIONAL EXCHANGE AND COOPERATION

■ SINO-FOREIGN COOPERATION IN RUNNING SCHOOLS

Overview ········ 436
Beijing Sino-French Experimental School was opened ········ 436
Standardized the management of Sino-foreign cooperation in running schools ········ 437

■ FRIENDLY EXCHANGE

2017 BRICS National Think Tank Forum ········ 437
Sino-American University Presidents' Forum ········ 437

■ THE BELT AND ROAD

"Belt and Road" and high-end forum on diplomacy with Chinese characteristics ········ 438

The "Belt and Road" Story series were published in six languages · · · · · 439
The first "Belt and Road" Language and Culture Summit Forum · · · · · 441
The First "Belt and Road" University Presidents' Forum · · · · · 442

■ FOREIGN STUDENTS EDUCATION AND MANAGEMENT

Overview · · · · · 443
Chinese Competition for International Students · · · · · 443
International Students Summer Camp · · · · · 443
Chinese Festival for foreign Students in primary and middle schools in Beijing · · · · · 444

■ INTERNATIONAL CHINESE EDUCATION

The 1st Chinese Language Teaching Idols · · · · · 444
The Chinese-Language Learning Workshop for Sister Cities · · · · · 444
Capital college students went abroad for teaching internships · · · · · 444
Confucius Institute and classroom construction · · · · · 445

OVERSEAS CHINESE EXCHANGE AND COOPERATION IN HONG KONG, MACAO AND TAIWAN

Overview · · · · · 445
Beijing-Hong Kong School Exchange · · · · · 446
Summer Camp for Student Exchange in Beijing, Hong Kong and Macao · · · · · 447
Beijing-Taiwan Basic Education Principals Summit · · · · · 447

PARTNER ASSISTANCE AND REGIONAL COOPERATION

Overview · · · · · 448
Teachers and students from the recipient areas went to Beijing for study Tours · · · · · 451

THE COLLABORATIVE DEVELOPMENT OF EDUCATION IN BEIJING-TIANJIN-HEBEI

SUMMARY

Beijing-Tianjin-Hebei Education Collaborative Development Promotion Conference · · · · · 454
Beijing-Tianjin-Hebei Development Report (2016) won an award · · · · · 455
12 universities in Beijing, Tianjin and Hebei have formed alliances · · · · · 457

PRESCHOOL EDUCATION

Cross-regional communication of key teachers in kindergartens in the three districts · · · · · 457

ELEMENTARY EDUCATION

The Art Exhibition of Teachers and Students from Beijing, Tianjin and Hebei Primary and Secondary Schools · · · · · 458
Beijing-Tianjin-Hebei middle school collaborative development conference · · · · · 458

HIGHER EDUCATION

The 1st Beijing-Tianjin-Hebei Leisure Sports Forum · · · · · 460
The 1st ASEAN students Chinese Competition in Beijing, Tianjin and Hebei · · · · · 461

VOCATIONAL AND CONTINUING EDUCATION

Beijing-Tianjin-Hebei Vocational and Technical Skills Exchange Competition · · · · · 462
Vocational Education Alliance in Beijing, Baoding, Shijiazhuang, and Handan was established · · · · · 463
The 2nd Beijing-Tianjin-Hebei Pension Summit Forum · · · · · 463

DISTRICTS EDUCATION

DONGCHENG DISTRICT

Overview · · · · · 466
The 20th Art Festival · · · · · 468
Forum on School District System Reform · · · · · 469

XICHENG DISTRICT

Overview · · · · · 471
The middle school entrance examination is completed · · · · · 474

CHAOYANG DISTRICT

Overview · · · · · 475
Solved problems of entering kindergarten · · · · · 476
Residence in public rental houses · · · · · 479

FENGTAI DISTRICT

Overview · · · · · 479
3 labor model studios were listed · · · · · 480
Capital citizen learning star selection · · · · · 481

SHIJINGSHAN DISTRICT

Overview · · · · · 482
Comprehensive inspection in primary and secondary schools · · · · · 483

National Lifelong Learning Week ········ 484

HAIDAIN DISTRICT

Overview ········ 485

2 schools renamed ········ 486

Established the network security service brigade ········ 489

MENTOUGOU DISTRICT

Overview ········ 490

The 1st scholarly campus selection and recognition activities ········ 490

The 35th Student Science and Technology Festival ········ 491

FANGSHAN DISTRICT

Overview ········ 491

Vocational education and adult education ········ 492

2 students won the title of "Most Beautiful Middle School Students" ········ 492

TONGZHOU DISTRICT

Overview ········ 493

Opened multiple channels to facilitate enrollment ········ 494

The 1st "Jingjiao Cup" Teachers' Basic Skills Summary and Recognition Meeting ········ 495

SHUNYI DISTRICT

Overview ········ 496

Relocation of Special Support Education Center ········ 499

CHANGPING DISTRICT

Overview ········ 500

On-the-spot Meeting of National Unity Education ········ 501

The 1st Robot Competition ········ 503

DAXING DISTRICT

Overview ········ 504

The 1st Chinese Traditional Poetry Competition for Middle School Students ········ 505

School layout adjustment ········ 506

HUAIROU DISTRICT

Overview ········ 507

Dance Competition of the 20th Art Festival ········ 509

Launched 2 preschool studios ········ 510

PINGGU DISTRICT

Overview ········ 512

The 1st vocational school teachers' basic teaching skills competition ········ 513

Children's Reading Festival ········ 513

MIYUN DISTRICT

Overview ········ 515

Primary school principal research studio project summary activity ········ 517

Virtue Middle School Students Recognition Conference ········ 518

YANQING DISTRICT

Overview ········ 519

Top Ten Virtue Teenagers ········ 520

The 1st primary and secondary school kite festival ········ 521

YANSHAN AREA

Overview ········ 523

Youth off-campus education work meeting ········ 524

The 1st exhibition of new teachers' teaching style ········ 525

CPE DISTRICTS MUNICIPAL COMMITTEE OF EDUCATION & DISTRICTS MUNICIPAL EDUCATION COMMISSION

Leaders ········ 526

SOCIAL GROUPS

BEIJING EDUCATION INSTITUTE

Overview ········ 530

BEIJING ASSOCIATION OF HIGHER EDUCATION

Overview ········ 531

BEIJING SOCIETY OF VOCATIONAL AND TECHNICA EDUCATION

Overview ········ 532

BEIJING ASSOCIATION OF NON-GOVERNMENT EDUCATION

Overview ········ 533

BEIJING ASSOCIATION OF PRESCHOOL CHILD NURSING AND EDUCATION WORKERS

Overview ········ 534

BEIJING ASSOCIATION OF SENIOR EDUCATION WORKERS

Overview ········ 534

BEIJING AFTER-SCHOOL EDUCATION ASSOCIATION

Overview ········ 535

BEIJING NATIONAL DEFENSE EDUCATION ASSOCIATION OF COLLEGES AND UNIVERSITIES

Overview ········ 536

BEIJING EDUCATIONAL EQUIPMENT INDUSTRY ASSOCIATION
Overview ······ 537
RED CROSS SOCIETY OF CHINA BEIJING BRANCH
Overview ······ 537
BEIJING ETHNIC EDUCATION ASSOCIATION
Overview ······ 539

INSTITUTIONS DIRECTLY UNDER BEIJING MUNICIPAL EDUCATION COMMISSION

BEIJING ACADEMY OF EDUCATIONAL SCIENCES
Overview ······ 542
BEIJING EDUCATION EXAMINATIONS AUTHORITY
Overview ······ 544
BEIJING EDUCATION MEDIA GROUP
Overview ······ 546
BEIJING TEACHING STAFF SANATORIUM
Overview ······ 547
BEIJING MANAGEMENT CENTER OF UNIVERSITY-RUN INDUSTRIES
Overview ······ 548
BEIJING EDUCATION NETWORK & INFORMATION CENTER
Overview ······ 549
BEIJING EDUCATION SERVICE CENTER
Overview ······ 551
BEIJING EDUCATION SYSTEM TALENT EXCHANGE SERVICE CENTER
Overview ······ 551
BEIJING INTERNATIONAL EDUCATION EXCHANGE CENTER
Overview ······ 553
BEIJING STUDENTS' ACTIVITY MANAGEMENT CENTER
Overview ······ 554
BEIJING ED UCATIONAL TECHNOLOGY & EQUIPMENT CENTER
Overview ······ 558
BEIJING EDUCATIONAL VETERAN CADRE ACTIVITY CENTER
Overview ······ 559
BEIJING UNIVERSITY REAL ESTATE DEVELOPMENT CORPORATION
Overview ······ 559
BEIJING COMPILING COMMITTEE OF EDUCATION LOG
Overview ······ 560
BEIJING STUDENTS FINANCIAL AID MANAGEMENT CENTER
Overview ······ 562
BEIJING EDUCATION NEWS CENTER
Overview ······ 563
BEIJING SCHOOLS LOGISTICS CENTER
Overview ······ 564

PERSONAGE

ADVANCED FIGURES
Wu Liangyong won the Capital Outstanding Talents Award ······ 568
Zhang Dongxiao was elected an academician of the US National Academy of Engineering ······ 568
Cong Jingsheng was elected an academician of the US National Academy of Engineering ······ 568
Chen Zhangxing was elected an academician of the Canadian Academy of Engineering ······ 568
Chai Songyan was awarded the 3rd Chinese Medical Master ······ 568
Zhang Fusuo was elected an academician of the Chinese Academy of Engineering ······ 569
Dai Qionghai was elected an academician of the Chinese Academy of Engineering ······ 569
NieZuoren was elected an academician of the Chinese Academy of Engineering ······ 569
Ning Bin was elected an academician of the Chinese Academy of Engineering ······ 569
Zhou Ji was elected an academician of the Chinese Academy of Engineering ······ 569

Zhang Jianmin was elected an academician of the Chinese Academy of Engineering 569
Dong Jiahong was elected an academician of the Chinese Academy of Engineering 570
Wu Feng was elected an academician of the Chinese Academy of Engineering 570
Sun Fengchun was elected an academician of the Chinese Academy of Engineering 570
Chen Jie was elected an academician of the Chinese Academy of Engineering 570
QiaoJie was elected an academician of the Chinese Academy of Engineering 571
Fang Fuquan was elected an academician of the Chinese Academy of Sciences 571
ZhengZhiming was elected an academician of the Chinese Academy of Sciences 571
Yang Wantai was elected an academician of the Chinese Academy of Sciences 571
DuanWenhui was elected an academician of the Chinese Academy of Sciences 571
OuyangMinggao was elected an academician of the Chinese Academy of Sciences 571
Chen Yeguang was elected an academician of the Chinese Academy of Sciences 572
Wang Xiaoyun was elected an academician of the Chinese Academy of Sciences 572
Lu Lin was elected as academician of the Chinese Academy of Sciences 572
Wei Yueguang was elected an academician of the Chinese Academy of Sciences 572
Yang Chi was awarded the Royal Order of the Polar Star 572

PERSONAGE PASSED AWAY

Li Chen passed away 572
Zhang Tengxiao passed away 572
Zhang Gongjin passed away 573
Xiang Zuhua passed away 573
Ke Jun passed away 573
Jiang Weizhuang passed away 573
Lu Leshan passed away 573
Xiao Zhuoji passed away 573

RESEARCH REPORT

The public announcement on Beijing 2017 education expenditure situation 576
Report on the supervision and inspection of the implementation of education laws and regulations in Beijing 2017 579
Monitoring report on the development of preschool education in Beijing 2016-2017 school year 581
Survey report on the satisfaction of education in Beijing 2017 586
Survey report on the supervision of the running system and mechanism reform of primary and secondary schools in Beijing (2017) 589

STATISTICAL LIST

Statistics on Beijing Education in 2017-2018 School Year 596

APPENDIX

ELEMENTARY EDUCATION

List of Beijing ice and snow sports featured schools (The first batch) 620

HIGHER EDUCATION

Second prize of Beijing science and technology award in 2016 (Higher schools in beijing) 626

COMPARISON TABLE OF FULL NAME AND ABBREVIATION

Some institutions in Beijing comparison table of full name and abbreviation 629
Part of the school comparison table of full name and abbreviation 629

INDEX

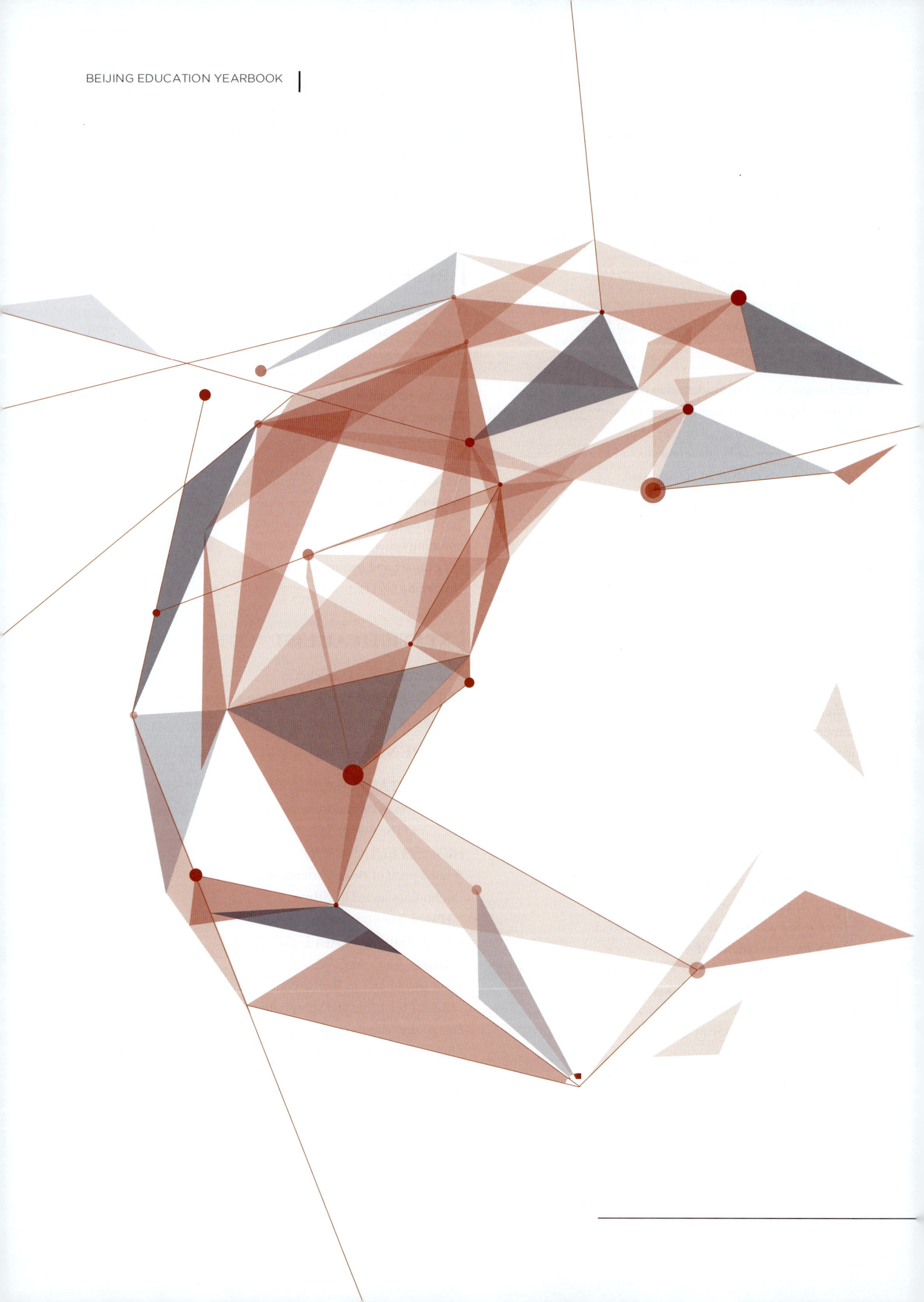

2018 | 特载
SPECIAL FEATURE

- 习近平总书记给中国工合国际委员会、北京培黎职业学院的回信
- 习近平在中国政法大学考察时强调：立德树人德法兼修抓好法治人才培养励志勤学刻苦磨炼促进青年成长进步
- 习近平致信祝贺中国人民大学建校 80 周年
- 习近平给南南合作与发展学院首届硕士毕业生回信

习近平总书记给中国工合国际委员会、北京培黎职业学院的回信

中国工合国际委员会、北京培黎职业学院：

中国工合国际委员会历经 77 年风雨洗礼，为促进人类和平与发展事业作出了不懈努力。在此，谨向你们致以衷心的祝贺和诚挚的问候！

今年是伟大的国际主义战士、中国人民的老朋友、工合运动重要发起人、培黎学校创始人路易 · 艾黎诞辰 120 周年。艾黎与中国人民风雨同舟，在华工作生活 60 年，为中国人民和新西兰人民架起了友谊之桥。他和宋庆龄、斯诺等发起成立的工合国际，为支援中国革命和社会主义建设作出了重要贡献。

“十年树木，百年树人。”北京培黎职业学院以“手脑并用，创造分析”为校训，心系国家、艰苦奋斗，传承发扬老校长艾黎和何克倡导的职业教育思想，为中国社会主义现代化建设精心培养了大批人才。

希望你们发扬传承艾老“努力干，一起干”的工合精神，积极开展国际文化交流，谱写国际友谊新篇章，为促进世界和平与发展、构建人类命运共同体作出新的贡献。

习近平

2017 年 4 月 20 日

（新华社北京 4 月 21 日电）

4 月 25 日，培黎职业学院召开认真学习贯彻习近平总书记回信精神大会　（新闻中心　供）

习近平在中国政法大学考察时强调：立德树人德法兼修抓好法治人才培养 励志勤学刻苦磨炼促进青年成长进步

在五四青年节来临之际，在中国政法大学建校 65 周年前夕，中共中央总书记、国家主席、中央军委主席习近平 3 日上午来到中国政法大学考察。习近平代表党中央，向全国各族青年致以节日的问候，向全国广大教育工作者、青年工作者、法治工作者致以诚挚的问候。他强调，全面推进依法治国是一项长期而重大的历史任务，要坚持中国特色社会主义法治道路，坚持以马克思主义法学思想和中国特色社会主义法治理论为指导，立德树人，德法兼修，培养大批高素质法治人才。

习近平强调，中国的未来属于青年，中华民族的未来也属于青年。青年一代的理想信念、精神状态、综合素质，是一个国家发展活力的重要体现，也是一个国家核心竞争力的重要因素。当今中国最鲜明的时代主题，就是实现“两个一百年”奋斗目标、实现中华民族伟大复兴的中国梦。当代青年要树立与这个时代主题同心同向的理想信念，勇于担当这个时代赋予的历史责任，励志勤学、刻苦磨炼，在激情奋斗中绽放青春光芒、健康成长进步。

中国政法大学是我国一所著名高等学府，成立于 1952 年，以“厚德、明法、格物、致公”为校训，长期以来为国家培养了大批法治人才。

暮春时节，位于北京市昌平区的中国政法大学校园内满目青葱、一派生机。上午 9 时 20 分，习近平在校党委书记石亚军、校长黄进陪同下，首先来到逸夫楼一层大厅，参观校史及成果展。一张张图片，一件件实物，见证了几代党和国家领导人对中国政法大学和中国法治建设的关心和支持，展示了中国政法大学的发展历程，习近平不时驻足观看，询问有关情况。他对中国政法大学在人才培养、学术研究、社会服务、文化传承、国际交流合作、特色课程教育等方面取得的成就表示肯定，希望学校总结经验、改革创新，更好整合资源，更好找准着力点，把教学、科研、育人各项工作做得更好。

在展厅内，总书记亲切会见了张晋藩、廉希圣、李德顺、王卫国、卞建林等几位资深教授，同他们一一握手，亲切交谈。参与新中国法治进程的教授们讲述了他们对法治精神和治学方法的思考，习近平感谢他们为法治理论研究和法治人才培养作出的贡献，希望他们继续贡献才智，祝他们生活愉快、身体健康。参观结束时，习近平同中国政法大学领导班子成员和几位教授合影留念。

在学生活动中心一层大厅，民商经济法学院本科二年级 2 班团支部正在开展“不忘初心跟党走”主题团日活动。习近平来到他们中间，同学们报以热烈掌声。几位同学从不同角度畅谈观看电影《焦裕禄》的体会，习近平认真倾听，并参与讨论。习近平语重心长地对同学们说，新中国成立以来，我们党和人民一路筚路蓝缕、艰苦奋斗走来，使国家越来越富强、民族越来越兴盛、人民越来越幸福，其中很重要的一条就是有无数焦裕禄这样的优秀党员、干部为党和人民无私奉献。焦裕禄同志的事迹归结到一点，就是坚定跟党走，他一生都在为党分忧、为党添彩。焦裕禄精神跨越时空，永远不会过时，我们要结合时代特点不断发扬光大。希望大家矢志不渝，用一生来践行跟党走的理想追求。共青团是党的助手和后备军，要始终保持先进性，广大团员青年坚定跟党走，就是初心。不忘这个初心，是我国广大青年的政治选择，也是我国广大青年的人生航向。习近平勉励同学们珍惜韶华，潜心读书，敏于求知，做到德智体美全面发展，毕业后为祖国和人民施展自己的才华，实现自己的人生价值。

之后，习近平来到学生活动中心三层会议室，同中国政法大学师生和首都法学专家、法治工作者代表、高校负责同志座谈。中国政法大学党委书记石亚军、终身教授张晋藩、民商经济法学院学生潘辉和北京市朝阳区人民法院奥运村法庭庭长刘黎先后发言。他们结合实际，谈教育管理、教书育人、学习生活、法治实践。

在听取大家发言后，习近平发表重要讲话。他指出，全面依法治国是坚持和发展中国特色社会主义的本质要求和重要保障，事关我们党执政兴国，事关人民幸福安康，事关党和国家事业发展。随着中国特色社会主义事业不断发展，法治建设将承载更多使命、发挥更为重要的作用。推进全面依法治国既要着眼长远、打好基础、建好制度，又要立足当前、突出重点、扎实工作。建设法治国家、法治政府、法治社会，实现科学立法、严格执法、公正司法、全民守法，都离不开一支高素质的法治工作队伍。法治人才培养上不去，法治领域不能人才辈出，全面依法治国就不可能做好。

习近平强调，没有正确的法治理论引领，就不可能有正确的法治实践。高校作为法治人才培养的第一阵地，要充分利用学科齐全、人才密集的优势，加强法治及其相关领域基础性问题的研究，对复杂现实进行深入分析、作出科学总结，提炼规律性认识，为完善中国特色社会主义法治体系、建设社会主义法治国家提供理论支撑。

习近平指出，法学学科体系建设对于法治人才培养至关重要。我们有我们的历史文化，有我们的体制机制，有我们的国情，我们的国家治理有其他国家不可比拟的特殊性和复杂性，也有我们自己长期积累的经验和优势，在法学学科体系建设上要有底气、有自信。要以我为主、兼收并蓄、突出特色，深入研究和解决好为谁教、教什么、教给谁、怎样教的问题，努力以中国智慧、中国实践为世界法治文明建设作出贡献。对世界上的优秀法治文明成果，要积极吸收借鉴，也要加以甄别，有选择地吸收和转化，不能囫囵吞枣、照搬照抄。

习近平强调，法学学科是实践性很强的学科，法学教育要处理好知识教学和实践教学的关系。要打破高校和社会之间的体制壁垒，将实际工作部门的优质实践教学资源引进高校，加强法学教育、法学研究工作者和法治实际工作者之间的交流。法学专业教师要坚定理想信念，带头践行社会主义核心价值观，在做好理论研究和教学的同时，深入了解法律实际工作，促进理论和实践相结合，多用正能量鼓舞激励学生。

习近平指出，中国特色社会主义法治道路的一个鲜明特点，就是坚持依法治国和以德治国相结合，强调法治和德治两手抓、两手都要硬。法学教育要坚持立德树人，不仅要提高学生的法学知识水平，而且要培养学生的思想道德素养。各级领导干部要做尊法学法守法用法的模范，以实际行动带动全社会崇德向善、尊法守法。

习近平强调，青年处于人生积累阶段，需要像海绵汲水一样汲取知识。广大青年抓学习，既要惜时如金、孜孜不倦，下一番心无旁骛、静谧自怡的功夫，又要突出主干、择其精要，努力做到又博又专、愈博愈专。特别是要克服浮躁之气，静下来多读经典，多知其所以然。

习近平指出，青年时期是培养和训练科学思维方法和思维能力的关键时期，无论在学校还是在社会，都要把学习同思考、观察同思考、实践同思考紧密结合起来，保持对新事物的敏锐，学会用正确的立场观点方法分析问题，善于把握历史和时代的发展方向，善于把握社会生活的主流和支流、现象和本质。要充分发挥青年的创造精神，勇于开拓实践，勇于探索真理。养成了历史思维、辩证思维、系统思维、创新思维的习惯，终身受用。

习近平强调，青年在成长和奋斗中，会收获成功和喜悦，也会面临困难和压力。要正确对待一时的成败得失，处优而不养尊，受挫而不短志，使顺境逆境都成为人生的财富而不是人生的包袱。广大青年人人都是一块玉，要时常用真善美来雕琢自己，不断培养高洁的操行和纯朴的情感，努力使自己成为高尚的人。

习近平指出，全国高校思想政治工作会议以来，各级党委、教育系统和各高校抓紧会议精神贯彻落实，工作成效明显。要强化基础、抓住重点、建立规范、落实责任，真正做到“虚”功“实”做，把“软指标”变为“硬约束”。高校党委要履行好管党治党、办学治校的主体责任，把思想政治工作和党的建设工作结合起来，把立德树人、规范管理的严格要求和春风化雨、润物无声的灵活方式结合起来，把解决师生的思想问题和教学科研、学习就业等实际问题结合起来，使高校始终充满积极向上的正能量、洋溢蓬勃向上的青春活力、展现改革创新的时代风采。

考察结束时正值下课时间，闻讯而来的师生们站满校园道路两旁，习近平沿路同师生们热情握手，向远处的师生们挥手致意。热烈的掌声和欢呼声经久不息，荡漾整个校园。

王沪宁、刘延东、孟建柱、栗战书、郭金龙及中央和国家机关有关部门负责同志陪同考察。

（新华社北京5月3日电）

习近平致信祝贺中国人民大学建校 80 周年

中共中央总书记、国家主席、中央军委主席习近平 3 日致信祝贺中国人民大学建校 80 周年，向全体师生员工和广大校友致以热烈的祝贺。

习近平在贺信中指出，中国人民大学是我们党创办的第一所新型正规大学。建校以来，中国人民大学始终坚持党的领导，坚持马克思主义指导地位，坚持为党和人民事业服务，形成了鲜明办学特色，在我国人文社会科学领域独树一帜，为我国革命、建设、改革事业培养输送了一批又一批优秀人才。

习近平强调，当前，党和国家事业正处在一个关键时期，我们对高等教育的需要比以往任何时候都更加迫切，对科学知识和卓越人才的渴求比以往任何时候都更加强烈。希望中国人民大学以建校 80 周年为新的起点，围绕解决好为谁培养人、培养什么样的人、怎样培养人这个根本问题，坚持立德树人，遵循教育规律，弘扬优良传统，扎根中国大地办大学，努力建设世界一流大学和一流学科，为我国高等教育事业繁荣发展，为实现“两个一百年”奋斗目标、实现中华民族伟大复兴的中国梦作出新的更大贡献。

中国人民大学建校 80 周年庆祝大会 3 日上午在京举行。中共中央政治局委员、国务院副总理刘延东在会上宣读了习近平的贺信并致辞。她表示，要深入落实习近平总书记重要指示精神，贯彻党的教育方针，围绕立德树人根本任务，弘扬立学为民、治学报国传统，深化教育综合改革，不断提高办学水平，在建设世界一流大学和一流学科征程上迈出坚实步伐，为国家发展和民族复兴培养更多优秀人才。

中国人民大学的前身是 1937 年诞生的陕北公学，以及后来的华北联合大学和华北大学，1950 年 10 月 3 日以华北大学为基础合并组建，在长期的办学实践中，注重人文社会科学高等教育和马克思主义教学与研究，被誉为“我国人文社会科学高等教育领域的一面旗帜”。

（新华社北京 10 月 3 日电）

习近平给南南合作与发展学院首届硕士毕业生回信

南南合作与发展学院首届硕士毕业生：

你们好！来信收悉。得知你们圆满完成学业、成为南南合作与发展学院的首届毕业生，而且学有所思、学有所获，我感到十分高兴。

你们在信中表示，促进公平、包容、可持续发展是大家的共同心愿。这正是中国倡导建立南南学院的初衷。南南合作是发展中国家联合自强、应对挑战的伟大事业。中国将发挥好南南学院的平台作用，推动开展南南合作，促进广大发展中国家共同走上发展繁荣之路。

作为首届毕业生，你们满载荣耀，使命光荣。希望你们坚持学习、学以致用，行远升高、积厚成器，努力探索符合本国国情的可持续发展道路，成为各自国家改革发展的领导者。希望你们珍惜同各位老师、同学、朋友在中国结下的情谊，书写你们国家同中国友好合作新篇章，成为全球南南合作的践行者。

请代我向你们的家人问好，欢迎有机会再回中国来！

中华人民共和国主席　习近平

2017 年 10 月 11 日

（新华社北京 10 月 18 日电）

注：2015 年 9 月，习近平在出席联合国成立 70 周年系列峰会时宣布，中国将设立南南合作与发展学院。2016 年 4 月，南南学院在北京大学正式成立。学院旨在为广大发展中国家培养高端人才，搭建发展中国家沟通交流平台，推动南南合作为世界共同发展贡献更大力量。

南南学院首期项目 2016 年 9 月开学，共录取来自 27 个亚非拉欧发展中国家的 48 名政府官员、议员、金融从业者和学者作为硕士、博士学员。2017 年 7 月 6 日，南南学院首届 26 名硕士毕业生在毕业典礼现场朗读致习近平感谢信，感谢中国政府给予他们提升知识水平、学习中国改革开放成功经验机会，表示他们在南南学院学习到了清晰理念和丰富管理知识。相信南南学院将助力学员们成为各自国家改革发展的成功领导者。

（本栏责任编辑　王永刚）

深入贯彻学习党的十九大精神、全面加强党的建设

坚持深化改革，持续增强教育改革发展活力

坚持巩固提高，持续推进基础教育全面发展

坚持深入推动，持续提升高等教育科研能力和办学水平

坚持强化支撑，持续提高教育发展保障水平

推动教育交流，持续促进教育合作与协同发展

深化督导改革，持续保障首都教育科学发展

2018 | 北京教育总述

GENERALITY OF BEIJING EDUCATION

- 2017 年北京教育事业发展简况
- 2017 年北京教育事业发展综述

GENERALITY OF BEIJING EDUCATION

北京教育总述

99%

2017年，小学、初中就近入学比例达到99%和95%以上

35%

2017年，一般公办初中升入优质高中机会达到35%

4%

特长生比例控制在4%以内

A SUMMARY OF EDUCATION IN BEIJING IN 2017

2017年北京教育事业发展简况

基本情况

学前教育

北京市共有幼儿园1604所，在园幼儿44.55万人。

基础教育

北京市共有普通中学649所，其中，高中304所、初中345所;小学984所;特殊教育学校21所;工读学校6所。

基础教育在校学生130.62万人，其中，普通高中16.40万人，普通高中在校生中本市户籍15.24万人、非本市户籍1.16万人；初中26.64万人，初中在校生中本市户籍19.27万人、非本户籍7.37万人；小学87.58万人，小学在校生中本市户籍57.55万人、非本市户籍30.04万人。特殊教育学校在校生640人，工读学校在校生618人。

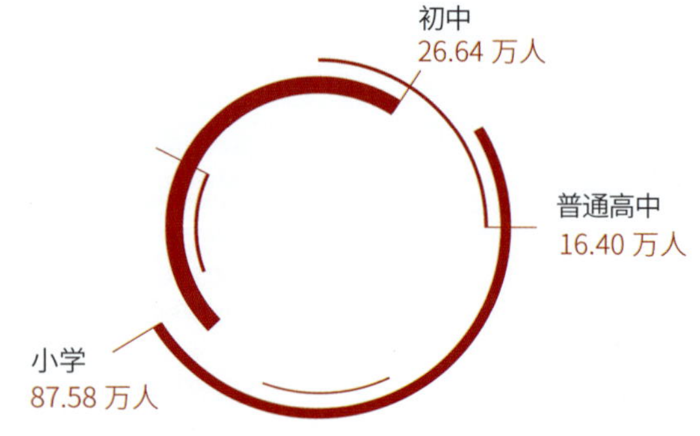

研究生教育

北京市共有58所普通高校和88个科研机构培养研究生，共有在学研究生31.24万人，比上年增加2.06万人。其中，

博士生 8.75 万人，比上年增加 0.4 万人;硕士生 22.49 万人，比上年增加 1.66 万人。招收研究生 11.18 万人，比上年增加 1.44 万人。在 58 所普通高校中，中央部委属高校 37 所，研究生在校生 25.44 万人，招生 9.03 万人；市属高校（含民办高校）21 所，研究生在校生 3.72 万人，招生 1.42 万人。

普通本专科教育

北京市共有普通高等学校 92 所，普通本专科在校生 58.07 万人，比上年减少 0.77 万人。

其中，普通本科在校生 50.31 万人，比上年增加 0.21 万人；普通专科在校生 7.76 万人，比上年减少 0.98 万人。普通高校本专科共招生 15.30 万人，比上年减少 0.20 万人。在 92 所普通高校中，市属普通高校 54 所（含民办高校 16 所），普通本专科在校生 26.59 万人，比上年减少 0.92 万人。

- 0.77万人

普通本专科在校生 58.07 万人，比上年减少 0.77 万人

+ 0.21

普通本科在校生 50.31 万人，比上年增加 0.21 万人

– 0.20

全市普通高校本专科招生 15.30 万人，比上年减少 0.20 万人

中等职业教育

北京市共有中等职业学校 117 所，其中，中等专业学校 30 所、成人中专 11 所、职业高中 48 所、技工学校 28 所。

中等职业学校在校学生 9.23 万人，其中，中等专业学校 4.10 万人、成人中专学校 2.20 万人、职业高中 1.15 万人、技工学校 1.78 万人。

继续教育

北京市共有独立设置成人高校 18 所，成人高等学历教育在校生 15.59 万人，招生 6.05 万人。

培训机构 3308 所，注册学生 275.49 万人。

民办教育

北京市有民办普通高校 16 所，民办高等教育机构 65 所，民办中学 97 所，民办中等职业学校 21 所，民办小学 59 所，民办幼儿园 664 所。

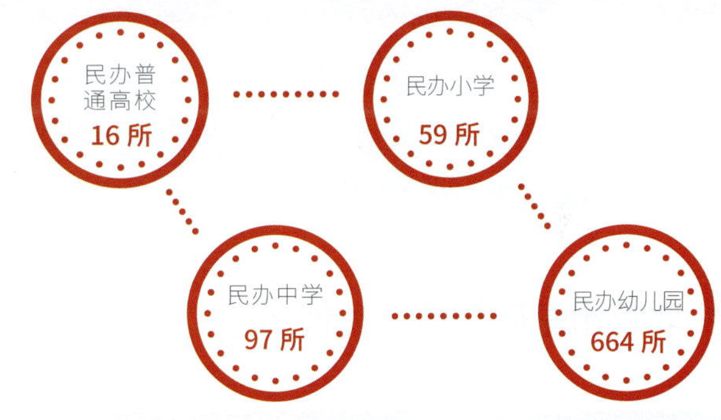

教育资源状况

北京市高等教育设施情况

单位：万平方米

		学校产权占地面积	学校产权校舍面积	学校产权教室面积	学校产权图书馆面积	学校产权实验实习场地面积	学校产权学生宿舍面积	学校产权在建校舍面积	非学校产权独立使用占地面积	非学校产权独立使用校舍面积
普通高校	计	4703	3976	359	150	556	869	50	700	196
	市属	1621	1200	184	56	210	298	4	404	144
成人高校		141	92	25	5.5	6.8	15	0	1.5	2
民办高等教育机构		47	50	9	2	3	19	0	104	99

北京市高等教育设备情况（学校产权）

		固定资产（万元）	教科仪器（万元）	图书（万册）	教学用计算机（台）	教室（间）	网络多媒体教室数（个）
普通高校	计	16600763	5921050	11309	420307	19370	13786
	市属	4847629	1792018	4125	237252	10976	6872
成人高校		326961	30872	224	10996	1045	697
民办高等教育机构		288350	23405	245	11888	1016	133

注：表（一）、表（二）中市属普通高校办学条件包含民办普通高校数据。

北京市基础教育设施情况

单位：万平方米

	占地面积	校舍建筑面积	教室面积	实验室面积	图书室面积
普通中学	2463.94	1409.06	292.36	88.05	38.59
小学	1439.72	727.19	260.26	21.33	18.15

北京市基础教育设备情况

	固定资产（万元）	仪器设备（万元）	计算机（台）	图书（万册）	电子图书（万册）
普通中学	3605734.38	992948.70	309714	3008.08	590.02
小学	2011994.17	731300.43	248947	2794.99	450.75

师资队伍状况

北京市小学教职工6.09万人。其中，专任教师5.38万人，生师比为13.6:1；普通中学教职工8.70万人，其中，专任教师6.66万人，生师比为7.7:1。普通高校教职工13.82万人，其中，专任教师6.62万人。

（张桓　华蕾）

A GENERALITY OF EDUCATION IN BEIJING IN 2017

2017 年北京教育事业发展综述

2017 年，市委教工委、市教委、市政府教育督导室按照党中央国务院、市委市政府的决策部署，结合首都教育工作实际，勇于担当，主动作为，全年教育工作有序推进，教育改革的综合效应已经显现。

深入贯彻学习党的十九大精神，全面加强党的建设

北京教育系统坚持探索创新，开展“浸入式”学习宣讲，推动习近平新时代中国特色社会主义思想和党的十九大精神入脑入心。第一时间组织首都教育系统干部师生收看大会直播，第一时间召开两委一室中心组学习交流会，第一时间印发首都教育系统学习贯彻意见；通过层层传达学习，开展座谈交流、主题教育、干部轮训等，实现干部师生全覆盖，迅速掀起学习宣传热潮。以上率下抓宣讲。市委书记蔡奇带头，17 名市领导走进高校宣讲党的十九大精神。组建“北京高校学习贯彻党的十九大精神宣讲团”，开展“党的十九大精神宣讲对谈活动”“百位名家共讲十九大活动”，带动广大师生积极投身到“百校千组学讲行”基层宣讲实践中。组建“学习习近平新时代中国特色社会主义思想博士生宣讲团”，把党的最新理论成果送到首都基层一线和全国各地群众中间。发挥优势抓“三进”（进教材、进课堂、进学生头脑）。编写《党的十九大精神融入高校思政课教学建议》，组织全市 1400 余名思政课教师集体备课；开设“走向复兴：习近平新时代中国特色社会主义思想研究”等 5 门“名家领读经典”市级公选课；举办“90 后心中的十九大”学生讲思政课展示活动，率先推进习近平新时代中国特色社会主义思想和党的十九大精神进教材、进课堂、进学生头脑。举办习近平新时代中国特色社会主义思想“三进”京津冀高校教学研究和展示活动，推出一批效果好、可借鉴的优秀课堂。依托 11 所北京高校中国特色社会主义理论研究协同创新中心，设立首批 21 项重点研究项目，在《人民日报》《光明日报》、求是网等发表近百篇理论文章；开设“V 思想”微信公众号集中推送解读阐释文章，阅读量 20 万人次。

10 月 28 日，“首都高校百位名家共讲十九大”活动走进北科大（新闻中心　供）

坚持统筹资源，落实立德树人根本任务，全国高校思想政治工作会议精神落地见效。召开北京高校思想政治工作会议，出台关于加强新形势下高校党的建设、思政工作、统战工作三个实施意见。对高校落实思想政治工作会议精神情况进行首轮全覆盖督查，推动所有高校召开会议、印发文件、抓好落实。围绕学习贯彻全国高校思想政治工作会议精神，开展高校领导、中层干部、思政干部培训。以师德师风建设为重点加强教师思政工作，制定《关于建立北京高校违反师德事件预防管控和应急处置机制的指导意见》，推动各高校落实“师德一票否决制”。协同发力攻难点，实施“思政工作难点攻关计划”，组织 10 所高校聚焦意识形态、课程思政、全程全方位育人等难题进行集中攻关。编写《大国之都》《首善北京》等教辅读本，以首都改革发展的生动实践增强理论说服力。各高校思政课的到课率、抬头率、点赞率明显提升，学生获得感不断增强。

坚持从严从实，全面加强党的领导，为办好中国特色社会主义学校提供坚强保证。突出政治建设，将政治建设摆在首位，强化政治担当，按照中央、教育部党组和北京市委要求，主动对标对表，开展 18 项重点问题调研，制定深化教育体制机制改革方案；指导高校制定党委领导下的校长负责制实施细则，健全基层管理体制和运行机制，强化高校党委“管党治党、办学治校”主体责任。严格执行党内政治生活若干准则，落实双重组织生活制度，从严管理监督干部；严肃换届纪律，指导推动 27 所高校党委完成换届。夯实基层基础，分别制定高校、中小学校党建意见，会同市委组织部制定民办学校党建实施方案，完善全领域顶层设计。聚焦难点攻关，实施北京高校党建难点项目支持计划，组织 24 所高校对“提高党支部组织生活质量”“强化大学生思想入党工作”“健全高校党建工作责任体系”“加强院（系）党的领导”等党建难点项目进行集中攻关。聚焦基层薄弱环节，组织 12 所高校试点党支部规范化建设，结合高校特点完善“B+T+X”（标准 + 特色 + 先进）内容体系；把党建要求纳入民办高校年检指标，扩大民办学校党组织覆盖面，消除一批“空白点”。

坚持深化改革，持续增强教育改革发展活力

深化考试招生制度改革。制定普通高中学业水平考试实施办法、综合素质评价实施办法等 14 个指导性配套文件。

加大优质高中招生计划精准投放力度，一般公办初中升入优质高中机会达到35%，比上年提高5个百分点，增强学生和家长就近入学的意愿和积极性。深入推进义务教育免试就近入学，探索单校划片和多校划片相结合的入学方式，取消推优入学，特长生比例控制在4%以内，所有公办初中（含高校附中）全部参加派位，各区统一使用市级小升初派位系统。小学、初中就近入学比例达到99%和95%以上。

推动疏解整治促提升。各项任务逐项逐月落实，调减市属高校和普通中专京外招生计划1000人，4所高校从城六区向外疏解学生1.4万人，指导各区压缩培训机构44个，减少学生2.1万人。制定2018—2020年教育系统疏解整治促提升专项行动计划，制定《北京教育疏解腾退空间管理和使用的实施意见》。

深入推动职业教育转型改革。职业院校主动适应首都经济社会发展的需求，改造和撤销一批与北京产业结构不相符的专业。中、高职院校新增专业85个，撤销和调整专业14个。稳步推进高端技术技能人才贯通培养试验、“3+2”中高职衔接办学、职普融通、职业高中综合高中班、五年一贯制等改革试验，为学生的成长搭建更多可供选择的通道。德国胡格教育模式改革试验从汽修专业延伸拓展至现代物流专业。评定11个项目为首批“一校一品”中职优秀德育品牌。扩大技术技能比赛的参与度和获奖面，2017年北京市在全国职业院校技能大赛中获得一、二、三等奖总计124个。开展8个区的学习型城市建设工作成果展示及经验交流系列活动，与联想集团继续打造“北京市学习指导师培训项目”，开展第二批60名学习指导师培训，评选出100名学习之星和34个市级“市民终身学习示范基地”，举办首都市民终身学习活动周，推动学习型城市建设。

促进民办教育健康发展。加强整体谋划，研究拟定鼓励社会力量兴办教育促进民办教育发展的实施意见、民办学校分类登记实施办法、营利性民办学校监督管理办法等文件。加强统筹指导，规范民办基础教育行政许可办理条件和办理流程，加强主动监管，指导区教委做好应急处置。开展民办高等教育机构年检，建立虚假大学网站监管台账，协调市网信办查处虚假大学。

水电学校学生参加2017年北京职业院校技能大赛
（水电学校 供）

坚持巩固提高，持续推进基础教育全面发展

落实立德树人根本任务。研究制订行动计划和日常行为规范，集中开展“学规范、正行为、养习惯”主题教育月宣传实践活动。树立学生身边的榜样，评选100名美德少年、11名北京市优秀学生。实施中华优秀传统文化进校园项目，16个区的100所中小学成为中华优秀传统文化校园推广项目实验学校。评选出351个校园入选第二批文明校园。3所学校成为第一届全国文明校园单位。举办北京市中小学心理健康教育教研工作会暨第二届北京市中小学心理健康教育兼职教研员聘任培训活动，16个区26名教师受聘成为兼职心理教研员。树立优秀班主任典型，评选第30届“紫禁杯”优秀班主任400人，评选表彰第四届、第五届北京市中小学“学生喜爱的班主任”各200人。开展中小学德育工作区校行活动，围绕不同主题分别走进东城、昌平、顺义和通州区，构建常态化的德育工作体系。

2月24日，朝阳区豆各庄中心小学开展“学规范、拒绝校园欺凌进课堂”活动
（朝阳区教委 供）

扩大普惠性学前教育资源供给。完成学前教育第二期行动计划，各区根据实际，积极创造条件新建、改扩建幼儿园，并通过开办半日班、社区服务点等多种新型学前教育服务形式，增加学位供给。全市新建、改扩建幼儿园27所，可提供2.8万余个学位。指导督促各区加快进行无证幼儿园治理工作，共有59所无证幼儿园完成申请与审批工作，取缔893个无证

幼儿园。依法依规处置朝阳区红黄蓝幼儿园事件，进一步加强各类幼儿园监督管理。

深化义务教育优质均衡发展。推进城乡义务教育一体化，通过市级扩优改革倾斜、农村教育质量提升、协调城区支持远郊区新增23所优质校等措施，促进郊区优质教育资源整合和质量提升。研究制定深化学区制改革和集团化办学的政策措施，学区制改革和集团化办学已经成为区域优质资源整合的重要形式，全市有中小学教育集团158个、学区131个。研究制定优质教育资源改革项目管理办法，启动第二阶段扩优改革任务。扩大社会力量参与扩优项目改革范围，民办培训项目由13家机构扩大至20家，外籍教师项目由3家增至5家，进一步向农村倾斜。26所高校支持56所中小学发展，21个教科研部门支持41所中小学发展。20家民办教育机构支持105所学校学科教学。

深化学生实践活动和课程改革。研究制定统筹加强学生实践活动的指导性意见和有关政策措施。"四个一"活动参与人数36万人次，七、八年级学生参与综合社会实践活动152.9万人次，市级学农项目参与学生2.3万人，组织五个生态涵养区21所学校1355名学生到城区优质学校开展游学活动。完成对151家申报中小学生市级社会大课堂单位的审核、评定工作，121家资源单位成为第六批中小学生社会大课堂资源单位，市级社会大课堂资源单位增至749家。研究高考改革过渡期普通高中课程实施方案和各学科教学指导意见，加强国家统编教材使用指导，完成500人次市级骨干教师培训。完成基础教育教学成果奖评选。

推进体育美育工作均衡发展。加强课堂建设，38所中小学开展一校一品体育教学改革试点，120所中小学开展舞蹈和戏剧课程试点，京剧进课堂实验学校的数量增加至100所。扎实开展校外教育机构中"三个一"改革，着力建设优质项目628个，涵盖艺术、科技、体育等10大类，直接参与项目开发的校外教师达到85%。组织6万名学生开展《国家学生体质健康标准》监测。举办123项市级体育比赛活动和5个艺术节、科技节21项系列活动，探索班、校、学区、区、市级五级活动衔接模式。举办民族艺术进校园活动837场，惠及大中小学生38.5万人。举办北京市中小学生科技创客活动、北京市学生机器人智能大赛等市级科技活动，吸引30万名中小学生参与，培养学生的创新精神和实践能力。对114所校园足球特色学校进行复核，组织1.3万名大中小学生参与各级各类足球竞赛，逐步构建四级联赛体系。全面推进冰雪运动进校园，支持各区、学校开设冰雪运动课程和体验活动，评选第一批北京市冰雪运动特色学校52所。规范推进"高参小"工作，组织37名专家深入84所小学听课评课109节。

促进特殊教育和民族教育健康发展。调整特殊教育教研体系，经市编办批准在北京教育科学研究院成立"北京市特殊教育研究指导中心"。启动义务教育阶段残疾学生服务实体试点，建设示范性学区融合教育资源中心和市级示范性教育康复基地。召开民族团结教育经验交流会暨第三批民族团结教育示范学校颁牌仪式，举办民族团结教育嘉年华活动，推进民族团结教育在中小学校的全覆盖。组织内地民族班开展交流研讨和课题研究，组织新疆班学生开展"民族团结一家亲"演讲比赛和"知党恩、爱祖国、爱家乡——民族团结一家亲"征文活动，提高内地民族班教育管理服务水平。

坚持深入推动，持续提升高等教育科研能力和办学水平

深入推动实施高水平人才交叉培养计划。针对"双培计划"，研究制定经费使用补充说明和虚拟教研室建设实施指导意见，促进央地高校互动对接；针对"外培计划"，优化调整项目实施方式，将原有的高招录取和在校生遴选的双轨机制调整为单轨，促进机会公平；针对"实培计划"，与中国科学院、中国社会科学院建立合作长效机制，完善协同育人机制，促进人才培养与科学研究的融合。研究制定统筹推进北京高等教育改革发展的若干意见和提升北京高校人才培养能力的意见，搜集整理20所市属高校668个专业的核心指标数据，通过比对分析，有针对性地开出"诊断书"和"药方"，推动市属高校实现内涵发展、特色发展、差异化发展。支持清华大学、北京航空航天大学、北京邮电大学3所高校建设北京市创新创业人才培养指导中心，支持7所高校建设北京市创新创业人才培养基地。

深入推动实施高精尖创新中心建设计划。完善高精尖创新中心管理制度，印发进一步加强北京高校高精尖创新中心建设工作的通知、专家咨询委员会工作规则等文件，为高精尖中心发展提供良好的政策保障，高精尖创新中心增至22个。出台《北京实验室建设发展规划》《北京实验室建设与运行管理办法》等文件，拟新建40个左右的北京实验室，加强对已建成的13个北京实验室的规范管理。通过共建实验室、国际合作创新平台，增加研究生招生计划等举措，激发高校创新活力。完成北京市第14届哲学社会科学评奖工作，最终获奖168项。完成北京地区新增学位授予单位和授权点审核工作，向国务院学位委员会推荐博士授权点120个、硕士授权点141个。完成学位授权点和专业学位授权类别动态调整工作，15所院校通过调整。

深入推动实施北京高校高质量就业创业计划。依托北京高校毕业生就业指导中心为毕业生举办各类双选会138

京津冀普通高校毕业生校园招聘活动暨华北理工大学2018届毕业生秋季双选会现场 （教育人才交流中心 供）

场，累计服务用人单位 1.6 万家次，共为 23.5 万名毕业生办理就业手续，毕业生就业率 97.25%。优化创业生态环境，“一街三园多点”创业园孵化体系更加完备，遴选出北京地区高校大学生创业园高校分园 8 个，评选出北京地区高校示范性创业中心 13 个，北京高校示范性创业中心总数达 41 个，评选出 150 支优秀创业团队，97 支优秀创业团队入驻市级创业园孵化。北京高校大学生市级创业园在孵创业团队 207 支。严格规范学籍管理，共注册新生 54.8 万人，注册毕业生学历证书 55.6 万个，注册各类高等教育在校生 223.8 万人。大学生征兵比例首次突破 80%，持续走在全国前列。

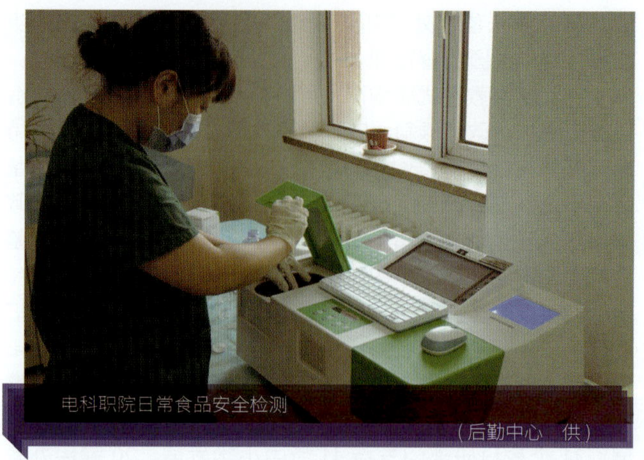

电科职院日常食品安全检测

（后勤中心 供）

坚持强化支撑，持续提高教育发展保障水平

深化教师队伍建设。坚持把师德建设放在教师队伍建设首位，采取有效措施，加强教师职业理想、职业道德教育，在各项评优评级工作中均将师德作为首要评选条件。推动教师管理制度改革，优化薪酬结构，将工资向重点岗位和艰苦岗位倾斜。创新编制管理方式，探索盘活事业编制存量，优化编制结构，优先保障基础教育发展需要。对高校编制实行动态调整，在教育系统内部调整 1060 个编制，用于补充编制紧缺单位和支持教育领域综合改革。创新教师补充机制，落实北京市乡村教师特岗计划，上年公开招聘 331 名紧缺学科乡村教师，缓解乡村教师不足的压力。实施市属高校高水平教师队伍建设支持计划和职业院校教师素质提升计划。制定实施通州区教师素质提升支持计划，通过 20 个项目的精准支持，实现对通州区中小学、幼儿园教师的全覆盖，直接参与、受益干部教师 6680 人。

高质量推进教育基础设施建设。以疏解非首都功能和扩大中小学学位为主线，完成城市副中心教育设施专项规划编制工作，在行政办公区周边布局 13 所优质中小幼学校。推进高校新校区建设，疏解非首都功能，北京电影学院、北京城市学院等高校新校区建设有序推进。协调中央民族大学丰台王佐校区开工建设、中国人民大学通州校区奠基。

全面提升首都教育后勤治理能力。扎实推进高校后勤标准化建设，制定中小学校食堂管理办法、外供餐管理办法，高校食堂价格平抑资金专项检查办法，完成 50 所高校后勤标准化创建计划方案及全市高校后勤标准化建设的基础数据整理。大力推进“阳光餐饮”工程，高标准完成 5 个区“无证无照”专项治理督查工作以及 4 个区“食品安全示范区”创建工作专项评估考核。组织开展全市教育系统安全隐患大排查大清理大整治专项行动，全市基础教育系统累积出动执法力量 1.8 万人次，监督检查 1.1 万个校园，共发现一般问题隐患 7688 项，重大隐患 302 项，拆除清理违法建设 346 处 5.5 万平方米。召开全市防治中小学生欺凌和暴力工作交流研讨会。制定出台加强学校实验室危险化学品使用安全管理工作方案，对有关高校实验室危险化学品安全管理人员进行培训。组织开展校园周边安全、校车安全隐患排查整治工作。推进节能减排和绿色校园建设，组织开展能效领跑者评选、全国节能宣传周和全国低碳日主题宣传活动。

推动教育交流，持续促进教育合作与协同发展

推动“一带一路”沿线国家教育交流与合作。出台《北京市“一带一路”国家人才培养基地项目管理办法》，遴选出首批 26 所学校作为培养基地。继续实施“一带一路”沿线国家留学生奖学金项目，共支持 1100 人在北京市就读。开展京港澳姊妹校平台建设，设立交流项目，每年支持 25

11 月 18 日至 24 日，人大附小师生赴阿联酋阿布扎比参加“一带一路”研学活动

（人大附小 供）

所学校邀请 1000 名左右港澳师生来京开展为期 1 周以内的交流访问；每年支持 25 所学校 500 名学生和 50 名教师赴港澳开展为期 1 周以内的交流访问。2017 年度和 2018 年度共 81 个项目入选。优化孔子学院和孔子课堂布局，在 50 余个国家和地区开设孔子学院和孔子课堂。

扎实推进教育对口支援和区域合作工作。按照“首善标准和科学、全面、真情”的总要求，紧贴当地教育需求，统筹北京优质资源，制定项目计划，通过干部教师培训跟岗、支教送教、学生培养交流、学校结对帮扶、优质资源远程共享等多种形式，实施教育对口支援与区域合作项目 95 个。

全面推动京津冀教育协同发展。启动支持河北雄安新区“建 3 援 4”项目。完善京津冀教育协同议事规则，发布《“十三五”时期京津冀教育协同发展专项工作计划》和《京津冀教育对口帮扶项目》，签订《推进京津冀教育协同发展备忘录》。

深化督导改革，持续保障首都教育科学发展

教育督导改革各项重点任务全部完成。加大市级统筹力度，指导各区完善机构、成立政府教育督导委员会，市区两级教育督导机构和职能建设取得全面进展。各区结合教育改革要求，高效履职尽责，在责任督学挂牌督导、教育教学质量评估监测及督学队伍建设等方面取得显著成效。注重顶层设计，研制完成《北京市“十三五”时期教育督导改革与发展规划》，编制印发《学校督导规程》等 20 余项制度文件和政策标准，全面完成各级各类教育督导政策、标准研制工作。着力推进第三方教育督导评估监测，面向社会公开遴选 699 名高层次评估专家和 39 家高水平第三方机构，组织落实政府采购和委托实施项目 16 个。切实履行市政府教育督导委员会办公室职责，组织召开委员会全体会议和教育督导工作会议，推动教育督导重大决策与事项落实。发布年度教育督导报告 13 篇，督导结果使用效能得到进一步强化。教育督导“职能体系”“工作体系”“政策标准体系”“支持保障体系”得到进一步加强。

实施全国性教育督导工作。对 16 个区 50 所幼儿园开展办园行为督导评估，探索建立健全幼儿园监督监管长效机制，督促规范幼儿园办园行为，不断提高保教质量。组织 16 个区及燕山地区 323 所中小学完成国家义务教育阶段科学、德育学科质量监测。创新高校审核评估指标，组织实施对 4 所市属高校本科教学审核评估，督促高校用好评估结果，健全校内质量保障体系。有效落实热点难点专项督导，印发《关于加强北京市中小学校和在职中小学教师有偿补课长效治理工作的意见》，编制完成专项治理报告，实现有偿补课治理工作常态化和规范化。推进协同发展，成功举办“教育督导信息化发展与应用”北京 2017 年教育督导与评价研讨会，搭建全国教育督导交流平台。谋划推动区域协同发展机制，召开京津冀（青）教育督导工作合作会议，发布《2018 京津冀教育督导协作实施方案》。

全面推进督政督学评估监测工作。有效加强督政工作。健全完善市区两级督政工作机制，研制完成《北京市各区政府和市政府有关部门履行教育职责督导评价工作方案》，开展同级督政调研并形成专项报告，提升督政工作效能。聚焦学位资源供给情况，开展区政府和相关行业企业执行法律法规情况的督导检查，督促各区政府、各行业企业切实履行资源保障职责。开展中小学办学体制机制建设情况综合督政和办学条件、新建改建居住区配套教育设施建设跟踪督导，推进限期整改落实。开展学校教育督导工作。全面推进中小幼职责任督学挂牌督导，为各级各类幼儿园配备 864 名责任督学，实现全市中小学、职业高中、幼儿园挂牌督导全覆盖。加强经常性督导和督学责任区建设，总结推广海淀学科督导、朝阳诊断式督导、东城学校内部督导等模式，提升工作水平。对 8 个区 11 所中小学校开展培育和践行社会主义核心价值观情况督导调研，对 8 个区 11 所中小学开展部分学科教学改进情况督导调研，对 18 家资源单位、18 万名学生 2017 年初中实践活动实施情况开展督导调研，对全市义务教育阶段减负情况进行督导监测。对 26 所高等职业院开展课堂教学诊断督导调研，对部分项目学校开展中高职贯通培养督导调研，对 9 所市属高校师德建设、学风建设工作开展督导调研，形成督导报告，提供决策参考。科学实施各级各类教育质量评估监测。组织开展学前教育发展状况监测，深入分析三年国家义务教育质量监测情况，服务基础教育提质增效。完成《北京市 2016 年高等教育本科教学状态分析报告》和 121 个学位授予单位 2459 篇硕士论文抽检工作，助力高等教育质量提升。完成 2017 年北京市教育工作满意度调查，综合研判教育发展状况。

（刘转林）

（本栏责任编辑　张晓兰）

北京市第一届中小学生冬季运动会举办

全市防治中小学生欺凌和暴力工作交流研讨会召开

认定首批 11 个“一校一品”中职优秀德育品牌

2018 | 大事记

MAJOR EVENT RECORDS

- 市委全面深化改革领导小组教育体制改革专项小组成立
- 推进城乡义务教育一体化改革发展
- 市教委等七单位联合印发《北京市学前教育社区办园点安全管理工作基本要求（试行）》

MAJOR EVENT RECORDS
大事记

2017 年北京教育大事提要

JANUARY 01月

9 日，北京高校（含附属医院）26 项成果（通用项目）以第一完成单位（人）获 2016 年国家科学技术奖奖项。

FEBRUARY 02月

17 日，京津冀三省市召开京津冀教育协同发展工作推进会。

MARCH 03月

23 日，北京市环境与艺术学校并入北京服装学院。

APRIL 04月

13 日，市教委召开 2017 年全市防治中小学生欺凌和暴力工作交流研讨会。

MAY 05月

2 日，市教委认定首批 11 个“一校一品”中职优秀德育品牌。

JUNE 06月

27 日，52 所中小学入选第一批北京市冰雪运动特色学校。

JULY 07月

22 日，市政府办公厅印发《关于进一步做好城乡义务教育一体化改革发展相关工作的通知》。

AUGUST 08月

29 日，82 人获北京市高等学校教学名师奖、50 人获首届北京市高等学校青年教学名师奖。

SEPTEMBER 09月

4 日，市教委印发《北京市中小学养成教育三年行动计划（2017—2019 年）》。

OCTOBER 10月

26 日，市委教工委、市教委召开教育系统学习宣传贯彻党的十九大精神工作部署会。

NOVEMBER 11月

9 日，市教委、市发展改革委等 7 家单位联合印发《北京市学前教育社区办园点安全管理工作基本要求（试行）》的通知。

DECEMBER 12月

2 日，市教委与银川市政府签署教育合作框架协议。

2017年北京教育大事记

1月

9日　在2016年度国家科学技术奖励大会上，北京高校（含附属医院）26项成果（通用项目）以第一完成单位（人）获国家科技奖。其中，3所高校7项成果获国家自然科学奖二等奖;5所高校6项成果获国家技术发明奖二等奖;1所高校1项成果获国家科学技术进步奖一等奖、9家单位12项成果获二等奖。

13日　市教委、市农工委联合举行北京高校“引智帮扶”工程签约仪式，首批8所试点高校与对口帮扶的8个郊区22个低收入村签署“引智帮扶”协议。

18日至21日　市教委、市体育局、北京冬奥组委新闻宣传部、北京奥运城市发展促进会联合举办北京市第一届中小学生冬季运动会。全市569名师生参加花样滑冰、冰上拼图和冰球射门等10个比赛项目。

18日至21日，北京市第一届中小学生冬季运动会

（市教委相关处室　供）

22日　教育部公布第二批国家级精品资源共享课名单，北京2所高校的17门课程入选。

23日　市教委授予235所中小学北京市中小学艺术教育特色学校称号。

2月

15日　市教委公布2017年新增“3+2”中高职衔接办学改革试验项目67个。

16日　市教委、市财政局印发《北京市高校、教科研部门支持中小学发展项目管理办法（修订）》《北京市外籍教师参与中小学英语教学改革项目管理办法（修订）》《北京市民办教育机构参与中小学学科教学改革项目管理办法（修订）》。

17日　市教委授予126所学校北京市中小学国防教育示范学校称号。

△　京津冀三省市召开京津冀教育协同发展工作推进会，发布《“十三五”时期京津冀教育协同发展专项工作计划》和《京津冀教育对口帮扶项目》。

20日　北京高校3项成果入选科技部2016年度中国科学十大进展。分别为清华大学“揭示RNA剪接的关键分子机制”、北京大学“研制出首个稳定可控的单分子电子开关器件”和“揭示水的核量子效应”。

20日至21日　北京高校思想政治工作会议召开。

23日至24日　北京市基础教育工作会议召开。

27日　市教委授予36名学生2016年北京市中小学生金帆奖、197名学生银帆奖。

27日至4月30日　北京6所高校接受十八届中央第十二轮巡视。

3月

23日　北京市环境与艺术学校并入北京服装学院。

29日　市教委和市妇联共同启动北京市中小学生“重家教树家风传美德共育人”主题教育实践活动。

30日　北京市九年一贯制学校发展论坛在北京师范大学三帆中学朝阳学校举办。

3月30日，北京市九年一贯制学校发展论坛举办

（新闻中心　供）

△　北京教育系统党建工作领导小组调整。调整后，市委常委、市委教工委书记林克庆任组长，市委教工委副书记郑吉春任常务副组长。

31日　北京市完成2017年高级中等学校统一招生报考及志愿填报工作。1301名随迁子女考生通过中等职业学校报考条件审核，占提出申请考生的66%。

4月

12日　第三届中国互联网+大学生创新创业大赛北京赛区启动会在北京航空航天大学召开。

13日　市教委召开2017年全市防治中小学生欺凌和暴力工作交流研讨会。

19日　第五届北京市中小学生“博物馆之春”活动在

中国印刷博物馆启动。

20 日　中共中央总书记、国家主席、中央军委主席习近平给中国工合国际委员会、北京培黎职业学院回信。

21 日　市教委与市工商局印发关于废止《北京市自费出国留学中介服务资格认定和监管办法（试行）》通知，取消自费出国留学中介服务机构资格认定行政许可事项。7 月 13 日，发布解除自费出国留学中介机构备用金监管公告。至年底，为 73 家出国留学中介机构办理备用金清退手续。

26 日　市委、市政府召开 2016 年度北京市科学技术奖励大会，北京高校（含附属医院）50 项成果以第一完成单位（人）获奖。

5 月

2 日　市教委认定首批 11 个“一校一品”中职优秀德育品牌。

3 日　习近平考察中国政法大学。

8 日　北京市完成 2017 年高级中等学校统一招生考试加分资格审核工作。自 2017 年起，中考少数民族考生加分范围调整为从边疆、山区、牧区、少数民族聚居地区在初级中等教育阶段转学到北京市就读的少数民族考生。

12 日　2017 年北京市职业教育宣传月在北京工业职业技术学院启动。

5 月 12 日，2017 年北京市职业教育宣传月

（新闻中心　供）

25 日　16 个区及燕山地区 9600 名四年级和八年级学生及 3500 余名校长、教师等，参加 2017 年国家义务教育质量监测。

27 日至 31 日　市教委、市体育局联合举办首都高等学校第 55 届学生田径运动会。

6 月

3 日　市教委和河南省教育厅联合签署京豫高校合作协议。同时，北京 10 所高校和河南 10 所高校分别结对签约。

7 日至 8 日　50539 人参加北京市 2017 年普通高等学校招生考试。7 月 6 日至 8 月 3 日，招生录取统考考生 49666 人。17 所高校“双培计划”录取 1443 人、18 所高校“外培计划”录取 315 人。

12 日　市委教工委启动北京高校第二批党建难点项目支持计划，计划重点支持“健全高校党建工作责任体系”“加强院（系）党的领导”“加强教师党支部建设”3 个难点项目。

20 日　市教委与市财政局联合印发《关于提升北京高校人才培养能力的意见》。

24 日至 26 日　60467 人参加北京市 2017 年高级中等学校统一招生文化课考试。7 月 28 日至 30 日，高级中等学校统一招生录取 38736 人。

27 日　52 所中小学入选第一批北京市冰雪运动特色学校。

29 日至 12 月 30 日　市教委、市体育局、北京冬奥组委新闻宣传部、北京奥运城市发展促进会共同举办北京市中小学生冰雪运动普及与推广活动。

12 月 4 日，冰雪运动普及推广活动

（延庆四小　供）

是月　2017 北京市外国留学生汉语之星大赛闭幕，来自 110 余个国家 1750 名留学生参加，创历年新高。

7 月

9 日　市委全面深化改革领导小组教育体制改革专项小组成立。

15 日至 22 日　市教委、市外办举办 2017 国际学生北京夏令营，来自 33 个国家近 800 名师生参加。

22 日　市政府办公厅印发《关于进一步做好城乡义务教育一体化改革发展相关工作的通知》，作为推进全市城乡义务教育一体化改革发展的统领性文件。

22 日至 26 日　市教委、香港特别行政区政府教育局、澳门特别行政区教育暨青年局主办的“2017 青春祖国行——京港澳学生交流夏令营”在京举办。来自香港、澳门 224 名师生和北京 100 余名师生参加活动。

27 日　北京市中小学校党的建设工作会议召开。

31 日　市教委认定 26 所学校为北京市“一带一路”国家人才培养基地。

8月

8日　北京科技大学教授柯俊在京逝世，享年101岁。柯俊是中国金属物理、冶金史学科奠基人。

16日　北京市第14届哲学社会科学优秀成果奖评选结果揭晓，北京高校167项成果获奖。

23日　中央财经大学教授姜维壮因病逝世，享年94岁。姜维壮是中国著名财政学家、中国财政理论奠基人之一。

29日　市教委公布第13届北京市高等学校教学名师奖暨首届北京市高等学校青年教学名师奖名单，82人获教学名师奖、50人获青年教学名师奖。

31日　市教委、海淀区政府批复成立中关村战略新兴产业职教集团。首批共有77家成员单位。

9月

1日　北京中法实验学校揭牌，是在北京市建立的又一所中法语言合作项目学校。

4日　市教委印发《北京市中小学养成教育三年行动计划（2017—2019年）》。

6日　市委、市政府召开庆祝教师节暨优秀教师代表座谈会，庆祝第33个教师节。市委书记蔡奇，市委副书记、代市长陈吉宁等参加会议。

10日　中国音乐学院举办全球音乐院校校长交流季活动。17个国家的39所高等音乐学府校长参加活动。

11日至13日　市语委等单位承办首届中国北京国际语言文化博览会，是第12届北京国际文化创意产业博览会的重要组成部分。

20日　教育部、财政部、国家发展改革委联合公布世界一流大学和一流学科建设高校及建设学科名单，北京8所高校入选一流大学建设高校A类、26所高校入选一流学科建设高校、162个学科入选“双一流”建设学科。

21日　市委教工委、市教委举办北京市第30届“紫禁杯”优秀班主任表彰暨“紫禁杯”优秀班主任评选30年纪念活动。

9月21日，北京市第30届“紫禁杯”优秀班主任表彰暨“紫禁杯”优秀班主任评选30年纪念活动　（新闻中心　供）

21日至23日　市教委联合天津市教委、河北省教育厅举办首期京津冀职业院校校长“领导力内涵建设”高级研修班。

27日　市教委、市财政局首次全额资助中德职业教育胡格模式改革试验项目汽修专业学生赴德国企业实习。3月18日至19日，胡格模式改革试验项目（物流管理专业）在北京交通运输职业学院举办首期培训班。

10月

11日　习近平给南南合作与发展学院首届硕士毕业生回信。南南合作与发展学院设在北京大学。

△　北京市召开主题为“深化教育体制机制改革，促进义务教育优质均衡发展”的学区制管理和集团化办学工作推进会。

13日　北京市学位委员会完成换届。第五届学位委员会由主任委员、副主任委员及委员组成，主任委员由北京市主管教育的副市长王宁担任。

16日至19日、10月30日至11月2日、11月13日至16日、11月20日至23日　市教委、市政府教育督导室组织专家组分别对首都师范大学、北京工业大学、北京建筑大学和首都体育学院开展本科教学工作审核评估入校考察。

19日至27日　北京舞蹈学院主办北京卓越艺术人才（舞蹈）培养高校联盟系列活动。

26日　市委教工委、市教委召开教育系统学习宣传贯彻党的十九大精神工作部署会。

10月26日，教育系统学习宣传贯彻党的十九大精神工作部署会　（新闻中心　供）

至10月　北京普通高等学校、研究生培养单位共培养毕业生235318人。

11月

3日至5日　北京大学和市教委联合举办第14届北京论坛（2017）。

7日　978个项目入选市教委2017年北京高等学校高水平人才交叉培养“实培计划”项目。

△ 北京市语言文字工作委员会研究基地“北京语言康复教育研究中心”在北京语言大学成立，这是国内第一个语言康复教育领域的研究机构。

9日 市教委、市发展改革委、市财政局、市公安局、市食品药品监管局、市卫生计生委、市社会建设工作办公室联合印发《北京市学前教育社区办园点安全管理工作基本要求（试行）》的通知，提升社区办园点管理水平，保证社区办园点的质量和社区办园点幼儿的安全。

17日 清华大学、北京化工大学、北京市广渠门中学、北京市海淀区翠微小学、北京市丰台区丰台第一小学入选第一届全国文明校园。该评选由中央文明委举办。

22日 市委教工委、市教委印发《审计整改工作实施办法》。

27日 市教委公布北京市属高校一流专业建设名单，20所市属高校27个专业入选。

△ 中国工程院公布2017年增选院士名单，北京高校11人当选。

△ 北京市建设学习型城市领导小组办公室认定故宫博物院等34家单位为首批北京市民终身学习示范基地。

28日 中国科学院公布2017年增选院士名单，北京高校9人当选。

29日 北京市第13届全民终身学习活动周开幕，表彰100名首都市民学习之星。

11月29日，北京市第13届全民终身学习活动周开幕
（新闻中心　供）

12月

2日 市教委与银川市政府签署教育合作框架协议。

8日 北京市语委、天津市语委、河北省语委联合主办第一届京津冀中小学生辩论赛总决赛。

△ 在中英创新创业职业教育联盟（北京）成立大会暨北京职业院校双创师资培训活动上，21家首批入盟单位签署备忘录。

14日 北京高校2个项目入选2017年度“中国高等学校十大科技进展”，分别是北京大学“非对称微腔光场调控新原理研究”和“5纳米碳纳米管CMOS器件”。

15日 市教委、首都精神文明办认定351所学校为第二批北京市中小学文明校园。

18日 市教委、市人大、市法制办为北京教育法治研究基地授牌。首批中国人民大学、北京师范大学、北京外国语大学、中国政法大学入选。

12月18日，北京教育法治研究基地授牌
（新闻中心　供）

23日 市教委举办首届北京卓越艺术人才（美术、设计）培养高校联合展暨卓越高等艺术教育国际论坛。

27日 市教委认定首批18所北京市职工继续教育基地及25所新型职业农民培训基地。

28日 教育部学位与研究生教育发展中心发布全国第四轮学科评估结果，北京高校93个学科被评为A+，39个学科被评为A，62个学科被评为A-。北京共有194个学科进入A类，占全国的27%。

△ 北京教育年鉴在线资源平台（网址：njzypt.jyzh.cn）、北京教育年鉴在线编纂系统正式开通。

是月 市教委组织完成“北京职业教育专业建设与产业发展契合度调查研究”，实现产业与教育、需求与供给系统分析的首次尝试。

是年

东城、西城、朝阳、海淀、石景山、门头沟、房山、通州、昌平、密云、延庆11个区和燕山地区成立政府教育督导委员会。

北京市新建、改扩建127所幼儿园，预计可提供2.8万余个学位。

（本栏责任编辑　华蕾）

1957 所

幼儿园

44.55 万人

在园幼儿

6.91 万人

教职工

2018 | 学前教育

PRESCHOOL EDUCATION

- 继续实施第二期学前教育三年行动计划
- 治理无证幼儿园
- 起草第三期学前教育行动计划
- 第十批市级示范园公布
- 学前教育社区办园点安全管理工作基本要求（试行）印发

PRESCHOOL EDUCATION
学前教育

综述

概述

2017年，北京市有各类幼儿园1957所，其中，独立法人单位幼儿园1604所（教育部门办园474所、其他部门办园466所、民办园664所）、具有较大规模的分园或分址353所。在园幼儿44.55万人，比上年增加2.86万人，同比增长6.85%。全市各类幼儿园教职工6.91万人，比上年增加0.33万人，同比增长5%；包括专任教师3.79万人，比上年增加0.18万人，同比增长5.08%。

（张小红）

继续实施第二期学前教育三年行动计划

2017年，市教委继续实施第二期学前教育三年行动计划。各区根据经济发展情况与常住适龄儿童实际情况，通过新建、改扩建幼儿园，以租代建、举办分园分址、建设一批学前教育服务中心等多种方式，扩大学前教育资源，解决适龄儿童的看护困难。至年底，新建、改扩建127所幼儿园，提供学位2.80万余个。

（张小红）

治理无证幼儿园

2017年，市教委治理无证幼儿园。按照“审批一批、规范一批、取缔一批”的原则，各区根据实际情况，制定无证幼儿园治理工作方案，乡、镇、街道定期排查，建立每月工作台账。至12月，审批59所无证幼儿园，取缔893所无证幼儿园，无证幼儿园在园幼儿减少26721人。至年底，全市共有1659所无证幼儿园，在园幼儿151983人。

（王永刚）

提升学前教育质量

2017年，市教委继续提升学前教育质量。以全市推进《3～6岁儿童学习与发展指南》共同体为依托，组织召开推进“指南”观摩研讨会和培训会，研究重点和难点问题，提高园长、教师的办园水平和教育教学能力；深入贯彻落实《幼儿园教育指导纲要》，引导幼儿园避免小学化倾向，在课程建设中贯彻社会主义核心价值观和重视德育为先理念。

（郭春彦）

起草第三期学前教育行动计划

2017年，市教委牵头起草《北京市第三期学前教育行动计划》。起草工作自2016年底开始，广泛征求各方意见，尤其是市发展改革委、市财政局和市卫计委等18个委办局和16个区政府意见。9月29日，市委全面深化改革领导小组第十六次全体会议审议通过《北京市第三期学前教育行动计划（讨论稿）》，提出到2020年基本建成广覆盖、保基本、有质量的学前教育公共服务体系，全市适龄儿童入园率达到85%以上，普惠性幼儿园覆盖率达到80%以上，无证办园现象基本消除。10月20日，北京市第三期学前教育行动计划部署会召开，解读计划主要目标、任务。

（张小红）

33所幼儿园达到一级园验收标准

2017年，市教委完成幼儿园级类验收工作。验收组依据《北京市幼儿园分级分类验收标准》，从办园条件、管理工作和保教工作质量等方面，视导验收门头沟区、平谷区、顺义区、怀柔区、昌平区、密云区、通州区、房山区8个区33所幼儿园。最终，认定一级一类幼儿园18所、一级二类幼儿园15所。

（彭兴蕊）

海淀维护学前教育安全稳定

2017年，海淀区教委采取措施维护学前教育安全稳定。为应对红黄蓝幼儿园事件可能引发的学前领域重大舆情，保障每名在园幼儿身心健康，区教委快速反应，由两委一室领导班子带队，科室、学区、街道、消防、食药、公安等部门和单位共同参与，对400余个幼儿园所开展地毯式联合检查摸排，审核教师资质，完善监控设备，检查消防和食品安全，做到一园一台账，责令存在隐患的园所，严格限期整改，持续回访督办，在红黄蓝幼儿园事件后，有效地缓解社会对学前安全的焦虑情绪，回应各级领导和人民群众对学前安全工作的关心关注。同时，学区统筹协调作用得到进一步发挥，构建务实的三级教育治理体系；街镇对无证园的管理责任得到落实，摸清区域内无证园所底数。

（宋亚甫）

燕山与房山幼儿园结对帮扶

3月1日，燕山地区教委与房山区教委举行燕山地区示范幼儿园与房山区幼儿园结对帮扶交流活动启动仪式。仪式宣读《关于开展幼儿园结对帮扶交流活动的实施方案》，燕山小天使幼儿园与房山河北镇中心幼儿园、燕山星城幼儿园与房山窦店镇中心幼儿园、燕山阳光幼儿园与房山青龙湖镇坨里幼儿园分别签订“手拉手”协议书。根据协议，燕山地区幼儿园对房山区幼儿园的各项教学活动给予指导，并讲授示范课。双方互派干部、教师定期到对方园学习交流；双方定期组织园本培训、教学研究和教育科研活动，开展教师继续教育；双方通过网络等形式沟通教育教学改革信息，积极开展教学展示活动。协议期3年。燕山教委、房山教委相关领导，6所结对帮扶幼儿园园长参加启动仪式。

（李军）

3月1日，燕山地区示范幼儿园与房山区幼儿园结对帮扶交流活动启动仪式　（燕山教委　供）

开展学前教师队伍建设调研

4月至5月，市教委完成“学前教师队伍建设调研”。调研工作由北京教育科学研究院组织实施，采用问卷和访谈两种方式，采用抽样法，对16个区和燕山地区的4142名教师开展网络问卷调查；项目组对研究幼儿园教师队伍建设的高校、科研院所的专家开展访谈；对各区学前科科长、园长、教师代表召开不同层次座谈会。调研结果显示北京市学前教师队伍数量不足，特别是具备专业背景的专任教师短缺；教师专业化素质偏低，师德建设有待加强；学前教师待遇偏低，职业认同感不强。根据以上问题，研究者对于加强学前师资队伍建设提出若干建议与意见，完成《2017年北京市学前教师队伍建设调研报告》。

（孙璐）

第十批市级示范幼儿园公布

5月9日至25日，市教委评审认定第十批北京市示范幼儿园。经幼儿园自评申报，区教委核准上报，市教委评审幼儿园管理、队伍建设、保教工作、卫生保健、办园条件等指标，认定32所幼儿园为第十批北京市示范幼儿园。至此，全市共有北京市示范幼儿园186所。

（王永刚）

第十批北京市示范幼儿园名单

北京市朝阳区新源里幼儿园
北京市朝阳区北辰福第幼儿园
北京电子城幼儿园
北京市朝阳区光华路幼儿园
北京市朝阳区奥园幼儿园
北京市朝阳区翠成幼儿园
北京市朝阳区群星幼儿园
中国人民解放军总装备部后勤幼儿园
兵器工业机关服务中心幼儿园
国家机关事务管理局花园村幼儿园
北京五色土幼儿园
北京交通大学幼儿园
北京有色金属研究总院幼儿园
北京市丰台区东罗园幼儿园
北京市丰台区群英幼儿园
中国航天科技集团公司第一研究院航天幼儿园
北京市丰台区丰台第三幼儿园

北京市丰台区蒲黄榆第二幼儿园
北京师范大学石景山附属幼儿园
北京市大兴区黄村镇第一中心幼儿园
北京市大兴区第九幼儿园
北京市通州区七零九零幼儿园
北京市通州区张家湾镇张家湾中心幼儿园
北京市通州区大方居幼儿园
北京市顺义区金汉绿港幼儿园
北京市昌平区长陵镇中心幼儿园
北京市昌平区南口镇中心幼儿园
北京市怀柔区第三幼儿园
北京市密云世纪英才实验幼儿园
北京市房山区燕山星城幼儿园
北京市房山区燕山阳光幼儿园
北京市房山区燕山小天使幼儿园

（王永刚）

学前教育社区办园点安全管理工作基本要求（试行）印发

11月9日，市教委、市发展改革委、市财政局、市公安局、市食品药品监管局、市卫生计生委、市社会建设工作办公室联合印发《北京市学前教育社区办园点安全管理工作基本要求（试行）》的通知。文件印发是为丰富办园形式，提供多样化的学前教育服务，应对“全面二孩”政策所带来的人口高峰，着力解决当前存在的“入园难”问题，积极发展学前教育，满足适龄儿童入园需求。北京市鼓励各区根据当地经济发展情况与常住适龄儿童的实际情况，创造条件新建、改扩建幼儿园，鼓励社会力量办园，多种形式扩大学前教育资源，解决适龄儿童的看护困难；各区依托街道和乡镇，盘活辖区内的闲置资源，设立一批接收3～6岁儿童接受保育和教育的社区办园点，可由个人、单位和社会组织来承办，教育部门对其负主要管理责任，提升社区办园点管理水平。

（张小红　华蕾）

保育教育

丰台一幼成立劳模工作室

1月19日，“朱继文劳模工作室”在北京市丰台区第一幼儿园揭牌。工作室由北京市劳模、丰台一幼园长朱继文主持，15名骨干教师和优秀青年教师参与，旨在学习、发扬劳模精神，推动幼教事业发展，用典型和榜样的力量激发职工的工作热情和使命感。

（易明延）

平谷四幼多举措预防春季传染病

3月至4月，北京市平谷区第四幼儿园多举措加强春季传染病预防工作。通过橱窗、家长园地、家教讲座、致家长一封信等向家长宣传传染病预防知识，保健医随时接受家长咨询，做到家园同步，预防为主；班级加大消毒力度，对幼儿活动场地、使用物品进行全方位消毒；严格执行晨、午检制度，做好观察记录，及时与缺勤的幼儿家长联系，了解缺勤原因；加强户外体育活动管理，保证幼儿每天活动时间不少于2小时，增强幼儿体质；制定春季保健食谱，平衡膳食，保证幼儿按比例摄入营养。

（张艳波）

延庆一幼创设游戏体验空间

3月至6月，北京市延庆区第一幼儿园创设游戏体验空间。幼儿园利用楼道、库房等设施，创设美术体验馆、木工体验馆、语言体验馆、社会体验馆、音乐体验馆“5馆20区”游戏体验空间，包含20个游戏区域，采取幼儿“专人负责”“自主参与”“行动推进”“纳入奖励机制”等管理方式，每周五下午进行常态游戏。中大班幼儿296人参加游戏。

（张俊燕）

3月至6月，延庆一幼创设游戏体验空间

（延庆一幼　供）

平谷三幼多举措推进特色主题课程

3月至6月，北京市平谷区第三幼儿园多举措推进特色主题课程。以班级为单位，从主题活动目标、活动内容、环境创设、主题与区域游戏的整合等方面研讨交流班级主题活动方案；在集体教研活动中通过观看活动实录片段资料、推荐优秀活动案例、教师成功经验分享等方式拓宽教师对特色课程的理解认识。每班确定两个亮点区域，以班组为单位进行观摩，展示区域场地划分、材料投放、环境创设、体现我的环境我布置、我的规则我制定、我的游戏我做主的自主教育内涵。

（崔书义）

芳庄三幼举办国旗教育活动

3月至6月，北京市丰台区芳庄第三幼儿园开展国旗教育活动。各班级选出4名升旗手，利用每周一上午10:00升旗时间，围绕爱祖国、爱家乡、爱幼儿园、爱老师、爱朋友，做个友爱的好儿童主题开展系列活动。

（刘毓）

3月，芳庄三幼开展争当文明小升旗手活动

（丰台区芳庄三幼　供）

奥园幼儿园开展融合性户外区域游戏活动

4月13日，北京市朝阳区奥园幼儿园开展融合性户外区域体育游戏活动。幼儿园统筹全园活动场地，打破班级界限，将幼儿走、跑、钻、爬、平衡、投掷、上下肢力量等锻炼融入探索区、民俗区、跳跃区、平衡区、球区、车区、攀爬区、投掷区，促进幼儿体能发展，培养幼儿勇敢自信品质。幼儿323人参加活动。

（冯桃）

昌平工业幼儿园举办图书馆体验活动

4月19日至20日，北京市昌平区工业幼儿园开展"童心同阅伴成长"走进昌平图书馆体验活动。在工作人员带领下，幼儿走进儿童书库，了解儿童图书的馆藏量、书籍的分类、读者借书证的使用，并尝试借书和还书；在幼儿阅读区自主选择图书阅读；参观成人阅览室、电子阅览室和博物馆等展厅，感受浓厚的阅读氛围，激发阅读兴趣。教师幼儿216人参加活动。

（张杰）

东城区召开新锐教师交流会

4月19日至25日，东城区幼儿园新锐教师交流研讨活动分别在崇文第三幼儿园、东华门幼儿园、东四五条幼儿园举办。来自9所幼儿园的新锐教师分别从艺术领域、语言领域、科学领域的核心经验入手进行教学展示和交流研讨，市级骨干教师对每个活动做点评。东城区幼儿园新锐教师是经各园选拔、区教委审核通过的入职3～6年具有发展潜力的青年教师。各幼儿园新锐教师50人参加活动。

（王娟　李银姬）

人民大学朝阳幼儿园举办保教管理开放活动

4月27日，中国人民大学朝阳幼儿园开展保教管理开放活动。活动以"儿童观察记录评价量表"为抓手，从五个领域、学习品质等方面分析幼儿在游戏中需要，以及游戏当中所表现出整体发展水平与具体核心经验，探讨幼儿游戏需要及解读幼儿在游戏中深度学习方法，引导教师深刻认识幼儿区域游戏行为，激发教师用专业视角解读和指导幼儿游戏中学习行为自觉性。

（吴多）

延庆二幼开展幼小衔接系列活动

4月至6月，北京市延庆区第二幼儿园开展幼小衔接系列活动。活动以"构建有生命意识的主题课程，培养自主、自信、文明、快乐的完整儿童"为主题，小中大班三段联动。小班进行自理能力培养；中班进行社会交往能力培养。大班通过4个系列活动进行入学前适应能力培养：与延庆区第四小学教师、学生共同备课上课、相互观摩；与小学生开展足球对抗赛、讲故事等活动；开展主题活动及室内外区域游戏教学活动；举办幼小衔接讲座、家长走进半日开放活动和小学课堂。师幼、家长300余人参加活动。

（曹怀秀）

4月，延庆二幼举办幼小衔接系列活动

（延庆二幼　供）

昌平教工幼儿园防震减灾教育和逃生演练

5月11日至15日，北京市昌平区教工幼儿园开展防震减灾教育和逃生演练活动。教职工观看《火海逃生与自救》《地震避险逃生》宣传片，掌握应急救护知识。幼儿观看安全教育动画片，了解地震危害和自救知识。组织防震逃生演练，按照"防震减灾应急预案"，幼儿在教师指导下，一楼的幼儿迅速向外撤离，二楼幼儿用手护住头，就近从安全通道撤离到安全地点，总计用时 2.5 分钟。师幼 406 人参加活动。

（褚小芹）

房山区开展公办幼儿园亲子分享阅读培训

5 月 19 日，房山区教委举办公办园亲子分享阅读培训。活动中，良乡中心园介绍亲子分享阅读的经验与做法，并以“阅读伴我行”为主题分享交流经验，幼儿家长代表分享亲子阅读体会，大石窝中心园交流亲子分享阅读中的思考与实践，北京师范大学儿童阅读与学习中心专家开展亲子分享阅读培训。来自全区各幼儿园代表 40 余人参加学习。

（石金生）

总后六一幼儿园开展保育工作培训

5 月，中国人民解放军总后勤部六一幼儿园开展“保育实操课堂”活动。保育员将日常卫生工作录制成小视频，展示卫生消毒程序、消毒液配比方法、打扫卫生流程等重点内容，边播视频边讲解，说明各环节卫生消毒的重点和方法，互相学习，切磋技艺，同时积累保育培训资料。保育员 19 人参与活动。

（张京）

5 月，总后勤部六一幼儿院举办保育实操课堂

（总后勤部六一幼儿园　供）

五幼开设足球课

9 月，北京市第五幼儿园通过合作的形式引入足球游戏课程。幼儿园落实“健康成长 2020 工程”，聘请教练来园，每周一次足球课，以培养兴趣为主，以足球为载体，融入足球元素，设计丰富多彩的足球游戏，让更多的幼儿接触足球、了解足球和爱上足球，缓解体质下降、肥胖、近视等问题。幼儿园研究“足球游戏”，设计适宜幼儿的活动和技巧方面的训练，定期举办足球比赛，推进体质健康教育。

（吕晓菲）

密云四幼开展剪纸活动

10 月 11 日，密云区第四幼儿园举办“童眼看世界、剪画真故事”活动。教师带领幼儿以黄金周、丰收的秋天为主题，在观察体验的基础上，以剪纸、绘画等方式再现假期生活，并相互分享，讲述对美好生活的向往和艺术创作时的愉悦心情。幼儿 510 人参加活动，评出优秀班级 7 个、优秀作品 50 余幅。

（吴春雪）

平谷三幼召开超体重幼儿家长会

10 月 13 日，北京市平谷区第三幼儿园召开体重超标幼儿家长会。保健医向家长发放幼儿情况调查表，了解幼儿在家庭中的饮食运动生活习惯，和家长一起分析造成肥胖的原因以及肥胖对孩子学习、生活、心理的影响等，介绍幼儿园对肥胖儿的管理措施，包括通过控制饮食控制体重、加强体育锻炼、建立肥胖幼儿个案等，征询家长意见并签订同意书，发放“肥胖儿家庭矫正方案”，希望与家长携手共同做好这该项工作，让每名幼儿健康地成长。幼儿家长 25 人参加会议。

（崔书义）

北京实验学校附属幼儿园举办儿童常见病专题讲座

10 月 19 日，北京实验学校附属幼儿园举办儿童常见病及预防保健知识讲座。平谷区妇幼保健院健康教育科主任作《儿童常见病及预防保健知识》讲座，重点讲解手足口病的主要症状、传染源、传播途径，八步洗手法以及手足口病的预防措施等内容，现场传授辨别手足口病的“三个四”原则以及 15 字防病口诀。讲座之后，家长填写问卷，巩固学习内容。家长 130 余人参加活动。

（于立涛）

延庆二幼举办世园会和冬奥知识进校园活动

11 月 12 日和 12 月 12 日，北京市延庆区第二幼儿园举办世园会和冬奥知识进校园活动。该园邀请延庆世界园艺博览会吉祥物“小萌芽”“小萌花”来园和幼儿一起做游戏，想象描画世园会里各种各样花；幼儿通过冬奥运动项目介绍、冬奥运动场景捏泥制作、迎冬奥故事比赛、“桌上冰壶”游戏、成立“滑雪社团”“户外游戏”小组等方式学习冬奥知识。2019 年世界园艺博览会和 2022 年冬奥会将在延庆

11 月 12 日，延庆二幼举办世园会冬奥知识进校园活动

（延庆二幼　供）

召开。大班幼儿 370 人次参加活动。

（曹怀秀）

石景山区幼儿园开展师德教育

11 月 27 日，石景山区幼儿园针对“红黄蓝虐童事件”开展师德培训。园长从全国发生的虐童事件出发，从教师的职业道德规范和幼儿的身心发展特点、教育的艺术和教师行为的自我约束、集体荣誉感和个人职业生涯发展等方面解读师德的内涵，并对全体教师提出“三个一”要求，即一个爱心微笑，一句爱心话语，一个爱心行动。教师 49 人参加活动。

（牛莉）

幼儿园选介

北京市东城区东华门幼儿园

6 月 7 日，东华门幼儿园举办第六届艺术节

（东华门幼儿园　供）

2017 年，北京市东城区东华门幼儿园为教育部门办园类别，日托制，分三址办学。本部占地面积 2212.24 平方米，校舍建筑面积 3009.08 平方米；大鹁鸽胡同校区占地面积 796.84 平方米，校舍建筑面积 938.94 平方米；国际职业学校校区占地面积 658 平方米，建筑面积 900 平方米。全年教育经费投入 1418 万元。固定资产总值 1277.56 万元，图书室藏书 7794 册。本部拥有幼儿多功能厅、幼儿图书馆、幼儿社会活动室、科学活动室、美工教室等专用教室 5 个，普通教室 7 个；大鹁鸽胡同校区拥有普通教室 4 个，国际职业学校校区拥有体能教室、社会活动室、美工教室 3 个专用教室，普通教室 2 个。教室内设有触摸一体机、便携式计算机和多媒体设备等教学设施。学校信息化经费投入 34 万元，校园网出口总带宽 1000Mbps，数字资源量 1200GB。教职工 81 人，包括教师 64 人，均为专科以上学历，中级以上职称 31 人。保健医 3 人，均为专科上学历，包括中级以上职称 1 人。开设教学班 15 个，其中，小班 9 个、中班 4 个、大班 2 个。幼儿入园 264 人、离园 129 人、在园 470 人。

2017 年，幼儿园本部经过抗震加固改造，于 3 月 1 日正式开园，招收大、中班幼儿 224 人；9 月，成立分园国际职业学校校区。各园区继续秉承传统，发挥特色，贯彻“生活即教育、行为即课程”教育理念，开展阳光体育系列活动、爱牙日主题活动、全民营养周主题宣传活动、致敬国旗主题活动、庆新年等活动，各班级开展自主取餐、神奇的魔法线、身体的秘密等活动，全面促进幼儿综合能力发展。针对全日制幼儿，开展“阶梯入园五部曲”即小院故事、亲子入园、半日入园、大半日入园、全日入园方式缓解幼儿入园适应问题；针对半日制幼儿，以“亲子＋亲职”相结合方式，开展中山公园、景山公园户外亲子活动，形成良好同伴、师幼关系。针对视力低常低龄化日趋严重的问题，录制幼儿动眼操，适宜幼儿操作，保健医进班现场教授，提升师幼爱眼护眼意识。幼儿园开展消防紧急疏散演练，面向全体教职工开展消防知识问卷调查和安全知识培训。

（杨希文）

北京市第一幼儿园

4 月 13 日，北京一幼吉祥分园开展“诗意润童心、快乐共吟唱”诗歌朗诵会

（北京一幼　供）

2017 年，北京市第一幼儿园为教育部门办园类别，日托制，分本园、一幼吉祥分园及景山魏家幼儿园三址办园。幼儿园总占地面积 8895.40 平方米、校舍建筑面积 8265.71 平方米，设有儿童种植区域。全年教育经费投入 2345.58 万元，均为国家拨款。固定资产 2110.73 万元。图书室藏书 1 万余册。教学班内有触摸屏电视、电子白板、投影机和钢琴等教学设备，拥有美工教室、幼儿阅览室和建筑游戏屋等 11 个专用教室。计算机 119 台，学校信息化经费投入 20.47 万元，校园网出口总带宽 100Mbps，数字资源量 356GB。教职工 138 人，包括教师 107 人，均为专科以上学历，中级以上职称 57 人；保健员 6 人，均为专科以上学历，中级

以上职称1人。开设22个教学班，其中，小班8个、中班7个、大班7个。幼儿入园228人、离园210人、在园701人。

2017年，幼儿园开展“春的旋律赛歌会”“交通治安安全大课堂”“诗意润童心、快乐共吟唱”诗歌朗诵会、“中华工艺文化传承活动”“垃圾分类我们一起来”等主题教育活动，引导幼儿在游戏中学习，养成良好的学习态度和习惯，促进幼儿全面健康发展。成立刘金玉北京市幼儿园特级教师工作室；1名教师被评为北京市学科带头人，4名教师被评为北京市骨干教师。幼儿园发挥示范园辐射带动作用，与河北省保定市青年路幼儿园及河北省张家口市崇礼区第一幼儿园签署“京津冀一体化”协同发展协议，接待跟岗代培教师28人次；接待国培计划学员180人次观摩，北师大、首师大及中华女子学院本科及研究生106人次实习；为东城区园所代培干部、教师16人。幼儿园承担“十三五”市规划课题“以绘本为载体开展戏剧活动的实践研究”、中国学前教育研究会“十三五”课题“绘本在幼儿园生活化科学主题活动中运用的实践研究”。

（杨丽娟）

北京市第五幼儿园

12月，北京五幼举行“红红火火迎新年”亲子联欢会

（北京五幼 供）

2017年，北京市第五幼儿园为教育部门办园类别，寄宿和日托兼收制。幼儿园建有3个分园，分别为五幼分园、附属实验园、红湖托管园。本园占地面积8360平方米、校舍建筑面积6987平方米。全年教育经费投入5171万元，均为国家拨款。固定资产2131万元。拥有多功能游戏室、宝宝书吧和玩具图书馆等专用教室7个，普通教室19个。教室内设有教学终端触摸一体机、无线控制触摸终端和钢琴等教学设施。学校信息化经费投入28万元，校园网出口总带宽1000Mbps，数字资源量657GB。教职工244人，包括教师186人，含专科以上学历184人、中级以上职称77人；保健员15人，均为专科以上学历、中级以上职称2人。开设19个教学班，其中，小班8个、中班5个、大班6个。幼儿入园242人、离园185人、在园698人。

2017年，幼儿园围绕“扩园强品、促优提质”目标，进一步探研集团化办学新模式，健全“六部一室”组织架构，完善四园层级联动、合作互动、信息上下通达、责任压力传导、任务要求逐级落实的工作机制，倾力构筑“六同”（同心同德、同向同步、同行同为）“八共”（理念共通、办学共治、文化共融、课程共生、资源共享、品牌共创、发展共赢、各美其美美美与共）新的集团化管理模式机制。完成对红湖街道幼儿园校舍二期修缮改造工程并正式接管，于9月1日正式开园；聚焦入园难题，再度深挖潜扩资源，总园、附属园各增设1个新班级，四园累计增加幼儿学位160余个；按市区政府、教委安排部署，着手开办“北京市第五幼儿园城市副中心园”，发挥名园辐射作用。

注重教工师德师风建设，组织开展“做最美好教师、争当优秀引路人”师德主题教育，“恪守师爱——师德宣誓承诺”“不忘初心严守职业道德底线——‘携程亲子园虐童事件’师德大讨论”和“师爱暖阳呵护童心”行动；组织“筑阳光团队，塑最美教师”团队拓展研培与“教师职业礼仪”专题培训；弘扬大爱育人、牢固树立优良师风。着力教师专业素养能力培养培训，倡行书香文化，举办“书香坚定信仰”书香文化节，开展“传统与修养”系列读书活动；外请专家举办“教师艺术素养与实践能力提升”系列专题研训，举办“乐玩越乐”高级教学资源软件使用培训会与现场音乐教学展示研讨活动；选派教师参加“美国探究课程”“日本体育教学”“自主游戏”“精品课赏析”等高层学习研修。关爱教师身心健康，开展“拥抱春天健康同行——健步走”“我们～青春未满！——团队拓展”“古韵佳篇——中华经典赏颂会”“小穴位大作用”中医健康讲座、“山寒叶正红”——教工金秋登高赏景等文化活动。幼儿园获2017年“第四届全国文明单位”和“首都文明单位标兵”称号。教师2人被评为北京市学科教学带头人，2人被评为北京市骨干教师。

（朱小娟　吕晓菲）

北京市东城区崇文第三幼儿园

2017年，北京市东城区崇文第三幼儿园为教育部门办园类别，日托制。占地面积3988平方米、校舍建筑面积3216平方米。全年教育经费投入1642万元，均为国家拨款。固定资产总值1090万元，图书9820册。拥有幼儿计算机室、特殊资源教室和幼儿棋类教室等专用教室5个，普通教室14个。计算机95台，多媒体教室座位16个，校园网出口总带宽2Mbps。教职工80人，包括教师51人，均为专科以上学历，中级以上职称27人；保健员3人，包括中级以上职称1人。开设14个教学班，其中，小班5个、中班4个、大班5个。幼儿入园146人、离园142人、在园428人。

2017年，幼儿园将立德树人放在首位，开展教师“正面管教”专题培训，学习《东城区教师师德行为规范》，宣讲身边的榜样事迹，抓拍“工作中的最美笑脸”，评选园级师德形象大使、“六项杯”优秀教师，展示教师爱岗、爱幼、

10月29日至31日，崇文三幼举办第一届崇文三幼“童乐杯”足球赛　（崇文三幼　供）

善教乐学的良好风貌；组织园级说课演练和实践环节展示，参加区级说课比赛，提升教师开展领域活动的专业能力；举办首届“童乐杯”幼儿足球邀请赛，参加东城区“快乐少年”幼儿足球赛，提高幼儿对足球运动的兴趣和热爱；以班级为单位，开设水墨、穿编、版画、面人、彩盘等16个特色活动课程，传承优秀传统文化；调整幼儿伙食费，增加幼儿生日自助餐。

（李晶）

北京市北海幼儿园

2017年，北京市北海幼儿园为教育部门办园类别，日托和寄宿兼收制，分本园、后海分部和什刹海学区学前教育活动中心三址办园。总占地面积2.65万平方米、建筑面积1.18万平方米。全年教育经费投入4488万元，固定资产总值4888万元。图书室藏书2.57万册。学校信息化经费投入6万元，校园网出口总带宽100Mbps，数字资源量1150GB。计算机404台，多媒体教室座位40个。设有科学屋、儿童图书室和玩具图书馆等专用教室8个，普通教室26个。教职工141人，包括正高级职称1人、副高级职称9人、中级职称57人、市级骨干教师3人。专任教师118人，包括全日制硕士研究生学历3人、本科学历76人、专科学历39人；保育员2人，保健医7人，包括中级职称3人。开设28个教学班，其中，全日制小班10个、半日制小班1个、中班9个、大班8个。幼儿入园272人、离园181人、在园799人。网址：www.bhbaby.org。

2017年，幼儿园坚持立德树人的根本任务，以“人人在快乐发展中做真正的自己”为目标，以文化建设为主线，以师德建设为核心，深入推进学前教育改革，同时支持雄安新区及北京行政副中心建设；通过“推门教研”“行政教研”及“中心组学习”等活动，加强干部、教师队伍培养；通过“两寻找、三研究交流展示”“科研年会”等活动促进研究成果的推广；通过“迷你小课堂”“送教下社区”等工作发挥示范园辐射作用，通过对“一月一节”和“主题游戏”的实践探索支持幼儿自主发展。

（宋雪丽）

北京市西城区马连道幼儿园

5月27日，马连道幼儿园举办体育节活动　（西城区马连道幼儿园　供）

2017年，北京市西城区马连道幼儿园为教育部门办园类别，日托制，分两址办学，本部位于西城区红莲中里10号，开设中、大班；分址位于西城区红莲路69号院，开设小班。总占地面积2887平方米，校舍建筑面积2140平方米，操场面积778平方米。固定资产总值415.40万元。图书室藏书1167余册。本部活动室、睡眠室和盥洗室各6个，分址4个小班教室一室两用——活动、睡眠共用一室，盥洗室4个。计算机61台，信息化经费投入5万元，校园网出口总带宽100Mbps，数字资源量500GB。教职工56人，包括专任教师44人、保健员3人。专任教师中本科以上学历24人、副高级职称3人、中级职称18人、市级骨干教师1人、区级学科带头人1人、区级骨干教师4人。开设10个教学班，其中，小班4个、中班3个、大班3个。幼儿入园106人、离园105人、在园307人。网址：www.mldyey.com。

2017年，幼儿园重点工作包括：文化建设方面，开展“优秀班组文化”教职工讨论、“小马精神”和园歌征集等活动，结合所处“茶城”地域特色，梳理“真生活”教育的园所文化理论体系。教师队伍建设方面，突出“立德树人”、做“四有好老师”的师德教育，实施分层培养：园长以及外聘专家对班组干部进行管理和业务知识培训，并通过每周一次的干部会研讨遇到的问题；通过骨干教师“以研带建”、一二级职称教师“师徒帮带结对”形式对青年教师进行一对一指导。家园共育方面，幼儿园在改扩建、开园、节庆等活动中向家长开放，班组定期组织部分家长执教、助教，参与日常游戏和教学工作，形成家园共育长效机制。保教工作方面，继续加强体育特色课程建设，遵循“小场地大利用”原则，改善户外体育设施，构建有趣味性、挑战性、探索性的户外体育游戏环境，坚持每天形式多样的两小时阳光体育活动，实施特色体育课程与专业体育课程相结合的教学模式，增强幼儿体能；深入探索园本“幼小衔接”课程，开展大班幼儿自主学习研究。

（王友菊）

北京市宣武回民幼儿园

2017 年，北京市宣武回民幼儿园为教育部门办园类别，日托制。占地面积 4616 平方米、建筑面积 5895 平方米、运动场地面积 1830 平方米。全年教育经费投入 3058 万元。固定资产 2092 万元。图书室藏书 0.34 万册。拥有美术室、科普苑和舞蹈室等专用教室 7 个，普通教室 14 个。计算机 118 台。教职工 73 人，包括专任教师 59 人、保健员 4 人。教师中高级职称 4 人、中级职称 44 人。开设 19 个教学班，其中，小班 10 个、中班 5 个、大班 4 个。幼儿入园 183 人、离园 146 人、在园 458 人。网址：www.bjxwhy.com。

2017 年，幼儿园将教师培养、课程培训、日常评价交流、教师发展需求融为一体，开展园本培训和教研工作，教师 4 人参加北京市教育学会学前教育研究会、北京教育科学研究院早期教育研究所举办的“寻找好玩具、寻找好图书，研究好玩具（图书）、研究儿童、研究教学策略”活动获奖，其中，《万花筒齿轮玩具——齿轮传动的秘密》案例获特等奖，幼儿园被评为“三研究”示范园；教师 2 人参加“西城杯”评优活动获特等奖和二等奖；年内，教师被评为北京市特级教师 1 人、北京市骨干教师 1 人、区级学科带头人 4 人；区教委委托课题《幼儿足球游戏活动的研究与实践探索》结题，积累足球游戏案例 70 余篇、足球故事 90 余篇、班级主题活动计划 10 余例及各种活动方案若干，《当幼儿遇上足球》图书出版发行，幼儿园签约成为中赫国安足球培训基地。

（林巧红）

北京市西城区棉花胡同幼儿园

2017 年，北京市西城区棉花胡同幼儿园为教育部门办园类别，半日制与全日制兼有一园四址（棉花胡同 78 号、育德胡同 5 号、西四北七条 20 号、松树街弘善胡同 3 号）。总占地面积 8280 平方米，校舍建筑面积 7296 平方米。全年教育经费投入 4954.58 万元，均为国家拨款。固定资产总值 1906 万元。图书室藏书 1.20 万册。拥有音乐教室、公共游戏室和图书室 3 个专用教室，心理咨询室 1 个，普通教室 23 个。计算机 259 台，信息化经费投入 76 万元，校园网出口总带宽 100Mbps。教职工 141 人，包括专任教师 116 人、保健医 6 人。教职工中，专科以上学历 129 人，一级以上职称 43 人。开设 27 个教学班，其中，半日制小班 8 个、全日制小班 5 个、中班 8 个、大班 6 个。幼儿入园 364 人、离园 159 人、在园 814 人。网址：

5 月 27 日，棉幼举办庆祝“六·一”儿童节暨建园 60 周年文艺演出活动　（西城区棉花胡同幼儿园　供）

www.bjxchmy.org。

2017 年，幼儿园以全面育人、富有特色的发展为目标，秉承“育爱养性、明理开慧”的教育理念，抓住建园 60 年契机，梳理总结文化与课程的实践成果，举办园所文化论坛、园本课程论坛、“六一”儿童节暨园庆庆典、“陪着你快乐成长”大班毕业典礼，开展“棉花宝贝”活动，设计制作棉幼吉祥物“小虎”、创编两首棉幼园歌《棉幼就是我的家》和《爱的名片》，录制《爱的名片》MV。幼儿园以书香校园为主题打造公共环境，开展阅读活动，发挥教科研对教育实践的引领作用，多项市级课题申报或结题，组织完成第三届园级课题申报工作，12 项园级课题获准立项。

（周玉平）

北京市朝阳区泛海幼儿园

2017 年，北京市朝阳区泛海幼儿园为教育部门办园类别，日托制。占地面积 4495 平方米、校舍建筑面积 3026 平方米。固定资产 1559 万元。全年教育经费投入 1605 万元。专用教室 1 个，普通教室 11 个。教室内设有计算机、触控一体机、数码相机和液晶电视等教学设施。教职工 50 人，包括教师 44 人、保健员 3 人，高级职称 5 人、中级职称 8 人，区级学科带头人 2 人、区级骨干教师 4 人、区级教科研骨干 1 人、区兼职教研员 8 人。开设教学班 11 个，其中，小班 4 个、中班 4 个、大班 3 个。幼儿入园 117 人、离园 115 人、在园 357 人。

2017 年，幼儿园开展幼儿绘画作品展、木偶剧表演、消防安全演练、食物中毒演练、幼儿职业体验等活动，促进幼儿健康成长；开展观摩课研讨，“做好幼儿引路人”主题活动，架子鼓、水墨画等园本培训，插花艺术培训，高空攀爬拓展，红五月歌唱表演、图书交换、古诗词硬笔书法展等活动，加强教师队伍建设；组织“运用儿童哲学故事、开展启迪幼儿智慧的实践”研究，开设“智慧学”课程，出版《幼儿智慧学》教材；承担市教育学会年度课题 8 项。

（叶红）

北京市朝阳区枣营幼儿园

2017 年，北京市朝阳区枣营幼儿园为教育部门办园类别，日托制。占地面积 2557 平方米，建筑面积 2061 平方米。固定资产 488 万元。全年教育经费投入 1260.52 万元。普通教室 8 个，设有钢琴、投影仪和照相机等教学设施。教职工 39 人，包括教师 34 人、保健员 2 人，专科以上学历 35 人，高级职称 3 人、中级职称 11 人，北京市特级教师 1 人、区级骨干教师 6 人、区级优秀青年教师 1 人。开设教学班 8 个，其中，小班 3 个、中班 3 个、大班 2 个。幼儿入园 91 人、离园 75 人、在园 240 人。

2017 年，幼儿园分区级骨干教师、工作 3 至 5 年教师、新入职教师分层次培养。落实“儿童主动学习”课程，开展“在活动区游戏中了解与支持幼儿实现游戏意图”“活动区材料调整支持幼儿明确游戏意图”园本教研，依据海森高教育观察记录量表，观察和理解幼儿的游戏意图，提高保教质量；以五大领域教育内容为基础，开展“为孩子一生发展奠定基础”教育实践活动，通过新学期互赠礼物、探索和完善早期阅读园本课程、“为爱朗读”活动、“六一艺术嘉年华”、阅读分享、春秋游等活动提升幼儿主动学习能力；发挥市级示范园的辐射作用，围绕海森高活动区游戏、早期阅读等面向国内外同行组织观摩活动共 15 次，666 人次参加活动。

（林莉）

北京市朝阳区奥园幼儿园

2017 年，北京市朝阳区奥园幼儿园为教育部门办园类别，日托制。占地面积 4296 平方米、建筑面积 3401 平方米。固定资产 1158 万元。全年教育经费投入 1846 万元。专用教室 2 个，普通教室 12 个。教室内设有钢琴、多媒体一体机和数码相机等教学设施。教职工 55 人，包括教师 50 人、保健员 2 人。教职工均为专科以上学历，包括高级职称 1 人、中级职称 10 人。开设教学班 12 个，其中，小班 4 个、中班 4 个、大班 4 个。幼儿入园 124 人、离园 121 人、在园 375 人。

2017 年，幼儿园被评为市级示范幼儿园，立足幼儿一日生活，开展“童心绘世界”创意作品展、大班毕业典礼暨文化节活动、第八届“艺术润养心灵、奠基多彩人生”等艺术展演活动，促进幼儿健康、乐美、自主、自信全面发展。加强教师队伍建设，开展特级教师进校园活动 16 次，组织“如何开展幼儿园歌唱教学活动设计与组织实施研究”“幼儿园歌唱教学活动有效组织与实施”“幼儿园区域活动指导策略研究——以益智区为切入点”等 4 项专题园本教研，“运用教育戏剧策略培养幼儿品质”“提升职初期教师工作胜任力实践研究”2 项课题研究。发挥市级示范园辐射引领作用，面向北京市各级各类幼儿园连续开放 2 天，接待 111 名教师观摩学习；接待江西省南昌市红谷滩新区、河南省鹤壁市淇滨区督学团 53 名成员观摩园所环境和幼儿活动。重视家长工作，通过家委会、伙委会、全园开放、家长戏剧体验、家长学校、微课堂等系列活动开展家园共育工作。

（冯桃）

北京市丰台区丰台第一幼儿园

3 月 17 日，丰台一幼参加 2017“绿茵未来杯”全国幼儿 5 人制足球邀请赛启动仪式（丰台一幼 供）

2017 年，北京市丰台区第一幼儿园教育集团分 6 址办园：丰台区第一幼儿园本园、丰益分园、民族分园、草桥分园、顺八分园、西局分园，均为教育部门办园类别，日托制。占地总面积 2 万平方米、校舍建筑面积 1.17 万平方米。固定资产总值 2399.70 万元。全年教育经费投入 4047 万元，均为国家拨款。拥有美术创意教室、音乐室和绘本图书馆等专用教室 16 个，普通教室 51 个。教室内设有电视机、多媒体设备和钢琴等教学设施。教职工 119 人，包括教师 110 人，均为专科以上学历，其中，中级以上职称 49 人；保健员 6 人，均为专科以上学历，其中，中级以上职称 4 人。开设教学班 51 个，其中，小班 21 个、中班 15 个、大班 15 个。幼儿入园 559 人、离园 328 人、在园 1556 人。网址：www.youshibaodian.com。

2017 年，丰台一幼教育集团继续坚持以“红杉文化”引领人、凝聚人、发展人，以研究课题为引领，开展生活实践课程、剪纸课程、家园课程、民族课程等教学活动。改造操场、户外设施、室内环境；设置足球课程，幼儿参加全国幼儿五人制足球邀请赛；举办“陈鹤琴研究会”论坛、第四届教科研年会，58 个课件获中央电教馆组织的全国新媒体新技术课例评审一、二、三等奖，10 篇教学案例在《中国教育报》《学前教育》杂志上刊登，出版《发现最好的自己——一位幼儿园园长的教育随想》《绽放幕后的精彩——园长指导后勤工作能力的提升》《牵手与牵心——园长指导家长工作能力的提升》。

（赵秀敏）

中国人民解放军总后勤部六一幼儿园

9 月，总后勤部六一幼儿园举办"爱的教育"主题活动
（总后勤部六一幼儿园 供）

2017 年，中国人民解放军总后勤部六一幼儿园为北京市示范园，日托制。占地面积 2.40 万平方米、建筑面积 1.10 万平方米。幼儿图书 4634 册，教师用书 6608 册。固定资产总值 1095.62 万元。全年教育经费投入 1390 万元，其中，国家拨款 185 万元、自筹 1205 万元。园内建有幼儿礼堂、幼儿活动室和音体室等配套用房。教室内设有钢琴、互动一体机、移动黑板等教学设施。教职工 91 人，包括专任教师 42 人，均为专科以上学历，中学高级教师 2 人、幼儿园高级教师 20 人、一级和二级教师 17 人、未定级教师 3 人；保育员 14 人，包括高级保育员 3 人、中级保育员 10 人；后勤工作人员 35 人。开设教学班 14 个，其中，小班 5 个、中班 6 个、大班 3 个。幼儿入园 129 人、离园 187 人、在园 321 人。

2017 年，幼儿园开展师德师风建设，学习幼教先进楷模，召开"爱岗敬业，做爱心教师"师德师风交流分享会，利用园报、家长园地、宣传栏展示各班的爱心承诺，接受家长监督；开展"玩中学、做中学"园本教研活动，组织"骰子游戏""乐高游戏"，观摩 34 节教学活动，开展环境、户外操节和说课评比；开展课题研究，体育、阅读、剪纸、家园 4 个课题组按照计划分步骤组织课题成员学习和研究，总结教学研究成果；开展教学实践，创新发展体育特色，设计"赶小猪""搭桥"等 5 节活动对外展示交流；开展家长工作，利用主题家长会、家长沙龙、育儿讲座等方式宣传幼儿园教育理念，邀请家长给幼儿授课，参与班级活动，建立微信、QQ 沟通平台。改造两栋教学楼的活动室 10 余间、盥洗室 4 间。

（张京）

北京市丰台区芳庄第三幼儿园

2017 年，北京市丰台区芳庄第三幼儿园为教育部门办园类别，日托制。占地面积 6999 平方米、校舍建筑面积 5093 平方米。固定资产 1603 万元。全年教育经费投入 1971.28 万元，全部为国家拨款。拥有幼儿图书室、美术教室等专用教室 7 个，普通教室 18 个。教室内设有多功能一体机等信息化教学设施。教职工 68 人，包括教师 57 人，均为专科以上学历，其中，中级以上职称 27 人；保健员 6 人，均为专科以上学历，包括中级以上职称 3 人。开设 18 个教学班，其中，小班 6 个、中班 6 个、大班 6 个。幼儿入园 192 人、离园 181 人、在园 542 人。网址：2481.tuxing2010.com。

4 月，芳庄三幼开展"让读书成为习惯，让书香充满校园"活动
（丰台芳庄三幼 供）

2017 年，幼儿园以"阳光文化"为品牌文化核心，建立吴东慧特级教师工作室，开展"幼儿园绘本教学游戏化的研究""幼儿园数学教育游戏化的研究"等主题实验室和进程式主题研究。幼儿园以民族传统文化为主线组织参观博物馆、寻找春天活动、端午节活动、"六一"传承传统文化活动、艺术演出等活动。

（刘毓）

北京市石景山区幼儿园

2017 年，北京市石景山区幼儿园为教育部门办园类别，日托制。幼儿园占地面积 3093 平方米，校舍建筑面积 2051 平方米，运动场地 842 平方米。固定资产 2455.51 万元。全年教育经费 1440.29 万元，其中，国家拨款 1104.91 万元、自筹经费 335.38 万元。教职工 48 人，包括教师 26 人，均为专科以上学历，中级以上职称 11 人；保健员 1 人。开设 8 个教学班，其中，小班 3 个、中班 3 个、大班 2 个。幼儿入园 91 人、离园 57 人、在园 243 人。网址：1y.sjsedu.cn。

2017 年，幼儿园加入古城教育集团，依据区学前教育工作计划和要求，举办《以职业的态度对待职业》《教师身心减压沟通》等讲座，开展参观古城第二小学分校、大班毕业典礼、趣味亲子运动会、"六一"亲子游、中秋嘉年华、科技嘉年华等活动，不断提高保教工作质量。

（牛莉）

北京市石景山区第二幼儿园

11月，石景山二幼开展“晨光杯”教育实践评比活动

（石景山二幼　供）

2017年，北京市石景山区第二幼儿园为教育部门办园类别，日托制。占地面积2800平方米、校舍建筑面积2430平方米。固定资产1189.93万元。全年教育经费投入781.50万元，其中，国家拨款639.23万元、自筹经费142.27万元。拥有普通教室7个，设有一体机、实物投影仪等教学设施。教职工33人，包括教师26人、专科以上学历12人；保健员1人，专科学历。开设7个教学班，其中，小班3个、中班2个、大班2个。幼儿入园90人、离园60人、在园214人。网址：2y.sjsedu.cn。

2017年，幼儿园贯彻“尽职尽责为幼儿发展，全心全意为家长服务”的工作思想，以内涵发展为主线，以构筑优质戏剧教育为主旨，进一步提升幼儿园保教质量。制订《石景山区第二幼儿园后勤主任评聘标准》，公开选聘后勤主任1人；采取领导班子定期巡视的管理模式，在检查中发现并解决具体问题；每周开展一次集中的师德教育，采取师德承诺、师德学习、师德故事、师德演讲、师德心得交流等方式，提升教师队伍的思想素养；开展教职工趣味运动会、舞蹈比赛、诗歌朗诵等活动；以备课、教育活动、区域游戏、户外活动为重点，在日常保教工作中加强检查与指导，完成石景山区教育规划办“十二五”课题《构建戏剧表演主题活动课程的实践研究》。

（何奕昕）

北京明天幼稚集团

2017年，北京明天幼稚集团为教育部门办园类别，日托制。占地面积6.76万平方米、校舍建筑面积5.74万平方米。固定资产14483.04万元。全年教育经费投入26295.88万元。拥有互动教室、视频会议室和特色教室等专用教室41个，普通教室154个。教室内设有电子白板、计算机和电视等教学设施。在编教职工669人，包括教师417人、保育员88人、保健医32人。教师中，研究生学历13人、本科学历353人、专科学历51人，中学高级职称9人、小学高级职称204人。开设146个教学班，其中，小班52个、中班45个、大班49个。幼儿入园1882人、离园1039人、在园4752人。网址：www.mtyzjt.com.cn

5月20日，明天幼稚集团承办“2017年全国学前教育宣传月”启动仪式

（明天幼稚集团　供）

2017年，集团开展幸福型组织建设培训、启动“老子学堂”活动、举办首届幸福文化论坛，承办“2017年全国学前教育宣传月”启动仪式和“一带一路”高端对话学前教育分论坛教育交流和观摩活动，完成2所幼儿园内部督导工作。幼儿园获得“北京市青年文明号”“北京市工人先锋号”“北京市五四优秀红旗团支部”等称号，1名教师被评为北京市优秀教师。

（杨吉）

北京市六一幼儿院

2017年，北京市六一幼儿院为教育部门办园类别，一院三址办学。玉泉山院区寄宿制，占地面积6.73万平方米，建筑面积1.70万平方米；西山庭院院区占地面积0.31万平方米，建筑面积0.26万平方米；西三旗院区占地面积0.43万平方米，建筑面积0.34万平方米。全院有藏书2.46万册，其中，幼儿图书0.32万册、教师用书2.14万册。各类玩具113种，固定资产总值7000万元。全年教育经费投入6000万元，均为国家拨款。院内建有美术教室、乐高教室、计算机房和小飞龙剧场等专用教室，配有多媒体电教设备。院内设置种植园地、拓展基地、交通基地等多处幼儿活动场所。教职工126人，包括专任教师98人，全部具有专科以上学历，高级职称10人、一级职称35人、二级职称35人、北京市骨干教师3人、海淀区学科带头人3人、海淀区骨干教师7人。玉泉山院区开设教学班21个，其中，小班9个、中班7个、大班5个，在园幼儿563人；西山庭院院区开设教学班7个，其中，小班3个、中班2个、大班2个，在园幼儿180人；西三旗院区开设教学班9个，其中，小班4个、中班3个、大班2个，在园幼儿256人。全年总计幼儿入园399人、离园321人、在园999人。网址：www.bj61.cn。

2017年，六一幼儿院开发利用自然环境和历史环境，

10月20日，六一幼儿院西山庭院院区举办幼儿园体育课程现场教学观摩及研讨活动 （六一幼儿院 供）

将“爱在四季”教育理念融入幼儿生活、游戏、学习中，实现“四季融合，自然成长”理念。规范管理，挖掘新时代“保教合一”思路和内涵，提高日常保教工作质量，继续构建“爱在四季”园本课程体系，巩固推广实践班级经验，形成“知爱、尚德、善思、乐创”的培养目标；继续探索特色园本课程：玉泉山院区“自然之爱”课程、西山庭院院区“书香之爱”课程、西三旗院区“家园之爱”课程；开展春季“自然探索游戏周”活动，教师和幼儿共同商议在户外开展班级主题活动、区域活动等，并将春季阅读日、种植活动融入其中；举办首届“飞龙杯科技嘉年华”活动，激发幼儿动手操作、主动探究的科学精神。

（张凤珠）

北京市海淀区四季青镇常青幼儿园

2017年，北京市海淀区四季青镇常青幼儿园为日托制。占地面积7500平方米、校舍建筑面积7000平方米。拥有多功能演出厅、形体室、钢琴室等专用教室4个，普通教室18个。图书室藏书2.56万册，各类玩具1.58万件，有大型户外攀爬、攀岩、滑梯、荡桥、爬龙等组合玩具5件，固定资产总值2568万元，全年教育经费投入580万元，其中，市区财政拨款395万元、自筹经费185万元。教职工100人，包括教师56人、保健员4人。教师中专科以上学历53人，中学高级教师1人，幼儿园一级教师1人，幼儿园二级、三级教师23人。开设18个教学班，其中，小班8个、中班7个、大班3个。幼儿入园241人、离园183人、在园593人。网址：894.tuxing2010.com。

2017年，幼儿园遵循“环境育人、快乐发展”办园理念，坚持爱岗敬业、务实创新的工作精神，重视幼儿安全、健康和全面和谐发展。创造收托596名幼儿新纪录，家长满意率98%；组织“读书交友、为好人师”活动、亲子运动会、“六一欢乐周”和“大班毕业典礼”等活动；改造饮用水管道，为活动室一米线以下墙面贴装钢化玻璃，改善办园条件。

（蔡莹爽）

北京师范大学实验幼儿园

2017年，北京师范大学实验幼儿园为其他教育部门办园类别，日托制和寄宿制兼收。设有2个分园，分三址办学，总占地面积1.60万平方米，其中，本园8595平方米、望京分园3461平方米、龙樾分园4000平方米；建筑总面积1.53万平方米，其中，本园6613平方米、望京分园3880平方米、龙樾分园4812平方米。藏书3.30万册。固定资产总值3248万元，包括新增215万元。全年教育经费投入3198万元，其中，国家拨款904万元、自筹经费2294万元。园内设有多功能厅、音乐教室、美术教室等专业教室，班级配备电教设备。教职工309人，包括专任教师164人、保育员31人、保健员12人。教师中硕士研究生学历26人、本科学历86人、专科学历90人，一级职称32人。开设教学班44个。幼儿入园542人、离园339人、在园1324人。中文网址：child.bnu.edu.cn，英文网址：bnuk.english.bnu.edu.cn。

2017年，幼儿园新设北师大实验幼儿园新校区幼儿园（简称“沙河分园”）和北师大未来科技城第一幼儿园，隶属昌平区教委，由北师大实验幼儿园负责管理，原牡丹分园、奥林分园变更为民办幼儿园。幼儿园出版《爱在小小舌尖——幼儿园营养美食》，总结推广膳食管理工作经验；家园通APP（家长版、教师版）和管理运营系统上线投入使用，提升信息化管理水平；参与中国教育科学研究院《中国百年老园的发展样态研究》课题，3篇论文入选世界学前教育组织（OMEP）国际学术研讨会；派出5支队伍分别到新疆阿勒泰、四川绵阳、甘肃庆阳等地支教，接待面向全国的专项培训和深圳教育局定向培训各三期，参训园长和教师共计480人；与丹麦奥尔堡大学学习与哲学学院签署合作备忘录。

（丁乐）

北京市门头沟区第一幼儿园

2017年，北京市门头沟区第一幼儿园为教育部门办园类别，日托制，设有西园分园。占地面积9800平方米，校舍建筑面积5565.70平方米，运动场地2750平方米。图书室藏书0.85万册。全年教育经费投入2144.85万元。信息化经费投入67.08万元，计算机57台，校园网出口总带宽1000Mbps，数字资源量100GB。普通教室16个，专用教室9个。教职工75人，包括专任教师50人、本科以上学历24人、高级职称8人、中级职称21人、北京市骨干教师1人。开设16个教学班，其中，小班6个、中班5个、大班5个。幼儿入园175人、离园150人、在园454人。

2017年，幼儿园以“五彩课程”建设为中心，深入开展阳光体育游戏课程、饮食营养活动课程、多彩主题探究课程、艺术自选创意课程、社会生活实践课程、亲子阅读养成课程，关注幼儿学习方式，推进课程生活化、游戏化；承担中国学前教育研究会课题《健康饮食教育促进幼儿主动学习的实践研究》，开展第一届美食月活动。

（于德彦）

北京市房山区良乡第二幼儿园

2017年，北京市房山区良乡第二幼儿园为教育部门办园类别，日托制。园所总占地面积5602平方米，建筑面积3820.41平方米，绿化面积1236平方米。拥有图书6200册、玩教具450种，固定资产总值409.46万元。全年教育经费投入1292.66万元，均为国家拨款。信息化经费投入1.09万元，设有局域网络与电子监控系统，有亲子活动室和多功能厅等专用教室，设有家长氧吧（家长阅览室）、教师阅览室，配有幼儿活动室12个、睡眠室12个。活动室内配有计算机、电子白板和投影仪等设备，室外设有大、中、小型活动器械157种。教职工71人，包括专任教师53人。教室中本科以上学历43人、幼儿园高级教师20人、区级骨干教师8人、园级骨干教师8人。开设教学班12个，其中，小班4个、中班4个、大班4个。幼儿入园121人、离园116人、在园417人。网址：liangxiangeryou2011.ankang06.org。

2017年，良乡二幼围绕“加快发展”和“提高质量”主题，深入贯彻落实“纲要”“指南”精神，以“三精”管理为要求，抓好队伍建设；以“讲好我们自己的故事”师德系列活动为抓手，提升师德素养；以“真爱家长学校”为媒介，建设和谐愉快的家园关系；以教科研为依托，提升教师专业能力与水平，转变教师及家长教育观、儿童观，落实立德树人根本任务，促进幼儿健康快乐发展，赢得家长及社会好评。年内，8名教师被评为区级骨干教师、8名教师被评为园级骨干教师；幼儿园获房山区教育质量综合评价一等奖、房山区“学习四有好老师、争做四个引路人”征文活动组织奖。

（安小盼）

北京市通州区新城东里幼儿园

2017年，北京市通州区新城东里幼儿园为教育部门办园类别，日托制。幼儿园分东里幼儿园中大班部、玉桥东小区小班部两址办园。幼儿园占地面积4712.39平方米、校舍建筑面积3213.02平方米。全年教育经费投入1785.12万元，其中，国家拨款1784.17万元、自筹经费0.95万元。固定资产745.96万元。图书室藏书1000册。拥有音乐和科学2个专用教室，普通教室12个。计算机89台，信息化经费投入28.40万元，校园网出口总带宽100Mbps，数字资源量500GB。教职工59人，包括教师53人，均为专科以上学历，中级以上职称14人；保健医3人，均为专科以上学历。开设12个教学班，其中，小班4个、中班4个、大班4个。

4月1日至30日，新城东里幼儿园开展亲子晨间锻炼
（通州区新城东里幼儿园　供）

幼儿入园166人、离园126人、在园478人。

2017年，幼儿园实施润心教育，初步构建“快乐成长、绚丽色彩、拥抱自然、运动能手”园本“四季课程”；尝试年龄班两个教研组长模式，分别负责专项教研活动和日常事务性工作，每个教研组全年活动10余次；组建“绘本阅读”“学习故事”“科学活动”“奥尔夫课程”4个特色研究小组，每月开展一次活动，探索教科研活动新模式；尝试幼儿园大课题带教师小课题的研究模式，完成通州区“十二五”规划课题4项，承担“十三五”规划课题9项、北京市教育学会课题2项。

（薛红梅）

北京市顺义区建南幼儿园

9月14日，建南幼儿园举办京豫园长双向互动交流现场会
（建南幼儿园　供）

2017年，北京市顺义区建南幼儿园为教育部门办园类别，日托制，实行集团化办园模式，分永欣园、鲁能园两址办园，共占地面积10817.40平方米、校舍建筑面积6548平方米。全年教育经费投入2417.04万元，均为国家拨款。固定资产总值534.74万元。拥有音体和信息技术2个专用教室，普通教室21个。计算机47台，多媒体教室座位50个。教职工93人，包括教师54人、保健员3人。教师中专科以上学历53人、中级以上职称12人。开设

18 个教学班，其中，小班 8 个、中班 6 个、大班 4 个。幼儿入园 327 人、离园 129 人、在园 701 人。网址：jnyey.shyedu.cn。

2017 年，幼儿园秉承“思路先行、实践跟进、反思相随”的工作思路，立足原有品牌，梳理集团管理经验，确立“集团一个理念，管理一套班子，资源统一调配，评价统一标准”的“四个一”办学模式，努力做到优质资源共享。幼儿园积极组织教师分项研修活动：共性问题全员研修，通过集体备课、一课三研、交流反思研修等形式，深入研究“幼儿自主游戏”“幼儿区域活动”，促进幼儿自主发展的教学活动逐步成为常态；新教师基础互助研修，开展“新教师备课培训”“一日生活常规培训”“如何与家长沟通培训”，尽快让新入职教师胜任工作；青年教师实践课研修，开展“青年教师预约课、评优课”“五大领域七学科研讨”“奥尔夫专题研讨”研修活动，以“分析教材—设计环节—活动实施—说课评课—展开教研—修改方案—重新授课”为实践研修流程，提高青年教师的反思能力和实践能力；骨干教师自主研修，鼓励骨干教师参加“课程与教师专业可持续发展”研讨会、绘本音乐与教育戏剧创意课程培训及语言领域教学知识 (PCK) 培训、幼儿园游戏化打击乐实操练习高级研修班等，促进骨干教师向更高的台阶继续迈进；保育教师保教合一研修，开展“自然角创设培训”“保育员基本技能培训”，提高保育教师的保教配合能力；补短板、专业技能定向研修，开展“菜单式”钢琴培训、儿童舞蹈培训、绘画制作培训，适应教师个性化需求。

2017 年，幼儿园被评为顺义区教育系统先进集体、顺义区 2017 贯彻“指南”优秀园所、顺义区“十二五”教师继续教育先进集体、顺义区教育系统“先进基层党组织”。

（耿波）

北京市顺义区怡馨幼儿园

4 月 24 日，怡馨幼儿园开展“颂经典悦童年”国学诵读活动

（顺义区怡馨幼儿园　供）

2017 年，北京市顺义区怡馨幼儿园为教育部门办园类别，日托制。占地面积 3213 平方米、校舍建筑面积 3228 平方米。固定资产总值 198.19 万元。全年教育经费投入 1451.29 万元，均为国家拨款。拥有音体室、美术室、幼儿图书室 3 个专用教室及泥工活动区和家长阅览等候区，普通教室 10 个。教室内设有钢琴和多媒体教学设施。教职工 65 人，包括教师 57 人、保健医 2 人。教师中专科以上学历 56 人，中级以上职称 25 人。开设 10 个教学班，其中，小班 4 个、中班 3 个、大班 3 个。幼儿入园 188 人、离园 73 人、在园 482 人。

2017 年，怡馨幼儿园优化健康课程体系，包括优化课程理念，明确课程核心精神：遵循《幼儿园教育指导纲要》《3～6 岁儿童学习与发展指南》精神，践行张雪门“生活即教育”、陈鹤琴“做中学”的思想，尊重幼儿身心发展规律，强调“全面”的健康课程体系；优化课程定位，促进课程结构体系化，进一步调整和梳理原有的零散课程，整合多种课程资源，以常规课程为主，特色课程为辅；优化课程内容与实施，促进课程研究深入化，形成《怡馨幼儿园室内分散体育游戏方案》以及节日课程、体验课程等特色课程。

（何四芳）

北京市昌平区教工幼儿园

4 月 18 日，昌平教工幼儿园举办幼儿春季运动会

（昌平区教工幼儿园　供）

2017 年，北京市昌平区教工幼儿园为教育部门办园类别，日托制。占地面积 4525 平方米，校舍建筑面积 5673 平方米。固定资产总值 3038 万元。全年教育经费投入 1730 万元。拥有语言、计算机、美工等专用教室 4 个，普通教室 17 个。教室内设有触控一体机、便携式计算机和摄像机等教学设施。教职工 78 人，包括教师 65 人、保健员 3 人。教师中专科以上学历 47 人、中级以上职称 24 人。开设教学班 17 个，其中，小班 7 个、中班 5 个、大班 5 个。幼儿入园 140 人、离园 120 人、在园 468 人。

2017 年，幼儿园以语言领域为切入点，开展“开放式区域游戏课程”实践研究；接受昌平区妇幼保健院卫生保健工作年度检查与指导、区教委党风廉政建设责任制检查考核、区级校园安全督导大检查；组织中大班幼儿外出参观服装店、中国航空博物馆；开展端午节、“六一”儿童节、中秋节等节日主题教育活动；幼儿园获“全国五一巾帼标兵岗”

荣誉称号。

（褚小芹）

北京市昌平区工业幼儿园

11 月 17 日，昌平工业幼儿园举办走进消防支队活动
（昌平区工业幼儿园　供）

2017 年，北京市昌平区工业幼儿园为教育部门办园类别，日托制。占地面积 10041.81 平方米、校舍建筑面积 8933 平方米。固定资产总值 4458 万元。全年教育经费投入 2312 万元。拥有绘画室、图书室等专用教室 6 个；普通教室 25 个，教室内设有台式一体机、数码相机和触控教学屏幕等教学设施。教职工 117 人（含特岗 15 人），包括教师 69 人，专科以上学历 67 人、中级以上职称 32 人；保健员 4 人，均为专科以上学历，中级职称 1 人。开设教学班 24 个，其中，小班 9 个、中班 8 个、大班 7 个。幼儿入园 263 人、离园 150 人、在园 715 人。网址：www.bjcpgyyey.com。

2017 年，幼儿园在健康教育特色背景下，加强心理健康教育、安全教育、丰富园本课程，组织幼儿心理健康家教讲座、“童心同阅伴成长”走进昌平图书馆体验活动、幼儿讲故事比赛、家长助教等活动，以“共情陪伴”课程为抓手，开展积极心理品质的研究，促进幼儿全面健康发展。

（袁媛）

北京市大兴区黄村镇第一中心幼儿园

2017 年，北京市大兴区黄村镇第一中心幼儿园为教育部门办园类别，日托制。总占地面积 15268 平方米，其中，总园占地面积 5150 平方米、刘村分园占地面积 2960 平方米、新源时代分园占地面积 793 平方米、狼各庄分园占地面积 6365 平方米。总建筑面积 7874 平方米，其中，总园 3457 平方米、刘村分园 1800 平方米、新源时代分园 536 平方米、狼各庄分园 2081 平方米。固定资产总值 950 万元。全年教育经费投入 2487 万元，均为国家拨款。总园拥有美术和亲子阅读专业教室，普通教室 13 个；刘村分园普通教室

1 月 10 日至 13 日，黄村镇第一中心幼儿园开展绘本与戏剧培训活动
（大兴区黄村镇一幼　供）

3 个；新源时代分园普通教室 3 个；狼各庄分园普通教室 5 个。教室内设有白板、计算机和钢琴等教学设施。教师 122 人，包括专科以上学历 85 人、中级以上职称 19 人；保健医 6 人，均为专科以上学历，中级以上职称 2 人。开设 22 个教学班，其中，小班 8 个、中班 8 个、大班 6 个。幼儿入园 257 人、离园 174 人、在园 640 人。

2017 年，狼各庄分园开园。幼儿园以“综合主题活动中利用 Z 型支架幼儿自主发展的园本课程”为载体，以游戏为主要活动形式，关注幼儿的兴趣和需要，支持幼儿自然、自由、自主地发展；开展“改变思维、合作式学习与实践”主题系列活动，将二十四节气知识纳入园本课程内容；被评为大兴区幼儿园家园共育工作先进单位、“大兴区教育品质提升促进工程”学段衔接工作建设子项目优秀幼儿园。

（黄新苹）

北京市大兴区第七幼儿园

2017 年，北京市大兴区第七幼儿园为教育部门办园类别，日托制。分双高小区总园、保利春天小区分园两址办学，总占地面积 5423 平方米、校舍建筑面积 5423 平方米。固定资产 6102.34 万元。全年教育经费投入 1492.98 万元，均为国家拨款。拥有普通教室 15 个（双高园 7 个、春天园 8 个）。教室内有投影仪、计算机和电视等教学设备。教职工 89 人，包括教师 47 人，均为专科以上学历（含中级以上职称 12 人）；保健员 2 人，均为专科以上学历、中级以上职称。开设 15 个教学班，其中，小班 7 个、中班 6 个、大班 2 个。幼儿入园 458 人、离园 77 人、在园 381 人。

2017 年，幼儿园通过大兴区教委直属幼儿园考核，组织区级园本课程研究讨论会，接待北师大霍力岩教授区本课程调研 2 次、国家级、市级、区级名园长、骨干教师参观 12 次、西挪威应用科学大学卑尔根学院学前教育专业师生 26 人参观访问；组织教师学习 PCK（学科知识）和区本课程知识，研讨综合式探究课程，提高环境创设、课程探索与完善、学科课程理论的应用能力。

（李京涛）

北京市怀柔区第二幼儿园

3月20日，怀柔二幼开展“区域共享”活动
（怀柔区第二幼儿园 供）

2017年，北京市怀柔区第二幼儿园为教育部门办园类别，日托制。占地面积4140平方米、校舍建筑面积3017平方米，体育场面积1386平方米。固定资产总值1613.27万元。全年教育经费投入2195.88万元。藏书2.13万册，大小玩教具1.70万件。设有教师电子备课室、多功能活动教室和幼儿美术活动教室，班内配有计算机、钢琴和照相机等设施以及多媒体教学设备。信息化经费投入49.70万元，拥有计算机224台。教职工84人，包括专任教师80人，含本科以上学历53人、高级职称3人、市级骨干教师1人、区级骨干教师11人、区级学科带头人1人。开设教学班13个，其中，大班4个、中班4个、小班5个班。幼儿入园186人、离园183人、在园542人。网址：www.hreryou.com。

2017年，怀柔二幼立足艺术特色，初步建构“七彩教育”课程。加强教师队伍建设，落实周一干部例会制度，提高执行力；根据教师工作经验、能力水平分层培训，确定不同的培养目标，开展系列培训。发挥引领示范作用。启动“推进学习型幼儿园建设，积极构建二幼阅读文化”读书交流活动，启动幼儿连续阅读21天计划，举办亲子阅读、评选读书小达人等一系列读书活动。以教科研促保育教育质量提升，支持教师自主研究。至年底，共有206篇论文和42篇案例在国家、市、区级评比中获奖。

（宋久红）

北京市怀柔区第三幼儿园

2017年，北京市怀柔区第三幼儿园为教育部门办园类别，日托制。占地面积16800平方米、建筑面积9800平方米，运动场地面积5500平方米。幼儿图书馆藏书6000册，教师阅览室藏书4000册。园内建有4000平方米的自然生态园、25平方米的沙池。固定资产总值4423.81万元，全年教育经费投入3151.52万元。学校信息化经费投入425.50万元，

10月26日，怀柔三幼开展徒步社会大课堂活动
（怀柔区第三幼儿园 供）

计算机92台，校园网出口总带宽30Mbps。普通教室24个，专用教室3个。教职工122人，包括高级职称7人、中级职称45人、本科以上学历96人。开设教学班24个，其中，小班8个、中班9个、大班7个。幼儿园入园337人、离园196人、在园754人。

2017年，怀柔三幼被评为北京市示范幼儿园。幼儿园坚持“以人为本，和谐快乐发展”的办园理念，以“生活即教育”思想为指导，构建“自然、生活、游戏”的课程模式，形成特色园本课程，各年龄班分别开展“筷”乐时光、名字童话、我是三幼小主人、我的地盘我做主等活动；继续加强教师学习培训，采取按需培训、分层培训、个性培训、专家导读等方式，提高教师综合素质；通过微信公众号推出“我们的植物乐园”“那些关于名字的事儿”“二十四节气”等30余个专题，帮助家长了解幼儿园教育理念、活动内容，以及幼儿在园的生活和学习情况。至年底，幼儿园论文、教学案例、录像课等共获得各类奖励137项。

（黄文娟）

北京市平谷区第三幼儿园

2017年，北京市平谷区第三幼儿园为教育部门办园类别，日托制。占地面积6317平方米、校舍建筑面积3675平方米。全年教育经费投入1289.45万元。固定资产总值1241.86万元。图书室藏书1.10万册。设置有氧书吧和图书阅览室，普通教室12个。触摸一体机12台，计算机50台。学校信息化经费投入52万元，数字资源量200GB。教师55人，包括专科以上学历54人、高级职称4人、中级职称30人。保健员2人，均为专科以上学历、中级以上职称。开设12个教学班，其中，小班4个、中班4个、大班4个。幼儿入园143人、离园118人、在园382人。

2017年，幼儿园贯彻让幼儿在“自己做主”的体验中快乐自信成长的特色理念，逐步落实“幼儿自主启蒙教育”实施方案，以主题课程与区域整合的实践研究和低结构材料在区域游戏中的实践研究为重点，进一步加强园本培训和教研。教师培养方面，制订幼儿园教师专业发展三年规划，

分层确定教师发展目标，新职教师开展教学活动、区域指导、创编器械操等“入格”培训;对青年教师开展同课异构、自学经验分享等“升格”培训，提高反思能力；对骨干教师开展基地帮教、今日我主讲——好经验分享等“风格”培训，发挥引领带头作用。幼儿教育方面，开设“鲨鱼公园系列之科学探究课程”，外聘教师每周为每个班级组织一节教学活动，激发幼儿科学兴趣；开展书香幼儿和书香班级评选、传统民间游戏亲子运动会、“自主启蒙教育特色暨主题课程实施”开放、幼小衔接、大班毕业教育等活动，提高保教质量。园所特色建设方面，依托主题课程开展研究，以教研组为单位研讨交流班级主题活动方案，以集体研学优秀案例开拓工作思路，以班级亮点区域观摩展示体现“我的环境我布置，我的规则我制定、我的游戏我做主”的自主教育内涵。园本教研方面，围绕“低结构材料在区域游戏中的实践研究”课题，开展教师自主学习、专家引领、园本培训等研究，提升教师对低结构材料投放重要性的理解与认识。

（崔书义）

北京市平谷区第四幼儿园

9月19日，平谷四幼举办社会实践活动
（平谷区第四幼儿园　供）

2017年，北京市平谷区第四幼儿园为教育部门办园类别，日托制。占地面积5109.20平方米、校舍建筑面积4334平方米。全年教育经费投入1728.90万元。固定资产1777.68万元。图书室藏书2.23万册，杂志、报刊13种。拥有录播室专用教室，普通教室12个。计算机127台，信息化经费投入2.97万元，校园网出口总带宽1000Mbps，数字资源量50GB。教师71人，均为专科以上学历，包括中级以上职称40人、区级骨干教师9人；保健员4人，均为专科以上学历，包括中级以上职称3人。开设17个教学班，其中，小班6个、中班6个、大班5个。幼儿入园180人、离园139人、在园571人。

2017年，幼儿园围绕“质量立园、名师强园、特色兴园”发展目标，深化园所特色建设，推进内涵发展。幼儿园在“不同层次、分层培养”的基础上，采用园级教研、班组教研和领域教研相结合的形式，在“发现问题—设计方案—解决问题—改善实践”的过程中建设智慧型教师团队。实施“聪明教育”，开展珠心算、少儿武术、经典诵读、儿童创意绘画等多元课程的探索与实施，开展“书香溢满园，阅读伴成长”主题系列活动，各班级制定阅读计划，在一日活动中渗透阅读教育，开展说新闻、听诗歌、讲故事、图书漂流等活动，整理出版《园本经典诵读》，倡导亲子共读，向家长推荐图书并发放《亲子阅读记录表》，组织“我爱阅读”奖评选活动。大班组武术操《醉拳》、中班组武术操《功夫小子》获得北京市第14届少儿武术（散打）比赛一等奖，幼儿园获最佳组织奖。

（杨红宇　杨静）

北京市密云区第四幼儿园

2017年，北京市密云区第四幼儿园为教育部门办园类别，日托制。占地面积7544平方米，校舍建筑面积4578平方米。全年教育经费投入1628.56万元。固定资产1821.03万元。图书室藏书1万册。拥有早阅室、美劳室和玩具图书馆等专用教室4个，普通教室16个。计算机53台，多媒体教室1个。学校信息化经费投入49万元，校园网出口总带宽1000Mbps，数字资源量100GB。教职工82人，包括教师68人，均为专科以上学历，高级教师5人、一级教师20人、二级教师25人。保健员4人，包括专科以上学历2人、中级职称3人。开设16个教学班，其中，小班6个、中班5个、大班5个。幼儿入园210人、离园155人、在园521人。

2017年，幼儿园以“党建工作有特色、队伍建设显品质、课程建设出成果、家园共育促发展、后勤工作显新意”为目标，发展幼儿的核心素养。开展法律法规学习，每月一测，使学习成为常态；开展“骨干教师半日评优”和“新教师半日过关”活动，帮助教师尽快成长；按照幼儿园生态健康课程网络图，结合幼儿园师资和课程实施现状，从幼儿发展目标与关键经验、主题活动、领域活动三个方面梳理小中大班课程；开展家访活动，提高家园共育效果；完善后勤各岗位职责，扎实推进安全工作。

（吴春雪）

北京市密云区第六幼儿园

2017年，北京市密云区第六幼儿园为教育部门办园类别，日托制。占地面积4311平方米，校舍建筑面积3031平方米。全年教育经费投入1224.01万元。固定资产总值635.20万元。图书室藏书9340册。建有舞蹈教室、玩具图书室和教师备课室3个专用教室，普通教室12个。计算机42台，校园网出口总带宽100Mbps，数字资源量481GB。教职工59人，包括教师43人，均为专科以上学历，中级以上职称 17 人；保健医 4 人，均为专科以上学历、中级以上职称。开设 12 个教学班，其中，小班 4 个、中班 4 个、大班 4 个。幼儿入园 127 人、离园 66 人、在园 373 人。

2017 年，幼儿园围绕"为幼儿一生发展打好基础"的办园宗旨，坚持"健身、育心、启智、养成"的办园理念和"科学办园、人文治园、特色立园、科研兴园"办园思路，开展好各项工作。坚持以"以目标激励人、以课程发展人、以培训提升人、以展示激励人"的管理机制，构建层次化、结构化、系统化的课程体系和教师培训体系，以"外出参观、现场诊断、问题探究、情境参与、专题讲座、现场观摩、研训互动、师徒结对"的培训方式助力教师专业发展。打造戏剧表演特色课程，举办第一届戏剧节，为幼儿提供展示自我的平台。依托"十三五"科研课题，提高教师的科研水平，促进幼儿个性发展。继续开展"在区域活动中支持幼儿'哇时刻'出现的策略研究"工作。开展家长助教工作，使家长成为幼儿园的协作者、支持者、教育者。拓展早教活动途径，提高覆盖率，以向阳西社区早教活动站为中心，辐射周边 4 个社区，开展多种形式的早教活动，指导家长科学的育儿方法，最大限度地满足社区幼儿和家长的需求。加强安全教育工作，开展安全情景剧表演和安全教育；组织"护苗行动"家长志愿者活动，调动家长参与幼儿园的安全管理。

（李琪）

北京市延庆区第一幼儿园

4 月，延庆一幼举办读书周幼儿实践体验活动

（延庆区第一幼儿园　供）

2017 年，北京市延庆区第一幼儿园为教育部门办园类别，日托制。占地面积 0.35 万平方米，校舍建筑面积 0.50 万平方米。全年教育经费投入 1639.30 万元。固定资产 638.20 万元。图书室藏书 1.19 万册。拥有木工坊、幼儿艺术室和社会体验馆等 5 个专用教室，普通教室 17 个。计算机 87 台，信息化经费投入 21.30 万元，校园网出口总带宽 100Mbps，数字资源量 100GB。教师 79 人，包括专科以上学历 78 人、中级以上职称 21 人、北京市骨干教师 2 人、延庆区骨干教师 15 人。保健员 4 人，均为专科以上学历，包括中级以上职称 3 人。开设 17 个教学班，其中，小班 8 个、中班 5 个、大班 4 个。幼儿入园 246 人、离园 176 人、在园 530 人。网址：yqyy.yqedu.com.cn。

2017 年，幼儿园建园 60 周年。教师自主创新开展主题实践体验课程，支持幼儿自主快乐发展，各班级围绕建园 60 年展示活动，开展"回来吧，老师！""我们都是一幼毕业生""我为幼儿园做生日蛋糕"等系列园本主题实践体验活动；幼儿园创设美术体验馆、木工体验馆、语言体验馆、社会体验馆、音乐体验馆，包括 20 个游戏区；开展幼儿视角下游戏实践研究、领域教学研究、基本功系列培训等业务活动。

（张俊燕）

北京市延庆区第二幼儿园

2017 年，北京市延庆区第二幼儿园为教育部门办园类别，日托制。占地面积 0.36 万平方米，校舍建筑面积 0.55 万平方米。全年教育经费投入 1697.50 万元。固定资产 1348.70 万元。图书室藏书 4.90 万册，包括电子图书 2.80 万册。拥有舞蹈室、艺术室和幼儿阅览室、教师阅览室 4 个专用教室，普通教室 15 个。计算机 91 台，学校信息化经费投入 52.30 万元，校园网出口总带宽 100Mbps，数字资源量 650GB。教职工 73 人，其中，教师 71 人，均为专科以上学历，包括中级以上职称 28 人、北京市骨干教师 1 人、北京市学科教学带头人 1 人、延庆区骨干教师 18 人;保健员 3 人，均为专科以上学历，包括中级以上职称 2 人。开设 15 个教学班，其中，小班 5 个、中班 5 个、大班 5 个。幼儿入园 188 人、离园 156 人、在园 556 人。网址：www.yq2y.com。

2017 年，幼儿园以"快乐发展"为办园理念，以"一切为了孩子的幸福人生"为办园宗旨，构建"雁文化"管理体系:聚焦"园所、党员、干部、教师、幼儿、家长、环境、管理"八大具体文化，树立幼儿园品牌；"雁序"管理模式打造"头雁领航、飞雁展翅、雏雁紧跟"的教师梯队；在园本课程研究中以自主性教育为突破，开发幼小衔接特色课程、艺术特色课程，促进师幼快乐成长。

（曹怀秀）

北京市延庆区第三幼儿园

2017 年，北京市延庆区第三幼儿园为教育部门办园类别，日托制。占地面积 0.52 万平方米，校舍建筑面积 0.54 万平方米。全年教育经费投入 1692 万元。固定资产 614.51 万元。图书室藏书 3.41 万册，包括电子图书 2.80 万册。拥有阅读、建构和舞蹈 3 个专用教室，普通教室 19 个。计算机 116 台。学校信息化经费投入 33.29 万元，校园网出口总带宽 350Mbps，数字资源量 620GB。专任教师 74 人，均为专科以上学历，包括中级以上职称 24 人、北京市骨干教师 1 人、北京市学科教学带头人 1 人、延庆区骨干教师 9 人。保健员 4 人，均为专科以上学历、中级以上职称。开设 19 个教学班，其中，小班 7 个、中班 7 个、大班 5 个。幼儿入园 251 人、离园 170 人、在园 681 人。

2017 年，幼儿园围绕幸福文化建设核心，持续深化“润泽心灵、承载幸福”办园理念。开展规章制度讨论和管理规范职责讨论，明确“园长—副园长—主任—副主任—教研组长—班组长—教师”的分层管理路径，将幸福文化内化为实际行动。加强教师队伍建设，开展师德建设，严抓常态考核、执行师德一票否决；通过月班级成果展示交流、入班督导等方式加强教师日常管理，至年底教师 242 人次参加各级各类培训。促进幼儿主动学习发展，推进“真实践”主题课程，开展“走进图书馆”“秋游野鸭湖”等幼儿实践活动 76 次。加强阳光体育运动，改建 700 余平方米幼儿户外游戏场地，三个年龄组分时段使用操场；充分利用楼道、多功能室空间，开发小型器械、桌椅等生活材料的运动价值，使幼儿在极端天气也能锻炼。

（刘胤）

北京市燕山幼儿园

4 月 14 日，燕山幼儿园开展“绿色幼苗小社团”活动中的“足球达人”社团活动　（燕山幼儿园　供）

2017 年，北京市燕山幼儿园为教育部门办园类别，日托制。幼儿园占地面积 3367 平方米、校舍建筑面积 1640 平方米。全年教育经费投入 973.03 万元，均为国家拨款。固定资产 919.19 万元。图书室藏书 3000 册。设有幼儿手工艺坊专用教室，普通教室 7 个。拥有交互式触摸电视 12 台、台式计算机 21 台、便携式计算机 8 台、平板电脑 38 台，校园网出口总带宽 20Mbps，数字资源量 9GB。教职工 36 人，均为专科以上学历，包括教师 16 人、保健员 2 人、中级以上职称 18 人。开设 7 个教学班，其中，小班 3 个、中班 3 个、大班 1 个。幼儿入园 100 人、离园 23 人、在园 217 人。

2017 年，燕山幼儿园开展教师培训及展示评比活动 60 余次，教师全部参加培训；贯彻绿色教育理念，以传统节日与主题日作为切入点，开展“制作重阳糕”“指北针亲子识图活动”“六一”亲子游等活动；实施“绿色幼苗小社团”课程，借用家长和社区资源，创新园本课程。

（任慧姣）

北京市房山区燕山阳光幼儿园

2017 年，北京市房山区燕山阳光幼儿园为教育部门办园类别，日托制。幼儿园占地面积 6675.11 平方米，校舍建筑面积 3303 平方米。全年教育经费投入 67.80 万元，全部为国家拨款。固定资产 1096.70 万元。图书室藏书 3759 册，包括电子图书 30 册。计算机 33 台，信息化经费投入 21.91 万元，校园网出口总带宽 20Mbps。拥有多功能厅、木工坊和绘本教室等专用教室 6 个，普通教室 9 个，教室内设有计算机和投影仪等设备。教职工 44 人，包括专任教师 32 人，均为专科以上学历，中级以上职称上 15 人；保健员 3 人，均为专科以上学历、中级以上职称。开设 9 个教学班，其中，小班 4 个、中班 3 个、大班 2 个。幼儿入园 132 人、离园 85 人、在园 292 人。

2017 年，燕山阳光幼儿园被评为北京市示范幼儿园。幼儿园以健康基地为依托，引进轮滑项目和篮球项目；开展“三走进”教研活动：走进班级看环境创设、走进区域看幼儿活动、走进课堂实地研究；推进幼儿“每月一节”主题活动，融入传统文化教育；持续推进阳光木工坊活动，园本课程教材《快乐的小木工——幼儿园园本课程木工坊案例》由首都师范大学出版社出版。

（李秀丽）

北京市房山区燕山小天使幼儿园

2017 年，北京市房山区燕山小天使幼儿园为教育部门办园类别，日托制。幼儿园占地面积 4700 平方米、校舍建筑面积 3601 平方米。固定资产总值 395.03 万元。图书室藏书 2900 册。拥有多功能厅、生活体验馆和大美堂 3 个专用教室，普通教室 10 个。台式计算机 15 台，便携式计算机 13 台。教职工 35 人，包括教师 22 人（含专科以上学历 21 人、中级以上职称 9 人）；保健员 3 人，均为专科以上学历、中级以上职称。开设 10 个教学班，其中，小班 4 个、中班 3 个、大班 3 个。幼儿入园 120 人、离园 108 人、在园 320 人。

幼儿园立足“以美育美、和谐发展”的办园理念，明确“生活立美、活动育美、环境蕴美、师幼和美”的办园目标和“体魄健美、心智合美”的阳光天使育人目标，晋升为北京市示范幼儿园；开展环境文化建设、“六一”亲子游园活动、师德建设等活动，寓美于教，探索艺教融合之美的课程框架。

（雷海霞）

（本栏责任编辑　王永刚）

小学教育

中学教育

特殊教育

民族教育

2018 | 基础教育

ELEMENTARY EDUCATION

- 扩增优质教育资源
- 坚持实践育人
- 城乡义务教育一体化发展
- 义务教育保障责任强化
- 推进高中多样化特色发展
- 筹建人大附中通州学校
- 基础教育质量提升支持计划启动

ELEMENTARY EDUCATION
基础教育

综述

概述

2017 年，北京市有小学 984 所（与上年持平）。毕业 125938 人、招生 157559 人、在校生 875849 人。教职工 60904 人，专任教师 53782 人。学校占地面积 1439.72 万平方米，校舍建筑面积 727.19 万平方米。固定资产总值 201.20 亿元，其中，仪器设备资产值 73.13 亿元。

北京市有普通中学 649 所（比上年增加 3 所），其中，高中 304 所（比上年减少 1 所）、初中 345 所（比上年增加 4 所）。初中毕业 82433 人、招生 103263 人、在校生 266404 人；高中毕业 49685 人、招生 53755 人、在校生 163977 人。教职工 86966 人（比上年增加 1614 人），专任教师 66635 人（比上年增加 2086 人）。占地面积 2463.94 万平方米，校舍建筑面积 1409.06 万平方米。固定资产总值 360.57 亿元，其中，仪器设备资产值 99.29 亿元。

北京市有民族学校 39 所，其中，中学 7 所、小学 32 所。在校生 25798 人，包括少数民族学生 7222 人。教职工 2590 人，包括少数民族教职工 408 人；专任教师 2227 人。民族中学分布在西城、朝阳、海淀、门头沟、通州、大兴 6 个区，民族小学分布在东城、西城、朝阳、海淀、昌平、通州、顺义、大兴、房山、怀柔、密云、延庆 12 个区。内地新疆高中班办班学校 11 所，在校生 4386 人；内地西藏班（校）5 个（所），在校生 1362 人；内地青海班办班学校 5 所，在校生 732 人。

北京市教育部门所属市级特殊教育中心 1 个、区级特殊教育中心 15 个、特殊教育学校 19 所，接收残疾学生就读普通学校（园）1017 所，其中，幼儿园 61 所（公办园 49 所、民办园 12 所），小学 544 所，初中 188 所，高中 20 所，完全中学 95 所，九年一贯制学校 70 所，十二年一贯制学校 31 所，职业高中 8 所。8 所接收残疾学生就读的普通学校（园）设有特教班，其中，幼儿园 1 所、小学 7 所。毕业 1737 人（特殊教育学校 425 人、普通学校 1312 人），招生 1143 人（特殊教育学校 422 人、普通学校 721 人），在读残疾学生 7418 人，其中，19 所特殊教育学校在读学生 2512 人、在普通学校（园）随班就读或附设特教班就读学生 4419 人、送教上门学生 487 人。特殊教育学校和普通学校（园）共有服务特殊教育学生的教师 23468 人，其中，特殊教育学校 1205 人（专任教师 985 人），普通学校（园）随班就读教师、特教班教师、资源教师组成融合教育教师 22263 人；15 个区共有巡回指导教师 110 人；为重度残疾学生提供送教上门服务教师 311 人。

（张琳　陆小红）

扩增优质教育资源

2017 年，市教委持续扩增优质教育资源。启动实施第二阶段扩优改革，研究制定 3 个项目管理办法。26 所高校支持 8 个区 56 所学校发展，建立首师大附属学校联盟、高校附中附小联盟；市、区两级 21 个教科研部门支持 41 所学校发展，走进东城、昌平、延庆等区开展调研和召开现场会；通过公开招标吸收 20 家民办教育机构，支持 11 个区 105 所学校发展；通过高校和直属单位渠道，并通过公开招标引入 5 家社会力量，帮助中小学引进外籍教师，外籍教师到岗 81 人，完成 1 轮外籍教师教学质量评估和 2 次外籍教师项目培训。

（徐志芳）

教育综合改革和管理模式创新

2017 年，市教委继续推进教育综合改革和管理模式创新，深化学区制改革、集团化办学和九年一贯制办学。完成全市学区制改革、集团化办学现状调研，形成 3 个专题调研报告和典型经验案例集，完成《1-9 年级育人目标》编

社会主义核心价值观教育“四个一”活动——参加天安门广场升旗仪式 （学生活动中心 供）

一体化有关工作任务分解方案》，明确任务分工和完成时限，强化责任落实；通过市级扩优改革项目倾斜、农村教育质量提升项目促进郊区优质资源整合和教育质量提升；开展全市城乡一体化现状调研和改进策略研究。研究制订并启动实施《通州区基础教育质量提升支持计划（2017-2020年）》；结合处室职能和通州发展需求，开展通州专班工作，通过高校办附中附小等市级扩优改革项目，支持通州区20所学校发展；协调海淀区教委、区教育科学研究院，对口支持通州区整体推进全区中小学管理标准化建设；协调东城、西城、朝阳、丰台等区31所优质学校对接通州区31所学校，开展一对一“手拉手”支持活动。

（徐志芳）

制。走进东城、西城、朝阳等区召开现场会；以“深化教育体制机制改革，促进义务教育优质均衡发展”为主题召开北京市学区制管理和集团化办学工作推进会，总结交流、宣传推广各区改革成功经验。全市学区制管理、集团化办学、九年一贯制办学普遍推开，共有学区131个、教育集团158个、九年一贯制学校115所。

（徐志芳）

坚持实践育人

2017年，市教委坚持实践育人，进一步改进育人方式。通过加强统筹指导、丰富活动资源及活动内容、完善管理平台等举措，引导更多学生投入到实践活动中。发布《关于初中学生参加综合社会实践活动、开放性科学实践活动特殊情况处理的通知（征求意见稿）》，首次采用人脸识别签到、全程视频直播等措施实时监控活动情况，市级组建200余人督查队使用APP实时督查，每个项目每学期至少接受3次市级和3次区级督查。选定121家单位为第六批中小学生社会大课堂资源单位，市级社会大课堂资源单位增至749家；完成教育部中小学研学实践教育基地和营地的遴选、评审、上报工作，上报基地20个、营地1个；市级学农项目覆盖93所试点学校，参与学生比上年增加0.70万人，达到2.30万人；组织5个生态涵养区21所学校32批次1355名学生到城区优质学校游学；组织23万人参观“砥砺奋进的五年”大型成就展；依托社会大课堂组织开展“博物馆之春”“我和专家去游学”等特色活动。完成北京市社会实践活动管理服务平台——综合社会实践活动界面改版升级；继续优化北京市中小学生社会大课堂管理平台。

（冯雪　赵以文）

城乡义务教育一体化发展

2017年，市教委加快推进城乡义务教育一体化发展并倾斜支持北京城市副中心教育发展。印发《城乡义务教育

义务教育保障责任强化

2017年，市教委强化义务教育保障责任。巩固义务教育免试就近入学成果，统一取消推优入学，各区特长生比例降至4%以内，公办初中全部参加派位，首次明确实行单校划片和多校划片相结合，首次统一使用市级小升初派位系统，全市小学、初中就近入学比例分别达到99%以上和95%以上。聚焦农村义务教育，调研走访10个郊区300余所农村学校，建立农村义务教育学校数据库；完成121所农村寄宿制学校和37所小规模学校摸底统计工作；实施农村学校质量提升计划，委托首都师范大学建立专家团队，面向5个区30所种子学校，制订实施行动改进方案。整治非法办学，印发《关于做好2017年未经审批随迁子女自办校治理工作通知》，整治10所未经审批自办校（取缔8所、审批2所），全市未经审批自办校下降至60所；完成2017年全市随迁子女接受义务教育基本情况数据更新。保障困境儿童和留守儿童入学，启动留守儿童专项调研，调查核准10个远郊区67所中小学167名学生基本信息；开展留守儿童暑期专项工作，对10名留守儿童及其所在学校进行重点指导；开展专门学校专项调研。做好义务教育控辍保学工作，完成全市义务教育学校“底线达标”专项检查工作；提出义务教育控辍保学工作重点（流动人口就读学生学籍接转、义务教育阶段学生出国留学信息管理、两类儿童教育保障）。

（王蕤　赵以文）

办好特殊教育

2017年，市教委着力办好特殊教育。调整特殊教育教研体系，撤销北京市特殊教育师资培训中心，在北京教育

科学研究院成立北京市特殊教育研究指导中心；启动义务教育阶段残疾学生服务实体试点，建设示范性学区融合教育资源中心和市级示范性教育康复基地。

（赵以文）

推进民族教育

2017 年，市教委继续推进民族教育发展。印发《关于进一步加快发展民族教育工作的意见》，召开民族团结教育经验交流会暨第三批民族团结教育示范学校颁牌仪式，举办民族团结教育嘉年华活动，推进民族团结教育在中小学校全覆盖；组织内地民族班开展交流研讨和课题研究，组织新疆班学生开展“民族团结一家亲”演讲比赛和“知党恩 爱祖国 爱家乡——民族团结一家亲”征文活动，提高内地民族班教育管理服务水平。

（赵以文）

2 月 25 日，市教委举办内高班“民族团结一家亲”演讲比赛（市民族教育学会 供）

远郊区学生到城区游学

2017 年，市教委组织开展远郊区学生到城区游学活动。活动安排北京市广渠门中学、中国人民大学附属中学朝阳学校、中国科学院附属实验学校、北京市第二十中学、北京市海淀区实验中学、北京市第十二中学科丰校区、北京市第十八中学、北京京源学校、北京市第九中学初中部 9 所城区优质校，承接来自门头沟、密云、怀柔、平谷、延庆 5 个远郊区 21 所学校的 32 批次 1355 名学生游学，并要求各校形成工作简报和总结，关注学生学习体验成果。

（冯雪）

继续加强优势教育资源统筹

2017 年，市教委继续加大统筹力度，在优势资源精准供给、促进教育供应方面实现重大突破。持续加大优质高中招生计划精准投放力度，六类市级统筹招生计划指标 5029 个，一般公办初中升入优质高中比例达到 45%。市级统筹教师队伍建设取得新突破，协调市编办一次性下达 2017 年和 2018 年市级统筹教师编制 465 个。中小学教师专项绩效奖励更加突出导向作用，确立奖励重点向各校跨区派驻人员和法人校长倾斜原则，完善 2017 年北京市中小学教师专项绩效奖励分配方案。

（张琳）

推进高中多样化特色发展

2017 年，市教委印发《北京市推进普通高中多样化发展行动计划》，对现有三类高中实行分类指导。具体内容有，支持优质高中通过放开自主招生权限、提高优质课程资源供给和经费自主权等形式继续保持发展优势；支持 30 所左右完全中学（集团）通过校内、集团内直升，打通初高中学段限制，实行先统后放，由硬链接逐步融合为软纽带，快速提升教育质量，提高学校吸引力；在人文、科技、艺术、体育等领域建设 30 所左右学科优势明显、办学特色鲜明的精品特色一般高中；在农村地区建设 20 所左右综合高中，继续做好贯通培养项目;支持民办高中差异化、特色化发展，为学生提供多样化选择，满足个性化教育需求；支持远郊区现有优质高中发展；支持 10 所新建优质高中发展。

（张琳）

义务教育课程工作会

1 月 10 日，北京市义务教育课程工作会在北京市石景山区爱乐实验小学召开。爱乐实验小学现场展示语文、数学、品德与社会等学科课程 10 节，教师将国家课程、地方课程、校本课程与传统文化有机整合，开拓学生学习思维；该校校长代表区域和学校作《学校课程一体化建设与课堂实践——基于爱乐‘六艺’主线 融合三级课程 突出整体育人》主题发言。北京教育科学研究院、石景山区教委相关领导等近 200 人参加会议。

（刘靖）

西城房山两区教委签约合作

1 月 17 日，房山区教委与西城区教委教育合作签约。根据协议，双方深化北京市第四中学房山校区一体化办学，进一步扩建四中房山校区，扩大招生规模，扩展学段；扩展北京市育才学校岳各庄分校合作领域，以育才学校岳各庄分校为龙头，将韩村河地区的北京市房山区韩村河中学、北京市房山区韩村河镇韩村河中心小学、北京市房山区韩村河镇五侯中心小学联合成立韩村河学区，依托北京市育才教育集团优质资源，按照原有支持方式，增加小学学段；保持北京市第三十五中学葫芦垡分校、北京市铁路第二中学加州水郡长阳分校的支持力度，以原有合作为基础，结合学校实际情况继续合作。

（杨海蓉）

基础教育工作会议

2 月 23 日至 24 日，北京市召开基础教育工作会议。会议从基础教育综合改革、课程教学改革、教育人事制度改革、基础教育对外开放、基础教育优质均衡5个方面总结2016年首都基础教育工作，并部署2017年工作。市教委各分管领导按照2017年总体工作部署，结合会议分组讨论情况，就分管工作作出具体部署。市领导充分肯定首都教育取得的成绩，并强调各相关单位要以更积极的态度、更过硬的作风推动教育改革发展。此次会议首次采用电视电话会议形式，在全市各区设立分会场并同步进行现场直播。

（孙晓楠）

第七届书香燕京阅读指导活动

3月20日，第七届“书香燕京——北京市中小学阅读指导活动”启动仪式暨《中外文化文学经典系列丛书——专题赏析》新书首发式在北京市第三十五中学举行。活动历时7个月，开展6期图书馆沙龙活动和1次市级馆际交流学习活动，中小学图书馆馆长、馆员100人次参与沙龙学习。活动以征文为主，征文活动主题为“我爱中国传统文化”，设小学组、初中组、高中组和教师组，另设最美书写奖和书签设计奖，征集到16个区及燕山地区516所中小学师生征文126616篇、书签5784套、校园风采展示宣传片57部。经专家组评选，评出征文一等奖1646篇、二等奖4433篇、三等奖8062篇；区组织先进单位15个，区组织先进个人59人；学校组织先进单位266个，学校组织先进个人586人，优秀辅导教师1601人；区级突出贡献奖6个，学校组织突出贡献奖70个；书香校园风采奖17个。

（陆小红　赵文强）

九年一贯制学校发展论坛

3月30日，北京市九年一贯制学校发展论坛在北京师范大学三帆中学朝阳学校举行。论坛以“立足学生身心发展需求，提升九年一贯育人质量”为主题，研讨九年一贯制办学的育人目标、课程建设、学校管理、教师发展、评价体系等关键问题。活动中，北师大三帆中学朝阳学校展示校园文化和课程建设，分享学校在系统性和多元化的课程构建、整体育人的课程实施和课程评价方式变革等方面的成果及经验。各区教委相关负责人和全市九年一贯制学校校长180余人参加活动。

（郑艳　胡可）

3月30日，九年一贯制学校发展论坛——课程建设展示

（新闻中心　供）

3所中小学与北京教科院签约合作

4月20日，北京教育科学研究院与北京市怀柔区实验小学、北京市怀柔区雁栖学校、北京市昌平区七里渠中心小学签署合作协议，并为3所学校颁发“北京教育科学研究院实验学校”牌匾。协议规定，北京教科院基础教育研究所在科研室建设、教育教学科研课题研究进展辅导、教育科研论文撰写指导等方面为实验学校提供服务与帮助。促进学校发展的具体服务有，每学期组织实验学校教师2人次参加北京教科院基础教育研究所组织的学术活动、每学年组织2次面向教师的科研普及活动、每月组织专家到实验学校参加1次教育科研活动。

（线金秋　吕永梅）

4月20日，北京教科院基础所与3所实验学校签约

（怀柔区教委　供）

区域优质教育资源整合模式丰台现场会

4月20日，市教委主办的北京市区域优质教育资源整合模式丰台现场会在北京市第十二中学召开。会议以“集团发展、集群共享”为主题，全面总结和展示交流丰台区集团化办学和集群发展的经验和做法，深入探讨集团化办学中的理论与实践问题，积极探索符合区域实际的优质教育资源整合模式。丰台区教委作《教育集团集群发展》专题报告，十二中教育集团、丰台五小教育集团、方庄教育集群、卢沟桥教育集群作典型发言。活动通过图片展板、书面材料等形式，全面展示“十二五”以来区域在推进教育集群和集团化发展中的主要做法和经验。会议由清华大学教育

研究院、北京教育学院协办，丰台区教委承办，市教委各有关处室、16 个区和燕山地区教委相关负责人，各区参与集团化办学的学校校长共 400 人参加会议。至年底，丰台区完成全区 8 个教育集群的调整划分，形成 17 个教育集团，实现区域集群集团全覆盖。集团发展和集群共享成为丰台区教育发展改革的特色。

（余琴）

中小学装备管理人员业务培训

4 月至 11 月，市教委举办中小学装备管理人员业务培训。举办北京市中小学实验室危化品安全管理专项培训 7 期，全市 520 所中小学主管行政后勤的副校长、学科教师及实验员 1000 人参加培训；举办北京市中小学图书馆员培训班 1 期，中小学图书管理人员 240 人参加培训。培训由北京市教育技术设备中心承办。

（陆小红）

青少年科技创新“雏鹰计划”探究体验活动亮相

5 月 23 日，“北京青少年科技创新‘雏鹰计划’探究体验”活动亮相 2017 年全国科技活动周暨北京科技周主场最具创意活动。中国科学院软件所、中国社会科学院欧洲研究所、北京化工大学等 12 家单位，被北京科学技术开发交流中心、北京青少年科技创新学院办公室联合授予首批“雏鹰科学实践基地”称号。各项目团队创新体验形式，现场展示项目成果，包括中科院软件所“人机交互”、化大“骨胶原护手的奥秘”、北京市中医研究所“芦荟凝胶的制作”等。

（朱娜）

第九届翱翔科学论坛

6 月 20 日，由北京教育科学研究院、北京青少年科技创新学院联合主办的第九届北京青少年翱翔科学论坛闭幕式暨物理与地球科学领域论坛闭幕式在北京师范大学良乡附属中学举行，92 名学员在 10 个分论坛上交流汇报探究作品 77 篇。第九届翱翔科学论坛设置 4 个分论坛，分别为人文与社会科学领域论坛、化学与生命科学领域论坛、数学与信息科学领域论坛、物理与地球科学领域论坛。第九批翱翔学员经过前期“学生评价、导师评价、基地评价”后，由评审专家对其探究作品和学习过程性记录进行网上评价，最终被推荐到分论坛与专家和师生们面对面交流汇报。6 月 14 日，人文与社会科学领域论坛在北京市第十八中学举行，49 名学员交流汇报探究作品 43 篇。相关专家、领导、教师及学员代表、媒体等近 200 人参加活动。6 月 15 日，化学与生命科学领域分论坛在北京市第八中学举行，102 名学员分别在 10 个分论坛上交流汇报探究作品 89 篇。相关专家、领导、教师及学员代表、媒体等近 400 人参加活动。6 月 16 日，数学与信息科学领域论坛在北京市第二十二中学举行，65 名学员分别在 8 个分论坛上交流汇报探究作品 52 篇。相关专家、领导、教师及学员代表、媒体等近 180 人参加活动。

（朱娜　李银姬　高颖）

朝阳东城两区教委签约合作

6 月 21 日，朝阳区教委与东城区教委签署合作协议。根据协议，双方合作建设北京市第五中学朝阳双合分校和北京市第一七一中学朝阳豆各庄分校。五中朝阳双合分校在北京工业大学附属中学双合校区基础上举办，学校隶属于朝阳区教委，由五中承办，朝阳区教委负责校园、校舍及基础设施建设。一七一中朝阳豆各庄分校为东城区住宅发展中心开发建设的朝阳区豆各庄东城区旧城人口疏散定向安置用房项目配套完全中学，学校隶属于朝阳区教委，由一七一中承办，朝阳区教委负责校园、校舍及基础设施建设。

（李景）

百名安全生产专家服务进学校

6 月 23 日，市教委印发《关于开展 2017 年“百名安全生产专家服务进学校”活动的通知》。活动持续两个半个月，联合市安监局对东城等 6 个城区开展“安全专家走进实验室”活动。从制度建设、管理、落实情况，人员配备情况；设施用电安全和消防安全；危险化学药品的使用、储存和废弃化学药品处置及排风设施 3 个方面对初高中学校理化生实验室和通用技术教室开展安全隐患检查。充分发挥注册安全工程师事务所等社会中介组织和安全生产专家服务学校的作用，深入学校实验室排查安全隐患。聘请安全专家 192 人次，服务学校 50 所，对 200 间理化生及通用技术实验室、120 个化学品存放场所进行检查，发现安全隐患 500 余项并提出落实整改意见，为 140 名专兼职实验员解答实验室日常运行和安全管理中的难题。活动由北京市教育技术设备中心联合北京市安全生产科学技术研究院推进落实。

（陆小红）

推进城乡义务教育一体化改革发展

7 月 22 日，市政府办公厅印发《关于进一步做好城乡义务教育一体化改革发展相关工作的通知》。该通知作为推进全市城乡义务教育一体化改革发展的统领性文件，就优化北京市城乡义务教育资源配置，加快缩小城乡义务教育发展差距，提出有效增加城镇地区学位供给、进一步改善城乡办学条件、不断完善农村地区师资保障机制、着力提升农村地区教育教学质量、稳步推进未审批自办校治理工作等重点任务。

（冯雪）

北京学生暑期英语夏令营

7 月至 8 月，市教委举办 2017BIEE 北京学生暑期英语夏令营。活动旨在适应中高考改革趋势，服务远郊区中小学开展英语教学改革，提高郊区中小学生英语听说能力、团队

11月7日，“寻找美丽活动”走进金海学校
（音像报刊总社 供）

教工委、区教委、区政府教育督导室主要负责人，各有关高校和直属单位负责人以及全市参与学区制改革和集团化办学的中小学校长代表共300人参加会议。2016年起，市教委积极推进学区制管理、集团化办学等区域扩优改革。至年底，北京市共有学区131个，覆盖12个区，1053所法人学校，占中小学总数的64.6%。平均每个学区规模为8所学校，学区在校生总数96.80万人，平均每个学区在校生7400人。北京市学区按组织机构性质可分为法人治理结构的学区与非法人治理结构的学区2类，按参与治理的主体划分为“共治型”和“自治型”2种。

（韩景毅）

协作能力、生活自理能力和跨文化理解能力，同时在课堂教育风格和教学方法方面为北京英语教师带来启发。活动共邀请102名外籍教师赴房山、通州、昌平、延庆、平谷5个区担任英语教师，受惠师生1600人次。活动由北京国际教育交流中心承办。

（冀津）

北京市中小学健康教育研究中心成立

9月21日，北京市中小学健康教育研究中心在北京教育学院揭牌成立，同时举办第一届北京市中小学健康教育论坛。该中心是从事北京市中小学健康教育教学研究和中小学健康教育师资培训的专门机构，致力于北京市中小学生健康素养提升和学校健康教育师资培训，建立北京市中小学生健康素养基础数据库，研制北京市中小学健康教育标准，为一线教师提供成体系、专业化的课程内容框架和学业质量标准。论坛号召全市各级主管部门、相关机构及学校，切实从中小学实际出发实现科研引领效应，促进北京市中小学健康教育的实施。

（石燕）

学区制管理和集团化办学工作推进会

10月11日，北京市召开学区制管理和集团化办学工作推进会。会议以“深化教育体制机制改革，促进义务教育优质均衡发展”为主题，听取学区制改革工作报告，肯定学区制管理和集团化办学等扩优改革工作，总结北京市学区制管理和集团化办学实效，分析学区制改革发展样态和现状，针对学区制管理问题，提出深化改革工作要求和具体举措。会议部署下一阶段首都基础教育改革工作。东城、海淀、大兴区教委，北京市朝阳区管庄学区、延庆区十一学校学区，北京市广渠门中学教育集团、北京市石景山区金顶街第二小学、北京小学教育集团，分别从区教委、学区和教育集团3个层面作大会交流。市委教工委、市教委、市政府教育督导室主要领导，16个区区委、区政府教育主管领导，各区委

基础教育质量提升支持计划启动

10月11日，市教委印发《通州区基础教育质量提升支持计划(2017-2020年)》，助力北京城市副中心基础教育内涵发展。市教委统筹在京高校、科研机构、社会力量和城区优质教育等各类资源，依托北京基础教育研究基地，建立支持通州基础教育改革发展智库，支持通州区推进教育体制机制创新，提升基础教育学校整体办学水平。市教委统筹协调北京第一实验小学等31所优质学校与通州区中小学建立手拉手关系，在课程资源、学科教研、教学管理、校本科研、德育工作等方面，对通州区学校开展“一对一”对口支持。该计划与已实施的教师素质提升计划共同构成通州区教育整体发展架构。

（李瑶）

中小学综合素质评价校长论坛和教师论坛

10月12日，北京教育科学研究院举办2017年中小学生综合素质评价校长论坛和教师论坛。论坛按学段分为小学和中学，在不同学段同时举行校长论坛和教师论坛。校长代表展示交流学校实施学生综合素质评价工作情况，教师代表就综合素质评价实践探索中的个人做法和思考作专题发言。各区教科所所长、研究员，部分学校领导、教师及深化中小学生综合素质评价改革项目全体成员900人参加论坛。

（吕晓丽）

寻找美丽活动

11月9日，北京教育音像报刊总社和北京市教育学会联合主办的寻找北京“美丽乡村学校、美丽乡村校长、美丽乡村教师”活动在北京市延庆区康庄中心小学启动。活动旨

在展示北京市在“优质、均衡、公平”教育理念下基础教育深综改的成果；展示北京公办乡村学校、幼儿园、特殊教育学校在政府高度重视并给予政策支持的基础上取得的成就；展示乡村学校校长、教师扎根农村，默默坚守，不断进取和奋斗的精神。市属10余家主流媒体和音像报刊总社各媒体深入北京乡村学校，以报纸、网站、微信公众号、视频等全媒体方式参与活动宣传报道。活动于9月开始面向全市乡镇及下属公办中小学、幼儿园、特殊教育学校征集典型事迹，截至10月底，征集到61所乡村学校、72名乡村校长、60名乡村教师的典型事迹。活动启动后陆续走访北京市大兴区金海学校、北京市顺义区木林中心小学和北京市顺义区赵全营中学3所学校。

（康悦　高天学）

推进教育信息化应用名校联盟启动

11月24日，全国12所学校联合启动“推进教育信息化应用名校联盟”。该联盟由中国人民大学附属中学、北京市第十二中学、合肥市第八中学、科大讯飞股份有限公司倡议，华东师范大学第二附属中学、东北师范大学附属中学等12所学校联合发起。联盟作为开放、合作、新型交流平台，将秉承“交流共享、协同互助”原则，实现联盟各成员单位在教育信息化教学、教研等环节深度交流、密切合作、资源共享，达到优势互补、强强联合的效果，引领全国课程、课堂改革，共创教育信息化应用新格局。

（赵海涛）

基础教育课程改革总结推进会

12月27日，市教委召开2016-2017学年度北京市基础教育课程改革总结推进会。会议以“深化课程改革，优化育人模式”为主题，听取基础教育课程改革总结报告，明确“十三五”首都基础教育发展主要方向、课程改革的重点任务和具体思路，研讨课程、教学、评价、管理、资源和教师队伍建设中存在的深层次问题。北京市十一学校、北京市第二中学、北京市朝阳区实验小学、北京市房山区岳各庄中学、西城区教育研修学院作交流发言。市政府、教育部教材局相关人员参加会议并讲话。各区政府教育主管领导，各区委教工委、区教委、区政府教育督导室主要负责人，市、区教科研部门负责人，中小学校长、教师代表500人参加会议。

（赵以文　武泽钰）

小学教育

昌平小学教育特色发展项目现场会

4月7日，昌平区教师进修学校、北京市昌平区大东流中心小学与北京师范大学“参与北京市小学教育特色发展”项目办公室联合举办项目现场会。会议以“携手发展、协同育人”为主题，观摩大东流中心小学4节绘本主题教育活动课。朝阳区教师研修学院教师作《绘本教育与教育喜剧元素的应用》讲座；北师大“高参小”项目育人组专家、昌平区教师进修学校副校长、大东流中心小学副校长分别作《协同育人促进发展》《把班主任放在德育队伍建设的正中央》《文化浸润，协同育人，赴任教育》专题报告。昌平区教委、区教师进修学校相关领导，北师大“高参小”育人组全体成员，昌平区各小学德育干部及优秀班主任代表80余人参加会议。

（安凯杰）

“京山杯”小学教育论坛

5月19日和11月17日，怀柔、平谷、房山、门头沟四区教委联合主办的第五届和第六届“京山杯”小学教育论坛分别在怀柔区和平谷区举行。第五届论坛以“中国学生发展核心素养”为主题，北京教育科学研究院专家作《厘清核心素养十大关系 开展课程变革实践》专题讲座；四区代表以分组论坛和集中论坛2种方式研讨“基于核心素养、学校办学理念、育人目标的再思考”“基于‘核心素养’的学校课程重构”“核心素养在学科教学中如何落地”等6个议题。市教委、中国好老师公益行动计划办公室、北京教科院课程中心相关负责人及四区教委领导、小学领导和教师共300人参加活动。第六届论坛以“师生阅读素养提升”为主题，北京教育学院专家作《学校阅读推进路径与策略》专题讲座；41名校长围绕“学校图书馆的建设”“教师阅读素养提升”“学生阅读活动的开展”等议题在5个分论坛交流经验；四区代表分别从师生阅读整体推进、课程建设、立足课堂等方面分享经验。北京市中小学校园阅读促进与推广项目成员及四区教委领导、校长和教学副校长共计300人参加活动。

（缐金秋　杨海芹　于立新）

西城小学精品学校联盟成立

10月10日，西城区教委小学精品学校联盟成立。精品学校联盟是学校为寻求更优质发展而进行的个体聚合，是学校互动的一种内涵式发展模式。该模式通过资源共享、文化互助、品牌共建等形式互动，激发学校办学活力，丰润学校品质内涵，实现区域内教育开放与融合。北京市西城区厂桥小学、北京师范大学京师附小、北京市西城区奋斗小学、北京市西城区展览路第一小学、北京市中古友谊小学、北京市西城区三里河第三小学、北京市西城区康乐里小学、北京市宣武回民小学9所学校为小学精品学校联盟校。

（贺颖）

“京城杯”小学课堂教学交流活动

11月14日至16日，北京市第12届“京城杯”小学课堂教学交流活动在北京景山学校远洋分校举办。活动以“聚焦学科核心素养，关注学生实际获得”为主题，设数学、英语、语文3个学科专场，每个学科推出4节优秀中青年教师课堂教学研讨课，2400余人次现场观摩活动。现场活动通过微信同步直播，现场和观看直播的教师可以进入讨论区与专家即时互动，达到交流、研讨、分享的活动目标。“京城杯”是由东城、西城、朝阳、海淀、丰台、石景山六城区共同主办的小学课堂教学交流活动，由六城区轮流承办。

（施爽）

小学生综合素质评价区域研讨活动

12月6日，丰台区、石景山区小学生综合素质评价区域研讨活动在北京市丰台区草桥小学举行。草桥小学通过4节研讨课及经验交流，展示课堂评价、即时评价、过程性评价和终结性评价等综合素质评价全过程。北京市教育督导与教育质量评价研究中心负责人肯定丰台区学生综合素质评价的实践研究与探索。丰台区教委相关科室负责人、石景山区骨干教师高研班学员、草桥小学综评管理团队共计40人参加活动。

（王庆润）

中学教育

大兴农村中学专项视导

3月15日，大兴区教师进修学校联合北京教育科学研究院开展农村中学专项视导。活动以“精准帮扶落实中考改革精神，体现核心素养实现教育均衡发展”为主题，听取北京市大兴区庞各庄中学、北京市大兴区礼贤民族中学初中语文、数学等15个学科26名教师的课堂教学，并分学科组织研讨交流活动。市、区教研员对授课教师的课堂准备、教案设计、教学基本素养等给予肯定，从教学资源选择、教学程序安排、具体教学方法运用等方面给予指导。市、区教研员，大兴区骨干教师和农村校领导代表共300人参加活动。

（逯秀滨）

东城中学选科排课研讨会

4月19日，东城区教委召开中学选科、排课研讨会。北京市第五中学、北京市第五十五中学、北京市第二中学分别介绍前期选科、排课工作。会议围绕新中高考背景下选科、排课的形势组织交流研讨，从育人目标、生源构成、硬件条件等方面剖析学校情况，对选课走班的形式、排课、走班排考、考勤管理等工作提出策略和建议；要求各校做好相应准备工作，提前规划，着手开展干部教师通识培训，共同迎接新中高考改革。东城区各中学教学副校长、教师代表80余人参加会议。

（邱玉　李银姬）

普通高中学生综合素质评价工作推进会

9月28日，市教委召开北京市普通高中学生综合素质评价工作推进会暨综合素质评价电子平台培训会。清华大学附属中学校长及其研发团队介绍北京市普通高中学生综合素质评价电子平台使用情况。根据市委市政府和教育部统一部署，北京市作为高考综合改革第二批试点省市，新学期开始2017级高一新生已进入高考综合改革实施阶段，2020年将首次按“两依据一参考”模式进行高考招生录取，高中学生综合素质评价将为高校招生录取提供重要参考。各区教委主管主任、中教科科长、教育信息中心主任和各优质高中校长、主管校长300余人参加会议。

（张延书）

高中课程改革深化研讨会

10月27日，市教委、北京教育科学研究院和中国人民大学附属中学联合召开高中课程改革深化研讨会。会议围绕“以人为本 多元开放 综合育人”主题，聚焦高考综合改革背景下学校课程建设的重点问题，探讨新时期高中教育的培养目标和改革趋势、满足学生多校化个性化学习需求与提升课程供给质量、聚焦学生学习发生过程与教学创新、学生发展指导与育人环境优化等问题。会议听取人大附中校长《立德树人·为国育才》主旨报告，观摩人大附中基础类、拓展类、特长类课堂教学。市教委、北京教科院、海淀区委教工委、海淀区教委相关负责人以及各区高中校长和课改负责人500人参加会议。

（周龙平）

高中课程改革培训

至年底，市教委开展普通高中课程方案和学科课程标准专题培训。全年培训近20场，所有高中14个学科任课教师及相关干部1.50万人次参加培训，实现高中教师先培训后上岗。

（张琳）

民族教育

内地民族班主管领导工作会

1月16日至17日，市教委召开内地民族班主管领导工作会。会议研讨交流内地民族班课题进展情况及民族班教育工作经验，汇报寒假学生活动工作安排及下一学期工作计划。市教委相关处室负责人、民族教育专家及17所内地民族班办班学校主管领导22人参加会议。

（陆小红）

内地新疆高中班演讲比赛

2月25日，北京市内地新疆高中班“民族团结一家亲”演讲比赛在北京师范大学良乡附属中学举行。来自11所内地新疆高中班办班学校的21名新疆少数民族学生和北京本地学生参加比赛。评出一等奖6人、二等奖7人、三等奖8人。市教委相关处室、北京市民族教育学会、房山区教委有关领导，内地新疆高中班办班学校参赛学生，内地新疆高中班师生代表300人参加活动。比赛由市教委主办，通过学生讲述发生在身边的感人事迹，挖掘内地新疆高中班涌现出的民族团结先进典型和发生在学生身边的民族团结好人好事。

（陆小红　王振清）

民族教育“十二五”教育科研总结表彰

3月9日，市教委召开北京市民族教育“十二五”教育科研总结表彰暨“十三五”民族教育科研规划和课题指南发布会。会议总结北京市民族中小学“十二五”期间开展教育科研课题研究的情况，表彰一等奖9项、二等奖10项、三等奖8项，颁布《北京市民族教育学会“十三五”教育研究规划课题指南》。市教委、市民委、北京市民族教育学会领导，市民族教育学会百所理事校领导和科研工作负责人220人参加大会。

（陆小红）

民族团结教育指导纲要专题培训

3月19日、5月26日、6月5日和11月22日，北京市民族教育学会受市教委委托，与各区教委合作分别在北京市昌平区城北中心小学、北京第二外国语学院附属中学瑞祥民族小学部、北京市大兴区庞各庄镇薛营回民小学、北京市顺义区后沙峪中心小学举办贯彻《学校民族团结教育指导纲要》专题培训。培训听取市民族教育学会专家解读指导纲要，参观城北中心小学、二外附中、后沙峪中心小学校园文化建设，观看师生民族文化项目展示，观摩数学、语文、品社、美术、班会等课程。城北中心小学、二外附中、后沙峪中心小学、北京市宣武回民小学、北京市海淀区双榆树中心小学等学校分别介绍民族团结教育经验。市教委、市民族教育学会、各区教委及区政府民宗侨办相关负责人，相关小学校长、主管干部、任课教师400人参加培训。

（陆小红　王振清）

爱我中华韵律操教练员培训

3月30日，北京市民族教育学会、北京市民族文化交流中心与中央民族大学共同举办“爱我中华”韵律操（中、小学版）教练员培训班。该项目由市教委立项、民大创编，北京市民族传统体育协会承办。全市中小学教师60余人参加培训。6月30日，市民委、市体育局、市教委联合举办北京市第12届民族健身操舞大赛总决赛，30支中小学队伍700名学生参赛。评出金奖10个、银奖8个、铜奖5个。

（王振清）

中小学民族团结教育嘉年华

4月22日，市教委、市民委、北京市民族教育学会联合举办“中华民族一家亲、同心共筑中国梦”北京市中小学民族团结教育嘉年华展示活动。活动全面展示北京市中小学开展民族团结教育成果。来自30所学校的2000名师生参加活动，20所中小学参加展台类展示，展出展板37块，涉及民族体育、民族工艺、手工制作、书法篆刻等项目；20所中小学组织学生参加民族歌舞展演。市教委、市民委相关处室负责人，市民族教育学会领导，参加全国内地新疆班专业委员会2017年年会的18个省市94所内地新疆班办班学校校长共计160人现场观看展示。

（陆小红　王振清）

36所学校入选第三批民族团结教育示范校

5月5日，市教委、市民委联合举办北京市中小学民族团结教育经验交流会暨第三批民族团结教育示范学校颁牌仪式。会议宣布认定36所中小学校为第三批北京市民族团结教育示范学校的决定并颁牌，5所第三批民族团结教育示范校交流民族团结教育经验。会议观摩北京市第七中学民族团结教育展示活动，并部署下一步中小学民族团结教育

4月22日，北京市中小学民族团结教育嘉年华展示活动
（市教委相关处室　供）

推进工作。市教委、市民委、市民族教育学会相关负责人，各区教委、区民委主管主任和科长，中小学校长代表近 200 人参加会议。2008 年，市教委和市民委联合启动北京市民族团结教育示范学校评选工作，至此，全市共评出 3 批 74 所民族团结教育示范校。

（陆小红　王振清）

5 月 5 日，市教委和市民委为第三批北京市民族团结教育示范学校颁牌　（市教委相关处室　供）

第三届“胜利杯”教学大赛

5 月 18 日，北京市民族教育学会召开北京市第三届“胜利杯”中学教师民族团结教育进课堂教学大赛总结表彰大会。会议表彰获奖教师 85 人，其中，一等奖 22 人、二等奖 24 人、三等奖 39 人。市教委、市民委领导及获奖教师代表 120 人参加会议。第三届“胜利杯”教学大赛于 2016 年 9 月 20 日启动，历时近 8 个月。比赛内容为民族团结教育“三种形态课”，即民族团结教育统编教材课、民族团结教育学科融入课和民族团结教育校本课程课，分初赛和复赛 2 个阶段。初赛收到来自全市 20 余所学校提交的有效课例视频 98 个，覆盖中学 14 个学科以及教育部民族团结教育统编教材和校本课程。复赛于 2017 年 3 月至 4 月举行，设置现场说课比赛和评委现场打分 2 个环节。该项比赛是贯彻落实“民族团结教育进课堂”的专项大赛，每 2 年举办 1 次。

（王振清　陆小红）

中小学生葫芦丝吹奏展演

5 月 28 日，北京市民族教育学会举办“丝韵京声”——北京市中小学生葫芦丝吹奏展演。经过评选，7 所学校获金奖、11 所学校获银奖、2 所学校获铜奖，7 人获优秀教师指导奖。比赛评委团由来自中国葫芦丝巴乌专业委员会、中国民族管弦乐学会专家委员会、女子十二乐坊等单位和团体的专家及演员组成。活动由市民族教育培训学校承办，全市 15 所中小学 200 余名学生参加展演。

（王振清）

加快发展民族教育工作的意见印发

8 月 17 日，市教委、市民委联合印发《关于进一步加快发展民族教育工作的意见》。文件从进一步明确新时期加快发展民族教育指导思想、基本原则和发展目标，打牢各民族师生中华民族共同体思想基础，全面提升各级各类民族教育水平，进一步强化内地民族班教育管理服务，认真落实民族教育发展保障机制，切实加强对民族教育工作的组织领导 6 个方面提出具体实施意见，全面谋划部署北京市民族教育工作。

（陆小红）

民族团结教育学科课堂教学评价标准研制中期研讨

9 月 14 日至 15 日，市教委召开北京市学校“民族团结教育学科课堂教学评价标准”研制中期研讨会。会上，中央民族大学专家作《关于学校民族团结教育的几点思考》专题讲座；北京市第十五中学、北京市东城区回民实验小学、北京市顺义区杨镇第一中学、北京市石景山区实验小学、北京市第五十六中学作交流发言；北京市民族教育学会副会长作会议总结。研制工作于 2016 年 7 月初启动，至此，中小学 24 个学科的民族团结教育学科课堂教学评价标准已形成初稿，研制工作取得阶段性成果。市教委、市民委相关处室负责人，市民族教育学会和全市各中小学的北京市特级教师、北京市骨干教师、北京市学科教学带头人及教研员代表 100 人参加会议。

（陆小红）

基础教育管理干部民族政策专题研修班

12 月 13 日至 15 日，市教委、市民委在中央民族干部学院联合举办北京市基础教育管理干部民族政策专题研修班。中央党校教授作《学习把握十九大精神》专题辅导报告，国家民委民族问题研究中心调研员作《民族工作的中国特色、中国精神和中国气派》专题讲座，中央社会主义学院民族与宗教研究室主任作《城市民族工作》专题讲座；市民委委员作《党校教育与党的民族宗教政策》专题报告，北京市民族教育学会会长作《学习十九大精神 推动城市民族教育工作深入开展》专题报告。16 个区及燕山教委主管民族教育工作的主任、科长，各区民宗办主管主任，内地民族班办班学校校长、主管校长，民族中小学（幼儿园）校（园）长和普通中小学校长代表 350 人参加培训。培训由市民族教育学会承办。

（陆小红　王振清）

特殊教育

丰台东城培智中心校签约合作

5 月 26 日，北京市丰台区培智中心学校与北京市东城区培智中心学校开展“牵手校”签约仪式暨首届“东丰杯”教育教学联合研讨活动。活动分为“牵手校”签约仪式、教学观摩、教育教学研讨和专家点评讲座四部分。根据协议，两校开展教学研究合作。活动观摩丰台培智中心校生活语文、运动康复课程；开展自主交往方面的教学研讨。丰台区教委特殊教育专职干部、丰台区教育科学研究院专家、东城区教师研修中心专家、北京市孤独症课题组特教同仁、东城培智中心校教研团队、丰台培智中心校全体教师 60 余人参加活动。

（卢均峰）

海淀召开融合教育国际研讨会

7 月 5 日，海淀区教委召开融合教育国际研讨会。研讨会围绕“融合 · 支持”主题，对不同国家和地区融合教育发展模式研究、课程规划、支持策略等问题进行分析和比较；并就融合教育支持保障体系、环境建设、支持策略和特殊学生的行为管理等议题开展探讨。主会场听取海淀区、澳大利亚和中国台湾融合教育发展历程和经验介绍，美国、英国专家分享融合教育教学经验。分会场分别围绕融合教育支持保障体系、融合教育环境建设 2 个议题开展研讨。来自美国、英国、俄罗斯、澳大利亚、日本以及中国的 30 余名融合教育专家，海淀区融合学校教师，部分高等院校特殊教育专业师生等 400 余人参加研讨会。海淀区建立以特殊教育研究与指导中心为指导、以融合教育为主体、以特殊教育学校为骨干、以送教上门等其他教育形式为补充的办学新格局，融合教育覆盖区内 134 所中小学，建有 84 间资源教室，并配有专兼职资源教师。

（宋亚甫）

7 月 5 日，海淀区教委召开融合教育国际研讨会
（海淀区教委 供）

西城顺义怀柔三区特教学校合作办学研讨会

11 月 28 日，西城、顺义、怀柔三区特殊教育学校合作办学研讨会在北京市怀柔区培智学校召开。北京市西城区培智中心学校、北京市顺义区特殊教育学校和怀柔培智学校校长分析交流各校基本情况、地域、师资等方面的优势和劣势，学校取得的成绩、经验以及学校未来发展方向。西城培智中心校作为牵头校强调，要准确把握特殊教育的特点，突出教师队伍建设，坚持教师定向发展，开展前期调研，为教师搭建交流平台，着力打造属于残疾学生的幸福教育。来自 3 所特殊教育学校的校长、副校长、主任 16 人参加会议。

（任海明）

特教教师专业发展体验式培训

至年底，市教委举办特殊教育教师专业发展体验式培训。培训采取全脱产方式，学员通过“一对一”跟班学习，融入到基地校各类教育教学活动中，有效发挥市级优质教育资源统筹优势，促进全市特殊教育干部教师队伍水平提升。全年举办 2 期，每期 15 周至 20 周，累计培训远郊区特殊教育学校骨干教师、教学管理干部 60 人。

（张琳）

4 个特教优质资源输出项目建立

至年底，市教委在城乡、区域特殊教育学校间建立 4 个特殊教育优质资源输出项目。项目为期 3 年，以北京市西城区培智中心学校、北京市东城区特殊教育学校、北京市朝阳区安华学校、北京市健翔学校为核心，与市区 13 所特殊教育学校分别组成办学联盟，从办学理念、师资培养、课程建设等多个方面促进特殊教育优质均衡发展。

（张琳）

小学选介

北京市东城区府学胡同小学

2017 年，北京市东城区府学胡同小学分三址办学，分别为府学校区、香饵校区和十四条校区，3 个校区总占地面积 2.10 万平方米、建筑面积 1.72 万平方米，运动场地面积 0.60 万平方米。图书馆藏书 10.26 万册。固定资产总值 7743.70 万元，全年教育经费投入 6349 万元。学校信息化经费投入 69 万元，拥有计算机 780 台，校园网出口总带宽 100Mbps，数字资源量 70GB，“信息技术”课程 0.5 课时 / 周。普通教室 76 个、专用教室 28 个。教职工 238 人，其中，高级职称 26 人、中级职称 124 人。专任教师 218 人，包括特级教师 3 人、北京市骨干教师 5 人、北京市学科教学带头人 1 人；本科及以上学历 207 人。开设教学班 76 个。毕业 478 人、招生 585 人、在校生 3133 人。

2017 年，学校以“共育共享”为路径努力促进学校价值最大化。开设府学国学苑课程、雏鹰科技学院课程、每周半日的学院日综合实践课程等。在增加学生课程选择性的基础上，进一步开发 2 套数学校本教材，《中国传统益智课程》分《明伦格物》《魁星点斗》和《学以大成》3 册 6 篇，以中国传统益智游戏为载体，从数学的角度加以分析和论证，提高学生综合数学素养；另一套《品味数学中的文化味》以教材中涉及的数学家、数学史和数学故事为素材进行拓展，强化数学背后的深层次内涵与拓展型外延内容。出版以教师、学生学科作品为主要内容的美术、书法、劳技等系列丛书。发挥优质教育辐射效应，与河北崇礼等地学校建立帮扶合作关系，接待全国各地教育同行到学校跟岗培训、学习交流。

发展“四团两社”，分别为金帆行进管乐团、合唱团、舞蹈团、美后民乐团和校园剧社、“府美摄”摄影社。深入落实“国际理解教育计划”，与以色列特拉维夫友好校通过视频课程、交流互访等方式加强沟通，搭建更加广阔的国际教育平台，并利用寒、暑假开展境外综合实践体验课程。

（胡松林　许银萍）

北京市东城区史家胡同小学

2017 年，北京市东城区史家胡同小学分四址办校，分别为高年级部、一年级部、二年级部和东城区小学课程资源中心（史家小学基地），4 个校区总占地面积 1.82 万平方米、校舍建筑面积 3.20 万平方米，运动场地面积 0.87 万平方米。图书馆（室）藏书 6.90 万册。固定资产总值 2.13 亿元，全年教育经费投入 0.92 亿元。学校信息化经费投入 567 万元，拥有计算机 1001 台，多媒体教室座位 6800 个，校园网出口总带宽 110Mbps，数字资源量 90000GB，“信息技术”课程 1 课时 / 周。普通教室 100 个、专用教室 70 个。教职工 372 人，其中，高级职称 65 人、中级职称 159 人。专任教师 349 人，包括特级教师 5 人、北京市骨干教师 17 人；本科及以上学历 363 人。开设教学班 98 个。毕业 590 人、招生 715 人、在校生 3972 人。

2017 年，学校继续以“无边界”课程的构建探索课程改革新样态，促使学校整体转型。在课程评价上，探索实施“学生学业成长树（24 点）标准”和“学生学习表现 AB 评价模式”。围绕“学思知行”课堂展开系列研讨，“学思知行”课堂的构建催动学生学习方式的转变，形成以“博悟学习”“服务学习”“创 · 智汇学习”“天文社团学习”为代表的新型综合学习形态，引导学生重构学习目标、重组学习内容、重建学习社群，促使学生在体验与探究中与伙伴、知识、环境达成良性、友好互动关系。系统梳理史家育人模式转型的实践探索，将史家育人工作的逻辑起点定位于学生“家国情怀”的培育，构建“以家国情怀为底蕴的系统育人模式”。

（邢超）

北京光明小学

2017 年，北京光明小学分四址办学，分别为本校区、幸福校区（本校区低年级部）、和义校区和广渠校区，4 个校区总占地面积 2.39 万平方米、建筑面积 2.30 万平方米，运动场地面积 1.11 万平方米。图书馆藏书 2.72 万册。固定

4 月，光明小学开展“健康 · 饮水”跨学科主题综合课程

（光明小学　供）

资产总值 2766.57 万元，全年教育经费投入 5191.26 万元。学校信息化经费投入 25.05 万元，拥有计算机 543 台，多媒体教室座位 2172 个，校园网出口总带宽 100Mbps，“信息技术”课程四年级至六年级 1 课时 / 周。普通教室 60 个、专用教室 51 个。教职工 208 人，其中，高级职称 11 人、中级职称 105 人。专任教师 189 人，包括特级教师 1 人、北京市骨干教师 4 人；享受国务院专家津贴 1 人；本科及以上学历 170 人。开设教学班 60 个。毕业 337 人、招生 429 人、在校生 2172 人，包括寄宿生 149 人，外省市借读生 246 人，外籍学生 6 人。

2017 年，学校落实东城区青少年“健康 · 成长 2020 工程”“文化 · 传承 2030 工程”要求，全面提升光明教育质量。利用传统武术等中国传统文化拓展光明课堂空间。关注教师队伍建设，在师德建设过程中坚持底线管理和树立榜样并举，坚持和完善“师德一票否决，团队合作奖”等长效评估机制。开展“师德报告会”“光明人说光明事”“照片背后的故事”等活动，营造光明正风正气。依托东城区教师“东兴杯”基本功培训与展示活动，借助“师徒实践共同体”，针对教学基本功对教师进行专项课标、说课等培训。每学期举办 3 次光明教育开放活动，重视家长在活动中对学生的过程性发现，重视课程全面开放。丰富和规范家长志愿者服务，建立校级—团队—班级三层次家长志愿者团队。组建“安全护卫志愿者”和“阅读分享家长志愿者”团队，在为学生服务中嵌入式建设家委会。

（卢凤霞）

北京第一实验小学

2017 年，北京第一实验小学分三址办学，分别为和平门校区、虎坊桥校区和广外校区，3 个校区总占地面积 3.05 万平方米、建筑面积 3.57 万平方米，体育馆面积 9871 平方米，绿化用地面积 4491 平方米。图书馆藏书 12.47 万册。固定资产总值 7474 万元，全年教育经费投入 6872.35 万元。学校信息化经费投入 2.94 万元，拥有计算机 713 台，多媒体教室座位 2240 个，校园网出口总带宽 4403Mbps，“信息

技术”课程 1 课时 / 周。普通教室 70 个、专用教室 18 个。教职工 200 人，其中，高级职称 23 人、中级职称 101 人。专任教师 163 人，包括特级教师 1 人、北京市骨干教师 1 人、北京市学科教学带头人 5 人；本科及以上学历 188 人。开设教学班 70 个。毕业 298 人、招生 527 人、在校生 2428 人。网址：www.bjdysyxx.com。

2017 年，学校深化实施“新实验”课程，通过成立愿景组自主发展委员会，加强骨干教师、青年教师培养力度，促进新实验课程推进、促进教师队伍整体发展、促进学校教育质量整体提高，以实现办好现代义务教育学校的目标。举办聚焦经典，传承教风——献给建校 105 周年活动。接待广州市少先队辅导员骨干高级研修班参观。根据《北京市西城区人民政府和贵阳市人民政府缔结友好区市协议》，接待贵阳市教育系统选派的“京筑教育合作”校长、教师到校跟岗培训。

（郭雪莉　周新）

北京市西城区奋斗小学

2017 年，北京市西城区奋斗小学分三址办学，分别为西校区、东校区和北校区，3 个校区总占地面积 2.43 万平方米、校舍建筑面积 3.14 万平方米，运动场地面积 9745 平方米。图书馆藏书 7.31 万册。固定资产总值 5298.07 万元，全年教育经费投入 8028.25 万元。学校信息化经费投入 237.60 万元，拥有计算机 623 台，多媒体教室座位 3702 个，校园网出口总带宽 4403Mbps，数字资源量 9TB，“信息技术”课程 1 课时 / 周。普通教室 69 个、专用教室 22 个。教职工 206 人，其中，高级职称 13 人、中级职称 114 人。专任教师 189 人，包括北京市骨干教师 3 人；本科及以上学历 194 人。开设教学班 69 个。毕业 441 人、招生 452 人、在校生 2712 人，包括寄宿生 390 人。网址：www.xjfdxx.org。

2017 年，学校搭建四级管理科研体系，落实科研兴校、教研促校的管理思路，打通科学发展路径，创造“人人有课题”“人人是研究者”“上课即是研究”科研氛围，各学科共有课题 168 个，参与教师 193 人。综合实践课程借助学校周边资源，周边合作单位、家长志愿者和教师共同研究开发少年爱国学院、少年财富学院、少年环保学院、少年艺术学院、少年传媒学院、少年“互联网 + 学院”的六大少年学院课程。建立“三类三级三发展”培训体系，分别为干训三级发展体系、班主任团队三级发展体系和课程建设三级发展体系。针对不同年级养成教育要求，分别制订 6 个年级“好习惯评价表”，以学校、班级、家庭 3 个角度开展对学生全方位评价的尝试。开展家长志愿服务活动，基本形成学校、年级、班级重大活动家长积极参与的良好局面。

（佟珺）

北京市西城区中古友谊小学

2017 年，北京市西城区中古友谊小学分两址办学，分别位于三里河一区 39 号和月坛北街 25 号物资部大院，2 个校区总占地面积 1.30 万平方米、建筑面积 1.60 万平方米，运动场地面积 0.84 万平方米。图书馆藏书 3.80 万册。固定资产总值 1.81 亿元，全年教育经费投入 0.36 亿元。学校信息化经费投入 33.20 万元，拥有计算机 693 台，多媒体教室座位 3000 个，校园网出口总带宽 4096Mbps，数字资源量 210GB，“信息技术”课程 0.5 课时 / 周。普通教室 56 个、专用教室 20 个。教职工 136 人，其中，高级职称 8 人、中级职称 80 人。专任教师 136 人，包括北京市骨干教师 1 人；本科及以上学历 130 人。开设教学班 56 个。毕业 287 人、招生 356 人、在校生 2128 人。学校有社团 7 个。网址：www.xjzhgyyxx.org。

2017 年，学校以“正言正身文明行 至和至美中古人”为主题，围绕“社会主义核心价值观”开展学习教育实践活动。在课程管理中注重对课程评价的要求，实行多元化评价，建立由学生、家长、社会、学校和教师共同参与的多主体评价模式；实行学生学习成绩与形成性评价相结合的评价方式，重视过程评价，注重对学生学习方法、态度、情感、表现以及实践能力和多元潜能的综合评价。开展综合性实践活动满足不同层次学生个性化、多样化学习与发展需求，

4 月 27 日，“和美同心 健康成长”2017 中古友谊小学体育节二年级学生团体操表演　（中古友谊小学　供）

培养学生创新精神和实践能力。开展义务教育课程设置实验研究实践，发挥课程整体育人作用，加强课程整合和融合，尊重教育规律和学生成长规律，加强全科育人、全程育人和实践育人，形成具有中古特色的和美实践课程。

（辛萍）

北京建筑大学附属小学

2017年，北京建筑大学附属小学占地面积8158平方米、校舍建筑面积7155平方米，绿地面积2500平方米，运动场面积3682平方米。图书馆（室）藏书2.23万册。固定资产总值544.63万元，全年教育经费投入1401.18万元。学校信息化经费投入1.54万元，拥有计算机127台，校园网出口总带宽5120Mbps,“信息技术”课程2课时/周。普通教室21个、专用教室4个。教职工48人，其中，高级职称2人、中级职称18人。专任教师44人，本科及以上学历48人。开设教学班19个。毕业31人、招生131人、在校生561人，包括借读生358人。学校有社团37个。

2017年，学校稳抓教科研，推进知识育人。开展第二届“筑梦杯”课堂教学评优活动，立足课堂研究，助力学生发展。借力“西师附小教育集团”优质资源，通过走访交流听评课，提高学校教师专业水平。落实课外活动，促进兴趣育人，开展第二届“筑梦杯”足球赛，全面提高学生体质和体能，培养拼搏意识、团队精神、创新精神。组织学生观看音乐剧及交响乐，培养学生艺术素养。举办京胡课外班和戏曲课外班，弘扬传统文化。作为北京建筑大学的附属小学，将建筑元素融入课程作为学校育人特色。在课程内容的开发、教学实施等环节都注意融入建筑元素，深化具有鲜明建筑特色的育人模式。

（李长胜　张亚玲　孟晨）

10月，建大附小举办第二届“筑梦杯”课堂教学评优活动
（建大附小　供）

北京市朝阳区花家地实验小学

2017年，北京市朝阳区花家地实验小学分四址办学，分别为花家地校区、方舟校区、西里校区和朝来校区，4个校区总占地面积4.18万平方米、建筑面积2.45万平方米。图书馆（室）藏书9.28万册。固定资产总值1亿元，全年教育经费投入1.04亿元。学校信息化经费投入45万元，拥有计算机902台，多媒体教室座位5640个，校园网出口总带宽100Mbps，数字资源量400GB，“信息技术”课程0.5课时/周。普通教室113个、专用教室18个。教职工274人，其中，高级职称27人、中级职称122人。专任教师266人，包括特级教师1人、北京市骨干教师3人；本科及以上学历271人。开设教学班113个。毕业580人、招生697人、在校生3997人。

2017年，学校秉持“慧心教育”理念，高质量推进各项工作。接受素质教育全面综合督导，评价为“优秀”。“高参小”艺术教育成果在北京电视台《非常向上》栏目展示，京剧艺术节课程成果在央视戏曲频道播出。进一步梳理学校文化建设成果，形成“慧心教育”文化读本、《慧心》创刊。继续发挥《教师发展性评价方案》作用，开展文化主题系列培训活动，实施团队评价，增强团队文化价值认同感，开展首届“感动花小十大年度人物”活动，扩大典型教师影响力。1人被评为2017年度北京市优秀教师，1人获2017年北京市中小学“学生喜爱的班主任”称号。

依托德育目标体系建构“知规明理”课程，形成实践成果。实施师生“积极·阳光”心理项目，培育师生阳光心态。举办“廉洁文化进校园”区级展示交流活动。在创新实践中深化办学特色，进一步发挥“海霞课程实践创新项目组”课程领导力作用，立项2个课程类市级课题。发挥“方报特级教师工作室”作用，引领课堂教学改革实践，打造智慧课堂，培养学科核心能力。承办市级课程研讨展示活动3次。

（邹妍）

北京市朝阳区芳草地国际学校

2017年，北京市朝阳区芳草地国际学校分四址办学，分别为日坛校区、双花园校区、万和城校区和民族校区，4个校区总占地面积3.97万平方米、建筑面积4.60万平方米，体育场面积2.04万平方米。图书馆（室）藏书13万册，电子图书20万册。固定资产总值2.76亿元，全年教育经费投入1.66万元。学校信息化经费投入1072万元，拥有计算机1760台，多媒体教室座位2702个，校园网出口总带宽150Mbps，数字资源量46TB，“信息技术”课程0.5课时/周。普通教室122个、专用教室84个。教职工337人，其中，高级职称57人、中级职称148人。专任教师325人，包括特级教师3人、北京市骨干教师25人、北京市学科教学带头人4人;本科及以上学历327人。开设教学班122个。毕业358人、招生537人、在校生3394人。

2017年，学校继续以课程建设推进芳草教育，制定语言领域标准、艺术领域标准。出版《芳草园里的明师》，收录24名教师学校明师工程成果经验分享。申报立项中国教

11月1日至2日，芳草地国际学校举办第三届芳草科技嘉年华活动 （芳草地国际学校 供）

育学会课题1项、北京市规划办课题2项、北京市教育学会课题14项、朝阳区规划办课题12项。

推进知行课堂，以部编版教材教学研究、语文学科现场会、微课研究等形式开展知行课堂研究。召开新入职教师、新调入教师座谈会，组织集团语文、数学、英语学科教学骨干开展重点能力知识点微课教学录制，培养锻炼骨干教师；将教学与德育、体卫工作有效整合，联合督导；加强过程性质量监控，建设考试题库。

规范班级管理，完善带班育人课堂评价标准，展示“芳草杯”主题班会16节。结合主题教育实践活动，落实社会主义核心价值观教育，举办系列主题教育实践活动。加强艺术、科技工作，落实“2+1+1”工程，成立芳草地国际学校集团中外学生合唱团；以创新性学习成果为抓手，做好科技教育工作。

（张龙　刘军）

北京市朝阳区第二实验小学

2017年，北京市朝阳区第二实验小学分七址办学，分别为管庄高部校区、管庄低部校区、北辰福第校区、远洋一方校区、双桥高部校区、双桥低部校区和常营校区，7个校区总占地面积7.24万平方米、建筑面积3.99万平方米，运动场地面积3.37万平方米。图书馆（室）藏书12.67万册。固定资产总值1.81亿元，全年教育经费投入1.20亿元。学校信息化经费投入135万元，拥有计算机1363台，多媒体教室座位7360个，校园网出口总带宽1000Mbps，数字资源量1200GB，“信息技术”课程0.5课时/周。普通教室157个、专用教室42个、实验室7个。教职工326人，其中，高级职称36人、中级职称129人。专任教师317人，包括北京市骨干教师2人；本科及以上学历315人。开设教学班142个。毕业517人、招生1224人、在校生5131人。学校有社团160个。

2017年，学校办学规模进一步扩大，与上年相比，增加教学班19个、增加教师47人。承办常楹天街新建学校，作为常营校区。建构集团化办学工作框架，推出学校文化载体《多彩童年的守望者——教师手册》，形成学校文化核心。在北辰福第和远洋一方2个校区开展北京市小学主题班会专业视导交流展示活动。“北京市优秀班主任研究室”落户学校，开展系列班主任培训，使用校本《带班育人工作手册》规范班主任日常管理轨迹。

开展多彩文化活动，在北京市金帆音乐厅举办“多彩童年”合唱专场展演，管庄高部校区承办管庄学区“多彩童年缤纷绽放”文化节大型活动。在“少教多学”课题研究中，教师将课堂教学的关注点放在教学方式转变上，放在习惯培养、学科核心素养、教学效果上。9个学科分别举办“少教多学”课堂教学展示活动。

持续推进课程建设，继续引入高校协同发展项目，以综合、实践、开放为核心，以课例研究、同伴互助、实践反思为主要途径，加强“五馆课程”研究与落实。多次聘请专家进行培训，开展“五馆课程”实践活动课展示活动，组织骨干团队梳理形成学校“五馆课程”读本。特色课程“五馆课程”指博物馆课程、艺术馆课程、科技馆课程、图书馆课程、体育馆课程。

（尹永宾）

北京市朝阳区高碑店中心小学

2017年，北京市朝阳区高碑店中心小学占地面积3.48万平方米、建筑面积0.19万平方米，体育场（馆）面积1.67万平方米。图书馆（室）藏书1.69万册。固定资产总值440万元，全年教育经费投入424万元。学校信息化经费投入7万元，拥有计算机111台，多媒体教室座位706个，校园网出口总带宽150Mbps，数字资源量200GB，“信息技术”课程0.5课时/周。普通教室14个、专用教室6个。教职工34人，其中，高级职称2人、中级职称16人。专任教师33人，本科及以上学历34人。开设教学班14个。毕业81人、招生80人、在校生437人。学校有社团15个。

2017年，学校开展“国学孝行高碑店”和“名师名家进校园提升师生及家长道德素养”系列活动，150名家长加入到学校志愿服务中。开展“立德树人”和“四有教师”培训、研讨。围绕智慧校园等实验项目，实现组组有课题，人人在研究。借助名师名家、区级骨干教师资源，开展青年教师课堂教学基本技能、班级建设等指导，促进青年教师成长。以“培养文明儒雅少年”为教育目标，落实《小学生日常行为规范》和《北京市中小学养成教育三年行动计划》，借助“让星光洒满校园”文明争星活动，从文明行为、学习习惯、自理习惯等方面开展评比，培育学生文明素养。推进社会主义核心价值观教育，将核心价值观教育落细、落小，开展志愿服务教育，带领学生到残疾人温馨家园和高龄老人家中慰问。推进传统文化德育校本课程实施，开设篆刻、书法、剪纸等课程，构建班级传统文化教育特色。

（刘青）

北京市丰台区东高地第三小学

2017年，北京市丰台区东高地第三小学分两址办学，分别为东校区（东高地梅源里小区内）和西校区（南苑警备东路六号院），2个校区总占地面积1.91万平方米、建筑面积0.52万平方米，运动场地面积0.86万平方米。图书馆（室）藏书5.05万册。固定资产总值2041万元，全年教育经费投入3050.90万元。学校信息化经费投入89.30万元，拥有计算机386台，多媒体教室座位1760个，校园网出口总带宽100Mbps，“信息技术”课程1课时/周。普通教室37个、专用教室15个。教职工96人，其中，高级职称11人、中级职称32人。专任教师86人，包括北京市骨干教师1人；本科及以上学历95人。开设教学班34个。毕业223人、招生201人、在校生1199人，包括外省市借读生156人。学校有社团84个。网址：www.dgd3x.com。

2017年，学校在办学实践中确立“时空探索教育”办学理念，引导学生通过时空探索创造生命价值。聘请市、区专家35人次为教师进行教育教学培训。组织教师110人次参加国家、市级培训。20名教师在全国、市、区级研究活动中承担讲座、作课或说课任务，136人次在全国、市、区级论文评选中获奖。

打造科技特色，作为全国航天特色学校、北京市金鹏科技团，学校注重科技教育活动普及。在课堂教学中普及，探索学科教学中提升学生科学素养的实施策略与研究，出版专著《科技教育与课堂教学创新》。开展科技特色活动，举办以“携手科技我参与，放飞梦想我创新”为主题的科学嘉年华活动，以“航天探索无止境，航宝逐梦永不停歇”为主题的喜迎航天日活动。构建多元课程体系，在科技课程中普及，将科技教育课程列入学校教学计划和课程设置，开发实施科技校本课程4门、科技社团选修课24门。带领学生走进社会大课堂中的科技场馆开展研学活动。出访美国洛杉矶学校，开展科技探索之旅。

助推学生全面发展，以人文传统教育为主线，以实践体验为途径，开展“走进传统节日，感受传统文化魅力”系列展示活动，全校师生1300余人参加。开设京剧课，组建京剧社团，传承京剧艺术。参加全国“国戏杯”京剧表演和京剧绘画比赛，获一等奖和优秀组织奖。

（陈翠敏　李立华）

12月18日，东高地三小航天教育校本课程建设交流活动（东高地三小　供）

北京市丰台区丰台第一小学

2017年，北京市丰台区丰台第一小学教育集团分四址办学，分别为本校区、丰益校区、远洋校区和独立法人的长辛店分校，除长辛店分校外，其他3个校区总占地面积4.49万平方米、校舍建筑面积3.21万平方米，体育场（馆）面积1.38万平方米。图书馆（室）藏书9.60万册，电子图书10册。固定资产总值7023万元，全年教育经费投入7307万元。学校信息化经费投入160万元，拥有计算机909台，多媒体教室座位3240个，校园网出口总带宽100Mbps，数字资源量320GB，“信息技术”课程0.5课时/周。普通教室81个、专用教室28个。教职工23人，其中，高级职称27人、中级职称102人。专任教师207人，包括北京市骨干教师2人、北京市学科教学带头人1人；本科及以上学历199人。开设教学班81个。毕业538人、招生490人、在校生2917人。网址：www.ft1x.ftedu.cn。

2017年，学校加强教师队伍建设，开展师德建设，利用校内外资源组织全员及分层培训。学校领导班子及骨干教师25人开展无边界课堂研修活动。79人参加第三期骨干教师高级研修班校本培训学习。通过课程建设、学科评价、师德建设等课程，促进教师特色发展。北京市小学语文名师工作站在学校成立，成员包括10名语文教育名师，举办教学指导活动5次。开展“师慧杯”初赛，以“互动课堂教学实践”“学科理论测试”内容为主开展教学竞赛活动，全校154人参与。19名教师在国家、市区级教研活动中承担作课、讲座任务。坚持活动育人，举办“挑战自我，‘律’动校园——丰台一小首届全员运动会”。举办以“校园中的绿色科技”为主题的创新科技节。主题大队会借助艺术节展示契机，带领学生寻找榜样、树立榜样、歌颂榜样。

（陈力强）

6月1日，丰台一小举办“爱满校园，‘换’乐共分享”主题换购活动（丰台一小　供）

北京市丰台区师范学校附属小学

2017 年，北京市丰台区师范学校附属小学分两址办学，分别为本校区（丰台区文体路 30 号）和城南分校区（丰台区南苑乡城南嘉园益明园 7 号楼），2 个校区总占地面积 1.62 万平方米、校舍建筑面积 0.97 万平方米，运动场地面积 0.77 万平方米。图书馆藏书 3.60 万册，电子图书 10 万册。固定资产总值 3744.88 万元，全年教育经费投入 4188.54 万元。学校信息化经费投入 257.89 万元，拥有教师计算机 120 台、学生计算机 150 台、学生用 iPad 平板电脑 950 台、笔记本电脑 40 台、互动教学设备 46 套、电子白板 21 套，校园网出口总带宽 10Mbps，数字资源量 2800GB，“信息技术”课程 2 课时 / 周。普通教室 64 个、专用教室 11 个、实验室 1 个。教职工 134 人。专任教师 120 人，包括北京市骨干教师 3 人；本科及以上学历 122 人。开设教学班 52 个。毕业 308 人、招生 318 人、在校生 1889 人。学校有社团 53 个。网址：www.fsfx.bj.cn。

2017 年，学校以教研组、学科中心组、课题研究小组、青年班为单位，开展分层培训和实践。对教师进行无线微录仪、互动反馈、锐学堂等信息技术相关培训。组织青年骨干教师参加全国新技术支持下的个性化学习高峰研讨活动、北京市“京城杯”现场听课等活动。聘请专家走进学校，让教师走出去，切实提高教师理念认识和业务能力水平。制订《丰师附小发挥骨干队伍引领作用的举措及考核评价方案》。在少先队中开展“我为集体代言”的“粉丝章”争章活动。每月评出“明星中队”。以学生体质健康测试为核心，联合大队部，开展跳绳比赛和接力竞赛。走进各类基地，开展主题综合实践活动，前往丰台体育中心、游泳俱乐部等地参观学习，促进学生知行合一，提高学生综合素质。

（薛燕）

首都师范大学附属云岗小学

2017 年，首都师范大学附属云岗小学分两址办学，分别为北校区和南校区，2 个校区总占地面积 2.17 万平方米、校舍建筑面积 1.03 万平方米，运动场地面积 0.83 万平方米。图书室藏书 5.43 万册。固定资产总值 1564.07 万元，全年教育经费投入 500.46 万元。学校信息化经费投入 124.95 万元，拥有计算机 571 台，多媒体教室座位 2416 个，校园网出口总带宽 100Mbps，数字资源量 1441GB，“信息技术”课程四、五年级 1 课时 / 周。普通教室 55 个、专用教室 11 个。教职工 147 人，其中，高级职称 14 人、中级职称 72 人。专任教师 145 人，本科及以上学历 112 人。开设教学班 55 个。毕业 362 人、招生 340 人、在校生 2040 人。学校有社团 81 个。

2017 年，学校构建“1248 课程”体系：“1”指构建“ZS”课程，“2”指“ZS”课程的“传统文化（立足民族）和现代素养（放眼世界）”2 个领域，“4”指真课程、臻课程、实课程、

11 月 30 日，首师大附属云岗小学承办丰台区三、四年级数学联合教研活动（首师大附属云岗小学 供）

识课程 4 个课程，“8”指道德类、人文类、语言类、数学类、科学类、艺术类、健康类、实践类 8 个方面。从一、二年级起，逐渐形成“1+1”校本课程模式，即 1 项必修课程加 1 项选修课程，以 3D 打印笔、轮滑运动、舞蹈形体作为科技、体育、艺术类主要课程，促进学生全面发展。成立教师发展中心和学科工作室，71 名教师在工作室中学习、提高，教师 132 人次开展同课异构研究和实践。组织 80 名教师到其他省市名校学习。组织部分师生走进美国洛杉矶奇诺岗路德学校 (LovingSavior of the Hills Lutheran School) 和巴特菲尔德学校 (Butterfield Ranch Elementary) 开展国际教育比较研究。邀请美国德克萨斯州外籍教师授课，提高学生口语交际和国际理解能力。接待美国加利福尼亚州洛杉矶学校专家代表团交流访问。

（王超）

北京市石景山区爱乐实验小学

2017 年，北京市石景山区爱乐实验小学分两址办学，分别为本校区和高年级部校区，本校区占地面积 8200 平方米、建筑面积 5200 平方米，运动场地面积 2100 平方米。图书室藏书 4 万册。普通教室 16 个、专用教室 7 个。高年级部校区占地面积 8000 平方米、建筑面积 4000 平方米，运动场 6000 平方米。图书室藏书 2.44 万册，提供师生阅读座位 80 个。普通教室 12 个、专业教室 6 个。2 个校区固定资产总值 3193.23 万元，全年教育经费投入 1992.20 万元。学校信息化经费投入 400 万元，拥有计算机 200 台，校园网出口总带宽 1000Mbps，数字资源量 100GB，“信息技术”课程 1 课时 / 周。教职工 59 人，其中，高级职称 2 人、中级职称 37 人。专任教师 57 人，包括北京市骨干教师 1 人；本科及以上学历 53 人。开设教学班 22 个。毕业 88 人、招生 132 人、在校生 692 人，包括外省市借读生 169 人。网址：gc6x.sjsedu.cn。

2017 年，学校注重课程建设，整体建构“开放、融合”的爱乐课程。引导教师探究生本课堂教学模式，有效落实三

级课程，形成爱乐教学文化；引导学生在课堂之上高度参与、密集体验、有效合作、灵动创造，让学生成为课堂的主人，使以生为本的爱乐教学文化得以落实。承办北京市课程研讨会 2 次。《桑蚕文化》校本课程的实践研究获市级课程成果二等奖。

（张洁）

北京市海淀区中关村第一小学

2017 年，北京市海淀区中关村第一小学占地面积 3.57 万平方米、建筑面积 4.19 万平方米。图书馆藏书 24 万册。固定资产总值 11491 万元，全年教育经费投入 8455 万元。学校信息化经费投入 354 万元，拥有计算机 2336 台，多媒体教室座位 6730 个，校园网出口总带宽 12Mbps，数字资源量 520GB，“信息技术”课程 1 课时 / 周。普通教室 150 个、专用教室 22 个。教职工 333 人，其中，高级职称 56 人、中级职称 182 人。专任教师 324 人，包括特级教师 2 人、北京市骨干教师和北京市学科教学带头人 12 人；本科及以上学历 310 人。开设教学班 144 个。毕业 774 人、招生 926 人、在校生 5728 人。网址：www.zgcyx.com.cn。

2017 年，学校定位为“核心素养深化年”。在“儿童与学校”、中关村一小儿童核心素养与跨学科课程学习全国小学教育研讨会上，提出“儿童是学校教育的主体，学校是儿童成长的平台”。推进课程改革，参与“走向卓越·诸暨校长领航发展计划”以来，与诸暨市多所小学达成友好合作关系；举办以“对话课堂 对话教育”为主题的中芬小学数学课堂教学研讨会；接受北京教育科学研究院基础教育教学研究中心及海淀区教师进修学校 30 余名教研员视导；承办“儿童与核心素养培育”小学教育研讨会，就前沿性问题进行讨论和交流，展示核心素养与跨学科课程学习样态。

关注教师身心发展，建成关爱母婴室，为全体女职工提供便利。为教师提供免费健康义诊和心理咨询与辅导服务，“工会之家”面向教师开展健康课程。坚持活动育人，“小葵花”舞蹈团参加第 20 届海淀区艺术节；民乐团、管乐团和交响乐团参加北京市第 20 届学生艺术节；金帆京剧团参加文化部和市教委组织的英国爱丁堡艺术节演出。

12 月 9 日，中关村一小举办小学教育研讨会

（中关村一小　供）

（董静）

北京大学附属小学

2017 年，北京大学附属小学占地面积 2.86 万平方米、建筑面积 2.22 万平方米，体育场（馆）面积 1.20 万平方米。图书馆（室）藏书 7.29 万册，电子图书 200 册。固定资产总值 3576 万元，全年教育经费投入 9802 万元。学校信息化经费投入 1060 万元，拥有计算机 641 台，多媒体教室座位 356 个，校园网出口总带宽 100Mbps，数字资源量 20TB，“信息技术”课程 1 课时 / 周。普通教室 59 个、专用教室 100 个。教职工 186 人，其中，高级职称 13 人、中级职称 141 人。专任教师 150 人，包括特级教师 3 人、北京市骨干教师 5 人；本科及以上学历 176 人。开设教学班 60 个。毕业 351 人、招生 377 人、在校生 2079 人。

2017 年，学校坚持以课堂教学质量为本，进一步完善学校办公平台教学、选课和评价功能，更好地为教学科研服务。从课题申请、课题研究推进、教师培训、成果撰写等方面开展工作。“基于核心素养的小学生命发展课程研究”通过全国教育科学规划“十三五”重点课题立项，“博物视角下，小学自然观察类课程（植物类）的开发与实践研究”“项目学习中驱动性问题的生成策略研究”通过北京市教育科学“十三五”规划 2017 年度一般课题立项。培养教师团队，发扬北京市小学现代教育研发交流成长中心平台优势，带动怀柔、顺义、昌平、通州等区骨干教师成长。同时，持续开展有特色的年级综合实践活动。

（庄严）

清华大学附属小学

2017 年，清华大学附属小学分四址办学，分别为本部校区、商务中心区实验小学一校区、商务中心实验小学二校区和昌平学校，本校区占地面积 3.30 万平方米、建筑面积 2.30 万平方米，运动场地面积 1.93 万平方米、绿化用地面积 0.12 万平方米，主操场设有 300 米塑胶跑道和人工草皮足球场，拥有专业篮球场和轮滑场地。图书馆藏书 13.50 万册。固定资产总值 2278 万元，全年教育经费投入 7697 万元。学校信息化经费投入 920 万元，拥有计算机 550 台，多媒体教室座位 3000 个，校园网出口总带宽 500Mbps，数字资源量 280GB，“信息技术”课程三年级至五年级 1 课时 / 周。普通教室 47 个、专用教室 19 个。教职工 159 人，其中，高级职称 9 人、中级职称 80 人。专任教师 144 人，包括特级教师 3 人、北京市骨干教师 1 人、北京市学科教学带头人 1 人；本科及以上学历 153 人。开设教学班 47 个。毕业 290 人、招生 342 人、在校生 2083 人。学校有社团 21 个。

网址：www.qhfx.edu.cn。

2017 年，学校建设“1+X 课程”新型育人体系，在整合优化国家课程基础上，兼顾学生个性培养，分别在天津、江苏、江西等地建立“1+X 课程”实验基地。以苏轼诞辰 980 周年为契机，以“我们与苏轼相遇”为主题构建课程群，形成低、中、高 3 个年段进阶框架。坚持做好公益服务，利用现代信息技术，面向全国 900 余个县 3800 个远程教学点，无偿输送清华附小课程 120 节，接待上千名贫困地区教师驻校培训交流。利用“成志杯”人人过关课系列活动，录制扶贫课 155 节。发展科技创新及艺术教育特色，在第 32 届全国青少年科技创新大赛科技教育创新学校评选中，被评为“全国十佳科技教育创新学校”。在北京市第 20 届学生艺术节器乐、舞蹈展演活动中，金帆民乐团获器乐小学金帆组金奖、舞蹈团获舞蹈小学组金奖。

（代养兵）

北京师范大学实验小学

2017 年，北京师范大学实验小学占地面积 1.38 万平方米、建筑面积 1.24 万平方米，体育场（馆）面积 0.81 万平方米。图书馆藏书 14 万册，电子图书 7260 册。固定资产总值 5900 万元，全年教育经费投入 5226 万元。学校拥有计算机 457 台，多媒体教室座位 2925 个，校园网出口总带宽 1024Mbps，数字资源量 10.41TB，“信息技术”课程 1 课时 / 周。普通教室 38 个、专用教室 27 个。教职工 124 人，其中，高级职称 15 人、中级职称 77 人。专任教师 98 人，包括特级教师 2 人、北京市骨干教师 4 人；本科及以上学历 119 人。开设教学班 38 个。毕业 276 人、招生 215 人、在校生 1577 人。网址：www.eps.bnu.edu.cn。

2017 年，学校将教育与科研相结合，落实课程方案，开展系列学科整合及项目研究，固化学科实践活动成果。教师承担国家、市、区级课题 30 余项。教研与培训相结合，承办首届全国“思维发展型课堂”教学能力大赛，参与“基于 Web 的科学探究学习项目”研究，有效提升一线教师思维教学水平。结合经典古诗普及活动，深入推进每日一诗的学习，在“传承传统文化玩转经典游戏”“带我的朋友游师大”等系列学科活动实践中，贯穿学科整合及过程性评价新理念。

坚持活动育人，组织校内教师和社会机构，充分利用北京师范大学学生社团资源，招募大学生推进课后服务改革，开设系列课后活动课程。累计每周开设 46 个课后活动项目、117 个班次，每周参与课后活动学生 2928 人次。作为全国学校体育联盟的实验校，北京市首批“一校一品”项目特色校，把“健康第一”指导思想落到实处，举办首届全员运动会。开展合作交流工作，接待美国、加拿大、澳大利亚等国教育代表来访 200 人次，接待黑龙江、山东、湖南和香港、澳门等地师生来访 897 人次，各学科教师展示课 77 节，来访团队与校领导和一线教师座谈 31 课时。

（高春芳）

5 月 18 日至 19 日，北师大实验小学举办首届全员运动会
（北师大实验小学 供）

中国人民大学附属小学

2017 年，中国人民大学附属小学建有 3 所分校，分别为银燕分校、亮甲店分校和京西分校；分五址办学，分别为主校区、银燕校区、亮甲东校区、亮甲西校区和京西校区，5 个校区总占地面积 3.17 万平方米、校舍建筑面积 3.49 万平方米，运动场（馆）面积 2.05 万平方米。图书馆（室）藏书 6.80 万册，包括电子图书 2 万册。固定资产总值 7192.66 万元，全年教育经费投入 15548 万元。学校信息化经费投入 1572 万元，拥有计算机 698 台，多媒体教室座位 9400 个，校园网出口总带宽 130Mbps。普通教室 121 个、专用教室 59 个。教职工 301 人，其中，高级职称 10 人、中级职称 146 人。专任教师 275 人，包括特级教师 1 人、北京市骨干教师 4 人；本科及以上学历 271 人。开设教学班 119 个。毕业 755 人、招生 704 人、在校生 4608 人。网址：www.rdfx.net。

2017 年，学校固化已有成果，深化七彩教育，确立“成仁才、至大道、得富学、重小事”十二字新校训。重点推进落实《义务教育学校管理标准》，将综合实践活动作为必修课程。坚持五校区行政领导集体听课制度；坚持每月 1 次校区执行校长、主任汇报交流制度。立足各校区所处地的历史文化及附小办学传统，在主校区七彩

4月23日，人大附小举办首届绘本节
（人大附小 供）

课程基础上，打造京西、亮甲校区丰富而有特色的课程体系。

坚持活动育人、实践育人，组织五年级师生到上海东方绿舟开展为期5天的研学活动；举办首届绘本节，围绕“我的七彩阅读梦”主题，五校区选择不同方式开展活动；举办首届英语小妙会，设英文演唱、短剧、字谜游戏、海报制作、单词游行、小语种展示等30项活动。

（郑瑞芳　李会然　于霞）

北京市门头沟区大峪第一小学

2017年，北京市门头沟区大峪第一小学占地面积2.27万平方米、校舍建筑面积1.64万平方米，运动场地面积0.90万平方米。图书馆（室）藏书40.40万册，包括电子图书36万册。固定资产总值3.81亿元，全年教育经费投入5.98亿元。学校信息化经费投入180万元，拥有计算机290台，多媒体教室座位1760个，校园网出口总带宽1000Mbps，数字资源量2000GB，“信息技术”课程2课时/周。普通教室38个、专用教室18个。教职工81人，其中，高级职称15人、中级职称67人。专任教师67人，包括特级教师1人、北京市骨干教师1人；本科及以上学历72人。开设教学班25个。毕业166人、招生171人、在校生987人。设附属幼儿园，园所占地面积9391.63平方米、园舍建筑面积7045平方米。全年教育经费投入230万元，固定资产总值581.64万元。普通教室18个、专用教室6个。教职工54人，包括专任教师42人、保健医2人。开设教学班14个（小班6个、中班5个、大班3个）。幼儿入园149人、在园374人。

2017年，学校通过文体教学引路，深化语文主题单元阅读课程研究；深耕读书节传统课程，探索书香校园建设新途径；落实小初衔接课程，开展整本书名著阅读；构建中华传统文化主题实践课程，探索跨学科主题课程研究；采取“学科+”实施路径，推进学科实践活动课程研究。打造“启和之行”学生文化，培育日新少年。养成教育中的“你节粮我加餐”节俭养德教育活动获市文明办颁发的创新案例奖。被认定为全国青少年篮球特色学校和北京市冰雪特色学校。新建成教学楼建筑面积3008.68平方米，有普通教室12个。附属幼儿园发挥耕读课程特色优势，着力打造“晴耕雨读”课程文化。成立园级家委会、家长工坊，开展家长讲堂、亲子共读活动，打造“耕读传家”家园文化。

（潘宏琳　王消冰　吕建华）

北京第二实验小学永定分校

2017年，北京第二实验小学永定分校占地面积2.73万平方米、校舍建筑面积1.30万平方米，室内运动场地面积0.10万平方米、室外运动场地面积1.10万平方米。图书馆（室）藏书10.23万册，包括电子图书6万册。固定资产总值2681万元，全年教育经费投入3660.30万元。学校信息化经费投入138万元，拥有计算机423台，多媒体教室座位1816个，校园网出口总带宽1000Mbps，数字资源量2000GB，“信息技术”课程2课时/周。普通教室42个、专用教室11个。教职工160人，其中，高级职称13人、中级职称88人。专任教师136人，包括北京市骨干教师1人；本科及以上学历148人。开设教学班37个。毕业158人、招生143人、在校生1426人。设附属幼儿园，园所占地面积5875平方米、园舍建筑面积4000平方米。全年教育经费投入635万元，固定资产总值648万元。普通教室11个、专用教室2个。教职工53人，包括专任教师43人、保健员3人。开设教学班11个（小班、中班各4个，大班3个）。幼儿入园144人、在园261人。

2017年，学校提升管理理念，深入推进扁平化管理。确保每名干部深入一个组，关注组内每名教师和学生。完善课堂教学评价标准，借助学校第六届“爱之源”杯课堂教学大赛契机，打造生态课堂。深入推进入学课程、台湾游学课程、语文课程改革、毕业课程等课程建设。形成家校合力，打造“尊重、责任、合作、发展”家长文化。创新培训方式，促进教师发展，组织教师为唐山滦南小学送去研究课和主题讲座，与山东临朐外国语学校开展同课异构教学活动。5名教师走上全国舞台进行展示，与美国教师开展同课异构教学活动。

附属幼儿园深化幼儿自主创意脱稿特色课程研究，将剪纸课程与礼仪课程相融合。继续进行幼小衔接课题探索，从小班开始重点在生活能力、学习习惯、心理准备方面进行培养。在大班开设小足球、武术、跆拳道、外教课程，使课程衔接更加紧密。

（张华）

北京市第八中学京西附属小学

2017年，北京市第八中学京西附属小学占地面积2.92万平方米、校舍建筑面积1.93万平方米，运动场地面积0.95万平方米。图书馆（室）藏书2.65万册。固定资产总

9月4日，八中京西附小举办“六艺启慧 雅心育人”2017-2018学年度开学典礼　（八中京西附小 供）

值2252.32万元，全年教育经费投入1664.54万元。学校信息化经费投入138.81万元，拥有计算机405台，多媒体教室座位2120个，校园网出口总带宽1000Mbps，数字资源量254GB，“信息技术”课程2课时/周。普通教室36个、专用教室17个。教职工41人，其中，高级职称2人、中级职称16人。专任教师32人，本科及以上学历32人。开设一年级至三年级教学班13个。招生219人、在校生465人。

2017年，学校以“北京市遨游计划”项目实验为引领，借助“课程领导力提升项目”专家资源和各项研讨活动，不断梳理、改进、完善学校《博雅课程整体建设一体化方案》。先后举办门头沟区“深化主题课程研究，提升课程建设品质——走进八中京西附小暨市遨游项目实验校研讨会”和“基于儿童立场的中华优秀传统文化教育实施路径的探索与实践”传统文化现场会活动。

（刘军）

北京市房山区良乡第三小学

2017年，北京市房山区良乡第三小学占地面积1万平方米、校舍建筑面积0.88万平方米，运动场地面积0.41万平方米。图书馆（室）藏书3.50万册，包括电子图书0.12万册。固定资产总值4238万元，全年教育经费投入2746万元。学校信息化经费投入7万元，拥有计算机403台，多媒体教室座位1410个，校园网出口总带宽1000Mbps，数字资源量550GB，“信息技术”课程1课时/周。普通教室32个、专用教室8个。教职工93人，其中，高级职称9人、中级职称59人。专任教师84人，包括特级教师1人、北京市骨干教师4人、北京市学科教学带头人1人；本科及以上学历85人。开设教学班32个。毕业216人、招生186人、在校生1208人。网址：58.130.35.6/cms。

2017年，学校以“国家课程校本化实施”课题为依托，借助“周生利工作室”，利用“经典诵读”课程，推进学校语文课程校本化实施，以低年级“走进古诗”、中年级“走近名人”、高年级“走近名著”为主题开展语文拓展活动。以“数学实践课程设计”为主题，聚焦学生核心素养。将读书活动与学科实践相结合，开展全学科阅读活动，阅读相关学科书籍，并采取课前2分钟展示、读书节展示、手抄报等形式分享交流。以社会主义核心价值观为引领，《养成教育三年规划》为指导，研讨制订评价标准。实施文明礼仪微课程、思想情感微课程、学习求知微课程、遵纪守法微课程，促进学生良好习惯的养成。开展系列读书活动，带领学生走进阅读体验大世界。

（周春英）

北京教育科学研究院通州区第一实验小学

2017年，北京教育科学研究院通州区第一实验小学占地面积1.72万平方米、校舍建筑面积1.45万平方米，运动场地面积4311.05平方米。图书馆（室）藏书2.70万册，包括电子图书90册。固定资产总值2397.92万元，全年教育经费投入4430.22万元。学校信息化经费投入168.05万元，拥有计算机428台，多媒体教室座位2000个，校园网出口总带宽2750Mbps，数字资源量4000GB，“信息技术”课程1课时/周。普通教室40个、专用教室16个。教职工127人，其中，高级职称12人、中级职称53人。专任教师123人，包括北京市骨干教师3人；本科及以上学历124人。开设教学班39个。毕业283人、招生335人、在校生1756人。网址：tzsyxx.3xy.com.cn。

2017年，学校以思维训练为核心，深化学校发现教育特色实验。开展质疑日记主题研究，教师鼓励学生提出学习中发现的问题，撰写质疑日记，培养学生的质疑能力，并以此作为思维课堂的有效补充与延伸。开展跨学科实践活动，以年级组为单位，由年级组长牵头，带领各学科教师制订实践主题，各学科根据活动的目标、内容承担不同的任务。学生先后走进天坛、颐和园、木作博物馆开展学科实践活动，通过学科拓展、课程延伸、主题活动，丰富学生的实际获得。

（陈军华）

北京市史家小学通州分校

2017年，北京市史家小学通州分校占地面积4.05万平方米、校舍建筑面积3.06万平方米，运动场地面积1.76万平方米。固定资产总值1.71亿元，全年教育经费投入5282.21万元。学校信息化经费投入98.37万元，拥有计算机579台，多媒体教室座位4450个，校园网出口总带宽3250Mbps，数字资源量2650GB，“信息技术”课程1课时/周。普通教室68个、专用教室21个。教职工179人，其中，高级职称17人、中级职称62人。专任教师168人，包括北京市骨干教师3人；本科及以上学历176人。开设教学班60个。毕业414人、招生480人、在校生2668人。网址：www.sjxxtzfx.com。

4月7日，史家小学通州分校举办风筝比赛
（史家小学通州分校 供）

2017年，学校以北京城市副中心、规模最大学校、课改理念为指导，立足学生核心素养——成为社会人的必备品格和关键能力培养。以“顺应学生心理，引领学生享受学习过程”主题，注重学生习惯与能力的培养，每名教师探索自觉实践的课堂教学思路，突出“一班（科）一习惯（或能力）”。以“师生同成长”为主题开展第九届“欣悦杯”课堂展示活动。

实现全员育人目标，提出“首缘服务制”，形成校长、德育主任、少先队辅导员、班主任、任课教师5个环节的德育管理体系，在校园内设置师生志愿岗，体现管理育人理念。组织班主任开展以“如何与家长有效沟通”“班级管理特色谈”为主题的展示交流活动。

坚持活动育人，根据学生兴趣爱好需求，丰富社团活动内容，开设足球、舞蹈、器乐等体育类和科技艺术类活动课程。举办“美在史家”展示活动;结合“三节三爱”教育，开展“最美的果实送给谁”“微善公益”“六一义卖”等活动。组织为身患重病的学生家长和边远地区捐款捐物活动。学生在北京市和全国舞蹈、机器人、电脑绘画、书法作品等活动中崭露头角，125人次获奖。

（刘艳）

北京小学通州分校

2017年，北京小学通州分校占地面积2.23万平方米、校舍建筑面积1.95万平方米，运动场地面积0.74万平方米。图书馆（室）藏书9.28万册，包括电子图书6万册。固定资产总值2773.69万元，全年教育经费投入3680万元。学校信息化经费投入15.45万元，拥有计算机362台，多媒体教室座位2200个，校园网出口总带宽3250Mbps，数字资源量600GB，“信息技术”课程1课时/周。普通教室40个、专用教室19个。教职工123人，其中，副高级职称12人、中级职称37人。专任教师114人，包括北京市骨干教师3人；本科及以上学历122人。开设教学班40个。毕业225人、招生314人、在校生1799人。网址：http://58.131.210.30/bjxxtzfx。

2017年，学校完成《以“活力教育”涵育活力师生》学校文化建设稿件，在《北京教育教学研究》杂志和《通州教育》刊登;编辑出版《活力·润泽——活力教育故事集》；制订《深化活力教育促进内涵发展铸造北京城市副中心优质学校——北京小学通州分校“十三五”发展规划》。获北京市文明校园称号。关注成长、营建环境，通过各种途径争取资金，推进校园环境和文化建设，完成三期校园文化建设规划。美化教学楼前小广场，增加鲜花绿植；开展海绵城市试点工作；创办书法教师工作室。

重构课程、目标落地，重构活·力课程体系，形成3个课程群、13个课程板块、26个小类和100余门课程于一体的课程分类布局。分别从基础型、拓展型和发展型课程群中打造出“酷炫篮球”“杏林春芽”“倾扬韵舞”等精品课程36门，依托这些课程带动学校其他课程整体建设。承办通州区三级课程建设系列研讨活动（之七）“遇见活力预见未来——基于育人目标下活·力课程体系的构建与实践”课程展示活动。在活·力课程实践中，学生获各项奖励300余次，获北京市青少年花式篮球大赛团体赛一等奖等社团集体奖励47次。教师在国家、市、区级教学竞赛中获奖350余次。

（靳朝霞）

北京市通州区张家湾镇中心小学

2017年，北京市通州区张家湾镇中心小学及下辖5所完全小学（北京市通州区张辛庄小学、北京市通州区上店小学、通州区张家湾镇张湾村民族小学、北京市通州区张湾镇民族小学、北京市通州区枣林庄民族小学），6所学校总占地面积6.64万平方米、校舍建筑面积2.49万平方米，运动场地面积3.69万平方米。图书馆（室）藏书12.60万册。固定资产总值3856万元，全年教育经费投入7862.79万元。学校信息化经费投入224.72万元，拥有计算机977台，多媒体教室座位4680个，校园网出口总带宽2750Mbps，数字资源量300GB，“信息技术”课程1课时/周。普通教室85个、专用教室41个。教职工234人，其中，高级职称22人、中级职称93人。专任教师207人，包括北京市骨干教师1人；本科及以上学历213人。开设教学班85个。毕业 357 人、招生 446 人、在校生 2699 人。网址：zjwzzxxx.bjtzeduyun.com。

2017 年，学校以“做主人”教育为办学特色，以“培养适应社会发展的发展人”为办学理念。召开“全体党员大会”“计划交流会”，整体规划学校工作，并以评选“主人之星”“我最喜爱的老师”“师德标兵”等活动为依托，开展“师徒工作坊”“青年教师科研培训”“信息技术总结大会”等活动。道德讲堂被评为“通州区示范道德讲堂”“通州区青少年思想道德教育基地”。

完善课程实施框架和运行系统，开展“骨干教师课堂展示”“主体型课堂教学评优”“融合教育课堂展示”等课堂实践与研究活动，探索学生管理文化的途径与方式，推进学生自主管理。举办“学生艺术节”“体育文化节”“全员运动会”等活动。组织学生参与全部体育、艺术、科技 A 类比赛。

下辖 5 所完小，在“做主人”教育的统领下，发展自身特色，形成“一校一品牌，校校都精彩”局面。承办运河文化启动仪式和中国篮协小篮球发展计划启动仪式，举办“实践课程开发”展示活动和庆“六一”活动展演等特色活动。

（张海涛）

北京市顺义区石园小学

2017 年，北京市顺义区石园小学占地面积 1.82 万平方米、建筑面积 0.81 万平方米，体育场（馆）面积 0.97 万平方米。图书馆（室）藏书 5.79 万册。固定资产总值 2106.13 万元，全年教育经费投入 5573.95 万元。学校信息化经费投入 225.28 万元，拥有计算机 746 台，校园网出口总带宽 1000Mbps，数字资源量 2000GB，“信息技术”课程 1 课时 / 周。普通教室 47 个、专用教室 17 个。教职工 176 人，其中，高级职称 17 人、中级职称 88 人。专任教师 138 人，本科及以上学历 158 人。开设教学班 56 个。毕业 348 人、招生 384 人、在校生 2211 人。网址：www.syxx.shy.bjedu.cn。

2017 年，学校营造互助式发展氛围。开展班主任心理工作坊，在游戏中互动体验，以优秀班会案例管理论坛、评价故事案例分享、德育资料展示评优等方式，促进教师相互学习；制订石园小学骨干教师管理方案，召开“我们再出发——集团新一届区级骨干系列称号教师会”，以教师引领同伴扎实推进校本研修。

创新管理模式，实行级部制管理，每个年级 1 名年级主任，通过与本段教师合作，围绕主题设计多样化实践活动，引导学生自主探究、自主实践，为学生创新和设计提供机会。聚焦办学功能定位，落实“五本课程”方案。完善集团内部治理结构，整合各种资源，优化学生成长环境，实现“为学生的终身发展铺垫基石”办学目标。19 个精品社团为学生发展特长提供保障。

（解建影）

北京市顺义区东风小学

2017 年，北京市顺义区东风小学教育集团分四校五址办学，分别为本部校区、建新校区、裕龙校区（两址）和仓上校区，本部校区占地面积 2.25 万平方米、建筑面积 0.91 万平方米，体育场（馆）面积 1.39 万平方米。图书馆（室）藏书 3.50 万册。固定资产总值 1438.53 万元，全年教育经费投入 4942.01 万元。学校信息化经费投入 73.53 万元，拥有计算机 285 台，多媒体教室座位 1800 个，校园网出口总带宽 100Mbps，数字资源量 10GB，“信息技术”课程 0.5 课时 / 周。普通教室 28 个、专用教室 14 个。教职工 106 人，其中，高级职称 14 人、中级职称 58 人。专任教师 77 人，包括北京市骨干教师 1 人；本科及以上学历 68 人。开设教学班 28 个。毕业 521 人、招生 676 人、在校生 1208 人。网址：www.dfxx.shyedu.cn。

2017 年，东风小学教育集团整体推进课程建设。在“做活”融合性课程上下功夫，以“爱上阅读”为主线，开展读整本书阅读；以科学探索课程为主线，开发科学系列融合课程；以游戏为依托，开发数学思维课程。将课程与课题整合，通过课题与课堂同构，教学与研究共生，推动课程建设。在民主公平管理思想引领下，职评考核评优评先工作顺利完成，职称晋级、晋档平稳过渡。立足于立德树人，改变教师的教与学方式，把学生核心素养的培养与教师发展对接。

（于有民）

北京市顺义区天竺第一小学

2017 年，北京市顺义区天竺第一小学占地面积 2.35 万平方米、建筑面积 0.77 万平方米，体育场（馆）面积 1.13 万平方米。图书馆（室）藏书 4.29 万册，电子图书 3086 册。固定资产总值 1289.86 万元，全年教育经费投入 2245.82 万元。学校信息化经费投入 33.40 万元，拥有计算机 234 台，多媒体教室座位 1280 个，校园网出口总带宽 100Mbps，数字资源量 580GB，“信息技术”课程 1 课时 / 周。普通教室 42 个、专用教室 21 个。教职工 62 人，其中，高级职称 4 人、中级职称 32 人。专任教师 50 人，包括北京市骨干教师 2 人；本科及以上学历 61 人。开设教学班 18 个。毕业 112 人、招生 102 人、在校生 585 人。

2017 年，学校落实“教有所为，师敏于行；学有所乐，生精于勤”学校文化，开展学习践行《小学生守则》《行为规范》活动，家风家训传统文化教育活动，“十九大最想和习爷爷说的一句话”主题班队会等活动。以顺义区全学科视导、字源识字课题、数学推理课题、连排课实验为推手，通过开展骨干教师带题献课、青年教师基本功大赛、新教师教学技能培训等活动，落实学生主体作用。

实践课程品位求高，学科拓展实践选修课程通过形式多样、生动活泼、可供选择的社团活动实现学生全面发展，开展体育、科技、文艺、劳技4类20余门社团活动，学生打破年级界限参与社团活动。通过推门课、视频融合系统等形式持续进行常态课教学研讨活动，开放每个教研组、每个班级、每名教师的课堂。北京市"十三五"规划办研究课题"小学字源识字教学实践研究"开题，开展2次课题研究活动；借力顺义区吴正宪小学数学教师工作站研修活动和天竺一小数学工作室活动，推进区规划办课题"培养小学生数学推理能力的研究"，积累提高师生数学思维能力的案例。

（霍仲英）

北京市昌平区昌盛园小学

2017年，北京市昌平区昌盛园小学占地面积1.37万平方米、建筑面积1.11万平方米，运动场地面积3850万平方米。图书馆藏书4.26万册，电子图书25万册。固定资产总值4359万元，全年教育经费投入4262万元。学校信息化经费投入36万元，拥有计算机468台，多媒体教室座位1801个，校园网出口总带宽1000Mbps，数字资源量1000GB，"信息技术"课程1课时/周。普通教室45个、专用教室11个、实验室2个。教职工140人，其中，高级职称16人、中级职称71人。专任教师117人，包括特级教师1人、北京市骨干教师5人、北京市学科教学带头人1人；本科及以上学历116人。开设教学班46个。毕业271人、招生326人、在校生1900人，包括外省市借读生273人。学校有社团33个。

2017年，学校构建"谦和"管理标准，营造"谦和"管理文化；制订"十三五"发展规划的实施方案；做好"十三五"期间队伍建设发展规划，围绕育人目标，完成育人体系框架的整体构建。建设"博雅教师"团队，构建"尊重课程"体系，打造"合作课堂"文化。不断调整完善三级课程建设方案；加强学科间整合和年段之间的衔接与过渡；深化"尊重—合作"课堂教学模式和学习探究作业本的研究与实践，努力形成具有本校特色的可持续课堂教学模式。以学生身体素质和艺术素养的提升为核心，以课堂教学为重点，以"两操一活动"和各项竞技比赛为载体，努力提升全体学生的体质健康水平和竞技水平。落实"一岗双责"，形成校长、分管校长、各口主管领导、班主任、授课教师、行政后勤服务人员等全员参与的安全网格式管理梯队。

（王京辉）

5月22日至6月15日，昌盛园小学举办"昌盛杯"足球篮球班级联赛 （昌盛园小学 供）

北京市昌平区城北中心小学

2017年，北京市昌平区城北中心小学下辖4所学校，分别为中心校六街小学、三街小学、东关小学和西关小学，4所学校总占地面积2.91万平方米、校舍建筑面积1.84万平方米，运动场地面积1.61万平方米。图书室藏书11.05万册。固定资产总值5235万元，全年教育经费投入8946.52万元。学校信息化经费投入313.70万元，拥有计算机876台，多媒体教室座位4200个，校园网出口总带宽1000Mbps，数字资源2000GB，"信息技术"课程1课时/周。普通教室102个、专用教室32个（包括实验室4个）。教职工300人，其中，高级职称23人、中级职称150人。专任教师290人，包括北京市骨干教师3人；本科及以上学历261人。开设教学班102个。毕业709人、招生618人、在校生3929人，包括非京籍学生1136人。学校有社团87个。

2017年，学校在"养正"文化引领下，充实完善文化城北教育内涵。举办"阳光体育、健康成长"2017年春季运动会、昌平区民族团结教育现场会暨《纲要》培训会、"管乐+我美好童年"星空管乐团家长开放日活动、"熔炼团队合作共赢"教职工户外拓展活动、"童心溢彩笔艺生辉"城北中心小学师生书画展、特色班级文化建设交流培训活动、全学科阅读活动、教职工"我是朗读者"朗诵比赛活动、干部"亮"课活动、"养好习惯之根"低年级入学课程阶段成果展示、"重走长征路 跨进新时代"社会实践活动、"行走在花开的路上"第九届德育论坛活动、"一封家书寄恩情"第六届感恩教育活动等教育教学活动。开展"互动反馈技术构建精准教学的实践研究""积极心理理念下培养小学生好习惯方法与途径的研究""运用积极语言评价提高小学高年级学生学习幸福感的研究”等课题研究。

（王英）

北京市昌平区南口镇小学

2017年，北京市昌平区南口镇小学占地面积1.33万平方米、建筑面积0.43万平方米，体育馆面积0.60万平方米。图书馆藏书1.60万册，电子图书10册。固定资产总值956.36万元，全年教育经费投入2058.40万元。学校信息化经费投入497.10万元，拥有计算机884台，多媒体教室座位952个，校园网出口总带宽1000Mbps，数字资源量3372GB，“信息技术”课程1课时/周。普通教室21个、专用教室8个、实验室1个。教职工70人，其中，高级职称4人、中级职称32人。专任教师66人，本科及以上学历61人。开设教学班21个。毕业89人、招生74人、在校生632人，包括外省市借读生247人。学校有社团30个。

2017年，学校围绕80周年校庆系列活动，以课程整体建设为重点，办人民满意的教育。继续深化课堂教学改革，以平板电脑教学为突破口，打造以学生为中心的生态课堂，促进课堂更加高效，整体提升教学质量和学生学科素养。贯彻落实《全民科学素质行动计划纲要》，开展STEM课程(STEM是科学、技术、工程、数学4门学科英文首字母的缩写)，机器人课程和3D打印等科技社团活动，培养小学生自主创新能力和科技素养。

（陶爱萍）

北京市昌平第二实验小学

2017年，北京市昌平第二实验小学占地面积3.09万平方米、建筑面积1.77万平方米，体育馆面积582平方米。图书馆藏书4.42万册。固定资产总值3769.14万元，全年教育经费投入4860.07万元。学校信息化经费投入144.90万元，拥有计算机269台，多媒体教室座位1977个，校园网出口总带宽1000Mbps，数字资源量265GB，“信息技术”课程1课时/周。普通教室56个、专用教室18个。教职工153人，其中，高级职称9人、中级职称44人。专任教师149人，本科及以上学历148人。开设教学班56个。毕业224人、招生443人、在校生1977人，包括外省市借读生981人。网址：www.cpshyex.com。

2017年，学校用活动助推成长，实现全方位、立体育人。体育节让学生从多元、立体的角度直观感受运动的魅力；读书节设置校园朗读者、龙娃娃读书课堂、龙娃娃剧场等活动；艺术节展示志趣、情怀、传承、扬帆4个篇章，让学生发现梦想、追寻梦想，并在实现梦想的过程中发现最好的自己；数科节，引领学生探索奥秘，启迪智慧。注重家校共育，针对家长需求，举办“家长学校大讲堂”课程11期，家长2300人次参加学习；开展“家校携手保安全”活动，230余名家长志愿者自愿报名参与上下学学校门口交通安全秩序维护。

11月8日至12月8日，昌平实验二小举办首届数学科技节（昌平实验二小　供）

（王建平）

北京市昌平区大东流中心小学

2017年，北京市昌平区大东流中心小学分两址办学，分别为大东流中心小学和大东流中心东官庄小学，2个校区总占地面积1.98万平方米、建筑面积0.44万平方米，运动场地面积1.20万平方米。图书馆(室)藏书11980册，电子图书263册。固定资产总值719.48万元，全年教育经费投入2564.57万元。学校信息化经费投入6.88万元，拥有计算机176台，多媒体教室座位379个，校园网出口总带宽1000Mbps，数字资源量830GB，“信息技术”课程1课时/周。普通教室18个、专用教室10个、实验室2个。教职工59人，其中，高级职称2人、中级职称34人。专任教师47人，本科及以上学历46人。开设教学班18个。毕业58人、招生65人、在校生379人，包括外省市借读生124人。学校有社团26个。网址：www.ddlxx.com。

2017年，学校围绕价值观“大赴任、赴大任”，以“赴

12月12日，大东流中心小学举办“梨园春”赴任娃新春京剧大联欢活动（大东流中心小学　供）

任教育，出彩童年”办学思想为引领，以“让每个孩子都有童年出彩的机会”为育人目标，以课程建设为实施途径，精心筛选祖国传统文化项目，创建丰富多彩的课程，通过课程实施，培养学生个性特长。实施以足球、书法、口琴“三足鼎立”课程引领下的京剧、舞蹈、造纸、衍纸、科学实验、花样跳绳、空竹、心理活动等其他课程百花齐放的课程体系，围绕课程开展“赴任娃送祝福”暨赴任书院迎新春笔会活动、体育节暨校园足球文化节、“梨园春”赴任娃新春京剧大联欢活动等大型活动，以活动检验课程开设的效果，推动课程深入开展。

（李国栋）

北京教育科学研究院大兴实验小学

2017 年，北京教育科学研究院大兴实验小学占地面积 9579 平方米、建筑面积 7663 平方米，运动场地面积 5565 平方米。图书馆（室）藏书 1.93 万册。固定资产总值 1243.68 万元，全年教育经费投入 1013.47 万元。学校拥有计算机 207 台，多媒体教室座位 40 个，校园网出口总带宽 20Mbps，数字资源量 2070GB，“信息技术”课程 9 课时 / 周。普通教室 20 个、专用教室 7 个。教职工 38 人，其中，中级职称 13 人。专任教师 32 人，本科及以上学历 32 人。开设教学班 12 个。在校生 393 人。学校有社团 13 个。

2017 年，学校以培养“健康、高雅”的小学生为目标。推进教育教学改革，主动进行“综合与实践”课程探索与实践、着力提升青年教师教育教学能力、关注学生课堂实际获得与核心素养培养。注重落实实践课程，开展农耕实践课程、走进中华耕织文化园、夜宿阅读大世界、寻访中华榜样、践行社会主义核心价值观、中华诗词大会等活动。鼓励教师开展小课题研究，搭建交流平台，促进教师快速发展。

（郝如冰）

北京市大兴区第二小学

2017 年，北京市大兴区第二小学分两址办学，分别为校本部和东校区，2 个校区总占地面积 2.06 万平方米、建筑面积 1.15 万平方米，运动场地面积 1.01 万平方米。图书

1 月 5 日，大兴二小举办“情润大课堂”展演活动

（大兴二小　供）

馆（室）藏书 2.59 万册。固定资产总值 4753.04 万元，全年教育经费投入 4813.29 万元。学校信息化经费投入 84.70 万元，拥有计算机 466 台，多媒体教室座位 80 个，校园网出口总带宽 10000Mbps，数字资源量 2800GB，“信息技术”课程 1 课时 / 周。普通教室 53 个、专用教室 14 个、实验室 3 个。教职工 186 人，其中，高级职称 5 人、中级职称 120 人。专任教师 161 人，包括北京市骨干教师 1 人；本科及以上学历 137 人。开设教学班 53 个。毕业 318 人、招生 327 人、在校生 2007 人，包括外省市借读生 236 人。学校有社团 34 个。网址：erxiao.dxschools.cn。

2017 年，学校开发满足学生兴趣和个性化需求的情润课程，艺术类、科技类、实践类等 60 余门校本课程让学生各有所长、各得其所、主动发展。根据课程建设目标与原则，将国家课程、地方课程、校本课程及学校社团有机融合，依托“价值教育”的内涵，本着“学生喜欢，适合学生，发展学生”，落实学校育人目标的原则，从润德、润智、润健、润美、润行 5 个课程领域，基础课程、拓展课程、实践课程、综合课程 4 个课程层次开发“情润课程”。从“识字、阅读、习作”3 个领域进行“语文整体改革”，形成学校“主题大单元教学体系”，编制成基于语文学科内的知识重构和资源统整的主题阅读校本教材，打破语文与其他学科的界限，构建跨学科、认知融合的“全景阅读”课程，实现打通学生学习场域、打通学科和时空，由课堂学习、校园活动延伸到社会这个大课堂的“全域学习”模式，让学生在实践中寻求发展。

（王慧莲）

北京市怀柔区第一小学

2017 年，北京市怀柔区第一小学占地面积 1.52 万平方米、校舍建筑面积 1.02 万平方米，运动场地面积 0.80 万平方米。图书馆藏书 4.67 万册。固定资产总值 3341.06 万

5月11日，怀柔一小教师瑜伽社团开课
（怀柔一小 供）

元，全年教育经费投入3971.02万元。学校信息化经费投入10.20万元，拥有计算机357台，多媒体教室座位2460个，校园网出口总带宽100Mbps，数字资源量850GB，“信息技术”课程1课时/周。普通教室40个、专用教室13个。教职工135人，其中，高级职称15人、中级职称88人。专任教师111人，包括北京市骨干教师1人；本科及以上学历122人。开设教学班40个。毕业285人、招生301人、在校生1632人。网址：www.bjhryx.com。

2017年，学校以课题引领提高教师研究能力。申报2个中国教育委员会“十三五”规划科研课题，并获全国首届基础教育国家级教学成果奖成果“自主识字，同步读写”基地示范校和中国教育学会“十三五”教育科研专项重点课题“青少年体能素质‘课课练’持续与拓展研究”课题实验学校等称号。

注重培育和践行核心价值观，在活动中培育和践行社会主义核心价值观，提升学生核心素养。举行“学守则、讲规范、见行动”行为规范教育月。开设“早间历史文化传承”“午间名人思想启迪”课，传承历史文化，彰显百年老校文化底蕴。加强班级文化育人阵地建设，利用阳光之家班主任工作论坛，制订班级文化建设实施方案。班主任通过论坛引领和班级经验介绍等方法，逐步规划出班级文化，完成各班班级文化建设方案和教室布置。

（张晓清）

北京市怀柔区第三小学

2017年，北京市怀柔区第三小学占地面积8086.89平方米、建筑面积6059平方米，体育场地面积3490平方米。图书馆藏书4.50万册。固定资产总值2203万元，全年教育经费投入3684万元。学校信息化经费投入49万元，拥有计算机303台，多媒体教室座位2000个，校园网出口总带宽100Mbps，数字资源量20GB，“信息技术”课程1课时/周。普通教室34个、专用教室4个。教职工124人，其中，高级职称14人、中级职称75人。专任教师106人，包括北京市骨干教师3人；本科及以上学历104人。开设教学班34个。毕业249人、招生263人、在校生1498人，包括外省市借读生52人。学校有社团76个。

2017年，学校构建节日文化课程。在实施学校“树型—慧信”课程体系的过程中，梳理部分传统活动，构建“慧信”节日文化课程，通过石榴节、长城文化节、毕业季等活动，以培育和践行社会主义核心价值观、提升学生核心素养为主线，凸显“以美育人，以文化人”特点。探索学科实践活动新模式，将数学学科课堂与生活紧密结合，设计基于生活实际问题的数学实践课；制订并落实《怀柔三小学生语文素养提升实施方案》，完善课程体系，加强学科之间的联系，以活动为载体提升学生语文核心素养。为学生印发《诗词手册》《英文词汇手册》，为学生学科知识积累提供必要的方法与支持。

（邢桂伶）

北京市平谷区靠山集中心小学

2017年，北京市平谷区靠山集中心小学占地面积2.16万平方米、校舍建筑面积0.49万平方米，运动场地面积0.46万平方米。图书馆（室）藏书1.30万册。固定资产总值903.26万元，全年教育经费投入2951.71万元。学校信息化经费投入5.21万元，拥有计算机137台，多媒体教室座位540个，校园网出口总带宽40Mbps，数字资源量500GB，“信息技术”课程1课时/周。普通教室14个、专用教室7个。教职工91人，其中，高级职称9人、中级职称57人。本科及以上学历72人。开设教学班14个。毕业57人、招生61人、在校生392人。

2017年，学校落实《靠山集中心小学振兴教育事业三年行动方案》，以导评结合、研做并重为手段，促进学校健康可持续发展。开展幼、小、中各学段衔接研究，提高教师课题研究能力。在“中国好老师京城百校联盟”项目研究引领下，启动实施市级新课题“‘云’技术支持下有效推进农村小学国学经典诵读的实践与研究”。以常规训练、教育教学中的小问题为抓手，开展“草根式”小课题研究。召开“关注核心素养，努力提高质量”家长会。入户家访，关注特殊学生。邀请西城区教育研修中心教研员为全体家长作《学做好家长，教育好孩子》专题讲座。推进体育、科技教育，成立男子足球队，学生获平谷区第15届小学生风筝节比赛集体一等奖。

（张立军）

北京市平谷区第八小学

2017年，北京市平谷区第八小学占地面积2.35万平方米、校舍建筑面积0.98万平方米，运动场地面积0.70万平方米。图书馆（室）藏书3.70万册。固定资产总值2021.19万元，全年教育经费投入2111.13万元。学校拥有计算机238台，多媒体教室座位1060个，校园网出口总带宽

200Mbps，数字资源量20GB，“信息技术”课程1课时/周。普通教室29个、专用教室18个。教职工86人，其中，高级职称11人、中级职称46人。专任教师69人，包括北京市骨干教师1人；本科及以上学历79人。开设教学班29个。毕业143人、招生200人、在校生1020人。

2017年，学校推进诚信教育，建设诚信课堂，开展诚信文化展示季表彰活动。落实推进《义务教育课程计划》，开设特色实践活动课程，跨学科开展综合实践活动，关注学生学科素养培养。落实《平谷八小振兴教育三年行动计划》。确定每学年5月和12月为实践活动月，由班主任、各学科教师、学生、家长共同设计活动主题、内容、标识、班牌和形式，家委会推选10名家长代表组成评委团参与活动。学校定期检查学科主题实践活动的方案、备课和过程性材料，学期末整理出刊《平谷八小学科实践活动优秀设计集》，循环使用，形成学科主题实践活动课程体系。

落实三年行动计划。通过定期调试课桌椅高度，教室培植绿色植物，开展“一毽、一绳、一小时”活动，统一“身正 肩平 脚稳”坐姿，加强保护眼睛宣传，学生近视率比上年降低2.62个百分点。全年召开2次全校型家长会，每月召开1次主题年级家长会，以家校协作为抓手，创建家校共育机制、搭建家校共育平台、开展家校共育活动、打造家长教育课程，家长满意度90.4%。借助东北师范大学云盘软件平台，参加北京教育学院“协同创新计划”移动信息技术市级课题研究，利用“平谷区中小学有效课堂展示交流暨平板电脑应用实验推进会”进行课题阶段展示。通过教师精准培养提高教师专业素质，依托教学改革提高课堂实效。

（岳俊清　倪满宝）

北京市平谷区黄松峪中心小学

2017年，北京市平谷区黄松峪中心小学占地面积8646平方米、校舍建筑面积4479平方米，运动场地面积4200平方米。图书馆（室）藏书2.05万册。固定资产总值1094.74万元，全年教育经费投入1343.12万元。学校信息化经费投入3.24万元，拥有计算机155台，多媒体教室座位326个，校园网出口总带宽100Mbps，数字资源量50GB，“信息技术”课程2课时/周。普通教室6个、专用教室8个。教职工56人，其中，高级职称4人、中级职称34人。专任教师53人，本科及以上学历46人。开设教学班6个。毕业26人、招生17人、在校生158人。

2017年，学校树立质量强校理念。通过干部兼课、包班、校本培训、基本功辅导、课题研究等互动推动课堂教学改革。语文学科开展习作和趣味语文知识检测；数学学科开展计算和数学能力检测；英语学科开展单词和口语检测；劳动、体育、科技、书法等学科开展学科竞赛活动，随活动产生“校园小达人”。打造“休闲文化教育”校本课程。开展“四个一”活动，“我与孩子共读书，我与孩子共健身，我与孩子共写作，我与孩子共写字”，并将学生作品汇集成册。

11月17日，黄松峪中心小学开展“我与孩子共成长”家长走进学校活动　（黄松峪中心小学　供）

丰富校本课程门类，打造艺术、制作、科技为主导的多元校本课程。开设古筝、葫芦丝、萨克斯等21类校本课程，提升学生的人文素养，提高学生整体素质，举办“山水放歌”杯学生才艺展示活动。

（杨海龙）

北京市密云区第四小学

2017年，北京市密云区第四小学占地面积1.13万平方米、校舍建筑面积0.51万平方米，运动场地面积7184平方米。固定资产总值1737.73万元，全年教育经费投入1836.21万元。图书馆（室）藏书4.30万册。普通教室24个、专用教室8个。学校信息化经费投入416万元，拥有计算机392台，多媒体教室座位1345个，校园网出口总带宽1000Mbps，数字资源量480GB，“信息技术”课程1课时/周。教职工72人，其中，中级职称37人。专任教师50人，包括北京市骨干教师4人；本科及以上学历70人。开设教学班24个。毕业181人、招生154人、在校生1016人。

2017年，学校相继开展专家进校园、“名师骨干展风采，幸福引领促成长”自主课堂展示和青年教师课堂展示评优活动。被评为全国综合实践活动课题研究先进实验学校、北京市中小学艺术教育特色学校、北京市文明校园、北京书香燕京学校组织先进单位、密云区教育新闻宣传工作先进集体。

打造数字化校园。精品录课室、室外体育设备、iPad互动教室、STEM智慧课程、数字音乐教室、校园广播系统、校园电视台、微课设备正式启用，所有设备不仅覆盖课堂教学，更辐射到教师培训、学生社团等多个领域之中，为数字化系统分析和大数据积累提供实现可能。11名教师在全国新媒体新技术课例比赛中获奖，学校被评为密云区2016-2017学年度小学平板互动教学先进单位。

创新教育载体，深化“阳光至爱”工程。确定“红心向党，用爱教育”师德教育主题，以“红”为主线，用价值理念浸润教师心灵，努力构建德育文化，相继开展“弘扬传统

9 月 27 日，密云四小举办校园科技嘉年华
（密云区教委 供）

文化 培育美丽少年”“预防校园欺凌 构建和谐校园环境”系列活动，落实立德树人根本任务，全面推进美丽少年教育，学校获北京市“星星火炬奖”。

（于海侠）

北京市密云区太师屯镇中心小学

2017 年，北京市密云区太师屯镇中心小学占地面积 1.89 万平方米、建筑面积 1.37 万平方米，运动场地面积 1.44 万平方米。图书室藏书 3.34 万册。固定资产总值 2651.53 万元，全年教育经费投入 817.60 万元。学校信息化经费投入 189.30 万元，拥有计算机 439 台，多媒体教室座位 1867 个，校园网出口总带宽 1000Mbps，数字资源量 4126GB，“信息技术”课程 1 课时 / 周。普通教室 36 个、专用教室 13 个。教职工 189 人，其中，高级职称 11 人、中级职称 89 人。专任教师 183 人，包括北京市骨干教师 1 人、北京市学科教学带头人 1 人；本科及以上学历 157 人。开设教学班 36 个。毕业 180 人、招生 136 人、在校生 917 人。

2017 年，学校推进“XZQ”生本课堂教学。深入开展“XZQ 课堂”评价量表的学习和研究，集中组织任课教师针对学科监控中展现的学生具体思维等级情况进行分析。依托教研活动，围绕“XZQ”课堂文化效果性和过程性评价量表确定研究专题。通过表彰优秀团队及个人，提高教师积极性，推动课程建设。深入开展音乐、美术、习字、串珠课程。增加手风琴、合唱团、二胡、尤克里里、吉他、架子鼓、书法、美术等社团的参与人数，努力打造精品社团。

挖掘 iPad 功能，做到互联网与教学、学习深度融合。进一步探讨四年级平板技术与学科课堂的有效整合。分别在 4 月和 10 月上旬，举办基于 iPad 学科教学展示交流活动。开发 iPad 辅助学习功能，聘请市区专家到校指导，开展 iPad 学科教学展示交流，利用 iPad 辅助学习，全面提升学生综合素质。

开展古诗词诵读活动，组织语文骨干核心力量着手开发《太师屯镇中心小学优秀古诗词诵读》微课程，制订优秀古诗词清单。各年级各班充分利用早读、晚间阅读以及在校闲散时间组织学生诵读。背诵量低年级不少于 50 首、中年级不少于 100 首、高年级不少于 200 首。举办师生“诗词大会”2 次，开展古诗词过关、师生诵读 PK 赛、诗词诵读“小达人”擂台赛等系列活动，并将教师古诗文诵读积累情况纳入期末量化评比。

（王士才）

北京市延庆区第二小学

2017 年，北京市延庆区第二小学占地面积 2.53 万平方米、建筑面积 1.83 万平方米，体育场（馆）面积 0.69 万平方米。图书馆藏书 7.02 万册。固定资产总值 3481.85 万元，全年教育经费投入 3673.29 万元。学校信息化经费投入 0.04 万元，拥有计算机 352 台，多媒体教室座位 1585 个，校园网出口总带宽 100Mbps，数字资源量 30GB，“信息技术”课程 1 课时 / 周。普通教室 36 个、专用教室 15 个、实验室 2 个。教职工 118 人，其中，副高级职称 11 人、中级职称 58 人。专任教师 101 人，包括北京市骨干教师 3 人。开设教学班 36 个。毕业 270 人、招生 257 人、在校生 1527 人。

2017 年，学校深化校本教研，制订校本教研方案，建立学校、学科组和个人三级教研体系。每学期参与区级学科教研 4 ～ 6 次，组织教师参与课改协作区、捆绑校区域教研，外聘专家指导、校内骨干带动引领校级教研。依据方案“五定”原则（定时间、定地点、定主题、定内容、定发言人），做好每周二学科组教研以及每天课前、课后随机教研，及时解决不同层面教学问题。

加强养成教育，以“促进习惯养成”为目标，以“学科课堂和德育活动”为主渠道，通过恰当教育措施和系列教育活动立德树人。完善学校、年级、班级志愿服务队工作，发挥文明礼仪岗、班委会、团队组织检查评比作用，开展“我是优秀小公民”“争创皇冠班级”等活动。

完善评价方式，重点落实实践操作类评价。以课标、学科改进意见、课程计划为导向，关注学生思想、过程、方法、思维、习惯以及灵活运用知识解决问题能力，关注实验操作、口头表达、听力、阅读、会话等方面内容。课堂上关注动手实践培养，科学实验要求每个实验人人过关。

（盛敏）

北京市延庆区第三小学

2017 年，北京市延庆区第三小学占地面积 1.57 万平方米、建筑面积 0.86 万平方米，体育场（馆）面积 0.45 万平方米。图书馆藏书 5.03 万册。固定资产总值 2764.29 万元，全年教育经费投入 3297.24 万元。学校信息化经费投入 103.70 万元，拥有计算机 372 台，多媒体教室座位 1793 个，校园网出口总带宽 100Mbps，数字资源量 600GB，“信息技术”

课程 1 课时 / 周。普通教室 31 个、专用教室 10 个、实验室 1 个。教职工 110 人，其中，副高级职称 9 人、中级职称 48 人。专任教师 103 人，包括北京市骨干教师 2 人。开设教学班 31 个。毕业 192 人、招生 205 人、在校生 1246 人。

2017 年，学校加强习惯培养，提高综合素质。开设“一米菜园”劳动实践活动课，编印《一米菜园研修手册》，组织“收获节”，让学生体验生命成长和劳动收获。以协同创新项目中合作分享课堂建设课题为抓手，借助高校研究力量进行课堂建设。利用行政会和教研活动持续进行合作分享课堂引领和指导。重视体艺和阅读，全体学生每天坚持 1 分钟跳绳训练，参加京剧、篆刻、芦苇画等经典课程和轮滑、沙画等创新课程学习。坚持菜单式走班运行模式，落实好每周三校本教学。20 名学生入选延庆区足球队，8 名学生入选延庆区冰雪队。

（马天兵）

北京市燕山东风小学

2017 年，北京市燕山东风小学占地面积 1.15 万平方米、建筑面积 0.46 万平方米，运动场地面积 0.30 万平方米。图书馆藏书 5 万册，电子图书 0.50 万册。固定资产总值 3200.55 万元，全年教育经费投入 1108.67 万元。学校信息化经费投入 450.92 万元，拥有计算机 300 台，多媒体教室座位 857 个，校园网出口总带宽 10Mbps，数字资源量 20GB，“信息技术”课程三年级至五年级 1 课时 / 周。普通教室 18 个、专用教室 12 个。教职工 34 人，其中，高级职称 2 人、中级职称 21 人。专任教师 31 人，本科及以上学历 29 人。开设教学班 10 个。毕业 68 人、招生 69 人、在校生 324 人。

2017 年，学校采用“一师双组”创新性校本教研方式，在保障学科教研组常规校本研修的基础上，开展年级教研组活动。依托全国足球特色校优质平台，重点推进校园足球校本课程，在全校各班开展足球校本课，安排中高年级足球课外活动，组建班级、年级、校级男、女足球队，开展特色足球活动。英语绘本阅读校本课程建设亮点突出，在三年级至五年级设置英语绘本校本课程，形成具有品牌特色的校本

4 月 5 日，燕山东风小学开展清明节“六个一”主题教育活动
（燕山东风小学　供）

课程。青年教师课程开发能力、科研实践能力得到显著提高。结合“清明节”“端午节”“中秋节”3 个传统节日，分别开展活动。以活动为载体，让学生在自觉参与中深化道德认识，践行道德规范，达到养成教育与实践活动的有机统一。

（盘京丹）

中学选介

北京市第二中学

2017 年，北京市第二中学占地面积 2.94 万平方米、建筑面积 4.52 万平方米，运动场地面积 0.74 万平方米。图书馆藏书 10.63 万册，包括电子图书 0.30 万册。固定资产总值 9378.41 万元，全年教育经费投入 1.03 亿元。学校信息化经费投入 360 万元，拥有计算机 520 台，多媒体教室座位 3358 个，校园网出口总带宽 350Mbps，数字资源量 20GB，“信息技术”课程 2 课时 / 周。普通教室 54 个、专用教室 5 个、实验室 31 个。教职工 251 人，其中，高级职称 123 人、中级职称 67 人。专任教师 213 人，包括特级教师 5 人、北京市骨干教师 6 人、北京市学科教学带头人 2 人；本科及以上学历 232 人。开设高中教学班 45 个。毕业 408 人、招生 405 人、在校生 1219 人。学校有社团 24 个，艺体团体 4 个。高中录取分数线 559 分（东城区），应届高考本科上线率 100%。网址：www.bjn2ms.net。

2017 年，学校以“生涯规划”为教育主题，基于教育集团平台下，深化考试招生制度改革，完善教育集团课程建设，落实北京市普通高中学业水平考试实施办法和普通高中学生综合素质评价办法，“尊重个性选择，鼓励多元发展”，促进学生全面而有个性的发展。针对北京市高考改革的情况平稳改革，持续关注学生学业发展过程，关注学科知识体系的落实及各项教学常规工作。建设部分学科选修 II 的校本教材和校本教学体系，针对优秀学生的学科拓展，编印语文、英语、数学、物理、化学校本读本，将学生兴趣引导到各学科上，同时为自主招生选拔打下基础。

（钮小桦）

北京市第一六六中学

2017 年，北京市第一六六中学占地面积 2.12 万平方米、建筑面积 2.46 万平方米，运动场地面积 0.64 万平方米。图书馆（室）藏书 9.14 万册。固定资产总值 7966.58 万元，全年教育经费投入 7390.16 万元。学校信息化经费投入 300 万元，拥有计算机 978 台，多媒体教室座位 3760 个，校园网出口总带宽 400Mbps，数字资源量 1.50TB，“信息技术”

课程 1 课时 / 周。普通教室 57 个、专用教室 25 个、实验室 11 个。教职工 260 人，其中，高级职称 86 人、中级职称 79 人。专任教师 226 人，包括特级教师 3 人、北京市骨干教师 2 人；本科及以上学历 226 人。开设教学班 50 个（初中 28 个、高中 22 个）。毕业 501 人（初中 239 人、高中 262 人）；招生 590 人（初中 355 人、高中 235 人）；在校生 1644 人（初中 920 人、高中 724 人），包括寄宿生 25 人，外省市借读生 138 人。高中录取分数线 539 分（东城区），应届高考本科上线率 100%。网址：www.bj166z.cn。

2017 年，学校关注组织优化和管理提升，构建学术支撑组织和学生自组织，即以学生为主体的学生政协和学生代表大会，以教师为主体的教职工代表大会和学术委员会的“双主体两翼治理结构”设计。通过与浙江等外省市学校联合研讨、与北京教育科学研究院联合视导等方式开展问题研究，推进课程与教学改革纵深发展。启动初高中成绩分析系统、排选课系统、走班管理系统等“互联网 +”工具的研发。系统梳理教育教学改革，“中小学美育发展的实践研究——融合国家大剧院优质资源，构建‘艺术 +’美育课程”“优化课程供给，凸显实践育人——深化博雅课程综合改革的实践研究”被推荐参评第五届首都基础教育教学成果奖。聘任专家、特级教师加入学校顾问委员会，在课堂教学诊断、教研组（备课组）常态教研、课程改革研讨等方面为教师专业成长提供针对性指导和帮助。

整合外部资源，推进京津冀教育协同发展、市级统筹优质教育资源、北京城市副中心教育配套建设等多项改革项目。与北京市房山区良乡第五中学、北京市通州区玉桥中学的新一轮城乡一体化战略合作启动。与首都师范大学的“教师教育合作共同体”发展项目启动。在湖南江永县、邢台市第十九中学、贵州省匀东中学等地区和学校建立教育扶贫项目。与芬兰、美国友好学校开展“STREAM 课程”国际论坛等。

（王蕾　朱竹）

北京市广渠门中学

2017 年，北京市广渠门中学分两址办学，分别为本校区和南校区，本校区占地面积 1.90 万平方米、建筑面积 2.78 万平方米，运动场地面积 9600 平方米；南校区占地面积 6393 平方米、建筑面积 6593.82 平方米，运动场地面积 1623.60 平方米。图书馆藏书 9.76 万册。固定资产总值 1.20 亿元，全年教育经费投入 0.75 亿元。学校信息化经费投入 706.47 万元，拥有计算机 1131 台，多媒体教室座位 3000 个，校园网出口总带宽 1000Mbps，数字资源量 2520GB，“信息技术”课程初中 2 课时 / 周、高中 2 课时 / 周。普通教室 67 个、专用教室 17 个、实验室 11 个。教职工 263 人，其中，高级职称 87 人、中级职称 84 人。专任教师 240 人，包括北京市骨干教师 4 人；本科及以上学历 256 人。开设教学班 67 个（初中 40 个、高中 27 个）。毕业 589 人（初中 352 人、高中 237 人）；招生 669 人（初中 395 人、高中 274 人）；在校生 1915 人（初中 1106 人、高中 809 人），包括寄宿生 514 人（初中 17 人、高中 497 人）。高中录取分数线 546 分（东城区）。

2017 年，学校举办题为“心怀匠心辉耀清渠，弦歌不辍筑梦杏坛”清华大学附属中学与广渠门中学高三教师师徒结对启动仪式；举办以“新学期 发现新的自己”为主题的大盒子活动，鼓励更多学生站上舞台。举办“凝聚育人智慧，打造全能宝妈”专家育儿讲座。金帆管乐团专场音乐会在北京音乐厅举行。星光合唱团在北京音乐厅举办“星光 · 如歌”汇报演出，参加第 14 届中国合唱节，获青少年组合唱比赛金奖第二名和最佳指挥奖。观鸟队参加第 16 届北京野鸭湖高校观鸟赛，再获雏鹰奖。

（吴臻）

北京市第五十中学

2017 年，北京市第五十中学占地面积 2.79 万平方米、建筑面积 2.42 万平方米，运动场地面积 1.01 万平方米。图书馆藏书 13.50 万册，包括电子图书 0.40 万册。固定资产总值 7869.22 万元，全年教育经费投入 6817.94 万元。学校信息化经费投入 301.14 万元，拥有计算机 807 台，数字资源量 10000GB，“信息技术”课程 2 课时 / 周。教职工 234 人，其中，高级职称 84 人、中级职称 63 人。专任教师 167 人，包括北京市骨干教师 1 人；本科及以上学历 228 人。开设教学班 48 个（初中、高中各 24 个）。毕业 479 人（初中 270 人、高中 209 人）；招生 543 人（初中 304 人、高中 239 人）；在校生 1562 人（初中 858 人、高中 704 人），包括寄宿生 172 人，外省市借读生 157 人。高中录取分数线 535 分（东城区），应届高考本科上线率 98.12%。

2017 年，学校推进教育改革。开设多门传统文化选修课，通过开展茶文化讲座和茶艺展示、古都南京和儒学胜地曲阜游学、曲艺进校园等活动，弘扬中华民族传统文化。开展《基于技术的教育教学转型新思考》和《基于技术下的教育改革》讲座，物理、化学、生物等教研组分别举办 Pad 技术应用

9 月 12 日，五十中与香港东华三院卢干庭纪念中学签约合作，并接待该校师生访问团　（五十中　供）

于课堂教学校本培训和互动交流活动。行政干部深入毕业年级组和课堂，听课254节，针对师德师风、课业负担、学习现状和需求等多方面问卷调研学生180人次，完成分析评价量表10个。

推进学生社团高品质发展，金帆舞蹈团创编多个经典作品，在市、区艺术节比赛中多次获奖。“雨燕”车队在全国青少年绿色能源车美国邀请赛资格选拔赛、东城区首届绿色能源车比赛中包揽全部奖项。星光电视台获“全国优秀百家校园电视台”称号。

加强校园安全建设，调整校园安全预案，严格进校车辆管理，更新校园监控系统、安装图像联网报警系统和防恐路障，设置电动车充电区，配置专用化学药品柜，楼道、台阶、讲台粘贴安全提示条，开展安全工作大排查大清理大整治活动。

扩大对外交流，与石家庄市第四中学建立友好合作校关系，与香港东华三院卢干庭纪念中学结成姊妹校，与北京市通州区甘棠中学签订友好协议。接待韩国光州崇一中学师生代表团、孟加拉国教育部官员来访交流，石家庄四中、北京市延庆区刘斌堡中学和拉萨市北京中学干部到校挂职。

（张剑平）

北京汇文中学

2017年，北京汇文中学在临时校区办学，原址在建设中。图书馆藏书10.79万册，包括电子图书10万册。固定资产总值6705.1万元，全年教育经费投入7285万元。学校信息化经费投入16.30万元，拥有计算机917台，多媒体教室座位582个，校园网出口总带宽1000Mbps，数字资源量5000GB，“信息技术”课程初中1课时/周、高中1课时/周。普通教室56个、专用教室31个、实验室14个。教职工220人，其中，高级职称85人、中级职称74人。专任教师160人，包括特级教师5人、北京市骨干教师4人、北京市学科教学带头人1人；本科及以上学历214人。开设教学班52个（初中28个、高中24个）。毕业565人（初中295人、高中270人）；招生663人（初中355人、高中308人）；在校生1926人（初中991人、高中935人），包括寄宿生64人，国际部学生70人。高中录取分数线545分（东城区）。北京汇文中学教育集团首批成员校包括北京汇文中学、北京市汇文第一小学、北京市东城区文汇小学、北京市文汇中学、北京汇文实验中学。网址：www.huiwen.edu.cn。

2017年，学校教学楼主体结构封顶。为完成北京市中高考英语听力考试任务，投资建成2间机读考试专用教室并投入使用。学校被列为东城区公祭场所，建成彭雪枫将军公祭广场。坚持全面育人，在中山音乐堂举办“我爱你中国——北京汇文中学2018新年音乐会暨金帆30周年北京市学生金帆艺术团汇文金帆合唱团专场演出”。美术学科参加国际狮子会和平海报大赛，1人获“和平之星奖”、6人获“梦想之星奖”。初中足球队在2017年中小学生足球联赛中打入四强。在北京市中小学游泳公开赛中，获100米蝶泳和200米自由泳项目冠军各1个。天文社与北京市通州区潞河中学天文社联合交流。学生会组织爱心图书馆图书募集，收到捐赠书籍1500余本。组织爱百福盲童之家公益活动。恢复北京汇文中学金钟电视台，制作节目4期。

（郭杰　王苗）

北京市第四中学

2017年，北京市第四中学分四址办学，分别为高中校区、初中校区、国际校区和广外校区，4个校区总占地面积9.22万平方米、建筑面积11.59万平方米，运动场地面积3.69万平方米。图书馆（室）藏书24.29万册，电子图书1205册。固定资产总值2.77亿元，全年教育经费投入1.96亿元。学校信息化经费投入614万元，拥有计算机1766台，多媒体教室座位5460个，校园网出口总带宽200Mbps，数字资源量500GB，“信息技术”课程初中2课时/周、高中2课时/周。普通教室84个、专用教室38个、实验室34个。教职工472人，其中，高级职称124人、中级职称74人。专任教师304人，包括特级教师8人、北京市骨干教师5人；本科及以上学历301人。开设教学班79个（初中42个、高中37个）。毕业844人（初中442人、高中402人）；招生981人（初中551人、高中430人）；在校生2768人（初中1490人、高中1278人），包括寄宿生358人。高中录取分数线名额分配558分（西城区）、统招557分（西城区）。

2017年，学校完成建校110周年庆祝活动。完善《新中高考改革背景下北京四中教学改革和课程建设方案》，召开干部会、教师会、学生会、家长会，为中高考改革奠定基础。3个校区开设近170门校本选修类课程，体现为学生个性发展提供服务的理念；如期完成人文拓展特色课；国博项目课程面向非毕业年级开设选修课；游学课程组织“滇西人文游学”并召开总结座谈会和主题班团会。初中部开展5期“北京四中大讲堂”。22名学生进入“英才培养计划”“后备人才培养计划”；学生获全国级科技竞赛奖励30余项，获全国青少年科技创新大赛一等奖1项、二等奖2项、专项与国际奖项3项，获明天小小科学家称号1人和明天小小科学家评选一等奖3人、二等奖2人、三等奖1人，获中国少年科学院“小院士”评选一等奖8人、二等奖10人。

推进科研工作，把教科研室建设成学校发展的“智力库”，组织教师提交北京市基础教育科学研究优秀论文83篇，2项区教委委托课题结题，5项区人才项目结题；6项区教师规划课题立项，1项人才项目立项；申报区教委重点课题1项，申报区人才项目2项。完成2016-2017学年度教育、教学论文评审，评出一等奖55篇、二等奖154篇、三等奖43篇，并印制成册。出版教师著作19本。举办“近年北京四中师生部分著作展示”，展示教师著作、校本教材及部分学生作品165种。

（郭琪）

北京市第八中学

2017年，北京市第八中学分六址办学，分别为本部金融街校区、西便门东里校区、西便门西里校区、白云观校区、木樨地校区和百万庄校区，6个校区总占地面积6.40万平方米、建筑面积8.56万平方米，运动场地面积2.60万平方米。图书馆藏书17.01万册，包括电子图书0.40万册。固定资产总值11.58亿元，全年教育经费投入2.41亿元。学校信息化经费投入1097.07万元，拥有计算机2994台，多媒体教室座位7715个，校园网出口总带宽4403Mbps，数字资源量271GB，“信息技术”课程2课时/周。教职工501人，其中，正高级职称3人、高级职称180人、中级职称156人。专任教师421人，包括特级教师4人、北京市骨干教师10人、北京市学科教学带头人2人；本科及以上学历472人。开设教学班108个（普通初中57个、普通高中32个、超常教育实验班13个、中美高中课程班6个）。毕业993人（初中555人、高中438人）；招生1279人（初中828人、高中451人）；在校生3550人（初中1930人、高中1190人、超常教育实验班430人），包括寄宿生296人。高中录取分数线550分（西城区）。设有附属小学。网址：www.no8ms.bj.cn。

2017年，学校进一步完善和深化课程结构建设，创新课程实施组织方式和学业发展指导方式。按照北京市高考改革方案，高一年级进入新一轮课程改革，课程设置为“基础必修”“选考强化”“项目选修”和“校本个性”4个类别，采取不同策略实施；采取“行政班+教学班”管理模式。选考科目开齐开足，物理、化学、生物、政治、历史、地理6个学科每周2课时必修，完成合格性考试需要，每个学生从这6个学科中任选4个，每周各加1课时；体育、技术、艺术等非高考科目实行项目式走班；校本选修课程、语文数学个性课程等为学生个性、特长和学术研究提供选择。作为首批中考改革年级，初三年级采取“必考+选考”编班模式组织教学。作为北京高、初中英语听力机考考点校，完成首次机考组考工作。与北京大学、清华大学等高校达成合作意向，通过广泛导师制等途径实现与大学在课程建设、课题研究、师资培训、学生培养等方面的深入合作。

3月25日，八中学生在第37届北京市青少年科技创新大赛决赛终评期间与观摩学生交流（八中 供）

科技、艺术、体育教育成果。科技教育着力于课程建设，在高中开设科技选修课的同时，与超常教育创新实践中心合作，整合优质教育资源，从低年级开始开设科技类选修课程。学生参加各级各类科技类竞赛500余人次，获“北京市青少年科技创新市长奖”，获第一届全国青少年环境论坛优胜奖4个。金帆交响乐团获北京市第20届学生艺术节市级展演管弦乐金帆组决赛金奖。冰球队获“2017年西城区中小学校际冰球联赛”中学组冠军和“2017年北京市中小学校际冰球联赛”中学组亚军。

整合优化超常教育，创新发展，以总结智力优秀学生素质开发实验班7年办学实践为基础，形成的《为拔尖创新人才打基础的智力优秀学生培养的创新实践与研究》获2017年北京市基础教育教学成果一等奖。承办西城区教育科研月专场，通过专题汇报、课堂观摩等展示学校超常教育新成效。推进国际化教育，学生在英国皇家化学新星挑战赛、全美经济学挑战赛等国际比赛中获奖。毕业生考取芝加哥大学、伯克利音乐学院、爱默生学院等美国名校。国际化教育教师职业发展基地举办第三期培训班。

（吴晋　李璠）

北京市第三十五中学

2017年，北京市第三十五中学分四址办学，分别为初中部、高中部、国际部和北京市贯通培养项目亦庄部，4个校区总占地面积5.80万平方米、建筑面积7.41万平方米，体育场面积1.15万平方米，绿化用地面积0.95万平方米。图书馆藏书9.87万册。固定资产总值1.18亿元，全年教育经费投入1.64亿元。学校信息化经费投入565.51万元，拥有计算机1054台，校园网出口总带宽4403Mbps，数字资源量6720GB，“信息技术”课程初中1课时/周、高中2课时/周。普通教室89个、专用教室126个、实验室48个。教职工360人，其中，高级职称105人、中级职称82人。专任教师296人，包括特级教师1人；本科及以上学历296人。开设教学班80个（初中42个、高中38个）。毕业704人（初中395人、高中309人）；招生1022人（初中641人、高中381人）；在校生2539人（初中1457人、高中1082人），包括寄宿生14人。高中录取分数线542分（西城区）。学校有学生和教师社团59个。网址：www.bj35.com。

2017年，学校打造科技与创新、人文与社会、艺术与审美三大特色课程，与清华大学合作建设的现代智能人工机器人实验室落成，依托十大高端科学探究实验室开展科技与创新课程的研发与实施，并与专业机构合作建设在线课程，获“全国科技教育创新十佳学校创新之星”（全国科技教育学校类最高奖项）；依托校内四合院和鲁迅故居，整合社会力量建设“中华人民共和国线装书申遗第一基地”和鲁迅纪念馆；举办中国国际青少年室内音乐节。将生涯教育纳入课程顶层设计，把每学期的小学段修学旅行形成体系和特色，并通过生涯课程、学生社团、慈善义工等形式引领学生开展生涯体验和生涯规划。形成师徒“结对”常规制度，成立“志成名师工作坊”，以教研组集体研究带动教师个体成长为途径，实施学部主任、教备研组长负责制，关注教育教学经验集成与成果转化。

（姜雪）

北京市育才学校

2017年，北京市育才学校为十二年一贯制学校，分三址办学，分别为本部校区、太平街校区和龙泉校区，3个校区总占地面积8.25万平方米、建筑面积5.25万平方米，运动场地面积2.40万平方米。图书馆（室）藏书28.07万册，包括电子图书394册。固定资产总值1.71亿元，全年教育经费投入2.02亿元。学校信息化经费投入170万元，拥有计算机1350台，多媒体教室座位4200个，校园网出口总带宽1000Mbps（共享），数字资源量420GB，“信息技术”课程小学和初中1课时/周、高中2课时/周。普通教室116个、专用教室47个。教职工547人，其中，高级职称158人、中级职称204人。专任教师405人，包括特级教师1人，北京市骨干教师5人；本科及以上学历508人。开设教学班110个（小学53个、初中35个、高中22个）。毕业877人（小学309人、初中297人、高中271人）；招生1129人（小学419人、初中470人、高中240人）；在校生3982人（小学2175人、初中1121人、高中686人），包括外省市借读生615人。高中录取分数线507分（西城区），应届高考本科上线率理科99%、文科95%。网址：www.bjyucai.com。

2017年，学校与房山韩村河学区签订合作协议；与中国芭蕾舞剧团的合作办学正式实施，共同探索学校与国家级高水平剧团的合作新模式。北京市西城区虎坊路幼儿园、北京市徐悲鸿中学纳入育才教育集团。北京市北纬路中学并入北京市育才学校。传承自身优秀文化，举办主题为“红色气质”的80周年校庆综合展示活动。以打造“四个育才”为主线，以红色育才为核心，开展多项师生教育活动。从4个方面总结红色育才的内涵，即“爱党爱国、忧国忧民的教育情怀；传承延安精神，践行社会主义核心价值观的价值追求；坚定党的教育路线，推进素质教育的办学方向；全心全意为人民服务的宗旨意识”。

10月28日，育才学校80周年校庆系列活动——“红色气质”文艺展演（育才学校 供）

（吴君艳）

北京师范大学附属中学

2017年，北京师范大学附属中学分三址办学，分别为东校区、南校区和西校区，3个校区总占地面积4.99万平方米、建筑面积6.58万平方米，运动场地面积1.20万平方米。图书馆（室）藏书17万册。固定资产总值1.75亿元，全年教育经费投入1.65亿元。学校信息化经费投入406万元，拥有计算机1111台，多媒体教室座位5360个，校园网出口总带宽东校区和西校区50Mbps、南校区4446Mbps，数字资源量23.70TB，“信息技术”课程初中1课时/周、高中2课时/周。普通教室98个、专用教室47个、实验室17个。教职工366人，其中，高级职称150人、中级职称130人。专任教师322人，包括特级教师9人、北京市骨干教师3人、北京市学科教学带头人2人；本科及以上学历348人。开设教学班77个（初中41个、高中36个）。毕业737人（初中326人、高中411人）；招生981人（初中585人、高中396人）；在校生2719人（初中1437人、高中1282人），包括寄宿生189人。高中录取分数线546分（西城区）。学校有社团87个。网址：www.bjsdfz.com。

2017年，学校对年级教学进行集中视导，关注常态课教学质量；引进新数字化校园平台，为日常教育教学提供数据支持。各学科完善并落实“课程建设三年规划”中的学期工作，继续深入学科核心素养研究；在新的中高考改革方案基础上，研究并制定学科中高考方案实施办法；录制各学科梳理教学重难点和核心知识点微课，满足学生个性化学习和自主学习需求。在首届新中高考年级，研究并施行各项改革方案，包括初三选考模式下的选科走班模式、模拟选科与排课、启动人文实验班和科技实验班项目等。完善教师培训体系，通过青年教师培训、继续教育培训、教育学院教师培训和项目交流培训等平台，加大“走出去，请进来”的力度，使教师始终接触最前沿的理念和实践经验。

（韩颖）

北京市第十四中学

2017年，北京市第十四中学分两址办学，分别为达官营校区和老墙根校区，2个校区总占地面积6.26万平方米、建筑面积5.22万平方米，运动场地面积2.54万平方米。图书馆藏书15.58万册。固定资产总值0.91亿元，全年教育经费投入1.27亿元。学校信息化经费投入108万元，拥有计算机1061台，多媒体教室座位120个，校园网出口总带宽4403Mbps，数字资源量15TB，“信息技术”课程初中1

5月19日，十四中校园篮球赛
（十四中 供）

课时/周、高中2课时/周。普通教室47个、专用教室38个、实验室16个。教职工286人，其中，高级职称94人、中级职称92人。专任教师209人，包括特级教师1人、北京市骨干教师6人；本科及以上学历209人。开设教学班44个（初中26个、高中18个）。毕业447人（初中221人、高中226人）；招生642人（初中403人、高中239人）；在校生1548人（初中868人、高中680人）。高中录取分数线526分（西城区）。学校有社团13个。网址：www.bj14.com.cn。

2017年，学校树立校园正风正气，举办“风华杯”青年教师基本功大赛，树立“博雅睿智”的教师队伍形象。教育综合改革不断深化，历史、地理、政治、体育教研组重新组合，加强学术研究和内涵发展。开展人才管理体制改革，尝试“管、办、评”分离。学生走班管理，深入研究高考改革，统筹考虑，定期交流。提升教师学科核心素养，课堂教学要求“十备”“十知道”。成立安彩凰、博雅、睿智3个名师工作室，提升教师业务水平。

（韩伟民　王茕　张练）

北京市楼梓庄中学

2017年，北京市楼梓庄中学为农村初中校，占地面积6.67万平方米、建筑面积0.97万平方米，运动场地面积2.25万平方米。图书馆（室）藏书3.21万册。固定资产总值3351万元，全年教育经费投入2057万元。学校信息化经费投入10万元，拥有计算机248台，多媒体教室座位1260个，校园网出口总带宽1000Mbps，数字资源量450GB，“信息技术”课程1课时/周。普通教室17个、专用教室13个、实验室4个。教职工53人，其中，高级职称6人、中级职称21人。专任教师50人，本科及以上学历53人。开设教学班15个。毕业75人、招生129人、在校生355人，包括外省市借读生328人。学校有社团15个。

2017年，学校以挖掘学科本质、提升学生学科素养、促进教师专业化水平提升、促进办学质量提高为工作重点。组织教研组校本研究、年级组研讨、全校教师培训以及校外交流研讨培训活动，逐步开展教师基本功展示活动。着力提升实验课质量以及学生英语口语听说训练效果，重视开放性科学课。深入推进“学探诊·五环节”课堂教学模式研究与实践，聚焦教研组建设与课堂教学模式研究，促进教师教学能力和学生学习能力提升。针对中考改革变化，初三年级实行选课走班。每学期进行同班就读学生筛查统计和评估工作，完善同班就读学生档案，对同班就读学生实施个别化辅导及训练。将学生行为规范表现纳入学生综合素质评价。举办“中小学生日常行为规范教育月”活动，推进《中小学生守则》和《中小学生行为规范》落实。深入开展时事政策教育、法治教育、防治欺凌教育等相关活动。

（李岩）

北京中学

2017年，北京中学新增小学部，为十二年一贯制学校，分两址办学，2个校区总占地面积3.26万平方米、建筑面积3.18万平方米，体育场（馆）面积1367平方米。图书馆（室）藏书2.79万册。固定资产总值1.33亿元，全年教育经费投入0.60亿元。学校信息化经费投入197万元，拥有计算机569台，多媒体教室座位2410个，校园网出口总带宽100Mbps，数字资源量3000GB，“信息技术”课程1课时/周。普通教室50个、专用教室63个、实验室11个。教职工116人，其中，高级职称42人、中级职称39人。专任教师92人，包括特级教师12人、北京市骨干教师5人、北京市学科教学带头人3人；本科及以上学历124人。开设教学班21个（中学19个、小学2个）。毕业125人（全部为中学生）；招生198人（中学96人、小学79人、“1+3”项目23人）；在校生482人（中学403人、小学79人）。学校有学生社团80个。网址：www.beijingacademy.com.cn。

2017年，学校以创新人才贯通培养为抓手，不断完善实验办学课程体系，构建基础、拓展和潜能三级课程体系，涉及语言与文学、数学、人文与社会、科学、技术、体育与健康、艺术7个领域以及学院、阅历、服务、雅趣、健身

6月12日，朝阳区教委在北京中学举办“STEM在朝阳”首届学生作品展示活动
（朝阳区教委 供）

5 个系列。形成按需走班、专项学习和模块授课三大走班授课实施策略，学生通过自修、研修、导修方式，选择相应班级，实现个性化自主学习。助推学生全面发展，学校辩论队参加 2017“华语辩论世界杯”，作为唯一破格参赛的初中生队伍，先后战胜中国人民大学、上海交通大学等高校挺进四强。科技创新项目在第 12 届中国少年科学院“小院士”课题研究成果全国展示交流活动中获一等奖。学生获第三届国际数学建模挑战赛（IMMC）一等奖以及第 12 届 DI 创新思维中国区总决赛一等奖，晋级全球赛。

（夏青峰）

北京市陈经纶中学

2017 年，北京市陈经纶中学分三址办学，分别为本校区、嘉铭分校和崇实分校，3 个校区总占地面积 7.53 万平方米、建筑面积 6.58 万平方米，运动场地面积 3.40 万平方米。图书馆（室）藏书 16 万册。固定资产总值 2.77 亿元，全年教育经费投入 3.02 亿元。学校信息化经费投入 756 万元，拥有计算机 2101 台，多媒体教室座位 7830 个，校园网出口总带宽 1024Mbps，数字资源量 3500GB，“信息技术”课程小学 0.5 课时 / 周、初中 1 课时 / 周、高中 2 课时 / 周。普通教室 113 个、专用教室 55 个、实验室 25 个。教职工 390 人，其中，高级职称 129 人、中级职称 102 人。专任教师 345 人，包括特级教师 13 人、北京市骨干教师 12 人、北京市学科教学带头人 2 人；本科及以上学历 345 人。开设教学班 109 个（小学 25 个、初中 50 个、高中 34 个）。毕业 748 人（小学 103 人、初中 346 人、高中 299 人）；招生 1180 人（小学 226 人、初中 574 人、高中 380 人）；在校生 3637 人（小学 959 人、初中 1570 人、高中 1108 人），包括寄宿生 748 人，外省市借读生人 736 人。高中录取分数线普通班 536 分（朝阳区）、实验班 550 分（朝阳区）。学校有社团 149 个。网址：www.bjcjl.net。

2017 年，学校全面启动集团管理推进模式，整合干部资源，改革原有组织机构，成立集团七部一室，分别为思想文化建设部、集团工作协调部、人力资源开发部、财务预算管理部、资产物业管理部、教育科研创新部、科体艺工作管理部和数字化建设办公室。开展全员校本培训和本部初中、保利分校捆绑式联合教研，建设阅读、计算、实践和哲学思考四大校本课程群，先后召开阅读课程、数学新异问题、网络课程、名师教学特色、政治学科活动型课程系列研讨会。

先后开展人生远足社会实践活动，提升学生社会实践能力；举办“百名标兵”表彰暨风采展示活动，有效发挥优秀学生榜样示范作用。开展“温馨教育家园”建设，统一集团各校区食谱，推出师生健康营养餐，改进物业工作质量。

（黄杰）

北京青年政治学院附属中学

2017 年，北京青年政治学院附属中学为十二年一贯制学校，分两址办学，分别为小学部校区和中学部校区，2 个校区总占地面积 1.90 万平方米、建筑面积 1.88 万平方米，运动场地面积 1.08 万平方米。图书馆（室）藏书 8.31 万册，电子图书 1432 册。固定资产总值 1.21 亿元，全年教育经费投入 0.61 亿元。学校信息化经费投入 33 万元，拥有计算机 852 台，多媒体教室座位 3096 个，校园网出口总带宽 30Mbps，数字资源量 1000GB，“信息技术”课程高中 2 课时 / 周、初中 1 课时 / 周、小学 0.5 课时 / 周。普通教室 61 个、专用教室 34 个、实验室 5 个。教职工 163 人，其中，高级职称 34 人、中级职称 61 人。专任教师 132 人，包括北京市骨干教师 1 人；本科及以上学历 131 人。开设教学班 45 个（小学 17 个、初中 13 个、高中 15 个）；毕业 264 人（小学 89 人、初中 104 人、高中 71 人）；招生 257 人（小学 68 人、初中 115 人、高中 74 人）；在校生 1083 人（小学 530 人、初中 296 人、高中 257 人），包括寄宿生 134 人，外省市借读生 562 人。高中录取分数线 459 分（朝阳区）、高中美术班录取分数线 388 分（朝阳区）；应届高考本科上线率 76.06%，美术特色生应届高考本科上线率 85%。学校有社团 53 个。

2017 年，学校打造优秀美术特色教育品牌。以新课程改革为契机，推进课程建设进程，完善美术及“1+3”特色课程建设，开发生涯规划课程，实施学科实践与研学。以课堂教学为核心，召开主题教学研讨会，形成学习共同体研究教学策略，借助美术特色专业优势开设系列特色美术选修课程。北京市艺术联考本科通过率 97.73%，通过北京市学生金帆书画院评审。组织 14 次校内培训和 30 人次外出学习，建立课题推进会、专家辅助、教研组长纳入课题评估和课题反馈制度，“十二五”区级规划课题研究成果《经纬德育模式的研究和建构》由东北师范大学出版社出版。高二年级师生以教师先报题、学生再选题的模式组建 15 个研究小组开展课题研究。开发 6 册校本教材，家长学校教材《家庭教育》由教育科学出版社出版。以社会主义核心价值观为主线构建德育实践活动课程体系，组织大型实践活动 42 次。

（黄春丽）

北京市第八十中学

2017 年，北京市第八十中学分两址办学，分别为望京校区和白家庄校区，2 个校区总占地面积 13.02 万平方米、建筑面积 12 万平方米，运动场地面积 3.56 万平方米。图书馆（室）藏书 18.86 万册，电子图书 10 万册。固定资产总值 5.75 亿元，全年教育经费投入 2.32 亿元。学校信息化经费投入 321 万元，拥有计算机 2986 台，多媒体教室座位 9196 个，校园网出口总带宽 2400Mbps，数字资源量 50TB，“信息技术”课程高中 2 课时 / 周、初中 1 课时 / 周。

7月11日，八十中首届英语口语课改展演
（八十中 供）

普通教室104个、专用教室52个、实验室51个。教职工408人，其中，高级职称159人、中级职称120人。专任教师365人，包括特级教师33人、北京市骨干教师11人；本科及以上学历365人。开设教学班95个（初中48个、高中47个）。毕业735人（初中422人、高中313人）；招生925人（初中509人、高中416人）；在校生2654人（初中1405人、高中1249人），包括寄宿生1186人，外省市借读生512人。高中录取分数线548分（朝阳区）。学校有社团70个。网址：www.bj80.com。

2017年，学校通过国际文凭IB课程（国际文凭组织IBO，为全球学生开设从幼儿园到大学预科的课程，为3～19岁学生提供智力、情感、个人发展、社会技能等方面的教育，使其获得学习、工作以及生存于世的各项能力）认证；通过美国非营利性国际认证组织AdvancED认证，成为中国首家通过该认证的公立学校。8名人被评为北京市特级教师。

落实三级立体课程结构，制订学校分层走班方案。初中课程以选考科目走班、必考科目分层走班模式实施。高中教学管理增设12类教学班，课程设置实行模块式分类、阶梯式分层原则。培育和践行社会主义核心价值观，通过重塑校训、“学家史，寻家训，传家风”、传统文化进校园、职业嘉年华等主题教育活动以及承办北京市2017年生涯指导实践创新现场会等途径，丰富德育工作内容和形式。

特色教育成果丰硕，2人获亚太信息学国际赛区金牌，3人获全国信息学竞赛金牌，78人获全国信息学联赛一等奖；科技教育获国际级奖项14项，国家级一等奖51项；机器人社团在第八届亚洲机器人锦标赛中国选拔赛中获全国冠军；1名学生获“北京市科技创新市长奖”；金帆管乐团、金帆舞蹈团、民乐团在北京市第22届学生艺术节中均获展演金奖；1名学生获全国中学生田径锦标赛铅球冠军。

（吴万辉）

北京市第十二中学

2017年，北京市第十二中学教育集团钱学森学校（东高地校区）揭牌，南站校区（原洋桥学校）全面并入教育集团，集团有本部校区、科丰校区、朗悦学校、南站校区、附属实验小学、附属幼儿园、钱学森学校7个校区，除隶属于房山区教委的朗悦学校和正在建设中的钱学森学校外，其他5个校区总占地面积13.19万平方米、校舍建筑面积11.04万平方米，体育场（馆）面积3.74万平方米。图书馆（室）藏书27.56万册。固定资产总值3.66亿元，全年教育经费投入1.59亿元。学校信息化经费投入0.13亿元，拥有计算机1901台，多媒体教室座位8970个，校园网出口总带宽100Mbps，数字资源量12TB，“信息技术”课程2课时/周。普通教室201个、专用教室84个、实验室46个。教职工498人，其中，高级职称208人、中级职称167人。专任教师429人，包括特级教师26人、北京市骨干教师14人、北京市学科教学带头人26人；本科及以上学历449人。开设教学班120个（幼儿园8个、小学23个、初中52个、高中37个）。毕业909人（小学14人、初中548人、高中347人）；招生1404人（幼儿园77人、小学176个、初中629人、高中522人）；在校生4007人（幼儿园174个、小学744个、初中1755人、高中1334人），包括寄宿生875人，外省市借读生527人。高中录取分数线541分（丰台区）。学校有社团60个。网址：www.bj12hs.com.cn。

2017年，十二中教育集团以“精进、创新、开放”为发展理念。举行十二中教育集团成立大会暨钱学森学校揭牌仪式，成为全国唯一一所获批以钱学森冠名的中学；钱学森学校首次面向全市招收高中新生。着力提升教学质量，先后举办“基于创新人才培养的育人方式变革”研讨活动和全国智慧教育新发展高峰论坛，入选清华大学“2017年生源中学”。文、理科重点率连续3年保持100%。中考平均分再次位居全市首位。16名学生获奥林匹克竞赛全国联赛一等奖。形成科技、艺术、体育、实践、国际五大教育特色。国家一级运动员、标枪选手刘哲凯夺得全国冠军、亚洲冠军和世界冠军；民乐团、舞蹈团、管乐团、国际部等远赴海外开启文化艺术修学之旅。

推进学生德育工作，举办北京市慈善义工联合会第二期公益论坛，成为全国首个“中学生学雷锋慈善公益联盟发起校”；十二中被中国宇航协会授予“全国航天特色学校”称号。在各校区初中学段设立“钱学森班”，在高中学段设立“钱学森航天实验班”。加强师资队伍建设，定期组织青

4月26日，“北京十二中钱学森学校”揭牌
（十二中 供）

年教师结对、青年教师论学课程班、优秀青年教师师德宣讲活动。学校获中华全国总工会颁发的全国五一劳动奖状。集团成立教师研修院，制订卓越青年教师培养计划，为教师专业发展提供高端平台。3 名教师获批成为正高级教师，7 名教师获批成为特级教师。

（刘志强）

北京市丰台区丰台第二中学

2017 年，北京市丰台区丰台第二中学分两址办学，分别为本部和初中部，2 个校区总占地面积 5.75 万平方米、建筑面积 2.93 万平方米，运动场地面积 1.25 万平方米。图书馆（室）藏书 16.16 万册，电子图书 455 册。固定资产总值 5934.94 万元，全年教育经费投入 9022.36 万元。学校信息化经费投入 209.70 万元，拥有计算机 1128 台，多媒体教室座位 3672 个，校园网出口总带宽 100Mbps，数字资源量 1634GB，“信息技术”课程 1 课时 / 周。普通教室 46 个、专用教室 33 个、实验室 20 个。教职工 243 人，其中，高级职称 87 人、中级职称 74 人。专任教师 222 人，包括特级教师 11 人、北京市骨干教师 15 人；本科及以上学历 229 人。开设教学班 45 个（初中 21 个、高中 24 个）。毕业 461 人（初中 227 人、高中 234 人）；招生 583 人（初中 339 人、高中 244 人）；在校生 1519 人（初中 744 人、高中 775 人），包括寄宿生 279 人，外省市借读生 14 人。高中录取分数线 529 分。北京丰台二中教育集团成员校包括本部、初中部、附属实验小学。学校有社团 16 个。网址：www.bjf2.ftedu.cn。

2017 年，学校开展集群工作，完成丰台镇教育集群发展规划；集群教师发展中心开展高、初、小、幼阶段师资培训；各学校实现通过“课程供给中心”约课上课。实施重大项目，深化与北京师范大学“促进学生核心素养与关键能力发展的学科教学理论与实践研究”项目合作，组织各学科开展项目课题研究，教师承担项目展示课 20 余节。开设 14 个学科 35 门选修课。研究型课程主要培养有学科潜质的学生进行学科深入研究，通过开设五大竞赛课程和活动类课程，培养学生学科专长。

实施生涯规划，完成学生生涯规划课程整体设计；组

1 月 15 日，丰台二中开展文明小使者进社区活动
（丰台二中　供）

织首届高一新生学前教育生涯夏令营活动，开设生涯规划专业课；利用传统阅读节在全校开展跳蚤市场职业体验活动；聘请 6 名不同领域的职业精英与学生交流经验；邀请北京大学等 30 余所国内外高校的丰台二中毕业生与高中各年级学生互动交流。打造精品活动，高三学生走进国子监举行成人仪式；推进学校少先队和共青团活动，暑期组织学生党校赴甘肃参观学习；组织高一学生完成 9 · 30 天安门广场献花任务；学生赴河北游学支教；举办以爱国为主题的诗歌朗诵比赛；组织学生参观“砥砺奋进的五年”大型成果展；金帆管乐团在国图艺术中心举办专场音乐会，并在全国中华小使者文化展示活动中获金奖。

（于婧　吴俊花）

北京市首都师范大学附属丽泽中学

2017 年，北京市首都师范大学附属丽泽中学教育集团分三址办学，分别为初中部、高中部和南校区，3 个校区总占地面积 4.49 万平方米、校舍建筑面积 2.83 万平方米，运动场地面积 0.91 万平方米。图书馆（室）藏书 6.90 万册，电子图书 1.50 万册 。固定资产总值 4061.67 万元，全年教育经费投入 7928.90 万元。学校信息化经费投入 187.87 万元，拥有计算机 420 台，多媒体教室座位 2560 个，校园网出口总带宽 10Mbps，数字资源量 120GB，“信息技术”课程 1 课时 / 周。普通教室 71 个、专用教室 22 个、实验室 16 个。教职工 299 人，其中，高级职称 102 人、中级职称 90 人。专任教师 269 人，包括特级教师 4 人、北京市骨干教师 4 人；本科及以上学历 276 人。开设教学班 44 个（初中 24 个、高中 20 个）。毕业 451 人（初中 241 人、高中 210 人）；招生 459 人（初中 249 人、高中 210 人）；在校生 1415 人（初中 750 人、高中 665 人），包括寄宿生 105 人，外省市借读生 64 人。高中录取分数线 512 分（丰台区）。学校有社团 56 个。网址：www.lzms.cn。

2017 年，学校作为丰台科技园区集群牵头校，用文化引领发展，以办学实力创造丽泽特色品牌。丰台区教委决定将北京市丰台第七中学整合并入首师大附属丽泽中学，成立首师大附属丽泽中学教育集团。以“两端式”生态课堂为着力点，提高课堂教学质量。以班级文化建设为落脚点，各班建立若干“君朋小组”，小组成员各自发挥优势特长，自主选择班级精神文化、自主管理班集体、自主召开主题班会、自主评价激励、自主布置教室环境。

（陈迎春）

北京市第十中学

2017 年，北京市第十中学分三址办学，分别为高中部、初中部和新疆班校区，3 个校区总占地面积 5.76 万平方米、

校舍建筑面积 1.24 万平方米，运动场地面积 1.66 万平方米。图书馆（室）藏书 5.69 万册。固定资产总值 6953.83 万元，全年教育经费投入 8644 万元。学校信息化经费投入 348.47 万元，拥有计算机 1211 台，多媒体教室座位 3500 个，校园网出口总带宽 100Mbps，数字资源量 5TB，“信息技术”课程 1 课时 / 周。普通教室 64 个、专用教室 34 个、实验室 14 个。教职工 231 人，其中，高级职称 97 人、中级职称 78 人。专任教师 231 人，包括特级教师 4 人、北京市骨干教师 4 人、北京市学科教学带头人 1 人；本科及以上学历 231 人。开设教学班 46 个（初中 16 个、高中 30 个）。毕业 466 人（初中 176 人、高中 290 人）；招生 481 人（初中 190 人、高中 291 人）；在校生 1408 人（初中 478 人、高中 930 人），包括寄宿生 407 人，外省市借读生 536 人。高中录取分数线 514 分（丰台区）。学校有社团 45 个。网址：www.bj10z.com.cn。

2017 年，学校借助专家团队，让教研活动主题化、专业化。聘请语文、化学、地理等专家团队进驻教研组，指导教研活动和教师教学实践；聘请北京师范大学专家指导英语、物理和数学教学改进研究。1 名教师获批成为特级教师、10 人获批成为北京市骨干教师。开设预科综合课程、开放性科学实践课、长辛店地区红色历史文化地方课程等特色课程。将人道教育课程纳入课表，组织参加在香港举办的全国人道教育经验交流会，并在交流会上发言。探索“导师制”，加强全员德育工作；举办学生干部培训班，倡导学生自主管理。1 名学生获评全国最美中学生、1 名学生获评北京市优秀共青团员。

（刘英丽）

北京市第十八中学

2017 年，北京市第十八中学分五址办学，分别为方庄校区、左安门校区、西马金润校区、附属实验小学、附属实验小学彩虹分校，并组成十八中教育集团，5 个校区总占地面积 8.55 万平方米、校舍建筑面积 6.04 万平方米，运动场地面积 3.67 万平方米。图书馆（室）藏书 20.14 万册，电子图书 41.68 万册。固定资产总值 2.16 亿元，全年教育经费投入 0.98 亿元。学校信息化经费投入 51 万元，拥有计算机 480 台，多媒体教室座位 5166 个，校园网出口总带宽 4000Mbps，数字资源量 5000GB，“信息技术”课程 2 课时 / 周。普通教室 150 个、专用教室 175 个、实验室 27 个。教职工 372 人，其中，高级职称 116 人、中级职称 113 人。专任教师 369 人，包括特级教师 11 人、北京市骨干教师 6 人、北京市学科教学带头人 1 人；本科及以上学历 346 人。开设教学班 84 个（小学 27 个、初中 33 个、高中 24 个）。毕业 713 人（小学 174 人、初中 309 人、高中 230 人）；招生 739 人（小学 163 人、初中 395 人、高中 181 人）；在校生 2658 人（小学 940 人、初中 1072 人、高中 646 人），包括寄宿生 151 人，外省市借读生 281 人。高中录取分数线 528 分（丰台区）。学校有社团 45 个。

2017 年，学校推动集团、集群化发展。集团舞蹈社团获北京市第 20 届学生艺术节舞蹈展演银奖；初、高中学生获 2017 亚洲机器人锦标赛中国选拔赛——华北区赛 VEX 机器人工程挑战赛二等奖。方庄教育集群举办“教师勇气更新研讨会——北京市丰台区方庄教育集群超越之旅”，吸引全国 55 所学校近 400 名教师参加。集群举办以“科技引领，携手创新”为主题的方庄教育集群第四届科技节以及面向全国教师的“让教育充满 AI——人工智能走进方庄教育集群峰会”，展示方庄教育集群融入 AI 教学的示范性课程。副市长王宁考察十八中与国奥金冠合作打造的方庄试验区，指出该试点为北京足球发展创造一个好的模式。集群举行北京 · 雄安、京张建立友好关系学校签约仪式。

（管杰）

北京市古城中学

2017 年，北京市古城中学分两址办学，分别为主校区和东校区，2 个校区总占地面积 3.18 万平方米、建筑面积 1.59 万平方米，运动场地面积 1.03 万平方米。图书馆（室）藏书 1.85 万册。固定资产总值 1.31 亿元，全年教育经费投入 4942.49 万元。学校信息化经费投入 25 万元，拥有计算机 508 台，多媒体教室座位 600 个，校园网出口总带宽 100Mbps，数字资源量 6TB，“信息技术”课程 2 课时 / 周。普通教室 49 个、专用教室 33 个、实验室 12 个。教职工 147 人，其中，高级职称 44 人、中级职称 45 人。专任教师 106 人，包括特级教师 2 人；本科及以上学历 114 人。开设教学班 23 个（初中 13 个、高中 10 个）。毕业 167 人（初中 95 人、高中 72 人）；招生 175 人（初中 117 人、高中 58 人）；在校生 512 人（初中 310 人、高中 202 人），包括寄宿生 51 人，外省市借读生 46 人。高中录取分数线西班牙语特色实验班 517 分、美术特色班 491 分（石景山区）。学校有社团 16 个。网址：gz.sjsedu.cn。

2017 年，学校创建“1+3”卓越工程师试验班、金声班等特色班级，高考本科率连续六年 100%。西班牙语特色

2 月 12 日至 2 月 20 日，古城中学西班牙语特色实验班学生访问西班牙圣伊西德罗中学（古城中学 供）

实验班开展友好校交换生项目，实地学习和了解西班牙教育教学情况；接待西班牙友好校交流访学，通过课堂展示，传播中国传统文化。组织“1+3”卓越工程师班学生走进清华大学游学，参观清华艺术博物馆，开展创意工作坊活动动手组装零件，参观清华基础工业训练中心楼内机器设备，了解历史变迁。金声班代表学校参加八角街道组织举办的“六一”儿童节“七彩阳光”文艺演出活动。

（姜斌　孙继红）

北京市第九中学

2017 年，北京市第九中学占地面积 6.30 万平方米、校舍建筑面积 1.18 万平方米，运动场馆面积 0.45 万平方米、运动场地面积 1.89 万平方米。固定资产总值 1.92 亿元，全年教育经费投入 0.74 亿元。学校拥有计算机 765 台，多媒体教室座位 275 个，校园网出口总带宽 1000Mbps，数字资源量 800GB。普通教室 60 个、专用教室 42 个、实验室 18 个、阅览室 2 个（提供师生阅读座位 350 个）。教职工 181 人，其中，高级职称 67 人、中级职称 47 人。专任教师 150 人，包括特级教师 1 人（政治学科）、北京市骨干教师 8 人、北京市学科教学带头人 1 人；本科及以上学历 150 人。开设高中教学班 38 个。毕业 437 人、招生 371 人、在校生 1288 人，包括寄宿生 424 人。高中录取分数线 504 分（石景山区），应届高考本科上线率文科 100%、理科 99%。网址：9z.sjsedu.cn。

2017 年，学校梳理学校文化体系，制定章程并由教师代表大会通过，充实学术委员会。坚持立德树人，提出“以学生为中心、以质量为中心、以课堂为中心”的工作思路。加强质量监控和质量分析，恢复招收科技特长生。纪念金帆舞蹈团成立 30 周年，自主编排新剧目《那条长路》。鸿鹄班、高三年级组、英语教研组获“青年文明号”称号。加强学校品牌建设，推动优质资源共享，接待国内外来访近两千人次，提升学校知名度。加强学校基础建设，进一步提升校园绿化，凸显“四季有绿、三季有花、一季有果”的特色。

（荀梦圆）

北京理工大学附属中学

2017 年，北京理工大学附属中学分九址办学，分别为本部、小学部、东校区、南校区、分校、理工附小（承办）、通州校区、良乡高教园校区和国际部，本部、小学部、东校区和南校区 4 个校区总占地面积 7.70 万平方米、建筑面积 7.86 万平方米，体育场面积 2.95 万平方米。图书馆藏书 20.31 万册。固定资产总值 2.19 亿元，全年教育经费投入 2.48 亿元。学校信息化经费投入 324.58 万元，拥有计算机 1000 余台，网络多媒体教室 126 个，网络多媒体教室座位 262 个，校园网出口总带宽 310Mbps，数字资源量 16TB。普通教室 143 个、专用教室 53 个、实验室 15 个。教职工 422 人，其中，高级教师 157 人、中级教师 161 人。专任教师 399 人，包括特级教师 9 人、北京市骨干教师 9 人、北京市学科教学带头人 1 人；专任教师中本科及以上学历 388 人。开设教学班 117 个（小学 22 个、初中 54 个、高中 41 个）。毕业 1136 人（小学 82 人、初中 525 人、高中 529 人）；招生 1419 人（小学 196 人、初中 796 人、高中 427 人）；在校生 4130 人（小学 805 人、初中 1950 人、高中 1375 人），另有非本市户籍借读生 729 人（小学 181 人、初中 508 人、高中 40 人）。高中录取分数线 541 分（海淀区）。应届高考本科上线率 100%。网址：www.lgfz.com.cn。

2017 年，学校发挥市级示范校优质教育资源辐射作用，东校区揭牌，正式招生。教育集团采取“一体化发展，一贯制教育”办学模式，建立由本校统管、校区执行的学籍层级管理体系；探索完成整体“公办寄宿”招生录取系列工作；实行各校区优秀学生到本部留学机制，本部优秀干部、骨干教师赴各校区管理及执教，多校区统筹发展。教育教学质量稳步提升，在自主招生中，北京大学、清华大学、上海交通大学等国内知名高校给予优秀学生政策倾斜。理科一本率 98%、文科一本率 100%。

构建起涵盖人格养成类课程、PSC 活动类课程、学科基础类课程和学科拓展类课程的“钻石型”发现课程体系；新增 STEAM（科学、技术、工程、艺术、数学）课程和阅历课程，成为北京教育学院 STEM 项目协同创新校；设立“学生发展中心”。与中国教育科学研究院签订合作协议，成为中国教科院首个基础教育研究基地和“发现教育基地”。更新培养模式，被授予海淀区少年科学院分院称号，3 名学生入选海淀区首届小院士（全区共计 100 人）；400 人次在科技竞赛中获奖，天文奥赛、机器人获国际奖牌。金帆管乐团获北京市学生艺术节金奖以及全国非职业管乐团队展演金奖。响应国家“一带一路”倡议，成为国际教育学校威酷联盟成员，打造“一带一路”文化交流品牌项目。

（文伟　彭警）

清华大学附属中学

2017 年，清华大学附属中学分三址办学，分别为校本部、将台路校区和奥林匹克森林公园校区，校本部占地面积 9 万平方米、建筑面积 8 万平方米，运动场地面积 2.21 万平方米。图书馆（室）藏书 13.67 万册。固定资产总值 5975 万元，全年教育经费投入 2.55 亿元。校本部信息化经费投入 347 万元，拥有计算机 800 台，多媒体教室座位 5000 个，校园网出口总带宽 200 Mbps，数字资源量 1000GB，“信息技术”课程初一年级和初二年级 1 课时 / 周、高一年级 2 课时 / 周。普通教室 100 个、专用教室 22 个、实验室 10 个。教职工 406 人，其中，高级职称 112 人、中级职称 65 人。专任教师 271 人，包括特级教师 24 人、北京市骨干教师 15 人、北京市学科教学带头人 2 人；本科及以上学历 369 人。开设教学班 90 个（初中 44 个、高中 46 个）。毕业 1129 人（初中 625 人、高中 504 人）；招生 1174 人（初中 592 人、高中 582 人）；在校生 3389 人（初中 1703 人、高中 1686 人），包括寄宿生 242 人，外省市借读生 156 人。高中录取分数线 557 分（海淀区）。校本部有社团 80 个。网址：www.qhfz.edu.cn。

2017 年，学校以“为领袖人才奠基”为使命，深化改革。自主研发的学生综合素质评价体系进入推广使用阶段，贵州、青海、黑龙江和陕西等地正式使用该系统。中国大学先修课程 (CAP) 新增 3 门课程，“线性代数”科目线下教材于 10 月出版，数十门 CAP 课程在学堂在线以慕课 (MOOC) 形式上线，修习总人数超过 20 万人次。中高考成绩优异。高考理科 674 分以上 26 人、文科 650 分以上 6 人，61 人被清华大学或北京大学录取。

7 月 5 日至 12 日，清华附中举办“清华科创·闻道致远”科技人文体验营 （清华附中 供）

奥林匹克森林公园、将台路校区成为北京市高中改革试点项目典型。承办北京市海淀区清河第五小学，该校更名为清华附中上地小学；承办的陕西省延安文安驿学校于 9 月开学。由华为公司出资，清华附中负责教育教学和运行管理的清澜山学校 9 月开学。

更新完善“诚志”学生综合素质评价系统，初高中非毕业班学生持续性添加个人成长记录、社会工作记录、学业评价记录等多模块内容。面向全校教师开展系统化、层次化的培训推进分层走班。开展大家巡讲、院士进校园、iTsinghua 学堂等特色活动。发展“互联网 + 教育”，将课堂教学与应用服务有机结合。

（王殿军 高岷）

中国人民大学附属中学

2017 年，中国人民大学附属中学占地面积 9.72 万平方米、建筑面积 11.53 万平方米，体育场（馆）面积 2.54 万平方米。图书馆藏书 16.50 万册。固定资产总值 2.57 亿元，全年教育经费投入 3.27 亿元。学校信息化经费投入 150 万元，拥有计算机 2045 台，多媒体教室座位 6850 个，校园网出口总带宽 500Mbps，数字资源量 40000GB，“信息技术”课程 1 课时 / 周。普通教室 156 个、实验室 54 个。教职工 550 人，其中，正高级职称 14 人、副高级职称 251 人、中级职称 194 人。专任教师 463 人，包括特级教师 27 人（在职 21 人、退休返聘 6 人），北京市骨干教师 17 人，北京市学科教学带头人 4 人。开设教学班 155 个（初中 60 个、高中 95 个）。毕业 1703 人（初中 691 人、高中 1012 人）；招生 1909 人（初中 806 人、高中 1103 人）；在校生 5936 人（初中 2446 人、高中 3490 人），包括寄宿生 733 人，外省市借读生 643 人。高中录取分数线 563 分（海淀区）。学校有社团 127 个。网址：www.rdfz.cn。

2017 年，学校继续落实“十二五”校本研修与培训，搭建高端平台。持续完善多元立体课程体系，开发综合实践活动课程，构建手机在线授课、慕课等多维网络授课体系，尝试导师制、走班制、翻转课堂等教学实践。开辟高端科技实验室，提升科技教育水平，培养学生创新意识和实践能力。组织学生参加各级各类体育、艺术展示与比赛。为促进基础教育优质均衡发展，连续十余年向周边薄弱学校和外省市学校输送干部、教师合计 109 人。

（庄云路）

北京市第二十中学

2017 年，北京市第二十中学分三址办学，分别为小营校区（本部）、新都校区和永泰校区，校本部占地面积 7.22 万平方米、建筑面积 3.21 万平方米，体育场（馆）面积 2.67 万平方米。图书馆（室）藏书 9.03 万册。固定资产总值 1524.61 万元，全年教育经费投入 1.35 亿元。学校信息化经费投入 220 万元，拥有计算机 500 台，多媒体教室座位 3000 个，校园网出口总带宽 250Mbps，数字资源量 300GB，“信息技术”课程初中 1 课时 / 周、高中 2 课时 / 周。普通教室 140 个、专用教室 34 个、实验室 12 个。教职工 267 人，其中，高级职称 104 人、中级职称 68 人。专任教师 253 人，包括特级教师 3 人、北京市骨干教师 6 人；本科及以上学历 263 人。开设教学班 73 个（初中 46 个、高中27个）。毕业825人（初中523人、高中302人）；招生936人（初中601人、高中335人）；在校生2630人（初中1677人、高中953人），包括寄宿生243人。高中录取分数线531分（海淀区），应届高考本科上线率98%。网址：www.bj20zx.com。

2017年，学校整合资源，建设以学生生涯发展为中心，以学生个性化发展为主线的初高中一体化学生发展指导体系，成立学生发展指导中心。开发"3L · 5F"五彩课程体系（覆盖基础必修、拓展应用与创新发展3个层次，包括品德与修为课程、人文与社会课程、身心与健康课程、艺术与审美课程和科学与技术课程5个系列）。在校本课程体系下，形成学生发展指导的4类课程——学科课程、社会实践课程、兴趣和特长课程、项目研究课程。

坚持活动育人，举办英语、化学校本研修邀约展示活动，海淀区高一、高二生物研究课展示及专题讲座；承办北京市学生海洋文化节，在全国海洋意识教育会上作经验交流。415名学生在各类学科竞赛、全国英语超级联赛和体育科技比赛中获奖。开展国际国内游学活动，组织10批294名师生前往11个国家开展12门学科的项目研究。组织初一、初二年级学生900余人到辽宁、天津、西安等地游学。初中部接待密云区4所学校220余名师生游学，采用混合编班形式，拓展学生学习空间。

（贺正东）

首都师范大学附属中学

2017年，首都师范大学附属中学占地面积3.42万平方米、建筑面积3.97万平方米，运动场地面积1.08万平方米。图书馆藏书10万册，电子图书1.50万册。固定资产总值2.19亿元，全年教育经费投入1.70亿元。学校信息化经费投入348.04万元，拥有计算机900台，多媒体教室座位4800个，校园网出口总带宽100Mbps，数字资源量50TB，"信息技术"课程2课时/周。普通教室65个、专用教室14个、实验室17个。教职工324人，其中，高级职称102人、中级职称86人。专任教师254人，包括特级教师11人；本科及以上学历253人。开设教学班65个（初中26个、高中39个）。毕业883人（初中444人、高中439人）；招生1059人（初中356人、高中703人）；在校生2754人（初中1056人、高中1698人），包括寄宿生130人，外省市借读生77人。高中录取分数线统招550分（海淀区）、名额分配548分（海淀区）。学校有社团46个。网址：www.cnuschool.org。

2017年，学校探索育人模式创新，为学生搭建课外活动实践平台。学生节、科技节、读书节等活动组成独特的校园文化。通过初中年级博识课、高中综合实践活动等校外教育活动培养学生创新意识和实践能力。各学科坚持梳理课程体系，逐渐完善四修课程体系。开设百余门选修课，网络选修课同步跟进。青牛创客教育以提升学生科技创新

12月2日，首师大附中首届"青牛杯"科技艺术创想邀请赛
（首师大附中　供）

能力为核心目标，探索科技类课程整合。学生在全国学科竞赛及天文奥赛决赛中，收获3枚金牌、1枚银牌、3枚铜牌，1人入选国家集训队，22人获北京市五大学科（数学、物理、化学、生物、信息学）竞赛一等奖。

（范广宁）

北京市中关村中学

2017年，北京市中关村中学分三址办学，分别为本部、清华园校区和双榆树校区，3个校区总占地面积5.31万平方米、建筑面积4.56万平方米，运动场地面积2.49万平方米。图书馆（室）藏书16.15万册，电子图书3535册。固定资产总值1.26亿元，全年教育经费投入1.20亿元。学校信息化经费投入800.94万元，拥有计算机1829台，多媒体教室座位4000个，校园网出口总带宽100Mbps，数字资源量14TB，"信息技术"课程1课时/周。普通教室99个、专用教室97个、实验室26个。教职工378人。专任教师310人，包括特级教师6人、北京市骨干教师8人、北京市学科教学带头人1人；本科及以上学历287人。开设教学班96个（初中60个、高中36个）。毕业1106人（初中700人、高中406人）；招生1120人（初中730人、高中390人）；在校生3450人（初中2025人、高中1425人）。高中录取分数线536分（海淀区）。学校有社团15个。网址:www.hdzgczx.bjedu.cn。

2017年，学校在解构原有课程基础上，设计"雁翔课程"，该课程模型具有一体两翼特征，全面培育学生科学素养和人文素养。完成3个校区英语听说机考考场装修改造工程、理化生实验室及库房装修改造工程、实验室设备更新改造工程，中关村校区报告厅装修改造工程等。学生武术队分获首届全国中小学生武术锦标赛高中组团体总分第一名，全国体育传统项目学校联赛武术赛团体冠军，北京市中小学生武术公开赛和北京市中小学生武术比赛初中、高中组团体冠军。

（张振环）

北京大学附属中学

2017年，北京大学附属中学占地面积5.16万平方米、建筑面积4.86万平方米，操场面积1.20万平方米、体育馆一期及教学北楼面积3.75万平方米。图书馆藏书10万册，电子图书与北大图书馆共享。固定资产总值5575.61万元，全年教育经费投入18640.11万元。学校信息化经费投入104万元，拥有计算机500台，多媒体教室座位3000个，校园网出口总带宽1229Mbps，数字资源量1TB，“信息技术”课程2课时/周。普通教室130个、专用教室96个、实验室8个。教职工399人，其中，正高级教师3人、副高级职称103人、中级职称92人。专任教师320人，包括特级教师7人、北京市骨干教师7人、北京市学科教学带头人4人；本科及以上学历371人。开设教学班84个（初中30个、高中54个）。毕业652人（初中224人、高中428人）；招生882人（初中344人、高中538人）；在校生2376人（初中831人、高中1545人）。高中录取分数线551分（海淀区），应届高考本科上线率100%。网址：www.pkuschool.edu.cn。

2017年，学校全面推进教育变革和校园建设。应对中高考改革，9月起，初中部依照初三学生的选考意愿开始实行走班选课新模式。元培课程首次向全体学生开放，非升学模式的初中元培计划历经6年调整，形成独立学生贯通培养体系，初中元培体系为本部高中输送优秀学生。高中部启动线上线下结合的混合课程建设，落实个性化学习，满足本部学生有效学习。预科部完成云课程升级，全面实施依托云平台资源的异步学习和基于问题反馈的个别化辅导。12月12日，北大附中朝阳未来学校落成。

国际部重构课程体系，提升课程标准，拓展对外合作，健全升学辅导中心，实行双导师制保证出国方向学生得到全方位指导。申请国外大学的学生100%收到录取通知书，6人被美国排名前10的大学及常春藤联盟学校录取，77%的学生被美国排名前50的大学和文理学院录取。3名教师被评为北京市特级教师，张思明当选“当代教育名家”。为激励品学兼优、勇于创新的学生，依托校友及社会资源，建立丰富多元的奖助学金体系，给予学生正向的成长激励与价值引领。1985届校友池燕明、李革出资300万设立周沛耕奖学金，校友李革出资200万设立苏世荣奖学金，以支持学校在学科竞赛方面发展。校内各大场馆陆续升级改造，设备升级后的场馆作为更专业的演出场地，为各类校园文化建设活动提供硬件支撑。

（赵彦芳）

北京市八一学校

2017年，北京市八一学校分五址办学，分别为本部、初三校区、小学部、附属玉泉中学和保定分校，本部、初三校区和小学部3个校区总占地面积14.80万平方米、建筑面积10.74万平方米，运动场地面积2.58万平方米。图书馆（室）藏书4.49万册，电子图书4300册。固定资产总值4.27亿元，全年教育经费投入2.20亿元。学校信息化经费投入360.34万元，拥有计算机1896台，网络多媒体教室348个（座位6502个），校园网出口总带宽200Mbps，数字资源量1400GB，“信息技术”课程2课时/周。普通教室236个、专用教室112个、实验室32个。专任教师416人，包括特级教师7人、北京市骨干教师8人。开设教学班124个（小学40个、初中48个、高中36个）。毕业1118人（小学130人、初中564人、高中424人）；招生1408人（小学286人、初中662人、高中460人）；在校生4633人（小学1471人、初中1823人、高中1339人），包括寄宿生76人，外省市借读生1105人。高中录取分数线543分（海淀区），应届高考本科上线率理科99.64%、文科92.86%。学校有社团80余个。网址：www.bavims.cn。

2017年，学校传承发扬红色文化传统，举办70周年校庆活动，全年开展传承和发扬红色纪念教育活动。海外首个孔子课堂——英国泽西奥特利尔孔子课堂运行顺利，组织师生100余人参观友好校奥特利尔中学，与该校师生交流学习，并到寄宿家庭互访。将“STEM+”（科学、技术、工程、数学）教育作为学校重点发展项目。开设金融与投资、市场营销、击剑等兴趣特长课程。深化实践小学一、二年级，“5+4”一贯制，小、初、高3个学段“聂荣臻班”的特色课程方案，探索集团内部的课程一贯化模式和形成一贯制的育人途径。重置学校课程方案，提供“分层分类”的多样化课程。

重视提升现代管理“品质”，引进研究型、高端型人才，形成具备跨学科素养、双语教学能力的复合型教师团队。打造重点教研组和重点教师工作室，与国内外大学及研究院所通过课程项目建立相关师资培养模式。在选课走班模式下，以学科教研基地建设为核心培养学科名师。

（左秋洁）

2017年，八一学校海外首个孔子课堂——英国泽西奥特利尔孔子课堂运行顺利 （八一学校 供）

北京市第一〇一中学

2017 年，北京市第一〇一中学分三址办学，分别为本部、初中部和温泉校区，3 个校区总占地面积 21 万平方米、建筑面积 5.80 万平方米，运动场地面积 4.16 万平方米。图书馆（室）藏书 15.04 万册，电子图书 13.40 万册。固定资产总值 2.58 亿元，全年教育经费投入 2.29 亿元。学校信息化经费投入 1108.93 万元，拥有计算机 2212 台，多媒体教室 138 个，校园网出口总带宽 210Mbps，数字资源量 47.50GB，“信息技术”课程初中 1 课时 / 周、高中 2 课时 / 周。普通教室 106 个、专用教室 30 个、实验室 14 个。教职工 419 人，其中，高级职称 161 人、中级职称 172 人。专任教师 343 人，包括特级教师 11 人、北京市骨干教师 16 人、北京市学科教学带头人 2 人；本科及以上学历 343 人。开设教学班 106 个（初中 61 个、高中 45 个）。毕业 1077 人（初中 628 人、高中 449 人）；招生 1487 人（初中 885 人、高中 602 人）；在校生 4001 人（初中 2255 人、高中 1746 人），包括寄宿生 986 人，外省市借读生 423 人。高中录取分数线 557 分（海淀区）。学校有社团 82 个。网址：www.beijing101.com。

2017 年，学校以“十二五”发展成果为基础，办人民满意的教育。新增 2 名正高级教师和 3 名特级教师，1 人入选国家“万人计划”教学名师，师资队伍得到进一步优化。开展基于学科核心素养培养的课堂教学实践研究，构建“自我教育”理念下的“卓越担当”课程体系建设、探索生态·智慧课堂理念下的多样综合的教学模式，优化“2+4”育人模式实验。开展传统文化进校园、生涯教育、核心价值观主题教育等活动。体育和科技艺术教育方面，为学生提供校内外、国内外展示和竞争的平台，在各级各类科技、艺术和体育比赛中成绩优异。

（张欣　鲁晓艳）

4 月 12 日至 13 日，一〇一中协助完成纪录片《奥利弗游中国》拍摄工作（一〇一中　供）

北京市育园中学

2017 年，北京市育园中学占地面积 1.50 万平方米、建筑面积 1.03 万平方米，体育场面积 4650 平方米。图书馆藏书 6.06 万册。固定资产总值 3739.42 万元，全年教育经费投入 3401.95 万元。学校信息化经费投入 10 万元，拥有计算机 419 台，多媒体教室座位 1520 个，校园网出口总带宽 1000Mbps，数字资源量 1GB，“信息技术”课程 2 课时 / 周。普通教室 24 个、专用教室 15 个、实验室 7 个。教职工 127 人，其中，高级职称 47 人、中级职称 49 人。专任教师 93 人，本科及以上学历 118 人。开设教学班 24 个。毕业 229 人、招生 240 人、在校生 762 人，包括寄宿生 304 人。高中录取分数线 468 分（门头沟区），应届高考本科上线率 93.67%。

2017 年，学校深入推进内部综合改革，构建全员评价体系。创造高效课堂教学景观，形成多样化人才培养模式，教育教学质量稳步提高。组织教职工学习教育部、市教委和门头沟区教委关于师德建设的文件及相关法律法规。加强学生思想道德教育和养成教育。利用开学典礼、每周一的升国旗仪式、国旗下讲话、重大节日、重大事件纪念日等活动，开展爱国主义教育和革命传统教育，并以主题月教育活动为抓手，结合本校实际，通过组织开展学雷锋月、道德宣传月、法制安全教育月等活动，提高学生思想道德素养。

（李纪洲　杨双武　李源）

北京市大峪中学分校

2017 年，北京市大峪中学分校占地面积 1.70 万平方米、建筑面积 1.60 万平方米，运动场地面积 0.73 万平方米。图书馆（室）藏书 5.28 万册。固定资产总值 2906.98 万元，全年教育经费投入 7197.75 万元。学校信息化经费投入 447.27 万元，拥有计算机 558 台，多媒体教室座位 2138 个，校园网出口总带宽 1000Mbps，数字资源量 4000GB，“信息技术”课程 2 课时 / 周。教职工 101 人，其中，高级职称 31 人、中级职称 42 人。专任教师 79 人，包括北京市骨干教师 1 人；本科及以上学历 98 人。开设初中教学班 24 个。毕业 260 人、招生 294 人、在校生 812 人，包括外省市借读生 39 人。

2017 年，学校贯彻落实新版《北京市中小学生日常行为规范》及《学生守则》文件精神，加强学校德育工作，强化日常管理，建立健全养成教育管理制度和运行机制。被评为北京市校园足球特色学校和北京市冰雪运动特色学校。注重学生品质培养，开展“少年传承中华传统美德”系列教育活动，以“仁爱共济 立己达人”“正心笃志 崇德弘毅”等为重点，结合传统节日，通过主题班队会、社团活动、社会大课堂等途径，开展人格修养和社会关爱教育。深化学校青年教师培养工作，完善青年教师“七个一工程”。开展适合青年教师发展的活动，召开新入职教师培训会，举办青年教师教学基本功比赛，继续开展读书沙龙交流活动及拓展实践活动。

（赵斌）

首都师范大学附属中学永定分校

2017 年，首都师范大学附属中学永定分校占地面积 3.60 万平方米、建筑面积 2.91 万平方米，运动场地面积 1.17 万平方米。图书馆（室）藏书 6 万册。固定资产总值 4820 万元，全年教育经费投入 5234 万元。学校信息化经费投入 842.01 万元，拥有计算机 428 台，多媒体教室座位 1357 个，校园网出口总带宽 1000Mbps，数字资源量 1024GB，“信息技术”课程 2 课时 / 周。教职工 151 人，其中，高级职称 56 人、中级职称 51 人。专任教师 117 人，包括北京市骨干教师 2 人；本科及以上学历 144 人。开设教学班 35 个（初中 19 个、高中 16 个）。毕业 299 人（初中 175 人、高中 124 人）；招生 378 人（初中 227 人、高中 151 人）；在校生 1114 人（初中 676 人、高中 438 人），包括寄宿生 438 人，外省市借读生 117 人。高中录取分数线 503 分（门头沟区），应届高考本科上线率 98.10%。网址：www.mtgydzx.bjedu.cn。

2017 年，学校创新办学模式，聚焦课程与课堂，全方位推进“六位一体”幸福教育格局。成立学生自主管理学院、实施责权统一的年级主任负责制、实行“双向选择，逐级聘任”双向聘任制系列组织变革，完善包括基础课程、拓展课程、实践课程 3 个层级和人文素养、创新实践、体艺健康、自主实践、开放课程 5 个维度的幸福课程体系，探索“5+X”自主多元的课堂教学模式。学生参加“卓越杯”全国中小学电子技术类学科师生教学大赛，获电子控制类第一名。学校金帆书画院入选北京市金帆书画院。

（武金芝）

北京市房山区良乡第二中学

2017 年，北京市房山区良乡第二中学占地面积 2.83 万平方米、建筑面积 1.79 万平方米，运动场地面积 1.57 万平方米。图书馆（室）藏书 5.46 万册。固定资产总值 5272.42 万元，全年教育经费投入 4781.33 万元。学校信息化经费投入 3.63 万元，拥有计算机 587 台，多媒体教室座位 2320 个，校园网出口总带宽 100Mbps，数字资源量 400GB，“信息技术”课程 1 课时 / 周。教职工 190 人，其中，高级职称 57 人、中级职称 72 人。专任教师 135 人，包括特级教师 1 人、北京市骨干教师 2 人、北京市学科教学带头人 1 人；本科及以上学历 135 人。开设初中教学班 36 个。毕业 514 人、招生 443 人、在校生 1136 人。网址：58.130.26.9。

2017 年，学校围绕“课程建设、课堂教学改革、核心素养提升、走班选考”核心词，聚焦课堂、聚焦学生开展各类教学工作。规范课堂教学常规管理，保证学校教学质量与时俱进；强化教学管理，面对中考改革，加强教研组建设，提高教学质量。以实施“梧桐文化”为核心开展德育工作，进一步构建德育框架，将科技节、艺术节、体育节、读书节“四个节”打造成学校的品牌活动。

（崔雪艳）

北京市通州区运河中学

2017 年，北京市通州区运河中学分两址办学，分别为初中部和高中部，2 个校区总占地面积 10.57 万平方米（初中部 4.59 万平方米、高中部 6.01 万平方米），建筑面积 7.69 万平方米（初中部 2.54 万平方米、高中部 5.15 万平方米）；体育场面积 4.41 万平方米（初中部 2.53 万平方米、高中部 1.88 万平方米）。图书馆藏书 8.27 万册。固定资产总值 1.27 亿元，全年教育经费投入 1.16 亿元。学校信息化经费投入 745.25 万元，拥有计算机 999 台，多媒体教室座位 3410 个，校园网出口总带宽 2750Mbps，数字资源量 5500GB，“信息技术”课程初中 1 课时 / 周、高中 2 课时 / 周。普通教室初中部 51 个、高中部 57 个；专用教室初中部 11 个、高中部 20 个；实验室初中部 13 个、高中部 22 个。教职工 303 人，其中，正高级职称 2 人、副高级职称 91 人、中级职称 85 人。专任教师 245 人，包括特级教师 4 人、北京市骨干教师 9 人、北京市学科教学带头人 1 人；本科及以上学历 256 人。开设教学班 62 个（初中 24 个、高中 38 个）。毕业 543 人（初中 175 人、高中 368 人）；招生 904 人（初中 344 人、高中 560 人）；在校生 2381 人（初中 783 人、高中 1598 人）。高中录取分数线 544 分（通州区）。网址：www.yunhe.net。

2017 年，运河中学按照“一校两址，初高中分部管理”办学模式。坚持“校兴科研、科研兴校”理念，获批“十三五”区级立项课题 16 项。推进德育工作，开展“传承中华传统美德”“培育和践行社会主义核心价值观”“道德大讲堂”“创全国文明城区 建文明和谐校园”和“四个一”社会实践等系列主题教育活动，全面提升学生综合素养。

坚持活动育人。根据学生兴趣爱好的需求，与校外资源单位合作，初中部开展包括足球、舞蹈、器乐、电子制作、书法绘画等艺术、体育、科技类活动课程，举办第二届初中部课外活动成果展演，展示活动成果。开设特色校本课程，

1 月 19 日，运河中学开展运河教育联盟小学冬令营活动

（运河中学　供）

包括税收文化讲座、知识产权走进校园、生涯规划之心理辅导等。通过走班制，开展研究性学习活动，教师开设研究课题 140 余个。学生选择感兴趣的课题参与研究学习，将研究性学习成果集中展示，并在《运河苑》校刊发表。举办学生“艺术节”，包括“一二·九”合唱比赛、高中学生话剧社团展演、初一年级英语戏剧展演等系列活动。

（刘凌）

北京市通州区潞河中学

2017 年，北京市通州区潞河中学占地面积 17.06 万平方米、建筑面积 9.01 万平方米，运动场地面积 0.69 万平方米。图书馆藏书 15.30 万册，包括电子图书 2.80 万册。固定资产总值 2.66 亿元，全年教育经费投入 1.89 亿元。学校信息化经费投入 2371.44 万元，拥有计算机 1624 台，多媒体教室座位 6030 个，校园网出口总带宽 3250Mbps，数字资源量 2000GB，“信息技术”课程初中 1 课时 / 周、高中 2 课时 / 周。教职工 386 人，其中，副高级及以上职称 158 人、中级职称 118 人。专任教师 309 人，包括特级教师 15 人、北京市骨干教师 13 人、北京市学科教学带头人 1 人；本科及以上学历 309 人。开设教学班 71 个（初中 26 个、高中 45 个）。毕业 787 人（初中 330 人、高中 457 人）；招生 988 人（初中 320 人、高中 668 人）；在校生 2721 人（初中 874 人、高中 1847 人），包括内地新疆高中班 477 人，寄宿生 979 人，外省市借读生 152 人。高中录取分数线 558 分（通州区），应届高考本科上线率 100%。网址：www.luhe.net。

2017 年，学校建校 150 周年，总结、梳理和传承学校的办学经验和文化传统，通过组织“中国少数民族教育学会内地新疆班专业委员 2017 年年会”“徐华校长教育实践研讨会”“建校 150 周年校友返校日”“全国校园文学馆落户潞河中学”“第五届亚太可持续发展教育专家会议”等文化建设活动，推动学校教育、教学、科研和社会服务等工作开展，扩大学校影响力。建设优质教师队伍，开拓市、区两级资源，加强学校干部、教师培训力度。学校新增正高级教师 1 人、特级教师 3 人。

开展教育教学综合改革，高中部实施新高考综合改革，根据教育部新修订的高中课程方案和各学科课程标准重新调整课程设置和教学。初中部全面实施北京市新修订的义务教育课程计划，初三年级全面实施选考走班教学。打造潞河中学“1+3”培养试验项目。

京津冀教育协同发展取得突破性进展，京津冀基础教育学校（中学）协同发展共同体工作会在潞河中学举行，学校正式与天津武清区天和城实验中学、河北省廊坊市第一中学结成共同体学校，潞河中学为 2017 年度轮值主席。3 所学校共同开展学校管理体系、学校课程建设、德育工作等专项研究工作，促进京津冀教育协同发展工作。

（梁娟）

北京市通州区永乐店中学

2017 年，北京市通州区永乐店中学占地面积 1.30 万平方米、建筑面积 8.76 万平方米、运动场地面积 2.95 万平方米。图书馆（室）藏书 20.80 万册，包括电子图书 10 万册。固定资产总值 8797.54 万元，全年教育经费投入 1.22 亿元。学校信息化经费投入 1258.36 万元，拥有计算机 733 台，多媒体教室座位 4848 个，校园网出口总带宽 1000Mbps，数字资源量 3TGB，“信息技术”课程 1 课时 / 周。教职工 268 人，其中，高级职称 82 人、中级职称 76 人。专任教师 206 人，包括特级教师 3 人、北京市骨干教师 5 人；本科及以上学历 212 人。开设教学班 50 个（初中 10 个、高中 40 个）。毕业 651 人（初中 80 人、高中 571 人）；招生 690 人（初中 131 人、高中 559 人）；在校生 2063 人（初中 313 人、高中 1750 人），包括寄宿生 1599 人、外省市借读生 100 人。高中录取分数线 512 分（通州区），应届高考本科上线率 96.7%。网址：www.yongzhong.net。

2017 年，学校成立永乐店教育联盟。联盟包括 11 所成员校和 1 所特邀友好校。永乐店中学教育联盟的总体目标是实现有特长的学生中小学贯通培养；实现联盟内资源共享，实现联盟内中小学课程的融通，实现联盟内横纵的学科联合教研，实现跨校联合开展课题研究，实现资优生培养追踪机制。课程设置实现必修课程校本化，选修课程特色化。初中历史、地理、生物和高中语文、英语、政治、生物、地理、化学等学科出版并投付使用极具永乐店中学特色的校本教材。坚持活动育人，承办京津冀诵读展演大赛，举办“希望之星”英语风采大赛，开展教育联盟教师心理活动。每周五利用两节课的时间，在学校体育馆、操场、游泳馆、专用教室开设毽球、羽毛球、足球、篮球、游泳、剪纸、播音主持、吉他、国画、围棋等课外活动。

（肖洋）

北京中加学校

2017 年，北京中加学校占地面积 7.19 万平方米、建筑面积 3.62 万平方米，运动场地面积 1.93 万平方米。图书馆藏书 3.60 万册，包括电子图书 4000 册。固定资产总值 1528 万元，全年教育经费投入 3403 万元。学校信息化经费投入 32 万元，拥有计算机 392 台，多媒体教室座位 320 个，校园网出口总带宽 100Mbps，数字资源量 13GB，“信息技术”课程 4 课时 / 周。教职工 150 人，其中，高级职称 8 人、中级职称 25 人。专任教师 56 人，包括特级教师 1 人、外籍教师 20 人；本科及以上学历 70 人。开设高中教学班 15 个。毕业 148 人、招生 109 人、在校生 359 人，包括寄宿生 359 人。高中录取分数线 450 分（通州区）。网址：www.ccsc.com.cn。

2017 年，学校创新管理制度，开展行政班、教学班

3月26日，中加学校举办建校20周年庆典
（中加学校　供）

相结合的分层走班工作，完善分层走班模式下教学资源、教学策略、教学方法、学生评价等工作，核心科目参照美国大学理事会AP考试（中文名为“美国大学预修课程考试”，适用于全球计划前往美国读本科的高中生，由美国大学理事会主持，AP成绩可以抵扣成功申请美国大学的学生入学后相应课程学分，也是美国各大学录取学生的重要依据）的标准及要求，实行“考教分离制”、定期反馈制等措施，将追求教育教学质量放到中心位置上。召开AP课程（针对AP考试科目开设的授课辅导，目前以微积分AB、微积分BC、统计学、物理、宏观经济学、微观经济课程为主）教师培训会，编写AP手册、AP校本教材。提供具有国际认证水平的课程及活动，获得爱丁堡公爵国际奖，英国素质教育COPE和AOPE证书和国际竞赛（数学、物理、化学、计算机等学科）证书等。通过圆方成员学校交流与世界融为一体，适应不同文化环境，熟知国际规则、增进国际理解，学生到世界范围内的所有圆方成员学校免费学习，学分、成绩等评价互相承认。

（何淼滔）

北京市顺义区高丽营学校

2017年，北京市顺义区高丽营学校为九年一贯制学校，占地面积7.33万平方米、建筑面积1.76万平方米，运动场地面积1.43万平方米。图书馆（室）藏书4.73万册，电子图书60册。固定资产总值2157.64万元，全年教育经费投入4661.38万元。学校信息化经费投入25万元，拥有计算机283台，多媒体教室座位967个，校园网出口总带宽100Mbps，数字资源量1000GB，“信息技术”课程1课时/周。普通教室29个、专用教室29个、实验室7个。教职工112人，其中，高级职称21人、中级职称49人。专任教师88人，本科及以上学历93人。开设教学班29个（小学23个、初中6个）。毕业209人（小学169人、初中40人）；招生243人（小学164人、初中79人）；在校生967人（小学780人、初中187人），包括外省市借读生613人。高中录取分数线418分（顺义区）。学校有社团52个。

2017年，学校提出“融通”教育理念，即“走向融通，为学生幸福人生奠基”，制定学校发展目标：打造融通型教师，培养融通型学生，建设融通型学校。构建“幸福成长课程”体系，着眼学生一生的发展，关注学生核心素养培养。规范管理生本常态课，每学期开展评优课、“聚焦生本、关注生成”常态展示课等活动。开设52门兴趣类选修课程，满足学生个性化、多样化发展需求。研发并使用《学生实践活动手册》和《健康成长我能行——家庭实践活动记录》2本拓展课程教材，在实践活动和家校联系中开展多元评价。

（贾凤兰）

北京市顺义牛栏山第一中学

2017年，北京市顺义牛栏山第一中学占地面积18.17万平方米、建筑面积12.34万平方米，运动场地面积3.53万平方米。图书馆（室）藏书13.17万册，电子图书9万册。固定资产总值1.30亿元，全年教育经费投入3.30亿元。学校信息化经费投入117.14万元，拥有计算机1164台，多媒体教室座位5500个，校园网出口总带宽1280Mbps，数字资源量50000GB，“信息技术”课程2课时/周。普通教室69个、专用教室26个、实验室17个。教职工390人，其中，高级职称153人、中级职称116人。专任教师304人，包括特级教师11人、北京市骨干教师19人、北京市学科教学带头人4人；本科及以上学历315人。开设教学班53个，其中，初中2个（“1+3”实验班）、高中51个。毕业610人（全部为高中生）；招生784人（初中90人、高中694人）；在校生2127人（初中90人、高中2037人），包括寄宿生2003人。高中录取分数线544分（顺义区）。学校有社团23个。网址：www.nlsyz.com.cn/niulanshan。

2017年，学校将“自觉+”教育逐渐渗透到课程建设、教学研究、德育等方面。课程、课堂共同发展，开设选修课116节，在原有“德育、健康、基础、拓展、特长”多元化课程体系的基础上，融入“自觉教育”理念，建立自律修养课程、自主探究课程、自强健体课程、自信体验课程的“四育”课程体系。在自主课堂方面，满足学生个性化需求，

11月2日，牛栏山一中展示“四育”课程——花卉校本选修课
（牛栏山一中　供）

并借助互联网和手持移动终端为学生提供学习资源。

师德、素养齐抓共建，与国内外高校合作开展教师培训，104 名骨干教师赴东北师范大学、华东师范大学接受培训，40 名教师赴加拿大和美国高校学习。继续实施“青蓝工程”，23 名新教师与校内名师结对。新入职教师“站稳讲台——我能行”展示课呈常态化；组织“激扬生命活力，唤醒成长自觉”课程建设展示大会、“深度融合课堂创新”全国公开展示课活动、全国不同风格与流派课改名家论坛暨第七届“牛栏山杯”同课异构与课程建设交流活动等。5 名教师被评为北京市特级教师，4 名教师被评为北京市学科教学带头人，19 名教师被评为北京市骨干教师。

品德、成绩协同成长，将德育工作放在各项工作之首，贯彻落实《日常行为规范》。开展“践行《行为规范》建设自律牛班”主题教育活动，全年评比 4 次，86 个班次被评为“自律牛班”；开展“重温传统文化经典，弘扬中华传统文化”阅读等活动；开辟走进西南、西北、江南“文化之旅”。高考一本率 86%，升入清华大学和北京大学 18 人，实现历史性突破。

（许坤）

北京市顺义区第一中学

2017 年，北京市顺义区第一中学占地面积 6.60 万平方米、建筑面积 5.44 万平方米，体育场面积 2.39 万平方米、体育馆面积 0.43 万平方米。图书馆藏书 12.10 万册，电子图书 2800 册。固定资产总值 1.29 亿元，全年教育经费投入 1.16 亿元。学校信息化经费投入 391 万元，拥有计算机 516 台，校园网出口总带宽 1100Mbps，数字资源量 12000GB，“信息技术”课程 1 课时 / 周。普通教室 54 个、专用教室 11 个、实验室 13 个。教职工 292 人，其中，正高级职称 1 人、高级职称 117 人、中级职称 95 人。专任教师 236 人，包括特级教师 7 人、北京市骨干教师 6 人、北京市学科教学带头人 4 人；本科及以上学历 280 人。开设高中教学班 45 个。毕业 593 人、招生 544 人、在校生 1772 人，包括寄宿生 1180 人。高中录取分数线 524 分（顺义区），应届高考本科上线率 94.3%。网址：www.syyz.bjedu.cn。

3 月起，顺义一中开设系列校本选修课程

（顺义一中 供）

2017 年，学校应对新高考改革，面对教师，开展《高考怎么改？我们怎么教？》专题讲座和新的综合素质评价专题培训；面对学生，开展《规范起步 梦想起航》专题培训和《改革，你我都是第一次》主题讲座；面对学生家长，开展《家校协作 幸福远航》专题培训。邀请名师为家长与学生进行生涯规划和自主招生专题讲座。推动课程和教学改革，数学学科提前 3 年开展分层走班教学实验，语文学科话剧表演选修课逐渐完善成为精品课程，英语学科原版电影配音课程提升人文性，历史学科开展“培养学生核心素养”区级重点课题研究，物理、化学、政治、地理学科分别开设学科与生活选修课。推进“学生为本教学法”项目（SCL）实施。学生 149 人次获国家、市级学科竞赛奖励，8 人获全国信息和科技竞赛一等奖，28 人获市级以上信息和科技竞赛奖励。增强教师队伍适应课程改革能力，组织干部教师赴华东师范大学培训，赴大连连海书院集中开展国学素养研修。开展备课组集体备课和学习交流活动、教案交流学习和展示活动、教师与学生同步考试答题活动、骨干教师示范课活动 13 节次、四步互助校本研修活动 210 节次。召开第 24 届新教师拜师会。

通过各类主题教育及社会大课堂活动等开展社会主义核心价值观教育；举办成语大赛、诗歌朗诵大会等系列活动，弘扬优秀传统文化。利用世界环境日、世界粮食日等时间节点，加强生态文明理念宣传教育，评选“文明之星”，促进学生养成良好的生态文明行为习惯。运动会“1 分钟入场式展示”活动，突显“绿色发展 生态文明”主题。坚持垃圾分类回收，全年回收塑料瓶 7 万个，废纸 700 公斤。新开发“湖湘红色行”游学线路，体验湖湘文化，感受红色精神。继续开展“西北文化行”“中华文化台湾行”活动，安排美国东、西海岸游学课程，体验多元文化。话剧社学生走进首都剧场观看《罗密欧与朱丽叶》（英文原版）等剧目。举办“中国人的审美与绘画”、昆曲《西厢记》、“月球探秘”等 9 场名家讲坛。

（李学园）

北京市昌平区第一中学

2017 年，北京市昌平区第一中学占地面积 6.80 万平方米、建筑面积 5.10 万平方米，体育馆面积 0.24 万平方米。图书馆藏书 11.90 万册，电子图书 2 万册。固定资产总值 1.18 亿元，全年教育经费投入 8436.81 万元。学校信息化经费投入 262.43 万元，拥有计算机 690 台，多媒体教室座位 2850 个，校园网出口总带宽 100Mbps，数字资源量 5GB，“信息技术”课程 1 课时 / 周。普通教室 62 个、专用教室 40 个。教职工 292 人，其中，高级职称 114 人、中级职称 70 人。专任教师 213 人，包括特级教师 6 人、北京市骨干教师 10 人、北京市学科教学带头人 3 人；本科及以上学历 274 人。开设教学班 62 个。毕业 575 人、招生 772 人、在校生 2043 人。网址：www.cpyz.org.cn。

2017 年，学校通过实施“虚拟学校”项目和“PAD 教学”项目，完成网络环境下和 PAD 支持下的“生本课堂”教学模式优化。探索“分层走班”，在体艺学科完善“选项走班”。基于“1+3”项目，探索贯通培养的培养目标、培养方式、培养途径等方面内容。推进创新人才培养项目，落实分子与细胞重点实验室、航空工作室、人工智能实验室等课程建设。加强理论研究，开发德育系列课程，实施“爱的教育”“责任教育”“心理健康教育”等德育系列课程，构建家长与学校之间互动的新渠道。

（殷井泉）

北京市昌平区第二中学

2017 年，北京市昌平区第二中学分两址办学，分别为政府街校区和回龙观校区，2 个校区总占地面积 8.50 万平方米、建筑面积 6.84 万平方米，体育场（馆）面积 3.69 万平方米。图书馆（室）藏书 13.90 万册，电子图书 1583 册。固定资产总值 1.12 亿元，全年教育经费投入 1.29 亿元。学校拥有计算机 1070 台，多媒体教室座位 4960 个，校园网出口总带宽 100Mbps，数字资源量 480GB，“信息技术”课程 2 课时 / 周。普通教室 88 个、专用教室 36 个。教职工 371 人，其中，高级职称 140 人、中级职称 121 人。专任教师 290 人，包括特级教师 9 人、北京市骨干教师 5 人；本科及以上学历 346 人。开设教学班 79 个，毕业 731 人、招生 714 人、在校生 2497 人，网址：www.bjcpez.net。

2017 年，学校德育工作以“问题导向”培养模式，举办生涯规划课、综合实践课、辩论赛等活动。组织 60 名学生走进大学和科研院所参加科学体验课程培训，150 名学生参加京外科学考察活动。继续开展体育特色教育，学生在全国中学生田径比赛中获 1 枚金牌和 4 枚铜牌，在市级比赛中获 8 枚金牌、15 枚银牌和 13 枚铜牌；曲棍球队获市级比赛团体第一名；学校被教育部命名为“全国篮球特色校”和“全国足球特色校”。在北京市第 20 届学生艺术节中，金帆民乐团、管乐团、舞蹈团均获金奖。学校获民族韵律操比赛“最佳表演奖”。民乐团分别在国家图书馆艺术中心和国家大剧院参与“春之声”首届京城教育媒体新春音乐会和“驼铃古道传国乐”——青少年普及音乐会民乐专场。管乐团举办“青春唱响十九大 · 不忘初心跟党走”暨纪念“一二 · 九”82 周年暨昌平二中管乐团成立 15 周年管乐专场音乐会。

（秦卫红）

北京市第十五中学南口学校

2017 年，北京市第十五中学南口学校占地面积 9.60 万平方米、建筑面积 3.23 万平方米，体育馆面积 1330 平方米。图书馆藏书 4.50 万册，电子图书 10 万册。固定资产总值 3190.95 万元，全年教育经费投入 4272.48 万元。学校信息化经费投入 120.46 万元，拥有计算机 456 台，多媒体教室座位 2320 个，校园网出口总带宽 1000Mbps，数字资源量 10TB，“信息技术”课程初中 1 课时 / 周、高中 2 课时 / 周。普通教室 42 个、专用教室 25 个、实验室 12 个。教职工 161 人，其中，高级职称 48 人、中级职称 49 人。专任教师 155 人，本科及以上学历 154 人。开设教学班 18 个（初中 12 个、高中 6 个）。毕业 99 人（全部为初中生）；招生 235 人（初中 155 人、高中 80 人）；在校生 590 人（初中 356 人、高中 234 人），包括寄宿生 285 人，外省市借读生 131 人。高中录取分数线 490 分（昌平区）。学校有社团 15 个。网址：www.15nkxx.net。

2017 年，学校开展参观“砥砺奋进的五年”大型成就展、天安门观看升旗仪式、清华大学名校游学等实践活动；以开设藻井欣赏与彩绘、足球、机器人等品牌德育课程为依托，提高学生核心素养。教学工作根据“兴趣切入，方法引路，分层教学，分类推进”原则，围绕“定目标、找差距、寻方法、升品质”思路，开展课例展示、专家指导、学生活动、集中培训等活动。全年申请市级专项资金 210 余万元，主要用于数字化物理实验室建设和校园绿化 2 个方面（数字化物理实验室投入 120 余万元、校园绿化项目投入 80 余万元）。自筹资金 37 万元，主

5 月 13 日至 14 日，昌平二中承办北京市中小学生曲棍球比赛
（昌平二中　供）

要用于校园主动入侵报警系统及 1 个景观水池建设。

（程红玲）

北京市大兴区德茂中学

2017 年，北京市大兴区德茂中学占地面积 2.53 万平方米、建筑面积 1.11 万平方米，体育场（馆）面积 0.77 万平方米。图书馆藏书 2.60 万册。固定资产总值 3403.47 万元，全年教育经费投入 3153.36 万元。学校信息化经费投入 2.89 万元，拥有计算机 267 台，多媒体教室座位 800 个，校园网出口总带宽 30Mbps，数字资源量 100GB，“信息技术”课程 1 课时 / 周。普通教室 50 个、专用教室 13 个、实验室 7 个。教职工 92 人，其中，高级职称 20 人、中级职称 25 人。专任教师 68 人，包括特级教师 1 人、北京市骨干教师 3 人、北京市学科教学带头人 2 人；本科及以上学历 86 人。开设初中教学班 15 个。毕业 200 人、招生 139 人、在校生 442 人，包括住宿生 26 人。网址：dmzx.dxschools.cn。

2017 年，学校坚持全面实施素质教育，开设魅力课程，金帆民乐团、合唱团领航发展。开展协作区联片教研，组织教师参加第六轮教师基本功培训和展示活动。支持教师短期访学，开展 7 次跨省对口援助交流工作。成立德茂名师工作室，邀请北京市中考学科专家到学校指导中考工作。组织班主任利用晨检、班会落实《中学生日常行为规范》和《德茂中学一日常规》，结合学生值周、每月评选优秀班集体和活力之星。注重活动育人，开展体育文化节、器乐独奏大赛、歌手争霸赛、“爱心义卖”活动等特色教育活动，开展金帆民乐团与国际乐团学生交流演出活动。召开班主任工作研讨会和骨干班主任经验交流会，组织班主任定期参加各级培训及外出交流，组织优秀班主任接待湖北十堰班主任到校跟岗交流学习。

（赵辉）

12 月 18 日，德茂中学金帆民乐团专场音乐会

（德茂中学　供）

北京亦庄实验中学

2017 年，北京亦庄实验中学占地面积 9.86 万平方米、建筑面积 11.83 万平方米，运动场地面积 1.93 万平方米。图书馆藏书 4.14 万册，电子图书 3000 册。固定资产总值 4897.54 万元，全年教育经费投入 4947.82 万元。学校信息化经费投入 3000 万元，拥有计算机 655 台，多媒体教室座位 5160 个，校园网出口总带宽 30Mbps，数字资源量 100GB，“信息技术”课程 2 课时 / 周。普通教室 153 个、专用教室 28 个、实验室 47 个。教职工 130 人，其中，高级职称 10 人、中级职称 4 人。专任教师 105 人，包括特级教师 1 人；本科及以上学历 126 人。开设教学班 35 个（初中 28 个、高中 7 个）。招生 390 人（初中 271 人、高中 119 人）；在校生 680 人（初中 531 人、高中 119 人、国际部 30 人），包括寄宿生 356 人，外省市借读生 39 人。高中录取分数线 549 分（大兴区）。学校有社团 62 个。网址：www.bjeaedu.com。

2017 年，学校从组织结构、管理体系、学校文化 3 个方面系统架构，推行全面质量管理，构建学校全面质量管理体系。在强化过程管理的基础上，建立校内诊断项目组，利用诊断反馈数据改进课堂教学、改善服务保障。通过名师工作室、重大问题研究工作坊等途径，提升教研科研能力。获北京市教育科学“十三五”规划优先关注课题 1 项、大兴区教育科学规划课题 2 项。加强课程顶层设计，坚持“顶天立地”的课程架构，丰富课程体系。开发校本课程 140 门，编写教材 45 本、读本 6 本，约 160 万字。初步形成“选课走班，一制三化”育人模式。为每名学生定制课程表，方便其自主选择、自主管理。

（张珊珊）

北京市大兴区第一中学

2017 年，北京市大兴区第一中学占地面积 7.01 万平方米、建筑面积 5.38 万平方米，体育场（馆）面积 1.29 万平方米。图书馆（室）藏书 1.26 万册。固定资产总值 1.73 亿元，全年教育经费投入 3.45 亿元（包括西校区建设费）。学校信息化经费投入 74.90 万元，拥有计算机 1269 台，多媒体教室座位 3620 个，校园网出口总带宽 1500Mbps，数字资源量 100GB，“信息技术”课程初中 1 课时 / 周、高中 2 课时 / 周。普通教室 79 个、专用教室 25 个、实验室 13 个。教职工 355 人，其中，高级职称 142 人、中级职称 120 人。专任教师 266 人，包括特级教师 3 人、北京市骨干教师 14 人、北京市学科教学带头人 1 人。开设教学班 67 个（初中 29 个、高中 38 个）。毕业 818 人（初中 404 人、高中 414 人）；招生 886 人（初中 334 人、高中 552 人）；在校生 2618 人（初中 1025 人、高中 1593 人），包括寄宿生 398 人。高中录取分数线 528 分（大兴区），应届高考本科上线率 99%。

2017 年，学校注重青年教师培养，制订并落实《大兴一中新教师培养计划》，开展“青年教师沙龙”活动和学校制度、师德修养等培训，包括团队融合、文化认同、专业发展、职业规划等方面的专题培训 8 次。举办区级教学视导课、新教师汇报课、党员骨干教师示范课 71 节，学科专家讲座30余场，组织教师外出学习交流176人次。开展读书节、体育节、艺术节、校合唱团北京音乐厅专场演出等大型活动促进学生全面发展。重点建设能够培养学生个性特长的课程，开设传统节日、校园节日、文化行等课程。实现校本选修课程精品化，社团活动课程品牌化，戏剧社、机器人社、天文社等多个学生社团获区级以上奖励8个。成立“1+3”学部，选配优秀教师团队，成立初高中课程融合备课小组，开发符合“1+3”学生特点和教学需要的生涯规划课、名家大讲堂课、社团活动课、实践活动课、国际游学课特色课程以及6门校本必修课程，8名任课教师开发8门传统文化课程。

（姜士厂）

北京市第二中学亦庄学校

2017年，北京市第二中学亦庄学校分两址办学，分别为校本部和北校区，2个校区总占地面积11.90万平方米、建筑面积7.15万平方米，体育场面积2.61万平方米。图书馆（室）藏书7.65万册，电子图书500册。固定资产总值1.10亿元。学校信息化经费投入345.80万元，拥有计算机988台，多媒体教室座位5280个，校园网出口总带宽20Mbps，数字资源量200GB，“信息技术”课程2课时/周。普通教室129个、专用教室32个、实验室18个。教职工480人，其中，高级职称68人、中级职称127人。专任教师352人，包括特级教师9人、北京市骨干教师4人、北京市学科教学带头人1人；本科及以上学历365人。开设教学班120个（小学60个、初中38个、高中12个、国际高中10个）。毕业470人（小学231人、初中109人、高中72人、国际高中58人）；招生1083人（小学541人、初中386人、高中97人、国际高中59人）；在校生3664人（小学2325人、初中931人、高中242人、国际高中166人），包括寄宿生265人，外省市借读生952人。高中录取分数线510分（大兴区）。学校有社团99个。网址：www.rdfzbda.cn。

2017年，学校呈一校两址格局，加入中国人民大学附属中学教育团队，深入推进课程改革，“零点体育”在小学部试点成功，跆拳道队参加各级比赛获金牌45枚。10月30日，大兴区政府、北京经济技术开发区管理委员会与人大附中联合学校总校、人大附中签订联合办学协议。根据协议，四方联合举办人大附中北京经济技术开发区实验学校，北京市第二中学亦庄学校成为人大附中北京经济技术开发区实验学校东校区。

10月18日，二中亦庄学校被评为全国书法实验校

（二中亦庄学校 供）

（侯萱）

北京市怀柔区第一中学

2017年，北京市怀柔区第一中学占地面积5.65万平方米、建筑面积3.37万平方米，运动场地面积2.77万平方米。图书馆（室）藏书8.90万册，电子图书5.97万册。固定资产总值1.31亿元，全年教育经费投入1亿元。学校信息化经费投入615万元，拥有计算机935台，多媒体教室座位1860个，校园网出口总带宽100Mbps，数字资源量1402GB，“信息技术”课程2课时/周。普通教室70个、专用教室46个、实验室10个。教职工250人，其中，高级职称84人、中级职称100人。专任教师192人，包括特级教师3人、北京市骨干教师4人、北京市学科教学带头人4人；本科及以上学历177人。开设教学班44个。毕业455人、招生470人、在校生1495人，包括寄宿生495人，外省市借读生24人。高中录取分数线500分（怀柔区）。学校有社团32个。网址：www.hrdyzx.cn。

2017年，学校聘请北京师范大学、首都师范大学教授和北京教育学院培训教师等与学校学科教师开展专题式联动开发教研。通过专家引领教研顶层设计，为学校教师提供课堂教学、备课等方面的指导。全年举办联动教研活动5次。高一、高二年级巩固暑期军训和入学教育成果，落实好市教委《中学生行为习惯养成教育三年行动计划》。科技教育工作在“宽和活，促综合”课程改革发展方向引领下，学生获第17届北京市中小学生金鹏科技论坛活动高中组一等奖1个、二等奖5个、三等奖3个；高一年级4名学生组成的代表队获第17届北京青少年机器人竞赛活动一等奖；学生在2017年全国青少年无线电测向锦标赛中，获短距离2米接力赛团体第一名。

（韩晓阔　彭玉良）

北京市怀柔区第五中学

2017年，北京市怀柔区第五中学占地面积2.70万平方米、建筑面积1.46万平方米，运动场地面积1.74万平方米。图书馆（室）藏书6.96万册，电子图书150册。固定资产总值5480.96万元，全年教育经费投入6196.12万元。学校信息化经费投入419.46万元，拥有计算机644台，多媒体教室座位1820个，校园网出口总带宽100Mbps，数字资源量 500GB，“信息技术”课程 1 课时 / 周。普通教室 62 个、专用教室 19 个、实验室 3 个。教职工 186 人，其中，高级职称 62 人、中级职称 77 人。专任教师 138 人，包括北京市骨干教师 4 人;本科及以上学历 183 人。开设教学班 37 个。毕业 343 人、招生 389 人、在校生 1027 人，包括外省市借读生 36 人。学校有社团 25 个。网址：www.hrdwzx.com。

2017 年，学校以文化立校，深入挖掘数字“五”在中华优秀传统文化中的特殊地位。在市教委召开的文化建设总结会上作《学生文化与公共关系文化建设》专题发言。满足教师需求开展校本培训工作，推进走出去、请进来战略，先后聘请 10 余名专家为各学科教师作专题培训。从师生发展实际需要出发，整合三级课程，研发出人文素养类、科学素养类、健康教育类、个性特长类 4 类 70 余门校本课程，是怀柔区唯一一所市级课程建设先进校。按要求完成社会大课堂、学科 10% 综合实践活动，成立行进管乐、冰壶、合唱等 40 余个社团，学生自主申报、全员参与。

（赵录志）

北京绿谷小香玉艺术学校

2017 年，北京绿谷小香玉艺术学校为九年一贯制学校，占地面积 2.07 万平方米、建筑面积 1.92 万平方米，体育场（馆）面积 1 万平方米。图书馆（室）藏书 1.87 万册。固定资产总值 3662.09 万元，全年教育经费投入 4870.04 万元。学校信息化经费投入 21.38 万元，拥有计算机 234 台，多媒体教室座位 900 个，校园网出口总带宽 2000Mbps，数字资源量 600GB，“信息技术”课程 1 课时 / 周。普通教室 18 个、专用教室 30 个、实验室 4 个。教职工 140 人，其中，正高级职称 1 人、副高级职称 23 人、中级职称 47 人。专任教师 92 人，本科及以上学历 132 人。开设教学班 16 个（小学 12 个、初中 4 个）。毕业 73 人（小学 56 人、初中 17 人）;小学招生 112 人、六年级升入初中 42 人;在校生 482 人（小学 408 人、初中 74 人），包括寄宿生 482 人，外省市借读生 30 人。

2017 年，学校以艺术教育为特色，以提高教育教学质量为中心，平稳推进各项工作。选拔任用工作业绩突出的优秀青年教师担任中层领导，优化干部队伍年龄结构，取消生活部，将宿舍管理纳入德育工作。实施青蓝工程，加强骨干教师培养和管理，引进戏曲、舞蹈专业教师，提升教师队伍整体专业素养。开展骨干教师对年轻教师的案例分析和案例撰写培训活动。加强科学类学科课程建设，推进初中物理、化学、生物、地理等科学类学科教育教学内涵发展和质量提升。以平谷区唯一一所北京市学生金帆舞蹈团承办学校为特色品牌。以区级课题《基于学科与艺术教育相融合的实践研究》为抓手，以“必修 + 选修 + 艺术特长”为课程结构模式，各年级通过“艺术课程超市”，开设舞蹈、武术、器乐、戏曲、影视表演等艺术课程。

9 月 23 日，绿谷小香玉艺术学校儿童版豫剧《花木兰》首演
（绿谷小香玉艺术学校　供）

（邢桂芬）

北京市平谷区山东庄中学

2017 年，北京市平谷区山东庄中学占地面积 2.33 万平方米、建筑面积 0.89 万平方米，运动场地面积 0.65 万平方米。图书馆（室）藏书 1.09 万册。固定资产总值 2128.53 万元，全年教育经费投入 153 万元。学校信息化经费投入 44.19 万元，拥有计算机 240 台，多媒体教室座位 360 个，校园网出口总带宽 1000Mbps，数字资源量 20GB，“信息技术”课程 1 课时 / 周。教职工 77 人，其中，高级职称 29 人、中级职称 30 人。专任教师 38 人，包括特级教师 1 人；本科及以上学历 65 人。开设初中教学班 9 个。毕业 56 人、招生 125 人、在校生 247 人，包括寄宿生 187 人，外省市借读生 63 人。

2017 年，学校确立“初中班级文化建设内容与方法的研究”德育研究课题，开展以班级环境文化的设计与实施策略、班级制度文化的设计与实施策略、班级行为文化的培育与发展、班级精神文化的培育与发展、班级小群体文化的培育与发展、如何发挥班级文化的教育功能促进学生青春期健康发展、班级文化建设对教学改革的影响为内容的德育研究及实践工作，从班级文化的内容选择切入，开展班级文化创建工作。

（王国春）

北京市平谷区峪口中学

2017 年，北京市平谷区峪口中学占地面积 6.30 万平方米、建筑面积 3.90 万平方米，运动场地面积 1.10 万平方米。图书馆（室）藏书 2.90 万册。固定资产总值 3176.19 万元，全年教育经费投入 2088.79 万元。学校信息化经费投入 38.76 万元，拥有计算机 255 台，多媒体教室 15 个，校园网出口总带宽 2500Mbps(共享)，“信息技术”课程 1 课时 / 周。教职工 120 人，其中，高级职称 43 人、中级职称 42 人。专任教师 52 人，包括北京市骨干教师 3 人；本科及以上学历 108 人。开设初中教学班 12 个。毕业 113 人、招生 140 人、在校生 369 人，包括寄宿生 240 人，外省市借读生 40 人。

2017 年，学校通过设立“师德优秀奖”“优秀班主任”等奖项，开展多途径德育工作，养成学生良好品德。开展“文明班级”“文明学生”“文明宿舍”等评比活动，将文明创建活动寓于各种传统道德教育活动之中。开展学校文化建设，推动文化育人。通过开展以“秉承传统文明，弘扬民族精神”为主题的传统教育系列活动；以“播种良好习惯，收获健康人生”为主题的养成教育系列活动；以“培养健全人格，提升生命质量”为主题的法制教育系列活动；以“陶冶艺术情操，展现艺术特长”为主题的成功教育系列活动；以“打造书香校园，塑造健康心灵”为主题的经典文化教育系列活动，规范全校师生的行为，改善校容校貌，使学校管理更加科学、高效，教育教学质量不断提高。

（李连山）

北京市平谷中学

2017 年，北京市平谷中学占地面积 7.31 万平方米、建筑面积 6.60 万平方米，运动场地面积 1.85 万平方米。图书馆藏书 7.80 万册。固定资产总值 9018 万元，全年教育经费投入 7517 万元。学校信息化经费投入 100 万元，拥有计算机 520 台，多媒体教室座位 3000 个，校园网出口总带宽 160Mbps，数字资源量 50GB，“信息技术”课程 2 课时 / 周。普通教室 54 个、专用教室 11 个、实验室 22 个。教职工 152 人，其中，高级职称 11 人、中级职称 101 人。专任教师 103 人，包括北京市骨干教师 1 人；本科及以上学历 129 人。开设教学班 53 个（初中 12 个、高中 41 个）。高中毕业 590 人；招生 649 人（初中 159 人、高中 490 人）；在校生 1969 人（初中 360 人、高中 1609 人），包括寄宿生 800 人。高中录取分数线 494 分（平谷区），应届高考本科上线率 96.48%。网址：pgzx.net。

2017 年，学校各年级积极开展校级研讨课，开展教学研讨会，2000 余人次参与教学研讨活动。在引领教师深入学习、研究课程标准的基础上，开展 63 次“周周研究课”活动。要求各备课组落实集体备课、集体听课、集体评课等环节，通过听评课纠正问题，增加学生在课堂上的有效活动和教学设计感。借鉴广渠门教育集团的管理方法，结合自身实际设立三部九中心。在初一、初二、高二年级开设基于学科，补基础、拓视野、强特长的校本化课程 35 门，激发教师参与教学改革的热情，为学生搭建发展平台。助力高一学生应对新高考，设置学科生涯课程；为初三“1+3”项目学生开设 3D 打印、典范英语和智能互联的创客课程；为高三学生开设高考英语听力训练课程等。在考试成绩评价方面实现技术突破，在各项考试全部实行网络阅卷的基础上，完成考试大数据分析报告，教师可以在平台上查到各项数据，并向家长开放学生成绩查询平台，实现家校信息互通。

（杜德胜）

3 月 27 日至 4 月 28 日，平谷中学举办首届校园体育节
（平谷中学　供）

北京市平谷区第五中学

2017 年，平谷区第五中学占地面积 8.74 万平方米、建筑面积 4.10 万平方米，体育场（馆）面积 2.50 万平方米。图书馆（室）藏书 8.10 万册。固定资产总值 1.30 亿元，全年教育经费投入 1.03 亿元。学校信息化经费投入 46 万元，拥有计算机 680 台，多媒体教室座位 212 个，校园网出口总带宽 638Mbps，数字资源量 300GB，“信息技术”课程初一和初二年级 1 课时 / 周、高一年级 2 课时 / 周。普通教室 76 个、专用教室 20 个、实验室 16 个。教职工 387 人，其中，高级教师 165 人、一级教师 145 人。专任教师 234 人，包括特级教师 1 人、北京市骨干教师 5 人。开设教学班 56 个（初中 17 个、高中 39 个）。毕业 658 人（初中 170 人、高中 488 人）；招生 725 人（初中 305 人、高中 420 人）；在校生 1961 人（初中 586 人，高中 1375 人）。高中录取分数线普通类 452 分（平谷区）、名额分配类 500 分（平谷区）。应届高考本科上线率理科 67.26%、文科 63.16%。

2017 年，学校开始实施《平谷五中振兴教育三年发展规划》，重点实施学校分层治理工程、教师专业发展工程、教育教学精细化治理工程。推动初中部“追求卓越”特色教育形成。提高课堂效率，促进教师专业发展。开展教师基本功竞赛，举办“收获与需求 期待与发展”2017 教学迎春论坛以及“反思与提升　创新与发展”2017 年教学研讨金秋论坛。实施“朝阳工程”，即聚拢学校各学科有志于自身专业发展的 45 岁以下青年教师，以培养、巩固、壮大校级和区级骨干力量为目标，以学科教学实践与专题研究为核心，借助市老教协支教专家力量，促进教师专业化发展。

（盛景瑞）

北京市密云区水库中学

2017 年，北京市密云区水库中学占地面积 6.33 万平方米、校舍建筑面积 1.18 万平方米，运动场地面积 7648

平方米。图书室藏书 2.80 万册。固定资产总值 2296.75 万元，全年教育经费投入 223.89 万元。学校信息化经费投入 43.20 万元，拥有计算机 262 台，多媒体教室座位 375 个，校园网出口总带宽 1000Mbps，数字资源量 1235GB，“信息技术”课程 1 课时 / 周。普通教室 17 个、专用教室 9 个、实验室 5 个。教职工 90 人，其中，高级职称 25 人、中级职称 36 人。专任教师 63 人，包括北京市骨干教师 1 人；本科及以上学历 63 人。开设教学班 17 个。毕业 142 人、招生 157 人、在校生 411 人，包括寄宿生 91 人。

2017 年，学校秉承“进步就是成功”办学理念，探索构建以水的德、勇、道、韧特质为引领的水 · 润课程体系。以学校存在的不足之处作为工作突破口，开展教师基本功竞赛、优秀课汇报展示、班主任基本功比赛、新教师观摩课评比、“双培养”教师培训活动等主题活动。改进教师和学生的评价工作，尝试德、智、体、美、劳全方面量化积分管理。推进学校四大特色教育 (科技教育、艺术教育、足球教育、冰雪运动教育)，科技教育在原有科技小制作、小发明的基础上拓展到科技调查等活动；艺术、足球教育教师队伍建设工作从校内走向校外，聘请高水平专家、教练对学生进行专业培养。

(裴德春)

北京市密云区第二中学

2017 年，北京市密云区第二中学占地面积 7.63 万平方米、校舍建筑面积 3.41 万平方米，运动场地面积 2.65 万平方米。图书室藏书近 10 万册。固定资产总值 6047 万元，全年教育经费投入 9052 万元。学校信息化经费投入 380 万元，拥有计算机 548 台，多媒体教室座位 2600 个，校园网出口总带宽 1000Mbps，数字资源量 10GB，“信息技术”课程 2 课时 / 周。普通教室 47 个、专用教室 6 个、实验室 11 个。教职工 250 人，其中，高级职称 88 人、中级职称 61 人。专任教师 186 人，包括特级教师 5 人、北京市骨干教师 6 人、北京市学科教学带头人 1 人；本科及以上学历 235 人。开设教学班 45 个。在校生 1920 人，包括寄宿生 582 人。高中录取分数线 528 分 (密云区)，应届高考本科上线率 98%。

2017 年度，学校被市教委、市民委评为北京市民族团结教育示范学校，被密云区教委评为体育、卫生、安全工作先进单位，获密云区第 35 届学生科技节优秀组织奖。以养成教育为重点，强化、细化德育管理机制。开展班主任职责强化、一日常规教育、班级文化建设等多层次班主任培训，先后组织班主任 50 余人次赴成都、南京、杭州名校参观学习。

推进课改，确立“变单相交流为多向交流”课改目标，研究制定系列推进措施。180 余名任课教师参与“大面积促进学生有效学习活动的发生”课堂教学改革优质课展示活动。接受密云区研修学院组织的教学视导，145 节视导课中 85 节被评为优秀课。3 名教师的录像课在教育部主办的“一师一优课，一课一名师”活动中被评为部级优秀课。16 名教师在北京市教育学会举办的首届科研课题录像课评比中获奖。45 名教师被确定为市、区级学科教学带头人和骨干教师。《学校景观文化建设对民族团结教育影响的研究》申报全国内高班专业委员会组织的国家级课题，中层以上干部及骨干教师全部参与到《课堂教学大面积促进学生有效学习活动发生的研究》《微课录制与系统化管理》2 个区级课题的研究中。

坚持活动育人，组织优秀生参加博雅夏令营，开设科技、艺术、体育、文学等社团 50 个，学生参与率 100%。3 名学生代表密云区高中校在第 23 届北京市中小学自然科学知识竞赛决赛中，获团体亚军。男子篮球队获全国南北方联盟重点校精英赛亚军，田径队在北京市中小学生运动会中获 2 金 2 银 3 铜。

(杨洪军)

北京市密云区太师屯中学

2017 年，北京市密云区太师庄中学占地面积 4.31 万平方米、建筑面积 1.96 万平方米，运动场面积 8837 平方米。图书室藏书 5.10 万册，包括电子图书 50 册。固定资产总值 3764 万元，全年教育经费投入 3920 万元。学校信息化经费投入 12 万元，拥有计算机 290 台，多媒体教室座位 1006 个，校园网出口总带宽 1000Mbps，数字资源量 300GB，“信息技术”课程 2 课时 / 周。普通教室 30 个、专用教室 26 个 (包括实验室 11 个)。教职工 105 人，其中，高级职称 19 人、中级职称 32 人。专任教师 69 人，包括北京市骨干教师 1 人；本科及以上学历 100 人。开设教学班 18 个。毕业 163 人、招生 130 人、在校生 426 人，包括寄宿生 126 人。

2017 年，学校通过有效教研，落实“师友互助”理念，探究生动课堂模式。突出课堂教学中的展、评、测。开展说课、录课、一师一优课、学科开放性实践课等系列活动，发挥“骨干教师大讲堂”作用，以“青年教师联盟”为平台，促进青年教师成长。坚持班主任例会制度，提高班主任班级文化建设的能力和水平。推进学生选修课程的开展，支持开展校园课本剧、学生辩论会、模拟法庭、“理化生”创新实验、体育艺术科技类展示等各项活动。

(王春明)

首都师范大学附属密云中学

2017 年，首都师范大学附属密云中学占地面积 5.39 万平方米、建筑面积 3.24 万平方米，运动场地面积 1.83 万平方米。图书馆藏书 6.92 万册，包括电子图书 3 万册。固定资产总值 5993.89 万元，全年教育经费投入 7149.66 万元。学校信息化经费投入 20 万元，拥有计算机 555 台，多媒体教室座位 2500 个，校园网出口总带宽 1000Mbps，数字资源量1000GB，“信息技术”课程2课时/周。普通教室47个、专用教室15个、实验室13个。教职工234人，其中，高级职称80人、中级职称67人。专任教师165人，包括特级教师2人、北京市骨干教师2人、北京市学科教学带头人1人；本科及以上学历165人。开设教学班42个。毕业467人、招生520人、在校生1528人，包括寄宿生469人。高中录取分数线500分（密云区），应届高考本科上线率96%。

2017年，学校依托“课堂星播客”活动，打造具有学科特色的教学团队，推动组内、教师间互相听评课，评出明星教师和明星播客各15人。开展“一班一品”特色班级文化建设，打造具有学校特色的班主任团队。成立首席教师工作室，发挥首席教师对教育教学的引领、带动和辐射作用，加速青年教师专业化发展，6名教师被评为首席教师，从事语文、英语、物理学科教学工作2～8年的青年教师18人成为工作室成员。建立生物实践基地，高一、高二年级各班成立生物兴趣小组，利用课余时间参与花卉和蔬菜种植活动。生物实验基地学生与团委、学生会合作，开展蔬菜义卖活动，将义卖资金捐赠给密云区的养老院和孤儿院，取得多重教育效果。

发展特色教育，举办2届戏剧节，28个班的学生编写剧本86个，初演演出剧目52个，并筛选出13个精品剧目进入最终会演。开设科技创新、电子科技、影视编辑、3D创意等科技社团，组织学生参加各类科技比赛，取得市级一等奖1个、二等奖4个。作为北京市校园足球特色校，成立足球特色校领导小组，建立各项规章制度，把足球作为学校立德树人的载体，各个年级每学期开设不少于18学时的足球课，开设足球选修课，每周2节；建设足球社团，每周组织活动1次；建立校足球队，每周组织训练3～4次。组织学生参加各级赛事，获密云区中小学生足球联赛冠军、北京市校园足球精英赛第六名。

（刘毅军）

北京市延庆区十一学校

2017年，北京市延庆区十一学校占地面积6.12万平方米、建筑面积3.81万平方米，体育场（馆）面积1.72万平方米。图书馆（室）藏书8.20万册，电子图书0.30万册。固定资产总值3714.39万元，全年教育经费投入5521.86万元。学校信息化经费投入423.06万元，拥有计算机483台，多媒体教室座位3840个，校园网出口总带宽1024Mbps，数字资源量800GB，“信息技术”课程1课时/周。普通教室60个、专用教室16个、实验室10个。教职工251人，其中，副高级职称55人、中级职称96人。专任教师174人，包括北京市骨干教师4人；本科及以上学历174人。开设教学班60个（小学24个、初中36个）。毕业551人（小学156人、初中395人）；招生477人（小学133人、初中344人）；在校生1914人（小学934人、初中980人），包括寄宿生

5月12日，延庆十一学校承办北京教育学院协同创新项目校教学成果展示活动 （延庆十一学校 供）

118人，外省市借读生41人。网址：www.yqsyxx.cn。

2017年，学校明确办学目标，完善“十三五”学校发展规划，修订学校章程并编印成册。确立“三重一大”决策制度，完善教代会、家长委员会机制，接受社会监督，规范办学行为。打造具有本校特点的育人环境——“九年成就幸福人生”“雷锋主题墙”“书元素喷泉”等文化景观建设。落实德育工作，依托“一十百千”工程，组织学生参加“四个一”活动和市、区级综合素质提升工程；开展“学规范 正行为 养习惯”主题教育宣传月活动；通过主题班队会、社团活动，开展传承中华传统美德系列教育活动；以迎接“冬奥”“世园”为契机，开展文明礼仪走进社区实践活动。

实施创新课程，各学科有针对性地设计“校本作业”“校本辅导材料”，同时利用知几作业软件系统，尝试作业布置与批改智能化。结合学校实际和课程特点，将地方教材中20%重复内容删除，将60%交叉内容与国家课程整合实施，剩余20%内容作为课外阅读素材。研发以“独立自然人成长为优秀社会人的历程”为主线的九年德育校本内容，中学写作和小学听说为主题的英语校本课程，中小学国学诵读、武术普及与提高、学科拓展训练等校本课程。开设中小学体育、艺术、科技课外活动课程34门，一年级至八年级有社团74个。

加强教师队伍建设，开展“师德先锋”“最美家庭”“学生喜爱的班主任”等主题评选活动。成立教师研修领导小组，制订教师队伍建设规划和校本培训方案。组织“最优杯”课堂教学评优、观课议课、智慧沙龙、骨干教师展示课、青年教师汇报课、全体教师分类课等活动。

（王满）

北京市延庆区第一中学

2017年，北京市延庆区第一中学占地面积7.59万平方米、建筑面积4.40万平方米，体育场（馆）面积2.25万平方米。图书馆（室）藏书7.79万册，电子图书0.11万册。固定资产总值1.63亿元，全年教育经费投入0.83亿元。学校信息化经费投入204.43万元，拥有计算机603台，多媒体教室

座位 3150 个，数字资源量 460GB，“信息技术”课程 1 课时 / 周。普通教室 46 个、专用教室 28 个、实验室 12 个。教职工 253 人，其中，副高级职称 96 人、中级职称 76 人。专任教师 182 人，包括特级教师 5 人、北京市骨干教师 3 人、北京市学科教学带头人 2 人；本科及以上学历 182 人。开设教学班 46 个（初中 2 个、高中 44 个）。高中毕业 549 人；招生 570 人（初中 70 人、高中 500 人）；在校生 1823 人（初中 70 人、高中 1753 人），包括寄宿生 530 人。高中录取分数线 508 分（延庆区），应届高考本科上线率文科 98.95%、理科 99.78%。网址：www.bjyqvz.com.cn。

2017 年，学校以“春晖行动”为载体，实施生态德育，促进学生自主全面发展。整合学校多元化教育资源和德育工作经验，形成学校德育新常态——生态德育。实现学生常规自我管理、活动自我设计、表现自我评价、特长主动发展。保障教学工作，以智慧课堂为平台，开展生态教学，开发多元课程。通过开展各种课型的专题研讨、教育教学论坛和“做思议”等活动推进生态课程建设；基于人的成长规律和发展需求，开发跨学科整合课程；打破校园和学段界限，开发无边界课程，构建多元、开放、灵活的实践课程体系，创新开设小学段课程。

（李云）

北京市延庆区第四中学

2017 年，北京市延庆区第四中学占地面积 3 万平方米、建筑面积 1.54 万平方米，体育场（馆）面积 2.28 万平方米。图书馆（室）藏书 5.32 万册。固定资产总值 4165.77 万元，全年教育经费投入 4016.26 万元。学校信息化经费投入 68.15 万元，拥有计算机 282 台，多媒体教室座位 1095 个，校园网出口总带宽 380Mbps，数字资源量 30GB，“信息技术”课程 1 课时 / 周。普通教室 28 个、专用教室 27 个、实验室 8 个。教职工 145 人，其中，副高级职称 32 人、中级职称 51 人。专任教师 96 人，包括特级教师 1 人、北京市骨干教师 4 人、北京市学科教学带头人 1 人；本科及以上学历 96 人。开设教学班 28 个。毕业 389 人、招生 341 人、在校生 893 人，包括外省市借读生 11 人。

2017 年，学校以“积学储宝，追求卓越”为办学理念开展各项工作。开展系列养成教育活动，通过开学第一课、迎世园冬奥、书香校园创建等活动培养学生习惯。加强教师队伍建设，借助北京普通教育名师研究会，吸收先进教育教学经验。请进名师、专家分享优秀的教学方法。加强课程建设，在原有形体训练、军事科技、组培等课程基础上，增设京剧、摄影等校本课程。加强课堂教学改革，将友善用脑、思维导图等理念渗透到课堂教学中。加强实验教学，增加实验设备，将演示实验变为分组实验。加强备考研究，引领教师研读考试说明，聘请专家面向师生开展考前辅导，分阶段、分层次召开学生、家长动员会。尝试走班制、导师制，以适应中考形势变化。利用大课堂活动带领学生走进科技馆、博物馆、大自然；借力中国科学院资源，邀请地理、化学、物理学博士，面向学生开展讲座、演示实验。尝试开展“学子讲堂”，为学生搭建平台。

4 月至 11 月，延庆四中举办系列科普讲座

（延庆四中　供）

（岳海林）

北京市燕山东风中学

2017 年，北京市燕山东风中学占地面积 2.02 万平方米、建筑面积 0.99 万平方米，运动场地面积 0.86 万平方米。图书馆（室）藏书 2.81 万册，电子图书 400 册。固定资产总值 3737.73 万元，全年教育经费投入 2265.22 万元。学校信息化经费投入 200 万元，拥有计算机 462 台，多媒体教室座位 1200 个，校园网出口总带宽 200Mbps，数字资源量 470GB，“信息技术”课程 1 课时 / 周。教职工 62 人，其中，高级职称 14 人、中级职称 26 人。专任教师 60 人，包括北京市骨干教师 1 人；本科及以上学历 59 人。开设教学班 15 个。毕业 131 人、招生 117 人、在校生 442 人，包括外省市借读生 59 人。

2017 年，学校以“五美”办学目标引领各项工作，以课程建设为依托，德育活动课程化。关注班主任队伍建设，提高班主任管理班级、教育学生的能力和水平；发挥家长委员会作用，完善社区、学校、家庭三位一体教育网络；通过丰富多彩的活动，促进学生身心和谐健康发展。以“高效课

5 月 10 日，燕山东风中学第二届学生美术文化节

（燕山东风中学　供）

堂”研究为突破口，教研组、年级组纵横联手推进教学质量不断攀升。建立并完善学校、教研组、个人三级科研网络，采用行动研究法，推进学校科研工作进程。

（陶瑜）

民族教育学校选介

北京市东城区回民小学

2017年，北京市东城区回民小学占地面积4426平方米、建筑面积7592平方米，体育场面积1860平方米。图书室藏书2.60万册。全年教育经费投入1744.52万元。学校信息化经费投入20万元，拥有计算机324台，多媒体教室座位682个，校园网出口总带宽20Mbps，“信息技术”课程1课时/周。普通教室23个、专用教室9个。教职工66人，其中，高级职称4人、中级职称42人。专任教师62人，本科及以上学历59人，少数民族教师13人。开设教学班26个。毕业110人、招生98人、在校生660人，包括外省市借读生113人，回族学生171人、其他少数民族学生203人。

2017年，学校进一步落实《课程计划》基本要求，坚持以课堂教学为主渠道，将核心素养培育与课堂教学对接，构建促进学生发展和提高实际获得的生态课堂；进一步落实减负增效，提高学生学业水平，面向全体学生，通过多种途径，提高学生审美和艺术修养；以“健康第一”为宗旨，继续营造“健康·成长2020”氛围，筑牢学生健康根基，为进一步增强学生体能，提高学生身体素质，开展足球嘉年华活动。

（王颖）

9月30日，东城回民小学举办足球嘉年华活动

（东城回民小学 供）

北京市东城区回民实验小学

2017年，北京市东城区回民实验小学占地面积3456.76平方米、校舍建筑面积5184.76平方米，运动场地面积781平方米。图书馆（室）藏书1.56万册。固定资产总值1182万元，全年教育经费投入1678万元。学校信息化经费投入39万元，拥有计算机151台，多媒体教室座位156个，校园网出口总带宽100Mbps，数字资源量26GB，“信息技术”课程1课时/周。普通教室16个、专用教室8个。教职工58人，其中，高级职称5人、中级职称35人。专任教师54人，包括特级教师1人；本科及以上学历52人；少数民族教师14人。开设教学班16个。毕业73人、招生106人、在校生517人，包括少数民族学生54人。

2017年，学校主抓“主题学习”“专项调研”“岗位承诺”“四美践行”4个方面的工作。举办专题培训、主题实践活动15次；承接市、区专题研究和展示课79人次；开展全校性外出实践课程3次，达到全员全程实践，并做到有规划、有措施、有落实、有评价。推进美育工作，剧团、年级剧社、班级剧组开展戏剧教育综合实践课程288节次，全体517名学生参加及承担剧目。16个教学班开展家校亲子活动32次，涉及博物馆参观、冬季健身运动、名人故居游、民俗特色展览4个主题。学生在各类活动中获集体奖23次，教师获奖145人次。积极开展国际素养课程实践工作，组织学生到符合学校特色发展的游学地交流，教师参加全国、省际教育交流互访工作10次，接待外省市校级领导及骨干教师来访620人次。

（郭增杰）

北京市回民学校

2017年，北京市回民学校占地面积5.17万平方米、建筑面积3.43万平方米，运动场地面积1.37万平方米。图书馆藏书10万册，包括电子图书1万册。固定资产总值9900.37万元，全年教育经费投入8270.66万元。学校信息化经费投入29.13万元，拥有计算机750台，多媒体教室座位120个，校园网出口总带宽80Mbps，数字资源量1700GB，“信息技术”课程1课时/周。教职工221人，其中，高级职称81人、中级职称63人。专任教师196人，包括北京市骨干教师1人；本科及以上学历216人；少数民族教师51人。开设教学班44个（初中22个、高中22个）。毕业364人（初中136人、高中228人）；招生528人（初中319人、高中209人）；在校生1291人（初中665人、高中626人），包括寄宿生457人，少数民族学生475人。高中录取分数线479分（西城区）。网址：www.bjhmxx.com。

2017年，学校实行扁平化管理，以管理促提升。重点推进综合开发企业版微信平台的各项功能开发，推动学科资源网等网络平台的使用和行政办公管理自动化审批流程的开发建设工作。加强学校的宣传阵地建设和宣传品牌建设，完成学生社团宣传册、教师及学生文化刊物等学校文化软产品，指导和完善学校宣传栏、新闻平台、党建平台等宣传阵地建设。推进民族团结教育，贯彻《关于进一步加快发展民族教育工作的意见》精神，做好对新疆、内蒙古、甘肃、宁夏及北京市房山区、怀柔区等友好校的帮扶工作，带动全市民族团结教育发展。完成非京籍编外用工清理工作。借助学校组织机构改革，建立健全新部门要求的相关制度，根据新的结构设置及岗位职责，建立健全党政办公室、后勤服务处、资源交流中心的相关制度。

（闫墨童）

北京市民族学校

2017年，北京市民族学校占地面积2.00万平方米、建筑面积1.37万平方米，运动场地面积7640平方米。图书馆（室）藏书5.42万册。固定资产总值2992万元，全年教育经费投入3804万元。学校信息化经费投入30万元，拥有计算机355台，多媒体教室座位1960个，校园网出口总带宽30Mbps，数字资源量500GB，“信息技术”课程小学0.5课时/周、初中1课时/周。普通教室36个、专用教室9个、实验室4个。教职工98人，其中，高级职称6人、中级职称38人。专任教师81人，包括北京市骨干教师1人；本科以上学历78人；少数民族教师24人。开设教学班36个（小学24个、初中12个）。毕业159人（小学98人、初中61人）；招生192人（小学130人、初中62人）；在校生908人（小学730人、初中178人），包括外省市借读生528人，少数民族学生326人。学校有社团45个（小学30个、中学15个）。

2017年，学校整体改造校园环境，彰显民族团结教育特色，建设经费1500万，全部为区教委拨款。继续实施“选育用管”工作机制，2名教师走上学校中层干部管理岗位。德育工作以“五星班级”评选和“一班一族”研习活动为抓手，开展培育和践行社会主义核心价值教育活动；建立学校、家庭、社区全员育人机制。举办艺术节、“科技创客嘉年华”等活动，培养学生良好学习习惯及创新能力。启动学生小记者工作，成为少先队新亮点。推进“课程为根，活动为源，文化为魂”民族团结教育策略，举办第二届校园文化节，承办中国教育学会科研项目论坛。“蓝印绘染”特色课程建设成效突出，教师承担市级展示课，师生作品在东岳庙、炎黄艺术馆等场所展示。开展学科实践活动，课堂延伸到中华民族园、科技馆、首都博物馆，初步呈现“宽和活”学科理念。

（楚洪娟）

北京西藏中学

2017年，北京西藏中学占地面积3.59万平方米、建筑面积2.81万平方米，体育场（馆）面积1.06万平方米。图书室藏书5.05万册，电子图书0.35万册。固定资产总值5018万元，全年教育经费投入5306万元。学校信息化经费投入70万元，拥有计算机356台，多媒体教室座位192个，校园网出口总带宽100Mbps，数字资源量3GB，“信息技术”课程2课时/周。普通教室20个、专用教室17个、实验室6个。教职工119人，其中，副高级职称38人、中级职称29人。专任教师60人，本科及以上学历99人。开设教学班18个。毕业269人、招生265人、在校生793人，全部为少数民族学生。网址：bjxzzx.bjedu.cn。

2017年，学校德育工作凸显民族学校特色。组织军训，举办成人礼，开展走进清华大学、园博园和北京郊区新农村等社会实践活动；利用西藏教育厅民族团结教育宣讲的机会，由学校毕业生宣讲民族团结教育成效，推进国家统一、民族团结；强化宿舍管理力度，聘请专业化管理团队对宿舍进行规范化管理；改造宿舍基础设施，营造良好宿舍文化环境；制定手机使用管理制度，规范手机使用的区域和时段；创新校园学生上网管理模式，规范学生上网行为。打造美丽、温馨、书香校园，校园内立面粉刷、地面更换石材、架设路灯、建设操场围网及灯光球场，改造物理、化学、生物实验室及学校图书馆，建设历史专业教室，更换专业教室多媒体设备。高中毕业生升学率100%，文科本科率98.6%、一本率69%；理科本科率100%，一本率89.1%。

（张一帆）

北京市海淀区民族小学

2017年，北京市海淀区民族小学分两址办学，分别位于马甸后黑寺1号和花园北路26号，2个校区总占地面积3.00万平方米、建筑面积1.49万平方米，包括古建筑群2处；运动场地面积8811平方米，主操场设有200米塑胶跑道和人工草皮足球场；体育馆1座，包括室内网球场1个、羽毛球场2个。图书馆藏书5.12万册，电子图书1万册。固定资产总值9276.21万元，全年教育经费投入5004.81万元。学校信息化经费投入160万元，拥有计算机619台，多媒体教室座位2480个，校园网出口总带宽500Mbps，数字资源量7TB，“信息技术”课程1课时/周。普通教室52个、专用教室23个、实验室1个。教职工137人，其中，高级职称6人、中级职称51人。专任教师119人，本科及以上学历118人。开设教学班51个。毕业203人、招生390人、在校生1903人，包括寄宿生154人，外省市借读生460人，

4月7日，海淀民族小学设立民族服装日

（海淀民族小学 供）

少数民族学生295人。学校有社团80个。网址：hdminzuxx.bjedu.cn。

2017年，学校提出“搭建平台、整合资源、多重角色、组建共同体”4项策略，优化整合一切资源，搭建优质教育平台，营造“共建、共享、共赢”氛围，不断提升学校育人质量和办学水平。组建学校规划建设智库，邀请相关专家，共同探讨创建城市新型学校整体思路。七年级监测反馈数据表明，学校毕业生语文、数学、英语3个学科学业成绩均高于海淀区平均线，非学业部分(认知、情感、态度、能力、方法、意志力、负担等)测评数据高于海淀区平均水平。

(马万成　王晶　李扬)

中央民族大学附属中学

2017年，中央民族大学附属中学占地面积2.27万平方米、建筑面积2.28万平方米，体育场(馆)面积4293平方米。图书馆藏书2.02万册。固定资产总值9870.93万元，全年教育经费投入1.68亿元。学校信息化经费投入156万元，拥有计算机260台，多媒体教室座位1700个，校园网出口总带宽25Mbps，数字资源量100GB，“信息技术”课程2课时/周。普通教室50个、专用教室20个、实验室6个。教职工135人，其中，正高级职称2人、副高级职称49人。专任教师121人，包括特级教师2人；少数民族教师33人。开设教学班50个。毕业708人、招生760人、在校生2350人。网址：www.Mdfz.com.cn。

2017年，学校整合资源，推进集团化办学。探索优质高效育人教育发展新模式，与北京财贸职业学院签约合作。服务民族地区基础教育发展，先后与湖南、云南、四川等地政府签订教育合作交流协议；接待贵州、湖南、甘肃等地挂职校长、进修教师114人次，接待各民族地区领导及教师67人次来校交流学习。10月8日，中央民族大学附属中学昆明五华实验学校挂牌成立。高考结束后，民大附中教育集团教师63人组成支教团队赴甘肃、四川、青海、贵州、云南、湖南六省市及内蒙古自治区，开展“共美教育领航，民族教育自强”主题支教活动，以讲座、报告、同课异构等方式，与兄弟学校开展教育教学交流。学生志愿者协会继续开展“阳光路上　爱在四方”暑期学生支教活动，支教团队100人分赴云南、吉林、湖北、四川、甘肃等地区的11个支教点。高考统招生一本上线率100%，文科最高分686分(海淀区第一名，北京市第三名)。

(孙立清)

北京市门头沟区妙峰山民族学校

2017年，北京市门头沟区妙峰山民族学校占地面积1.50万平方米、建筑面积0.73万平方米，运动场地面积0.25万平方米。图书馆(室)藏书3万册。固定资产总值2510万元，全年教育经费投入3393.86万元。学校信息化经费投入65.22万元，拥有计算机246台，多媒体教室座位787个，校园网出口总带宽1000Mbps,“信息技术”课程2课时/周。教职工98人，其中，高级职称11人、中级职称50人。专任教师51人，本科及以上学历73人，少数民族教师4人。开设教学班18个(小学12个、初中6个)。毕业70人(小学39人、初中31人)；招生77人(小学37人、初中40人)；在校生329人(小学216人、初中113人)，包括寄宿生30人，外省市借读生71人，少数民族学生40人。设附属幼儿园，园所占地面积2272.07平方米、建筑面积886.07平方米。固定资产总值164万元，全年教育经费投入40.70万元。普通教室6个、专用教室2个。教职工24人；包括专任教师19人、保健员1人；专科及以上学历16人。开设教学班6个。幼儿入园78人、离园62人、在园183人。

2017年，学校依据办学目标和地域实际，设计从幼儿园到九年级的整体课程体系框架，将课程分为3个学段，分别为幼儿园段、一年级至五年级段和六年级至九年级段。为学生提供5个门类20余种校本选修课程，分别为民族体育类(太极拳、舞龙等)，传统文化类(布艺、面塑等)，科技类(机器人、航模等)，歌舞艺术类(孔雀舞等)，地域类(幼儿田园、京西古道等)。学习力课程、戏剧课程、毕业课程等作为特色课程，为提升教育教学质量带来助益。建构“一班一族”班级特色，指导各班制订班级民族活动计划，自主开展民族教育活动，设置民族专栏和班级民族小讲解员，每月开展1次层级间参观讲解活动。在融合中开发教育资源，成立新一届家委会，通过开展半日观摩、亲子远足、家长厨艺展示、家长进课堂、家长志愿者等活动，宣传科学育儿方法，增进家校联系。建立0～3岁早教基地，加强社区服务，开展社区亲子开放活动。

(马焕)

北京市昌平区西贯市回民小学

2017年，北京市昌平区西贯市回民小学占地面积1.33万平方米、建筑面积0.27万平方米，体育场面积0.54万平方米。图书室藏书1.15万册，电子图书68册。固定资产总值1628.50万元，全年教育经费1164.14万元。学校信息化经费投入119万元，拥有计算机148台，多媒体教室座位300个，校园网出口总带宽1000Mbps，数字资源量60GB，“信息技术”课程1课时/周。普通教室9个、专用教室9个、实验室1个。教职工23人，其中，中级职称13人。专任教师22人，包括回族教师16人；本科及以上学历19人。开设教学班6个。毕业27人、招生16人，在校生103人，包括回族学生48人，外省市借读生27人。

2017年，学校以改革创新、提高质量、提升队伍、打造品牌为目标，坚持贴近实际、贴近生活、贴近未成年人的工作原则，坚持德育工作分层推进、分类指导的方法，把“立德树人”贯穿于育人的各个环节。开展党建工作考核、锅炉改造、高清数字监控系统建设工作，推进与北京化工大学材料学院共建工作模式，培养学生良好的行为习惯，并以校本教研为抓手促进教师专业发展，领导干部深入课堂听课，全面了解和掌握课堂教学工作状态，及时处理教学过程中的有关问题，提高学校教育教学质量水平。

（包雪莲）

北京市怀柔区喇叭沟门满族乡中心小学

2017 年，北京市怀柔区喇叭沟门满族乡中心小学占地面积 2.34 万平方米、建筑面积 0.63 万平方米，运动场地面积 0.46 万平方米。图书馆（室）藏书 1.50 万册。固定资产总值 460.94 万元，全年教育经费投入 1158.37 万元。学校信息化经费投入 25 万元，拥有计算机 93 台，多媒体教室座位 120 个，校园网出口总带宽 100Mbps，数字资源量 50GB，“信息技术”课程 1 课时 / 周。普通教室 7 个、专用教室 8 个、实验室 1 个。教职工 40 人，其中，高级职称 2 人、中级职称 19 人。专任教师 31 人，包括北京市骨干教师 1 人；本科及以上学历 40 人；少数民族教师 7 人。开设教学班 7 个。毕业 25 人、招生 22 人、在校生 162 人，全部为寄宿生，包括少数民族学生 99 人。

2017 年，学校坚持通过召开三结合教育委员会，举办家教讲座、家长开放日等形式，使家长了解并参与学校管理。通过微网站、班级家长群、学校网站等媒介，加强家长与学校的沟通。坚持常规活动促教师能力提升，开展深度阅读，培养教师书香气质；采用“1+1 发展模式”带动培养青年教师，聚焦课堂教学管理和改革，深化学校课堂文化。1 名教师被评为北京市骨干教师，1 名教师被评为区级骨干教师，2 名教师被评为山区骨干教师。继续开展“书香润童心”读书工程、“书写好人生”习字工程、“播种好习惯”奠基工程、“携手育新人”合力工程、“共筑童心梦”体验工程促进学生能力提升。学生满族剪纸作品在炎黄艺术馆举办的“不忘初心 牢记使命”北京市中小学生美术书法教育成果展上展出，学校以满族剪纸为切入点，通过北京市金帆书画院申报认定验收，成为怀柔区首个小学金帆书画院。

（李劲松）

11 月 9 日，喇叭沟门满族乡中心小学学生满族剪纸走进炎黄艺术馆　　（喇叭沟门满族乡中心小学　供）

特殊教育学校选介

北京市东城区特殊教育学校

2017 年，北京市东城区特殊教育学校占地面积 5230 平方米、建筑面积 3791 平方米，体育场面积 2858 平方米。图书室藏书 2.58 万册。固定资产总值 1499.73 万元，全年教育经费投入 3457 万元。学校信息化经费投入 20.51 万元，拥有计算机 202 台，多媒体教室座位 27 个，校园网出口总带宽 100Mbps，数字资源量 750GB，“信息技术”课程小学 1 课时 / 周、初中和高中 2 课时 / 周。普通教室 17 个、专用教室 22 个。教职工 83 人，其中，高级职称 7 人、中级职称 35 人。专任教师 70 人，包括北京市骨干教师 13 人；本科及以上学历 69 人。开设教学班 22 个（义教 16 个、中职 6 个）。毕业 37 人、招生 17 人、在校生 148 人，其中，义务教育阶段 116 人（听力障碍 34 人、智力障碍 82 人），中职 32 人（听力障碍 7 人、智力障碍 25 人）；包括寄宿生 28 人。

2017 年，学校继续承担北京市特教教师代培任务，邀请资深特教教师开展培训。听障部继续开展手语实验校工作。深化与北京市东城区培智中心学校深度联盟研究，召开“关注学生实际获得，提高个别化教育质量研讨会”。接待北京联合大学见习生及阜南特教学校教师为期 3 周的跟岗培训。接待澳门社区青少年访问团、青海特教学校校长团等团体参观。校长周晔担任党的十九大手语主播。组织学生参加市、区级各类竞赛，10 名学生获 2017 年国际特殊奥林匹克东亚区北京特奥融合学校足球联赛冠军，8 人次在绘画比赛中获奖。教师获“北京市优秀教师”、北京市中小学“学生喜爱的班主任”和“东城区教育系统师德标兵”等市、区级荣誉称号。

（彭彤）

北京市东城区培智中心学校

2017 年，北京市东城区培智中心学校占地面积 3659 平方米、建筑面积 2550 平方米，体育场（馆）面积 1009 平方米。图书馆（室）藏书 0.12 万册。固定资产总值 1053 万元，全年教育经费投入 1097 万元。学校信息化经费投入 45 万元，拥有计算机 106 台，多媒体教室座位 20 个，校园网出口总带宽 100Mbps，数字资源量 1500GB，“信息技术”课程 4 课时 / 周。普通教室 9 个、专用教室 12 个。教职工 36 人，其中，高级职称 1 人、中级职称 15 人。专任教师 31 人，本科及以上学历 33 人。开设教学班 9 个（包括 1 个送教班）。在校生 68 人，其中，自闭症 19 人、智力障碍 38 人、多重残疾 8 人、脑瘫 2 人、视力障碍 1 人。

9月1日，东城培智中心校举办“我们一起读书吧！”——阅读亲子分享活动 （东城培智中心校 供）

2017年，学校在设置综合课增强学生适应能力的同时，将科研、教研和医教相结合，增设对学生个体缺陷有更强补偿性的特色课。针对自闭症学生开设以训练自主交往为主的康复课程，帮助自闭症学生稳定情绪、关注和解读他人心理，提高其解决实际问题的能力。开设运动康复课，借助物理层面干预手段，帮助学生解决肌体层面问题。通过多种技术手段改善学生各类问题，派遣青年教师学习针对脑瘫儿童的全人疗育技术；引进美国NEAT治疗技术，筹建NEAT治疗室；培养AAC沟通辅助技术专业人员等。

围绕“融和育人”特色，通过搭建交流平台拉近特教学校、各类障碍学生与社会的距离。开发利用身边的便宜坊集团、国贸集团、北京工业大学等社会资源单位，作为学校教育实践资源。举办“大悦城苹果店实践”“超市购物实践”活动，结合“健康·成长2020”开展系列校园体育活动，与北京爱保酒店管理有限公司联合开展“健康、爱心伴我行”爱心捐献活动；参与英国曼城足球俱乐部母公司城市足球集团主办的公益活动；参加2017年国际特殊奥林匹克东亚区北京融合学校足球锦标赛。与北京市东城区特殊教育学校开展同课异构联合教研活动。

（王昕）

北京市西城区培智中心学校

2017年，北京市西城区培智中心学校占地面积1.40万平方米、建筑面积1.35万平方米，运动场地面积0.49万平方米。图书室藏书2.36万册。全年教育经费投入3896.77万元。学校拥有计算机314台，校园网出口总带宽1024Mbps，数字资源量1TB。普通教室27个、专用教室60个。教职工104人，其中，高级职称7人、中级职称69人。专任教师98人，包括特级教师1人、北京市骨干教师1人；本科及以上学历93人。开设教学班31个（幼儿园6个、小学9个、初中10个、高中6个）。毕业84人（幼儿园41人、小学12人、初中9人、高中22人）；招生82人（幼儿园68人、小学8人、高中6人）；在校生324人（幼儿园144人、小学71人、初中70人、高中39人），包括非京籍学生23人。

2017年，学校稳定队伍，促进教师全面成长。开展不同岗位的轮岗实践，实现学前融合与培智教育“两条腿走路”，组织教师参与语言康复、动作治疗、行为矫正、支持教师等方面的培训，培养全学科、全领域、全学段的贯通式全能教师。受市教委委托开展合作办学项目，与北京市通州区培智学校、北京市顺义区特殊教育学校、北京市丰台区培智中心学校、北京市怀柔区培智学校签订合作办学协议，形成协同发展共同体。

规范管理，开展教育教学实践。开展新课标解读，建立实验班和对比班，开展新课标试教试用。作为北京市体验式培训项目培训学校，接待10名影随教师开展为期15周的项目培训。以学习中小学生守则为重点，开展月教育主题活动，促进学生良好行为习惯的养成。开展家长开放日活动，家长走进课堂，了解学生在校一日生活，组织家长培训，提高家校共育合力。结合学期主题教学内容，开展期末评估展示活动。

（索菲）

北京启喑实验学校

2017年，北京启喑实验学校占地面积8700平方米、建筑面积2300平方米，运动场地面积4300平方米。图书馆（室）藏书6.29万册，电子图书2万册。固定资产总值3236万元，全年教育经费投入3934万元。学校信息化经费投入10.47万元，拥有计算机398台，多媒体教室座位80个，校园网出口总带宽4096Mbps，数字资源量800GB，“信息技术”课程小学1课时/周、初中2课时/周、高中4课时/周。普通教室28个、专用教室32个、实验室3个。教职工109人，其中，高级职称18人、中级职称39人。专任教师90人，本科及以上学历91人。开设教学班21个（小学7个、初中6个、高中6个、职业教育2个）。毕业65人（小学11人、初中24人、高中20人、职业教育10人）；招生37人（小学7人、初中14人、高中16人）；在校生177人（小学67人、初中47人、高中44人、职业教育19人），全部为听力障碍生，包括寄宿生122人，外省市借读生70人。学校有社团6个。另开设学前教育班2个，在校生9人。网址：www.bjqysy.org。

2017年，学校抓住社会主义核心价值观和传统文化教育开展德育活动。开展“书香阅读”活动，提高听障生的阅读能力，培养阅读习惯；坚持24个节气传统习俗教育，做到“周周有主题、月月有活动”。组织开展春游、秋游活动，开展社会实践相关活动，举办成人仪式和“大爱滋润 桃李绽放”毕业典礼等活动。

注重教学过程管理，举办“启喑杯”教学基本功大赛和“学带课”“学生喜欢的课堂”“向家长开放课”等形式的公开课、研究课。承办京津地区聋校义务教育新教材研讨会。课题“聋校数学学科常用词通用手语补充研究”经过专家函评和会议审议，被中残联确定为 2017 年度中国残联手语盲文一般项目，成功立项。完成西城区教育科研月专场活动任务。

注重学生综合发展，开展体育、舞蹈、科技等兴趣课活动。组织学生参加西城区第二届残疾人运动会和京津冀残疾人体育方面交流活动；学生代表北京市参加全国残疾人五人制足球争霸赛聋人组比赛和第八届全国莎莎舞公开赛等各类比赛。开展融合教育，组织学生体验普通学校课堂教学，参加普通小学入队建队仪式，与健听学生一起开展科技、体育活动，参加劳动技能学习。

（王秋阳）

北京市朝阳区安华学校

2017 年，北京市朝阳区安华学校占地面积 5628 平方米、建筑面积 3984 平方米，运动场地面积 1734 平方米。图书馆（室）藏书 7790 册。固定资产总值 2319 万元，全年教育经费投入 3318 万元。学校信息化经费投入 98 万元，拥有计算机 113 台，多媒体教室座位 300 个，校园网出口总带宽 100Mbps，数字资源量 1.2TB，“信息技术”课程 12 课时 / 周。普通教室 22 个、专用教室 5 个。教职工 71 人，其中，高级职称 3 人、中级职称 21 人。专任教师 53 人，本科及以上学历 64 人。开设教学班 22 个（小学 10 个、初中 3 个、职业教育 9 个）。毕业 71 人（小学 23 人、初中 32 人、职业教育 16 人）；招生 73 人（小学 21 人、初中 22 人、职业教育 30 人）；在校生 284 人（小学 166 人、初中 39 人、职业教育 79 人），其中，智力障碍 126 人、自闭症 74 人、言语障碍 1 人、脑瘫 8 人、肢体障碍 2 人、多重残疾 42 人、精神障碍 30 人、其他残疾 1 人，包括外省市借读生 17 人。学校有社团 14 个。

2017 年，学校营造“牵牛花”生长绽放育人环境，突出学校精神层面文化教育，形成“牵牛花”文化特色。改造残疾人辅助设施，修建楼道“牵牛花”展示墙；尝试以主题网探索项目教学，为学生制定个性化教育目标，定量评估，保障学生康复。针对学生情况，装饰教室环境，选择学生个体适用的桌椅家具、教具等；聘请专业教师根据残疾学生康复情况，建立 14 个学生社团，每月开展社会大课堂活动，带学生走入社会，增加综合实践活动；引入新教学模式，使用智慧教室，通过电脑平板沟通仪辅助学生上课；举办文化节展示学校教育教学成果。

以课题为引领，逐步完善学前教育阶段“三元”康复课程体系，义务教育阶段“主题教学—项目学习”课程体系，职高教育阶段“4+x”支持性就业课程体系。出版义务教育《生活数学》上、下册教材 18 本。教师参加各级各类培训 64 人次。承担市资源教师专业发展体验式培训，为远郊区培训资源教师 15 人。职业高中部 3 名学生获市政府奖学金，每人 2000 元。职业高中部各类残疾毕业生 18 人，2 人入职酒店工作、11 人被安置在多家职康站工作。

（高磊）

北京市丰台区培智中心学校

2017 年，北京市丰台区培智中心学校占地面积 9003 平方米、校舍建筑面积 7747 平方米，运动场地面积 1819 平方米。图书馆（室）藏书 3258 册。固定资产总值 350.30 万元，全年教育经费投入 1352.01 万元。学校信息化经费投入 321.60 万元，拥有计算机 150 台，多媒体教室座位 10 个，校园网出口总带宽 100Mbps，“信息技术”课程 2 课时 / 周。普通教室 10 个、专用教室 19 个。教职工 36 人，其中，高级职称 3 人、中级职称 21 人。专任教师 34 人，本科及以上学历 32 人。开设教学班 10 个（小学 7 个、初中 3 个）。毕业 24 人（小学 17 人、初中 7 人）；招生 65 人（小学 48 人、初中 17 人）；在校生 157 人（小学 125 人、初中 32 人），包括外省市借读生 13 人。网址：www.ftpzzx.ftetu.cn。

2017 年，学校继续全面开展区内送教上门工作，扩大义务教育受众面。开展送教志愿者活动 700 次，工作领导小组走遍全区所有送教家庭，累计送教走访 100 余次，并为有需求的学生开展动作评估、语言评估等。根据需要为送教志愿者和送教学生配备相应的教具、学具 100 余件（套），纸尿裤 6 箱。通过活动立德树人，开展“心存感恩 快乐成长庆六一”“相亲相爱一家人 红红火火过大年 迎新年”等主题活动及系列社会实践融合活动。

促进教师专业成长、提升教学效果，邀请北京联合大学教授、北京市西城区培智中心学校专家开展《新课标》专题讲座；开展新课标下的教师评优课、常态组内教研等活动，促进教师队伍专业成长。与北京市东城区培智中心学校缔结为“牵手校”，并开展首届“东丰杯”教育教学研讨活动。

（卢均峰）

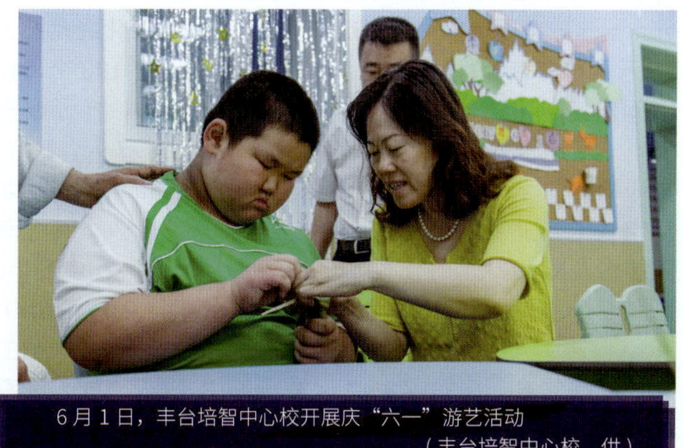

6 月 1 日，丰台培智中心校开展庆“六一”游艺活动
（丰台培智中心校　供）

北京市石景山区培智中心学校

2017 年，北京市石景山区培智中心学校占地面积 6828.92 平方米、建筑面积 3175 平方米，运动场地面积 1962.50 平方米。图书室藏书 6155 册。固定资产总值 2182.79 万元，全年教育经费投入 1034.54 万元。学校信息

化经费投入5万元，拥有计算机65台，多媒体教室座位30个，校园网出口总带宽1000Mbps，数字资源量200GB，“信息技术”课程2课时/周。普通教室6个、专用教室23个。教职工33人，其中，高级职称3人、中级职称17人。专任教师29人，本科及以上学历25人。开设教学班11个。毕业12人、招生6人、在校生76人。学校有社团10个。网址：pzx.sjsedu.cn。

2017年，学校建校30周年。探索融合教育形式，承办东亚区特殊奥林匹克融合活动，学生与北京教育科学研究院附属石景山实验学校的融合伙伴共同参与活动。通过实践活动丰富学生融合教育方式，实践活动内容形成系列化，学生每学期分别参与1次户外活动、1次博物馆活动和1次娱乐活动（观看演出等）。学校同时作为石景山区特殊支持教育中心，承担全区随班就读工作的管理、培训、教研、资源支持和巡回指导等工作。任命2名专职教师开展特教中心工作，为融合教育工作提供人员保障。开展“三优评比”工作，评选出优秀论文、教育案例、教学设计241篇。推动特殊教育教研和科研工作开展，引导教师主动研修、主动发展，提高特殊教育针对性、实效性，满足特殊需求学生发展要求。

（张洁）

北京市盲人学校

2017年，北京市盲人学校为寄宿制学校，占地面积2.97万平方米、建筑面积3.14万平方米，运动场地面积8271平方米（室外4959平方米、室内3312平方米）。图书馆藏书1.90万册，包括盲文版书0.87万册。固定资产总值14875.84万元，全年教育经费投入4089.15万元。学校信息化经费投入20万元，拥有计算机547台，多媒体教室座位100个，校园网出口总带宽100Mbps，数字资源量20TB。普通教室35个、专用教室30个、实验室4个。教职工127人，其中，高级职称26人、中级职称31人。专任教师86人，包括北京市骨干教师1人、北京市学科教学带头人2人；其他专业技术人员12人。开设教学班23个（小学8个、初中5个、职高5个、成人中专5个）。毕业71人（小学27人、初中23人、高中4人、职业高中10人、成人中专7人）；招生70人（小学6人、初中16人、职业高中23人、成人中专25人）；在校生220人（小学65人、初中43人、职业高中53人、成人中专59人）。网址：mrxx.bjedu.gov.cn。

2017年，学校针对学生特点，开展个别化教育。召开各年级IEP（个别化教育计划）研讨会，研讨为每名学生制定各学科IEP教学目标、具体内容、成功标准、辅助形式等。全校教师开展兼有自闭倾向视障学生教学实践成果主题汇报会，通过主题讲座形式向全校教师介绍自闭症儿童教育教学的主要方法和策略。

组织学生走进中国宋庆龄青少年科技文化交流中心“粹空间”，用听觉和触觉体验国粹。5名学生参与的民乐合奏分获全国残疾人艺术汇演器乐组一等奖和二等奖；学校民乐队在海淀区第七届残疾人艺术汇演中获器乐组一、二等奖各1个，声乐组三等奖1个，学校获优秀组织奖；合唱队学生作为中国视障儿童代表为“一带一路”国际合作高峰论坛元首夫人演出。学生获中国语文朗诵大赛全国总决赛特等奖1个、金奖1个、银奖2个、铜奖1个。

入选中国教育学会改革实验区——海淀区基础教育国际交流与合作实验项目第一批实验学校。组织召开京津冀地区盲校义务教育新编教材语文教学研讨会。组织职业教育中医康复保健专业全体教师一行12人赴北京轻工技师学院门头沟校区学习，4名启星部教师赴深圳元平特殊教育学校学习。体育队5名学生代表市残联视障残疾组参加2017年京津冀三地残疾人体育交流活动，获视障组盲足射门、盲人跳绳、盲人摸球3个单项和团体项目共计4个第一名。接待阿根廷特殊教育教师到访，组织启星部教师与阿根廷特殊教育教师交流学习。

发挥学校资源辐射作用，与中国盲文出版社共同开发中医讲堂，学校教师录制课程400余节。发挥职业教育专业辐射、服务社会和示范引领作用，组织“筋骨平衡疗法”整体观念工作室到北京求实职业学校（望京校区）开展2017年“从外到里话春季养生”专业分享活动。举办“北京市盲人定向行走辅导教师培训班”，为来自海淀、西城等5个区的22名学员开展培训。开展“人道追梦 爱满京城”红十字青少年学雷锋志愿服务主题活动，学校共青团员代表到徐庄社区、少先队代表到裕友大厦周边公共场所参与志愿服务活动。组织按摩班12名学生在专业教师带领下，为近20名杜比实验室员工进行肩颈头部义诊。

（高爽　孙晓楠）

北京市健翔学校

2017年，北京市健翔学校占地面积1.17万平方米、建筑面积1.28万平方米，运动场地面积3200平方米。图书馆（室）藏书4.21万册，电子图书1万册。固定资产总值8716万元，全年教育经费投入7285万元。学校信息化经费投入157万元，拥有计算机220台，多媒体教室座位400个，校园网出口总带宽500Mbps，数字资源量300GB，“信息技术”课程初中听障部2课时/周、初中培智部1课时/周、普通高中2课时/周、计算机专业8课时/周。普通教室27个、专用教室13个、实验室2个。教职工165人，其中，高级职称23人、中级职称73人。专任教师142人，包括特级教师2人、北京市骨干教师1人；本科及以上学历135人。开设教学班51个（小学24个、初中13个、职业教育14个）。毕业108人（初中65人、职业教育43人）；招生79人（小学31人、职业教育48人）；在校生494人（小学232人、初中135人、职业教育127人），其中，智力障碍90人、精神残疾125人、自闭症124人、听力障碍84人、脑瘫22人、多重残疾49人，包

7月7日，健翔学校接待美国波士顿教育代表团访问交流
（健翔学校　供）

括寄宿生 90 人，外省市借读生 78 人。学校有社团 16 个。

2017 年，学校将原有单元教学或分科教学经验与《培智学校义务教育课程标准》新要求整合，为每名学生制订符合新课标要求的个别化教育计划。针对不同类型学生发展特点，完善不同课程模式，包括以动作为先导的自闭症学生教学课程模式、低年级多学科整合课程模式和脑瘫儿童综合发展课程模式等。针对学生趋于重度、多重残疾等特点，开展教师培训和教研工作，开设生活数学、生活语文、康复训练、行为干预、运动与保健等教研组；以教师自主申请课题为导向，形成身心舞蹈等教研组。

发挥优势教育资源辐射作用，作为北京市特殊教育优质校，承接北京市特殊教育骨干教师体验式培训任务，从教育教学管理、教学实践、教育科研等多个方面开展体验式培训，交流、分享学校先进教育教学经验。承担北京市自闭症教育基地项目，开展自闭症教育研究，及时总结研究成果，接待全国各地及北京市各区的教师参观学习，完成北京市自闭症教育基地项目。

（曹燕　武子源）

北京市通州区培智学校

2017 年，北京市通州区培智学校占地面积 11320 平方米、建筑面积 7260 平方米，体育馆面积 250 平方米。图书室藏书 8300 册。固定资产总值 2791.92 万元，全年教育经费投入 1902.81 万元。学校拥有计算机 150 台，多媒体教室座位 150 个，校园网出口总带宽 1000Mbps，数字资源量 4000GB，“信息技术”课程七年级至九年级 2 课时 / 周。教职工 62 人，其中，高级职称 6 人、中级职称 28 人。专任教师 57 人，包括特级教师 6 人、北京市骨干教师 1 人;本科及以上学历 53 人。开设教学班 17 个（小学 12 个、初中 5 个）。初中毕业 24 人；小学招生 23 人；在校生 144 人（小学 102 人、初中 42 人），其中，智力障碍 63 人、多重残疾 28 人、脑瘫 6 人、自闭症 47 人，包括寄宿生 115 人。网址：tongzhoupeizhi.com。

2017 年，学校深化课改，创新支持“生活化教育”多元校本课程。智力障碍学生学习“生活”的主渠道是课堂，学校深化课程改革，尝试开展以“生活”为核心的课程建设，设法为学生提供适合且实用的教育。初步建构“三段五类”多元课程体系，从低到高、循序渐进，体现课程设置的多元化和以学生为本的教育理念。为尊重学生的差异，按需施教，探索游戏、协同、结构化等多种教学方式，为每个学生制订个别化教育计划，加大自闭症、脑瘫等特殊需要学生的个训力度，开发康复训练和兴趣培养 2 个教学组。

拓宽途径，开展支持“生活化教育”活动。根据学生身心特点，以“生活”为核心，在活动中引导学生感受生活、热爱生活，在实践体验中学习生活方法、掌握生活本领，提高生活和适应能力。开展“如何学会生活”“物品对换大行动”等校内主题活动；定期组织校园艺术节、校园体育节和特奥运动会。带领学生到自然博物馆、欢乐之都体验馆等地参观体验，“自己打票乘地铁”“集体去超市选购新年用品”等活动使学生在实践中掌握生活技能。将“生活化教育”延伸到家庭和社区。通过家长开放日和家长会使家长配合、主动参与学校教育，开发学校周边的超市、银行、医院成为支持学校生活化教育的实践基地。多举措培养支持“生活化教育”的专业教师。

（张天玲）

北京市顺义区特殊教育学校

2017 年，北京市顺义区特殊教育学校占地面积 3.07 万平方米、建筑面积 0.93 万平方米，运动场地面积 0.60 万平方米。图书馆（室）藏书 1 万册，电子图书 400 册。固定资产总值 1431.20 万元，全年教育经费投入 2721.30 万元。学校信息化经费投入 22 万元，拥有计算机 60 台，多媒体教室座位 28 个，校园网出口总带宽 100Mbps，数字资源量 18GB，“信息技术”课程 2 课时 / 周。普通教室 18 个、专用教室 8 个。教职工 74 人，其中，高级职称 19 人、中级职称 30 人。专任教师 64 人，包括特级教师 1 人；本科及以上学历 73 人。开设教学班 21 个（小学 13 个、初中 8 个）。毕业 18 人（小学 13 人、初中 5 人）;招生 37 人（小学 24 人、初中 13 人）;在校生 171 人（小学 107 人、初中 64 人）,其中，智力障碍 104 人、自闭症 35 人、听力障碍 1 人、言语障碍 1 人、脑瘫 9 人、多重残疾 21 人。学校有社团 4 个（轮滑、非洲鼓、美术、篮球）。网址：www.tj.shyedu.cn。

2017 年，学校依据培智学校新课程标准和新教材实施，重新调整构建学校多元生命课程体系。将教学、德育、生活管理统一纳入学校多元生命课程体系，完善学前、学龄、职业、校本、家本课程设置，形成符合学生生命成长规律的课程体系。结合学校主题统整下的综合课程教学模式，对新课标进行重新编码，重新调整个别化教育计划。重新梳理学校主题教学体系，逐步与新课标的落实有效衔接，形成以“美好生活”为主题的教学体系，下设 10 个子主题，按低、中、高分解出不同教学主题，最后达成课标。落实“学校幸福教师成长工程”，对不同层次教师提出具体要求，按需开展专业培训，采取专业培训、挂职学习、高校浸润、专家指导等多种形式引领教师参加专业技能、方法学习，使每名教师至少掌握 1 门专业技术。践行“生命德育”，开展德育体验教育活动。加大校园环境改建力度，新增感官统合教室、多感官教室、书法教室、绘本教室等专业教室，满足残疾学生的教育康复需求。

（王向辉　胡金侠）

北京市昌平区特殊儿童教育学校

2017 年，北京市昌平区特殊儿童教育学校占地面积 8020 平方米、建筑面积 2441 平方米，运动场地面积 3727 平方米。图书馆（室）藏书 9452 册。固定资产总值 517.68 万元，全年教育经费投入 1090 万元。学校信息化经费投入 39.87 万元，拥有计算机 87 台，多媒体教室座位 76 个，校园网出口总带宽 1024Mbps，数字资源量 100GB，“信息技术”课程 2 课时 / 周。普通教室 7 个、专用教室 11 个。教职工 36 人，其中，高级职称 1 人、中级职称 5 人。专任教师 23 人，本科及以上学历 20 人。开设教学班 14 个（小学 11 个、初中 3 个）。毕业 9 人（小学 7 人、初中 2 人）；招生 21 人（小学 13 人、初中 8 人）；在校生 83 人（小学 64 人、初中 19 人），包括寄宿生 35 人，外省市借读生 4 人。学校有社团 3 个。网址：www.cptjxx.com。

2017 年，学校根据学生实际开展生活化主题分科教学，加强学生个别化训练；不断加强教师特殊教育专业培训，提升教师专业素质。组织教师分 3 批到广州越秀启智学校跟岗学习，对学校课程改革工作有实质性的指导和帮助。坚持开展“每天锻炼一小时”活动和校内外实践活动。与区关工委共同开展“快乐星期三活动”，每周三下午开设“魔术、手工、京剧、书法”兴趣课，开拓学生视野。以采购服务的方式，与昌雨春童康复中心合作开展送教上门工作，为 27 名送教上门学生提供每周不少于 2 小时，每学期不少于 15 次的康复服务。

（王玉荣）

北京市大兴区特殊教育中心

2017 年，北京市大兴区特殊教育中心占地面积 3294 平方米、建筑面积 2404 平方米，运动场地面积 1240 平方米。图书馆（室）藏书 1.45 万册，电子图书 22 册。固定资产总值 3020.87 万元，全年教育经费投入 1004.03 万元。学校信息化经费投入 36.80 万元，拥有计算机 56 台，多媒体教室座位 9 个，校园网出口总带宽 100Mbps，数字资源量 450GB，“信息技术”课程 8 课时 / 周。普通教室 8 个、专用教室 13 个。教职工 35 人，其中，高级职称 4 人、中级职称 20 人。专任教师 33 人，本科及以上学历 29 人。开设教学班 7 个。毕业 5 人、招生 7 人、在校生 46 人。残疾儿童入学率 99%、巩固率 99%。

2017 年，学校深入开展课程改革和校本教研，采取“走出去、请进来”方式，提升教师专业素养，提高教育教学质量。构建学校、家庭、社会三结合教育网络，利用主题教育系列活动带学生走出家庭、走出校园、走进社会，通过社会实践、助残日和每月的主题活动，引导学生融入社会、提高社会适应能力，开展社会大课堂、粽叶飘香迎端午、“分享关爱 共享快乐 温暖同行”助残日暨“六一”儿童节主题庆祝等活动。融合教育工作扎实开展、稳步推进，利于多种形式多种渠道，有效开展资源教师教科研活动，加强随班就读教师队伍建设，进一步完善《随班就读学生发展性评价实施办法》《大兴区随班就读学生认定审批流程》《大兴区资源教师考核方案》，规范随班就读工作。

（陈淼）

北京市怀柔区培智学校

2017 年，北京市怀柔区培智学校占地面积 4098.25 平方米、建筑面积 1776.70 平方米，体育场（馆）面积 1296 平方米。图书馆（室）藏书 1 万册。固定资产总值 2058.70 万元，全年教育经费投入 488 万元。学校信息化经费投入 246 万元，拥有计算机 50 台，多媒体教室 10 个，校园网出口总带宽 10Mbps，数字资源量 15GB，“信息技术”课程 1 课时 / 周。普通教室 6 个、专用教室 11 个。教职工 36 人，其中，高级职称 2 人、中级职称 25 人。专任教师 34 人，本科及以上学历 32 人。开设教学班 6 个。毕业 4 人；招生 19 人；在籍学生 81 人（在校生 66 人、送教上门学生 15 人），在校生中，多重残疾 15 人、脑瘫 1 人、智力残疾 44 人、自闭症 2 人、听力障碍 3 人、言语障碍 1 人。

2017 年，学校从实际和学生需求出发开发多元化课程，包括国家规定的课程、校本潜能活动课程和社会实践融合教育课程，并形成以“生活课程为核心”的课程体系。加强与市级优质校合作办学，与西城区、顺义区特教学校开展合作办学研讨，沟通交流学校基本情况、地域、师资等方面优、劣势，学校现有成绩、经验和未来发展方向，拟定语言、自闭症、行为分析、动作训练、学障等方面的专业化培训计划。

加强高素质教师队伍建设，安排教师参加自闭症儿童课程及教育干预、沟通辅助系统 (AAC) 等专业培训。发挥骨干教师示范带头作用，为年轻教师上好指导课、示范课和组

5 月 3 日至 10 日，怀柔培智学校举办“骨干帮扶青年教师”促进课活动　（怀柔培智学校　供）

织好集体备课；推选优秀教师参加教学比武活动，打造名师；发挥有经验的老教师和优秀青年教师传帮带作用。为师生搭建展示平台，组织学生走进生存岛、图书馆、商场等场所，让学生融入社会；组织“践行十九大，颂歌献特教风采”展示、基本功比赛等活动，丰富师生生活，提高师生技能。

（任海明）

北京市平谷区特教中心

2017年，北京市平谷区特教中心新校舍在筹建中，租借平谷区中罗庄老年公寓部分房屋作为临时校舍，占地面积2000平方米、建筑面积1200平方米。图书馆（室）藏书0.20万册。固定资产总值753.18万元，全年教育经费投入204.61万元。学校信息化经费投入450.61万元，拥有计算机131台，多媒体教室座位60个，校园网出口总带宽4Mbps，数字资源量20GB，“信息技术”课程2课时/周。普通教室14个、专用教室8个。教职工68人，其中，高级职称6人、中级职称34人。专任教师50人，本科及以上学历56人。开设教学班15个。毕业5人、招生5人、在校生111人，其中，听力障碍6人、智力障碍81人、脑瘫8人、孤独症6人、多重残疾10人，包括寄宿生60人。

2017年，学校重视教师队伍建设，开展践行师德规范公开承诺活动，细化师德积分和党员积分“双积分”活动，优化考评办法，完善考核细则，每月总结，每学期评优。组织教师参加校外培训970人次。组织教师参加各级各类论文评选活动以及第19届师生电脑作品大赛。

开展特色教育活动，举办“家校携手 共筑安全防线”家校共育开放日活动；利用各种节日开展主题教育活动；发挥社会大课堂育人功能，推进“中小学综合素质提升工程”，组织全校师生走进科技馆、天文馆、奥林匹克森林公园；举办信息技术专题培训，包括睿课堂培训、师翊培训、拓比海螺沟通软件培训等；推进融合实践教育，开展拓展特奥体育、艺术等特色专题活动。“融合学校足球训练项目”在特奥东亚区资金支持下，与北京第二实验小学平谷分校和平谷区足球协会联合组成专业特奥足球队，开展特奥足球融合运动专业训练和特奥冰雪运动以及多项特奥融合活动和联谊活动。开设特奥体育、舞蹈、音乐、美工等多个兴趣教育课程，发展学生个性特长。发展职业教育，学校职康站对22名智力障碍学员开展多种技能培训工作，教授烹饪和制作、销售中性笔等技能。

（王红梅）

北京市延庆区特殊教育中心

2017年，北京市延庆区特殊教育中心占地面积1.98万平方米、建筑面积0.40万平方米，体育场（馆）面积1.04万平方米。图书馆藏书2.32万册，电子图书1万册。固定资产总值1053.88万元，全年教育经费投入1059.23万元。学校信息化经费投入149.25万元，拥有计算机75台，多媒体教室座位40个，校园网出口总带宽100Mbps，数字资源量300GB，“信息技术”课程2课时/周。普通教室7个、专用教室20个。教职工34人，其中，副高级职称1人、中级职称19人。专任教师29人，本科及以上学历30人。开设教学班7个。初中毕业11人、小学招生7人、在校生69人（小学25人、初中44人），其中，智力障碍34人、自闭症10人、听力障碍1人、视力障碍1人、脑瘫9人、肢体障碍6人、多重残疾6人、精神残疾2人，包括寄宿生18人。

2017年，学校本着重度学生学会生活自理，摆脱别人帮助；中度学生学会居家生活，服务他人；轻度学生能够自食其力，服务社会的目标，开展各项工作。以“参与社会，方便生活”为主题，以课程开发为背景，采用前期教师在课堂中讲解，后期在银行、超市中实践操作为基本模式开展社会实践活动。组织学生到中华民族园、怀柔生存岛、绿富隆和盆窑参加社会大课堂活动。

加强教师队伍建设，组织教师到厦门、徐州、重庆、杭州等地参加游戏治疗、性健康教育、班主任管理等专题培训，参加北京市特殊教育中心组织的新课标和新教材解读培训，参加北京市性健康教育委员会组织的性健康教育理论初级班、中级班培训。开展个别化教育计划培训、课程标准解读、微课的设计与应用等校本培训。形成职业训练、个训、劳动技能、兴趣为主的专题研究小组。经过4个教研组梳理撰写、课题组研讨后，形成《农村智障学生性自护教育目标与内容》，并在渗透课、专题课、延伸课中对学生进行性健康教育知识与能力的传授。推选2名教师参加市教委组织为期4个月的“影随”培训（脱产培训）。

优化课堂教学及课程设计，组织教师开展2次推门听课、2次献课活动，以评选骨干教师为契机，开展课堂教学评选活动。加大生活适应课程的设置力度，由原来每班每周2课时增加到每班每周4课时；开设以手工制作、洗车、种植、家政等为主要方向的职业训练课程，16～18岁学生组成1个职训班，进行专门职业训练；增设个训课，将有个别化教育需求的低年级学生组成2个个训班，由2名教师从情绪行为问题、动作训练、沟通训练、生活自理训练方面入手，进行专门康复训练。

推动全区融合教育工作，开展融合教育教研活动2次，举办融合教育管理干部培训会1次，组织学生到普通中小学参加融合教育活动4次，到19所小学、2所中学下校调研、指导融合工作开展，征集融合教育优秀论文46篇，“示范性学区融合教育资源中心”进入实质建设阶段。与北京市延庆区大柏老中心小学共同组建的融合足球队获“2017国际特殊奥林匹克东亚区北京特奥融合学校足球联赛”冠军。

（周英杰）

（本栏责任编辑　孙晓楠）

50.31 万人

普通本科在校生

22.49 万人

在学硕士研究生

8.75 万人

在学博士研究生

6.62 万人

普通高等学校专任教师

2018 | 普通高等教育

HIGHER EDUCATION

- 优化实施高水平人才交叉培养计划
- 北京高校“双一流”建设
- 市学位委员会换届

综述

概述

2017年，收录的58所普通本专科高校中，中央部委所属高校38所，包括教育部所属25所、其他部委所属13所，市属公办高校20所。58所高校产权占地面积3802.05万平方米，学校产权校舍建筑面积3462.43万平方米。图书9598.70万册。固定资产总值14969426.60万元，其中，教学、科研仪器设备5494358.33万元。教职工123535人，其中，专任教师58571人，包括正高级职称16959人、副高级21776人。毕业生114065人，招生119066人、在校生468002人。北京市共有58所普通高校和88个科研机构培养研究生，共有在学研究生31.24万人，其中，博士生8.75万人、硕士生22.49万人。招收研究生11.18万人，比上年增加1.44万人。

（华蕾）

优化实施高水平人才交叉培养计划

2017年，市教委优化实施“高水平人才交叉培养计划”。针对“双培计划”，研究制定经费使用补充说明和虚拟教研室建设实施指导意见，促进央地高校互动对接，提升市属高校专业建设水平。针对“外培计划”，调整项目实施方式，将原有的高招录取和在校生遴选的双轨机制调整为单轨，促进机会公平，引导高校开展国际化人才培养。针对“实培计划”，与中国科学院、中国社会科学院建立合作长效机制，完善协同育人机制，促进人才培养与科学研究的融合，为高校与科研院所的全方位合作搭建平台。全年双培计划招录1477人，覆盖40所学校的120个专业；“实培计划”共978个项目入选，其中，大学生毕业设计（科研类）项目424项；大学生毕业设计（创业类）项目266项；大学生科研训练计划深化项目288项。支持6所高校建设实验开放共享项目。

（赵晓琳）

继续建设北航北京学院

2017年，市教委继续建设北京航空航天大学北京学院。推动“双培计划”实施，对501名“双培计划”在读学生进行“书院制”人才培养模式和跨院校教学模式的探索和创新，为院校间合作共享搭建沟通平台；落实“实培计划”，建设“开放实验室”，搭建学习和实践融合平台；承办国际暑期学校，推动北航本土校园国际化建设，搭建北航与全球交流沟通平台；辅助北航开展优质慕课（MOOC）建设，建设“工业和信息化部研究性教学创新团队和课程平台”，搭建线上线下开放互动平台。

（赵晓琳）

卓越新闻人才培养高校联盟系列活动

2017年，市教委开展北京卓越新闻人才培养高校联盟系列活动。“当代传媒前沿系列讲座”资源向联盟高校开放，定期邀请北京高校师生交流；“半夏的纪念”百校联展展映活动在中国人民大学、中央民族大学、北京印刷学院、北京城市学院等15所在京高校推进；与“双培计划”打通，重点培养网络与新媒体专业北京高校学生，发挥中国传媒大学优势，开展“我眼中的阿坝”夏季学期实践活动、赴平遥国际摄影节参加高校作品展等活动。

（赵晓琳）

举办25项大学生学科竞赛

2017年，北京高校举办25项大学生学科竞赛。投入经费合计600万元，参与学生2万人，单项竞赛平均30所高校参加，涵盖学科及专业门类100个。通过学科竞赛培养大学生科技创新精神和实践能力，提高学生科研技能，发掘在特定领域有创新潜质的人才，对于推动大学生参加科研活动、推广科技知识具有重要意义；以竞赛项目为载体开展实践训练，提高参赛学生科学研究能力和实践技能。

（曾婷）

教学管理信息化建设

2017年，市教委完成经费、实培、教学成果奖等相关平台系统的上线工作。平台的上线，加强北京地区各本科高校间的工作互动，促进高校和政府以及高校之间的信息交流，促进协同发展，服务于高校和相关专业对专业建设和人才培养的诊断评估评价，促进专业合理定位、内涵发展、办出特色、提高质量。

（赵晓琳）

17门课程入选国家级精品资源共享课

1月22日，教育部公布第二批“国家级精品资源共享课”名单，北京2所高校的17门课程入选。全国共批准200门课程为第二批“国家级精品资源共享课”，有效期5年，并在“爱课程”网免费向社会开放。至此，北京共有37所高校266门课程入选国家级精品资源共享课。首批“国家级精品资源共享课”于2016年6月28日公布，北京35所高校249门课程入选。

（邱小培）

第二批“国家级精品资源共享课”
（北京高校）

北京师范大学
中学语文课程标准与教材研究
中学数学课程标准与教材研究
中学生物学科课程标准与教材研究
中学地理学科课程标准与教材研究
中学英语学科教学设计
中学物理学科教学设计
中学化学教学设计
中学生心理辅导
幼儿游戏与指导
首都师范大学
中学美术课程标准与教材研究
教师职业道德
小学生品德发展与道德教育
现代教育技术应用
书写与书法
儿童发展
幼儿游戏与指导
幼儿科学教育与活动指导

（邱小培）

亚洲大学联盟成立

4月29日，亚洲大学联盟成立。该联盟由清华大学发起，北京大学、香港科技大学、日本东京大学、韩国国立首尔大学等15所大学共同倡议成立，将在科研、教育、学术等领域促进亚洲大学合作，共同发展亚洲地区高等教育事业。清华为联盟创始主席单位，校长邱勇担任联盟创始主席。成立大会上，刘延东发表题为《携手共创亚洲高等教育的美好未来》的主旨演讲。

（许亮）

全球外国语大学联盟校长论坛成立

5月19日，全球外国语大学联盟校长论坛暨2017年区域与全球治理论坛在北京外国语大学举行。由北外倡议发起的全球外国语大学联盟成立，来自全球16个国家和地区的30所高校成为联盟首批成员。联盟由外语教学科研以及国别区域研究为特色高校自愿组成，是开放性、非盈利、非法人组织，本着“团结互信、合作共赢”的理念，以“外语教学研究、国别区域研究、人文交流”为内涵，共建教育合作平台。联盟的宗旨在于实现联盟成员之间的优势互补，传播世界各国的语言文化，架设友谊桥梁，增强国别和区域研究，促进不同国家和地区的人文交流和文明互鉴。联盟成立仪式后，论坛围绕“语言、文明与全球治理”展开研讨，听取莫斯科国立语言大学、慕尼黑高翻学院、东京外国语大学等9所高校校长的主旨发言。来自全球外国语大学的校长、专家学者及北外师生等300人参加活动。

（杜改俊　华蕾）

卓越工程师教育培养计划高校联盟暑期学校活动

5月和10月，北京航空航天大学开展两期北京卓越工程师教育培养计划高校联盟2017暑期学校活动。暑期学校分别在法国巴黎中央理工大学、里昂中央理工大学和美国约翰霍·普金斯大学(Johns Hopkins University)举行，联盟17所高校的36名学生和9名教师参加学习。

（赵晓琳）

8所民族高校共研学生思想政治教育工作

6月7日至8日，民族高校学生思想政治教育工作创新成果分享交流会在中央民族大学召开。会议围绕贯彻落实全国高校思想政治工作会议精神，进一步加强兄弟高校间相关工作经验交流与成果互鉴，不断推动学校思想政治教育工作质量和水平，研讨学校思想政治教育工作的创新发展。来自中南民族大学、西南民族大学、西北民族大学、北方民族大学、大连民族大学、呼和浩特民族学院、河北民族师范学院、云南民族大学与民大 9 所民族高校的学生思想政治教育工作者 60 人参加会议。

（周翊兰）

6 月 7 日至 8 日，民族大学与 8 所民族高校共研学生思想政治教育工作 （民族大学 供）

首届全国公安院校警务英语教学改革研讨会

6 月 10 日，中国人民公安大学举办第一届全国公安院校警务英语教学改革研讨会。会议听取中国政法大学、中国人民大学、江南大学 3 名外语教育专家作主题发言，围绕当前中国英语教学改革趋势、专门用途英语课程设置的热点与难点、公安院校警务英语教学方法与警务英语教材建设等问题展开研讨。来自全国 26 所公安院校的 60 名专家学者参加会议。

（邓杰）

高校实验教学开放共享项目研讨会

6 月 14 日，北京高等学校高水平人才交叉培养“实培计划”实验教学开放共享项目研讨会在北京信息科技大学召开。清华大学等 16 所项目高校教务处负责人和开放共享项目负责人分别介绍各校项目运行建设情况，总结建立高效便利的实验教学开放共享机制，依靠各自学科专业特色做好实验开放项目特色发展与内涵建设，定位国家战略和区域经济社会发展实际需求全面提升服务社会能力，促进高等教育教学资源向基础教育开放共享，促进多学段联动和教育公平等方面的实际举措和工作成果，研讨未来如何加强共享渠道、持续性建设投入以及制定质量标准和考核机制等。

（曾婷）

高校实培项目遴选申报暨信息管理平台使用培训会

6 月 16 日，北京高校实培项目遴选申报暨信息管理平台使用培训会在北京信息科技大学召开。会议说明并答疑 2017 年高校实培项目遴选工作相关安排，信息管理平台技术专家展示并讲解平台各项功能。实培项目信息管理平台是市教委为完善项目申报及全过程管理而开发研制的平台，提升实培项目信息化水平，使管理更加精细化、决策更加科学化。市教委相关处室及在京高校和科研院所 70 家单位代表参加会议。

（曾婷）

提升北京高校人才培养能力

6 月 20 日，市教委与市财政局联合印发《关于提升北京高校人才培养能力的意见》。意见以增强服务发展能力、构建一流培养体系、提高教师育人水平、促进学生全面成长为总目标，强调坚持立德树人、坚持内涵发展、坚持改革创新、坚持开放引领，提出 5 个方面 12 项主要任务，制定一流专业、一流专业群建设计划、优秀创新育人团队支持计划、教学名师奖资助计划、优质在线开放课程认定支持计划、教学重点实验室建设计划、共享综合实习实训基地建设计划、智慧教室建设计划、专业图书馆建设计划、示范性创新创业人才培养基地建设计划、优秀大学生创新创业能力提升计划 10 项工作计划。

（张富宇）

中医药大学举办首届全国中医药大学生成长论坛

8 月 6 日，北京中医药大学联合北京市中医药文史研究会举办首届全国中医药大学生成长论坛。论坛围绕“如何建立中医药大学生传承中医的信念及中医药大学生在学术传承与创新方面需要解决的关键问题办法”主题，听取《中国梦·我的青医梦》主题报告，研讨青年中医药学子的成长成才和中医药事业的传承发展。300 名学生参加论坛。

（王丹凤）

大学通识教育联盟年会

8 月 22 日，第三届（2017 年）大学通识教育联盟年会在北京大学召开。会议以“通识教育与‘双一流’建设”为主题展开研讨。联盟理事长北京大学校长、清华大学校长、复旦大学校长，联盟副理事长中山大学副校长，以及来自全国 50 余所高校的有关代表 150 余人共同探讨中国大学通识教育改革之道。自 2015 年联盟成立，通识教育联盟通过举办联盟年会和通识教育讲习班等活动，搭建《通识教育评论》和“通识联播”等平台，促进通识教育理念在高校中的传播。

（刘鹏）

中国社科大揭牌

9 月 12 日，中国社会科学院大学揭牌。学校英文名称 University of Chinese Academy of Social Sciences (UCASS)，标识码为 4111014596，校训“笃学、慎思、明辨、尚行”。该校是以中国社会科学院研究生院为基础，整合中国青年政治学院本科教育及部分研究生教育资源而组建，由国家举办、中国社会科学院主管，具有独立法人资格的全日制普通高等学校，是为国家和社会培养人才的非营利性事业组织，开展本科和研究生教育。5 月 10 日，学校获教育部批准创办。

8月30日，学校获中央机构编制委员会批复同意组建。

（李安）

9月12日，中国社会科学院大学成立大会在北京举行

（社科大 供）

全球音乐教育联盟成立

9月12日，全球音乐教育联盟在北京成立。该联盟成员覆盖亚洲、北美洲、欧洲、大洋洲的30余所世界一流音乐院校，是国际高等音乐教育领域的高规格学术平台。致力于推动世界范围内不同音乐文化、音乐学派的建立与传承发展；搭建国际化音乐人才培养、教学、科研、资源建设和交流合作平台。联盟成立后将集合世界范围内音乐学术力量，筹备《世界音乐大典》编纂工作，同时推出《全球音乐院校年鉴》并协同联盟院校共同发起、举办国际顶级音乐赛事。联盟还将实现成员单位之间的优质资源共享、学生联合培养、教师互派互访，并推动实现院校间文凭、学分互认及开展联合科研等事宜。全球音乐教育联盟将常态化，五年一届实行主席—理事制。中国音乐学院院长王黎光当选联盟主席。中国音乐学院、伊斯曼音乐学院、西贝柳斯音乐学院、悉尼音乐学院、芝加哥大学音乐学院当选联盟首届理事。

（田婷）

北航入选一流网络安全学院建设示范项目

9月16日，北京航空航天大学入围首批一流网络安全学院建设示范项目的高校授牌。该评选由中央网信办、教育部主办，首批7所高校入选，分别是西安电子科技大学、东南大学、武汉大学、北京航空航天大学、四川大学、中国科学技术大学、战略支援部队信息工程大学。

（朴悦嘉）

北京高校“双一流”建设

9月20日，教育部、财政部、国家发展改革委联合公布世界一流大学和一流学科建设高校及建设学科名单，北京8所高校入选一流大学建设高校A类、26所高校入选一流学科建设高校、162个学科入选“双一流”建设学科。经专家委员会遴选认定，教育部、财政部、国家发展改革委研究并报国务院批准，认定一流大学建设高校42所，其中A类36所、B类6所，一流学科建设高校95所，“双一流”建设学科459个。2017年1月，经国务院同意，教育部、财政部、国家发展改革委印发《统筹推进世界一流大学和一流学科建设实施办法（暂行）》，“双一流”建设进入实施操作阶段。“双一流”建设高校通过竞争优选、专家评选、政府比选、动态筛选产生。此次遴选认定所产生的是“建设”高校及“建设”学科，重点在“建设”，是迈向世界一流的起点，而不是认定这些学校和学科就是世界一流大学和一流学科，能否成为世界一流大学和一流学科还要看最终的建设成效。“双一流”建设以学科为基础，对建设过程实施动态监测，实行动态管理，有进有出，打破身份固化，不搞终身制。

（邱小培）

“双一流”建设高校（北京）

一流大学建设高校A类（北京）	
北京大学	中国人民大学
清华大学	北京航空航天大学
北京理工大学	中国农业大学
北京师范大学	中央民族大学
一流学科建设高校（北京）	
北京交通大学	北京工业大学
北京科技大学	北京化工大学
北京邮电大学	北京林业大学
北京协和医学院	北京中医药大学
首都师范大学	北京外国语大学
中国传媒大学	中央财经大学
对外经济贸易大学	外交学院
中国人民公安大学	北京体育大学
中央音乐学院	中国音乐学院
中央美术学院	中央戏剧学院
中国政法大学	华北电力大学
中国矿业大学	中国石油大学
中国地质大学	中国科学院大学

（邱小培）

“双一流”建设学科（北京）

北京大学：哲学、理论经济学、应用经济学、法学、政治学、社会学、马克思主义理论、心理学、中国语言文学、外国语言文学、考古学、中国史、世界史、数学、物理学、化学、地理学、地球物理学、地质学、生物学、生态学、统计学、力学、材料科学与工程、电子科学与技术、控制科学与工程、计算机科学与技术、环境科学与工程、软件工程、基础医学、临床医学、口腔医学、公共卫生与预防医学、药学、护理学、艺术学理论、现代语言学、语言学、机械及航空航天和制造工程、商业与管理、社会政策与管理

中国人民大学：哲学、理论经济学、应用经济学、法学、政治学、社会学、马克思主义理论、新闻传播学、中国史、统计学、工商管理、农林经济管理、公共管理、图书情报与档案管理
清华大学：法学、政治学、马克思主义理论、数学、物理学、化学、生物学、力学、机械工程、仪器科学与技术、材料科学与工程、动力工程及工程热物理、电气工程、信息与通信工程、控制科学与工程、计算机科学与技术、建筑学、土木工程、水利工程、化学工程与技术、核科学与技术、环境科学与工程、生物医学工程、城乡规划学、风景园林学、软件工程、管理科学与工程、工商管理、公共管理、设计学、会计与金融、经济学和计量经济学、统计学与运筹学、现代语言学
北京交通大学：系统科学
北京工业大学：土木工程（自定）
北京航空航天大学：力学、仪器科学与技术、材料科学与工程、控制科学与工程、计算机科学与技术、航空宇航科学与技术、软件工程
北京理工大学：材料科学与工程、控制科学与工程、兵器科学与技术
北京科技大学:科学技术史、材料科学与工程、冶金工程、矿业工程
北京化工大学：化学工程与技术（自定）
北京邮电大学：信息与通信工程、计算机科学与技术
中国农业大学:生物学、农业工程、食品科学与工程、作物学、农业资源与环境、植物保护、畜牧学、兽医学、草学
北京林业大学：风景园林学、林学
北京协和医学院：生物学、生物医学工程、临床医学、药学
北京中医药大学：中医学、中西医结合、中药学
北京师范大学:教育学、心理学、中国语言文学、中国史、数学、地理学、系统科学、生态学、环境科学与工程、戏剧与影视学、语言学
首都师范大学：数学
北京外国语大学：外国语言文学
中国传媒大学：新闻传播学、戏剧与影视学
中央财经大学：应用经济学
对外经济贸易大学：应用经济学（自定）
外交学院：政治学（自定）
中国人民公安大学：公安学（自定）
北京体育大学：体育学
中央音乐学院：音乐与舞蹈学
中国音乐学院：音乐与舞蹈学（自定）
中央美术学院：美术学、设计学
中央戏剧学院：戏剧与影视学
中央民族大学：民族学
中国政法大学：法学
华北电力大学：电气工程（自定）
中国矿业大学（北京）：安全科学与工程、矿业工程
中国石油大学（北京）：石油与天然气工程、地质资源与地质工程
中国地质大学（北京）：地质学、地质资源与地质工程
中国科学院大学：化学、材料科学与工程

注：1. 不加（自定）标示的学科，是根据“双一流”建设专家委员会确定的标准而认定的学科；
2. 加（自定）标示的学科，是根据“双一流”建设专家委员会建议由高校自主确定的学科；
3. 高校建设方案中的自主建设学科按照专家委员会的咨询建议修改后由高校自行公布。

（邱小培）

中国共产党创办新型高等教育 80 年论坛

9 月 23 日，“中国共产党创办新型高等教育 80 年——扎根中国大地办大学的理论与实践”论坛在中国人民大学举办。陈宝生出席论坛并讲话，强调在新的历史起点上办好中国特色高等教育，需要探索回答六个问题，一是“举什么旗、走什么路”，二是“以什么样的精神状态实现什么样的奋斗目标”，三是“培养什么样的人、为谁培养人、怎样培养人”，四是“从哪里来、到哪里去、朝着什么方向前进”，五是“搭什么台、唱什么戏、创什么业”，六是“种什么树、成什么林、结什么果”。会议提出以人民大学前身陕北公学为代表的高等教育，为建设中国特色高等教育事业做出具有特殊意义的探索，对三大命题做出历史回应：一是中国共产党独立创办的具有红色基因的高校能不能建成“中国特色、世界一流”的大学；二是在中国这样一个发展中国家能不能建成“中国特色、世界一流”的大学；三是以人文社会科学为主的高校能不能建成“中国特色、世界一流”的大学。这三个

9 月 23 日，人民大学举办中国共产党创办新型高等教育八十年论坛 （人民大学 供）

命题更是有待深入实践创造性探索的命题。会议还围绕中国新型高等教育发展的主导思想、“双一流”建设带来的影响、高等教育的“延安模式”、创新人文社科人才培养、塑造具有中国特色的大学精神等展开研讨。教育部相关部门、中国教育学会、市委教工委负责人，发端于延安的高校包括人民大学、北京理工大学、中国农业大学、中央民族大学、北京外国语大学、中央音乐学院、中央美术学院、中央戏剧学院、外交学院、中国劳动关系学院、延安大学等代表及人民大学师生参加会议。

（王文泽）

卓越艺术人才（舞蹈）培养高校联盟系列活动

10 月 19 日至 27 日，北京舞蹈学院主办北京卓越艺术人才（舞蹈）培养高校联盟系列活动。活动以“共舞、共创、共赏、共享”为主题，包括教学剧目展演、精品课程展示、2017 中东欧国家舞蹈大师工作坊、“一带一路”舞蹈文化研究论坛等。各个院校共同探讨高校人才培养途径与方法，加强大学生的实践与创新能力培养，促进当代大学生开展艺术实践和交流。

（赵晓琳）

全国高校社会主义经济理论与实践研讨会年会召开

11 月 4 日至 5 日，全国高校社会主义经济理论与实践研讨会第 31 次年会在中国人民大学召开。会议围绕中国特色社会主义政治经济学理论体系研究、经济发展新常态与稳中求进总基调、深化供给侧结构性改革研究、“一带一路”与对外开放新战略等主题深入讨论。年会还设置三个分论坛，主题分别为“新时代中国特色社会主义政治经济学的创新发展”“新时代全方位的中国经济改革与发展”“开放体系下的‘一带一路’新方略与全球经济治理”。来自全国 70 余所高校的 200 余名代表参加会议。研讨会是在原国家教委的倡导下，由北京大学、人民大学、南开大学等 8 所高校的老一辈经济学家组织创办，于 1986 年举行第一次会议。

（王文泽）

全国高校采购管理专业联盟成立

11 月 13 日，全国高校采购管理专业联盟在北京物资学院成立。联盟成员包括联盟成员包括北京物资学院、燕京理工学院、西南财经大学、云南财经大学、河北地质大学等。主要开展全国采购管理专业人才培养、专业建设、科学研究、社会服务等领域的讨论活动，提出意见和建议，共同促进采购管理专业的发展；组织全国采购管理专业教师培训、学术研讨、信息交流、对外合作等活动，共同扩大采购管理专业的影响力，提高采购管理专业的竞争力。来自中国物流与采购联合会、联盟成员学校相关领导、专家学者及企业代表出席成立仪式，并深入交流采购专业发展相关问题，一致通过《全国高校采购管理专业联盟章程》。

（胡瑞旺）

全国高等音乐艺术院校基本乐科课程建设学术研讨会召开

11 月 16 日至 18 日，中国音乐学院举办全国高等音乐艺术院校基本乐科课程建设学术研讨会。与会专家与教学前沿的青年教师、研究生围绕“课程改革研究与实践”“教学专题研究与实践”“学科论文专题研究”等专题发言。会议举办两场“全国基本乐科课程建设教学成果音乐会”，音乐会呈现不同时期、不同风格、不同形式的作品，展现基本乐科课程的最新教学成果。大会还为 9 名基本乐理教育家颁发“全国基本乐科课程建设指导委员会”特聘专家证书。来自全国基本乐科领域专家、学者、师生 220 人参加会议。

（田婷）

11 月 6 日至 18 日，全国高等艺术院校基本乐科课程建设学术研讨会召开　（中国音乐学院　供）

电力卓越工程师培养校企联盟成立

11 月 17 日，华北电力大学牵头成立电力行业卓越工程师培养校企联盟。联盟搭建电力行业与高校群体协同育人的大平台，在“产教融合”等方面深度合作，解决电力人才培养中存在的高校工程人才培养与行业企业需求脱节，工程教育缺乏“实践性”和“创新性”等“共性问题”。联盟包括 18 家大型能源电力企业及清华大学等 30 所高校。

（王振华）

智能电网创新联盟成立

11 月 25 日，高等学校智能电网创新战略联盟在华北电力大学成立。联盟是高校自发组建的事业共同体，围绕智能电网发展展开研究。职责包括：开展重大战略问题研究、提出重大项目建议、形成重大政策咨询意见；推动高校之间的优势资源整合和科研深度合作，在未来智能电网重大专项的实施中，高校能够承担更多任务，发挥引领作用；构建信息交流沟通平台，分享最新研究成果，开展学术交流；推动科技成果转移转化工作等。联盟校共 32 所。

（王振华）

北京市属高校一流专业建设

11 月 27 日，市教委公布北京市属高校一流专业建设名单。经学校优选、专家评选、政府比选和公示等环节，20

所市属高校27个专业入选。每个专业建设周期5年。原则上理工农医类专业，每个专业每年600万元至800万元建设经费；其他类专业，每个专业每年400万元至600万元建设经费。各高校可根据实际需求确定建设周期内每年投入额度，市教委根据学校申报情况予以统筹调整。

（段磊）

北京市属高校一流专业建设名单

北京工业大学 机械工程 电子科学与技术	北方工业大学 电子信息工程
北京工商大学 食品科学与工程 会计学	北京服装学院 服装与服饰设计（服装设计）
北京印刷学院 印刷工程	北京建筑大学 建筑学
北京石油化工学院 环境工程	北京农学院 园艺
首都医科大学 临床医学 护理学	首都师范大学 小学教育 地理信息科学
首都体育学院 体育教育	北京第二外国语学院 翻译
北京物资学院 物流管理	首都经济贸易大学 会计学 金融学
中国音乐学院 音乐表演	中国戏曲学院 表演（京剧表演）
北京电影学院 戏剧影视导演 表演	北京舞蹈学院 舞蹈编导
北京信息科技大学 测控技术与仪器	北京联合大学 旅游管理 软件工程

（段磊）

高等教育质量提升与人才培养模式创新论坛

12月9日，北京市高等教育学会、北京教育音像出版社、北京师范大学联合举办高等教育质量提升与人才培养模式创新论坛。来自全国高校80余名专家学者围绕全面提升高校人才培养能力、创新人才贯通培养模式探究、“双一流”背景下审核评估、高职教育发展策略思考、通识教育的理念与实践、“互联网+”背景下教学改革模式探究等方向进行深入研讨。同时，市高教学会与《北京教育》（高教版）合作开展以“提升高等教育质量，创新人才培养模式”为主题的征文活动，共收到来自全国各高校教师论文35篇，刊出15篇，引导和调动教师开展教育教学研究的积极性。

（刘晖）

首届全国行业特色型大学马克思主义学院建设与学科发展研讨会

12月16日，北京邮电大学与《中国高等教育》杂志社共同主办“首届全国行业特色型大学马克思主义学院建设与学科发展”研讨会。会议分享相关单位贯彻落实中共十九大会议精神的主要做法，以及在学科建设等方面取得的成绩、经验和对未来的构想，围绕新时代马克思主义学院发展和学科建设面临的机遇及前景、研究动态、队伍培养、学科平台建设、学科建设对思想政治理论课的支撑等问题分组讨论。根据会议达成的共识，宣读《全国行业特色型大学马克思主义学院院长北京宣言》，宣言中强调，马克思主义学院建设与学科发展应该从突出新时代特征、定位高标准目标、加强特色型合作、增进全方位交流、拓展国际化空间五个方面着手。全国行业特色型大学马克思主义学院应联起手来，以“政治底色+行业特色”的马克思主义学院发展的战略选择，主动服务和融入国家发展战略。加强协作协同，为全国行业特色型大学马克思主义学院建设与学科发展的持续性、常态性、永久性、宽口性、国际性、实践性而努力；切实形成全国有关各方共同推动马克思主义理论学科和马克思主义学院健康持续发展的生动格局。全国22所高校马克思主义学院的院长、书记、专家学者80人参加会议。

（吴昊）

中国高校外语慕课联盟成立

12月23日，中国高校外语慕课联盟(China MOOCs for Foreign Studies)在北京外国语大学成立。联盟成员包括15所外语院校和4所综合性大学外语院系，共同开展教学研究、教师培训以及基于慕课的信息化教学实践和课题研究。联盟提供院校认证学习、院校在线大学以及在线课程开发三种“一站式”解决方案，利用平台，联盟各高校间实现

12月23日，中国高校外语慕课联盟成立

（北外 供）

跨学校、跨区域、跨国界、跨文化的教育教学，推动高校从传统教学方式向现代化教学方式转变。

（杜改俊）

北京高校 194 个学科进入 A 类

12 月 28 日，教育部学位与研究生教育发展中心发布全国第四轮学科评估结果，北京高校 93 个学科被评为 A+，39 个学科被评为 A，62 个学科被评为 A-。北京共有 194 个学科进入 A 类，占全国的 27%。其中，北京大学、清华大学分别有 21 个学科被评为 A+；市属高校 2 个学科被评为 A，分别是北京工业大学土木工程学科、中国音乐学院的音乐与舞蹈学学科。学科评估是教育部学位与研究生教育发展中心按照国务院学位委员会和教育部颁布的《学位授予与人才培养学科目录》对全国具有博士或硕士学位授予权的一级学科开展整体水平评估。以第三方方式开展的非行政性、服务性评估项目，2002 年首次开展。第四轮学科评估于 2016 年 4 月启动，按照“自愿申请、免费参评”原则，采用“客观评价与主观评价相结合”方式，在 95 个一级学科范围内开展，513 个单位的 7449 个学科参评。评估体系在前三轮的基础上创新；评估数据以“公共数据和单位填报相结合”的方式获取；评估结果按“分档”方式呈现，具体方法是按“学科整体水平得分”的位次百分位，将前 70% 的学科分 9 档公布：前 2%（或前 2 名）为 A+，2% ～ 5% 为 A（不含 2%，下同），5% ～ 10% 为 A-，10% ～ 20% 为 B+，20% ～ 30% 为 B，30% ～ 40% 为 B-，40% ～ 50% 为 C+，50% ～ 60% 为 C，60% ～ 70% 为 C-。

（侯东云）

学位与研究生教育

全国艺术硕士优秀电影作品巡展举办

3 月 21 日至 23 日，全国艺术硕士优秀电影作品巡展首站在北京电影学院举办。巡展由全国艺术专业学位研究生教育指导委员会主办，共收到全国 24 所电影领域培养院校提交的 65 部长片、短片作品。经过专业评委老师的遴选，最终选择来自西南民族大学、上海戏剧学院、上海大学、北京电影学院、云南艺术学院、西南交通大学、华南师范大学、广西艺术学院和山东师范大学 9 所高校的 15 部优秀影片进行展映，包括 9 部剧情片、5 部纪录片和 1 部科教片。

（徐晴　程麒台）

全国高校马克思主义理论学科研究生学术论坛

3 月 25 日，第二届全国高校马克思主义理论学科研究生学术论坛在中国人民大学举办。论坛围绕“青年视角下的 21 世纪马克思主义发展”主题，来自全国高校的研究生代表开展交流。会议旨在进一步深入贯彻落实习近平总书记关于加强意识形态工作、高校党建思政工作的重要批示精神，以及全国高校思想政治工作会议等重要会议精神，促进马克思主义理论学科的青年学子之间的学术交流，提升马克思主义理论研究的学术水平，进一步推动马克思主义理论学科的改革与发展。

（王文泽）

3 月 25 日，全国高校马克思主义理论学科研究生学术论坛
（人民大学　供）

中国音乐学院实施博士研究生课题制招生改革

9 月，中国音乐学院实施博士研究生课题制招生改革。学校发布《中国音乐学院 2018 年博士研究生招生课题评选办法》《中国音乐学院博士研究生课题制招生考试办法》《中国音乐学院 2018 年博士研究生课题制招生实施方案》等文件。2018 年博士研究生采用原招生办法与课题制招生两种方式同时进行，课题制招生方式与原招生方式不得兼报，从 2019 年起，博士研究生招生方式全部采用课题制招生。招生课题根据课题类型进行相应的资金配套，每类课题均预留 20% 的资助经费，待完成学位论文答辩、课题结项鉴定时拨付。首次博士研究生课题制招生预分名额 10 名。

（田婷）

北京市研究生英语演讲比赛

10 月 8 日至 12 月 10 日，北京市高等教育学会举办 2017 年北京市研究生英语演讲比赛。28 所高校的非英语专业 2017 级硕士、博士研究生经过校内初选，72 名选手入围复赛；通过校际比赛，18 名选手入围决赛。决赛选手以“Belt and Road Initiative”为主题进行演讲，最终，中国政法大学、中国人民大学、北京航空航天大学选手获得比赛特等奖，6 人获一等奖，9 人获二等奖。

（刘晖）

市学位委员会换届

10 月 13 日，北京市学位委员会完成换届。依据《北京市学位委员会工作办法》任期规定，第四届北京市学位委员会任期已满，改选新一届学位委员会委员。第五届学位委员会由主任委员、副主任委员及委员组成，主任委员由北京市主管教育的副市长王宁担任，副主任委员由市教委主任刘宇辉、主管学位与研究生教育的副主任以及部分学位单位的院士担任；学位委员由中央部属驻京高校、北京市属高校、科研机构及相关委办局主要领导担任。

（杨晖）

国科大获学士学位授予权

10 月 13 日，第五届北京市学位委员会第一次全体会议审议批准中国科学院大学为学士学位授权单位。批准中国科学院大学数学、物理、化学、生物、材料科学与工程和计算机科学与技术 6 个专业增列为学士学位授权点。新增学士学位授权点经学校申请，北京市学位办组织相关专业的专家组进校考察评审，最终经第五届学位委员投票表决审核批准。

（杨晖）

北京 5 所马克思主义学院研究生学习交流研讨会

10 月 14 日，北京 5 所高校马克思主义学院研究生学习交流研讨会在中国青年政治学院召开。会议以“青年马克思主义者学习青年习近平”为主题，16 名硕士生和博士生作主旨发言。收到论文 100 篇，经专家评选，16 篇获优秀论文奖。研讨会搭建首都高校马克思主义理论学科研究生之间的沟通桥梁。北京大学、清华大学、中国人民大学、北京师范大学、中共中央党校等多所高校马克思主义学院的研究生代表参加会议。

（崔保锋）

学位授予管理

截至 2017 年底，北京教育综合服务中心完成北京市学位授予单位全年学位授予信息管理工作。北京地区共有学位授予单位 148 个，包括高校 68 个、科研单位 80 个。全年两个学期总计上报电子数据 282567 条（含光盘报送数据），受理申请修改数据 2673 条，申请补报数据 980 条，添加学士学位专业授权 79 个。

（罗芳）

研究生学位授权学科和专业学位授权类别动态调整

截至 2017 年底，北京市各学位授予单位完成 2017 年博士、硕士学位授权学科和专业学位授权类别调整。16 个学位授权单位调整撤销博士学位一级授权学科 1 个，增列博士学位一级授权学科 2 个；调整撤销硕士学位一级授权学科 8 个，硕士学位二级授权学科 19 个，增列硕士学位一级授权学科 11 个；调整撤销专业硕士学位 8 个，增列专业学位一级授权学科 7 个。

（杨晖）

本专科教育

新增 108 个本科专业

3 月 15 日，32 所高校 108 个本科专业通过 2016 年度教育部备案或批准设置。涉及专业 97 个（21 个为首次列入专业目录的新专业）。其中，17 所市属高校增设 58 个，涉及专业 54 个。新增专业自 2018 年起开始招生。

（段磊）

2016 年度教育部备案或批准设置高等学校本科专业（北京　不含民办）

新增备案本科专业名单
北京大学 能源与环境系统工程
中国人民大学 世界史、数据科学与大数据技术
清华大学 交通工程、风景园林、行政管理、政治学与行政学
北京科技大学 环境科学、新能源科学与工程
北京交通大学 环境工程、计算机科学与技术、数字媒体艺术、铁道工程、通信工程、工商管理、会计学
北京邮电大学 数据科学与大数据技术、汉语言、网络空间安全
北京中医药大学 药事管理、康复治疗学
北京师范大学 法语、西班牙语、葡萄牙语、德语
中国传媒大学 作曲与作曲技术理论、艺术与科技
北京语言大学 土耳其语
中国政法大学 金融工程、信息管理与信息系统、网络与新媒体、汉语言
中国地质大学（北京） 海洋资源与环境

北京航空航天大学
空间科学与技术、分子科学与工程、能源经济、飞行器控制与信息工程

中国科学院大学
天文学、人文地理与城乡规划、电子信息工程、环境科学、理论与应用力学

北京联合大学
烹饪与营养教育、工艺美术

北京工业大学
统计学、雕塑、数字媒体艺术

北京服装学院
中国画

北京建筑大学
城市管理

北京信息科技大学
机器人工程、国际经济与贸易、数据科学与大数据技术

北方工业大学
机械电子工程、知识产权

北京印刷学院
物联网工程、信息安全

首都医科大学
精神医学、儿科学、听力与言语康复学

北京第二外国语学院
波斯语、印地语、希伯来语、塞尔维亚语、立陶宛语、爱沙尼亚语、土耳其语、罗马尼亚语

北京物资学院
商务英语

北京电影学院
环境设计、数字媒体技术

新增审批本科专业名单

北京大学
整合科学

中国人民大学
劳动经济学

北京邮电大学
邮政工程、邮政管理

北京师范大学
中国语言与文化

北京外国语大学
茨瓦纳语、恩德贝莱语、科摩罗语、克里奥尔语、绍纳语、提格雷尼亚语、白俄罗斯语、毛利语、汤加语、萨摩亚语、库尔德语

中央美术学院
艺术管理

中国地质大学（北京）
土地整治工程

北京航空航天大学
无人驾驶航空器系统工程

北京电影学院
漫画、新媒体艺术

（段磊）

外交学院召开本科教学工作会议

3月29日，外交学院召开本科教学工作会议。会议布置新一阶段本科教学改革工作，通报《外交学院深化本科教学改革工程方案》，指出新一轮的本科教学改革是在2011年“英语化、开放式、小班型、导师制”和2015年“三三制”本科教学改革基础之上的巩固和提升，也是对以往改革过程中存在缺陷和暴露问题的修正和补充。新一轮改革强调三大重点：一是创新专业培养模式；二是规范课堂教学管理；三是凝练实践教学特色。外交学院领导及中层干部等共70余人参加会议。

（顾建俊）

首经贸新版本科人才培养方案实施

8月，首都经济贸易大学实施2017版本科人才培养方案。方案聚焦人才培养目标和质量，完善“多样性、自主性、协同性”育人体系。多样化人才培养试验点增至29个，其中，拔尖创新人才试验点7个、国际化试验点9个、卓越人才试验点9个、“专业+”特色培养试验点4个；扩大学院在专业建设方面的自主权；凸显国际化人才培养，推进“本土国际化”；会计学、金融学专业入选北京市属高校首批一流专业建设名单。

（黄少卿）

公安大学召开本科教学工作会议

9月7日，中国人民公安大学召开2017年本科教学工作会议。会议听取题为《全面贯彻落实习近平总书记“十六字”总要求 努力培养具有公大特色的卓越警务人才》的主题报告；回顾总结近年来特别是十八大以来本科教学工作取得的成绩，总结提炼经验，查找主要问题，明确下一步任务和举措，号召全校师生员工牢牢把握立德树人的根本

9月7日，公安大学召开本科教学会

（公安大学　供）

任务和为公安工作服务的根本方向，全力打造世界一流学科，努力创造一流本科教学经验，培养更多满足新时期公安事业发展需要的卓越警务人才。全体在校校领导出席会议，校教学指导委员会委员、教学督导团成员、离退休教师代表、驻校教官代表、全体教职工参加会议。

（邓杰）

矿大召开本科生全程导师制工作会

12 月 19 日，中国矿业大学（北京）召开本科生全程导师制工作会。会议作题为《深入实施本科生全程导师制，建设一流本科教育》的报告，对本科生全程导师制四年来的工作进行全面回顾，肯定上一阶段工作所取得的成就，强调要充分发挥学校、院系、教师、学生四个方面的作用，做到校有要求、院系有组织、教师有实践、学生有收获，实现“一降、二升、三满意”：降低学生挂科率，提升学生读研（深造）率，做到学生和家长满意、教师和学校满意、社会和国家满意。教务处与各学院相关负责人分别介绍本单位本科生全程导师制的实施情况，交流特色做法和取得的成绩，对存在的问题和改进措施进行探讨。

（朱家骏）

《北京高等教育质量报告 2016 年（本科）》

12 月 31 日，市政府教育督导室、北京教育科学研究院共同研制完成《北京高等教育质量报告 2016（本科）》。报告共计 8 万字，内容包括“北京普通高等学校本科教学质量分析报告”“北京市普通高校本科专业评估试点工作总结报告”以及“政策、文献与信息”三个部分。报告全面总结 2016 年北京本科高等教育质量建设及市属高校开展本科专业评估试点工作的情况。2016 年，北京市在“构建协同发展机制，促进高等教育资源共享”“主动服务国家战略，汇集京津冀三方创新合力”“深化双创教育改革，促进创新创业能力提升”等方面取得显著成绩。

（徐孟军　孙毅颖）

普通高等学校

北京大学

党委书记　郝平
校　　长　林建华

概述

2017 年，北京大学校园占地面积 2741118 平方米，校舍建筑面积为 2763937 平方米，固定资产总额 1256941.22 万元，其中，教学科研仪器设备资产为 606433.7583 万元。图书馆建筑面积 67462 平方米，图书馆一般藏书 733.113 万册，电子图书 801.2939 万册。信息化设备资产值 109090.13 万元，网络信息点 143965 个，校园网出口总宽带 18900 Mbps，上网课程 3601 门，电子邮件系统用户 74998 个，管理信息系统数据总量 35590.9 GB，数字资源数据库 620 个，音视频 7720 小时。设 70 个直属院系。有 48 个博士学位一级学科授权点、50 个硕士学位一级学科授权点、254 个博士学位二级学科授权点、280 个硕士学位二级学科授权点、129 个本科专业，18 个国家（一级）重点学科，25 个国家（二级）重点学科，3 个国家重点（培育）学科，以及 47 个博士后流动站，博士后在站人员 1592 人。有 1 个国家实验室（筹）、9 个国家重点实验室、3 个国家工程实验室、2 个国家工程研究中心、125 个省部级研究院（所、中心、重点实验室）、6 家附属医院、4 家共建医院、14 家教学医院。在职教职工 21183 人（含医学部及附属医院），其中，专任教师 7317 人。有教授 2217 人、副教授 2231 人，中国科学院院士 76 人，中国工程院院士 19 人，发展中国家科学院院士 25 人，“长江学者奖励计划”特聘教授和讲座教授 231 人，“973”项目首席科学家 56 人，国家杰出青年科学基金获得者 242 人，博士生导师 2474 人。毕业生 21655 人，其中，全日制研究生 6939 人（博士生 2010 人、硕士生 4929 人），普通本科生 3359 人，成人教育本科生 2420 人，网络教育本专科生 8937 人（本科生 6521 人、专科生 2416 人）。普通本专科毕业生一次就业率 96.22%。招生 26417 人，全日制研究生 9140 人（博士生 2529 人、硕士生 6611 人），普通教育本科生 3867 人，成人教育本科生 2398 人，网络教育本专科生 11012 人（本科生 9868 人、专科生 1144 人）。高考北京地区提档线理科 671 分、文科 660 分。在校生 94339 人，全日制研究生 27027 人（博士生 10712 人、硕士生 16315 人），普通教育本科生 15628 人，成人教育本科生 8532 人，网络教育本专科生 39573 人（本科生 30887 人、专科生 8686 人）。留学生毕业 3070 人，招生 3196 人，在校 3579 人。网址：www.pku.edu.cn。

2017 年，学校以习近平新时代中国特色社会主义思想为指导，全面贯彻中共十九大精神，落实立德树人根本任务，接受中央专项巡视，召开第十三次党员代表大会，加快“双一流”建设，学校改革发展各项事业稳步向前推进。

党建和思想政治工作。学校发展方向同国家发展的现实目标和未来方向紧密联系在一起，融入科教兴国、人才强国战略，坚持为人民服务，为中国共产党治国理政服务，为巩固和发展中国特色社会主义制度服务，为改革开放和社会主义现代化建设服务。修订并实施“扣好人生第一粒扣子”专项教育计划，从价值认同、价值传承、价值传导、价值涵养、价值弘扬、价值践行六个方面积极培育和践行社会主义核心价值观。

综合改革。继续推进通识教育和专业教育相融合的教育体系建设，梳理专业核心课程，修订本科培养方案和辅修、双学位、留学生教学计划。实现“学部内自由转专业”的改革方案，使得本科生在全校范围内有序流动。建设三大系列 50 余门通识核心课程体系，课程教学质量得到学生广泛认可。系统推进博士生教育综合改革试点工作。全球大学生创新创业中心正式投入运行。获批国家第二批大众创业万众创新示范基地和北京市深化创新创业教育改革示范高校。推进人事综合改革，推动制定和完善院系人事综合改革方案。在成熟院系实施部分人员 Tenure 评估工作，平稳推进人事体制融合。全面实施博雅人才计划，稳步推进博雅讲席教授、博雅特聘教授和博雅青年学者的遴选和聘任工作。

学科建设。北大入选“双一流”高校，41 个学科入选“双一流”建设学科，入选数量居全国高校之首。在全国第四轮学科评估中，获评 21 个 A+ 学科、11 个 A 学科、3 个 A- 学科，其中，A+ 学科总数居全国高校榜首，A 类学科数量达到学校一级学科总数的 70%，居全国高校之首。7 项成果获得国家科学技术奖，17 项成果获得高等学校科学研究优秀成果奖（科学技术）。2 项成果入选 2016 年度中国科学十大进展，2 项成果入选 2017 年高校十大科技进展，是获奖单位最多的高校。共申请专利 312 项，获授权专利 274 项。共发表《科学引文索引》(SCI) 数据库收录论文 8941 篇。在 2017 年自然指数中，以 294.54 分 (1092 篇论文) 在全球大学中排名第八位。新立项国家社科基金重大项目 8 项、年度项目 33 项，教育部年度项目 10 项，其他纵向项目 20 项。27 项成果获第 14 届北京市哲学社会科学优秀成果奖，获奖总数位居首位。考古文博学院参与合作发掘的两个考古项目入选 2016 年度全国十大考古新发现。

社会服务。聚焦首都“四个中心”功能建设，探索在“三城一区”建设中发挥大学在科学研究、成果转化以及大科学设施建设等方面的重要作用。以首都发展研究院、京津冀协同发展联合创新中心、城市治理研究院等智库为平台，为首都发展献计献策。各附属医院全力支持非首都核心功能疏解，投身城市副中心建设，主动对接雄安新区，融入首都“一城两翼”发展格局。

交流合作。与国家机关事务管理局、湖南省政府、成都市政府签署战略合作协议。探索创新校地科技合作平台，与江苏省产业技术研究院和常熟市政府签约共建北大分子工程苏南研究院，与山东省政府签约共建北大现代农业研究院，与杭州萧山区签约共建北大信息技术高等研究院。继续加强对口支援石河子大学和西藏大学工作，派出第三批援藏医疗队员 21 人。定点扶贫云南省弥渡县工作取得丰硕成果。举办西南联合大学建校 80 周年纪念大会、校友会第九届会员代表大会等重要活动。学校累计接待各类国际代表团 178 个，港澳台来访团组 95 个。来自 130 个国家的 3621 名海外留学生来校学习，“留学北大”品牌质量持续提升。本科生海外交流规模约 2000 人次。推进实施各类国际组织实习项目，开展博士后联合培养项目，开展“一带一路”相关项目。继续以大学堂顶尖学者讲学计划和海外名家讲学计划为平台，引进“高精尖缺”人才，共聘请来自美国、德国、英国、韩国、法国等 70 余个国家的外籍专家和教师达 744 人次。

（傅翰文　冯路）

四国政要到访

2 月 21 日至 12 月 15 日，4 个国家元首到北大访问。2 月 21 日，法国总理贝尔纳 · 卡泽纳夫一行到访并发表演讲。3 月 17 日，沙特国王萨勒曼在中国进行国事访问中专程访问北大。他出席阿卜杜勒 · 阿齐兹国王公共图书馆北大分馆落成典礼，同时接受北大名誉博士学位称号。4 月 10 日，挪威首相埃尔娜 · 索尔贝格 (Erna Solberg) 一行到访并发表题为《可持续发展——让全球化惠及人类与地球》的演讲。12 月 15 日，韩国总统文在寅在中国进行国事访问中率团访问北大并发表题为《中韩青年紧握双手，共创美好辉煌未来》的演讲。

（刘鹏）

两个新机构成立

3 月 18 日和 9 月 9 日，北大城市治理研究院和政府和社会资本合作 (PPP) 研究中心分别成立。城市治理研究院由北大政府管理学院、城市与环境学院、产业技术研究院等 6 家单位共同发起成立，依托学校在公共治理、城市管理和区域规划等领域的多学科综合优势，整合校内外相关研究力量，组建城市治理研究的全国性网络。研究院围绕城市治理体系与治理能力现代化的重大理论与现实问题，聚焦城市治理创新，探究城市治理现代化的发展规律，努力把自己建设成为城市治理的高端国家智库。研究院将坚持基础理论研究优先、以基础研究深化对策研究的原则，通过研发“中国城市治理现代化评估指标体系”，设立“中国城市治理创新奖励与研究计划”，建立“中国城市治理创新联盟”，建设城市治理云平台与大数据实验室等重大项目，引领城市治理现代化研究，推动城市治理现代化进程。政府和社会资本合作研究中心 (Public-Private Partnership，简称 PPP) 由财政部和北大联合设立的部校级合作平台、非盈利性学术研究机构，定位于 PPP 高端智库，以推进 PPP 政策、项目落地和治理研究为核心，深入开展政策研究、学术交流、人才培养、国际合作等，为 PPP 改革提供建议咨询和决策参考，拓展国际合作网络，提升中国改革实践影响力。

（刘鹏）

9 月 9 日，北大政府和社会资本合作研究中心成立

（北大　供）

地理学科建立 65 周年和城市与环境学院建院 10 周年庆祝活动

11 月 18 日至 19 日，北大举行庆祝地理学科建立 65 周年、城市与环境学院建院 10 周年系列活动。活动听取题为《北京大学地理学发展与传承》大会报告，按照“回首往昔，峥嵘岁月”“传承发展，砥砺前行”“学术为先，培育英才”“展望未来，开拓创新”四个篇章介绍城市与环境学院的历史沿革、学科发展脉络、人才培养以及未来发展方向。活动设有校友访谈和学生代表发言等环节。来自全国近 40 所高校的地理学相关单位负责人以及城市与环境学院师生、校友代表 300 余人参加活动。院庆期间，还举办地理学发展院长论坛、第三届北京大学地理学讲坛。北大地理学科建立于 1952 年，为适应国家建设，全国高校进行大调整，原清华大学地学系调整到北京大学，与燕京大学历史系少数教师一起成立地质地理系。1966 年，停止招生。1972 年，恢复招生。1978 年，地理学方面的学科与地质学方面的学科分别成立地理系与地质系。1989 年将地理学系改名为城市与环境学系。由于国家对环境问题的重视，2002 年，将原城市与环境系与环境科学中心合并成立环境学院。2007 年 5 月，环境学院的两部分分开，原城市与环境学系所属部分成立城市与环境学院。

（冯路）

中国人民大学

党委书记　靳诺
校　　长　刘伟

概述

2017 年，中国人民大学占地面积 75.77 万平方米、建筑面积 105.41 万平方米，固定资产总值 397749 万元，其中，教学、科研仪器设备资产值 80576.1 万元，全年教育经费投入 443149.60 万元，其中，国家拨款 206252.53 万元、事业收入 160427.54 万元、其他收入 76469.53 万元。图书馆（新旧馆）面积 5.78 万平方米，藏纸质图书 399 万册，电子图书 307.6 万册。拥有网络信息点 36200 个，校园网出口总带宽 8GB，电子邮件系统用户 92798 个，管理信息系统数据总量 776GB。设有 28 个学院，25 个跨院系研究机构，另设有体育部、继续教育学院、培训学院、深圳研究院；开设本科专业 80 个，博士学位授权点 128 个、硕士学位授权点 190 个；拥有硕士学位一级学科授权点 35 个，博士学位一级学科授权点 20 个；有博士后流动 19 个，出站 79 人，进站 79 人，在站 259 人。国家重点一级学科 8 个，国家重点二级学科 8 个，北京市重点一级学科 5 个、北京市交叉重点学科 1 个、北京市重点二级学科 4 个；教育部普通高等学校人文社会科学重点研究基地 13 个，国家人权教育与培训基地 1 个，教育部区域与国别研究培育基地 1 个，国家基础学科人才培养和科学研究基地 5 个，国家大学生文化素质教育基地 1 个，教育部工程研究中心、重点实验室 2 个，首批国家高端智库建设试点单位 1 个，国家级实验教学示范中心 4 个，北京高等学校高精尖创新中心 1 个，北京市重点实验室 2 个，北京市哲学社会科学研究基地 3 个。在职教职工 3399 人，其中，校本部专任教师 1883 人，包括教授 659 人、副教授 773 人；博士生导师 790 人、硕士生导师 1481 人。受聘为第二届教育部社会科学委员会委员者 14 人；65 位专家入选中央“马克思主义理论研究和建设工程”课题组首席专家或主要成员，人数居全国高校首位；先后有 474 人享受国务院颁发的“政府特殊津贴”；“万人计划”入选者 20 人，“千人计划”入选者 23 人，突出贡献中青年专家 19 人，教育部哲学社会科学“跨世纪优秀人才培养计划工程”入选者 25 人，“百千万人才工程”国家级人选 27 人，“长江学者”奖励计划入选者 67 人，“长江学者”创新团队 3 个；6 人被评为国家级教学名师，8 人获得国家杰出青年科学基金，11 人获得国家优秀青年科学基金，10 人荣获教育部“高校青年教师奖”，188 人入选教育部“新世纪优秀人才支持计划”。毕业生 7203 人，其中，研究生 4158 人（博士生 758 人、硕士生 3400 人），普通本科生 3045 人。本科毕业生就业率 97.14%，硕士毕业生就业率 99.56%，博士毕业生就业率 99.74%。在校生 96177 人，全日制在校生 24655 人（博士生 3810 人、硕士生 8654 人、普通本科生 10700 人、留学生 1491 人）；成人教育本专科生 3410 人（本科生 2768 人、专科生 642 人）；网络教育本专科生 62855 人（本科生 33658 人、专科生 29197 人）。招生 7935 人。其中，全日制研究生 5111 人（博士生 894 人、硕士生 4217 人），普通本科生 2824 人。2018 级成人教育本专科注册人数 1590 人（本科生 1313 人、专科生 277 人），网络教育本专科招生 24430 人（本科生 11347 人、专科生 13083 人）。高考北京地区提档线理科 661 分、文科 649 分。留学生毕业 450 人、招生 795 人、在校生 1491 人。网址：www.ruc.edu.cn。

2017 年，学校以“始终奋进在时代前列”为主题，举办建校 80 周年系列庆祝活动。习近平致信祝贺；刘延东、马凯等出席校庆相关活动。

学科建设步入新的阶段。入选 A 类一流大学建设高校名单，哲学、理论经济学、应用经济学、法学、政治学、社会学、马克思主义理论、新闻传播学、中国史、统计学、工商管理、农林经济管理、公共管理、图书情报与档案管理共 14 个一级学科入选一流学科建设名单。在教育部第四轮学科评估中优势突出、获评 A 类学科 14 个，其中，9 个学科获评 A+，人文社会科学 A+ 学科及 A 类学科均排名全国第二。

以立德树人为根本任务，全方位、多角度提升人才培养质量。本科教学大力加强课程建设，不断丰富课程资源，切实规范课堂教学环节；落实教材建设“十条”意见，全面加强教材建设工作；接受教育部本科教学工作审核评估。研究生教学及时落实上级有关政策要求，深入实施研究生教育综合改革，不断夯实研究生教育制度建设；开展专业学位授权点水平评估和专项合格评估。招生工作进一步规范管理流程、完善决策机制，招生咨询宣传以及特殊类型招考改革等取得新进展。就业工作千方百计探索有效路径，大学生创业、精细指导服务、面向基层就业等取得一定成效。“杰出学者支持计划”实施，首次“杰出学者支持计划”聘任“杰出学者”412人。

科学研究和智库建设成绩显著。纵向项目再创佳绩，国内外顶级刊物上发文数量和质量均有所提高。习近平新时代中国特色社会主义思想研究院获批成立；国家发展与战略研究院延伸拓展地方伙伴，与多地政府深度合作；与美国匹兹堡大学、中国劳动关系学院、中央社会主义学院、中国中医科学院4所国内外高校签约合作；重阳金融研究院在“一带一路”国际合作高峰论坛、金砖国家领导人厦门会晤；首都发展与战略研究院入选第一批首都高端智库。成立人民大学—尤努斯社会事业与微型金融研究中心、国际佛学研究中心大庆研究院、长江经济带研究院等6个研究中心。15个项目入选国家社科基金重大项目，立项数量位居全国榜首。

深化和拓展国际交流。多名国家元首、政要来访并发表演讲。与土耳其加齐大学合作建成世界上首个中外大学共建的“中国馆”；举办“中美大学校长和智库论坛”；首次启动“一带一路”领袖人才国别调研项目；孔子学院“海外存在”优势继续保持；港澳台服务管理工作水平不断提升。

（王文泽）

三国政要到访

3月27日、5月15日和11月18日，人民大学分别接待3名国家首脑或政要来访。接待马达加斯加总统埃里·拉乔纳里马曼皮亚尼纳，埃里总统表示马达加斯加非常希望与中国开展教育文化交流合作，积极鼓励青年学生前往包括人民大学在内的世界各地优秀的大学留学；接待来华参加“一带一路”国际合作高峰论坛的塞浦路斯教育文化部长科斯塔斯·卡迪斯一行，双方就深化高等教育、文化领域的交流与合作进行探讨；接待并授予巴拿马总统胡安·卡洛斯·巴雷拉·罗德里格斯名誉博士学位。

（王文泽）

习近平新时代中国特色社会主义思想研究中心和党史党建研究院成立

6月30日、10月25日，人民大学中共党史党建研究院和习近平新时代中国特色社会主义思想研究中心分别成立。研究院为国内首家实体性党史党建研究院，是适应党和国家发展大局要求，进一步加强党史党建学科建设采取的创新举措，旨在打造世界一流、国内领先的以中国共产党研究为特色的教学研究中心、学术交流平台和新型高端智库。研究中心是全国首家成立的开展习近平新时代中国特色社会主义思想研究的专业学术机构，将充分发挥学校作为“马克思主义理论教学与研究高地”优势，动员和汇集全国一流学术资源，深入开展习近平中国特色社会主义思想研究，进一步推进21世纪马克思主义、当代中国马克思主义研究，努力建设国内一流的马克思主义中国化最新成果研究传播平台和基地。

（王文泽）

第七届吴玉章人文社会科学奖和第六届吴玉章人文社会科学终身成就奖颁发

9月28日，人民大学颁发第七届吴玉章人文社会科学奖和第六届吴玉章人文社会科学终身成就奖。新闻史学家方汉奇和经济学家刘诗白获吴玉章终身成就奖；53项学术成果获得第七届吴玉章人文社会科学奖。吴玉章人文社会科学奖面向全国每五年评选一次，迄今已经成为全国人文社会科学领域内，历时长久、分量厚重、影响深远的非政府组织奖项之一。吴玉章人文社会科学终身成就奖自2012年设立后每年都面向全国进行评选。

（王文泽）

9月28日，第七届吴玉章人文社会科学奖和第六届吴玉章人文社会科学终身成就奖颁发　（人民大学　供）

清华大学

党委书记　陈旭
校　　长　邱勇

概述

2017年，清华大学占地面积450.38万平方米，建筑面积304.50万平方米。固定资产总值1972909.71万元，其中教学、科研仪器设备资产值720409.61万元。图书馆建筑面积7.10万平方米，藏有纸质图书500.5万册、电子图书884.9万册。拥有计算机73465台，多媒体教室303间，信息化设备资产37968.48万元，网络信息点78480个，校园网出口总带宽21000Mbps，电子邮件系统用户135017个，上网课程11239门，管理信息系统数据总量25766.92GB。下设20个直属院（系）；开设本科专业80个，博士学位授权（一级学科点)55个，硕士学位授权（一级学科点)56个；博士后流动站48个，其中，博士后研究人员在站1958人。22个一级学科国家重点学科、15个二级学科国家重点学科。国家重点实验室13个。教职工14326人，其中，专任教师

3461人，包括正高级职称1488人、副高级职称2491人；博士生导师2812人、硕士生导师971人；中国科学院院士51人、中国工程院院士37人。“长江学者奖励计划”特聘教授163人、讲座教授58人。毕业生9693人，其中，学历教育学生中全日制研究生6171人（博士生2089人、硕士生4082人），普通本科生3522人。本科毕业生一次就业率98.5%。招生12381人，其中，学历教育学生中全日制研究生8655人（博士生3110人、硕士生5545人），普通本科生3726人。本年高考提档线（北京）理科671分、文科668分。在校生40514人，其中，学历教育学生中全日制研究生27896人（博士生13081人、硕士生14815人），普通本科生15619人；非学历教育中在职人员攻读硕士学位4247人。国际学生毕业1842人，招生2008人，在校生3606人。网址：www.tsinghua.edu.cn。

2017年，学校明确2020年进入世界一流大学行列、2030年迈入世界一流大学前列、2050年前后成为世界顶尖大学的新发展目标。持续推进综合改革，正式启动“双一流”建设，并公布《清华大学一流大学建设方案》。持续推进文明校园建设，制定《文化建设“十三五”规划》，大力发展繁荣中华优秀传统文化、革命文化和社会主义先进文化。

学科建设。21个学科在教育部第四轮学科评估中获评A+。全校共54个学科参评，A类学科37个，其中8个学科获得A、8个学科获得A-。工学共有20个学科获得A类评价，其中14个学科获评A+。人文社科管理及艺术类共有13个学科获A类评价，其中5个学科获评A+。

人才培养。通过教育部本科教学评估，完成全校范围各专业本科培养方案重构，建立以通识教育为基础、通识教育与专业教育相融合的本科教育体系，方案从2017级新生起全面实施。推出创新人才培养模式的改革新举措“开放交流时间”(Open Office Hour)制度。启动“双高”计划，积极打造“高原更高，高峰更多”的清华文科新格局。持续改进文化素质教育课程体系，开设有30余门与中国传统文化相关的全校课程，在多门专业和课程中增加传统文化内容；制定《文科研究系列岗位设置与管理办法》，推进高端智库研究队伍建设；加强哲学社会科学教材与期刊建设，成立教材建设领导小组，修订《课程教材的选用及审定管理办法》；成立科学史系和文学创作与研究中心，提升清华学生的人文素养；规定“本科生除特殊情况外，不会游泳不可毕业”。加强思想政治工作，召开全校思想政治工作会，并切实将“教书育人、科研育人、实践育人、管理育人、服务育人、文化育人、组织育人”落实到位。完成创新创业辅修专业首批学生培养，启动以半仿真创业训练为特色的启航基地和以文创为特色的艺科创新基地，举办中国高校创新创业教育联盟年会。学生超算团队夺得国际大学生超级计算机竞赛(ISC17)总决赛总冠军，女篮获第19届中国大学生篮球联赛(CUBA)冠军。

队伍建设。改革人事制度，总体上形成以教师分系列管理、准聘长聘制度为核心的一整套教师队伍管理体系。研究制定《教研系列教学工作量认定办法》；新设“清华大学新百年教学成就奖”“清华大学年度教学优秀奖”“青年教师教学优秀奖”。成立教师发展中心，为教师职业生涯和发展提供服务，促进教师职业发展与学校事业发展的有机统一。4人当选中科院院士，4人当选中国工程院院士。

科学研究。22项成果获得2016年国家科技奖，其中，国家自然科学奖4项、国家技术发明奖2项、国家科学技术进步奖16项。作为第一单位或第一完成人所在单位共获奖8项，其中，“DTMB系统国际化和产业化的关键技术及应用”项目获国家科技进步奖一等奖。学校教师获得亚洲热科学“杰出成就奖”“亚历山大冯洪堡教席”奖、“戈登贝尔”奖等18项国际奖励。成立3个跨学科交叉科研机构和2个实体性跨学科交叉机构。审议科技成果处置项目79项，涉及知识产权405项，处置金额超过4.5亿元。

交流与合作。接待加拿大总督戴维·约翰斯顿(David Johnston)、多米尼克国总理罗斯福斯凯里特(Roosevelt Skerrit)、塔吉克斯坦共和国总统埃莫马利拉赫蒙和丹麦王储腓特烈。与湖南省政府、河南省政府等地方政府，中国航空发动机集团、首都机场集团公司等企业签订校地、校企合作协议，开展战略决策资讯、科技创新与成果转移和人才培养等合作。在校国际学生3509人，来自128个国家；至年底，清华大学与140所合作院校正式签署校级学生交换协议。学校建立以国际处、学生处、研工部为业务指导部门，以院系学生工作队伍为依托，覆盖全体国际学生的工作体系和协同工作机制。实施本科国际学生拓展营、“洞察中国”中外学生全球胜任力实践等项目。发起成立亚洲大学联盟。举办第二届中以创新论坛和第二届中英高等教育人文对话暨智库论坛等交流活动。

服务社会。965支支队、8893人次前往全国各地和世界各国、各地区开展学生社会实践，69支支队、692人次出境实践。“思源”“学习调研团”“中国力量”“丝路新探”“创益筑梦”“江村学者”“聚焦北京”等一批品牌社会实践项目进一步发展。

（张含晨）

“开放交流时间”制度推出

3月12日，清华推出创新人才培养模式的改革新举措“开放交流时间”(Open Office Hour)制度。教师面向全校学生公开设立交流时间，全校学生可在交流时间到约定地点与教师面对面交流，形式包括一对一答疑、微沙龙、座谈讨

3月12日，清华推出“开放交流时间”制度

（清华　供）

论等。学校将48个院系和单位、1614名教师的开放时间安排表以文件形式向全校学生公布。至年底，共有教师1984人次开展交流活动，总计52633小时。

（张含晨　许亮）

文科建设“双高”计划推出

3月30日，清华在文科工作会议上推出文科建设“双高”计划。双高是指：通过补齐短板，着力加强基础学科的建设，提升文科整体水平的“高原”；强化支持有突出优势和发展潜力的学科，打造更多学科“高峰”。于7月19日正式颁布实施，将遵循学科提升、文理渗透、超前布局的工作思路，具体开展学科优化、人才队伍、重点方向与基地、科研奖励和影响力提升五方面的建设，给予文科持续性、针对性支持，以期在未来校文科整体进入国内文科第一方阵，若干学科具有较强国际影响力。

（许亮）

全面推行大类招生大类培养

3月，清华全面推行大类招生大类培养。学校将原有49个招生专业整合为16大类，成立大类培养领导小组，设16个首席教授，优化学生党团和班级工作体系，协调推进通识教育与专业教育的融合。设立新生导引项目帮助新生适应大学生活，设通识教育课程增加新生人文与科学素养，设专业引导类课程助新生找到专业兴趣方向，合理规划学业和职业发展。新生可至2018年5月左右再开始明确专业。

（许亮）

第14次党代会

7月6日至7日，中国共产党清华第14次党员代表大会召开。会议总结回顾学校第13次党代会以来学校党的建设和事业发展的新进步，分析学校在新百年发展新阶段面临的机遇和挑战，进一步明确与“三个九年，分三步走”战略紧密衔接的奋斗目标，即到2020年，达到世界一流大学水平；到2030年，迈入世界一流大学前列；到2050年前后，成为世界顶尖大学。会议强调要以坚持正确方向、坚持立德树人、坚持服务国家、坚持改革创新为重要指导思想，扎根中国大地办好社会主义大学。会议还选举产生新一届党委和纪委。

（许亮）

新设两项教学奖颁奖

9月8日，清华新设两项教学奖颁奖。新设奖项分别是“新百年教学成就奖”和“年度教学优秀奖”，分别表彰8人和99人。成就奖是全校教学成就评选的最高奖，表彰长期坚守在教学一线、在教学工作中做出突出贡献的教师，每两年评选一次，原则上每次奖励不超过10人，其中，基础课任课教师不少于50%。年度优秀奖旨在奖励年度承担本科或研究生教学并深受学生欢迎和同行好评的教师，每年评选一次，原则上每次奖励100名教师，可重复获奖。

（许亮）

北京交通大学

党委书记　曹国永
校　　长　宁滨

概述

2017年，北京交通大学占地面积63.75万平方米，学校产权校舍建筑面积103.24万平方米。全年教育经费投入273022万元，其中，国家拨款122627万元、自筹经费150395万元。固定资产总值45.39亿元，其中，教学、科研仪器设备资产值11.83亿元。图书馆建筑面积16357平方米，藏书884万册，其中，纸质图书216.72万册、电子图书261.56万册。学校信息化经费投入2484.97万元，拥有计算机16048台，多媒体教室228间，信息化设备资产55604.50万元，网络信息点39456个，校园网出口总带宽10000Mbps，电子邮件系统用户86015个，上网课程1200门，数字资源量包括数据库224个、电子图书2615649册、音视频2292.9小时，管理信息系统数据总量15.80GB。下设14个直属院（系）；开设本科专业59个，覆盖7个学科门类和34个一级学科，有一级学科博士点21个，一级学科硕士点33个，专业学位授权点13类；博士后流动站15个，其中，博士后研究人员出站51人、进站49人和在站138人。拥有2个一级学科国家重点学科、2个二级学科国家重点学科，5个一级学科北京市重点学科、6个二级学科北京市重点学科、2个交叉学科北京市重点学科，4个铁道部重点学科。国家重点实验室1个，国家工程实验室6个、国家工程研究中心1个。教职工2980人，其中，专任教师1868人，包括正高级职称509人，副高级职称802人；博士生导师605人、硕士生导师794人；中科院院士4人、工程院院士9人。有“长江学者奖励计划”特聘教授11人、国家有突出贡献专家7人、享受政府特殊津贴专家154人。外籍教师18人，其中，教授5人、副教授2人。毕业生33565人，其中，学历教育学生中全日制研究生3197人（博士生344人、硕士生2853人），普通本专科生3694人（本科生3343人、专科生351人），成人教育本专科生3337人（本科生2200人、专科生1137人），网络教育本专科生21734人（本科生9110人、专科生12624人）；非计划招生高等教育学生中在职人员攻读硕士学位1603人。本科毕业生就业率98.72%。招生44224人，其中，学历教育学生中全日制研究生4492人（博士生481人、硕士生4011人），普通本专科生4017人（本科生3849人、专科生168人），成人教育本专科生3061人（本科生1893人、专科生1168人），网络教育本专科生32654人（本科生14112人、专科生 18542 人）。高考北京地区提档线理科 629 分，文科 608 分。在校生 100706 人，其中，学历教育学生中全日制研究生 11837 人（博士生 2913 人、硕士生 8924 人），普通本专科生 15087 人（本科生 14620 人、专科生 467 人），成人教育本专科生 7255 人（本科生 4672 人、专科生 2583 人），网络教育本专科生 61818 人（本科生 26156 人、专科生 35662 人）；非计划招生高等教育学生中在职人员攻读硕士学位 4709 人。留学生毕业 984 人、招生 1145 人、在校 1865 人。网址：www.bjtu.edu.cn。

2017 年，学校进入国家“双一流”建设行列，围绕系统科学、交通运输工程、信息与通信工程等优势特色学科，重点建设“智慧交通”世界一流学科领域。召开第 11 次党员代表大会，进一步明确未来五年的奋斗目标、学校事业发展和党的建设主要任务。

人才培养。获得北京市教学成果奖特等奖 1 项、一等奖 10 项。新增 3 门国家精品在线开放课程，1 个基地获评“全国工程专业学位研究生联合培养示范基地”。全年完成大学生创新创业训练计划项目结题 524 项，学生学科竞赛获国家级及以上奖励 537 项。2 篇博士学位论文获相关学会优秀博士论文奖。学生艺术团在北京市大学生舞蹈节中获一金两银，学生高水平运动队取得全国及以上冠军 6 项。5 个优势特色学科在全国第四轮学科评估中位列全国前 10%，其中，系统科学名列第一，交通运输工程名列第三。

科学研究。全年科研经费总额 8.3 亿元。新增学校主持的国家重点研发计划项目 1 个、国家重点研发计划国际科技创新合作重点专项主持项目 2 项。获批国家自然科学基金项目 146 项，包括学校作为承担单位的重大项目 1 项；新增国家自然科学基金杰出青年基金项目 2 项、优秀青年基金项目 1 项；国家社科基金项目 13 项，包括重大项目 1 项、重点项目 1 项。2 项参加成果获得国家科技进步二等奖，2 项主持成果获得高等学校科学研究优秀成果奖。申请专利 536 项，获评中国专利奖优秀奖 1 项，实现成果转移转化合同总金额 2.6 亿元。新增国家经济安全预警工程北京实验室和综合交通运输大数据应用技术交通运输行业重点实验室两个省部级科研平台。

队伍建设。高层次人才队伍不断壮大，宁滨当选中国工程院院士。1 个团队入选首批“全国高校黄大年式教师团队”。新增“长江学者”青年学者 2 人、创新人才推进计划中青年科技创新领军人才 2 人、北京市科技新星 2 人，3 人新获享受国务院政府特殊津贴专家称号，1 人受邀担任军委科技委某领域主题专家。1 人当选全国高校辅导员年度人物。全年聘任非全职高层次人才 83 人，1 人入选国家“博士后创新人才支持计划”。新增北京市教学名师奖和青年教学名师各 2 人。

交流与合作。参与中俄、中印尼人文交流机制会议，加入国际铁路合作组织，加入“中国—中东欧”国家高校联合会。在俄罗斯与俄罗斯高校共建詹天佑学院。全年签署 32 份国际合作协议，接待 48 个国家（地区）的短期访问团组 1855 人次。获批外专引智项目 96 项。面向亚非拉美重要铁路干线开展涉外技术培训，完成非学历来华短期培训项目 21 项，举办非学历境外短期培训项目 2 项。学校在巴西、美国和比利时的 3 所孔子学院共有学员 5121 人。与国内 17 家政府、企事业单位签署战略合作协议，董事会成员单位增至 83 家。

（高杰）

新增中外合作办学专业 1 个

1 月 11 日，北京交大交通运输专业本科教育中外合作办学项目获教育部批准。该项目由交通运输学院和荷兰代尔夫特理工大学土木工程与地球环境学院合作举办，专业总课程和核心课程的三分之一以上由代尔夫特理工大学教授讲授，学制 4 年，学生前 3 年在北京交大全日制学习，第 4 年有 3 个月时间赴代尔夫特理工大学学习。学生完成全部专业课程以及毕业设计，成绩合格获北京交大工学学士学位和毕业证书，同时获得代尔夫特理工大学的学习经历证明。

（高杰）

新学术委员会成立

7 月，北京交大新学术委员会成立。学术委员会是学校最高学术机构，下设学科建设委员会、学位评定委员会、人才队伍建设委员会、教育教学指导委员会、科技工作委员会、学术道德委员会 6 个专门委员会，承担相应职责和学术事务。

（高杰）

第 11 次党代会

11 月 24 日至 25 日，北京交大召开第 11 次党员代表大会。会议系统总结第 10 次党代会以来的主要工作和基本经验，分析学校发展面临的形势，进一步明确未来五年的奋斗目标、学校事业发展和党的建设主要任务，选举产生中共北京交通大学第 11 届委员会和纪律检查委员会。

（高杰）

北京工业大学

党委书记 郑吉春（5 月免） 谢辉（5 月任）
校　　长 柳贡慧

概述

2017 年，北京工业大学占地面积 93.39 万平方米，学校产权校舍建筑面积 97.42 万平方米、非产权校舍建筑面积 6.00 万平方米。全年教育经费投入 236629.44 万元，其中，国家拨款 200753.35 万元；自筹经费 35876.09 万元。固定资产总值 62.43 亿元，其中，教学、科研仪器设备总值 30.50 亿元。图书馆建筑面积 2.62 万平方米，藏书 204.16 万册，电子图书 13013.36GB。拥有计算机 21612 台。学校

2月14日，北工大“工业大数据应用技术国家工程实验室”获批建设　　（北工大　供）

信息化经费投入5244.00万元，多媒体教室座位24110个，信息化设备资产52288.17万元，网络信息点41143个，校园网出口总带宽6600Mbps, 电子邮件系统用户69565个，上网课程1060门，数字资源量13135.36GB，管理信息系统数据总量4358242GB。下设31个教学科研机构；开设本科专业62个；有一级学科博士学位授权点18个，二级学科博士学位授权点1个；一级学科硕士学位授权点31个，二级学科硕士学位授权点3个；博士后流动站18个，其中，出站88人、进站67人、在站138人。有国家重点学科3个，北京市重点学科21个，北京市重点建设学科18个；国家工程实验室2个、“111计划”引智基地2个、国家级产学研中心1个、国际合作研究中心1个、省部共建国家级重点实验室培育基地1个、教育部工程研究中心2个、教育部重点实验室4个、教育部战略研究中心1个、北京市级科研基地38个、行业重点实验室4个、其他科研基地4个。定期出版专业刊物2种。教职工2965人，其中，专任教师1737人，包括正高级职称392人、副高级职称818人；博士生导师358人，硕士生导师1800人（含专业学位和学术学位）。外籍教师77人，其中，教授45人。中国工程院院士3人，“长江学者奖励计划”特聘教授10人，享受政府特殊津贴专家39人，国家杰出青年基金获得者12人，“海外高层次人才引进计划”入选者14人，“北京海外人才聚集工程”入选者102人。毕业生6967人，其中，学历教育学生中全日制研究生2062人（博士毕业生227人、硕士毕业生1833人、硕士结业生2人）；普通本专科生3765人（本科生3271人、专科生494人）；成人教育本专科生1140人（本科生962人、专科生178人）。本科生就业率98.39%，研究生就业率98.17%。招生7299人，其中，学历教育学生中全日制研究生2816人（博士生294人、硕士生2522人），普通本科生3408人，成人教育本专科生1075人（本科生909人、专科生166人）。高考北京地区提档线文科580分、理科590分，北京工业大学北京—都柏林国际学院587分。在校生27341人，其中，学历教育学生中全日制研究生7254人（博士生1254人、硕士生6000人）、非全日制研究生359人，普通本专科生14610人（本科生13875人、专科生735人），成人教育本专科生2066人（本科生1762人、专科生304人）；非计划招生高等教育学生中在职人员攻读硕士学位2025人。留学生毕业469人，招生567人，在校生1027人。网址：www.bjut.edu.cn。

2017年，学校入选国家“双一流”建设的一流学科建设高校名单，将“现代城市建设与环境工程学科群”作为学校一流学科的建设内容。召开第11次党员代表大会，对学校全面从严治党做出系统部署，全面开启建设世界一流大学和一流学科新征程。撤销实验学院，建立通州校区。

人才培养。完成本科教学审核评估。新增3个本科专业，本科专业总数达到62个。累计11个专业通过中国工程教育专业认证和行业评估。机械工程、电子科学与技术专业入选2017年市属高校一流专业建设名单。获批教育部学术学位研究生课程建设首批试点单位，新增研究生精品课程建设15门。获第11届中国北京国际文化创意产业博览会“最佳展示奖”与“优秀组织奖”。5件作品晋级第15届“挑战杯”全国大学生课外学术科技作品竞赛。连续第六年获评“北京高校十佳示范班集体”。举办第七届科技节、“故宫学”文化节名家讲坛和3场京津冀高校博硕士风采论坛。入选全国首批深化创新创业教育改革示范高校。

学科建设。组织完成学位授权点申报工作，组建城市建设学部、文法学部。在2017年QS亚洲大学排名中位列107位，在国内大学中排名第26，8个学科进入QS全球学科前400名。在教育部第四轮学科评估中，获评1个A级、1个A-级、7个B+级、4个B级、5个B-级。

科学研究。首次获教育部高等学校科学研究优秀成果奖（社科类）一等奖。获批国家自然科学基金项目141项，国家级社科类项目19项，其中，国家社科基金项目重大项目1项、重点项目2项。“井冈山会师”雕塑作品被选为建军90周年主题展开篇主题雕塑。“城镇污水深度处理与资源化利用技术”国家工程实验室建设正式启动，“工业大数据应用技术国家工程实验室”获批建设，获批“高等学校学科创新引智计划”，新增“绿色建筑环境与节能技术北京市重点实验室”等3个省部级科研基地。5项科技成果获北京市科学技术奖。

队伍建设。试行高端人才队伍建设计划和实施细则，成立高层次人才工作办公室。聂祚仁教授增选为中国工程院院士，引进高端人才18人，新增“千人计划”入选者1人、国家杰出青年科学基金获得者1人、百千万工程国家级人选1人、国家自然科学基金优秀青年基金入选者2人、“青年千人计划”入选者1人，教育部“长江学者奖励计划”青年学者1人。3人分别获北京市高等学校教学名师奖、青年教学名师奖。

开放办学。发起成立“一带一路”倡议下中波大学联盟，建设“中巴工程科技大学（联盟）”。北京—都柏林国际学院在校生超过1000人。成立北京工业大学理事会，全面加强与社会各界的联系合作。

（钟嶷盛）

撤销实验学院成立通州校区管理中心

9月，北工大撤销实验学院，成立通州校区管理中心。2100余名本科新生到通州校区报到。实验学院撤销后，将其原专业合并到其他学院，不再以单独代码在京招生。2017级部分新生将在通州校区完成一年级的基础学习，二至四年级在平乐园校区完成专业大类和专业方向的学习。1993年北工大在教育改革中成立实验学院，2000年至2004年由学校与民营企业合作办学，2004年7月调整为学校全资直属二级学院。2005年北工大与北京市通州区人民政府签订协议，合作举办北京工业大学实验学院，开创一所容集专科、本科于一体的重点市属院校办学史，于本年停止招生。

（钟嶷盛）

第11次党代会

12月17日至18日，中共北工大第11次党员代表大会召开。会议审议通过党委工作报告和纪委工作报告，以等额（差额）选举方式选举产生第11届党委委员和纪委委员。会议对学校全面从严治党做出系统部署，全面开启建设世界一流大学和一流学科新征程。党员代表250人参加会议。

（钟嶷盛）

北京航空航天大学

党委书记 张军（12月免） 曹淑敏（12月任）
校　　长 徐惠彬

概述

2017年，北京航空航天大学占地面积182.94万平方米，建筑面积（含学校产权建筑面积、非产权建筑面积）189.23万平方米。全年教育经费投入355957.79万元，其中，国家拨款190528.68万元、自筹经费165429.11万元。固定资产总值938416.64万元，其中，教学、科研仪器设备资产值331685.72万元。图书馆建筑面积20850平方米，藏书659.9079万册，其中，纸质图书264.5974万册、电子图书395.3105万册。拥有计算机35414台。学校信息化经费投入950.00万元，网络多媒体教室319间，信息化设备资产86055.23万元，网络信息点59479个，校园网出口总带宽156000Mbps，电子邮件系统用户44557个，上网课程4738门，数字资源量48873GB，管理信息系统数据总量152GB。设置33个院；开设本科专业67个，一级学科硕士学位授权点39个，二级学科硕士学位授权点（不含一级学科覆盖点）3个，一级学科博士学位授权点22个，二级学科点博士学位授权（不含一级学科覆盖点）1个，学科涵盖理、工、文、法、经济、管理、教育、哲学、医学、艺术学10个门类。博士后流动站20个，其中，出站83人、进站163人、在站455人。国家重点一级学科8个、国家重点二级学科28个、北京市重点学科10个；国家实验室1个、国家级重点实验室9个、国家级工程研究中心4个、省部级重点实验室66个。教职工3671人，其中，专任教师2524人，包括教授662人、副教授1142人；博士生导师756人、硕士生导师1339人；中科院院士8人、工程院院士16人。“长江学者奖励计划”特聘教授50人、国家有突出贡献专家29人、享受政府特殊津贴专家261人、国家杰出青年基金获得者50人、新世纪优秀人才155人、国家级教学名师奖3人、国家自然科学基金委创新研究群体6个、教育部创新团队12个、科技部创新人才推进计划重点领域创新团队8个、国家级教学团队5个、国防科技创新团队6个。毕业生45960人，其中，学历教育学生中全日制研究生3579人（博士生586人、硕士生2993人）、普通本科生3591人、成人教育本专科生1073人（本科生767人、专科生306人）、网络教育本专科生35325人（本科生13220人、专科生22105人）；非计划招生高等教育学生中在职人员攻读硕士学位2392人。本科毕业生就业率98.65%。招生10205人，其中，学历教育学生中全日制研究生4931人（博士生893人、硕士生4038人）、普通本科生3855人、成人教育本专科生1353人（本科生795人、专科生558人）；非计划招生高等教育学生中在职人员攻读硕士学位66人。高考北京地区提档线文科626分、理科650分。在校生82097人，其中，学历教育学生中全日制研究生14889人（博士生4747人、硕士生10142人）、普通本科生15629人、成人教育本专科生2783人（本科生1897人、专科生886人）、网络教育本专科生40086人（本

4月，北航歌尔航模队获2017 SAE国际航空设计大赛高级组冠军 （北航　供）

科生 20050 人、专科生 20036 人）；非计划招生高等教育学生中在职人员攻读硕士学位 8710 人。留学生毕业 329 人、招生 639 人、在校生 1587 人。网址：www.buaa.edu.cn。

2017 年，学校进入“一流大学建设高校”（A 类）名单，全面加快推进“双一流”建设，进一步完善学校“十三五”规划体系，科学编制一流大学建设方案及 12 个学科群的建设方案。

强化特色注重内涵，提升办学境界。学校入选一流大学建设高校 A 类名单，7 个学科入选一流学科建设名单。在全国第四轮学科评估中，参评的 23 个一级学科，获评 A 类学科 14 个，其中，4 个学科获评 A+。入选“一流网络安全学院建设示范项目”高校。

落实立德树人根本任务，强化人才培养中心地位。实施建校以来最大规模的人才培养改革，成立北航学院，实现大类招生大类培养和书院制管理。开展“顶尖一流大学本科教育”思想大讨论，修订培养方案。开展新工科研究，推进专业建设。开设新生研讨课，实施“双百工程”，大力推进核心通识课程、研究型教学示范课程、优质精品课程、在线数字课程建设。实施“Office Hours 计划”。设立教学优秀奖，在关键绩效指标考核中加强对人才培养工作的考评。获批全国首批深化创新创业教育改革示范高校、全国创新创业典型经验高校、首批全国大学生创业示范园。发布研究生教育年度质量报告，入选博士生教育综合改革试点高校，成为学位授权自主审核单位。优化博导遴选机制，完善准入退出机制。建设研究生精品课、引智课和实践讲堂。“网络信息安全研究生联合培养基地”获评全国工程专业学位研究生联合培养示范基地。启动无纸化学位审核系统和学位论文匿名电子送审。实施“红色领航工程”和“青马工程”，加强理想信念教育。推进学生工作体系改革，建设学生大数据中心、学业发展支持中心、积极心理体验中心和学生资助中心，启动北航团学系统改革。拓展“互联网 +”思政教育，深化“微言航语”移动互联先锋行动，举办首届学生网络文化节。将师德规范要求融入人才引进、课题申报、职称评审等环节。设立“立德树人”奖。

实施人才强校战略，建设一流师资队伍。建立准聘长聘机制，启动分级聘任工作。完善人才发现、吸引和引进机制，建立海外校友联络员制度，实施卓越博士后专项计划。优化职称评审机制，实行优青通道评审，完善实验系列发展通道，推广高级讲师制度，对海外经历实行弹性要求。郑志明教授当选为中国科学院院士。新增长江学者特聘教授 7 人，国家杰出青年科学基金获得者 8 人，国家级百千万人才工程 2 人。

全面提升科研创新能力。获 2016 年度国家技术发明一等奖、国家科技进步一等奖等 6 项科技奖励。多项成果应用于国产大飞机 C919、北斗卫星导航系统等重大战略工程。“月宫 365 计划”挑战世界纪录。获批国家自然科学基金项目 259 项，直接经费 2.08 亿元。获批科技部政府间国际科技合作项目 1 项。ESI 国际排名从 838 名升至 743 名，上升 95 名。国家重点研发计划牵头获批 4 项，民机科研牵头获批 6 项。转移转化 100 项技术成果，设立学科性公司 5 家。获批教育部国家专利导航项目（高校）研究和推广中心，并纳入国家专利导航试点。获中国专利奖金奖。获批建设 3 个国家工程实验室、3 个工信部重点实验室。成立前沿科学技术创新研究院。深化“放管服”改革，入选“扩大高校和科研院所自主权、赋予创新领军人才更大人财物支配权技术路线决策权”试点单位。

交流合作不断深入。与 25 个国家和地区的 53 所院校新签署 70 项合作协议。与国（境）外高校交换项目和双学位项目 151 个，组织实施 79 个国际暑期学校项目，学生出国（境）2470 人次。聘请长短期境外专家 547 人次。获批文教引智经费 1526 万元，同比增长 3.5%。获批“‘一带一路’教科文卫引智计划”2 个。“111”引智基地总数达 7 个。与京东方、中国航空发动机集团等签订创新产业示范区建设、合作科研攻关、人才培养等合作协议。

（朴悦嘉）

与亚太空间合作组织签署合作协议

1 月 17 日，北航与亚太空间合作组织签署《亚太空间合作组织大学小卫星项目合同》。该项目是亚太空间合作组织成立以来最大的国际合作项目，北航为该项目的牵头单位。根据合同，北航将与亚太空间合作组织在小卫星领域开展卫星研制和教育培训等全面合作。亚太空间合作组织大学小卫星项目是由亚太空间合作组织 (APSCO) 发起，由 APSCO 各成员国（中国、巴基斯坦、伊朗、泰国、秘鲁、土耳其、孟加拉国、蒙古）大学联合研制 3 颗小卫星（包括 1 颗微小卫星 +2 颗纳星），共同完成在轨技术验证、星间通信、空间科学探测及空间遥感应用任务。

（朴悦嘉）

北航学院成立

6 月，北航学院正式成立。学院覆盖一、二年级大类本科生，强化通识教育，实行大类招生、大类培养和书院制管理，下设士谔书院、冯如书院、士嘉书院、守锷书院、致真书院和知行书院。

（朴悦嘉）

《先进材料》出版北航 65 周年校庆纪念专刊

12 月 6 日，《先进材料》(Advanced Materials) 出版北航 65 周年校庆纪念专刊。该专刊主题为北航仿生界面与材料研究，以 10 篇研究进展报告 (progress report) 和 9 则研究快讯 (research news) 的形式，系统总结北航近年来在仿生智能界面材料、仿生轻质复合材料、能源材料与电池、仿生离子通道器件四个领域的最新研究进展，彰显北航在化学、材料领域研究的强劲实力。《先进材料》是材料科学领域国际最顶尖的学术杂志之一，是材料、化学领域的权威期刊，其 2016 年 ISI 影响因子为 19.791，在材料、化学等领域拥有极高的国际影响力。10 月 20 日，《Science》杂志刊发北航校长署名文章《Trend-setter and future-creator：

Building a world-class university rooted in China》(《引领发展 创造未来——建设扎根中国大地的世界一流大学》)介绍北航。

(朴悦嘉)

北京理工大学

党委书记 赵长禄
校　　长 胡海岩(12月免) 张军(12月任)

概述

2017年，北京理工大学占地面积188万平方米，学校产权校舍建筑面积153万平方米。图书馆建筑面积4.67万平方米，藏书261.18万册，电子图书706.48万册。固定资产总值60.34亿元，其中，教学、科研仪器设备资产值25.23亿元。全年教育经费投入452398万元，其中，财政拨款198022万元、自筹经费254376万元。学校信息化设备资产71672万元，拥有计算机23689台，网络信息点数32600个，校园网出口总带宽6000Mbps,电子邮件系统用户数82750个，上网课程4177门，数字资源数据库318个，管理信息系统数据总量130GB。设有中关村校区、良乡校区、西山实验区、秦皇岛分校和珠海校区5个校区，设21个专业学院，67个本科专业及覆盖7个学科门类；具有一级学科博士点24个，一级学科硕士学位授权点32个，博士专业学位授权点1个，硕士专业学位授权点11个；博士后流动站18个，其中，博士后研究人员出站39人、进站102人和在站205人。一级学科国家重点学科4个、二级学科国家重点学科5个、国家重点(培育)学科3个，国防特色学科24个，一级学科省、部级重点学科30个，二级学科省、部级重点学科2个；国家协同创新中心1个；国家级重点实验室/中心9个，包括国家重点实验室2个，国家工程技术研究中心1个，国家工程实验室2个，国防科技重点实验室3个，国防科技工业技术创新中心1个；省部级重点实验室/中心49个。教职工3376人,其中,专任教师2200人,包括教授525人、副教授930人；博士生导师125人，硕士生导师1193人，博士、硕士导师604人;中科院院士7人、工程院院士14人，中国科学院外籍院士1人;“千人计划”入选者25人，“青年千人计划”入选者15人；国家万人计划入选者13人；“长江学者奖励计划”特聘教授27人、讲座教授7人、青年长江学者3人;“国家杰出青年科学基金”获得者35人、国家有突出贡献专家24人。外籍教师52人，其中，教授22人、副教授6人。毕业生16220人，其中，学历教育学生中全日制研究生3447人(博士生514人、硕士生2933)、普通本专科生4033人(本科生3628人、专科生405人)、成人教育本专科生1554人(本科生871人、专科生683人)、网络教育本专科生7186人(本科生2386人、专科生4800人)；非计划招生高等教育学生中在职人员获取硕士学位2623人。本科毕业生就业率97.84%。招生58574人，其中，学历教育学生中全日制研究生4787人(博士生806人、硕士生3981人)、普通本专科生3680人、成人教育本专科生1310人(本科生790人、专科生520人)、网络教育本专科生48797人(本科生14301人、专科生34496人)。高考北京地区提档线理工类643，文史类621。在校生108607人，其中，学历教育学生中全日制研究生12404人(博士生3595人、硕士生8809人)、普通本科生14612人、成人教育本专科生4423人(本科生2762人、专科生1661人)、网络教育本专科生77168人(本科生24098人、专科生53070人)；非计划招生高等教育学生中在职人员攻读硕士学位3584人。留学生毕业1003人、招生1121人、在校生1944人。网址：www.bit.edu.cn。

2017年，学校进入国家一流大学建设高校A类行列。出台《加快推进一流大学和一流学科建设的若干意见》，制定《“双一流”建设实施管理办法》《一流学科(群)建设方案》并实施，重点建设“5+3”个学科群。在全国第四轮一级学科整体水平评估中，9个学科进入全国前10%。

人才培养。出台《关于加强和改进新形势下学校思想政治工作的实施方案》。完成本科教学工作审核评估。学生先后获第三届中国“互联网+”大学生创新创业大赛金奖、2017届国际基因工程机器大赛金奖和银奖、首届“全球机器人挑战赛”无人机赛冠军。研究生培养质量持续提升，授位博士生发表SCI/SSCI论文1145篇，人均2.21篇，同比增长27%；获批CSC公派项目189人，同比增长56.2%。学校获“全国工程专业学位联合培养示范基地”“全国创新创业示范校”“全国创新创业典型经验示范校”称号。

科学研究。实施创新驱动战略，国家自然科学基金获批直接经费2.42亿元；首次获批国家重大科研仪器项目。牵头获批国家重点研发计划项目8项，国拨经费突破1.5亿元；首次获批北京市教育科学规划课题重大项目、国家艺术基金项目。新增国家级科技创新基地1个和省部级科技创新基地5个。在建军90周年朱日和阅兵45个方(梯)队中，学校参与8个作战群、29个方(梯)队的装备研制工作。获5项国家科技奖，其中，“超快激光微纳制造机理、方法及新材料制备的基础研究”项目获得2016年度国家自然科学奖二等奖，“笼型高能量密度材料”项目和“活性毁伤元技术”项目获得国家技术发明奖二等奖，“氧基簇合物的设计合成与组装策略”项目获得国家自然科学奖二等奖。

人才引育。3人当选中国工程院院士，1人当选中国科学院外籍院士；新增“千人计划”入选者11人，国家杰青2人，国家“百千万人才工程”入选者2人，首都科技领军人才1人；获首届全国创新争先奖1人，何梁何利基金奖1人；获批“千人计划”青年项目入选者8人，长江特聘教授1人；自世界名校的百余名优秀青年骨干教师加盟学校。获北京市高校教学名师奖3人。1个团队入选首批“全国高校黄大年式教师团队”。建立多元评价体系，实现“评聘分离”“能升能降”。将具有创新性和显示度的学术成果作为评价教师科研工作的重要依据，扭转将学术研究过分指标化的倾向。

国际交流与合作。中俄两国合作大学——“深圳北理莫斯科大学”开学。“中俄联合培养本—硕连读国防专业人才专项”获得留学基金委和中俄政府奖学金资助；“一带一路”沿线国家留学生人数占到留学生新生总数的 50%。新签或续签校级合作协议 47 个，与 277 所海外高水平大学建立合作伙伴关系；外国留学生规模超过 2200 人，再创新高；师生执行出国（境）任务总人数同比增长 24.3%。

办学条件建设。基本建设全年完成实际投资 2.4 亿元，完成中关村校区宇航楼、良乡校区留学生公寓、良乡校区二期基础设施的竣工验收；3.3 万平方米的大学生工程实践训练中心竣工；获得国家发改委学科基础设施建设项目资金 1.1 亿元。新建 2000 平方米校史馆投入使用运行。

（杨宝焱）

《关于加强和改进新形势下学校思想政治工作的实施方案》发布

4 月 18 日，北理工发布《关于加强和改进新形势下学校思想政治工作的实施方案》。方案包含成立领导小组和工作小组、目标要求、主要任务与具体举措、组织领导与保障措施 4 个部分，共计 57 条具体任务和措施，通过实施思想引领计划、文化铸魂计划、阵地建设计划、党建强基计划（“四个计划”）和相关组织保障体系，达到坚定社会主义办学方向、形成全面育人的体制机制、建设优良师德师风、提高学生思想政治素质、营造健康向上校园文化的目标，为建设中国特色世界一流理工大学提供思想保证、精神力量和道德滋养。

（杨宝焱）

深圳北理莫斯科大学首届开学

9 月 13 日，深圳北理莫斯科大学举行首届开学典礼。国家主席习近平同俄罗斯总理普京分别向开学典礼致贺词。中国国务院副总理刘延东、俄罗斯副总理戈洛杰茨出席活动。深圳北理莫斯科大学是由深圳市政府、莫斯科国立罗蒙诺索夫大学和北理工三方在深圳合作举办的一所具有法人资格的非营利高等教育机构，首届在国际经济与贸易、俄语、数学与应用数学、材料科学与工程等 4 个专业招收本科生共 113 人，在俄罗斯语言文学、基础生态学、纳米生物技术 3 个学科招收单独授予莫斯科大学学位的硕士研究生共 23 人。学校将依托莫斯科大学的理科和北理工的工程应用学科，在学科专业设置上文理工并重，注重服务于中俄两国文化、教育和科技合作，兼顾粤港澳大湾区社会经济发展需要，培养拥有扎实专业知识、深厚人文素养和实践创新能力的优秀人才，为建设现代化国际化创新型城市提供支持。

（杨宝焱）

北京科技大学

党委书记 武贵龙
校　　长 张欣欣

概述

2017 年，北京科技大学占地面积 80.39 万平方米，产权校舍建筑面积 97.01 万平方米。全年教育经费投入 268011 万元，其中，国家拨款 135596 万元、自筹经费 132415 万元。固定资产总值 37.67 亿元，其中，教学、科研仪器设备资产值 15.32 亿元。图书馆建筑面积 27692 平方米，实体馆藏文献 231 万册（件），电子图书 192.5 万册。拥有计算机 17513 台。学校信息化经费投入 1508 万元，多媒体教室座位 18377 个，信息化设备资产 16378.11 万元，网络信息点 21080 个，校园网出口总带宽 6500Mbps，电子邮件系统用户 37000 个，上网课程 1715 门，管理信息系统数据总量 4995GB。学校由 14 个学院以及研究生院、体育部、管庄校区、天津学院、延庆分校组成；设立 50 个专业；拥有一级学科博士学位授权点 18 个，二级学科博士学位授权点 73 个，一级学科硕士学位授权点 27 个，二级学科硕士学位授权点 128 个，另有 MBA（含 EMBA）、MPA、法律硕士、会计硕士、翻译硕士、社会工作、文物与博物馆和 20 个领域的工程硕士专业学位授予权。建有博士后流动站 16 个，博士后研究人员出站 89 人、进站 112 人和在站 239 人。有一级学科国家重点学科 4 个，二级学科国家重点学科 2 个，国家重点培育学科 1 个，一级学科北京市重点学科 3 个，二级学科北京市重点学科 7 个，交叉学科北京市重点学科 2 个；建有国家科学中心 1 个，“2011 计划”协同创新中心 1 个，国家重点实验室 2 个，国家工程（技术）研究中心 2 个，国家科技基础条件平台 2 个，国家级国际科技合作基地 2 个。教职工 3375 人，其中，专任教师 1760 人，包括教授 495 人、副教授 792 人；博士生导师 490 人、硕士生导师 595 人；中国科学院院士 3 人，中国工程院院士 5 人（双聘 2 人），国务院学位委员会委员 1 人，国务院学位委员会学科评议组成员 5 人，国家 973 项目首席科学家 3 人，国家级有突出贡献专家 15 人，“长江学者奖励计划”特聘教授 4 人、青年学者 2 人，国家杰出青年科学基金获得者 20 人，“万人计划”领军人才 3 人、青年拔尖人才 3 人，国家级教学名师 2 人，国家百千万人才工程人选 18 人，国家优秀青年科学基金获得者 11 人。外籍教师 20 人，其中，教授 6 人。毕业生 26246 人，其中，学历教育学生中全日制研究生 2764 人（博士生 399 人、硕士生 2365 人）、普通本专科生 3337 人（本科生 3251 人、专科生 86 人）、成人教育本专科生 2352 人（本科生 1844 人、专科生 508 人）、网络教育本专科生 17403 人（本科生 2833 人、专科生 14570 人）。本科毕业生就业率 95.08%。招生 37718 人，其中，学历教育学生中全日制研究生 3198 人（博士生 591 人、硕士生 2607 人）、普通本科生 3450 人、成人教育本专科生 1941 人（本科生 1505 人、专科生 436 人）、网络教育本专科生

28790人（本科生22140人、专科生6650人）。高考北京地区提档线文科614分、理科624分。在校生89751人，其中，学历教育学生中全日制研究生10125人（博士生3166人、硕士生6959人）、普通本专科生13663人（本科生13491人、专科生172人）、成人教育本专科生4030人（本科生3237人、专科生793人）、网络教育本专科生59629人（本科生12349人、专科生47280人）。留学生毕业221人、招生291人、在校生985人。网址：www.ustb.edu.cn。

2017年，学校建校65周年，举办系列庆祝活动。入选国家一流学科建设高校，全面启动一流学科建设工作。

人才培养质量稳步提高。召开本科教育教学工作会议，全面实施2017版培养方案，进一步推进完全学分制改革，完善本科教学质量保障体系，学生代表队全年获省部级以上奖励1256人次。深化研究生培养机制改革，制定2017版研究生培养方案，扩大二级单位和导师招生自主权。推进顺德研究生院建设，首批研究生招生计划列入学校招生简章。年内，执行公派交流项目124项，选派学生733人。在校国际学生985人，同比增长10.3%。

学科建设水平不断提升。科学技术史、材料科学与工程、冶金工程、矿业工程4个学科进入一流学科建设行列。召开“双一流”建设方案论证会，编制完成《北京科技大学一流学科建设高校建设方案》。完成全国第四轮学科评估工作，参评25个学科共获评2个A+、1个A和6个B+等，16个学科进入前30%，3个优势学科位列前10%。

科学研究取得新突破。3项科技成果获2016年度国家科学技术奖，其中，作为第一完成单位完成的“电弧炉炼钢复合吹炼技术的研究应用”项目获国家科学技术进步二等奖。服务国家重大战略和北京市“全国科技创新中心”建设，发挥特色和交叉协作优势，高水平团队和平台建设取得重要进展。国家自然科学基金和人文社科项目立项数量均创历史新高，学校全口径科技经费13亿余元，科研成果先后在《Nature》和《Science》发表，学校《思想教育研究》入选CSSCI来源期刊。校地、校企合作稳步推进，与26家企业、政府签订合作协议。

国际化办学向纵深发展。成立的东盟研究中心入选教育部备案名单，与泰国农业大学联合开展国内首个“一带一路”材料环境腐蚀研究的国际合作项目，与新南威尔士大学等11所知名高校新建合作，建设国家级“学科创新引智基地”5个、国家级引智项目9项。

学生综合素质稳步提高。在全国率先推行“第二课堂成绩单”制度和学生成长助力工程，组织395支团队、4123名学生投身社会实践，开展志愿服务活动12余万工时，获评全国暑期“三下乡”优秀单位，京港青年伙伴行动的实践成果入选“砥砺奋进的五年”大型成就展。

（倪阳）

庆祝建校65周年

4月22日，北科大举办建校65周年庆祝活动。活动由庆祝大会、北科大与甘肃秦安帮扶共建座谈会、全球化与青年领导力论坛、师生综合运动会和“熔铸春华·科创未来”文艺汇演等活动组成。该校校友和在校师生共计6000余人次参加活动。学校于1952年由北洋大学、清华大学等6所国内著名大学的矿冶科系组建而成，初名北京钢铁工业学院，1960年更名北京钢铁学院，是全国首批成立研究生院的22所高校之一。1988年定名北京科技大学，1997年5月，学校首批进入国家“211工程”建设高校行列。2006年，学校成为首批“985工程”优势学科创新平台建设项目试点高校。2014年，学校牵头的，以北京科技大学、东北大学为核心高校的“钢铁共性技术协同创新中心”成功入选国家“2011计划”。2017年，学校入选国家“双一流”建设高校。

（倪阳）

4月22日，北科大举办校庆文艺汇演

（北科大　供）

第四届魏寿昆科技教育奖颁奖

4月22日，北科大颁发第四届“魏寿昆科技教育奖”。北科大教授周国治获得“魏寿昆冶金奖”；上海大学教授李喜、首钢集团教授级高级工程师张福明获得“魏寿昆冶金青年奖”。“魏寿昆科技教育奖”每两年评奖一次，面向全国冶金工程和教育领域，用于奖励在该领域中作出突出贡献、取得重大成就的专家学者，设立“魏寿昆冶金奖”和“魏寿昆青年冶金奖”两个奖项。

（倪阳）

北方工业大学

党委书记　郑文堂
校　　长　丁辉

概述

2017年，北方工业大学占地面积30.15万平方米，学校产权校舍建筑面积39.77万平方米、非产权校舍建筑面积4.08万平方米。全年教育经费投入90025.07万元，其中，国家拨款71964.73万元、自筹经费18060.34万元。固定资产总值20.22亿元，其中，教学、科研仪器设备资产值6.46

亿元。图书馆建筑面积 15322 平方米，藏书 316.09 万册，其中，纸质图书 166.09 万册、电子图书 150 万册。拥有计算机 7573 台。学校信息化经费投入 761.53 万元，多媒体教室座位 1.6 万个，信息化设备资产 26086.33 万元，网络信息点 13758 个，校园网出口总带宽 3500Mbps，电子邮件系统用户 28064 个，上网课程 1475 门，数字资源量 53.1 TB，管理信息系统数据总量 219.50 TB。设有 1 个校区，设置 12 个院（系、部）；开设 47 个专业及覆盖 7 个学科；具有一级学科 19 个，1 个服务国家特殊需求博士人才培养项目，一级学科硕士学位授权点 19 个和硕士专业学位授权点 15 个。北京市重点二级学科 7 个；建有 15 个省部级重点实验室或工程研究中心。教职工 1101 人，其中，专任教师 822 人，包括教授 130 人、副教授 303 人；博士生导师 19 人、硕士生导师 428 人；双聘院士 1 人、"千人计划" 2 人、国家有突出贡献专家 1 人、享受政府特殊津贴专家 7 人。外籍教师 17 人，其中，教授 3 人。毕业生 4685 人，其中，学历教育学生中全日制研究生 594 人（博士生 2 人、硕士生 592 人）、普通本科生 2662 人、成人教育本专科生 1344 人（本科生 409 人、专科生 935 人）；在职人员攻读硕士学位 85 人。本科毕业生就业率 99.26%。招生 4373 人，其中，学历教育学生中全日制研究生 691 人（博士生 8 人、硕士生 683 人）、普通本科生 2808 人、成人教育本专科生 874 人（本科生 620 人、专科生 254 人）。高考北京地区提档线文科 539 分、理科 537 分。在校生 15643 人，其中，学历教育学生中全日制研究生 1920 人（博士生 18 人、硕士生 1902 人）、普通本科生 10707 人、成人教育本专科生 2786 人（本科生 1401 人、专科生 1385 人）；在职人员攻读硕士学位 230 人。留学生毕业 73 人、招生 620 人（含长期语言生）、在校生 421 人（不含短期）。网址：www.ncut.edu.cn。

2017 年，学校持续提升教育质量，加强学科建设。12 个一级学科进入全国第四轮学科评估前 70% 行列，其中计算机科学与技术为 B- 档。开展一流专业建设，电子信息工程专业入选北京市首批一流专业。投入专项经费 1307.7 万元开展优势学科建设，提升核心竞争力和学科建设整体水平。遴选推荐 19 项教学成果申报北京市高等教育教学成果奖。大学英语四级考试通过率 74.92%。组织本科生参加校外各类学科竞赛 60 余项，获省部级及以上奖励 844 人次。研究生学科竞赛共获得国家级一等奖 5 项、二等奖 8 项、三等奖 7 项，省部级 36 项，为历年最多。

推进科研创新，大力实施人才强校工程。科研到款 1.17 亿元，比上年增加 30%。2017 年度共获得国家自然科学基金、国家社科基金等纵向科研项目 163 项，比上年增长 43%。获国家和省部级等奖项 46 项，比上年增长 109%。不断深化产学研一体化，新增"节能照明电源集成与制造北京市重点实验室""环保检测与控制工程技术研究中心""混合流程工业及自动化系统国家重点实验室——北方工业大学研究基地" 3 个省部级研究机构，成立"京西经济社会发展""新兴风险""智能制造""控制工程""海绵城市与地下空间" 5 个研究院。积极推动与科研院所和企业合作，全面促进学校技术成果深化、转化、落地。

成立人才引进工作组，实现人才引进的全面统筹和科学把关。引进双聘院士 1 名，中组部千人计划专家 2 人，聘任 13 名国家一流高层次人才。投入人才资助和培训专项经费 292 万元，遴选 11 个校内创新团队、10 名长城学者后备人才，资助 41 个"优秀青年教师培养计划"项目。2 名教师获北京市优秀教师，1 人获北京市优秀教育工作者称号。以"学院办大学"为导向改革人事制度，在岗位聘任中加大学院自主权，将岗位设置、工作职责、工作量设定、引人进人等权利交给学院，由学院自行聘任。

坚持立德树人，帮助学生全面成长成才。加强学生思想政治教育，大学生社会实践活动丰富精彩。校领导担任新生班导师，定期召开主题班会，指导学生全面成才。以"敦品引航，励学成才"为主题，开展新生引航工程系列教育活动。通过院士讲堂、"励学茶座"等形式，为新生讲好开学第一课。在研究生中开展"科学道德与学术诚信教育"活动。围绕学风建设开展创建活动，调动学院力量打造"博远工程 1946""优斋计划""浩学成长激励计划"等一批学生工作精品。

断拓展合作深度，提升国际化办学水平。成立国际学院，开展国际合作与交流，与 30 个国家和地区的 75 所高等院校建立合作关系，新增校级合作 12 个，近 20 项新的合作项目顺利实施推进。成为国家政府奖学金外国留学生接收院校、获批"一带一路"国家卓越工程师国际人才培养基地建设项目。留学生国家类别扩展到涵盖亚洲、欧洲、非洲、美洲、大洋洲的 68 个国家，其中"一带一路"沿线国家 20 个。派出 67 个因公出国（境）团组 130 人次参加学术会议、研修、讲学等。359 名学生赴国（境）外高校交流学习，比上年增长 11.8%。

（王德虎）

第 8 次党代会

12 月，北方工业大学召开共产党第八次党员代表大会。会议选举产生新一届党委委员和纪委委员，正式形成党委常委会和全委会的议事制度。会议明确学校今后几年的发展方向和目标：立足京西、服务京津冀、面向全国、放眼世界，紧密围绕国家和首都经济社会发展需要，按照高水平工业

12 月 22 日，中国共产党北方工业大学第八次党员代表大会隆重开幕 （北方工大　供）

大学的建设方向，大力实施“创新人才培养工程”“科技高地构筑工程”“国际化办学领先工程”“党建先进校创建工程”四项工程,努力完成“由学校办大学向学院办大学转变”“建成博士点和博士授权单位”“多渠道拓展办学空间”“建成对学生最好的大学”四项任务。学校党员代表166人参加会议。

（刘侠）

北京化工大学

党委书记　王芳
校　　长　谭天伟

概述

2017年，北京化工大学占地面积165.53万平方米，学校产权校舍建筑面积56.66万平方米、非产权校舍建筑面积2.60万平方米。全年教育经费投入256811万元，其中，国家拨款180322万元、自筹经费76489万元。固定资产总值21.43亿元，其中，教学、科研仪器设备资产值9.28亿元。图书馆建筑面积18641平方米，藏书172.24万册。拥有计算机8147台。学校多媒体教室213间，信息化设备资产17036.67万元，网络信息点37000个（其中，无线接入点7600个），校园网出口总带宽6500Mbps,电子邮件系统用户39876个，上网课程113门，数字资源量：电子图书121.11万册、电子期刊75.04万册、学位论文765.42万册、音视频11.16万小时，管理信息系统数据总量6000GB。设有4个校区，设置15个学院（系）；开设71个本科专业，覆盖8个学科门类；具有一级学科博士点7个，博士学位授权点29个，硕士学位授权点96个，专业学位硕士门类5个，工程领域工程硕士点10个；博士后流动站7个，其中，博士后研究人员进站54人，出站28人，在站102人。1个一级学科国家重点学科（涵盖5个二级重点学科）、2个二级学科国家重点学科、1个国家重点（培育）学科，3个一级学科北京市重点学科（涵盖14个二级重点学科）、2个北京市交叉重点学科、3个二级学科北京市重点学科；8个国家级特色专业建设点，16个北京市级特色专业建设点，5个教育部工程教育专业认证专业；国家重点实验室2个，国家工程实验室1个，国家工程技术研究中心1个，省、部级重点实验室12个，省、部级重点工程技术研究中心15个，社科类省部级基地2个。教职工2509人，其中，专任教师1235人，包括教授278人、副教授435人；博士生导师290人、硕士生导师543人；中科院院士3人、工程院院士5人（含双聘中科院院士1人，工程院院士2人）。“长江学者奖励计划”特聘教授11人、讲座教授2人，“千人计划”入选者7人，“青年千人计划”3人，全国杰出专业技术人才1人，“973”首席科学家8人次，“国家杰出青年基金”获得者26人，中国青年女科学家2人，中国青年科技奖获得者7人。外籍教师18人。毕业生8879人，其中，学历教育学生中全日制研究生1858人（博士生176人、硕士生1682人），普通本专科生3503人（本科生3502人、专科生1人），成人教育本专科生1797人（本科生1126人、专科生671人）；非计划招生高等教育学生中在职人员攻读硕士学位1721人。普通本专科毕业生一次性就业率97.87%。招生7545人，其中，学历教育学生中研究生2509人（博士生256人、硕士生2253人），普通本科生3790人，成人教育本专科生1246人（本科生619人、专科生627人）。高考北京地区理科提档线608分、文科606分。在校生26680人，其中，学历教育学生中研究生6889人（博士生915人、硕士生5974人），普通本科生15305人，成人教育本专科生3675人（本科生2191人、专科生1484人）；非计划招生高等教育学生中在职人员攻读硕士学位811人。留学生毕业163人、招生449人、在校生483人。网址：www.buct.edu.cn。

2017年，学校入选国家一流学科建设高校，全面启动“双一流”建设。昌平校区启用。

人才培养。全面启动“新工科”建设。自主开发建设的“智慧教学系统”上线。开展本科专业校内自评估工作，创立10个学科交叉校内创新人才培养基地，4个专业通过工程教育专业认证申请受理，6个项目获批教育部第一批产学合作协同育人项目。学校获评“北京地区高校示范性创业中心”“北京市深化创新创业教育改革示范高校”“北京高校学业辅导师范中心建设高校”称号。召开党建暨思政工作会议，深化思政课改革，强化第一课堂第二课堂深度融合，积极开展社会主义核心价值观北化表达大讨论。学校被授予第一届“全国文明校园”称号。

学科建设。全面启动“双一流”建设，重点建设“绿色化学化工及材料”学科群。启动“一院一策”学科提升计划。化学、材料科学、工程学、生物学与生物化学的基本科学指标数据库(ESI)排名稳步提升。完成全国第四轮一级学科整体水平评估工作，化学工程与技术一级学科获评A类学科，材料科学与工程一级学科获评A-类学科。

科学研究。建成世界首条超高分子量聚异丁烯中试生产线，开发第二代高性能顺丁橡胶稀土催化剂技术，研制的中国最大的LED顶灯被用于厦门“金砖五国”首脑会晤会议室。新增纵、横向科研项目731项，竞争性科研到款4.97亿元。获省部级科技奖励12项，获授权专利435项。新增2个北京市重点实验室。联合中日友好医院成立生物医学转化工程研究中心。建设科技成果转化生态全链条，发起成立京津冀大学科技园联盟，济源、嘉兴技术转移中心相继挂牌成立。

师资队伍。召开学校人才工作会，出台高层次引进人才及高端人才条件保障实施细则，启动青年英才百人计划，成功举办第二届青年学者“启荣论坛”。杨万泰新增选为中国科学院院士，新增“千人计划”入选者2人、青年项目入选者1人，国家“百千万人才工程”入选者1人，“国家杰出青年科学基金”获得者2人、“国家优秀青年科学基金”获得者2人等，全年共引进各类人才36人。新增“万人计划”教学名师1人、“北京市高等学校教学名师奖”获得者1人。

交流合作。举办“一带一路”大学校长论坛，共同签署《“一带一路”大学校长论坛北化宣言》，共建“一带一路”教育共同体。学校获得市教委支持建设“一带一路”人才培养基地，与23所国外大学（研究机构）新（续）签署校际合作协议。“北京化工大学巴黎居里工程师学院”正式获得教育部批准成立。与云南省玉溪市政府签订全面合作协议，与5个企业签订6项合作协议，开展科学研究、人才培养、联合创新等合作。

（肖勇）

巴黎居里工程师学院获批建设

2月27日，化大首个中外合作办学机构“北京化工大学巴黎居里工程师学院”获得教育部批准。学院与法国巴黎国家高等化学学校共同合作创建，旨在引进法国精英工程师教育模式，推进工程教育改革以及新工科建设，培养高水平创新型工程人才。学院采用两阶段培养模式，前三年为基础教育阶段，重点培养学生扎实的自然科学知识及外语能力；后三年至四年为工程师教育阶段，重点培养学生的专业技能和工程理论，并通过企业实习实训锻炼学生的动手能力及实践能力。对应中国学制，巴黎居里工程师学院前四年为本科教育阶段，后两年至三年为硕士研究生教育阶段；首期将开设3个专业，本科为“化学工程与工艺”“高分子材料与工程”和“生物工程”，硕士为“化学工程与技术”“材料科学与工程”和“化学工程与技术（生物化工方向）”，并于2017年招收第一届本科生。

（肖勇）

昌平新校区正式启用

9月2日，化大昌平新校区正式启用。校区位于昌平区南口镇，占地面积119万平方米，一期建筑面积34.47万平米，包括体育馆、图书馆、第一教学楼等设施。本科生一、二、三年级学生及教职员工共1.2万人入住。新校区于2012年启动建设，2014年6月奠基。

（肖勇）

9月2日，化大昌平校区正式启用

（化大　供）

北京工商大学

党委书记　谭向勇
校　　长　孙宝国

概述

2017年，北京工商大学总占地面积82万平方米，其中阜成路校区21万平方米，良乡校区61万平方米，总建筑面积45.68万平方米，其中，阜成路校区19.88万平方米、良乡校区25.80万平方米。固定资产总值26.95亿元。图书馆馆舍总面积25793平方米，馆藏纸质文献171.95万册，中外文期刊921种，报纸67种，电子图书88.8万余种，数据库100个。拥有计算机9354台。学校信息化经费投入1223万元，多媒体教室座位21117个，信息化设备资产42927.56万元，网络信息点22503个，校园网出口总带宽3300Mbps，电子邮件系统用户17000个，上网课程19门，电子图书88.8万册、电子期刊6.54万册、学位论文1067.4万册、音视频9.1万小时，管理信息系统数据总量1700GB。有11个学院、1个教学部；2个国家级检测中心、1个国家级实验教学示范中心、1个国家级虚拟仿真实验教学中心、1个国家工程实验室、1个科技部中国—加拿大联合实验室、1个北京市高精尖中心、4个北京市重点实验室、1个北京市实验室、1个北京高等学校工程研究中心；有“服务国家特殊需求博士人才培养项目”1个，博士后科研流动站1个，联合培养博士学位授权点1个，硕士学位授权点一级学科16个、硕士专业学位授权点19个（含工程硕士专业领域7个）、本科专业50个；拥有北京市重点学科4个，北京市重点建设学科6个，国家级特色专业建设点5个，北京市特色专业建设点8个，国家级本科专业综合改革试点1个。教职工1460人，其中，专任教师952人。专任教师中，教授151人、副教授395人；具有博士和硕士学位的教师分别为594人和283人。中国工程院院士4人（含双聘院士2人，兼职教授1人），国家“千人计划”入选者1人，全国优秀教师1人，新世纪百千万人才工程国家级人选2人，国家百千万人才工程人选1人，北京学者1人，享受国务院政府特殊津贴专家11人，科技部创新人才推进计划中青年科技创新领军人才1人。毕业生4106人，其中，学历教育学生中全日制研究生873人（博士生1人、硕士生872人），普通本科生2758人，成人教育本专科生475人（本科生375人、专科生100人）；非计划招生高等教育学生中在职人员攻读硕士学位23人。本科生一次就业率95.41%。招生4181人，其中，学历教育学生中全日制研究生1002人（博士生10人、硕士生992人），普通本科生2873人，成人教育本专科生306人（本科生221人、专科生85人）。高考北京地区提档线，理工类：本科一批551分、二批534分；文史类：本科一批559分、二批552分；艺术类综合分620分。在校生15440人，其中，学历教育学生中全日制研究生2376人(博士生23人、硕士生2353人)、普通本科生11486人、成人教育本专科生1578人(本科生1194人、专科生384人)、非计划招生高等教育学生中在职人员攻读硕士学位106人。留学生招生139人、在校生192人。网址:www.btbu.edu.cn。

2017年,学校深入推进本科教学综合改革,全面深化研究生教育改革,大力提升科技创新和服务社会能力,向建设特色鲜明的研究型大学迈出坚实步伐。

着力加强学科建设。新增博士学位授予单位和应用经济学、食品科学与工程两个一级学科博士学位授权点通过专家评审。食品科学与工程和会计学两个本科专业入选首批北京市属高校一流专业。

不断提高人才培养质量。推进本科教学综合改革,推进“双培计划”和“外培计划”。深化研究生教育改革,修订2017级研究生培养方案,推进研究生招生考试二级管理,加大研究生公派留学奖学金力度。学生学术科技创新及学科竞赛获奖项数比上年提高11.52%。获批北京市第二批深化创新创业教育改革示范高校;学生创业园入选首批“北京地区高校大学生创业园高校分园”。通过心理健康节等活动普及心理健康教育。外国留学生来自75个国家302人,学历生人数首次突破200人。签署涉外合作协议18个,新增合作院校9所。首次获匈牙利政府互换奖学金项目资助。

推进科研工作再上台阶。科研项目到位总经费2.19亿元,比上年增长8.27%。获批1项国家重点研发计划项目和4项重点研发计划项目课题;获批国家社科基金项目12项、国家自科学基金项目25项等。《躲不开的食品添加剂——院士、教授告诉你食品添加剂背后的那些事》获2016年度国家科学技术进步奖二等奖。出版学术著作57部,授权发明专利51项;发表A区论文347篇,1433篇本校署名的科研论文入选ESI,9篇论文入选ESI高被引论文。首次获批国家级科研平台“农产品质量安全追溯技术及应用国家工程实验室”,获批“塑料卫生与安全质量评价技术北京市重点实验室”,获批科技部“中国—加拿大食品营养与健康联合实验室”。

持续推进师资队伍建设。引进各类人员71人。1人获批北京学者、1人入选第三批国家万人计划科技创新领军人才。食品添加剂教学科研教师团队入选首批全国高校黄大年式教师团队。制定《关于建立健全师德建设长效机制实施细则(试行)》;成立党委教师工作部。

践行服务社会使命。牵头和参与的京津冀“经济学学科协同创新联盟”、京津冀轻工类高校协同创新联盟、京津冀商科类协同创新联盟和京津冀金融研究联盟通过举办论坛、竞赛等,助力京津冀协同发展。良乡校区二期新建工程正式开工。首次获批中国政府“丝绸之路”奖学金招生资质,召开“一带一路”中巴科技与经济合作学术论坛。与吉林省白山市签订特色食品和化妆品产业、高层人才培育、科技研发等方面合作交流协议。

(杨蓉　杨巧明)

12月29日,工商大学良乡校区二期新建工程奠基仪式
(工商大学　供)

中国白酒健康研究院成立

3月30日,工商大学成立中国白酒健康研究院。研究院由该校与中国酒业协会、安徽古井贡酒股份有限公司共建,以研究提升白酒健康价值、推动科研成果的分享转化与宣传白酒健康文化为目标,设有院办公室和学术委员会,工作团队由工商大学牵头的白酒研究团队、安徽古井贡酒股份有限公司白酒研究团队、江南大学等专业研究力量及有关各企业分析检测中心人员组成。

(杨蓉　杨巧明)

合作出版期刊

10月30日,工商大学与施普林格·自然(Springer Nature)旗下的自然科研集团(Nature Research)和国际食品科学技术联盟(IUFoST)三方合作出版的高影响力的开放获取期刊《npj Science of Food》上线。期刊旨在发表经同行评审的高质量的原创论文、评论和综述文章,包括食品安全,食品加工、包装,食品成分在加工、食用和消化过程中的物理化学变化及相互作用,食品营养与健康方面。校长孙宝国担任创刊主编。

(杨蓉　杨巧明)

北京服装学院

党委书记　马胜杰
院　　长　刘元风(11月免)

概述

2017年,北京服装学院占地面积35.36万平方米,学校产权校舍建筑面积24.00万平方米、非产权校舍建筑面积4.02万平方米。全年教育经费投入63068.6万元,其中,国家拨款51517.1万元、自筹经费11551.5万元。固定资产总值6.11亿元,其中,教学、科研仪器设备资产值3.43亿元。图书馆建筑面积1.01万平方米,藏书72.32万册。拥

有计算机4744台。学校信息化经费投入1707.6万元，多媒体教室193个，信息化设备资产15589.02万元，网络信息点6000个，校园网出口总带宽3100Mbps，电子邮件系统用户10000个，上网课程327门，数字资源量中电子图书413.85万册、电子期刊4.78万册、学位论文766.12万册、音视频12.31万小时，管理信息系统数据总量32000GB。下设樱花园校区、芍药居校区、牡丹园校区和北校区4个校区，设有9个全日制本科教学学院、2个教学部门以及研究生院、国际学院、继续教育学院；开设30个本科专业，覆盖艺、工、文、经、管、理等6个学科，有1个国家特殊需求博士人才培养项目，有8个一级学科硕士授权点，1个二级学科硕士点，2个硕士专业学位授权点，3个双学位专业点。北京市重点建设学科4个(1个北京市重点建设一级学科、3个北京市重点建设二级学科)。北京市级科研机构8个，1个北京市大学科技园。有国家级特色专业建设点4个、市级特色专业建设点6个，国家级优秀教学团队1个、市级优秀教学团队4个，国家级实验教学示范中心1个、市级实验教学示范中心2个，国家级人才培养模式创新实验区1个，国家级校外实践教育基地1个、市级校外人才培养基地3个，市级高校校内实践创新基地1个。教职工752人，其中，专任教师550人，包括教授83人、副教授186人；博士生导师8人、硕士生导师180人。享受政府特殊津贴专家4人。外籍教师6人(长期聘用)，其中，教授4人、副教授2人。毕业生2032人，其中，学历教育学生中全日制研究生292人(博士生3人、硕士生289人)、普通本科生1429人、成人教育本专科生311人(本科生144人、专科生167人)。本科毕业生一次就业率95.62%。招生2328人，其中，学历教育学生中全日制研究生373人(博士生8人、硕士生365人)、普通本科生1487人、成人教育本专科生451人(本科生288人、专科生163人)；非计划招生高等教育学生中在职人员攻读硕士学位17人。高考北京地区本科提档线理科488分，文科514分。在校生8816人，其中，学历教育学生中全日制研究生1015人(博士生18人、硕士生997人)、普通本科生6052人、成人教育本专科生1669人(本科生1050人、专科生619人)；非计划招生高等教育学生中在职人员攻读硕士学位80人。留学生毕业45人、招生146人、在校生274人。网址：www.bift.edu.cn。

2017年，学校以"双一流"建设统筹发展全局。以建设国际一流前列时尚高校为目标，立足"服装引领、艺工融合"定位，聚焦办学特色，完成二级学院、教学部门的调整整合工作，调整9个二级学院，有序撤销1个学科，3个专业停止招生。同时，通过干部聘任、全员聘用，完成调整后的干部到位、教师到位。坚持重点突破原则，服装与服饰设计专业获批北京市属高校首批一流专业。服装设计与工程专业通过工程教育认证。获批"工程"专业硕士学位授权点。作为四所高校之一，获批推免生资格。服务国家特殊需求博士项目"中国传统服饰文化的抢救传承与设计创新"第一批博士生顺利毕业。北京市环境与艺术学校并入服装学院，进一步增加学校办学空间与办学实力。完成北京高等学校党建和思想政治工作基本标准检查工作。

完善人才培养体系。全面改革人才培养方案，以审核评估和专业认证为依据，制订《北京服装学院2017版本科专业人才培养方案制订的原则意见》，进一步压缩总学分(152学分)、扩大选修比例(20%)、推进在线课程教学、增加实践训练比重，建立创新创业教育课程体系。建成首间智慧教室，新教务系统上线运行。创新创业工作成绩突出，入选全国第二批深化创新创业教育改革示范高校、"教育部全国创新创业50强高校""全国高校实践育人创新创业基地"。

加大人才队伍建设力度。转变用人模式，打通管理岗位与专技岗位聘用通道，拓宽管理人员晋升渠道；建立具有竞争力的薪酬制度和教职工分类评价体系。制定《高水平人才队伍建设实施办法》等制度。通过"高层次人才队伍建设工程"等引进一批高层次人才，选派教师出国研修，有一年及以上境外学习经历的教师占专任教师总数22%，有博士学位教师占专任教师25%。教师首次入选北京市"海聚工程"。

围绕服务北京、服务京津冀协同发展和2022年冬季奥运会残奥会。率先在雄安容城落地建设产学研创新平台，成立北服时尚产业创新园容城分园。联合中国社会科学院实施"中华服饰文化研究工程"。持续推广"新中装"，在雄安新区举行"锦裳·日日新"2017新中装礼服体系发布会，推出"吉庆礼""公务礼""日用礼"三大系列礼服。

(付佳)

首届博士研究生毕业

5月2日，服装学院首届博士研究生毕业。首届毕业博士研究生3人，为"中国传统服饰文化的抢救传承与设计创新"博士人才培养项目培养的学生。该项目以服务国家文化战略为目标，填补国内服装高等教育中以传承与创新为主导、参与国家重大实践的专业型博士培养的空缺，为中国服装学术界带来新的活力和研究拓展，构建中国传统服饰文化与科技的融合、服饰文化的传承与保护以及服饰文化的当代性创新等系统性科学性研究体系，为中华服饰文化的传承和发展做出贡献。

(付佳)

"敦煌服饰文化研究暨创新设计中心"成立

8月24日，服装学院联合敦煌研究院、英国王储传统艺术学院、敦煌文化弘扬基金会在敦煌莫高窟举办"敦煌服饰文化研究暨创新设计中心"合作备忘录签约仪式。仪式上中国敦煌服饰文化研究的奠基者之一，追述敦煌研究院因敦煌文化弘扬基金会与英国王储传统艺术学院结缘的往事；签署的合作备忘录是将四家机构各有侧重的长项进行强强联合，是跨领域、跨国界的国际合作，也是为搭建以敦煌艺术为着力点，使现代不同文明和文化能进行长效交流的平台。同时，结合服装学院对敦煌元素的创新应用，传承创新，使优秀的传统文化，通过有序的、有高度的传播渠道，传播到大众生活中，引领当代生活的品质和品味，启发大众对传统文化艺术的审美，从而传承推广敦煌艺术文化。服装学院领导及相关教授，英国王储传统艺术学院中国代表，敦煌文化弘扬基金会发起人，敦煌研究院院长等相关人员参加签约仪式。

（付佳）

北京邮电大学

党委书记 王亚杰（1 月免） 吴建伟（1 月任）
校　　长 乔建永

5 月，北邮学生在国际大学生程序设计竞赛中获佳绩
（北邮　供）

概述

2017 年，北京邮电大学占地面积 137.52 万平方米，建筑面积 82.14 万平方米。固定资产总值 252165.11 万元，其中，教学、科研仪器设备总值 81415.49 万元。图书馆建筑面积 15547 平方米，藏书 203 万册，电子图书 826 万册。全年教育经费投入 153291.65 万元，其中，国家拨款 101629.86 万元、自筹经费 51661.79 万元。设 17 个教学单位、3 个研究院，并设有研究生院。有博士学位授权一级学科点 8 个，硕士学位授权一级学科点 19 个，博士学位授权二级学科点 1 个，硕士学位授权二级学科点 3 个，有 7 类专业硕士学位授权点，38 个本科专业，建立博士后流动站 6 个，博士后研究人员进站 25 人、出站 26 人、在站 80 人。有一级学科国家级重点学科 2 个、北京市重点学科 7 个、部级重点学科 8 个。国家重点实验室 2 个、国家工程实验室 5 个（其中，2 个为牵头、3 个为合作）、教育部工程研究中心 2 个、教育部“111 创新引智基地”5 个、国家国际科技合作基地 1 个、各类省部级重点实验室 11 个和北京市国际科技合作基地 6 个。教职工 2331 人，其中，专任教师中正高级职称 296 人、副高级职称 523 人；双院院士 1 人；“长江学者奖励计划”特聘教授 6 人；享受政府特殊津贴专家 100 人。长期外籍教师 46 人，其中，教授 4 人，副教授 11 人。毕业生 17939 人，其中，全日制研究生 2890 人（博士生 206 人、硕士生 2684 人），普通本科毕业生 3375 人，成人教育本科生 307 人，网络教育本专科生 10313 人（本科生 5532 人、专科生 4781 人），在职研究生 1054 人。本科生就业率 99.14%，研究生就业率 99.97%。招生 22031 人，其中，全日制研究生 3747 人（博士生 345 人、硕士生 3402 人），普通本科生 3691 人（含港澳台侨 16 人），网络教育本专科生 14593 人（本科生 8916 人、专科生 5677 人）。高考北京地区提档线理科 635 分（中外合作办学专业 617 分），文科 613 分。在校生 76929 人，其中，全日制研究生 8489 人（博士生 1702 人、硕士生 6787 人），普通本科生 14273 人，成人教育本专科生 2084 人（本科生 1332 人、专科生 752 人），网络教育本专科生 47252 人（本科生 27517 人、专科生 19735 人），在职研究生 4831 人。留学生毕业 45 人、招生 71 人、在校生 538 人。网址：www.bupt.edu.cn。

2017 年，学校制订《中共北京邮电大学委员会关于加强和改进新形势下学校思想政治工作的实施意见》，落实《北京邮电大学信息化建设方案》。

教学改革。以本科教育审核评估为统领，贯彻用信息化带动教学现代化的教改思路，推进基于互联网的教学模式改革，带动教学理念、教学内容和课程体系的系统改革；推动创新创业教育，设立创新创业改革专项。

学科建设。制定《北京邮电大学一流学科建设方案》，建设信息与通信工程、计算机科学与技术两个学科入选“双一流”建设学科。信息与通信工程、计算机科学与技术以及电子科学与技术 3 个一级学科获评全国第四轮学科评估结果 A 类。

科研工作。系统梳理、修订并出台学校科研项目、经费、科技成果转移转化等管理办法，强化基本科研业务费的学科建设导向作用；做好网络与交换技术国家重点实验室、信息光子学与光通信国家重点实验室和泛网无线通信教育部重点实验室评估工作。

创新创业。举办第九届大学生创新创业实践成果展示交流会暨创新创业论坛。举办第二届研究生创新创业成果展；获批成为全国深化创新创业教育改革特色典型经验高校。

师资建设。召开学校人才工作会议，启动高水平人才支持计划，改革完善教师薪酬体系、教师职业发展晋升政策机制、学科带头人和学科骨干的培养引进政策。

设施建设。细化西土城路校区、宏福校区和沙河校区的建设和使用规划、功能定位；两个年级本科生入住沙河校区；完成开闭站建设及图书馆精装修工程；推进小西天危房改建项目。

（吴昊）

天地互联与融合北京市重点实验室

1 月 20 日，北邮“天地互联与融合北京市重点实验室”被市科委认定为北京市重点实验室。实验室依托电子科学与技术国家一级重点学科和光学工程北京市重点学科建设，以学校与中国空间技术研究院通信卫星事业部建立的卫星通信与网络联合实验室为基础，以天地互联与融合网络的建设和关键问题的解决为研究着力点，发挥在光通信领域和卫星通信领域的科研优势，建立与国际标准接轨的研究平台和科研管理体系，获得系列原创性成果。这是学校第 5 个北京市重点实验室。

（吴昊）

人才工作会议

12 月 20 日至 27 日，北邮召开人才工作会议。会议以“学习贯彻党的十九大精神，聚焦‘双一流’建设，开创北京邮电大学师资队伍建设新局面”为主题，举办首届信息科技国际青年学者论坛。80 名海内外优秀青年学者与会，研究领域涉及通信、电子、计算机、管理以及大数据、人工智能等前沿交叉学科。会议提出，今后学校人才队伍建设主要任务是：坚持事业聚才，在“双一流”建设中培养一大批人才；坚持兼容并包，聚天下英才而用之；坚持诚意爱才，为干事创业提供稳定的资源和政策平台；坚持文化引领，不断改善优秀人才成长的文化环境。通过深化人才工作机制改革、完善人才政策，推进一流师资队伍建设，大幅提升学校整体办学实力和水平。

（吴昊）

北京印刷学院

党委书记 刘超美（11 月 22 日免）
高锦宏（11 月 22 日任）
校　　长 罗学科

概述

2017 年，北京印刷学院占地面积 21.68 万平方米、学校产权建筑面积 22.72 万平方米。全年教育经费收入为 61786.93 万元，其中，国家拨款 52830.49 万元、自筹经费 8956.44 万元。固定资产总值 108601.69 万元，其中，教学、科研仪器设备资产值 41495.43 万元，信息化设备资产值 21601.91 万元。图书馆建筑面积 1.53 万平方米，馆藏纸质藏书 119.0241 万册，电子图书 3950GB。网络信息点 9000 个，电子邮件系统用户 1400 个，管理信息系统数据总量 4500GB。有 14 个院（系、部），开设本科专业 30 个，覆盖 4 个学科门类。4 个北京市重点建设学科，7 个一级学科，5 个专业硕士授权点，19 个二级学科，12 个省部级重点实验室或研究基地。2 个国家级特色专业建设点，4 个北京市特色专业建设点，1 个北京市一流专业，1 个国家级优秀教学团队，1 项国家级教学成果奖，1 个国家级实验教学示范中心，1 个国家级大学生校外实践教育基地，1 部国家级精品教材，6 部国家级“十二五”规划教材，3 个北京市实验教学示范中心，3 个北京市校外人才培养基地，2 个北京市示范性校内创新实践基地。教职工 801 人，其中，专任教师 518 人。1 人入选北京市特聘教授，2 人入选北京市优秀教师，2 人入选北京市高层次人才青年拔尖人才，1 人入选北京市属高校高水平教师队伍建设支持计划“长城学者”培养计划，1 人入选全国新闻出版行业领军人才，3 人入选北京市“高创计划”。招生 1589 人，高考北京地区提档线理课 543 分、文科 558 分。毕业生 1884 人，其中，专科生 184 人、本科生 1489 人、硕士研究生 211 人。在校生 7867 人，其中，专科生 195 人、本科生 6286 人、硕士研究生 1066 人，留学生 320 人。网址：www.bigc.edu.cn。

2017 年，学校大事大抓有成效。完成《北京普通高等学校党建和思想政治工作基本标准》入校集中检查工作，以评促建，推动学校各项工作进一步规范化、科学化开展。

事业发展有亮点。印刷工程获批北京市一流专业，新增 3 个一级学科，获批独立招收博士后资格；全国第四轮学科评估，4 个一级学科入选。新增 2 个本科专业，分别是信息安全（数字版权保护）、物联网工程；“高端包装印刷装备关键技术及系列产品开发”科技成果获 2017 年度中国机械工业科学技术奖一等奖，这是北印首次获得该奖项，“水果保鲜包装新技术”获 2017 年第 116 届国际发明展览会金奖；获批 2017 年度国家自然科学基金项目 4 个项目，获批国家社会科学基金项目 2 项，国家社会科学基金艺术学项目 2 项；国家新闻出版广电总局首批新闻出版业科技与标准重点实验室“新闻出版领域关键技术应用研究与服务综合实验室”在学校揭牌；入选北京市首批“一带一路”国家人才培养基地；人才培育有成效，入选“长城学者”“北京市高层次人才青年拔尖人才”“全国新闻出版行业领军人才”“北京市优秀教师”“北京市高创计划”等；1 人获第 14 届毕昇印刷优秀新人奖。与中国印刷科学技术研究院联合主办第 49 届国际印刷技术与管理教育培训机构年会暨第 8 届中国印刷与包装学术年会，这是该机构年会首次在中国举办。

社会声誉有提高。生源质量稳中有升，新增 2 个一本招生省份，一本线上考生比例增至 49.23%；艺术专业吸引力不断提高，报考人数 2.1 万人；开展“总局数字出版千人培养计划”；成立教育发展基金会，筹措 200 万元基金；国际交流合作进一步加大，与美国密歇根州立大学、法国巴黎第八大学等签订框架协议。开展包装工程“3+2”本硕连读培养项目。改善办学条件，加快绿色大厦建设、学生宿舍装修。

（谢丹）

与国家新闻出版广电总局签署合作协议

4 月 28 日，北印与国家新闻出版广电总局信息中心签署战略合作协议。根据协议，两家单位围绕国家数字复合出版工程这一国家重大科技工程开展合作，力争在政产学研用一体化协同创新中取得更多丰硕成果，为推动复合数字出版系统工程应用、行业数字化转型升级、行业人才培养等诸多方面提供支持和保障。

（谢丹）

获批独立招收和培养博士后资格

10 月，根据全国博士后管理委员会办公室文件通知，北印所属博士后科研工作站获得独立招收和培养博士后研究人员资格。这标志着学校学科建设和高层次创新型青年人才培养工作实现历史性跨越。学校博士后科研工作站于2013年8月设立，与清华大学联合开展博士后研究人员的培养。4年来，共有博士后研究人员43人进站，38人出站。

（谢丹）

北京建筑大学

党委书记 王建中
校　　长 张爱林

概述

2017年，北京建筑大学占地面积62.4万平方米，学校产权校舍建筑面积48.8万平方米。固定资产总值11.49亿元，其中，教学、科研仪器设备资产值9.23亿元。全年教育经费投入161695.05万元，其中，国家拨款104080.45万元、自筹经费57614.60万元。图书馆建筑面积38579.74平方米，藏书337.9万册，其中，纸质图书152.9万册、电子图书185万册。拥有计算机7070台。学校信息化经费投入517万元，信息化设备资产34291.37万元，网络信息点19263个，校园网出口总带宽4800Mbps，电子邮件系统用户2094个，上网课程741门。设有2个校区，现有10个学院和1个基础教学单位，另设有继续教育学院、国际教育学院和创新创业教育学院；现有35个本科专业，其中国家级特色专业3个，北京市特色专业7个。学校设有研究生院，有1个服务国家特殊需求博士人才培养项目，1个博士后科研流动站，12个一级学科硕士学位授权点，涵盖55个硕士学位授权二级学科点，有1个硕士学位授权交叉学科点，5个专业学位授权类别点，和8个工程专业学位授权领域点。学校现有北京“未来城市设计高精尖创新中心”以及城市雨水系统与水环境教育部重点实验室、代表性建筑与古建筑数据库教育部工程研究中心、现代城市测绘国家测绘地理信息局重点实验室、北京市应对气候变化研究及人才培养基地等25个省部级重点实验室、工程研究中心和社科基地。学校共有教职工1010人，其中，专任教师657人，包括教授107人、副教授270人；博士生导师24人、硕士生导师286人；拥有长江学者1人，国家杰出青年科学基金获得者1人，国家“千人计划”入选者1人，国家级教学名师1人，全国优秀教师1人，百千万人才工程国家级人选3人，中科院“百人计划”1人，北京学者2人，北京市高创计划杰出人才获得者1人，教育部新世纪优秀人才计划入选者1人，科技部中青年科技领军人才1人，科技北京百名领军人才1人，北京市留学人员创新创业特别贡献奖获得者1人，百千万人才工程市级人才8人，北京市长城学者8人，北京市科技新星8人，北京市委组织部青年拔尖个人4人，享受政府特殊津贴专家9人。外籍教师6人。毕业生3023人，其

6月5日，建筑大学首位“建筑遗产保护理论与技术”博士研究生顺利通过学位论文答辩（建筑大学 供）

中，学历教育学生中全日制研究生450人（博士生1人、硕士生449人），普通本科生1867人，成人教育本专科生582人（本科生545人、专科生37人）；非计划招生高等教育学生中在职人员攻读硕士学位124人。本科毕业生就业率96.89%。招生2948人，其中，学历教育学生中全日制研究生566人（博士生9人、硕士生557人），普通本科生1882，成人教育本专科生410人（本科生366人、专科生44人）；学历教育学生中非全日制研究生90人。高考北京地区提档线为一批理科540分、文科564分，二批理科528分、二批文科536分。在校生11587人，其中，学历教育学生中全日制研究生1574人（博士生20人、硕士生1554人），普通本科生7717人，成人教育本专科生1842人（本科生1564人、专科生278人）；非计划招生高等教育学生中在职人员攻读硕士学位454人。留学生毕业6人、招生25人、在校生108人。网址：www.bucea.edu.cn。

2017年，学校在进一步优化和改善师资队伍结构的基础上，全面实施“高端人才引育计划”，修订完善《北京建筑大学高层次人才引进管理办法》，面向全国引进多名高层次人才。1人当选国家“万人计划”领军人才，1人当选“北京学者”，1人当选百千万人才工程北京市级人选，5人入选北京市教委长城学者培养计划，9人入选北京市教委青年拔尖人才培育计划；1个科研团队入选教育部创新团队发展计划，2个科研团队入选北京市教委高水平创新团队建设计划。学校共派出21名教师计划到海外进行研修学习，其中有13人是通过国家留学基金委遴选，2通过北京市高师中心访学项目派出，6人是通过学校专任教师出国研修项目派出。10月至11月，学校举办新教工培训，共有59名新教工参加并完成培训任务。

学校博士授权单位和一级学科博士点建设取得重大进展，建筑学、土木工程2个一级学科博士点通过审核，为获批博士授予单位奠定良好基础。硕士学位授权点方面，机械工程、马克思主义理论两个新增一级学科硕士学位授权点和风景园林、工程管理两个新增专业硕士学位授权点通过审核。在全国第四轮学科评估中，学校8个学科参评，其中3个学科进入B类（建筑学、土木工程位列B档，城乡规划学位列B-档），5个学科进入C类（环境科学与工程位

列 C+ 档，测绘科学与技术位列 C+ 档，风景园林学、交通运输工程、控制科学与工程位列 C 档）。

学校新增国家及省部级科研项目共计 155 项，其中，国家科技计划（基金）项目 36 项、北京市自然科学基金项目 8 项、北京市哲学社科基金项目 8 项。纵向项目总到账经费约 5400 万元。2017 年，学校荣获各类省部级以上科技奖励 5 项，其中省部级一等奖 2 项、二等奖 2 项、三等奖 1 项。学校公开发表各类学术论文 1100 余篇，其中 SCI 检索论文 161 篇、EI 检索论文 175 篇、ISTP 检索论文 94 篇、CSSCI 检索论文 30 篇、核心期刊 273 篇，艺术作品 32 篇。学校公开出版各类学术著作 152 部。

学校已与世界 32 个国家和地区的 69 所高等院校、研究机构签订合作与交流协议，建立合作伙伴关系，其中，本年度新增校际合作协议 12 份。学校办理教师因公出国（境）共计 57 个团组、115 人次，出访国家包括美国、加拿大、英国、德国、法国、希腊、意大利、捷克、保加利亚、波兰、奥地利、俄罗斯、日本、韩国、新加坡、马来西亚 17 个国家。学校通过各类长短期项目共派出 125 名学生赴国（境）外交流学习。学校共招收长短期来华留学生 115 人，其中长期生 101 人，短期生 14 人。

（马利光）

纪念办学 110 周年座谈会召开

10 月 21 日，建筑大学召开纪念办学 110 周年座谈会。会议通报学校近年来进入省部共建高校行列、完成“十三五”规划编制并确定远景目标、获批成立北京“未来城市设计高精尖创新中心”、获批研究生推免资格、首位“建筑遗产保护理论与技术”服务国家特殊需求博士人才培养项目博士研究生毕业、牵头发起成立“一带一路”建筑类大学国际联盟以及申报博士授权单位和博士点、迎接本科教学审核评估和党建评估等事项。与会校友及师生代表对建筑大学办学 110 周年表示祝贺，对学校在 110 年发展历程中取得显著办学成就、为国家和首都经济社会发展做出的重要贡献致以崇高的敬意和美好的祝愿。

（马利光）

第一次党代会

12 月 26 日，建筑大学召开第一次党员代表大会。会议作题为《以党的十九大精神为指引 加快建设国内一流、国际知名、具有鲜明建筑特色的高水平、开放式、创新型大学》的工作报告。报告共分五部分：过去 7 年工作回顾；坚持以习近平新时代中国特色社会主义思想为指引，开启学校建设发展新征程；坚持改革创新，扎实推进内涵式发展和“双一流”建设；加强思想政治引领，大力提升学校思想政治工作质量和水平；全面加强学校党的建设，坚定不移地推进全面从严治党向纵深发展。学校纪委作题为《以习近平新时代中国特色社会主义思想为引领，深入推进党风廉政建设和反腐败工作，为学校改革发展稳定提供坚强政治保障》的书面工作报告。会议表决通过党委和纪委报告，选举产生新一届党委和纪委委员。该校党员代表 126 人参加会议。

（马利光）

北京石油化工学院

党委书记 高锦宏
校　　长 蒋毅坚

概述

2017 年，北京石油化工学院占地面积 28.67 万平方米，产权校舍建筑面积 24.84 万平方米、非产权校舍建筑面积 0.99 万平方米。全年教育经费投入 62234.49 万元，其中，国家拨款 51771.74 万元、自筹经费 10462.75 万元。固定资产总值 11.64 亿元，其中，教学、科研仪器设备资产值 5.59 亿元。图书馆建筑面积 9320 平方米，藏有纸质图书 89 万册、电子图书 123 万册。拥有计算机 5196 台。学校信息化经费投入 1867.40 万元，多媒体教室座位 11741 个，信息化设备资产 11380.50 万元，网络信息点 14624 个，校园网出口总带宽 1400Mbps，电子邮件系统用户 27005 个，上网课程 230 门，数字资源量 58GB，管理信息系统数据总量 356.37GB。设有清源校区（主校区）、康庄校区、燕山校区 3 个校区，设置 15 个院（系、部）；开设 29 个专业，覆盖工、理、管、经、文 5 个学科；有博士后科研工作站 1 个，专业硕士授权点 2 个。有国家工程教育认证专业 5 个，教育部特色专业 3 个，“卓越工程师教育培养计划”试点专业 8 个，“本科教学工程”专业综合改革试点专业 1 个，北京市特色专业 5 个。有北京市重点建设学科 4 个，北京市重点实验室 5 个，北京市高校工程研究院 1 个，北京市哲学社会科学研究基地 1 个。有国家级工程实践教育中心 2 个，国家虚拟仿真实验教学中心 1 个，国家级实验教学示范中心 1 个，国家级大学生校外实践教育基地 1 个。有北京市高校实验教学示范中心 4 个，北京市校外人才培养基地 8 个，北京市示范性校内创新实践基地 2 个。在编教职工 795 人，其中，专任教师 527 人，包括教授 66 人、副教授 201 人；博士生导师 9 人、硕士生导师 142 人。“长江学者奖励计划”特聘教授 1 人、国家“千人计划”入选者 1 人、国家杰出青年科学基金获得者 1 人、享受政府特殊津贴专家 1 人。外籍教师 4 人。毕业生 2234 人，其中，学历教育学生中全日制专业硕士研究生 37 人、普通本科生 1734 人、成人教育本专科生 463 人（本科生 149 人、专科生 314 人）。本科毕业生就业率 99.08%。招生 2891 人，其中，学历教育学生中全日制专业硕士研究生 108 人、普通本科生 1795 人、成人教育本专科生 988 人（本科生 195 人、专科生 793 人）。高考北京地区提档线文科 516 分、理科 489 分。在校生 8584 人，其中，学历教育学生中全日制专业硕士研究生 252 人、普通本科生 7073 人、成人教育本专科生 1259 人（本科生 365 人、专科生 894 人）。留学生毕业 6 人、招生21人、在校生37人。网址：www.bipt.edu.cn。

2017年，学校围绕“转型发展”战略任务，坚持以学生为本，全面深化综合改革，推动各项事业取得全面发展。

推进依法治校。发布《北京石油化工学院章程》，全面实施“十三五”规划。组织开展全校各单位、各部门工作职能梳理完善工作。持续推进建章立制工作。

聚力学科科研。聚力学科建设和科技创新，构建“四八四三”学科体系（四个学科群：即绿色化工与新材料，机械与控制工程，安全生产与环境保护，工商管理与能源利用；八个一级学科：即化学工程与技术，机械工程，工商管理，材料科学与工程，控制科学与工程，动力工程及工程热物理，环境科学与工程，安全科学与工程；四大能源领域：即清洁能源与新材料，能源工程装备与自动化，节能环保，企业管理与安全生产；三个层次主干学科：即培育学科，重点学科，优势学科），发挥各类科研平台作用，健全完善科研管理制度。申请新增3个一级学科硕士点、申请新增工程硕士专业学位类别均通过北京市审核。“直接法合成气制烯烃小试及工业侧线研究”成果在中国化工学会科技成果评价会上被认定为国际先进水平。获得国家自然科学基金资助11项，其中，面上项目4项、青年科学基金项目7项，总资助金额为387余万元。

深化教育教学改革。环境工程、自动化、高分子材料与工程3个专业通过国家工程教育专业认证，1个专业接受进校考察，1个专业完成复评考查；环境工程专业获批北京市属高校首批一流专业。加强教学教育工作，开展教学范式改革。参加URT计划、学科竞赛的学生数和获奖数达4600人次。

加强人才队伍建设。1人入选长江学者特聘教授，高层次人才引培成效显现。出台系统管理办法，健全保障激励机制，优化教师队伍结构，增强发展活力。1人获评北京市高等学校教学名师、2人获评北京市优秀教师。

构建“三全”育人体系。持续推进“班级育人、网络思政育人、公寓育人、国防教育育人、社会实践育人”五位一体的育人阵地建设。“早读晚听、四无课堂”常态化学风建设持续开展。入选北京市深化创新创业教育改革示范高校，入选首批中关村人才特区百校联盟。

服务地方和社会建设。紧贴北京“四个中心”功能调整要求，继续深化与市安监局、大兴区政府、京南大学联盟、天普能源公司的交流合作。与三聚环保公司、光彩正信公司签订重要战略合作协议。完成学校教育基金会筹建工作。5100名校友完成注册认证。

提升管理服务效能。召开第五次团代会。完成工会换届和改革试点工作。加快推进新图书馆、学生综合实验楼等工程建设和环境美化改造工程建设，加强节约型校园建设和后勤精细化服务，不断提升师生满意度。首个海外校友会澳大利亚校友会在悉尼成立。

对外交流。出访法国、英国、挪威等高校开展合作交流访问，分别与法国EFREI和挪威北极大学签订合作协议，与其他学校达成多项合作意向。

（杨振宇）

马克思主义学院成立

6月6日，石化学院思想政治教育中心更名为马克思主义学院。学院为正处级建制，设置处级领导干部2人，列编学校教学单位，主要负责马克思主义理论的教学、研究、宣传和教育工作。学院成立旨在加强马克思主义学科建设，提升思想政治理论课教学与科研水平。

（杨振宇）

首届“中法工程师班”开班

11月21日，石化学院与法国电子信息学院（EFREI学院）以及计算机与电信工程师学院（ESIGETEL）合作举办的第一届工程师班开班。该项目旨在融合石化学院现有本科工程教育成果，培养与国际接轨的应用型工程师人才。按照中法双方学校合作办学“3+1+2”计划，学生在国内读3年本科，赴法国读1年本科、2年硕士研究生，即可拿到石化学院本科毕业证和学位证、法国马恩河谷大学计算机学士学位以及法国EFREI或ESIGETEL工学硕士学位和法国工程师文凭。

（杨振宇）

11月21日，石化学院中法工程师班开班仪式

（石化学院 供）

北京电子科技学院

党委书记 鲍遂献
院　　长 毛明

概述

2017年，北京电子科技电科院占地面积7.87万平方米，产权校舍建筑面积7.39万平方米。全年教育经费投入14774.24万元，其中，国家拨款11958.73万元、自筹经费2815.51万元。固定资产总值6.13亿元，其中，教学、科研仪器设备资产值1.63亿元。图书馆建筑面积6680平方米，藏书42.33万册，其中，纸质图书32.70万册、电子图书9.63万册。学校信息化经费投入281.46万元，拥有计算机3317台，多媒体教室座位3224个，信息化设备

资产 1.03 亿元，网络信息点 1260 个，校园网出口总带宽 534Mbps，电子邮件系统用户 2960 个，上网课程 280 门，数字资源量 5391GB，管理信息系统数据总量 90GB。设有 8 个系（部）；开设 13 个专业（本科生专业 8 个，研究生专业 5 个），覆盖 8 个学科；具有专业学位授权点 2 个。教职工 314 人，其中，专任教师 131 人，包括教授 18 人、副教授 61 人；硕士生导师 42 人；享受政府特殊津贴专家 6 人。毕业生 530 人，其中，学历教育学生中全日制研究生 77 人（联合培养硕士研究生 29 人、专业学位硕士研究生 48 人）、普通本科生 453 人。招生 547 人，其中，学历教育学生全日制硕士研究生 94 人、普通本科生 453 人。在校生 2034 人，其中，学历教育学生全日制硕士研究生 247 人、普通本科生 1787 人。网址：www.besti.edu.cn。

2017 年，学院首次以中共中央办公厅名义举办建校 70 周年庆祝大会，全面回顾办学历程，总结办学经验，展示办学成就，明确办学方向，进一步激发全体师生员工干事创业的热情和干劲。公布新校训“忠诚、笃学、严谨、守纪”。

扎实做好本科教学审核评估工作，全面梳理查找分析学院在本科教学工作中存在的问题与不足，积极开展自评自建工作，达到以评促建、以评促改、以评促管的目的，有效推进教学管理的规范，改进提高专业建设水平。抓教育教学主业和教学科研成果创新，研究制定学科专业建设规划，改革人才培养模式和管理体制机制，加强师资队伍建设，推动科研改革创新，全年有 3 项科研成果获得中办科技进步三等奖，1 人获得国家网络安全优秀人才奖，1 人获得北京市优秀教师荣誉称号。

狠抓领导班子建设，完善集体领导与分工负责相结合的管理体制，修订议事制度，规范决策程序，确保各项工作有序、有力、有效的开展。改革分配制度，开展绩效工资改革试点工作，发挥绩效工资制度的正向激励作用，规范、优化工资结构，提高教职工工资收入水平，绩效考核导向作用有效发挥，切实加强内部管理，调动广大教职工工作的积极性。校园一卡通系统、绩效考核系统等信息化建设工作取得实质成效。加强改善办学基本条件专项资金项目管理和规划，按期完成 22 个暑期校园维修改造工程，进一步改善教学科研及生活设施。全年举办各类培训班 42 期，培训行业干部 7768 人次，培训工作的各项指标均创历史新高。学生公务员素质大赛、信息安全大赛、“风华杯”辩论赛等校园文化品牌在传承中创新，营造健康向上的校园文化氛围。

开展规章制度建设工作。按照简洁、规范、有针对性、可操作的要求，全面梳理、修订规章制度，废止制度性文件 21 份；重新制定、修订完善规章制度 97 个，初步建立起比较完善的制度体系。同时，通过制度建设，也进一步规范议事决策、党建、教学、科研、学生、财务资产、信息化、治理体系等方面的管理工作，使学院各项工作有规可依、有章可循。

研究生培养取得新突破。与中国科学技术大学、北京邮电大学联合培养博士生通过教育部批准。获批培养的网络空间安全一级学科博士研究生自 2018 年开始招生，计划招生 10 人。

（赵明丽　张斌）

教育教学大讨论开展

5 月 2 日至 6 月 2 日，电科院开展教育大讨论活动。学校召开 11 场座谈会，反复征求师生意见，共收集问题、意见和建议 480 多条。在讨论中，全体教职工解放思想、转变观念，回顾过去 10 年的教育教学工作，围绕提高办学水平和人才培养质量，查找突出问题，分析问题产生成因，就建设特色名校提出意见建议。

（赵明丽）

庆祝建校 70 周年

9 月，电科院举办建校 70 周年庆祝活动。活动包括庆祝大会、文艺汇演、科技展、书画展、校友创新创业讲座，出版印制《北京电子科技学院校史》《七秩回眸——致北京电子科技学院 70 华诞（校友回忆录）》、校庆宣传画册、纪念邮册等。学院前身是 1947 年 8 月在河北省平山县西柏坡成立中央工委青年训练班；1981 年经国务院批准成立北京电子专科学校，校址设在昌平小汤山；1983 年下半年迁至半壁店，并正式对外公开招收大专生；1992 年经国家教委批准，在北京专科学校的基础上，建立北京电子科技学院，开始招收本科生，并增设函授教育；1993 年，中央办公厅决定将中南海业余大学并入北京电子科技学院；1999 年 2 月，学院迁至丰台新校园。

（赵明丽）

中国农业大学

党委书记　姜沛民
校　　长　柯炳生（7 月免）　孙其信（7 月任）

概述

2017 年，中国农业大学大学占地面积 123.52 万平方米，学校产权校舍建筑面积 121.25 万平方米。全年教育经费投入 376508.92 万元，其中，国家拨款 293785.77 万元、自筹经费 82723.15 万元。固定资产总值 49.32 亿元，其中，教学、科研仪器设备资产值 16.42 亿元。图书馆建筑面积 21160 平方米，藏书 212.89 万册，其中，纸质图书 208.26 万册、电子图书 4.63 万册。拥有计算机 15709 台。学校信息化设备资产 25233.7 万元，网络信息点 49007 个，校园网出口总带宽 4500Mbps，电子邮件系统用户 37857 个，上网课程 1173 门，管理信息系统数据总量 173000GB。设有东、西 2 个校区，设置 18 个学院（部）；开设 65 个本科专业；拥有博士授权一级学科 20 个，硕士授权一级学科 29 个，9

个专业学位类型；博士后流动站 15 个，其中，博士后研究人员出站 57 人、进站 85 人和在站 233 人。拥有一级国家重点学科 6 个、二级国家重点学科 6 个、北京市重点学科 10 个、部级重点学科 11 个；国家重点实验室 3 个，国家工程实验室 1 个，国家工程技术研究中心 2 个。教职工 2737 人，其中，专任教师 1636 人，包括教授（含研究员）579 人、副教授（含副研究员）845 人，博士生导师 873 人、硕士生导师 1452 人，中科院院士 5 人、工程院院士 7 人。“长江学者奖励计划”特聘教授 26 人、“国家杰出青年科学基金”获得者 45 人，国家“973 计划”项目首席科学家 15 人，新世纪“百千万人才工程”国家级人选 27 人，教育部“新世纪优秀人才支持计划”人选 143 人、享受政府特殊津贴专家 74 人。外籍教师 50 人。毕业生 25519 人，其中，学历教育学生中全日制研究生 2425 人（博士生 709 人、硕士生 1716 人）、普通本科生 2753 人、成人教育本专科生 6208 人（本科生 3477 人、专科生 2731 人）、网络教育本专科生 13842 人（本科生 6220 人、专科生 7622 人）；非计划招生高等教育学生中在职人员攻读博士硕士学位 291 人（博士生 6 人、硕士生 285 人）。本科毕业生就业率 86.35%。招生 25748 人，其中，学历教育学生中全日制研究生 3170 人（博士生 829 人、硕士生 2341 人）、普通本科生 2875 人、成人教育本专科生 4274 人（本科生 2643 人、专科生 1631 人）、网络教育本专科生 15126 人（本科生 6368 人、专科生 8758 人）；非计划招生高等教育学生中在职人员攻读硕士学位 303 人。在校生 79653 人，其中，学历教育学生中全日制研究生 7780 人（博士生 3294 人、硕士生 4486 人）、普通本科生 11503 人、成人教育本专科生 10229 人（本科生 6279 人、专科生 3950 人）、网络教育本专科生 48737 人（本科生 21374 人、专科生 27363 人）；非计划招生高等教育学生中在职人员攻读博士硕士学位 1404 人（博士生 127 人、硕士生 1277 人）。留学生毕业 98 人、招生 131 人、在校生 303 人。高考北京地区提档线文科 617 分、理科 622 分。网址：www.cau.edu.cn。

2017 年，学校服务新时代国家战略需求，成立土地科学与技术学院，强化土地学科建设，培养土地科技人才。举办全国农学院“助力精准扶贫，聚力乡村振兴”研讨会。学校入选“双一流”大学建设高校 (A 类)、生物学、农业工程、食品科学与工程、作物学、农业资源与环境、植物保护、畜牧学、兽医学、草学 9 个学科被认定为“双一流”建设学科，6 个学科获评教育部第四轮学科评估 A+ 级。

持续深入推进教学改革，构建核心基础课、专业核心课与核心素质课新课程体系，建设完成核心基础课程 40 门、专业核心课程 380 门、核心素质课程 40 门；坚持以学生为本和个性化培养原则，大力推行小班授课，上线新版成绩单，成绩记录实行等级制和二级分制，引导学生“兴趣选课”；改革学分绩点计算方式，为学生提供“必修课”“全校课程”双料成绩。首次统筹全日制和非全日制研究生招生管理，硕士研究生报录比上年大幅提升。推进学位点建设，完成学位授权点申报和自主审核单位申报，启动对 46 个学位授权点的合格评估，完善分流淘汰机制，开展全日制专业学位硕士研究生实践基地研究，启动实践基地和导师备案工作，新增备案基地 68 家。

加强学生心理素质教育，开展家庭走访，建立学生心理档案，实行危机量化评估，学校获批教育部“中国大学生心理健康测评系统”试点单位。设立两学分创新创业实践学分的形式加强创新课业建设，实现创新创业教育在所有专业 100% 覆盖；设立工商管理（创业方向）双学位，重点培养立志创业和具备创业潜质的本科生。修订学籍管理条例，允许学生保留学籍休学开展创新创业，设立本科生科技创新与学术实践成果奖励奖金，推荐特殊学术专长（包括学科竞赛获奖学生、发表高水平学术论文学生以及获得国家发明专利的学生）本科生免试攻读研究生。

累计到校科研经费 145623 万元，其中，科研经费拨款 142188 万元，科研事业收入 3435 万元。新获批各类纵向项目（不包括人文社科类）600 余项，获得 6 项国家科技奖励，其中主报 2 项、参报 4 项。获省部级科技成果奖励 30 余项。发表论文累计被 SCI、EI 和 SSCI 收录 2425 篇次。首个省部级哲学社会科学领域研究基地“北京食品安全政策与战略研究基地”获北京市批准建设，12 项政策建议或咨询报告获得党和国家领导人批示，主办习近平“三农”思想与乡村振兴学术论坛、中国农业发展新年论坛等高端学术交流活动。生物质能科学与技术国际联合研究中心被科技部认定为国家国际科技合作基地，新增 6 个农业部重点实验室、2 个北京市重点实验室。模式动物表型与遗传研究国家重大科技基础设施项目通过国家评审并正式获批。举办大禹青年学者论坛。新增中国工程院院士 1 人；1 人成为“千人计划”创新人才长期项目候选人；1 人作为“长江学者奖励计划”特聘教授建议人选。

发起成立“一带一路农业合作学院”“中国南南农业合作学院”，助力南南农业合作和“一带一路”沿线国家农业科技交流与合作。发起成立“一带一路”农业企业合作联盟，举办“一带一路”农业国际化人才高峰论坛。烟台格罗宁根大学获教育部批准筹建。

（戴晓曦）

首届习近平“三农”思想与乡村振兴学术论坛举办

12 月 10 日，农大举办首届习近平“三农”思想与乡村振兴学术论坛。论坛采取大会报告和分论坛形式，研讨习近平“三农”思想、乡村振兴与农业供给侧改革、新发展理念与乡村振兴和一带一路与农业合作四个议题。会议认为要深刻把握农业农村优先发展的战略思想，在此基础上明确构建实施乡村振兴战略的原则、加快构建乡村振兴的政策体系，政策体系应遵循“1 个明确、4 个建立完善”原则，即明确城乡融合发展的基本思想，建立完善激励约束互补的机制设计、着力发挥市场作用的政策导向、保障农民利益的价值取向，以及调动各方积极参与的制度安排。中国社会科学院、清华大学等 30 多家研究机构和高校专家学者 100 人参加会议。

（戴晓曦）

土地科学与技术学院成立

12月17日，农大土地科学与技术学院成立。学院拥有土地资源管理学科博士学位授权；本科生按地理科学类大类招生，设置土地资源管理、地理信息科学两个本科专业；博士、硕士研究生招生专业设置土地资源管理、土地信息技术等学科方向，同时招收资源与环境和MPA(土地管理方向)专业学位硕士研究生。有2个省部级重点实验室(自然资源部农用地质量与监控重点实验室、农业农村部农业灾害遥感重点实验室)、北京市重点学科1个(土地资源管理)。该学院前身是1979成立的中国农业遥感应用与培训中心，1988年更名为土地资源科学系，至2017年，形成土地资源与资产管理并重、现代土地信息技术优势突出的学科特色，取得包括国家科技进步特等奖在内的一系列研究成果，在区域土地资源演变规律、土地利用规划与区域发展、土地信息技术与应用、土地资源经济与管理等研究领域处于国内领先地位。

(戴晓曦)

首届大禹青年学者论坛举办

12月28日，农大举办第一届大禹青年学者论坛。该论坛是学校人才引进工作的一种探索，旨在延揽一批符合国家青年千人标准的人才，助力人才优先发展，15名青年学者代表在主论坛上作主题报告，展示各自的研究工作和学术成果。来自美国伊利诺伊大学、普渡大学、加州大学戴维斯分校、英国牛津大学等高校和科研院所46名海外青年学者以及9名国内青年学者参加论坛，其中，34人与学校签订意向协议。

(戴晓曦)

北京农学院

党委书记 杨军
院　　长 王慧敏

概述

2017年，北京农学院占地面积807.41万平方米，产权校舍建筑面积27.30万平方米。全年教育经费投入70438.73万元，其中，国家拨款57595.98万元、自筹经费12842.75万元。固定资产总值11.24亿元，其中，教学、科研仪器设备资产值4.30亿元。图书馆建筑面积16129.02平方米，藏有纸质图书83.47万册、电子图书40.46万册。学校信息化经费投入1210万元，多媒体教室座位7950个，信息化设备资产11214.40万元，网络信息点7713个，校园网出口总带宽2200Mbps，电子邮件系统用户9650个，上网课程1237门，数字资源量3072GB，管理信息系统数据总量129.21GB。设置12个二级学院和3个教学部；开设33个本科专业，8个专科专业；具有一级学科硕士点7个，专业学位授权点10个；博士后科研工作站1个，博士后研究人员进站4人、在站8人。北京市重点学科5个。教职工758人，其中，专任教师540人，包括教授102人、副教授224人；博士生导师15人、硕士生导师267人。享受政府特殊津贴专家4人。毕业生7817人，其中，学历教育学生中全日制硕士研究生259人、普通本专科生7373人(本科生6678人、专科生695人)、成人教育本专科生185人(本科生98人、专科生87人)。本科毕业生就业率96%。招生2276人，其中，学历教育学生中全日制硕士研究生353人、普通本科生1836人、成人教育本专科生87人(本科生74人、专科生13人)。高考北京地区提档线文科507分、理科494分。在校生8400人，其中，学历教育学生中全日制硕士研究生751人、普通本专科生7380人(本科生6693人、专科生687人)、成人教育本专科生269人(本科生184人、专科生85人)。网址：www.bua.edu.cn。

2017年，学校持续深化教育教学改革，人才培养质量稳步提高；进一步优化学科结构，科技创新和社会服务能力实现新突破。

教育教学改革取得新进展。围绕学校办学特色和“应用型复合型”人才培养定位，对全校本科专业进行自评估，并在“3+1”应用型人才培养模式基础上进一步完善2016版人才培养方案，使培养方案及其课程体系与培养目标更加匹配。新报酿酒工程专业和物联网工程专业，主动应对农产品深加工产业链延长和农业的新业态需求；园艺专业入选北京市属高校首批一流专业建设。

师资队伍建设彰显新成效。制定《北京农学院教育管理系列专业技术职务聘用办法(试行)》，修订涉及教师职务、管理、其他专技岗位设置等相关文件，启动第三次分级聘任工作，进一步完善各类人员发展路径，调动各方面积极性。新增北京市属高校长城学者培养计划、思想政治理论课特级教授、北京市教学名师等各类人才项目13人(项)。

人才培养取得新成绩。各专业新生专业志愿满足率平均超过92%；本科毕业生考研率26%，续创历史新高，就业率96.8%，行业内就业率在70%以上，研究生就业率达到100%。毕业生就业地域分布合理，就业结构持续优化，行业内就业比例高，毕业生及用人单位满意度较高。

11月22日，2019北京世园会园艺生活好课堂农学院专场活动举办　(农学院　供)

学科建设基础夯实。对所有一级学科开展自评自查，明确各学科优势和短板，为进一步加强学科建设和申请博士学位授权点找准着力点。一级学科申报新增生物工程、畜牧学、植物保护和工商管理，学科结构更加合理，更好地服务动物健康养殖、植物农产品安全生产、工科的生物基础和涉农企业研究。

科研承担能力取得新跃升。依托“林木分子设计育种高精尖创新中心”，聘任荷兰皇家科学院院士为林木良好选育与规模化应用平台林木良种根系发生与调控技术方向首席科学家。新增国家重点研发计划项目 11 项、国家自然科学基金项目 9 项，北京市科技计划项目 5 项（含重大项目 1 项）、北京市自然科学基金项目 6 项、北京市社科基金项目 5 项，教育部人文社科项目 1 项。全年共承担各类科研项目 439 项，累计科技经费 (R&D)1.075 亿元。

社会服务能力得到新提升。扎实推进“林果业生态环境功能提升协同创新中心”建设，向市委、市政府相关委办局提交政策建议 4 项。依托北京新农村建设研究基地，设立“智库建设”项目 10 项，提交政策建议 12 份，其中，《北京农民专业合作社人力资源管理研究》《北京市山区废弃矿山生态修复中的园林景观营造研究》《流域典型村镇面源污染调控措施研究》分别被农业部、北京市等相关部门采纳。

（王磊）

“百家实验室进千家企业”专场对接会

4 月 18 日，农学院联合市科委农村发展中心、市农民专业合作社联合会、市农林科学院研发实验服务基地等组织召开 2017 年度“百家实验室进千家企业”专场对接会。对接会旨在通过现代农业领域中心、农学院研发实验服务基地、市农林科学院研发实验服务基地等，整合农业科技资源，聚集农业研发要素，促进农业科技成果走出实验室（包括实验室、工程中心、基地等），实现转移转化，进一步推动农业全产业链形成，服务社会需求。会议介绍首都科技创新券政策支持对象以及申请、兑换、合同签订等内容；市农民专业合作社联合会近 40 家成员单位分别介绍自身科技研发、技术服务和检验检测等科技需求，农学院介绍学校科技资源及研发实验服务基地建设情况；参会实验室、研究基地、工程中心与到场企业代表进行交流、对接，并达成部分合作意向。

（王磊）

林果业高效节水栽培国际学术论坛

11 月 1 日至 4 日，农学院联合林果业生态环境功能提升协同创新中心主办 2017 林果业高效节水栽培国际学术研讨会。来自俄罗斯、伊朗、瑞典、匈牙利、德国等多个国家和地区的 170 余名专家学者作报告 20 余场，从节水农业发展战略、林果抗旱种质资源选育、林果抗旱分子生物学研究、林果业节水与高效灌溉的理论与应用、林果业生态工程等多个角度展开热烈讨论。论坛为国内外林果业高效节水栽培学界搭建高水平交流平台，专家及技术人员踊跃参与交流最新研究成果，研讨林果业高效节水栽培发展战略。

（王磊）

北京林业大学

党委书记　王洪元
校　　长　宋维明

概述

2017 年，北京林业大学校本部面积 46.42 万平方米，实验林场占地面积 832.42 万平方米，学校总占地面积 878.84 万平方米。图书馆建筑面积 2.34 万平方米，藏书 188.1 万册，电子图书 140 万册，数据库 68 种。设有 15 个学院，60 个本科专业及方向、26 个一级学科硕士学位授权点、1 个二级学科硕士学位授权点、12 个专业硕士学位类别、9 个一级学科博士学位授权点、7 个博士后流动站，一级学科国家重点学科 1 个（含 7 个二级学科国家重点学科）、二级学科国家重点学科 2 个、国家重点（培育）学科 1 个、国家林业局重点学科（一级）6 个、国家林业局重点培育学科 3 个、北京市重点学科（一级）3 个（含重点培育学科）、北京市重点学科（二级）4 个、北京市重点交叉学科 1 个。国家工程实验室 1 个、国家工程技术研究中心 1 个、国家级研发中心 1 个、国家科技示范园 2 个、国家野外台站 1 个、教育部重点实验室 3 个、教育部工程技术研究中心 3 个、教育部科技创新团队 2 个、国家林业局重点实验室 5 个、国家林业局定位观测站 6 个、国家林业局质检中心 1 个、国家林业局工程技术研究中心 2 个。教职工 1884 人，其中，专任教师 1195 人，包括教授 310 人、副教授 555 人；中国工程院院士 3 人，中组部“千人计划”入选者 3 人，“万人计划”领军人才入选者 3 人，青年拔尖人才入选者 1 人，国家特聘专家 1 人，教育部“长江学者奖励计划”入选者 7 人，国家“973”首席科学家 1 人，“863”首席专家 1 人，国家社科基金重大项目首席科学家 1 人，国家百千万人才工程（新世纪百千万人才工程）入选者 10 人，“国家杰出青年科学基金”获得者 5 人，“国家优秀青年科学基金”获得者 5 人，“中国青年科技奖”获得者 8 人，“中国青年女科学家奖”获得者 1 人，“科技北京”百名领军人才入选者 1 人，北京市优秀青年人才入选者 1 人，国家有突出贡献专家 8 人，省部级有突出贡献专家 23 人，享受政府特殊津贴专家 140 人，教育部“创新团队发展计划”3 支。毕业生 7650 人，其中，普通本科生 3283 人，研究生 1430 人，成人教育本专科生 2937 人。招生 7104 人，其中，普通本科生 3393 人，研究生 2060 人，成人教育本专科生 1651 人。本科毕业生就业率 94.67%，研究生就业率 98.5%。高考北京地区提档线文科 610 分、理科 610 分。在校生 27657 人，其中本科生 13233 人，全日制研究生 5717 人，在职攻读硕士学位 908 人，各类继续教育学生 7799 人。网址：www.bjfu.edu.cn。

12 月 13 日，林业大学“沙龙式党课”在全国高校党支部书记培训班上作示范展示（林业大学 供）

2017 年，学校建校 65 周年，入选国家一流学科建设高校，林学、风景园林学两个学科在全国第四轮学科评估中排名第一。

人才培养。召开第 11 次教学工作会，研制本科教育教学综合改革总体方案。举办本科教育理念与人才培养创新论坛。系统总结“梁希实验班”创办十年来的经验成果。全年立项资助各级学生项目近 400 个。开办首期“创业教育大课堂”，获得北京市深化创新创业教育改革示范高校称号。实行“阳光长跑”体育锻炼计划。围绕“学生课程体验”探索构建新的学生评教指标体系。组建研究生培养指导委员会，出台章程。增加非全日制研究生课程和一带一路项目全英文留学研究生课程。资助 62 项“研究生国内外学术交流项目”，支持 55 名研究生参加国内外高水平国际学术会议，公派 38 名研究生出国留学。

学科建设。入选“双一流”一流学科建设高校，林学、风景园林学两学科入选一流学科建设名单。在第四轮全国学科评估中，林学、风景园林学排名 A+ 档位。植物学与动物学、农业科学、环境科学与生态学 3 个学科领域进入 ESI 全球排名前 1%。

科学研究。科研经费到账 2.7 亿元，比上年增长 10%。牵头承担 3 项国家重点研发计划课题。首次获得北京市社科基金重大项目。作为第一完成单位获高等学校科学研究优秀成果奖 2 项、北京市科学技术奖 1 项、中国专利优秀奖 1 项。截至年底，SCI 论文 709 篇，EI 论文 100 篇，SSCI 论文 31 篇；获授权发明专利 168 件，实用新型专利 44 件，外观设计专利 6 件，软件著作权 153 项，植物新品种权 10 项。

人才引进。依托高精尖中心引进团队领军人才，引进美国科学院院士 1 人、荷兰皇家科学院院士 1 人、海外知名高校的教授专家 6 人，围绕“林木生长发育性状形成的分子基础研究”等 6 个研究方向开展研究。新进教师 32 人，实施“新进教师科研启动基金项目”，开展青年教师导师制培养工作。举办首届实践类教学基本功比赛。1 人获北京市人民教师奖，3 人当选北京市教学名师。

交流合作。与河北省保定市政府等 6 家地方政府、企业、高校建立战略合作关系，在河南新乡新增苗圃实验用地 13.34 万平方米。与 8 所海外高校、科研院所新签续签校际合作协议。实施引智项目 82 项，邀请 113 名境外专家来校从事教学、科研工作。执行国际科技合作项目 2 项。

特色办学。围绕生态文明建设需求，先后成立美丽中国人居生态环境研究中心、森林康养研究中心、林业“一带一路”战略研究中心等 8 个科研平台，与中国林业科学院联合成立“京津冀生态率先突破科技协同中心”。增设野生动物与自然保护区管理（森林康养方向）、林产化工（新能源科学与工程方向）和物联网工程等 3 个专业和方向。依托继续教育学院开展林业培训，全年开班 21 期，受训 3100 余人。

（焦隆）

纪念两名院士百年诞辰

5 月 19 日和 9 月 21 日，北京林业大学分别举办纪念关君蔚和陈俊愉院士百年诞辰活动。5 月 19 日，学校召开主题为“缅怀先辈、传承精神、推动发展”纪念关君蔚院士诞辰 100 周年座谈会，缅怀已故中国工程院院士、中国水土保持教育事业的奠基者和创始人关君蔚教授。会上播放《碧水青山的印记》纪念视频，多位参会领导、嘉宾、校友、师生代表依次做精彩发言。会上还举行关君蔚基金捐赠仪式。关君蔚诞辰百年纪念回忆录《人生之旅旅之人生》、教改文集《水土保持人才培育探索》同时出版发行。关君蔚（1917—2007），辽宁沈阳人，中国工程院院士，北林大教授，水土保持学家，中国水土保持领域的奠基者和开拓者。长期致力于中国水土保持、防护林体系的教学和科研，主持创办中国高等林业院校第一个水土保持专业和水土保持系，建立具有中国特色的水土保持学科体系。9 月 21 日，学校在中国工程院院士、北林大教授陈俊愉百年诞辰之际召开纪念陈俊愉先生百年诞辰学术报告会。来自全国各地园林和观赏园艺教育、科研、生产实践和管理的企事业单位代表，陈俊愉先生家属和弟子代表、行业媒体代表以及学生代表 200 余人参会。本次大会由北京林业大学、中国风景园林学会、中国园艺学会和中国花卉协会主办，由北京林业大学园林学院等 17 家单位联合承办。大会发布《中国梅花图志（英文版）》《纪念陈俊愉院士百年诞辰集》《中国乃世界花园之母》三套图书。陈俊愉（1917—2012），安徽安庆人，中国工程院院士、北林大教授。培养大批园林专门人才（含学士、硕士、博士等）；创立花卉品种二元分类法，对中国野生花卉种质资源有深入的分析研究，创导花卉抗性育种新方向并选育梅花、地被菊、月季、金花茶等新品种 70 多个，系统研究中国梅花，在探讨菊花起源上有新突破。

（焦隆）

“梁希实验班”创办十周年纪念暨总结表彰会

11 月 25 日，北京林业大学召开“梁希实验班”创办十周年纪念暨总结表彰会。会议围绕“匆匆十年碧连天”主题，回顾“梁希实验班”创办十年来的发展历程和办学理念，总结在教学科研、专业建设、师资队伍等方面取得的成绩，并表彰优秀任课老师和优秀课程。2006 年，学校启动人才培养模式改革工程，建立“高等林业教育拔尖创新人才培养基地”，以林业教育创始人“梁希”命名，设置“梁希实验班”，进行精英教育的试点。2007年，正式开始从新生中招生。2007年至2013年，实验班分为文科类和理科类，从新生中遴选组成，至2017年发展为梁希实验班（林学与森保）、梁希实验班（水土保持与荒漠化防治）、梁希实验班（农林经济管理）、梁希实验班（木工与林化）、梁希实验班（园林设计与园林植物）5个班级。实验班构建适应拔尖人才发展的培养方案，实行个性化培养；鼓励教师开展教改研究；实施导师制；强化因材施教；设立激励机制，鼓励学生成才；多途径支持科研训练，鼓励学生尽早参与科研。10年来该实验班共培养学生457人。

（焦隆）

北京协和医学院（中国医学科学院）

党委书记 李国勤
院　　长 王辰

概述

2017年，北京协和医学院（中国医学科学院）总占地面积1130223.505平方米，其中学校产权918186.08平方米，总建筑面积1255196.35平方米，其中学校产权632337.88平方米。固定资产总值62222.2万元，其中，教学、科研、仪器设备资产15529.35万元，信息化设备资产7138.73万元（软件3504.91万元）；图书馆现有藏书283.18万册。学校现有二级学院7个，分别为临床学院、基础学院、护理学院、研究生院、继续教育学院、公共卫生学院、人文与社会科学学院；附属医院6所，分别为北京协和医院、阜外医院、肿瘤医院、整形外科医院、血液病医院、皮肤病医院，6所医院建筑面积885345平方米，共有病床6592张；学校设有博士后流动站6个，分别为临床医学博士后流动站、基础医学博士后流动站、生物学博士后流动站、药学博士后流动站、生物医学工程博士后流动站、公共卫生与预防医学博士后流动站；学校获批国家“双一流”建设学科4个，拟重点建设医学基础学科群、临床医学学科群、药学学科群、生物医学工程。学校现有一级国家重点学科2个，二级国家重点学科8个，国家重点（培育）学科1个，一级省、部级重点学科4个，二级省、部级重点学科3个；博士学位授权一级学科点8个，博士学位授权二级学科点（不含一级学科覆盖点）10个，硕士学位授权一级学科点3个，硕士学位授权二级学科点（不含一级学科覆盖点）4个；本科专业2个，专科专业1个；院校定期出版刊物18种；拥有国家实验室1个，国家重点实验室5个，国家工程实验室1个，国家工程研究中心1个，国家工程技术研究中心2个，省、部级设置的研究（院、所、中心）和实验室39个。院校正式编制教职工总数为13398人（正高级1170人，副高级1573人），其中专任教师1522人（正高级877人，副高级516人）；研究生指导教师为1851人（正高级1124人，副高级727人），其中博士生导师801人，硕士生导师1050人；现有院士23人（中科院院士6人，工程院院士17人），“千人计划”入选者4人，“青年千人计划”入选者15人，“长江学者奖励计划”讲座教授3人，“长江学者奖励计划”特聘教授21人，“国家杰出青年科学基金”获得者42人。在校生4988人（博士研究生1886人、硕士研究生2217人、普通本科生784人、普通专科生101人）。招生1600人（博士研究生606人、硕士研究生774人、本科生220人）。毕业生1698人（博士研究生588人，硕士研究生550人，普通本科生59人、普通专科生67人）；预计2018届毕业生数为1233人（博士研究生432人、硕士研究生693人、普通本科60人、普通专科48人）。本专科生一次就业率为98.6%。学校成人教育在校生1056人，本学年成人本科招生300人，成人本科生毕业434人。

2017年，学校举办百年校庆系列活动，全面推进院校人才队伍建设，服务需求、强化内涵、院校医学研究水平和影响力持续提升，为开启协和新百年、建设世界一流医学院校奠定坚实基础。

深入实施医学与健康科技创新工程，不断提高院校科技创新能力。新增创新工程项目50项；响应“一带一路”倡议，组织创新工程服务“一带一路”战略科研先导专项。累计安排105个项目，落实经费7.1亿元，经费6.998亿元。

统筹实施“123创新行动/协和提升计划”，推动院校与各所院协调发展。为深入贯彻落实院校庆中央领导的重要指示精神，强化院校“十三五”发展顶层设计和前瞻布局，院校组织各所院编制“123创新行动计划”和“123协和提升计划”。

院校科技内涵建设不断加强。完成院校学术委员会换届，成立新一届学委会及学委会执委会。启动中国医学科学院重点实验室建设，依托院校各所院、委重点实验室、国内相关优势单位等建设已建立30个医科院重点实验室，医学创新体系核心基地作用初步显现。

院校承担国家科研任务取得新突破。院校共获得省部级以上科研项目587项，经费8.68亿元；荣获省部级以上科技奖励41项，其中包括国家科技进步二等奖1项，在首届“全国创新争先奖”评审中，院校获得奖章1项、奖状4项；2016年度共发表科技论文5,584篇，其中SCI收录论文2,409篇，平均影响因子4.1。阜外医院连续在《柳叶刀》杂志发表3篇文章，产生较大影响；基础所牵头的国家基金委基础科学中心获批立项，成为医学领域第一个获资助立项的基础科学中心项目；药物所抗PD-1两个小分子抑制剂获得转让，合同金额3亿元，《药学学报》英文刊(APSB)被SCI收录，成为我国唯一的SCI药学综合类期刊；药植所建成全国最完备的南药资源研究平台体系；血液病医院牵头多家产学研单位成立血细胞图谱联盟，入选2017中国十大医学进展；生物所提升脊灰灭活疫苗产量保障国家需求。

科学推进院校科技资产保值增值。纳入院校国有资产基础管理范围内的企业共51户。资产总额为57.59亿元，同比增长16.3%；所有者权益总额为36.12亿元，同比增长14%；营业收入总额为28.96亿元，同比增长17.5%；

利润总额 7.37 亿元，同比增长 8.1%；国有资本及权益总额 29.07 亿元，同比增长 12.7%；国有资本保值增值率为 119.64%，实现国有资产保值增值。

集中优势力量积极参与国家“双一流”建设。入选世界一流学科建设高校，共有临床医学、药学、生物学、生物医学工程等 4 个学科入选，在此基础上开展医学基础（基础医学和生物学）、临床医学（临床医学和护理学）、药学（药学和中药学）和生物医学工程四个学科群的建设工作。第四轮学科评估中，共有 13 个学科参评，有 6 个学科被评为 A 类。其中，基础医学、药学和生物学被评为 A+，临床医学被评为 A，居全国高校医学领域之首。

不断提高八年制临床医学专业教育教学质量。学校制定《临床医学八年制课程改革方案》，召开各级专家论证会予以完善，获得专家一致认可。通过制作专题宣传片、召开讲座、举办校园开放日等方式，不断加大招生宣传力度，吸引优质生源。在临床医学（八年制）专业录取的考生中，各省前 20 名考生占新生的 19%，在今年清华大学高考录取的 16 个大类中，分数排名第五。

推进职业素养工程，加强学生管理制度建设。进一步推进“学生职业素养培育工程”，对现有架构和实践方案不断修订完善。不断丰富校园文化建设，举办暑期社会实践、协和学子校园行等丰富多彩的学生活动。制定《北京协和医学院学生管理规定》及配套系列文件，规范学生管理行为，保障学生合法权益。与中国科技大学开展的生命医学交叉人才培养项目进展顺利，创办“吴宪贝时璋大师课堂”，邀请国内外生物医学领域大师前来授课。与贵州医科大学帮扶项目稳步开展，确定全年 18 项帮扶任务并陆续完成。

院校人才队伍建设全面推进。制定实施《“高端科技人才引进”专项支持计划》和《“高端科技人才”专项支持计划》，针对所需的“高精尖”人才，制定特殊的支持政策，构建优秀人才可持续发展的培养和支持体系。出台《关于加强博士后队伍建设的意见》，加快培养高层次创新型青年后备人才。2017 年院校新当选中科院院士 1 人、千人计划 4 人、长江学者特聘教授 1 人、青年长江学者 1 人、国家杰出青年科学基金 2 人、国家优秀青年科学基金 3 人、国家有突出贡献中青年专家 7 人、百千万工程国家级人选 4 人、求是杰出青年学者 1 人、北京市青年名师 1 人、北京市优秀教师 4 人、北京市优秀青年人才 1 人，院校高层次人员队伍结构进一步完善。

（王卓然）

庆祝建校 100 周年

9 月 22 日，协和医学院召开建校一百周年纪念大会。会议为协和医学院 20 名“一级教授”“医学教育终身成就奖”和“突出贡献奖”获得者颁发荣誉证书。国家相关部门领导，国内外高校负责人，专家代表，国际友人代表及国内外校友和师生代表共计 2000 人参加纪念大会。为纪念该院建校百年，李克强批示指出，北京协和医学院建校百年来，秉承“严谨、博精、创新、奉献”理念，坚持高水平高质量高标准办学，在医学教育、医学科研等方面取得丰硕成果，为我国现代医学发展作出开创性重要贡献。希望北京协和医学院，始终坚持以人民为中心，深化改革创新，发挥特色优势，加强国际合作，努力培养更多优秀医学人才，攻克更多医学难关，为更好服务广大人民群众、建设健康中国作出新贡献。

（王卓然）

9 月 22 日，协和医学院建校一百周年纪念大会召开

（协和医学院　供）

中国医学科学院牛津研究所成立

12 月 6 日，中国医学科学院牛津研究所成立。该研究所是该院在海外成立的第一个医学研究所，也是牛津建校 800 多年来首次与外部机构在其校园建设的研究单元。该研究所将聚焦医学科技创新前沿交叉领域，携手解决中英两国乃至全球面临的重大医学与健康问题，同时依托研究所吸收中国优秀医学生加入，培养一流人才。

（王卓然）

首都医科大学

党委书记　李明（3 月免）　呼文亮（3 月任）
校　　长　尚永丰

概述

2017 年，首都医科大学学校和附属医院总占地面积 156.36 万平方米、总建筑面积 245.08 万平方米，其中，学校占地面积 23.91 万平方米、建筑面积 32.35 万平方米。学校和附属医院固定资产总值 2552003.86 万元，其中，学校固定资产总值 324901.31 万元。学校和附属医院教科仪器设备资产值 233477.80 万元，其中，学校教科仪器设备资产值 166161.98 万元。全年教育经费投入 143396.65 万元，其中，国家拨款 108480.70 万元、自筹经费 15564.06 万元，科研经费 19351.89 万元。学校和附属医院图书馆建筑面积 2.62 万平方米，共藏书 161.13 万册，其中，学校图书馆建筑面积 1.79 万平方米，藏书 95.13 万册。学校有计算机 8398 台，教室 132 间，信息化设备资产 21860.85 万元，网络信息点数12532个，校园网出口总带宽3900Mbps，电子邮件系统用户数6344个，上网课程194门，电子图书255.71万册，音视频2907小时，管理信息系统数据总量10200GB。设有10个学院、1个学部和1个研究中心、1所附属卫生学校，21所临床医学院（其中，19所为附属医院）以及1个预防医学教学基地，设有4个专科学院和34个专科学系。开设本科专业19个、长学制专业3个。有一级学科博士学位授权点8个和一级学科硕士学位授权点11个，按照三级学科统计，有博士学位授权点59个和硕士学位授权点78个。有博士后流动站9个，出站28人、进站31人、在站127人。有国家重点学科8个、国家重点（培育）学科2个、国家临床重点专科60个（含中医）、国家中医药管理局重点学科（培育）14个、北京市一级重点学科4个、北京市交叉重点学科1个、北京市一级重点建设学科2个，有国家临床医学研究中心6个、国家儿童医学中心1个；国家工程实验室1个，省部共建国家重点实验室培育基地1个、教育部重点实验室4个、北京实验室1个、北京市重点实验室53个；有国家工程技术研究中心1个、教育部工程研究中心4个、北京市工程技术研究中心10个、北京市高等学校工程研究中心1个、北京市哲学社会科学研究中心1个。设有国家生命科学与技术人才培养基地、卫生部全科医学培训中心、北京市全科医学培训中心、首都卫生管理与政策研究基地、北京神经科学研究所等。学校和附属医院共有教职员工和医务人员42467人，其中，校本部1538人、附属医院40929人；有院士7人、特聘顾问11人；正高职称2315人，其中，校本部117人、附属医院2198人；副高职称3715人，其中，校本部309人、附属医院3406人；有专任教师2912人，专任教师中教授843人，其中，校本部106人、附属医院737人，专任教师中副教授1337人，其中，校本部263人、附属医院975人；有博士研究生导师673人、硕士研究生导师1113人；有“长江学者奖励计划”特聘教授3人，讲座教授1人，青年项目1人；校本部和直属附属医院有国家有突出贡献专家2人、省部级有突出贡献专家20人、享受政府特殊津贴专家106人；有外籍教师5人。毕业生4816人，其中，学历教育学生中全日制研究生1202人（博士生259人、硕士生943人），普通本专科生1716人（本科生1020人、专科生696人），成人教育1466人（本科1094人、专科生372人）；以同等学力申请博士硕士学位375人（博士生165人、硕士生210人）。招生5402人，其中，学历教育学生全日制研究生1516人（博士生319人、硕士生1197人），普通本专科生2007人（本科生1200人、专科生807人），成人教育本专科生1012人（本科生895人、专科生117人）；以同等学力申请博士硕士学位753人（博士生458人、硕士生295人）。在校生15717人，其中，学历教育学生中全日制研究生4388人（博士生919人、硕士生3469人），普通本专科生7060人（本科生5092人、专科生1968人），成人教育本专科生3619人（本科生2914人、专科生705人）。留学生毕业57人，招生114人，在校生650人。本专科毕业生就业率96.19%、研究生毕业率97.25%。高考北京地区本科一批理工提档线553分。网址：www.ccmu.edu.cn。

2017年，学校以立德树人为核心，进一步在全校营造全员全过程全方位育人的良好氛围。召开第九次党代会，选举产生新一届党委和纪委领导集体；明确学校未来两步走发展战略和今后五年六项重点任务。

学科建设。加强“高精尖”创新中心建设。对标北京市“双一流”建设，制定学校关于一流大学的初步建设方案。实施项目课题负责人(PI)及其研究室回归学院管理。在全国第四轮学科评估中，临床医学和护理学排名进入A类，居于独立医学院校之首。继续建立学校附属医院和教学医院临床服务数据库，强化临床学科和教育教学、推进医教研协同发展，中日友好医院成为学校临床医学院，延庆教学医院正式挂牌。遴选出第二批10个临床诊疗与研究中心。

队伍建设。修订和完善人才引进实施办法，形成校院两级人才引进体系。引进20名优秀人才；50余人次入选北京市“海聚工程”“优秀青年人才”等项目，2人入选北京市教学名师。修订《教育教学奖励办法》，首次设立名额为20人的优秀教育教学奖。调整校本部研究生导师管理机制。

人才培养。推进医学专业学位“5+3”培养模式、医学博士专业学位“5+3+X”培养模式、“3+2”助理全科医师培养模式、MD／PhD双学位拔尖创新人才培养模式改革。恢复儿科学专业(5年制)招生，新增精神医学专业、听力与言语康复专业。完善儿科学、精神医学、护理学（助产方向）专业、全科医生及乡村医生培养方案。临床医学、护理学专业入选北京市属高校首批一流专业。完成康复医学院PT专业国际认证工作。落实“外培计划”“双培计划”“实培计划”和护理贯通培养项目，完成护理专业贯通培养首届学生课程研讨与对接。获批首批北京市“一带一路”国家人才培养基地。实行博士研究生招生申请考核制试点，推行学术学位型博士招生改革。研究生就业率97.25%，“5+3”一体化、本专科毕业生就业率为96.19%。

科学研究。出台《科研培育基金管理办法》。获批北京市重点实验室6个，北京市工程技术研究中心1个。完成北京市重点实验室3年绩效评估，3个实验室获得优秀。获批国家级和省部级科研项目569项，获批经费5.92亿元，其中，国家级项目340项，经费4.98亿元。

国际交流合作。与5所境外友好院校签订合作协议7份。接待25个国家的51个团组来访。选派249名全日制在校生通过各类项目出境交流学习，其中，本科生134人、硕士生55人、博士生60人。

国内合作与对口支援。京津冀心血管疾病精准医学联盟，以及样本库联合中心、流行病学联合中心、临床分子诊断联合中心等十余个联合中心陆续建成，服务京津冀患者超万例。宣武医院支持雄安新区建设高水平综合医院。落实京蒙、京青、京银、京沈、京豫、京鄂等对口合作中学校所承担的对口支援合作任务。赴贵州省、陕西省开展精准健康扶贫医疗志愿服务。

（梁贲　王于英　陈飞飞）

首届肿瘤生物学论坛

12月8日，首医大举办首届肿瘤生物学论坛。论坛主题为“肿瘤转移机制的探讨”，听取题为《Epigenetics and Cancer》的主题报告，军事医学科学院、中国科学院昆明动物所、北京肿瘤医院等10名教授分别就各自研究课题围绕肿瘤发生、转移与侵袭、肿瘤微环境代谢及免疫治疗等主题作学术交流。300余名专家学者及研究生参加论坛。

（王于英　陈飞飞）

系列培养模式改革

至年底，首医大开展系列培养模式改革。推进医学专业学位“5+3”培养模式改革：七年长学制全部成功并入“5+3”培养，2017届毕业获得“四证”的临床专业学位硕士就业率97.28%；推进住院医师培训与学位培养的衔接。推进医学博士专业学位“5+3+X”培养模式改革：完成临床医学博士专业学位培养与专科医师培训相衔接培养方案，在宣武医院、朝阳医院、天坛医院、安贞医院4所附属医院实施呼吸与危重症、神经外科、心血管病3个专业的试点改革。推进“3+2”助理全科医师培养模式的建设：推进助理全科医师规范化培训管理平台建设，完善培训结业、学历教育毕业的考核和资格审核工作机制，完善从招录到结业全程的管理机制，争取到专项经费支持。推进MD／PhD双学位拔尖创新人才培养模式的改革：完成2018届本科生推荐免试硕士研究生工作，遴选出30名2018届本科生、30名2012级与30名2013级长学制学生进入基地班硕士阶段培养。

（王于英　陈飞飞）

北京中医药大学

党委书记　谷晓红
校　　长　徐安龙

概述

2017年，北京中医药大学占地面积108.30万平方米，产权校舍建筑面积21.10万平方米。全年教育经费投入110259.31万元，其中，国家拨款71115.05万元（含基建）、自筹经费39144.26万元（含基建）。固定资产总值118817.44万元。图书馆藏书220.53万册，其中，纸质图书109.34万册、电子图书111.19万册，中医古籍线装书3914种8179函39125册。学校信息化经费投入407.94万元，拥有计算机2202台，校园网出口总带宽5.60G，包括IPv4出口带宽4.0G，IPv6出口带宽1G。上网课程1216门。开设本科专业12个，其中，中医学（七年制）已于2012年停招，现中医学专业开办有岐黄班(5+4)和卓越班(5+3)两个长学制方向，中药学专业开办有时珍国药班(4+4)和卓越班(4+2)两个长学制方向。一级学科3个，一级学科博士点3个，学术博士学位授权点42个，专业博士学位授权点9个，学术硕士学位授权点45个和专业硕士学位授权点12个；博士后流动站3个，博士后研究人员出站16人，退站1人，进站17人，在站69人；师承博士后在站7人。一级学科国家重点学科2个，二级学科国家重点学科15个，国家中医药管理局重点学科48个，一级学科北京市重点学科2个，二级学科北京市重点学科8个。国家国际科技合作基地2个，教育部创新团队计划2个，教育部、外国专家局“学科创新引智计划”项目2个，北京市国际科技合作基地6个。教育部工程研究中心2个，教育部重点实验室3个，北京市科委重点实验室4个，北京市教委重点实验室2个，北京市教委工程研究中心1个，国家中医药管理局重点研究室10个。国家级实验教学示范中心1个，北京市实验教学示范中心4个。国家级教学基地2个，教育部人才培养模式创新实验区1个，国家大学生校外实践教育基地3个，北京市校外人才培养基地4个。教育部创新团队计划2个，教育部、外国专家局“学科创新引智计划”项目2个。国家级教学团队3个，北京市优秀教学团队8个。校本部教职工1235人，其中，专任教师682人。博士生导师340人，硕士生导师704人。国医大师6人，国家重点基础研究发展计划（“973”计划）项目首席科学家4人，教育部“长江学者奖励计划”特聘教授3人，全国五一劳动奖章获得者1人，国家级有突出贡献中青年专家8人，建校以来享受政府特殊津贴专家131人。外籍教师7人，其中，博士6人，本科1人。毕业生7336人，其中，学历教育学生中全日制博士生175人，硕士生890人，普通本科生1200人，普通专科生121人；成人教育本科生450人，专科生392人；网络教育本科生2221人，专科生1887人。招生11652人，其中，学历教育学生中全日制博士生286人，硕士生1196人，普通本科生2080人。成人教育本科生347人，专科生239人；网络教育本科生3714人，专科生3790人。在校生32266人，其中，学历教育学生中全日制博士生786人，硕士生3594人，普通本科生7057人，普通专科生207人；成人教育本科生1502人，专科生965人；网络教育本科生9746人，专科生8409人。留学生毕业164人，招生145人，在校生537人。网址：www.bucm.edu.cn。

2017年，学校联合35所全国中医药院校成立全国青少年中医药文化传播与身心健康发展中心及全国中医药院校共青团工作联盟。成为教育部第一批“临床医学博士专业学位研究生教育综合改革试点”单位。

学科建设。中医学、中西医结合和中药学3个学科入选“双一流”建设学科。中医学、中西医结合获全国第四轮学科评估“A+”。岐黄实验班“5+4本博连读”获教育部“本博连读”医学培养项目。

师资建设。1人入选青年长江学者；3人入选国家“万人计划”。教授吕仁和获“国医大师”称号，3名教授获“全国名中医”称号。新增首都国医名师24人，23名专家当选第六批全国名老中医药专家学术经验继承工作指导教师。聘任具有“五运六气”“脉学疗法”等专业特长的50名专家作为第二批中医临床特聘专家。获中医药高等学校教学名师奖 4 人，第五届“中医药社杯”全国高等中医药院校青年教师教学基本功竞赛一等奖 1 人。

交流合作。美国中医中心临床部开学，并在美国招收第一批博士研究生；与西班牙巴塞罗那大学、澳大利亚西悉尼大学合作培养的第一批中医研究生毕业；与罗马大学在青年学者及学术交流、联合开设专业、医疗及临床研究等方面开展合作；与日本兵库医科大学签约合作培养博士后，中医药大学每年可以选派数名优秀博士毕业生，赴日本从事为期 2 年的博士后研究，所涉及费用由兵库医科大学承担；举办主题为“感知中医世界行”的中医药媒体论坛，主办“2017 中俄医疗战略研讨会”。

创新创业。举办“新奥杯”首届全国中医药高等院校大学生创新创业大赛和全国中医药大学生成长论坛，获“北京市创新创业教育示范中心”和“全国第二批深化创新创业教育改革示范高校”称号。

社会服务。社会实践团队获“三下乡”活动优秀团队称号。原创校园舞蹈诗《岐黄志》公演。附属东方医院获 2017 广誉远国药杯全国《黄帝内经》知识大赛社会组冠军、总决赛亚军。

（王丹凤）

首届北京中医药大学岐黄奖

12 月 29 日，中医药大学颁发首届岐黄奖。邓铁涛和屠呦呦分获中医类和中药类岐黄奖，每人奖励 100 万元。“岐黄奖”募集社会资金设立，颁发给为人类健康事业、文明进步作出卓越贡献者，为个人成就奖，且仅授予在世者，不授予课题研究组或团队。评选采取提名制，邀请国医大师、中医药领域两院院士等作为提名人提名推荐，邀请行业内专家投票，最终由中医药大学岐黄奖委员会评审。每两年评选一次，每次最多两人，其中，中医类 1 人、中药类 1 人。邓铁涛，1916 年 11 月出生于广东开平，中医学家，广州中医药大学主任医师、教授，1938 年 9 月起从事中医临床工作，为全国老中医药专家学术经验继承工作指导老师、广东省名老中医，国家级非物质文化遗产传统医药项目代表性传承人。屠呦呦，女，药学家。1930 年 12 月 30 日生于浙江宁波，1955 年毕业于北京医学院（现北京大学医学部），就职于中国中医科学院。2015 年 10 月，屠呦呦获得诺贝尔生理学或医学奖；2017 年 1 月 9 日，获得 2016 年度国家最高科学技术奖。

（王丹凤）

国家中医体质与治未病研究院成立

12 月 29 日，中医药大学成立国家中医体质与治未病研究院。研究院为校属独立科研机构，主要开展中医体质与治未病研究工作，有研究人员 9 人。同时成立“健康中国——全国中医体质与治未病协作创新联盟”，举办治未病与实施健康中国战略高峰论坛，听取题为“健康管理哑铃模式初探”“自信与自觉，传承发展中医药”“医学的系统论和整合观”等 9 场学术报告。来自“健康中国——全国中医体质与治未病协作创新联盟”29 所兄弟院校及学校师生代表共 300 人参加活动。

（王丹凤）

12 月 29 日，中医药大学国家中医体质与治未病研究院成立

（中医药大学　供）

北京师范大学

党委书记　程建平
校　　长　董奇

概述

2017 年，北京师范大学占地面积 65.17 万平方米，产权校舍建筑面积 93.18 万平方米。全年教育经费投入 421573.88 万元，其中，国家拨款 283054.02 万元、自筹经费 138519.86 万元。固定资产总值 45.65 亿元，其中，教学、科研仪器设备资产值 14.50 亿元。图书馆建筑面积 48523 平方米，藏书 465.52 万册，拥有电子图书 809.51 万册。拥有计算机 26809 台。多媒体教室 240 间，信息化设备资产 37846.76 万元，网络信息点 41472 个，校园网出口总带宽 6200Mbps，电子邮件系统用户 75361 个，上网课程 2876 门，数字资源中拥有电子期刊 10.37 万册、学位论文 654.20 万册、音视频 17.43 小时，管理信息系统数据总量 176.20GB。设置 3 个学部、23 个学院、2 个系、10 个研究院（所）；开设 69 个本科专业；具有硕士学位授权一级学科点 36 个、博士学位授权一级学科点 24 个；博士后流动站 25 个。国家重点学科（一级）5 个、国家重点学科（二级）11 个，省部级重点学科（一级）5 个、省部级重点学科（二级）10 个；国家重点实验室 4 个、国家工程实验室 1 个。教职工 3083 人，其中，专任教师 1981 人，其中 1795 人具有博士学位；博士生导师 45 人、硕士生导师 794 人；中科院院士 7 人、工程院院士 2 人。“长江学者奖励计划”特聘教授 41 人、“千人计划”入选者 42 人、“国家杰出青年科学基金”获得者 46 人。外籍教师 80 人，其中 71 人具有博士学位。毕业生 18584 人，其中，学历教育学生中全日制研究生 3754 人（博士生 630 人、硕士生 3124 人）、普通本科生 2453 人、成人教育本专科生 2036 人（本科生 1407 人、专科生 629 人）、网络

教育本专科生 9517 人（本科生 4372 人、专科生 5145 人）；非计划招生高等教育学生中在职人员攻读硕士学位 824 人。本科毕业生一次就业率 99.55%。招生 30202 人，其中，学历教育学生中全日制研究生 4876 人（博士生 824 人、硕士生 4052 人）、普通本科生 2560 人、成人教育本专科生 1536 人（本科生 863 人、专科生 673 人）、网络教育本专科生 21230 人（本科生 9755 人、专科生 11475 人）。高考北京地区提档线文科 641 分、理科 651 分。在校生 80443 人，其中，学历教育学生中全日制研究生 13785 人（博士生 3954 人、硕士生 9831 人）、普通本科生 10260 人、成人教育本专科生 3942 人（本科生 2750 人、专科生 1192 人）、网络教育本专科生 49418 人（本科生 25749 人、专科生 23669 人）；非计划招生高等教育学生中在职人员攻读硕士学位 3038 人。留学生毕业 1554 人、招生 1635 人、在校生 1626 人。网址：www.bnu.edu.cn。

2017 年，学校按照第 13 次党代会确立的建设“综合性、研究型、教师教育领先的中国特色世界一流大学”的办学定位，推进构建北京校区、珠海校区学科各有侧重、优势互补的“一体两翼”办学格局，围绕“双一流”建设目标统筹推进各项工作，各项事业呈现出良好发展态势。

学科建设。进入国家世界一流大学建设高校 A 类行列，教育学、心理学、地理学等 11 个学科进入世界一流学科建设名单。出台《北京师范大学一流大学建设高校建设方案》。完成党的十八大以来教育综合改革总结自评工作，推进学部院系管理改革试点。开展学科建设综合专项经费使用审核工作。成立新材料研究院，开展古籍与传统文化研究院调整调研。修订《建制性教学科研机构管理办法》《非建制性科研机构管理办法》，制定《聘用校外专家担任教学科研机构负责人暂行管理办法》《建制性教学科研机构内部自设机构工作指导意见》。

人才培养。加强全国重点马克思主义学院建设，构建“课堂讲授、实践教学、网络教学”三位一体思政课教学模式。深化招生考试改革，在改革试点省份浙江探索大类招生。落实国家专项任务，科学规范开展特殊类型招生。获得北京市教学成果奖 43 项。推进励耘学院、瀚德学院、三校动漫实验班等人才培养模式创新。深化本研一体化培养改革和研究生分类培养改革。入选首批挂牌中美青年创客交流中心。学生境外长短期交流总数达 3431 人，留学生来自 135 个国家。

科学研究。获批国家和省部级科研平台 10 项，包括互联网教育智能技术及应用国家工程实验室、国家基础教育大数据平台等。中国教育与社会发展研究院列入国家高端智库培育建设计划。首都文化创新与文化传播工程研究院列入北京市智库建设计划。中国智库索引(CTTI)来源智库增至 6 家。推进与联合国减灾署共建国际减灾研究中心，与赫尔辛基大学共建地球系统科学联合研究中心；牵头成立全国儿童脑智研究联盟，加入北极大学联盟。文科到位经费 2.8 亿元，理科到位经费 6.9 亿元。获批国家自然科学基金各类项目合计 171 项。获批国家杰出青年科学基金项目 3 项，优秀青年科学基金项目 5 项，重点项目 9 项。以学校为第一完成单位首次获得国家技术发明奖 1 项；获省部级科技奖励 5 项。

队伍建设。出台《关于进一步加强师德建设的意见》《教师道德行为规范（试行）》等文件。设立“四有”好老师终身成就奖、“四有”好老师金质奖章等。新增“万人计划”教学名师 1 人，北京市级教学名师奖 4 人，宝钢优秀教师奖 4 人。引进和培养高层次人才 36 人，其中，人文社科 19 人、理工科 17 人。在全国率先为博士生开设“未来高校教师”课程。62 名教师获得留学基金委资助，全年长期公派出国人员 107 人。

社会服务。持续提交咨询报告，获领导批示咨询报告 39 篇。在教育、经济、社会治理、出版等领域持续发布系列指数报告。深入开展教育精准扶贫工作，面向新疆大学、大理大学、滇西应用技术学院开展对口支援；发布中国首部教育扶贫蓝皮书《中国教育扶贫报告(2016 年)》。完成中国首轮次国家义务教育质量监测工作，承担 PISA2018 国家中心工作。组织开展教师志愿服务，注册志愿者 98 万人。推进中国好老师发展中心等 6 大特色研修基地建设，完善和推广教师教育项目品牌。承担“南亚国家汉语师资班”“商务部、教育部援外高层次人才学历学位项目”等培训。

交流与合作。推动“一带一路”沿线国家文化传播，依托“看中国”“汉字之美”等品牌活动助力民心相通。建设“一带一路”开放教育资源国际联盟、“一带一路”教育发展研究数据库。成为“一带一路”智库合作联盟副理事长单位。卡迪夫中文学院完成首批招生；加强与新加坡新跃社科大学、新加坡智源教育学院的合作办学课程建设；推动与莫斯科国立师范大学、加拿大萨斯喀彻温大学、美国休斯敦大学的合作办学项目。联合创办“北京扎耶德中心文库”。举办 GES 未来教育大会、2017 金砖国家文学论坛等国际会议。加强孔子学院建设，获得年度孔子学院先进中方合作机构称号。与宁夏回族自治区政府、中国机械工业集团有限公司等签署战略合作协议。共与 24 个省市、61 个地市签订协议。

（白媛）

人工智能与未来媒体实验室成立

9 月 16 日，北师大成立人工智能与未来媒体实验室。该实验室与微软集团、封面传媒共同发起成立，开展机器写作运用于媒体的规则探索、人工智能技术在新媒体领域的交互方式和用户群体数据画像、人工智能时代媒体内容的传播形式和路径等方面研究。实验室还向社会共享研究成果，定期发布《人工智能与未来媒体实验报告》《人工智能全球媒体报告》，举办人工智能与未来媒体大讲堂。

（申政）

第 13 次党代会

11 月 25 日至 26 日，北师大召开第 13 次党员代表大会。会议通过《中共北京师范大学第 13 次党员代表大会关于第 12 届委员会工作报告的决议》和《中共北京师范大学第 13 次党员代表大会关于第 12 届纪律检查委员会工作报告的决议》。选举产生第 13 届党委和纪委，25 人当选新一届党委委员，13 人当选新一届纪委委员。会议共收到代表提案 28 件，参与提案的代表 202 人次，涉及教学科研、学科建设、党建思政等方面。各单位代表 268 人参加会议。

（申政）

11 月 25 至 26 日，中国共产党北京师范大学第十三次党员代表大会 （北师大 供）

首届 GES 未来教育大会

11 月 28 日，北师大召开首届全球教育峰会 (GES) 未来教育大会。会议与中国发展研究基金会、腾讯 GSV(全球硅谷投资公司)、好未来联合合办，以“科技创新推动教育进步”为主题，设置高峰论坛、圆桌讨论及行业对话 30 场，研讨“中国及全球教育市场的机会”“人工智能与个性化学习”等科技、教育、资本、全球化等行业前沿议题。来自全球政商界、教育科技界的专家、学者、领先企业的首席执行官 300 人参加活动。

（申政）

首都师范大学

党委书记 郑萼
校　　长 宫辉力 (12 月免）　孟繁华 (12 月任）

概述

2017 年，首都师范大学产权占地面积 983266.29 平方米，非学校产权占地面积 16800 平方米。学校产权校舍建筑面积 773879.5 平方米、非学校产权校舍建筑面积 178766.26 平方米。固定资产总值 308359.9 万元，其中，教学、科研仪器设备资产值 128395.56 万元。图书馆建筑面积 27755.19 平方米，藏书 282.59 万册。学校拥有电子计算机 15521 台，其中教学用计算机 12534 台。教室有 534 间，其中网络多媒体教室 280 间。学校有网络信息点 48700 个，上网课程数 1030 门，电子邮件系统用户数 39449 个，管理信息数据总量 420GB，电子图书 9088016 册。设置 30 个院（系、部）。硕士学位授权一级学科点 25 个，硕士学位授权二级学科点（不含一级学科覆盖点）10 个，博士学位授权一级学科点 17 个，博士学位授权二级学科点（不含一级学科覆盖点）6 个，博士后科研流动站 16 个，“双一流”学科 1 个，国家重点学科（二级）4 个，国家重点（培育）学科 1 个，省、部级重点学科（一级）12 个，省、部级重点学科（二级）12 个，省、部级设置的研究（院、所、中心）、实验室 32 个。教职工 2481 人，其中，正高级 333 人，副高级 733 人，中级 1080 人，初级 98 人，未定职级 237 人。专任教师 1577 人，获博士学位 977 人，获硕士学位 488 人，包括正高级 305 人、副高级 606 人；博士、硕士导师 276 人，硕士导师 745 人，“千人计划”入选者 4 人，“青年千人计划”入选者 1 人，“长江学者奖励计划”特聘教授 12 人，“长江学者奖励计划”讲座教授 1 人，“国家杰出青年科学基金”获得者 11 人。毕业生 8249 人，其中，学历教育学生中全日制研究生 1870 人（博士生 112 人、硕士生 1758 人）、普通本专科生 3137 人（本科生 2672 人、专科生 465 人）、成人教育本专科生 3242 人（本科生 2307 人、专科生 935 人）。招生 8355 人，其中，学历教育学生中全日制研究生 2299 人（博士生 175 人、硕士生 2124 人）、普通本科生 2740 人、成人教育本专科生 3316 人（本科生 2744 人、专科生 572 人），在职人员攻读硕士学位授予学位 288 人。在校生 24528 人，其中，学历教育学生中全日制研究生 6522 人（博士生 770 人、硕士生 5752 人）、普通本专科生 11168 人（本科生 10884 人、专科生 284 人）、成人教育本专科生 6838 人（本科生 5520 人、专科生 1318 人）。留学生毕业 1400 人、招生 1297 人、在校 1138 人。网址：www.cnu.edu.cn。

2017 年，学校以双一流建设为契机，开展教师教育、师范生培养等方面的工作。刘延东于 9 月 7 日到校考察指导工作，看望慰问师生，并与 2017 年全国教书育人楷模和学校师生代表座谈。党员代表大会召开。会议通过关于学校第 12 届党委工作报告和纪委工作报告的决议，选举产生新一届党委和纪委。

学科建设。数学学科入选国家“双一流”建设的一流学科建设高校名单;5 个学科进入 A 类，12 个学科进入 B 类，5 个学科进入 C 类。10 月 15 日至 19 日，接受教育部、北京市本科教学工作审核评估，专家组先后开展深度访谈 93 人次、组织座谈会 22 场次、听课 39 门、调阅试卷 724 份、查阅毕业论文（设计）270 份。评估结论为学校的发展定位清晰，人才培养中心地位明确，肯定学校在高水平师资队伍建设、教师教育、软硬件建设、教学改革、国际化进程方面取得的成绩，同时建议学校加强顶层设计和精品意识，进一步明确办学定位和师范生培养的特色定位，理清专业建设和学科建设一体化的建设思路。11 月 14 日，接受《党建和思想政治工作基本标准》入校检查，检查组听取书记与校长的汇报，并分为整体组、党建组和宣教组集中审阅相关材料、召开座谈会，走访相关院系场所等。

师资建设。教授方复全被增选为中国科学院院士（数学物理学部），欧阳中石与劳凯声入选中国教育学会等推选的“当代教育名家”。2 人入选教育部“长江学者（特聘教授）奖励计划”，1 人入选市人力社保局“北京学者计划”，3 人入选中宣部文化名家暨“四个一批”人才，并同时入选“万人计划”哲学社会科学领军人才。

5月至7月，首都师大举办“美焕文心”第一届艺术季，图为舞蹈演出（首都师大 供）

科研成果。3项成果入选2017年度《国家哲学社会科学成果文库》，11项成果获得北京市第十四届哲学社会科学优秀成果奖，3项成果获得第七届吴玉章人文社会科学奖。获教育部科技进步二等奖1项，北京市科学技术一等奖1项。

学生活动。举办“美焕文心”第一届艺术季，包含30余场声乐、器乐、舞蹈、戏剧文艺演出及书法、绘画、摄影等展览；承办“全国大学生美术作品展”；举办“博观讲堂”“师者如兰——第一届我的导师·我的师门”等活动；定向越野队在亚洲青少年定向锦标赛中夺2金、在北京市“铸剑杯”军事定向普及赛中夺5金并获团体第一；女子足球队获“2017年首都大学生女子足球联赛（乙级）”亚军，女子篮球队在第二十届CUBA中国大学生篮球联赛北京赛区阳光组总决赛中夺冠。

（吴文灵）

第13次党代会

12月22日至23日，中共首都师大第13次党员代表大会召开。会议通过关于学校第12届党委工作报告和纪委工作报告的决议，选举产生新一届党委（委员23人）和纪委（委员11人）。闭幕会后，召开第13届党委第一次全体会议，选举产生常务委员会委员和书记、副书记，表决通过纪委第一次全体会议选举结果的报告。

（吴文灵）

首都体育学院

党委书记　赵文
院　　长　钟秉枢

概述

2017年，首都体育学院占地面积17.83万平方米，建筑面积12.6万平方米。固定资产总值83955.4万元，其中，教学、科研仪器设备资产值18165.18万元。图书馆建筑面积5301平方米，藏有纸质图书49.08万册，电子图书89459册。拥有计算机1535台，多媒体教室51间，信息化设备资产7880.383万元，网络信息点数6115个，校园网出口总带宽1300Mbps，电子邮件系统用户数8500个，上网课程数1门，管理信息系统数据总量1610GB。设6个院（系）；开设本科专业11个，覆盖四个学科门类和五个一级学科，硕士学位授权一级学科点2个、二级学科点6个。教职工490人，其中，专任教师255人，包括教授37人、副教授129人；博士生导师19人、硕士生导师100人。毕业生1072人，其中，学历教育学生中全日制博士研究生3人，硕士研究生222人，普通本科生632人，成人教育本专科生215人（本科生57人、专科生158人）。招生1278人，其中，学历教育学生中全日制研究生266人（博士生8人、硕士生258人），普通本科生712人、成人教育本专科生300人（本科生106人、专科生194人）。在校生3983人，其中，学历教育学生中全日制研究生606人（博士生17人、硕士生589人），普通本科生2604人，成人教育本专科生773人（本科生447人、专科生326人）。留学生毕业175人，招生178人，在校生192人。网址：www.cupes.edu.cn。

2017年，学校完成本科教学审核评估和党建和思想政治基本标准入校检查。体育教育专业获批北京市属高校首批一流专业建设项目，体育学一级学科在第四次学科评估中进入B+行列。

师资建设。获批创新团队项目1个、长城学者项目2个、青年拔尖项目4个、引进冰雪人才2名。1人获国际教练教育委员会特殊贡献奖。

科研工作。获批国家自然科学基金立项2项、国家社会科学基金立项4项、省部级课题立项21项，市局及课题立项12项，横向课题12项。专利技术1项。发表学术论文411篇，其中，SCI论文3篇，国内核心期刊论文84篇。新创建省部级研究平台1个。

参与赛事。承办2017世界斯诺克中国公开赛、国际标准舞体育舞蹈交谊舞国际邀请赛、北京高校排球超级赛等40余项大型活动。选派15名外事秘书参加国际大体联下属各项国际体育赛事。完成北京市200余名社会体育指导员及负责人的培训工作

学生管理。3名学生入选国家女子五人制集训队。新增本科招生计划80人，增设冰雪运动方向167人。

（李丹阳）

3期田联培训班和两期社会体育指导员培训

至年底，首体院举办3次国际田联培训班和2期社会体育指导员培训班。共有来自全国各省、市、自治区的学员50人参加国际田联一级教练员培训班培训，来自朝鲜、蒙古、越南、中国、中国澳门地区的学员10人参加“IAAF CECS Level II&III”课程体系培训与认证考核；举办两期社会体育指导员培训班，学员173人参加“人口老龄化与老年体育发展”“太极拳基本动作与技法教学”“冰雪运动介绍之短

道速滑”“群体工作中的‘三字经’”“社会体育市场的经营与管理”等课程的学习。

（李丹阳）

6 期讲坛和两场讲座

至年底，首体院举办 6 期蓟门讲坛和 2 场“星期三之夜”讲座。蓟门讲坛邀请中国校园健康行动青少年视觉安全防护工程宣传团队到校作《电子产品时代的视力防护》专题报告，世界锦标赛短道速滑冠军刘秋宏作题为《短道速滑——心中有梦想》的专题报告，退伍大学生作题为《我的军旅生涯》专题报告，休闲与社会体育学院副教授作题为《冬季奥林匹克冰上运动项目概述》专题报告，武警天安门国旗班第八任班长作题为《喜迎十九大共为国旗增光辉》专题报告，2017 年度国家奖学金获得学生作题为《青春榜样》专题报告；“星期三之夜”讲座邀请冰雪专家作题为《冬奥背景下大型滑雪度假村的发展机遇》的讲座，新东方学校教师作题为《欢乐英语 等你来学》讲座。全年累计师生 3000 人次参加活动。

（李丹阳）

北京外国语大学

党委书记 韩震
校　　长 彭龙

概述

北京外国语大学占地面积 49.21 万平方米，学校产权校舍建筑面积 45.84 万平方米。全年教育经费投入 129148 万元，其中，国家拨款 56472 万元、自筹经费 72676 万元。固定资产总值 18.74 亿元，其中，教学、科研仪器设备资产值 1.51 亿元。图书馆建筑面积 24292 平方米，纸质藏书 139 万册，电子图书 120.57 万册。拥有计算机 4788 台。多媒体教室 287 间，信息化设备资产 8734 万元，网络信息点 17400 个，校园网出口总带宽 4520Mbps, 电子邮件系统用户 10353 个，上网课程 3104 门，管理信息系统数据总量 5000GB。设有 2 个校区，设置 24 个院（系、部）；开设 97 个专业；具有一级学科博士点 1 个，18 个博士学位授权点；一级学科的硕士学位授权点 6 个，63 个硕士学位授权点；博士后流动站 1 个，其中，博士后研究人员出站 5 人、进站 10 人和在站 40 人。国家重点学科 4 个、北京市重点学科 7 个。教职工 1241 人，其中，专任教师 728 人，包括教授 143 人、副教授 242 人；博士生导师 92 人、硕士生导师 259 人；“长江学者奖励计划”讲座教授 2 人、国家有突出贡献专家 5 人、享受政府特殊津贴专家 103 人。外籍教师 101 人（长期），其中，教授 20 人、副教授 16 人。毕业生 33252 人，其中，学历教育学生中全日制研究生 829 人（博士生 83 人、硕士生 746 人）、普通本科生 1154 人、成人教育本专科生 151 人（本科生 108 人、专科生 43 人）、网络教育本专科生 31118 人（本科生 8529 人、专科生 22589 人）。本科毕业生就业率 86.57%。招生 53881 人，其中，学历教育学生中全日制研究生 1002 人（博士生 108 人、硕士生 894 人）、普通本科生 1375 人、成人教育本专科生 200 人（本科生 150 人、专科生 50 人）、网络教育本专科生 51304 人（本科生 14080 人、专科生 37224 人）。北京地区高考提档线文科 630 分、理科 632 分。在校生 102556 人，其中，学历教育学生中全日制研究生 2663 人（博士生 455 人、硕士生 2208 人）、普通本科生 5290 人、成人教育本专科生 495 人（本科生 368 人、专科生 127 人）、网络教育本专科生 94108 人（本科生 26820 人、专科生 67288 人）；留学生毕业 2063 人、招生 1841 人、在校生 1244 人。网址：www.bfsu.edu.cn。

2017 年，学校坚持“内涵、融合、特色”发展，以外国语言文学学科为基础，集中力量建设优势学科。外国语言文学入选“双一流”建设一流学科。

改进招生方式。新增 32 所挂牌优质生源基地校，成立国际化人才培养基地联盟，“一带一路”沿线国家的 22 个语种专业施行综合评价招生。

专业建设。获批 11 个本科专业，外语语种增至 84 种。外国语言文学一级学科获评全国第四轮学科评估 A+ 级。成立北外学院、历史学院，拓展通识教育，探索一流本科人才培养新路径。深化研究生培养体制机制改革，成立国际组织学院，形成具有中国外语类院校特色的国际组织人才培养模式。

交流合作。与教育部国际司、联合国教科文组织秘书处、中国外文局、中央社会主义学院、云南省人民政府、安徽省合肥市政府、四川省眉州市政府、中国铁建股份有限公司签署战略合作协议。深化与伦敦大学亚非学院、法国国立东方语言文化学院、莫斯科国立语言大学等大学的合作。实施“国际中国学”留学研究生学历教育项目。加强 22 所孔子学院建设，成立中印尼人文交流研究中心、中德人文交流研究中心、中日人文交流大学联盟、全球外国语大学联盟。《区域与全球发展》创刊号发布英国、澳大利亚等国别发展报告。

社会服务。成立澳大利亚、日本、上海、深圳等区域校友会及南方校友创投协会；组建外研社出版传媒集团；完成公安部、国家税务总局、中国气象局、新华社、中国土木工程集团有限公司、中国电建集团、中国核工业集团公司等高端外语培训项目；完成援疆、援藏及滇西精准扶贫工作、完成“国培计划”“歆语工程”暑期社会实践和“一带一路”国际高峰论坛志愿服务。

（杜改俊）

首开 6 门亚非语种课程

9 月，北外亚非学院首次开设 6 门亚非语种课程。格鲁吉亚语、阿非利卡语、柏柏尔语、科摩罗语、旁遮普语、俾路支语 6 门语种，辐射中亚、南亚、非洲等“一带一路”沿线国家和地区，课程对培养相关领域人才、深化相关地区研究、促进与相关区域的人文交流具有重要意义。

（杜改俊）

北京第二外国语学院

党委书记 顾晓园
校　　长 计金标（12 月任） 曹卫东（3 月免）

概述

2017年，北京第二外国语学院占地面积21.32万平方米，建筑面积 27.91 万平方米。固定资产总值 73168 万元，其中，教学、科研仪器设备资产值 18985 万元。图书馆建筑面积 8086 平方米，馆藏图书 115.90 万册，馆藏电子图书 127.50 万册。全年教育经费投入 70496.47 万元，其中，国家拨款 56864.19 万元、自筹经费 13632.28 元。拥有计算机 4419 台，多媒体教室 214 间，信息化设备资产 18141 万元，网络信息点 13315 个，接入互联网出口带宽 4500Mbps，电子邮件系统用户 1356 个，上网课程 630 门。下设 23 个院系，6 个研究机构，开设 40 个本科专业、4 个专科专业；具有一级学科硕士授权点 4 个，学术型学位硕士授权点 22 个，专业学位硕士授权点 5 个，覆盖哲学、经济学、文学、管理学 4 个学科。教职工 904 人，其中，专任教师 560 人，包括教授 92 人、副教授 197 人，硕士生导师 314 人。毕业生 2193 人，其中，学历教育学生中全日制硕士研究生 487 人，普通本科生 1458 人，成人教育本专科生 248 人（本科生 127 人、专科生 121 人）。本专科毕业生（含二学位）一次就业率 95.70%。招生 2453 人，其中，学历教育学生中全日制硕士研究生 543 人，普通本科生 1607 人，成人教育本专科生 303 人（本科生 115 人、专科生 188 人）。高考北京地区本一批提档线理科 537 分、文科 555 分。在校生 8661 人，其中，学历教育学生中全日制硕士研究生 1291 人，普通本科生 6298 人，成人教育本专科生 1072 人（本科生 630 人、专科生 442 人）。学历留学生毕业生 490 人，招生 491 人，在校生 813 人。贯培生招生 270 人，在校生 1087 人。网址：www.bisu.edu.cn。微信公众号 bisu_edu。

2017 年，学校在学科建设、人才培养、科学研究、人才队伍、对外合作与国际交流、社会服务等方面取得进展。

学科专业建设。翻译专业入选北京市首批“一流专业”建设计划。开设“一带一路”沿线国家非通用语种专业，获批塞尔维亚、罗马尼亚、立陶宛、爱沙尼亚、土耳其、希伯来、波斯、印地语 8 个语种专业，并已招生。

人才培养。推进法国夏斗湖校区建设，成立夏斗湖学院；新遴选法语、英法复语、旅游管理（运动休闲管理方向）、汉语国际教育（国际文化交流方向）4 个专业 49 名学生参加夏斗湖项目。继续推进实施“双培计划”和“外培计划”，开展校际协同培养、国际合作培养。创新贯通人才培养模式，组织第一批 80 名非通用语贯培生前往捷克、匈牙利、波兰、拉脱维亚的出国留学工作。采用内嵌式复合培养模式，首次实施跨院系跨专业选课，推进复合型、国际化、高层次人才培养。深入推进研究生教育改革，全流程规范培养标准、全环节严控培养质量、全方面创新培养方式、全方位推进培养国际化，建设本硕博一体化的人才培养体系，与国外高水平大学开展联合培养博士项目 2 个，招收 15 名联合培养博士研究生。

科研成果。高层次科研项目快速增长，共获得 6 项国家社科基金项目、2 项国家自然科学基金项目，8 项教育部人文社科项目、12 项北京市社科基金项目，1 项北京市自然科学基金项目、1 项北京市科委应急项目、14 项教育部国别和区域研究中心项目，其中获立 1 项北京市社科基金重大项目、1 项北京市哲社优秀成果奖一等奖。出版《中国“一带一路”投资与安全研究报告（2016-2017）》蓝皮书并召开新闻发布会。多期《“一带一路”智库报告》被中共中央政策研究室录用。举办国家文化创意产业论坛。7 个国别和区域研究中心进入教育部备案名单，成为全球舆情与受众研究基地。3 项咨政成果被中国外文局采纳并成为重点合作伙伴单位。

5 月 2 日，二外举办“中国梦 青年说”国际诗歌朗诵会
（二外 供）

队伍建设。13 人获批北京市特聘教授、长城学者、青年拔尖人才、北京市优秀教师等资助或奖励，旅游管理教师团队入选首批“全国高校黄大年式教师团队”。23 名教师获得国家留学基金委项目或校际交流资助出国研修。组织 113 名教职工参加各类培训。

对外合作与国际交流。与巴拿马大学共建孔子学院揭牌。与拉脱维亚大学、法国巴黎一大、英国萨理大学、美国加州大学圣地亚哥分校、澳门城市大学等国际知名高校建立校际交流关系，海外合作伙伴层次不断提升。

社会服务。服务北京冬奥筹办，选派中外师生直接为冬奥组委局级以上领导开展英语定制化培训。与贵阳市、成都市等城市，以及北京市人民对外友好协会、京能集团等企事业机构广泛开展战略合作。打造“北京市国际志愿者服务基地”，国际志愿中心共承接“一带一路”高峰论坛等志愿服务 39 项，累计志愿服务人次 1398 人，累计志愿服务时长 64744 小时。二外老年大学、朝阳区老干部大学二外分校、定南里社区老年大学揭牌开班。

办学条件。完成田径场改造、体育部教学用房、看台及主席台改造项目，新增溜冰场、网球练习墙，更新健身器材，田径场改造达到国际足联和中国田径协会建设标准，提升师生员工体育运动条件保障。持续实施校园美化工程，完成 2000 平方米的绿化及园路改造，提高校园绿化率，改善局部交通环境。信息化建设稳步推进，校园有线网络接入率 100%，无线网络覆盖率 90%。打造“智慧后勤”，陆续推出微信公众号、手机移动端等服务平台，全面提升保障水平。

（姚冰　王薇）

《旅游导刊》正式创刊

1 月，二外旅游学科研究平台《旅游导刊》正式出版发行。《旅游导刊》在原《北京第二外国语学院学报》旅游专刊基础上创立，其目标是创办成为在国内外旅游学科具有权威影响力的学术刊物，成为沟通旅游界产学研的重要对话平台、学习平台和交流平台，为北二外旅游学科提供整合国内外学术资源的有效手段，以刊物促进学科发展。《旅游导刊》为双月刊，逢单月中旬出版。《旅游导刊》网站 lydk.bisu.edu.cn，微信公众号 lvyoudaokan。

（王薇）

夏斗湖学院成立

9 月 1 日，二外法国夏斗湖学院正式成立。成立夏斗湖学院是为更好推进夏斗湖海外办学项目，开展法国校区各项工作。夏斗湖学院有在校生 110 人，参与学生培训的中、法方教师共 21 人，设置法语、英法复语、旅游管理（运动休闲管理方向）、汉语国际教育（国际文化交流）4 个专业。

（王薇）

第 8 次党代会

12 月 30 日，二外召开第八次中国共产党党员代表大会。会议听取第七届党委题为《扎根京华大地凝心聚力改革为建设中国一流、世界上有重要影响的新型外国语大学而努力奋斗》工作报告，书面审议第七届纪委工作报告和党委党费收缴、使用和管理情况的报告（草案）；选举产生由 19 人组成的第八届党委和由 7 人组成的纪检委。

（王薇）

北京语言大学

党委书记　李宇明（5 月免）　倪海东（5 月任）
校　　长　崔希亮（5 月免）　刘利（5 月任）

概述

2017 年，北京语言大学占地面积 33.02 万平方米，学校产权校舍建筑面积 42.74 万平方米。全年教育经费投入 96932 万元，其中，国家拨款 44302 万元、自筹经费 52630 万元。固定资产总值 10.91 亿元，其中，教学、科研仪器设备资产值 2.03 亿元。图书馆建筑面积 10543.30 平方米，藏书 103.68 万册，其中，纸质图书 97.56 万册、电子图书 6.13 万册。拥有计算机 6355 台。学校信息化经费投入 787 万元，多媒体教室 324 间，座位 1.3 万个，信息化设备资产 14822.15 万元，网络信息点 19006 个，校园网出口总带宽 2200Mbps, 电子邮件系统用户 2740 个，上网课程 257 门，数字资源量 38665GB，管理信息系统数据总量 513GB。设 3 个学部、8 个直属学院（教学部）和 3 个直属科研院所；学科涵盖文学、经济学、法学、工学、历史学、教育学、管理学和艺术学等八个门类，本科专业 30 个，硕士专业 45 个；具有一级学科博士点 2 个，博士学位授权点 17 个，硕士学位授权点 31 个和专业学位授权点 4 个；博士后流动站 1 个，其中，博士后研究人员出站 3 人、进站 4 人和在站 6 人。国家重点学科 1 个、北京市重点学科 11 个（一级 1 个、二级 10 个），省部级以上研究中心（或基地）13 个，其中，教育部普通高等人文社会科学重点研究基地 1 个，北京高等学校高精尖创新中心 1 个。教职工 1199 人，其中，专任教师 679 人，科研机构 67 人，包括正高级 104 人、副高级 233 人；博士生导师 75 人、硕士生导师 295 人。“长江学者奖励计划”特聘教授 1 人、“万人计划”1 人，享受政府特殊津贴专家 38 人，“四个一批”人才 3 人。外籍教师 6 人。毕业生 18320 人，其中，学历教育学生中全日制研究生 674 人（博士生 39 人、硕士生 635 人），普通本专科生 1051 人，成人教育本专科生 439 人（本科生 337 人、专科生 102 人），网络教育本专科生 16595 人（本科生 4398 人、专科生 12197 人）。本科毕业生就业率 96.19%。招生 16143 人，其中，学历教育学生中全日制研究生 750 人（博士生 70 人、硕士生 680 人），普通本科生 1126 人，成人教育本专科生 521 人（本科生 328 人、专科生 193 人），网络教育本专科生 13746 人（本科生 4438 人、专科生 9308 人）。在校生 69836 人，其中，学历教育学生中全日制研究生 2203 人（博士生 277 人、硕士生 1926 人），普通本科生 4512 人，成人教育本专科生 1187 人（本科生 891 人、专科生 296 人），网络教育本专科生 61934 人（本科生 18948 人、专科生 42986 人）。留学生毕业 4553 人、授予学位 549 人，招生 4294 人，在校生 5924 人（专科生 167 人、本科生 1692 人、硕士研究生 291 人、博士研究生 119 人、培训生 3655 人。网址：

blcu.edu.cn。

2017 年，学校围绕“建设世界一流语言大学”和推进“双一流”建设目标，加强现代大学教育管理水平和制度建设，推进教学科研、人才培养、学科建设、社会服务及国际合作等各项工作。

完成本科教学审核评估工作。9 名专家访谈教学单位 16 个，访谈校领导、职能部门管理人员及教师 62 人次，召开教工、学生座谈会 6 场，听课 30 门次，考察部分专业实验室、图书馆、学生食堂以及 3 个校外实习基地和用人单位，调研 34 门课程的 1003 份试卷，调阅 23 个专业的 453 份毕业论文和毕业设计。

学科建设。中国语言文学、外国语言文学两个一级学科在全国第四轮学科评估中位列 B+。教育学、心理学、新闻传播学硕士学位授权一级学科和金融、艺术硕士专业学位授权点获教育部审批。

科研工作。获批科研项目经费 3625.35 万元，省部级以上科研基地（中心）建设经费 3874.5 万元。获纵向项目 47 项，26 篇咨询报告获司局级以上政府部门的采纳或得到相关领导批示，其中，3 份咨询报告得到国家领导人批示。成立北京文献语言与文化传承研究基地。汉研中心与新西兰梅西大学共建联合研究中心，与浙江师范大学共建联合研究中心。

交流合作。与新西兰梅西大学联合创建“梅西大学—北京语言大学应用语言学联合研究中心”；成立挪威研究中心与日本研究中心；德国波恩大学孔子学院成立；圣多美和普林西比总理特罗瓦达访问学校并发表演讲；承办首届京津冀东盟留学生大赛；筹备北京语言大学马来西亚分校。

建校 55 周年。开展 19 场校级活动，其中，9 场学术活动，开设品牌学术活动“来园讲坛”；召开教师节表彰大会，表彰集体奖项 10 个、个人奖项 84 人次；邀请驻华大使共话“一带一路”框架下的人文交流与合作；举办“一带一路”语言文化高峰论坛，推动多元文明互通互鉴；举办“言语通世界，德行耀中华”校庆汇演。

“高参小”工作。加大对北京石油学院附属小学、北京市海淀区第三实验小学的支持力度，共开设 9 大类 10 门课程，派出 70 名教师、助教和管理人员，研发 5 套校本课程，日本语教材 DVD 版。

（费凡）

“南山会讲”首讲

1 月 9 日，北语举办“南山会讲”首讲活动。首讲分嘉宾演讲、嘉宾对谈、问答讨论 3 个环节，以“如何走向全民语保”为主题，来自教育界、演艺界、企业界和政府部门的 4 名演讲者，从四个角度探讨全民参与语言保护的意义。“南山会讲”是学校对现有的学术讲座模式进行创新，开设以方言文化保护、传承、应用为总主题的系列会讲，邀请语言学界及相关专业、行业的著名专家主讲达到多元碰撞、互相启发的效果。

（费凡）

与首都博物馆签约合作

4 月 26 日，北语与首都博物馆签署《语言文化交流合作协议》。根据协议，双方发挥各自优势，依托孔子学院平台，开展多项合作，包括在首都博物馆设立北语孔子学院“首都历史文化”研修基地；在北语设立“国际传播语言服务中心”；开展首都博物馆讲解人员培训、中国文化与首都文化对外传播语言人才培养及首博专家外派教学与学术交流等项目；合作研发“讲好中国故事”“讲好北京文化”等产品；开展当代中国与北京文化海外“巡讲”“巡展”；共同举办语言文化论坛及中外高级别文化交流活动等。协议有效期 5 年。

（费凡）

中国传媒大学

党委书记　陈文申

校　　长　胡正荣

概述

2017 年，中国传媒大学占地面积 46.37 万平方米、学校产权校舍建筑面积 63.88 万平方米。全年教育经费投入 92086.20 万元，其中，国家拨款 66086.20 万元、自筹经费 26000 万元。图书馆建筑面积 4.39 万平方米，藏书 170.61 万册，其中，中文图书 162.88 万册、外文图书 7.72 万册。固定资产总值 25.38 亿元，教学、科研仪器设备资产值 72743.16 万元，学校信息化设备资产 24300.73 万元，拥有计算机 15124 台。网络信息点数 16964 个，校园网出口总带宽 3800Mbps，电子邮件系统用户数 12828 个，管理信息系统数据总量 1124.9GB。设有 6 个学部、1 个协同创新中心、5 个直属学院；7 个博士学位授权一级学科点、35 个博士学位授权二级学科点，18 个硕士学位授权一级学科点、95 个硕士学位授权二级学科点、8 个专业硕士类别，87 个本科专业。博士后科研流动站 7 个，进站 5 人、出站 3 人、在站 47 人。有新闻学、广播电视艺术学 2 个国家重点学科，传播学 1 个国家重点培育学科，新闻传播学、艺术学理论、戏剧与影视学 3 个一级学科北京市重点学科，语言学及应用语言学、通信与信息系统、电磁场与微波技术、动画学 4 个二级学科北京市重点学科。建有国家广播电视网工程技术研究中心（共建）、媒介音视频教育部重点实验室、教育部人文社会科学重点研究基地中国传媒大学国家传播创新研究中心、广播电视数字化教育部工程研究中心、国家语言资源监测与研究中心有声语言分中心、文化部国家文化贸易理论研究基地等。教职工 2021 人，其中，专任教师 1150 人，正高级 300 人、副高级 442 人。博士生导师 161 人、硕士生导师 501 人；双聘院士 3 人、“长江学者”3 人、国家有突出贡献中青年专家 3 人。外籍教师 40 人。入选国务院学位委员会学科评议组成员 4 人，入选“新世纪百千万人才工程”国家级人选 3 人。毕业生 5974 人，其中，全日

5月12日，传媒大学举办“青春志·抒党情”校级合唱比赛
（传媒大学 供）

制研究生1581人（博士生149人、硕士生1432人）、普通本科生1888人、高职毕业生157人。本科毕业生就业率98.46%，硕士毕业生就业率97.13%，博士毕业生就业率95.23%，高职毕业生就业率99.39%。招生26883人，其中，普通本科生2346人，普通专科生163人，成人本科生1171人，成人专科生223人，网络本科生4551人，网络专科生16640人，硕士研究生1611人，博士研究生178人。全日制在校生14000人，其中，普通全日制本专科生9000人，博士、硕士研究生4000人；继续教育在读生30000余人。留学生毕（结）业376人，招生435人，在校生683人。网址：www.cuc.edu.cn。

2017年，学校按照“统筹推进世界一流大学和一流学科建设”战略部署，全力做好“十三五”的各项重点工作。以“双一流”建设为契机，完善学校的整体学科布局，加强各学科层次统筹发展，做好学科之间的渗透和协同。重视和强化基础学科，注重与优势学科有机融合。

人才队伍建设改革。加强教师队伍建设，制订长期人才队伍建设方案，优化人才队伍。按照“总量控制、按需定编、规范管理、促进发展”的原则，开展学校岗位设置与聘任改革、考核制度改革、专业技术职务评审改革、绩效改革等，优化配置人力资源。

本科课堂教学和课程改革。做好本科教学审核评估。加强基础教学管理，推进教学管理的软硬件设施建设。优化网上评教的指标与办法，推进多主体、全类别的全员参与网上评教。加大对教学秩序的检查和考评力度。修订完善《本专科教学事故认定和处理办法》并严格执行。首次开设跨专业选课课程37门次，增设跨专业选课课程74门次。加强慕课自主研发，推进近10门网络课程的建设；辅修/双学位专业扩至7个，共录取1065人；持续推进多媒体教室建设，完成公共多媒体教室二期改造项目。

研究生教育改革。实行“申请—考核”、公开招考两种选拔方式有机衔接、相互补充的博士研究生招生模式。推行、完善研究生导师选任制度改革。完善以提高创新能力为目标的学术学位研究生培养模式，建立以提升职业能力为导向的专业学位研究生培养模式。结合国家重大战略与行业形势，调整博士、硕士14个专业的15个方向，新增方向9个；资助19人在国际高端实验室实习，资助34人参加国际高端学术会议；完善导师选任工作，共选任2018年度可上岗博士生导师199人、硕士生导师707人。

高层次人才引进和培育。大力实施“海外高层次人才引进计划”，完善高层次人才跟踪服务体系，制定引进人才相关配套政策。设立引才育才奖，完善“优秀创新团队培育工程”和“优秀中青年教师培养工程”，继续完善“白杨学者”“资深教授”的评审环节，提高选拔质量。

提高科研数量质量。健全科研政策制度体系，尤其是要建立以质量为导向的科研评价体系。调整和突出重点研究领域和科研资源，提升世界一流成果产出率。加强高端智库建设，推进优秀成果转化和社会影响力。人文社科各类项目经费合同总额7703万元，理工类科研协议经费3049万元。新登记理工类科研成果464项。新增登记论文392篇，其中，新增被检EI会议论文194篇，EI期刊论文35篇，SCI期刊论文22篇；专著2部、译著2部、编著5部；发明专利34项；共获得8项国家自然科学基金立项。

交流与合作。利用“传媒高等教育国际联盟”平台，推进与国际高水平大学在人才培养、队伍建设、学术交流等领域的全面合作。继续开设国际教授工作室项目以及“优秀青年教师国际媒体创新研修”项目。引进具有国际知名度的高水平专家学者及团队，拓展与境外院校和传媒机构的合作关系，推动学部（直属学院）的科研平台与国际科研机构建立全面合作。优化中西融合课程体系。提高中外合作办学质量，建立国家中外合作办学改革示范区和全英文教学示范区。建立国际化学科孵化机制，建设一流的国际化师资队伍，建立国际化创新人才培养机制。扩大留学生规模，拓展“一带一路”沿线国家留学生生源。接待境外来访人员272人次，向47个国家和地区派出166个团组，370人次。与10个国家（地区）18所高校签署（续签）合作协议。举办9个国际会议。

（刘书峰）

优化中西融合课程体系

至年底，传媒大学优化中西融合课程体系。建立中外联合的课程体系、通识博雅课程体系、业界导师工作室课程体系、代表作课程体系。有外方专业课程 160 门，语言课程 14 门。通过国际教授工作室、密苏里新闻周、国际传媒教育学院 (ICUC) 国际大师工作室等，搭建中外联合的课程体系；开设“国际时政前沿专家讲座”课程；引进中传—密苏里融媒体课程，引领技术与艺术融合的跨学科传播学课程，还面向全校各学部院青年教师团队举行三期教学工作坊；依托塞奇 (SAGE) 国际出版集团开展国际传播和舆论研究，国际学术科研工作稳步推进。

（刘书峰）

中央财经大学

党委书记 傅绍林
校　　长 王广谦 (9 月免)　王瑶琪 (9 月任)

概述

2017 年，中央财经大学占地面积 10.27 万平方米，学校产权校舍建筑面积 50.27 万平方米。全年教育经费投入 130466.27 万元，其中，国家拨款 73144.80 万元、自筹经费 57321.47 万元。固定资产总值 21.45 亿元，其中，教学、科研仪器设备资产值 1.89 亿元。图书馆建筑面积 3.65 万平方米，藏书 885 万册，其中，纸质图书 195 万册、电子图书 690 万册，数据库 63 种。拥有计算机 8028 台。学校信息化经费投入 4605.84 万元，多媒体教室座位 18287 个，信息化设备资产 1.79 亿元，网络信息点数 31700 个，校园网出口总带宽 6600Mbps，电子邮件系统用户数 26444 个，上网课程数 385 门，管理信息系统数据总量 46GB。设置 27 个院（系、部）；以经济学、管理学和法学学科为主体，文学、哲学、理学、工学、教育学、艺术学等多学科协调发展的学科体系，开设 50 个专业；具有一级学科 10 个，一级学科博士点 4 个，博士学位授权点 31 个，硕士学位授权点 76 个和专业学位授权点 13 个；博士后流动站 5 个，其中，博士后研究人员出站 33 人、进站 41 人和在站 172 人。拥有 8 个国家特色专业建设点和 7 个北京市特色专业建设点。教职工 1743 人，其中，专任教师 1189 人，包括教授 311 人、副教授 462 人；博士生导师 202 人、硕士生导师 639 人。“千人计划”入选者 2 人，“跨（新）世纪百千万人才工程国家级人选”5 人，“长江学者奖励计划”特聘教授 2 人，“长江学者奖励计划”讲座教授 4 人，享受政府特殊津贴专家 32 人，“青年拔尖人才支持计划”入选者 4 人，教育部“新世纪优秀人才计划”入选者 55 人。外籍教师 36 人，其中，教授 18 人、副教授 4 人。毕业生 6058 人，其中，学历教育学生中全日制研究生 1943 人（博士生 170 人、硕士生 1773 人）、普通本科生 2467 人、成人教育本专科生 1467 人（本科生 1140 人、专科生 327 人）；非计划招生高等教育学生中在职人员攻读硕士学位 181 人。本科毕业生就业率 97.12%。招生 6143 人，其中，学历教育学生中全日制研究生 2216 人（博士生 148 人、硕士生 2068 人）、普通本科生 2521 人、成人教育本专科生 1201 人（本科生 889 人、专科生 312 人）；非计划招生高等教育学生中在职人员攻读硕士学位 205 人。本年高考北京地区本科提档线文科 628 分、理科 638 分。在校生 17983 人，其中，学历教育学生中全日制研究生 4917 人（博士生 631 人、硕士生 4286 人）、普通本科生 10054 人、成人教育本专科生 2665 人（本科生 1991 人、专科生 674 人）；非计划招生高等教育学生中在职人员攻读硕士学位 347 人。留学生毕业 96 人、招生 153 人、在校生 264 人。学历留学生毕业 52 人、招生 98 人、在校生 226 人。网址：www.cufe.edu.cn。

2017 年，学校入选一流学科建设高校，并在全国第四轮学科评估中，应用经济学评为 A+, 位列全国第一，工商管理、理论经济学、统计学、马克思主义理论等一批学科进入全国前列；新增马克思主义理论一级学科博士学位授权点。

深化教育教学改革，提高人才培养质量。重点进行“通识核心课程”“在线开放课程”“翻转课堂”和“网络通识课程”等项目建设工作，提高教学质量，15 门通识课程获得立项，5 门课程进行翻转课堂建设，在线开放课程“金融学”获批 2017 年度国家精品在线开放课程；开展精品教材建设，开发编写面向财经类大学本科学生的系列“财政部（十三五）规划教材”；深化实践实验教学改革，推进创新创业教育，学校被评为“全国高校实践育人创新创业基地”。商学院通过中国高质量 MBA 教育认证。

加强理论创新，推进智库建设。新市场财政学理论、绿色金融理论实践前瞻性研究、中国互联网金融发展报告、中国人力资本指数分析报告等成果引起学界、政界和业界的广泛关注；3 项研究成果获得第六次全国优秀财政理论研究成果一等奖；获得国家社科基金立项 17 项，国家自科基金立项 40 项，省部级科研项目立项 35 项，横向科研项目 283 项，科研项目经费 6416.9 万元；A 类以上论文发表 255 篇，被 SSCI 收录 96 篇，SCI 收录 94 篇，EI 收录 60 篇，2 名教师先后在 PNAS、SIAM 上联合发表论文。成立司法案例研究中心、文化 PPP 研究中心、知识产权研究中心、PPP 治理研究院、政信研究院。获批一带一路国际税收研究中心、一带一路金融研究中心和俄罗斯东欧中亚研究中心 3 个研究中心。这是学校在国别和区域研究领域首次获批的教育部学科平台。

拓展交流合作。与印度、南非等高水平大学签署合作备忘录，拓展与“一带一路”国家高校的合作关系。继续与维多利亚大学合作举办本科合作项目，与美国史蒂文斯理工学院签署硕士学生交换协议，与荷兰蒂尔堡大学提亚斯 (TIAS) 商学院合作举办博士学位教育项目，2017 年实现本科、硕士、博士三个层次的全面布局；加强引智项目体系建设工作，新引入包括美国国家工程院院士在内的 4 名高层次外国专家，获批 8 个国家重点引智项目；开展学生海外交流学习项目，编制项目手册，形成完整的学生海外交流项目体系；推进孔子学院品牌建设，巴西伯南布哥大学孔子学院正式进入全球示范孔子学院的行列；编制完成《中央财经大学 2016 年度国际化发展报告》。全年签署 16 项战略合作协议。

研究报告及成果发布。发布《中国财政可持续发展研究报告》《中国税务教育发展报告 (2015-2016)》《2016 中国电子商务发展指数报告》等 13 个报告。发布联合深圳证券交易所、卢森堡证券交易所发布中国绿色债券指数——“中财—国政绿色债券指数”“深沪 300 绿色领先股票指数”，联合深圳证券信息公司发布“中财—国证深港通绿色优选指数”3 个指数。

（任婷）

国内首个文化 PPP 研究中心成立

3 月 15 日，中央财大文化 PPP 研究中心成立。中心与中文在线数字出版集团股份有限公司联合成立，是国内首个文化 PPP 研究中心。中心依托中央财大文化经济研究院设立，聚合中文在线在项目实践、IP、技术和产业管理方面的优势，合力构建国家新型智库，建设开放、共享、协同、创新的平台，为国家文化经济发展大局服务。计划通过三年时间成为中国文化 PPP 领域的理论高地、决策智库、人才基地、项目推广平台、协同创新平台，持续为各地项目提供专业咨询和指导，规范文化 PPP 项目操作，有效应对项目执行过程中产生的政策风险、商业风险、环境风险、法律风险，提升政府文化治理能力和项目管理效率，进而拓宽文化领域的投融资渠道，进一步促进文化 PPP 模式的推广和发展。

（任婷）

3 月 15 日，中央财大成立国内首个文化 PPP 研究中心
（中央财大　供）

金融科技系成立

9 月 2 日，中央财大金融学院成立金融科技系。金融学院在国内高校中率先成立金融科技系，金融科技系以金融科技人才培养为导向，以金融科技学术前沿问题研究为支撑，打造人才培养、理论研究、创新引领的金融科技教育平台和开放型智库平台。金融学院采用双聘制用人模式，通过校内公开招聘，并聘用统计与数学学院教授担任金融科技系主任。

（任婷）

对外经济贸易大学

党委书记　蒋庆哲
校　　长　王稼琼

概述

2017 年，对外经济贸易大学占地面积 34.39 万平方米，学校产权建筑面积 34.20 万平方米。固定资产总值 165719.56 万元，其中，教学、科研仪器设备资产值 17184.39 万元。图书馆建筑面积 2.49 万平方米，藏书 190.87 万册，电子图书 144.88 万册。拥有计算机 7770 台，信息化设备资产值 3655.71 万元，多媒体教室 327 间，网络信息点 26000 个，校园网出口总带宽 5250Mbps, 电子邮件系统用户 38642 个，上网课程 1294 门，管理信息系统数据总量 391.54GB。研究生院及 24 个直属院（系），开设 46 个本科专业，覆盖经、管、文、法、理、工六大学科门类；一级学科博士点 5 个，一级学科硕士点 8 个；博士后科研流动站 4 个。国家级重点学科 2 个；省、部级重点学科（一级）2 个、二级 5 个;国家重点实验室 1 个。教职工 1668 人，其中，专任教师 1041 人，包括正高级职称 242 人、副高级职称 378 人；博士生导师 169 人、硕士生导师 677 人。有“长江学者奖励计划”讲座教授 2 人、“千人计划”入选者 3 人。外籍教师 43 人。毕业生 6888 人，其中，学历教育学生中全日制研究生 2035 人（博士生 112 人、硕士生 1923 人），普通本科生 2072 人，成人教育本专科生 1070 人（本科生 512 人、专科生 558 人），网络教育本专科生 1711 人（本科生 767 人、专科生 944 人）。本科毕业生就业率 98.91%。招生 7437 人，其中，学历教育学生中全日制研究生 2281 人（博士生 147 人、硕士生 2134 人），普通本科生 2096 人、成人教育本专科生 897 人（本科生 441 人、专科生 456 人），网络教育本专科生 3060 人（本科生 1244 人、专科生 1816 人），研究生课程进修班 5507 人。在校生 24826 人，其中，学历教育学生中全日制研究生 5256 人（博士生 625 人、硕士生 4631 人），普通本科生 8321 人，成人教育本专科生 2087 人（本科生 1210 人、专科生 877 人），网络教育本专科生 9162 人（本科生 3971 人、专科生 5191 人）。留学生毕业 1455 人，招生 893 人，在校生 2578 人。网址：www.uibe.edu.cn。

2017 年，学校入选国家一流学科建设高校，将以应用经济学一级学科为基础，连同学校国际法学、企业管理、会计学等优势特色学科，合力打造学校开放型经济学科群，积极参与国家“双一流”建设。

人才培养。学校出台《通识教育教学指导委员会章程》，构建五大通识课程模块，以“全人”教育统领“成才”教育，首批 13 门核心通识课程立项。学校国际小学期举办，来自 22 个国家的 97 名外籍授课专家和教师任教，国际小学期累计参与近万人次，学员构成更加丰富化，学校影响力日趋扩大。学校再度获评“北京地区高校示范性创业中心”；10 支创业团队入选国家级大学生创新创业训练计划。2017 年学校全球治理人才培养推送工作显成效，共有 12 名师生前往国际组织实习或任职，学历上覆盖本科生、硕士生和博士生。学校获批北京市“一带一路”国家人才培养基地。国际商学院通过中国高质量ＭＢＡ教育认证。

科研工作。获各类纵向课题 92 项，其中，国家社会科学基金项目 24 项（含重大项目 3 项，重点项目 2 项）；国家自然科学基金项目 29 项。本校成立国家对外开放研究院、区域国别研究院、“一带一路”PPP 发展研究中心等智库机构研究院。学校北京对外开放研究院，入选首批 14 家首都高端智库试点单位，区域国别研究院下的 12 个研究中心获教育部批准立项备案。

队伍建设。国际经济贸易学院洪俊杰教授（国际贸易学）、国际商学院王永贵教授（企业管理学）当选“长江学者奖励计划”特聘教授。王永贵教授申报的“服务营销与创新”项目获得国家杰出青年科学基金资助，成为学校首位“杰青”。

国际交流。在新建高等学校学科创新引智基地项目（即“111 计划”）评审中，本校入选“全球价值链研究学科创新引智基地”。埃塞俄比亚总理、巴西教育部长、哥斯达黎加商务部长，格鲁吉亚驻华大使、奥地利驻华大使、秘鲁驻华大使以及诺贝尔奖获得者等 19 个政界、商界、学术界高端团组来访；与 17 所世界著名高校签署协议。留学生长期生规模、学历生规模、全年来华留学人次等指标保持稳定。韩国国立济州大学商务孔子学院挂牌。

（曹亚红）

第五届暑期国际学校开课

7 月 3 日至 28 日，外经贸大第五期暑期国际学校开课。暑期国际学校面向本科生、研究生、外校生和来华留学生，独立开课 97 门，与国际学院联合开设共享课程 27 门，新增经济、商科、法律等课程，引入心理学、三维设计、现代素描、大学生创业等通识、素质类课程，邀请 97 名来自世界知名院校的教授、副教授及国内顶尖学者担任教师。该校国际暑期学校于 2012 年开始，每年举办一届。

（曹亚红）

与成都市政府签署战略合作协议

10 月 13 日，外经贸大与成都市政府签署战略合作协议。根据协议，双方围绕开展战略决策咨询合作、建设成都自贸试验区、开展创新创业、共建成都市服务业研究院、加强校地人才交流、毕业生就业创业等领域开展深度合作。该校将根据成都市社会经济发展需要，重点围绕成都市自贸试验区建设、对外经贸合作等经济领域，参与成都市国民经济和社会发展规划、重大政策制定等研究工作，为成都市提供战略决策咨询和规划服务；参与推进成都市的中德、中韩、中法、中意等国别产业园区建设，提供专业咨询和国际商务人才培训服务，协助提升国别产业园区建设水平；参与推进成都市企业“走出去”战略，为成都市企业建设境外经贸合作园区和“走出去”重大项目提供国别产业政策分析、国情研究、风险评估等方面的服务。成都市将在前期良好合作基础上，务实推动战略协议落实，积极搭建对外经贸、项目引进合作平台，主动融入“一带一路”建设，推进对外经济贸易大学“双一流”建设，服务国家重大战略需求与区域经济发展。

（曹亚红）

通识教育制度制订

10 月 31 日，外经贸大制订通识教育规定。学校制订《关于进一步加强通识教育的实施意见（试行）》《通识教育教学指导委员会章程（试行）》《本科专业评估实施方案（试行）》等文件。学校通过系统的顶层设计和制度规范，强化通识教育在本科教育中的重要地位，确立以通识教育促进“成人”教育理念。学校设立通识教育专项经费，加大投入力度，支持通识教育课程队伍建设、课程建设、教材建设，形成符合通识教育一般特征且具有学校特色的通识课程体系，提升人才培养质量，促进学生全面成长成才。

（曹亚红）

北京物资学院

党委书记　李石柱
院　　长　王文举

概述

2017 年，北京物资学院占地面积 39.7 万平方米，建筑面积 24.26 万平方米，固定资产总值 67026.86 万元，其中，教学、科研仪器设备资产值 23798.79 万元。全年教育经费投入 46841 万元，其中，国家拨款 39201 万元、事业收入 6554 万元、经营收入 181 万元、其他收入 905 万元。图书馆建筑面积 12578 平方米，馆藏图书 116.06 万册，电子图书 177.68 万册。学校设有经济学院、物流学院、信息学院、商学院、法学院、外国语言与文化学院、马克思主义学院、国际学院、继续教育学院 9 个学院，设有 26 个本科专业及方向；拥有 5 个一级学科硕士学位授权，3 个专业学位硕士培养类别；拥有 2 个北京市重点建设学科、2 个国家级特色专业、3 个北京市特色专业。有国家级人才培养模式创新实验区、国家级高等学校实验教学示范中心、国家级及市级校外人才培养基地 (6 个）、北京市重点实验室、北京市哲学社会科学研究基地、北京市高校工程研究中心等教学科研机构。定期出版专业刊物 1 个。教职工 657 人，其中，专任教师 442 人，包括教授 61 人、副教授 170 人；硕士研究生导师 140 人，外籍教师 1 人。国内外学术期刊发表论文 550 篇，其中，核心期刊论文 142 篇，《科学引文索引》(SCI)、《工程引文索引》(EI) 共收录 28 篇。获国家专利授权 43 项。学校信息化建设网络信息点 10000 个，无线接入 1000 个，上网课程 255 门，电子邮件系统用户 6000 个，管理信息系统数据总量 3500GB，数据库 53 个，音视频 32490 小时，信息化培训 550 人次，信息化工作人员 9 人。毕业生 2110 人，其中，学历教育学生中全日制研究生 156 人，普通本科生 1318 人，成人教育本专科生 636 人（本科生 304 人、专科生 332 人）。本科毕业生就业率 97.85%。招生 2453 人，其中，学历教育学生中全日制研究生 267 人，普通本科生 1521 人，成人教育本专科生 665 人（本科生 265 人、专科生 400 人）。北京地区高考录取线理科 544 分、文科 550 分。在校生 7966 人，其中，学历教育学生中全日制研究生 705 人，普通本科生 5992 人，成人教育本专科生 1269 人（本科生 505 人、专科生 764 人）。留学生毕（结）业 39 人，招生 39 人，在校生 39 人。网址：www.bwu.edu.cn。

2017 年，学校获批北京地区高校示范性创业中心、中关村科技型企业创业孵化集聚区。

专业建设与人才培养。健全专业动态调整机制，暂停劳动关系、劳动与社会保障两个专业招生，新增商务英语专业，物流管理专业入选市属高校一流专业建设。建立健全双学位制度、大类招生制度、转专业制度，开办暑期国际学校，开设国际化班、辅修专业和双学位班。完成 17 门课程慕课制作，3 门慕课课程上线运行。成立实验教学中心，推进国家级物流系统与技术实验教学示范中心建设。实现在京一本招生，新增四川、重庆一批次招生省份，一批次招生省市 9 个。获批北京市教学成果奖 5 项，大型原创舞剧《运》首演。

学科建设与科研工作。获批理论经济学一级学科学术型硕士点和金融专业硕士培养类别。管理科学与工程、工商管理两个一级学科参加全国第四轮评估，获评 C+ 等级。获批国家自然科学基金项目 3 个，国家社科项目 2 个，教育部人文社科研究项目 2 项，北京市社科基金项目 13 项。全年科研项目经费 2849.13 万元。获北京市哲学社会科学优秀成果二等奖 1 项。召开"北京运河文化带建设研讨会"，推动运河研究智库建设，推进大运河文化与经济带研究。北京现代物流研究基地通过第四建设周期验收，获评优秀。成立智慧供应链协同创新实验中心，智能物流系统北京市重点实验室获批中关村开放实验室；《中国流通经济》杂志被《中国学术期刊国际引证年报》评为 2017 中国国际影响力优秀学术期刊。

国内外合作与交流。新增曹妃甸、青岛市莱西区、北京市平谷区等合作机构。与北京新奥通城房地产开发有限公司、国家电网通信集团等开展校企专项合作。与南方物流研究院合作，开展专业化培训。与北京市贸促会联合举办京津冀物流协同发展论坛；组织通州产业园区发展战略课题研究座谈会、通州区政协产业转型升级专题对接会，承担通州园产业园区的特色产业规划任务。与美国加州大学河滨分校、英国金斯顿大学、英国朴次茅斯大学、马来西亚博特拉大学签署合作协议书或备忘录。中美物流高级人才联合培养项目完成第一批本科生培养。获批北京市"一带一路"来华留学奖学金专项——东盟物流人才国际班项目。

11 月，物资学院开展新教师入职培训

（物资学院　供）

（胡瑞旺）

获批中关村开放实验室

2 月 23 日，物资学院智能物流系统北京市重点实验室获批中关村开放实验室。实验室依托学校在智能物流系统研究方面的优势，基于智能物流系统理论与方法、物联网技术、智能物流装备及系统等方面的研究成果，经网上申报、现场评审、专家评议等环节，获批成为第十批中关村开放实验室。全国共有 28 家实验室入选。中关村开放实验室是中关村科技园区为充分发挥北京地区独有的高科技创新资源集聚的优势，强力推动产学研结合积极促进科技成果向现实生产力转化的战略目标而重点推动的一项工作。中关村开放实验室工程坚持以市场为导向、以企业为主体、以要素集成为路径，持续开展机制创新、体制创新、服务创新、组织创新和文化创新，推动政产学研介五位一体的创新平台建设。

（胡瑞旺）

运河文化带建设研讨会

5 月 6 日，物资学院召开北京运河文化带建设研讨会。会议围绕运河文化带建设、文化价值、文化宣传、文化保护以及运河文化资源共享展开讨论。会议宣布成立物资学院运河文化研究所。研究所以深耕通州、切入朝阳、涉猎北京、环视京津冀的发展战略，从运河治理和漕运、运河文化产业、运河生态建设、通州地方文化四个方面开展研究。市委教育工委、通州区委、运河沿线地区开展运河文化研究的相关高校、科研院所专家及民俗文化艺术家 30 人参加会议。

（胡瑞旺）

首都经济贸易大学

党委书记　冯培
校　　长　付志峰

概述

2017 年，首都经济贸易大学占地面积 36 万平方米，产权校舍建筑面积 45.53 万平方米。图书馆建筑面积 2.84 万平方米，藏书 203.05 万册。固定资产总值 12.94 亿元，其

11 月 20 日，首经贸组织“不忘初心、牢记使命”重温入党誓词主题党日活动　（首经贸　供）

中，教学、科研仪器设备资产总值 5.81 亿元。全年教育经费投入 112313 万元，其中，国家拨款 89377 万元、自筹经费 22936 万元。学校信息化经费投入 1090 万元，拥有计算机 8789 台，多媒体教室 290 个，信息化设备资产 16399 万元，网络信息点 22000 个，校园网出口总带宽 6000Mbps，电子邮件系统用户 5818 个，上网课程 178 门。设 19 个院系（系、部），45 个本科专业，4 个专科专业，6 个硕士学位授权一级学科点，4 个博士学位授权一级学科点，4 个博士后科研流动站。1 个国家重点学科（二级），2 个省部级重点学科（一级），2 个省部级重点学科（二级）。国家实验室 1 个，省部级设置的研究（院、所、中心、实验室）4 个。教职工 1562 人，其中，专任教师 913，包括教授 170 人，副教授 309 人，讲师 393 人、助教 39 人，博士、硕士导师 68 人，硕士生导师 376 人，千人计划入选者 3 人。外籍教师 14 人，其中，11 人为博士研究生。毕业生 4597 人，其中，全日制研究生 1118 人（博士生 41 人、硕士生 1077 人），普通本专科生 2455 人（本科 2346 人、专科 109 人），成人教育本专科生 1024 人（本科 596 人、专科 428 人）；非计划招生高等教育学生在职人员攻读硕士学位 19 人。本专科毕业生综合就业率 95.85%，研究生毕业综合就业率 97.09%。招生 4703 人，其中，全日制研究生 1289 人（博士生 80 人、硕士生 1209 人），普通本科生 2548 人，成人教育本专科 866 人（本科 573 人、专科 293 人）。高考北京地区提档线文史类 574 分、理工类 575 分。在校生 16503 人，其中，全日制研究生 3301 人（博士生 389 人、硕士生 2912 人），普通本专科生 10118 人（本科 10004 人、专科 114 人），成人教育本专科生 3084 人（本科 2085 人、专科 999 人）。留学生毕（结）业 895 人、招生 942 人、在校生 1016 人。网址：www.cueb.edu.cn。

2017 年，学校推进“十三五”时期发展规划的各项工作任务。

人才培养。实施 2017 版本科人才培养方案，完善“多样性、自主性、协同性”育人体系；设立三大教学奖项，完善教学激励机制；会计学、金融学专业入选北京市属高校首批一流专业建设名单。开展多层次精细化就业指导，本科生和研究生就业率均达 99%。“一带一路”经济与管理人才培养基地入选北京市“一带一路”国家人才培养基地。科研工作。获批国家级科学研究项目 36 项，1 个研究院入选首批首都高端智库建设试点单位，获批 1 个北京市重点实验室。

师资建设。8 人入选北京市“人才强教特聘教授”计划，5 人入选“人才强教高层次人才引进”，2 人入选“人才强教创新团队”计划，2 人入选“人才强教长城学者”计划，9 人入选“人才强教青年拔尖人才”项目，1 人入选“北京市高层次创新创业人才支持计划”创新团队项目，2 人入选青年拔尖人才项目，2 人获北京市“优秀教师”称号。

（黄少卿）

“骆驼精神”文化体系系列活动

2 月至 10 月，首经贸举办“骆驼精神”文化体系系列活动。《构建“骆驼精神”文化体系引领首经贸筑梦远航》获评 2014 年至 2015 年北京高校党的建设和思想政治工作优秀成果二等奖；开展 13 场“驼韵师话”活动，通过老教师话师德、话学问、话人才培养和人生经历，引导全校教师将自我修养与互助成长相结合，强化师德教育引领；启动“驼铃计划”，颁布《关于加强和改进新形势下教师思想政治工作的实施意见》，从思想引领、师德建设、助力成长、强化动力、团队建设五个板块，完成加强教师思想理论建设、健全师德制度建设、深化“驼韵师话”师德文化传承等 10 项任务。

（黄少卿）

党代会及双代会召开

4 月 12 日和 12 月 29 日至 30 日，首经贸分别召开第四届教职工代表大会暨工会会员代表大会和第四次中国共产党党员代表大会。双代会审议并通过学校工作报告、教代会工会工作报告、财务工作报告、第三届工会经费审查工作报告、工会委员会财务工作报告及教代会天工作报告，选举产生新一届教职工代表大会执行委员会、工会委员会和工会经费审查委员会，并审议通过大会决议。党代会主题为：以党的十九大精神为引领，全面贯彻习近平新时代中国特色社会主义思想，不忘初心，践履中国大学使命，立德树人，落实高校根本任务，在北京建设国际一流的和谐宜居之都宏图中做出新贡献，为建成国内一流、国际知名财经大学而努力奋斗。会议听取并审议通过第三届党委工作报告，书面审议并通过第三届纪委工作报告和《关于党费收缴、使用和管理情况的报告》。会议选举产生第四届党委和纪委，21 人当选新一届党委委员，9 人当选新一届纪委委员；表决通过《中国共产党首都经济贸易大学第四次党员代表大会关于第三届委员会报告的决议》和《中国共产党首都经济贸易大学第四次党员代表大会关于第三届纪律检查委员会报告的决议》。

（黄少卿）

首次推出“开学第一课”

9 月 6 日，首经贸首次推出“开学第一课”。校党委书记冯培以《走向远方》为题，向全体 2017 级本科生和研究生讲授进入大学的“开学第一课”，提出正确自我定位、成为把握机遇的“追风者”和“观风者”的希望，号召将“做具有家国情怀的时代奋进者”作为自身发展的第一目标。“开学第一课”是学校首次推出的系列思想政治宣传教育活动，与“成长加油吧”“成长课堂”及“创享课堂”一道成为首经贸加强学生思想政治工作的重要环节。

（黄少卿）

外交学院

院　　长 秦亚青
党委书记 袁南生（3月免） 齐大愚（3月任）

概述

2017年，外交学院有展览路校区和沙河校区两个校区，占地面积35.23万平方米，产权校舍建筑面积17.91万平方米。全年教育经费投入24921.76万元，其中，国家拨款18196.68万元、自筹经费6725.08万元。固定资产总值2.51亿元，其中，教学、科研仪器设备资产值0.36亿元。图书馆建筑面积12746.11平方米，藏书182.01万册，其中，纸质图书59.54万册、电子图书122.47万册。拥有计算机1445台。学校信息化经费投入867.17万元，多媒体教室座位4394个，信息化设备资产3966.41万元，网络信息点数5800个，校园网出口总带宽833Mbps，电子邮件系统用户数4265个，上网课程302门，数字资源量31266GB，管理信息系统数据总量820GB。设外交学与外事管理系、英语系、外语系、国际法系、国际经济学院、基础教学部、研究生部、国际关系研究所、国际教育学院9个教学单位，29个研究中心。中国国际法学会、中国国际关系学会挂靠外交学院；开设13个专业，涵盖法学（含政治学）、文学、经济学3大学科门类；具有一级学科3个，一级学科博士点1个，一级学科硕士点3个，博士学位授权点3个，硕士学位授权点11个和专业学位授权点3个；博士后流动站1个，其中，博士后研究人员出站1人、进站1人和在站7人。国家重点学科2个、北京市重点学科3个。教职工440人，其中，专任教师213人，包括教授45人、副教授83人；博士生导师18人、硕士生导师125人。享受政府特殊津贴专家75人。外籍教师18人，其中，副教授1人。毕业生672人，其中，学历教育学生中全日制研究生283人（博士生22人、硕士生261人）、普通本科生330人、成人教育专科生59人。本科毕业生就业率96%。招生771人，其中，学历教育学生中全日制研究生345人（博士生24人、硕士生321人）、普通本科生363人、成人教育专科生63人。高考北京地区提档线文科622分、理科629分。在校生2244人，其中，学历教育学生中全日制研究生768人（博士生95人、硕士生673人）、普通本科生1369人，成人教育专科生107人。留学生毕业99人、招生97人、在校生167人。网址：www.cfau.edu.cn。

2017年，学校成功入围全国95所一流学科建设高校行列。围绕一流学科建设，外交学院推进教学科研、学科建设、对外交流等各方面工作。

教学工作。推进“三三制”教学改革，制订《外交学院深化本科教学改革工程方案》，推出“创新培养模式、规范课堂教学、完善质保体系、深化实践教学”四方面改革内容。全面开展“外语教学专业化”改革，形成完整的“外语教学专业化”课程体系。明确本科教学质量保障体系的建设目标和实施策略，完成教师本科课堂教学质量评估办法及配套文件，推进全面质量保障体系建立；探索资源共享和学生共培机制，通过校际互选课、参与沙河高教园区内高校共同体建设等途径，探索和推进校际教学资源共享机制；建设在线课程6门；接收两个班级共41名北京市“双培计划”项目交流学生。

学科建设工作。申报一级学科博士和硕士学位授权点，外国语言文学一级学科博士点、法学和理论经济学两个一级学科硕士点、金融硕士专业硕士学位点，通过北京市教育主管部门的资格公示。

科研工作。获教育部人文社会科学研究青年基金项目立项1个，北京市社会科学基金项目立项4个。举办学术会议23场，其中国内会议12场，国际会议11场；学术讲座40场。教学科研人员出国出境参会和交流访问113人。

交流合作。全年共开展外事活动245次；其中，国际学术合作交流112次，接待9位高层政要及国外代表团、驻华使馆人员来访、演讲等106次；与8所海外院校签署合作协议或备忘录，学生赴外交流共计158人次，海外院校来院交流生人次增长3.7%，留基委录取人次增长36.3%；首次派送在校学生赴联合国机构实习；与驻澳门特派员公署合作，启动涉澳培训工作；获批成为北京市首批“一带一路”国家人才培养基地；获批成为全国25所具有自主终审权的首批高校之一；荣获中国高教学会引智分会优秀理事单位”称号；首次实现三大国家级及特色类外专引智项目零的突破。

对外培训。受外交部等委托，全年共举办外国外交官等政府官员及学者培训班23期，受训学员576人，来自51个国家，累计培训时间208天；举办2期“香港公务员外交事务研习课程”，受训学员31人；举办第7届香港大学生“外交之友”夏令营，70名香港大学生学员参加。

基建改造。展览路校区地下车库和体育馆项目竣工，增加500个地下车位及2800平米地下运动设施。展览路校区实施锅炉改造、北侧道路及周边绿化、主办公楼改造、消防改造、管线扩容改造5个项目。

中国外交培训学院工作。中国外交培训学院和外交学院“一个机构、两块牌子”，主要承担全国外交外事人员、国际职员后备人员培训，及相关国际交流合作等工作。外交学院在干部选任、师资队伍、后勤保障等方面给予中国外交培训学院支持。

（顾建俊）

外交翻译系列讲座

3月至6月，外交学院举办外交翻译系列讲座。分别邀请外交部翻译司高级翻译作主题为“外交翻译的日常工作”“外交活动的主要形式”“告别中式英语语音”的讲座，讲解交传、同传两种口译类型的异同点，总结外事翻译的事前准备工作和严格纪律要求，分析汉英语言发音方式的差异及其原因。

（顾建俊）

第一期“涉外创新创业成长营”

7月4日至13日，外交学院举办第一期“涉外创新创业成长营”。成长营围绕涉外创新创业主题，从分析国际形势、介绍国家政策、培训“双创”实务三方面进行课程设计，安排课堂讲座、专题研讨、实地参访、实战演练等形式的课程，帮助营员洞察国际形势、了解国家政策、模拟商务谈判、学习国际礼仪。港澳台及内地青年企业人员和高校学生40人参加。

（顾建俊）

中日韩青年峰会

9月25日至30日，外交学院举办2017中日韩青年峰会(TYS)。峰会以“迈向东北亚经济一体化”为主题，围绕如何改善三国政治与安全互信，夯实东北亚经济一体化基础、如何加快三国自贸区建设，促进东北亚经济一体化进程、如何加强三国人文交流，助推东北亚经济一体化建设等相关问题，进行分组讨论，撰写主题报告，提交给三国学生主席，学生主席在分组报告基础上，经商讨形成最终联合报告，在模拟三国领导人峰会上共同宣读。中日韩三国各推选10名学生参加峰会，外交学院4名学生参加。

（顾建俊）

中国人民公安大学

党委书记 樊京玉
校　　长 曹诗权

概述

2017年，中国人民公安大学有木樨地、团河两个校区，占地面积76.8万平方米、建筑面积63.1万平方米。固定资产总值218408.55万元，其中教科仪器设备资产总值20008.07万元。图书馆建筑面积43351平方米，藏书147.31万册。拥有计算机6657台(其中教学用计算机4593台)。网络多媒体教室226间，信息化设备资产12493.34万元，网络信息点数23000个，校园网出口总带宽6500Mbps, 电子邮件系统用户数25000个，上网课程数200门，管理信息系统数据总量15000GB。有11个教学院；开设13个本科公安专业，22个专业方向，覆盖法学、工学2个学科门类；有3个一级学科博士后科研流动站，在站16人。有法学、公安学、公安技术3个一级学科博士学位授权点，法学、公安学、公安技术等3个一级学科硕士学位授权点，警务、法律、安全工程和公共管理等4个专业学位硕士授权点；有公安学、公安技术2个一级学科国家重点学科，国家级特色专业点5个，北京市重点学科4个，国家级实验教学示范中心2个，省部级重点实验室2个，北京市实验教学示范中心1个，国家级虚拟仿真实验教学中心1个，省部级研究机构2个。全校教职工2215人，其中，专任教师638人，包括教授115人、副教授226人；博士生导师64人、硕士生导师261人。享受国务院政府特殊津贴29人。2017年毕业生5545人，其中，学历教育学生中全日制研究生554人(博士生40人、硕士生514人)，本科生2562人(其中二学位生426人)，成人教育本专科生2429(含校外)人。招收学生5894人，其中学历教育学生中全日制研究生619人(博士生36人，硕士生583人)，本科生2632人(其中二学位生324人)，成人教育本专科生2643(含校外)人。在校(籍)生16307人，其中，学历教育学生中全日制研究生1653人(博士生94人、硕士生1559人)，本科生9704人(其中二学位生898人)，成人教育本专科生4950(含校外)人。北京生源高考提档线文科556分，理科537分。2017年度，学校共承担各类高级警官进修及培训任务10826人，其中，培训时间在一个月以内的有10531人，培训时间在一个月至三个月的有295人；承办港澳执法研修班9期，学员177人;承办外国高级执法官员研修班8期，为128名外国执法官员提供研修服务。网址：www.ppsuc.edu.cn。

2017年，学校入选“世界一流学科建设高校”，公安学学科入选“世界一流建设学科”。

机构和组织设立。成立习近平新时代中国特色社会主义思想研究组、马克思主义青年研究会、国家生态安全法治研究中心、证据运用研究中心、民间社会研究中心、金融安全与网络科技研究中心、禁毒理论与政策研究中心、审讯科学与技术研究中心、民航安保研究中心、警务辅助人员管理研究中心、中国低空安全研究中心等非在编科研机构。成立教师发展指导委员会。

科学研究。获批国家级科研项目立项25项，获得资助经费1017.2万元，其中，国家社科基金项目8项，资助经费175万元，并首次主持承担国家自然科学基金面上项目。面向社会创办“中国公安大讲堂”，协办第四届世界互联网大会分论坛，主办“习近平新时代中国特色社会主义政法公安思想研究论坛”“西藏社会治理创新与公安人才教育培养”等全国性高端论坛。

交流与合作。国际方面，发起倡议成立“一带一路”沿线国家警察院校协会，获得市教委“一带一路”奖学金项目支持，启动与5个国家警察院校本科生联合培养，通过校际互换、外方资助等多种渠道，选派7个批次180名学生出国留(访)学。邀请20个国家警察和司法院校代表团154人次来校学术交流，支持51个批次107名干部教师赴 28 个国家和地区学术访问、参加国际会议或研修培训。举办第九届国际警务论坛等大型国际性学术会议 9 场；接待 18 个国家安全和内务部长级以上团组，38 个国家警方局级团组 200 余人次来校访问，与 6 个国家警察院校新签署校际合作协议。国内方面，与 5 地公安局签订合作框架协议，分别是广东省深圳市公安局、贵州省贵阳市公安局、河南省新乡市公安局、四川省广元市公安局、云南省昆明市公安局，另与湖北省黄冈市政府签约合作。与 4 家公司签订合作协议，分别是海鑫科金高科技股份有限公司、海能达通信股份有限公司、无锡日联科技股份有限公司和北京合众思壮科技股份有限公司。

校园基本建设。投入 1.2 亿元加强校园基本建设，启动总建筑面积 5 万平方米的木樨地西住宅小区综合整治工程，完成总建筑面积 6 万平方米的团河校区运动场、学生宿舍、教学用房和木樨地校区 29 号业务楼维修改造工程。

（平李博文）

党代会及双代会召开

1 月 10 日和 2 月 24 日，公安大学召开第四次党员代表大会和教职工代表大会暨第六届工会会员代表大会第四次全体会议。会议审议通过《增强“四个意识”，坚持改革创新，为建设“国内一流、世界前茅”警察大学而努力奋斗》的党委工作报告，选举产生第四届党委和新一届纪委。应到代表 200 人，实到代表 193 人。

（平李博文）

1 月 10 日，中国共产党中国人民公安大学第四次党代会召开

（公安大学 供）

系列改革措施和方案出台

3 月和 10 月，公安大学颁布实施多项改革措施及实施方案。颁布实施《中国人民公安大学综合改革方案》，分为指导思想、总体目标、工作原则、改革重点及任务、组织保障 5 大部分，明确学校实现“国内一流高校、世界警察类院校前茅”奋斗目标的阶段性安排，在人才培养、思政工作、学科发展等重点领域实施综合改革。颁布实施《中国人民公安大学“十三五”发展规划》，分为发展基础、总体要求、建设目标、主要任务及措施、重点建设项目、组织实施 6 大部分，明确学校“十三五”期间的办学指导思想、总体建设目标和办学规模、学科专业、人才培养、教学培训、科学研究、外事交流等工作具体目标。颁布实施《中国人民公安大学办学指引》，从 20 个方面明确学校发展的顶层设计和主体框架。颁布实施《中国人民公安大学章程》，分为序言，总纲，举办者与学校，内部治理，民主管理与监督，主要办学活动，学生、学员与教职工，资产财务，外部关系，标识和校庆日，附则等章节，共 83 条。印发《关于加强和改进本科教学工作的意见》，分为 6 大部分 30 条，分别从顶层设计、教师队伍建设、保障体系建设、“卓越警务人才”培养计划、学风建设、教学质量监测等方面提出意见加强和改进本科教学工作。

（平李博文）

“中国公安大讲堂”开讲

9 月 27 日，公安大学首期“中国公安大讲堂”开讲。大讲堂每月举办一期，邀请校内外知名学者和具有学术专长的专家，以“最前沿、最权威、最有用”作为选题标准，面向全校并通过网络等新媒体向全社会开展公安前沿理论和最新学术成果宣讲活动。至年底，共举办 3 期讲座。

（平李博文）

国际关系学院

党委书记　刘慧
院　　长　陶坚

概述

2017 年，国际关系学院占地面积 15.25 万平方米，学校产权校舍建筑面积 15.8 万平方米。全年教育经费投入 23579.51 万元，其中，国家拨款 19732.36 万元、自筹经费 3847.15 万元。固定资产总值 4.65 亿元，其中，教学、科研仪器设备资产值 0.73 亿元。图书馆建筑面积 5925 平方米，藏书 491.5 万册，其中，纸质图书 47.5 万册、电子图书 444 万册。拥有计算机 1900 台。学校信息化经费投入 1728.379 万元，多媒体教室座位 3764 个，信息化设备资产 5921.87 万元，网络信息点 4850 个，校园网出口总带宽 2800Mbps，电子邮件系统用户 4524 个，上网课程 5 门，数字资源量 10000GB，管理信息系统数据总量 200000GB。设置 7 个院（系、部）；开设 9 个专业及覆盖 5 个学科；具有一级学科 3 个，硕士学位授权点 15 个和专业学位授权点 4 个；北京市重点学科 1 个。教职工 356 人，其中，专任教师 154 人，包括教授 33 人、副教授 76 人；博士生导师 8 人、硕士生导师 354 人；国家有突出贡献专家 1 人、享受政府特殊津贴专家 9 人。外籍教师 10 人，其中，教授 1 人。毕业生 889 人，其中，学历教育学生中全日制硕士研究生 250 人、普通本科生 596 人、成人教育本专科生 43 人（本科生 30 人、专科生 13 人）；本科毕业生就业率 91.95%。招生

920 人，其中，学历教育学生中全日制硕士研究生 315 人、普通本科生 566 人、成人教育本专科生 39 人（本科生 22 人、专科生 17 人）。高考北京地区提档线文科 580 分、理科 586 分。在校生 3045 人，其中，学历教育学生中全日制硕士研究生 695 人、普通本科生 2251 人、成人教育本专科生 99 人（本科生 57 人、专科生 42 人）。留学生毕业 11 人、招生 7 人、在校生 17 人。网址：www.uir.edu.cn。

2017 年，学校为深化改革，成立 4 个深化改革专项工作组，开展体制机制、学科专业、师资队伍和教学改革等工作。学校章程获批。

教育教学改革。制定《国际关系学院本科教学工作审核评估整改工作方案》，整改方案确定的 6 类 26 条中长期整改任务已完成 7 条。成立本科教学质量监控办公室，负责本科教学质量监控工作。修订《国际关系学院教师教学工作规范》、2017 版培养方案、600 门课程教学大纲、7 个本科专业模块化和进阶式培养方案。推进混合式教学模式课程建设，在线运行通识类优质慕课课程 5 门。引入“雨课堂（专业版）”智慧教学工具，实现翻转课堂，线上线下学习方式有机结合。继续开设“拔尖人才”创新实验班，打造“语言 + 国际关系”特色培养模式。新增网络空间安全本科专业。

人才培养。成立人才培养委员会，制订《国际关系学院人才培养委员会章程》。利用引智项目经费，邀请外籍专家来校教课、开办讲座；选派百名学生赴海外交流学习；继续开设国际化小学期，邀请海外师资来校开设国际课程，选课学生 165 人次。推进大学生创新创业训练计划项目，创新项目立项 22 项，经费 11 万元。举办首届模拟创业比赛，选拔校内 1 支优秀团队参加全国创新创业比赛并获三等奖。新建 2 个研究生联合培养和实践基地，专业学位研究生实践基地增至 11 个。以“青年服务国家”为主题组建 22 支团队，190 名学生参与暑期社会实践活动。借助校友“大有实践奖励金”支持学生开展暑期社会实践和励志素质拓展培训。以纪念中央特科成立 90 周年为主题创作话剧《夜·奔》。

学科建设。以国家安全一级学科建设为指引，制订《国际关系学院学科建设总体规划 (2017—2025)》。调整通信与信息系统二级学科，调整政治学一级学科下设学科方向，新增政治学理论和国家安全学 2 个学科方向，成为全国首个设立国家安全学专业的高校。完成外国语言文学和理论经济学一级硕士授权自我评估。

师资和干部队伍建设。制定《国际关系学院高层次人才选聘办法》和《国际关系学院高层次人才培育计划》，引进正高和博士后各 2 人，评选 5 名校级优秀教师，1 名教师获北京市优秀教师称号，1 名教师获北京市教学名师称号。教职工获得省部级各项奖励达 20 项。举办新入职教师培训、“教学创新与实践”青年教师培训会和“在线课程建设与应用高级定制研修班”，开展校级青年教师教学基本功比赛，推荐教师参加北京市高校第十届青年教师教学基本功比赛并获二等奖。制订《国际关系学院 2017 年中层领导班子和领导干部换届调整工作实施方案》。

科研工作。修订 7 项科研管理规定。国际战略与安全研究中心入选中国社会科学评价研究院《中国智库综合评价 AMI 研究报告 (2017)》核心智库榜单（高校智库）。外语学院英语写作中心创办并出版“讲中国故事”系列英文书刊 C Book。发布 2017 年度“国际安全态势感知指数”，启动《国际安全大数据年鉴 · 2018》项目，首创期刊与国外著名高校合办研讨会先例。获批国家社科基金项目 2 项，国家社科特别委托项目 1 项，教育部人文社科年度项目 1 项，其他省部级项目 16 项，获批中央高校基本科研业务费 510 万元。

（任婉君）

国际核议程评估学术研讨会

6 月 16 日至 17 日，国关学院举办国际核议程评估国际学术研讨会。研讨会围绕“核安全与核不扩散：制度安排与现实困境”“核安全的全球治理：进展、挑战与合作”“核扩散问题”“核军控的困境与治理”“在核时代中实现安全：我们的建议”议题展开研讨，发布 2017 年版《国际安全态势感知指数排名》。会议由国际关系学院主办，《国际安全研究》编辑部与哈佛大学肯尼迪政府学院贝尔福中心“管控原子能项目”联合承办。来自美国、欧洲、日本、韩国及中国各地大学、科研院所以及政府部门的百名专家、学者参加研讨会。

（任婉君）

6 月 16 日至 17 日，国关学院召开国际核议程评估学术研讨会
（国关学院　供）

首期 C Book 发布会

9 月 20 日，国关学院举办“讲好中国故事，传播中国声音”——New Horizons: Art Presence in China 首期 C Book 发布会。首期 C Book 以中国艺术类 001 号 NGO“今日美术馆”的成长史为缩影，介绍中国民营美术馆的发展历程，由重庆大学出版社出版，电子书登陆亚马逊，同时有 Kindle 版。C Book 是一本向国外介绍当代中国的英文版 Mook (magazine book)，以半年刊的形式发行。C 代表“Cultural Communication of Contemporary China”，每期选择一个主题，通过讲述人物、机构、事件故事的形式，介绍并探讨当下中国社会文化发展状况。C Book 后三期聚焦旧城改造和特色小镇、中国网球和体育精神以及中国工匠文化和工匠精神。主创人员为学校英语写作中心教师，还

邀请相关领域的名人撰写文章或接受专访。

（任婉君）

北京体育大学

党委书记 杨桦（3月免） 曹卫东（3月任）
校　　长 池建

概述

2017年，北京体育大学占地面积75.52平方米，产权建筑面积46.93万平方米。固定资产总值243484.63万元，其中，教学、科研仪器设备资产值38522.97万元。图书馆建筑面积5766平方米，纸质图书122.10万册、电子图书165万册。全年教育经费投入64531.20万元，其中，国家拨款47788.97万元、自筹经费16742.23万元。拥有计算机3540台。学校信息化设备资产11594.48万元，网络信息点20224个，校园网出口总带宽4600Mbps，电子邮件系统用户13840个，上网课程18门，数据库54个，管理信息系统数据总量71GB。设置10个院、5个系、2个中等专业学校；开设本科专业16个，覆盖教育学、文学、理学、医学、管理学5个学科门类，其中，国家级特色专业建设点3个，北京市特色专业建设点4个；拥有体育学一级学科博士学位授予点1个，一级学科硕士学位授权点4个，二级学科硕士学位授予点1个，以及体育硕士专业学位授予点和高校师资学位授予点；体育学博士后科研流动站1个，其中，博士后研究人员出站4人、进站2人和在站21人。有国家重点学科4个、省部级重点学科12个，省部级优秀重点学科2个，省部级重点实验室5个，省部级体育哲学社会科学重点研究基地1个，北京市高等学校工程中心1个，国家级实验教学示范中心1个，北京市高校实验教学示范中心2个。在职教职工1029人，其中，专任教师761人，包括教授141人、副教授207人；博士生导师66人、硕士生导师219。招生4472人，其中，学历教育学生中全日制研究生904人（博士生1132人、硕士生791人），普通本科生2397人、成人教育本专科生1171人（本科生574人、专科生597人）。北京地区高考提档线文科583分、理科548分。在校生14999人，其中，学历教育学生中全日制研究生2620人（博士生385人、硕士生2235人），普通本科生9596人，成人教育本专科生2418人（本科生1170人、专科生1248人）；非计划招生高等教育学生中在职人员攻读硕士学位200人；全日制留学生毕业37人、招生66人、在校生165人。毕业生3448人，其中，学历教育学生中全日制研究生726人（博士生113人、硕士生613人），普通本科生1942人，成人教育本专科生780人（本科生460人、专科生320人）。本科毕业生就业率98.75%。网址：www.bsu.edu.cn。

2017年，学校调整机构。成立奥林匹克运动学部、体育与健康学部、人文社科学部三大学部。对8个部门进行合并、优化、职能调整，构建“大学工”“大招生”“大外事”“大后勤”工作格局。

学科建设。入选一流学科建设高校。制订《北京体育大学一流学科建设方案》，建立以体育学为核心，以法学、教育学、文学、理学、医学、管理学、艺术学7个门类相关学科专业为支撑的学科总体布局。体育学一级学科在全国第四轮学科评估中获评A+等级。

人才培养。制定2018年本科培养方案修订指导意见，制订国际化实施意见、世界一流学科建设之创新人才培养工作方案（国际化）。奥林匹克运动学部下设8个专项学院，加强运动员、教练员、裁判员的高端化、贯通化、国际化、协同化“四化”培养。设立足球裁判、教练国际化实验班，首批分别招收20人、24人。新增德语、法语、口译、马克思主义理论方向班。制定《本科教学质量保障体系手册》《本科教学过程质量管理及标准》，构建本科教学质量保障体系和标准体系。

科研工作。组建中国运动与健康研究院、中国体育政策研究院、中国体育大数据中心3个科研平台。成立人工智能体育工程实验室。科研课题获批立项149项，资助经费1803万元，包括国家社科基金6项、国家自然科学基金2项等。开展科学健身示范区建设，探索示范区服务模式。举办“运动与健康中国2030”高峰论坛，编写《中国青少年体育发展报告(2017)》。与中国知网合作创建的《北京体育大学学报》（英文版）发布。

交流合作。新增1个国家9所国外友好院校。启动法国夏斗湖校区建设工作，探索与国外大学“2+1+1”联合培养、学分互认、学位互授等合作办学机制。派出本科生135人次分赴美国、加拿大、瑞士、欧盟等国家进行长期课程学习和短期游学交流。通过外专引智计划，聘请136名外国专家来校从事教学、训练、科研工作。设立“一带一路”体育人才奖学金，首批招收165名留学生。高端外国专家获中国政府“友谊奖”。

参与冬奥会建设。人才培养方面，与芬兰于韦斯屈莱大学共建中芬冰雪运动学院、中芬体育创新研究院，成班制选派青年骨干教师前往学习研修。开设冰雪产业管理方向班，面向全校选拔培养体育产业管理人才。成立冬奥培训学院，承担北京冬奥会培训任务。组建学校男子冰球代表队、越野滑雪队；受国家体育总局委托，面向海内外及社会各界华人开展冬季等多个项目跨界跨项选材及寻找未来“奥运之星”活动。科技助奥方面，利用“111计划”和“中国奥林匹克引智中心”、冰雪运动“一带一路”联合实验室等国际化引智和科研平台，联合组建国际化高层次科研团队，为冰壶、花样滑冰、速滑等多支国家队提供科研攻关和科技保障服务。政策理论研究方面，成立北京冬奥人文研究中心，出版《北京冬奥会竞赛项目通用知识读本》等。

足球发展。获中国足球发展基金会2亿元“国家足球后备人才培养”专项资助。成立中国足球运动学院及新疆、甘肃、辽宁、江苏、贵州、海南6所分院，成立足球俱乐部，进入国家联赛体系。

提升服务保障水平。为国家队提供训练、科技、医疗、食宿等一体化服务保障。至年底，共有 4 个布局项目、15 个冬季转训项目、12 个其他转训项目运动队来基地训练。中国冰球协会、中国橄榄球协会、中国铁人三项运动协会入驻学校。

师生获奖。师生在世界杯、世锦赛、世界大学生等世界级比赛中获金牌 7 枚、银牌 9 枚、铜牌 2 枚；在亚洲锦标赛、亚洲大学生锦标赛等比赛中获金牌 13 枚、银牌 7 枚、铜牌 13 枚；在全国运动会、全国学生运动会、全国锦标赛、冠军赛、全国大学生锦标赛中获金牌 164 枚、银牌 119 枚、铜牌 155 枚。承办 1 项国家级和省部级赛事以及学校田径运动会等 19 项校内比赛。

（牛文珺 董健）

校企签约合作

7 月 17 日，8 月 11 日，北体大分别与东胜文化旅游集团和国奥控股集团股份有限公司签署战略合作协议。根据协议，与东胜文化旅游集团围绕体育特色小镇的建设、运营、宣传等方面展开合作。北体大利用自身优势，为东胜文化旅游集团的体育特色小镇的开拓、申报、建设和运营工作提供智力支持和品牌支持；集团向北体大教育基金会捐资 1 亿元，设立东胜奖教金。与国奥控股集团联合开展共建国家足球、橄榄球俱乐部，中体产权交易中心，共建中体投资基金，共建中国足球运动学院等合作。国奥集团旗下公司北京国安金冠足球事业发展有限公司向学校教育基金会捐赠 1 亿元，设立国奥奖教金。

（董健）

中国足球运动学院成立

8 月 19 日，北体大举行中国足球运动学院揭牌暨国家俱乐部成立仪式。足球运动学院设在北体大秦皇岛校区，下设办公室、教学研究团队、训练竞赛团队、科技保障团队、后勤保障团队、合作管理团队，分别在新疆、甘肃、辽宁、江苏、贵州、海南设立分院。学院致力于打造高端化、贯通化、国际化的竞技体育人才培养新模式和国家主导的足球青训体系，培养具有国家情怀、社会责任和国际水平的新时代足球运动人才。学院秉承“世界眼光、国际标准、中国特色、高点定位”的办学理念，组建由国内外顶级教练员、裁判员、体能教练、康复和心理专家组成的国际化教学、训练和科研保障团队；建立高中阶段教育和北体大本、硕、博大学教育相衔接的贯通制教育体系；将设立法国夏斗湖校区，在欧美足球发达国家设立若干座分院，与海外优质教育资源广泛开展合作、进行联合培养。优秀学员将有机会赴海外学习、训练、实践，参与欧美青训体系训练和比赛。学院建立资助体系和激励机制，学员享受食宿全免、生活补助、训练比赛资助、训练装备资助等系列资助，优秀学员有机会获得海外学习培训全额资助。足球运动学院通过定向选拔和面向社会跨界跨项选拔招收全国 30 个省区市的首期学员 300 人。北体大与社会资本共同成立国奥足球俱乐部，优秀学员有机会参加中国足球职业联赛，甚至代表国家征战国际赛场；符合北体大招生政策和条件的学员，也可以就读北体大。

（董健）

中央音乐学院

党委书记 赵旻
院　　长 俞峰

概述

2017 年，中央音乐学院占地面积 6.4821 万平方米，建筑面积 17.7747 万平方米。固定资产总值 90955.80 万元，其中，教学、科仪器设备资产值 21106.7733 万元。图书馆建筑面积约 5871 平方米，藏书 55.1653 万件。拥有计算机 1181 台，多媒体教室 26 个，信息化设备资产 5627.1374 万元，网络信息点数 4541 个，校园网出口总带宽 1700Mbps, 电子邮件系统用户数 4685 个，上网课程数 60 门，数字资源量 1.5TB，管理信息系统数据总量 218.453GB。设有 12 个教学部门，1 个音乐学研究所和 1 所附属中等音乐学校。有一级学科博士学位授权点 1 个，含二级学科 6 个。有一级学科硕士学位授权点 1 个，含二级学科 6 个。博士后流动站 1 个，进站 8 人，在站 13 人。教育部人文社会科学重点研究基地 1 个，国家级实验教学示范中心 1 个，国家非物质文化遗产研究与保护中心 1 个，北京市实验教学示范中心 1 个和国家人才培养模式创新实验区 1 个。教职工 667 人，其中，专任教师 419 人，包括教授 196 人、副教授 99 人；博士生导师 119 人、硕士生导师 310 人。有“长江学者奖励计划”讲座教授 1 人、国家有突出贡献专家 4 人、享受政府特殊津贴专家 61 人。外籍教师 27 人，其中，教授 22 人、副教授 1 人。全日制毕业生 554 人，其中本科生 353 人，研究生 201 人（硕士生 170 人，博士生 31 人）；网络教育毕业生 1137 人，其中本科生 429 人、专科生 708 人。招生 2845 人，其中，学历教育学生中全日制研究生 241（博士生 30 人、硕士生 211 人），普通本科生 367 人，网络教育本专科生 2237 人（本科生 998 人、专科生 1239 人）。在校生 10567 人，其中，学历教育学生中全日制研究生 686 人（博士生 93 人、硕士生 593 人），普通本科生 1519 人，网络教育本专科生 8362 人（本科生 5489 人、专科生 2873 人）。留学生毕业 27 人，招生 25 人，在校生 33 人。网址：www.ccom.edu.cn。

2017 年，学校为贯彻落实关于建设世界一流大学和一流学科的重大战略决策部署，更好地实施学校“十三五”规划，实现建设“双一流”发展目标，成立“双一流”评建办公室，统筹全校“双一流”建设、各类评估、督导工作。9 月入选国家“双一流”建设学科名单。在全国第四轮学科评估“音乐与舞蹈学”学科“A+”档位第一名。

学校组织全体教职工深入学习贯彻高校思政会议精神，加强思政教育的全方位育人格局。在 9 月开学之际，召开专业教师专题培训工作会，将思政教育与专业艺术教育相结合，明确主课教师的主体责任，一岗双责，坚持立德树人、教书育人的核心理念。

在教学改革方面，进一步加强教学管理，为学生提供更加优越的学习和练琴环境，树立"课比天大"的观念，回归教学。为迎接教育部本科评估，不断完善招生机制，学校组织总结招生工作会议，结合自评，全方位评估各院系的教学状态。在课程设置上，学校继续深化选修课建设，巩固"音乐类""艺术拓展类""人文类"课程体系。

在人事改革方面，学校以课酬改革为切入点，以多种聘任方式，加强师资队伍建设；实施中青年教师培养计划，深化职称改革；严格规范加班、值班及各类津补贴，落实职级制，切实推进人事改革。

在对外交流与合作方面，学校通过续签与世界一流音乐院校的合作协议，积极推进"一带一路"音乐教育联盟的建立与发展，在海外设立民族音乐教学点和民族器乐表演专业学位课程，并创新本科招生机制，聘请海外顶级音乐院校的教授担任我校招生考官，以及响应中联办和教育部号召，加强留学生及港澳台招生工作等具体行动来深化、落实与海外重要音乐院校及音乐机构的学术交流和文化传播工作。

学校全面推进音乐创作中心和演出艺术中心的建设，在紧紧围绕"戏曲改革""建党百年""中国梦"等主题以及以创作代表当代中国的国际水平音乐作品为目标的前提下，创作出一批精品力作；并且以交响乐团启动为切入点，边建设、边工作，为原创精品力作的演出推广、学校各类教学艺术实践展示、拔尖创新人才培养、指挥人才培养等任务提供最专业的服务，凸显出学校作为音乐单科院校在创作与表演方面雄厚的综合实力。

在争创"双一流"学校，认真贯彻高校思政会议精神，大力推进教学及人事改革，全面深化对外交流与合作，努力奉献与展示学校的原创成果的同时，学校还积极回应社会需求，多方位服务社会。学校新成立的交响乐团在9月依次赴中国药科大学、南京大学、徐州工业职业技术学院、江苏师范大学四所江苏高校举行"立德树人、美育启智、高雅艺术进校园"专场音乐会巡演活动。由作曲系郭小虎教授作曲、华语乐坛著名作词人崔恕先生作词的探月公益主题曲《向月》，作为现代中华文化的代表之一，与优选出的两万多条来自全球民众的寄语一起，搭载嫦娥四号共赴奔月之旅。

（王小夕）

首次建立海外民族音乐教学点及专业学位项目

6月22日，中央音乐学院民族音乐美国教学点(American Teaching Studio of Chinese Traditional Music)在纽约曼哈顿施坦威展示大厅建立。这是中国首次在海外建立的民族音乐教学点，是学院为落实"中国文化走出去"战略，向海外传播和推广中国民族音乐的一个重要创举。学院选派优秀师生在这里开展民族器乐教学、举办音乐会，并在北京和纽约之间进行远程教学和实时音乐会转播。12月3日，与美国巴德音乐学院在京举办新闻发布会，正式签署《中国音乐发展计划》协议书，宣布两校以新型合作伙伴关系，共同制定和实施《中国音乐发展计划》暨合作创办中国民族器乐演奏专业学位项目。中国器乐演奏专业包括二胡、琵琶和古筝等，师资队伍由中央音乐学院派遣。此项目是第一个在中国以外的音乐学院设立的中国民族器乐演奏专业学位项目。

（王小夕）

本科教学改革

至年底，中央音乐学院开展本科教学改革。在本科教学工作中回归课堂，纠正重科研、轻教学现象。在课程设置方面，学校继续聘请、发动各界力量为学生们开设政治、人文、历史、哲学、艺术等领域大量选修课程200门，并邀请舞蹈、电影、建筑设计等相关领域专家为学生作讲座。在本科招生工作中，邀请意大利罗马圣切契利亚音乐学院的教师在声乐等专业考试中担任考官，多角度考察考生艺术素养。

（赵海　王小夕）

中国音乐学院

党委书记　闫拓时（2月免）　王黎光（2月任，8月免）
　　　　　张雅君（8月任）
院　　长　王黎光

概述

2017年，中国音乐学院占地面积4.03万平方米，学校产权建筑面积11.22万平方米。固定资产总值67518.65万元，其中，教学、科研仪器设备资产值28705.17万元。图书馆建筑面积3351平方米，藏书43.12万册。教育经费投入57477万元，其中，国家拨款47211万元、自筹经费10266万元。学校信息化设备资产3307.72万元，拥有计算机1121台，网络信息点5114个，校园网出口总带宽85Mbps，电子邮件系统用户2000个，数字资源量3862.2GB，管理信息系统数据总量550GB。设有11个教学系、部，1个研究生院，1个继续教育学院，1个中国乐派高精尖创新中心、1个考级艺术中心，1所附属中等音乐专科学校；设13个本科招考方向，覆盖3个专业；具有一级学科1个，一级学科博士点1个，博士学位授权点1个，硕士学位授权点1个和专业学位授权点1个；博士后流动站1个，其中，博士后研究人员进站3人、在站16人。北京市重点学科1个；国家级优秀教学团队1个，北京市优秀教学团队4个，国家级特色专业建设点3个，教育部人才培养模式创新试验区1个，北京市人才培养模式创新试验区2个，北京市哲学社会科学研究基地1个，北京市高精尖创新中心1个。教职工389人，其中，专任教师234人，包括教授48人、副教授88人；博士生导师31人，硕士生导师136人。国家级有突出贡献的中青年专家 3 人、享受政府特殊津贴专家 39 人、国家级教学名师 2 人、北京市教学名师 12 人、全国中青年“德艺双馨”教师 3 人、国家“万人计划”领军人才 1 人、全国文化名家暨“四个一批”人才 2 人、北京市长城学者 2 人、北京市拔尖人才 3 人。毕业生 566 人，其中，学历教育学生中全日制研究生 152 人（博士生 20 人、硕士生 132 人），普通本科生 278 人，成人教育本专科生 136 人（本科 114 人、专科生 22 人）；非计划招生高等教育学生中在职人员攻读硕士学位 51 人。本科毕业生一次就业率 93.4%。招生 1216 人，其中，学历教育学生中全日制研究生 210 人（博士生 19 人、硕士生 191 人），普通本科生 316 人、成人教育本专科生 690 人（本科生 648 人、专科生 42 人）。高考北京地区本科提档线音乐学专业文科 409 分、理科 604 分；作曲与作曲技术理论专业文科 386 分；音乐表演专业文科 321 分、理科 380 分；艺术管理专业文科 482 分、理科 564 分。在校生 3511 人，其中，学历教育学生中全日制研究生 505 人（博士生 50 人、硕士生 455 人），普通本科生 1270 人，成人教育本专科生 1736 人（本科生 1666 人、专科生 70 人），非计划招生高等教育学生中在职人员攻读硕士学位 134 人。留学生毕（结）业 4 人，招生 11 人，在校生 30 人。网址：www.ccmusic。

2017 年，学校入选全国一流学科建设高校，并获北京市相应“双一流”建设支持，完成《中国音乐学院“一流学科”建设方案》和《中国音乐学院“一流大学”建设方案》。在教育部公布的第四轮学科评估中，“音乐与舞蹈学”获 A。成立学科建设委员会。

人才培养。“音乐表演”专业获批北京市一流专业。完成《本科教学综合改革基本思路》整体规划，全面修订完成 2018 版指导性教学计划，编写完成新一轮培养方案、课程标准等指导性文件。梳理教学管理文件体系，制订并完善相关文件 16 个。加强研究生学位管理，修订《关于研究生学位论文开题、答辩、学位中期音乐会相关规定》《2017 年研究生课程管理手册》等制度。实施“提升学术能力和职业素养系列讲座计划”“研究生创新能力与学术素养提升计划”，开设“语音学”等研究生精品课程及专题讲座。举办校内外研究生艺术实践专场音乐会 9 场，与国家图书馆音乐厅等合作建立“实践教学基地联盟”。推进博士研究生“课题制”招生改革，进行新一轮硕士研究生题库建设、招生系统建设和招生工作制度建设。征集“在库导师”2018 年课题 55 个。试行招生工作“系主任负责制”。举办“音乐·艺术·人生”第八届艺术实践周。继续推广“中国民族音乐知多少”品牌，国内各地举办专场演出 8 场，举办“在希望的田野上”巡演活动 8 场，排演《小二黑结婚》音乐会版等经典剧目。第十一届中国音乐金钟奖获奖 1 人；第六届全国青少年民族乐器教育教学成果展示活动 13 个节目获奖。

科研成果。举办“中国乐派名家讲坛”26 次，“中国音乐学院国际讲坛”42 次。《中国音乐大典总目》图像编、音像编、文论编等项目均有实质性进展，完成文章 2 万篇、专著 2700 部、学位论文 270 篇的编目等。中国声乐艺术理论建设项目完成纪录片《郭兰英》等重大学术成果转化 7 项。出版中国音乐学院现当代音乐史料建设工程资助项目《马可选集》9 卷。结项各类科研项目 15 项；资助出版教师学术专著、作品 11 部，博士毕业生优秀论文 3 部；5 项科研课题获批国家社科基金艺术学项目、国家艺术基金项目。

队伍建设。完成第四次全员聘任。修订《“十三五”人才队伍建设规划》。全球选拔系主任 1 人，特聘教授 70 人。实现博士生在库导师、课题导师、首席导师制，共聘在库导师 63 人。获批国家“万人计划”领军人才 1 人、全国文化名家暨“四个一批”人才 2 人。成立思想政治工作中心、中国乐派高精尖创新中心、国际交流中心等 9 个中心。

国际交流合作。举办“全球音乐院校校长交流季”活动，来自 16 个国家的 30 余名世界一流音乐学院院长出席活动。成立全球音乐教育联盟。全年接待加拿大、芬兰、瑞士等国驻华大使、文化参赞访问；40 名世界一流音乐家、专家学者到校开展教学科研工作。

服务社会。全国参加学校考级人数 101 万余人，比上年净增加 28 万余人，同比增长 38%。完成支持北京 10 所小学美育工作。开展中国传统音乐教育课程、改善学生能力的音乐课程等教学，完成 3 册《服务于基础教育的美育课程汇编》教材编制，完成艺术教育测评、学校文化设计及 700 个家园共建图示资源制作。

（田婷）

第五届教职工代表大会召开

1 月 17 日，中国音乐学院召开第五届教职工代表大会暨工会会员代表大会。校长作题为《聚焦特色谋发展激情进取创一流，为建设以国学为底蕴的世界一流音乐学院而努力奋斗》的工作报告。会议选举产生第五届教代会执委会、工会委员会、工会经费审查委员会委员；审议并通过第四届教代会暨第四届工会工作报告，第四届工会委员会财务工作报告，第四届工会经费审查委员会报告，并审议中国音乐学院教代会章程。各委员会召开第一次全体会议，选举产生各委员会主席、副主席及主任、副主任。学校教代会代表 80 人及列席代表 26 人出席大会。

（田婷）

启用新校徽

4 月 10 日，中国音乐学院启用新校徽。新校徽以“承国学、扬国韵、育国器、强国音”的办学理念规划校徽的核心元素，继续以编钟作为主要元素，编钟的外轮廓意为汉字“中”，图形中间加入篆书“国”字，两者结合成“中国”二字。整体色彩以暗红色为主。

（田婷）

新建综合教学楼投入使用

9 月 3 日，中国音乐学院新建综合教学楼正式投入使用。该工程是市教委“2010 — 2012 基本建设规划”主要项目之一，总建筑面积 34086 平方米，地上 14 层、地下 2

层，包括琴房共203间，是学校现有琴房数量的两倍，更好的保证学生的用琴需求。工程于2014年12月29日奠基，2015年11月10日主体结构封顶，2017年6月20日完成竣工验收，总投入28000万元。

（田婷）

9月3日，中国音乐学院新建综合教学楼投入使用

（中国音乐学院　供）

第一次党代会

12月21日至22日，中国音乐学院召开第一次党员代表大会。会议审议并通过党委工作报告和纪委工作报告，明确未来学校的发展目标和主要任务，确定“建成具有全球影响力的中国特色世界一流高等音乐学府”的愿景目标，并分两阶段完成，“到2022年，建成中国特色世界一流高等音乐学府”“到2035年，位居世界一流音乐院校前列。”大会选举产生第一届委员会委员14人、第一届纪律检查委员会委员5人。大会收到10件代表提案，经提案工作委员会审查，均予以立案。市委教工委相关负责人、学校老领导以及学校老同志、党员代表、列席代表150余人参加会议。

（田婷）

中央美术学院

党委书记　高洪
院　　长　范迪安

概述

2017年，中央美术学院大学占地面积31.95万平方米，产权校舍建筑面积29.24万平方米。全年教育经费投入69916.72万元，其中，国家拨款40810.20万元、自筹经费29106.52万元。固定资产总值13.55亿元，其中，教学、科研仪器设备资产值2.20亿元。图书馆建筑面积1.03万平方米，藏有纸质图书51.47万册、电子图书296.43万册。拥有计算机4010台。学校信息化经费投入280万元，多媒体教室座位2250个，信息化设备资产3313万元，网络信息点9500个，校园网出口总带宽1030 Mbps，电子邮件系统用户15000个，管理信息系统数据总量3640501GB。设3个校区，13个院（系）；开设21个专业及覆盖9个学科；具有一级学科6个，一级学科博士点3个，博士一级学科学位授权点3个，硕士一级学科学位授权点3个和专业学位授权点2个；博士后流动站3个，其中，博士后研究人员出站1人、进站4人和在站18人。国家重点学科1个、北京市重点学科2个、部级重点学科2个。教职工662人，其中，专任教师386人，包括教授129人、副教授146人；博士生导师50人、硕士生导师185人。“长江学者奖励计划”特聘教授1人、国家有突出贡献专家6人、享受政府特殊津贴专家65人。引进海内外高层次人才22人，其中外籍教师19人。毕业生1466人，其中，学历教育学生中全日制研究生326人（博士生40人、硕士生286人）、普通本科生773人、成人教育本专科生274人（本科生148人、专科生126人）；非计划招生高等教育学生中在职人员攻读硕士学位93人。本科毕业生就业率99.38%。招生1229人，其中，学历教育学生中全日制研究生394人（博士生55人、硕士生339人）、普通本科生831人；非计划招生高等教育学生中在职人员攻读硕士学位4人。在校生4748人，其中，学历教育学生中全日制研究生1128人（博士生176人、硕士生952人）、普通本科生3418人、成人教育本科生82人；非计划招生高等教育学生中在职人员攻读硕士学位120人。留学生毕业45人、招生65人、在校生185人。网址：www.cafa.edu.cn。

2017年，学校全面加强三全育人（全员育人、过程育人、方位育人）。加强思想政治理论课教学部建设，创立思政课“五位一体”教学模式。

深化教学改革，优化人才选拔和培养机制。制定以美术学、设计学两个一流学科建设为核心的“一流学科”建设方案。建立和完善学科发展机制，根据不同学科特性推动教学改革。修订本科教学专业培养方案、课程大纲。完善教学质量监控体系建设，形成一批精品课程、特色课程。修订研究生培养方向和培养方案，完善课程体系。加强对研究生导师的工作质量要求，举办人文、传统系列学术讲座，设立“博导大讲堂”，建立博士研究生教学观摩展览机制，强化专业型博士的实践技能。完善招生考试制度，优化录取原则。深化考试内容改革，提高命题质量要求。调整招生考试环节设计。

推动学术传承与创新，服务国家和区域建设。持续举办“百年辉煌·中央美术学院艺术名家”系列展览，举办“共美其香——宗其香诞辰百年展览”“世纪刻痕——王琦诞辰百年研究展”等系列老先生的回顾展。加强“国家主题性美术创作研究”，4幅作品入展中宣部主办的“最美中国人”活动。参与“中华文明五千年”美术创作工程并完成大量作品。承担文化部国家主题性美术创作项目。举办“学院本色”“造型艺术年度提名展”“为中国画”等品牌性创作与展览。举办“东亚艺术发展论坛”“海上丝绸之路艺术发展论坛”“美术史在中国”国际学术研讨会，以及国际木口木刻版画作品及文献展、“EAST科技艺术教育国际大会”和“「未·未来」全球教育计划”等专题性学术活动。与德国合作举办中德建交45周年框架下的重点项目《德国8——

德国艺术在中国》大型展览。举办“一带一路·中乌文化交流周：丝路新象艺术展”“丝路山海情——中乌当代美术交流展”等，与欧盟委员会合作举办“创意创业与城市挑战”主题研讨会。完成北京冬奥会会徽和冬残奥会会徽设计，组织国家荣誉勋章、功勋簿设计，“十九大宣传画”设计，改进制作全国政协会徽、第五套人民币等。

以高精尖视觉创新中心为平台，参与北京城市副中心规划设计。策划组织配合国际荒漠化防止大会的“沙海绿洲”创作展览、宣传“右玉精神”的“绿色丰碑、久久为功”展览，参与“一带一路”国际合作高峰论坛文艺晚会《千年之约》的艺术指导与设计工作，举办“文明的回响第二部：中华匠作”等学术展览，“丝绸之路艺术研究协同创新基地”分别在陕西省历史博物馆、银川当代美术馆挂牌。

完善内部管理。完成校区调整工作，完善各校区发展机制。推进“平安校园”建设。推进校园信息化建设，开展移动门户和在线教学平台建设，完成“档案数字化”工程。

学生活动。举办“青春·足迹”“最美中国”等学生主题展览，开展“我绘百年·百年梦圆”校园文化主题壁画创作活动、“百年美院·口述历史”拍摄项目。持续举办“创业大赛”和“创新梦想秀”两个创新创业品牌活动。完成大学生创新创业孵化器虚苑基地建设。

（牟亚利）

思想政治理论课“五位一体”教学改革

3月27日，中央美院举办“毛泽东思想和中国特色社会主义理论体系概论”思想政治课程情景教学公开课。课程以“五位一体”—课堂串讲、名师讲座、经典阅读、课堂讨论和实践教学有机结合统一的教学模式，讲授思想政治理论课，呈现出形式新颖、艺术感染力强等特色。学校学生与北京市艺术院校思想政治理论课教学改革示范点的另外3所高校部分学生，及北京市11所艺术院校的教师及通过北京高校思想政治理论课开放研修平台选修此次课程的教师共同学习。年内，学校按照“七种育人”要求，将思想政治教育贯穿教学、管理全过程，进一步加强思想政治理论课教学部课程建设、教学管理和队伍组织，学校领导坚持讲授思想政治课，创立的思想政治课“五位一体”教学模式把课堂串讲、名师讲座、经典阅读、课堂讨论和实践教学有机结合，在全国高校思政工作上展现出鲜明特色。

（牟亚利）

「未·未来」全球教育计划开启

12月3日至4日，中央美院举办「未·未来」全球教育计划：“激活创新”圆桌对话。来自世界各地的16名演讲嘉宾及众多参会者，与美国哈佛大学、英国皇家艺术学院、日本东京大学、中国美术学院等30余所连线学校，围绕着“怎样让设计更加具有多样性和复杂性”“如何解决已有的传统思考问题方式和创造新思维方式需求之间的矛盾”“如果在新的地方创造之前没有被创造过的事情才是真正的设计理论、设计目标的方法所在，那么要怎样在教学实践中创造未知”等问题开展讨论。「未·未来」全球教育计划是一场对未来艺术设计教育的实验性探索，秉持跨领域、跨时空、跨文化原则，集成全球学术智慧，联合院校与社会各界的领袖学者、科技实验者、未来预测者、设计研究者、社会学者、商界精英等，打造一个专家汇集、智慧碰撞、多元发声、合作共赢的平台。中央美院以「未·未来」全球教育计划作为纽带，联合全球艺术、设计、科技、人文、社会等学术资源，共同打造具有文化包容性、可持续发展的全球艺术设计教育“共同体”，探索中国未来艺术设计教育全新模式的建构。

（牟亚利）

12月3日，中央美院开启「未·未来」全球教育计划

（中央美院　供）

中央戏剧学院

党委书记　徐翔
院　　长　徐翔

概述

2017年，中央戏剧学院占地面积25.76万平方米，产权校舍建筑面积17.90万平方米。全年教育经费投入38984.80万元，其中，国家拨款25617.23万元、自筹经费13367.57万元。固定资产总值88803.27万元，其中，教学、科研仪器设备资产值21695.09万元。图书馆建筑面积10546.60平方米，藏有纸质图书55.48万册、电子图书402.10万册。拥有计算机621台，多媒体教室座位4083个。学校信息化经费投入753.13万元，信息化设备资产2702.78万元，网络信息点4400个，校园网出口总带宽1510Mbps，电子邮件系统用户3492个，数据库45个。设置12个系，2个教学部；开设6个本科专业，覆盖1个学科；具有一级学科2个，一级学科博士点2个，博士学位授权点2个，硕士学位授权点2个和专业学位授权点1个；博士后流动站2个，其中，博士后研究人员在站4人，国家重点学科1个。教职工404人，其中，专任教师262人，包括教授60人、副教授71人；博士生导师54人、硕士生导师65人；享受政府特殊津贴专家13人。外籍教师10人。毕业生443人，其中，学历教育学生中全日制研究生110人（博士生

6月，戏剧学院表演系学生实习演出剧目《唐寅与秋香》
（戏剧学院　供）

21人、硕士生89人）、普通本科生323人，非计划招生高等教育学生中在职人员攻读硕士学位10人。招生710人，其中，学历教育学生中全日制研究生120人（博士生27人、硕士生93人）、普通本科生590人。在校生2659人，其中，学历教育学生中全日制研究生309人（博士生77人、硕士生232人）、普通本科生2341人，非计划招生高等教育学生中在职人员攻读硕士学位9人。留学生毕业5人、招生7人、在校生17人。网址：www.chntheatre.edu.cn。

2017年，学院继续深化教育教学改革，各项事业取得长足进步；召开第二次党员代表大会，选举产生新一届党委委员和纪委委员，明确未来五年发展目标。

学科建设。"戏剧与影视学"学科入选国家"双一流"建设学科名单，学院的"戏剧影视艺术教学与创作学科创新引智基地"被列入国家"111计划"。根据国家文化事业发展和人才市场的需求，成立偶剧系，下设表演（偶剧表演与设计）本科专业。增设艺术管理（剧院管理）专业，完成新专业申报备案工作。将2017年确定为"教材建设年"，全年新立项教材68项。进一步规范招生管理工作，面试类招生考试全部实现电子评分。全年共演出教学类剧目47台。

人才培养。贯彻国家"一带一路"战略，制订2017级话剧影视表演格鲁吉亚班本科人才培养方案，9名格鲁吉亚学生于10月入学；与美国伯克利—波士顿音乐学院签署校际交换生项目合作协议，3名舞剧表演班学生获得交换资格；与英国盖德霍尔音乐学院深入研讨话剧影视表演本科双学位项目，梳理总结项目运行中的问题和解决办法。

科研工作。完善制度建设，进一步规范科研项目管理，调整院内科研项目框架，新增展览展示类项目、新教师扶持项目、平行项目、出版资助项目，修订青年项目和重点项目的实施方法，设置院内重大项目。学院1个项目获得国家社科基金艺术学一般项目资助，完成122个院内外项目动态管理，督促30个院内项目和6个院外项目完成中期/年度检查，完成8个院内外科研项目的通讯验收和7个院内展览展示项目的现场验收工作；完成《中国大百科全书》(戏剧卷）第三版的组织、沟通、协调工作。

交流合作。承办第十届亚洲戏剧教育研究国际论坛、世界戏剧教育联盟2017国际大学生戏剧节、第七届国际戏剧"学院奖"（表演奖）和中国高等戏剧教育联盟交流会；与莫斯科戏剧艺术学院(GITIS)、法国巴黎第八大学签署校际合作协议；导演系学生受邀参加第24届锡比乌国际戏剧节。授予世界著名电影艺术大师、塞尔维亚裔著名导演艾米尔·库斯图里卡"名誉教授"称号，库斯图里卡在华期间通过举行大师工作室系列活动，与戏剧学院师生进行广泛交流。

（王兴民）

世界戏剧教育联盟2017国际大学生戏剧节

10月20日至25日，戏剧学院承办世界戏剧教育联盟2017国际大学生戏剧节。来自格鲁吉亚绍塔·鲁斯塔维利戏剧电影大学、德国恩斯特·布施戏剧学院、韩国中央大学等10余所院校的师生参加戏剧节，每个院校分别演出莎士比亚著名悲剧《李尔王》片段，并各自举行一场戏剧工作室。工作室上，师生充分交流、积极互动，不同文化、不同地域的戏剧教育得以深入交融和提升；演出中，师生以各民族独有的戏剧语汇和文化探索戏剧形式和戏剧思想，风格多样，精彩纷呈。演出单元还评出优秀表演奖、最佳表演奖和最佳剧目奖。

（王兴民）

第五届中国高等戏剧教育联盟交流会

12月18日至19日，戏剧学院承办第五届中国高等戏剧教育联盟交流会。会议围绕"一带一路"背景下戏剧艺术教育领域的融合发展主题进行研讨。戏剧学院、中国戏曲学院、上海戏剧学院、台湾艺术大学、中国传媒大学、北京电影学院、北京师范大学、北京舞蹈学院等全国30余所高等戏剧教育机构的专家和教授参加会议。

（王兴民）

第二次党代会

12月28日，戏剧学院召开第二次党员代表大会。会议以贯彻落实中共十九大精神，全面建设"特色鲜明、世界一流”的艺术院校为主题，选举产生学院新一届党委和纪委，明确学院未来五年发展目标。

（王兴民）

中国戏曲学院

党委书记 龚裕
院　　长 巴图

概述

2017 年，中国戏曲学院占地面积 86246 平方米，总建筑面积 95000 平方米。固定资产总值 79415.83 万元。全年教育经费投入 26864.32 万元，其中，国家拨款 22002.08 万元、自筹经费 4862.24 万元。馆藏有纸质图书 29.6105 万册，中文图书 29.3289 万册，西文图书 2816 册，电子图书 190.64GB，中文期刊 428 种，517 份；外文期刊 82 种，83 份。学院目前设有京剧系、表演系、导演系、音乐系、戏曲文学系、舞台美术系、新媒体艺术系、国际文化交流系、思想政治理论课教学部、体育部、继续教育部、附中等 12 个教学单位，有“戏剧与影视学”“音乐与舞蹈学”“艺术学理论”3 个一级学科硕士点，有 14 个本科专业和 27 个专业方向。戏剧戏曲学为北京市重点学科，并列入北京市文化艺术人才培养基地建设项目。京剧表演专业是学院的传统优势专业，也是国家和北京市两级特色专业。教职工 435 人，其中，专任教师 280 人。专任教师中教授 45 人，副教授 92 人；硕士生导师 116 人。毕业生 745 人。其中，全日制研究生 134 人，普通本科生 494 人，成人教育本专科生 117 人（本科生 76 人、专科生 41 人）。招生 735 人，其中，全日制研究生 117 人，普通本科生 511 人、成人教育本专科生 107 人（本科生 48、专科生 59 人）。在校生 2560 人，其中，全日制研究生 288 人，普通本科生 2067 人，成人教育本专科生 205 人（本科生 109 人、专科生 96 人），非计划招生高等教育学生中在职人员攻读博士硕士学位 73 人。留学生毕（结）业 30 人，招生 26 人，在校 33 人。网址：www.nacta.edu.cn。

2017 年，学院深入贯彻落实全国和北京市高校思想政治工作会议精神，全面推进“十三五”规划建设任务的落实，全面推进深化综合改革工作。

以本科教学为中心，提高人才培养质量。学院推动京剧人才培养，以特色优势专业带动学院教学水平的提升提供思路和依据。京剧表演专业入选北京市属高校首批一流专业建设名单。学院作为唯一高校代表入选第八届京剧艺术节。

科研工作取得新进步。学院共获各级各类科研项目 10 项，其中，省部级两项，科技类项目两项。同时，支持 9 项院内中青年教师项目。“戏曲院校优秀教学成果展演”获国家艺术基金传播交流项目立项。完成 2016 年度国家艺术基金艺术人才培养资助项目“戏曲评论高级研修班”的结项验收工作。完成对教师学术专著的评审及资助出版 30 余本。《20 世纪中国戏剧史》入选国家社科基金中华学术外译项目推荐选题目录。学院“中国文艺评论基地”被评为 2017 年度中国评协工作先进集体。

学科建设取得新进展。学院组织进行博士、硕士点申报工作，完成“博士学位授予单位、一级学科博士点以及二级学科艺术学理论升级为一级学科”等材料的申报。原“艺术学理论”二级学科申报一级学科，通过北京市学位委员会评审。

进一步扩大交流合作。学院接待美国、英国、新加坡、摩尔多瓦以及香港、台湾等访问团组 5 次，中外双方参与人员共 140 人。先后与美国芝加哥哥伦比亚学院、日本樱美林大学以及中国香港演艺学院签署合作协议 3 份。与国外及港澳台地区院校、机构开展文化学术交流活动 5 次，中外双方参与人员 184 人次。开展针对国外及港澳台地区院校、机构人员的短期培训、交流体验类活动 4 次，中外双方参与人员 207 人次。全年因公出国境项目共计 36 项，其中，出国项目 25 项，赴香港、澳门特别行政区 6 项，赴台湾 5 项。出访项目中涉及教育教学及学术活动项目 14 项，交流演出项目 7 项，其他项目 15 项。

不断改进人才工作。学院以“教学、科研、创作”教师能力建设为核心，以建设传统特色专业为主线，坚持抓好高层次人才、骨干青年教师、青年优秀人才的建设与培养。积极做好京剧人才引进工作，完成 1 人北京市高层次人才引进申报工作。获批长城学者 2 人，青年拔尖人才 4 人，特聘教授 1 人，教工委优秀人才培养资助 2 人，高创名师 1 人。组织实施长城学者项目 1 人，青年拔尖人才项目 2 人，北京市优秀人才培养资助项目 1 人，完成人才强教项目的结题验收工作，项目完成取得较好的效益。落实“非遗传承人项目”，5 名国家级传承人教授的 5 个剧目公演完毕顺利结项。

（张琳）

京剧学国际学术研讨会召开

5 月 19 日至 5 月 21 日，戏曲学院召开第七届京剧学国际学术研讨会。研讨会以“京剧流派的传承与创新”为主题，聚焦戏曲现象，引领学术热点。大会以“20 世纪 50 年代之后的京剧新流派”“京剧流派与音乐”“京剧旦行各流派的形成与特色”“从谭鑫培到京剧生行各流派”“京剧净行、老旦、丑行的流派形成与发展”五个板块进行分组讨论，与会专家学者的话题集中于“流派的美学范畴”“流派的文化内涵”等总体理论探讨，以及对“奎派”“梅派”“程派”“谭派”“余派”“马派”等具体派别特色的分析及其传承路径的梳理，又有对 1949 年以后出现的具有个人鲜明风格的京剧表演艺术家的艺术成就及其能否称为流派的深入探讨，更指出京剧流派传承的困境及其解决对策。来自中国大陆和港澳台地区，以及美国、德国、日本等海内外戏曲专家学者、表演艺术家、院团管理者及社会各界京剧爱好者 100 人参加会议。

（张琳）

北京电影学院

党委书记 侯光明

概述

2017 年，北京电影学院占地面积 91558.18 平方米，学校产权建筑面积 113339.85 平方米。固定资产总值 785719.72 万元，其中，教学、科研仪器设备资产值 48350.01 万元。图书馆建筑面积 11192.6 平方米，藏书 93.4084 万册，其中，纸质图书 44.7525 万册、电子图书 49.3066(3250GB) 万册。全年教育经费投入 54651.22 万元，其中，国家拨款 38656.28 万元、自筹经费 15994.94 万元。学校信息化经费投入 1360.70 万元，拥有计算机 2577 台，多媒体教室 38 间，信息化设备资产 2425.6 万元，网络信息点 2796 个，校园网出口总带宽 IPV6(834Mbps)、IPV4(734 Mbps), 电子邮件系统用户 5489 个，数字资源量 32000GB，管理信息系统数据总量 2.4TB。校区设置 19 个院（系、部）；开设本科专业 21 个，专科专业 12 个，覆盖学科门类 3 个；具有一级学科 3 个，一级学科博士点 3 个，博士学位授权点 8 个，硕士学位授权点 8 个和专业学位授权点 2 个。博士后流动站 1 个，其中，博士后研究人员进站 4 人和在站 5 人。教职工 531 人，其中，专任教师 276 人，包括教授 59 人、副教授 119 人；博士生导师 20 人、硕士生导师 159 人。享受政府特殊津贴专家 6 人。外籍教师 2 人。毕业生 1001 人，其中，学历教育全日制研究生 180 人（博士生 15 人、硕士生 165 人），普通本专科生 521 人（本科生 472 人、专科生 49 人），成人教育本专科生 219 人（本科生 127 人、专科生 92 人）；非计划招生高等教育学生中在职人员攻读硕士学位 81 人。进修及培训结业 582 人。本科毕业生就业率 91.94%。招生 1230 人，其中，学历教育全日制研究生 293 人（博士生 22 人、硕士生 271 人），普通本专科生 596 人（本科生 544 人、专科生 52 人）、成人教育本专科生 341 人（本科生 234 人、专科生 107 人）。在校生 3708 人，其中，学历教育全日制研究生 764 人（博士生 98 人、硕士生 666 人），普通本专科生 2165 人（本科生 2082 人、专科生 83 人），成人教育本专科生 779 人（本科生 587 人、专科生 192 人）。留学生毕业 67 人，招生 96 人，在校生 160 人。网址：www.bfa.edu.cn。

2017 年，学院按照“五大”统筹“三结合”的发展思路和“5+1”发展战略，制定《决胜 2020：世界一流电影学院建设 2018—2020 三年行动方案》，完成工作目标。

成立“习近平新时代中国特色社会主义文艺思想研究中心”，推动中共十九大精神进教材、进课堂、进头脑。形成以社会主义核心价值体系和“三人民”理念为主要内容的马克思主义艺术观教育。提出加强师生思想政治教育的“四项计划”“八项工程”，加强师德师风建设，完善教书育人、文化育人、实践育人、管理育人、服务育人“五位一体”思想政治工作模式，增强全员全方位全过程育人合力。

注重顶层规划设计，绘制争创“双一流”发展建设蓝图，启动《决胜 2020：世界一流电影学院 2018—2020 三年行动方案》。规划目标为：以“五大”发展思路为蓝图，以“5+1”发展战略为基本遵循，从 2018 到 2020 年，建成世界一流电影学院。重点工作包括：建设以戏剧与影视学为核心的一流电影学科专业；打造具有国际竞争力的师资梯队，培养引领行业发展的专业人才，产出具有行业标志性的科研成果；“新学院派”电影创作成果显著，“中国电影学派”在世界影坛崭露头角；中国特色的人才培养模式和高等电影教育评价体系构建完成；环境优美、设施一流、信息化发达和文化特色鲜明的现代大学美丽校园建成；主要办学指标达到世界一流水平；三是深化实施“5+1”发展战略，推动高水平世界一流电影学院实现新跨越。

深化实施学科专业建设和教学质量等“5+1”战略，高水平世界一流电影学院建设取得阶段性突破。在“全国第四轮学科评估”公布结果中，“戏剧与影视学”位列 A 档，属于一流学科的第二阵列；“美术学”和“艺术学理论”位列 B 档。戏剧影视导演和表演两个专业入选北京市属高校一流专业建设名单。“新学院派”电影作品获得金鸡百花电影节 11 个奖项。

加大经费支持力度，自筹经费鼓励在校学生创作更多高质量的毕业作品，2017 届毕业联合作业共 32 部，在国际国内电影节获奖 54 次。建立未来影像高精尖协同创新中心。学校挂牌成立首个国家级电影发展智库。召开中国电影学派理论体系建构研讨会等一系列学术会议活动。成立“中国电影学派”理论研究部。

加强国际化和外联工作，促进国际人文交流，践行国家“一带一路”倡议。通过参与或主办北京国际电影节天坛奖、丝绸之路国际电影节、中非国际电影节，使得“一带一路”倡议通过电影文化交流的方式在沿线国家传播。成功连续举办 16 届国际学生影视作品展，连续筹办 4 届亚洲大学生电影节，并连续举办“北京电影学院动画学院奖”。

（徐晴　程麒台）

国际电影摄影工作坊举办

5 月 15 日至 19 日，电影学院举办国际电影摄影工作坊。工作坊由该院摄影系和韩国电影艺术学院荷兰电影学院合作，以“历史题材的传统光源照明”为主题，开展拍摄创作交流活动，打破语言障碍，通力合作，以国际视角探讨解决拍摄过程中的问题。

（徐晴　程麒台）

国家电影智库成立

9 月 26 日，电影学院承建的国家电影智库揭牌。该智库由国家新闻出版广电总局批准，依托北京电影学院，以探索具有中国特色的电影产业发展道路为目标，坚守“咨政建言、理论创新、舆论引导、社会服务”目标，为党和政府提供决策咨询，为电影事业发展建言献策。

（徐晴　程麒台）

习近平文艺思想研究中心成立

11月21日，电影学院成立习近平新时代中国特色社会主义文艺思想研究中心。研究中心将以多种形式开展习近平文艺思想研究工作，积极促进习近平文艺思想研究成果“进课堂、进教材、进头脑”，帮助学生树立正确的艺术观。积极推动习近平文艺思想研究成果用于指导学生艺术创作。将习近平文艺思想研究作为中心工作，把研究成果运用到教学中，转化为教学内容，形成教学成果，塑造学生艺术观，指导艺术创作。

（徐晴　程麒台）

北京舞蹈学院

党委书记　王旭东
院　　长　郭磊

概述

2017年，北京舞蹈学院占地面积5.73万平方米，学校产权建筑面积12.75万平方米，非产权建筑面积3.89万平方米。图书馆建筑面积3855平方米，藏书总额25.01万册。固定资产总值46185.13万元，其中教学、科研仪器设备资产值29353.84万元，信息化设备资产值8253.95万元。全年教育经费投入48604.36万元，其中，国家拨款30975.28万元，自筹经费17629.08万元。有计算机1134台，多媒体教室135间，网络信息点数5000个，无限接入400个，电子邮件系统用户700个，管理信息系统数据总量5000GB，有电子图书20万册，电子期刊3000个。校区设置，2016年，学院公设立13个院（系、部），1个教学部；开设本科专业5个，具有一级学科1个，国家级特色专业3门、国家级校外人才培养基地1个、北京市市级实验教学示范中心3个。学校教职工总数402人，其中，专任教师214人，包括教授43人，副教授69人。2017年，学院毕业生595人，其中学历教育学生中全日制硕士研究生61人，普通本科生311人，成人教育专科生19人，成人教育本科生204人。招生594人，其中，学历教育学生中全日制硕士研究生67人，博士研究生6人，普通本科生330人，成人教育专科生18人，成人教育本科生173人。在校生2241人，其中，其中学历教育学生中全日制硕士研究生193人，普通本科生1333人，成人教育专科生50人，成人教育本科生659人，外国留学生6人。网址：www.bda.edu.cn。

2017年，学校深化教育教学改革，全面提升人才培养质量。加强学科建设，提升学术影响力。加强艺术创作和文化传承，提升服务社会水平。坚持立德树人，全面提升学生的综合素质。加强制度建设，提升管理工作水平。

深化教育教学改革，提升教学实践质量，深化研究生教育改革，推进附中改革发展，加强师资队伍建设。落实本科教学审核评估的自评、预评等工作，以评促建，进一步深化教育教学改革。健全教学指导委员会、教学督导组的工作机制，推进建设全面而有特色的教学评价体系，探索引入第三方评估机制。推进舞蹈编导北京市一流专业建设。健全并通过艺术实践指导委员会的工作机制，加强教学实践工作的整体规划和重大项目的立项指导，组织好年度“艺术实践项目”，探索“学院奖”的办赛机制，打造业内有影响的赛事平台，完善艺术实践工作的管理制度，修订《北京舞蹈学院艺术实践项目管理办法》等文件。

加强学科建设，提升科研管理服务水平，加强研究机构和学术委员会建设，提高服务社会水平，传承中华优秀舞蹈文化。“音乐与舞蹈学”在教育部第四轮学科评估中获艺术学门类一级学科“A-”。加强博士学位点申办工作，推进与北京大学、中央音乐学院、首都师范大学的联合培养博士项目。完善艺术创作工作机制与队伍建设，发扬“到人民中去”的创作传统，常态化推进深入生活、扎根人民创作，潜心创作艺术精品，形成良好的创作导向与创作氛围。坚持艺术创作面向人民、服务人民，注重作品的思想性和艺术性，集中力量打造反映新时代风貌、弘扬中国精神的作品。举办和参与“北京卓越艺术人才（舞蹈）培养高校联盟系列活动”“高雅艺术进校园”“民族艺术进校园”等活动。继续做好“高参高”和“高参小”项目工作。

12月7日，舞蹈学院举行2017舞蹈艺术“学院奖”暨大学生颁奖典礼　（舞蹈学院　供）

完善立德树人工作机制，提高学生综合素养，深化创业就业工作。坚持育人为本、德育为先，深化主题教育，积极推进具有艺术院校特色的综合育人模式。健全学生工作例会制度，充分发挥教学、管理、服务部门全员育人的合力，完善学生管理制度，规范行为，保障权益。加强学生工作队伍建设。弘扬“爱国、爱校、爱舞蹈”的优良传统，通过组织“凝聚舞蹈情、共筑中国梦”“新生引航工程”“提高综合素养，加强学风建设”等主题教育活动，推动校园文化和学风校风建设。通过“我的班级我的家”活动，加强心理健康教育。全面实施高校毕业生就业创业促进计划，多途径、多举措助力大学生自主创业。

优化内部管理机制，深化人事制度改革，提升国际交流合作水平，加强后勤服务和校园建设，提升信息化服务水平。落实《北京舞蹈学院章程》，推进依法治校。开展“管理论坛”“青年管理干部沙龙”“管理面对面”活动，提高管理干部履职能力。加强劳资管理、人事管理信息化建设，严格外聘人员管理，注重精简人员与效益提升并重。加强留学生管理，加大对“一带一路”沿线国家留学生来华留学的支持力度。完善内部管理制度，提升人员基本素质，提升科学化、精细化管理水平。完善网上教学平台、学生管理平台、人事管理平台和信息数据平台，实现资源扩展与信息共享，提升“数字舞院”建设。

校际交流合作，搭建高水平舞蹈文化交流机制平台。与 10 余个国家以及港澳台地区的大学或教育机构开展教育交流合作。响应“一带一路”倡议，不断深化中国—中东欧国家舞蹈文化艺术联盟交流合作，在学校的推动下，“中国—中东欧国家舞蹈文化艺术联盟”成员从最初的 19 个发展为 23 个。因公出访团组 56 个，派出 336 人次，出访 26 个国家及港澳台地区。聘请外国和港澳台专家教师 43 批 62 人次，开展专业交流 4 批 99 人次，涉及 26 个国家及港澳台地区。

（段晓萌）

民间舞系建系 30 周年

9 月 30 日，舞蹈学院中国民族民间舞系举办建系 30 周年庆祝活动。学校领导与校友观看《赵士英——中国民族民间舞主题画展》，画家赵士英为学院中国民族民间舞系编演作品创作 75 幅舞蹈速写并全部捐献给舞系；举办《大美不言——经典再现》中国民族民间舞作品晚会，展演中国民族民间舞系 30 年来部分经典舞蹈作品 15 个节目，并回放从 1954 年建校初期至今的中国民族民间舞学科发展史视频；举办《我与中国民族民间舞》主题研讨会；举办《只因有你》中国民族民间舞成果互动展，视频展现民间舞系对毕业生人才专业发展追踪与调查的研究成果，中国民族民间舞高等教育共毕业 44 个班级，毕业生合计 1430 人。中国民族民间舞系成立于 1954 年，1984 年第一批教育系本科学生毕业，1987 年成立中国民间舞系，2001 年更名为中国民族民间舞系，2003 年第一批硕士研究生入学。专业以中国民族民间舞蹈本体为特色，以表演专业为品牌，以表教专业为重点。

（段晓萌　张晓白）

第一次党代会

12 月 16 日，中国共产党北京舞蹈学院第一次党员代表大会召开。会议听取和审议本届党委工作报告，审议纪律检查委员会工作报告，选举产生新一届党委会和纪委会，书面审议纪委工作报告、党费收缴、管理和使用情况的报告。来自市委教工委、主席团全体成员，以及 447 名党员代表参加会议。

（段晓萌）

中央民族大学

党委书记　张京泽
校　　长　黄泰岩

概述

2017 年，中央民族大学占地面积 38.10 万平方米，建筑面积 59.20 万平方米。固定资产总值 37.7 亿元，教学资产总值 4.2 亿元，其中，教学科研仪器设备资产值 3.9 亿元。全年教育经费投入 14.15 亿元（含附中 1.64 亿元），其中，国家拨款 9.73 亿元（含附中 0.67 亿元）、自筹经费 4.42 亿元。图书馆建筑面积 2.45 万平方米，纸质图书 240.2 万册（含院系 34.2 万册），电子图书 265 万册。设 24 个学院，覆盖 10 个学科门类的 64 个本科专业、5 个一级学科博士学位授权点、5 个博士后科研流动站，26 个一级学科硕士学位授权点，国家级重点学科 3 个、省部级重点学科一级 5 个、二级 13 个，省部交叉重点学科 1 个，2 个国家文科基础学科人才培养和科学研究基地，1 个教育部人文社会科学重点研究基地，6 个国家民委人文社会科学重点研究基地，1 个国家民委教育部共建重点实验室，1 个教育部民族教育发展中心重点研究基地，1 个北京市重点工程中心，1 个国家级实验教学示范中心，5 个北京市实验教学示范中心。教职工 1893 人，其中，专任教师 1196 人，包括教授 311、副教授 361 人。聘任外籍专家 130 人。有教育部“长江学者奖励计划”特聘教授 3 人、教育部“长江学者奖励计划”青年学者 1 人、中组部“千人计划”特聘教授 1 人、“国家百千万人才工程”人选 12 人、教育部“新世纪优秀人才支持计划”人选 56 人，国家民委突出贡献专家 11 人，学科带头人、学术带头 134 人。国家级教学名师 2 人，北京市教学名师 16 人，享受国务院政府特殊津贴 113 人。毕业生 6277 人，其中，学历教育学生中全日制研究生 1351 人（博士生 180 人、硕士生 1171 人），普通本科生 2718 人，成人教育 2208 人（本科生 1169 人、专科生 1039 人）。全日制在校生 16858 人，其中，本科生 11283 人，硕士、博士研究生 4708 人，少数民族预科生 184 人（本校）。招生 6594 人，其中，学历教学学生中全日制研究生 1752 人（博士生 255 人、硕士生 1497 人），普通本科生 2806 人，成人教育 2036 人（本科生 1257 人、专科生 779 人），非计划招生高等教育学生中在职人员攻读硕士学位 47 人。高考北京地区提档线理工科 617 分、文科 615 分。在校生 20786 人，其中，本科生 11283 人，硕士、博士研究生 4708 人，少数民族预科生 303 人（本校），成人教育 4497 人（本科生 2567 人、专科生 1930 人），留学生毕业 290 人，招生 315 人，在校生 683 人。网址：www.muc.edu.cn。

2017 年，学校进入一流大学建设高校（A 类）行列，《中央民族大学一流大学和一流学科建设方案》通过教育部审核，确定以“民族学 +”学科群建设为中心。

教育教学改革。更新教育教学理念，做好本科教学顶层设计，优化专业结构布局，推进专业内涵建设；改革人才培养体制，推进人才培养模式改革与创新；推进实践教学改革，深化创新创业教育；完成本科教学评估工作，进一步强化教学质量监控与保障体系内涵建设。制定实施《中央民族大学本科教育教学改革意见》，全面实行大类招生；探索预本科贯通培养模式，人才培养模式改革覆盖 82.6% 的教学单位；修订实施新的研究生培养方案、《中央民族大学研究生指导教师工作条例》，制定实施《中央民族大学提升博士学位论文质量管理办法》，强化研究生指导教师主体责任，着力提高学位论文质量。启动研究生教育国际化课程建设项目，完善优化研究生科研能力提升机制。

创新创业教育。新建成大学生创新创业中心，41 个团队入驻，实现营业收入 1426 万元，获专利 19 个，11 支团队入选北京市优秀创业团队。投入 155 万元支持大学生学科竞赛，共获得国家级奖项 107 个、省部级奖项 130 个。

人事制度改革。实施《关于推进领导干部能上能下的实施意见（试行）》《中央民族大学院（系）和校属单位领导班子换届和领导干部聘任工作方案》《组织员聘任和管理办法（试行）》等。完成 36 个院（系）和校属单位领导班子换届和领导干部聘任工作，其中，女性干部占比增加 3%，少数民族占比增加 2.5%，45 岁以下占比增加 22.3%。

师资队伍建设。完善人才引育机制，提升学校高层次人才队伍建设水平；完成各类推优评奖工作，形成引领带头作用；实施师资培训计划，提高教师队伍职业道德和业务能力水平；完善职称职级评审制度，拓展教职工发展空间。引进 11 名高层次人才，引进长江学者特聘教授 1 人，新聘和续聘“千人计划”入选者各 1 人，新增聘任资深教授 1 人。成立党委教师工作部和教师教学发展中心。以学科带头人和创新团队建设为重点，坚持引进与培养并举，加大政策支持、条件保障和制度激励的力度。规范正高级岗位专业技术人员返聘管理制度。8 人入选“万人计划”哲学社会科学领军人才、国家民委突出贡献专家人才项目；3 人获“北京市优秀教师”；舞蹈学院民族舞蹈教育教师团队获“全国高校黄大年式教学团队”称号。公开招聘国家资助博士后人员 5 人，学校资助博士后 12 人。

科研工作及成果。获批国家级项目 82 项，其中，国家社科基金重大项目 5 项、重点项目 6 项，资助经费 3459 万元；国家艺术基金 9 项，资助金额 160 万元；教育部哲学社会科学研究重大课题攻关项目立项 1 项，资助金额 50 万元。召开新时代民族工作理论座谈会，主办第八届中国经济学前沿论坛、第二届中国少数民族地区精准扶贫论坛、“一带一路”经贸合作与民族事务治理国际学术研讨会和长江学者（经济）论坛——2018 年中国经济展望等高规格学术交流活动。与国家信息中心合作成立“一带一路”民族文化大数据中心，成立国家民委中国民族语文应用研究院、中华文化研究院、“一带一路”与民族发展研究院等科研平台。与民族地区政府和高等院校、科研机构签订合作协议 9 份，主动服务民族地区和少数民族发展。

交流与合作。与国外和港澳台地区高校签署 22 份合作协议，接待境外来访 57 批次。组织 5 个校级公务团和 4 个艺术演出团出访。组织选派 467 名学生赴国（境）外访学、交流，邀请、聘用 254 名外籍专家来校工作讲学。获批国家外专局引智经费 972 万元。推进港澳台交流合作，举办澳门中华民族文化周、中华一家亲等交流活动。

（周翊兰）

少数民族事业发展协同创新中心挂牌

1 月 13 日，国家民委协同创新中心——中央民族大学少数民族事业发展协同创新中心挂牌。中心按照国家急需、世界一流的原则，以民大的优势学科、特色学科为基础，协同在少数民族事业发展领域最具实力和特色的教学、研究、决策咨询机构而创办的科研创新平台，主要职责为围绕国家在民族地区和少数民族事业发展方面的重大战略需求和经济社会发展需要，依托学校优势学科群，通过与高校、科研院所、政府部门、行业产业以及国际学术机构的强强联合，凝聚力量，整合校内外优秀人才，搭建研究平台，组建联合研究团队，设定研究方向，设计研究项目，组织学术活动和加强国内外学术文化交流，并汇集学术研究成果，提高学校人才、学科、科研三位一体创新能力，提高学校服务国家民族工作的能力、水平和社会影响。中心设民族团结理论与政策研究平台、和谐民族关系建设研究平台、民族地区经济发展与科技创新研究平台、民族团结教育研究平台、少数民族事业发展信息平台 5 个研究平台。

（周翊兰）

国家民委与海南省政府共建民大海南校区

10 月 24 日，国家民族事务委员会与海南省政府签署共建民大海南校区战略合作协议。三方围绕海南省重点产业发展需要，结合学校本部办学特点和条件，海南校区主要开展本科、研究生、少数民族预科及国际教育。海南校区建设实行“交钥匙工程”，由海南省陵水黎族自治县负责投资建设。建成的校区资产归属陵水县政府，民大享有使用权。校区选址陵水县黎安镇，占地面积 66.67 万平方米、建筑面积 60 万平方米，设农学院、旅游学院、师范学院、海洋学院、国际学院、外语学院、环境学院、管理学院、医学院、研究生院 10 个院系。办学规模为全日制本科生、研究生，2020 年开学。

（周翊兰）

中国政法大学

党委书记 石亚军（7 月免） 胡明（7 月任）
校　　长 黄进

概述

2017 年，中国政法大学占地面积 40.24 万平方米，学校产权校舍建筑面积 50.51 万平方米、非产权校舍建筑面积 1.59 万平方米。全年教育经费投入 119,223.09 万元，其中，国家拨款 76,755.35 万元、自筹经费 42,467.74 万元。固定资产总值 15.87 亿元，其中，教学、科研仪器设备资产值 2.15 亿元。图书馆建筑面积 24050 平方米，藏书 537.8084 万册，其中，纸质图书 246.6 万册、电子图书 291.2084 万册。拥有计算机 7365 台。学校信息化经费投入 3480.2998 万元，信息化设备资产 10701.52 万元，网络信息点数 16874 个，校园网出口总带宽 4500Mbps，电子邮件系统用户数 25000 个，上网课程数 152 门，数字资源量：其中音视频 4000 小时，管理信息系统数据总量 81300GB。学校设有昌平校区和学院路校区 2 个校区，设置法学院等 18 个教学单位、诉讼法学研究院（教育部人文社会科学重点研究基地）等 11 个在编科研机构、资本金融研究院等 7 个新型研究机构、司法文明协同创新中心等 7 个协同创新中心。学校开设 24 个本科专业，其中法学、政治学与行政学、社会学为国家级特色专业。拥有一级学科 13 个，一级学科博士点 3 个，博士学位授权点 34 个，硕士学位授权点 78 个和专业学位授权点 5 个；博士后流动站 3 个，其中，博士后研究人员出站 20 人、进站 23 人和在站 143 人；一级学科国家重点学科 1 个、一级学科北京市重点学科 1 个，二级学科北京市重点学科 3 个，交叉学科北京市重点学科 2 个。在第四轮学科评估中，学校 9 个一级学科参评并全部上榜，其中法学进入 A+ 档，并列全国第一，政治学排名全国第八，社会学、哲学、马克思主义理论等学科取得较好成绩。现有在编教职工 1678 人，其中，专任教师 881 人，包括教授 328 人、副教授 389 人；博士生导师 201 人（含特聘 13 名、兼职 38 名）、硕士生导师 612 人。“长江学者奖励计划”特聘教授 2 人、享受政府特殊津贴专家 45 人（不包括已去世 5 人）。5 人被授予“全国杰出资深法学家”称号，7 人荣获“全国十大杰出青年法学家”称号（不包括去世 2 人，调走 1 人），1 人入选国家“千人计划”，4 人入选新（跨）世纪百千万人才工程，1 人入选万人计划“青年拔尖人才”，4 人入选万人计划“哲学社会科学领军人才”。台湾籍教师 2 人，澳大利亚籍教师 1 人，其中教授 1 人，副教授 1 人。校毕业生 4069 人，其中，本科生 2134 人，研究生 1935 人（博士生 146 人、硕士生 1789 人）。本科毕业生就业率 97.99%。招生 4228 人，其中，全日制研究生 2087 人（博士生 242 人、硕士生 1845 人），普通本科生录取 2141 人。高考北京地区录取线文科 626 分、理科 626 分。在校生 16095 人，其中全日制研究生 6776 人（博士生 1287 人、硕士生 5489 人）、普通本科生 9319 人。留学生毕业 224 人、招生 262 人、在校生 798 人。网址：www.cupl.edu.cn

2017 年，学校坚持贯彻落实党的十九大精神、全国高校思想政治工作会议精神和习近平总书记考察我校重要讲话精神，以召开学校第八次党代会为契机，全面加强党建和思想政治工作、全面推进综合改革和“双一流”建设，在人才培养、科学研究、社会服务、文化传承创新、国际交流合作等方面取得可喜成绩。

突出党的政治建设，不断提升党建工作水平。牢固树立“抓好党建就是最大政绩”意识，继续强功能、抓基本、补短板、重创新，坚持一体化推进党建工作，严格落实党建工作责任制，把党的政治建设摆在首位，不断提高党的质量建设，为推动学校改革发展提供坚强保障。

力求工作实效，全面加强学校思想政治工作。先后召开会议党委全委扩大会议、院级党委书记会、处级干部会、全校思想政治会议全面传达学习全国高校思想政治工作会议精神，并制定任务分工，进行工作部署。积极探索思政工作队伍双轨制管理模式，推动学生思政工作队伍专业化、职业化建设。成立教师发展中心，加强教师思想政治教育。研究制定《关于进一步提升思想政治理论课教学质量与教学效果的若干意见》，切实加强思想政治理论课建设。加强高校思想政治教育规律研究，形成一批高质量的学术研究成果。开辟思政学习微平台，全面落实立德树人根本任务。

坚持“立德树人”，教育教学成果显著。学校切实贯彻落实习总书记考察我校重要讲话精神，以立德树人、德法兼修、明法笃行为目标，加强思想政治理论教育，推动全员化、全程化思政教育模式，努力培养德才兼备、人格健全的高素质人才。建设“中国特色社会主义法治理论”系列教材；设立“公益教育中心”，增设公益学分；实行三学期制度改革，实现春夏秋三个学期均开设国际课程；首批赴世界银行、亚非法律协商组织等国际组织实习项目成功实施。学校本、硕、博生源质量不断提升，本科招生录取分再创新高，涨幅 10 分左右；研究生推免数量增幅达 20%，来自一流大学、一流学科建设高校及政法类院校的优秀学生增幅达 15%；博士招生全面推行“申请 - 考核”制，优质生源比例不断提升。毕业生就业落实率再创历史新高，本科生深造率达到 59.2%；共同发起成立全国大学生创新创业实践联盟。法大学子在高校辩论赛、大学生模拟法庭，首都大学生课外学术科技作品竞赛、大学生舞蹈节等比赛以及体育赛事中均获佳绩，硕果累累。

落实“学术立校”，科研竞争能力显著增强。学校纵向科研项目立项 93 项；获得 5 项国家社科基金重大项目及 26 项国家社科基金年度项目，均取得学校历史上的最好成绩；获得 13 项教育部人文社科一般项目，11 项司法部项目；获得 14 项北京市社科基金项目，其中法学项目立 7 项。成立中国政法大学国家监察研究院、中国政法大学网络法学研究院、中国政法大学国家法律援助研究院、北京教育法治研究基地—中国政法大学基地，与教育部共建“教师法治教育研究中心”。成功举办中国大学智库论坛 · 法治峰会和第四届法治中国论坛；牵头发布《立格联盟院校法学专业教学质量标准》。

推进“人才强校”，师资队伍不断强化。马怀德教授当选 CCTV2017 年度法治人物；汪海燕教授入选第八届全国十大“杰出青年法学家”；冯晓青、王万华教授入选 2017 年文化名家暨“四个一批”人才；李立教授荣获中国政法大学“励道教学杰出贡献奖”。建立“教师发展中心”，系统化教师培养模式基本形成，新入校教师科研启动计划、青年教师培养方案、青年骨干教师海外提升计划、归国教师讲堂讲座计划、优秀中青年教师培养支持计划、青年教师发展论坛等协同共助 80 多名教师综合素质和业务能力的提升。

实施国际化战略，国际交流合作深化。学校新签署国际合作协议 58 份，新增合作伙伴 23 所，截至年底已同 50 个国家和地区的 238 所高校、科研机构、国际组织正式建立合作交流关系；累计接待来自 32 个国家和地区的 118 个代表团，其中各国政要及国际组织领导 8 位。获批国家留学基金委“优秀本科生国际交流项目”46 个，位列全国高校第 5；国家公派研究生项目录取人数 91 人，同比增长 9.7%，再创历史新高；学生赴境外交流和实习项目数量同比增长 13.7%。两所海外孔子学院同时荣获“2017 全球先进孔子学院”称号，实现重大历史性突破。学校入选北京市“一带一路”国家人才培养基地项目，设立“一带一路”国家人才培养与法律研究院；发起联合成立“内地与港澳法学教育联盟”，秘书处设在法大；与联合国环境署合作，设立“联合国环境署 - 中国政法大学环境法研究基地”。

（陈泉廷）

首次夏季学期运行

7 月，法大首次运行夏季学期。夏季学期为期一个月，131 名教师开设 151 门次课程，涉及在校 2014 级、2015 级、2016 级普通本科学生，包括修读夏季学期学校开设的课程 2800 人；参与专业实习 2000 人；参与高校组织的暑期夏令营 91 人；参加学校组织的海外交流项目 252 人。

（陈泉廷）

7 月，法大首次运行夏季学期

（法大　供）

第 8 次党代会

11 月 10 日至 11 日，法大召开第八次党员代表大会。会议听取审议题为《加快“双一流”建设 推动内涵式发展 为建设中国特色世界一流法科强校而努力奋斗》第七届委员会的工作报告，报告回顾过去七年的工作，提出今后面临的形势与目标，明确今后五年的工作任务。该校将全面贯彻党的教育方针，全面深化综合改革，全面加强党的建设，加快“双一流”建设，推动内涵式发展，按照“三步走”的战略构想逐步实现中国特色世界一流法科强校的总体发展目标，坚持以“十个新”为着力点和突破口，不断取得法科强校建设的新成就；学科建设跨入新阶段；人才培养再上新台阶；科学研究释放新动能；师资队伍建设实现新突破；社会服务建立新体系；文化传承创新焕发新活力；国际交流合作构建新格局；管理服务展现新面貌；综合保障能力取得新提升。会议审议中国共产党中国政法大学纪律检查委员会的工作报告。会议选举产生第八届党委和纪委。全校 187 名正式代表参加会议。

（陈泉廷）

华北电力大学

党委书记　周坚

校　　长　杨勇平

概述

2017 年，华北电力大学占地面积 97.93 万平方米，学校产权校舍建筑面积 106.62 万平方米。固定资产总值 353999.99 万元，其中，教学、科研仪器设备资产值 84145.96 万元。图书馆建筑面积 37901.41 平方米，藏书 257.34 万册。全年教育经费投入 204767.58 万元，其中，国家拨款 105355.58 万元，自筹经费 99412 万元。拥有计算机 19032 台，网络多媒体教室 345 间，信息化设备资产值 28269.09 万元，网络信息点 25566 个，电子邮件系统用户 40342 个，上网课程 98 门。设直属学院 11 个，教学部 1 个，另设有国际教育学院、研究生院、继续教育学院、艺术教育中心和工程训练中心；开设本科专业 59 个；拥有一级学科博士学位授权点 7 个，一级学科硕士学位授权点 23 个；博士后科研流动站 5 个，其中，博士后研究人员出站 86 人、进站 20 人和在站 59 人。有国家级重点学科 2 个、省部级重点学科 25 个，国家重点实验室 1 个，国家工程试验室 1 个、国家工程技术研究中心 1 个、教育部重点实验室 2 个、教育部工程技术研究中心 1 个、北京市重点实验室 8 个、北京市工程技术研究中心 2 个、北京市工程技术研究中心 1 个，另有北京市哲学社会科学研究基地 1 个。教职工 2918 人，其中，专任教师 1854 人，包括教授 427 人、副教授 676 人；博士生导师 198 人、硕士生导师 927 人；拥有中国工程院院士 2 人，双聘院士 5 人，国家“千人计划”6 人，青年“千人计划”2 人，“长江学者”特聘教授 5 人，国家“高层次人才特殊支持计划”6 人，“973”首席科学家 4 人，国家级教学名师 1 人，国家杰出青年科学基金获得者 9 人，国家优秀青年科学基金获得者 4 人，中青年科技创新领军人才 2 人，国家“百千万人才工程”8 人，入选教育部“新世纪优秀人才支持计划”38 人，4 支团队列入教育部“长江学者和创新团队发展计划”。毕业生 11884 人，其中，学历教育学生中全日制研究生 2306 人（博士生 175 人、硕士生 2131 人），普通本科生 5320 人、成人教育本专科生 2777 人（本科生 2123 人、专科生 654 人），在职人员攻读硕士学位 1281 人，外国留学生 200 人。本科毕业生就业率 96.2%。研究生就业率 98.5%。招生 12659 人，其中，学历教育学生中全日制研究生 3770 人（博士生 212 人、硕士生 3558 人），普通本科生 6051 人、成人教育本专科生 2527 人（本科生 1812 人、专科生 715 人）。外国留学生 311 人。在校生 44814 人，其中，学历教育学生中全日制研究生 10274 人（博士生 1079 人、硕士生 8116 人）、普通本科生 22716 人，成人教育本专科生 5786 人（本科生 4439 人、专科生 1347 人），在职人员获取硕士学位 5450 人，外国留学生 588 人。网址：www.ncepu.edu.cn。

2017 年，学校入选国家“双一流”建设高校名单，制订一流学科建设方案，推动“能源电力科学与工程”学科建设。

学科建设。电气工程、动力工程及工程热物理两个学科通过第四轮学科评估，分别位列 A 类、A- 类；新增核科学与技术、水利工程 2 个一级学科博士学位授权点。

师资建设。调整科研教研工作量和绩效奖励标准；修订专业技术职务评聘办法，实施分类评价；规范非事业编制岗位管理；制定七级及以下职员职级晋升办法。引进国家“千人计划”1 人，引进和培育国家“杰出青年基金”2 人，3 人入选国家“万人计划”，2 人获北京市高等学校教学名师和青年教学名师。

人才培养。修订本科专业人才培养方案；启动研究生优质课程建设项目，修订研究生学制和研究生培养方案。发起成立“电力行业卓越工程师培养校企联盟”，打造“校企协同、校校协同、优势互补、资源共享”的行业人才培养新格局。

教育教学改革成效显著。获省级教学成果奖 25 项；1 门慕课获评首批国家精品在线开放课程，25 个项目获批省部级产学合作协同育人项目和教改立项；出版教材 33 部。

科技创新能力提升。服务国家重大科研任务的能力大幅增强。全年承担各类科技项目 1004 项，包括国家科技重大专项、重点研发计划项目各 1 项；科研经费创历史新高，合同额 6.8 亿元。科研成果实现重大突破，获得省部级及以上科研奖励 70 项，作为主持单位获高等学校科学研究优秀成果奖（科技类）技术发明一等奖 1 项、河北省科技进步一等奖 1 项。

拓展对外合作交流。践行国家战略，参与支持雄安新区规划建设，稳步推进张家口科教园区建设；强化校企合作，开展行业高层次、急需紧缺和骨干人才的培养培训工作；联合组建高等学校智能电网创新战略联盟，加盟北京未来科学城“氢能技术协同创新平台”。国际合作与对台交流层次不断提高，国际学生规模持续增长；新增“111 计划”引智基地 1 项；承办“上海合作组织大学能源会议 2017”，举办中欧可再生能源创新中心研讨会和海峡两岸绿色能源与应用学术研讨会。

（王振华）

入选北京市重点实验室

1 月 20 日，电力大学“新能源电力与低碳发展研究中心”被认定为北京市重点实验室。实验室是学校第一个智库类重点实验室，功能定位为国家及北京市制定新能源电力与低碳发展战略、发展规划、发展政策和发展法规提供研究成果和专家智力支持评估及策略。服务对象包括国家、北京市政策制定及决策部门；能源、电力及低碳行业；京津冀等典型区域。研究方向包括新能源电力与低碳发展路径、低碳发展的新能源电力建设与运营虚拟仿真、新能源电力与低碳发展政策评估及策略三个方面。

（王振华）

足球队获中国大学生足球联盟总冠军

7 月 19 日，电力大学足球队获 2016-2017 中国大学生足球联赛（校园组）全国总冠军。足球队以 5：4 的比分战胜新疆农业大学夺冠。中国大学生足球联赛创办于 2000 年，该赛事是中国国内高校参与范围最广、竞技水平最高、影响最大的足球联赛，也是唯一被中国大学生体育协会正式认可的全国性大学生 11 人制足球赛事。

（王振华）

中华女子学院

党委书记　李明舜
院　　长　刘利群

概述

2017 年，中华女子学院校园占地面积 10.596144 万平方米，产权建筑面积 10.6060 万平方米，非产权建筑面积 2.971158 万平方米。固定资产总值 35434 万元，其中，教学、科研仪器设备资产值 12137 万元。图书馆建筑面积 12614 平方米，藏书 64.29 万册，电子图书 152.5006 万册，电子期刊 70.42 万册，学位论文 544.20 万册，音视频 26923.5 小时。全年教育经费投入 23378.84 万元，其中，国家拨款 16930.51 万元、自筹经费 6448.33 万元。信息化经费投入 2214.62 万元，拥有计算机 3491 台，网络多媒体教室 113 间，信息化设备资产 8111 万元，网络信息点数 5000 个，校园网出口总带宽 1200 Mbps，电子邮件系统用户数 5145 个，上网课程数 280 门，音视频 26923.5 小时，管理信息系统数据总量 109.4GB。校区设置六个二级学院、四系、二部。开设普通高等教育本科专业 21 个、高职专业 4 个，学科门类覆盖法学、教育学、管理学、经济学、文学、艺术学、工学 7 个学科门类，具有一级学科 12 个，服务国家特需项目专业硕士学位授权点 1 个。教职工 381 人，其中，专任教师 299 人，教师包括教授 33 人、副教授 78 人。硕士生导师 43 人。有享受政府特殊津贴专家 9 人、国家督学 1 人。毕业生 1886 人，其中，学历教育学生中全日制硕士研究生 43 人，普通本专科生 1646 人（本科生 1124 人、专科生 522 人），成人教育专科生 202 人。招生 1713 人，其中，学历教育学生中全日制硕士研究生 54 人、普通本专科生 1659 人（本科生 1164 人、专科生 495 人）。在校生 6268 人，其中，学历教育学生中全日制普通本专科生 6065 人（本科生 4589 人、专科生 1476 人）、成人教育专科生 105 人，全日制硕士研究生 98 人。外国留学生招生 47 人、在校生 47 人。网址 :www.cwu.edu.cn。

2017 年，学校以全面迎接并深入传达、学习、宣传、贯彻中共十九大精神为首要政治任务，完成本科教学审核评估迎评促建工作，各项工作取得新进展、新成就。

学校完成《中华女子学院“十三五”事业发展规划》编制工作，接受教育部普通高等学校本科教学工作审核评估，持续推进新校区（第二校区）选址实地考察工作，入选北京市“一带一路”国家人才培养基地之一，商务部援外硕士班首届毕业生毕业并获硕士学位。

教学格局优化，论证并申报 3 个新增专业，成立“育慧书院”。科研工作再创佳绩，举办首届“媒介与妇女”跨界论坛、性别平等与可持续发展—中德比较研究论坛、“中国—挪威：青年女性领导力与创新力圆桌会谈”、“创新共享”妇女发展与妇女社会工作学术研讨会、“新形势下妇女工作的改革与发展”暨全国妇干校校长论。获批 2017 年度北京市社科基金立项 4 项、国家社科基金项目 1 项、教育部人文社科项目 2 项、北京市教育科学规划项目 1 项、横向课题 10 余项、32 人获得国家级教育部课题培育项目立项资助；立项出版专著 4 本，《女性职业生涯规划与管理》《女性创业学》两部教材填补国内该领域的空白，出版《妇女口述历史丛书》第七卷；《中华女子学院学报》加入中国学术专业期刊电子版。

社会影响力不断提升，入选全国妇联维护妇女儿童权益法律咨询顾问单位、人社部“家政服务与管理专业”教学标准修订专家单位。荣获“首都环境建设样板单位”、北京市教育工会综合考评奖及特色工作奖、中直机关 2016 年度行政事业单位资产管理信息统计工作先进单位、2017 中国国际大学生时装周人才培养成果奖。与全国妇联宣传部联合打造《女性之声新闻联播》正式开播上线，加入中国国际新媒体短片节青年影像创作与国际传播平台。

学生成果显著。参加省市级以上各类体育类竞赛 32 项，荣获全国比赛集体项目前八名 2 项，单项前八名 5 项；北京市级比赛第一名（含一等奖）12 项，第二名 9 项，第三名 11 项，第四至第八名（含二、三等奖）35 项。

教师成果突出。荣获“全国三八红旗手”1 人、“全国最美家庭”1 人。获评北京市教学名师 1 人、北京市青年教学名师奖 1 人、北京市优秀教师 1 人、北京市青年教师教学基本功比赛一等奖 1 人、北京高校第十届青年教师基本功比赛文史类 B 组一等奖并获最佳演示奖和最受学生欢迎奖 1 人、全国大学生数学建模微课程竞赛一等奖 1 人、北京高校思想政治理论课特级教师 2 人。1 人随中国妇女代表团出席“首届中英性别平等专题研讨会”、1 人出席中国家庭教育学会家教立法研讨会暨学术研究成果发布会。

（杨莉锋）

中华经典女子诵读中心成立

3 月 26 日，女子学院举办“中华经典女子诵读中心”成立仪式暨首届葛兰诵读文化季颁奖典礼。活动为“中华经典女子诵读中心”揭牌。中心是女子学院跨学科、跨院系的半实体学术研究及成果推广机构，在深入了解妇女儿童精神文化需求的基础上，使用全媒体传播手段，对中华文化经典进行具有针对性的、多种形式的艺术创作及产品开发。深入社区和乡镇，独立或与基层部门联手组织各种相关培训及活动，参与中华传统经典的传播与推广。“葛兰诵读文化季”由中华文化促进会主办、中华女子学院承办，以著名播音艺术家、教育家葛兰教授名字命名的诵读活动。活动旨在繁荣中华文化、促进大众诵读兴趣、提升中华文学诵读水平。中华文化促进会、北京大学、中国传媒大学等专家，参赛选手，学院教师以及文化传播学院全体师生 400 人参加典礼。

（杨莉锋）

3 月 26 日，女子学院成立中华经典女子诵读中心
（女子学院　供）

首届“媒介与妇女”跨界论坛

5 月 26 日至 27 日，女子学院女性学系和荷广传媒橙雨伞公益共同举办女性应利用媒体的力量改变世界——首届“媒介与妇女”跨界论坛。来自学术界、媒体界、公益界等界别的参与者就“媒介与妇女”的相关议题开展讨论，力图用跨界智慧、媒介力量促进性别平等。论坛还就新媒体环境下女性与媒体间的关系、媒介与女性议题的倡导、社会变迁背景下流动女性与媒介呈现、性别议题与女性表达等议题展开讨论。来自联合国妇女署、荷广传媒、中国妇女报、国内高校及学院师生 180 人参会。

（杨莉锋）

北京信息科技大学

党委书记 王传亮
校 长 王永生

概述

2017年，北京信息科技大学占地面积33.32万平方米，产权校舍建筑面积33.15万平方米、非产权校舍建筑面积0.54万平方米。全年教育经费投入118454.26万元，其中，国家拨款101418.76万元、自筹经费17035.50万元。固定资产总值12.99亿元，其中，教学、科研仪器设备资产值6.47亿元。图书馆建筑面积9661平方米，藏有纸质图书120.06万册、电子图书187.27万册。拥有计算机8114台，多媒体教室139间。信息化设备资产22499.50万元，网络信息点13825个，校园网出口总带宽4300Mbps，电子邮件系统用户44555个，上网课程158门，管理信息系统数据总量100.80GB。拥有5个校区，下设12个学院、2个中心以及研究生院、体育部、计算中心、机电实习中心、电子信息与控制实验教学中心和继续教育学院等教学机构。开设本科专业39个，覆盖工、管、理、经、文5个学科门类，包括国家级特色专业建设点4个、北京市级特色专业建设点9个；自动化、通信工程、网络工程3个专业入选教育部“卓越工程师教育培养计划”，测控技术与仪器专业、机械设计制造及其自动化专业通过工程教育专业认证，自动化、计算机科学与技术2个专业获批教育部“地方高校本科专业综合改革试点专业”。测控技术与仪器专业获批北京市属高校首批一流专业。具有一级学科硕士点14个、二级学科硕士点43个，有工程硕士和工商管理硕士2个专业学位授权种类，专业学位授权领域7个。拥有北京市重点学科3个、北京市重点建设学科9个；省部共建教育部重点实验室1个，北京市重点实验室5个、北京市哲学社会科学研究基地1个。教职工1374人，其中，专任教师855人，专任教师中正高级134人、副高级323人；兼职博士生导师22人、硕士生导师358人；双聘院士6人、特聘教授2人、讲座教授3人、获得市属高校学科首席专家岗位1个、国家级优秀教学团队1个、“黄大年式”教师团队1个，入选国家百千万人才工程1人，新世纪百千万人才工程3人，其中国家级人选1人、北京市3人，北京市属高校长城学者4人，北京学者2人。全国优秀教师2人、北京市优秀教师9人、全国优秀教学团队1个，北京市级优秀教学团队8个、北京市教学名师13人、北京市“高创计划”教学名师2人，北京市海外高层次人才3人、北京市属高校创新团队24个、创新人才15人、青年拔尖人才35人、北京市人才强教计划骨干教师107人。毕业生4230人，其中，学历教育学生中全日制硕士研究生385人、普通本科生2297人、成人教育本专科生1471人（本科生387人、专科生1084人）、留学生77人。本科毕业生一次就业率95%以上，毕业研究生一次就业率100%。招生5372人，其中，学历教育学生中全日制硕士研究生492人、普通本科生2795人、成人教育本专科生1977人（本科生641人、专科生1336人）、留学生108人。高考北京地区录取线一批理科537分、二批理科521分，二批文科537分。在校生16544人，其中，学历教育学生中全日制硕士研究生1308人、普通本科生10899人、成人教育本专科生4163人（本科生1706人、专科生2457人）、留学生174人。网址：www.bistu.edu.cn。

2017年，学校落实立德树人根本任务，初步形成育人合力；服务创新驱动发展战略，办学核心能力取得新突破；深化综合改革，优化治理环境；加速推进新校区建设，空间环境建设取得进展。

推进应用型新工科专业建设。获批机器人工程专业、数据科学与大数据2个新专业。完成11个本科专业校内专业评估。测控技术与仪器、自动化、通信工程3个专业完成工程教育专业认证专家现场考查，测控技术与仪器专业获批北京市属高校首批一流专业。

加强创新创业体系内涵建设。组织第四批、第五批校内创业项目遴选，共计28支团队入驻基地，围绕“互联网+”大赛，开展14支团队项目的培育工作。新增校外人才培养基地20个，举办第五届华北五省机器人大赛，获得各类奖项共计50项。

全面加强教学制度建设。颁布实施《全日制普通高等教育本科学生学籍管理规定》《本科学生成绩管理办法》《授予普通高等教育学生学士学位工作细则》等管理文件。“机电工程教师团队”入选教育部“全国高校黄大年式教师团队”。

培育重大创新成果。全年新增各类科研项目273项，新增省部级以上科研项目36项，其中，市科委科技计划项目6项，合同经费达820万元，创历史新高。共发表学术论文937篇，获各类知识产权授权、登记196项，获7项省部级科研成果奖和2项社会力量设奖。完成武器装备科研生产单位二级保密资格重新认证。

参与“高精尖”创新中心建设，重点科研基地建设取得新突破。全年新增省部级科研基地5个，学校牵头申请的“光纤传感与系统北京实验室”获市教委批准认定，“绿色发展大数据决策北京市重点实验室”获市科委认定，“先进光电子器件与系统北京市国际科技合作基地”通过市科委认定。

深化国际交流合作，国外引智工作取得突破性成果。“先进光电子器件与系统学科创新引智基地”获国家外专局和教育部批准立项入选国家“111计划”。全年共获批国家外专局和市外专局高端人才引智项目7项，聘请长短期外国专家32人，其中4人被聘为荣誉教授。与国外高校新签续签合作协议23项。与“一带一路”沿线国家合作的大学数量达到16所，成为“一带一路”中波大学联盟首批成员校。首次与波兰西里西亚理工大学合作，完成孔子课堂申报工作。

“外引”与“内培”并重，提升人才队伍建设水平。新增双聘院士1人，兼职特聘教授2人；评审并构建由“勤信学者”2人、“勤信拔尖人才”5人、“勤信英才”13人组成的学校高水平青年人才培育体系。全年引进博士（博士后）63人，2017年度北京市属高校高水平教师队伍建设支持计划项目，入选创新团队项目1个、青年拔尖人才项目6个。制订《专任教师挂职院长助理实施方案》，为青年教师成长搭建平台。

（李丝璐）

首届文化艺术节

3月15日，信息科大首届文化艺术节开幕。首届文化艺术节持续整个学期，主要包括三个板块：以宣传和弘扬中国优秀传统文化为主要内容的文化类板块；以展示师生风采，提升艺术鉴赏水平为主要内容的艺术类板块；以科学健身、强健体魄为主要内容的体育类板块。三大板块内容分为由职能部门和学院承办的全校层面活动和学院特色活动，活动参与面覆盖全校本科生、研究生、教职工及留学生。举办文化艺术节同时成立文化艺术节组委会，由党委书记、校长担任组委会主任，有关职能部门负责人、各学院党委（党总支）书记担任组委会成员。

（李丝璐）

3月15日，信息科大首届校园文化节开幕

（信息科大　供）

首届勤信人物（团队）评选

5月18日，信息科大举行首届勤信人物（团队）颁奖仪式。评选旨在表彰先进，学习榜样，弘扬“勤以为学 信以立身”校训精神，培育优良校风学风。评选经过广泛推荐、大力宣传和公正评选，19个人物和团队成为提名候选人，最终10个人物（团队）当选。

（李丝璐）

首届科技创新节

9月20日，信息科大首届科技创新节开幕。科技创新节主题是“汇勤信力量之源，展科技创新之光”，覆盖全校本科生、研究生、教职工及留学生，历时3个月，主要由科技创新作品展示、科技竞赛、讲坛论坛、创新创业等板块组成，包含科技创新成果展、教师名家讲坛、大学生创意创新创业大赛、大学生机器人大赛、校友杯创业大赛、研究生科技创新项目评优系列活动。科技创新成果展共展出各类科技成果1358项，包括教师成果350项、研究生成果357项、本科生成果651项，成果涉及科技作品、专利、软件著作权等，集中展现信息科大近几年师生在科技创新、创业方面的最新成果。

（李丝璐）

中国矿业大学（北京）

党委书记　徐孝民
校　　长　杨仁树

概述

2017年，中国矿业大学（北京）占地面积34.65万平方米，建筑面积54.67万平方米。固定资产总值189733万元，其中教科仪器设备资产值41222万元。全年教育经费投入89388万元，其中，国家拨款53393万元、自筹经费35995万元。学校信息化经费投入800万元，拥有计算机6628台，多媒体教室座位18926个，信息化设备资产7453万元，网络信息点21500个，校园网出口总带宽3300Mbps，电子邮件系统用户19500个，数字资源量8000GB，管理信息系统数据总量16.8GB。设有研究生院和11个学院；开设本科专业63个，覆盖理、工、文、管、法、经等多个学科门类；有1个国家一级重点学科，8个国家二级重点学科、1个国家重点培育学科、21个省部级重点学科；有16个一级学科博士点，34个一级学科硕士点，69个二级学科博士点，163个二级学科硕士点，12个硕士专业学位授权类别；博士后流动站14个，其中，博士后研究人员出站50人、进站31人、在站128人。建有2个国家重点实验室、2个国家工程研究中心、2个教育部工程研究中心，2个北京市重点实验室。教职工总数984人，其中，专任教师691人，包括教授175人、副教授226人；有博士生导师168人、硕士生导师230人；中国科学院院士1人，中国工程院院士8人。教师中有“长江学者奖励计划”特聘教授7人，国家杰出青年基金获得者7人，6人被评为国家有突出贡献的中青年专家，全国优秀教师2人。毕业生3500人，其中，学历教育学生中全日制研究生1533人（博士生181人、硕士生1352人），普通本科生1366人，成人教育学生256人；非计划招生高等教育学生中在职人员攻读硕士学位345人。招生5295人，其中，学历教育学生中全日制研究生2261人（博士生292人、硕士生1969人），普通本科生1976人，成人教育本专科生1058人（本科生397人、专科生661人）。在校生15663人，其中，学历教育学生中全日制研究生5522人（博士生1206人、硕士生4316人），普通本科生7422人，成人教育本专科生1149人（本科生466人、专科生638人）；非计划招生高等教育学生中在职人员攻读硕士学位1570人。高考北京地区本科提档线理工科586分、文科583分。本科毕业生就业率98.96%，研究生就业率96.67%。留学生招生8人，在校生21人。图书馆建筑面积14985平方米，藏书89.8万册，电子图书201万册。

网址：www.cumtb.edu.cn。

2017年，学校全面深化综合改革，认真落实“十三五”规划，统筹推进“双一流”建设。

学科建设再获突破。学校入选一流学科建设高校，矿业工程、安全科学与工程2个学科入围“双一流”建设学科名单。在全国第四轮学科评估中，矿业工程、安全科学与工程2个学科继续全国排名第一（A+），测绘科学与工程、地质资源与地质工程2个学科全国排名第三（A-）。编制完成《一流学科建设方案》。

深化本科教学改革。深入实施本科生全程导师制，召开本科生全程导师制工作会，推进本科生全程导师制在组织、内涵、机制等方面的建设。完成2017级本科新生在沙河校区教学安排，开启两校区办学新篇章。制定2016版本科培养方案，做好本科教学工程建设、实践教学环节和创新教学环节工作。组织大学生参加各级各类学科竞赛，共获奖项269项，其中获全国大学生电子设计竞赛一等奖1项。

实施“人才强校”战略。出台《高层次人才和优秀青年人才引进暂行办法》《“越崎杰出学者”奖励计划实施办法》等制度。新增长江学者特聘教授1人、长江青年学者1人、首都科技领军人才1人、北京市优秀教师2人。完成首批14名“越崎杰出学者”和36名“越崎青年学者”聘任工作。补充各类人员54人，新增教授10人，副教授32人。完成工资结构及绩效工资改革，构建由“基础性绩效工资”和“奖励性绩效工资”组成的绩效工资体系。

科研创新能力不断提升。3项科技成果获得2016年国家科学技术奖励，其中，国家技术发明奖二等奖1项、国家科学技术进步奖二等奖2项。获得省部级奖项45项。获全国煤炭行业教育工作先进单位称号，获煤炭行业教育教学成果奖20项，包括特等奖2项。获北京市教育教学成果一等奖2项、二等奖5项。成立新一届校学术委员会，制定专门委员会章程、组建方案及人员构成。出台《科技奖励办法》等制度，完善科研经费管理机制。科研经费收入2.1亿元，其中，纵向科研经费1.15亿元、横向科研经费0.95亿元。参与北京全国科创中心建设。

做好沙河校区建设运行工作。沙河校区正式启用，2017级本科生入驻新校区，有效缓解长期困扰学校发展的办学空间问题。制定《沙河校区办学运行方案》，加快校区南地块征地工作，推进校区不动产手续、综合实验楼及体育馆项目前期手续办理。完成综合楼修缮改造工程（二期）等项目。

（朱家骏）

中国矿业知识产权联盟成立

3月26日，中国矿业知识产权联盟成立。联盟主要任务是在联盟成员之间搭建知识产权公共信息平台，形成矿业领域知识产权流动与运营渠道，提升矿业领域的自主创新能力，推动关键技术实现新突破，为联盟成员知识产权战略运用以及海外知识产权布局等相关事宜提供信息分析服务与知识产权预警分析。联盟首批单位由17家科研院所和装备制造企业组成，基本涵盖中国矿业科技界的骨干单位。

（朱家骏）

马克思主义学院揭牌

7月5日，矿大马克思主义学院揭牌。该学院承担全校各专业本科、硕士、博士的思想政治理论教学；拥有思想政治教育二级博士学位点和马克思主义理论一级硕士学位点，硕士学位点包括思想政治教育、马克思主义基本原理和马克思主义中国化研究等研究方向，开展马克思主义理论硕士、博士等高层次人才的培养。有教职工26人，其中，教学研究人员24人，教辅行政人员2人；教学研究人员中有教授7人、副教授4人、讲师13人。该院前身是成立于2009年5月的思想政治教育学院，2011年3月开始独立运行。

（朱家骏）

中国石油大学（北京）

党委书记 山红红
校　　长 张来斌

概述

2017年，中国石油大学（北京）昌平校区占地面积32.64万平方米，克拉玛依校区占地面积446.67万平方米。其中，昌平校区学校产权校舍建筑面积47.35万平方米、非产权校舍建筑面积1.51万平方米。固定资产总值196379.18亿元，其中，教学、科研仪器设备资产值88336.13亿元。图书馆建筑面积17994平方米，纸质图书116.67万册、电子图书328万册。拥有计算机12041台。多媒体教室149个，信息化设备资产33896.7万元，网络信息点25000个，校园网出口总带宽7100Mbps，电子邮件系统用户31985个，管理信息系统数据总量51200GB。设置10个院（系、部）及提高采收率研究院、非常规天然气研究院、新能源研究院、中国能源战略研究院、海洋工程研究院5个直属研究院；开设本科专业26个，拥有11个博士一级学科，45个博士二级学科；33个硕士一级学科，148个硕士二级学科。6个专业硕士学位授予权，工程硕士授权点涵盖20个工程领域。11个博士后流动站，其中，博士后研究人员出站72人、进站54人和在站174人。国家一级重点学科1个、国家二级重点学科2个，国家重点（培育）学科2个、省部级重点学科7个；国家重点实验室2个。教职工1464人，其中，专任教师957人，包括教授239人、副教授374人；博士生导师286人、学术型硕士生导师694人、专业型硕士生导师524人；中科院院士2人、工程院院士2人。“长江学者奖励计划”特聘教授9人、“长江学者奖励计划”讲座教授1人、“千人计划”入选者4人、“青年千人计划”入选者2人、

“国家杰出青年科学基金”获得者10人。毕业生14028人，其中，学历教育学生中全日制研究生2051人（博士生201人、硕士生1850人）、普通本科生1896人、成人教育本专科生1714人（本科生1039人、专科生675人）、网络教育本专科生8367人（本科生3774人、专科生4593人）。本科生就业率为97.55%，研究生就业率为97.34%。招生35776人，其中，学历教育学生中全日制研究生2380人（博士生310人、硕士生2070人）、普通本科生1960人、成人教育本专科生795人（本科生604人、专科生191人）、网络教育本专科生30641人（本科生9605人、专科生21036人）。在校生57665人，其中，学历教育学生中全日制研究生6873人（博士生1253人、硕士生5620人）、普通本科生7676人、成人教育本专科生2606人（本科生1553人、专科生1053人）、网络教育本专科生40510人（本科生14642人、专科生25868人）。留学生毕业150人、招生107人、在校生455人。网址：www.cup.edu.cn。

2017年，学校继续深化综合改革。实施绩效工资改革，成立督导办、人才办等机构。将人文艺术教育中心与体育教学部合并，成立体育与人文艺术学院；将继续教育学院和远程教育学院、成人教育学院合并，成立网络与继续教育学院；成立国际教育学院。推进扁平化管理，撤销机关部门科室设置，改为设置科级干事或主任科员岗位。启动议事协调机构清理规范、规范性制度“废改立”等工作。修订《科技成果管理办法》和《基本科研业务费管理办法》，制订《学术交流管理办法》。修订青年拔尖人才选拔及评审标准，出台《优秀青年学者培育计划》《师资博士后管理办法》，构建人才引进与培养的长效机制，出台《专业技术职务岗位分类管理办法》《考核评价指导意见》。

学科建设。石油与天然气工程、地质资源与地质工程2个学科进入国家一流学科建设行列。学校结合“十三五”事业发展规划，制定一流学科建设方案，形成“2+1+X”油气科学与工程学科群建设规划。通过教育部本科教学工作进行审核评估。在教育部第四轮学科评估中，石油大学地质资源与地质工程、石油与天然气工程两个一级学科获评A+，化学工程与技术一级学科获评A-，6个学科排名进入前10位。

队伍建设。1名教师当选加拿大工程院院士；1名教师获国家杰出青年科学基金资助；1名教师入选国家“千人计划”创新人才长期项目；1名教师入选2017年“国家百千万人才工程”；3名教师获北京市高等学校教学名师奖；2名教师获批准享受国务院政府特殊津贴。

科研成果。新增国家重点研发计划重点专项1项；牵头负责的国家科技重大专项项目“复杂油气田地质与高效钻采新技术”获得第三个五年滚动支持。

学校建设。正式接收东校园，缓解学校办学空间的紧张。网络出口带宽由2.1G提升到7.1G；实现校园全部监控系统高清数字化，重点公共区域和要害部位达到全覆盖。克拉玛依校区招收首批国际学生。14名学生主要来自丝绸之路经济带核心区的土库曼斯坦、哈萨克斯坦、塔吉克斯坦等国家。

服务“一带一路”建设。入选北京市外国留学生“一带一路”奖学金项目，获批“丝绸之路”中国政府奖学金项目，入选首批北京市“一带一路”国家人才培养基地项目，承办“一带一路教育对话”国际会议，“一带一路”科技创新国际合作交流中心揭牌成立，俄罗斯中亚研究中心成立。

（李强楠）

思想政治工作会议召开

7月3日，石油大学召开思想政治工作会议。会议全面贯彻落实全国高校思想政治工作会议精神，系统总结和部署学校思想政治工作，制定出台《关于加强和改进新形势下思想政治工作的实施意见》。会议听取题为“坚持社会主义办学方向 落实立德树人根本任务 为建设石油石化学科领域世界一流研究型大学凝心聚力”报告，回顾中共十八大以来学校在理论武装、意识形态工作、社会主义核心价值观培育和践行、教师思想政治工作等方面取得的成绩，总结工作经验，分析存在的问题，提出下一步的重点任务：一要加强和改善党的领导，发挥领导核心作用；二要健全思想政治工作体制机制，增强工作合力；三要加强意识形态阵地建设和管理，坚持正确舆论导向；四要加强思想政治理论课建设，满足学生成长发展需求和期待；五要加强教师思想政治工作，努力培养“四有”好教师；六要加强大学生思想政治教育，促进学生全面成长成才；七要加强校园文化建设，以文化人以文育人；八要加强思想政治工作队伍和党务工作队伍建设，提升职业素养和工作水平。学校党政干部、师生代表300人参加论坛。

（李强楠）

第11次党代会

9月28日至30日，石油大学召开第11次党员代表大会。会议听取题为《扎根中国大地 坚定卓越追求，为建成石油石化学科领域世界一流研究型大学而努力奋斗》的工作报告，印发《落实两个责任、聚焦中心任务，为实现石油石化学科领域世界一流研究型大学的奋斗目标保驾护航》的纪委工作报告，选举产生第11届党委和纪委，24人当选党委委员、7人当选纪委委员。会议审议并通过《中国共产党中国石油大学（北京）第十一次党员代表大会关于第十届党

9月28日，中国共产党中国石油大学（北京）第十一次党员代表大会召开　　（石油大学　供）

委工作报告的决议》《中国共产党中国石油大学（北京）第十一次党员代表大会关于第十届纪委工作报告的决议》。学校160名正式代表参加大会。

（李强楠）

全面推行扁平化管理

12月29日，石油大学发布《关于机关部门撤销科室、实施扁平化管理有关工作的通知》。学校决定机关部门实行扁平化管理，不再设置科室，改为设置科级干事或主任科员岗位。此举旨在细化岗位职责，提高管理部门工作效率，加强青年干部队伍建设。

（李强楠）

中国地质大学（北京）

党委书记 王鸿冰
校　　长 邓军

概述

2017年，中国地质大学（北京）占地面积52.58万平方米，学校产权校舍建筑面积58.03万平方米。固定资产总值24.33亿元，其中，教学、科研仪器设备资产值7.22亿元。图书馆藏书97万册。拥有计算机12206台。多媒体教室座位111间，信息化设备资产25888.4万元，网络信息点17001个，校园网出口总带宽5700Mbps，电子邮件系统用户38484个，上网课程232门，管理信息系统数据总量132.18GB。设置17个院（系、部）；开设41个本科专业；具有硕士学位授权一级学科点20个，硕士学位授权二级学科点（不含一级学科覆盖点）2个；博士学位授权一级学科点13个，博士学位授权二级学科点（不含一级学科覆盖点）2个；博士后流动站13个。2个国家一级重点学科、8个国家二级重点学科、省部级重点学科13个；国家重点实验室1个。教职工1443人，其中，专任教师1004人，包括教授241人、副教授362人；博士生导师219人、硕士生导师384人；中科院院士4人。“长江学者奖励计划”特聘教授3人、“长江学者奖励计划”客座教授2人、“千人计划”入选者4人、“青年千人计划”入选者1人“国家杰出青年科学基金”获得者10人。外籍教师25人。毕业生23839人，其中，学历教育学生中全日制研究生1907人（博士生306人、硕士生1601人）、普通本科生1970人、成人教育本专科生2768人（本科生1919人、专科生849人）、网络教育本专科生17194人（本科生5895人、专科生11299人）；非计划招生高等教育学生中在职人员攻读硕士学位322人。本科毕业生就业率94.6%。招生36687人，其中，学历教育学生中全日制研究生2404人（博士生376人、硕士生2028人）、普通本科生2084人、成人教育本专科生1055人（本科生760人、专科生295人）、网络教育本专科生31144人（本科生12102人、专科生19042人）。在校生86079人，其中，学历教育学生中全日制研究生7129人（博士生1680人、硕士生5449人）、普通本科生8323人、成人教育本专科生5022人（本科生4191人、专科生831人）、网络教育本专科生65605人（本科生26409人、专科生39196人）；非计划招生高等教育学生中在职人员攻读硕士学位2274人。留学生毕业11人、招生36人、在校生113人。网址：www.cugb.edu.cn。

2017年，学校以习近平新时代中国特色社会主义思想为指导，抓住“双一流”建设机遇，坚持立德树人的根本任务，紧盯国家重大战略需求，提升学科内涵发展，优化拓展育人和科研平台，加强师资队伍建设，深化对外交流合作，学校综合实力、办学声誉和社会贡献显著提升，实现“十三五”事业发展的良好开局。

11月20日至24日，地质大学举行化隆学子进北京“三热爱一团结”主题教育活动　（地质大学 供）

学科建设。入选一流学科建设高校，地质学、地质资源与地质工程2个学科入围“双一流”建设学科名单。加强学科建设的顶层设计，在第四轮全国学科水平评估中，地质学、地质资源与地质工程2个学科获评A+。

教育教学改革。学校接受教育部专家组本科教学工作审核评估，开展学位授权点评估建设，深化研究生招生制度改革，建立并实行灵活的学习制度，提升学生学术研究水平，论文数量和质量得到提升。全力推进大学生创新创业工作，创客空间投入使用，创新创业项目成绩喜人，学生在国家级学科竞赛、课外科技竞赛、创业大赛以及文体比赛中屡创佳绩。

队伍建设。继续开展“求真学人”的遴选与扶持工作，为青年人才储备和培养提供重要保证。引进“杰青”1人，2人获“青年千人”，2人获“长江学者”青年学者，1个团队荣获全国高校黄大年式教师团队，3人获北京市优秀教师，2人获北京高校优秀共产党员，2人获黄汲清青年地质教师奖，2人获北京高校教学名师奖和青年教学名师奖，4人获青年地质科技奖银锤奖，为建设高水平研究型大学奠定坚实的基础。

科学研究。获得国家自然科学基金项目资助总经费6657.49万元。以第一完成单位获省部级科技奖6项，其中，一等奖3项，国家重大项目和重大基础设施项目申报取得阶段性进展，3个部级重点实验室正式运行，Geoscience Frontiers影响因子达4.256，位列地球科学及交叉学科188种期刊第13位（Q1区）。举办世界经济地质学家协会科学年会、深部煤层气国际学术研讨会、第十届中日韩研究生论坛等会议活动。

校园建设。实现学生生活区无线网络全覆盖，数据中心机房扩建，学生宿舍人脸识别系统投入使用。平安地大建设有序推进，开展建校65周年系列纪念活动，构筑文化体系，凝聚精神力量，校园变得更加舒适便捷、更加和谐温馨。

（李媛媛）

首次增设土地整治工程专业

3月，地大新增土地整治工程专业。该专业是国内首次开设，标志着土地整治工程被正式纳入国民教育本科序列。土地整治工程是对土地资源开发、利用、整治与保护的全过程进行研究，解决区域生产、生活、生态用地的协调问题，内容涵盖工矿区损毁土地复垦、高标准农田建设、农村土地整治与新农村建设、退化土地修复与治理、土地资源集约节约利用、土地信息技术等。该专业有专职教师19名，配有国土测绘地理信息工程北京市实验教学中心、中国地质大学-中煤平朔煤业有限责任公司工程实践教育中心等。

（李媛媛）

第十届中日韩研究生论坛举办

9月22日至25日，地大举办第十届中日韩研究生论坛。地大特聘教授M.Santosh在开幕式上作题为《New Frontiers in Earth and Planetary Sciences》的学术报告，报告以中国的华北地区为例，讲解地球早期从荒无人烟到生机勃勃的演变。福岛大学教授Yuhei INAMORI作题为《Countermeasures on Global Warming using the Bio-Eco Engineering Systems in Wastewater Management》学术报告，介绍如何利用先进的Bio-Eco污水处理系统来抵抗全球变暖对生态造成的恶劣影响。参会研究生围绕“资源—环境—生命”主题，针对资源的可持续利用、环境保护和生命繁衍等问题，进行学术汇报并交流讨论。来自中国、日本、韩国11所大学的200余名师生代表参加论坛。

（李媛媛）

65周年校庆系列活动举办

11月7日，地大举办庆祝建校65周年系列活动。活动包括高水平学术报告会、研讨会、讲座、论坛以及文艺晚会。学校制作65周年校庆宣传片、形象画册，官方微信、官方微博进行专题策划。该校校友、师生近万人次参加活动。中国地质大学的前身是1952年由北京大学、清华大学、天津大学和唐山铁道学院等院校的地质系（科）合并组建的北京地质学院。1970年迁校至湖北，定名武汉地质学院，1978年在北京原校址恢复办学，定名武汉地质学院北京研究生部。1987年，成立中国地质大学，总部设在武汉，在京汉两地相对独立办学，2005年3月，大学总部撤销，京汉两地独立办学。

（李媛媛）

北京联合大学

党委书记　韩宪洲
校　　长　李学伟

概述

2017年，北京联合大学占地面积43.06万平方米，学校产权校舍建筑面积51.80万平方米、非产权校舍建筑面积7.09万平方米。全年教育经费投入180898.82万元，其中，国家拨款158367.78万元、自筹经费22531.04万元。固定资产总值24.86亿元，其中，教学、科研仪器设备资产值8.10亿元。图书馆建筑面积3.88万平方米，藏书718.18万册，其中，纸质图书284.39万册、电子图书433.79万册。拥有计算机19131台。学校信息化经费投入902万元，多媒体教室391间，信息化设备资产43510.43万元，网络信息点数19000个，校园网出口总带宽7000Mbps，电子邮件系统用户数39840个，上网课程数5370门，数字资源量38970GB，管理信息系统数据总量18489.5GB。设有12个校区，设置15个院，4个直属教学部；开设本科专业71个，专科专业7个，覆盖10个学科门类；具有一级学科硕士点5个，硕士学位授权点6个和硕士专业学位授权点4个。北京市重点建设学科6个；国家重点实验室1个，国家级人才培养模式创新实验区1个、国家级实验教学示范中心2个、国家级虚拟实验教学中心1个。教职工2850人，其中，专任教师1488人，包括教授195人、副教授518人；兼职博士生导师16人、硕士生导师173人；工程院院士1人（特聘）。外籍教师102人次，其中，长期外籍教师20人次。毕业生9015人，其中，学历教育学生中全日制硕士研究生123人、普通本专科生6854人（本科生5669人、专科生1185人）、成人教育本专科生 2038 人(本科生 726 人、专科生 1312 人)。本(专)科毕业生就业率 98.44%。招生 7508 人,其中,学历教育学生中全日制硕士研究生 158 人、普通本专科生 5534 人(本科生 5333 人、专科生 201 人)、成人教育本专科生 1816 人(本科生 1025 人、专科生 791 人)。高考北京地区本科二批提档线文科 496 分、理科 482 分;在京普通高职文科 264 分,理科 219 分,单招高职 218 分(其中,艺术类 135 分)。在校生 26092 人,其中,学历教育学生中全日制硕士研究生 414 人、普通本专科生 21013 人(本科生 19503 人、专科生 1510 人)、成人教育本专科生 4665 人(本科生 2346 人、专科生 2319 人)。留学生毕结业 546 人、招生 697 人次、在校生 1073 人次,其中,学历教育留学生毕业 97 人、招生 246 人次、在校生 443 人次。网址:www.buu.edu.cn。

2017 年,学校发布《北京联合大学章程》。修订学术委员会章程,成立第三届校学术委员会。制订 2017 年校院二级管理办法、横向科研管理办法、固定资产管理办法等制度。制订"十三五"时期本科专业建设与发展规划、课程建设规划及港澳台学生招收和培养管理规定。

结构调整。设置党委研究室,科研处更名为科学技术处,撤销行政管理处和后勤服务公司,成立后勤保障中心,校培训中心并入继续教育学院,建成科研财务"一站式"服务中心。原信息学院调整为智慧城市学院,原自动化学院调整为城市轨道交通与物流学院,原机电学院和机器人学院合并组建成新的机器人学院,原信息学院软件工程专业和电子信息工程专业、原自动化学院自动化专业整体并入新成立的机器人学院。成立学校网络安全和信息化领导小组。

人才培养。硕士研究生招生首次录取推免生 9 人。新增信息安全和西班牙语 2 个本科专业。完成网络学堂和中国大学 MOC 整合,新开通网络学堂课程 359 门。

交流合作。签订 7 项校企、校校战略合作框架协议。发起成立中国—中东欧国家"16+1"旅游院校联盟,加入中俄交通类大学联盟,签署国际及港澳台合作协议 32 项。

设施建设。投入 1820 万元建设实验室。立项基础设施改造实施项目 40 个,经费总额 6419.17 万元。完成 11 号楼女生宿舍改造工程、原丰台职业中心校系列改造工程、北苑校区供暖锅炉低氮改造等修缮改造专项项目 22 项,零星修缮项目 30 项。完成北四环校区、蒲黄榆校区网络基础设施改造。建设教学质量动态数据平台,完成无障碍救助服务系统、智能语音课堂系统建设。

基地建设。北京学研究基地入选首批中国智库索引(CTT)来源智库。获批全国重点建设职教师资基地 3 个,获批北京市"一带一路"国家人才培养基地。

(王岩 刘丹阳)

北京濒危手工艺传承人才培养项目

3 月 10 日,北京濒危手工艺传承人才培养项目在联合大学启动。该项目是北京文化艺术基金 2016 年资助项目,与西城区非物质文化遗产保护中心合作完成。项目旨在为北京内画鼻烟壶、北京刻瓷、泥塑彩绘脸谱等 6 个濒危手工艺项目招募和培养传承志愿者,同时聚合行业、企业和手工艺大师资源,建设濒危手工艺的作品和信息数据库,建成北京地区民间美术和手工技艺非物质文化遗产的传承传播示范平台。经考核筛选,项目录取正式学员 24 人、扩招学员 19 人和旁听学员 3 人,6 月 5 日开班,学期 60 天,其结业成果展于 9 月 18 日在北京方圆美术馆举行。

(王岩)

3 月 10 日,联合大学北京濒危手工艺传承人才培养项目启动会合影 (联合大学 供)

第五次党代会

12 月 27 日至 29 日,联合大学召开中国共产党第五次代表大会。会议确立"在新时代坐标中,建设高水平、有特色、北京人民满意的城市型、应用型大学"为学校建设的总体目标,提出未来五年奋斗目标和 2035 年发展愿景,明确学校事业发展要坚持"一体两翼"的战略框架。会议选举产生由 22 人组成的第五届党委和由 9 人组成的纪委,通过关于第四届党委工作报告和纪委工作报告的决议。

(王岩)

中国青年政治学院

党委书记 倪邦文
院　　长 秦宜智(兼)(9 月免)

概述

2017 年 5 月 10 日,教育部正式批复同意以中国社会科学院研究生院为基础,整合中国青年政治学院本科教育及部分研究生教育资源,创办中国社会科学院大学。中国青年政治学院占地面积 11.32 万平方米,建筑面积 17.29 万平方米。固定资产总值 21166.98 万元(不含房产),其中,教学科研仪器设备资产总值 6907.20 万元。全年教育经费投入 25096.68 万元,其中,国家拨款 18981 万元、自筹经费 6115.68 万元。图书馆建筑面积 1.10 万平方米,藏书 73.57 万册。改革前设有 16 个教学机构,包括 4 个教学中心(部)、9 个院系、继续教育学院(在全国 5 个省区设有 5 个教学点)、轮训部、国际交流学院等3个教学培训机构；改革后设14个内设机构，包括5个教学研究部、2个干部教育培训部、3个教学科研管理部、4个行政管理部。改革前开设13个本科专业，改革后全部划转至中国社会科学院大学，保留6个一级学科硕士授权点和法律硕士、教育硕士和社会工作等3个类别的专业型硕士授权点。改革后有教职工230人，其中，专任教师64人，含正高职称18人、副教授25人、硕士生导师37人。毕业学生总数1898人，其中全日制研究生284多，普通本科生1098人，成人教育本专科516人（本科生284人、专科生232人）。留学生招生222人，全年在校生268人。研究生招生325人，改革划转后在校研究生8个专业263人。网址 www.cyu.edu.cn。

2017年，学校完成改革划转工作。3名校领导调入中国社会科学院大学，296名教职工划转至中国社会科学院大学。2014级、2015级、2016级全日制本科生和2015级、2016级、2017级部分专业的硕士研究生整体转入中国社会科学院大学，但仍然在西三环北路25号校址完成学业。

（崔保锋）

中国劳动关系学院

党委书记 屈增国
院　　长 刘向兵

概述

2017年，中国劳动关系学院占地面积为42.08万平方米，学校产权建筑面积25.53万平方米、非产权建筑面积5.7万平方米。固定资产总值5.7亿元，其中，教学、科研仪器设备资产值8026万元。图书馆建筑面积9800平方米，藏书847488册，新增藏书30877册；共订购期刊1080种、报纸46种，电子图书1377900种，包括本地镜像图书336600种，远程图书1041300种，随书光盘6595片；电子期刊数据库9个，期刊种类19550种；其他类型数据库17个，试用及开放获取数据库30余个。教学经费1032.41万元，科研经费450万元，学生经费2362.65万元，教学建设经费100万元，本科教学工程540万元，数字化校园500万元，涿州校区大学生综合活动中心装修改造项目550万元，完善数字图书馆及加强文献资源建设200万元，图书馆图书购置300万元，引导专项400万元，劳关传播实验室300万元，第二教学楼开办费1050万元，第二教学楼装修及设备费3000万元。学校信息化经费投入3700万元，拥有计算机4400台，多媒体教室座位7640个，信息化设备资产3800万元，网络信息点12300个，校园网出口总带宽8Gbps，电子邮件系统用户650个，上网课程10门，数字资源量9200GB，管理信息系统数据总量550GB。校区设置14个院（系、部）；开设16个专业及覆盖6个学科；具有一级学科6个，专业学位授权点1个。教职工455人，其中，专任教师254人，包括教授31人，副教授85人；硕士生导师51人。享受政府特殊津贴专家12人。毕业生2165人，其中，全日制硕士研究生35人，普通本专科生1825人（本科生1163人、专科生662人），成人教育本专科生305人（专科生156人，本科生149人）。本科就业率为98.19%，专科就业率为97.58%。招生2533人，其中，全日制硕士研究生52人、普通本专科生2084人（本科生1250人，专科可生834人）；成人教育本专科生397人（本科生185人、专科生212人）。北京地区高考提档线本科理科511分、文科552分。在校生7725人，其中，全日制硕士研究生94人，专业硕士49人，普通本专科生6449人（本科生4728人、专科生1721人），成人教育本专科生1182人（本科生612人、专科生570人）。网址：www.culr.edu.cn。

2017年，学院从课程思政、教师思政、科研思政、文化思政、创新思政五个方面，逐步构建起立足行业特色、符合学院实际的思政格局。举办劳模本科教育开办25周年暨“弘扬劳模精神厚植工匠文化”研讨会，深入研究劳模精神和工匠精神。精神文明建设工作取得显著成效，1个班集体获“北京市示范班集体”称号。

启动本科审核评估，推进课程体系改革。启动审核评估工作，完成90门特色与核心课程的建设；组织校级学术讲座108场；高等职业教育产学研合作成效显著。开展理想信念教育、志愿服务项目、文体美育教育、创新创业实践等多维度教育工程。志愿者的“专业+”活动在第二届中国青年志愿服务项目大赛上荣获银奖台。学院在香港特别行政区举办公共管理硕士专业学位研究生教育获得教育部批准。

整合资源，加强智库和相关研究机构建设。共推出《研究动态》12期，筹建大国工匠与劳动模范研究所、当代工运研究所、“一带一路”与劳动关系研究所、中国职工舆情研究所、安全与职业卫生工程研究所5个校属院（系、部）建研究所；规范17个院（系、部）属研究所建设。

加大支持力度，提升科研成果质量。组织编写出版“中国职工状况研究报告”；制定修订各类科研管理办法11项，成立学术道德委员会；获得3项国家社会科学基金项目、1项国家自然科学基金项目、1项北京市社会科学基金项目、1项全总工会理论研究会委托课题；发表核心期刊论文110篇，C刊收录论文42篇。举办、承办全国工会学研究会年会、中国工会劳动关系论坛、中国社会学研究会年会、亚洲社会论坛、第一届中国劳动法论坛等重要学术会议。完成90门特色和核心课程建设工作。

稳步推进干部队伍建设和师资队伍建设。出台《中国劳动关系学院校外专家聘任管理办法》，修订《中国劳动关系学院专业技术职务晋升与聘任工作办法》，共推荐14人参加北京市高校正高级专业学术评议；依托国家留学基金委资助5名专任教师出国访学，资助5名英语教师出国培训；组织年轻教师参加各类培训69人次；招聘教师、教辅及教学管理人员13人，接收人事派遣职工17人。

推动学院对外合作工作再上新台阶。先后与青岛市总工会、天津开发区总工会、延安市总工会等地方工会签署合作框架协议；与韩国劳动研究院合作协议正式生效，与中国人民大学签署全面合作框架协议，启动学生赴人民大学交流项目，与河北大学签订会计学硕士研究生联合培养协议。接待38个国家(地区)105人来访；赴国(境)外交流、学习干部教师51人次，学生198人次。

(张琛)

总工会与教育部共建劳关学院

7月，中华全国总工会与教育部共建劳关学院意见印发。根据意见，教育部将从指导和支持学院制定和实施相关发展规划、指导和支持学院制定师资队伍建设规划、鼓励和支持国内外一流院校特别是教育部直属高校与学院进一步交流合作等方面，对该院的改革、发展和建设给予更多的指导和支持；全国总工会将进一步加强对该院的领导和支持，指导和帮助学院制定战略发展规划，指导学院加快改革发展步伐，支持与指导学院进一步加强人才引进工作，协调有关部门在本科教学质量工程建设、学位点建设、师资培训等方面对学院给予政策倾斜与支持，加大对学院的经费投入，与国家有关部门协调帮助学院解决发展中遇到的实际问题和困难。

(张琛)

中国科学院大学

党委书记 刘伟平(3月免) 张杰(3月任)
校　　长 丁仲礼

概述

中国科学院大学由京内4个校区、京外5个教育基地和分布全国的114个培养单位组成。京内4个校区占地面积333.63万平方米。固定资产总值1498.25万元。有网络信息点43791个，无线接入点3816个，校园网出口带宽3.12Gbps，电子邮件系统用户11.15万人。设34个直属教学科研单位。有博士学位授权一级学科点40个，分布在哲学、教育学、理学、工学、农学、医学、管理学7个学科门类；硕士学位授权一级学科53个，分布在哲学、经济学、法学、教育学、文学、理学、工学、农学、医学、管理学10个学科门类。还有工程、工商管理、金融、应用统计、应用心理、翻译、农业、药学、工程管理、公共管理10类专业学位授权点。本科专业11个。有专任教师3084人，包括教授/研究员2237人、副教授/副研究员761人；其中，中国科学院院士114人、中国工程院院士8人、海外高层次人才引进计划(“千人计划”)入选者90人，国家杰出青年科学基金项目获得者453人、“长江学者奖励计划”入选者7人、中国科学院“百人计划”294人。研究生导师10170人，包括博士生导师6039人、硕士生导师4131；其中，中国科学院院士205人、中国工程院院士33人、海外高层次人才引进计划入选者465人，国家杰出青年科学基金项目获得者838人、“长江学者奖励计划”入选者30人、中国科学院“百人计划”1862人。全日制研究生毕业9970人，其中，博士生5081人、硕士生4889人。招生15489人，其中，全日制研究生15091人(博士生6499人、硕士生8592人)、本科生398人。北京地区高考综合评价录取15人，分数线666分；统招录取10人，分数线666分。在校生48526人，其中全日制研究生47080(博士生24450人、硕士生22630人)、本科生1446人。留学生毕业167人，招生412人，在校生1571人。网址：www.ucas.edu.cn。

2017年，学校制订综合改革方案和以人才队伍建设为核心的科教融合3.0的工作目标，重点推进人才队伍建设、学科建设和京内外科教融合组织建设。

人才队伍建设。建立与世界学术标准对标、薪酬具有竞争力的学术荣誉体系和长聘体系，制订《中国科学院大学关于建立学术荣誉体系、长聘体系师资队伍的若干意见(试行)》等7个配套文件，报请中国科学院批准《院“十百”等人才与国科大学术荣誉体系和长聘体系对接工作方案》，明确将“十”“百”人才和“特聘研究员”项目与学术荣誉体系和长聘体系并轨，以“双向双聘”方式建设人才队伍。

学科建设。18个一级学科获全国第四轮学科评估A+；确立2020年第五轮学科建设目标，优先建设47个一级学科，建立学科建设管理目标责任制。

京内外科教融合组织建设。组建人工智能技术学院、纳米科学与技术学院、核科学与技术学院、化学工程学院、光电学院、现代农业科学学院、能源学院、机器人与智能制造学院8个科教融合学院。至年底，依托京内外高水平培养单位，相继成立38个科教融合学院。

交流合作。加入环太平洋大学联盟，成为其在中国内地的第七所会员高校；加入京港高校联盟。授予诺贝尔物理学奖获得者基普·索恩、著名科学家有马朗人、冲村宪树名誉教授学衔。与境外高校和研究机构签署合作协议/合作备忘录16份。接待外宾及港澳台人士512人次。派出320人次国际交流合作。派出188名本科生赴海外高校访学。通过“研究生国际合作培养计划”“博士生赴发展中国家考察学习计划”和“博士生赴境外参加国际会议资助计划”，公派研究生150人。获得国家留学基金委项目资助，派出博士生415人。举办首届中非高等教育和科技国际研讨会等9项国际学术论坛、研讨会。

(通拉嘎)

8个二级学院成立

4月至11月，国科大在北京成立8个学院。创新创业学院旨在依托中国科学院科技、教育、人才优势，整合社会优质资源，建立跨学科协同创新的教育孵化平台。知识产权学院在公共政策与管理学院法律与知识产权系基础上，依托中科院知识产权研究与培训中心，国科大知识产权研究与咨询中心、竞争法研究与咨询中心组建成立。人工智能技术学院由中科院自动化研究所承办，中科院相关领域培养单位参与共建。人工智能技术学院是首个在人工智能领域开展教学和科研工作的新型科教融合学院。纳米科学与技术学院由国家纳米科学中心承办，北京纳米能源与系统研究所参与共建。核科学与技术学院由中科院近代物理研究所和高能物理研究所承办，上海应用物理研究所和理论物理研究所共建。化学工程学院由中科院过程工程研究所承办，中科院相关领域培养单位参与共建。光电学院由中科院光电研究院牵头承办，联合长春光学精密机械与物理研究所、上海技术物理研究所、西安光学精密机械研究所、上海光学精密机械研究所、光电技术研究所共同承办。现代农业科学学院由中科院遗传与发育生物学研究所牵头承办，中科院相关领域培养单位参与共建。

（通拉嘎）

11 月 29 日，国科大举办核科学与技术学院成立大会

（国科大 供）

获臻溪谷 1 亿元捐赠

7 月 13 日，国科大举行“臻溪生命科学基金”捐赠签约仪式。臻溪谷投资（深圳）股份有限公司向学校教育基金会捐赠 1 亿元，设立“臻溪生命科学基金”，用于支持学校生命与健康学科建设，资助并奖励生命与健康领域的优秀教师和学生，开展该领域的学术交流活动。臻溪谷同时捐赠 100 万元，设立“李佩语言教学基金”，用于支持和激励在科学研究和教书育人方面兢兢业业、无私奉献、奋发有为的语言教育工作者。

（通拉嘎）

中国—丹麦科研教育中心大楼启用

9 月 25 日，国科大中国—丹麦科研教育中心大楼启用。大楼由丹麦工业基金会捐资 1 亿元建成，是中国首个由丹麦投资和初步设计的，集科研、教学、公寓于一体的综合性微能耗建筑。大楼外部采用编织式耐候钢遮阳屏等环保设计，内部充满艺术感和现代气息。大楼选址于雁栖湖校园东区，建筑面积 10895.48 平方米，地下一层为设备层，地上 1 层至 4 层为教室、研究室及办公室，5 层为教师公寓，中心区域设有露天公寓花园。

（通拉嘎）

中国社会科学院大学（中国社会科学院研究生院）

校　　长　王伟光
院　　长　黄晓勇

概述

2017 年 5 月 10 日，教育部正式批复同意以中国社会科学院研究生院为基础，整合原中国青年政治学院本科教育及部分研究生教育资源，创办中国社会科学院大学；8 月 30 日，中央机构编制委员会正式批复，同意以中国社会科学院研究生院为基础，组建中国社会科学院大学（中国社会科学院研究生院）。学校占地面积 40.84 万平方米，建筑面积 11.03 万平方米，固定资产总值 83181.85 万元，全年教育经费投入 44056.66 万元，其中，财政补助 20149.01 万元，上级补助 128.64 万元，事业收入 22869.04 万元，其他收入 909.97 万元。图书馆建筑面积 10700 平方米，馆藏图书 43.2 万册，其中，中文图书 33 万册，外文图书 4.75 万册，中外文期刊 5.45 万册。一级学科博士学位授权点 15 个、硕士学位授权点 17 个，二级学科博士学位授权点 111 个（含自主设置博士学位授权点 21 个）、硕士学位授权点 117 个（含自主设置硕士学位授权点 21 个），有公共管理硕士、工商管理硕士、法律硕士、社会工作硕士、金融硕士、税务硕士、文物与博物馆硕士 7 个专业学位授权点，北京市重点二级学科 5 个。在职教职工 418 人，其中，正高职称 43 人、副高职称 101 人、中级职称 150 人。校（院）所属的 40 个教学系（大学 4 个学院 7 个专业）有指导教师 1605 人，其中，博士生导师 616 人、硕士生导师 989 人、本科生学业导师 186 人。授予学位 1196 人，科学学位研究生 518 人，其中，获博士学位研究生 287 人、硕士学位研究生 231 人（含以同等学力申请学位 73 人），专业学位硕士研究生 678 人。非学历教育课程进修班结业 773 人。毕业生就业率 89.3%。招收首届本科生 392 人，高考北京地区提档线文科 613 分、理科 626 分。招收研究生 1340 人，其中，科学学位研究生 630 人（博士生 454 人、硕士生 176 人），专业学位研究生 710 人。硕士研究生统考报名 3620 人，录取 886 人（含接收推免生 87 人），其中，学术型硕士生 176 人、专业学位硕士生 710 人。博士研究生报名 2536 人，录取 454 人。非学历教育课程进修班招生 1751 人，其中，课程班 1147 人、高级课程班 604 人。在校本科生 3289 人，其中，良乡本部校区 388 人、西三环学区 2901 人；在校研究生 4126 人，其中，博士研究生 1598 人、硕士研究生 2528 人、专业学位硕士研究生 1418 人；非学历教育课程进修班在校生 3683 人，其中，课程班 2278 人、高级课程班 1405 人。港澳台研究生毕业 6 人、招生 10 人、在校生 61 人。外国留学研究生毕业 6 人、招生 4 人、在校生 28 人。在籍港澳台学生 61 人，其中，博士研究生 54 人、硕士研究生 7 人；外国留学生 28 人，其中，博士研究生 26 人、硕士研究生 2

9 月 29 日，社科大实地调研校食堂工作

（社科大　供）

人。网址：ucass.gscass.cn。

2017 年，学校按照中央对中国社会科学院提出的“三大定位”——马克思主义坚强阵地、哲学社会科学的最高殿堂、党中央国务院的思想库和智囊团，以立德树人为宗旨，以中国社科院研究生院为基础，整合原中青院本科教育及部分研究生教育资源而组建，以马克思主义为指导，坚持党的领导，坚持正确的办学方向，坚持中国特色社会主义大学的办学方针，致力于培养政治可靠、作风过硬、理论深厚、学术精湛的哲学社会科学后备人才，培养又红又专、德才兼备、全面发展的中国特色社会主义事业接班人和建设者。校训为“笃学、慎思、明辨、尚行”。

学校不断深化、优化体制机制改革，新增设第 8 个专业学位项目“汉语国际教育”专业学位，并通过整合自身现有教育教学资源，成立工商学院、文法学院、公共管理学院 3 个学院。

（李安）

第五届 MBA 校内案例大赛

1 月 7 日，社科院研究生院举办第五届 MBA 校内案例大赛暨第五届全国案例精英赛校园突围赛。比赛采用“东方绮丽经营战略升级之路”案例，以全国管理案例精英赛模式为依据，分为赛前盲审和现场竞技两个阶段。各参赛队围绕主题案例分析阐述并 PPT 展示，运用不同方式、不同视角对案例中提出的问题给出解决方案、建议和对策。经专家评选，“步步为赢”队获一等奖，“勇攀高峰队”获二等奖，“山高水远”队、“运筹帷幄”队、“旭日东升”队获三等奖。比赛由北京东方绮丽服装服饰有限责任公司冠名赞助。

（李安）

3 个学院成立

9 月至 11 月，社科大成立工商学院、文法学院、公共政策与管理学院 3 个学院。工商学院整合原工商管理硕士教育中心和金融硕士教育中心，实行校内、校外导师共同培养的“双导师”制，培养具有“世界眼光、本土经验、人文素养、社会责任”的高端应用型人才。文法学院整合原社会工作硕士教育中心、文物与博物馆硕士教育中心及法律硕士教育中心，依托中国社科院社会学研究所、考古研究所、历史研究所、法学研究所和国际法研究所而建立，致力于汇集全国优秀教学资源，着力打造优质培养平台。公共政策与管理学院遵循国际最先进的公共管理学科和教育模式办学，着力打造国内一流、国际知名的教育、学术、政策研究平台，设有政府政策系、税务教育中心与 MPA 教育中心 3 个教学部门，国民经济学与政治学 2 个一级学科博士点，社会政策、社会治理、行政管理、社会保障、人力资源管理 5 个二级学科博士点，以及 MPA 和税务硕士 2 个专业硕士学位点。

（李安）

中国农业科学院研究生院

党委书记　刘大群
院　　长　刘大群

概述

2017 年，中国农业科学院研究生院占地面积 1.5 万平方米，建筑面积 4.3 万平方米，固定资产总值 16825 万元，其中，教学科研仪器设备 2456 台（套），设备总值 5440 万元。全年教育经费投入 14670 万元，其中，国家拨款 9693 万元，自筹经费 4977 万元。国家农业图书馆建筑面积 31936 平方米，馆藏文献 210 万册、国内外图书 33 万种，订购中外文科技期刊 4100 种，其中，1100 种外文期刊是全国的孤本，有 100 种国内外农业及生物科学电子数据库。研究生教育以其分布在全国 18 个省（直辖市、自治区）的 40 个研究所为依托，涉及农学、理学、工学、管理学 4 个门类，涵盖 17 个一级学科，有博士学位一级学科学位授权点 10 个、二级学科博士学位授权点 51 个；硕士学位一级学科学位授权点 13 个，二级学科硕士学位授权点 65 个；专业学位授权资格 2 个。有中国农业领域仅有的农作物基因资源与基因改良国家重大科学工程和国家农业生物安全科学中心，国家重点实验室 6 个，农业部重点开放实验室 32 个，中国农业科学院重点开放实验室 52 个；国家农作物、畜禽改良中心 16 个，分中心 1 个；国家重点野外科学观测试验站 5 个，农业部野外台站 24 个；国家工程技术研究中心 5 个，国家工程实验室和工程研究中心 5 个；国家质检中心 3 个，部级质检中心 35 个；国家农作物种质资源长期库 1 座，中期库 10 座，国家农作物圃 12 座。专业技术人员 5573 人，其中，正高级 978 人，副高级 1552 人，中国科学院院士 3 人，中国工程院院士 9 人，“千人计划”入选者 9 人，国家特支计划（“万人计划”）入选者 8 人，中央联系的高级专家（含退休人员）39 人，人社部“百千万人才工程”国家级人选 56 人，享受国务院政府特殊津贴专家 120 人，科技部“创新人才推进计划”入选者 14 人 5 个团队，中国青年科技奖获得者 15 人，全国杰出专业技术人才 3 人，中华农业英才奖获得者 7 人，农业科研杰出人才 41 人，专业技术二级岗位

3月25日，农科院研究生院举办中医义诊活动
（农科院研究生院　供）

专家98人，“青年英才计划”入选者和候选人109人。研究生导师1797人，其中，博士生导师556人。全日制研究生毕业890人，其中，博士223人、硕士667人，就业率97.98%；授予学位1083人，其中，博士学位231人、硕士学位852人。招生1591人，普通全日制1089人，其中，硕士754人，博士335人；统筹非全日制专业学位258人，学历教育硕士研究生1012人；来华留学生实际录取203人；中外合作培养博士生41人。在校生5119人，其中，博士生1595人、硕士生3524人。中文网址：www.gscaas.net.cn；英文网址：www.en.gscaas.net.cn。

2017年，学校在学科建设方面，作物学、植物保护、畜牧学及兽医学4个学科在全国第四轮学科评估中被评为A+。

教育教学。印发《中共中国农业科学院党组关于加强和改进研究生思想政治工作的意见》。完善并实施“研究生综合素质提升方案”，组织宏观经济形势、国学等6期“树人讲堂”专题讲座。组织学生开展社会实践、太阳村献爱心、义务献血、中医义诊、爱心捐赠等志愿服务活动。

师资建设。举办第二期教师培训班，围绕教学技巧、教育心理、公务礼仪、授课发音等内容举办专题讲座；举办导师培训班，围绕和谐师生关系构建、导师指导能力提升等内容培训新上岗导师。新增硕导169人。

招生工作。新增与华南农业大学、东北农业大学联合培养项目并招生，与西南大学、南京农业大学签署联合培养博士生协议，2018年开始招生。组织10个研究所赴南京林业大学、湖南农业大学等涉农类高校开展专场宣传并举办第六届大学生夏令营，169人参加，41人成为推免生。

就业工作。开展就业宣讲会和毕业生双选会，举办京区科研院所联合双选会。加强与用人单位联系，向用人单位推送毕业生电子版名册。开展对就业困难及离校未就业学生帮扶工作。

服务“三农”。在阜平县举办农业技术培训4批次，专题讲座16场次，培训农民400人。借助研究所资源，在中国农业科学院棉花研究所海南繁育中心建立首个“中国农业科学院培训中心培训基地”。举办首届“国家农业科技创新联盟科技人才培训项目”、首届“创新工程团队首席科学家轮训班”、首期“全国‘三支一扶’人员能力提升专项计划示范培训班”。完成“西部之光”、援疆援藏及安康产业扶贫等28个班次的培训工作，累计培训2377人次。

（王仕龙）

与澳大利亚高校签约合作

11月7日，农科院研究生院与澳大利亚默多克大学签署《中国农业科学院研究生院与澳大利亚默多克大学关于合作举办农业与生命科学博士学位教育项目的协议》。根据协议，双方合作举办博士学位教育，并开展教师和管理人员定期互访交流、研究生短期研修。

（王仕龙）

（本栏责任编辑　张驰）

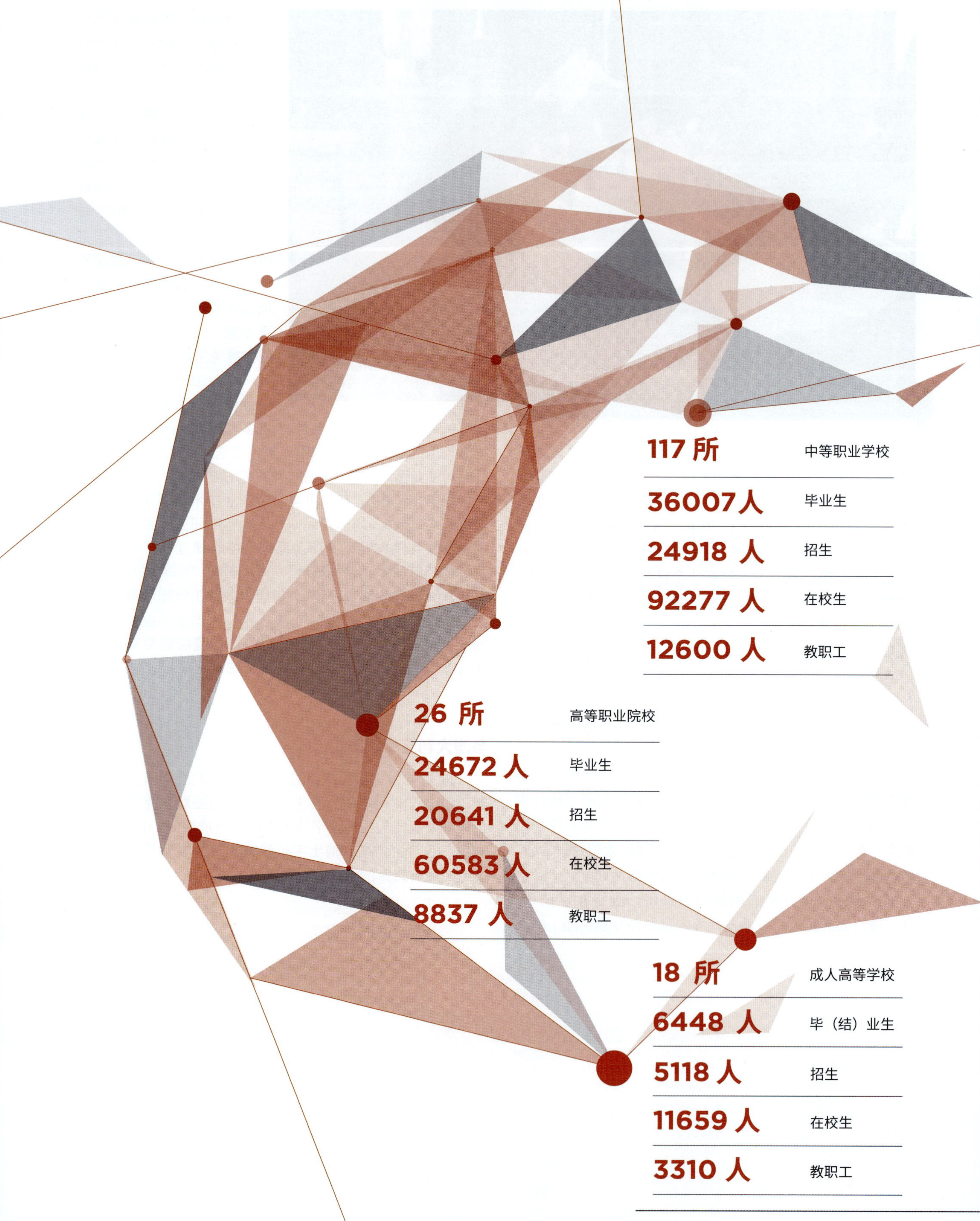
117 所 中等职业学校
36007人 毕业生
24918 人 招生
92277 人 在校生
12600 人 教职工
26 所 高等职业院校
24672 人 毕业生
20641 人 招生
60583 人 在校生
8837 人 教职工
18 所 成人高等学校
6448 人 毕（结）业生
5118 人 招生
11659 人 在校生
3310 人 教职工

2018 | 职业与继续教育

VACATIONAL AND CONTINUING EDUCATION

- 职业院校专业结构调整
- 职业与继续教育宣传力度加大
- 打造职教德育品牌
- 职业院校精准扶贫
- 北京市首家职成一体化教育集团成立
- 职业教育专业建设与产业发展契合度调研
- 高等学历继续教育专业设置管理改革完成
- 首批北京市职工继续教育及新型农民培训基地认定
- 首批北京市民终身学习示范基地认定

VOCATIONAL AND CONTINUING EDUCATION
职业与继续教育

综述

概述

2017年，北京市共有中等职业学校117所，其中，普通中等专业学校30所、成人中等专业学校11所、职业高中48所、技工学校28所。普通中等专业学校毕业生13493人，招生11013人，在校生40983人；教职工3315人，包括专任教师1857人；占地面积148.01万平方米，学校产权校舍建筑面积90.07万平方米；固定资产总值27.15亿元，包括教学、实习仪器设备资产9.30亿元。成人中等专业学校毕业生9965人，招生5612人，在校生22040人；教职工565人，包括专任教师308人；占地面积19.17万平方米，学校产权校舍建筑面积11.03万平方米；固定资产总值1.27亿元，包括教学、实习仪器设备资产0.35亿元。职业高中毕业生5523人，招生2797人，在校生11488人；教职工5944人，包括专任教师4173人；占地面积260.46万平方米，学校产权校舍建筑面积147.53万平方米；固定资产总值49.28亿元，包括教学、实习仪器设备资产21.50亿元。技工学校毕业生7026人，招生5496人，在校生17766人；教职工2776人，包括专任教师1296人。

高等职业院校26所，毕业生24672人，招生20641人，在校生60583人；教职工8837人，包括专任教师4579人；占地面积628.77万平方米，学校产权校舍建筑面积365.94万平方米；固定资产总值114.02亿元，包括教学、科研仪器设备资产35.79亿元。

独立设置成人高等学校18所，毕业生6448人，招生5118人，在校生11659人；教职工3310人，包括专任教师1452人；占地面积140.72万平方米，学校产权校舍建筑面积92.21万平方米；固定资产总值32.70亿元，包括教学、科研仪器设备资产3.09亿元、信息化设备资产3.31亿元。

（武晔　胡雨）

职业院校专业结构调整

2017年，市教委优化职业教育空间布局，调整职业院校专业结构。引导核心区职业学校向中小学生职业体验和市民素质提升方向转型发展；中心区职业院校以服务中央和首都功能为方向，精准化办学；其他区职业院校立足本区域功能定位或行业企业需求，特色化办学。促进职普教育融通、职继教育衔接、职社教育协同发展。根据新的北京城市总体规划，职业院校新增专业与产业结构契合度进一步增强，改造和撤销一批与北京产业结构不相符的专业。中、高职院校新增专业85个，撤销和调整专业14个。

（武晔）

职业教育发展通道拓宽

2017年，市教委拓宽职业教育发展通道，搭建人才成长立交桥。继续创新人才培养模式，开展高端技术技能人才贯通培养试验、“3+2”中高职衔接办学改革试验、职高综合高中班、职普融通、五年一贯制等改革试验，为学生成长搭建更多可供选择的通道和立交桥。继续推进贯通培养试验，共投放招生计划6530人；总结3年改革经验和做法，研究制定和完善招生录取、学籍管理、生均经费、升学转段、出国访学等方面相关政策措施，加强对试验的过程跟踪和质量监测，指导学校加快制定升学转段标准。“3+2”中高职衔接办学改革试验持续推进，新增试验项目67个，逐步实现学校覆盖面60%、专业覆盖面80%、学生覆盖面70%；同时，指导中高职院校继续完善一体化衔接人才培养方案，引导院校重视加强衔接课程体系建设、优化衔接课程设计。

（武晔　余俊　张兰）

职业教育内涵建设强化

2017 年，市教委强化职业教育内涵建设，提升职业教育人才培养质量。开展“高职院校课堂教学诊断和调研”，对 26 所高职院校开展随堂听课和教学诊断，是高职院校有史以来规模最大效果最明显的一次调研活动。大力推进“互联网 + 职业教育”的信息化管理和教学方式变革，加强智慧校园、智慧课堂建设，充分运用信息技术实现教学设计、课堂教学、实训教学。126 名教师参加全国职业院校信息化教学大赛，获得一等奖 20 个、二等奖 13 个、三等奖 13 个，教师信息化教学能力显著提升。开展全市职业教育教学成果奖评选工作，全面总结和凝练 4 年来北京职业教育在深化教育教学改革、探索人才培养模式、推进品牌特色专业建设发展、创新教育教学管理制度等方面的典型经验和实践成果。

（吕轮超　龚戈淬）

打造职教德育品牌

2017 年，市教委提升学生综合素质，打造职教德育品牌。全面落实《提升中职学生职业素养指导意见》，制定中职学生“职业素养护照”标准，积极推进试点工作。对首批认定的 11 个“一校一品”中职优秀德育品牌进行挂牌。参加全国中职学校班主任基本功大赛，获得一等奖 4 个、二等奖 1 个、单项奖 5 个，市教委获最佳组织奖。41 名教师获评“紫禁杯”优秀班主任称号。举办第 13 届中职学校“文明风采”竞赛，凸现“比赛项目覆盖全、获奖作品质量高”特点，增设有北京特色的“寻找身边的技艺达人”赛项。推荐 156 份作品参加全国决赛，获得一等奖 11 个、二等奖 44 个、三等奖 31 个，北京市组委会获组织贡献奖，11 所学校获优秀组织奖。中职系统 4 名学生获评“北京市优秀学生”，1 名学生获评“银帆奖”。

（武晔）

5 月 10 日，北京市参加第 13 届全国中职学校文明风采竞赛优秀作品展示　（市教委相关处室　供）

学生技术技能提升

2017 年，市教委弘扬工匠精神，提升学生技术技能。举办北京市职业院校技能比赛，注重强化技能比赛的普惠性，拓展比赛专业覆盖面，组织动员更多职业院校和学生参赛。中、高职共设赛项 142 个，覆盖 79 所院校 2 万余名学生。组织 443 名中、高职学生参加全国职业院校技能大赛，获得一等奖 26 个、二等奖 45 个、三等奖 53 个。各院校更加注重培养和提升参赛学生职业道德和职业素养，注重技能大赛成果转化，注重校企深度合作，实现技能比赛面向中小学生、职业院校学生、企业和市民开放。

（武晔）

职业院校精准扶贫

2017 年，市教委发挥职业院校优势，开展智力支持和精准扶贫。发挥职业院校在脱贫攻坚中的作用，针对新疆和田，云南宝山、丽江，河北张家口、青龙、威县以及内蒙古等对口支援省份和地区实施“教育 + 产业”精准扶贫。帮扶受援地区职业学校的教育教学管理，建立健全学校规章制度，提高学校规范化、信息化管理水平，实行多种形式的教学管理人员相互派遣挂职锻炼，开展职业学校中层管理人员培训。充分发挥市属高校和职业院校作用，实施引智帮扶工程，精准帮扶北京远郊区 22 个低收入村，确定符合当地发展的项目，实现增收致富。

（武晔）

职业与继续教育宣传力度加强

2017 年，市教委加强职业与继续教育宣传力度，营造发展良好生态。继续举办“职业教育宣传月”和“全民终身学习活动周”活动，全市 100 余所职业院校开放校园，面向中小学生和广大市民开展丰富多彩的宣传活动 200 余次，参与人数近 10 万人。选取市民关注度较高的职业与继续教育改革项目，通过新闻媒体深度报导。通过与北京电视台合作摄制《工匠的摇篮》系列电视专题片、《非常向上》等节目，宣传职业院校的专业特点、办学特色以及学习型城市建设特色案例，提高职业教育和继续教育的社会影响力和吸引力。加强终身学习理念普及与宣传，全面实施学习型城市建设“十大工程”，开展 8 个区的学习型城市工作成果展示及经验交流系列活动，评选出 100 名学习之星，建设与评选出 34 个市级“市民终身学习示范基地”，推进养老教育、家庭教育及家风建设。

（武晔）

北京市首家职成一体化教育集团成立

4 月 19 日，丰台区教委组建成立丰台区职业教育与成人教育集团。区教委整合丰台区职业教育中心学校与丰台社区学院组建教育集团，致力于服务区域产业转型升级和京津冀协同发展，服务高端人才培养，服务中小学课程改革，服务区域民生需求，推进现代生活性服务业品质提升和学习型城区建设。丰台区职业教育与成人教育集团是北京市职成一体化发展的首家教育集团，实现丰台区职成教育一体化办学格局。

（芦倩英）

4 月 19 日，丰台区职业与成人教育集团成立

（丰台区教委　供）

国内首家中职发展研究协同创新中心成立

5 月 16 日，北京市商业学校与麦可思公司合作发起成立“中职发展研究协同创新中心”。这是国内首家中职发展研究协同创新中心，10 所北京中职学校加入。中心将大数据、第三方评价和过程性评价引入学校教育教学管理环节，致力于推进中职教育教学改革，提升人才培养质量，完善人才培养监测与评价体系。成立仪式上，商业学校发布《2015 级学生成长发展质量报告》和《2015 届毕业生人才培养质量报告》，是国内首份中职学生成长发展质量报告和人才培养质量报告。

（陈又瑜）

北京市职业教育教学改革现场会

6 月 22 日，北京市职业教育教学改革现场会在北京市昌平职业学校召开。会议主题为“惟改革者进 惟创新者强”，旨在总结近年来北京市职业院校教育教学改革成果，推广胡格教育模式改革成功经验，促进北京市职业教育更快更好发展。会议由职业院校长进课堂听课、观摩胡格试验班能力测评和论坛研讨交流 3 个部分组成。会议观摩胡格试验班学生第四学期综合能力测评，举办北京市职业教育教学改革论坛研讨交流活动，举行教育部职业技术教育中心研究所实践研究基地授牌仪式。150 余人参加会议。

（王于　胡雨）

中关村战略新兴产业职教集团成立

8 月 31 日，市教委、海淀区政府批复成立中关村战略新兴产业职教集团。职教集团由海淀区教委牵头，联合中关村战略新兴产业相关行业企业、职业院校、科研机构等单位共同组建；集团围绕战略新兴产业发展及人才培养需求，发挥资源优势，探索学历与非学历教育、中等与高等教育等各级各类教育之间互联互通的学分认可机制，努力提高战略新兴产业人才培养质量，提升教育服务战略新兴产业发展的能力，为北京尤其是中关村战略新兴产业发展提供人才保障和智力支持。12 月 26 日，召开中关村战略新兴产业职教集团成立暨海淀区职教集团成果发布和展示会。会议为职教集团揭牌，发布《2017 年海淀区战略新兴产业专业技术紧缺人才需求目录》，为中关村互联网文化创意产业园等 10 家企业授牌“产教融合实习实训基地”。北京联合大学、北京城市学院分别与北京京蒙高科干细胞技术有限公司、北京维德维康生物技术有限公司签署专业人才培养和实习实训基地建设战略合作协议。中关村战略新兴产业职教集团首批共有 77 家成员单位，包括 10 个政府部门、4 个事业单位、5 个科研院所、9 所职业院校、12 所高等院校、7 个行业组织和 30 家重点企业。

（张兰　胡雨）

职业教育专业建设与产业发展契合度调研

9 月至 12 月，市教委组织开展北京职业教育专业建设与产业发展契合度调查研究。北京教育科学研究院联合 10 所高职学院和 3 所中职学校，调研分析 19 个职业教育专业与相关行业产业的匹配程度，梳理存在问题，提出加强专业建设的政策建议；同时分析 2 所学校专业建设与所在区域产业发展，以及 1 所学校专业建设与行业企业发展的匹配程度。形成《北京职业教育与产业发展契合度研究 (2017 年)》《北京市中等职业教育与区域行业发展契合度个案研究 (2017 年)》两项成果。这是北京市首次组织对职业教育专业建设与产业发展契合度开展调研，实现产业与教育、需求与供给系统分析的首次尝试。

（侯兴蜀　武晔）

中英创新创业职业教育联盟成立

12 月 8 日，中英创新创业职业教育联盟（北京）成立大会暨北京职业院校双创师资培训活动在北京财贸职业学院举行。21 家首批入盟单位现场签署备忘录，宣告“中英创新创业职业教育联盟（北京）”正式成立。中英创新创业职业教育联盟（北京）是在市教委指导下，由北京财贸职业学院等多家职业院校与英国国家创新创业教育中心 (NCEE) 以及部分英国职业教育院校联合发起成立，旨在借鉴英国

12 月 8 日，中英创新创业职业教育联盟（北京）成立

（北财院　供）

双创教育先进经验，结合北京特色，在内容、形式、方法、机制等方面推进人才培养工作改革与创新，提高首都职业教育创新创业工作水平，为中英职教院校搭建交流和研讨的国际平台。

（陈敬文　李红兵）

职业教育

新增职业教育专业

1 月 26 日和 3 月 8 日，市教委分别公布 2017 年中等职业学校新增专业和普通高等学校新增高等职业教育专业名单。经学校申报和市教委组织专家组综合评议，研究确定对 23 所中职学校申报的 33 个专业（技能方向）进行备案，列入 2017 年招生计划；撤销 4 所中职学校 10 个专业；同意 23 所普通高等学校新增 52 个高等职业教育专业。

（龚戈淬　胡雨）

参加全国中职学校班主任基本功大赛

3 月 18 日至 20 日，北京市代表队参加第二届全国中等职业学校班主任基本功大赛。5 名参赛教师全部获奖，包括 4 个一等奖、1 个二等奖和 5 个单项奖；北京市获最佳组织奖。比赛由中国职业技术教育学会德育工作委员会主办，来自全国 28 个省市 140 名班主任参赛。比赛包括笔试和面试两部分，全面考察中职学校班主任的建班育人能力、解决疑难问题的能力以及运用相关政策、法规、原理、方法进行学生教育管理的能力。

（武晔）

物流专业胡格教育模式改革试验项目启动

3 月，新一期中德职业教育胡格模式改革试验项目（物流管理专业）正式启动。该项试验是推进北京市职业教育国际化重点项目之一，坚持以职业教育规律为基础，在教学过程中探索将人文素养、科学素养、职业素养与职业技能培养的高度融合。3 月 18 日至 19 日，项目在北京交通运输职业学院举办首期培训班，由“胡格教育模式”创始人主讲，培训内容为德国职业教育的先进理念、胡格项目的教学组织形式及实施过程。

（余俊）

职业教育宣传月

5 月 12 日，2017 年北京市职业教育宣传月在北京工业职业技术学院启动。活动以“服务新北京建设，支撑新业态发展”为主题，突出展示北京市职业院校思想政治教育成果、面向高端改革发展的成果、学生在创新创业方面取得的成果以及职业教育为新北京和新业态服务的新使命。启动仪式上，为首批中职学校“一校一品”德育优秀品牌颁牌；举办中职学校“文明风采”竞赛活动优秀作品展；教育行政领导、企业代表、教师代表共同浇灌“职教之树”，表达“十年树木，百年树人”深刻寓意。活动期间，全市 100 余所职业院校开放校园，面向中小学生和广大市民开展丰富多彩的宣传活动，引导社会、家长和学生了解职业教育。此次职教宣传月还通过“北京职成教网”(bjzj.bjedu.cn) 面向全社会进行网上直播，受到社会各界广泛关注。

（武晔）

5 月 12 日，2017 北京市职业教育宣传月启动

（市教委相关处室　供）

第 13 届“文明风采”竞赛

5 月 18 日，第 13 届全国中等职业学校“文明风采”竞赛决赛获奖名单公布。北京市推荐 156 份作品参赛，获得一等奖 11 个、二等奖 44 个、三等奖 31 个、优秀奖 70 个，获奖率 100%。59 名教师获优秀指导教师奖，11 所学校获优秀组织奖，北京市获复赛组委会组织贡献奖。竞赛于 2016 年 8 月开始，经校级初赛、省级复赛和全国决赛，共评出一等奖 442 个、二等奖 1339 个、三等奖 1767 个、优秀奖 3516 个、优秀作品展示特别奖 21 个；优秀指导教师奖 2241 人，学校优秀组织奖 533 个，省级复赛组委会组织贡献奖 20 个。北京市于 4 月至 5 月举办第 13 届“文明风采”竞赛北京市复赛，主题为“育精益求精工匠，圆创新创业梦想”，比赛项目不仅涵盖国赛所有赛项，还在摄影、视频类增设“寻找身边的技艺达人”“奋斗的青春最美丽”等 4 个赛项。共 42 所学校 12998 人次 8479 份作品参加市赛，评出一等奖作品 682 份、二等奖作品 1518 份、三等奖作品 2409 份；确定 1497 名学生获得一等奖、2259 名学生获得二等奖、3458 名学生获得三等奖，14 所学校获优秀组织奖，10 所学校获组织奖。

（吕轮超　胡雨）

黄炎培职业教育奖

5 月，中华职业教育社表彰第五届黄炎培职业教育奖先进集体和先进个人，北京市职业院校及教师获奖。其中，北京信息职业技术学院获得优秀学校奖，北京财会学校教师李鸣、北京市商业学校教师侯德成获得杰出教师奖，首都经济贸易大学教授孙善学获得优秀理论研究奖。该评选经过逐级推荐审核、评审委员会评审、网上公示，评选出黄炎培优秀学校奖30个、黄炎培杰出校长奖40个、黄炎培杰出教师奖60个、黄炎培优秀理论研究奖6个。

（胡雨）

6月29日，智能电动汽车职业教育联盟工作委员会成立

（信息职院　供）

燕东微电子学院成立

6月18日，由北京燕东微电子有限公司、北京工业大学及北京信息职业学院联合发起建设的燕东微电子学院成立。燕东微电子学院是集企业、职业院校及高校资源于一体，由企业冠名、以校企合作为实质内涵的非独立法人办学实体，致力于共同打造微电子技术教学资源，共同构建职业教育与集成电路产业深度融合、协同发展平台，共同创建现代学徒制试点的校企协作育人平台，联合培养微电子领域的卓越工程师。

（李岩）

智能电动汽车职业教育联盟成立

6月29日，智能电动汽车职业教育联盟在北京信息职业技术学院成立。联盟由信息职院、中国电子商会智能电动汽车专业委员会、奇瑞新能源汽车技术有限公司、青岛华烁高科新能源技术有限公司组建。来自全国72所院校（包括本科院校2所、高职院校55所、中职学校15所）、13家汽车类企业和研究所、7家IT企业和出版机构加入联盟。

（李岩）

市中职学校英语课程学业水平测试

6月29日，北京教育科学研究院组织开展2017年北京市中等职业学校英语课程学业水平测试。2017年度参加测试学校37所，包括25所职业高中与12所中等专业学校。参加测试学生7977人，包括学校自主组织参加测试学生4859人，比市教委要求参加测试人数多出1741人。测试平均分数73.97分，优秀率27.23%，及格率83.19%。测试结果显示，北京市中等职业学校英语教学质量处于良好状态，但是，教学中应关注学生两极分化状态，提高整体教学质量。

（刘海霞）

职业院校信息化教学比赛

7月6日至7日，市教委举办2017年北京市职业院校信息化教学比赛。比赛包括信息化教学设计、信息化课堂教学和信息化实训教学3个赛项，分中职组和高职组进行。信息化教学设计赛项以教师现场比赛方式进行，信息化课堂教学和信息化实训教学赛项采取专家评审教学实录光盘形式进行。经过专家和学生评选，共评选出一等奖44项、二等奖69项、三等奖97项，5个区教委和11所职业院校获得优秀组织奖。通过市赛选拔优秀教师参加11月在济南举行的全国职业院校信息化教学大赛，获得一等奖20个（中职13个、高职7个），二等奖13个（中职6个、高职7个），三等奖13个（中职4个、高职9个），获奖率97.87%，一等奖率42.55%，总成绩高居全国第二，再次创造历史最佳成绩。市教委再次获得最佳组织奖。

（龚戈淬）

5校入选教育部第二批现代学徒制试点单位

8月23日，教育部公布第二批现代学徒制试点单位名单，北京市4所高职院校和1所中职学校入选。分别是北京工业职业技术学院、北京劳动保障职业学院、北京农业职业学院、北京信息职业技术学院和北京市电气工程学校。第二批现代学徒制试点遴选工作按照自愿申报、省级推荐、部级评议等程序进行，最终全国4家行业组织、2个地区、5家企业、154所高职院校、38所中职学校成为第二批试点单位。

（胡雨）

参加全国职业院校技能大赛获奖

9月4日，教育部公布2017年全国职业院校技能大赛（常规赛项）获奖名单，北京职教代表队获得一等奖26个（中职组9个、高职组17个）、二等奖45个、三等奖53个。此外，4所学校4件作品在中华优秀传统文化艺术表演赛获奖。市教委在北京市职业院校技术技能比赛基础上组建包括134名领队及工作人员、443名学生和315名指导教师的全国职业院校技能大赛北京职教代表团，参加全国职业院校技能大赛中职组30个分赛项和高职组43个分赛项赛事。比赛于5月8日至6月29日在天津主赛区和吉林等19个分赛区分别举行，共有来自全国37个地区1.39万名选手参加中、高职组81个常规赛项和4个行业特色赛项比赛。

（胡雨　武晔）

全国职业院校技能大赛（常规赛项）中职组一等奖（北京）

艺术专业技能（中国舞表演）

北京舞蹈学院附属中等舞蹈学校　李明阳　彭弋

北京戏曲艺术职业学院中专部　徐莹

数字影音后期制作技术

北京市信息管理学校　陈辰

网络搭建与应用（团体）

北京市信息管理学校　刘椿灏　陈征

物联网技术应用与维护（团体）

北京市信息管理学校　王京海　林云志　郭昊天

车身修复（钣金）

北京市昌平职业学校　宿昊宗　祁永林

服装设计与工艺（中）

北京国际职业教育学校　刘谷雨

（胡雨　武晔）

全国职业院校技能大赛（常规赛项）高职组一等奖（北京）

自动化生产线安装与调试（团体）

北京电子科技职业学院　陈洋　王衍震

艺术专业技能（中国舞表演）

北京戏曲艺术职业学院　董书飞

大数据技术与应用（团体）

北京电子科技职业学院　张宇鹏　孟伟岸　刘美华

北京工业职业技术学院　赵熙雅　李彦彬　张词婷

软件测试（团体）

北京信息职业技术学院　郝博文　黄庆　秦继伟

北京青年政治学院　陈爽　张冬雪　侯博睿

虚拟现实(VR)设计与制作（团体）

北京信息职业技术学院　王翌凡　董嘉宝　刘彪

移动互联网应用软件开发（团体）

北京北大方正软件职业技术学院　魏挥勇　田泽坤　贾昭鑫

服装设计

北京电子科技职业学院　吴姗

电子产品芯片级检测维修与数据恢复（团体）

北京信息职业技术学院　李晓宇　姚永强

嵌入式技术与应用开发（团体）

北京工业职业技术学院　张德宝　何嘉伟　肖宁宁

信息安全管理与评估（团体）

北京信息职业技术学院　吴蔚然　唐云天　薛震

计算机网络应用（团体）

北京信息职业技术学院　田柒锐　李承　姜鑫

物联网技术应用（团体）

北京信息职业技术学院　陈昊　田东鑫　宗帅

风光互补发电系统安装与调试（团体）

北京电子科技职业学院　宫鹏　米建刚　周浩

中餐主题宴会设计（团体）

北京财贸职业学院　封春丽　黎强　候胜楠

测绘（团体）

北京工业职业技术学院　王飞　仲凯　郜尚发　姬广鲁

（胡雨　武晔）

中华优秀传统文化艺术表演赛获奖（北京）

中国音乐学院附中

唢呐独奏《二人转牌子曲》

北京戏曲艺术职业学院等

歌曲联唱《大江南》等

北京舞蹈学院附属中等舞蹈学校

朝鲜族女子独舞《出征》

北京市杂技学校（北京市国际艺术学校）

杂技《球技》

（胡雨 武晔）

首次全额资助汽修专业胡格项目学生赴德国实习

9月27日，市教委、市财政局第一次全额资助中德职业教育胡格模式改革试验项目汽修专业学生赴德国企业实习。来自北京电子科技职业学院、北京工业职业技术学院、北京交通运输职业学院的15名学生奔赴德国巴登符腾堡州的汽修企业开展为期3个月实习，这是德国企业第一次接受境外在校学生开展实习项目。根据2015年市教委与德国巴登符腾堡州教育部签署的《职业教育合作备忘录》有关精神，按照市教委与德国巴登符腾堡州卡尔斯鲁尔手工业协会签订的《合作意向书》相关约定，自2015年起在汽车维修专业遴选北京市优秀职业院校实施胡格教育模式改革试验，前两年开展教育理念和教学方法改革，第三年选拔优秀学生赴德国实习实训和访学交流，并给予财政专项经费支持。

（余俊）

北京市中职学校班主任基本功大赛

12月15日至16日，市教委举办第三届北京市中职学校班主任基本功大赛。26所学校42名班主任参加比赛。比赛邀请全国各地专家组成评委会，通过主题班会方案设计、教育故事演讲、模拟情景答辩等多个环节对班主任进行综合考评，最终评选出一等奖6人、二等奖12人、三等奖24人。

（武晔）

12月，第三届北京市中职学校班主任基本功大赛教育故事演讲现场 （市教委相关处室 供）

北京市职业院校技能比赛

至年底，市教委、北京教育科学研究院、市职业技术教育学会举办北京市职业院校技能比赛。高职组设13个专业大类、60个学生赛项的69个分赛项，中职组设12个专业大类、70个学生赛项的73个分赛项和1个教师赛项，共有79所职业院校2万余名学生参加校级比赛，约3500名学生参加市级比赛，并通过市赛选拔优秀学生参加全国职业院校技能大赛。

（武晔）

职业教育质量年度报告(2016)

至年底，北京市编制完成《北京高等职业教育质量年度报告(2016)》和《北京市中等职业教育质量年度报告(2016)》。报告采集全市16个区政府、61所中等职业学校、26所高等职业学院的人才培养状态数据，全面展示北京市中高等职业教育的办学成绩、社会贡献、面临的问题及建议，对北京市构建职业教育质量保障体系有重要意义。

（张兰）

继续教育

高等学历继续教育专业设置管理改革完成

2017年，市教委完成北京高等学历继续教育专业设置管理改革工作。83所开展高等学历继续教育的高等学校，可以设置高等学历继续教育本科专业376个、专科专业300个。年内，北京高校招生点共1908个，其中，30所部属高校拟招生专业点1084个，21所市属高校拟招生专业点368个，11所高职学院拟招生专业点109个，2所开放大学拟招生专业点159个，14所独立设置成人高校拟招生专业点188个。

（段磊）

专项检查教育部现代远程教育试点高校在京学习中心

2017年，市教委专项检查教育部现代远程教育试点高校在京学习中心。40个教育部现代远程教育试点高校、开放大学（公共服务体系）及在京设立的400个远程教育学习中心，经高校自查、专家组进校检查、整改复检3个阶段，确定通过检查的学习中心169个，未通过检查或自行撤销的学习中心24个，经正面引导、优化布局、高校自行撤销的学习中心207个。

（段磊）

高校继续教育系统教学骨干研修班

4月至11月，市教委与清华大学共同举办第四期北京高校继续教育系统教学骨干研修班。研修班有学员48人，利用周末时间统一安排，采用专家讲座、集中辅导、自学、分组讨论、专题调研等形式，提升高校继续教育教学及管理骨干的综合素质。

（段磊）

北京高校学历继续教育英语口语竞赛

11月7日，市教委公布2017年（第三届）北京高校学历继续教育大学生英语口语竞赛获奖结果。比赛历时5个月，52所高校（包含部属院校、市属院校和独立设置成人高校）258名选手参加英语专业专科组、英语专业本科组、非英语专业专科组和非英语专业本科组4个组别竞赛，经初赛和复赛两个赛段，共评选出团体奖52项、个人奖67项、优秀指导教师奖32项。比赛由市教委委托北京市高等教育学会组织举办，对外经济贸易大学承办。

（刘晖　胡雨　段磊）

新一代开放学习平台“学银在线”开通

11 月 10 日，国家开放大学举行主题为“终身学习、泛在学习、未来学习”的“学银在线”开通暨学分银行建设研讨会。会议宣布国开大与新教育研究院、超星集团联手推出的新一代开放学习平台“学银在线”正式开通。学银在线 = 慕课 + 学分银行 + 教育淘宝 + 一体化学习环境，它为慕课 (MOOC) 提供动力机制，通过学分银行，引进其他教育机构高质量课程，承认其学分，实现学分换学历；通过教育淘宝理念保证高质量课程与多种内涵的证书之间的自由组合，确保教育质量，打造满足各类教育机构和学习者的公共服务平台；支持全终端、多阶段、大数据的学习体验，通过一体化学习环境保证给用户学习行为真实画像，实现真实的质量控制，实现未来的多维度职业能力评价。

（崔乃鹏）

11 月 10 日，新一代开放学习平台“学银在线”开通

（国开大　供）

素质工程教学基本功竞赛

11 月 20 日，北京市总工会职工大学举办素质工程“寻找职工好讲师”教学基本功竞赛总决赛。经过赛前培训、初赛等环节，从一线基层单位选拔 15 名职工讲师同台竞技，最终评出一等奖 2 人、二等奖 3 人、三等奖 4 人以及最佳课件奖、最佳现场教学演示奖、优秀组织单位奖。

（周东妹）

首届网络教育年会

11 月 26 日，2017 年北京首届网络教育年会在北京开放大学举行。教育年会秉承“开放灵活优质”主旨，以新时代网络教育“内涵、特征、趋势”为主题。北开大党委书记、美国教育考评局技术总监、首都师范大学副校长分别作大会主报告《网络教育的新时代：回顾与未来展望》《网络教育国际经验比较与中国借鉴》及《网络教育协同创新：科技与文化教育的深度融合》。来自高校、科研机构和企业的 30 余名专家学者展望未来网络教育前沿趋势与实践，探讨新时代网络教育面临的挑战，分享网络教育研究最新成果，并对中国网络教育未来发展提出建议。会议发布“网络教育北京行动宣言”，倡议成立“全国网络教育联盟”。媒体和网络教育企业界代表 300 余人参会。

（李玉）

首批北京市职工继续教育及新型职业农民培训基地认定

12 月 27 日，市教委认定首批北京市职工继续教育及新型职业农民培训基地。在各区教委、职业院校推荐基础上，市教委组织有关专家对申报单位进行实地考察、评选、社会公示，认定首批北京市职工继续教育基地 18 所、新型职业农民培训基地 25 所。

（陈敬文）

首批北京市职工继续教育基地

北京财贸职业学院	北京经济管理职业学院
北京电子科技职业学院	北京市自动化工程学校
北京工业职业技术学院	北京市商业学校
北京交通运输职业学院	北京市电气工程学校
北京信息职业技术学院	北京市信息管理学校
北京青年政治学院	北京市劲松职业高中
北京农业职业学院	北京市丰台区职业教育中心学校
首钢工学院	北京市黄庄职业高中
北京交通职业技术学院	北京市昌平职业学校

（陈敬文）

首批北京市新型职业农民培训基地

北京市农业广播电视学校房山分校
北京市房山区河北镇职业社区成人学校
北京市房山区张坊镇职业社区成人学校
北京市房山区闫村镇职业社区成人学校
北京市房山区韩村河镇职业社区成人学校
北京市房山区石楼镇职业社区成人学校

北京市大兴区北藏村镇成人学校
北京市大兴区礼贤镇成人学校
北京市大兴区安定镇成人学校
北京市大兴区采育镇成人学校
北京市通州区张家湾镇成人学校
北京市通州区漷县镇成人学校
北京市农业广播电视学校平谷分校
北京市平谷区王辛庄镇成人学校
北京市农业广播电视学校顺义分校
北京市农业广播电视学校怀柔分校
北京市农业广播电视学校密云分校
北京市农业广播电视学校延庆分校
北京市农业广播电视学校昌平分校
北京市农业广播电视学校门头沟分校
北京市昌平职业学校
北京新城职业学校
北京市延庆区第一职业学校
北京市房山区房山职业学校
北京市燕山职业学校

（陈敬文）

北京高校继续教育质量年度报告

至年底，北京市高等教育学会继续教育研究分会受市教委委托，组织完成《北京高等学校继续教育质量年度报告》编纂和数据平台建设工作。《北京高等学校继续教育质量年度报告》共6个部分，50万字，涵盖2016年北京高等学校继续教育基本状况、主要进展、需要进一步思考和解决的问题、北京各高校学历继续教育和非学历继续教育的办学经验报告、特色报告等，收录2016年北京高等学校继续教育发展管理有关文献及有关状态数据等内容；数据平台用于收集、整理北京高等学校继续教育发展有关状态数据，具有分析学历继续教育招生学校、办学层次、开设专业、在校生人数、继续教育各类培训情况统计等相关数据功能。

（刘晖）

学习型城市建设

学习型城市工作建设成果展示交流

4月至6月，北京市建设学习型城市领导小组办公室、市教委对8个区开展学习型城市建设成果展示及经验交流活动。活动进一步深化、创新北京市“十三五”时期学习型城市建设工作，加大对已有创建成果的宣传，加强各区之间交流和学习。8个区分别是石景山、丰台、通州、昌平、平谷、怀柔、密云、延庆。

（陈敬文）

5月9日，通州举办学习型城区建设成果展示活动
（通州区教委　供）

第八批首都市民学习之星评选

4月至10月，北京市建设学习型城市工作领导小组开展第八批首都市民学习之星评选活动。评选工作紧扣“服务新北京建设，支撑新业态发展”主题，向一线工作者倾斜。各系统、各区共推荐报送市民学习之星392人参加评选，经专家评审，最终认定100人为第八批“首都市民学习之星”，并在北京市第13届全民终身学习活动周开幕式上给予表彰。

（陈敬文）

北京市家庭教育与家风建设项目启动

7月10日，北京市家庭教育与家风建设项目在顺义区仁和中学正式启动。该项目是北京市家庭教育指导服务项目，被列入《北京学习型城市建设行动计划（2016—2020年）》第九项重点工程。项目旨在利用首都优质的专家资源和教育信息资源，开发具有北京特色的家庭教育，促进“互联网+家庭教育”模式建立，完善家庭教育指导机制，提升家庭教育信息质量和服务精准度。项目将为北京市50万个中小学幼儿园起始年级家庭推送家庭教育同步指导，面向家庭教育辅导员、社区志愿者、各区家庭教育管理者、“家校协同基地校”等1000人开展线上线下一体化的系列家庭教育专题培训，编写北京市家庭教育优秀案例集，并持续进行项目成果宣传和推广。启动仪式后，市教委联合顺义区社区教育中心组织开展为期 2 天的家庭教育培训，邀请专家讲授家国情怀与家风教育、家庭文化与家庭教育、家校社区协同教育、家庭心理学、儿童心理健康等方面内容。

（陈敬文　胡雨）

第二批学习指导师高级研修班

11 月 9 日，北京市第二批“学习指导师”高级研修班结业。研修班由市教委与联想集团共同举办，为期 6 天，从 121 名报名教师中遴选 60 名学员，培养成为“懂教学、会指导、能策划”的学习指导师。60 名学员全部完成学业并通过考核，获得结业证书。

（陈敬文）

首批北京市民终身学习示范基地认定

11 月 27 日，北京市建设学习型城市领导小组办公室认定首批“北京市民终身学习示范基地”。认定工作在全市范围开展，经各部门推荐、实地考察、专家评审、社会公示，认定故宫博物院等 34 家单位为首批“北京市民终身学习示范基地”，并在北京市第 13 届全民终身学习活动周开幕式上给予表彰。

（胡雨　华蕾）

北京市全民终身学习活动周

11 月 29 日，北京市第 13 届全民终身学习活动周开幕式在中国人民大学附属中学通州校区举行。活动周主题为“服务新北京建设，支撑新业态发展”。开幕式上，播放北京学习型城市建设 10 年回顾专题片《依靠学习走向未来》；表彰 100 名“首都市民学习之星”，并为 10 名首都市民学习之星代表颁奖；为首批 34 个“北京市民终身学习示范基地”授牌；正式开通通州区“通学网”。来自全市委办局、各区、高等学校的代表和群众代表共 500 余人参加开幕式，包括首次邀请的 28 名来自清华大学的“一带一路”国家留学生。活动周期间，16 个区、部分委办局、在京高等学校同期举办 500 余场各类学习活动。

11 月 29 日，北京市第 13 届全民终身学习活动周开幕

（市教委相关处室　供）

（陈敬文　胡雨）

高等职业院校

首钢工学院

党委书记　黄吴兵

院　　长　胡雄光（7 月免）

　　　　　段宏韬（11 月任）

概述

2017 年，首钢工学院占地面积 16.75 万平方米，产权校舍建筑面积 9.12 万平方米。全年教育经费投入 4879 万元，全部自筹。固定资产总值 7216 万元，其中，教学、科研仪器设备资产值 4649 万元。图书馆建筑面积 6400 平方米，藏有纸质图书 35.20 万册、电子图书 13.80 万册。拥有计算机 792 台。学校信息化经费投入 51.30 万元，多媒体教室 80 个，信息化设备资产 1429 万元，网络信息点 3950 个，校园网出口总带宽 200Mbps，电子邮件系统用户 550 个，上网课程 330 门，数字资源量 46035GB，管理信息系统数据总量 410GB。设有 5 个系部和 1 个继续教育学院，开设高职专业 29 个、成人专科专业 8 个、成人专升本科专业 3 个，有普通本科学士学位授予资格专业 6 个（1996 年后未招生）。教职工 245 人，包括专任教师 181 人。毕业生 1053 人，其中，普通专科生 859 人、成人教育本专科生 194 人（本科生 32 人、专科生 162 人）。招生 1386 人，其中，普通专科生 978 人、成人教育本专科生 408 人（本科生 10 人、专科生 398 人）。高考北京地区提档线文科 150 分、理科 150 分。在校生 3320 人，其中，普通专科生 2783 人、成人教育本专科生 537 人（本科生 22 人、专科生 515 人）。网址：www.sgit.edu.cn。

2017 年，学校章程获市教委核准，修订学生管理制度 19 项。

教学改革。教学诊断内容纳入学校教学质量监控体系，建立以诊促改、以改促建的教学诊断工作机制。推进专业建设平台化、课程内容载体化、课程目标综合化、教学手段信息化和教学管理精细化建设“五化”教学改革。完成 9 个专业的 11 门载体化课程建设和 5 个专业的 10 门信息化课程建设。开设“大学生创新创业基础”公选课。人工智能创新工作室建设项目获市财政专项经费资助 499.95 万元，建设期限一年。创新工作室占用面积 400 平方米，包括工业 4.0 智能管理库、双臂机器人 1 台、智能设计与组装实验操作区等建设内容。

校企合作。搭建“产—学—研—用—创”工作平台，与中关村科技园石景山园等 53 个企业建立合作关系。共建技术创新和技术服务中心，建设立体视觉产业（人才培养）基地、3D打印造型师能力认定实训基地、非遗项目数字化保护研发示范基地，被中国教育技术协会授牌“虚拟现实教育联盟技术发展中心”。与石景山区体育局签约合作，联合区体育局、首钢技师学院组建石景山区首支学生男子冰球队。

学生教育。围绕立德树人根本任务，坚持开展社会主义核心价值观等主题教育活动，与学校所在地公检法部门合作开展学生法制教育活动。结合北京市高职院校课堂教学诊断活动，重点抓学生到课率、课上纪律、行为规范、控烟等工作，促进校风学风建设。

（徐励 杨淑敏）

虚拟现实技术实训基地通过验收

11月25日，首钢工学院虚拟现实技术实训基地建成通过验收。实训基地使用面积1790平方米，包括1个1200平方米的技术研发测试区、1个360平方米的数字媒体制作区和1个230平方米的数字内容渲染制作区，功能上包括Vicon动作捕捉系统、Dynamixyz表情捕捉系统、多人VR交互系统、多曲面投影图像校正系统等20类系统，构建成虚拟现实公共技术平台。

（徐励）

首钢工学院虚拟现实技术实训基地测试区

（首钢工学院 供）

北京工业职业技术学院

党委书记 王伟

院　　长 陈建民（3月免）

概述

2017年，北京工业职业技术学院占地面积24.01万平方米，产权校舍建筑面积20.80万平方米。全年教育经费投入36657.85万元，其中，国家拨款33405.85万元、自筹经费3252万元。固定资产总值91829.60万元，其中，教学、科研仪器设备资产值63771.50万元。图书馆建筑面积1.95万平方米，藏有纸质图书69.79万册、电子图书4.12TB。拥有计算机5214台。学校信息化经费投入1721.96万元，信息化设备资产3080万元，网络信息点4628个，无线网络信息点687个，校园网出口总带宽2.80GB，电子邮件系统用户647个，上网课程150门，数字资源量32.12TB，管理信息系统数据总量85.20GB。设有5个二级学院和2个部，实训室168个，开设工程测量技术、机电一体化技术、通信技术和安全技术管理等高职专业27个，包括国家级重点专业5个、北京市重点专业7个。获国家教育教学成果一等奖1项、二等奖3项，北京市教育教学成果一等奖3项、二等奖5项，国家级精品资源共享课程10门、国家级精品课程10门、北京市精品课程11门。获国家级技能大赛奖项92个，包括一等奖35项、二等奖22项；全国职业院校信息化教学大赛奖项36个，包括一等奖27项、二等奖6项、三等奖3项。教职工506人。专任教师350人，包括教授及教授级高级工程师42人、副教授及高级工程师166人；博士26人，硕士270人；“双师型”教师182人。聘请校外教师39人；外籍教师16人。毕业生1648人。毕业生一次就业率98.30%，一次签约率70%。招生1585人。高考北京地区提档线文科150分、理科150分。在校生5175人，其中，高职4142人、中职1033人。网址：www.bgy.org.cn。

2017年，学校服务国家战略，发挥国家示范性高职院校的辐射带动作用。入选北京市“一带一路”国家人才培养基地，安排4名教师赴赞比亚为当地员工开展技能培训并筹建中赞职业技术学院分院。开展首批“一带一路”国家人才培养基地——中国有色矿业集团20名海外员工来校培训。推进京津冀职业院校协同发展，与张家口职业技术学院合作开办机电一体化（冬奥场馆设备与管理）专业。学校参与对南水北调水源地援助项目，对口支援洛阳职业技术学院；参与振兴东北京沈对口合作项目，与沈阳职业技术学院开展对口交流合作；与成都工业职业技术学院、山西机电职业技术学院签订合作框架协议。

推动专业建设和教育教学改革，提高人才培养质量。入选教育部第二批现代学徒制试点单位。启动优质校建设和内部质量保证体系建设，推进教学工作诊断与改进。学校机电一体化技术专业、数控技术专业入选“全国职业院校装备制造类示范专业点”。作为北京市唯一入选学校，入选国家15个工业机器人开放式公共实训基地。聘请大国工匠进校园，建立高凤林大师工作室和玉雕大师工作室。深入推进贯通培养试点工作，开展外培专业人才培养方案和课程标准制订与完善，与美国、英国、澳大利亚、新西兰、日本等国家的大学进行课程衔接、学分互认。推进国家教学资源库更新，推动共享精品课、全国信息化大赛成果转化和O2O课程开发建设。

加强科学研究和社会培训，增强社会服务能力。加强科研管理制度建设，制定和完善科研经费管理、知识产权保护和专利资助办法。继续与石景山区委、区政府和驻区部队共同实施“强军育才工程”，推进军地融合式发展，为驻区部队现役士兵免费开展职业技能培训。出台社会培训管理办法，调动教学院部开展社会培训的积极性。

完善学生工作体系，提高学生教育与管理服务水平。确定2017年为学校“学风建设年”，制订学风建设行动计划，推动学风建设。深化创新创业教育改革，与石景山区政府搭建的创新创业项目孵化平台孵化成立 2 家公司。安排教师指导学生完成 67 项大学生科研实践项目。成立学生就业创业教研室，课程化、系统化开展就业创业指导工作。

实施人才强教计划，提升师资队伍建设水平。坚持内外培训相结合，选派专业教师到国内外访学交流、进修深造 100 余人次。引进和聘请企业能工巧匠担任专兼职教师，改善师资队伍结构。3 名教师分别入选北京市长城学者、北京市青年拔尖人才和北京市优秀教师计划；在北京市教师素质提高工程中，入选创新团队 2 个、职教名师 1 人、专业带头人 2 人、优秀中青年骨干教师 5 人、特聘企业专家 1 人。教师在全国职业院校教师信息化教学大赛中获一等奖 3 项、三等奖 1 项；在第八届“外教社杯”全国高校外语教学大赛（职业院校组）中获微课大赛决赛一等奖第一名；在第二届全国高等职业院校体育教师技能大赛中获技能一等奖和教学设计一等奖。

（向琨娜）

大国工匠高凤林大师工作室揭牌

12 月，大国工匠高凤林大师工作室在北工职院揭牌。工作室成立之后，通过大师与学生面对面交流，传授做人学艺的经验和体会，展示工匠精神，建立高技能人才绝技绝活代际传承机制，助力学校培养未来“大国工匠”。高凤林被誉为“火箭‘心脏’焊接人”，获得过多项国家级和世界级荣誉。

（向琨娜）

12 月，高凤林大师工作室揭牌

（北工职院　供）

北京信息职业技术学院

党委书记　武马群（5 月免）

　　　　　洪伟（5 月任）

校　　长　武马群

概述

2017 年，北京信息职业技术学院占地面积 20.21 万平方米，产权校舍建筑面积 24.22 万平方米、非产权校舍建筑面积 0.14 万平方米。全年教育经费投入 46130.51 万元，其中，国家拨款 42634.52 万元、自筹经费 258.80 万元、事业收入 3237.19 万元。固定资产总值 101999.58 万元，其中，教学、科研仪器设备资产值 38612.05 万元。图书馆建筑面积 12356.88 平方米，藏有纸质图书 62.03 万册、电子图书 44.22 万册。拥有计算机 6662 台。网络多媒体教室 159 间，网络信息点 11567 个，校园网出口总带宽 3700Mbps。设有 3 个校区，设立 5 院 2 系 3 部，3 个研究中心，开设软件技术、汽车电子技术、物流管理等 42 个专业，包括新增微电子技术、智能交通技术运用、商务数据分析与应用 3 个专业。教职工 893 人。专任教师 377 人，包括教授及教授级高级工程师 17 人、副教授及高级工程师 153 人；博士 20 人，硕士 229 人。毕业生 2309 人，其中，高职生 2078 人、成人教育专科生 231 人。毕业生一次就业率 98.51%，一次签约率 97.96%。招生 2086 人，其中，高职生 1809 人、成人教育专科生 277 人。高考北京地区提档线文科 150 分、理科 150 分，单考单招 150 分。在校生 6163 人，其中，高职生 5620 人、成人教育专科生 543 人。网址：www.bitc.edu.cn。

2017 年，学校党委和纪委换届，明确未来 3 年学校事业发展及党建目标和任务；教职工代表大会及工会换届，号召全体教职工始终坚守对职业教育事业的精神追求。

启动“七年贯通制培养”试点工作。经市教委批准与北京信息科技大学联合开展高端技术技能人才贯通培养试验，试点招生专业为软件技术、信息安全与管理，计划招生 300 人，实际录取 271 人。

创新校企合作模式。成立燕东微电子学院、智能电动汽车职业教育联盟、移动互联技术大师工作室。与联想公司深度合作，在 2017 级设立移动应用开发专业联想班，首批招生 32 人。

以赛促学、以赛促教。获得全国职业院校技能大赛 6 个一等奖、1 个二等奖、4 个三等奖；全国职业院校信息化教学大赛高职组信息化教学设计赛项 1 个一等奖、2 个三等奖。

支持创新创业。学校被评为北京市深化创新创业教育教学改革示范校、北京地区高校示范性创业中心；“大牛奶”学生创业团队被评为北京高校大学生优秀创业团队。持续推进北信职业智慧众创空间建设，孵化学生创业项目 27 个。

国际交流。学校成为首批评定的 26 所北京市“一带一路”国家人才培养基地之一，打造职教输出典范。9 月，学校在埃及办学项目（海外分校埃中应用技术学院）获得埃及高教部批准。

（李岩）

首期埃及苏伊士运河大学教师培训班结业

6 月 2 日，信息职院首期埃及苏伊士运河大学教师培训班结业。培训班为期 4 周，共计 120 学时，8 名埃及教师参加培训并取得结业证书。培训课程包括中国国情与职业教育、中国高等职业院校发展与教学改革、信息产业发展与人才需求、职业院校专业与课程开发等。

（李岩）

首次招收贯通培养试验项目学生

7 月，信息职院首次招收高端技术技能人才贯通培养试验项目学生。项目计划招生 300 人，实际录取 271 人。2017 年市教委批准学校联合北京信息科技大学开展高端技术技能人才贯通培养试验工作，试点招生专业为软件技术、信息安全与管理。

（李岩）

北京电子科技职业学院

党委书记　张雅君（12 月 6 日免）
　　　　　楚国清（12 月 6 日任）
院　　长　孙善学（12 月 6 日任）

概述

2017 年，北京电子科技职业学院占地面积 45.67 万平方米，产权校舍建筑面积 33.75 万平方米。全年教育经费投入 55217.46 万元，其中，国家拨款 50150.04 万元、自筹经费 5067.42 万元。固定资产总值 195856.67 万元，其中，教学、科研仪器设备资产值 66908.66 万元。图书馆建筑面积 22759.85 平方米，藏有纸质图书 110.63 万册、电子图书 117 万册。拥有计算机 9538 台。学校信息化经费投入 1929.78 万元，信息化设备资产 26077.02 万元，网络信息点 24875 个，校园网出口总带宽 2100Mbps，电子邮件系统用户 960 个，上网课程 150 门，数字资源量 100TB，管理信息系统数据总量 300GB。设有 3 个校区，34 个系部，开设机电一体化技术、汽车检测与维修技术、电子信息工程技术和药品生物技术等 44 个专业。教职工 943 人。专任教师 560 人，包括教授及教授级高级工程师 26 人、副教授及高级工程师 197 人；博士 63 人，硕士 317 人；“双师型”教师 304 人。聘请校外教师 39 人。毕业生 3633 人，其中，高职生 2712 人、中职生 906 人、成人教育专科生 15 人。毕业生一次就业率 98.78%，一次签约率 87.83%。招生 2435 人，其中，高职生 1678 人、中职生 720 人、成人教育专科生 37 人。高考北京地区提档线文科 150 分、理科 150 分，单考单招 150 分。在校生 6945 人，其中，高职生 4265 人、中职生 2643 人、成人教育专科生 37 人。网址：www.dky.bjedu.cn。

2017 年，学校完成党委换届、党建评估、全员聘任等工作。

推进教学建设与改革，提升人才培养质量。高端技术技能人才贯通培养试验项目与德、法等国共同确认 12 个专业人才培养方案。贯通培养试验项目学生获第三届国际数学建模挑战赛国际赛（中华区）一等奖等多项大奖，培养效果初步显现。汽车制造与装配技术专业获评全国职业院校装备制造类示范专业点。2015 级高中会考合格率 97.30%，860 名学生顺利转学段。创新创业教育获北京市“深化创新创业教育改革示范校”称号，被评为北京地区高校示范性创业中心。新增药品检验检疫技术和影视节目制作 2 个专业，与 3 所中职学校合作新增 4 个试点专业，进一步扩大胡格教学模式试点范围，丰富人才培养改革试验模式。与赛维航电科技有限公司签约，订单培养优秀学生。参加首届金砖国家技能发展与技术创新大赛获得一等奖 2 个、二等奖 1 个；学生车队获 2017 年中国汽车工程学会巴哈大赛 (BSC) 职业院校年度总成绩第一名；学生代表队获 2017 年“瑞萨杯”全国大学生电子设计竞赛一等奖，是北京市高职高专组唯一获全国一等奖的学校。

科研水平和社会服务能力进一步提升。科技创新与成果转化服务中心各分中心全部挂牌成立，成为北京市中小企业公共服务平台示范单位。加入京南大学联盟。为北京经济技术开发区企业提供技能鉴定培训，图书馆举办开发区资讯中心大讲堂，新增 1 家企业分馆，递送《资讯快报》等 3500 余份，开放青少年读者“创享空间”。完成多项政府部门委托培训任务，申报市人力社保局技师培训班获批。开展京东方集团产业人养成特训项目，京东方集团 1550 名新入职员工参训。

电科职院学生车队参加巴哈大赛获奖
（电科职院　供）

师资队伍建设水平不断提高。把思想政治素质和职业道德水平考察纳入教师招聘全过程，全年引进 12 名具有博士学位新教师。全年开展师资队伍水平提升专项培训 930 人次。1 个教师团队获评北京市职业院校创新团队；7 项作品被北京市推荐参加全国信息化大赛并全部获奖，总成绩居全国第一。汽车工程学院 4 名教师获英国汽车工业学会 (IMI) 颁发的 IMI 二级职业资格证书。

国际化办学水平全面提升。贯通培养等项目达成 6 项国际合作意向与协议。选派 37 名教师前往美、法等国家和地区研修专业教学技术技能，选聘20余名英语外籍教师承担雅思教学任务。开拓与“一带一路”周边国家和地区的合作，与新加坡院校签署战略合作协议。

（王琴）

贯通学生创新课业展

4月18日，电科职院举办首届贯通培养学生基础学段创新课业展“课桌上的艺术展”。学校贯通培养2015级、2016级学生约千件平面绘制、手工实物类艺术作品参展，展示贯通培养学生艺术创新课程的收获和成果。11月1日，举办“贯通培养创新课程成果展”，展出贯通培养学生软件开发、模型制作、专利产品类作品450余件。学校2016年起为贯通培养试验项目学生开设创新课程累计42门，授课教师229人次，至2017年底开课班级192个，5658人次参加选课学习。

（王琴）

与本科院校共建实践基地

9月20日，电科职院与北京化工大学举行实习实践基地挂牌仪式。化工大学选送100余名本科生到电科职院GMP车间完成为期两周的药物制剂生产实训，电科职院10余名教师负责培训指导。培训包括理论学习及安全规范、实训实操、结业考核3部分，学员在基地车间实践完成配料、制剂、压片、包衣等工作环节。

（王琴）

北京京北职业技术学院

党委书记　梁勇
院　　长　任武军（1月免）
　　　　　焦宝军（1月任）

概述

2017年，北京京北职业技术学院占地面积12.40万平方米，产权校舍建筑面积6.13万平方米。全年教育经费投入7248.92万元，其中，国家拨款5733.17万元、自筹经费1515.75万元。固定资产总值22534.84万元，其中，教学、科研仪器设备资产值6939.42万元。图书馆建筑面积8685平方米，藏有纸质图书61.35万册、电子图书120500GB。拥有计算机864台。学校信息化经费投入124.69万元，信息化设备资产3007.54万元，网络信息点1059个，校园网出口总带宽200Mb，电子邮件系统用户100个，上网课程2门，数字资源量3200GB，管理信息系统数据总量30GB。开设16个专业。专任教师142人，包括教授及教授级高级工程师5人、副教授及高级工程师52人；博士4人、硕士98人；“双师型”教师51人。聘请校外教师19人。毕业生634人。毕业生一次就业率98.58%，一次签约率95.59%。招生728人，其中，高职生613人、中职生115人。高考北京地区提档线文科150分、理科150分。在校生2169人，其中，高职生1903人、中职生266人。网址：www.jbzy.com.cn。

2017年，学校以完善管理体系、提升综合能力为目标开展工作。

完善实训条件。改造阶梯教室，新增学前教育录播室、钢琴室、护理婴幼儿实训室；完成3个计算机房的建设（改建2个、新建1个）。

开展教学改革系列活动。30门课程参加第二轮“项目教学法”教学改革，20门课程通过验收；28名教师参加公开课活动；完成英语ABC三个层次课程标准的制定。出台学院听课制度，全年学院领导干部、专兼职教师共听课4448学时。教师参加“通武廊”养老护理员职业技能大赛获一等奖1项、二等奖1项。学生参加北京市高等职业院校技能大赛获得一等奖2项、二等奖1项、三等奖3项；参加全国高职院校技能大赛获二等奖3项、三等奖1项。

志愿服务形成品牌。学生以“奉献友爱互助进步”志愿服务精神，形成义务支教、敬老爱老、社区服务、大型赛会协助4个品牌项目，48个小项的志愿服务。在“志愿北京”平台上注册的志愿者449人，服务总时长20880小时；4名青年被北京市志愿者联合会评为“五星级志愿者”。

完成各类社会培训8000余人次。北京师范大学现代远程教育京北职院分中心在籍学生达到382人；语言文字测试分中心全年完成14期测试任务，累计向学生和社会学员共1668人发放普通话水平证书。

（王长兴）

京北职院学生学习输液

（京北职院　供）

北京交通职业技术学院

党委书记　李卫东
院　　长　林海波

概述

2017年，北京交通职业技术学院占地面积20.38万平方米，产权校舍建筑面积9.70万平方米。全年教育经费投入 13472.48 万元，其中，国家拨款 10033.46 万元、自筹经费 3439.02 万元。固定资产总值 217270.03 万元，其中，教学、科研仪器设备资产值 5924.05 万元。图书馆建筑面积 2916.95 平方米，藏有纸质图书 13.74 万册、电子图书 13 万册。拥有计算机 1346 台。学校信息化经费投入 268.10 万元，网络信息点 1640 个，校园网出口总带宽 120Mbps，上网课程 30 门，数字资源量 7310GB，管理信息系统数据总量 32GB。设有路桥系、汽车系、管理系、轨道交通系和基础部“四系一部”，开设 19 个专业，56 个教学班。教职工 244 人。专任教师 93 人，包括教授及教授级高级工程师 2 人、副教授级高级工程师 24 人；博士 4 人，硕士 74 人；“双师型”教师 43 人。聘请校外教师 17 人。毕业生 681 人。毕业生一次就业率 95%，一次签约率 63%。招生 502 人。高考北京地区提档线文科 152 分、理科 159 分。在校生 1684 人。网址：www.jtxy.com.cn。

2017 年，学校以重点专业建设为抓手，深化人才培养模式改革。城市轨道交通运营专业成为教育部全日制职业院校交通运输类示范专业。修订完善《科研奖励办法》等制度，主编、参编“十二五”“十三五”时期高职高专规划教材 20 部；校企合作共同开发教材 6 种、在编 1 部；参与科研编著 3 部；院级重点课题 6 项，一般课题 14 项；专利 2 项；公开发表论文 48 篇。

搭建“互访互学”交流平台，推动区域中高职协同发展。昌平区教委、昌平区教师进修学校及区属 3 所职业院校（交通职院、昌平卫生学校、昌平职业学校）开展“区域中高职教师一体化教研”“互访互学”示范课、教师一体化研究课、中高职教师信息化教学设计说课比赛，以及“三有课堂”教学培训、“信息化教学设计与说课”培训、未来科技城企业调研等活动，推动中高职协同发展。扩大中高职衔接试点规模，新增 3 个“3+2”专业。采用“2+1”模式，与河北能源职业学院签订联合培养协议，实现校际间联合培养。6 月，加入河北能源职业教育集团。推进与河北廊坊职业技术学院联合培养职业人才工作，与内蒙古阿鲁科尔沁旗开展精准扶贫项目，共同促进两地职业教育发展。

构建国家、市、校三级竞赛体系，将校内竞赛建成系列化、常态化的校园文化活动。2017 年学生参加各类技能大赛获得省市级一等奖 5 项、二等奖 8 项、三等奖 10 项、优秀奖 1 项。

5 月，交通职院学生参加北京市机械设备装调与控制技术技能大赛　（交通职院　供）

全面推进人事制度改革。对在编人员实行规范绩效工资、对部分非编人员实行额度制、对后勤人员逐步实行政府购买外包服务的改革。对全院人员重新定岗定编定责。数字化校园建设进入实质性阶段，建成校园信息门户、统一身份认证平台、教务管理系统、学工管理系统、校园一卡通系统等，全面提升信息化应用水平。

全年开展 3752 人次的职业技能鉴定与培训，接待 14 批次 60 人次的中高职院校到校考察学习。成人学习中心开设高起专、专升本 2 个层次学历教育 14 个专业班级，在籍学生 1066 人。与中软国际集团合作开展计算机技能培训 320 人，培训 2600 学时；开展高低压电工、学士学位英语公益性培训 636 人，培训 160 学时。与北京辅汇仁教育咨询有限公司合作，为北京市初中开放性科学实验活动提供活动场地，开设《水跃动》《猴群闹京都》《变色花》等具有地方文化特色的开放性实践课程，1040 人次参加活动。

（冯香春）

校企联办技能竞赛

6 月 15 日，交通职院城市轨道交通运营管理专业与北京市地铁运营有限公司四分公司南邵站区共同研讨客运组织课程教学，共同举办“携手同行，筑梦青春”客运服务技能竞赛。比赛包含客运知识竞赛、客运服务口语、客运服务礼仪展示等内容，还加入实操环节点钞技能竞赛，每队派出 1 名地铁员工和 1 名学生出赛，最终地铁员工以 2 秒优势夺冠。

（贾文婷）

北京青年政治学院

党委书记　楚国清（11 月免）
　　　　　程晓君（12 月任）
院　　长　乔东亮

概述

2017 年，北京青年政治学院占地面积 4.64 万平方米，产权校舍建筑面积 4.08 万平方米、非产权校舍建筑面积 2.26 万平方米。全年教育经费投入 23607.28 万元，其中，国家拨款 19715.35 万元、自筹经费 3891.93 万元。固定资产总值 35233.75 万元，其中，教学、科研仪器设备资产值 14314.42 万元。图书馆建筑面积 4618 平方米，藏有纸质图书 52.20 万册、电子图书 119 万册。拥有计算机 3451 台。学校信息化经费投入 271.81 万元，信息化设备资产 8119.19 万元，网络信息点 4210 个，校园网出口总带宽 1750Mbps，电子邮件系统用户 736 个，上网课程 356 门，数字资源量 78784GB，管理信息系统数据总量13450GB。设有望京和金盏两个校区,10个系部,青少年工作与管理、学前教育和社会工作等19个专业,7个研究中心。教职工341人。专任教师239人,包括教授及教授级高级工程师26人,副教授及高级工程师92人;博士40人,硕士222人;"双师型"教师172人。聘请校外教师74人。毕业生1229人,其中,高职生1198人、成人教育专科生31人。毕业生一次就业率98.83%,一次签约率64.94%。招生1135人,全部为高职生。高考北京地区提档线文科166分、理科172分。在校生3602人,其中,高职生3576人、成人教育专科生26人。网址:www.bjypc.edu.cn。

2017年,学校召开第一次党员代表大会,确定"建设开放型、有特色、高水平的青年人大学"总目标,提出"十大工程"蓝图。

提高人才培养质量,教育教学改革成果丰硕。完成专业核心竞争力评价,推进专业分类建设,加强特色课程开发,完成500余门课程标准制定。支持5门特色课程建设,分步重点打造20门特色课程和20名教学名师。立项建设10门在线开放课程。成立"京津冀出入境服务领域产教联盟"。建立养老护理员、茶艺师、速录员3个工种的职业技能鉴定考试站。入选北京市第二批深化创新创业教育改革示范高校。

推进科学研究工作。"北京市哲学社会科学研究基地——北京青少年教育与发展研究基地"通过验收。以青年学研究为主攻方向,新组建5个专项研究团队。

加强学生教育管理。创新学生服务方式,建设学生一站式服务大厅,面向学生全面开放。利用第二课堂阵地,实施东校区一年级学生思想道德品质、学业学力提升、人文素养积淀、身心健康发展和创新创业实践"五维"教育法,打造成长学堂育人品牌。

扩大社会服务,推进文化传承与创新。全年共举办培训班88期,培训11629人次。与《求是》杂志社搭建"三热爱"教育平台,160余名藏族青少年接受"三热爱"教育。为北京市社工委举办社区骨干实务培训和新入职社区工作者培训16期3473人次,为基层社会组织培训6期近500余人次。承办国侨办、市侨办"寻根之旅"夏令营、冬令营,共接待10余个国家200余名华裔青少年。

共青团工作取得新成绩。创立"青春行动派"校级社会实践品牌。青年志愿者协会成为首都5个志愿服务团队之一,实现100%全员志愿者网络实名注册,志愿者服务总时长超过2.80万小时,服务游客总数超过260万人。

深化国际交流,拓展国际合作。组织召开中美两国学前教育质量提升发展论坛和"一带一路"背景下法律国际学术研讨会。

(胡哲)

北京青年中科创新创业学院成立

12月5日,由北青院(市团校)与北京中科科技创新发展研究院联合创建的北京青年中科创新创业学院成立暨青年科技创新研讨会在北青院举行。创新创业学院致力于探索和建立"科技+双创"科技创新新机制,打造特色鲜明的科技研学和双创培训新模式,提升青年创新创业能力,服务北京科技创新中心建设和国家创新驱动发展战略。活动为6名双创导师颁发聘书,为8家合作企业授牌;现场发布"青创精英训练营""科学家走青创""大咖早餐会"3个首批研学和培训项目。

(胡哲)

12月5日,北京青年中科创新创业学院成立

(北青院 供)

北京农业职业学院

党委书记 李云伏

院　　长 王福海

概述

2017年,北京农业职业学院占地面积81.22万平方米,产权校舍建筑面积32.54万平方米。全年教育经费投入49768.28万元,其中,国家拨款48295.19万元、自筹经费1473.09万元。固定资产总值71222.02万元,其中,教学、科研仪器设备资产值17187.05万元。图书馆建筑面积11548.56平方米,藏有纸质图书53.23万册、电子图书215万册。拥有计算机3948台。信息化设备资产7586.54万元,网络信息点8000个,校园网出口总带宽1710Mbps,电子邮件系统用户980个,上网课程44门,教学资源库60个,管理信息系统数据总量900GB。设有南校区、北校区、北苑校区(国际教育学院)和清河校区(机电工程学院)4个校区,9个系部,1个研究中心,1个研究所,开设园艺技术、畜牧兽医和绿色食品生产与检验等43个专业。教职工873人。专任教师408人,包括教授及教授级高级工程师28人、副教授及高级工程师183人;博士50人,硕士251人;"双师型"教师291人。聘请校外教师8人。毕业生1681人,其中,高职生1357人、中职生188人、成人教育专科生136人。毕业生一次就业率99.10%。招生1452人,其中,高职生1320人、中职生106人、成人教育专科生26人。高考北京地区提档线文科150分、理科150分,单考单招

150分。在校生4172人，其中，高职生3618人、中职生437人、成人教育专科生117人。网址：www.bvca.edu.cn。

2017年，学校调整专业结构，提高专业市场竞争力。明确重点、特色和一般专业的定位。申报无人机应用技术、旅游管理（休闲马术管理）、畜牧兽医（运动马驯养与疫病防治）、旅游管理（空乘服务）、电子商务（新媒体运营）5个新专业（专业方向）获批。成为教育部第二批现代学徒制试点单位。

农职院"助力房山学子成长农业游学深度之旅"

（农职院　供）

科研工作稳步推进。入选"南繁科研育种基地建设"项目体系。成立动物科学院士工作站，开展动物营养科学前沿科研课题研究和养殖行业重大及高端技术难题组织联合攻关。承担的市农委项目"藏猪养殖模式的示范推广"在京郊实现与企业点对点对接，在北京中科友创生态种植园开展藏猪养殖模式示范推广服务。主持的市教委2015年度科技计划面上项目"金叶紫穗槐生态适应性与繁育技术研究"通过专家组验收，其成果具有潜在的推广应用价值。

各方资源融合，社会服务功能突显。新型职业农民学历提升班稳步推进，招收首批新型职业农民学历提升班学生166人，同时积极推进新型职业农民全科农技员职业素质培养；全年完成农村基层干部培训工作23期3066人；全年共完成北京市5个城区、17批次、43所试验校、260个学农班级1万余名学生的学农工作任务和965名教师的接洽工作。

开展多种形式国际合作。与中国成套工程有限公司签署项目合作框架协议，负责科特迪瓦4个城市农业职业培训学校的专业建设和教师培训工作。与日发牧马堂马术有限公司签约共建牧马堂马术国际学院。马术休闲管理专业和运动马疾病诊断与驯养专业获批设立。

完成第四轮干部人事制度改革。制定9个配套文件，完成全员聘任、分配改革和内部管理体制改革等工作，进一步优化干部队伍结构。

（孙田田）

动物科学院士工作站成立

6月26日，农职院成立"动物科学院士工作站"。农职院与中国工程院院士李德发及其团队签订《动物科学院士工作站合作协议》，并向李德发颁发农职院客座教授聘书。农职院将充分利用"动物科学院士工作站"平台，组织专家为企业提供发展战略咨询和技术指导，围绕养殖行业急需解决的重大及高端技术难题组织联合攻关；组织专业教师参加农业部饲料工业中心实践锻炼，开展动物营养科学前沿科研课题研究，提升专业教师科研能力；共同开展"美丽乡村建设"，做好"在京一周，影响一生"中学生励志教育。

（于凤芝）

6月26日，农职院成立"动物科学院士工作站"

（农职院　供）

中学生农业游学之旅

10月至11月，农职院开展"助力房山学子成长农业游学深度之旅"项目。首都师范大学附属房山中学20余名学生到农职院开展1个月的农业游学之旅。项目以立德树人为指导，通过农业游学体验、职业教育讲座、学生农业游学深度体验3种类型，让学生了解现代农业，实现知农、喜农、爱农、乐农。项目是农职院与首师大附属房山中学首次合作，两校通过该项目建立手拉手关系，首师大附属房山中学将农职院确立为"学生职业体验基地"，农职院将首师大附属房山中学确立为"职普融合教育基地"，逐步探索形成职普融合的可持续发展新模式和长效机制。

（关世卿）

南繁科研育种基地建设

12月，农职院南繁科研育种基地建设工作展开。南繁科研育种基地位于海南省乐东县黄流镇，总面积7.11万平方米，主要用于玉米育种、兰花鉴定扩繁、观赏草繁育等。基地建设用地承租期 10 年，按照北京市南繁指挥部“首都水平、海南特色”总体要求，通过科学规划，合理施工，把基地建设成为“环境优美、功能完备、运行稳定”的科研育种基地。

（姚慧）

北京政法职业学院

党委书记 郑振远
院　　长 张景荪（7 月免）
许传玺（7 月任）

概述

2017 年，北京政法职业学院占地面积 29.64 万平方米，产权校舍建筑面积 13.84 万平方米。全年教育经费投入 25654.43 万元，其中，国家拨款 22820.22 万元、事业收入 1851.84 万元、其他收入 982.37 万元。固定资产总值 33466.15 万元，其中，教学、科研仪器设备资产值 10293.11 万元。图书馆建筑面积 1.08 万平方米，藏有纸质图书 48.78 万册。拥有计算机 3093 台。学校信息化设备资产 9413.60 万元，网络信息点 3611 个，校园网出口总带宽 500Mbps，电子邮件系统用户 1011 个，上网课程 200 门，数字资源量 521.53TB，管理信息系统数据总量 25.30GB。设有社会法律工作系、安全防范系、应用法律系、经贸法律系、信息技术系、基础部“五系一部”，开设法律文秘、法律事务、司法助理和安全防范技术等 22 个专业。有中央和北京市重点支持建设专业 4 个，中央和北京市重点支持建设实训基地 5 个，国家级专业教学资源库建设项目 1 个，国家及省部级精品课程 8 门，国家及省部级优秀教学成果奖 5 项。教职工 397 人。专任教师 189 人，包括教授及教授级高级工程师 9 人、副教授及高级工程师 66 人；博士 21 人，硕士 136 人；“双师型”教师 165 人。聘请校外教师 55 人。毕业生 1400 人，其中，高职生 1040 人、中职生 331 人、成人教育专科生 29 人。毕业生一次就业率 96.54%，一次签约率 78.37%。招生 1438 人，其中，高职生 1140 人、中职生 298 人。高考北京地区提档线文科 150 分、理科 150 分，单考单招 150 分。在校生 3994 人，其中，高职生 3036 人、中职生 929 人、成人教育专科生 29 人。网址：www.bcpl.cn。

2017 年，学校以特色、内涵、质量建设为主线开展工作。

完善教学管理制度。修改完善并发布实施 13 项教学管理制度，修订 8 项科研管理制度，规范管理，推进依法治校。

深化教学改革。根据职业教育人才培养特点，完成 2017 级 28 个专业及方向的人才培养方案修订工作。新增空中乘务专业。携手全国 13 所联建院校及合作单位共建 19 门课程，国家级职业教育法律文秘专业教学资源库建设项目有效推进。组织学生参加各级各类比赛，获奖 30 余项；1 名教师获“北京市优秀教师”称号，1 人获“北京市高等学校青年教学名师”称号。

创新大学生思想政治教育方式方法。开展“正学风 · 青年行”等主题教育实践活动，举办职业技能节、体育艺术节、运动会等校园文化活动，促进学风建设。

拓宽社会服务范围。完成社会购买服务能力项目——丰台区信息拐杖项目，组织师生参加各类志愿服务。全年举办市政法系统高层次人才及先进模范人物研讨班等培训班 15 期，培训学员 640 余人；承担社会化培训、考试服务任务万余人次。“首都政法综治网”总点击量、总浏览量同比大幅提升，入选 2017 年中国最具影响力“互联网 + 政法服务”平台。

（李治建）

“青年马克思主义成长营”教育实践活动

6 月 7 日至 14 日，政法职院举办“青年马克思主义成长营”教育实践第一期活动。首期学员 156 人，学习马克思主义中国化的百年进程等校内课程内容，并赴平西抗战纪念馆等地开展校外现场教学。同时，发布“青年马克思主义成长营”微信公众号，推动马克思主义理论线上教育开展；部分学员自发成立“青年马克思主义理论学习小组”学习社团，吸引更多团员青年加入马克思主义理论学习，传承“红色基因”。

（李治建）

6 月，政法职院举办第一期“青年马克思主义成长营”教育实践活动　（政法职院　供）

第一次学生代表大会

12 月 27 日，政法职院召开第一次学生代表大会。会议通过《北京政法职业学院学生会章程（修正案草案）》，经竞选演讲、正式选举、现场计票、公布票选结果等程序，产生第一届学生会委员。学生会以学生会章程为核心的制度建设为抓手，坚持思想引领，引导广大学生做社会主义核心价值观的坚定信仰者、积极传播者和模范践行者，强化学生干部的群众意识、责任意识、奉献意识。

（李治建）

北京财贸职业学院

党委书记 高东
院　　长 王成荣

概述

2017年，北京财贸职业学院占地面积29.73万平方米，产权校舍建筑面积16.51万平方米。全年教育经费投入38651.75万元，其中，国家拨款35390.16万元、自筹经费3261.59万元。固定资产总值76235.07万元，其中，教学、科研仪器设备资产值26992.29万元。图书馆（室）建筑面积12492.18平方米，藏有纸质图书84.67万册、电子图书117.35万册。拥有计算机8539台。学校信息化经费投入1315.21万元，信息化设备资产1225.21万元，网络信息点13769个，校园网出口总带宽1610Mbps，电子邮件系统用户9964个，上网课程178门，数字资源量2706GB，管理信息系统数据总量3282GB。设有校本部（通州）、朝阳校区、东城校区和涿州校区4个校区，11个二级学院，开设会计、金融、旅游、文化创意、建筑等25个高职教育专业（含方向）、16个中专教育专业，包括3个中央财政重点支持专业、4个市级财政支持专业。教职工651人。专任教师355人，包括教授及教授级高级工程师15人、副教授及高级工程师119人；博士34人，硕士278人；"双师型"教师143人。聘请校外教师105人。毕业生2078人，其中，高职生1681人、中专生353人、成人教育专科生44人。毕业生一次就业率99.95%，一次签约率48.90%。招生1669人，其中，高职生1087人、贯通培养试验项目学生478人、成人教育专科生104人。在校生5364人，其中，高职生3625人、中专生1679、成人教育专科生60人。网址：www.bjczy.edu.cn。

3月31日，北财院承办北京市高职院校技能大赛中餐主题宴会设计赛项并获得一等奖 （北财院 供）

2017年，学校深化体制与机制改革。重新定位四校区核心功能；对现有系（院）部及教学资源进行调整与重新配置，建立二级学院制，增设贯通基础教育学院和京冀创新教育学院；成立教学督导与评价中心。完善考核机制和分配奖励机制。

全面推进专业升级改造。实施专业升级改造三年行动计划。针对多模式人才培养需求，探索建立三类型（基础文化课、职业领域课、实践创新课）课程和"平台＋核心＋模块"专业课程体系；启动以"智慧银行""财务共享中心""智慧零售"为标志的新一轮高标准实训室建设。

探索建立"扬长教育"模式。落实"人人是胜者、个个有专长"教育理念，建设"宽基础＋活模块"平台化课程，学生通过"基础模块＋专业（职业）模块"开展组合式学习。建成五大类16门人文素养课程和6门职业平台课；扩大选修课比例，为高职学生开设专业选修课39门、公共选修课160门，为贯通学生设置四大类17门公共选修课。

完善财贸素养教育体系。建立"青春成长护照"制度，推进财贸素养"12511"教育载体和实践平台建设。推动"课程思政"建设，14门专业课列入教改试点。成立北京市职业院校思政课移动云教学大数据研究中心，思想政治课"蓝墨"移动信息化教学取得成效。

增强创新创业教育实效。完善"四位一体"创新创业教育体系，实现创新创业教育全覆盖。完成创业孵化中心1028平方米空间建设；制定并落实创新创业扶持政策，成立4个专业特色创业实验室，为18支创业团队提供场地支持，6支团队提供项目支持；40支创新创业团队进入实践阶段，其中12支团队毕业后选择创业，带动就业33人，4支团队注册公司。推进创业孵化市级分园建设，入选市级创业孵化园，成为首批获评的8家高校中唯一一所高职院校。作为北京市唯一高职院校入选2017年度全国创新创业典型经验高校。

深化产教融合与校企合作。新建30个产学研一体化校外研发实训基地、3个标准的"企业实践课堂"。承担政府、行业、企业委托的咨询服务课题10余项，6项已结项。全年与民生银行北京分行、保定市教育局等6家政企行单位开启培养高端管理人才、技能人才以及精准扶贫等方面战略合作。

教学、科研成果丰硕。全年获得各类技能大赛奖项110项（含中职12项次），承办北京市职业院校技能比赛6个赛项。取得科研成果255项，其中，立项课题42项、发表论文141篇、出版著作56部、其他获奖成果11项、结项服务成果5项。

（李红兵）

引智帮扶 4 个低收入村

1 月 13 日，北财院与通州区西集镇吕家湾村、耿楼村，门头沟区清水镇双塘涧村，密云区溪翁庄镇尖岩村签署引智帮扶工程协议书，成为首批试点 8 所市属高校之一。学校整合专业优势资源，组建项目团队，制订合作计划，在产业发展规划、市场营销项目开发、休闲旅游项目开发、人才培训等方面对签约村镇开展帮扶。

（李红兵）

与民大附中合作办学

3 月 3 日，北财院与中央民族大学附属中学签订贯通培养试验项目基础教育阶段合作办学协议。根据协议，北财院成立贯通基础教育学院（朝阳校区），引入民大附中强化基础文化课教育，两校合作完成贯通培养中前两年课程构建、课程实施、教育教学评价等教育教学管理。至年底，贯通基础教育开设必修课 48 门次、选修课 59 门次，教学工作量 26316 课时。

（李红兵）

海外学习中心成立

4 月 1 日，"北京财贸职业学院—英国北安普顿大学海外学习中心"在北财院揭牌。北财院自 2012 年与北安普顿大学开展合作办学，已培养学生近千人，留学 200 余人。至年底，与加拿大卡普兰诺大学、美国席勒国际大学、爱尔兰都柏林商学院、新西兰国立怀俄里奇理工学院、法国电影学院等多所国外院校建立友好合作关系，开设 4 个国际合作学历教育专业；选派教师赴德、英、美、澳等国开展培训。

（李红兵）

北戏举办建校 65 周年教学成果汇报展演活动

（北戏　供）

北京戏曲艺术职业学院

党委书记　刘宝华（11 月免）
院　　长　刘侗

概述

2017 年，北京戏曲艺术职业学院占地面积 2.71 万平方米，产权校舍建筑面积 3.06 万平方米。全年教育经费投入 15439.48 万元，其中，国家拨款 13498.37 万元、自筹经费 1941.11 万元。固定资产总值 23274.19 万元，其中，教学、科研仪器设备资产值 21428.08 万元。图书馆建筑面积 1569 平方米，藏有纸质图书 13.77 万册、电子图书 15.79 万册。拥有计算机 412 台。学校信息化经费投入 30 万元，信息化设备资产 245.43 万元，网络信息点 2000 个，校园网出口总带宽 2000Mbps，数字资源量 100000GB，管理信息系统数据总量 2GB。设有 1 个校区，7 个系部，1 个研究中心，开设戏曲表演、舞蹈表演、音乐表演、曲艺表演、戏剧影视表演、艺术设计与制作等 7 个专业。教职工 364 人。专任教师 223 人，包括教授及教授级高级工程师 14 人、副教授及高级工程师 43 人；博士 9 人，硕士 108 人；"双师型"教师 65 人。聘请校外教师 195 人。毕业生 261 人，其中，高职生 148 人、中职生 113 人。毕业生一次就业率 98.63%，一次签约率 68.83%。招生 292 人，其中，高职生 132 人、中职生 160 人。高考北京地区提档线文科 105 分、理科 105 分。在校生 1240 人，其中，高职生 407 人、中职生 833 人。网址：www.bjxx.com.cn。

2017 年，学校举办建校 65 周年系列活动。集中展现办学成果，研讨治学经验及教学方法，促进教育教学质量提升。

落实职教精神，抓紧人才培养。结合艺术教学实际情况和特点，重新制订北戏《高职人才培养方案》。新开办曲艺高职、皮影 2 个专业，与海淀区文化馆签约合作共建培训、实习实训基地。

服务北京文化中心城市建设，推动传统文化艺术传承发展。北戏少儿戏剧场平稳运行，全年逾 2.50 万人次观众观看演出；"北戏书馆"和"北戏书馆平谷分馆"每周固定演出；继续创作系列舞台短剧《中华美德故事汇》第三辑，运用舞台艺术形式弘扬传统美德和传承传统艺术。继续举办市文化局千名基层文化骨干培训班、首都优秀中青年文艺人才库之曲艺人才基础技能培训班、海淀区文委评剧教师岗前培训班等一系列社会公共文化服务培训班，助力首都科学建设公共文化服务体系。

响应“文化走出去”号召，参与“一带一路”文化建设工程，传播中华优秀传统文化。师生赴美国、加拿大、哈萨克斯坦等地表演京剧，宣扬中国优秀传统文化。承担国家级外事活动。

（杨楠）

建校 65 周年

10 月至 12 月，北戏举办庆祝建校 65 周年系列活动。活动包括王少楼、沈玉斌暨北戏艺术职业教育工匠精神研讨会、《京剧大家绝艺录》学术研讨会、纪念张学津先生暨京剧马派艺术研讨会等系列学术研讨会，以及教学成果汇报展演活动。建校 65 周年教学成果汇报展演分别在长安大戏院、北戏少儿戏剧场举办，其中长安大戏院展演持续 22 天。展演期间，北戏学生、教师为首都观众献上 13 台共 15 场风格迥异、艺术形式多样、多剧种多流派的演出，集中展现北戏 65 年办学积淀的成果。北戏前身为创建于 1952 年的北京市私立艺培戏曲学校，1953 年由市政府接管，更名为北京市戏曲学校；2002 年 12 月，北京戏曲艺术职业学院成立，正式举办全日制高等职业教育，2006 年，北京市艺术研究所并入北戏；2012 年 2 月，成为北京市示范性高等职业院校。

（杨楠）

北京经济管理职业学院

党委书记　项进（11 月免）
　　　　　张连城（11 月任）
院　　长　姚光业

概述

2017 年，北京经济管理职业学院占地面积 85.80 万平方米，产权校舍建筑面积 16.15 万平方米、非产权校舍建筑面积 0.48 万平方米。全年教育经费投入 27159.92 万元。固定资产总值 35368.05 万元，其中，教学、科研仪器设备总值 10185.69 万元。图书馆建筑面积 8318 平方米，藏有纸质图书 50.96 万册、电子图书 31000 万册。拥有计算机 3886 台。多媒体教室 111 间。学校信息化经费投入 575.26 万元，信息化设备资产 13044.36 万元，网络信息点 5797 个，校园网出口总带宽 1002Mbps，电子邮件系统用户 1160 个，上网课程 123 门，数字资源量 66478GB，管理信息系统数据总量 157.21GB。设有望京和固安两个校区，下设 8 个二级学院（系、部），1 个研究中心，开设 23 个专业。教职工 513 人。专任教师 193 人，包括教授及教授级高级工程师 7 人、副教授及高级工程师 49 人；博士 20 人，硕士 62 人；“双师型”教师 64 人。聘请校外教师 17 人。毕业高职生 1061 人。毕业生一次就业率 99.02%，一次签约率 87.04%。招生 654 人，其中，高职生 621 人、成人教育专科生 33 人。高考北京地区提档线文科 150 分、理科 150 分，单考单招 150 分。在校生 2718 人，其中，高职生 2587 人、成人教育专科生 131 人。网址：www.biem.edu.cn。

2017 年，学校召开第二次党员代表大会，提出“建设特色鲜明、国内一流、人民满意的高职学院”总目标以及“分两步走”的阶段发展目标。

教育教学改革不断深化。成立招生就业处，推动招生就业、教学质量、学生服务 3 项工作同步提升。停招 6 个专业，继续推进 4 个重点专业建设，新申报互联网金融专业获批，旅游管理专业被评为国家级高等职业教育示范专业，宝玉石鉴定与加工专业国家级职业教育专业教学资源库建设项目获批立项。1 名教师获北京市高校青年教学名师奖。

产教融合校企合作不断拓展。与 8 家企业签订校企合作协议，联想服务器定向班揭牌建立，北京现代金融职教集团启动筹建。完成宝玉石鉴定与加工专业（玉雕方向）和电气自动化技术专业现代学徒制试点合作，筹建玉雕大师实训工作室。与腾讯云计算有限责任公司、慧科教育科技集团商讨共建腾讯云互联网学院，与商务部中国国际电子商务中心、国富瑞数据系统有限公司共建“大数据运维”专业方向，在探索校企共同育人模式上取得积极成果。学校成为首批中英创新创业职业教育联盟（北京）院校和首批中英创新创业教育北京示范学校，为双创人才培养奠定良好基础。组织开展技能大赛，共承办市级以上大赛 5 项，参加国家级比赛 1 项、市级比赛 62 项，获得一等奖 13 个、二等奖 24 个、三等奖 31 个，参赛和获奖数量实现较大突破。

（刘益宏）

11 月 18 日，经管职院师生在 2017 年全国高校商业精英挑战赛中获得精英赛小组第一　（经管职院　供）

宝玉石鉴定与加工专业现代学徒制试点签约

5 月 22 日，经管职院与北京博观经典艺术品有限公司联合共建宝玉石鉴定与加工专业（玉雕方向）现代学徒制试点签约。双方约定自 9 月起联合共建玉雕大师学徒班，以招生与招工一体化为基础，进一步探索工学结合的人才培养模式。签约仪式上，学校向全国玉雕作品最高奖“天工奖”创始人、中国玉雕大师首席评委奥岩颁发兼职教授聘书。12 月 10 日，学校宝玉石鉴定与加工专业代表队参加 2017 年全国高校“广艺杯”钻石分级竞赛获得团体一等奖，2 人获个人二等奖，1 人获个人三等奖。这是学院自 2013 年大赛发起，连续第五年获得一等奖。

（刘益宏）

联想服务器班揭牌

12 月 5 日，经管职院联想服务器班在固安校区揭牌。联想服务器班是联想集团与学校信息学院合作的北京高职院校首家“联想服务器定向班”，首届学生 37 人，以建立高度贴近企业运作的工业化 IT 服务实训中心为教学支撑，打造贴近行业人才标准的人才培养方案，实现“教学 + 科研 + 培训”一体化的教学模式，实现学生在校时零距离实习、毕业时零距离上岗的“双零”目的。

（刘益宏）

北京劳动保障职业学院

党委书记　卢琳
院　　长　李继延

概述

2017 年，北京劳动保障职业学院占地面积 21.50 万平方米，产权校舍建筑面积 12.60 万平方米。全年教育经费投入 21068.74 万元，其中，国家拨款 18819.33 万元、自筹经费 2249.41 万元。固定资产总值 49776 万元，其中，教学、科研仪器设备资产值 15977 万元。图书馆建筑面积 7105 平方米，藏有纸质图书 43 万册、电子图书 113 万册。拥有计算机 2472 台。学校信息化经费投入 726.49 万元，信息化设备资产 3406 万元，网络信息点 2192 个，校园网出口总带宽 2210Mbps，电子邮件系统用户 1500 个，上网课程 128 门，数字资源量 7508GB，管理信息系统数据总量 360GB。设有亚运村和昌平西关两个校区，设置机电工程系、工商管理系、劳动经济管理系、安全工程系，基础部、高中部和实训中心，开设人力资源管理、劳动与社会保障、老年服务与管理等 17 个专业。教职工 236 人。专任教师 168 人，包括教授及教授级高级工程师 8 人、副教授及高级工程师 52 人；博士 30 人，硕士 87 人；“双师型”教师 106 人。聘请校外教师 100 人。毕业生 1862 人，其中，高职生 1070 人、中职生 117 人、成人教育专科生 675 人。毕业生一次就业率 99.81%，一次签约率 91.19%。招生 1726 人，其中，高职生 799 人、中职生 154 人、高中生 255 人、成人教育专科生 518 人。高考北京地区提档线文科 150 分、理科 150 分，单考单招 150 分。在校生 5185 人，其中，高职生 2891 人、中职生 514 人、高中生 494 人、成人教育专科生 1286 人。网址：www.bvclss.cn。

2017 年北京市高职院校技能大赛“楼宇自动化系统安装与调试”竞赛现场　（京劳职院　供）

2017 年，学校全面开展职业教育教学改革，制订高端技术技能人才贯通培养方案，构建现代职教体系；以“一体两翼、三足鼎立”发展战略格局为指导，继续推进养老人才教育培训学院建设，开启“双一流”教育国际化之路。

教育教学综合改革工作稳步推进。制订完成 8 个试点专业的“七年制贯通人才培养方案”，完善“3+2”“3+3”贯通人才培养方案，稳步推进现代职教体系建设。学校入选教育部第二批现代学徒制试点单位，劳动与社会保障等 4 个专业入选教育部现代学徒制试点项目，城市轨道交通机电技术专业入选教育部全国职业院校“轨道交通类专业”示范专业点，人力资源管理和劳动与社会保障专业进入国家教学资源库预备库项目。

教学科研实现历史性突破。《中外职业教育体系建设与制度改革比较研究》获北京市第 14 届哲学社会科学优秀成果奖二等奖。其他科研成果丰硕，共完成各类研究成果 89 项，26 人次入选“北京市教师素质提高工程”教学名师和创新团队，9 名教师入选 2018 年北京市职业院校教师素质提升计划人才项目，1 名教师获第 13 届北京市高等学校教学名师奖。

以养老人才教育培训学院建设为标志，进一步强化“一体两翼”办学格局中培训体系的建设。全面建设完成理念先进、技术领先、设施完善、具有年均 3000 人次以上培训能力的现代养老人才培训学院。与中国社会福利与养老服务协会签约合作。

以招收国外留学生为突破口，推进职业教育国际化合作进程。巩固与美、日等国家合作交流渠道，与境外 5 所以上学校建立合作伙伴关系，选派 40 名学生赴澳大利亚 TAFE 学院交流学习。

申报国家级高技能人才培训基地深化建设项目，继续发挥社会培训传统优势。全年共完成各类培训 3893 人次，完成高技能人才基地培训 3738 人次，完成技能鉴定和培训 1378 人次。养老人才教育培训学院分 2 期共完成 15 个实训室建设。北京市劳动保障职业技能鉴定所被评为市级“业务考核优秀职业技能鉴定所”并受市人力社保局表彰。

（彭雪松）

北京社会管理职业学院

党委书记 邹文开
院　　长 邹文开

概述

2017 年，北京社会管理职业学院占地面积 60.39 万平方米，产权校舍建筑面积 8.97 万平方米。全年教育经费投入 11403.70 万元，其中，国家拨款 8435.67 万元、自筹经费 2968.03 万元。固定资产总值 28261.16 万元，其中，教学、科研仪器设备资产值 6158.24 万元。图书馆建筑面积 3821 平方米，藏有纸质图书 32.29 万册、电子图书 10 万册。拥有计算机 1773 台。学校信息化经费投入 485.16 万元，信息化设备资产 2442.93 万元，网络信息点 2010 个，校园网出口总带宽 940Mbps，电子邮件系统用户 4437 个，上网课程 126 门，数字资源量 17500GB，管理信息系统数据总量 8500GB。设有河北燕郊和北京大兴两个校区，7 个系部，开设老年服务与管理、婚庆服务与管理、社区服务与管理等 16 个专业和专业方向，15 个研究中心。教职工 335 人。专任教师 187 人，包括教授及教授级高级工程师 15 人、副教授及高级工程师 64 人；博士 34 人，硕士 202 人；“双师型”教师 154 人。聘请校外教师 46 人。毕业生 1090 人，全部为高职生。毕业生就业率 93.10%。招生 1478 人，其中，高职生 1437 人、成人教育专科生 41 人。高考北京地区提档线文科 176 分、理科 164 分。在校生 4032 人，其中，高职生 3934 人、成人教育专科生 98 人。网址：www.bcsa.edu.cn。

2017 年，学校以优质校建设为抓手，大力提升办学质量。围绕“幼—老—康—故”，加强骨干专业建设，推进“双师型、信息化、国际化”教师队伍建设。假肢与矫形器技术专业赴法国巴黎阿伦伯特高等职业学校开展师生互访活动；养老调研团赴日本调研，考察日本长期介护保险政策、“橙色计划”和民营养老机构运营状况。养老、殡葬专业获评北京市专业创新团队，20 余名教师获全国职业院校信息化教学大赛二等奖、北京市优秀教师、职教名师等荣誉。开展“教学质量提升月”，26 门课程被评为院级优质课堂。养老专业国家级教学资源库建设进入结项验收阶段，上线 2.30 万条素材；社会工作专业资源库进入教育部职业教育专业教学资源库备选库。完成假肢与矫形器技术专业国际认证终期评估。深入推进学生志愿服务活动，累计服务时长 4.50 万余小时。775 名学生、6 个集体和 25 个学生团队获得全国、北京市等各级各类奖项。

以服务民政事业发展为中心，大幅提升社会服务能力。举办 53 期各类培训班，培训 4278 人次，学员满意度超过 95%；国家民政人才培训平台培训近 2 万人次；开展养老护理员等职业技能鉴定 13497 人次。成立全国民政职业教育教学指导委员会婚庆专业教学指导委员会，对全国婚庆服务与管理专业的专业建设、专业教学工作开展研究、咨询、指导和服务。2 个技能大师工作室入选第四批民政部技能大师工作室，建设现代殡葬协同创新中心。研制《青少年社会工作服务指南》《志愿服务基本术语》等 8 项国家、行业标准。

以加强基础工作建设为牵引，全面提升依法治校水平。围绕“职责准、责任清、情况明、作风实、质量高、内务好”目标，编制《学院制度汇编》和《内部控制手册》，强化内部风险管控能力，推进“大后勤”“大信息”建设。

（张冼）

10 月 25 日，社职院养老调研团在日本调研
（社职院　供）

完成民政职业技能培训和鉴定 17775 人次

至年底，社职院完成民政职业技能培训和鉴定 17775 人次。其中，依托民政部培训中心举办 53 期民政干部培训班，培训项目包括民政部司局委托类培训、养老服务类培训、高端示范类培训、满足地方需求类培训，共培训学员 4278 人。依托民政部职业技能鉴定指导中心，在全国 31 个省区市开展养老护理员、孤残儿童护理员、假肢类、殡葬类职业等民政行业职业技能鉴定工作，完成职业技能鉴定 13497 人次。

（张冼）

北京体育职业学院

党委书记 段利民
院　　长 石风华

概述

2017 年，北京体育职业学院占地面积 8.57 万平方米，产权校舍建筑面积 6.95 万平方米。全年教育经费投入 5103.73

万元，其中，国家拨款4894.35万元、自筹经费209.38万元。固定资产总值40997万元，其中，教学、科研仪器设备资产值5763万元。图书馆建筑面积300平方米，藏有纸质图书14.88万册、电子图书2200GB。拥有计算机398台。学校信息化经费投入402.24万元，信息化设备资产199.64万元，网络信息点416个，校园网出口总带宽100Mbps，数字资源量2200GB。设有院本部、芦城、先农坛3个校区，2个系部，开设运动训练、社会体育、体育保健与康复、体育运营与管理4个专业。教职工143人。专任教师67人，包括教授及教授级高级工程师2人、副教授及高级工程师24人；博士2人，硕士22人；“双师型”教师12人。聘请校外教师6人。毕业生189人，其中，高职生53人、中职生136人。毕业生一次就业率100%，一次签约率51%。招生227人，其中，高职生90人、中职生137人。高考北京地区提档线文科194分、理科177分，河北地区提档线文科205分、理科209分；自主招生运动训练专业262分、体育运营与管理（冰雪运动服务与推广）专业190分。在校生594人，其中，高职生200人、中职生394人。网址：www.bjtzhy.org。

2017年，学校完善机构设置，加强规范化、制度化管理。内设机构由11个调整为14个，稳步推进岗位聘用制和教师职务聘任制工作。完成学校章程修订和审核备案，修订学生管理办法。依据工作项目进行绩效考评，调动教职工参与学校重点工作的积极性。

推进教学诊改工作，优化专业建设。完成冰雪专业11门课程的课程标准编印和2017级人才培养方案制订；调整初中各门课程实际授课内容，完成初中阶段课程教学内容设计；推进教学巡查工作。把握“评教、评学、评管”职能，做好“教学巡查”“教师听评课”“学生评教”工作。新增的运动训练专业（儿童体智能训练）完成专业备案；体育运营与管理专业（冰雪运动服务与推广）与黄庄职业高中旅游服务与管理专业合作开展“3+2”中高职教育衔接获市教委批准。

校企合作共育人才。分别与北京世纪星滑冰俱乐部、张家口万龙度假天堂签约建立实习实训基地。2016级体育运营与管理（冰雪运动服务与推广）专业学生参加社会体育指导员（滑雪）培训，25名学生取得初级证书。

加强师资队伍建设，提高教师专业能力和综合素质。全年共派10组教师43人次外出培训学习；校内培训22次，1421人次参与；完成专兼职教师每人每学年72学时的继续教育课程学习。

提高教学服务保障能力。在校内开通超星图书馆的试用；配合冰雪专业建设购置2台3D模拟滑雪仪；与佰勤科技有限公司合作研发网络教学平台及移动端手机APP，通过教师自主创建和购买，已拥有线上课程20门。

（杨玉玲）

开辟实训基地共育人才

3月21日和9月20日，北京体职院分别与北京世纪星滑冰俱乐部、张家口万龙度假天堂签约建立实习实训基地。与世纪星滑冰俱乐部协议约定，在世纪星长阳滑冰场建立学院实习实训基地，校企共同开展教学实践、课程培训和教师岗位实践等合作，完成2016级冰雪专业学生滑冰技术实训课教学和教师企业实践工作。7月，在此举办滑冰技能培训班，49名中小学体育教师全部通过培训考核，获得花样滑冰启蒙二级技能证书。与万龙度假天堂签署实习实训基地协议，开辟河北省冰雪人才培养实训基地；举行企业进校园宣讲活动，各部门对冰雪专业2016级学生进行实习面试双选活动，39名学生被滑雪储备教练、VIP接待、客房管家以及冬令营接待管理等岗位选用，进行认知实习。

（刘阳）

3月21日，北京体职院与北京世纪星滑冰俱乐部签约建立实习实训基地　（北京体职院　供）

北京交通运输职业学院

党委书记　李怡民
院　　长　周正宇

概述

2017年，北京交通运输职业学院占地面积32.64万平方米，产权校舍建筑面积17.52万平方米、非产权校舍建筑面积0.37万平方米。全年教育经费投入29307.50万元，其中，国家拨款27908.44万元、自筹经费1399.06万元。固定资产总值41136.19万元，其中，教学、科研仪器设备资产值20553.62万元。图书馆建筑面积5882平方米，藏有纸质图书42.08万册、电子图书2200GB。拥有计算机2370台。设有大兴、海淀和通州等6个校区，11个系部，1个研究中心，开设城市轨道交通运营管理、汽车运用与维修技术、智能交通技术运用等20个专业。教职工401人。专任教师254人，包括教授及教授级高级工程师1人、副教授及高级工程师80人；博士4人，硕士140人；“双师型”教师178人。聘请校外教师67人。毕业生1816人，其中，高职生1153人、中职生622人、成人教育专科生41人。毕业生一次就业率99.65%，一次签约率75%。招生2086人，其中，三年制高职生1334人、五年制高职生669人、中职生 50 人、成人教育专科生 33 人。高考北京地区提档线文科 155 分、理科 180 分。在校生 5802 人，其中，高职生 3664 人、中职生 2016 人、成人教育专科生 122 人。网址：www.bjjt.edu.cn。

2017 年，学校加快构建集团化办学模式下的现代交通运输职业教育体系，全面深化综合配套改革，教育教学质量显著提升。1 名教师获北京市高等学校教学名师奖；师生参加全国物流相关专业教师信息化大赛获得二等奖 2 个、三等奖 2 个，参加全国职业院校信息化教学大赛获二等奖。

6 月 13 日，交通运输职院地铁真车实训基地室外线路试运成功
（交通运输职院 供）

校企合作，服务首都城市战略定位。通过集团化办学方式，建立校企合作、产教融合育人机制，不断提升人才培养质量。与北京轨道建设运营有限公司校企合作共同培养全国首条自动驾驶地铁线路燕房线的核心岗位管理人员和技术人员。

依托北京交通职教集团，深化与北京市交通运输行业合作，加快城市轨道交通实训基地建设。地铁真车实训基地室外线路试运成功，是全国唯一地铁真车实训基地，地铁实车真线运营在全国职业院校也数首例。正式签约戴姆勒铸星教育项目，在中德汽车机电技能型人才培养培训合作项目 (SGAVE 项目) 中发挥牵头作用，以“双第一”成绩当选全国“示范学校”“全国优秀合作院校”；与北京市政路桥集团合作建立公路工程检测技术研发中心，承担全市路桥质量检测任务，提升学生创新创业能力。

牵头成立全国城市轨道交通职教集团，建立城市轨道交通专业国家级教学资源库，完成教育教学、实训基地建设等标准建设，引领全国城市轨道交通专业发展。以京津冀沪宁晋川交通职教集团联盟为基础，牵头申报建设交通运输骨干职教集团，精准对口扶贫，支持京津冀交通职业教育协同发展。

积极开展国际合作，服务“一带一路”。学校德众丰通汽车运用与服务产学研一体化生产性实习基地、校企合作共建城市轨道交通实训基地迎接联合国教科文组织等 5 批次国际交流考察。获评北京市“一带一路”国家人才培养基地项目校、北京市深化创新创业教育改革示范高校。深化国家精准扶贫项目，对口帮扶丽江、阜平、怀来、威县、新疆，开展定向招生和师资培训工作。

（苑媛　赵蕊）

戴姆勒铸星教育项目正式签约

11 月 1 日，交通运输职院正式签约全国年度戴姆勒铸星教育合作项目。该项目由戴姆勒大中华区投资有限公司与中国职业院校合作，旨在为梅赛德斯—奔驰售后服务市场培养高素质汽车人才，是戴姆勒教育培训体系重要组成部分。交通运输职院是戴姆勒巴斯夫涂装项目在中国最早的合作院校之一，双方将在机修、涂装、销售、整形等专业开办项目班，实现售前、售后全专业覆盖；同时戴姆勒铸星教育项目采用“1+2”(高中学生起点) 教学模式，在学校根据项目人才需求开设奔驰班。此次全国共有 3 所学校签约合作项目。

（苑媛　赵蕊）

北京卫生职业学院

党委书记　董维春
院　　长　黄惟清

概述

2017 年，北京卫生职业学院占地面积 13.08 万平方米，产权校舍建筑面积 8.49 万平方米、非产权校舍建筑面积 0.76 万平方米。全年教育经费投入 27602 万元，其中，国家拨款 24651 万元、自筹经费 981 万元、经营收入和预算外收入 1970 万元。固定资产总值 32565.50 万元，其中，教学、科研仪器设备资产值 13710.33 万元。图书馆建筑面积 2596.70 平方米，藏有纸质图书 46.51 万册、电子图书 249 册。拥有计算机 2673 台，包括教学用计算机 1848 台。学校信息化设备资产值 6923.67 万元，网络信息点 4302 个，校园网出口总带宽 120Mbps，电子邮件系统用户 1138 个，上网课程 26 门，数字资源量 10807.60GB，管理信息系统数据总量 2150.50GB。设有 3 个院区，开设护理、药学和医学检验技术等 11 个高职专业，药剂、医学生物技术和卫生信息管理等 11 个中职专业。教职工 520 人。专任教师 256 人，包括副教授及高级讲师 96 人；博士 2 人，硕士 110 人；“双师型”教师 125 人。聘请校外教师 82 人。毕业生 2333 人，其中，高职生 801 人、普通中职生 1532 人。招生 1853 人，其中，高职生 1111 人、普通中职生 742 人。高考北京地区提档线文科 279 分、理科 256 分。在校生 5196 人，其中，高职生 2486 人、普通中职生 2710 人。网址：www.bjwszyxy.com。

2017 年，学校推进制度体系建设，完成党务管理类、行政管理类、职责类管理制度 3 个分册的制度汇编。

加强队伍建设，提升教职工整体素质。组织第三批护理专业教师和教学医院教师到英国进行为期 3 周的交流培训。组织全院教学人员参加教学能力提升系列讲座；落实新教师培养计划和专业教师岗位实践要求。完成首轮教学名师、骨干教师考核工作。

加强教学管理，提升教育教学质量。以“学生课堂手机管理、教师主要教学环节管理、期中考试管理”为抓手，建立教学管理与学生管理部门联动机制，强化教风建设，营造全过程、全方位和全员育人氛围。

继续推进专业建设。围绕医药卫生改革发展趋势，完成 2014 版三年制专业人才培养方案的调研与修订；专业建设指导委员会审核通过 6 个三年制、4 个五年制专业人才培养计划，优化专业课程体系。

加强学生教育管理，关注学生心理健康。完成第二、三院区心理咨询室专项建设，全院心理健康教育专用场地 460 平方米；与北京回龙观医院签订校外心理教育实践基地协议，完善心理危机干预队伍结构体系；引入学生心理健康教育信息化系统，实现学生网上心理测评；坚持心理危机排查和新生心理普查工作；开展学生心理健康节系列活动和“奔跑吧，青春”学生心理健康趣味心理运动会；编纂《班级心理委员工作手册》。

强化活动育人，提升学生综合素质。打造社团精品活动，推进日常志愿服务、专项志愿服务和假期志愿服务实践活动。与近 20 家共建单位手拉手，累计服务 1245 人次，全年累计志愿服务时长 10 余万小时。

（邢怡）

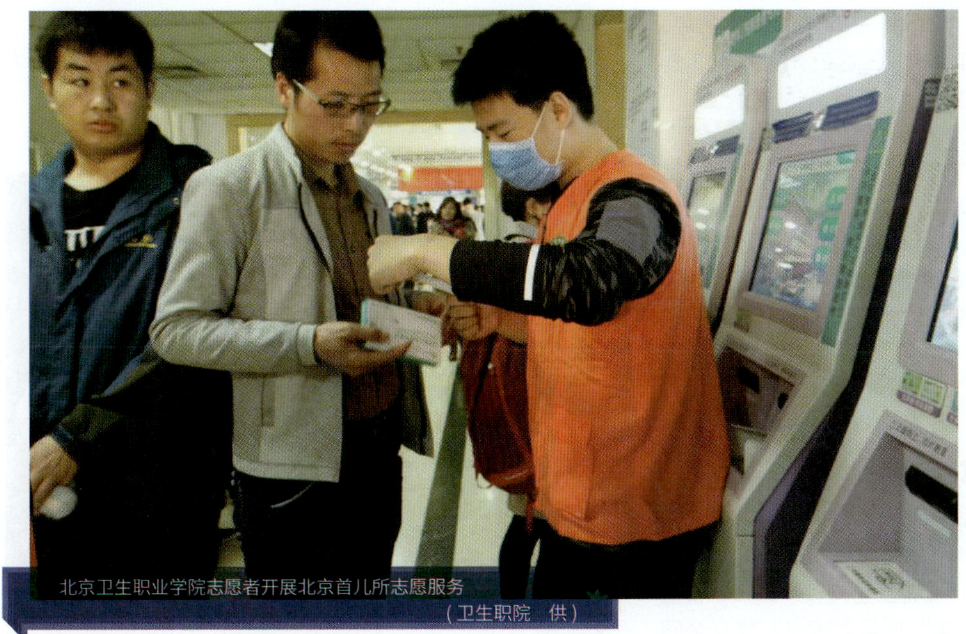

北京卫生职业学院志愿者开展北京首儿所志愿服务

（卫生职院　供）

独立建制成人高等学校选介

国家开放大学

校　　长　杨志坚
党委书记　李凌

概述

2017 年，国家开放大学占地面积 1.55 万平方米，产权校舍建筑面积 8.75 万平方米。全年教育经费投入 49062.25 万元，其中，国家拨款 8607.59 万元、自筹经费 40454.66 万元。固定资产总值 113920.21 万元，其中，教学、科研仪器设备资产值 1440.11 万元。图书馆建筑面积 13920 平方米，藏有纸质图书 11.13 万册、电子图书 269.63 万册。拥有计算机 1274 台。学校信息化经费投入 11038.30 万元，信息化设备资产 9723.50 万元，网络信息点 4120 个，校园网出口总带宽 600Mbps，电子邮件系统用户 1509 个，上网课程 2271 门，数字资源量 20750GB，管理信息系统数据总量 3200GB。设有五棵松、复兴门和魏公村 3 个校区，开设 139 个专业。教职工 547 人。专任教师 138 人，包括教授 13 人、副教授 66 人。聘请校外教师 2 人，均为教授。毕业生 719337 人，其中，专科生 512207 人、本科生 207130 人。招生 1052481 人，其中，专科生 773154 人、本科生 279327 人。在校生 3853136 人，其中，专科生 2800834 人、本科生 1052302 人。全年培训 59484 人次。网址：www.ouchn.edu.cn。

2017 年，学校推进教育教学改革。全面调整现有专业，改革教学内容和课程体系，优化专业结构，开展 10 个重点专业建设工作，筹建 3～5 个研究生专业。实施开放大学思政课建设项目。探索新型产业工人教育模式，推进士官远程教育、残疾人远程教育等特定人群教育。累计组织教师研修班 97 期，培训 8168 人。全面启动学位授予工作，2379 名毕业生获国家开放大学学士学位，举办总部实验学院第一届学位授予典礼。全面推进“六网融通”人才培养模式，学习空间活跃用户 161 万个，159 门网络学习课程上线运行，组建网络教学团队 273 个，多途径开展网络学习支持。具有国开特色的人才培养模式基本定型。

“办学共同体”建设取得突破性进展。在“自愿、平等、合作、共赢”原则下，与 44 所省级电大（开放大学）签订协议，共建分部，明确责权利。探索“共同体”制度框架和运行机制，成立国开大校务委员会，颁布实施校务委员会章程，形成以理事会、校务委员会、学术委员会、学位评定委员会、质量保证委员会等为主体的治理架构。

教育信息化建设迈上新台阶。借鉴市场化机制，探索信息化建设人员配置、经费投入、用人机制等方面的互联网运营模式，成立研发中心、运维中心、网络与安全中心和大数据中心。完善数字化学习环境，学校网络大平台年点击量 52 亿次，较上年增长 4 倍，流量突破 260TB，较上年增长 10 倍；研究制订云教室三期建设方案，累计建设云教室 314 间；完成移动学习平台功能和栏目设计和研发。推进数字化学习资源，累计建设完成 3.20 万门五分钟课程，35 门全媒体数字教材，433 学时视频公开课程；29 门课程入选“2017 年度国家开放大学精品在线开放课程”，1 门课程入选“国家精品在线开放课程”，2 门课程在“中国大学 MOOC”平台开出。

非学历教育发展模式逐步形成。与地方政府和相关养老机构合作，推进老年开放大学办学体系建设，面向老年人开展多种教育服务项目。举办书法教育进乡村、“书苑点睛”、中国传统山水画研修班等活动，推进全民艺术教育。成立首批海外学习中心，推广中国语言文化。

以“办学共同体”为平台，实施“长征带”教育精准扶贫系列工程，对红军长征经过的 12 个省（自治区、直辖市）、30 个左右国家级贫困县进行定向帮扶。加大定点帮扶河北省青龙县、威县教育扶贫力度。签署“十三五”期间教育援疆、教育援藏工作协议。研究制订学校“三区三州”扶贫工作方案。启动实施东北地区教育支持计划。

推进学分银行实践应用工作，研发集慕课、学分银行、教育淘宝于一体的新一代在线学习与学习成果认证平台“学银在线”，面向社会公众提供优质教育资源和学习成果认证服务。学分银行信息平台实现与公安部公民身份认证系统、教育部学信网和人社部国家职业资格网 3 个系统对接，为学校在籍生及社会各类培训人员建立学习账户 480 万个，已积累学习成果的账户 4 万个。

（崔乃鹏）

全国性行业企业全网教学试点启动

3 月 6 日，国开大与广州远程教育中心签约合作。广州远程教育中心负责麦当劳求学圆梦项目全网教学平台建设和运营服务，由此启动全国性行业企业全网教学试点。根据协议，双方以“麦当劳圆梦大学”项目为试点，建立全网教学平台及运营支持服务体系，全面推进“六网融通”人才培养模式和基于互联网运行机制的改革探索，推进学分银行试点工作和“双元制”大学探索。

（崔乃鹏）

首届教育类专业教师教学技能大赛

6 月 10 日至 11 日，国开大举办首届教育类专业教师教学技能大赛决赛。33 个分部推选的 96 名教师参加决赛，综合展示教师面授教学技能和网络教学技能，全面检验教师学科知识和远程教育教学理论掌握程度。比赛于 2016 年 3 月启动，历经筹备、分部初赛和总部决赛阶段，最终评出一等奖 2 人、二等奖 5 人、三等奖 10 人。

（崔乃鹏）

探索士官远程教育新模式

9 月 29 日，国开大与中央军委训练管理部职业教育局签署战略合作框架协议。根据协议，双方按照中央军委关于军事职业教育改革的总体部署，依托国开大优质教育资源，发挥军队院校办学优势和特色，面向全军士官开展远程教育，构建科学规范、统筹管理、优质高效、开放灵活、特色鲜明的军队士官远程教育体系。国开大从 2000 年开始先后成立八一学院、总参学院、空军学院，面向全军和武警部队官兵开展士官远程学历教育，使部队士官“不出营门上大学”的梦想成为现实。

（崔乃鹏）

首个海外学习中心成立

10 月 18 日，国开大赞比亚学习中心在赞比亚中国经济贸易合作区谦比希园区成立。赞比亚学习中心是国开大第一个海外学习中心，下设若干教学点，采用线上线下相结合的方式开展教学，从教育和语言入手，为在赞比亚的中资企业开展工业汉语培训等项目，帮助走出去的企业解决发展难题。

（崔乃鹏）

10 月 18 日，国开大成立首个海外学习中心

（国开大　供）

利用云教室开展远程培训

11月23日，国开大利用云教室跨越3000公里为西藏昌都地区中小学信息技术教师及援藏干部开展“新技术教育应用”系列远程培训。国开大教师在北京总部授课，昌都分会场教师可以随时提问、与主讲人交流。这是国开大首次使用“云教室”应用模式，以互动和共享为核心，以数字化设备和互联网为基础，以云平台为依托，以传播优质教育资源为目标，以及时动态反馈为特征，集成双向视频系统、录播、直播等功能，支持大规模分布式网络实时互动和资源共享，为远程教育的教与学提供理想学习环境。

（崔乃鹏）

北京教育学院

党委书记　杨公鼎
院　　长　何劲松

概述

2017年，北京教育学院占地面积9.59万平方米，产权校舍建筑面积15.65万平方米。全年教育经费投入30571.93万元，其中，国家拨款26273.88万元、自筹经费4298.05万元。固定资产总值30416.87万元，其中，教学、科研仪器设备资产值3593.62万元。图书馆建筑面积2961.80平方米，藏有纸质图书70万册、电子图书1.74万册。拥有计算机2539台。学校信息化经费投入473.35万元，信息化设备资产245.10万元，网络信息点1693个，校园网出口总带宽1064Mbps，电子邮件系统用户583个，上网课程83门，数字资源量3546GB，管理信息系统数据总量27.80GB。设有黄寺校区、文兴街校区和中轴路校区等5个校区。设有17个教学系，开设27个专业，覆盖4个学科。教职工548人。专任教师274人，包括教授21人、副教授110人。毕业生542人，其中，专科生353人、本科生189人。招生681人，其中，专科生166人、本科生515人。在校生1861人，其中，专科生714人、本科生1147人。全年培训10950人次。网址：www.bjie.ac.cn。

2017年，学院优化培训结构，初步建立“3+1+N”人才培养体系。承担各类项目共培训学员10950人，其中，“启航计划”1648人、“青蓝计划”108人、“卓越计划”140人、“协同创新学校计划”3400人、教育改革组班培训4592人、“教非所学”培训268人、通州专项培训794人。继续开展郊区教师伙伴式研修、跟岗挂职等实践基地研修。支持通州区17所学校开展协同创新学校计划，共设17个项目主题，培训学员420人；指导通州区45个名校长、名园长、名师工作室。结合事业发展需要，核验学历教育专业22个，包括本科专业12个、专科专业10个；获批新开设地理科学、生物科学、历史学3个本科专业和烹调工艺与营养、酒店管理2个专科专业。探索开展教师第二学历教育，录取323人。

完成各级各类培训与教师资格认证任务。举办2017京津冀校长交流会议，开展京津冀合作骨干教师（校长）高级研修培训，共培训学员200人。承担的“国培”任务涵盖4大类项目，8个学科，9类培训对象，培训学员800人。举办青海玉树乡村教师“感恩祖国·圆梦北京”主题教育活动。承担新疆和田地区骨干教师、中小学校长、幼儿园园长共5个班的对口支援培训任务，共培训学员239人。完成2017年北京市教师资格考试及认定工作，高校、高中和中职教师资格认定共受理10681人，认定10548人；受理北京市中小学教师资格考试面试报考27087人，安排能力测试359人。举办第一届“启航杯”教学风采展示活动，16个区771名教师参与。

推进多层次国内外教育交流与合作。全年接待国（境）外18个代表团、200余人次到院考察、交流、洽谈项目；与加拿大约克大学合作设立的“中加教师研修中心”正式揭牌运行；与芬兰大学合作举办2017年中芬基础教育交流会议，芬兰教育部长应邀出席；成立京台基础教育发展联盟；引进优质国际教育资源参与学院培训任务，惠及学院干部教师和学员2288人次。国内交流方面，形成由14所城区优质中小学、1所教师进修学校、2所优质幼儿园组成的教师培训实践基地。

持续提升科研水平。完成国家级、省部级和院级课题申报145项，立项64项。首次获得国家社科基金项目立项。教职工共提交论文206篇；完成学术著作51部。首次召开

3月10日至20日，法国中学生海外游学项目
（教育学院　供）

学院科研年会；正式启动学科创新平台建设；举办基础教育人才发展20人北京论坛和首都基础教育人才发展2017年研讨会。

（石燕）

法国中学生海外游学项目

3月10日至20日，教育学院举办首期法国中学生海外游学项目。来自法国留尼旺岛中学14名师生参加活动。至年底，共接待10批次242名法国中学生进行短期游学。

（石燕）

《教师发展研究》创刊号出版

3月，教育学院《教师发展研究》创刊号正式出版。创刊号设置教师发展外部机制、教师发展内在机制、中国教师史和国际视野4个栏目，收录文字23万字。《教师发展研究》原为《北京教育学院学报（自然科学版）》，于2016年12月经国家新闻出版广电总局批准更名，公开出版，季刊，以“研究教育人才政策，探索教师成长规律，创新教师发展理论，服务教师工作实践”为宗旨打造高端学术平台。

（石燕）

STEM+创新教育大会

4月22日至23日，教育学院与国际教育荣誉学会(KDP)中国分会、亚太青少年机器人竞赛理事会(APRC)联合举办的2017中国STEM+创新教育大会在北京中学举行。会议邀请国内外STEM教育领域专家学者、行业人士，围绕“面向2030的STEM+创新教育：未来学校未来教师未来课堂”主题，就中外STEM+创新教育的理论前沿、探索经验、实践案例等进行全方位多角度探讨。200余人参加大会。

（石燕）

基础教育人才发展20人北京论坛

9月20日，教育学院举办基础教育人才发展20人北京论坛。论坛主题为“立德树人使命下的教师发展”，邀请18名专家学者和一线优秀资深校长、教师，为基础教育人才队伍建设建言献策。论坛设3个分论坛，与会专家分别围绕“中小学教师如何落实核心价值观教育”“师德师风建设的理论与实践”“创新人才培养与教师发展”等问题分享有关理论研究和实践探索的最新成果。

（石燕）

首届全国中小学管理理论与实践研讨会

12月17日，教育学院主办、中小学管理杂志社承办的首届全国中小学管理理论与实践研讨会暨《中小学管理》创刊30周年论坛举行。论坛以“理实相生：创造美好教育生活”为主题，深度探讨教育理论研究与实践需求的互动互惠等相关话题。来自23个省200余名教育界人士参会。

（石燕）

教师实践培训基地研修工作总结

12月28日，教育学院总结交流教师实践培训基地研修工作。学院于2016年实施教师培训供给侧改革，创新教师培训模式，启动教师实践培训基地研修项目。学院联合一批优质学校，形成“14+2+1”基地格局，通过“伙伴式研修”“跟岗挂职”“短期参访”等形式，促进远郊区教师实践能力和专业素养提升。项目开展以来，共有来自丰台、通州、大兴、房山、密云、延庆6个区500余名学员参与研修，近百名学员参与跟岗挂职，基地校接待短期参访近200个团组，3种方式累计达6000余人次。

（石燕）

视频直播互动教学系列活动

至年底，教育学院通过“市、区、校”三级网络视频连线系统，结合学院“协同创新学校计划”项目开展10场视频直播互动教学系列活动。活动包含美术、物理、数学、传统文化等课程，房山、昌平、大兴、通州4个区10余所学校近百名教师参与教研活动，另有国培计划、央行金币项目约800名全国各省教师与北京市中小学教师通过视频开展远程课堂观摩、互动评课活动、研讨交流。此举旨在推进信息化手段在教学过程中的应用，探索“互联网+教研活动”培训模式，努力使视频互动教学成为培训研讨的常态活动。

（石燕）

北京开放大学

党委书记 沈玉宝（11月22日免）
黄先开（11月22日任）
校　　长 黄先开（12月5日免）
褚宏启（12月5日任）

概述

2017年，北京开放大学占地面积2.61万平方米，产权校舍建筑面积2.78万平方米、非产权校舍建筑面积1.60万平方米。全年教育经费投入23077万元，其中，国家拨款12679万元、自筹经费10398万元。固定资产总值15158.80万元，其中，教学、科研仪器设备资产值8757.78万元。图书馆建筑面积145.60平方米，藏有纸质图书4.70万册、电子图书12万册。拥有计算机1775台。学校信息化经费投入350万元，信息化设备资产93万元，网络信息点1500个，校园网出口总带宽2010Mbps，电子邮件系统用户1823个，自主专业上网课程139门，国开专业上网课程109门，数字资源量36864GB，管理信息系统数据总量3623GB。设有皂君庙、白塔庵和西直门 3 个校区，44 个工作站。自主专业设有 8 个教学系，开设 22 个专业，覆盖 13 个学科或大类，其中，13 个本科专业涵盖 6 个学科，9 个专科专业涵盖 7 个大类。国开专业设有 4 个教学系，开设 16 个本科专业，覆盖 7 个学科；26 个专科专业，覆盖 13 个大类。教职工 304 人。专任教师 110 人，包括教授 12 人、副教授 31 人。北京开放大学业务校外教师 52 人，包括正高级 2 人、副高级 16 人。毕业生 14362 人，其中，中专生 280 人、专科生 8992 人、本科生 5090 人。招生 18931 人，其中，中专生 92 人、专科生 12072 人、本科生 6767 人。在校生 80320 人，其中，中专生 420 人、专科生 49467 人、本科生 30433 人。全年培训 36817 人次。网址：www.bjou.edu.cn。

2017 年，学校扎实开展“一五一十”工程，服务北京学习型城市建设。

大力开展非学历教育培训，打造终身教育特色品牌。“北京市民终身学习平台（京学网）”3.0 版本全面上线，实现机构门户自主管理、教师自主建课和灵活构建定制化培训等功能。新建课程资源 140 集，扩充社区教育课程近 400 集。开展终身教育服务和教育扶贫，与天津、河北共享终身学习课程资源，将北京优质幼儿教育研修项目延伸到河北省大名县。开设“社区教育资源”频道，举办社区教育大讲堂 30 余场，直接服务市民 3000 余人次。建立非学历教育培训新模式，推广定制化培训服务，“北京市语言文字测试分中心”和“北京市中老年数独培训基地”落户学校。拓展家庭教育和家长课堂、数独培训师等非学历培训项目。组织开展老年教育、幼儿园新入职教师、农村成人教育教师等各类培训。启动社会教育在线平台建设项目，促进学历非学历教育融通。

探索建设学分银行管理机构。建立学习成果认证制度，组建北京市终身教育学分银行管理中心，搭建学分银行管理服务信息平台，建立网上服务中心，科学规划构建学习成果认证体系，分阶段为北京市民建立终身学习账户。

加强科研工作，打造学术研究高地。首都终身教育研究基地通过认定。加强信息技术、人工智能与教育学的融合，推进网络教育研究，成立校级智能教育研究院、网络教育研究院。举办 2017 北京首届网络教育年会。

坚持开放兴校，初步构建合作共建共享新模式。通过校企合作方式组建成立影视艺术学院、互联网 + 创业教育学院、家庭教育学院和慈益学院 4 个特色合作学院。与市安监局合作共建“北京市安全生产网络学院”，与市老干部局合作开展老年教育，与市科协合作共建“社区科普 e 站”。

11 月 19 日，北开大燕京杯“我的学习故事”演讲大赛决赛（北开大　供）

推进人才强校，建设德才兼备人才队伍。建立健全各类人员的绩效考核指标体系和评价激励制度；建立以课程教学团队业绩评价为主导的职称评聘制度。完善组织机构和职评管理，首次自主组织开展副高级及以下专业技术职务评审工作。实施高层次人才引进计划、高水平创新人才选育计划、高素质人才培养计划 3 个层次 7 个项目，为学校人才选育用留提供宽广平台。

（李玉）

自主业务首届学生毕业

7 月 10 日，北开大自主业务首届学生毕业。首届毕业生共 52 人，于 2015 年 3 月入校，分布在学前教育（专升本）和行政管理（专升本）2 个专业，采取开放教育的学习形式，网络和面授相结合的混合式教学模式，形成性考核和终结性考核相结合的考核方式，学生修满专业培养方案规定的总学分后获得本科毕业证书。19 人获得学士学位。

（李玉）

人工智能创客直通车进社区进校园

9 月 16 日，北开大与科大讯飞科技股份有限公司联合举办“人工智能创客教育直通车进社区进校园”活动首发仪式。“人工智能创客教育计划”旨在为北京市社区居民和中小学生提供人工智能和科技创新教育服务。活动以车载创客空间为平台，对社区及学校推广创客教育，向广大社区居民和青少年学生普及创意创新知识和基本方法，提供创意创新、动手实践、体验创客的机会，把创意转化为产品和服务。至年底，活动共举办 3 次，惠及 5 个社区、7 所学校。

（李玉）

北京宣武红旗业余大学

概述

2017 年，北京宣武红旗业余大学占地面积 3.28 万平方米，产权校舍建筑面积 3.60 万平方米。全年教育经费投入 3245 万元，其中，国家拨款 2981 万元、自筹经费 264 万元。固定资产总值 1484.90 万元，其中，教学、科研仪器设备资产值 560.75 万元。图书馆建筑面积 2464 平方米，藏有纸质图书 8 万册、电子图书 900 册。拥有计算机 592 台。学校信息化经费投入 11 万元，信息化设备资产 639.28 万元，网络信息点 400 个，校园网出口总带宽 20Mbps，上网课程 26 门，数字资源量 82GB，管理信息系统数据总量 30GB。设有 1 个校区，5 个教学系，开设 15 个专业，覆盖 12 个学科。教职工 81 人。专任教师 47 人，包括教授 3 人、副教授 15 人。

聘请校外教师27人，包括教授3人、副教授13人。专科学历毕业生252人，招生279人，在校生556人；北京理工大学继续教育学院红旗大学教学站毕业生57人，招生36人，在校生181人；北京交通大学继续教育学院毕业生288人，招生167人，在校生959人；北京师范大学继续教育学院毕业生78人，在校生68人。全年培训4548人次。网址：www.hqdx.com。

2017年，学校稳步发展学历继续教育，大力发展非学历继续教育，广泛开展社区教育。

教育教学。推进混合式教学工作，利用网络平台进行线上教学；加强网络教学规范化管理，拟定《网络教学安排指导意见》；与国家开放大学数字化学习资源中心合作，开发完成"实用旅游英语"10个微课件的设计与制作工作，并将此系列微课加入国家数字化学习联盟平台，对社会开放。

社会培训。首次实施组织西城区教育系统音响师培训班。与西城区志成小学和宣武师范学校附属第一小学合作执行西城区"城宫计划"，授课568班次，11440人次学生参与，授课内容涉及美术、科技、传统文化等。全年为各委办局单位组织各类考试11次，9330人次。

社区教育。社区教育学校承接广外街道社工培训900人次；家长学校通过"新父母 心成长"大讲堂开展讲座8场，培训2659人次；举办2届广外地区"梦想杯"青少年校园足球交流活动，覆盖小学4所，260余人参与；广外社区教育学校全年开展各类兴趣班及培训班8581人次。社区教育办公室策划"道德讲堂"总堂的主题与内容，共设计实施10期实践活动，8个街道居民共500余人参与活动；组织2000人参加纵横码培训班。继续推进市民终身学习服务基地建设，以"回头看"形式对17个"西城区学习型社区建设工作示范社区"进行首次集中回访调研；举办学习基地开放日活动，评选首批市民学习服务基地；办好《社区教育报》《社区教育研究》《社区学院文粹》和西城社区教育网、北京西城社区教育网微信公众号"三刊两网"。老干部大学全年开办49个班，学员813人。

（罗克东）

首届大学生4G创新创业教学实践课程班

6月4日至7月9日，红旗大学举办首届大学生4G创新创业实践教学课程班。创新创业课程突出课程执行国家标准、线上线下混合教学、运用网络平台互动实践和网络延伸服务支撑四大教学特色，以独创五色创新思维为导向，系统训练学生创新能力，全面开发学生创新思维，提升学生创业素质，通过创新平台同步实现人才培养与人才评价功能。课程班以"4G"教育理念开展教学活动，教师成为教练、学生成为选手、课堂成为工坊、考场变为市场，学生真正成为教学主体，充分挖掘学生个体潜力，发挥学生个体特长。此届大学生4G创新创业教学实践课程班，在独立设置成人高校的学历教育领域中尚属首次。

（罗克东）

北京市总工会职工大学

概述

2017年，北京市总工会职工大学占地面积2.07万平方米，产权校舍建筑面积2.87万平方米。全年教育经费投入2734万元，其中，国家拨款1916万元、自筹经费818万元。固定资产总值4620万元，其中，教学、科研仪器设备资产值1495万元。拥有计算机457台。学校信息化经费投入195万元，信息化设备资产200万元，网络信息点60个，校园网出口总带宽150Mbps，电子邮件系统用户150个，上网课程3000门，数字资源量2000GB，管理信息系统数据总量4000GB。设有工会理论与职工教育研究所、素质工程工作部、继续教育部、职业技能培训部等教学科研机构及9个职能教辅部门。设有2个教学系，开设9个专业，覆盖2个学科。教职工126人。专任教师25人，包括副教授6人。聘请校外教师28人，包括副教授6人。毕业生428人，其中，专科生393人、本科生35人。招生299人，其中，专科生186人、本科生113人。在校生1256人，其中，专科生1049人、本科生207人。全年培训工会干部21077人次。网址：www.ghgy.com.cn。

2017年，学校成立高技能人才培养体系课题研究组，结合市总工会职工队伍状况调查工作开展课题调研，加强高技能人才T型培养体系建设；依托首都职工高技能人才培养示范基地平台，开展BIM培训、机器人师资培养、创新方法(TRIZ)培训、数控车高技能人才研修等项目8期，技术沙龙11期，培训高技能人才505人，辐射企事业单位90余家，通过网络直播参与人数超过2.50万人次。

围绕非首都功能疏解的重点工作方向，面向市园林绿化局、首农集团等单位开展植被景观修剪工、水文地质与环境地质监测工、食品检测工、汽车装调工、汽车焊装工、配电线路工、安全检查保安员、营养配餐师、养老护理员等方面培训班约60个。

依托全市18家素质工程站点，全年开展通用能力培训1.90万科次、培训人员1.20万人，举办公益大讲堂、劳模大讲堂、岗位练兵、职工职业发展微培训等467场。

市总职大开展素质工程技术工人培训

（市总职大 供）

不断深入探索校企合作模式，优化课程设计，开展定制化培训 53 场，服务基层职工 5000 余人次。开发《职工职业化训练》《企业班组长》等 5 本教材；新建国家级职工书屋 18 个、市级职工书屋 152 个；自主或合作开发《职业礼仪》《汽车装配技术技能》视频课程共 1200 分钟。

（周东妹）

草桥校区试运行

6 月 1 日，市总职大草桥校区开始试运行。草桥校区于 2015 年 9 月开始建设，位于丰台区草桥镇国寺 44 号院内。该校区总建筑面积 5052.22 平方米，配套各类教室 16 间、专业化实训室 10 间、学员宿舍 40 间，并同步开展信息化建设，各项功能齐全。

（周东妹）

第一期机器人师资培养班

8 月 11 日，市总职大“2017 年机器人师资培养班第一期”在草桥校区开班。德国职教专家以及中方资深智能制造专家担纲授课。培养班采取封闭式管理，为期 25 天。课程结束后，从结业学员中遴选优秀人才作为机器人应用技术专业师资，在基地和企业中承担金蓝领技能教学任务。来自北京奔驰、北京工业大学、北京电子科技职业学院等 12 家单位 20 余名学员参加学习。开班首日，1 万余人通过劳动午报在线直播平台收看课程直播。

（周东妹）

培训工会干部 21077 人次

至年底，市总职大培训工会干部 21077 人次。全年共举办各层次、各类别培训班 144 个班次，策划实施“服务站规范管理”“工会干部媒体素养”“市级专职集体协商指导员”3 类工会干部精品实训项目 7 期。

（周东妹）

北京市西城经济科学大学

概述

2017 年，北京市西城经济科学大学（西城区社区学院）占地面积 3.26 万平方米，产权校舍建筑面积 3.87 万平方米。全年教育经费投入 5073.52 万元，其中，国家拨款 4859.60 万元、自筹经费 213.92 万元。固定资产总值 1399.95 万元，其中，教学、科研仪器设备资产值 571.37 万元。图书馆建筑面积 1500 平方米，藏有纸质图书 10.70 万册。拥有教学计算机 446 台。学校信息化经费投入 75.38 万元，信息化设备资产 643.58 万元，网络信息点 445 个，校园网出口总带宽 100Mbps，电子邮件系统用户 135 个，上网课程 37 门，数字资源量 418GB，管理信息系统数据总量 16GB。设有 3 个校区，2 个工作站，4 个教学系，开设 9 个专业，覆盖 6 个学科。教职工 126 人。专任教师 60 人，包括副教授 21 人。毕业生 608 人。招生 594 人。在校生 1130 人。中央民族大学远程与继续教育学院西城经科大教学站毕业生 7 人，在校生 15 人。中国传媒大学远程与继续教育学院西城经科大教学站毕业生 282 人（本科 249 人、专科 33 人），招生 278 人（本科 233 人、专科 45 人），在校生 838 人（本科 762 人、专科 76 人）。全年开展培训 1.50 万人次。网址：www.xcjkd.org。

2017 年，学校本着面向社区、服务居民的办学宗旨，制定和完善多项规章制度，被中国成人教育协会评为优秀成人继续教育院校（培训机构）。

教育教学。以典型课程为试点，推进线上线下混合式教学工作，加大校外联办教学点管理力度。根据社会需求增设行政管理、英语、计算机应用技术 3 个专业，行政管理专业首次招生 12 人；首次面向合作企业开设 2 个校企合作定制学历班，首届招生 58 人；加强定制专业课程建设；开设社区居民专科课程班，首届开设绘画基础和计算机应用技术 2 个专业，共招生 30 人。

社区教育。全年开设 39 个班 / 次的市民课程或讲座，总课时 1175 课时，培训 8584 人次。组织市民讲外语风采大赛、市民艺术节合唱比赛、北京外语游园会、市民学习周开幕式、市民书画精品展 5 项专题活动，2000 余人次参与。

市民终身学习成果认证制度建设。与西城区老干部局签订学分课程建设项目培训协议，将老干部（老年）大学开设课程纳入学校市民终身学习成果认证制度体系。学校基于市民终身学习成果认证制度微信公众号建立新闻发布、课程推介服务等运营与服务功能。全年市民终身学习成果认证点 140 个，认证课时 112142 学时，对个人账户学分达到标准的 4520 名持卡学员进行积分兑换奖励。

社会培训。全年开展培训项目 24 个，培训 1.50 万人次；承接各项社会化考试 15 次，共计 5980 人。

教研科研。组织教师到企业调研实践、教学交流座谈、教师集体备课等 15 次教研活动。出版《网络改变生活》《走进低碳生活》社区教育课程教材，制作完成 133 门微课程。

10 月 27 日，西城经科大组织广外街道社区居民开展舞蹈教学（西城经科大　供）

62 门微课程在第三届 NERC 杯全国社区教育优秀微课程评选和 2017 年北京市社区教育与农村成人教育微课程比赛中获奖。

（何伶）

首届社区居民专科课程班

3 月 6 日，西城经科大开设首个社区居民专科课程班。课程班开设绘画基础和计算机应用技术 2 个专业，设置素描、水彩画、计算机操作基础、动画制作等 21 门课程，共计 848 学时。课程班由学校教师授课，大学专科层次，学员脱产学习至 2019 年 1 月，修完全部规定课程，成绩合格，颁发学校专科课程班结业证书。课程班面向社区居民招生，首届 2 个班共招生 30 人，学员平均年龄 62 岁。

（何伶）

学分课程建设项目培训协议签订

5 月 17 日，西城经科大与西城区老干部局签订学分课程建设项目培训协议。协议将西城区老干部（老年）大学及分校教学点开设课程纳入市民终身学习成果认证制度体系，整合课程资源，建立适合离退休人员学习需求的社区大课堂特色课、老干部职业技能体验课和示范校精品课的学分课程。授课方式采用网上注册学习、教师面授、专题讲座等。学校教师及外聘教师共 71 人参与授课。至年底，完成 48 家老干部（老年）大学 65 门社区大课堂特色课程建设，开设 15 门老干部职业技能体验课程和 7 门精品课程，11025 人次学员参加学习，共计 2157 课时。此项目投资 34.47 万元。

（何伶）

首次面向企业定制专业招生

5 月 20 日，西城经科大首次面向企业定制专业招生。学校针对北京和合谷餐饮管理有限公司及聚德华天控股有限公司的人才需求和特点，开设 2018 级工商企业管理专业校企合作定制招生学历班。定制专业为专科学历层次，采取业余学习形式，修业年限 2.5 年，开设应用文写作、管理学、人力资源管理等 20 门公共课、专业基础课和专业课，共计 2140 学时。定制专业首届开设 2 个班，学生 58 人。学校还为定制专业开设 2 个免费成人高考辅导班，共 84 人参加辅导班，64 人参加成人高考，58 人被录取。

（何伶）

首届校企合作专科生毕业

7 月 10 日，西城经科大首届校企合作专科生毕业。2014 年 6 月 23 日，学校与北京和合谷餐饮管理有限公司签订人才培养合作协议，联合培养企业中层管理精英人才。53 人参加培训，业余学习，全员考试合格获得结业证书。结业后，27 人参加成人高考，21 人被学校 2015 级工商企业管理专业专科学历录取。本年，学校 2015 级工商企业管理专业中首届校企合作的 11 名学员毕业。

（何伶）

国家重点中等职业学校选介

北京市昌平职业学校

2017 年，北京市昌平职业学校占地面积 40.54 万平方米，产权校舍建筑面积 11.43 万平方米、非产权校舍建筑面积 4.10 万平方米。全年教育经费投入 7771 万元，全部为国家拨款。固定资产总值 24707 万元，其中，教学、实习仪器设备资产值 14885.51 万元。图书馆建筑面积 1646 平方米，藏有纸质图书 12.50 万册、电子图书 16TB。拥有计算机 1400 台。学校信息化经费投入 684 万元，网络信息点 2000 个，校园网出口总带宽 1200Mbps，上网课程 20 门，数字资源量 25TB。设有主校区、培训部、昌平职业教育文化园区、昌平职业教育工业文化园区和北郡嘉源幼儿园，6 个系部，开设园林绿化、航空服务和汽车运用与维修等 34 个专业，123 个教学班。教职工 326 人，包括专任教师 240 人、教辅人员 25 人。专任教师中具有研究生学历 55

4 月 12 日，昌平职校开展中学生职业生涯探知体验活动

（昌平职校 供）

人，本科及以上学历占教师总数 100%；高级专业技术职务 80 人、中级 47 人；“双师型”教师 147 人。聘请校外教师 37 人。毕业生 914 人，就业率 100%，职业资格证书取证率 97%。招生 921 人，包括京籍学生 309 人。在校生 2861 人，包括京籍学生 1224 人。网址：www.cpvs.com.cn。

2017 年，学校办学格局呈现新变化。学校附属幼儿园北郡嘉源幼儿园正式开园，“一校一部三园区”办学格局进一步完善；与北京城市学院开展“3+2”一贯制人才培养，与首都师范大学合作进行学前教育专业高端技术技能人才贯通培养，提升技术技能型人才培养规格。

教育教学改革取得突破。“成长桥”成为北京市中等职业学校优秀德育品牌，“三有”课堂在职业教育界产生广泛影响。学生在全国职业院校技能大赛上实现车身修复项目三连冠。1 名教师入选“北京市优秀教师”；教师团队在全国职业院校信息化教学大赛获得 2 个一等奖、1 个二等奖；在第二届全国中等职业学校班主任基本功大赛中获得大赛一等奖，以及教育故事演讲、主题班会设计 2 个单项奖。汽车运用与维修专业、航空服务专业成为全国示范专业点；学校被评为全国餐饮职业教育示范院校。1 名学生获得 2016 年度全国“最美中职生”称号。

校企合作继续深化。成为上汽大众北京地区第一所上汽大众校企合作项目 (SCEP) 授权合作院校，与上汽大众共建北京培训基地。与曹继桐烘焙艺术馆共建曹继桐烘焙文化艺术学院。与北京华彬天星通用航空股份有限公司共建通用航空人才实训基地，与联想集团共建企业级服务实践基地，与京东集团继续推进现代学徒人才培养模式改革，与中国小动物保护协会犬业联合分会 (CKU) 合作签约。启动昌平十三陵神路樱桃全网推广计划，设立樱桃轻众筹项目。

社会服务能力不断增强。与昌平区旅游委共建全域人才培养基地，并举办昌平区酒店管理人才高级培训班。与昌平区妇联共建妇女创业培训基地，开展电子商务、厨艺、插花等培训，承办昌平区第 16 届“巧妇杯”厨艺培训及展示活动。成为华夏基金会项目院校校长培训基地。与昌平区崔村镇真顺村合作研发“真顺苹果白兰地”，为农民特别是家庭简易标准酿造提供培训、检测等服务。全年共开展各类社会培训 2 万人次，技术研发服务项目培训 1.62 万人次，公益性培训服务 3480 人天，还依托学校汽修厂、园艺场等校办企业为市民提供专项技术服务；学校农业文化园区被评为 2017 年北京市民终身学习示范基地。

主动参与服务国家战略。探索职教精准扶贫模式，参与河北省巨鹿县、尚义县对口扶贫协作项目；为河北巨鹿、内蒙古乌兰察布和呼伦贝尔等地教师举办各类培训班，共享学校优质职教资源。

（彭天夫）

北京市延庆区第一职业学校

2017 年，北京市延庆区第一职业学校占地面积 11.37 万平方米，产权校舍建筑面积 5.72 万平方米。全年教育经费投入 6982.93 万元，其中，国家拨款 6971.26 万元、自筹经费 11.67 万元。固定资产总值 16164.91 万元，其中，教学、实习仪器设备资产值 8014.77 万元。图书馆建筑面积 1879 平方米，藏有纸质图书 4.92 万册、电子图书 0.16 万册。拥有计算机 712 台。学校信息化经费投入 59.97 万元，网络信息点 432 个，校园网出口总带宽 270Mbps，上网课程 68 门，数字资源量 3000GB。设有 1 个主校区，7 个系部，开设中餐烹饪、汽车运用与维修、美发与形象设计等 20 个专业，45 个教学班。教职工 240 人，包括专任教师 174 人、教辅人员 66 人。专任教师中具有研究生学历 5 人，本科及以上学历占教师总数 98.90%；高级专业技术职务 82 人、中级 52 人；“双师型”教师 57 人。聘请校外教师 8 人。毕业生 400 人，就业率 98.60%，职业资格证书取证率 98.28%。招生 93 人，包括京籍学生 93 人。在校生 715 人，包括京籍学生 426 人。网址：www.yqyz.org.cn。

2017 年，学校提出“着力培养学生良好的职业道德，精心培养学生过硬的专业技能，注重培养学生一定的创新思维和创新能力”工作主题，明确“深化课程改革，转变教与学的方式方法”工作主线。

教育教学工作。学校以“聚焦课堂”为抓手，通过开展教师评优课、研究课和骨干教师示范课等活动不断探索多种信息化资源、手段的使用，促进教师教学方式与学生学习方式变革，提高课堂教学效率。教师团队参加全国教

4 月 26 日，延庆一职开展中小学生职业体验活动
（延庆一职　供）

学大赛获得一等奖 1 个、二等奖 2 个，参加市级各类比赛获得一等奖 10 个，在北京市职业院校教师素质提升计划人才项目选拔中 1 人被评为北京市职教名师、1 人被评为北京市烹饪专业学科带头人、3 人被评为北京市优秀青年骨干教师。

职普融通工作。为推进学校转型发展，把学校建成延庆区中小学生职业体验基地。发动全体教师开发职业体验课程，累计开发项目 100 余个；接待中小学生进校开展职业体验活动 155 人次。

社会培训工作。坚持学历教育与社会培训并举并重，创新培训形式、丰富培训内容、强化培训效果、提升培训影响力；开设园艺、化妆、烹饪等 10 余种培训课程，全年共计开展各类培训班 87 个，培训学员 1.05 万人次。成为北京市首批新型职业农民培训基地。

（卫秀宗）

北京市密云区职业学校

2017 年，北京市密云区职业学校占地面积 13.60 万平方米，产权校舍建筑面积 7.10 万平方米。全年教育经费投入 6182.20 万元，全部为国家拨款。固定资产总值 36169 万元，其中，教学、实习仪器设备资产值 16359 万元。图书馆建筑面积 4155 平方米，藏有纸质图书 7.40 万册、电子图书 1550GB。拥有计算机 1272 台。学校信息化经费投入 1000 万元，网络信息点 1565 个，校园网出口总带宽 10000Mbps，上网课程 18 门，数字资源量 30000GB。设有 3 个校区，6 个系部，开设旅游服务与管理、客户信息服务和美容美发与形象设计等 12 个专业，31 个教学班。教职工 208 人，包括专任教师 140 人、教辅人员 68 人。专任教师中具有研究生学历 14 人，本科及以上学历占教师总数 80%；高级专业技术职务 63 人、中级 52 人；“双师型”教师 54 人。聘请校外教师 7 人。毕业生 282 人，就业率 99%，职业资格证书取证率 100%。招生 158 人，包括京籍学生 156 人。在校生 651 人，包括京籍学生 645 人。网址：www.myzhiye.cn。

2017 年，学校全面提升教师能力。通过教师进修学习提升知识储备、走进企业实践提升专业技能、参加各类教学大赛开阔视野等方式全面提升教师教学能力。10 名教师参加烘焙、调酒、插花、咖啡、茶艺 5 个项目的转型培训，均能承担密云区中小学生社会大课堂、学生专业课及课外兴趣小组的教学工作。“五班之韵”入选北京市中职校首届“一校一品”优秀德育品牌。

探索创新人才培养模式，提高人才培养质量。构建“引企入校、校企融合”“引产入教、订单培养”“区域联动、多元发展”等全新的人才培养模式。构建数字化教学资源平台，完成 13 个门类教学资源库和 16 门网络精品课程建设。运用信息化教学手段课程达 100%。

全面开展中小学职业体验课程。学校成为北京市初中“开放性科学实践活动”实践项目资源单位，全年共接待 1 万余名中小学生体验茶艺、烘焙、3D 打印、创客空间、插花、模拟驾驶等课程。

京冀合作办学全面推进。与河北省张家口市宣化区正大新能源中等职业学校签订合作办学协议，为张家口市培养 2022 年冬奥会高端服务人才，合作采用“2+1”模式，首批 37 名学生已正式到校上课。接纳承德县职业技术教育中心高一年级 82 名汽车运用与维修专业学生到校实习实训学习和生活，为期 6 周。指导涞源县职业技术教育中心学生参加河北省中等职业院校汽车运用与维修技能大赛获得一等奖，是涞源职教中心在技能大赛上的历史性突破。首批涞源学生经学校推荐到各汽车 4S 企业上岗工作。

社区教育和社会培训。在嘉益园社区开展烹饪培训，为果园街道开展计算机培训，定期开展礼仪培训、编织培训、心理咨询等拓展服务。社会培训扩大种类和规模，教师走出校园，为中小学、企业、村镇开展各类培训，包括西田各庄镇村干部办公软件基本应用培训、通达京承高速有限公司员工礼仪培训等。承担焊工、电工的考证、审核、培训工作，全年培训电工、焊工 1.20 万人次；累计培训商琨高铁乘务短训人员 860 余人次。

（陆洋林）

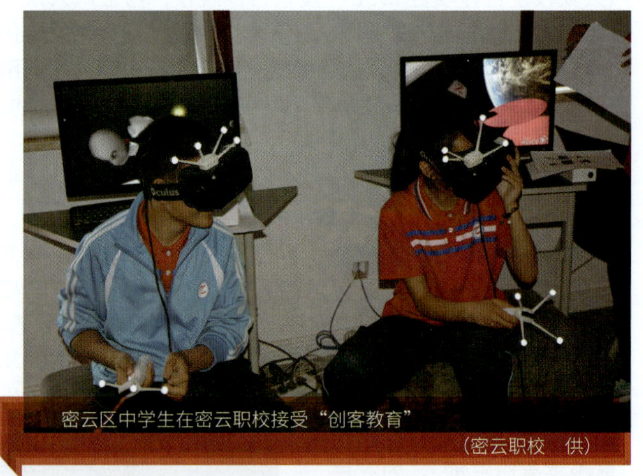

密云区中学生在密云职校接受“创客教育”

（密云职校　供）

北京市怀柔区职业学校

2017 年，北京市怀柔区职业学校占地面积 22.68 万平方米，产权校舍建筑面积 22.68 万平方米、非产权校舍建筑面积 4.99 万平方米。全年教育经费投入 5976.04 万元，全部为国家拨款。固定资产总值 18231.54 万元，其中，教学、实习仪器设备资产值 7146.09 万元。图书馆建筑面积 500 平方米，藏有纸质图书 6.40 万册、电子图书 8 万册。拥有计算机 450 台。学校信息化经费投入 399.24 万元，网络信息点 500 个，校园网出口总带宽 100Mbps，上网课程 5 门，数字资源量 10TB。设有 2 个校区，4 个系部，开设机械加工技术、汽车运用与维修和计算机动漫与游戏制作等 16 个专业，30 个教学班。教职工 231 人，包括专任教师 160 人、教辅人员 46 人。专任教师中具有研究生学历 11 人，本科及以上学历占教师总数 95.23%；高级专业技术职务 88 人、中级 73 人；“双师型”教师 94 人。聘请校外教师 7 人。毕业生 143 人，就业率 100%，职业资格证书取证率 97%。招生 283 人，包括京籍学生 161 人。在校生 498 人，包括京籍学生 204 人。网址：www.bjhrzyxx.cn。

2017 年，学校积极推进专业课程改革。计算机专业聘请企业专家到校开展计算机软件训练营；机械加工技术专业开设机电一体化、激光熔敷技术、龙门铣加工 3 门校内体验课；机械加工技术专业师生赴北京金台有色金属有限公司学习数控加工中心的实操和原理、数控激光下料的编程和实操、结构焊接的实操和原理 3 门体验课。

确定“以赛促研，以赛促改”思路，为教师搭建平台，为课堂教学开辟新思路、新模式。开展信息化说课比赛，13 名教师获奖，其中 5 人参加京郊联盟信息化说课比赛，获得市级奖项；教师参加全国职业院校信息化教学大赛获得中职组三等奖，取得历史性突破。

探索合作办学新模式，拓宽京津冀合作办学渠道。与加拿大蒙特利尔市凡尼尔学院签署合作办学协议，约定在师生互访、课程合作与开发、教学资源共享等方面开展合作。与河北丰宁职教中心、滦平职教中心开展学习交流活动，分别于 4 月和 11 月，分 6 批共 60 人次，赴丰宁、滦平职教中心挂职培训。接纳滦平职教中心 116 名学生、丰宁职教中心 14 名学生到校学习生活，为期 1 年。落实对口支援工作，全年共安排 15 名教师开展送课活动。

开展帮扶对接、精准扶贫工作，培养新型农民。先后组织 16 期实用人才培训，培训村民 1200 人次，涉及传统养生、剪纸、厨艺、电商微商等内容。聘请专家教授对师资库的“乡土专家”进行 4 次师资培训，350 人次参加培训。

（邓超楠）

5 月 23 日，怀柔职校与加拿大蒙特利尔市凡尼尔学院签署合作办学协议 （怀柔职校 供）

北京金隅科技学校

2017 年，北京金隅科技学校占地面积 11.84 万平方米，产权校舍建筑面积 10.08 万平方米。全年教育经费投入 13281.42 万元，其中，国家拨款 12371.03 万元、自筹经费 910.39 万元。固定资产总值 25888.31 万元，其中，教学、实习仪器设备资产值 11637.46 万元。图书馆建筑面积 2082.94 平方米，藏有纸质图书 17 万册、电子图书 6.30 万册。拥有计算机 1375 台。学校信息化经费投入 30 万元，网络信息点 1970 个，校园网出口总带宽 240Mbps，上网课程 47 门，数字资源量 22.40GB。设有 2 个校区和邯郸、保定 2 个分校，机械与电气工程系、材料与建筑工程系、信息与管理工程系和基础教学部“三系一部”，开设数控技术应用、楼宇智能化设备安装与运行和建筑工程施工等 31 个专业，115 个教学班。教职工 285 人，包括专任教师 167 人、教辅人员 17 人。专任教师中具有研究生学历 44 人，本科及以上学历占教师总数 100%；高级专业技术职务 68 人、中级 61 人；“双师型”教师 124 人。聘请校外教师 42 人。毕业生 852 人，就业率 98%，职业资格证书取证率 100%。招生 801 人，包括京籍学生 135 人。在校生 2074 人，包括京籍学生 792 人。网址：www.bjjyp.org.cn。

2017 年，学校以“转型升级、创新发展、开放融合、共享成果”为理念开展各项工作。

拓展“1+N”办学模式改革。与机械科学研究总院先进制造技术研究中心签约开展校企合作；先进成形技术与装备国家重点实验室入驻学校，多方面引领带动学校智能制造专业发展；牵头成立京保石邯职业教育联盟，全年与联盟内 7 所河北省学校签订联合办学协议，形成联合办学 15 个班次，入校学生 463 人，联盟成员单位间开展教学及师资交流 14 批次 200 余人。

育人成果显著。“责育匠心”德育品牌成为首批“一校一品”中等职业学校优秀德育品牌，并以此为核心开展特色主题教育活动。组织校外志愿活动 381 人次，校内志愿服务活动 282 人次。1 名教师获“紫禁杯”优秀班主任评选一等奖，1 名学生获北京市“优秀中学生”称号。

精准扶贫。对口援疆工作有序开展，全年实现 3 次合作交流。与河北省阜平县职业技术教育中心交流合作，成立阜平项目组织机构专项负责相关工作，委派教师长期外派阜平职教中心，为其专业建设、课程设置、教学管理等方面提供助力。

发挥北京物协设备设施管理培训基地作用，在职工培训、技能鉴定、承接大赛等方面为物业行业提供服务。全年培训 6271 人次。被国家建材行业职业技能鉴定指导中心评为全国 8 家“2017 年建材行业技能人才培育先进单位”之一。

（陆娜）

北京市园林学校

2017 年，北京市园林学校占地面积 7.49 万平方米，产权校舍建筑面积 2.28 万平方米。全年教育经费投入 4208.47 万元，其中，国家拨款 4083.49 万元、自筹经费 124.98 万元。固定资产总值 12448.99 万元，其中，教学、实习仪器设备资产值 2490.36 万元。图书馆建筑面积 1271.70 平方米，藏有纸质图书4.50万册、电子图书620GB。拥有计算机538台。学校信息化经费投入263.79万元，网络信息点1013个，校园网出口总带宽100Mbps，上网课程1门，数字资源量1.20TB。设有房山区良乡镇和东城区天坛路2个校区，开设园林技术、宠物养护与经营和古建筑修缮与仿建等10个专业，17个教学班。教职工93人，包括专任教师60人、教辅人员7人。专任教师中具有研究生学历17人，本科及以上学历占教师总数100%；高级专业技术职务14人、中级28人；“双师型”教师33人。聘请校外教师4人。毕业生149人，就业率96.56%，职业资格证书取证率93.29%。招生83人，包括京籍学生81人。在校生274人，包括京籍学生272人。网址：www.bjlas.com。

2017年，学校围绕行业发展，深化校企合作，提高教育教学质量。开展教师培训1134人次。邀请行业专家和能工巧匠进校教学，提高专业教学水平。组织学生到施工现场实地教学，校企合作共同打造实训基地；针对行业岗位需求输送近百名顶岗实习生，培养学生综合职业能力。学校为企业单位实训基地增添设施设备共计147万元，企业单位为学校提供学生实习指导、教师企业实践等活动670余人次，全面深化校企合作。

利用资源优势，发挥平台作用，助力京津冀协同发展。承办多项行业技能大赛，举办花卉园艺师、展览讲解员职业资格技能培训鉴定1594人次，服务首都园林行业；成为北京市科普教育基地并向公众开放，开展科普体验活动11项，1200余人次参与，服务首都市民；为中央警卫局中南海管理处提供绿化工培训、鉴定53人次，服务中央驻京单位；组织首届京津冀农林类中等职业技术技能友谊赛，连续第二年支教河北省涞水县洛平小学，服务京津冀协同发展。

强化制度建设，关注内涵发展，提升内部管理水平。修订完善7项规章制度；开展“慵懒散”专项治理，形成问题清单和整改措施23条；编制各类应急预案20项；引入第三方社会机构对2个重点建设项目进行全过程审计，内部管理水平不断提升。

（赵乐乐）

5月22日，房山区坨里中学学生到园林学校体验专业实践课
（园林学校　供）

中央音乐学院附属中等音乐学校

2017年，中央音乐学院附属中等音乐学校占地面积1.46万平方米，产权校舍建筑面积2.95万平方米。全年教育经费投入5320.65万元，其中，国家拨款3220.92万元、改善办学条件专项款280万元、自筹经费1819.73万元。固定资产总值5161.80万元，其中，教学、实习仪器设备资产值2726.90万元。图书馆建筑面积915平方米，藏有纸质图书1.54万册。拥有计算机226台。学校网络信息点802个，校园网出口总带宽100Mbps，数字资源量1000GB。开设6个专业，包括钢琴、小提琴、民乐、管乐4个六年制专业。设立中国少年交响乐团、少年民族管弦乐团、少年室内乐团、少年合唱团、少年管乐团和四季室内乐团。附属小学是附中六年制中专学历教育之外“学前培训班”，学制3年。教职工122人，包括专任教师99人、教辅人员23人。专任教师中研究生及以上学历64人，本科及以上学历占教师总数100%；高级专业技术职务13人、中级43人。毕业生147人。招生183人，包括京籍学生52人。在校生834人，包括京籍学生23人。网址：fuzhong.ccom.edu.cn。

2017年，学校建校60周年。组织教学研究和科学研究活动，提高教学质量和管理服务水平。各专业学科共举办音乐会358场，包括教师音乐会144场、学生音乐会214场；聘请专家讲学47人，开展讲座39场、大师课734节；各学科专业教师发表论文4篇，出版个人专著2本、乐谱3册。教师和学生开展社会实践190场。文化课教学方面，深化课程改革，使学生在专业课和文化课方面取得协调平衡发展。8名学生入选中央音乐学院“拔尖创新人才培养计划”。招生工作方面，实行赴外省市招生新举措，招收外省市学生14人，实际报到10人。

专业动态调整，完善专业教育体系。新增综合音乐理论专业，并于4月开设第一届综合音乐理论专业1个班、13名学生。为增加声乐后备人才培养，重新恢复声乐专业招生，本年招收声乐专业新生7人。

广泛开展交流合作，扩大国际影响力。全年专家来访并指导专业课49人次，学生团体来访133人次，来访者来自15个国家与地区，专业涉及12种乐器。12月14日学校及附小少年合唱团在人民大会堂参加中韩建交25周年文化交流之夜演出，为中韩两国元首及夫人演唱《茉莉花》，展示中国青少年音乐风采。

开展有特色的师德教育活动。开展为人师表全面育人活动和“讲附中故事，传承优良传统”师德教育培训系列活动，定期聘请资深文化课教师进行师德教育讲座，使全体教师树立“立德树人，德艺双馨”思想，推进师风师德建设。

获奖情况。全年301人次师生参加各级各类比赛，其中，国际比赛获奖54人次、国内比赛获奖247人次。参赛人数和获奖人数均创历史新高。

（秦萌）

中国少年交响乐团在中央音乐学院附中６０年校庆开幕式上演奏《马勒第一交响曲》　　（中央音乐学院附中　供）

北京市什刹海体育运动学校

2017年，北京市什刹海体育运动学校占地面积3.37万平方米，产权校舍建筑面积4.74万平方米、非产权校舍建筑面积0.20万平方米。全年经费投入11300.30万元。图书馆建筑面积136平方米，藏有纸质图书6.65万册。固定资产总值22219.88万元。拥有计算机200台。学校信息化经费投入47.05万元，网络信息点600个，校园网出口总带宽40Mbps，上网课程1门，数字资源量30GB。拥有8个运动队，开设武术、跆拳道、击剑等8个运动项目。教职工324人（含一线运动员），包括专任教练98人、教师26人、教辅人员5人。专任教师教练中具有研究生学历15人，本科及以上学历占教师总数100%；副高级及以上专业技术职务28人、中级40人。聘请校外教师3人。运动班向一线运动队输送正编运动员2人、协议运动员3人。招生57人。在校生465人。专业队运动员年龄15～34岁。网址：www.bjschtx.com。

2017年，学校围绕第13届全运会展开工作，坚持以训练比赛为核心，以整体工作计划为依托，秉持“育人为本、德育为先”工作理念，着眼于学生长远发展和学生个体及学校文化教学整体进步的需要，完善德育管理体系及制度，转变招生思路，以培养学生终身学习能力和意识为目标开展工作。运动队获得2项世界冠军、4项洲际比赛冠军、11项全国比赛冠军（包括5项全运会冠军）。

（严丽芬　路迪）

9月5日，什刹海体校北京高夫队获全运会男团冠军
（什刹海体校　供）

北京市外事学校

2017年，北京市外事学校占地面积2.50万平方米，非产权校舍建筑面积2.80万平方米。全年教育经费投入6298.15万元，其中，国家拨款6257.41万元、自筹经费40.74万元。固定资产总值7896.37万元，其中，教学、实习仪器设备总值6273万元。图书馆建筑面积300平方米，藏有纸质图书4.55万册、电子图书12万册。拥有计算机1164台。学校信息化经费投入63万元，网络信息点900个，校园网出口总带宽100Mbps，上网课程14门，数字资源量10TB。设有1个校区，4个系部，开设高星级饭店运营与管理、中餐烹饪与营养膳食、旅游外语、城市轨道交通运营管理4个专业，17个教学班。教职工149人，包括专任教师122人、教辅人员27人。专任教师中具有研究生学历13人，本科及以上学历占教师总数100%；高级专业技术职务52人、中级55人；“双师型”教师54人。聘请校外教师6人。毕业生172人，就业率100%，职业资格证书取证率88%。未招生。在校生304人，包括京籍学生275人。网址：www.bjwszg.org。

2017年，学校坚持立德树人，将社会主义核心价值观教育融入德育工作全过程。322人次参与各项志愿服务。

深化教学改革，推动全面转型。修订各专业中高职衔接、就业班人才培养方案；与北京青年政治学院合作开展师生双边专业活动；第一届“3+2”学生完成转段考核升入高职；继续深化英语教学改革。5月，学历教育停止招生，认真研究转型工作；召开教代会听取意见，调整机构和人员；在教师中开展初中公共基础课的课程标准学习与研究，调研学历教育转型途径，寻求改革新出路。继续推广学校美好生活体验馆，建设职业体验中心，入选第一批北京市民终身学习示范基地。“中华礼仪之花”德育品牌被认定为首批市中职德育优秀品牌。全年共完成企业、社区、中小学实践课程等各类线下培训1.31万人次；6门课程循环在“中国大学慕课网站”上线，学习者4.27万人。

以各类学习、活动为抓手，提升队伍整体水平。开展全体干部领导力培训、全体教师信息化培训、骨干教师“以学习者为中心”专题培训，提升教师师德修养和专业素养，支持、鼓励、引导教师参加新课程培训与转型培训。

（张朝辉）

5 月 22 日，外事学校与德国科隆埃伦费尔德职业学校签订合作备忘录　（外事学校　供）

北京市实美职业学校

2017 年，北京市实美职业学校占地面积 2.09 万平方米，产权校舍建筑面积 3.66 万平方米。全年教育经费投入 12175.38 万元，其中，国家拨款 11983.51 万元、自筹经费 191.87 万元。固定资产总值 12416.75 万元，其中，教学、实习仪器设备总值 7342.61 万元。图书馆建筑面积 598 平方米，藏有纸质图书 12.79 万册。拥有计算机 2133 台。学校信息化经费投入 10.72 万元，网络信息点 1006 个（包括无线接入 160 个），校园网出口总带宽 4403Mbps，上网课程 8 门，数字资源量 501GB。设有百万庄、安德路 2 个校区，开设学前教育、数字媒体技术应用和美容美发与形象设计等 5 个专业，32 个教学班。教职工 355 人，包括专任教师 300 人、教辅人员 11 人。专任教师中具有研究生学历 15 人，本科及以上学历占教师总数 98%；高级专业技术职务 111 人、中级 124 人；“双师型”教师 114 人。聘请校外教师 4 人。毕业生 415 人，就业率 97%，职业资格证书取证率 86%。招生 38 人，均为京籍学生。在校生 644 人，包括京籍学生 477 人。网址：www.bjsm.net。

2017 年，学校坚持“立德树人”，全面推行“赏识教育”。构建学校、家庭、社区和企业四位一体、共同参与的学校德育工作网络。以科研为先导，以德育的国家级课题研究成果为基础，提高德育工作的科学性。

加强师德师风建设。严师表、修师德、练师能，塑造教师新形象。通过师德学习、教学业务培训、聘请专家来校讲座等，多途径、多渠道对教师开展政治思想教育。评选表彰“师德标兵”，宣传典型。通过鼓励教师参加学历进修和继续教育、开展教师专项业务技能培训、组织教学基本功竞赛和骨干教师公开课展示活动、组织教师学习现代教育教学技术手段、定期安排专业教师轮岗实习等多种方式，提高教师业务素质。

加强教学工作和科研过程管理。建立健全教科研制度。以教研组为单位，发动广大教师积极参与学校教科研。同时不断提升对骨干教师的考核及培训，培养骨干教师和市区校级学科带头人，带动教师队伍水平整体提高。

（牛秉毅）

12 月 1 日，河北省唐山市职业教育名师高端研训班到实美学校交流参观　（实美学校　供）

北京市财会学校

2017 年，北京市财会学校占地面积 0.99 万平方米，产权校舍建筑面积 1.18 万平方米。全年教育经费投入 4049.68 万元，其中，国家拨款 4029.68 万元、自筹经费 20 万元。固定资产总值 5704.41 万元，其中，教学、实习仪器设备资产值 2330.93 万元。图书馆建筑面积 70 平方米，藏有纸质图书 6 万册、电子图书 10 万册。拥有计算机 816 台。学校信息化经费投入 4.50 万元，网络信息点 988 个，校园网出口总带宽 4403Mbps，上网课程 14 门，数字资源量 2000GB。设有金融、会计和文秘 3 个专业部，开设金融事务、会计和文秘 3 个专业，10 个教学班。教职工 103 人，包括专任教师 57 人、教辅人员 26 人。专任教师中具有研究生学历 6 人，本科及以上学历占教师总数 100%；高级专业技术职务 25 人、中级 27 人；“双师型”教师 19 人。毕业生 76 人，就业率 100%，职业资格证书取证率 100%。在校生 156 人，包括京籍学生 136 人。网址：www.bjckxx.cn。

2017 年，学校面对转型提升课题，坚持以职业教育发展为核心，发展综合实践活动课程和职业体验课程体系，开展服务于终身学习的社会培训、面对中小学的“城宫计划”课程、面对初中的开放性实践课程，以及面向企事业单位的职业体验课程。先后开发益智珠算、手工香皂、百变绳结等 122 门课程；接待北京市育才学校等 10 所小学 2469 人到校参加综合实践活动课程学习。推进终身教育示范基地建设和社区教育进程。

提升教师队伍教育教学能力。开展综合实践活动课程专项研究，从计划、课标、管理、过程监控等方面，推进教师教学工作内涵建设。同时针对教育转型要求，推行“外出学习”“讲座引领”“双教师授课”“内训提升”等方案，设定考核评价标准，促进教师教学能力提升。

通过开学第一课、起始课、公开课、研究课、示范课，落实“三有”教学理念，提升课堂教学质量。组织师生参加技术技能大赛、创新创业大赛、文明风采大赛等活动，促进学生专业技术技能水平提高，推进教师教学改革。

（马向燕）

11 月，财会学校 2017 年学生技能比赛翻打传票赛项

（财会学校 供）

北京市实验职业学校

2017 年，北京市实验职业学校占地面积 1.03 万平方米，产权校舍建筑面积 1.35 万平方米。全年教育经费投入 6298.89 万元，均为国家拨款。固定资产总值 5775.49 万元，其中，教学、实习仪器设备总值 3631 万元。图书馆建筑面积 247 平方米，藏有纸质图书 10.82 万册、电子图书 2.58 万册。拥有计算机 1237 台。学校信息化经费投入 24 万元，网络信息点 240 个，校园网出口总带宽 4403Mbps，上网课程 12 门，数字资源量 1269GB。设有 1 个校区，开设中药、计算机平面设计和出版与发行等 4 个专业，19 个教学班。教职工 173 人，包括专任教师 99 人、教辅人员 74 人。专任教师中具有研究生学历 5 人，本科及以上学历占教师总数 92.90%；高级专业技术职务 30 人、中级 41 人；“双师型”教师 43 人。毕业生 212 人，就业率 99%，职业资格证书取证率 100%。未招生。在校生 253 人，包括京籍学生 172 人。网址：www.bjsyzyxx.com.cn。

2017 年，学校腾退南线里校区，并暂停招生。积极探索实践职业教育转型发展方向，学校管理模式转型为“团队协作、扁平化线性管理”。

深入推进职业教育转型发展，在确保稳定的基础上有序推进服务社区教育、服务中小学社会实践的课程实践，有序推进教师观念转变和适应转型发展的能力提升实践。全年开设课程 79 门，培训学生 30031 人次、社区居民 3755 人次，涉及单位 41 家，参加授课教师 46 人，编写教材讲义 4 门；课程设计 12 门，组织校内外转型培训 140 人次。

继续推进“三有课堂（有用、有趣、有效）”“有效德育”研究与实践，打造“师德为先、学生为本、能力为重、终身学习”教师队伍，组织主题班会观摩评比、开学第一课、专项视导等活动，承办北京市第七届商业服务业服务技能大赛医药行业赛区复赛、决赛，推进中药专业参与全国中医药专业资源库建设项目研究，开展多种主题教育活动，构建良好的校园教育生态。

（郝昕蕊　薛亚明）

北京市商务科技学校

2017 年，北京市商务科技学校占地面积 4.80 万平方米，产权校舍建筑面积 2.13 万平方米、非产权校舍建筑面积 2.68 万平方米。全年教育经费投入 4463.32 万元，其中，国家拨款 4337.23 万元、自筹经费 126.09 万元。固定资产总值 11231.01 万元，其中，教学、实习仪器设备资产值 4835.28 万元。图书馆建筑面积 505 平方米，藏有纸质图书 4.10 万册、电子图书 0.14 万册。拥有计算机 945 台。网络信息点 1374 个，校园网出口总带宽 100Mbps，上网课程 4 门。设有 4 个校区，5 个系部，开设物流服务与管理、物联网和航空服务等 7 个专业，10 个教学班。教职工 102 人，包括专任教师 50 人、教辅人员 8 人。专任教师中具有研究生学历 17 人，本科及以上学历占教师总数 100%；高级专业技术职务 20 人、中级 24 人；“双师型”教师 29 人。聘请校外教师 2 人。毕业生 72 人，就业率 100%。未招生。在校生 133 人，包括京籍学生 123 人。网址：www.swkj.org.cn。

2017 年，学校以“管理不松、队伍不散、质量不低，积极稳妥做好学校转型升级工作，实现学校的稳定有序过渡”作为指导思想，围绕调整转型开展各项工作。

继续做好教育教学工作，提高教育教学质量。组织完成 2017 年市中职学校物流专业技能大赛，10 人次获奖，6 名教师获“优秀指导教师”称号；在全国中职学校“文明风采”竞赛北京市复赛中，25 名教师指导 79 人次学生获奖；在“全

4 月 26 日，北京市中等职业学校“长风杯”现代物流技术技能比赛在商务科技学校物流培训基地举行 （商务科技学校 供）

国青少年五好小公民”主题教育读书活动中，9 名教师指导 10 名学生获征文比赛奖项。此外，3 名教师分别被选拔为市级专业带头人、市级优秀青年骨干教师。

（潘京华）

北京市黄庄职业高中

2017 年，北京市黄庄职业高中占地面积 9.06 万平方米，产权校舍建筑面积 7.88 万平方米。全年教育经费投入 5889.74 万元，其中，国家拨款 5556.44 万元、自筹经费 333.30 万元。固定资产总值 19875.62 万元，其中，教学、实习仪器设备总值 10035.43 万元。图书馆建筑面积 1600 平方米，藏有纸质图书 13.50 万册、电子图书 30 万册。拥有计算机 1490 台。学校网络信息点 1280 个，校园网出口总带宽 100Mbps，上网课程 3 门，数字资源量 73728GB。设有 1 个校区，4 个学部，开设美容美发与形象设计、计算机动漫与游戏制作和口腔修复与工艺等 11 个专业，31 个教学班。教职工 171 人，包括专任教师 120 人、教辅人员 5 人。专任教师中具有研究生学历 17 人，本科及以上学历占教师总数 99.09%；高级专业技术职务 40 人、中级 37 人；“双师型”教师 56 人。聘请校外教师 20 人。毕业生 424 人，就业率 100%，职业资格证书取证率 91%。招生 154 人，包括京籍学生 154 人。在校生 1117 人，包括京籍学生 1103 人。网址：www.huangzhi.net.cn。

2017 年，学校优化专业发展布局。按照“中高职衔接、职普融通、国际标准融通”发展的专业建设方向，与北京戏曲艺术职业学院合作，开展服装设计与工艺、美发与形象设计专业课程整合筹备以及“3+2”中高职衔接工作。在旅游服务与管理专业增设“冰雪服务与运营”专业技能方向，与启迪冰雪体育中心合作培养冰雪服务与运营管理人才。成立北京市首支中职学生橄榄球队。与北京体育职业学院合作“3+2”学历对接，开辟体育特长生升学渠道。

11 月，黄庄职高创建北京市首支中职生橄榄球队

（黄庄职高 供）

提升教师专业素养。通过组织开展各类教职工转型发展培训活动，提高全校教师服务冰雪体育运动、文化创意发展、开放性科学实践活动、数字化教学资源建设、高中新课程标准等方面能力。引进国际优质职业教育资源，继续实施澳大利亚职业教育“培训与评估”四级证书，三期班 30 名教师全部通过课程考核。

继续提高社会服务能力。组织师生参加并服务社区烹饪大赛、社区水仙节等活动，开发社区体育、文化、再就业等服务项目；承办石景山区青少年体育俱乐部，发挥冰雪运动人才基地作用，做好“双拥”和弱势群体服务工作。

完成年度对口援建工作。与新疆和田市职业学校开展交流合作，4 名教师参加“京和学校手拉手”活动，分别在当地 6 所职业院校开展校园文化讲座、“旗袍立领的立体裁剪”授课示范活动；选派 2 名教师参加国家职业教育援藏年度工作；与河北省保定市定兴县职业教育中心合作开展干部挂职锻炼、教师培训和学生实习等方面工作。

开展涉台教育工作。11 月，16 名师生代表组团赴台湾交流访问，参访台湾 3 所学校和 1 个社区，展示交流师生在传统旗袍服饰、影像与影视技术、学生工作室等方面成果。

（文昌敏）

北京市丰台区职业教育中心学校

2017 年，北京市丰台区职业教育中心学校占地面积 9.43 万平方米，产权校舍建筑面积 4.92 万平方米。全年教育经费投入 11331.25 万元，其中，国家拨款 11017.05 万元、自筹经费 314.20 万元。固定资产总值 23609.56 万元，其中，教学、实习仪器设备资产值 17262.26 万元。图书馆建筑面积 2099 平方米，藏有纸质图书 10.82 万册、电子图书 2 万册。拥有计算机 1042 台。学校信息化经费投入 211.80 万元，网络信息点 2500 个，校园网出口总带宽 130Mbps，上网课程 26 门，数字资源量 14430GB。设有 6 个校区，开设中西餐烹饪、汽车运用与维修、电子商务等 16 个专业，83 个教学班。教职工 325 人，包括专任教师 148 人、教辅人员 21 人。专任教师中具有研究生学历 23 人，本科及以上学历占教师总数 100%；高级专业技术职务 43 人、中级 47 人；“双师型”教师 69 人。聘请校外教师 13 人。毕业生 585 人，就业率 99.15%，职业资格证书取证率 99.10%。招生 786 人，包括京籍学生 199 人。在校生 2170 人，包括京籍学生 726 人。网址：www.ftzj.com。

2017 年，学校创新办学体制机制，整合优化教育资源，推进职业教育与成人教育一体化发展。组建职成教育集团。整合学校与社区学院资源，成立“丰台区职业与成人教育集团”，率先在全市实现职业教育、成人教育一体化发展。承接教育部“基于终身教育理念下的北京职成一体化发展研究”课题，探索职成一体化发展理论和实践经验。

深化教学模式改革。推进“胡格”教育模式、混合式教学模式和新西兰国际课程建设改革项目，“胡格”教育模式新增中餐烹饪与营养膳食、学前教育、影像与影视技术、电子商务 4 个试点专业；与清华大学信息技术教育研究所合作开展混合式教学课程建设及实践研究；引进新西兰职业教育优秀课程，在西餐烹饪、电子商务 2 个专业开展项目研究，开发 5 门专业核心课程资源。

打造创新创业空间。探索中职“创新、创效、创业”教育新模式，通过创业课程建设、创新产品开发、创新设计大赛等活动，有效提升人才培养质量。学生设计开发的文化创意产品成为区创建首都文明示范区宣传品，在第八届“蓝桥杯”全国软件和信息技术专业人才大赛中，学生团队获软件创业团队赛总决赛第二名。“丰职礼物”在 2017 年国际创新创业博览会上获“年度双创示范奖”和“职工双创示范奖”。

推动校企深度融合。与丰台区商业联合会联手成立“商联会学院”；与慧科集团合作成立“慧科互联网学院”；与艺术家付林合作成立“付林市民艺术学院”；与中国非物质文化遗产保护协会合作成立“老字号工匠培养基地（非遗）”；与调色大师曲思义合作，建立“曲思义大师工作室”，打造影视文化人才培育平台。

推进对口帮扶。与新疆和田洛浦县职业技术学校结成“手拉手”援建对子；建立“雄·安·丰·容”电子商务联盟，助推雄安新区职业教育不断提升；加强对河南省职教骨干教师队伍培训，打造面向河南、河北、内蒙古等外省市的教师培训品牌；完成涞源县职业技术教育中心教师和学生培训工作。

（芦倩英）

9 月 29 日，丰台职教中心校“非遗与设计学院”揭牌。
（丰台职教中心校 供）

北京市电气工程学校

2017 年，北京市电气工程学校占地面积 11.76 万平方米，产权校舍建筑面积 8.39 万平方米、非产权校舍建筑面积 0.19 万平方米。全年教育经费投入 9703 万元，其中，国家拨款 8859 万元、自筹经费 844 万元。固定资产总值 40123 万元，其中，教学、实习仪器设备资产值 6850 万元。图书馆建筑面积 1912 平方米，藏有纸质图书 14 万册、电子图书 15 万册。拥有计算机 1568 台。学校信息化经费投入 822 万元，网络信息点 2162 个，校园网出口总带宽 1000Mbps，上网课程 32 门，数字资源量 10000GB。设有将台路、管庄、甘露园等 6 个校区，开设楼宇智能化设备安装与运行、制冷和空调设备运行与维修和电气运行与控制等 9 个专业，55 个教学班。教职工 220 人，包括专任教师 157 人、教辅人员 31 人。专任教师中具有研究生学历 13 人，本科及以上学历占教师总数 99.40%。高级专业技术职务 68 人、中级 66 人；“双师型”教师 80 人。聘请校外教师 49 人。毕业生 375 人，就业率 98.40%，职业资格证书取证率 56%。招生 330 人，包括京籍学生 81 人。在校生 1165 人，包括京籍学生 281 人。网址：www.dqgc.com。

2017 年，学校坚持“让每个人都能生存和发展”办学理念，推进各专业人才培养方案调整、课堂教学改革、校企合作和现代学徒制研究。数字广播电视技术专业评为教育部“现代学徒制试点专业”。

以项目建设和品牌建设为重点，强化名师工作室建设、绿色项目管理认证建设、学生职业核心素养建设、中小学职业体验和社区教育服务建设、京津冀协同发展和精准扶贫建设、社会取证培训和企业服务建设“六项建设”。

以“体验职业、探寻梦想、启迪未来”为主题，形成集电工技能、电子制作、智能控制、艺术生活、创客体验为主体的 10 大类职业体验课程、100 个职业体验项目。全年接待中小学生职业体验 3000 人次，职业体验活动辐射 13 个街乡和 40 余所中小学。

与河北省唐山市曹妃甸区职业技术教育中心合作办学，曹妃甸职教中心正式挂牌“北京市电气工程学校分校”；与河北省唐山市第一职业中专签署合作办学协议，约定在技

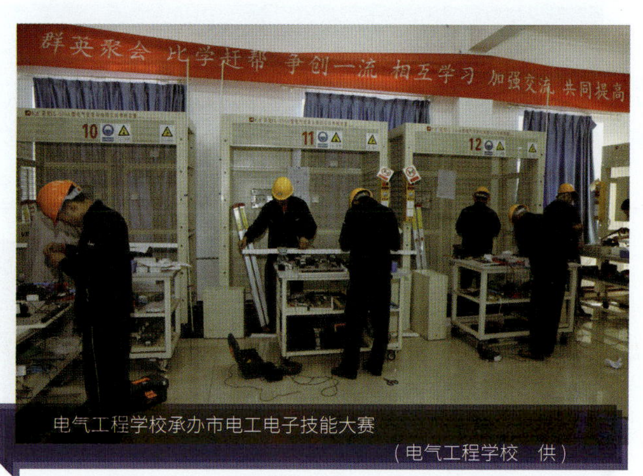

电气工程学校承办市电工电子技能大赛
（电气工程学校 供）

能人才培养、教师队伍建设、学生互访、共享实训基地等方面开展交流与合作。

（林启惠）

北京市求实职业学校

2017 年，北京市求实职业学校占地面积 10.10 万平方米，产权校舍建筑面积 5.89 万平方米，非产权校舍建筑面积 0.84 万平方米。全年教育经费投入 18037 万元，其中，国家拨款 17398 万元、自筹经费 639 万元。固定资产总值 35985 万元，其中，教学、实习仪器设备总值 14372 万元。图书馆建筑面积 1015 平方米，藏有纸质图书 16.72 万册、电子图书 1 万册。拥有计算机 2905 台。学校信息化经费投入 276 万元，网络信息点 2612 个，校园网出口总带宽 100Mbps，上网课程 15 门，数字资源量 3500GB。设有望京、团结湖和安贞里等 6 个校区，开设现代办公、金融事务和民航服务等 14 个专业，128 个教学班。教职工 432 人，包括专任教师 356 人、教辅人员 76 人。专任教师中具有研究生学历 78 人，本科及以上学历占教师总数 92.10%；正高级专业技术职务 1 人、高级 135 人、一级 154 人；"双师型"教师 96 人。聘请校外教师 32 人。毕业生 830 人，就业率 100%，职业资格证书取证率 95%。招生 502 人，包括京籍学生 225 人。在校生 2536 人，包括京籍学生 843 人。网址：www.bjqszx.com。

2017 年，学校坚持"让教育适应学生、让学校适合学生、让幸福伴随学生"办学理念，围绕朝阳区实施"高端、精品、国际化"的职业教育发展战略开展工作。学校以专业建设为中心，打造具有鲜明求实特色的品牌专业，启动全国中职学校首家新媒体运营助理专业建设。承办 2016 年全国中职文秘技能竞赛暨通往柏林中国区资格赛、2017 京津冀地区财会专业技能大赛、全国职业院校移动机器人大赛等比赛；以赛促教、以赛促学，教师参加国内各种比赛获奖 19 人次，学生获国内比赛奖项 20 人次，集体获奖 15 次。

（占福林）

3 月 9 日，全国中职学校首家新媒体运营助理专业建设启动
（求实学校　供）

北京市平谷区职业学校

2017 年，北京市平谷区职业学校占地面积 4.99 万平方米，产权校舍建筑面积 4.66 万平方米。全年教育经费投入 7825.94 万元，全部为国家拨款。固定资产总值 9115.98 万元，其中，教学、实习仪器设备资产值 4428.97 万元。图书馆建筑面积 312 平方米，藏有纸质图书 4.15 万册。拥有计算机 480 台。学校信息化经费投入 5.20 万元，网络信息点 1490 个，校园网出口总带宽全区共享 2.50GB，上网课程 15 门，数字资源量 1300GB。设有 2 个校区，8 个教研组，开设机械制造技术、机电技术应用、汽车运用与维修等 7 个专业，15 个教学班。教职工 156 人，包括专任教师 64 人、教辅人员 29 人。专任教师中具有研究生学历 2 人，本科及以上学历占教师总数 95.31%；高级专业技术职务 28 人、中级 35 人；"双师型"教师 28 人。毕业生 95 人，就业率 100%。招生 78 人，均为京籍学生。在校生 175 人，均为京籍学生。网址：www.pgyz.cn。

2017 年，平谷职校秉承"为学生创造机会，为教师搭建平台，为社会培养人才"办学理念开展工作。

强化师德建设。落实师德积分与党员积分相融合的"双积分"制和教育教学与安全管理相融合的"一岗双责"制。开展师德专题教育，签订《师德承诺书》和《拒绝有偿补课承诺书》。

立足课堂，提升教师教育教学水平。采取"双积分"与绩效考核、评先评优相结合的方式激励教师参与教科研活动，开展信息化教学培训，实施电子备课，资源共享；组织教师参加各级各类基本功竞赛、评优课、研究课，加大课堂督导力度，不断提升教师职业素养。

新增专业及中高职衔接办学，畅通升学就业渠道。分别与北京农业职业学院机电工程学院、北京北大方正软件技术学院联合开办机械制造技术、学前教育专业"3+2"中高职衔接班。新增加工制造类机电技术应用专业，加快机械制造等专业转型升级，畅通学生升学就业渠道。

构建特色化德育体系。推进"全员育人制度化、活动育人特色化、文化育人社团化、志愿服务常态化"德育建

3 月，平谷职校教师为雕窝村农家院进行烹饪培训
（平谷职校　供）

设体系。开展“向国旗敬礼”等系列主题教育活动，推进社团特色化建设，创设丰富多彩的校园文化活动。

送学下乡，服务区域经济。与平谷区黄松峪乡政府联手打造“热情的平谷，舌尖上的雕窝”，为20余户农家院从业者开展礼仪和烹饪培训，并助力开发大庙峪“清泉石锅豆腐宴”。主编农民继续教育系列教材《美丽的桃乡》正式出版发行。

（贾迎春　刘海燕）

北京国际职业教育学校

2017年，北京国际职业教育学校占地面积7.22万平方米，产权校舍建筑面积13万平方米。全年教育经费投入11820.32万元，其中，国家拨款11447.59万元、自筹经费372.73万元。固定资产总值20434.54万元，其中，教学、实习仪器设备资产值9751.66万元。图书馆建筑面积1612平方米，藏有纸质图书26.33万册、电子图书26.10万册。拥有计算机2663台。学校信息化经费投入322万元，网络信息点889个，校园网出口总带宽145Mbps，数字资源量4928GB。设有安定门、北京站、鼓楼、和平里、总部5个校区，拥有4大类专业群，开设学前教育、文物保护技术、中餐烹饪与营养膳食等14个专业，63个教学班。教职工371人，包括专任教师285人、教辅人员35人。专任教师中具有研究生学历28人，本科及以上学历占教师总数100%；高级专业技术职务117人、中级111人；“双师型”教师33人。聘请校外教师62人。毕业生581人，就业率100%，职业资格证书取证率92%。招生111人，包括京籍学生99人。在校生1117人，包括京籍学生906人。网址：www.bjive.net。

2017年，学校立足首都功能定位，发展精品特色专业。文物保护技术专业加入高端技术技能人才贯通培养试验项目，与故宫博物院、北京联合大学共同培养具有本科学历的文物保护与修复高端技术技能人才。

深化教育改革，提升育人质量。探索国际化技术技能人才培养模式，开展英语教学改革，雅思课程校本化；引入国际注册会计师(特许公认会计师公会ACCA)和伦敦艺术大学专业课程。开展有趣、有用、有效“三有”课堂研究实践活动，推出33节研究课，50名教师按照“六步教学法”呈现评优课，提升教学质量。学生1人获全国“最美中职生”称号，1人获北京市中小学生银帆奖。1名教师入选北京市第30届“紫禁杯”优秀班主任，1人被评为“特级教师”。

开发与实施职业体验课程。全年面向中小学生开发职业体验课程121门，课程实施110门，42064人次中小学生参加，108名教师参与课程开发与实施。面向社区企事业单位开展培训和职业体验活动。13名教师为8个社区开设13门课程，主办东城区市民烹饪大赛、花艺大赛，13名教师被评为“优秀市民学习指导教师”。

坚持立德树人，打造德育品牌。“志愿星”项目获得北京市中职学校首届“一校一品”优秀德育品牌。学校以“志愿星”为品牌的志愿服务活动作为学校德育创新实践载体，形成以“国际交流与合作”为特色的安定门校区志愿服务队、以“中国海关博物馆”系列导览活动为特色的北京站校区志愿服务队、以“特教融合教育”为特色的鼓楼校区志愿服务队、以“建国门残联职康站互助”为特色的和平里校区志愿服务队。年内，学校获首批“全国中学生志愿服务示范学校”称号、“中学生学雷锋志愿服务示范校”称号。

（卜保文　戈萌）

北京市大兴区第一职业学校

2017年，北京市大兴区第一职业学校占地面积18.47万平方米，产权校舍建筑面积8.54万平方米。全年教育经费投入6444.65万元，其中，国家拨款5947.53万元、自筹经费497.12万元。固定资产总值30312.42万元，其中，教学、实习仪器设备资产值8460.08万元。图书馆建筑面积1900平方米，藏有纸质图书8.26万册、电子图书32万册。拥有计算机1268台。学校信息化经费投入46万元，网络信息点66个，校园网出口总带宽100Mbps，上网课程1门，

4月17日，大兴一职子轩工作室进社区

（大兴一职　供）

数字资源量595.70GB。设有1个校区，4个系部，开设航空服务、学前教育、动漫游戏等11个专业，29个教学班。教职工194人，包括专任教师129人、教辅人员34人。专任教师中具有研究生学历6人，本科及以上学历占教师总数99%；高级专业技术职务67人、中级70人；“双师型”教师37人。聘请校外教师15人。毕业生66人，就业率98%，职业资格证书取证率64%。招生344人，包括京籍学生99人。在校生871人，包括京籍学生176人。网址：www.dxyz.com.cn。

2017年，学校深入推进校企合作、京冀协同。

京冀职教互联互通。接待河北省廊坊市固安职教中心教师到校参加教学展示开放周听课活动；接待邯郸市第二职业中学、邯郸市第六职业中学校长一行到校进行为期3周挂职考察；与张家口市万全职业技术教育中心签订合作办学协议。9月，邯郸理工学校平面设计专业、张家口市万全区职业技术教育中心计算机专业106名交流生到学校进行为期1年深度访学。

校企合作、产教融合更加深入。与联想集团继续打造“联想专班”，共同开发计算机应用专业12门理实一体化特色实训课程；2015联想一期专班38名学生通过考核全员取得LCSE认证，全部被知名科技公司录用，就业率100%，专业对口率100%。与中盈创信北京科技有限公司及奇虎360科技有限公司合作启动“360自主创业平台”，校内成立子轩数码工作室、平面大师工作室，打造校企合作、学生创业新模式。

（李辉）

北京现代职业学校

2017年，北京现代职业学校占地面积1.26万平方米，产权校舍建筑面积1.09万平方米。全年教育经费投入3741.45万元，其中，国家拨款3736.41万元、自筹经费5.04万元。固定资产总值6697.97万元，其中，教学、实习仪器设备资产值5219.99万元。图书馆建筑面积102.40平方米，藏有纸质图书10.24万册、电子图书15万册。拥有计算机670台。网络信息点1600个，校园网出口总带宽1000Mbps，上网课程12门，数字资源量1800GB。设有1个校区，开设会计、医学生物技术和金融事务等9个专业，15个教学班。教职工110人，包括专任教师98人、教辅人员4人。专任教师中具有研究生学历1人，本科及以上学历占教师总数100%；高级专业技术职务42人、中级36人；“双师型”教师37人。毕业生191人，就业率97.10%，职业资格证书取证率25%。未招生。在校生176人，包括京籍学生90人。网址：www.bjmvs.com。

2017年，学校调整办学发展思路，探索职教转型新模式。

职业体验。采用“基地授课”“送课下校”“团队订制”3种组织实施方式，全面开启职业体验新模式。新开发职业体验课程25门，总课程数量达50门，服务东城区13所中小学1.30万人次学生。

合作办学。继续巩固与开拓学校与河北省唐山市第一职业中专、大城县职教中心、三河市职教中心的合作内容。安置唐山一职代培班学生在专业物流公司电商平台岗位实习就业；完成唐山一职教师培训活动课程安排，课程交流覆盖两校师生千余人。电子商务专业骨干教师赴大城县职教中心开展专业课程交流、特色专业展示活动；大城县职教中心民族艺术专业教师参加学校“中国非物质文化遗产职业教育专业委员会委员单位”揭牌仪式，并现场展示“葫芦烙画”传统工艺，助力学校传统文化课程开发与推广工作。

人才培养。学校与社会用人单位共同搭建的校企合作交流平台持续促进学校、企业、学生积极互动，校内金融、会计、电子商务、医学生物技术、医药商品经营、数字媒体、国际商务专业学生面向30余家社会企业近200个工作岗位进行双向选择，面试合格率98%，用人单位对学校人才培养质量高度认可。

（毕志萍）

北京铁路电气化学校

2017年，北京铁路电气化学校占地面积14.06万平方米，产权校舍建筑面积7.71万平方米。全年教育经费投入13043.05万元，其中，国家拨款12700.29万元、自筹经费342.76万元。固定资产总值14036.54万元，其中，教学、实习仪器设备资产值6481.40万元。图书馆建筑面积2192.82平方米，藏有纸质图书17.80万册、电子图书8万册。拥有计算机655台。学校信息化经费投入186万元，网络信息点970个，校园网出口总带宽460Mbps，上网课程55门，数字资源量714GB。设有轨道交通技术类、供用电技术类、电气技术类3个专业群，开设供用电技术、电气化铁道供电、楼宇智能化等23个专业，49个教学班。教职工212人，包括专任教师150人、教辅人员7人。专任教师中具有研究生学历27人，本科及以上学历占教师总数95%；高级专业技术职务42人、中级67人；“双师型”教师80人。聘请校外教师8人。毕业生1341人，就业率99.68%。招生435人，包括京籍学生427人。在校生2939人，包括京籍学生1785人。网址：www.jtdx.com.cn。

2017年，学校学习宣传现代学校制度，建立、修订管理制度和办法25项。

人才培养模式从“以四年制中专为主”转向“以‘3+2+2’贯通培养为龙头、统筹‘3+2’中高职衔接发展”。开展工作过程导向、任务驱动、项目载体的教学模式改革；申报市级教学成果奖7项；获得2项软件著作权证书。承办5项市级比赛，学生参加各级各类比赛获得国家级二等奖1个、三等奖3个，市级一等奖12个。

围绕产业结构转型升级要求，提升专业建设水平和人才培养质量。与北京信息科技大学共同开发“一体化设计、厚基础、强技术、高技能”课程体系和培养方案。依托校内

6月2日，职业院校校企深度融合集体采访会上，商业学校教师向媒体记者介绍眼视光与配镜专业学生手工作品 （商业学校 供）

外德育实践基地，组织100余名学生走进湖东机务段、大同机车厂等企业，开展“重载之旅”等职业素养教育活动；开展“励志 · 动车”助学活动；创新家长学校工作，邀请专家为家长开办家庭教育、亲子沟通讲座；与中科院心理所合作建立学生心理健康电子档案，全程跟踪、监测、干预、辅导。

办学功能从以学历教育为主转向学历教育、对外培训并举。全年完成北京地铁机电公司高技能人才培训、北京铁路局提职司机培训等18期80380人次；承担张家口市贫困地区中职校长和骨干教师培训，195人参训；接受十堰高级职业学校3名干部到校跟岗锻炼，选派1名教师赴拉萨市第一中等职业技术学校任职2年；承担沈阳名校长培训。

开展教学基本功比赛、班主任基本功比赛。教师团队参加信息化教学大赛，获得市级比赛一等奖4个，全国比赛一等奖1个、二等奖1个；获得第二届全国班主任基本功大赛一等奖；2名教师被评为北京市学科教学带头人；1名教师被评为北京市骨干教师。

（朱春然）

北京市商业学校

2017年，北京市商业学校占地面积20.93万平方米，产权校舍建筑面积10.53万平方米、非产权校舍建筑面积1.44万平方米。全年教育经费投入16250.71万元，其中，国家拨款15430.29万元、自筹经费820.42万元。固定资产总值27456.61万元，其中，教学、实习仪器设备资产值10273.63万元。图书馆建筑面积3629.78平方米，藏有纸质图书11.30万册、电子图书9.40万册。拥有计算机3995台。学校信息化经费投入160.54万元，网络信息点3100个，校园网出口总带宽700Mbps，上网课程65门，数字资源量32149GB。设有北七家、宣武门和远大路等7个校区，6个系部，开设会计、电子商务和学前教育等22个专业，121个教学班。教职工319人，包括专任教师206人、教辅人员28人。专任教师中具有研究生学历86人，本科及以上学历占教师总数100%；高级专业技术职务53人、中级102人；“双师型”教师142人。聘请校外教师86人。毕业生936人，就业率100%，职业资格证书取证率100%。招生1275人，包括京籍学生614人。在校生3757人，包括京籍学生1951人。网址：www.bjsx.com.cn。

2017年，学校深化教育改革。推进职业素养护照研究和实施，加快成果落地转化。建构人才培养监测与评价体系，发起成立国内首家中职发展研究协同创新中心，发布国内首份中职学生成长发展质量报告和人才培养质量报告。优化专业设置，轨道交通专业成为全国职业院校交通运输类示范专业点，汽车服务与管理专业成为国家第二批“现代学徒制”试点专业。深化产教融合，实现校企间师资双向流动，企业深度参与人才培养全过程，采用学徒制、订单班、顶岗实习、工学交替、共建生产性实训基地等多种方式实现校企共育现代服务人才。

承担社会职能。发挥北京祥龙大学、北京现代服务业职教集团平台优势，拓展教育服务功能；有针对性地开展职工继续教育培训、社会培训鉴定和成人高等学历教育。为财政部、市财政局、市人力社保局等提供政府购买服务，承担北京市中小学生职业体验、市民培训、社区服务等社会公益性服务。

加强职教宣传。与北京教育新闻中心、北京祥龙资产经营有限责任公司共同举办“职业院校校企深度融合”集体采访，新华社等20余家媒体参加，并实地深入学校专业教室、校内实训基地及合作企业进行一对一专访。采访全程直播，实时在线观众超20万人次。

推进精准扶贫。运用“教育 + 产业 + 文化”扶贫模式，赴云南保山和勐海、河北青龙、新疆和田三地援教交流10次，组织三地教师来京培训学习共13批128人次；成立商业学校青龙分校，招收保山、青龙两地学生263人；主办龙陵抗战文化遗产保护研讨会，推进文化扶贫；统筹利用行业企业资源，与当地产业精准对接，推进产业扶贫；为云南腊勐镇新和村注入“以奖代补”专项基金10万元，推进资金扶贫。

（陈又瑜）

北京商贸学校

2017年，北京商贸学校占地面积9.51万平方米，产权校舍建筑面积7.95万平方米。全年教育经费投入9146万元，其中，国家拨款8960万元、自筹经费186万元。固定资产总值2.69亿元，其中，教学、实习仪器设备资产值14377.20万元。图书馆建筑面积3652平方米，藏有纸质图书7.88万册、电子图书24.30万册。拥有计算机2504台。学校信息化经费投入235.70万元，网络信息点648个，校园网出口总带宽70Mbps，数字资源量15.20TB。设有4个系部，开设金融事务与管理、铁道运输管理、产品质量监督检验等16个专业，53个教学班。教职工172人，包括专任教师96人、教辅人员27人。专任教师中具有研究生学历43人，本科及以上学历占教师总数100%；高级专业技术职务33人、中级46人；“双师型”教师60人。聘请校外教师21人。毕业生457人。招生280人，包括京籍学生280人。在校生1343人，包括京籍学生1208人。网址：www.bjsmxx.com.cn。

2017年，学校以专业建设、课程改革为抓手，以师资队伍建设为基础，以学生技能培养为中心，强化教学过程管理，教育教学质量全面提高。师生参加各项比赛取得5年来最好成绩，在北京市电子商务专业技能大赛、北京市中等职业学校会计专业技术技能比赛、京津冀中等职业学校会计电算化教师技能比赛中均突破历年最好成绩。

拓宽内外合作渠道，推动外延发展。与曲周县职教中心形成日常交流常态化的同时，扩大合作内容；与大名县职教中心建立合作关系。加大“走出去”步伐，与澳大利亚波士山学院合作开展2次全校性的项目推广和师生语言培训推广，合作进入实质阶段。

坚持立德树人，加强学生思想道德建设。做好学生稳定工作，执行班主任值班制度。提出德育课程化建设，将德育量化考核、班风考核等纳入学生综合素质德育课程化建设体系中。

科学管理，夯实基础，提质增效内涵发展。修订和完善12项制度，全面启动内部控制管理流程查找风险点及制定防控措施工作。

（张帆）

11月10日，商贸学校举办首次班主任技能大赛

（商贸学校 供）

北京市供销学校

2017年，北京市供销学校占地面积4.21万平方米，产权校舍建筑面积3.23万平方米。全年教育经费投入4521.82万元，其中，国家拨款4425.99万元、自筹经费95.83万元。固定资产总值12344万元，其中，教学、实习仪器设备资产值4749.73万元。图书馆建筑面积2642平方米，藏有纸质图书7.13万册、电子图书15万册。拥有计算机800台。学校信息化经费投入25.97万元，网络信息点1000个，校园网出口总带宽100Mbps，上网课程28门，数字资源量202GB。设有大兴、房山2个校区，5个系部，开设大数据技术应用、城市轨道交通运营管理、电子竞技运动与管理、会计等11个专业，48个教学班。教职工98人，包括专任教师56人、教辅人员7人。专任教师中具有研究生学历16人，本科及以上学历占教师总数100%；高级专业技术职务17人、中级37人；“双师型”教师37人。毕业生313人，就业率95%，职业资格证书取证率100%。招生78人，包括京籍学生78人。在校生690人，包括京籍学生416人。网址：www.bjgx.com。

2017年，学校巩固学历教育，开拓社会培训，发展联合办学，打造世欣教育品牌。积极开拓培训市场，完成社会培训、鉴定1.94万余人次，培训方式逐步向高端培训和网络课程培训发展；联办的高等教育北京开放大学供销学院平稳发展，招生1239人，按时毕业率81%。

围绕职业意识、职业习惯、职业道德、职业能力形成“每月一个主题、每月一个活动”教育管理模式，引导学生学会做人、学会求知、学会共处，开拓以育人为根本、以学生安全为底线、以素质教育为长线的全新的学生管理工作模式，在全校范围内做好德育“一校一品”德育品牌工作。学生参加京津冀会计技能大赛获得4个一等奖；参加全国部分省市职业院校“求实杯”财会综合技能比赛获得1个四项全能一等奖、4个单项比赛一等奖。

以一体化教学改革为抓手，打造新型职教科研队伍。加大对教研组长、骨干教师和年轻教师的培养力度。全年教师发表论文17篇；主编、参编教材9本；教研成果51项。

（许清鹏）

供销学校会计专业学生在六省市综合技能比赛中获得佳绩

（供销学校 供）

北京水利水电学校

2017 年，北京水利水电学校占地面积 3.85 万平方米，产权校舍建筑面积 2.95 万平方米。全年教育经费投入 5639.27 万元，其中，国家拨款 4930.24 万元、自筹经费 709.03 万元。固定资产总值 8148.81 万元，其中，教学、实习仪器设备资产值 4211.66 万元。图书馆建筑面积 3241.63 平方米，藏有纸质图书 9.06 万册、电子图书 3 万册。拥有计算机 611 台。学校信息化经费投入 597.38 万元，网络信息点 796 个，校园网出口总带宽 250Mbps，上网课程 2 门，数字资源量 12741.42GB。设有 1 个校区，4 个系部，开设水利水电工程施工、机电技术应用和建筑工程施工等 12 个专业，32 个教学班。教职工 150 人，包括专任教师 83 人、教辅人员 11 人。专任教师中具有研究生学历 24 人，本科及以上学历占教师总数 100%；高级专业技术职务 30 人、中级 42 人；"双师型"教师 39 人。聘请校外教师 8 人。毕业生 356 人，就业率 98.20%，职业资格证书取证率 98%。招生 235 人，包括京籍学生 181 人。在校生 838 人，包括京籍学生 690 人。网址：www.slsdschool.org。

2017 年，学校坚持立德树人，提升学生综合职业素养。研究制定《学生综合素质加分评审认定细则》，夯实学生养成教育基础。开展"文明班集体"评选、优秀学生干部评选等争先创优活动；组织"水校演说家"等主题德育活动；坚持班会课制度、学生干部例会制度、学生例会制度，引领学生团队建设。

校际合作办学机制初具雏形，人才培养精准对接市场需求。新增合作高职院校 1 所，新增"3+2"中高职衔接专业 3 个并完成招生。首届水利水电工程施工专业"3+2"中高职衔接班学生经转段考试升入北京农业职业学院。走访调研 40 余家企事业单位，动态调整与热力集团、自来水集团合作订单班的人才培养方案，首届自来水集团订单班学生毕业上岗。学生参加市（部）级、国家级技能大赛获奖 24 人次。

多措并举，推进教师队伍建设。加大对青年教师和新教师培养力度，开展教案讲评、人文素养讲堂、新教师系列培训、"以老带新"等活动。为教师到企业、生产一线实践锻炼创设条件，加大"双师型"教师培养力度。修订《班主任考核办法》，健全班主任工作考核机制。组织课程平台使用、数字资源应用、微课资源建设等信息化教学培训，推动信息技术与教育教学工作融合。

服务行业发展，助力首都学习型城市建设。改进模块化教学模式，完成南水北调对口协作、水务系统职工继续教育培训 357 人次。继续开办北京开放大学水务学院和大专班，全年共招生 164 人、毕业 222 人。培训学校全年为周边社区青少年儿童提供英语、绘画等课程累计 1193 人次。

（张一鸣）

水电学校调研市自来水集团，了解学生实习情况

（水电学校　供）

北京市自动化工程学校

2017 年，北京市自动化工程学校占地面积 3.76 万平方米，产权校舍建筑面积 3.20 万平方米。全年教育经费投入 5658.68 万元，其中，国家拨款 5466.87 万元、自筹经费 191.81 万元。固定资产总值 16301 万元，其中，教学、实习仪器设备资产值 10200 万元。图书馆建筑面积 680.40 平方米，藏有纸质图书 6 万册、电子图书 10 万册。拥有计算机 810 台。学校信息化经费投入 30 万元，网络信息点 431 个，校园网出口总带宽 200Mbps，数字资源量 2000GB。建有综合实训楼，包括模具制造实训室、工艺车间等 82 个实训场所和专业教室。开设数控、模具、信号等 8 个专业，34 个教学班。教职工 133 人，包括专任教师 88 人、教辅人员 11 人。专任教师中具有研究生学历 22 人，本科及以上学历占教师总数 100%；高级专业技术职务 19 人、中级 37 人；"双师型"教师 6 人。聘请校外教师 4 人。毕业生 439 人，就业率 98.12%，职业资格证书取证率 51%。招生 258 人，包括京籍学生 258 人。在校生 1432 人，包括京籍学生 1194 人。网址：www.zdhschool.com.cn。

2017 年，学校根据北京市职业教育"高端化、特色化、国际化"发展要求，做好"3+2"专业建设工作，探索教育发展重心。新增物联网技术应用、工业机器人 2 个"3+2"中高职衔接专业，形成专业新特色。

9月12日，自动化学校承办挑战“大工匠”系列赛——钳工挑战者选拔赛 （自动化学校 供）

坚持“目标引领、精细管理、跟踪成效、打造品牌”理念，高标准开展开放性科学实践体验活动。8个项目入选2017—2018学年初中开放性科学实践活动项目。全年开展开放性科学实践活动534次，11343人次参与。开展面向中学生的学工基地建设。成立面向中小学生的综合教育实践办公室，从6个方面制定30余项任务清单，细分任务，落实到人。

以技能大赛为平台，全方位打造技能型人才。利用每周三第七节课组织开展技能俱乐部活动，带领学生操练专业。在校内组织开展50余个竞赛项目，1200人次学生参加校级比赛获奖，多名学生在北京市交互式电子出版物设计大赛、北京市中职学校中华传统文化与语文职业应用技能大赛中获奖。坚持“人人可以成功，人人可以成才”理念，完善常规化、系列化的校园文化活动体系，以主题教育和实践活动为抓手，开展25项主题活动，促进学生全面发展。

加强校企联系。与北京京港地铁有限公司签署岗前培训校企合作协议，开展京港地铁岗前员工培训；多次与企业联合开展专业研修活动，提升教师专业技能；承办市总工会“挑战大工匠”钳工选拔赛及决赛，举办全国青年匠师现代精密检测技术等培训班，不断发挥实训基地示范及辐射作用，提升学校社会影响力。

（王爱芬）

北京市劲松职业高中

2017年，北京市劲松职业高中占地面积10.90万平方米，非产权校舍建筑面积9.40万平方米。全年教育经费投入14328万元，其中，国家拨款13204万元、自筹经费1124万元。固定资产总值59221万元，其中，教学、实习仪器设备资产值14121万元。图书馆建筑面积2400平方米，藏有纸质图书16.30万册、电子图书50万册。拥有计算机1312台。学校信息化经费投入30万元，网络信息点1910个，校园网出口总带宽1000Mbps，上网课程53门，数字资源量25000GB。设有常营、劲松和新源里等5个校区，开设中餐烹饪、西餐烹饪和酒店服务与管理等13个专业，80个教学班。教职工245人，包括专任教师190人、教辅人员38人。专任教师中具有研究生学历43人，本科及以上学历占教师总数100%；高级专业技术职务70人、中级83人；“双师型”教师65人。聘请校外教师25人。毕业生791人，就业率98.70%，职业资格证书取证率87%。招生593人，包括京籍学生145人。在校生2274人，包括京籍学生586人。网址：www.jszg.com.cn。

2017年，学校编制完成专业建设、队伍建设、内部治理等10个专项工作的三年（2017—2019）行动计划。把“学校内部治理机制建设”作为重点任务进行专门研究与实践，把“绩效管理”研究与实践作为提升学校管理水平的突破点、创新点。

聚焦有趣、有效、有用“三有”课堂教学改革，开展以“混合式教学模式改革创新”为核心的创新改革实践。坚持“以人为本、德育为先、能力为重、全面发展”原则，凝练德育内涵，构建三个维度（班级文化建设、班级管理模式创新、班级特色活动开展）整体指导全校班级建设。围绕学校育人“六品”（儒雅、自信、自强、自律、忠诚、乐群）开展小组合作班级管理模式的课题研究，打破原有社团构建方式，开展跨专业人人参与的学生社团活动。各专业开发编写针对不同对象、不同技能层次的社会培训课程400余门。全年开展各级各类社会培训2.30万人次。入选语言文化联盟校。

加强交流与合作。与唐山市第一职业中专签订合作协议，开展基地校建设、专业协同发展、学生实习实训等多方面合作；与贵州贵阳、云南昆明、河南等地职业教育的合作项目稳步推进。与法国、芬兰、捷克等国家职业院校的国际合作项目持续深入。接待市、区各级领导来校调研，各省市领导、职业院校校长、教师来校交流，以及国外职业院校的外宾考察、国际合作项目实施共计150次，接待3800人次。

加大宣传力度。学校公众号推送信息396条。北京电视台等主流媒体对学校办学情况和办学成果报道共计23次。举办市、区级研究课、公开课、观摩课52节；各级各类在研课题20个。举办应届实习生招聘会6场，100家单位参加招聘会，60家单位与学校签订用工协议，提供工作实习岗位 700 个；540 名学生参加招聘，平均推荐率 100%，分配率 98.70%。学生获世界级专业技能比赛大奖 4 项、国家级专业技能大赛奖项 3 项、北京市级技能比赛奖项 36 项；2 名教师获全国餐饮职业教育优秀教师称号；学校获全国餐饮职业教育示范校称号。教师参加管理、业务、技能等培训 2231 人次，获论文、说课、信息化教学、课题研究等各级各类奖项 362 项。

（王为民　李婷婷）

5 月 23 日，劲松职高接待国外交流团

（劲松职高　供）

中国音乐学院附属中等音乐专科学校

2017 年，中国音乐学院附属中等音乐专科学校占地面积 2.64 万平方米，产权校舍建筑面积 2.27 万平方米。全年教育经费投入 4377.03 万元，其中，国家拨款 3750.38 万元、自筹经费 626.65 万元。固定资产总值 11726.76 万元，其中，教学、实习仪器设备资产值 4776.88 万元。图书馆建筑面积 400 平方米，藏有中文图书 23584 册、乐谱 90233 页、音像制品 8307 盘，音频资料 106969 分钟、视频资料 53017 分钟。拥有计算机 161 台。学校信息化经费投入 99.33 万元，网络信息点 382 个，校园网出口总带宽 70Mbps，数字资源量 350GB。开设民族乐器演奏、声乐表演、作曲与音乐基础理论、钢琴与键盘乐器演奏、管弦乐器演奏 5 个专业学科和 1 个文化教学科，17 个教学班。设有 1 个培训中心，拥有中国少年民族乐团、中国少年爱乐乐团、中国音乐学院附中女声合唱团等艺术实践团体。教职工 83 人，包括专任教师 67 人、行政教辅人员 16 人。专任教师中具有研究生学历 31 人，本科及以上学历占教师总数 100%；高级专业技术职务 16 人、中级 41 人。聘请校外教师 92 人。毕业生 124 人。招生 158 人，包括京籍学生 20 人。在校生 615 人，包括京籍学生 78 人。网址：www.msccmusic.com。

2017 年，学校围绕“艺术专业突出、综合素质全面”人才培养目标，坚持走质量提升为核心的内涵式发展道路。

教学工作。制定、修订一系列教学管理规章制度。国乐学科新增箜篌专业，成立拉弦、弹拨和吹打 3 个教材建设研究室。出版“十二五”职业教育国家规划立项系列教材 5 本，包括《和声基础》《基本乐理》《钢琴基础训练》《民族民间音乐》《音乐欣赏》。深化“中国民族音乐活态教学与实践体系”建设，巩固和发展立体、多层次、活态的民族音乐理论课教学模式。“中国民族音乐活态教学与实践体系的建构”获 2017 年北京市职业教育教学成果奖二等奖。在北京音乐厅举行“少年之光”中国少年民族乐团教学实践音乐会。

学生工作。以校园封闭管理为抓手，提出“乐学善思、明德笃行”学风建设理念，助力形成全员全程全方位育人格局。定期举办青少年法制讲座，开展心理健康团体辅导活动。助力助残教育事业。31 名学生获得北京市中职系统“政府奖学金”。

交流与合作。中国少年民族乐团师生一行 51 人受邀赴澳门参加“乐韵悠扬丝路情”国际青年音乐交流会演。中国少年女子合唱团师生一行 23 人受邀赴澳门参加“丝韵春风”系列文化展演暨澳门回归 18 周年文化展演。国乐学科教师一行 16 人赴俄罗斯圣彼得堡，与圣彼得堡国立艺术大学、安德烈耶夫国立模范民族乐团进行学术交流，并联合举办音乐会。与美国伊斯曼音乐学院主办第四届“郦鸣春晓”国际作曲比赛并举行颁奖音乐会。接待英国皇家音乐学院、瑞士日内瓦音乐学院、比利时烈日交响乐团等国际院校及乐团 30 余名专家来校开展学术交流活动。

（冯琦）

11 月，中国音乐学院附中国乐学科教师赴俄罗斯圣彼得堡交流演出　（中国音乐学院附中　供）

（本栏责任编辑　胡雨）

922 所

各级各类民办学校

75354 人

毕业生

101169 人

招生

303861 人

在校生

54257 人

教职工

2018 | 民办教育

PRIVATE EDUCATION

- 民办高校管理机制完善
- 民办学习党建工作推进
- 民办高校变更
- 教育培训机构调整压缩
- 全国民办中小学校校长沙龙

民办教育

综述

概述

2017 年，北京市有各级各类民办学校 922 所，毕业 75354 人，招生 101169 人，在校生 303861 人；教职工 54257 人，包括专任教师 27656 人。其中，民办幼儿园 664 所，毕业 34456 人，招生 65606 人，在园 160478 人；教职工 29080 人，包括专任教师 13851 人。民办小学 59 所，毕业 11052 人，招生 7599 人，在校 51350 人；教职工 2190 人，包括专任教师 1662 人。民办初中 27 所，毕业 7627 人，招生 8709 人，在校 22857 人。民办普通高中 70 所，毕业 2581 人，招生 2728 人，在校 7790 人；教职工 12469 人，包括专任教师 7433 人。民办中等职业教育学校 21 所，毕业 628 人，招生 359 人，在校 1855 人；教职工 667 人，包括专任教师 313 人。民办普通高校 16 所，毕业 19010 人，招生 16168 人，在校 59531 人；教职工 6060 人，包括专任教师 2880 人。其他民办高等教育机构 65 所，教职工 3791 人，包括专任教师 1517 人。在教育行政部门注册的民办职业技术培训机构 1178 所，结业 931703 人次，注册学生 1257852 人；教职工 82966 人，包括专任教师 26109 人。

（胡雨）

民办高校管理机制完善

2017 年，市教委研究完善民办高校管理机制。研究制定《北京市关于鼓励社会力量兴办教育促进民办教育发展的实施意见》《北京市民办学校分类登记实施办法》《北京市营利性民办学校监督管理办法》《关于加强北京市民办非学历教育机构管理工作的若干意见》等文件，健全民办非学历教育机构退出机制。组织召开北京市民办高校工作会，完成民办高校年检工作，促进民办高校依法办学、诚信办学、规范办学。稳妥处理北京科技经营管理学院、北京科技职业学院、北京邮电大学世纪学院等若干学校办学不稳定问题。

（姚林修）

民办高校备案

2017 年，市教委落实“放管服”要求，调整民办高校招生简章和广告备案工作流程，从事前备案管理调整为事中事后监管。完成 42 所学校招生简章和广告备案工作，以及 105 所学校招生宣传监测工作。督促北京民办教育协会落实管理责任，注重从互联网、手机 APP 等方面发现违规情形，向 35 所存在违规宣传情形的民办高校下发整改通知，所有学校全部提交整改报告，完成率 100%。落实市政府督察室要求，建立虚假大学监管台账，对 170 个虚假大学网站进行逐一排查，发现 3 个运行的虚假大学网站，联系市网信办及时处置。为 11 所民办高校办理决策机构备案，变更法人代表 3 家，审核章程 2 家。

（张子珽　王蕾）

民办学校党建工作推进

2017 年，北京市推进民办学校党建工作。市委组织部、市委教工委联合印发《北京市贯彻落实〈关于加强民办学校党的建设工作的意见（试行）〉实施方案》，细化 7 个方面任务、38 条具体措施，明确 3 类责任主体、9 个责任部门；召开北京市民办学校党建工作现场推进会，部署北京市民办学校党建推进工作，邀请西城、朝阳和海淀区相关负责人作交流发言，现场考察北京培黎职业学院、北京市二十一世纪国际学校党建工作。北京民办教育协会引导和组织北京民办教育领域社会组织开展党建工作，一方面通过实地调研、问卷调查等形式，摸清民办学校党建工作基本情况，提供有针对性的指导和服务，联系、指导和支持没有建立党组织的民办学校建立党组织；另一方面开展系列学习和实践活动，提高民办学校党组织政治站位，加强政治建设、严格政治责任，组织常务理事深入学习贯彻党的十九大精神，开展民办学校如何加强政治建设研讨活动；与北京市社会组织党的建设研究会联合对民办学校中学习宣传贯彻落实党的十九大精神的好做法、好经验进行报道和宣传。

（王蕾　孙亚茹）

9 月 20 日，北京市民办学校党建工作现场推进会

（市教委相关处室　供）

全国民办中小学校校长沙龙

3 月 10 日和 5 月 11 日，北京民办教育协会联合中国民办学校校长群分别在海口和郑州举办 2 期全国民办中小学校校长沙龙。活动围绕民办学校发展定位与骨干教师培养、民办学校与课程改革、民办学校规模与品质、民办学校生存与发展等主题开展交流。北京市第八中学怡海分校、北京第二实验小学怡海分校和海淀区崛起实验学校等 60 余所民办中小学校 80 余人参加会议。

（王蕾）

民办高校及民办高等教育机构办学状况年检

6 月 21 日，市教委公布 2016 年度北京民办高等学校及其他民办高等教育机构办学状况年度检查考核结果。共 77 所学校参加年检，35 所学校年检结论为通过，36 所学校基本通过，5 所学校暂缓通过，1 所学校不通过。完成对 15 所民办普通高校及独立学院、62 所民办非学历高等教育机构的材料审核，对 18 所民办非学历高等教育机构的进校考察，对 31 所全日制民办非学历高等教育机构的专项检查。年检工作委托北京民办教育协会开展，开始于 1 月，由学校自查、专家组审核材料、专家组进校考察 3 个阶段组成。

（王蕾　崔晶）

民办高校变更

6 月至 11 月，市教委同意部分民办高校变更申请。6 月 5 日，同意北京金融学院名称变更为北京金融研修学院；7 月 5 日，同意北京工商学院终止办学；9 月 5 日，同意北京翻译研修学院变更地址；9 月 21 日，同意北京国际汉语学院名称变更为北京国际汉语研修学院；11 月 6 日，同意中关村创新研修学院变更举办者；12 月 26 日，同意蒙代尔国际企业家大学名称变更为北京蒙代尔企业家研修学院。

（崔晶）

民办高校及非学历高等教育机构年度招生政策公布

7 月 14 日，市教委公布北京市民办普通高校及非学历高等教育机构 2017 年秋季招生政策。北京市民办普通高校本（专）科教育招生严格执行教育部和北京市关于普通高等院校招生管理规定，一律纳入全国普通高等学校统一考试招生录取体系。民办非学历高等教育机构不具备颁发国家承认的学历文凭的资格。根据 2016 年度北京民办高等学校及其他民办高等教育机构办学状况年度检查结果及相关学校整改情况，2017 年北京市具有招生资格的民办普通高校及独立学院共 15 所、民办非学历高等教育机构 60 所。

（胡雨　刘鸿瑞）

2017 年北京市具有招生资格的
民办普通高校及独立学院 (15 所)

北京城市学院
北京北大方正软件职业技术学院
北京吉利学院
北京汇佳职业学院
首都师范大学科德学院
北京经济技术职业学院
北京工商大学嘉华学院
北京经贸职业学院
北京邮电大学世纪学院
北京科技职业学院
北京工业大学耿丹学院
北京培黎职业学院
北京艺术传媒职业学院
北京第二外国语学院中瑞酒店管理学院
北京网络职业学院

（胡雨　刘鸿瑞）

2017 年北京市具有招生资格的
民办非学历高等教育机构（60 所）

1. 全日制民办非学历高等教育机构（30 所）	
北京现代音乐研修学院	北京工商管理专修学院
北京国际标准舞研修学院	北京北大资源研修学院
北京航空旅游专修学院	北京瀚林职业研修学院
北京珠宝首饰研修学院	北京应用技术专修学院
北京八维研修学院	北京民族大学
北京世华管理专修学院	北京建设大学
北京文理研修学院	北京财经专修学院
北京人文大学	北京涉外经济专修学院
北京明园大学	现代管理大学
北京影视研修学院	北京国际经贸研修学院
北京华嘉专修学院	北京新亚研修学院
北京美国英语语言学院	北京华夏管理学院
北京企业管理研修学院	北京经济研修学院
北京演艺专修学院	北京高等秘书研修学院
北京东方大学	东方文化艺术学院
2. 非全日制民办非学历高等教育机构（30 所）	
北京金融研修学院	北京计算机专修学院
北京逻辑语言研修学院	北京彼得·德鲁克管理研修学院
北京机械工程师进修学院	北京管理软件进修学院
北京华大研修学院	中关村创新研修学院
北京摄影函授学院	北京经济技术研修学院
北京长城研修学院	北京民生财富研修学院
北京礼仪专修学院	北京东方研修学院
北京国际青年研修学院	中国教育国际交流研修学院
北京心理学函授学院	北京汉语国际推广中心
中国农民大学	北京东方妇女老年大学
北京中国驻颜美容学院	蒙代尔国际企业家大学
北京韩红艺术研修学院	中国现代教育研修中心
北京盛唐研修学院	北京当代艺术研修学院
北京军地专修学院	北京翻译研修学院
北京国际汉语学院	北京京海研修学院

（胡雨　刘鸿瑞）

调整压缩教育培训机构

至年底，市教委依法调整压缩教育培训机构。市教委按照“北京市‘疏解整治促提升’专项行动”工作要求，指导各区依法依规调整压缩培训机构。通过撤销或收回办学许可证、受理终止办学行政许可等方式压缩培训机构 44 个，减少培训 2.10 万人次。

（孙运科）

民办教育管理

怡海教育集团工会联合会成立

7 月 7 日，北京怡海教育集团工会联合会成立并挂牌。集团内北京市第八中学怡海分校工会、北京第二实验小学怡海分校工会、怡海幼儿园工会、怡海新世纪培训学校工会 4 家独立基层工会同时成立。怡海教育集团是丰台区最大的民办教育单位，包含北京八中怡海分校、北京实验二小怡海分校、怡海幼儿园、怡海新世纪培训学校 4 家单位。丰台区民办教育单位工会主席及怡海教育集团领导 180 人参加揭牌仪式。

（王云鹏）

7 月 7 日，怡海教育集团工会联合会成立

（丰台区教委　供）

朝阳加强对民办单位资金监管

7 月至 10 月，朝阳区教委委托社会中介机构对 2016 年拨付给民办教育单位的专项资金及 2016 年度以前结余专项资金开展专项审计。涉及 132 个单位 16 个项目，审计金额

1.34亿元。通过审计，发现个别单位未按照申报方案执行、超范围使用现金、发票未检验真伪以及以前年度资金存在结余等问题，对发现问题及时督促相关单位整改落实。至年底，还对369个民办单位2016年度财务审计报告进行审核，344个单位财务年检通过，25家整改后通过，并督促各单位对审计中发现的问题积极整改，促进民办教育机构财务管理不断规范。按照区教委专项资金管理办法，对基层单位专项资金使用流程进行审核，涉及59个学校，金额4.59亿元；对投入民办幼儿园、街乡等非教委二级核算单位财政资金使用方案进行事前审核，涉及234个学校，金额1.54亿元。

（刘新利）

通州首次开展社会力量办学单位教师职评工作

8月31日，通州区教委召开2017年通州区社会力量办学单位教师职称评审试点工作部署会。会议是通州区人力社保局联合通州区教委首次对社会力量办学单位部署职称评审工作，参评范围为通州区各社会力量办学单位中专门从事一线教育教学工作，且符合相关申报条件的在岗教师。职评工作坚持“业内认可、群众公认，倾斜一线、注重实绩，统一平台、分类评价，严格标准、择优选拔，统筹兼备、均衡发展”原则。具有办学资质的中央在京单位、乡镇办园、民办学校等100余家单位参加会议。2人申报副高级教师专业技术职务，78人申报二级教师专业技术职务，55人申报三级教师专业技术职务，全部通过评审，获得相应职称。

（张鹏）

西城开展民办教育机构和民办幼儿园安全检查

11月27日至12月31日，西城区教委开展民办教育机构和民办幼儿园安全检查。区教委联合街道对辖区内未经教委审批的无证幼儿园进行摸查，共联合执法检查无证园77所；从办学资质、办学场地、人员资质、学员组成、餐饮卫生、校园安全等方面共实地检查无证幼儿园、民办幼儿园、民办非学历培训机构400余校次。

（王竞艳）

大兴开展民办幼儿园年度考核

12月11日至25日，大兴区教委、大兴区教师进修学校、大兴区妇幼保健院联合开展民办幼儿园年度考核。考核小组分成两组，通过听取园长汇报、查看室内外环境及活动、查看档案资料、评价并反馈意见等方式对各园进行考核。全区44所民办园参加考核，全部合格，评选出考核优秀单位7个。

（徐敏）

昌平开展民办幼儿园危机管理与师幼情绪抚慰专题培训

12月24日，昌平区教委、区政府教育督导室举办民办幼儿园危机管理与师幼情绪抚慰专业培训班。培训班采取“1+1”模式开展教学，即1名专家讲授幼儿园突发事件危机管理的案例分析，1名专家从幼儿教师的心理抚慰和保教规范视角开展培训。危机管理案例分析教学由昌平区凯博外国语学校校长主讲。案例教学借用国内学前教育领域新近新闻事件为案例素材，从事件起源、社会反应、内部管理、新闻发布等方面，从应急行动到目标达成，全方位分析案情、启发思考。幼儿教师心理抚慰培训，从心理学到管理学，从理论到实践，从自我心理调适到干部教师安抚，科学性和实践性都很强。昌平区63所民办幼儿园园长、副园长（保教主任）共118人参加培训。

（谷长志）

门头沟民办教育工作有序推进

至年底，门头沟区民办教育工作有序推进。开展民办教育依法办学情况年检，22所民办学校合格；批复设立北京市门头沟区泷悦长安红黄蓝幼儿园。全年完成民办学校终止、地址变更、退费办法及招生简章与广告备案等30个行政审批和备案事项。

（关含笑）

朝阳加强自办学校日常安全监管力度

至年底，朝阳区教委加强自办学校日常安全监管力度。根据教育协管员工作绩效考核机制及自办学校（托幼场所）CMIS管理平台，完善协管员考核指标体系，完成教育协管员考核工作。自办学校（托幼场所）专职片区管理员（教育协管员）负责区内9所自办学校及254所自办托幼场所的安全监管工作，实现对区域内自办学校及托幼场所安全管理，在传染病防控、食品卫生安全、防汛工作、煤气中毒预防、消防安全等常规阶段性工作中做到提早检查，指导整改，防患未然，确保师生人身安全。至年底，查出安全隐患1813项，完成整改1360项。

（姜彤）

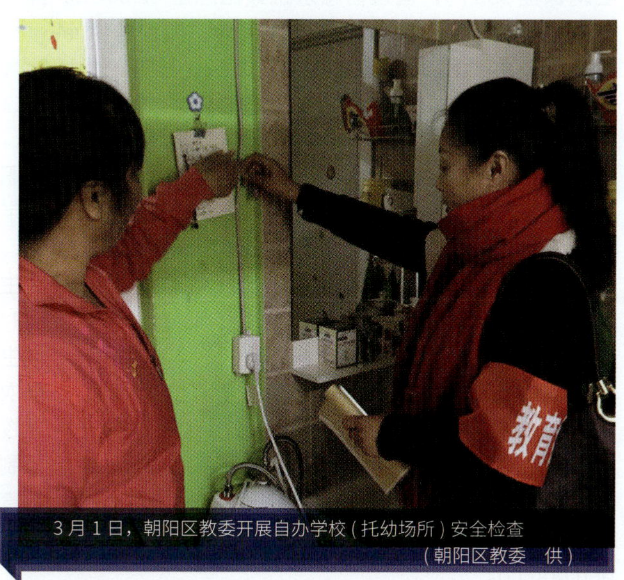

3月1日，朝阳区教委开展自办学校（托幼场所）安全检查

（朝阳区教委　供）

海淀规范民办培训机构管理

至年底，海淀区教委规范民办培训机构管理。经区教委审批的民办教育培训机构共421家，经工商审批的33751家。针对部分民办培训机构出现的挪用学费、资产负债率过高、资金链断裂发生跑路等情况，以及收费不规范、从业人员素质良莠不齐等问题，区教委加大行政监管和处罚力度，行政处罚立案9起，执法检查248次；制订网格化管理工作方案，建立警示、处罚信息公开制度，提高民办教育规范化水平。为疏解非首都功能，区教委淘汰注销5所低效能民办培训机构，疏解人口7960人。委托北京民办教育协会开展民办非学历教育培训机构星级评估试点，对19所培训机构进校评估，形成评估意见。

（宋亚甫　王蕾）

民办高等学校

北京城市学院

概述

2017年，北京城市学院占地面积86.90万平方米，产权校舍建筑面积49.92万平方米、非产权校舍建筑面积0.70万平方米。全年教育经费投入79183.60万元。固定资产总值105254.69万元，其中，教学、科研仪器设备资产值23772.71万元。图书馆建筑面积2.10万平方米，藏有纸质图书146.37万册、电子图书32.29万册、电子期刊0.72万册、学位论文331.48万册、音视频127小时。拥有计算机7111台。信息化设备资产11208.02万元，网络信息点9600个，校园网出口总带宽5680Mbps，电子邮件系统用户1420个，上网课程353门，管理信息系统数据总量62.60GB。拥有校内本科实验场所139个，校外实习、实训基地448个。设有13个直属院（系），开设84个专业，其中，硕士4个、本科54个、专科23个、七年贯通培养3个。教职工2122人。专任教师811人，包括正高级职称40人、副高级职称213人。聘请校外教师1275人，包括正高级职称118人、副高级职称393人。毕业生6578人，其中，硕士研究生121人、学历教育全日制普通本科生4888人、专科（高职）生1378人、成人教育本科生191人。招生7178人，其中，硕士研究生230人、学历教育全日制普通本科生5236人、专科（高职）生1243人、成人教育本科生204人、七年制贯通培养学生265人。全日制学历教育高考招生北京地区本科第二批次A录取分数线最低控制线理科439分、文科468分。在校生24919人，其中，硕士研究生414人、学历教育全日制普通本科生20190人、专科（高职）生2926人、成人教育本科生455人、七年制贯通培养学生934人。网址：www.bcu.edu.cn。

2017年，学校深化教育教学改革，推进人才培养制度和模式创新。继续推动完善以学分制改革为核心的新型教育教学管理机制，构建学校特色的应用科学大学人才培养体系；继续加强学科专业增、并、转、停、撤等工作，优化学科专业结构。与中国杂技团联合成立全国首家本科层次杂技艺术高等教育学院，依托高技能人才七年贯通培养项目，培养高层次杂技艺术人才；与阿里巴巴集团、慧科教育科技集团合作建立阿里巴巴大数据学院，培养云计算、大数据、云安全等领域本科人才。

加强研究生教育教学改革研究，提升研究生教育水平。以“服务需求、提高质量”为指导思想，以研究生培养工作“回头看”为切入点开展研究生教育质量年活动，重点围绕“固模式、推规范、保质量、树特色、促发展”全面提升学校专业学位研究生教育水平，进一步以人才培养和学生管理为主线梳理研究生工作管理制度和工作路径，引导现有学位点加强内涵建设和规范管理，发展新的学位点，使学校专业学位教育发展迈上新台阶。

加强校园建设，完善办学条件。完成顺义校区二期校园工程建设，启动一期改造；开展各校区景观设计，绿化美化校园环境。加快数字校园建设。继续完善人事管理系统、综合教务管理系统；启动OA办公系统、财务收费系统、网上报销系统等一批信息化建设项目，为教育教学、校园管理、师生服务提供科学支撑和有力保障。

做好与区域的融合发展。加强与海淀区、顺义区政府有关部门沟通协调，推动各层次项目合作，促进融合发展。牵头组建若干个区域产学联盟或合作组织，开展务实合作，扩大学校社会服务领域；做好与顺义区杨镇荆坨村和南彩镇小营村2个定向帮扶村的引智帮扶试点工作，服务新型城镇化建设；进一步扩大“高参小”等教育领域社会服务，扎实推进与杨镇地区中小学的深入合作。

拓展校企合作范围。与顺义区张镇、工业和信息化部工业文化发展中心、北汽集团和北京陶瓷艺术馆等多家单位签署战略合作协议，内容涉及人才培养、文化传播、非物质文化遗产传承等方面。

（刘鸿瑞）

10月23日，全国首家本科层次杂技艺术学院在城市学院成立
（城市学院　供）

北京市首家校园网络消费维权志愿服务站成立

3月14日，北京市首家校园网络消费维权志愿服务站在城市学院顺义校区挂牌成立。工商顺义分局与城市学院领导共同为首批30名消费维权志愿服务者颁发聘书，志愿者代表表态发言；工商执法干部为学生进行网络购物安全知识讲座，发放《消费者权益保护法》《消费维权知识宣传手册》和学生宣传用品等宣传材料1万余份，同时制作《网络消费维权知识讲堂》电子课件在校园网上供学生下载学习。此举旨在帮助在校大学生维护消费权益，利用法律武器享受无忧网购。

（刘鸿瑞）

阿里巴巴大数据学院成立

6月10日，城市学院阿里巴巴大数据学院在“2017云栖大会·上海峰会”上宣布成立。阿里巴巴大数据学院是城市学院与阿里巴巴集团、慧科教育科技集团合作建立的国内首批示范性大数据学院，也是北京市唯一一所阿里巴巴大数据学院，于秋季开始招收第一批本科学生。该学院面向云计算、大数据、云安全等领域，创新人才培养理念，探索新型校企合作模式，实现三方优质教育资源共享，创立高校与行业领先企业联合培养人才的新机制。

（刘鸿瑞）

加入欧盟伊拉斯莫斯高等教育合作交流项目

11月，城市学院加入欧盟伊拉斯莫斯（Erasmus+）高等教育合作交流项目。该项目是欧盟著名的高等教育合作交流项目，由欧洲援助合作办公室发起，欧盟执委会教育、视听和文化执行署具体执行，旨在提高学生跨文化商务沟通能力和职业技能，包含师生间学术互访和科研课题共建、学生奖学金交流项目和学生跨国（境）实习等各类活动。项目中的教师科研共建主要围绕中欧跨文化问题进行调研，学校教师与法国、比利时和西班牙3所合作院校教师一起进行实地考察和对比研究，形成报告并出版发表；学生学术互访活动分为2个阶段，第一阶段，学校学生与法国、比利时和西班牙合作院校学生一起完成跨越2大洲4个国家、历时6周的奖学金交流活动，第二阶段，4国学生分别到上述4国知名企业进行为期2个月实习，深入了解当地文化和企业特点及运作模式，为今后就业奠定基础。

（刘鸿瑞）

北京北大方正软件技术学院

概述

2017年，北京北大方正软件技术学院占地面积38.66万平方米，产权校舍建筑面积6.74万平方米、非产权校舍建筑面积4.71万平方米。全年教育经费投入5466.14万元，其中，国家拨款531.05万元、自筹经费4935.09万元。固定资产总值19296.79万元，其中，教学、科研仪器设备资产值5513.44万元。图书馆建筑面积2050平方米，藏有纸质图书35.81万册、电子图书12.75万册。拥有计算机3564台。学校网络信息点3260个，校园网出口总带宽210Mbps，电子邮件系统用户400个，上网课程6门，数字资源量2300GB，管理信息系统数据总量100GB。拥有校内专业实训室66个、综合实训室14个，校外实训基地94个。设有8个分院，开设21个专科专业。教职工223人。专任教师132人，包括教授8人、副教授26人。聘请校外教师81人，包括教授6人、副教授12人。毕业生1336人，全部为专科（高职）生。招生1135人，全部为专科（高职）生。全日制学历教育高考招生北京地区最低录取分数理科161分、文科203分。在校生3050人，全部为专科（高职）生。网址：www.pfc.edu.cn。

2017年，学校坚持“规范办学、特色办学、追求卓越、持续发展”。

教育教学方面，坚持立德树人根本任务，坚持师德为先、以德化人，着力提高教师思想素质、职业理想、职业素养和职业操守。专业培养方案、课程设置以行业企业用人需求为依据，根据职业岗位能力、技能要求和能力标准设置课程内容和课程目标，将素质教育课程与就业指导相结合，以校园文化和人本理念为主线建设人文素质课程。

发挥职业教育特点和优势，将工学结合、校企合作、顶岗实习的办学模式和人才培养模式有机结合，建立和形成社会服务和人才培养的机制和制度；采用“走出去、请进来”模式带学生进入企业参观学习，感知企业氛围；聘请企业工程师到学校讲授专业知识，由学校教师和企业专家合作完成课程讲授任务，运用“蓝墨云班课”信息化教学平台，激发学生学习兴趣，将课程知识系统地串联起来，强化知识应用能力培养，教学效果显著提升，实现有用、有趣、有效“三有”课堂。

以学生技能大赛为抓手，“以赛促学、以赛促教、以赛促管”，获得全国比赛一等奖1项、二等奖1项。开展对外短期交流活动，3月，9名学生赴台湾辅英科技大学参加为期4个月短期交流项目；3月和9月，共13名学生前往加拿大堪那多学院参加为期1个月短期交流项目。

（朱峻枚）

北京经贸职业学院

概述

2017年，北京经贸职业学院占地面积10.57万平方米，产权校舍建筑面积5.06万平方米。全年教育经费投入2502万元，其中，国家拨款43万元、自筹经费2459万元。固定资产总值14343万元，其中，教学、科研仪器设备资产值1871万元。图书馆建筑面积610平方米，藏有纸质图书20.40万册。拥有计算机1187台。学校信息化经费投入

30.30 万元，信息化设备资产 1300.30 万元，网络信息点 280 个，校园网出口总带宽 100Mbps，上网课程 5 门，数字资源量 2GB，管理信息系统数据总量 5GB。拥有校内实训室 29 个、校外实训基地 16 个。设有 3 个系和 1 个二级学院，开设 26 个专业，招生 9 个专业。教职工 130 人。专任教师 72 人，包括教授 1 人、副教授 13 人。聘请校外教师 38 人。毕业生 575 人，其中，学历教育全日制高职生 495 人、非学历教育学生 80 人。招生 629 人，其中，学历教育全日制高职生 409 人、非学历教育学生 220 人。全日制学历高职教育高考招生北京地区提档线理科 150 分、文科 150 分。在校生 1620 人，其中，学历教育全日制普通高职生 1330 人、非学历教育学生 290 人。网址：www.csuedu.com。

2017 年，学校适应北京疏解非首都功能和京津冀协同发展新要求，围绕立德树人根本任务，增强办学特色和办学活力，切实提高教育教学质量和适应社会需求能力。

主动适应首都和区域经济社会发展需要，申报并获批中小企业创业与经营新专业。加强专业建设，抓好 4 个院级重点专业建设，开展特色建设项目立项，高起点办好空中乘务、学前教育、互联网金融等新专业，强化专业特色。计算机技术与艺术设计系教师的工艺美术创作项目“光荣之路”被国家艺术基金管理中心评定为国家艺术基金 2017 年度国家优秀创作项目，该系列 3 件作品被纳入国家艺术基金 2018 年度美术类滚动资助项目。以专业建设为龙头，将推进校企合作落实到各个专业，推行订单式培养模式，重点为房山地区中小微企业技术进步和文化创意产业发展提供服务和人才支持。

以提高课堂教学质量和教学信息化建设为重点，突出高职教育特点，推进“教、学、做”一体化和教学信息化建设，推进教学改革。调整 2017 级人才培养方案和课程体系，修订和完善专业课教学大纲。各系在课程教学中应用云计算技术、蓝墨云班课技术，教学中普遍采用案例教学、项目化教学。制定学校《专职教师企业顶岗实践管理办法（试行）》，鼓励教师考取职业资格证书，聘请企业技术人员、管理人员担任兼职教师，切实提高教师“双师”素质和“双师型”教师比例。

推进校企合作。与慧邦国际信息技术（北京）股份有限公司、北京卧虎藏龙网络科技有限公司（椅子网）、合普天成企业管理咨询（北京）有限公司分别签署校企合作协议，约定在建立学生实习基地、学生创新创业教育培训基地和教师教研合作基地等方面开展合作。

9 月 27 日，经贸职院举办首期“校长有约”活动

（经贸职院　供）

鼓励学生参加各级各类比赛，以赛促学、以赛促教。学生共参加 13 项校外职业技能竞赛，累计获得个人一等奖 2 项、二等奖 3 项、三等奖 6 项；团体一等奖 3 项、二等奖 2 项、三等奖 4 项。

（徐杉）

“导师制”培养模式试点

9 月 6 日，经贸职院计算机技术与艺术设计系启动“导师制”培养模式试点。3 名专业导师对学生思想、学业、生活、创新创业就业等方面给予指导帮助，促进职业技能培养与职业精神养成相融合。

（徐杉）

北京经济技术职业学院

概述

2017 年，北京经济技术职业学院占地面积 22.37 万平方米，产权校舍建筑面积 8.81 万平方米、非产权校舍建筑面积 8.02 万平方米。全年教育经费投入 1411.88 万元，全部自筹。固定资产总值 20097.76 万元，其中，教学、科研仪器设备资产值 1972.26 万元。图书馆建筑面积 0.29 万平方米，藏有纸质图书 22.60 万册、电子图书 11 万册。拥有计算机 827 台。学校信息化经费投入 80.61 万元，信息化设备资产 484.89 万元，网络信息点 900 个，校园网出口总带宽 180Mbps，电子邮件系统用户 200 个，上网课程 28 门，数字资源量 1400GB，管理信息系统数据总量 80GB。拥有校内专业实训室 42 个、综合实训室 4 个，校外实训基地 26 个。设有 3 个二级学院和 1 个继续教育部，开设 22 个专科专业。教职工 118 人。专任教师 53 人，包括教授 7 人、副教授 15 人。聘请校外教师 9 人。毕业生 556 人，全部为学历教育全日制专科（高职）生。招生 426 人，全部为学历教育全日制专科（高职）生。全日制学历教育高考招生北京地区提档线理科 150 分、文科 150 分。在校生 3235 人，其中，学历教育全日制专科（高职）生 1285 人、非学历教育学生 1950 人。网址：www.bibt.edu.cn。

2017 年，学校在专业建设、教改工作、学生管理和后勤保障方面取得一系列成绩。

教学改革工作。确立 2017 年为教学质量提高年，针对质量建设要求开展工作。深入市场调研，调整专业结构，重新修订教学执行计划和人才培养方案，召开金融类专业人才培养研讨会、民航与商务专业建设研讨会，完成 2 个新专业报批工作。深入校企合作，开展同嘉芸汇股份有限公司合作共建实训室项目；同燕达集团合作签约，共同举办养老服务与管理专业，并将学校打造成为燕达集团培训基地。加强和完善教学督导工作，建立校内外结合的专职督导队伍，对全体教师实施全员课堂听课督导。倡导教学内容、教学方法、教学手段等方面改革，推广互动式教学、项目制教学等。倡导教师利用信息化手段深化教学改革，鼓励师生参加各级各类技能竞赛，50 余名教师、60 余名学生获得奖项，是建校以来获奖最多的一年。严格教学管理，全面修订 38 个教育教学管理制度，用于规范教学管理，提高教学质量。积极开拓国际合作渠道，全年接待 3 所英国高校来访，并开始与英方合作创办雅思英语培训班。

学生教育管理工作。按照“三递进，三融合，三育人”原则，加强团学组织建设，通过举办各种形式文艺活动、社会服务活动和社团活动，对学生进行文化引领。重视资助育人工作，以“将困难学生培养成为有用人才”为目标，通过成立雏鹰成长计划班、爱心公社互助站、心向阳光工作室，开展素质拓展团队合作、心灵成长社会实践等形式资助困难学生，全年共 516 名学生获得各类政府资助款 200 余万元。年度团学系统共获奖 21 项，包括国家级奖励 1 项、省部级奖励 20 项。学生就业状况良好，就业率 96.40%，56 名学生升入北京联合大学就读本科。

后勤服务工作。针对燕郊地区水质较差的现状，投资 24 万元链接自来水管网，彻底解决教职工及学生饮水问题。推进校园信息化建设进程，与中国联通公司签订战略合作协议，联通公司为学校免费提供校园宽带业务，每年节省 20 余万元；响应环保部门节能减排号召，与燕新建材有限公司开展的供暖合作项目实现双赢，每年供暖支出节省 100 余万元。投资 580 万元对宿舍楼、教学楼、实训室等进行部分改造，改善校园环境。

（王振山）

11 月 22 日，经济职院与燕达金色年华健康养护中心校企合作签约授牌（经济职院　供）

好女子学堂

4 月 12 日，经济职院首个“好女子学堂”正式开班。这是学校继国学经典诵读班、雏鹰成长计划班后又一特色教育实践探索，旨在搭建学校“内涵发展、个性发展、特长发展、全面发展”特色平台，倡导内外兼修教育理念。好女子学堂通过女德基础、女子静心书法、女学诵读、女子茶道、女乐、女子礼仪、女红、女子中医保健、女子太极、女子心灵成长等课程内容学习，培养具有科学知识求真、道德修养扬善、艺术才情唯美的优秀女性大学生，使其逐步成长为职场成功、家庭幸福、社会欢迎的自尊、自信、自强的优秀现代女性。首批 60 名女子参加学习。

（索桂芝）

北京汇佳职业学院

概述

2017 年，北京汇佳职业学院占地面积 24.50 万平方米，产权校舍建筑面积 8.42 万平方米。全年教育经费投入 4809.83 万元，其中，国家拨款 155.31 万元、自筹经费 4654.52 万元。固定资产总值 8842.94 万元，其中，教学、科研仪器设备总值 1600.45 万元。图书馆建筑面积 5745 平方米，藏有纸质图书 18.98 万册、电子图书 160GB。拥有计算机 907 台，多媒体教室 51 个。学校信息化经费投入 338.42 万元，信息化设备资产 1238.13 万元，网络信息点 349 个，校园网出口总带宽 100Mbps。拥有校内实训室 24 个、校外实训基地 42 个。设有 4 个系，1 个学院，开设 16 个专业。教职工 187 人。专任教师 69 人，包括教授 2 人、副教授 17 人。聘请校外教师 66 人。毕业生 1045 人。招生 597 人。全日制学历教育高考招生北京地区提档线理科 150 分、文科 150 分。在校生 1786 人。网址：www.hju.net.cn。

2017 年，学校秉承“新型、高品位、国际化”教育理念，坚持“以质量求生存、以特色求发展、以诚信求未来”办学宗旨，贯彻实施“一体两翼”发展战略，贯彻“健体展翼，变革转型，彰显特色，提质增效”16 字发展方针，向建设优质高职院校方向不断前进。

贯彻实施“一体两翼”发展战略。本着职业教育和职业培训并举的精神，以学历教育为主体，办好符合首都经济社会发展需要的特色鲜明的高职教育；以职业培训为两翼，一手抓高端国际培训，取得蒙台梭利教师教育机构认证证书，另一手抓普通职业培训，面向汇佳中小学学生举办技能型兴趣培训班，同时根据社会需求举办各类职业培训。

深化英语教学改革。针对民办高职学生英语水平参差不齐的实际情况进行分层教学改革，根据新生入学测试体现的英语水平，分 ABC 三个层次分班教学。经过一年改革试点，取得较好效果。

多举措提升教学质量。开展“深化教学改革、提升教学质量、促进转型发展”教学质量月活动，引导教师更新教育观念，创新教学方法，提高教学质量。教育系教师获得“北京市高职院校课堂教学优秀案例”奖。文化创意系 1 名教师获得“北京市优秀教师”称号。开展干部员工培训。发挥学前教育专业师资力量优势，承担汇佳幼儿园全员轮训任务，先后为汇佳幼儿园 2000 名干部职工开展培训。

（杨永琴）

获全国 3D 大赛最高奖项

7 月，汇佳职院学生团队参加“全国 3D 大赛 10 周年精英联赛暨 Digital Master 2017 一带一路挑战赛”全国总决赛获得最高奖项特等奖“龙鼎奖”。获奖作品为学校 Magic 学生团队作品《凿空之旅》，以建筑漫游动画技术手段再现古丝绸之路辉煌历程。该作品被选为 2017 阿斯塔纳世博会上合组织馆展示作品进行展出。该比赛由国家制造业信息化培训中心、光化设计发展基金会等单位主办，以“数字工匠”引领“数字经济”，以“创新设计”服务“一带一路”为主题，旨在培养和选拔人才，推动技术与行业项目对接。全国 203 所高校 230 支队伍参加总决赛。

（杨永琴）

北京吉利学院

概述

2017 年，北京吉利学院占地面积 66.11 万平方米，产权校舍建筑面积 43.97 万平方米。全年教育经费投入 442 万元，全部自筹。固定资产总值 84666.41 万元，其中，教学、科研仪器设备资产值 7486.35 万元。图书馆建筑面积 2.27 万平方米，藏有纸质图书 66.08 万册。拥有计算机 3380 台。学校信息化设备资产 460.32 万元，网络信息点 3421 个，校园网出口带宽 500Mbps，电子邮件系统用户 452 个，数字资源数据库 3 个，管理信息系统数据总量 1568GB。设有 1 个校区，4 个二级学院，高职专业 22 个、本科专业 17 个。教职工 320 人。专任教师 180 人，包括正高级教授 30 人、副高级教授 54 人；博士 15 人，硕士 93 人；“双师型”教师 30 人。聘请校外教师 22 人。毕业生 2027 人，其中，高职生 1270 人、非学历教育学生 757 人。毕业生一次就业率 98.72%。招生 969 人，其中，高职生 533 人、本科生 436 人。在校生 3357 人，其中，高职生 1994 人、本科生 1363 人。网址：www.bgu.edu.cn。

2017 年，学校严格依法诚信办学，持续推进正规化建设，实施产教协同，持续开展教育精准扶贫，在学科专业布局、专业课程体系建设、课程建设、规范管理、师资培养、教改科研、素质教育等方面进行探索和实践，教学质量和教学水平有所提升。

优化专业布局。新增学前教育、动画、物联网工程和艺术教育 4 个本科专业，使学校本科专业达到 17 个，涵盖汽车工程、商务管理、人文艺术 3 大专业群。

提升教学质量和科研水平。1 名教师获“北京市优秀教师”称号；1 名教师入选教育部全国万名优秀创新创业导师人才库首批入库导师；1 项发明获国家实用新型专利；16 个项目在 2016 年和 2017 年北京高校青年教师社会调研成果评选中获奖。

深化与国内外院校、企业交流合作。接待泰国正大管理学院、兰州职业技术学院、上海工程技术大学等国内外院校访问交流；赴北京交通运输职业学院、山东财经大学、西安西京学院等院校参观学习，就学校管理、学科建设、人才培养模式、师资队伍建设等问题交流探讨。与北丹麦大学学院、加拿大卡普顿大学、西班牙马德里康普顿斯大学签署合作协议，约定在学生留学、教师培训、师生交换、学术研究等多方面开展合作。与北京卧虎藏龙网络科技有限公司（椅子网）签约共建商科职场化综合实训中心（椅子智慧教室）。与中国老教授协会签署合作框架协议。与中国扶贫开发协会、华宇互联科技集团签约实施“互联网人才培养扶贫工程”项目。

（赵志莉　段岚岚）

与椅子网共建商科职场化综合实训中心

4 月 19 日，吉利学院与北京卧虎藏龙网络科技有限公司（椅子网）签约共建商科职场化综合实训中心（椅子智慧教室）。商科职场化综合实训中心是全国首家全智能设备教室，是覆盖“学、职、创”一体的教育空间；椅子智慧教室由行业领军人物担任导师，采取吸引学生的教学方式、创新的教学理念、科学务实的课程内容，融合职前培训与创新创业，为高校搭建跨行业、跨领域的资源对接平台，不仅为大学生实习实训提供真实有效的模拟场地及师资力量，也为学生就业质量提升起到保障作用。

（李盛芳　吕其永）

互联网人才培养扶贫工程项目签约启动

11 月 13 日，中国扶贫开发协会暨吉利学院“互联网人才培养扶贫工程”项目正式签约启动。华宇互联科技集团与吉利学院签约，充分发挥双方平台资源优势，在互联网人才培养、院校资源对接、信息化扶贫等方面开展全面合作。中国扶贫开发协会向吉利学院授予“互联网人才培养扶贫工程示范院校”牌匾，现场捐赠乐橙谷扶贫培训基金、乐橙谷人才测评系统、教学管理及实习实训平台。互联网人才培养扶贫工程是结合贫困地区、高校贫困学生实际情况进行职业技能扶贫，目的是整合当地院校学生专业特点、自身优势，通过专业共建、技能培训、人才素质测评、人才精准画像、项目教学、科学管理、精准就业等多种方式，快速解决贫困

11 月 13 日，中国扶贫开发协会“互联网人才培养扶贫工程”项目在吉利学院正式启动　（吉利学院　供）

学生及家庭脱贫；计划用 3 年时间在全国重点挑选 100 所院校实施，并为每所实施院校提供培训基金、软件和硬件设备。项目于 9 月启动，吉利学院是首批实施高校。

（郭瑾瑶　吕其永）

首都师范大学科德学院

概述

2017 年，首都师范大学科德学院占地面积 28.27 万平方米，校舍建筑面积 16.62 万平方米，河北易县实习实践基地 99.83 万平方米。全年教育经费投入 29751 万元。固定资产总值 83167 万元，其中，教学、科研仪器设备资产值 6343 万元。图书馆建筑面积 1.10 万平方米，藏有纸质图书 52.30 万册、电子图书 0.90 万册。拥有计算机 1759 台。学校信息化经费投入 339 万元，信息化设备资产 3337 万元，网络信息点 8412 个，校园网出口总带宽 2.50GB。拥有校内实训室 28 个，校外实训基地 100 余个。设有 4 个学院，开设 28 个本科专业。教职工 338 人。专任教师 210 人，包括教授 34 人、副教授 59 人。毕业生 1065 人，全部为学历教育全日制普通本科生 1065 人。招生 880 人。全日制学历教育高考招生北京地区提档线理科 439 分、文科 468 分，艺术理科 300 分、艺术文科 320 分。在校生 3887 人。网址：www.kdcnu.com。

2017 年，学校以“国际、科技、创意”为导向，全面推进全人教育理念指导下的课程方案建设和以导师制为核心的全员育人模式探索与实践。

探索教学改革。以贯彻“全人教育”理念为原则，制订全新培养方案，落实“全人格”培养，推进素质教育层面的校本课程建设，探索课程与行业接轨，继续推进专业课程改革，推进教改科研，促进教学质量提高。在全人教育理念指导下，关注学生全人格健全品质的塑造与综合素质的养成，建立以导师制为核心的保障体制，即全员育人模式（1+2+N 模式）。改善和优化专业结构，申报书法学、电影学、学前教育 3 个本科专业获准设置。顺应开放办学浪潮，不断拓展海外课堂建设，丰富国际课堂内容，开阔学生视野。

注重学生社会实践锻炼。鼓励学生参加技能竞赛，以赛促学。学生获得 2017 全国高校商业精英挑战赛会展创新实践竞赛创意策划组一等奖 1 项、三等奖 1 项，展恰组一等奖 1 项、二等奖 1 项；全国第 11 届商科贸技能大赛总决赛一等奖。

扎实开展学生工作。用好国家政策，关注家庭困难学生，体现人文关怀。加强学工队伍建设，切实提高学工队伍管理水平。通过组织培训，提高团学干部能力和水平。为提高就业创业指导服务水平，分阶段有针对性地对毕业班辅导员进行专业培训。举办涵盖全部专业的大型招聘会，扩大毕业生就业渠道。

树立学校特色形象。采用专业社团与兴趣社团两手管理的体系，社团管理更加规范；开展各项学生活动和志愿服务，营造校园文化氛围。通过举办国际大学生微电影盛典、全国大学生无人机航拍竞赛等品牌活动，树立学校良好对外形象，进一步推进学校品牌影响力。获得新华网 2017 年度“社会影响力独立学院”称号。

加强服务保障及制度建设。完善管理制度，规范办事程序，提升行政服务管理质量；完善考核评价机制与薪酬体系；秉承“以服务教学为中心”宗旨，做好后勤服务保障。

（张娜）

7 月至 8 月，中国传统与中国创新英国团与科德学院学生共游北京　（科德学院　供）

推行全员育人教学改革

3 月 10 日，科德学院召开“深化教育教学改革、落实全员育人”动员大会，启动全员育人教学改革。此次教育教学改革旨在促使全校、全社会共同构建科德学子成长成才新环境，包括推行全新课程方案和全员育人模式（1+2+N）的导师制改革两方面内容。全新课程方案是指学校以贯彻“全人教育”理念为原则，倡导育人为本，强调教育要从学生现实需要出发，促进学生全面发展，在知识、技能、智力、道德、体魄健康、精神健康、创造性等方面得到全面发展；全员育人模式的导师制是指根据专业每 50 人至 60 人为一个教学班配备导师组（包括学生导师、成长导师、行业导师、学友导师）5 人至 7 人，办公室设在学生公寓，在学习、生活、课外活动等全方位成为学生良师益友。

（张娜）

承办全国无人机航拍竞赛

12 月 9 日至 13 日，第二届“科德杯”全国大学生无人机航拍竞赛在科德学院举行。来自大陆及台湾近 200 所高校、250 余个无人机航拍团队、665 名参赛选手同场切磋竞技、相互交流学习，邀请业界顶级专家、知名教授担任评审委员，决出一等奖 3 个、二等奖 7 个、三等奖 10 个、优秀奖 15 个、最佳人气奖 1 个。“科德杯”全国大学无人机航拍竞赛是中国唯一的大学生无人机航拍领域专业赛事，为全国大学生无人机航拍爱好者搭建交流互动、实践创新的平台。竞赛由中国高校影视学会、中国传媒大学新媒体研究院、中视航通国际传媒有限公司等单位主办，科德学院独家承办。

（张娜）

北京工商大学嘉华学院

概述

2017年，北京工商大学嘉华学院占地面积36.49万平方米，产权校舍建筑面积6.31万平方米、非产权校舍建筑面积5.65万平方米。全年教育经费投入18524万元。固定资产总值52997.32万元，其中，教学、科研仪器设备资产值4748.33万元。图书馆建筑面积20703.92平方米，藏有纸质图书61.22万册、电子图书38.61万册、电子期刊0.80万册、电子学位论文200万册。拥有计算机2643台。学校信息化设备投入3370.19万元，网络信息点3909个，校园网出口总带宽1536Mbps，上网课程37门，管理信息系统数据总量10GB。拥有校内专业实训室19个、综合实训室8个，校外实训基地168个。教职工353人。专任教师251人，包括教授32人、副教授77人。聘请校外教师50人，包括教授10人、副教授19人。毕业生904人。招生750人。全日制学历教育高考招生北京地区提档线理科409分、文科438分。在校生4304人。网址：www.canvard.edu.cn。

2017年，学校基于建设国际化与个性化的世界一流财经大学的发展之路，大力推进教育教学综合改革。

学生个性化培养。在2017级全面推行导师制培养模式，设置国际导师、专业导师、语言导师、德育导师、素养导师5类导师，实现全程个性化指导。在原有名师基础上，聘请诺贝尔经济学奖得主马斯金教授为名誉校长，新聘6名国际导师、14名社会导师，聘任兼职（客座）教授23人。

国际化进程。开展“外语浸泡月”活动。与澳大利亚、加拿大、英国等国家21个海外院校签约合作，为学生海外学习构建优质通道。全年出国学生326人。

校企合作。与杭州银行直销银行签署战略合作协议，约定双方保持长期密切合作关系，杭州银行为学校师生提供全方位金融服务，在原有合作基础上提升多领域研究合作。与北京上造集团有限公司签署战略合作协议，推动建立校外影视制作和文创开发实习基地、开展学术交流与实践教学活动等事宜；学校聘请上造集团总裁、副总经理、运营总监3人为客座教授。

嘉华学院图书馆

（嘉华学院 供）

校园环境综合改造。完成第一期校园整体改造，与3家国际知名设计公司共同打造国际化高标准校园，为师生提供全新的国际化优秀校园生活和教学环境。

（黄巍）

中韩合作项目首批学生出国

2月和8月，嘉华学院与韩国东西大学2个合作项目首批学生赴韩留学。2月，中韩“3+1+2”项目首届4名学生赴韩国开展为期1年学习；8月，“2+2+2”合作项目首批10名学生赴韩进行本硕后4年学习。嘉华学院艺术与传媒学院“数字媒体艺术专业”与韩国东西大学开展“2+2+2/3+1+2”联合培养项目，秉承人文、社会、设计的教育理念，以最新技术与设计热点相结合，是学校具有特色的合作办学项目。

（黄巍）

全面推行导师制培养模式

至年底，嘉华学院全面推行导师制培养模式。设置国际导师、专业导师、语言导师、德育导师、素养导师、朋辈导师6类导师，实现全程个性化指导，形成“六维协同、三位一体”嘉华特色的导师制培养体系，推进“全员育人、全程育人、全方位育人”三者结合的育人理念。为推进国际化导师平台建设，助力学校国际化进程推进，学校在原有名师基础上，聘请诺贝尔经济学奖得主马斯金教授为名誉校长，聘请澳大利亚前总理陆克文等6名国际重量级人物为国际导师，神华集团首席财务官等14名行业精英为社会导师，同时聘任兼职（客座）教授23人，为学校汇集世界顶尖学科人才起到引领作用。

（黄巍）

北京科技职业学院

概述

2017年，北京科技职业学院占地面积167.50万平方米，产权校舍建筑面积69万余平方米。全年教育经费投入2430.68万元，全部自筹。固定资产总值16.70亿元，其中，教学、科研仪器设备资产值2950万元。图书馆建筑面积1.93万平方米，藏有纸质图书85万册、电子图书30万册。拥有计算机1200台。学校信息化经费投入191万元，信息化设备资产1970万元，网络信息点990个，校园网出口总带宽400Mbps，电子邮件系统用户860个，上网课程 8 门，数字资源量 4856.50GB，管理信息系统数据总量 169GB。设有 6 个二级学院，开设高职专业 19 个、培训专业 20 个。教职工 381 人。专任教师 165 人，包括教授及教授级工程师 10 人、副教授及高级工程师 28 人。聘请校外教师 56 人，包括“双师型”教师 43 人。毕（结）业生 1262 人，包括计划内高职生 734 人（含享有国家计划的自主招生 120 人）。招生 1366 人。全日制学历教育高考北京地区提档理科线 150 分、文科 150 分。在校生 3866 人，包括计划内高职生 2489 人。网址：www.5aaa.com。

2017 年，学校围绕“六结合”思路开展各项工作。

领导班子组织建设与作风建设相结合。学校实行校长办公会统领的“教管、学管、行政‘三中心’办公会制”，试行将原二级学院职能虚化，以使组织管理随规模缩小而扁平化，同时提拔有十余年教学和学生管理经验的年轻硕士进入校长办公会。一年来，直接由“三中心”解决的教育教学方面以及安全、师生生活（含医疗、卫生）方面重大问题 73 件，其他枝节性问题 300 余个。

思想建设与文化建设相结合。通过“立自信、强诚信、敢担当、尚真情”为主要理念的熏陶，让教师感到“我的工作为北京所需要，我在民办校有自尊自豪”。全年邀请家长集中参观 2 次、120 余人，实行“参观、吃饭、住宿”一条龙免费服务，成为学校口碑文化建设的新尝试。

责任担当与荣誉、待遇相结合。学校挂牌年度责任清单涵盖 56 个岗位 285 项重要责任，包括教师说课、相互听课评课、听学生评课、讲课技能比赛等教育教学责任 176 场次。通过实行一系列人防、技防“两手硬”措施，使校园安全重大事故实现 20 年来第二次“零发现”。秉持向责任“致敬致谢”传统，年终民主评定享有特殊贡献奖者 5 人、校内劳模 10 人、先进个人 20 人；奖励在“质量、特色”建设上各有建树的骨干教师以及 4 种校本教材作者和 8 门精品课创立者共计 31 人，为其定期发放津贴；为参加各级各类理论与实践技能大赛中获得奖项的 28 名学生和 6 名教师专门召开庆功会。

“口粮田”建设与产教联办相结合。面对师生规模下降的现状，总结改革转型经验，开发闲置资源。年度闲置资源开发利用率升至 90%。将校园内设合股经营的软件开发项目，以及驻京跨地域企业集团员工培训基地、自办的校企合作中心、幼教师资培训中心、国际教育中心和继续教育等 9 个成长性看好的多元教育项目事业部，与校内外 58 个实训基地一起“调频共振”，以专业为统计口径的产教融合度提升 12%。年内，学校用资源性红利的 89% 实现全员按时足额工资发放，以及一次普惠性提薪，既解决“口粮田”供给问题，又开辟产教融合由内兴向外拓的新途径。

“教育重回八达岭”与建设“大榆树特色小镇”相结合。八达岭校区综合军训基地落成，可以一次满足 3000 人的准军事化操练及相应生活需求；开设近千人注册轮流参学的“田禾国杰”老年大学；5 月，学校租赁校区所在地大榆村的丘陵，开发后招商引资，共同打造儒家文化旅游园景。12 月，与大榆树镇及市内 10 余家相关机构共同召开“大榆树特色小镇建设研讨会”，一致通过北科院主导的面向现代青少年成长教育的“优能项目”，同时通过镇校双方共同设计的非遗物质文化遗产引进与开发传承项目清单。

办喜事好事与推进全面工作相结合。围绕学校建校 20 周年，9 月 10 日至 30 日共安排校园环境大整治、安全纪律大检查、教学活动大观摩、文体活动大比拼等系列活动。建起 385 米夜景长廊，带动校园内 20 万元以上投入建设项目 9 项，包括改装 4 个停办专业的实训室以供新专业取用。10 月 8 日至 31 日为“党建引领办学 20 周年庆祝活动日”，举办“党建与育人报国”业绩展览，刊印《北科院 20 年党建文件与经验汇编》与《中共北京科技职业学院委员会党建工作规划纲要》(2017—2020)。

（王枫　树玉森　李爱东）

一岗“N”责试行初见成效

4 月，北科院试行中层以上干部一岗“N”责运行机制。该机制是在主岗位职责构成明晰、担当确认的基础上，要求中青年干部普遍实行“一岗双责”，少数有能力、成长性强的业务干部实行“一岗多责”；采取“自报公议”办法厘定主责之外的兼任业务项目。4 月底，为当事人量身打造的主副岗责任清单各一份写进其“年度工作责任状”。至年底，担负“一岗双责”“一岗多责”的干部分别为 33 人、21 人，全部兼任 1 门以上理论课或实习实训课，获评优质课 212 节、精品课 39 节，17 人获准申报“双师型”兼职教师；完成校级教育科研项目 35 个，接受市主管部门与相关科研机构的教科研及社会调研项目 11 个。据不完全统计，该举措形成的倒逼机制减少担责者网上聊天、打游戏以及无谓消磨的时间年人均 500 小时以上。以 2014 年为比较样本，实际减少人力资本近 350 万元。据此，学校实施年终奖励 180 万元，包括具有高级以上职称的老教师、业务骨干因满负荷工作且质量优胜而获奖者 19 人，交叉任职的“双肩挑”干部获奖面达 86%，一岗多责的中青年业务骨干按“主责完成结果 + 兼职成功认定”给奖，后勤服务人员按自评公议再集中公示获通过的方式给奖，先进性突出的 32 人给予“图片 + 事迹”专栏表彰。

（树玉森 李爱东）

建校 20 周年

9 月 19 日，北科院举办建校 20 周年庆典。1100 余名师生、校友代表、京内外友好企事业单位、高中等学校代表参加庆祝大会，听取校长作《不忘初心，继续前进》工作报告；回顾学校发展历程，擘划学校未来发展路径图。活动还举办校友论坛和文艺晚会。围绕校庆，集中办理 9 件实事，包括改建 385 米灯光文化长廊、教职员工普增月工资、投放优秀教师月岗位津贴等。北科院前身为成立于 1997 年的东方大学五部，1999 年 10 月经市教委批准从东方大学总部脱离，更名为北京科技研修学院，成为独立的民办高校；2003 年，经市政府批准在北京科技研修学院基础上设立“北

9 月 19 日，北科院建校 20 周年庆典

（北科院　供）

京科技职业学院”，纳入国家计划内招生序列。20 年来，秉持“育人报国”宗旨共培育毕业生近 12 万人。

（树玉森　李爱东）

教学工作诊断

10 月 25 日至 11 月 27 日，北科院对现设 30 个专业和专业方向进行把脉拉网式教学工作诊断。诊断对照教育部关于高职院校教学工作诊断指标体系，围绕“首都高职、质量特色、人才规划、实施途径”的定位和方向展开。学校形成广泛征求意见电子文稿，分发给骨干教师 26 份、有合作关系的中职学校 10 份、合作企业 8 份、在不同教育岗位工作的学生家长 11 份，收回复函 51 份。之后召集专家研读意见和建议，经讨论评估，梳理出存在差距的问题 22 条、亟待解决的问题 7 条，据此提出 7 个初步方案供教代会讨论并报理事会决策，包括院系体制及管理机制改革调整方案，部分专业考虑适时停止招生并着手申请 4 个至 6 个新专业，现存运行良好的专业着手建成有影响力、能招到生的重点专业或特色专业，集中人力物力智力开发高端性、实用性、前沿性课程，落实奖优汰劣激励机制，建立健全改革支撑与保障体系等。实行以上举措的愿景是在未来 5 年迈入北京民办普通高校前 5 名行列。

（树玉森　李爱东）

北京培黎职业学院

概述

2017 年，北京培黎职业学院占地面积 49.09 万平方米，产权校舍建筑面积 8.92 万平方米、非产权校舍建筑面积 6.20 万平方米。全年教育经费投入 4122 万元，全部自筹。固定资产总值 6760 万元，其中，教学、科研仪器设备资产值 2891 万元。图书馆建筑面积 0.84 万平方米，藏有纸质图书 32.72 万册、电子图书 5.60 万册、电子期刊 0.12 万册。拥有计算机 1766 台。学校信息化设备资产 139.20 万元，网络信息点 2730 个，校园网出口总带宽 150Mbps，上网课程 18 门，管理信息系统数据总量 150GB。拥有校内专业实训室 52 个、校外实训基地 37 个。设有 9 个系，开设 30 个专业。教职工 211 人。专任教师 97 人，包括教授 4 人、副教授 28 人。聘请校外教师 64 人，包括教授 2 人、副教授 5 人。毕业生 739 人。招生 594 人。全日制学历教育高考招生北京地区提档线理科 181 分、文科 168 分。在校生 1972 人。网址：www.bjpldx.edu.cn。

2017 年，学校坚持“以开放促改革，以改革促创新，以创新促发展”办学新思路，深化教育教学改革，提升社会服务能力，人才培养质量和办学水平稳步提升。

强化职业教育内涵建设，为学生提供适合的教育。紧贴首都产业发展需求，探索专业设置动态调整和预警机制。重点申报汉语（对外汉语教学）、金融管理专业，新增专业方向 13 个，撤并专业方向 4 个，引导专业向高端化、特色化、国际化方向发展。

深化校企合作内涵，弘扬精益求精的“工匠精神”。鼓励电子商务、连锁经营管理等专业通过校企合作，共同制订人才培养方案和课程体系，共同实施实训教学，共同进行学生学业考核与评价，全面提高学生综合能力。鼓励中医养生保健等专业探索现代学徒制育人模式，推动“四维合一、德技并修、理实一体”职业教育课程体系建设。学前教育专业（双语教育方向）舞蹈课程探索实践专业课考试模式改革，探索多元课程评价体系，改变传统考核办法，采用复合课程教学特点，通过舞蹈结课汇报作为期末考核，邀请多家幼儿园以及幼教培训机构负责人观看汇报，并对汇报质量作出点评。

加强教师培训与培养，不断提高教师教学科研能力。全年选派 4 名教师赴台湾朝阳科技大学研修；印制《教师培训手册》，与企业联合面向全校教师开展“虚拟现实”“大数据信息检索”“中医养生”“教师信息化技能提升”等培训；组织教师参加网络平台选课学习；依托北京民办教育促进项目，申报多项教师培训研修计划。共计培训教师 400 余人次。鼓励教师参与教学科研项目，推荐 3 项教学成果参加北京市职业教育教学成果奖评选。

创新教育管理和服务模式，提升学生素质和能力。开展“学风建设月”“青春护照”公选课、“大学生服务与实践教育”课程等系列活动，培养具备“爱、良知、责任”培黎

培黎职院探索多元课程评价体系——舞蹈课程汇报考核

（培黎职院　供）

品格的学生。

坚定走国际化办学之路，国际交流与合作取得长足发展。深化对外交流与合作，开展赴西班牙、英国、日本专本连读、专硕连读、专升硕等多种层次的留学项目。为学生提供西班牙语、英语、日语零基础起点的外语培训和全方位留学服务。16 名毕业生在西班牙攻读硕士学位，16 名毕业生赴西班牙读硕士预科。与日本吉备国际大学开展“2+2”动漫专业专本连读项目，与日本德岛短期工业大学开展“1+2”汽车专门士日本就业项目，5 名学生赴日留学。

（刘艳）

首届应用西班牙语专业开课

9 月 18 日，培黎职院西班牙语专业正式开课。该专业旨在培养适应首都经济建设和社会发展需要、德智体美劳全面发展，具有西班牙语专业基础知识、西语口头交流和处理简单文件的基本技能，掌握与西语相关的商务、旅游等领域基本规范，能够从事与西语相关领域管理、服务工作需要的高素质技能型专门人才。首届学生 26 人。

（刘艳）

北京邮电大学世纪学院

概述

2017 年，北京邮电大学世纪学院占地面积 33.30 万平方米，非产权校舍建筑面积 15.28 万平方米。全年教育经费投入 2773.21 万元，全部自筹。固定资产总值 9837.22 万元，其中，教学、科研仪器设备资产值 6409.33 万元。图书馆建筑面积 1.55 万平方米，藏有纸质图书 63.99 万册、电子图书 114.83 万册。拥有计算机 2753 台。学校信息化经费投入 196 万元，信息化设备资产 3314.36 万元，网络信息点 5000 个，校园网出口总带宽 700Mbps，电子邮件系统用户 450 个，上网课程 23 门，数字资源量 700GB，管理信息系统数据总量 700GB。拥有 7 个院级实验教学中心，90 间实验室；校内实训基地 5 个，校外实训基地 130 余个。设有 8 个教学单位，在招 14 个本科专业。教职工 418 人。专任教师 280 人，包括教授 31 人、副教授 70 人。聘请校外教师 38 人，包括教授 5 人。毕业生 1239 人。招生 1235 人，全部为学历教育全日制普通本科生。全日制学历教育高考招生北京地区提档线理科 409 分、文科 461 分。在校生 4945 人，其中，学历教育全日制普通本科生 4925 人、非学历教育学生 20 人。网址：www.ccbupt.cn。

2017 年，学校持续进行综合改革，探索、深化、创新应用型人才培养模式，实施工程教育和工程师培养，全面提升为区域经济和信息领域服务能力。

教学实践不断拓展。派出学生到亿阳信通、神州泰岳、盛拓传媒、天润基业等合作企业开展实习实训，组织 450 余名学生前往中国邮储银行、中国电信营火国际未来基地等企业开展暑假社会实践活动，提高学生理论联系实际、分析与解决问题的能力。6 月，与盛泰华业全境电商产业园共建的校外人才培养基地正式成立，致力于搭建实操平台，提升学生理论和实际操作能力，为学生步入工作岗位奠定基础。

教改科研工作深入开展。开展基于 CDIO 理念和能力模块构建的专业改革试点工作，第一次中期阶段性研究与建设完成。物联网工程、机械电子工程、传播学 3 个专业通过学士学位授予专业评估；英语、计算机科学与技术 2 个专业完成市属高校专业试点评估。开展校内教改立项，结题 10 项，新立项 10 项；开展市级项目检查与验收，结题 3 项。承担部委级项目、北京市重点研发计划 3 项纵向课题、2 项横向课题。

国际合作与交流广泛开展。选拔 32 名学生前往芬兰、法国、韩国、日本等地学习和交流；接收 10 名留学生到校交流学习。与美国长岛大学、法国 ESTIA 工程师学院、芬兰拉普兰应用技术大学等国外高校签署合作协议，从单一化院校合作向多元化方向发展。

创新创业教育蓬勃开展。开设 7 门创新创业相关课程，基本建构完成创新创业课程体系；继续加大对大学生创新基地的支撑力度，以基地为平台，打造多维创新环境，“E+E”“世纪工厂”“漫天星”等一批创新团队走向成熟，创新成果大量涌现。PONY 共享洗衣机项目学生创业团队在第三届北大金融论坛暨全国大学生创新创业事业发展论坛上获得吉德集团 100 万元种子轮投资以及供应链支持；5 个多格漫画作品入选“原动力”中国高校动漫出版孵化计划。2015 年度 72 个学生科技创新项目结题通过验收；支持 2016 年度 69 个学生科技创新项目立项。

学生竞赛成果突出。学生参加美国大学生数学建模竞赛与交叉学科数学建模竞赛、第十届全国三维数字化创新设计大赛、第十届国际水中机器人大赛、“学创杯”全国大学生创业综合模拟大赛、全国大学生数学建模竞赛等学科竞赛，38 人次获国际奖项，29 人次获国家级奖项，363 人次获省部级奖项；另有 64 人次获体育类竞赛省部级奖项。

服务社会职能不断深化。成为延庆区志愿服务联合会理事单位，承办“一带一路”国际合作高峰论坛志愿服务交流分享会暨青年志愿者“迎世园 盼冬奥”系列主题活动启动仪式。承接来自延庆、海淀、东城、丰台等区学生的初中开放科

3 月，世纪学院与发码行有限公司正式签署合作协议

（世纪学院　供）

学实践项目。系院、党支部与驻地村镇开展共建活动，从教育、文体、科技等方面着手进行农产品电商销售培训、支教、助老服务等项目。

（杜函蔚）

主导制定手机（移动终端）动漫国际标准

3月16日，世纪学院主导制定的手机（移动终端）动漫标准（标准号T.621）经国际电信联盟(ITU)审议通过正式发布，成为中国文化领域首个国际技术标准。学院自2011年成立课题组以来，推动手机动漫标准先后成为行业、国家乃至国际标准。该标准对手机动漫产业上下游各环节在技术层面进行规范，从文件格式到动漫内容提供，从平台运营到用户权益，最终形成整体规范。

（杜函蔚）

专业改革试点

6月，世纪学院开展基于CDIO理念和能力模块构建的专业改革试点工作。CDIO是指以产品研发到产品运行的生命周期为载体，让学生以主动的、实践的、课程之间有机联系的方式学习工程。第一次中期阶段性研究与建设完成，共支持CDIO工程教育教改立项10项，在专业核心能力凝练、专业能力培养结构框架搭建、支撑能力实现的课程体系构建、基于CDIO理念的核心课程大纲修订、专业人才培养目标达成评价指标体系等方面均取得一定成果。

（杜函蔚）

北京工业大学耿丹学院

概述

2017年，北京工业大学耿丹学院占地面积32.20万平方米，产权校舍建筑面积20.90万平方米。全年教育经费投入18561.36万元，其中，国家拨款1158.44万元、自筹经费17402.92万元。固定资产总值9657万元，其中，教学、科研仪器设备资产值3550万元。图书馆建筑面积9028平方米，藏有纸质图书66.80万册、电子图书10677册。拥有计算机3215台。学校信息化经费投入110万元，信息化设备资产2742.10万元，网络信息点9500个，校园网出口总带宽900Mbps，电子邮件系统用户7000个，上网课程26门，数字资源量8500GB，管理信息系统数据总量55GB。拥有校内专业实训室43个、综合实训室35个，校外实训基地98个。设有3个二级学院、2个系，开设27个本科专业。教职工537人。专任教师268人，包括教授33人、副教授68人。聘请校外教师70人，包括教授5人、副教授28人。毕业生1299人，均为学历教育全日制普通本科生。招生1145人，均为学历教育全日制普通本科生。全日制学历教育高考招生北京地区提档线理科439分、文科468分。在校生5159人，均为学历教育全日制普通本科生。网址：www.gengdan.edu.cn。

2017年，学校在“开放式、国际化、应用型”办学定位上，在“培养具有创新精神的复合型、应用型高级专门人才”办学目标上，在“工科背景、学科交叉、校企结合、国际视野”办学特色上，初步形成以能力为导向的人才培养模式。

集约资源，专业融合。将数字媒体技术和数字媒体艺术、工业设计和产品设计分别整合，打通内容相通或相近专业课程，同时保留专业特色课程；整合师资队伍，共享实验室和工作室等教学资源，最大限度为学生提供优质教学服务。

促进专业与产业融合。与北京比目鱼工程咨询有限公司达成共建“比目鱼—耿丹BIM学院”的校企合作协议，使专业与产业融合达到更深层次。在耿丹学院创办BIM相关高新技术创业基地，为学生提供创业必需的综合能力训练和辅导，提高学生创业成功率，孵化新技术、新创意，打造学院原创及创新能力，强化教学与科研的市场化，实现新技术与科研成果的实际应用。同时双方互派教师挂职交流、开展科研合作，加强教师队伍BIM技术素质及相关专业素质建设。

扩大英文授课规模。鼓励全职教师以全英语教学方式讲授课程，出台《关于建设一批全英文授课课程的通知》，制订《耿丹学院建设一批全英文授课课程的实施草案》，目标是到2021年，学院40%课程采用全英文授课。

（管书艳）

5月，耿丹学院国际设计学院加入国际艺术设计院校联盟(Cumulus)　（耿丹学院　供）

比目鱼—耿丹BIM学院成立

7月，耿丹学院与北京比目鱼工程咨询有限公司联合成立“比目鱼—耿丹BIM学院”。比目鱼—耿丹BIM学院是国内首个以BIM技术教育为特色专业的校企合作创办的四年制本科BIM学院，面向全国招生；教学方面采取混合式教学，学生线上观看直播视频，线下模拟情景展示，实战演练；管理机制上采用企业制积分管理运营模式，保证工作高效、快捷进行。

（管书艳）

北京艺术传媒职业学院

概述

2017 年，北京艺术传媒职业学院产权校舍建筑面积 4.47 万平方米。固定资产总值 7535.18 万元，其中，教学、科研仪器设备资产值 1477.65 万元。拥有图书 9.70 万册。教职工 137 人。专任教师 80 人。毕业生 112 人。招生 75 人。在校生 243 人。网址：www.bjamu.cn。

（胡雨）

北京第二外国语学院中瑞酒店管理学院

概述

2017 年，北京第二外国语学院中瑞酒店管理学院占地面积 17.65 万平方米，产权校舍建筑面积 10 万平方米。全年教育经费投入 11979 万元。固定资产总值 4.18 亿元，其中，教学、科研仪器设备资产值 3322 万元。图书馆建筑面积 7676 平方米，藏有纸质图书 41.57 万册、电子图书 20076.52GB，单独建设的行业特色文献资源库 1 个。拥有计算机 671 台。学校信息化经费投入 3369.50 万元，信息化设备资产 3369.50 万元，网络信息点 6000 个，校园网出口总带宽 2GB，电子邮件系统用户 10000 个，数字资源量 8000GB，管理信息系统数据总量 12000GB。设有品酒实验室、中西食品制作实验室、多媒体实验室、语音实验室和计算机中心。开设酒店管理 1 个专业。教职工 322 人。专任教师 182 人，包括副高级以上专业技术职务 54 人。兼职教师 5 人，包括副高级以上专业技术职务 3 人。毕业生 931 人。招生 777 人。全日制学历教育高考招生北京地区提档线理科 409 分、文科 438 分。在校生 3267 人。网址：www.bhi.edu.cn。

2017 年，学校完成董事会换届。继续坚持特色办学，在人才培养、教学改革、实践教学创新、服务行业社会等方面不断探索和改革。

教育教学方面。酒店管理专业新设 6 个专业方向；新编完成 7 本教材并全部投入使用；新增中餐火锅餐厅、瑞图吧、瑞体吧 3 个经营区域，为学生提供更多实践课程。探索公共课课程改革，思政课开展线上自学；体育课推行“俱乐部 + 体育超市”新模式，打破传统课堂，实现课内外训练竞赛一体化；英语课坚持理论和实践 2 条主线，多点发展，突出实用性。以“中瑞讲堂”为平台，邀请高校名师、酒店行业精英到校交流分享经验。启用学生实习就业平台，实现信息共享和反馈，加强实习过程管理，反馈促进教学。

校园文化建设方面。将校园文化建设、学院核心价值观实施方案与各部门日常工作紧密结合，树典型，立榜样，督导工作持之以恒，坚持标准。通过校园文化传播大使“蒲公英”和校园文化督导 2 支队伍，在全校推进校园文化建设，加强师生对学院文化的认同。以校友会为纽带，开展系列校友活动，国内外分会数量达到 14 个。

对外交流合作方面。拓展国际交流合作业务，稳步推进国际化办学进程，重点发展“一带一路”国家市场。与 4 所国外大学新签合作协议，与 12 个国家和地区 24 所高校及机构共建学生国际交流项目和联合培养项目 5 个，建立由联合培养、联合授予学位、交换生、海外实习和暑期夏令营等多种模式的项目群。派出教师进修、学术交流、参加国际会议近百人次。招收国际留学生 2 批次共 26 人。9 月 1 日，学院输出管理的位于海南省的三亚中瑞酒店管理职业学院正式开学。

服务行业和社会方面。加强实习就业基地建设，为北京市及全国酒店行业和服务行业提供人才支持。邀请万豪、香格里拉、凯宾斯基、希尔顿等世界知名酒店管理集团旗下 200 余家酒店举办校内实习和就业双选会。充分发挥专业优势，为国家和北京市大型活动提供服务，500 余名学生为中国网球公开赛、“一带一路”国际合作高峰论坛、“清洁能源”创新使命峰会等大型活动提供志愿服务。紧贴行业，举办酒店评论高峰论坛、“酒店线上业务课程”培训、亚洲青年领袖峰会等活动，参会人数超过 1000 人。2 名教师赴非洲桑给巴尔开展“桑给巴尔食品与营养海外研修班”。1 名教师获得北京市高等学校第 13 届教学名师奖。

（摆志靖）

中瑞酒店线上业务课程

2 月 28 日至 3 月 1 日，中瑞学院酒店业研究中心与中国名酒店组织联合举办的“酒店线上业务课程”培训班在广州开课。来自环球旅讯、酒店哥、华住酒店集团等酒店行业 5 名业界精英组成培训金牌讲师团，分享“创新是永远的主旋律”“酒店品牌营销与电商运营”“市场洞察与趋势分析”等主题。来自北京、黑龙江、重庆等 20 个省市 37 家酒店高管近 90 人参加培训。中瑞学院于 2016 年 11 月与中国名酒店组织建立战略合作关系，开启酒店人才培养与业务发展的全面合作。

（曹宪荣）

与锦江国际会展联手打造线下综合展览平台

4 月，中瑞学院与上海锦江国际会展公司达成合作协议。学院成为 2017 年“第三届中国（上海）国际酒店投资加盟与特许经营展览会（北京站）”“第二届中国（上海）国际智慧酒店展览会（北京站）”支持单位，为展会提供智力支撑；双方共同打造年度酒店行业卓越的线下综合展览平台，最终实现校企共赢。第三届中国（上海）国际酒店投资加盟与特许经营展览会（北京站）于 5 月 18 日至 20 日在北京中国国际展览中心举办，中瑞学院与锦江国际会展公司于 19 日在展会现场联合主办 2017 民宿及精品酒店设计与经营论坛暨酒店评论高端对话，邀请业内领军人物、酒店设计与经营咨询专家等行业专家共议行业热点话题。中瑞学院于 2016

年10月成为上海锦江国际会展公司支持单位，参与公司主办的多个酒店行业专业展会。

（曹宪荣）

北京网络职业学院

概述

2017年，北京网络职业学院占地面积20.01万平方米，非产权校舍建筑面积9.09万平方米。全年教育经费投入2191万元，全部自筹。固定资产总值3509万元，其中，教学、科研仪器设备资产值1795万元。临时图书馆建筑面积1500平方米，藏有纸质图书12万册。拥有计算机534台。学校信息化经费投入798万元，信息化设备资产897万元，网络信息点4000个，校园网出口总带宽300Mbps，数字资源量1000GB，管理信息系统数据总量20GB。设有1个校区，5个系部，1个研究中心，开设7个专业。教职工202人。专任教师193人，包括教授及教授级高级工程师2人、副教授及高级工程师8人；硕士8人；“双师型”教师31人。聘请校外教师9人。招生109人，均为高职生。高考北京地区提档线文科150分、理科150分，单考单招150分。在校生1107人，其中，高职生142人、非学历一年制培训生965人。网址：www.bjwlxy.org.cn。

2017年，学校明确办学定位，培养为首都经济文化发展服务，符合首都城市定位，适应首都6个核心功能建设所需要的高质量技能型人才。

创新教学方法。实施“贯通式教学”，即在专业课教学中，破除以往建立在知识分类基础上的学科门类所形成的课程壁垒，以技能掌握为主线，将原来分布在不同课程中的同类知识和能力进行重组，由简单到复杂地进行传授和培养。思政课、计算机、英语、体育等基础类课程仍然按课程门类分门教学。同时，与贯通式教学模式相匹配，赋予传统“边讲边练”教学方法新含义，即对于具有相关性的理论知识教学与动手能力掌握，尽可能采取边讲边练、干中学、学中干的教学方法。

改革考核方式。针对单纯采用常规笔试难以判断学生是否掌握技能的问题，提出以学生作品水平高低作为判断学生学习成绩优劣以及教师教学质量高低的重要依据。根据不同专业特点，学生作品可以是设计方案、新闻报道、软件编程、影视作品等形态；学生作品按年级高低和学习进程，由简单到复杂，可以是一件完整作品，也可以是一件较为复杂作品中的一个模块。

发展社会培训教育。为缓解现阶段在校生数量少、学校规模较小的困境，开设大数据和网页制作2个全日制非学历培训专业，力争做到学历教育与培训教育规模匹配，优势互补，经验共享。至12月，2个专业分别招生507人、335人。

推进校企合作。利用办学资源优势，与360企业安全集团、蓝盾科技有限公司共建网络安全专业和网络安全实训基地；引进知名企业生产环节或管理环节进入学校，在校内建立实训基地、工作室等机构，真正实现“产教融合、校企合作，工学结合、知行合一”。

开展产业动向调研。制定教师开展产业动向调研活动管理办法，采取多种措施鼓励教师参与调研；教师自行选择合作企业，制订调研方案，安排调研内容；学院定期组织取得阶段性成果的教师汇报，交流调研经验。在产业动向调研成果基础上，明确专业人才培养目标。

（黄明玥）

民办高等教育机构选介

北京现代音乐研修学院

5月，耿丹学院国际设计学院加入国际艺术设计院校联盟（Cumulus） （耿丹学院 供）

2017年，北京现代音乐研修学院占地面积3.60万平方米，产权校舍建筑面积7.02万平方米。全年教育经费投入11748.65万元，全部自筹。固定资产总值15206.66万元，其中，教学、科研仪器设备资产值2852.41万元。图书馆建筑面积0.15万平方米，藏有纸质图书11.63万册、电子图书20万册。拥有计算机452台。学校信息化经费投入80万元，信息化设备资产723万元，网络信息点1306个，校园网出口总带宽200Mbps，电子邮件系统用户400个，数字资源量4580GB，管理信息系统数据总量14GB。拥有350间国际标准琴房、24个舞蹈练功厅、8个音频工作站、6个视频工作站、16个MIDI工作室及双排键工作室，以及影视节目制作中心、动画制作中心、电子图书馆和网络管理中心。设有6个系，开设22个专业。教职工482人。专任教师235人，包括教授10人、副教授8人。兼职教师79人，包括教授18人、副教授26人。结业生847人。招生1245人。在校生4218人。网址：www.bjcma.com。

2017年，学校坚持“民办教育与公办教育牵手、艺术教育与科技教育融汇、职业教育与精英教育互补”的可持续发展战略方针，在常规教学工作基础上，继续夯实教学体系建设，加强学生管理；加强建立在校园节庆活动平台上艺术实践大体系的建设。持续推进“人文建校”进程，秉承“以人为本、和谐共进、科学发展”理念，创建安全校园环境。

构建特色教学体系。教学工作继续深化课改、教改，增强校级课题研究成果的应对性、实用性。全年统一录制微课教学课程 80 余个，编辑、整理完成录屏软件和视频拍摄录制并网络播出教师微课程作品 19 个；各院、系共开展公开课教学 30 余场次；总计完成实践教学活动 172 场次、总课时 810 学时；微课拍摄 60 人次，总计拍摄 92 学时，成片总时长约 780 分钟。学校第二课堂平台“北音大讲堂”推出各类讲座 50 余场次。设立年度校级教研、科研课题。

建构适应本校教学类型的保障体系。教学保障部门将原来“多人力被动抢修”转型为“精人才主动预检”为核心的工作方式，以“精准查检、提前事故干预”及“主动介入”的有效服务，提升教保服务质量、管理水平。10 月，学校耗资千万购置的高清电视转播车，配以国际先进音视频设备正式投入使用，标志着学校高清电视转播车实习平台正式启动，也成为国内屈指可数的拥有高清电视转播车的高校之一。

加强学生管理体系建设。制订年度《学生思想政治教育工作计划》并狠抓落实，切实把学生思想教育政治工作放在重要位置。以“三创、三建”工作理念为教育主线，从创新学生工作入手，构建“校园文化、学生文化、管理文化”三位一体的校园生态环境。加强校园法制安全体系管理，建设数字化监控系统，新调试安装摄像头机位 250 个点位，实时监控校园各区域;组织校情、心理、禁毒、防艾、消防、校园欺凌、校园预防电信诈骗、控烟等安全讲座及消防演练等活动 38 次。围绕思想品德、法制教育、诚信教育、学风教育、考风教育以及校园文化建设等实主题组织大型活动 19 次，同时引导、鼓励和支持学生参与“文化进社区”公益服务活动。

（王金君）

北京工商管理专修学院

2017 年，北京工商管理专修学院占地面积 5.30 万平方米，产权校舍建筑面积 7.69 万平方米。全年教育经费投入 1128.14 万元，全部自筹。固定资产总值 19415 万元，其中，教学、科研仪器设备资产值 1206 万元。图书馆建筑面积 1876.50 平方米，藏有纸质图书 5.80 万册。拥有计算机 853 台。学校信息化经费投入 51 万元，信息化设备资产 45.60 万元，网络信息点 222 个，校园网出口总带宽 300Mbps，电子邮件系统用户 90 个，上网课程 168 门，数字资源量 40GB，管理信息系统数据总量 12.20GB。拥有校内专业实训室 8 个、综合实训室 2 个。设有 6 个院，开设 9 个专业。教职工 235 人。专任教师 85 人，包括副教授 1 人。结业生 377 人。招生 1320 人。在校生 1930 人。网址：www.bjuba.com.cn。

2017 年，学校紧跟京津冀协同发展和北京市“四个中心”战略发展新形势，通过不断改革，逐步探索立足首都北京科教新区昌平区，面向京津冀区域，培养科技创新技能应用开发人才的办学方向。学校形成自己的办学特色：专业设置聚焦信息技术产业创新发展需求，符合首都产业功能定位；以“成人成才，同步教育”教育理念，培养综合性人才；课堂与产业对接，以“以高质量就业为目标，以两个计划为依托，以三个体系为保障”教学模式保障高质量就业。

响应北京市环境治理政策号召，进行“煤改气”工程，新建天然气锅炉房。开展校园安全隐患“大排查、大清理、大整治”专项行动和各项疏解腾退工作。拆除彩钢板房等违建 1000 余平方米，停业疏解小商户 20 余家，消除安全隐患，实现“大事不出、小事也不出”安全工作目标。

（崔友芝）

北京人文大学

2017 年，北京人文大学占地面积 9.90 万平方米，非产权校舍建筑面积 3.55 万平方米。全年教育经费投入 222 万元，全部自筹。固定资产总值 1776 万元，其中，教学、科研仪器设备资产值 809 万元。拥有计算机 156 台。学校信息化设备资产 795.20 万元，网络信息点 800 个，校园网出口总带宽 100Mbps，电子邮件系统用户 500 个，数字资源量 1000GB，管理信息系统数据总量 500GB。拥有校内专业实训室 18 个，校外实训基地 11 个。设有 8 个学院，开设 11 个专业。教职工 118 人，包括专任教师 6 人、兼职教师 52 人。毕业生 246 人。招生 590 人。在校生 1284 人。网址：www.bjrwdx.com。

2017 年，学校围绕首都城市战略定位关于建立全国“文化中心”相关规划，着重促进“国学、书法”优秀传统文化类专业健康发展；根据延庆及周边区域社会发展特点，重点打造国际标准舞、民族舞等特色专业；探索民办学前、基础教育领域市场前景。

深化教学改革，注重师资队伍建设。继续发挥教学、学生管理、招生“三位一体”工作小组和常务副校长牵头的教学检查小组的作用，提高管理水平和教学质量。定期开展专职教师培训和教学管理人员业务学习。学生对学校专、兼职教师满意度 91.20%。

突出重点专业建设。注重艺术文化类专业建设，对“国学、书法”文化类专业发展加大投入力度，不断完善人才培养方案及教育教学体系建设；对国标舞、民族舞等舞蹈类专业，加强师资与教学投入，探索契合延庆区文化产业发展的新模式、新方向;对于服务型的“高铁乘务类”专业，继续优化专业设置，控制学生规模。

服务延庆区域基础教育，立足公益办学定位。开展多种教育交流活动，包括接待延庆区部分中小学校长到校观摩，考察学校国学、舞蹈、书法等特色专业；派遣学校特色专业师生帮扶延庆区中小学课外文化活动等。瞄准冬奥产业发展新机遇，与延庆区教委、张家口市教育系统相关部门联系、沟通，开展冰雪运动相关专业、旅游文化产业管理等方面培训与教育。

（张秦）

现代管理大学

现代管理大学承办北京市第二届保安员职业技能竞赛（现代管理大学 供）

2017年，现代管理大学占地面积32万平方米，产权校舍建筑面积8.20万平方米。全年教育经费投入502.80万元，全部自筹。固定资产总值4210.11万元，其中，教学、科研仪器设备资产值2163.74万元。拥有计算机1400台。学校网络信息点800个，校园网出口总带宽100Mbps，上网课程45门。拥有校内专业实训室4个、综合实训室5个，校外实训基地1个。设有11个学院，开设24个专业。教职工310人。专任教师119人，包括教授13人、副教授19人。兼职教师129人，包括教授5人、副教授18人。毕（结）业生850人。招生488人。全日制在校生2418人。全年在校短期培训学员1939人次。网址：www.mau.edu.cn。

2017年，学校以疏解“非首都功能”政策为指导，调整办学方向，强化服务首都职能，在服务区域经济发展方面进行转型尝试，探索多条腿、多类型办学新路。

推动专业特色建设，提升教学品质。建设形成航空服务、医务护理、轨道交通3个以现代服务业为特点的重点专业集群和保安培训1个服务新北京城市安全建设、行业特色显著的培训项目。根据高等教育的新形式、新特点、新要求，注重以名师、名作、名品、名牌为内容的“四名效应”，即通过专业名师针对著名作品采用各种手法进行深入分析，便于学生理解，真正提高学生专业能力。同时，通过每月举行1次名家大讲堂，每周五组织开展“读书会”，每月组织1次“读书会交流”活动等形式丰富学生课余文化知识。

加大培训力度，发挥服务区域职能。面向北京新城建设和社会经济发展需要，紧密联系行业企业，建设完成保安培训等一批成熟的技能培训项目。全年完成保安培训任务近2000人次、其他类培训3600余人次。面向北京本地职工开展继续教育，全年各类非全日制成人类教育近2000人，成为服务房山区终身教育体系建设和学习型社会建设的有效组成部分。

积极参加爱心援助活动，提升区域人民文化生活。向房山区南窖村捐赠价值15万元教学器材，用于村民致富信息交流活动室建设。开展面向房山区弱势儿童的“红烛行动”，3000人次受益；开展面向市保安服务行业的“保安公益大课堂”市社会办公益项目，4000余人次受益。

发挥学校优势，承接政府及行业重大活动。承办中国教育发展战略学会组织建设和管理工作会议；受市公安局等六委办局委托，承接北京市保安服务行业岗位练兵暨北京市第二届保安员职业技能竞赛，历时100天，2700余人参加。

改善校园环境，建设文明校园。投入近160万元，完成西侧教学楼2层30间教室建设工程。新建学生宿舍空气源热泵洗浴系统。完成供暖煤改气工程。新种植樱花树200余棵，移植柳树70余棵，美化校园环境。强化校园文明建设，开展楼宇重命名活动，通过征集意见，讨论确定明德楼、崇德楼、尚德楼、德馨斋、画苑等22栋楼的名称；整顿校内乱贴乱画现象；加大控烟工作力度。

（王喜茹）

民办中小学幼儿园选介

北京市二十一世纪实验幼儿园

4月21日，二十一世纪幼儿园玉海园举办“全能小超人系列活动之我会自己叠衣服”比赛（二十一世纪幼儿园 供）

2017年，北京市二十一世纪实验幼儿园为日托制民办园。占地面积1.75万平方米，校舍建筑面积1.27万平方米。全年教育经费投入1919.08万元，全部自筹。固定资产总值778万元。拥有琴房、电教室、舞蹈厅等专用教室12个，普通教室52个。教职工236人。教师101人，均为专科以上学历；中级职称以上5人。保育员73人（含实习生26人），包括专科以上学历35人。开设50个教学班，其中，双语重点班3个（小班1个、中班2个），双语实验班12个（托班 3 个、小班 5 个、中班 2 个、大班 2 个)，普通班 7 个(托班 2 个、小班 1 个、中班 2 个、大班 2 个)，蒙氏双语混龄班 2 个，主题班 6 个(小班 2 个、中班 2 个、大班 2 个)，国际混龄班 4 个，蒙氏双语班 13 个(小班 5 个、中班 5 个、大班 2 个、托班 1 个)，半日国际小班 1 个，普通双语大班 2 个。幼儿离园 544 人、入园 562 人、在园 1293 人。网址：www.bjkid.com。

2017 年，二十一世纪幼教集团新增一级幼儿园 3 所(金地仰山园、顶秀园、长春园)和三星级幼儿园 1 所(沈阳中海园)。集团被《北京晨报》授予京城百所特色校“京城领军幼儿园”称号。

幼儿园遵循“蹲下来讲话、抱起来交流、牵着手教育”民主教育观，努力使每一个儿童获得理想发展。举办小班幼儿叠衣服比赛、大班幼儿“欢乐智慧闯关赛”、全园幼儿讲故事评比活动、中秋制作活动、亲子游园活动以及跳蚤市场活动、学雷锋活动，开展地震逃生应急演练，多方面锻炼幼儿能力。

加大投资力度，投资近千万为各园增设 360 度无死角摄像头，举办新生家长食品品鉴会，加强幼儿安全保障，增强家长、幼儿对园所信赖感和满意度。

(成雪娇)

北京市昌平区幸福童年双语幼儿园

2017 年，北京市昌平区幸福童年幼儿园为日托制民办园。占地面积 5139 平方米，建筑面积 1832 平方米。全年教育经费投入 128 万元，全部自筹。固定资产总值 650 万元。图书 5200 余册。拥有教师备课室、多功能活动厅、档案室和会议室等专用教室 6 个，普通教室 13 个；计算机 28 台、投影仪 16 台、钢琴 14 架、监控 94 个。教职工 72 人。专任教师 39 人，包括本科及以上学历 4 人；高级职称 1 人、初级职称 1 人。保健医 4 人，均为专科及以上学历。开设教学班 13 个，其中，小班 4 个、中班 5 个、大班 4 个。幼儿入园 120 人、离园 120 人、在园 429 人。

2017 年，幼儿园争创一级一类幼儿园。改善园所环境，增加大中小型户外玩具钻网、秋千、摇马等百余件，增添 13 个班级的玩具、图书总计 200 余种 3500 余件。同时，增加硬件设施，做到监控无死角全覆盖。加强教师队伍建设、师德建设，加强政治学习，提高教师素养。

(刘杨)

北京王府幼儿园

2017 年，北京王府幼儿园为日托制民办园。占地面积 3.30 万平方米，校舍建筑面积 2.96 万平方米。全年教育经费投入 1951.49 万元，全部自筹。固定资产总值 449.47 万元。拥有钢琴室、古筝室、剪纸室、陶泥室、书法室、舞蹈教室和绘本馆等专用教室 10 个，普通教室 19 个。教室内设有触摸一体机、交互投影、自动钢琴等教学设施。教职工 124 人，包括高级职称 1 人、中级职称 1 人、初级职称 5 人。专任教师 69 人，包括外籍教师 5 人；本科及以上学历 55 人，包括硕士 6 人。保健员 2 人，包括本科及以上学历 1 人。开设教学班 19 个，其中，托班 1 个、小班 4 个、中班 3 个、大班 3 个、国际班 4 个、蒙氏班 2 个、蒙氏国际班 2 个。幼儿入园 204 人、离园 62 人、在园 418 人。网址：www.bjroyalschool.com/youeryuan。

2017 年，幼儿园开展班级质量考评和传帮带；被世界国际文凭组织认定为 PYP 试点幼儿园，结合 PYP 试点幼儿园标准优化办园目标，加强以教研促教学；推动园所教研及培训，全年组织各类培训 126 场次，教师 3698 人次参加培训；加强师德教育，512 人次参加师德活动 16 次；健全组织机构，增设园长助理等岗位；完善教职工考评标准和收费标准，保证园所有序、高效运行；积极开拓市场，开展亲子教育活动，加强招生工作，在园幼儿增至 418 人，比上年增长 19.43%。

(党子衡)

北京中芯幼儿园

12 月 22 日，中芯幼儿园首次举办圣诞节大联欢活动
(中芯幼儿园 供)

2017 年，北京中芯幼儿园为全日制民办非企业幼儿园。占地面积 5800 平方米，校舍建筑面积 4479 平方米。全年教育经费投入 2022.39 万元，全部自筹。固定资产总值 679.65 万元。拥有美术和英语等专用教室 3 个，普通教室 17 个。教室内设有交互式电子白板、电脑和电钢琴等教学设施。教职工 92 人。教师 53 人，均为专科及以上学历。保育员 18 人，包括专科及以上学历 13 人。开设教学班 17 个，其中，混龄班 13 个、国际班 4 个。幼儿离园 162 人、入园 191 人、在园 463 人。网址：k.bjsmicschool.com。

2017 年，幼儿园在分析建园 11 年经验与成绩基础上，提出“保教结合、稳步创新发展、实现中芯理念传承”工作目标，为进入教育集团化模式积极准备。

教育教学更加深入和延伸，蒙特梭利教学在原有教具基础上开发更多创新教具，形成园本特色；幼儿英语学习内容丰富，幼儿英文单词量和英文图书阅读量增长，更多幼儿能与外籍教师顺畅交流。保育队伍日趋完善，保育员成功转型为生活教师，并在暑期参加蒙特梭利初级培训，使日常生活教育真正渗透至保育教育。延续幼儿园教育教学特色之品格教育，本学年8个品德主题分别为“自信、耐心、宽容、团结、爱心、尊重、感恩、责任”，以品格故事、品德秀、慈善活动、主题展板、书香阅读等方式进行，把品德教育渗透进幼儿日常生活。

后勤队伍大力支持教学各项工作。按需合理统筹，投入300万元装修室内环境，为幼儿创设优美舒适环境。各项安全制度建立并落实，全年无安全事故发生。

（陈相京）

北京市大兴区十一建华实验幼儿园

9月，十一建华幼儿园开展博物馆课程

（十一建华幼儿园　供）

2017年，北京市大兴区十一建华实验幼儿园为日托制民办园。占地面积9000平方米，建筑面积4700平方米。全年教育经费投入1494万元，全部自筹。固定资产总值290万元。拥有艺术厅、美术室、木工坊、陶泥房4个专用教室，16个普通教室。教职工93人，包括专任教师38人、保育员24人、保健医3人。开设教学班16个，其中，小班6个、中班5个、大班5个。幼儿离园150人、入园180人、在园499人。

2017年，幼儿园围绕“全程育、育全人”的人生中心教育理念，开展教学研究，加大师资培训，加强安全管理，升级改造园所环境，推进幸福文化建设。

开展教学研究。组织戏剧专题教研、师幼互动专题教研、低结构材料游戏教研等多项专题教研，帮助教师习得教学策略，发现和解决问题。组织“假如我是孩子”主题教学节，激励教师探索、思考，反映“全程育、育全人”的人生中心教育理念。编写完成3种形式的典型活动课程案例。

加大师资培训。全年开展不同主题培训24次，包括“走出去”10次、园本培训14次，覆盖教师群体59%。开展“园级干部带班长，骨干教师带新人”2个层级的师带徒活动，结成师徒“青蓝组合”17对，师父每月平均指导徒弟半日活动2次，指导备课2次。改变保育队伍培训方式，尝试在保育员学习和培训中以“研”的形式开展。

加强安全管理。教师工作会上专设安全议题。全年开展教职工安全培训4次，不定期向家长宣传安全常识，与家长建立安全事件沟通机制。园内监控探头由70个增至141个，实现全方位无死角监控覆盖。消防灭火器增至80个。

改善园所环境。将原有小区域车道改造成全园环绕式车道，在停车区添加小车棚；扩建木工学习坊，设计木工课程，添置水车、叠水设施，增加大型攀爬网、运动平衡组合器械等运动设施，丰富幼儿户外游戏。

（李晓静）

北京市延庆区人文大学附属幼儿园

2017年，北京市延庆区人文大学附属幼儿园为日托制民办园。占地面积4500平方米，校舍建筑面积1900平方米，户外活动场地2600平方米，绿化面积1200平方米。全年教育经费投入59万元。固定资产总值2.70万元。图书室藏书1000册。拥有计算机5台。拥有标准幼儿活动室、室内游戏场、淘气堡拓展区和户外活动区。普通教室4个。教职工17人，包括教师7人、保健员1人。开设4个教学班，其中，托、小、中、大班各1个。幼儿入园52人、离园28人、在园108人。

2017年，幼儿园以“人文关怀、人本发展、人人幸福”为办园理念，以“全面关注每一个孩子健康成长，热心服务每一位家长教育需求”为办园宗旨，朝着“保教质量高、社会口碑好、办园特色突出，行内领先、地区一流”方向迈进。

把安全工作放在第一位。落实“谁主管，谁负责”原则，与各岗位人员签订安全责任书。定期培训园所制度，开展管理规范职责讨论，明确“园长—后勤主任—年级组长—班长”分层管理路径。加大硬件设备投入，为幼儿园户外铺上塑胶地面，完成班级盥洗室改造和厨房煤气间改造，让幼儿在更加安全、卫生环境中成长。

加强师德师风建设。通过培训规范教师专业素养，在每月考核中增加师德师风占比，每月评选“最美教师”彰显师德榜样。组织教师开展“师德师风”演讲评比。

培养幼儿良好习惯。改进培训幼儿常规习惯的方式方法，养成教育逐步走向正轨。

巩固家园共育桥梁。多次举办半日开放活动，让家长进一步了解幼儿在园生活；组织六一儿童节亲子游活动，增进亲子感情。

（刘帆）

北京市正泽学校

2017年9月，北京市正泽学校正式开学。学校是九年一贯制非营利性民办学校。首年在西城区丁章胡同1号过渡一年，过渡校区占地面积3350平方米，建筑面积2512平方米，运动场地面积1214平方米。全年教育经费投入1989万元，全部自筹。固定资产总值717万元。图书馆（室）藏书2万册。拥有计算机45台。学校信息化经费投入195.30万元，校园网出口总带宽50Mbps，数字资源量600GB。普通教室9个、专用教室3个。教职工34人，包括高级职称11人、中级职称17人。专任教师25人，包括北京市骨干教师1人、西城区学科教学带头人1人、西城区学科教学骨干5人；本科及以上学历30人。开设教学班6个。招生172人。在校生172人。网址：www.bjzzschool.com。

2017年，学校首年招生开课，通过特色开笔礼、破冰营地等活动，推动新生完成从幼儿园到小学生的角色转换。通过发布智慧校园与人工智能平台手机软件（APP）、举办家长开放日等活动，加强家校联系。成为西城区教育系统小学校长教师实训基地，探索“研究—实践—培训”相结合、教育教学与学校管理相结合的培训经验。

教师团队依据国家课程标准和学校的办学理念，自主研发校本课程体系，给学生更多选择机会和更丰富的生命体验，为学生自信和成功地应对未来挑战奠基；教学科目包括语文（含国学）、数学、英语、科学、思维训练、艺术（音乐、舞蹈、美术、书法、戏剧）、体育等学科，涵盖基础教育阶段学生发展各个领域；课程体系的整体设计注重人格培养和塑造，把“立德树人”放在整个教育过程首位，把学生品行培养渗透到各个科目学习过程；凸显对中西方文化精髓的兼收并蓄，突出跨领域、多学科的融合性与综合性，通过主题式、活动式教学模式将不同学科教育内容有机结合，提高学生综合分析问题、解决问题能力和创新能力；在教学过程中突出实践性和活动性，关注在实践活动和参与过程中培养学生多维度、多角度、互逆思维品质。

（赖玉洁）

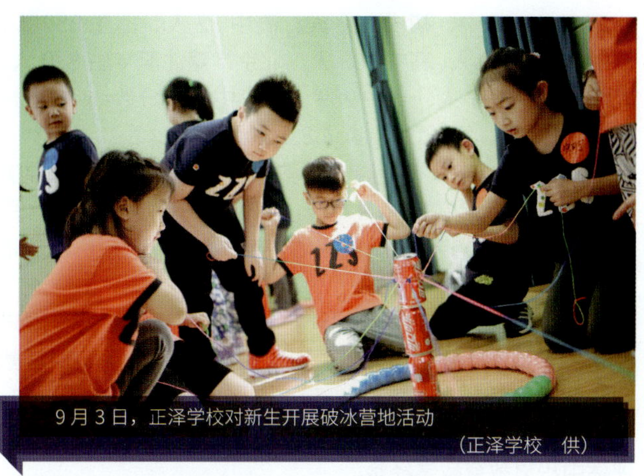

9月3日，正泽学校对新生开展破冰营地活动

（正泽学校 供）

北京第二实验小学怡海分校

2017年，北京第二实验小学怡海分校占地面积0.75万平方米，建筑面积1.31万平方米，体育场（馆）面积0.13万平方米。全年教育经费投入2176.56万元。固定资产总值1044.09万元。图书馆（室）藏书3万册，电子图书5万册。拥有计算机225台。学校信息化经费投入38.35万元，校园网出口总带宽100Mbps，数字资源量8000GB，“信息技术”课程1课时/周。普通教室50个、专用教室11个。教职工116人，包括高级职称1人、中级职称18人。专任教师102人，包括本科及以上学历82人。开设教学班47个。毕业190人。招生239人。在校生1300人，包括寄宿生166人、外省市借读生727人。网址：www.yhxx.org。

2017年，学校深度发展，进一步扩大办学影响力。

狠抓课堂教学。课堂教学以深度融合为目标，在钻研目标和教材、课堂实践、发展学生个性、落实立德树人根本任务等方面下功夫。以新媒体新技术为突破点，改进教学模式，在高质量完成国家课程的同时，充分发挥特色课程优势，满足学生个性发展需要。引进计算机编程、机器人、博弈数学、网球、马术等高端课程。通过开放办学，引进社会优质资源，开发“茶道与修身养性”“花乡与美好生活”“汽车与现代科技”“我们与‘一带一路’”“故宫与传统文化”5个主题综合实践活动课程。

狠抓队伍建设。在利用新媒体新技术促进教研科研的过程中，提高教职工的专业能力，调动专业发展的主动性，增强教师研究意识和能力。先后邀请全国中小学计算机教育研究中心专家、北京市教育网络和信息中心领导、丰台区各学科教研员开展系列培训，促进教师专业发展。教师34人获得国家级、市级荣誉，多名教师在全国及市、区级教研活动中参与展示。设立各种表彰项目，形成机制，鼓励引领教师深度发展。

丰富学生活动。通过社会综合实践课，将艺术、科学、体育等传统学科融合在一起，注意在学生活动中渗透德育教育，在活动中培养学生团队意识和与人交往能力，同时在实践课中训练和培养好的习惯和性格。通过市教委引进人工智能课程，成为北京市3所人工智能课程实验校之一，进行学科融合研究，提高学生综合素质。学生参加国家级比赛10人获奖，市级比赛133人获奖。

（刘扬）

北京市第八中学怡海分校

2017年，北京市第八中学怡海分校占地面积2.48万平方米，建筑面积3.40万平方米，运动场地面积1.27万平方米。全年教育经费投入4702.77万元。固定资产总值1519万元。图书馆（室）藏书3万余册，电子图书30GB。拥有计算机285台。学校信息化经费投入55万元，校园网出口总带宽110Mbps，数字资源量200GB，“信息技术”课程1课时/周。普通教室43个、专用教室13个、实验室15个。教职工137人，包括高级职称42人、中级职称72人。专任教师91人，包括特级教师1人；本科及以上学历91人。开设教学班31个，其中，初中班21个、高中班10个。毕业292人，其中，初中210人、高中82人。招生352人，其中，初中249人、高中103人。北京学籍注册学生880人，其中，初中591人、高中289人。高中录取分数线469分。有社团30个。网址：www.yh8z.com。

2017年，学校以提高教育教学质量为重点，优化课堂教学结构，深化学校内涵发展。学校第一次参加丰台区民政局组织的民办非企业单位评估，被评为AAAA级民办非企业单位。

教学方面，遵循教育规律，优化教学常规管理；跟进教育综合改革；继续做好相关培训，探索适合学校课堂教学改革新路子。编写完成“一带一路”校本课程读本。同时，在承担国家义务教育质量监测任务、接受民办非企业单位评估中积累教育教学经验。

开展多种科技活动，在创建科技特色校进程中，提高教育教学质量。邀请航天二院国家重点实验室专家为学生作2场航天科普讲座。带领学生参加第35届北京学生科技节、第18届北京市机器人竞赛、第18届全国中小学电脑制作活动电脑机器人竞赛等，以赛促学。获得2017年北京市中小学生科技创客活动MEV机动电能车科技挑战赛高中组总决赛冠军，以及第18届北京市机器人竞赛超级轨迹项目初中组冠军。

以活动为媒介，增强学校凝聚力，提升学生综合素养。组织校友、老教师返校与在校师生座谈、联谊，共谋学校新发展。通过科学家进校园、诗歌朗诵会、科技嘉年华、研学等一系列活动，提升学生综合素养。

（朱晓艳）

北京市海淀外国语实验学校

1月，海淀外国语学校正式成立小学男子舞蹈团
（海淀外国语学校　供）

2017年，北京市海淀外国语实验学校占地面积20.01万平方米，建筑面积8.52万平方米，绿化用地面积6.85万平方米，运动场地面积4.15万平方米。全年教育经费投入24328.68万元。固定资产总值5700.28万元。图书馆藏书9.83万册，电子图书1万册。拥有计算机415台。学校信息化经费投入186.94万元，信息化设备资产162.29万元，校园网出口总带宽550Mbps，“信息技术”课程1课时/周。普通教室155个、网络多媒体教室143个、专业教室120个、实验室7个、多功能报告厅9个、一对一钢琴房180个。教职工878人，包括高级职称30人、中级职称114人。专任教师369人，本科及以上学历347人。开设教学班112个，其中，小学64个、初中29个、高中19个。毕业796人，其中，小学397人、初中235人、高中164人。招生887人，其中，小学389人、初中411人、高中87人。在校生3708人，其中，小学2298人、初中1085人、高中325人，均为寄宿生。高中录取分数线507分（本区）。网址：www.bjfles.com。

2017年，学校坚持“立德树人”原则，把课程作为核心，教材作为载体，尊重学生成长需要，努力办“社会满意、家长满意、学生受益”教育。

继续落实“十三五”时期校本研修与培训，建设高素质教师队伍，成果显著。强化学校内涵发展，完善组织管理变革，充实研修模式。针对小升初特殊情况，与中学进行“中小衔接座谈会”，了解中高考方向，以及中学语文教学与小学语文教学区别，以提高学生整体成绩、顺利完成中小过渡为着眼点，有针对性地适当调整教学。为具有体育、艺术及各类特长的学生搭建平台，组织学生参加各级各类体育、艺术展示与比赛。

（郭莹霞）

北京市二十一世纪国际学校

11月9日，二十一世纪国际学校举办全国小学数字化学习课例展示活动　（二十一世纪国际学校　供）

2017年，北京市二十一世纪国际学校占地面积8.80万平方米，校舍建筑面积5.16万平方米，运动场地面积1.43万平方米。全年教育经费投入19201万元，包括自筹经费18836万元。固定资产总值37533.80元，包括教学仪器资产值3373万元。图书馆藏书51489册。拥有计算机1089台。学校信息化经费投入300万元，网络信息点410个，校园网出口总带宽200Mbps，数字资源量11TB，“信息技术”课程8课时/周。普通教室80个、专用教室24个、实验室6个、多功能报告厅3个、钢琴房14个。教职工404人，

包括副高级职称19人、中级职称50人。专任教师277人，包括特级教师2人、北京市学科教学带头人2人、市级骨干教师2人；外籍教师31人；本科及以上学历288人。开设教学班89个，其中，小学班41个、初中班25个、高中23个。毕业445人，其中，小学182人、初中111人、高中152人。招生390人，其中，小学162人、初中180人、高中48人。在校生1950人，其中，小学987人、初中463人、高中500人；寄宿生1950人。网址：www.21cis.com.cn。

2017年，学校加强文化建设，进一步提升办学质量，创建品牌学校。启动“规则文化”“礼仪文化”“阅读文化”工程，通过举行“超级演说家”“世纪讲堂”“世纪杯”辩论赛、“世纪礼仪大使”“国旗下的演讲”等主题活动，“金牌书童”“银牌书童”“铜牌书童”“书香年级”等阅读评选活动，以及建立班级读书角、学部阅读长廊、“读书吧”，设立“规则日”等，营造健康文明、积极向上的校园文化，加强师生规则意识，提高其礼仪文化修养，调动其发展内动力，提升师生整体素质。

加强师资队伍建设。提出要做有气度、有深度、有风度、有温度的“四度”教师。征集教职工意见，制定“世纪公约”，规范教师言行，提高其修养；开展系列培训讲座，提升教师教学业务能力、研究能力和礼仪素养；为教师量身定制新版运动系列、正装系列校服，整饬其风貌。

多措并举抓教学。继续完善课程体系，包括十二年一贯制课程体系，在原有课程基础上，引进UDP课程框架；开展“锡华杯”课赛、“世纪杯”常态课、学科模式课、每人一节公开课、录课等课堂评比活动，全面监督课堂教学，保障质量；继续坚持科研促教学的发展思路，按照“学校有主题、组组有专题、人人有项目”“突出重点、聚焦特色、总量控制”大方针的指引，全面整合教学、科研、校本培训等工作，不断总结经验，使学校项目研究由广向精、由粗向细推进，推进素质教育。全年确定立项69个项目，完成上学年49个项目研究结题及汇报工作，并将优秀项目研究成果汇集出书，名为《拥抱世纪文化》。

（杨青瑕）

北京市海嘉双语学校

2017年，北京市海嘉双语学校是十二年一贯制双语教育民办学校。占地面积4.58万平方米，建筑面积3.33万平方米，体育场（馆）面积1.38万平方米。全年教育经费投入1266万元，全部自筹。固定资产总值9161.04万元。图书馆（室）藏书9.07万册，电子图书60册，订阅杂志、报刊23种。拥有计算机475台。学校信息化经费投入37.98万元，校园网出口总带宽180Mbps，数字资源量200GB，“信息技术”课程1课时/周。普通教室81个、专用教室40个、实验室6个。教职工307人。专任教师190人，包括本科以上学历167人。开设教学班70个，其中，幼儿园班22个、

8月31日，海嘉双语学校成立中文学术委员会
（海嘉双语学校 供）

小学班35个、初中班8个、高中班5个。毕业95人，其中，小学52人、初中31人、高中12人。招生171人，其中，小学121人、初中27人、高中23人。在校生1231人，其中，幼儿园406人、小学623人、初中142人、高中60人。有社团6个。网址：www.bibachina.org。

2017年，学校首届12名十二年级毕业生毕业。天津校区开学。

学校秉承“让孩子因我们而幸福”教育目标，在教学活动中贯穿该思想核心。以“根深中华、心怀天下”为人才培养目标，注重中华优秀文化与世界文明的传承与弘扬。遵循国家课程标准，融合西方先进的课程模式，发挥双语教育特色优势，全面育人、全新培养、全程服务于学校大社区。坚持以德育人，中西合璧，均衡双语、多元文化，办学质量稳步提升，获得2017年度顺义区民办学校办学交流展示活动一等奖。

中外教师队伍建设方面，致力于构建和谐发展的教育团队。特别邀请多名教育培训师、职业发展顾问对教职工进行专题职业拓展培训。教师以此为契机，从课程体系、教与学的方法、成绩评估、教师评估等多方面汇总质量保证概念执行的内容，并通过校内、校外、会议、指导、课程发展和行为研究等各种形式的培训和工作坊来提高质量保证执行能力。

（王伟）

北京市新英才学校

2017年，北京市新英才学校是集双语幼儿园、小学、AP国际中心、剑桥国际中心、国外大学预科、汉语中心为一体的寄宿制学校。占地面积12万平方米，建筑面积11.70万平方米，体育场（馆）面积4995平方米。全年教育经费投入18165万元，全部自筹。固定资产总值56191万元。图书馆（室）藏书6.40万册，电子图书5.50万册，订阅杂志、报刊136种。拥有计算机1000台。学校信息化经费投入650万元，校园网出口总带宽300Mbps，数字资源量12000GB，“信息技术”课程1课时/周。普通教室104

个、专用教室21个。教职工701人，包括高级职称30人、中级职称43人、初级职称22人。专任教师408人，包括本科及以上学历378人。开设教学班102个。毕业612人。招生867人。在校生2258人，包括寄宿生1227人。网址：www.bjnewtalent.com。

2017年，学校科学课程全面升级。秉持“爱与创造”办学理念，致力于提升学生科学素养。“I创空间”揭牌，为学生打造基于项目的跨学科学习场所，让学生拥有更大空间、更深层次发展；开展科技周活动，让学生进行“I创空间”课程项目体验，在拓展科技视野同时，学习自己感兴趣的课程。

开展“爱与创造”课程体系的实践课程。小学五年级学生游学孔子故里，弘扬传统文化；小学交换生走进美国南加州圣迭戈河景小学；AP国际中心初二学生赴江西开展红色摇篮研学旅行；剑桥国际中心部分学生分别走进美国、英国、德国、法国夏令营。

校园环境全新升级。对全校空气净化系统升级改造，增加新风系统，清洗原有风管及风机盘管；增加排风，集中置于走廊区域；末端风口单独送风，多方面保证室内外空气流通。

安全工作常抓不懈。严格执行学生上下学高峰期间安全保卫工作；制订学生宿舍和餐厅、教学楼疏散预案；组织各学部学生宿舍、教学楼疏散演习和餐厅安全疏散演习；与各部门领导签订安全管理目标责任书，把安全责任层层分解，落实到人，责任明确。

（邢雪华）

北京王府学校

2017年，北京王府学校为中外合作办学民办学校，占地面积10万平方米，建筑面积6.90万平方米，体育场（馆）面积4.80万平方米。全年教育经费投入16067万元，全部自筹。固定资产总值5404.27万元。图书馆藏书5万册，中文电子图书285种，英文电子图书1336种，订阅杂志、报刊7种，引进史蒂芬斯数据库(EBSCOhost)和大英百科线上学院版(Britannica School)两种数据库。拥有计算机1011台。学校信息化经费投入821万元，校园网出口总带宽2000Mbps，数字资源量3.50TB，“信息技术”课程1课时/周。普通教室52个、专用教室16个、实验室9个。开设教学班42个。教职工380人，包括高级职称6人、中级职称22人。专任教师164人，包括外籍教师46人；本科及以上学历328人，包括硕士202人、博士及博士后24人。毕业322人。招生392人。在校生959人，包括寄宿生899人。网址：www.bjroyalschool.com。

2017年，学校完善基础设施，完成多场馆装修改造和设备设施升级；加快教学及学生管理电子信息化进程；加强校园文化建设，全面更新官网；规范理念制度，深化课程改革，推进特色学科建设、教考分离和学分制，力求达到西部院校联盟(WASC)认证标准；全面推进教育部“深度学习”项目和教师科研项目开展；推进IBO学校授权准备工作；引进国际课程和标准化考试，获得“伦敦大学IFP直升衔接课程中心”和“牛津AQA考试局认证授权中心”授权；加强移动教学和卫星远程教育；加强升学指导工作；推进各项行政工作的规范，再次获得“北京市5A级社会组织”和“北京市社会组织系统先进集体”称号。

（党子衡）

北京市中芯学校

5月27日，中芯学校将国际日活动纳入课程

（中芯学校 供）

2017年，北京市中芯学校占地面积2.68万平方米，建筑面积2.01万平方米，运动场面积1.40万平方米。全年教育经费投入5954万元。固定资产总值1596万元。图书馆（室）藏书4.98万册，电子图书450册。拥有计算机161台。学校信息化经费投入70万元，校园网出口总带宽150Mbps，数字资源量6000GB，“信息技术”课程60课时/周。普通教室62个、专用教室20个、实验室6个。教职工213人，包括高级职务8人、中级职务20人。专任教师150人，包括特级教师1人；本科及以上学历193人。开设教学班58个，其中，小学48个、初中10个。毕业127人，其中，小学102人、初中25人。招生319人，其中，小学226人、初中93人。在校生1380人，其中，小学1201人、初中179人。有社团8个。网址：bjsmicschool.com。

2017年，学校坚持“品格第一、追求卓越、胸怀世界、快乐成长”办学理念，坚持以学生发展为本位，以服务社会对教育的多样化需求为宗旨，以培养多元文化国际视野人才为导向，以全人教育为目标，完成各项工作任务。

教学改革不断深入。中考平均分520.42分。继续实施书香校园阅读计划，评选出书香博士1人、书香硕士24人、书香学士186人、书香人167人。实践活动实效性不断提升，组织学生赴比如世界、金风科技等地进行校外教学，在籍学生全部参与。德育工作不断创新，培训学习紧抓不断，全年进行10种品格全员培训，并组织教师观摩主题品格班会；通过家长满意度调查、学期考核等方式对教师德行操守进行量化评估，满意度超过 80%。师资队伍建设取得成效，甄选出 10 名校级学科带头人、9 名骨干教师。

（杨旸）

北京市私立君谊中学

3 月 15 日至 4 月 15 日，君谊中学举办硬笔书法比赛
（君谊中学　供）

2017 年，北京市私立君谊中学占地面积 2.48 万平方米，建筑面积 1.24 万平方米，运动场地面积 1.10 万平方米。全年教育经费投入 1801 万元，全部自筹。固定资产总值 500 万元。图书馆（室）藏书 2.40 万册，电子图书 2 万册。拥有计算机 135 台。学校信息化经费投入 29 万元，校园网出口总带宽 100Mbps，数字资源量 256GB，“信息技术”课程 10 课时 / 周。普通教室 21 个、专用教室 1 个、实验室 3 个。教职工 121 人，包括高级职务 20 人、中级职务 35 人。专任教师 67 人，包括特级教师 1 人，本科及以上学历 67 人。开设教学班 22 个，其中，初中 5 个、高中 17 个。毕业生 165 人，其中，初中 31 人、高中 134 人。招生 285 人，其中，初中 49 人、高中 236 人。在校生 567 人，其中，初中 108 人、高中 459 人；寄宿生 498 人；外省市借读生 280 人。高中录取分数线 450 分（本区）。君谊 · 星星教育集团成员校包括星星学校、崛起实验学校、君谊中学。有社团 43 个。网址：www.junyi.org。

2017 年，学校重点抓德育和教学两方面工作。推行“全员德育”理念，让全体教职工自觉参与德育教育，全年召开德育工作会 22 次，召开班主任会 21 次，举办德育活动 21 次，团委开展活动 10 次，学生会开展活动 15 次，42 个社团总计活动 520 次。教学部进一步完善教学质量管理制度，组织教研活动 41 次，举办公开课 85 场，组织 18 名教师赴他校学习 110 人次。君谊中学教师研修学院从校外聘请教学专家对全校教师进行为期 3 天集中培训 2 次。

（施红）

北京市延庆区庆源学校

2017 年，北京市延庆区庆源学校占地面积 9000 平方米，建筑面积 2400 平方米，操场面积 2000 平方米。全年教育经费投入 61 万元。固定资产总值 630 万元。图书馆（室）藏书 3 万册，电子图书 0.01 万册。拥有计算机 56 台。校园网出口总带宽 100Mbps，“信息技术”课程 1 课时 / 周。普通教室 15 个、专用教室 5 个。教职工 17 人，包括中级职称 1 人。专任教师 14 人，包括本科及以上学历 1 人。教学班 7 个，其中，小学班 6 个、学前班 1 个。毕业 16 人。招生 16 人。在校生 138 人，包括寄宿生 81 人。

2017 年，学校作为延庆区唯一一所打工子弟学校，打造打工子弟学校自己的品牌项目，创建学校育人特色，为在延庆区务工人员子女提供接受义务教育的场所，使适龄儿童在异乡享有平等上学机会；学校接收五证不齐全学籍在老家的学生，为务工人员提供方便，解决留守儿童难题。

社会各界帮助开展多项爱心活动。沈家营镇派出所和司法所协助开展节约用水及预防青少年犯罪等各项安全教育活动；农业银行北京分行在学校举办“小积分、大梦想”关爱留守儿童助学金发放活动；北京住房公积金延庆管理部到学校举行捐赠活动；中国青少年发展基金会为学校建立梅赛德斯—奔驰希望工程快乐音乐教室；北京电影学院到学校慰问并走访学生家庭；大兴区志愿者与学校学生一起举办“爱心杯”趣味运动会。

推进“书香校园”进程，发挥环境育人作用，通过宣传栏、黑板报、广播站、少先队活动室等创设“时时受教育，处处受感染”德育环境；长期坚持举行升国旗仪式、践行“日行一善”“红领巾相约中国梦”等活动。

重视家庭教育工作。成立家长学校，定期开展活动，使学校教育与家庭教育步调一致。通过家长学校向家长介绍学生基本情况、学校发展规划及对学生的要求和对家长的希望。提高家庭教育效果，转变家长中不正确的教育思想和教育方法。

（方启录）

（本栏责任编辑　胡雨）

德育

体育卫生

冬季奥林匹克教育

艺术与校外教育

2018 | 德育体育美育

MORAL,PHYSICAL AND AESTHETIC EDUCATION

- 行为习惯养成教育和传统文化教育
- 改进教学促进体育美育均衡发展
- 冰雪进校园
- 社会主义核心价值观教育系列活动
- 235 所学校当选北京市中小学艺术教育特色学校
- 52 所学校当选首批冰雪运动特色学校
- 中小校养成教育三年行动计划发布

MORAL，PHYSICAL AND AESTHETIC EDUCATION
德育体育美育

综述

行为习惯养成教育和传统文化教育

2017年，市教委深入开展行为习惯养成教育和中华优秀传统文化教育。研究制订《北京市中小学养成教育三年行动计划(2017-2019年)》，进一步落实《北京市中小学生日常行为规范》，集中开展“学规范 正行为 养习惯”主题教育月宣传实践活动;树立学生身边的榜样，评选“美德少年”100人、“北京市优秀学生”11人。启动2017年“少年传承中华传统美德”系列教育活动；实施中华优秀传统文化进校园项目，16个区100所中小学成为中华优秀传统文化校园推广项目实验学校，21名专家受聘担任指导专家；推进中华优秀传统文化“行知”计划，新增9个区23所项目学校，分别走进北京市朝阳区劲松第四小学等5所学校，分享学校传统文化教育办学特色和经验；组织第二批北京市中小学文明校园申报、推荐和评审，评选文明校园351所。

5月31日，北师大朝阳附小邀请非遗传承人介绍“北京毛猴”制作技艺　　（朝阳区教委　供）

（陈德时　王昱人）

德育队伍建设

2017年，市教委不断提升德育队伍管理水平。启动两期德育干部大讲堂，印发《预防欺凌指导手册》，举办中小学德育工作经验交流活动，提升德育干部综合素质和专业能力。树立优秀班主任典型，评选第30届“紫禁杯”优秀班主任400人，评选第5届学生喜爱的班主任200人。举办北京市第30届“紫禁杯”优秀班主任表彰暨“紫禁杯”优秀班主任评选30年纪念活动。组织优秀班主任代表参加京津冀班主任共同体第二届研讨会现场展示活动。开展中小学德育工作区校行活动，构建常态化德育工作体系。

（陈德时　王昱人）

改进教学促进体育美育均衡发展

2017年，市教委改进教学促进体育美育均衡发展。推动课堂效果提升、师资质量改善和评价体系完善，全面提升主渠道育人质量。在16个区38所中小学开展“一校一品”体育教学改革试点工作；在120所中小学开展舞蹈和戏剧课程试点，京剧进课堂实验学校增至100所。落实《“健康北京2030”规划纲要》，成立北京市健康教育研究中心；开展校外教育“三个一”供给侧改革，建设优质项目628项，其中，创新项目225个、特色项目293个、精品项目110个，涵盖艺术、科技、体育等10类，直接参与项目开发校外教师达到85%。面向16个区及燕山地区300所中小学6万名学生开展《国家学生体质健康标准》监测；以东城等4个区为试点，建立中小学生艺术素养评价机制，完善中小学校艺术教育发展年度报告；指导东城、西城、海淀、顺义和延庆5个艺术素质测评实验区开展实验工作；开展特色校

12 月 18 日，人大附小金帆京剧团举办建团十周年专场演出
（人大附小　供）

和高水平社团承办校评审。

（陈晓莉）

丰富体育美育实践形式提高学生参与度

2017 年，市教委着力丰富实践形式，有效提高学生参与度。开展 123 项市级体育比赛活动和 5 个艺术节、科技节 21 项系列活动，探索班、校、学区、区、市级五级活动衔接模式，扩大活动覆盖面和参与面。组织学生代表团参加第 13 届全国学生运动会，取得 9 项第一的历史性突破。中小学健康月宣传活动对 14620 名小学一年级新生家长开展健康指导，组织专业队伍深入 800 所小学开展“健康饮水”科普宣传。在东城、朝阳、通州、门头沟 4 个区的 50 所中小学开展形体健康研究。带领 15 个区 103 所中小学开展性健康教育活动项目研究工作。组织 50 所高校开展京津冀高校大学生艾滋病防控宣传辩论赛。加强“青春红丝带”社团建设，开展社团骨干专业培训。在第 30 个“世界艾滋病日”组织“青春要爱不要艾”首都高校防艾宣传挑战赛，覆盖 21 所高校 5000 人。以经典和古典为引领举办民族艺术进校园活动 837 场，惠及大中小学生 384717 人。将应急救护、防空减灾等内容纳入军训，组织 321 所学校 20 余万名学生参加集中军训。

（陈晓莉）

校园足球

2017 年，市教委深入推进校园足球工作。制定《北京市青少年校园足球教学指南（试行）》，开展校园足球课程资源建设和优秀足球课教学交流与展示活动。复核 114 所校园足球特色学校。召开首届北京市校园足球特色校校长论坛。选送 14 名体育教师赴英国、法国脱产培训 3 个月，聘请 15 名外籍足球教师配置到 15 个区。组织大中小学生 1.30 万人参与各级各类足球竞赛活动，逐步构建四级联赛体系。

（陈晓莉）

冰雪进校园

2017 年，市教委继续推进冰雪进校园工作。联合冬奥组委等部门，统筹整合社会优质资源，支持各区、学校开设冰雪运动课程和体验活动。评选第一批北京市冰雪运动特色学校 52 所。组织全市中小学生冰雪普及推广活动、冰上公益课活动、北京市中小学生冰球联赛及冬季运动会等活动。

（陈晓莉）

12 月，学生活动中心承办北京市第二届中小学生冬季运动会
（学生活动中心　供）

学生时事、法制安全和心理健康教育

2017 年，市教委加强学生时事、法制安全和心理健康教育。组织开展第一届中学生时事辩论赛、第五届北京中学生社会实践挑战赛、时事观察员及时事达人评选活动。落实《青少年法治教育大纲》，组织“水上平安交通，安全伴我成长”网络知识竞赛活动。组织开展禁毒宣传月活动，召开 2017 年中小学毒品预防教育工作经验交流推进会暨启动优秀课程资源上线活动。举办北京市中小学心理健康教育教研工作会暨第二届北京市中小学心理健康教育兼职教研员聘任培训活动，全市 16 个区 26 名教师受聘成为兼职心理教研员。

（陈德时　王昱人）

阳光体育系列活动

2017 年，市教委、市体育局联合举办阳光体育系列展示活动。包括 2017 北京市中小学生长跑节，2017 年民族传统体育节（毽球比赛、跳绳比赛、踢毽比赛、花样跳绳比赛），轮滑比赛，操舞系列赛（健美操比赛、啦啦操比赛），小球系列赛（羽毛球比赛、棒球比赛、乒乓球比赛）。

（李铮）

推进校外教育“三个一”工作

2017 年，市教委继续推进校外教育“三个一”工作。6 月 5 日，市教委召开北京市校外教育“三个一”工作推进会暨北京市校外兼职教研员聘任大会。会议为 50 余名校外教育机构教科研工作者、专业教师颁发北京市校外教育兼职教研员证书。8 月 8 日，市教委“三个一”领导小组办公室公布《北京市校外教育优质项目建设标准》。标准指明全市校外教育机构供给侧机构性改革方向，解答建设优质项目需要具备的条件、建成优质项目的具体方法与途径。标准包括“规划与计划”“支持与保障”“方法与过程”“成绩与效果”4

个一级指标，下设13个二级指标和38个三级指标。指标凸显“教学、活动项目化，项目建设课程化，课程建设体系化；教材使用原创化，教学过程活动化，育人目标素养化；授课教师团队化，教师培养制度化，研究、教学一体化；学生培育实践化，实践活动趣味化，学生获得多样化”核心理念。12月22日，市教委召开北京市校外教育“三个一”改革工作交流暨课外、校外教育理论研讨会。会议听取东城、房山、西城、密云4个区交流“三个一”改革经验，表彰开题报告评选、论文评选等工作中表现突出的集体和个人，为“北京市校外教师培训基地”颁牌。“三个一”活动为培育一批创新项目、建设一批特色项目、发展一批精品项目。

（孙宏芳　侯利伟　乔琮）

社会主义核心价值观教育系列活动

2017年，市教委开展社会主义核心价值观教育系列活动。树立学生身边的榜样，引领中小学生以实际行动践行社会主义核心价值观。规范“四个一”活动组织管理，印发《“四个一”活动工作手册》和《关于进一步加强“四个一”活动组织管理工作的通知》；“四个一”活动实现初一、初二年级学生全覆盖，全年组织364841人次学生参加“四个一”活动，其中，108506人次参加天安门升旗仪式、59687人次参观首都博物馆、72871人次参观中国国家博物馆、123777人次参观中国人民抗日战争纪念馆。组织25万人参观“砥砺奋进的五年”大型成就展。

（陈德时　王昱人　牛文国）

金银帆奖获奖名单公布

1月16日，市教委公布2016年度北京市中小学生金帆奖、银帆奖获奖名单。经市评审小组评选，市教委决定授予36名学生北京市中小学生金帆奖，授予197名学生北京市中小学生银帆奖。金、银帆奖是市教委对品学兼优并在国际和国内科技、体育、艺术、学科竞赛中取得突出成绩学生授予的一项荣誉奖，旨在鼓励广大中小学生不断进取、奋斗向上、全面发展并学有特长。

（孙晓楠）

235所学校当选北京市中小学艺术教育特色学校

1月23日，市教委公布2016年北京市中小学艺术教育特色学校名单。市教委按照《关于开展2016年北京市中小学艺术教育特色学校评选认定工作的通知》要求，对北京市中小学艺术教育特色学校重新进行评选和认定，授予235所中小学北京市中小学艺术教育特色学校称号。同时要求各区以此次评选认定工作为契机，总结美育工作经验，梳理美育工作思路，树立美育工作典型，加强管理，全面提高中小学美育工作水平。

（孙晓楠）

126所学校当选北京市中小学国防教育示范校

2月17日，市教委公布2016年北京市中小学国防教育示范学校名单。市教委依据《关于开展2016年北京市中小学国防教育示范学校评选认定工作的通知》要求，授予126所学校北京市中小学国防教育示范学校称号。同时要求各区以此次评选认定工作为契机，进一步完善管理制度，丰富教育内容，总结工作经验，梳理工作思路，全力推进全民国防教育深入普及和创新发展。

（孙晓楠）

校外教育专项调研

3月至4月，北京市校外教育教研室开展校外教育“三个一”专项调研。重点调研西城、朝阳、海淀、丰台、房山、密云、东城7个区的10家校外教育机构，内容主要包括各区教委“三个一”工作落实情况，各校外教育机构实施“三个一”工作思路、措施，各区在改革思路、政策保障、管理策略、师资队伍、基本设施、发展潜力，以及校外教师在教育教学改革中的具体做法等方面的情况。调研结果显示：首都校外教育蓄势待发，综合改革促进蓬勃发展，进一步深入推进“三个一”工程可以深化校外教育供给侧改革，构建起首都校外教育新模式。4月28日，北京市校外教育“三个一”专项调研工作

“四个一”活动——组织学生参加天安门广场升旗仪式

（学生活动中心　供）

总结研讨会召开。

（孙宏芳　侯利伟）

传承中华传统美德系列教育活动

5月17日，市教委启动2017年"少年传承中华传统美德"系列教育活动。活动结合建军90周年、纪念全民抗战爆发80周年、庆祝香港回归20周年和建团95周年等重要节点，开展中华优秀传统文化和革命传统教育。活动时间为5月至11月，内容包括"小小百家讲坛""墨香书法展示""寻访红色足迹""小小传承人"和"争做美德少年"，其中，"小小百家讲坛"开展经典诵读和主题演讲活动；"墨香书法展示"开展书法作品征集与展示活动；"寻访红色足迹"通过组织观看优秀少儿影片、阅读优秀连环画、社会大课堂、研学旅行、网上冬令营和夏令营等活动，开展爱国主义和革命传统教育；"小小传承人"挖掘地方非物质文化遗产资源，通过综合社会实践活动、主题班会和队会、社团活动等途径，组织学生学习体验非物质文化遗产项目并动手制作相关作品；"争做美德少年"鼓励学生参与首都文明办等五部门组织的2017年度"最美少年在身边——学习和争做美德少年"活动，树立学生身边"自强不息、孝老爱亲、诚实守信、热心公益"美德榜样，组织学生学习美德少年事迹，开展形式多样的道德实践活动。

（陈德时　王昱人　华蕾）

52所学校当选首批冰雪运动特色学校

6月27日，市教委公布第一批北京市冰雪运动特色学校名单。遴选工作依据《北京市关于加快冰雪运动发展重点工作分工方案》要求，经过学校自评、各区初审环节，参照北京市冰雪运动特色学校评价指标体系的评估细则，对各校上报的自评材料进行评议，并针对每所学校形成相应反馈意见。经市教委主任办公会审议，命名52所中小学校为北京市冰雪运动特色学校。遴选工作由北京学生活动管理中心承办。

（李铮　傅玥）

北京市冰雪运动特色学校名单（第一批）

东城区（7所）	
北京市东城区前门小学	北京市东城区府学胡同小学
北京市东城区史家小学	北京景山学校
北京市第十一中学	北京市第六十五中学
北京市广渠门中学	
西城区（5所）	
北京第二实验小学	北京市西城区黄城根小学
北京小学	北京市第三中学
北京市第八中学	
朝阳区（5所）	
北京市朝阳区芳草地国际学校	北京市朝阳区国美家园小学
清华大学附属小学商务中心区实验小学	北京市陈经纶中学
北京市润丰学校	
海淀区（7所）	
北京市海淀区中关村第二小学	北京市海淀区中关村第三小学
北京市第二十中学附属实验学校	北京市海淀区第二实验小学
清华大学附属小学	北京理工大学附属中学
北京市第一〇一中学	
丰台区（1所）	
北京市第十八中学附属实验小学	
石景山区（2所）	
北京市京源学校小学部	北京市第九中学
门头沟区（2所）	
北京市门头沟区大峪第一小学	北京市门头沟区大峪中学分校
房山区（3所）	
北京小学长阳分校	黄城根小学房山分校
北京市房山区张坊中学	
通州区（4所）	
北京小学通州分校	北京第二实验小学通州分校
北京市通州区梨园镇中心小学	北京市通州区梨园学校
顺义区（3所）	
北京市顺义区西辛小学	首都师范大学附属顺义实验小学
北京市顺义区第十三中学	
昌平区（3所）	
北京市昌平区十三陵中心小学	清华大学附属小学昌平学校

北京市昌平区兴寿学校	
大兴区（3 所）	
北京市大兴区榆垡镇第一中心小学	北京市大兴区庞各庄镇第二中心小学
北京市大兴区庞各庄中学	
怀柔区（1 所）	
北京市怀柔区杨宋镇中心小学	
平谷区（2 所）	
北京实验学校附属小学	北京实验学校附属中学
密云区（2 所）	
北京市密云区第六小学	北京市密云区水库中学
延庆区（2 所）	
北京市延庆区第二小学	北京市延庆区第二中学

（华蕾）

100 所学校及 1 个区入选国家级校园足球特色单位

6 月 29 日，教育部公布 2017 年全国青少年校园足球特色学校及试点县（区）名单，北京市 100 所学校被认定并命名为“全国青少年校园足球特色学校”，丰台区被认定并命名为“全国青少年校园足球试点区”。4 月 27 日至 28 日，北京市完成国家级足球特色学校及试点县（区）遴选的专家评审工作，根据评审建议，推荐特色学校 100 所。全国青少年校园足球特色学校及试点县（区）评审工作于 2015 年开始，2015-2017 年北京市被认定并命名的“全国青少年校园足球特色学校”累计 214 所。

（庞博　孙晓楠）

中小学养成教育三年行动计划发布

9 月 4 日，市教委印发《北京市中小学养成教育三年行动计划（2017-2019 年）》。行动计划坚持遵循规律、强化实践、注重实效、协同育人的原则，提出建立并完善中小学养成教育制度机制、培养学生良好的行为习惯工作目标，明确学生良好习惯培养计划、教师育人能力提升计划、学校养成教育促进计划、家校养成教育协同计划、行政管理机制创新计划 5 项重点任务，从思想情感、文明礼仪、遵纪守法、学习求知、生活卫生、健康安全、勤俭环保、志愿服务 8 个维度设置小学 1-2 年级、小学 3-4 年级、小学 5-6 年级、初中、高中 5 个学生行为习惯养成学段重点目标，突显体现导向性、注重规律性、突出针对性、强调系统性 4 个特点。

（陈德时　王昱人）

高校新生引航工程启动

9 月 12 日，市委教工委启动 2017 北京高校新生引航工程。来自首都 60 所高校的师生代表在故宫博物院参加启动仪式，并共上“中华优秀传统文化第一课”。市委教工委聘任故宫博物院院长单霁翔为北京高校思想政治理论课特聘教授，并为新生赠送学习书籍，同时布置相关工作。2017 新生引航工程定于 9 月至 11 月组织实施，重点工作包括迎接和学习党的十九大、强化思想引领、培育和践行社会主义核心价值观、加强大学生适应教育、细化指导服务、丰富实践体验 6 个方面，开展“学习贯彻十九大，坚定信念跟党走”教育活动、“青春与价值对话”系列活动、“阳光心灵”新生心理健康节等活动。市财政按照生均 100 元的标准划拨新生教育经费，同时要求各高校设立专门经费。

（王星星）

两家教育单位入选首批全国中小学生研学实践教育基地

12 月 6 日，教育部办公厅发布《关于公布第一批全国中小学生研学实践教育基地、营地名单的通知》，北京航空航天大学（航空航天博物馆、“月宫一号”综合实验装置）和北京学生活动管理中心（北京教学植物园）2 家教育单位被命名为“全国中小学生研学实践教育基地”，分别由工业和信息化部、环境保护部推荐。全国共有 204 家单位入选。教育部要求国家有关基地主管部门和各省级教育行政部门要高度重视，坚持“谁推荐谁负责”原则，全面加强预算管理和绩效管理，履行监管责任，指导本地本行业基地、营地做好项目实施工作，加强资金使用与管理，实现项目支出绩效目标；开发一批育人效果突出的研学实践活动课程，打造一批具有影响力的研学实践精品线路；建立一套规范管理、责任清晰、多元筹资、保障安全的研学实践工作机制，构建以营地为枢纽，基地为站点的研学实践教育网络。

（马凯　孙晓楠）

德育

德育工作

主题家庭教育实践活动启动

3 月 29 日，北京市中小学生“重家教 树家风 传美德 共育人”主题教育实践活动在北京景山学校远洋分校启动。启动仪式上，市教委解读活动方案，并为“2017 年家庭教育大讲堂 · 校园行活动”指导专家颁发聘书；家长代表宣读《亲子阅读在行动，书香满家筑幸福》倡议；石景山区教委交流推动学校、家庭和社会协同育人的经验；海淀区妇联交流发挥区域资源优势，完善家庭教育阵地建设、打造早期教育工作品牌、推动家庭教育新发展的具体举措；景山学校远洋分校和北京市石景山区实验小学分别介绍家校协同育人的管理模式和经验。活动由市教委和市妇联联合主办。全市各区相关单位负责人、家庭教育专家、家长代表等 200 余人参加启动仪式。3 月 23 日，市教委发布《关于在全市中小学开展“重家教 树家风 传美德 共育人”主题教育实践活动的通知》，指导全市中小学开展“家庭教育大讲堂·校园行”、“家校共培育 亲子共成长”家庭教育主题班队会、“我家根脉图”绘制展示、“弘扬传统文化 传承家庭美德”诗词创作朗诵、“书香飘万家 亲子共读经典”和“志愿家庭携手行 公益行动暖人心”家庭志愿服务 6 项活动。同时，建立由 32 名专家组成的家庭教育专家资源库。

（孙晓楠）

怀柔班主任队伍建设观摩研讨

4 月 7 日，首都师范大学共同体与“首师大—怀柔区 2016 年中小学德育主任研修班”在首师大附属红螺寺中学举办班主任队伍建设观摩研讨活动。活动组织观看《前进中的红螺寺中学》宣传片，听取《创新班主任管理机制 提升班主任职业幸福感》工作汇报，观摩 2 节主题班队活动后参观校园环境，围绕该校在班主任队伍建设方面出现的问题与困惑进行研讨。此次活动为班主任提供发展平台，推动班主任队伍建设工作的开展。首师大共同体领导和教师、怀柔区教委相关负责人以及“首师大—怀柔区 2016 年中小学德育主任研修班”全体学员 90 人参加活动。

（线金秋　孙颖）

4 月 7 日，“首师大—怀柔区 2016 年中小学德育主任研修班”举办班主任队伍建设观摩研讨活动　（怀柔区教委　供）

博物馆之春活动启动

4 月 19 日，以“传承中华文化 做自信中国人”为主题的第五届北京市中小学生“博物馆之春”活动在中国印刷博物馆启动。启动仪式上，中国印刷博物馆介绍该馆特色教育资源和联合大兴区教委开展“印博进校园”活动的情况；大兴区教委介绍大兴区社会大课堂资源单位的建设、使用与管理情况；北京市社会大课堂管理办公室发布 2017 年社会大课堂市区博物馆游学路线；组织观摩北京印刷学院附属小学和北京市大兴区第七中学学生在中国印刷博物馆开展的教育实践活动。市、区、学校社会大课堂管理工作负责人，资源单位相关负责人和学生代表等 120 人参加启动仪式。

（孙晓楠）

10 所高校纪念中国共产党创办高等教育 80 周年

5 月 13 日至 14 日，10 所高校举办“纪念中国共产党创办高等教育 80 周年系列活动”首场活动。中国人民大学联合北京外国语大学、北京理工大学、中央民族大学、中国农业大学、中央戏剧学院、中央音乐学院、中央美术学院、中国劳动关系学院、中国青年政治学院 10 所在京高校，组织 100 名学生前往河北省阜平县、正定县开展社会实践活动。通过组织学生参观晋察冀边区革命纪念馆、晋察冀军区司令部旧址、华北大学旧址等场所，继承和弘扬学校红色基因中所蕴含的优秀传统文化、革命文化、社会主义先进文化，立德树人，引领青年学子成长成才。

（王文泽）

中华美德故事汇第三辑首演

6 月 9 日，北京戏曲艺术职业学院创作演出的系列舞台短剧《中华美德故事汇》（第三辑）首演。《中华美德故事汇》由首都文明办与市文化局联合策划，首都文明办出品，集戏曲、话剧、音乐剧、舞剧、曲艺等多种艺术形式，运用生动的舞台艺术形式弘扬传统美德和传承传统艺术。第三辑剧目是 2016-2017 年学校创排演出的原创剧目，以“爱国”题材为主，包括话剧《守护》、联珠快书《托兆碰碑》、评剧《与妻书》和音乐剧《国之歌》。演出结束后举办《中华美德故事汇》（第三辑）研讨会，首都文明办、市文化局、人民音乐出版社和天津艺术职业学院等领导参加并发言。

（杨楠）

6 月 9 日，北戏《中华美德故事汇》首演　（北戏　供）

社会大课堂资源单位安全指导意见首次发布

6 月 14 日，北京市中小学生社会大课堂管理办公室首次发布《北京市中小学生社会大课堂资源单位安全管理指导意见》。指导意见对于场地设施、管理制度、高风险课程活动提出具体要求，旨在进一步提升北京市中小学生社会大课堂资源单位对接待学生开展社会实践学习的安全保障水平和学生出行安全教育能力。

（牛文国）

全国德育工作会议上介绍经验

11 月 9 日，全国中小学党建暨德育工作会议在杭州召开，市教委委员代表北京市以《落实立德树人根本任务，立足长效机制建设，全面推进社会主义核心价值观教育》为主题，介绍北京市在加强顶层设计、抓实行为规范教育、强化实践育人等方面开展中小学德育工作的经验和做法。

（王昱人）

5 所学校入选首届全国文明校园

11 月 17 日，全国精神文明建设表彰大会在北京举行，会议公布第一届全国文明校园名单，清华大学、北京化工大学、北京市广渠门中学、北京市海淀区翠微小学、北京市丰台区丰台第一小学 5 所在京学校入选。该评选由中央文明委举办，选出全国文明校园 494 所。

（王昱人　张晓白）

121 家单位入选第六批社会大课堂资源单位

11 月 24 日，市教委公布北京市中小学生社会大课堂第六批市级资源单位名单，121 家单位通过评审成为第六批资源单位。评审工作于 4 月启动，150 家单位申报材料，北京市中小学生社会大课堂管理办公室组织专家进行资格审查、资料审阅、汇报答辩和实地抽查，并召开由市委宣传部等 12 家社会大课堂合作建设部门参加的联席会议，最终确定入选名单。12 月 28 日，在中国人民抗日战争纪念馆为 121 家第六批资源单位举行颁牌仪式。

（牛文国）

11 月 7 日，东城区教委承办 2017 年“北京市中小学德育工作区校行”活动　（东城区教委　供）

中小学德育工作区校行

11 月，市教委组织开展“北京市中小学德育工作区校行”活动。活动围绕养成教育、发挥课堂主渠道开展社会主义核心价值观教育、家校社协同育人、加强传统文化教育 4 个主题，分别走进昌平、东城、顺义、通州 4 个区的中小学校，交流区域及学校德育工作典型经验和做法。全市各区教委德育主管领导以及德育相关科室、教研中心、社教中心负责人，中小学德育干部 1500 人参加活动。11 月 7 日，该活动在东城区的北京市第五十中学举行。活动以“聚焦课堂主渠道 浸润核心价值观”为主题，设置社会主义核心价值观教育成果展示、课程渗透德育及社会主义核心价值观教育展示和经验交流 3 个环节。

（王昱人　李肇元　李银姬）

第二届中华经典诗词诵读吟唱比赛

12 月 1 日，市委教工委举办第二届北京高校中华经典诗词诵读吟唱比赛决赛。比赛以“青春诵经典，歌颂新时代”为主题，设吟唱组和诵读组，11 个作品入围决赛并展示。决赛围绕“青 · 成长”“春 · 岁月”“歌 · 时代”“颂 · 正气”4 个主题，各高校以音乐、舞蹈等形式展示中华优秀传统经典篇目。最终，北京师范大学和北京青年政治学院获吟唱组一等奖，北京电子科技职业学院、中国政法大学和北京中医药大学获诵读组一等奖，中华女子学院、中国人民大学、北京工商大学、北京交通大学、北京联合大学获优秀组织奖，北师大、电科职院和政法大学获最佳风采奖。800 余名大学生观看比赛。

（刘冰）

351 所学校成为第二批北京市中小学文明校园

12 月 15 日，市教委、首都精神文明办认定 351 所学校为第二批北京市中小学文明校园。该评选根据市教委和首都精神文明办《关于在中小学深入开展文明校园创建活动的通知》要求，旨在培育和践行社会主义核心价值观，充分展示学校精神文明建设成果，激励各中小学认真贯彻落实党的十九大精神，以习近平新时代中国特色社会主义思想为指导，不断深化创建文明校园活动。评选设置学校自主申报、各区考核推荐、市教委和首都精神文明办审核验收、社会公示等程序。

（王昱人　华蕾）

20 家单位当选社会大课堂优质资源单位

12 月 20 日，北京市中小学生社会大课堂管理办公室公布 2017 年度北京市中小学生社会大课堂市级优质资源单位。“市级优质资源单位创建活动”于 6 月启动，评选根据新发布的《北京市中小学生社会大课堂市级优质资源单位评价指标体系》和活动办法，经过资源单位自主申报、材料评审、实地考察，最终确定优质资源单位 20 家。

（牛文国）

2017 年度北京市中小学生社会大课堂
市级优质资源单位

中国国家博物馆	故宫博物院
中国人民抗日战争纪念馆	首都博物馆
中国铁道博物馆	中国印刷博物馆
中国电影博物馆	中国园林博物馆
北京自然博物馆	北京鲁迅博物馆
云居寺石经博物馆	周口店北京人遗址博物馆
北京国际都市农业科技园	生存岛
中国影视大乐园	北京野生动物园
黄花城水长城	红星快乐营
北京京城百工坊	北京市燕山职业学校

（牛文国）

第二届高校大学生阅读演讲比赛

12 月 26 日，市委教工委举办“中国进入新时代”第二届首都高校大学生阅读演讲比赛决赛。34 所高校参与比赛，经过初赛和复赛，16 所高校 16 名选手晋级决赛。参加决赛的选手学习党的十九大报告和习近平新时代中国特色社会主义思想相关著作，挖掘思想内涵和精神实质。经过现场演讲、评委打分等环节，评出一等奖 1 人、二等奖 4 人、三等奖 5 人、优秀奖 6 人。16 所高校 80 余名师生代表现场观看比赛，中国教育电视台等新闻媒体进行报道。活动由首都师范大学承办，通过 VIVA 畅读平台直播，13 万余人次在线观看。

（刘冰　谢文全）

表彰 329 项“四个一”活动优秀案例

12 月 28 日，市教委和北京学生活动管理中心在中国人民抗日战争纪念馆召开北京市中小学生“四个一”活动工作总结会。会议总结 2017 年北京市中小学生“四个一”活动工作情况，表彰第二届北京市“四个一”活动优秀课程方案、优秀主题案例获奖教师。至 12 月，北京市中小学生社会大课堂管理办公室征集“四个一”活动教学成果 525 项，评选出“四个一”活动优秀案例 329 项，其中，优秀课程方案 191 项、优秀主题案例 138 项。

（牛文国　孙晓楠）

12 月 28 日，市教委表彰第二届北京市“四个一”活动优秀案例获奖教师　（学生活动中心　供）

专门教育

概述

2017 年，北京市有工读学校 6 所，开设教学班 31 个，离校人数 250 人、入校人数 224 人、在校生 618 人，教职工 270 人，包括专任教师 204 人。

（孙晓楠）

海淀寄读学校召开中考改革与课堂教学会议

2 月 24 日，北京市海淀寄读学校召开中考改革与课堂教学专题会议。会议围绕“新中考”方案变化、中考试题更加关注的内容，中考为什么要改革、改革背景，如何在学科教学中落实“立德树人”“核心素养”定义，如何积极适应中考改革 4 个项目进行研讨。会议提出《海淀寄读学校好课标准》，包括学习目标要明确合理，指向落实可评价；环节设计要围绕目标，时间内容分配合理；教学原则要以学生为

2 月 24 日，海淀寄读学校召开中考改革与课堂教学专题会议　（寄读学校　供）

中心，强化情景与应用；教法学法应生动灵活，加强学法指导；课堂管理注重落实规定，注重尊重激励；教学价值实现奠基生命，培育学科核心素养6个方面的内容。该校教学领导、教研组长及初三年级全体教师30人参加会议。

（王常智）

朝阳工读学校举办首届校园文化节

3月至6月，北京市朝阳区工读学校举办首届校园文化节。活动以“做规范学生、展学校风采”为主题，组织学生走进老舍茶馆，开展老北京传统文化研学周活动；走进景德镇，开启茶与茶文化寻根之旅。学生从历史、地理等角度体验陶瓷文化与徽派艺术，在研究性学习中实现成长。举办“以工读视角，解读‘一带一路’文化”开幕式讲座。举办首届“魅力劲六”国际文化交流活动，接待美国罗格斯大学师生20人到校参观交流。举办文化节闭幕汇报演出，包括阳春三月探究老北京文化、暮春四月感受陶瓷文化、初夏五月感受中美文化差异3个系列活动内容。

（刘禹喆）

6月23日，朝阳工读学校学生在首届校园文化节闭幕式上表演太极拳　（朝阳工读学校　供）

海淀寄读学校开展专项护苗活动

6月27日，北京市海淀寄读学校开展专项护苗活动。活动由全国“扫黄打非”工作小组办公室、北京市“扫黄打非”工作小组办公室、团市委、海淀区文化委联合举办，以“远离有害出版物，多读书、读好书”为主题。活动强调“扫黄打非”“远离有害出版物”对青少年及儿童健康成长的重要意义，开展专项护苗活动的目的。海淀寄读学校与海淀区文委签订“扫黄打非”进学校示范点建设框架协议；各相关单位领导向8名学生代表发放象征“生命力、纯净、充满希望的绿色文化环境”的“绿书签”300余份和传统文化书籍900余册。腾讯公司网络安全专家作题为《远离有害出版物，多读书、读好书》的讲座，结合未成年人心理发展特点和社会形势，就个人隐私保护、远离不良信息、防止网络诈骗等网络热点问题与学生分享互动。有关领导和学校师生390余人参加活动。

（王常智）

朝阳工读学校改革体育课程

9月，北京市朝阳区工读学校改革体育课程。充分发掘学生对运动项目的兴趣，发挥教师专业优势，将体育课与体育大课间结合，打破行政班级，按学生兴趣上课，实现“选课制”。在保留学校传统“腰旗橄榄球”课程同时，加入排球、体操、健身等运动项目。

（马冬璇）

国防教育

第二届国防大讲堂开讲两期

3月和9月，第二届国防大讲堂开讲两期。3月16日，在北京外国语大学举行第二届国防大讲堂的第一讲“空天观主题报告会”，邀请空军指挥学院教授主讲《空天安全形势与思考》报告，来自中国人民大学、北京师范大学、北京交通大学、中华女子学院等12所高校的400余名师生参加。9月11日，在康庄611军训基地举行第二届国防大讲堂第二讲“纪念中国人民解放军建军90周年主题报告会”，邀请国防大学教授主讲《解析我军历史中的战斗精神》报告，来自北京大学、清华大学、中国人民大学等31所高校的300余名特训营师生参加。活动由北京高校国防教育协会举办。

（肖娜　张兵）

高校学生定向运动比赛

4月23日和11月4日，北京高校国防教育协会分别举办北京高校2017年“北斗杯”学生定向运动锦标赛和2017年“铸剑杯”军事定向运动普及赛暨北京化工大学“爱定向 越人生”主题定向周。“北斗杯”定向运动锦标赛在奥林匹克森林公园举行，设军事定向组、高校精英组、高校甲级组、高校乙级组、高职组、中专组2个大项6个组别。来自36所北京高校的1000余名学生运动员参赛。“铸剑杯”定向运动普及赛在北京化工大学昌平校区举行，设高校组、高校新生组、军事组等6个组别，来自40所北京高校的1000余名运动员参赛。

（肖娜　张兵）

首届北京高校国防教育主题摄影比赛

4月至10月，北京高校国防教育协会举办首届北京高校国防教育主题摄影比赛。比赛旨在真实反映北京高校师生在国防教育活动中的风采。22所高校报送617幅作品参赛，经评委评选，评出一、二、三等奖和优秀奖获奖作品50幅。

（肖娜　张兵）

第四届国防教育主题演讲比赛

5月7日，北京高校国防教育协会第四届国防教育主题演讲比赛决赛在中华女子学院举行。来自清华大学、北京航空航天大学、中华女子学院等12所学校的12名选手围绕国家经济安全、文化安全、社会安全、科技安全、信息安全、祖国统一及民族复兴等国防主题演讲，评出一等奖2人、二等奖4人、三等奖6人。比赛初赛于4月23日进行，来自45所高校的45名选手参加初赛。

（肖娜　张兵）

国旗文化建设

5月21日至9月16日，北京高校国防教育协会组织开展国旗文化教育系列活动。5月21日，第四届国旗论坛暨国旗社团文化建设成果展示活动在中国农业大学举行。27所学校参与论坛，各校代表被分为3组，分别围绕高校国旗仪仗队的育人功能、高校国旗仪仗队联盟发展策略、高校国旗类社团建设3个主题进行研讨；33所高校的国旗仪仗队代表结合影像和文字，以答辩形式展示国旗社团文化建设成果。6月11日，国旗知识与技能培训在北京工业大学举行。培训内容包括国旗文化在国防教育和育人中的重要性，国旗法规、升国旗的发展史和重要意义，以及高校升国旗时容易出现的问题。来自33所高校的国旗仪仗队骨干100余人参加培训。9月16日，第八届北京高校国旗护卫队检阅式在北工大举行。来自36所高校的国旗护卫队参加检阅式，评出特等奖3个、一等奖8个、二等奖10个、三等奖11个、优秀奖4个。

（肖娜　张兵）

获全国学生军事训练营团体第一名

7月31日至8月12日，市教委组织北京交通大学、北京联合大学、北京市东方德才学校等学校8名学生参加教育部和军委国防动员部共同举办的第四届全国学生军事训练营。训练营活动分为海上和陆上2个阶段。7月31日至8月5日，营员登上戚继光舰，进行航海训练，强化海防意识；8月6日至8月11日，在南京师范大学仙林校区开启陆上阶段，训练和考核电磁频谱管控、行军拉练、战场医疗救护等军事技能。北京市获团体总分第一名，市教委获评优秀组织单位。

（张兵）

第三届北京高校学生军事特训营

9月11日至14日，市教委举办2017年第三届北京高校学生军事特训营。特训营为落实《国家教育事业发展“十三五”规划》中关于“提高学生综合国防素质”的总体部署，推动学生军事训练工作创新发展，纪念中国人民解放军建军90周年。特训着眼于模拟真实战场环境，分为编组、交流与培训3种形式，设置紧急集合、徒步行军、战术情况处置、宿营与警戒、野外生存、自救互救等训练科目。同时邀请国防大学教授作军事讲座，全面培养学生野外生存、实践应用等综合能力，增强国防观念，提升国防意识和军事素养。营员是从北京大学、清华大学、中国人民大学等31所高校2016年和2017年参加军训的新生和大二学生中，经过推荐、选拔等方式产生的300余名大学生。活动由北京高校国防教育协会和北京康庄611军训基地承办。

（张兵　肖娜）

9月11日至14日，国防教育协会举办第三届北京高校学生军事特训营　（国防教育协会　供）

第二届高校学生国防类社团交流与培训

10月14日，北京高校国防教育协会在北京航空航天大学举办第二届北京高校学生国防类社团交流与培训。会上，北京科技大学国防知识爱好者协会以《用实力让情怀落地》

9月16日，国防教育协会举办第八届北京高校国旗护卫队检阅式　（国防教育协会　供）

为题，介绍“植根校园，以人为本，自我教育，崇尚实践”的社团建设理念；北京化工大学旌旗中队以《新起点引领军旅人生，主旋律奏响旌旗征程》为题，介绍“以纪为纲，依律为领”的社团建设经验；北科大国防体育协会以《定向砺志人生，国防与我同在》为题，分享国防体育文化的传承与发展经验;北航以《见贤思齐，梦在军营》为题，分享“崇尚荣誉，增强引力，以队为家”的社团建设文化；协会研究室主任以《发展—阶梯》为题，对参训学生社团骨干进行辅导。来自 40 所高校的 100 余人参加活动。

（肖娜　张兵）

第 15 届中小学生定向越野锦标赛

10 月 28 日至 29 日，市教委、市体育局联合主办 2017 年北京市第 15 届中小学生定向越野锦标赛。比赛在丰台区的青龙湖公园举行，设小学男子甲、乙组，小学女子甲、乙组，初中男子甲、乙组，初中女子甲、乙组，高中男子甲、乙组和高中女子甲、乙组 12 个组别。来自全市中小学的 1100 余名学生参赛。活动由北京市中小学体育运动协会和海淀区教委承办。

（李铮）

在校退役大学生国防教育主题演讲比赛

12 月 17 日，北京高校国防教育协会在北京电子科技职业学院举办北京高校高职、高专在校退役大学生国防教育主题演讲比赛。比赛以“强国梦、强军梦、我的梦”为主题，来自 12 所高职、高专的在校退役大学生选手，结合自身军旅生涯，阐述实现“中国梦、强军梦、我的梦”的关系，抒发矢志报国、爱军尚武、心系国防的赤子情怀。比赛产生一等奖 2 人、二等奖 4 人、三等奖 6 人。

（肖娜）

体育卫生

体育

青少年校园足球后备人才梯队建设训练营

1 月 17 日和 7 月 10 日，北京市青少年校园足球工作领导小组办公室分别主办北京市青少年校园足球后备人才梯队建设冬训营和夏训营。训练营旨在推进北京市校园足球工作开展，进一步提升青少年足球运动水平，完善中小学足球后备人才梯队建设，全面提高中小学生综合素质，开展文化、艺术和科技方面教育工作，增加“创意厨房”“手工制作”“日常急救”“团队拓展”等课程，提高学生的综合素质和动手能力，关注学生实际获得。冬训营邀请来自 16 个区的体育教师和教练员 16 人实地观摩公开训练示范课，提升体育教师和教练员的业务水平，来自 16 个区的中小学生 80 人参加训练。夏训营针对不同年龄段学生设置选拔考核项目，322 名中小学生参与报名，通过集中选拔的方式选出来自 16 个区的 80 名小球员参加为期 5 天的集训。活动由北京学生活动管理中心承办。

7 月 10 日，北京市青少年校园足球后备人才梯队建设夏训营开营
（学生活动中心　供）

（李铮　齐景宇）

海淀区成为首个全国校园足球综合试验区

2 月 21 日，海淀区政府与全国青少年校园足球工作领导小组办公室签订综合改革试验区改革发展备忘录，海淀区成为首个全国青少年校园足球综合改革试验区。海淀区教委制订试点工作总体方案，构建四级联赛、精英训练、文化品牌、统一教学、专业培训、督导评价、人才梯队建设七大体系。开展校园足球实验学校、特色学校申报评审工作，评选 78 所区级足球实验校，推荐 33 所市级足球特色校和 27 所全国足球特色校，探索校园足球人才培养新模式，全面推进青少年足球工作。2015 年，海淀区教委制订《海淀区中小学校园足球三年行动计划》，将足球作为体育课必修内容，特色校和实验校小学每学期不少于 18 课时、初中每学年不少于 18 课时、高中学生在校期间至少选修 18 课时的足球课。

（宋亚甫　庞博）

中小学生足球冠军赛

4 月 5 日，北京市青少年校园足球工作领导小组办公室主办 2016-2017 年度北京市中小学生足球冠军赛。此次比赛在赛程和赛制上有所改进和突破，比赛采用 11 人制，赛前在各区开展选拔赛，16 个区选出 30 支代表队参加比赛，中国人民大学附属中学和朝阳区代表队分获各组别冠军。比赛由北京学生活动管理中心承办。北京市中小学生足球冠军赛是全市范围内参赛人员水平最高的学生赛事，比赛有利于学校间、师生间的交流学习，促进校园足球文化的培育，加强校园足球的宣传，从而扩大影响力、提高普及度，推动校园足球的发展。

（李铮　齐景宇）

全国首家校园足球通讯社成立

4月14日，北京市校园足球通讯社成立。该通讯社是在北京市青少年校园足球工作领导小组指导下，由市教委、团市委、北京人民广播电台等单位联合发起成立的全国首家校园足球通讯社。来自16区的小记者代表领到第一批小记者证，多名知名足球评论员及体育记者成为专家委员会特聘专家。首批报名的小记者来自16个区200所校园足球特色学校，共计600人。校园足球通讯社的成立是北京市全面贯彻落实《中国足球改革发展整体方案》和《教育部等6部门关于加快发展青少年校园足球的实施意见》的体现，是发挥校园足球育人功能，传播校园足球文化的重要举措。校园足球通讯社将与北京市校园足球公开赛等活动形成合力，进一步推进校园足球发展，营造更为浓郁的校园足球文化氛围，提升校园足球特色学校发展水平。

（庞博）

5月20日，2017年民族传统体育节系列活动——花样跳绳比赛
（学生活动中心 供）

校园足球联赛

4月15日，2017北京耐克校园足球联赛开赛。比赛设小学甲组（五、六年级男子组），小学乙组（三、四年级男女混编组），初中男子组和高中男子组4个组别，来自全市16个区的216支球队近3000名运动员参赛。小学组采用5人赛制，比赛时间40分钟；初、高中组采用11人赛制，比赛时间分别为60分钟和80分钟。足球联赛小组赛阶段在北京市八一学校、北京市金盏学校、北京市十八里店中学、中央民族大学附属中学丰台实验学校进行，主客场赛在晋级球队的学校足球场进行。比赛由北京市校园足球运动协会主办，旨在打造具有北京特色的校园足球赛事，为中小学生搭建参与足球运动、传承校园足球文化、实现足球梦想的平台。

（庞博）

高中男子3X3篮球联赛（北京赛区）

4月22日至23日，中国中学生体育协会举办阿迪达斯中国高中男子3×3篮球联赛（北京赛区）比赛。比赛在北京市第三十五中学举行，以“我运动，我快乐”为主题，设置三分球大赛和扣篮大赛等环节。来自全市16个区的64支代表队参加比赛，最终，清华大学附属中学和北京市陈经纶中学分获第一名和第二名，同时获得代表北京市参加第二阶段全国南北分区赛的资格。活动由市教委承办、北京学生活动管理中心协办。

（李铮　池飞龙）

民族传统体育节系列活动

4月22日至5月20日，市教委、市体育局联合主办北京市中小学阳光体育展示活动——2017年民族传统体育节系列活动。4月22日至23日，举办毽球比赛，8个区26所学校73支参赛队358名学生参加比赛。4月29日，举办跳绳比赛，13个区42所学校中小学生1895人次参加比赛，北京市密云区十里堡中心小学、北京市怀柔区庙城学校分获小学组、中学组团体总分第一名。4月29日，举办踢毽比赛，12个区35所学校中小学生201人参加比赛，北京市大兴区第五小学和北京市通州区漷县中学分获小学组、中学组团体冠军。5月20日，举办花样跳绳比赛，来自14个区99所学校的中小学生1461人参加比赛。活动由北京学生活动管理中心、东城区教委及东城区体育局共同承办。

（李铮　池飞龙　傅玥）

阳光体育展示活动操舞系列赛

5月27日至28日，市教委、市体育局联合主办北京市中小学阳光体育展示活动操舞系列赛。27日，举办健美操比赛，来自5个区29所小学和11所中学的317名中小学生及40余名教练员参加比赛。28日，举办啦啦操比赛，来自179所小学和57所中学的5304名运动员参加比赛。比赛由北京学生活动管理中心承办。

（李铮　池飞龙　傅玥）

首都高校第55届学生田径运动会

5月27日至31日，市教委、市体育局联合主办的首都高等学校第55届学生田径运动会在北京理工大学举行。来自70所参赛高等院校的校领导、教师和学生共计4000余人参加开幕式。比赛设甲、乙、丙组3个组别，115个项目，近2000名运动员参赛。最终，清华大学、北京大学、北京科技大学分获甲组前三名，北京建筑大学、北京农学院、北京邮电大学分获乙组前三名，北京电子科技职业学院、北京农业职业学院、北京政法职业学院分获丙组前三名。比赛由北京市大学生体育协会、北理工共同承办。

（李铮）

首都高校首届瑜伽表演赛

6月4日，首都高校首届瑜伽体式展示表演赛在北京物资学院举办。比赛由北京市大学生体育协会主办，物资学院承办，设女单、男单、女双、男双、混双、学生组团体和教工组团体6个组别。15所高校230名师生参加比赛。

（胡瑞旺）

清华女篮北大男篮分获大学生篮球联赛总冠军

6月13日和14日，清华大学女子篮球队和北京大学男子篮球队分获第19届CUBA中国大学生篮球联赛女子组和男子组总冠军。决赛中，清华女篮以81比60战胜天津财经大学女篮；北大男篮以81比68战胜中南大学男篮。本赛季是北大男篮继2014年第16届CUBA联赛夺冠后第二次夺得联赛总冠军。

（徐聪颖　孙晓楠）

首个全国小学校园足球联盟成立

6月15日，首个全国小学校园足球联盟启动大会在北京市延庆区康庄中心小学举行。康庄小学播放学校专题片《校园足球发展之路》，宣读校园足球特色学校友好共建倡议书。活动为“全国小学校园足球联盟”揭牌。中国教育科学研究院专家以《校园足球 步步为营 教体双赢》为题，从10个方面梳理校园足球发展工作。联盟是由北京、广西、四川等省、市、自治区22所小学组成的自愿性组织，旨在以“康庄小学足球模式”为基础，以提升校长校园足球理念、提高教师足球教学能力和训练水平为重点，推动校园足球健康发展。联盟每年举办1次“小学校园足球联盟校长高峰论坛”，每年组织1次体育骨干教师校园足球培训与观摩，以举办联盟杯、夏令营、冬令营等形式提高成员校足球技战术水平。教育部校园足球专家委员会领导，市、区相关领导以及22所全国足球特色学校校长教师100人参加成立大会。

（赵文新）

青少年体育文化夏令营

7月12日至17日，市教委举办2017年北京市青少年体育文化夏令营。夏令营通过拓展训练、无动力小木车制作、冰上舞台剧、形体训练等体育类主题活动及艺术、科技实践类主题活动让学生树立体育精神和培养团队意识，锻炼独立自主、坚韧不拔、勇于挑战的品格。闭营式上，北京市首台学生冰上舞台剧《雪孩子》首演，通过冰上剧的排练教授学生花样滑冰、队列滑、冰球、速度滑冰等冰上运动技能，同时进行形体与戏剧表演训练。16个区21所学校170名师生参加夏令营活动。活动由北京学生活动管理中心承办。

（李铮　徐颖）

7月17日，北京市首台学生冰上舞台剧《雪孩子》首演

（学生活动中心　供）

首届校园足球特色校校长论坛

7月18日，首届北京市校园足球特色校校长论坛举办。该论坛旨在让参会校长在交流中明确开展校园足球工作的思路与方向，坚定北京足球特色校作为全国性引领与示范的重要地位。来自全市264所中小学足球特色校的校长和16个区和燕山教委主管主任参加论坛。

（庞博）

第11届“和谐杯”中小学生乒乓球比赛

9月23日至24日，市教委、市体育局联合主办北京市第11届“和谐杯”乒乓球比赛暨北京市中小学生乒乓球联赛。13个区53所学校123支学校代表队和39个家庭队近600名中小学生参加比赛。最终，各组别前4名共计48支代表队代表中小学系统参加市级总决赛。北京市海淀区万泉河小学获小学男子乙组、小学女子乙组和小学女子甲组冠军，北京市和平北路学校获小学男子甲组冠军，中国人民大学附属中学获初中女子组冠军，北京市三帆中学获初中男子组冠军，北京市顺义区杨镇第一中学获高中男子组冠军，北京师范大学第二附属中学获高中女子组冠军。活动由北京学生活动管理中心、北京市社会体育管理中心承办。

（李铮　徐颖）

校园足球海外引智计划

9月至12月，市教委继续实施校园足球海外引智计划。聘请15名外籍足球教师，深入15个区的15所中小学开展足球教学、教师培训等活动。外籍教师在京期间相关费用由市、区两级教育经费共同承担，包括工资、社保、往返国际旅费等费用，257656元/人。市、区、校共同推动项目进行，其中，市教委负责统筹规划，制定年度实施方案，建立项目保障机制；各区负责组织足球专项培训，指导项目学校开展相关工作；各项目校负责外教在京期间的管理、服务及培训，并与其签订合同或协议，明确工作内容。

（孙晓楠）

校园足球国际交流活动

10月10日至17日，市教委举办2017年北京市校园足球国际交流活动。活动由北京学生活动管理中心组团，并带领团组在日本东京千叶县进行为期8天的学习、考察、训练和比赛，通过训练和比赛交流，提高学生个人技巧、攻防意识、团队配合能力。团组成员共计53人（中国人民大学附属小学师生15人、北京市大兴区旧宫镇第一中心小学师生16人、北京市顺义区第十三中学教师20人、北京教育科学研究院和学生活动中心教师各1人）。

（李铮　齐景宇）

西城两校一园与足球俱乐部签约合作

11月1日，北京市回民学校、北京市宣武回民小学、北京市宣武回民幼儿园与北京国奥越野足球俱乐部、北京中赫国安足球俱乐部签署校园足球战略合作协议书。根据协议，五方联手共建青少年校园足球人才培养基地；2所学校、1所幼儿园及国奥越野俱乐部加入中赫国安输送人才机制，校内足球教学、训练接受中赫国安足球专家监督和指导。借助合作，中小幼一体式校园足球人才培养体系与职业青训结合程度将再度加深，进而带动学校足球工作开展，提升区域足球水平。

（闫墨童）

第55届中学生田径运动会

11月3日至5日，市教委、市体育局联合主办第55届北京市中学生田径运动会。运动会在丰台体育中心举行，全市16个区分别组成区代表队，768名学生运动员报名参赛。本届运动会是北京市中学生田径赛事中规模最大、项目最全、水平最高的体育盛会，由北京学生活动管理中心、门头沟区教委和门头沟区体育局承办。

（李铮　傅玥）

阳光体育展示活动小球系列赛

11月4日至19日，市教委、市体育局联合主办北京市中小学阳光体育展示活动小球系列赛。11月4日至5日，举办羽毛球比赛，11个区190所学校1100名中小学生参加比赛。11月11日至12日和18日至19日，举办棒球比赛，设高中组和初中组2个组别，来自7个区13所学校的21支棒球队293名学生参加比赛。11月11日至12日和18日至19日，举办乒乓球比赛，来自13个区75所中小学的524名学生参加比赛。活动由北京学生活动管理中心承办。

（李铮　池飞龙　傅玥）

中国初高中篮球联赛（北京赛区）

11月18日至12月2日，中国中学生体育协会主办中国初高中篮球联赛（北京赛区）比赛。比赛在北京市第三十五中学举办，设高中男子组、高中女子组、初中男子组和初中女子组4个组别。北京市东直门中学获高中女子组冠军、北京市第四中学获初中男子组冠军、清华大学附属中学获高中男子组和初中女子组冠军。比赛由市教委承办、北京学生活动管理中心协办。

（李铮　池飞龙）

中小学生武术比赛

12月9日，市教委、市体育局联合主办的2017年北京市中小学生武术比赛在北京地坛体育馆举行。比赛设高中男子、女子组，初中男子、女子组和小学男子、女子组6个组别，来自86所小学和28所中学的600余名中小学生参赛。最终，北京市海淀区双榆树第一小学、北京市海淀区万泉小学和清华大学附属小学获小学组团体前三名，北京市中关村中学、中国人民大学附属中学和北京市八一学校获初中组和高中组团体前三名。比赛由北京市中小学体育运动协会和北京市武术运动协会承办。

（李铮）

11月3日至5日，第55届北京市中学生田径运动会

（学生活动中心　供）

12月9日，2017年北京市中小学生武术比赛

（市教委相关处室　供）

小学生“小球”计划推广比赛

12月9日、10日和15日，市教委、市体育局联合主办北京市小学生“小球”计划推广比赛活动。比赛以区为单位报名，设足球、篮球、排球3个项目，分别选用4号足球、5号篮球和气排球进行比赛，各项目分别通过小组循环比赛产生4支优胜队参加半决赛。全市共有15支足球队、8支排球队和12支篮球队参加比赛。最终，大兴区、东城区和海淀区代表队分获足球、篮球、排球项目冠军；3个项目共产生个人技巧挑战赛冠军3人，其中，2人来自东城区、1人来自通州区。比赛旨在针对北京市各小学低年级学生身体条件，推广使用型号或质地更适合他们的“小足球”“小篮球”“小排球”，实现锻炼身体、掌握运动技巧、培养竞争与合作意识的活动目的，以此愉悦学生身心，发挥体育与教育的综合育人功能。比赛由北京学生活动管理中心承办。

（李铮　齐景宇）

中小学生游泳比赛

12月16日、23日和30日，市教委、市体育局联合主办的2017年北京市中小学生游泳比赛在首都体育学院举行。比赛设高中男子、女子组，初中男子、女子组，小学男子、女子甲组和小学男子、女子乙组8个组别，1200余名学生参赛。最终，北京市朝阳区王四营中心小学获小学组团体总分第一名、北京市第四中学获初中组和高中组2个团体总分第一名。比赛由北京市中小学体育运动协会和北京市游泳运动协会承办。

（李铮）

中小学生跆拳道比赛

12月17日，市教委、市体育局联合主办的2017年北京市中小学生跆拳道比赛在北京地坛体育馆举行。比赛设高中男子、女子组，初中男子、女子组和小学男子、女子组6个组别，来自全市62所中小学的400余名学生参赛。最终，北京市第二中学亦庄学校、首都师范大学附属丽泽中学、北京市顺义区高丽营学校分获高中、初中、小学组团体总分第一名。活动由北京市中小学体育运动协会和北京市跆拳道协会承办。

（李铮）

学校卫生

高校心理素质教育工作会议

6月6日，市委教工委主办的2017年北京高校心理素质教育工作会议暨首都大学生心理健康节闭幕式在北京理工大学举行。会议听取中国农业大学、北京航空航天大学、北京中医药大学、北方工业大学工作经验介绍，总结2017年首都大学生心理健康节活动开展情况。来自60所高校的学工部长、研工部长、心理中心主任及学生代表等150余人参加会议。首都大学生心理健康节自2007年以来已连续举办11届，2017年心理健康节以“理性平和，阳光心态”为主题，组织开展心理委员素质拓展、心理情景剧展演等8项市级层面活动，12所高校承办相关活动，20余万名高校学生参加活动。

（王星星）

健康科普专家进校园活动

6月至12月，市教委开展“健康中国行”健康科普专家进校园活动。活动组织北京三级医疗卫生机构及相关单位科普专家走进10个远郊区，面向中小学校及各区教委机关的教师、家长、学生和在职职工，开展以“健康中国行”为主题的校园系列巡讲29场，惠及6100人。讲座内容涉及营养健康、防近视、学生青春期及家庭关系等问题。

（宋玉珍）

正确饮水主题活动

10月至12月，市教委组织中小学开展以“正确饮水，远离含糖饮料”为主题的健康教育活动。16个区503所学校参与活动，部分学校还邀请家长参与。活动采取课程讲解加动手实验的形式，让学生认识含糖饮料的危害，养成正确的饮水习惯。

（宋玉珍）

首都大学生心理健康直通车启动

12月12日，市委教工委、北京大学第六医院、首都医科大学附属北京安定医院、北京回龙观医院联合举办“首都大学生心理健康直通车”启动仪式。启动仪式上，市委教工委授予北医六院、安定医院和回龙观医院3家医院“首都大学生心理健康直通车”铜牌，医校之间通过建立绿色通道、开展心理评估、培养人才队伍、完善预警机制、开展科研合作搭建心理健康服务平台、畅通危机干预绿色通道，进一步提高首都大学生心理健康服务水平。国家卫生计生委疾控局、市委教工委、市卫生计生委等相关负责人，各高校心理中心主任和教师代表等100余人参加启动仪式。

（王星星）

冬季奥林匹克教育

朝阳快乐成长冰雪冬令营

1月14日，朝阳区青少年活动中心“快乐成长”冰雪冬令营在北京乔波滑雪馆开营，60名学员参加。冬令营为期3天，营员在教师指导下了解冰壶和滑雪运动发展历史；

黄庄职高师生在启迪冰雪体育中心体验冰雪活动

（黄庄职高　供）

在专业教练指导下学习投壶、擦冰、双板滑雪等基本技巧。

（张弛）

顺义冰雪运动普及推广活动

1月15日和10月26日，顺义区教委分别在莲花山滑雪场和首都师范大学附属顺义实验小学开展“助力冬奥 体验冰雪”中小学生走进冰雪主题活动和“与冰雪为伴 与快乐同行”北京市中小学生冰雪运动普及推广活动。活动引导学生掌握1项冬季冰雪项目，同时开展冰雪进校园、冰雪趣味运动会等系列活动，以实际行动迎接北京2022冬奥会。走进冰雪主题活动中，北京市顺义区张镇中心小学校学生代表发言并展示滑雪风采，北京市顺义区沙岭学校、张镇中心小学校300名学生代表参与冰雪体验活动。冰雪运动普及推广活动中，中国首名花样滑冰世界冠军陈露作《冬奥小课堂》知识讲座，讲解冬奥会的起源、中国首次参加冬奥会的历史、冬奥会的比赛项目等内容；学生动手制作冬奥项目泥人作品，感受体育文化与传统文化魅力。市教委相关处室、区教委相关负责人及学校师生420人参加活动。

（杨晓东　刘晶晶）

三校冰雪协作工作研讨会

1月17日，首都体育学院与哈尔滨体育学院、河北体育学院联合召开三校冰雪协作工作研讨会。会议以“合作共赢助力冬奥，共商冰雪人才培养”为主题，旨在发挥三校各自优势，寻求合作发展。会上，三校校长分别介绍学校冰雪工作进展情况，并对三方下一步合作进行展望。会议审议通过冰雪工作合作框架，并签署合作框架协议。三校相关工作负责人对接冰雪课题研究、师资培训、学生联合培养等工作。

（李丹阳）

两届中小学生冬季运动会

1月18日至21日和12月24日、29日至31日，市教委分别举办北京市第一、第二届中小学生冬季运动会。首届冬季运动会设冰上项目和雪上项目，包括花样滑冰、冰上拼图、雪地横向登坡和雪地回转滑降等10个比赛项目。来自北京市16个区的569名师生参加比赛。活动与市体育局、北京冬奥组委新闻宣传部、北京奥运城市发展促进会联合主办。第二届冬季运动会分别在6个分赛场举行，以区为单位报名参赛，设小学组、初中组、高中组和教师组4个组别，冰上、雪上2个大项13个小项，全市近800名中小学生参与竞赛活动。活动与国家体育总局冬季运动管理中心、市体育局、北京冬奥组委新闻宣传部、北京奥运城市发展促进中心联合主办。各主办单位相关领导以及部分市人大代表、市政协委员参加开幕式活动，16个区教委及52所冰雪特色学校师生代表观摩开幕式及展示活动。北京市中小学生冬季运动会是一项面向全体中小学生的，以冰雪运动为主要竞赛项目的综合性赛事。运动会是对各区、各学校冰雪运动教学成果的集中检阅，同时为爱好冰雪运动的青少年提供展示舞台。

（李铮　徐颖　孙晓楠）

黄庄职高增设冰雪服务与运营专业技能方向

1月26日，北京市黄庄职业高中在旅游服务与管理专业增设“冰雪服务与运营”专业技能方向。该专业技能方向与石景山市民冰雪运动中心（启迪冰雪体育中心）合作建设，学制3年，培养冰雪服务与运营管理人才，计划于2018年5月开始招生。5月24日至6月2日，该校分批组织全校1300余名师生赴石景山市民冰雪运动中心参与冰雪体验活动。

（文昌敏）

延庆冰雪运动进课堂

1月和12月，延庆区教委开展冰雪运动进课堂活动。活动以“助力冬奥”为主题，聘请北京石京龙滑雪场滑雪教练指导学生练习单双板直行、转弯、旋转、跳跃等技巧。全区14所学校3000名学生参加活动。延庆区教委于2014年开始开展冰雪活动，活动走进全区31所中小学及幼儿园，培训学生1万人。区内5所学校成立滑雪队，另成立区级青少年业余滑雪队。

（赵文新）

6月29日至12月30日，学生活动中心承办2017年北京市中小学冰雪运动普及和推广活动 （学生活动中心 供）

中小学生冰雪运动普及与推广活动

6月29日至12月30日，市教委联合市体育局、北京冬奥组委新闻宣传部、北京奥运城市发展促进会共同开展2017年北京市中小学冰雪运动普及推广活动。活动在全市中小学范围内开展，以“与冰雪为伴 与快乐同行”为主题，以北京市52所冰雪特色校为依托，依照北京市校园冰雪运动发展“造气氛、打基础、促发展、上水平”四步走长远规划和阶段目标进行。活动由“造气氛”转向“打基础”，内容包括冰雪运动进校园、队列滑、旱地冰球、冰壶体验课、奥运知识讲座等。41所中小学组织学生参与活动，参与人数超过5万人。

（李铮 池飞龙）

通州中小学第一届冰上运动会

7月19日，通州区教委举办中小学第一届冰上运动会。运动会设冰上拼图和冰上射门2个比赛项目，中学组和小学组2个组别。来自北京市通州区梨园镇中心小学、北京第二实验小学通州分校、北京小学通州分校等8所学校的14支代表队100余名运动员参赛。梨园镇中心小学、实验二小通州分校、北京小学通州分校、北京市通州区梨园学校、北京市通州区甘棠中学、中国人民大学附属中学通州校区分获各组别冠军。

（王艳霞）

中国奥林匹克引智中心落户北体大

9月22日，中国奥林匹克引智中心落户北京体育大学。国家体育总局与国家外国专家局引进外国人才智力促进体育事业发展合作框架协议签约暨中国奥林匹克引智中心揭牌仪式在北体大国家训练基地举行。签约双方本着资源共享、优势互补、协调一致、共同推进原则，通过引进一批国外高层次人才和团队，培养一批急需紧缺的体育专业人才，为2020年东京奥运会、2022年北京冬奥会的备战参赛工作奠定人才和智力基础。相关领导为中国奥林匹克引智中心揭牌。中国奥林匹克引智中心设在北体大国际交流与合作处，承担体育引智项目的具体工作。

（董健）

怀柔中小学生冰壶比赛

11月11日至12日，怀柔区教委举办中小学生冰壶比赛。比赛设小学男子、女子组，初中和高中男子、女子组4个组别。全区9所中小学22支代表队88名运动员参赛。北京市怀柔区第二小学男子一队和女子一队分获小学男子、女子组冠军，北京市怀柔区第五中学一队获初中和高中女子组冠军，北京市怀柔区第一中学获初中和高中男子组冠军。怀柔区自2012年开展冰壶运动以来，区直属各中小学积极响应，冰壶运动普及率越来越高。冰壶被誉为“冰上国际象棋”，在青少年群体中开展冰壶运动，能够培养参与者的团队意识。

（缐金秋 田伟）

十五中南口学校举办冰雪知识讲座

11月15日，北京市第十五中学南口学校举办冰雪知识讲座。校外培训教师作《走进冰雪世界 展示青春风采》专题讲座，内容包括冰雪运动的起源、冬奥会运动项目和冰雪运动乐趣。讲座语言通俗易懂，图文资料丰富，穿插播放比赛视频，同时配合冰雪器材展示，让学生直观了解冰雪器材知识，学习冰雪器材使用方法，提高学生对冰雪运动的兴趣。高一、高二年级学生140余人参加活动。

（董素琴）

11月15日，北京市第十五中学南口学校举办冰雪知识讲座 （十五中南口学校 供）

喇叭沟门满族乡中心小学冰雪运动进校园活动

11月16日，北京市怀柔区喇叭沟门满族乡中心小学开展冰雪运动普及推广活动。全国花样滑冰锦标赛双人滑冠军运动员张悦与全校师生分享她的参赛经历，讲授冬奥知识，介绍冰雪运动项目，并带领学生进行平衡、力量和灵敏度等滑冰基础训练；剪纸艺术家刘立宏给学生上剪纸教学体验课，并与学生共同完成冬奥主题剪纸作品。

（郭露萍）

北京冬奥高峰论坛

11月25日，中国人民大学举办“参与、共享与教育——2017北京冬奥高峰论坛”。论坛设有主论坛和分论坛，主论坛设置“冬奥明星谈”环节，邀请5名冬奥明星运动员就冬季奥林匹克运动普及与教育主题开展座谈；萨马兰奇体育发展基金会与人民大学人文奥运研究中心签署合作框架协议。分论坛分为“奥林匹克教育与大众参与”主题演讲和“奥林匹克运动普及与冰雪体育产业”研讨会两部分进行。论坛旨在汇聚国内外奥林匹克运动研究成果，打造奥林匹克专家学者学术交流平台，分享奥运经验，解析奥运问题，为北京成功举办2022年冬奥会提供智力支持。冬奥明星运动员代表、萨马兰奇体育发展基金会代表、相关高校领导及教师、16个区教委领导、52所冰雪运动特色学校校领导以及人民大学师生共计400人参加活动。

（王文泽）

房山第二季冰雪节滑雪体验活动

12月13日，房山区教委举办的中学生“冰雪结缘 快乐相伴第二季冰雪节”滑雪体验活动在云居滑雪场启动。启动仪式上，北京市房山区长沟中学和北京市房山区石楼中学的200名学生共同观看专业滑雪表演，并在教练的带领下，6人1组进行体验练习。活动为期9天，组织全区5000名八年级学生体验滑雪运动。通过活动全面调动学生参与冰雪运动的积极性，逐步推进房山区校园冰雪运动普及进程。

（石金生）

门头沟首届中小学生冬季运动会

12月14日，门头沟区教委举办门头沟区首届中小学生冬季运动会。比赛设旱地冰球、轮转冰、速滑接力、冰壶球4个集体项目，来自全区20余所中小学的300余名运动员报名参赛。特别邀请花样滑冰亚洲冠军王晨参加，并向学生代表赠送冬季项目知识读本。

（王曦）

冬奥会和冬残奥会会徽选定中央美院设计

12月15日，北京2022年冬奥会会徽和冬残奥会会徽发布仪式举行，中央美术学院设计学院团队设计的“冬梦”和“飞跃”入选。2022年北京冬奥会会徽“冬梦”和冬残奥会会徽“飞跃”象征中国的冬奥梦想在世界面前舞动飞扬，中国张开双臂，以更加开放、自信的心态与世界共同拥抱奥林匹克，共谱冰雪新篇。

（牟亚利）

平谷特教中心开展特奥冰雪运动培训

12月21日，北京市平谷区特教中心在渔阳滑雪场启动特奥冰雪运动培训活动。学校成立“特奥冰雪运动队”，成员12人，定于每周四下午开展训练，为期3个月。授课教师由渔阳滑雪场教练担任，培训采取实地理论讲解与演示相结合的形式，向学生传授穿鞋、登板、雪地站姿、平地行走等内容。活动安排专车接送，保障交通安全。

（王红梅）

11月16日，喇叭沟门满族乡中心小学开展冰雪运动普及推广活动
（喇叭沟门满族乡中心小学　供）

北体大冬奥培训学院成立

12月28日，北京体育大学举办“面向2022年北京冬奥会，加速体育竞赛组织专业人才培训”座谈会暨北京体育大学冬奥培训学院成立仪式。座谈会围绕2022年冬奥会专业人才培养，研讨冬奥会举办中专业人才需求和冬奥培训学院发展方向。冬奥培训学院设在北体大继续教育学院，与北体大继续教育学院合署办公，主要开展冰雪项目竞赛组织专

5月25日，地大原创舞蹈《地质梦》在2017年北京大学生舞蹈节现代舞比赛中获金奖 （地大 供）

业人才培养工作。

（董健）

密云推动冰雪运动进校园

至年底，密云区教委推动冰雪运动进校园。组织600余名任课教师参与基本滑雪技术培训，40余名有冰雪运动基础的体育教师参加专业理论与技能培训；各校通过体育理论课普及冬奥会、冰雪运动、观赛礼仪等内容，覆盖率达到100%；24所中小学6000名学生走进云佛山滑雪场参加2017年密云区中小学“万名学生进雪场”活动，接受滑雪技术训练，提高学生滑雪技能；举办“冰雪初体验，欢乐校园行”冰雪嘉年华活动，800余名学生及各校体育主管领导与奥运明星刘秋宏零距离接触；重点打造北京市密云区第六小学、北京市密云区水库中学2所市级冰雪运动特色学校，建设人工冰场，开设冰雪运动课程；组织参加北京市第一届中小学生冬季运动会，展示密云区冰雪运动推广成果。

（黄维国）

艺术与校外教育

艺术教育

第三届青少年玩转音乐比赛

1月14日至15日，北京校外教育协会与北京音乐家协会、朝阳区教委、中国社会艺术协会艺术教育专业委员会联合举办第三届北京市青少年“玩转音乐”比赛。活动以“玩转音乐”为主题，以比赛为中心环节，同时组织公益讲座、专题培训、演出、实践活动等系列音乐活动。比赛以器乐组合（非个人赛）方式进行，分为民乐类、西洋管弦类、键盘类、打击乐类、综合类5个类别，每类各设小学低组（一年级至三年级）、小学高组（四年级至六年级）和中学组3个组别；突出音乐知识与技能综合运用能力，提升青少年音乐综合素养。来自朝阳、海淀及河南省周口市等10个区及地区的500余名中小学生参赛，评出小学组一、二、三等奖124人次，中学组一、二、三等奖40人次，优秀指导教师奖56人，优秀组织奖27个。比赛由朝阳区学生活动管理中心、朝阳区青少年活动中心承办。

（王媛媛　高博雄）

中央美院举办“高参小”教学成果汇报展

1月17日至2月6日，中央美术学院举办“中央美术学院参与北京市小学美育特色教育项目2016-2017学年教学成果汇报展”。展览分实验课程、《创意美术》、校本课程、社团活动4个板块，展出北京市朝阳区家地实验小学、北京市朝阳区望京新城南湖中园小学、北京市朝阳区望京南湖东园小学、北京青年政治学院附属中学小学部4所学校的400件学生作品。作品涵盖国画、剪纸、油画、版画、壁画、数码摄影、建筑搭建等多元艺术语言，通过架上绘画、立体雕塑、实验装置、视频等形式展出。

（牟亚利）

中瑞中小学文化艺术交流演出

5月2日，“让世界充满爱——2017中瑞中小学文化艺术交流演出暨纪念北京市学生金帆艺术团成立30周年斯德哥尔摩音乐厅专场演出”在瑞典斯德哥尔摩音乐厅上演。演出由北京市教育学会主办，北京圣陶国际教育文化交流中心承办。来自北京大学附属小学、北京市中关村第二小学、北京景山学校等9所学校金帆艺术团的17个表演团队500余学生参与演出，演出在弘扬中华文化传统的同时又中西交融，展现中国当代中小学生精神风貌、艺术素养及中国中小学文化艺术教育成果。中国驻瑞典王国特命全权大使、教育参赞，中国驻瑞典大使馆工作人员及瑞典当地民众1400人观看演出。

（马亚莉）

北京大学生舞蹈节

5月17日至6月3日，市委教工委、市教委共同举办2017年北京大学生舞蹈节。舞蹈节以“青春校园，艺术生活”为主题，以全面发展学生的艺术素养为目标，实现讲台、舞台、平台三台联动。舞蹈节包括市级展演、剧目展示、舞蹈工作坊、户外舞蹈体验等26场活动，展演作品125部，62所高校5288人参与演出，观演22183人次，媒体发布相关新闻120余条，舞蹈剧场微信公众平台系列推文阅读量5813712次。活动由清华大学、中国人民大学、北京交通大学、北京舞蹈学院共同承办，北京学生活动管理中心统筹。

（林清）

民族艺术进校园

5月至12月，市委宣传部、市文化局、市教委联合主办2017年北京市民族艺术进校园活动。在各区教委和艺术院团的参与和配合下，共有62家艺术团体参加演出，演出768场（中小学715场、高校53场），包括专场演出100场（中小学67场、高校33场），演出内容涉及昆曲、京剧、河北梆子、评剧、曲剧、曲艺、皮影戏、现代舞、话剧、打击乐等艺术形式。活动覆盖16个区及燕山地区的近千所学校，30万人次观看演出。活动已连续开展12年，由北京学生活动管理中心承办。

（张君）

传统艺术体验活动

7月13日至18日，首都文明办举办第二届“最美少年”传统艺术体验活动。活动以京剧为主题，围绕京剧基本常识、京剧人物造型、京剧音乐开展讲座；全面挖掘戏曲艺术特色，设置词、曲、舞、画全覆盖的课程，由专业教师授课；通过让少年儿童学习京剧和北京曲艺等艺术形式，培养他们对传统文化的认知，提升其道德品质。活动由北京戏曲艺术职业学院承办，来自北京各区的美德少年、社区文明小使者参加全封闭式传统艺术体验活动。

（杨楠）

北京大学生戏剧节

10月16日至11月6日，市委教工委、市教委共同举办2017年第六届北京大学生戏剧节。戏剧节以“青春校园艺术生活”为主题，开展戏剧课程活动，包括戏剧大师课6节、各类戏剧课程活动以及戏剧工作坊3期，收到短剧、朗诵、独幕剧及多幕剧4个门类94部参赛作品，题材涉及大学生生活、理想、社会观、人生观等层面。10月27日起，43所高校3000余人围绕“点燃戏剧梦想、绽放青春光芒”主题进行8场展演，同台角逐活动最高奖项“金伶杯”，辐射观摩人数2万余人。北京大学生戏剧节旨在提高大学生的文化素养、拓宽艺术视野、展示大学生艺术创作热情和风采。活动由北京学生活动管理中心、中央戏剧学院、清华大学承办。

（林清）

中小学舞蹈教研组成立

10月30日，北京市中小学舞蹈教研组成立。教研组依托北京教育科学研究院成立，是全国首个省级学校舞蹈教研组织，将开展中小学舞蹈课程、教材、教学等研究与实践，促进教师专业发展，提升舞蹈教育质量，培养骨干教师队伍。教研组由16个区选送的20名优秀舞蹈教师组成，入选人员原则上除具备舞蹈教育科研能力之外，还需具有一级教师以上职称以及6年以上教龄。

（沈俊楠）

首都学生演出季

10月至12月，市教委举办2017年首都学生演出季。演出季举办专场演出28场，其中，舞蹈演出6场、器乐演出10场、声乐及戏剧演出12场，来自16个区30所学校的2000余名学生参加演出。演出季是北京中小学艺术品牌活动之一，旨在丰富中小学生精神文化生活，提高中小学生艺术修养和审美素质，培养创新精神和实践能力，促进学生德智体美全面发展。活动为北京市中小学艺术社团搭建展示与交流的舞台，通过艺术实践提高广大青少年服务社会的意识，扩大北京学校艺术教育影响力。活动由北京学生活动管理中心承办。

（曹璐）

国际大学生微电影盛典

11月18日，第六届国际大学生微电影盛典在北京市举行。盛典4月开始征集作品，收到国内外院校报送的作品5000余部，评选出获奖作品100部。盛典同时举办大学生系列活动，包括即时微拍、电影沙龙、学术名家讲座、欧洲短片巡映、新片路演全明星见面会、中外导演面对面等，从学术领域上引导微电影良性发展，推动高校相关学科专业建设和人才培养。盛典以“智能 · 移动 · 互联”为主题，增设“VR影像单元”，邀请法国艺术影像节和昂古兰姆3D电影节来华选片，并携带作品来华交流。开幕式上，青年导演与知名教授、专家进行深入交流。盛典设置微电影盛典学术论坛，针对近年微电影事业发展、电影新技术应用，以及青年电影人的培养等主题进行对话和讨论。盛典由中国高校影视学会、团市委、中国社会科学院新闻与传播研究所、中央新影集团、银川市政府、中国教育电视台、中国文化信息协会和首都师范大学科德学院共同举办，科德学院独家承办。

（张娜）

阳光少年艺术节

11月至12月，市教委举办2017年北京市阳光少年艺术节。艺术节开展艺术表演类展演和艺术作品展示两大类活动。艺术表演类活动设置器乐、戏剧、朗诵、舞蹈、合唱5个专场展演，全市42个校外教育机构选送191个节目参加展演；艺术作品展示活动展览42个校外教育机构选送的绘画、书法及摄影作品658幅，其中，绘画作品303幅、书法作品336幅、摄影作品19幅。活动旨在展示校外艺术教育教学成果，充分发挥校外教育开放性、多样性、公益性的特点，促进校外教育活动质量和水平不断提升。活动由北京学生活动管理中心及海淀、朝阳、西城区教委共同承办。

（曹璐）

11月，阳光少年艺术节展演舞蹈《草原母子情》
（学生活动中心　供）

中小幼校园影视评比活动

12月20日，北京教育网络和信息中心召开2017北京市中小幼校园影视评比总结颁奖会，表彰一等奖45个、二等奖186个、三等奖275个。来自各区教育信息中心、中小学及幼儿园的500余人参加活动。此次评比增设学生组别以及最佳创意、最佳导演等9个单项奖，收到作品900余部，为历年最多。该项活动已连续举办11届。

（马东）

第20届学生艺术节

至12月，市教委举办北京市第20届学生艺术节。艺术节以“育人为本、公平普及、优质开放、创新引领”为原则，以社会主义核心价值观为导向，开展贯穿全年的系列活动。活动内容包括集体项目展演（舞蹈、器乐），舞蹈工作坊，舞蹈精品节目巡演，校园集体舞和民族韵律操展示，论文辅导讲座，艺术教育科研论文报告会等。各项市级展演、展示活动吸引全市2万余名师生参加。艺术节覆盖16个区及燕山地区，1600余所中小学100余万名学生参与活动，形成“班级—学校—学区—区级—市级”五级联动体系，实现人人参与、普及推广、融合互补、交流展示、示范引领五级目标。活动由北京学生活动管理中心及西城、朝阳区教委共同承办。

（王杨）

11月3日，北京市第20届学生艺术节校园集体舞和民族韵律操展示活动　（八中京西附小　供）

校外教育

中小学生环保主题演讲比赛

3月8日至6月4日，北京校外教育协会、北京市环境保护宣传中心等5家单位联合举办2017年度北京市中小学生环保主题演讲比赛。活动主题为“践行绿色生活方式 培育环境友好新风尚”，15个区组织140个学校近1000名中小学生参赛。经过学校选拔、区选拔和网络参赛等环节，35名中小学生进入决赛，最终评出小学组一等奖1人、二等奖3人、三等奖5人、优秀奖11人；中学组一等奖1人、二等奖2人、三等奖4人、优秀奖8人。

（王媛媛）

阳光少年摄影比赛

3月至7月，北京校外教育协会组织第12届(2017)北京阳光少年摄影比赛活动。活动主题为“多彩中国梦”，来自全市70余所学校和校外教育机构的1100余名学生参赛，评出小学低年级组、小学高年级组、初中组和高中组4个组别获奖作品482幅，其中，一等奖101幅、二等奖144幅、三等奖237幅。

（王媛媛　高博雄）

青少年自然科学挑战赛

3月至7月，北京校外教育协会与北京自然博物馆联合承办2017环球自然日——青少年自然科学知识挑战赛北京地区分赛。北京地区共有252支团队参与初选，191支团队进入初赛，经过现场展示和专家问辩，162支团队分获北京地区一、二、三等奖。26支团队代表北京参加全球总决选，与来自13个赛区的243支国内组选手和8个其他地区的94支英文组选手同场竞技，最终13个作品获一等奖、10个作品获二等奖。活动由环球健康与教育基金会发起，旨在激发中小学生对自然科学的兴趣，提高其研究、分析和交往能力。

（王媛媛）

校园屏内容建设工作启动

4月15日，北京教育网络和信息中心召开北京市中小学校园影视工作推进会，宣布启动北京市校园屏内容建设工作。会议提出依托已在100余所中小学建成的北京市校园屏系统，开展校园影视活动，推动校园影视节目创作、促进学生综合素质提升、丰富校园文化建设。来自各区教育信息中心及中小学的 238 人参加会议。至年底，北京市校园屏共展示师生创作的各类影视作品 1000 余部。

（马东）

首届梅西耶马拉松竞赛

4 月 22 日至 23 日，通州区教委、区科协与北京市星空联盟天文特色校联合体共同举办首届北京市中小学生梅西耶马拉松竞赛。来自 10 个区的 25 支代表队参赛，经过现场观测、理论知识测试 2 个比赛环节，北京市通州区梨园学校、北京市通州区台湖学校、首都师范大学附属苹果园中学等 8 支代表队获得一等奖。梅西耶马拉松竞赛是常规观星活动，规定在一整个晚上，连续观察并记录到全部 110 个梅西耶深空天体，考验观测者对星空的整体认知及实测天体技能。

（吴秀玉）

阳光少年活动指南发放

4 月，北京校外教育协会编印发放《2017 年北京阳光少年活动指南》。指南收录 111 家校外活动场所设计的 225 项活动，内容涉及实践体验、竞技比赛、展示表演、讲座参观、夏（冬）令营、综合活动、阳光体育等方面，为学校和学生自主选择参加校外活动提供帮助。印刷并免费发放至各区中小学校 2000 册。

（王媛媛）

阳光少年微电影比赛

4 月至 10 月，北京校外教育协会组织第 12 届 (2017) 北京阳光少年微电影比赛。比赛主题为“多彩中国梦”，共征集微电影作品 135 部，评出获奖作品 67 部（一等奖 14 部、二等奖 23 部、三等奖 30 部），优秀辅导教师 11 人。征集的 135 部微电影作品全部被报送参加全国青少年学生微电影展，89 部作品获奖，其中，13 部获一等奖、9 部获二等奖、27 部获三等奖、40 部获优秀奖；全国 166 部获奖作品中，北京地区获奖作品占 54%。

（王媛媛　高博雄　安彦臻）

第十届全国高校模拟新闻发言人大赛

5 月 7 日，由外交学院主办的“十载 · 新声”第十届全国高校模拟新闻发言人大赛落幕。比赛设“厚积薄发”基础问答、“妙语连珠”即兴演讲、“唇枪舌剑”模拟新闻发布 3 个环节，分别考查选手日常知识的积累及对时事的关注、逻辑思维及临场反应能力、新闻发布的综合素质及面对记者追问的反应。经评选，北京高校中对外经济贸易大学代表队、国际关系学院代表队获二等奖，外交学院代表队获三等奖。全国 24 所高校 80 名选手参赛。比赛由外交部新闻司支持。

（顾建俊）

第五届全国大学生模拟政协提案大赛

5 月 12 日至 13 日，外交学院与九三学社北京市委员会联合举办“中视广信杯”第五届提案中国 · 全国大学生模拟政协提案大赛。比赛设客观题、深入答辩和提案审议 3 个环节，经评委综合评价，北京高校中首都经济贸易大学代表队获二等奖，中央财经大学代表队、北京工业大学代表队、北京外国语大学代表队获三等奖，外交学院代表队、北工大代表队、首经贸代表队、中国政法大学代表队、中央财大代表队获“笃行奖”。全国共有 25 所高校派出代表队参加比赛。

（顾建俊）

北京国际模拟联合国大会

6 月 8 日，外交学院主办“青年力量：敢为天下先 · 2017 北京国际模拟联合国大会”。会议在整合多边议事规则和各种模拟联合国议事规则基础上，首创《北京议事规则》，围绕海洋资源可持续利用、气候变化下的粮食安全、跨国毒品犯罪、核安全、老年妇女权益和叙利亚难民问题等热点议题展开探讨。大会下设 10 个委员会，分别以中文、英文、法文为工作语言。来自中国内地、港澳地区和其他国家 113 所大学和高中的青年学生 500 余人参加研讨会。

（顾建俊）

首届中小学生朗诵大赛

6 月 11 日，首届北京市中小学生朗诵大赛暨第三届“曹灿杯”青少年朗诵（北京）大赛颁奖典礼在北京市八一学校举行。活动颁发个人、集体一等奖及特别奖、优秀指导奖等奖项。比赛由北京市教育学会与中国诗歌学会朗诵演唱专业委员会、北京市语言学会朗诵研究会联合举办，是首次面向北京市中小学生开展的朗诵比赛，来自 600 余所中小学的数万名学生参赛。比赛于 4 月开始，设少儿组、少年组、集体组等 8 个组别，经过海选、初赛、复赛层层选拔，400 名选手进入决赛。

（马亚莉）

首届北京市中小学生朗诵大赛举行

（教育学会　供）

第二届青少年模拟政协活动

7月10日，第二届北京青少年“模拟政协”活动在北京市东城区史家胡同小学举办。活动以“体验协商民主 培育社会责任”为主题，来自北京市第一〇一中学、北京市第一六六中学、北京师范大学附属中学等9所学校的40余名学生汇报13项模拟提案“雏鹰建言”；来自5个区7所学校的20余名翱翔学员呈现“一带一路”主题议事；来自史家胡同小学3个年级7个中队的100余名学生呈现“服务学习”主题“模拟议事”。活动由北京教育科学研究院举办。“模拟政协”实践活动是青少年自发组织的创新校园活动，通过“模拟提案”“模拟协商”等形式，增强学生对中国政治制度和社会主义协商民主的理解和认同。全市已有50所中小学设立“模拟政协”实践基地，政协委员和专家学者组成指导专家团深入学校指导培训政协履职知识。

（朱娜）

高中学生物理研究性学习实践活动

7月15日至16日，北京市教育技术设备中心与北京青少年科技创新学院办公室、北京师范大学物理学系共同主办第四届北京市高中学生物理研究性学习实践活动。中国人民大学附属中学等8所中学12支代表队71名学生及21名教师参加活动，经过3轮预选对抗赛及决赛展演，人大附中队、北京市第八十中学二队、北师大附属实验中学队3支代表队获一等奖。活动借鉴国际青年物理学家锦标活动(IYPT)模式，旨在推进高中新课程改革以及培养学生创新精神和创新意识，提升高中学生物理研究性学习实验实践及思辨能力。

（赵文强）

第20届全国儿童故事邀请赛

8月25日，北京学生活动管理中心主办第20届全国“孙敬修杯”儿童故事邀请赛。比赛以“弘扬中华传统文化——爱我中华好少年我先行”为主题，分市级选拔赛、全国复赛、全国总决赛3个阶段，设学龄前组、小学低年级组、小学高年级组、成人组和亲子组5个组别，同时继续将诗歌、故事剧目表演纳入比赛项目。全国43支代表队1007名少年儿童参赛，124项作品分获全国特等奖和一、二、三等奖。

（王鹏　李鹤群）

首届古诗词挑战赛

9月至12月，北京学生活动管理中心举办2017“锋行少年”古诗词挑战赛。比赛设区级挑战赛、市级挑战赛、市级决赛3个阶段。12家首都校外教育机构和6所学校3000余人参加比赛。评选出“古诗词小达人”300人、“古诗词小状元”24人。

（乔超新　刘美丽）

第18届中小学师生电脑作品评选活动

10月17日，市教委公布第18届北京市中小学师生电脑作品评选活动获奖名单。活动根据不同学段中小学生特点，学生组项目按学段分小学组、初中组、高中组和中职组，分别设置评选类项目、竞赛类项目和创客类项目。2636件电脑作品参加评选（学生作品1217件、教师作品1419件）。经过组委会评选，评出获奖作品1581件（学生作品599件、教师作品982件）。294支代表队参加机器人竞赛活动，188支代表队获奖。活动由北京教育网络和信息中心承办，北京市高中（中职）、初中、小学在校师生及幼儿园教师均可参加。

（刘雪娇　华蕾　张晓白）

首届动漫创客展评活动

10月21日，北京学生活动管理中心举办2017年北京市中小学生“奇梦炫漫”动漫创客展评活动。评选活动覆盖小学至初中年龄段，来自全市各区的32支队伍参加评选，每支队伍由3名队员组成，分别负责动漫艺术创作现场演示、现场答辩、作品展示等，评委围绕故事情节、美术、周边作品等方面进行评选。活动另设动漫COSPLAY、老玩家交流、模型制作等板块，全市200名师生参加活动。

（孙雷　孙晓楠）

10月21日，北京市中小学生“奇梦炫漫”动漫创客展评活动
（学生活动中心　供）

第五届全国高校模拟外交谈判大赛

11月3日至5日，外交学院举办第五届全国高校模拟外交谈判大赛。比赛以“第二课堂”实践活动为载体，通过

模拟谈判、论坛交流、赛前培训等形式引导参赛选手培养国际视野，理性分析时事。每支队伍由 3 名选手组成，分别担任主谈判员、副谈判员和新闻官参与模拟谈判和新闻发布。经预赛、决赛，外交学院代表队获冠军，中国政法大学代表队和清华大学代表队分获亚军和季军。全国 23 支高校代表队参赛。全国高校模拟外交谈判大赛由外交学院于 2013 年首创，旨在考查大学生外交素养和谈判技巧。

（顾建俊）

少年慈善论坛活动

12 月 17 日，2017 少年慈善论坛暨“天下益家 慈善童行 雏鹰爱心行动”年会在北京市第四中学举行。活动由北京教育科学研究院、北京青少年科技创新学院、北京市慈善基金会、北京市教育学会、腾讯公益慈善基金会、四中共同主办。来自北京市、河北省 14 所学校的 11 支学生团队用生动活泼的形式，展示志愿服务事迹。慈善论坛是将创新人才培养与慈善文化传播相融的慈善教育项目，旨在促进中小学生社会主义核心价值观的培育践行和《慈善法》在学校等教育机构的贯彻落实。

（朱娜）

课外校外教育理论与实践研讨会

12 月 22 日，北京市课外、校外教育理论与实践研讨会在市教委召开。会议围绕“校外教育——基础教育深化改革的重要空间”主题，研讨新时代校外教育理论、实践经验及全市各区开展校外教育“三个一”改革工作的经验。会议收到各区校外教育联席会议办公室成员单位、校外教育机构、中小学、幼儿园、职业院校等单位报送论文 715 篇，经过初评、终评和审核等程序，评选出一等奖 37 篇、二等奖 74 篇、三等奖 110 篇。会议首次由校外教育联席会议办公室与市教委联合召开，各区教委、各校外教研室、各校外教育机构相关负责人参加会议。

（侯利伟）

科技活动

中国航天科技教育联盟成立

1 月 18 日，中国航天科技教育联盟成立大会在北京市八一学校召开。该联盟由中国航天科技国际交流中心、八一学校、中国人民大学附属中学、西安交通大学附属中学、北京航空航天大学、北京理工大学、南京理工大学 7 家单位联合发起，并获得国家航天局、中国航天科技集团指导支持。联盟将整合全国各地优质航天科技教育资源，搭建航天科技教育服务平台，凝聚政府、教育界、产业界、学术界以及社会各界的共识与合力，开展国内外航天科技教育领域的资源交流、技术交流、学术交流及教育培训；联合各成员单位共同探讨贯通式人才培养模式；开展航天科技教育相关研究，探索产教融合的素质教育改革模式与途径。成立大会上，八一学校被授予“国家航天局航天科普教育基地”称号。

（左秋洁）

第 37 届青少年科技创新大赛颁奖

3 月 26 日，第 37 届北京市青少年科技创新大赛颁奖活动在中国科学院大学雁栖湖校区举行。比赛以“发现创新责任”为主题，设置青少年和科技辅导员 2 个板块，包括竞赛活动和展示活动 2 个系列。竞赛活动包括小学生、中学生、科技辅导员科技创新成果竞赛；展示活动包括少年儿童科学幻想绘画比赛、青少年科技实践活动比赛、学生科技创意比赛等。全市各区选送的基层竞赛活动优胜者，以及来自美国、澳大利亚、捷克、丹麦、以色列、马来西亚、俄罗斯、南非、乌克兰、新加坡、韩国 11 个国家和中国澳门、台湾地区的 15 个代表团共同参加 33 个项目的角逐。比赛延续国际化评审，3 名外籍评委参与计算机、数学、动物学、医学与健康学 4 个学科的评审，共评出青少年科技创新项目一等奖 83 项、二等奖 115 项，包括青少年科技创新境外组项目一等奖 16 项、二等奖 17 项。各举办单位领导及负责人，各区相关负责人、教师、辅导员、评委、领队，媒体记者及社会各界代表，全市中小学生代表，来自国外及境外的参赛师生代表近 1000 人参加颁奖活动。大赛由市教委、市科协、市科委、市知识产权局、怀柔区政府联合主办，中国科学院大学、北京青少年科技中心、北京青少年科技教育协会、怀柔区教委、怀柔区科协、怀柔区科委共同承办。

（缐金秋　张丽丽　孙晓楠）

联盟校园创客空间活动

3 月至 5 月，北京教育网络和信息中心组织联盟校园创客空间活动，开展创客教育培训和作品评选。3 月，举办为期 2 天的创客教育培训，内容基于创客形式，从动手实践类教育机器人创客教育课程入手，探讨创客教育课程中学习与思维发展的特征、教育教学活动的设计制作与教学应用等。来自各区的 150 名中小学教师参加学习。5 月，开展创客作品评选，共收集学生创客作品 93 件。经 11 名专家评委评审，评出优秀作品 66 件，从中推选出 20 件作品上报至中央电教馆参加全国中小学电脑制作活动。

（赵筱姝）

航天科普进校园活动

4 月 21 日，市教委、中国运载火箭技术研究院总体设计部联合主办的“同在蓝天下 共筑航天梦”2017 年北京市中小学生航天科普进校园活动在北京市延庆区永宁学校启动。中国运载火箭技术研究院中国载人航天工程“长征二号 F”火箭系统总设计师、中国科学院院士刘竹生向学生寄语，活动向永宁学校赠送“长征五号”火箭模型，并为每班赠送1套《新科学探索丛书——航天圆梦》系列航天科普图书。启动仪式后，中国运载火箭技术研究院总体设计部“长征五号”主任设计师何巍作《飞天利剑——让我们一起来认识火箭》航天科普主题讲座。市教委、中国运载火箭技术研究院总体设计部、北京学生活动管理中心、延庆区教委有关领导以及永宁学校师生600人参加启动仪式。该活动下校专家团队由中国运载火箭技术研究院总体设计部一线中青年专家组成，全年在郊区开展主题活动10次，近3000名师生参加。活动由学生活动中心和延庆区教委共同承办。

7月12日，北京学生科技文化夏令营
（学生活动中心　供）

（卢亭）

阳光少年文化科普进校园活动

5月24日，市教委、北京校外教育协会共同举办第12届(2017)北京阳光少年活动暨阳光少年文化科普进校园活动启动仪式。活动整合中国铁道博物馆、北京自然博物馆和北京天文馆等17家单位特色资源，以郊区中小学校为主要服务对象，开展文化、科普活动。至年底，活动走进门头沟、怀柔、延庆等区40余所中小学。

（王媛媛）

科技文化夏令营

7月12日，市教委、市科委、市科协联合主办北京学生科技文化夏令营暨第35届北京学生科技节开幕式。16个区及燕山地区中小学师生代表以及高校、科技企业和新闻媒体代表600人参加活动。夏令营以“科技筑梦、快乐成长”为主题，为期5天，开展纸飞机制作、动手实践课程、科技创新作品大赛、高尔夫课程体验等活动。活动由北京学生活动管理中心承办。

（卢亭）

北航刷新世界大学生航空发动机设计大赛中国学生最佳成绩

8月，北京航空航天大学动力学院2013级吴大观英才班3名本科生在美国航空航天学会(AIAA)举办的世界大学生航空发动机设计大赛中获亚军，指导教师获优秀指导教师奖。获奖设计为关于对普惠公司PT6A系列涡桨发动机的改型设计，以期装配新发动机的全新飞行器能够完全取代现役的柏拉图PC-21型飞机。此次获奖成绩刷新该世界赛事创办30余年来中国学生获得的最佳成绩。美国航空航天学会每年组织世界航空航天领域的学生设计比赛，其中，世界大学生航空发动机设计大赛是航空领域参与学生人数最多的赛事之一。

（朴悦嘉）

中小学生航天科技体验与创意设计大赛

10月12日至12月10日，市教委举办第18届北京市中小学生航天科技体验与创意设计大赛。比赛以航天技术、航天应用、航天热点事件等航天知识为主，利用现代高新技术，综合运用科学技术与艺术表现相结合的实践活动，凸显跨学科科普教育中设计思维与创造力的重要性，以达到核心素养提高的最终目的，为学生终身精神追求和科学素养奠定基础。比赛以“共筑中国梦 同抒航天情”为主题，设小学组、初中组和高中组3个组别，采用校级初赛、区级复赛、市级决赛的分级赛制，包括航天知识竞赛、航天科普剧表演竞赛、航天科学实验表演竞赛、航天器设计与模型制作竞赛、航天征文演讲竞赛、航天科幻画竞赛和太空种子种植小能手大赛7个项目。经过学校申报、区级比赛、市级初审和评比，

12月10日，第18届北京市中小学生航天科技体验与创意设计大赛　（丰台区教委　供）

13个区70余所中小学600余名学生参加决赛。比赛由北京学生活动管理中心和丰台区教委共同承办。

（李量）

第三届北京市大学生工程设计表达竞赛

10月28日，市教委在北京航空航天大学举办2017年暨第三届北京市大学生工程设计表达竞赛。比赛设二维和三维2个项目，含徒手绘图表达、二维计算机绘图表达、三维数字建模表达等多种内容，来自19所本科高校和8所高职院校的461名选手、60名指导教师以及30余名志愿者参加活动。比赛由北航与北京市高等教育学会共同承办。

（刘晖）

第四届小学生绿色创新挑战赛

11月11日，北京教育科学研究院与国际青年成就中国部合作举办北京市第四届小学生绿色创新挑战赛。比赛以“未来城市·绿色畅想”为主题，围绕小学地方课程教材《我们的城市》展开，要求学生运用课程中所学的商业知识、环保理念，模拟“学生公司”经营策略，发挥未来绿色小公民的想象力，设计并营销一款绿色环保产品。比赛由“绿色产品展销会”“绿色产品发布会”“大小CEO面对面”3个环节组成，各区选拔出的13支团队参加现场比赛。经嘉宾评委和50名大众评委投票，6所学校的代表队获奖，4名选手获得“未来领袖”称号。2007年，国际青年成就中国部开发设计出“我们的城市”课程。2012年至2013年，北京教科院与国际青年成就中国部合作改编教材内容与结构，推出北京市第一套改编版小学地方课程教材——《我们的城市》。

（武泽钰）

11月11日，小学生绿色创新挑战赛上，黑芝麻胡同小学设计的“呼吸房子”产品展销会（北京教科院 供）

13人获中小学生科学建议奖

12月7日，市教委公布2017年（第九届）北京市中小学生科学建议奖获奖名单。13人获北京市中小学生科学建议奖，13人获北京市中小学生科学建议奖提名奖。评选活动自5月开始，围绕“关注社会热点，科学表达主张”主题，建议内容涉及城市建设与管理、村镇建设与管理、冬奥文化传播、生态环境保护、京津冀协同发展、民生保障与建设等方面。来自15个区的871名中小学生参加网上申报，798个建议项目获得初评资格，最终评出科学建议奖10项(13人)、科学建议奖提名奖10项(13人)。活动以“增强学生社会责任感、创新精神和实践能力”为宗旨，以立德树人为根本任务，引导和鼓动广大中小学生积极为首都北京和谐宜居之都的建设献计献策。

（卢亭）

第九届北京市中小学生科学建议奖

石涵聿（北京教育科学研究院通州区第一实验小学） 关于“在北京市区建立城市养蜂机制”的建议
宋奇峰（北京市海淀区第二实验小学） 关于在地铁开展冬奥文化宣传的建议
孔昕钰　李佳怡（北京市通州区芙蓉小学） 关于建立北京城市副中心运河文化水上博物馆的建议
白思邈（北京第二实验小学） 关于改进公园入口L形通道，方便行动不便人群出行的建议
赵闻伯（北京市海淀区翠微小学） 关于提高重症残疾人家庭补贴的建议
宋奕程（北京市海淀区育鹰小学） 关于推广公园简易旱冰场助力冬奥普及冰雪运动的建议
赵梦媛（北京市顺义牛栏山第一中学） 关于北京市农村汽车停放问题的建议
王乐遥（北京市海淀区育鹰小学） 关于建立市民个人爱心积分制度的建议
冯量达　汪思涵　王培元（北京第二实验小学） 关于提升保鲜膜区分度及规范使用食品保鲜膜的建议
王子晗（北京市陈经纶中学分校） 关于在北京市打造更多体育休闲主题公园的建议

（卢亭）

（本栏责任编辑　孙晓楠）

疏解部分高校学生 1.4 万人

公车改革

构建教育社情民意数据平台

推动教育系统党建工作

全面从严治党

加强高校思想政治建设

6 所高校接受中央专项巡视

党建基本标准入校检查

2018 | 综合管理

INTEGRATED MANAGEMENT

- 推进教育领域综合改革
- 落实全国高校思想政治工作会议精神
- 推进依法治教
- 防治中小学欺凌和暴力工作
- 完成上级批示督办件 88 项
- 学习宣传贯彻党的十九大精神

INTEGRATED MANAGEMENT
综合管理

综述

推进教育领域综合改革

2017 年，市委教工委、市教委全面推进教育领域改革任务落实。市委教工委、市教委努力增加学前教育学位供给，制定实施第三期学前教育行动计划，加大财政补贴力度，出台管理文件，规范办园行为;配备责任督学，试行挂牌督导。加强基础教育市级资源统筹，协调城区支持远郊区新增 23 所优质校。深入推进学区制改革和集团化办学，启动第二阶段扩优改革任务，以农村教育质量提升项目为依托，推动城乡义务教育一体化。落实高等教育内涵发展，研究制定统筹推进高等教育改革发展的意见，推动高等教育内涵、特色、差异化发展。启动布局建设 100 个高精尖学科和 100 个一流专业，支持 3200 余个项目供大学生开展科研训练，评选建设高校示范性创业中心，“一街三园多点”创业园孵化体系基本建成。推动职业教育转型升级，研制职业教育创新发展行动计划，引导职业院校转型发展，持续开展高端技术技能人才贯通培养、“3+2”中高职衔接办学、职普融通、综合高中实验班、五年一贯制等改革试验，为学生的成长搭建更多通道。调整专业结构，促进产教融合、校企合作。强化民办教育监督治理，建立民办教育培训机构违法办学治理机制和退出机制，开展虚假大学整治，净化办学环境。稳步推进考试招生改革，义务教育免试就近入学规则更加公平，单校划片和多校划片相结合，取消推优入学，控制特长生比例，各区统一使用市级小升初派位系统，所有公办初中全部参加派位，小学、初中就近入学比例分别达到 99% 和 95% 以上；加大优质高中招生计划精准投放力度，普通高中教改成果进一步显现。本年，市委成立教育体制改革专项小组，统筹推进《北京市第三期学前教育行动计划》《北京市深化高等学校考试招生制度综合改革实施方案》2 项议题通过市委全面深化改革领导小组会议审议，10 余项重要议题通过教改专项小组会议审议。协调完成市委改革办对义务教育优质均衡发展第三方评估的督察。系统梳理党的十八届三中全会以来的改革事项，形成党的十八大以来教育综合改革总结自评报告。研究起草《深化首都教育体制机制改革的实施意见和实施方案》、制定《北京市推进高校放管服改革的实施意见》，梳理跟踪首都教育改革实施情况、改革试点，建立完善教育系统改革台账。

5 月 18 日至 19 日，北师大实验小学举办首届全员运动会
（北师大实验小学　供）

（刘转林　谢文全）

落实全国高校思想政治工作会议精神

2017 年，市委教工委、市教委落实全国高校思想政治工作会议精神，推动高校思想政治建设。召开北京高校思想政治工作会，出台关于加强新形势下高校党的建设、思政工作、统战工作 3 个实施意见，提出 3 个“20 条”工作举措，细化分解为 115 项任务清单，统筹 40 余个委办局协同落实，在市级层面形成合力。对落实全国高校思政会精神情

况开展首轮全覆盖督查，推动所有高校召开会议、印发文件、抓好落实。联合中央党校、市委党校举办 4 期专题研讨班，集中培训高校领导、中层干部 300 余人；设立 14 个思政课名师工作室、20 个辅导员工作室，同时依托 21 个研修基地全年培训思政干部 5000 余人次。推动思政课教师、辅导员、心理教师等专职队伍配备，按照“挂图作战”“一校一策”的方针，协调国家相关部委和市人力社保局等部门，为在京高校 3597 名维吾尔族学生配备 141 名专兼职辅导员，如期完成中央要求的配备任务。

（谢文全）

推进依法治教

2017 年，市委教工委、市教委推进依法治教。完善行政规范性文件合法性审查程序，开展公平竞争审查。完成市教委 2016 年底前制定的行政规范性文件清理，共清理文件 354 项，包括废止 81 项。全面清理规范权力清单，形成有 96 项职权的市教委权力清单。开展中介服务清理，保留 8 项中介服务事项。全面清理涉及群众企业办事创业各类证明，调整取消各类证明 12 项。加强市区两级教育行政执法检查，全年行政检查量突破 3000 件，行政处罚 26 件。办理申诉复议诉讼案件 28 件，维护师生合法权益。完成市属高校章程核准工作，印发中小学章程建设指导意见，推进依法治校。广泛开展学生“学宪法讲宪法”和大学生法治文化节等主题教育活动，举办首届中小学教师法治教育基本能力大赛，开展机关干部、校长、教师法治培训，进一步提升法治教育实效。

（刘转林）

通州区教师素质提升支持计划

2017 年，市教委、市财政局启动实施“通州区教师素质提升计划”。这是北京首次针对区一级教育发展所作的规划。计划于 4 月 24 日正式启动，实施范围覆盖通州区基础教育学校干部教师。该计划坚持问题和需求导向，从统筹城乡师资配置、优化队伍结构；强化专业培训、促进专业发展；加强学科指导、提升教学实践能力 3 个方面，通过 20 个项目的精准支持，创新教师资源供给侧结构性改革。市教委同时研制《通州区编外教育人才聘用管理暂行办法》《通州区高层次教育人才引进暂行办法》等制度性配套文件。至年底，20 个项目已经全部启动，通州区各中小学、幼儿园均有教师参与到素质提升计划中，直接参与、受益的干部教师 7366 人。

（杨伟丽　张桓）

防治中小学欺凌和暴力工作

2017 年，市委教工委、市教委、市政府教育督导室开展防治中小学欺凌和暴力工作。两委一室联合 11 家单位印发《关于防治中小学生欺凌和暴力的实施意见》，要求各区建立统一领导、分工合作、齐抓共管、属地为主、依法治理的工作机制。成立防治中小学生欺凌和暴力工作专家团队，召开专家组会议，听取专家意见建议；召开各区、中小学相关负责人参加的座谈会，听取专项治理工作情况并研讨建立长效工作机制。加强对中小学生的日常教育管理，夯实校园欺凌防治工作基础，制定《北京市中小学生日常行为规范》，组织开展“学规范正行为”主题宣传教育月活动；举办德育干部大讲堂，围绕“加强法治教育预防学校欺凌”主题，组织专家专题报告；根据学生身心发展特点，加强对有欺凌倾向的学生开展有针对性的心理指导和干预；加强心理健康教师队伍建设，组建第二批北京市中小学心理健康教育兼职教研员队伍。加强法治宣传，在《法治与校园》学生普法刊物中，采用漫画、小故事等形式，编写设计《根除校园欺凌，从我做起》《校园欺凌我不怕》《反校园欺凌要用组合拳》等版面，向全市各中小学师生累计发放近 10 万册。深化家校合作，围绕“重家教树家风传美德共育人”主题，组织开展“家庭教育大讲堂 · 校园行”“家校共培育、亲子共成长”家庭教育主题班队会、“我家根脉图”绘制展示、“弘扬传统文化、传承家庭美德”诗词创作朗诵、“书香飘万家、亲子共读经典”“志愿家庭携手行、公益行动暖人心”家庭志愿服务 6 项教育实践活动，推动家庭、学校、社会密切配合，共同促进学生身心健康全面发展。

（战先政　房俊焱　王建水）

完成上级批示督办件 88 项

2017 年，市委教工委、市教委办理市委市政府领导批示督办件 88 项。在专项督办过程中，及时走程序、认真挂台账、仔细查回访，保证件件有回音、事事有落实。其中，先后 5 次协调市政府督查组采取现场督查的方式，在昌平、房山、顺义召开市政府实事推进会，有效督促乡村教师补助尽快落实。至年底，市教委完成市政府实事和折子工程 2 项，承担国务院督查事项、涉及教育的疏解非首都功能和京津冀协同发展等任务共计 20 余项。

（刘转林　谢文全）

教育系统安全稳定工作

2017 年，市委教工委、市教委做好教育系统安全稳定工作。市委教工委、市教委以党的十九大安保维稳工作为重点，统筹做好“一带一路”国际合作高峰论坛、香港回归 20 周年等重要节点维稳工作，及时化解各类矛盾风险，顺利完成各项安保维稳任务。指导高校妥善处理各类敏感突发事件，做好涉校矛盾纠纷排查化解工作。印发《北京高校安全技术防范和消防系统建设、使用、维护规范》等文件，开展校园网络安全管理、学校实验室危险化学品等专项检查，扎实推进平安校园建设。

（刘转林　谢文全）

两委一室年度工作要点

1 月 19 日，市委教工委、市教委、市政府教育督导室印发 2017 年工作要点。要点包括：坚持全面从严治党，为教育改革发展提供坚强保证；着力推进部分教育功能疏解，促进京津冀教育协同发展；全面深化教育综合改革，持续增强教育发展活力；不断优化教育资源供给，提高人才培养质量；全面推进依法治教，不断提高教育服务保障水平；有效履行教育督导职能，为教育改革发展保驾护航 6 方面共计 37 条内容。2017 年北京教育工作按照中央和市委市政府的决策部署，落实北京市“十三五”时期教育改革和发展规划，贯彻稳中求进工作总基调，巩固深化首都教育综合改革，着力推进依法治教，全面加强和改进教育系统党的建设，推动首都教育事业科学发展和京津冀教育协同发展，进一步提升教育现代化水平。

（张远贵）

刘延东慰问民大师生

1 月 25 日，刘延东考察中央民族大学并看望慰问留校师生员工。刘延东考察自习教室、学生公寓、活动中心等场所，与学生交谈并向贫困生赠送学习生活用品。她强调，高等教育是传播科学知识、培养卓越人才的重要阵地，广大青年学生要珍惜机遇、勇担使命、努力奋斗，为全面建成小康社会和实现中华民族伟大复兴的中国梦贡献力量。在了解到很多宿舍都是不同地区、不同民族的学生混住时，她鼓励大家要利用民大这一特色和优势，体验不同民族的文化，珍惜这一难得的经历和锻炼机会，为实现“中华民族一家亲，同心共筑中国梦”努力学习奋斗。中央统战部、国家民委、教育部相关负责人陪同考察。

（周翊兰）

林克庆调研普通高校

1 月至 12 月，林克庆调研多所普通高等学校。林克庆分别走访北京建筑大学、北京理工大学、中国政法大学、中国人民大学等 11 所北京高校，实地调研学校教育教学、基本建设、发展规划、党风廉政建设等工作。在调研北京建筑大学、北京石油化工学院期间，就两所学校服务“四个中心”功能建设、服务城市副中心发展、加快推进非首都功能疏解等方面工作提出要求；在调研首都体育学院期间，就学校服务 2022 年冬奥会、冬残奥会提出要求;在调研政法大学期间，深入了解学校落实习近平总书记 5 月 3 日重要讲话精神的具体情况。林克庆另于 5 月至 6 月，专题调研高校思政课授课情况，他分别到中国人民大学、首都师范大学、北京大学、首都经济贸易大学现场听课、与师生交流、召开座谈会，就教学针对性与质量提升、强化集体备课、增强首都特色、推进资源共享提出要求。市委教工委、市教委相关人员陪同调研。

（谢文全）

向城市副中心派驻工作专班

2 月 10 日，市教委成立工作专班并派驻通州。专班明确 6 项重点工作任务，即全面提升教育发展标准、落实专项教育发展规划、实施教育现代化综合改革、加强教育人才队伍建设、进一步扩大优质教育资源、推动职业与成人教育综合改革。市教委制定《向北京城市副中心派驻工作专班工作方案》，建立“周简报、月分析、季总结”工作机制，加强政策研究，谋划重点工作。

（孙运科）

林克庆王宁调研高教园区

2 月 13 日和 6 月 2 日，林克庆、王宁调研良乡、沙河高教园区。在良乡高教园区，他们实地考察中国社会科学院研究生院、首都师范大学、北京中医药大学、北京工商大学、北京理工大学的基础设施建设和教学管理运行情况。林克庆强调，要深入论证良乡高教园区功能定位和战略目标，积极发挥人口疏解承载地的作用，加强市—区—校三级统筹，推进周边基础设施配套建设，有序推进项目建设。在沙河高教园区，他们实地考察外交学院、北京航空航天大学、中国矿业大学、北京师范大学、北京邮电大学、中央财经大学的校园总体建设、教学管理运行、周边基础设施配套等情况。林克庆指出，加快推进沙河高教园区建设既是全市和昌平区“疏解整治促提升”的亮点，又是昌平未来科学城发展的增长点，也是高等教育事业发展的着力点。要积极构建“政府主导、市区联动、学校主体、各方配合”的常态化工作模式，进一步优化园区发展规划，完善周边基础设施配套，为承接中心城区疏解任务创造条件，努力实现校地共赢。市委教工委、市教委、有关高校及房山、昌平两区相关负责人陪同调研。根据要求，市教委联合房山区、昌平区政府，研究起草《良乡、沙河高教园区建设发展规划 (2017—2025 年)》，与市财政局及属地地方政府部门研究起草高教园区环境提升项目 5 年支持方案。

（谢文全　马骏）

北京高校思想政治工作会议

2 月 20 日至 21 日，北京高校思想政治工作会议召开。会议传达学习全国思想政治工作会议精神，研究部署加强高校思想政治工作任务措施。北京大学、清华大学、北京航空航天大学等 8 所高校代表作大会交流发言。郭金龙参加会

2 月 20 日至 21 日，北京高校思想政治工作会议召开

（新闻中心　供）

议并讲话，他强调要深入学习领会习近平总书记重要讲话精神，主动对标对表，在旗帜鲜明讲政治上当标杆，在强化执行、落地见效上下工夫，奋力开创首都高校思想政治工作坚强有力的生动局面；要坚持首善标准、强化问题导向、抓住关键环节、遵循工作规律。林克庆、王宁参加会议。教育部、市委、市人大、市政协、市政府相关领导，各高校党政负责人及辅导员代表 350 余人参加会议。

（谢文全）

第 28 届北京教育装备展示会

3 月 6 日至 10 日，北京教育装备行业协会与北京市高等教育学会共同举办第 28 届北京教育装备展示会。展示会全方位展示教育信息化、学前教育、高等职业教育、大型仪器共享、学校后勤装备和体育装备建设等方面内容，包括通用产品、学前教育装备、体育器材设施及音乐美术专用设备、学校后勤与节能设备、职教装备和应用实训设备六大常规展区。展会同时包括中小学图书馆装备建设专题区和校用教学科研名优仪器仪表设备特卖区两个特色区域。展示会由中国教育装备采购网承办，230 家企业参会，3 万余人参观。

（赵文强）

直属单位年度工作绩效考核汇报会

3 月 30 日，市委教工委、市教委召开直属单位 2016 年度绩效考核工作会。直属单位主要负责人汇报上年工作业绩和成果，总结经验和特色，分析问题和困难，思考下阶段工作，对市委教工委、市教委加强直属单位管理提出建议。经过考核组集中打分，最终评出优秀单位 5 个、合格单位 11 个、基本合格单位 3 个。

（王栋　谢元君）

学习贯彻习近平考察政法大学讲话座谈会

5 月 4 日，市委教工委组织召开北京高校学习贯彻习近平总书记考察中国政法大学重要讲话精神座谈会。会上，中国政法大学校长介绍习近平总书记考察学校、与师生交流的情况。与会人员认为，习近平总书记在“五四”青年节前夕走访高校，传达党和政府对当代青年的深切关注与高度重视，极大地鼓舞当代青年爱国爱党的热忱。林克庆、郑吉春、唐立军及市委教工委相关负责人、高校师生代表 40 余人参加座谈会。

（王星星）

陈吉宁检查高考服务保障工作

6 月 6 日，陈吉宁检查全市高考准备情况。陈吉宁实地考察北京市东直门中学考点高考服务保障情况，到北京市国家教育考试考务指挥中心，听取全市高考准备、医疗卫生保障以及高考交通保障工作汇报，通过远程电子巡查指挥系统巡视全市考务准备工作情况，并与朝阳区、房山区负责人通话。陈吉宁强调，各区、各部门、各单位必须紧绷考试安全这根弦，绝不能出现任何闪失。要按照职责分工，对照高考各个环节的工作流程，进行再检查、再落实，为高考安全保驾护航；要坚持以考生为本，加强考场管理，严肃考风考纪，做好突发事件应急准备、考场周边减噪降噪等各项工作，为考生做好服务；要提前部署好后续工作，精心组织试卷评阅、志愿填报、招生录取等环节，切实做到公平公正公开，维护和保障好每一位考生的权益。林克庆、王宁陪同参加检查。林克庆另于 7 月 8 日到市高招录取现场检查高考招生录取工作。

（卢杰　谢文全）

6 月 7 日，北京市国家教育考试考务指挥中心

（新闻中心　供）

14 项公共服务事项入住政务服务中心

6 月 30 日，市教委 14 项公共服务事项入住政务服务中心。14 项公共服务事项分别为：实施学历教育、学前教育、自学考试助学及其他文化教育的民办学校筹备设立、正式设立，分立、合并，终止，变更名称、层次、类别，学校地址等重要事项审批；教师资格认定；实施高等专科教育、非学历高等教育和中等学历教育、自学考试助学、文化补习、学前教育的中外合作办学机构以及内地与香港特别行政区、澳门特别行政区和台湾地区合作办学机构分立、合并、终止审批；实施学历教育、学前教育、自学考试助学及其他文化教育的民办学校以捐赠者的姓名或者名称作为学校校名审批；高等学校章程及章程修改核准；普通高等学校学生、成人高等学历教育学生跨省转学确认；中小学地方课程教材审定；实施本科以上高等学历教育的中外合作办学以及内地与香港特别行政区、澳门特别行政区和台湾地区合作办学机构、项目初审；实施专科教育高等学校设立、分立、合并、终止，变更名称、类别和其他重要事项审批；实施学历教育、学前教育、自学考试助学及其他文化教育的民办学校举办者变更核准；普通话水平测试；实施高等专科教育、非学历高等教育和中等学历教育、自学考试助学、文化补习、学前教育的中外合作办学以及内地与香港特别行政区、澳门特别行政区和台湾地区合作办学机构、项目设立审批；实施高等专科教育、非学历高等教育和中等学历教育、自学考试助学、文化补习、学前教育的中外合作办学以及内地与香港特别行政区、澳门特别行政区和台湾地区合作办学机构、项目设立审批；

实施学历教育的民办学校学费、住宿费标准审核。至年底，市教委在市政务服务中心设置窗口2个，进驻人员4人（含综合服务中心3人），主要承担市教委行政审批服务事项的咨询、受理等工作。全年共受理“行政许可”事项2834件，包括民办高校举办者变更、校名变革、地址变更共5件；中外合作办学项目26件；出国留学中介机构审批56件；高校学生转学确认30件；受理教师资格申请认定通过2717人。

（李传峰 罗芳）

市深改组教育体制改革专项小组成立

7月9日，市委全面深化改革领导小组教育体制改革专项小组成立。小组由林克庆担任组长，王宁担任副组长，成员单位包括市委教工委、市教委、市政府教育督导室、市委组织部、市委宣传部、市委统战部、市编办、市发展改革委、市财政局、市人力社保局、市规划国土委、市统计局12个部门，主要负责研究教育系统党的建设，事业发展战略、体制、机制、政策等方面的重要改革问题；负责提出改革的政策措施和方案并协调推动改革政策措施的制定和落实；对重要改革方案进行审议；对改革实施工作情况进行督办督察；负责组织对相关改革问题进行调查研究；承担领导小组交办的专项工作任务。小组办公室设在市委教工委。市委教工委政策研究与法制工作处承担统筹协调、督察督办、文件起草等工作。至年底，教育体制改革专项小组共召开三次全体会议，四次专项小组办公室会议，研究十余个重要改革事项，起草《深化首都教育体制机制改革实施方案》，推动《北京市第三期学前教育行动计划》《北京市深化高等学校考试招生制度综合改革实施方案》经市委深化改革领导小组审议通过；落实市委改革办要求，通过重点督查、专项督查和分级督查等方式，对义务教育优质均衡发展、乡村教师队伍建设、考试招生制度改革、深化教育督导改革等重要改革任务进行督查；建立改革任务台账，层层压实责任，督促相关部门落实重点改革任务。

（谢文全 张子珽）

推出教育便民新地图

7月10日，北京教育地图上线。地图包含16个区1768所中小学基本信息。至年底，北京教育地图访问量30余万次。市教委本年另行修订《2018北京教育新地图》。《2018北京教育新地图》集中呈现2017年首都基础教育深化综合改革的新变化、新成果，增加北京城市总体规划(2016—2035)、城市副中心建设、52所北京冰雪运动特色学校以及在京高校、公办幼儿园、部分中小学社会大课堂资源单位等内容，同时增加雄安新区在内的京津冀三地协同发展的阶段性成果。

（牛晓亮 刘转林）

市教委增设内设机构并核增编制

7月，市教委部分处室增设内设机构加挂牌子并核增行政编制。其中，市教委办公室加挂突发事件应急工作处牌子，核增行政编制2个，副处级领导职数1人；科学技术与研究生工作处加挂教育信息化处牌子，核增副处级领导职数1人；发展规划处加挂功能疏解工作处牌子，核增行政编制3个，副处级领导职数1人；发展规划处加挂民办高等教育处牌子。

（杨喜姝）

高校书记校长座谈会

8月31日，市委教工委召开北京高校书记校长座谈会。会议围绕学习贯彻习近平总书记“7·26”重要讲话精神、蔡奇到市委教工委调研和在全市区委书记会上的讲话精神研讨交流。北京高校书记、校长，两委一室领导及处室负责人共200余人参加座谈。蔡奇于8月11日到市委教工委调研。蔡奇强调，教育对北京而言至关重要，贯穿于“四个中心”城市战略定位的方方面面，尤其是与文化中心、科技创新中心密切相关，其基础地位和支撑作用不可动摇。要建设国际一流的和谐宜居之都，必须要有国际一流的首都教育。两委一室要深入学习贯彻习近平总书记关于教育工作尤其是对北京教育工作的重要指示精神，围绕“四个中心”“四个服务”，坚守立德树人根本任务，办好人民满意的教育，守好教育阵地，更好发挥教育的功能作用，将学习贯彻总书记重要讲话精神转化为推动工作的实际行动。

（谢文全）

刘宇辉调研怀柔教育工作

9月4日，刘宇辉调研怀柔教育工作。刘宇辉到怀柔区杨宋中学、北京第二实验小学怀柔分校、北京市学生军训基地、北京一〇一中学怀柔校区，调研校园文化、校园改扩建、寄宿制学校管理、学生军训及城乡一体化办学等情况。召开教育工作座谈会，听取怀柔区教育基本情况及怀柔科学城规划建设情况汇报，就当前各配套教育设施建设工作遇到的问题和解决方案进行交流。刘宇辉对怀柔区教育工作给予充分肯定，要求怀柔区细化教育设施建设的整体规划，明确需求，抓好各项落实，坚决抵制基础教育与开发商的合作。

（缐金秋 王红俨）

刘延东考察首师大

9月7日，刘延东考察首都师范大学并与2017年全国教书育人楷模和优秀教师代表座谈。刘延东参观首师大创新创业成果展、观摩师范生培养教学课堂，参加“全国教书育人楷模及优秀教师代表座谈会”。座谈会以“迎接党的十九大、做好学生引路人”为主题，刘延东向全国广大教师和教育工作者致以节日祝贺。她强调，要学习贯彻习近平总书记关于教育事业和教师队伍建设的重要思想和重要论述，提升教师队伍整体素质，办好中国特色、世界水平的现代化教育，为实现中华民族伟大复兴的中国梦提供人才支撑。教育部、市委教工委、市教委相关人员参加座谈会。

（谢文全）

权力清单调整

9月12日，首都之窗公布各委办局权力清单。市教委2017版权力清单共包括行政许可12项、行政处罚41项、行政确认2项、行政奖励6项、行政检查4项、行政给付1项、其他职权30项。其中，梳理行政处罚事项后，取消1项、新增3项并修改9项处罚依据。

（杨俊）

陈宝生检查北京秋季开学

9月14日，陈宝生督导检查北京2017年秋季开学并调研北京教育工作。陈宝生深入北京工业大学、北京十一学校、北海幼儿园、东城区史家小学检查开学准备工作，考察调研全国高校思想政治工作会议精神贯彻落实、基础教育改革、义务教育优质均衡发展、学前教育等方面情况。北京市就教育领域综合改革情况进行汇报。陈宝生强调，要进一步总结北京十一学校等学校在教育教学规律、学生成长规律等方面的改革经验，逐步推广，让不同类别、不同水平的学校都能学习获益。他指出，要建立新型教学模式，将传统教育中的因材施教、有教无类等思想与现代教学模式相结合；要把立德树人放在首位；让教育更加符合孩子的实际成长的需要，满足孩子的个性成长。教育部、市委教工委、市教委、市政府教育督导室相关人员陪同检查。

（刘转林　谢文全）

空气重污染应急预案

9月28日，市教委印发《北京市教育委员会空气重污染应急预案（2017年修订）》。预案适用于本市辖区内所有中小学校及幼儿园，当空气重污染预警分级达到红色预警时，适用北京地区高等院校。预案明确空气重污染预警级别和应急措施，要求红色预警期间小学、幼儿园、少年宫及校外教育机构停课。中学（含初、高中、中等职业学校）实施弹性教学方式，由区教委、学校根据所在区域空气质量状况灵活掌握。停课期间，中小学、幼儿园“停课不停学”。文件同时印发《北京市教育委员会空气重污染应急领导小组及办公室成员名单》和《北京市教育委员会空气重污染应急职责分工》。

（李传峰）

通州区基础教育质量提升计划

10月12日，市教委印发《通州区基础教育质量提升支持计划（2017—2020年）》，确定通州区为北京市基础教育综合改革实验区。计划包括总体要求、重点任务、保障措施三个方面，明确14项通州区基础教育质量提升任务。推进市级扩优改革项目进一步向副中心倾斜，重点支持首都师范大学通州校区、通州区台湖学校等19所学校的建设发展、学科教学改进、外籍教师引进工作。推动海淀区和通州区手拉手，加快通州区义务教育学校管理标准化建设。协调组织中心城区北京第一实验小学、北京市第八中学等31所优质中小学与通州区中小学建立手拉手关系，在课程资源、学科教研、教学管理等方面开展一对一对接，并一校一策制定对接提升方案。

（孙运科）

郑吉春到昌平宣讲调研

11月9日，郑吉春到昌平区开展党的十九大精神宣讲并调研区教育工作。宣讲会由昌平区委书记主持，昌平区委、区人大、区政府、区政协领导，委办局、镇（街）主要领导干部、群众代表等360人参加。郑吉春是市委学习贯彻党的十九大精神宣讲团成员，他以《学习贯彻党的十九大精神，办好人民满意、国际一流的首都教育》为主题，详细解读党的十九大报告中的重点内容，全面、准确、透彻地宣讲党的十九大精神。宣讲会后，郑吉春到昌平区第一中学走访调研，并与昌平教育系统20余名党组织书记、教师代表座谈交流。他指出，学习宣传贯彻党的十九大精神是教育系统当前和今后一个时期的首要政治任务，要认真研究、制订计划、周密部署，努力成为学习宣传党的十九大精神的排头兵；要不断提高政治站位，明确自身定位，成为习近平新时代中国特色社会主义思想的研究传播平台和宣传教育基地，切实推动党的十九大精神和习近平新时代中国特色社会主义思想“进教材、进课堂、进头脑”。

（王星星　赵国伟）

城市副中心教育战略与规划研究研讨会

12月15日，市教委召开北京城市副中心教育战略与规划研究研讨会。会议听取城市副中心规划进展情况、市教委支持城市副中心教育改革发展情况、通州区教育发展状况的报告，对下一阶段城市副中心教育改革发展深入研讨。与会人员先后到通州区芙蓉小学、城市副中心规划展览馆、中国人民大学附属中学通州校区参观考察、座谈。刘宇辉主持会议并讲话，他指出，城市副中心教育与人民群众的高期待相比，还存在教育形态不全面，学位、教师数量相对不足，教育质量有待提高等问题。要进一步牢固树立四个意识，把思想和行动统一到中央和市委市政府关于北京城市副中心建设的战略部署上，进一步加强市级教育资源统筹，通过体制机制创新，在补足短板、提升质量上取得新突破，切实推动城市副中心教育品质快速提升。民进北京市委，市委教工委、市教委、通州区委区政府主要领导以及中国教育政策研究院、市委统战部相关人员80人参加会议。

（李壬戌）

“首都教育”粉丝量突破35万人

至年底，市教委微信公众号“首都教育”粉丝量突破35万人，每篇文章平均阅读量过万次。公众号坚持“服务改革，服务社会，服务受众需求”的运营宗旨，组织多场微访谈在线互动活动，邀请市教委相关处室负责人、教育专家与网友在线交流。“首都教育”推出“短视频”，《师说——解读高考改革原创新视听系列》在中国教育学会组织的 2017 年度全国教育好新闻评选活动中，获新媒体类一等奖。“首都教育”微信公众号由北京教育新闻中心运行维护。

（周也青）

疏解部分高校学生 1.4 万人

至年底，市教委推进市属高校向外疏解学生 1.4 万人。市教委着力加强北京城市学院、北京工商大学、北京建筑大学、北京电影学院、北京信息科技大学新校区建设，加快实施沙河、良乡高教园区规划建设，市属高校本年向外疏解 1.4 万人。至 2017 年，高校累计向外疏解学生 3 万人。

（孙运科）

突发事件应急处理工作

至年底，市教委聚焦各种涉及教育的不稳定因素，加强处室协同，关口前移、预防在先，接收处理应急电话 1000 余次，传真 270 余件。妥善处置问题幼儿园、校园欺凌等应急事件 49 起。7 月 13 日，市教委应急办成立。该处挂靠办公室，一是负责教育系统安全形势分析和研判；二是教育系统重大突发事件的应对处置工作；三是指导各区教育行政部门突发事件应急工作。编制 3 人，包括副处级领导 1 人。

（牛晓亮　李传峰）

绩效任务落实推进

至年底，市教委采取系列措施推进绩效管理任务落实。市教委结合首都城市战略定位，坚持全面从严治党，坚持稳中求进总基调，深化教育综合改革，依法全面履职。针对年度重大决策部署，围绕任务分解、预案制定，评价体系和评价指标，突出抓好季度自查、察访核验、全年自查、公众评价反馈整改等重点环节，推进重大任务全部落实。全年市教委承担市政府平台挂账督办市政府工作报告重点工作 22 项，重要民生事项 1 项，绩效任务 54 项，全部按计划完成。

（刘转林）

公车改革

至年底，市教委根据市公车办要求完成教育系统公车改革工作。市教委机关及两家参公事业单位改革前共有公务用车 55 辆，改革后保留 20 辆；市教委所属 48 家事业单位改革前共有车辆 1163 辆，车改后保留公务用车 419 辆。市教委要求各单位制定《保留公务用车使用管理办法细则》《公务出行“实报实销”管理办法细则》，报市教委备案。市教委机关及所属事业单位所有保留公务用车粘贴统一标识，并对公车使用定期检查。

（姜华　刘转林）

信息报送

至年底，市委教工委、市教委完成信息报送工作。市委教工委、市教委完善机制，建立健全各处室信息员制度，信息报送水平逐步提升。同时围绕两委中心工作，加强信息工作策划和报送。全年共编发专报 186 期，向市委、市政府报送信息 156 条，共采用 55 条。其中，中央办公厅、国务院办公厅采用 2 条，市领导批示 17 条。较好地展示两委工作成绩。

（牛晓亮　刘转林　谢文全）

构建教育社情民意数据平台

至年底，市教委积极构建教育社情民意综合分析数据平台。全年教育热线共解答工作咨询 55891 件，其中，接听群众来电 44056 件、网上在线问答回复问题 2144 件、市非紧急救助服务中心 (12345) 网络派单 94805 件。办理政风行风转办件 87 件。市教委进行一周一分析、一月一专报、一年一报告，急事急报，要事专报，构建教育社情民意综合分析的数据平台。要求所有来电要素填写记录翔实，确保群众来电信息正确、完整。

（李师　刘转林　罗芳）

办结人大代表建议和政协提案

至年底，市教委协调办理人大代表建议、政协提案共 209 件。其中，人大代表建议 86 件、政协提案 123 件。建议提案主要涉及学前教育、中高考考试招生制度改革、学校学生安全等方面。代表委员对市教委承办的建议提案答复意见满意率达 100%。市教委 4 次安排代表委员参加座谈会或调研视察，同时做好全国政协领导和委员来京考察调研接待工作。

（董景涛　刘转林）

党的建设

学习宣传贯彻党的十九大精神

2017 年，市委教工委、市教委通过多种形式，组织首都教育系统学习宣传贯彻党的十九大精神。组织首都大中小学 53 万名师生参观《砥砺奋进的五年》大型成就展，开展党的十八大以来教育改革发展成就宣传，巡回举办“迎接学习党的十九大，服务首都四个中心建设”高校师生主题作品展，2 万余名师生观看。组织首都教育系统干部师生收看党的十九大大会直播，召开市委教工委、市教委中心组学习交流会，印发首都教育系统学习贯彻意见，层层传达学习，通过座谈交流、主题教育、干部轮训等，实现干部师生学习全覆盖。蔡奇带头 19 名市领导走进高校宣讲党的十九大精神，组建“北京高校学习贯彻党的十九大精神宣讲团”“学习习近平新时代中国特色社会主义思想博士生宣讲团”，开展“党的十九大精神宣讲对谈”“百位名家共讲十九大”活动，带动师生投身“百校千组学讲行”基层宣讲实践，多层次、多角度“浸入式”学习宣讲党的十九大精神。市委教工委、市教委组织编写《党的十九大精神融入高校思政课教学建议》，全市1400余名思政课教师集体备课；开设《走向复兴：习近平新时代中国特色社会主义思想研究》等8门“名家领读经典”市级公选课，53名教师为33所高校3500余名学生授课；举办“90后心中的十九大”学生讲思政课展示活动，率先推进习近平新时代中国特色社会主义思想和党的十九大精神进教材、进课堂、进头脑。依托11所北京高校中国特色社会主义理论研究协同创新中心，设立首批21项重点研究项目，在人民日报、光明日报、求是网等发表近百篇理论文章；开设“V思想”微信公号，集中推送解读阐释文章。

（谢文全　刘转林）

推动教育系统党建工作

2017年，市委教工委推动教育系统党建工作，全面加强党的建设。市委印发《关于加强新形势下北京高校党的建设的若干意见》，市委组织部、市委教工委联合印发《关于加强北京市中小学党的建设工作的意见》《北京市贯彻落实〈关于加强民办学校党的建设工作的意见（试行）〉实施方案》，科学谋划全领域顶层设计。市委教工委另印发《北京市普通高等学校党建和思想政治工作基本标准》，分解106个测评要素，组织专家组对党的关系隶属于市委、归口市委教工委管理的60所高校开展入校检查；将中小学党建工作分解为66项具体任务，深入到16个区及燕山地区开展中小学校和民办学校党建工作督查调研。印发《关于推进北京高校“两学一做”学习教育常态化制度化的实施方案》，推进“两学一做”学习教育常态化制度化。实施第二批北京高校党建难点项目支持计划，组织13所高校对“健全高校党建工作责任体系”“加强院（系）党的领导”“加强教师党支部建设”等党建难点项目集中攻关，首批两个项目“提高党支部组织生活质量”“强化大学生思想入党工作”已经在理论、制度、方法层面形成可推广、可复制的成果。聚焦基层薄弱环节，组织12所高校试点党支部规范化建设，结合高校特点完善“B+T+X”内容体系；把党建要求纳入民办高校年检指标，扩大民办学校党组织覆盖面，消除一批“空白点”。召开首都教育系统党风廉政建设工作会，层层签订个性化责任书，开展市属高校日常监督检查和直属单位专项督查。加强警示教育，集中开展“党风廉政建设专题教育月”活动，召开高校书记校长警示教育座谈会。持续正风肃纪，对中央、市委巡视高校发现的31个共性问题进行梳理，推动所有高校举一反三、对照整改；开展“为官不为”“为官乱为”和“群众身边不正之风和腐败问题”专项整治。

（刘转林　谢文全）

“两学一做”学习教育常态化

2017年，市委教工委、市教委推进“两学一做”学习教育常态化、制度化。根据市委实施方案，结合市委教工委、市教委机关系统实际制定《推进“两学一做”学习教育常态化制度化的实施方案》，从总体要求、主要任务及组织保障三个方面，推进“两学一做”学习教育常态化制度化。围绕“亮明身份、公开承诺、示范带头、接受监督”深入开展各项实践活动。认真组织机关大讲堂和市委教工委、市教委理论中心组学习，编印三期习近平总书记党的十八大以来关于教育工作的重要论述摘编。组织观看《将改革进行到底》电视片，《砥砺奋进的五年》大型成就展，建军90周年、香港回归20周年展览，深化机关干部学习教育。全年共编印《专题学习摘编》15期，约35万字。

（刘转林　谢文全　王星星）

全面从严治党

2017年，市委教工委、市教委落实全面从严治党要求。落细落小党风廉政建设主体责任，组织两委主体责任领导小组专题会20次，提出重点任务9类30条。两委领导、处室和直属单位主要负责人共计117人次签订个性化党风廉政建设责任书。会同市纪委市监察委对机关处室、直属单位以及30家市属高校加强监督检查，及时通报问题、督促整改；重点抽查7个直属单位党风廉政建设工作。落实全市警示教育大会精神，高度重视中央巡视组“回头看”整改工作，提出10条整改举措并完成整改。认真做好市委巡视两委的整改工作，巡视发现的31个问题均已完成整改。督促指导高校做好巡视整改工作，梳理出巡视部属高校发现的31个共性问题，巡视市属高校和直属单位发现的30个重点问题，均发至高校进行整改。

（刘转林　谢文全）

中小学校及民办学校党建工作

2017年，市委组织部、市委教工委推进中小学及民办学校党建工作。市委组织部、市委教工委组成专题调研组，分别深入到10个区、16所中小学校和8个区、37所民办学校开展调研。调研通过听取汇报、召开座谈会、实地走访等方式开展，在调研基础上，分别出台《关于加强北京市中小学校党的建设工作的意见》和《北京市贯彻落实〈关于加强民办学校党的建设工作的意见（试行）〉实施方案》。市委组织部、市委教工委另组织全市民办学校、中小学校党建工作任务部署会，北京市中小学校党的建设工作会，北京市中小学校党的建设研讨会等会议，推进工作落实。7月，市委组织部、市委教工委、市教委组建督查组，对16个区和燕山地区民办学校和中小学校党建工作开展集中督查，督查结果显示：各区各学校高度重视，贯彻落实中央和市委要求态度坚决、措施有力，各项重点任务正在落实落地，各级党组织抓党建促教育发展的氛围日益浓厚，管党治党意识明显增强，中小学校和民办学校党的建设工作呈现出良好态势。

（孙亚茹）

加强高校思想政治建设

2017年，市委教工委、市教委积极推进高校思想政治建设。出台关于加强和改进高校党建工作、思想政治工作、统战工作的三个意见，提出60条有力举措，细化115项重点任务。抓住领导干部这个关键少数，举办4期专题研讨班对高校领导、马克思主义学院院长等全员轮训。抓住教师这个教书育人主体，开展青年教师中国特色社会主义理论系列培训。对56所高校进行贯彻落实思政会精神情况首轮全覆盖督查。加强主渠道建设，开设市级思政课，设立20个思政课教学改革示范点和13个教学改革创新重大项目，并试点马克思主义学院“1+1”共建，积极推进教学模式创新。层层压实高校意识形态工作责任制，把牢教师、教材、讲坛、网络四大关口，把好意识形态“红线”。

（刘转林　谢文全）

录制三期党建难点访谈节目

2月16日至17日，市委教工委与人民网联合举办三期北京高校思想政治工作系列访谈节目。访谈节目分别以提高组织生活质量、强化大学生思想入党、北京高校学生党员“先锋工程”为主题，邀请北京高校党建专家，部分高校党委书记、副书记、组织部长参加节目录制，介绍北京高校有关作法、经验和成效，并通过回答问题等形式与网友互动。访谈节目每期60分钟。

（孙亚茹）

聘任第二批高校党建专家

2月21日，市委教工委举办第二批北京高校党建专家成立仪式暨2017年党建专家工作座谈会。会议为第二批高校党建专家颁发聘书；就北京高校党建工作存在的问题以及工作经验进行交流。第二批北京高校党建专家共聘请30人，任期3年，主要职责包括作好督导检查、工作评估、干部考察等专项工作，开展专题调研及参与高校党建工作热点难点问题研究等。聘任的专家主要是北京高校已离开工作岗位的校级党员领导干部，要求政治立场坚定、同以习近平同志为核心的党中央保持高度一致、深入学习贯彻习近平新时代中国特色社会主义思想和党的十九大精神、具有较高的政策理论水平、有强烈的事业心和责任感、坚持原则、公道正派、熟悉高校党建工作和高等教育工作。市委教工委1月5日印发《高校党建专家工作规程（修订）》，同时公布第二批高校党建专家名单。高校党建专家制度2012年建立，首批聘任32名高校党建专家，任期三年。

（孙亚茹）

6所高校接受中央专项巡视

2月27日至4月30日，北京6所高校接受十八届中央第十二轮巡视。十八届中央第十二轮巡视包括29所中管高校党委，其中，6所党的关系隶属于北京市委、归口北京市委教工委管理，分别为北京大学、清华大学、北京师范大学、中国农业大学、北京航空航天大学、北京理工大学。巡视组通过查阅资料、个别谈话等方式，重点检查校党委贯彻党的教育方针，坚持正确办学方向，落实管党治党、办学治校主体责任情况。6月，巡视组分别向各高校党委反馈专项巡视情况，并对巡视整改提出明确要求，要求各高校对标巡视问题，认真完成整改。

（喻真　谢文全）

3月7日，十八届中央第十二轮巡视组专项巡视北京师范大学工作动员会议召开　（北师大　供）

6所高校接受教育部巡视

3月16日至4月6日，6所北京高校接受中共教育部党组巡视。6所高校分别为北京邮电大学、中国地质大学（北京）、华北电力大学、中央戏剧学院、中央音乐学院、中央美术学院。巡视组通过召开领导班子见面会和动员大会、听取学校工作汇报、开展问卷调查、与干部群众个别谈话、受理信访举报、调阅有关文件资料、抽查核实有关情况方式，紧抓“重点人、重点事、重点问题”，重点检查巡视党的建设工作。巡视组认为高校普遍存在党的领导弱化、党的建设缺失、从严治党不力的问题。要求各高校进一步加强党的领导、切实加强党的建设、认真落实“两个责任”。本轮巡视中教育部党组共派出8个巡视组，分别巡视9所直属高校和5家直属单位。

（喻真　谢文全）

基层党组织书记述职评议考核

3月29日，市委教工委市教委机关党委组织开展基层党组织书记述职评议考核会。15个机关处室党支部和10个直属单位党委（总支、支部）的书记现场述职，其他单位提交书面述职报告。各基层党组织书记从履行职责的情况、存在的突出问题、整改措施三个方面进行总结。通过基层党组织书记述职评议，强化基层党组织书记的党建工作意识，提升对全面从严治党的认识和理解，促进各基层党组织的交流学习和基层党建工作。

（王栋）

北京教育系统党建工作领导小组调整

3月30日，市委教工委调整北京教育系统党建工作领导小组。市委教工委根据自身职责和人员岗位情况，调整党建工作领导小组。调整后，林克庆任组长，郑吉春任常务副组长。小组成员共10人。此举旨在落实中央和市委全面从严治党要求，切实发挥市委教工委作为市委派出机构职责。

（孙亚茹）

高校党建工作基本标准印发

4月24日，市委教工委印发《北京普通高等学校党建和思想政治工作基本标准》。新标准包括党委对学校工作的全面领导、领导班子和干部队伍建设、基层党组织建设和作用发挥、党风廉政建设、宣传思想工作、安全稳定工作、统战工作、离退休干部工作、群众团体工作、特色工作共10项一级指标、44项二级指标，在更高标准上建立党建和思想政治工作基本规范。文件自4月起实施。

（孙亚茹）

加强和改进高校党建工作的若干意见印发

5月9日，市委办公厅印发《关于加强和改进新形势下北京高校党建工作的若干意见》。意见包括加强和改善党对高校的领导、加强思想政治建设、加强领导班子和干部队伍建设、加强基层党组织建设、加强党风廉政建设、落实全面从严治党责任6个方面共20条内容，对新形势下加强党对高校的领导，加强和改进高校党的建设提出明确要求。意见自5月起实施。

（孙亚茹）

“两学一做”学习教育常态化实施方案

5月12日，市委教工委印发《关于推进北京高校“两学一做”学习教育常态化制度化的实施方案》。方案包括总体要求、主要任务、组织领导等共3个方面，要求各高校扎实推进“两学一做”学习教育常态化制度化，打造坚强有力的高校基层党组织和党员队伍，牢牢掌握党对高校的领导权，扎根中国大地办好中国特色社会主义大学。市委教工委同时调整“两学一做”学习教育协调小组。

（孙亚茹）

高校第二批党建难点项目支持计划启动

6月12日，市委教工委启动北京高校第二批党建难点项目支持计划。第二批党建难点项目重点支持“健全高校党建工作责任体系”“加强院（系）党的领导”“加强教师党支部建设”3个难点项目。经评审，北京师范大学等13所高校入选，其中，5所高校参加“健全高校党建工作责任体系”项目、2所高校参加“加强院（系）党的领导”项目、6所高校参加“加强教师党支部建设”项目。项目建设周期一年，市委教工委为每个项目拨付资金10—20万元。北京高校党建难点项目支持计划2015启动，首批支持11所高校围绕2个难点项目开展试点工作。

（孙亚茹）

中国共产党成立96周年表彰大会

6月29日，北京高校纪念中国共产党成立96周年表彰大会在北京会议中心召开。林克庆参加会议并讲话。会议表彰北京大学化学与分子工程学院党委等30个北京高校先进基层党组织，表彰曹文轩等99名北京高校优秀共产党员、王玥等30名北京高校优秀党务工作者。市委教工委领导，60所高校党委书记、主管书记、组织部长和表彰对象350人参加会议。

（孙亚茹）

6月19日，北京高校纪念中国共产党成立96周年表彰大会受表彰人员合影　（新闻中心　供）

机关主题党日活动

7月6日，市委教工委市教委机关党委组织“走进雄安新区、感受时代精神”纪念建党96周年主题党日活动。活动通过参观考察雄安新区规划建设思路及教育情况，进一步强化政治意识、大局意识、核心意识、看齐意识，把“两学一做”学习教育常态化制度化落到实处。参加活动党员沿着习近平总书记2月考察雄安新区的路线，参观雄安新区白洋淀地区。机关处室各支部党员代表、入党积极分子代表，直属单位党组织负责人，机关及直属单位2016年7月以来加入党组织的新党员60余人参加活动。

（鲜万标）

中小学校党的建设工作会议

7月27日，北京市中小学校党的建设工作会议召开。会议深入学习贯彻习近平总书记系列重要讲话精神和治国理政新理念新思想新战略，推动落实中央和市委关于加强和改进中小学校党的建设的精神，部署当前和今后一个时期全市中小学校党建工作任务。会议同时印发市委组织部、市委教工委《关于加强北京市中小学校党的建设工作的意见》，林克庆参加会议并讲话。市委组织部、市委教工委、市教委、市政府教育督导室有关人员及各区委、区政府主管领导及相关部门负责人参加会议。《关于加强北京市中小学校党的建设工作的意见》共包括6方面20条内容，进一步明确党组织发挥作用的体制机制、党组织书记配备、党组织书记在选人用人中发挥主导作用、党组织书记的岗位设置及待遇等内容。

（孙亚茹 谢文全）

民办学校党建实施方案印发

9月11日，市委组织部、市委教工委联合印发《北京市贯彻落实〈关于加强民办学校党的建设工作的意见（试行）〉实施方案》。实施方案细化7个方面任务，包括38条具体措施，明确3类责任主体、9个责任部门。该实施方案旨在贯彻落实中央办公厅《关于加强民办学校党的建设工作的意见（试行）》精神。方案自9月起施行。

（孙亚茹 谢文全）

联系基层党组织制度建立

9月13日，市委教工委印发《中共北京市委教育工委委员会领导联系基层党组织制度》。文件要求每名市委教工委领导确定"六个一"的联系点，即联系一所高校党委、一个高校教师党支部、一个高校学生党支部、一个区委教工委、一个公办学校党组织、一个民办学校党组织。联系点确定后，教工委领导要通过到联系点党组织开展调研、参加联系点党组织"三会一课"、主题党日活动等形式，了解掌握中央和市委党建工作部署在基层党组织的落实情况，以及师生的工作生活状况、精神面貌；指导党组织严格和规范党内政治生活，帮助联系点建强组织；积极宣传党的理论和路线方针政策、中央和市委决策部署，教育引导广大师生凝心聚力、攻坚克难，为全面深化教育领域综合改革、办好人民满意教育贡献力量。

（孙亚茹）

高校基层党建工作重点任务推进会

9月15日，北京高校基层党建工作重点任务推进会、北京高校党支部规范化建设试点工作部署会在北京会议中心召开。会议对北京高校贯彻落实全国和北京高校思想政治工作会议精神专项督查调研情况进行反馈，明确推进基层党建工作的重点任务，并对开展整顿软弱涣散党支部等重点工作进行部署。随后，召开北京高校党支部规范化建设试点工作部署会。会议明确清华大学、北京航空航天大学、中国农业大学、北京理工大学、北京化工大学、中国矿业大学（北京）、北京工商大学、北京电影学院、北京石油化工学院、首都体育学院、北京财贸职业学院、北京教育科学研究院12个单位为党支部规范化建设试点，要求各试点单位对"B+T+X"体系和"一规一表一册一网"工作载体进行试用，积累经验、改进完善，为下一步在北京高校全面推广使用打下基础。北京各高校及相关教育单位120人参加会议。

（孙亚茹）

两委一室机关第四次党员代表大会

9月22日，中国共产党北京市委教育工委市教委机关第四次代表大会召开。会议听取第三届机关党委《落实全面从严治党，为首都教育改革发展做贡献》的工作报告。报告总结4年来机关党委工作所取得的经验以及对今后4年的工作部署。会议讨论并审议大会报告及第三届纪委提供的书面报告，按照法定程序，选举产生新一届机关党委委员和纪委委员。林克庆参加会议并讲话。两委一室领导、机关及直属单位正式党员代表、机关及直属单位列席人员、民主党派特邀代表近150人参加大会。

（王栋）

9月22日，中国共产党北京市委教育工委市教委机关第四次代表大会召开 （市教委相关处室 供）

党务专题培训班

9月26日，市委教工委举办北京市教育党校系统培训者培训班、北京市中小学校党组织书记高研培训班。其中，北京市教育党校系统培训者培训班面向各区教育党校副校长、党校办公室主任，共80学时，培训内容包括党的理论教育、党性教育、教育改革、专业成长4个模块。36名学员参加培训。北京市中小学校党组织书记高研培训班面向市中小学校党组织书记，主要培训内容包括党的理论与党性修养、党建能力提升、形势政策与业务综合素养和仪式课程等。培训共计80学时，31名学员参加培训。两个培训班计划2018年初结束。市委教工委另于5月至9月组织北京50所有研究生党员的高校选派950名研究生党员骨干，组建10个班级参加教育部主办的"严格党内政治生活"专题网络培训示范班学习并顺利结业。于6月至7月，组织全市100名组工干部和中小学（幼儿园）书记（副书记）参加教育部办公厅举办、国家教育行政学院中小学网络党校为平台的"首届全国中小学校党组织书记网络培训示范班"，开展为期两个月的在线培训，包括班级研讨、项目论坛、思想汇报和在线考试4个项目的学习。

（孙亚茹）

教育系统学习贯彻党的十九大精神部署会

10月26日，市委教工委、市教委召开教育系统学习宣传贯彻党的十九大精神工作部署会。会议强调，学习宣传贯彻党的十九大精神是北京教育系统的首要政治任务和头等大事。要深入学习培训，确保党的十九大精神传达到每一个党支部、每一名党员干部和师生群众，实现全覆盖。广泛开展宣讲，凝聚思想共识，组建高校党的十九大精神宣讲团、博士生宣讲团，组织“首都高校百位名家共讲十九大”等活动。开展“习近平新时代中国特色社会主义思想”研究，编写《党的十九大精神融入高校思政课教学建议》，开设《习近平新时代中国特色社会主义思想研究》市级公选课，推动党的十九大精神融入课程建设。围绕首都教育改革的重点难点问题，形成坚持立德树人，深化教育改革发展的新思路、新举措。高校党委书记、校长，民办高校党委书记，市委教工委、市教委副处级以上干部，各区区委教工委书记，直属单位党政主要负责人300人参加会议。

（谢文全）

党建基本标准入校检查

10月26日，市委教工委召开《北京普通高等学校党建和思想政治工作基本标准》入校检查工作培训会。会议部署《北京普通高等学校党建和思想政治工作基本标准》入校检查工作，明确由市委组织部、市委宣传部、市委统战部、市人力社保局、团市委、市委教工委、市教委、市政府教育督导室及市教育工会相关人员组成7个工作组开展检查。11月至12月，7个检查组138人深入60所高校，通过听取汇报、审查材料、问卷调研、座谈走访形式完成基本标准集中入校检查，每个检查组对所检查学校形成反馈意见和问题线索清单。检查结果显示，在全面从严治党的大背景下，高校更加重视党的建设和思想政治工作，党对高校的领导更加坚强有力，学校党委管党治党意识明显增强，规章制度更加健全，工作更加规范，从“宽松软”向“严紧硬”迈出一大步，为办好中国特色社会主义大学提供坚强保证。

（孙亚茹）

11月21日，首经贸接受《北京普通高等学校党建和思想政治工作基本标准》入校检查，检查组查阅相关材料　　（首经贸　供）

高校学习贯彻党的十九大精神座谈会

10月31日，市委教工委组织召开北京高校学习宣传贯彻党的十九大精神座谈会。会议通报第一批“北京高校学习研究党的十九大精神重点项目”情况，与会人员围绕发挥学科专家优势、协同创新中心平台作用，开展党的十九大精神和习近平新时代中国特色社会主义思想学习宣传研究、推进思政课“三进”工作等交流发言。市委教工委、市教委和部分高校相关负责人参加座谈会。“北京高校学习研究党的十九大精神重点项目”由市委教工委、市教委主办，依托11个北京高校中国特色社会主义理论研究协同创新中心，设立20个项目，围绕党的十九大提出的新思想新论断和重大理论与实践问题，围绕习近平新时代中国特色社会主义思想，围绕理论研究成果融入高校立德树人和教育教学开展研究。

（王星星　谢文全）

高校学习贯彻党的十九大精神宣讲团动员会

11月4日，市委教工委召开北京高校学习贯彻党的十九大精神宣讲团动员会。会议指出，市委教工委已经成立“北京高校学习贯彻党的十九大精神宣讲团”和“北京高校学习习近平新时代中国特色社会主义思想博士生宣讲团”，要求有条件的高校都要组建学校宣讲团，扩大宣讲覆盖面。高校党的十九大精神宣讲团、百校千组学讲行、高校学习中国特色社会主义思想博士生宣讲团团员代表，市属高校党委书记，有关高校党委宣传部长等100余人参加动员会。北京高校党的十九大精神师生宣讲团面向首都高校、基层农村、社区等进行宣讲，至年底，17000余人参加宣讲活动。

（王星星　谢文全）

教育系统党的十九大精神宣讲报告会

11月13日，北京市学习贯彻党的十九大精神宣讲团教育系统宣讲报告会在北京航空航天大学举行。市学习贯彻党的十九大精神宣讲团成员、清华大学党委书记陈旭作宣讲报告。她以《领会新思想、进入新时代，建设高等教育强国》为题，围绕领会新思想、把握新时代、勇担新使命、奋发新作为等方面对党的十九大精神进行宣讲，并紧密结合高等教育的实际，指出高校要充分发挥自身的科技优势和人才优势，主动投身创新型国家建设，把满足国家战略需要和引领国际学术前沿“两个战场”统一起来，着力解决经济社会发展面临的重大理论和现实问题，努力建设扎根中国大地的世界一流大学。两委一室机关干部，高校师生代表、十佳辅导员代表、学生理论社团负责人代表等850人参加报告会。

（赵国伟）

蔡奇到清华宣讲党的十九大精神

11月15日，蔡奇到清华大学为师生代表作党的十九大精神宣讲报告。蔡奇结合北京发展，从“新成果、新思想、新成就、新方位、新目标、新部署、新要求”7个方面进行宣讲。他强调贯彻落实党的十九大精神，不断满足广大市民对便利性、宜居性、多样性、公正性城市生活的美好向往，我们要落实好北京城市总体规划，利用好首都科技教育资源优势，努力建设具有全球影响力的科技创新中心，以科技创新带动全面创新和发展。报告会上，蔡奇与师生交流互动，回答北京市支持首都高校“双一流”建设，北京城市副中心及雄安新区规划建设进展，北京冬奥会、冬残奥会筹备等问题。清华大学党委书记陈旭、校长邱勇，市领导林克庆、崔述强、王宁参加报告会。

（谢文全）

28所中小学校入选第三批党建示范点

11月18日，市委教工委公布第三批北京市中小学党建示范点名单。第三批北京市中小学党建示范点创建工作2016年10月启动，经过学校申报、区委教工委推荐、评议组入校评议等程序，东城区史家胡同小学等28所学校入选。北京市中小学党建示范点评选创建工作2011开始，至2017年，累计入选学校82所。

（孙亚茹）

机关团委第三次代表大会

12月7日，共青团北京市委教工委市教委直属机关第三次代表大会召开。会上，代表们听取并审议通过市委教工委市教委第二届机关团委《不忘初心紧跟党走，为全面实现首都教育现代化贡献青春力量》工作报告，选举产生第三届委员会委员9人。大会总结过去四年机关共青团的工作，明确提出今后工作思路、目标和主要任务。市直机关团工委、机关党委负责人及两委一室机关和直属单位团员106人参加会议。

（安晶晶）

基础教育系统学习党的十九大精神报告会

12月12日，市委教工委召开北京市基础教育系统学习宣传贯彻党的十九大精神专题报告会暨北京教育党校、普教系统党建研究会工作总结会。会议对北京教育党校、普教系统党建研究会工作进行总结，为第三批北京市中小学党建示范点授牌。郑吉春参加会议，并作题为《学习贯彻党的十九大精神办好人民满意、国际一流的首都教育》的主题宣讲。市委教工委、北京市基础教育党建研究中心有关领导，各区委教工委、区教育党校、区普教系统党建研究会、等三批党建示范点相关负责人160人参加会议。

（孙亚茹）

党务工作培训班

12月18日至22日，市委教工委市教委机关党委举办机关系统党务干部培训班。培训围绕“习近平新时代中国特色社会主义思想”主题，邀请中央党校专家分别对党的十九大报告和新党章作解读。与会人员通过辅导报告、典型案例、交流研讨等方式，深入了解掌握新形势下推进机关党建工作创新发展的方式方法。机关党委、纪委、工会、团委委员，机关处室党支部书记，直属单位党委（总支、支部）、纪检、工会、团组织负责人200余人参加培训。

（刘纪江）

推进社会组织两个覆盖

至年底，市委教工委持续推进北京教育系统社会组织党的组织和党的工作覆盖。其中，北京高校系统、中小学系统校友会、行业协会和基金会社会组织共102家，建立党组织74个，党的组织覆盖率达到72.5%；民办高校及其他有办学行为的单位共88家，建立党组织的71个，党的组织覆盖率达到80.7%。12月21日、28日，市委教工委两次召开社会组织党的组织和党的工作“两个覆盖”工作协调会，协调推进有关工作。

（孙亚茹）

政策法规

概述

2017年，北京市教育政策研究与法治工作落实北京市“十三五”教育改革发展规划，紧密围绕中心工作和首都教育改革发展的重点难点问题，为首都教育改革发展提供决策服务和法治保障。

加大调研工作力度。2017年从深化教育领域综合改革出发，共统筹立项调研课题68项，其中，市级重点课题4个、委级课题28个、处级课题36个。开展2015年和2016年优秀机关调研成果评选，两年共立项164项，评选一二三等奖和优秀奖57项。印发《北京教育科学“十三五”规划2018年度课题指南》。

推进依法治教、依法行政。研究制定《北京市推进高校放管服改革的实施意见》和《北京市中小学依法治校的指导意见》，制定实施《推进北京市中小学章程建设的意见》，建立市教委直属学校章程审核领导小组，召开工作部署会推动落实。完成《全民阅读促进条例》《未成年人网络保护条例》《北京市机动车停车管理条例》等20余项法律法规的意见征询和反馈工作，参与《宗教事务条例》《全民阅读条例》等法规规章立法研讨会。制定《北京市教育委员会开展公平竞争审查制度工作的通知》，明确责任部门，规范工作流程。全面清理规范权力清单，依据法律授权对所有权力事项进行梳理，最终确立96项职权的2017版市教委权力清单。组织完成市教育系统行政处罚、行政复议案卷评查工作，抽查案卷优秀率达到100%。认真做好规范性文件合法性审查及备案工作，文件合法性审查20余项、备案

12 项。按照市教委行政案件办理工作程序规定，加大对高校、区教委管理工作中不当行为的纠正力度。全年共办理各类行政案件 39 件，其中，学生申诉案件 7 件、行政复议案件 2 件、考试复核案件 1 件、被复议案件 10 件、行政诉讼案件 19 件，努力化解矛盾，切实维护师生合法权益。加强申诉案件办理后学校落实工作的指导监督，开展相关法律事务的服务咨询，维护各方合法权益和教育系统和谐稳定。落实行政机关负责人出庭应诉要求。

开展法治教育宣传。制定青少年法治教育实践基地建设指导意见，推进 10 个青少年法治教育实践基地建设。积极参加国家宪法主题教育活动，认真组织全国学生“学宪法讲宪法”活动，选送优秀学法视频 100 个。成功举办首届大学生法治文化节，开展第五届大学生法治微视频作品征集，征集作品 116 部，举办优秀作品评选展示活动。编辑印发《法治与校园》60 万册，组建小记者站 85 家。

实施教师法治教育能力提升工程。举办首届中小学教师法治教育基本功大赛，组织小学生法治教育课堂情景剧展演、集体旁听未成年人案件庭审等，教育实效不断提升。落实领导干部学法要求，组织 4 次主任办公会会前学法，举办机关干部依法治教“七五”第二期培训班。

（李明海）

机关领导干部法律法规集中学习

2 月 7 日和 10 月 31 日，市委教工委、市教委、市政府教育督导室机关领导干部开展法律法规集中学习。2 月 7 日，邀请中纪委驻中国社科院纪检组副组长高波解析《中国共产党问责条例》，他解析条例的关键要义，强调在工作实践中要坚持“一把手”带头抓和班子成员分头抓的两个实践路径。10 月 31 日，邀请中国政法大学教授赵旭东讲解《中华人民共和国民法总则》，他从民法典编纂的重大意义、工作原则、工作步骤等方面入手，结合案例，重点讲解平等、自愿、公平、诚实等基本原则、法律适用规则、法人与自然人相关调整等内容。两委一室领导、各处处长 50 余人参加学习。

（朱迎）

年度法治工作要点印发

3 月 17 日，市教委印发 2017 年法治工作要点。要点明确 2017 年法治工作总体要求，主要从加强统筹谋划与制度设计，积极推进教育法治建设；强化法治意识和服务意识，大力做好依法行政工作；加快现代学校制度建设步伐，全面推进依法治校；着力提升干部师生法治素养，创新推进法治宣传教育；加强组织领导，强化教育法治工作保障五个方面部署重点工作。

（杨俊）

教育法治工作座谈会

3 月 22 日，市教委召开 2017 年教育法治工作座谈会。会议总结 2016 年的教育法治工作，对 2017 年教育法治工作进行部署，海淀区、房山区教委分别就法治教育基地建设和教育行政执法作经验交流发言。会议强调市区两级教育法治工作部门要充分认识教育法治工作的重要性，着力推动教育法治工作适应新形势、迈上新台阶。一要提高思想认识。深刻理解协调推进“四个全面”的新形势、新任务对教育法治工作提出的新要求，切实增强做好教育法治工作的紧迫感和责任担当。二要注重队伍建设。牢固树立着眼全局、主动作为的意识，不断提升法治工作专业素养，着力提高处置突发情况的能力。三要注重工作内涵指向问题。要体现教育法治工作的实战性、实效性，以解决问题为导向，努力完成好今年的法治工作任务。各区教委主管主任和法治部门负责人共 40 余人参加座谈会。

（朱迎）

首届小学生法治教育情景剧展演

5 月 17 日，市教委、北京教育科学研究院联合在北京朝阳润丰学校举办“全市首届小学法治教育情景剧展示”活动。16 个区 60 余所学校 300 余名学生报名。经过学校推荐、专家评审等程序，12 所学校的 12 部情景剧参加现场展演。展演情景剧由一线教师自己编创，教师们从小学生年龄和接受能力出发，结合 OFO 共享单车、行车不文明行为、借钱该不该还等生活情景，组织学生编排参演，体会角色心理，接受法治教育。来自市司法局、市第二中级人民法院未成年人审判庭、北京电视台科教中心等单位领导及展演学校师生代表 300 余人观看情景剧。情景剧以案释法、用剧说法方式是 2017 年北京市中小学法治课堂的新尝试，也是增强课堂法治教育效果的新举措。本次活动突出三个特点：一是“新”字。一改以往抽象法律条文说教方式，让孩子深入角色、深入情景，让法治教育变得形象生动、声情并茂；二是“真”字。展演作品紧扣学生和社会生活实际，由学生讲述身边法治故事，自我开展法治教育；三是“广”字。本次活动得到各区重视，较好地激发学生学法讲法热情。

（朱迎）

《法治与校园》首批学生记者站启动

5 月 26 日，市教委在北京市海淀寄读学校举办《法治与校园》首批学生记者站授牌仪式。市教委为 85 个《法治与校园》首批学生记者站授牌，为 846 名中小学记者颁发记者证。活动标志着《法治与校园》刊物学生记者站工作全面启动。《法治与校园》学生记者站旨在丰富学校法治教育内容和形式，由学校自主申报，各区教委依据申报学校开展法治教育工作情况择优推荐，每个学生记者站应指定指导教师 1 人、学生站长 1 人，站内学生记者人数不限。

（朱迎　解淑平）

首届中小学教师法治教育基本能力大赛

6 月 28 日，市委教工委、市教委举办首届北京市中小学法治教育基本能力大赛现场决赛及颁奖典礼。决赛中，教师用学生易于接受的形式，讲述学生生活中的法、身边的法，呈现法治课堂。经过角逐，2名教师分获本次大赛小学组、初中组的总冠军，5名教师获亚军；6名教师获季军。教育部政策法规司、市法宣办、市司法局、市委教工委、市教委、北京教育音像报刊总社领导及各区教委相关工作负责人、大赛选手，各区中小学教师代表近400人观摩决赛。北京市中小学法治教育基本能力大赛4月启动，共分小学、初中两个组别，经学校选拔、辖区竞赛、市级复赛等环节角逐，最终14人获一等奖、24人获二等奖、29人获三等奖，13名教师进入大赛决赛。

（朱迎　解淑平）

中小学校章程建设推进

9月15日，市教委印发《关于推进中小学校章程建设的意见》。文件包括小学校章程制定的基本原则、主要内容、工作程序、新建校章程相关规定及工作要求5部分内容。明确学校章程应包括学校基本信息，教职工和学生，内部治理结构，教育教学科研管理，学校与家庭、社会的关系，学校资产、财务及经费管理，章程的修订程序与解释，其他相关内容共8部分，经学校校务会审定后，应及时向所属教育行政部门报备审查。

（杨俊）

“学宪法讲宪法”活动

9月29日，市委教工委、市教委在东城区史家胡同小学举办北京市学生“学宪法讲宪法”活动决赛。全市313所学校39572人报名，经过辖区初选、专家评审、市级复赛等环节，共有24所学校的24名学生分别参加小学组、初中组、高中组及高校组4个组别北京地区决赛。决赛选手以宪法教育为核心，通过演讲形式表达宪法与国家、宪法与社会、宪法与个人、宪法与法律主题。经过评委打分，最终决出冠军4人、亚军8人、季军9人。其中，6名获奖者组成北京代表队参加第二届全国学生“学宪法讲宪法”活动全国总决赛并取得优异成绩。其中，北京大学王宥人获高校组亚军，东城区东交民巷小学丁灏获得小学组季军，昌平区实验学校郝跃凡获高中组一等奖，首都师范大学附属小学李衡之获小学组二等奖，中国人民大学附属中学董婉仪、北京第二外国语大学殷媛分获初中组、高校组三等奖。北京队选手在颁奖大会上集体展示的《宪法博物馆之旅》演讲，获得各方好评。

9月29日，市委教工委、市教委在东城区史家胡同小学举办北京市“学宪法讲宪法”活动决赛　（新闻中心　供）

（朱迎　解淑平）

中小学校长依法治校专题培训

11月14日至16日，市委教工委、市教委举办全市中小学校长依法治校专题培训班。培训班重点解读依法治校相关内容，邀请专家学者讲解依法治校、学校热点问题处置等具体工作实践的法律思考，同时邀请中小学校长作经验交流发言。培训坚持精选简练的原则，分三批实施，每批一天，全市16个区及燕山地区的600余名中小学校长、书记参加培训。

（杨俊）

中小学法治教育骨干教师培训

11月24日，市委教工委、市教委在北京邮电大学举办全市中小学法治教育骨干教师“七五”第二期培训班。培训围绕提升教师法治素质、依法施教、未成年学生权益保护、校园欺凌预防与处置等内容，邀请市检察院原副检察长、朝阳区人民法院未成年人审判庭法官、2017中小学法治教学能力基本功大赛一等奖获奖教师讲授法治理论与实践知识。全市各中小学法治教育骨干教师200余人参加培训。2017年，北京市教师法治教育国、市、区、校分层级协同推进，通过采用选派校长教师参加全国依法治教培训、组织全市中小学法治教育基本能力大赛及大赛观摩、举办骨干教师培训班等形式，推动全市依法治教工作，提升教师依法施教的整体能力和水平。

（朱迎）

青少年法治教育中心成立

12月4日，市委教工委、市教委、市政府教育督导室为“北京青少年法治教育中心”和4所“法治知识进课堂”基地校授牌。北京市青少年法治教育中心设在北京教育音像报刊总社，运用《法治与校园》及其记者站，开展北京大学生法治微视频征集展映、模拟法庭教育等活动，建设青少年法治教育平台，完善法治教育途径，形成北京市青少年法治教育特色。“法治知识进课堂”基地校运用自身优势，在区、学校地方课程或者校本课程中设置法治知识课（必修或选修），加强专门课程建设的经验总结和交流。4所基地校分别是东城区东交民巷小学、北京市第十八中学附属实验小学、通州区第四中学、大兴区孙村中学。

（解淑平）

教育法治研究基地成立

12月18日，市教委、市人大、市法制办在北京师范大学联合举办北京教育法治研究基地成立仪式暨《北京教育法治年度报告》编写研讨会。仪式上，与会领导为中国人民大学、北京师范大学、北京外国语大学和中国政法大学北京教育法治研究基地授牌，并与4所学校签署基地建设任务书。教育部、市人大、市法制办、市教委领导及4所学校相关负责人和基地教师近百人参加会议。北京教育法治研究基地就北京市教育法治的理论与实践开展研究，主要承担北京市教育行政立法的研究起草、教育行政执法操作规范化、青少年法治教育资源建设、教育疑难行政案件研究等任务。

（杨俊）

文件发布清理工作

至年底，市教委完成国务院法制办和市政府法制办关于开展涉及“放管服”改革等方面的规范性文件清理工作。按照国务院和市政府法制办的清理要求，共清理1980年至2016年以政府名义发布的文件145项，其中，建议保留59项，废止86项。最终市政府法制办确认失效38项。完成市教委2016年12月31日前发布的规范性文件清理工作。共清理文件354项，保留273项，废止81项。完成市法制办部署的市政府规章清理工作，市教委保留政府规章3项。

（李群伟）

行政规范性文件37项印发

至年底，市教委印发行政规范性文件37项。市教委强化规范性文件集体讨论、公开征求意见和按时报备的工作责任，严格制定程序。按照《北京市教委行政规范性文件备案管理办法》规定，编制2017年市教委行政规范性文件目录，全年共印发并报送备案行政规范性文件37项。

（李群伟）

组织干部工作

概述

2017年，党的关系隶属于北京市委、归口市委教工委管理的高等院校和事业单位共有60个，校级党委60个，院（系）级党委652个，党总支446个，党支部14586个（包括直属党支部352个）。高校系统共有共产党员265363人，占高校系统总人数的26.33%，其中，一线教师党员36105人，占一线教师总人数比例59.34%（包括教授党员8193人，占比60.71%；副教授党员12781人，占比60.48%）；大学生党员138377人，占大学生总人数的18.25%（包括研究生党员99172人，占研究生总人数的40.18%；本科生党员38483人，占本科生总人数的8.16%）。全年发展党员30108人，其中，发展大学生党员29340人。

2017年，市委教工委全年共调配北京高校校级领导干部261人次，两委一室机关和直属单位处级干部61人次；完成280名高校校级领导干部、123名机关处级干部及63名直属单位处级领导干部年度考核工作；完成212名处级领导干部个人有关事项报告的录入和上报工作；全年接收信访38件；严格做好出国（境）政审备案工作；认真作好领导干部社团兼职清理规范工作；统筹推进干部教育培训工作，先后组织各级各类干部培训班7个，多种方式完成干部教育培训千余人次。

（孙亚茹　付兴锋）

党代会代表推荐提名工作

1月23日，市委教工委向市委组织部推荐中国共产党第十九次全国代表大会代表候选人推荐人选12人建议名单。党的关系隶属于北京市委、归口市委教工委管理的60家普通高等学校共推荐提名69名中国共产党第十九次全国代表大会代表候选人推荐人选，其中，领导干部44人，生产和工作第一线党员25人；少数民族党员8人，55岁以下党员47人，北京高校系统基层党组织参与率100%，党员受教育率99.72%，党员参与率98.59%，总体参与率高于党的十八大。经过各高校党委负责人无记名投票，市委教工委向市委组织部推荐12人，最终当选5人。市委教工委另于2月至6月，组织开展北京市十二次党代会代表选举及培训工作，北京59所高校召开5次党员大会、54次党员代表大会，经过公示、投票等程序，最终产生中国共产党北京市第十二次代表大会代表83人。同时完成十二届市委委员、候补委员和市纪委委员候选人预备人选推荐工作，共推出市委委员、候补委员人选99人，市纪委委员人选87人。经过学校推荐、工委会研究等程序，最终推荐市委委员候选人10人，市纪委委员候选人4人。其中，郑吉春（满族）、赵长禄、谢辉（满族）当选为十二届市委委员，赵文、黄如（女，回族）、呼文亮当选为十二届市委候补委员，吴付来当选为十二届市纪委委员。本年，市委教工委牵头组织北京市参加全国十三届人大代表以及北京高校系统市十五届人大代表、常委候选人提名推荐工作，36人当选市十五届人大代表，4人当选全国十三届人大代表；组织开展高校系统在各区的市十五届人大代表人选沟通、考察公示等工作，19人通过各区推荐当选市十五届人大代表。

（孙亚茹　付兴锋）

干部监督考核

1月至3月，市委教工委完成2016年市属高校领导班子、两委机关和直属单位处级干部年度考核。其中，30所市属高校280名校级领导干部年度考核中，经过民主测评、学校党委研究、上级党组织认定，最终确定50人考核优秀、3人记三等功、47人获嘉奖；两委一室机关123名处级干部年度考核中，25人考核优秀、9人记三等功、18人获嘉奖；63名直属单位处级干部年度考核中，13人考核优秀。

（付兴锋）

高校领导干部理论学习文章评审

1月至10月，市委教工委完成高校领导干部理论学习文章评审工作。北京高校应上交2016年度理论学习体会文章的领导干部共507人，其中，481人上交文章483篇，上交率95.4%。最终评出一等奖10篇、二等奖15篇、三等奖25篇，6所高校获组织奖。

（付兴锋）

高校党委书记述职评议考核会

2月21日，市委教工委召开2016年北京高校党委书记抓基层党建工作述职评议考核会议。会上，28所高校党委书记现场述职。每位书记述职后，由教工委领导进行点评。林克庆参加会议并讲话。市纪委、市委组织部、市委教工委、市教委、市政府教育督导室主要领导参加会议。另有32所高校党委书记提交书面述职。

（孙亚茹）

高校组织部长会议

3月31日，市委教工委召开2017年北京高校组织部长会议。会议总结2017年北京高校组织工作，部署下一阶段工作。会议要求各学校要深入学习贯彻党的十八大，十八届三中、四中、五中、六中全会精神，深入学习贯彻习近平总书记系列重要讲话精神、治国理政新理念新思想新战略，贯彻全国和北京高校思想政治工作会、全国和北京组织部长会精神。张雪参加会议并讲话。北京64所高校党委主管副书记、组织部长参加会议。

（孙亚茹）

延长高校领导干部退休年龄

4月28日，市委常委会审议通过《教育系统市管干部中的高级专家办理延长退休年龄手续有关办法》。根据规定，北京市教育系统市管干部中执行专业技术工资且具有专业技术三级（含）以上职务的人员符合条件的可申请延迟退休，经所在高校领导班子集体讨论提出意见，并在单位进行公示后，报市教委、市委教工委依次审核。市委教工委于干部到龄前将审核意见报市委组织部，市委组织部研究后按有关程序办理。根据规定，市教育系统市管干部专业技术职务为三级教授的每次延长一年，二级教授每次延长不超过三年，最高年龄按国家有关规定执行。至2017年底，共13人提出延迟退休申请，批准11人。

（付兴锋）

北京高校流动党员排查

5月31日，市委教工委完成流动党员排查工作。市委教工委通过学校自查、建立台账、工委研究等方式，排查北京60所高校流动党员。经排查，北京高校共有流动党员1309人，其中，组织关系在京的流动党员429人、组织关系不在京的流动党员880人。

（孙亚茹）

学习贯彻高校思政会精神培训班

6月28日至7月3日，市委教工委连续举办5期北京高校院（系）党组织书记“学习贯彻全国和北京市高校思想政治工作会议精神”专题轮训班。轮训班通过专题讲座、分组研讨等形式，旨在提高院（系）党组织书记党务工作能力。共轮训院系党组织书记850人，基本实现全覆盖。该轮训班是市委教工委举办的基层党组织书记示范培训班项目，该项目2009年首次举办，已坚持9年，每年两次，累计培训教师和学生党支部书记近2000人次。

（孙亚茹）

首次新任处级干部宪法宣誓

12月4日，市委教工委首次组织新任处级干部宪法宣誓暨“12·4”国家宪法日主题教育活动。根据《北京市委教工委任命的国家工作人员宪法宣誓实施办法》，两委一室机关和直属单位新任处级干部宪法宣誓活动由市委教工委干部处处长监誓并主持。要求宣誓人面向国旗或者国徽站立，右手举拳，诵读誓词，其中领誓人要求左手抚按《中华人民共和国宪法》。两委一室及直属单位2017年新任处级干部13人参加宣誓。两委一室全体机关干部、各区主管法治工作的委领导和科长、直属单位负责人370余人参加活动。

（付兴锋　朱迎）

12月4日，市委教工委组织新任处级干部宪法宣誓活动
（市委教工委相关处室　供）

下拨补助、党费返还38121260.30元

至年底，市委教工委共下拨补助、返还党费累计38121260.30元。其中，下拨各种补贴36660000元，包括高校“十一”专项慰问帮扶资金500000元、党员教育和党支部书记培训补助7200000元、党支部活动经费补贴28960000元。全额返还非公企业、社会组织党组织和离退休党支部补交党费共计1461260.30万元。

（孙亚茹）

领导干部调配

至年底，市委教工委完成年度领导干部调配工作。协助教育部、市委组织部调配北京高校校级领导干部 261 人次，其中，双管高校 148 人次、市属高校 113 人次；调配北京高校党政正职领导干部 57 人次，其中，双管高校 25 人次、市属高校 32 人次。落实市委教工委《关于进一步加强机关和直属单位处级干部队伍建设的意见》，提升两委一室机关干部队伍建设的科学化，任免机关和直属单位干部 61 人次，其中，任职 32 人次、免职 29 人次；完成 9 名干部试用期期满考察。

（付兴锋）

领导干部个人事项报告工作

至年底，市委教工委落实领导干部个人有关事项报告工作。完成 212 名机关和直属单位处级领导干部个人有关事项报告的录入和上报工作。查核领导干部报告个人有关事项 32 人，其中，随机抽查 21 人、重点查核 11 人。

（付兴锋）

从严管理干部

至年底，市委教工委落实管党治党责任主体责任，从严管理干部。严格执行干部选拔任用工作纪实制度，认真落实“凡提四必”，选任过程中经信访查核对 1 名干部终止提拔；完成市委组织部对教工委落实《北京市干部选拔任用工作纪实办法》相关情况抽查工作；注重两委一室领导班子落实党风廉政建设主体责任全程纪实的日常督促提醒，专人收集整理，建立领导干部纪实台账；认真办理领导干部信访举报线索，共接收信访 38 件，办结 28 件；坚持把纪律和规矩挺在前面，领导干部任前谈心谈话累计 94 人次。

（付兴锋）

出国（境）政审备案

至年底，市委教工委完成年度各类出国（境）政审备案工作。市委教工委印发《关于重申出国（境）政审备案规定的通知》，严明出国政审备案工作要求和流程。全年共接收各类出国（境）政审备案 500 余人次。

（付兴锋）

社团兼职清理规范工作

至年底，市委教工委完成两委一室全体公务员及直属单位领导干部在社会团体、基金会、民办非企业单位等社会组织以及在企业兼职清理规范工作。共摸底排查 1070 余名干部兼职情况，领导干部在社团中兼职数量由 200 余人次减少为 120 余人次。

（付兴锋）

教育系统各级各类干部教育培训

至年底，市委教工委组织开展教育系统各级各类领导干部教育培训工作。先后组织市属高校党委书记校长贯彻全国高校思政会议精神研讨班，市属高校副校级领导井冈山党性教育专题轮训班、学习贯彻党的十九大精神专题研讨班，市属高校校长提升教育治理能力境外培训班等各类干部培训班共 7 个，累计培训 639 人次。组织两委一室机关和直属单位 193 名处级干部参加北京大学、中国人民大学、北京师范大学基地班自主选学；督促国家教育行政学院干部教育网络平台在线学习和北京干教网在线学习任务。协助做好中组部、国家教育行政学院、市委组织部、市人力社保局等调训工作，共计 112 人次。

（付兴锋）

干部挂职援派

至年底，市委教工委完成年度干部挂职援派工作。全年派出 16 名机关干部在高校等基层单位挂职锻炼，接收 38 名高校和直属单位干部到两委一室机关挂职；先后接收西藏、江苏、宁夏、河南和新疆各 1 名干部、河北 7 名干部到北京高校和机关挂职；选派 1 名干部对口支援内蒙古、2 名干部到河北挂职、1 名干部到香港挂职。

（付兴锋）

失联党员处置工作

至年底，市委教工委做好失联党员处置工作。3 月 2 日，市委教工委印发《关于做好与党组织失去联系党员劝退、除名和停止党籍等组织处置工作的补充通知》，进一步明确与党组织失去联系党员规范管理和组织处置工作的相关要求，涉及劝退、除名和停止党籍等组织处置工作的，各高校党委组织部门要留存档案备查，做到一人一档、全程留痕。截至 12 月 31 日，共 40 所高校上报相关处置材料，经研究商议共计停止党籍 2317 人、劝退 2 人、除名 4 人。

（孙亚茹）

27 所高校完成党委纪委换届

至年底，北京 27 所高校及 3 家市教委直属单位完成党委纪委换届工作。其中，双管高校 9 所、市属高校 15 所。完成换届单位分别是北京大学、清华大学、北京师范大学、北京交通大学、中央民族大学、中国政法大学、华北电力大学、中国石油大学（北京）、中央戏剧学院、北方工业大学、北京印刷学院、北京第二外国语学院、中国音乐学院、北京舞蹈学院、北京工业大学、首都师范大学、北京建筑大学、首都医科大学、首都经济贸易大学、北京联合大学、北京开放大学、北京青年政治学院、北京电子科技职业学院、北京经济管理职业学院、北京教育学院、北京教育考试院、北京教育音像报刊总社。另有 3 所高校计划 2018 年 1 月完成换届，分别是北京林业大学、对外经济贸易大学、中央音乐学院。2017 年，北京应换届高校及市教委直属单位共 30

个（包括延期高校 22 个），其中，双管高校 12 个、市属高校及市教委直属单位 18 个。

（孙亚茹）

7 月 6 日至 7 日，中国共产党清华大学第十四次党员代表大会举行，完成党委纪委换届工作（清华 供）

教育系统政工师评审

至年底，北京教育系统共有 27 人通过政工职称评审。经个人申请、学校推荐、答辩评审等程序，共 27 人通过政工职称评审。其中，助理政工师 6 人、政工师 1 人、高级政工师 20 人。教育系统政工师评审每年举行 1 次。

（付兴锋）

人才选派工作

至年底，市委教工委完成年度人才选派工作。市委教工委从北京化工大学、中央民族大学、首都师范大学各选派 1 名专家参加“京青专家服务团”活动；协助做好“博士服务团”工作，完成对第 17 批服务团 6 人的考察考核，选派 5 人参加第 18 批服务团；选派 9 人参加“人才京郊行”。协助做好京津冀蒙四地专家联合休养服务保障工作；同时做好“西部之光”访问学者接收工作。

（付兴锋）

宣传与思想教育工作

概述

2017 年，北京高校宣传教育聚焦立德树人根本任务，大力推动全国和北京高校思政会精神落地见效，提高政治站位，坚持首善标准，推进改革创新。学习宣传贯彻党的十九大精神，组织 30 万名高校师生参观《砥砺奋进的五年》大型成就展，组织百万师生收看党的十九大开幕会实况直播。积极参与北京市习近平新时代中国特色社会主义思想研究中心建设，15 所高校挂牌成为首批研究基地，11 所高校成为中国特色社会主义理论研究协同创新中心，牵头完成首批 21 项重点研究课题。开展“百校千组学讲行”主题教育活动，5800 余个学习小组深入基层开展宣讲实践 16000 万场次，参与学生超过 60 万人。举办哲学社会科学骨干研修班 7 期，培训骨干教师 720 人；举办市级理论示范培训班 5 期，培训青年教师 500 人。43 所高校成立党委教师工作部，统筹抓好教师思想政治工作。与教育部联合编写出版《莫辜负新时代：“四个正确认识”大学生读本》；整理“名家领读经典”课程成果，出版《人民公开课》《少年中国说》。组织近 200 名领导、专家深入各高校一线课堂听课 1000 余节，形成书面报告 100 余份。开设《沧桑正道：中国共产党与国家治理能力和治理体系现代化》《理论之光：马克思主义与哲学社会科学》《中国方案：世界发展大势与国家外交战略》等 5 门市级公选课，覆盖 33 所高校 3500 名学生骨干。深入开展红色“1+1”党支部结对共建活动，1139 个学生党支部参加全市评选，377 个党支部获奖。聚焦两委中心工作，全年组织专题发布 18 次、各类发布 97 次、集体采访报道 225 次，形成相关宣传报道 10000 余篇。

（刘娟）

高校宣传教育工作会议

3 月 1 日，市委教工委召开 2017 年北京高校宣传教育工作会议。会议传达北京高校思想政治工作会议精神，总结交流 2016 年高校宣传教育工作，表彰 2016 年优秀成果，部署 2017 年工作。北京师范大学、中国农业大学、北京科技大学等 7 所学校代表作交流发言。60 所高校主管领导、宣传部长、学（研）工部长、马克思主义学院院长和媒体记者 300 余人参加会议。

（赵国伟）

高校形势政策报告会

3 月 17 日，北京高校形势政策报告会在北京航空航天大学举行。北京大学亚非研究所所长初晓波、中国人民大学美国研究中心主任时殷弘围绕朝鲜半岛问题与东北亚局势作专题报告。60 所高校党委宣传部长、学（研）工部长、保卫部长、思想政治理论课负责人及一线辅导员 270 余人参加报告会。

（赵国伟）

市属高校贯彻思政会议精神研讨班

3 月 27 日至 4 月 7 日，市委教工委北京市属高校党委书记校长学习贯彻全国高校思想政治工作会议精神专题研讨班在中央党校开班。研讨班由市委教工委与中央党校联合举办，为期两周，共安排 12 次专题报告，设置自主学习、分组讨论、学员论坛等环节。市属高校党委书记、校长共 60 余人参加研讨班。研讨班于 4 月 6 日邀请蔡奇作专题辅导报告。报告以“学习贯彻习近平总书记视察北京重要讲话精神，加快建设国际一流的和谐宜居之都”为主题，从“建设一个什么样的首都”“怎样建设首都”“充分发挥高校在建设首都中的重要作用”三个方面，运用数据和案例进行解读。他强调高校是建设首都宝贵的人才库、思想库，是抓好意识形态工作的前沿阵地。首都高校是全国高校的风向标，要带头学习贯彻总书记重要讲话精神，深入落实首都城市战略定位，充分发挥比较优势和独特作用，在服务首都发展大局中建功立业。

（赵国伟　谢文全）

高校辅导员民族与宗教工作专题研修班

3 月 28 日，市委教工委 2017 年北京高校辅导员民族与宗教工作专题研修班在中央民族大学开班。开班仪式上，市委教工委、中央民族大学负责人分别讲话，与会人员听取题为《宗教问题与宗教政策》的首场报告。来自 39 所高校的 77 名专兼职辅导员及部分学工干部参加研修。研修班为期两个月，每周两次课，主要通过听取专家报告、分组讨论、参观学习等方式进行。

（王星星）

学习贯彻思想政治工作会议精神专题报告会

4 月 17 日至 28 日，市委教工委、市委党校举办 3 期学习贯彻全国高校思想政治工作会议精神专题研讨班。研讨班通过主题报告、自主学习、分组讨论、学员论坛等形式，围绕“学习贯彻全国高校思想政治工作会议和习近平总书记重要讲话精神、深入研讨加强和改进新形势下北京高校思想政治工作”主题系统培训，取得良好成效。60 所高校分管校领导、宣传部长、马克思主义学院院长等 300 余人参加研讨班。

（赵国伟　王星星）

青年教师中国特色社会主义理论培训班

4 月至 6 月，市委教工委成功举办第 11 期至第 15 期北京高校青年骨干教师中国特色理论培训班。培训班采用团体辅导、研讨交流、现场教学、案例教学方式，面向教工党支部书记、教研室负责人（学科带头人）、海归教师开展培训。北京 60 所高校的 500 名专任教师参加培训。

（刘娟）

研究生党员骨干培训班

5 月 12 日，市委教工委举办的北京市研究生党员骨干培训学校第十期培训班（“星火班”）在清华大学开班。该培训班通过党的理论、管理能力、领导力提升等培训内容，采取理论学习和实践教学相结合的方式，提高研究生党员的公共管理决策、调查研究、危机应对等基本素质。包括“星火思源”理论学习月、“星火燎原”经典研读月和“星火溯源”红色实践周 3 个阶段，51 所高校的 124 名研究生骨干参加培训。北京市研究生党员骨干培训学校由市委教工委依托清华成立，旨在贯彻落实中央和北京市关于加强高校研究生思想政治教育的意见，搭建研究生党员理论学习、调查研究和实践交流的工作平台。首期培训班于 2008 年举办，10 期培训班共培训 999 名北京市研究生党员骨干。市委教工委另于 10 月 28 日在清华举办北京高校研究生党员骨干培训班（“星火班”）十周年总结会。

（王星星）

社会主义核心价值观主题教育活动

5 月 24 日，市委教工委，山西省武乡县委、县政府在北京建筑大学联合举办“弘扬八路军文化，践行核心价值观”主题教育活动。活动包括“颁一颗红五星、听一堂教育课、唱一首抗战歌、写一篇纪念文”4 个环节，为学生代表赠送“红星杨”纪念品和抗战题材类书籍，邀请武乡八路军太行纪念馆宣教部主任以《重温红色记忆感受“六不”情怀》为题讲述抗战故事，在场全体人员合唱抗战歌曲《太行山上》，同时，主办方还向全校师生发布红色征文启事。建筑大学师生代表 230 余人参加活动。

（王星星　赵国伟）

大学生记者团集体采访活动启动

7 月 24 日，市委教工委 2017 年首都大学生记者团“穿越千年丝路，探寻中国印记”集体采访活动在人民网演播厅正式启动。记者团行程历时 7 天，从古丝路起点西安开始，途径兰州、张掖、敦煌等古丝路文明重镇，通过考察调研、文化观察等形式，弘扬丝路精神，传承丝路文化。集体采访期间，在人民网刊发图文新闻报道 108 篇，视频报道 4 篇。人民日报、北京电视台、北京晚报等媒体进行报道。

（赵国伟）

7 月 24 日，市委教工委 2017 年首都大学生记者团“穿越千年思路，探寻中国印记”集体采访活动启动　　（新闻中心　供）

第二批思政课改革示范点

7 月 24 日，市委教工委公布第二批北京高校思想政治理论课教育教学改革示范点名单。经材料申报、资格审核、专家评审和工委会审议，评定北方工业大学、北京化工大学、中国农业大学、北京建筑大学、北京石油化工学院（牵头）5 所高校为改革示范点，给予连续三年专项经费支持，每年 20 万元；给予北京邮电大学、中国石油大学（北京）、中国人民公安大学 3 所高校改革示范点培育项目支持，共 10 万元，一年后根据考核情况决定是否批准为改革示范点。

（刘冰）

第二批北京高校思政课教育教学改革示范点名单

正式立项项目	
北方工业大学	思想政治理论课综合性实践教学示范点
北京化工大学	高校思政课“立体课堂”教学模式改革示范点
中国农业大学	以问题为导向的“三三制”协同育人思政课综合改革示范点
北京建筑大学	“大思政”视野下“工匠精神”培育模式教改示范点
北京石油化工学院（牵头）	京南大学联盟协同推进思想政治理论课综合改革示范点
培育项目	
北京邮电大学	国脉所系——时代榜样教学示范点
中国石油大学（北京）	大学生思政课“获得感”提升的“阶梯导向模式”探索
中国人民公安大学	以忠诚教育为核心的公安院校思想政治理论课教育教学模式

（刘冰）

高校思想政治工作系列报道推出

9 月 10 日，市委宣传部、市委教工委推出《春风化雨，不负韶华》高校思想政治工作系列报道。该节目由北京电视台制作，共 8 集，在北京电视台北京卫视和新闻频道《北京您早》栏目每天一集连续播出。节目每集时长 5 分钟左右，主要内容为学校教育教学改革成果及思想政治建设情况，1 至 4 集介绍北京交通大学，5 至 8 集介绍北京中医药大学。为扩大宣传效果，每集报道播出前一天在《北京新闻》播发精华版，对次日报道内容进行简介和预告。

（赵国伟）

名家领读经典市级思政课

9 至 12 月，市委教工委在 34 所高校开设“名家领读经典”市级思想政治选修课。“名家领读经典”5 门市级思政课包括《走向复兴：习近平新时代中国特色社会主义思想研究》《沧桑正道：中国共产党与国家治理体系和治理能力现代化》《理论之光：马克思主义与哲学社会科学》《时代号角：中国特色社会主义文艺繁荣发展之路》《中国方案：全球治理格局与国家外交战略》。课程形式包括 16 学时（8 次）专题授课、8 学时小组研读、2 学时实践教学、2 学时答辩展示，由授课专家围绕课程主题，通过领读 1 部相关领域经典著作（篇目）方式切入，结合研究专长讲授热点难点问题。市委教工委把各开课高校划分为 5 个教学片区，分别开设 1 门课程。由北京大学、清华大学、中国人民大学、北京师范大学、中国戏曲学院作为片区主责高校，负责课程体系设计、授课专家联络、教学过程管理、教学成果总结、新闻媒体接待工作，同时主责高校承办每门课程前 4 讲，其他高校分别承办后 4 讲中的 1 讲。每门课程学生规模为 300 人左右，选课学生不限年级和专业。至年底，共有 3500 名学生选课。

（刘冰）

高校师生主题作品巡回展

10 月 16 日至 11 月 7 日，市委教工委主办“迎接学习党的十九大，服务北京‘四个中心’建设”北京高校师生主题作品巡回展。展览设立“红色溯源”“京华传承”“丝路华章”“科创未来” 4 个版块，共展出 14 所高校师生原创书法、绘画、摄影等作品 400 余件。展览先后在北京联合大学、北京印刷学院、北京服装学院、北京工业大学、首都师范大学 5 所院校展出，累计 2 万人参观展览。

（王宇航）

学生参观“迎接学习党的十九大、服务北京‘四个中心’建设”北京高校师生主题作品巡回展 （新闻中心 供）

学习习近平新时代社会主义思想博士生宣讲团成立

10 月 28 日，北京高校学习习近平新时代中国特色社会主义思想博士生宣讲团在清华大学成立。市委教工委、市委讲师团领导为宣讲团授旗，清华大学、北京林业大学博士生代表分别以《走近世界舞台中心勇担大国青年使命》《做“美丽中国”的接班人》为题分享学习体会。市委教工委、清华、市委讲师团相关负责人及各高校研工部长、宣讲团第 1 期全体宣讲员参加成立仪式。北京高校学习习近平新时代中国特色社会主义思想博士生宣讲团由市委教工委、市委讲师团联合依托清华组建，由 43 所高校的 150 名研究生党员骨干组成。宣讲团成员以博士生为主，同时包括部分优秀的硕士生。

（王星星）

10 月 28 日，北京高校学习习近平新时代中国特色社会主义思想博士宣讲团在清华成立 （新闻中心 供）

高校辅导员学习党的十九大精神研修班

10 月 30 日，市委教工委举办北京高校辅导员学习党的十九大精神研修班。此次研修班为期两周，学员听取党的十九大精神辅导报告及《新时代加强意识形态工作的思考》《新时代高校思想政治工作的内生动力》《新时代高校辅导员的使命》专题报告。培训班围绕用习近平新时代中国特色社会主义思想指导高校意识形态工作、推进落实立德树人根本任务等组织分组讨论、主题沙龙等。培训班由北京高校辅导员培训研修基地（北京师范大学）承办，北京大学、清华大学、北京师范大学等 43 所高校的辅导员骨干参加培训。市委教工委另于 12 月 4 日至 7 日举办北京高校宣传部长、马克思主义学院院长学习贯彻党的十九大精神专题培训班。北京各高校宣传部长、马克思主义学院院长 120 人参加培训。

（王星星 马聪）

推动新时代社会主义思想"三进"

10 月至 12 月，市委教工委推动习近平新时代中国特色社会主义思想和党的十九大精神"进教材、进课堂、进头脑"。市委教工委组织专家编写《党的十九大精神融入高校思政课教学建议》；建立"市级示范＋校级协同＋校内集中"三位一体的教师备课机制，市级层面组织 500 余名一线教师集体备课；组织学习《习近平谈治国理政》第二卷，把党的最新理论成果全面融入课堂教学。

（刘冰）

高校优秀学生基层组织创建活动

10 月至 12 月，市委教工委组织开展 2017 年北京高校优秀学生基层组织创建展示活动。此次活动面向北京各高校全日制本专科生、研究生班级和宿舍，分为创建、总结、专家评审三个阶段。要求各高校分别组织开展创建活动，市委教工委通过"V 思想"微信公众平台展示各高校创建成果，评选出 25 个班级参加北京高校"我的班级我的家"十佳班集体创建答辩展示活动。经过专家评审，10 个班级获"十佳示范班集体"称号、15 个班级获"优秀示范班集体"称号。

（王宇航）

高校红色"1+1"示范活动展示评选会

11 月 22 日，市委教工委举办 2017 年北京高校红色"1+1"示范活动展示评选会。市委宣传部、首都文明办、团市委、市委农工委、市委教工委部门领导担任评委。北京高校 25 个支部参加展示评选会，经过视频展示、评委提问打分，北京建筑大学等 10 所高校的学生党支部获得一等奖；北京石油化工学院等 15 所高校的学生党支部获得二等奖。本年共有 1139 个学生党支部参加红色"1+1"活动。参加评选会的各所高校学生党建工作负责人、红色"1+1"项目高校负责教师及学生党支部代表 400 余人参加评选会。

（王宇航）

高校青年教师社会调研优秀成果评选

11 月 23 日，市委教工委举行 2017 年度北京高校青年教师社会调研优秀成果评审会。59 所高校申报优秀调研成果 401 篇，经过评议，北京大学王迪的《北京市街道社会救助工作的成效与问题》等 100 项调研成果获得一等奖、北京大学李健的《新媒体时代大学生主流意识形态认同调查》等 200 项调研成果获得二等奖，首都医科大学等 10 所高校获得申报工作先进校。本年，市委教工委围绕学习贯彻党的十九大精神、服务北京"四个中心"建设主题，组织高校青年教师深入首都基层一线开展调查研究，共 800 余个青年教师团队积极参与调研。

（刘娟）

11 月 23 日，北京高校青年教师社会调研优秀成果评审会现场 （新闻中心 供）

《习近平谈治国理政》第二卷读书研讨会

11 月 26 日，市委教工委、市教委在北京工业大学举办首都大学生《习近平谈治国理政》第二卷读书研讨会暨马克思主义理论专业研究生新生奖学金、学术奖学金颁发仪式。6 名学生代表分别就《习近平谈治国理政》第二卷的收获和体会作交流发言。研讨会邀请北京大学、中国人民大学专家对学生进行点评。会议同时为 92 名研究生新生颁发“北京高校马克思主义理论专业研究生新生奖学金”，为 50 名在学研究生颁发“北京高校马克思主义理论专业研究生学术奖学金”。北京高校马克思主义理论专业研究生新生奖学金、学术奖学金又称“双百奖学金”，分别面向北京高校马克思主义理论专业优秀全日制研究生新生和具有正式学籍、在基本学制年限内、全日制、有较强理论功底、学术成果突出的二年级及以上优秀研究生，2016 年设置并评定第一届。

（刘冰）

社会主义核心价值观新媒体传播工作室

11 月，市委教工委开展北京高校社会主义核心价值观新媒体传播工作室建设。该项目通过资助高校新媒体工作室建设，运用新媒体技术，创作一批感染力强、关注度高的优秀作品，传播网络正能量。入选工作室每年资助经费 10 万元，市委教工委对工作室的运行建设和经费使用情况进行考核。42 所高校的 45 个新媒体传播工作室团队提交申报材料。经专家评审，确定清华大学“学堂路上”工作室等 15 个团队获得立项支持。

（杨俊义）

北京高校社会主义核心价值观
新媒体传播工作室支持名单

学校	工作室
清华大学	“学堂路上”工作室
北京师范大学	“京师学工”新媒体传播工作室
北京科技大学	“微言大义”新媒体传播工作室
北京交通大学	“上园村 3 号”视觉传播工作室
中国传媒大学	“白杨映像”网络文化工作室
中国石油大学（北京）	“云知行”新媒体传播工作室
中央音乐学院	“乐苑风华”新媒体传播工作室
北京航空航天大学	航小萱工作室
北京理工大学	“延河星火”工作室
北京印刷学院	“印心传文”工作室
中国戏曲学院	“梨园新语”工作室
北京电影学院	“薪火映画”工作室
北京工业大学	“平乐园 100 号”新媒体传播工作室
首都师范大学	“师者匠心”工作室
北京联合大学	“联创艺馨”工作室

（杨俊义）

新时代高校思想政治工作创新发展研讨会

12 月 7 日，市委教工委举办新时代高校思想政治工作创新发展研讨会暨北京高校思想政治工作研究中心揭牌仪式。会议围绕五大重点专题展开研讨交流，力求为学习贯彻党的十九大精神，落实全国和北京高校思想政治工作会议部署，进一步加强和改进新时代北京高校思想政治工作提供新理念、新思路、新举措。会议同时为北京高校思想政治工作研究中心揭牌，为研究中心特聘研究员、青年研究员颁发聘书。郑吉春参加会议并讲话。“北京高校思想政治工作研究中心”前身为“首都大学生思想政治教育研究中心”，2007 年成立，依托北京交通大学，是全国首个专门研究大学生思想政治教育的机构，更名后致力于打造成规范化的科研管理平台、立体化的工作交流平台，人本化的人才成长平台。

（刘冰）

首批高校学业辅导示范中心

12 月 7 日，市委教工委公布首批北京高校学业辅导示范中心。经学校申请、材料初评、现场答辩等程序，确定清华大学、北京师范大学、北京航空航天大学、北京科技大学、北京化工大学、中国石油大学（北京）、华北电力大学、北京工业大学、首都师范大学、北京建筑大学 10 所高校为北京高校学业辅导示范中心首批建设高校。对批准建立的示范中心，市委教工委每年提供 20 万元建设经费，连续支持 3 年；学校 1:1 予以配套经费支持。市委教工委要求入选中心加强建设，打造更高水平的实体机构；规范工作，不断完善学业辅导工作体系和标准；创新经验，充分发挥示范中心的示范引领作用；承担任务，受市委教工委委托承担课程建设、业务培训、工作研究及专项工作等任务。

（王星星）

全国“双巡”活动北京高校优秀辅导员宣讲团

12 月 9 日，全国“双巡”活动北京高校优秀辅导员宣讲团首场巡讲暨“百校千组学讲行”主题活动集中辅导报告会在北京师范大学举行。北京各高校辅导员代表和“百校千组学讲行”主题活动“学习小组”学生代表 300 余人参加活动。为深入学习贯彻党的十九大精神和习近平新时代中国特色社会主义思想，市委教工委从北京高校选拔 30 名辅导员组建全国“双巡”活动北京高校优秀辅导员宣讲团，组织开展为期两周的集体备课，于 12 月深入北京各高校巡讲。宣讲团成员把握学生思想特点和需求，用身边的故事、自身的体会开展宣讲，取得良好的效果。

（马聪）

高校思政教学创新和教师队伍建设项目

12 月 25 日，市委教工委公布第二届北京高校思想政治理论课教育教学创新和教师队伍建设项目评审结果。经资格复审、专家评审等程序，市委教工委确定教学改革创新重大项目 5 个、“扬帆资助计划”专项课题 29 个、“择优资助计划”10 人。北京高校思想政治理论课教育教学创新和教师队伍建设项目 2016 年首次评选，包括教学改革创新重大项目、杨帆资助计划和择优资助计划三个子项目。其中，教学改革创新重大项目用于创新教学模式、改进教学方法、总结推广优秀教学成果，每年项目支持资金 10 万元，周期两年；扬帆资助计划，面向 35 岁（含）以下青年教师，重点培养在马克思主义理论研究方面成绩突出、具有潜力的优秀青年教师，每年项目支持资金 5 万元，周期两年；择优资助计划面向中青年骨干教师，以课题项目的形式资助，每年支持 6 万元，周期三年。

（刘冰）

北京高校思想政治理论课
教学改革创新重大项目名单

北京语言大学	面向国际学生的中国国情教育路径研究
北京体育大学	新时代体育院校特色思政课教学体系创新研究
北京工商大学	“故事思政”教学体系建设研究
北京印刷学院	扎根新闻出版行业，服务首都功能定位，构建特色鲜明的分层分类大思政实践教学体系
首都医科大学	聚焦获得感，打造“三度”思想政治理论课的探索与实践

（刘冰）

北京高校思想政治理论课教师
扬帆资助计划专项课题名单

中国人民大学	张智	中国人民大学	夏璐
北京师范大学	肖潇	中国农业大学	王琳
北京科技大学	毕丞	北京科技大学	李薇薇
北京邮电大学	张传泉	北京交通大学	赵伟
中国传媒大学	张露璐	中国传媒大学	吴俊
北京航空航天大学	刘莹	北京航空航天大学	马骁毅
华北电力大学	侯丹娟	北京林业大学	巩前文
北京语言大学	贾甫	对外经济贸易大学	吕红霞
中国矿业大学	卢刚	北京化工大学	袁富民
中央财经大学	刘亚琼	中央财经大学	王静
中国人民公安大学	白洁	北京理工大学	王文娟
中央民族大学	师英杰	北京工商大学	袁雷
北京师范大学	李慧琳	北京建筑大学	冯蕾
首都医科大学	焦光源	首都经济贸易大学	李厚羿

（刘冰）

北京高校思想政治理论课
教师择优资助计划名单

清华大学	吴俊	中国人民大学	谭清华
北京交通大学	李效东	北京林业大学	张秀芹
中央财经大学	王淼	对外经济贸易大学	赵崔莉
中央民族大学	颜杰峰	首都师范大学	沈永福
北方工业大学	何海兵	北京联合大学	郭云

（刘冰）

多家媒体报道北京高校学习党的十九大活动

12 月，中央电视台、新华社报道北京高校学习党的十九大精神系列活动。12 月 11 日，中央电视台《新闻联播》以《首都高校“浸入式”学习党的十九大精神》为题，报道党的十九大以来，北京高校通过开展“百位名家共讲十九大”等系列活动，多层次、多角度“浸入式”宣讲、解读党的十九大精神，在高校师生中掀起学习活动的高潮。同日，新华社播发通稿《学懂弄通作实——首都高校“浸入式”学习党的十九大精神》。12 月 12 日，光明日报头版、中国青年报第三版全文刊发新华社通稿。12 月 14 日，中央电视台《焦点访谈》以《走心的“浸入式”宣讲》为题，报道在市委教工委组织下，100 名专家、学者和党的十九大代表走进高校，结合当代大学生的特点、兴趣、喜好等“浸入式”宣讲党的十九大精神，既回应关切，又能让大学生们听得懂，

北航学习贯彻党的十九大精神专题网站

（北航 供）

带给首都大学生立体、生动的学习体验。

（赵国伟）

思政课专职教师岗位补贴

至年底，市委教工委为所有普通高校思政课教师提供岗位教学补贴每人每月2000元。根据规定，由市政府拨款，为专职思政课教师提供人均每月2000元的教学补贴。本年，市委教工委另为教师党支部书记提供每月1000元的岗位补贴，将专职辅导员岗位补贴从每月500元提高至1000元，首次将心理教师纳入补贴范围。

（谢文全）

高校思政课建设加强

至年底，市委教工委加强高校思想政治课程建设。市级财政每年投入2.5亿元，推动一流马克思主义学院、学科和思政课程建设。实施“思政工作难点攻关计划”，组织10所高校聚焦意识形态、课程思政、全程全方位育人等难题进行集中攻关。组织近200名专家深入91所高校听课1000余节，查问题、找症结、研对策；设立23个思政课教学改革示范点、13个教学改革创新重大项目，打好提高思政课质量和水平的攻坚战。编写《大国之都》《首善北京》等教辅读本，以首都改革发展的生动实践增强理论说服力。各高校思政课的到课率、抬头率、点赞率明显提升，学生获得感不断增强。

（谢文全　刘冰）

哲学社会科学骨干研修班

至年底，市委教工委与市委宣传部、市委党校联合举办哲学社会科学骨干研修班。研修班面向高校基层党组织书记、思想政治理论课教师、一线思想政治工作干部、中青年骨干教师，共举办7期，每期培训4周，其中，两周在校集中学习、一周异地教学、一周撰写调研报告及论文。研修班共计培训学员720人。

（马聪）

统一战线与群众工作

概述

2017年，北京高校统战工作以强化党外知识分子思想政治引导为主线，以加强党外代表人士队伍建设为重点，全面推进民主党派、无党派人士、民族、宗教、港澳台侨工作和工会、妇女工作，构建“大统战”工作格局。北京高校共有党外知识分子6.2万人，占知识分子总数的48%；有民主党派基层组织322个，民主党派成员7875人；8个民主党派中有1名中央主席、10名中央副主席、3名市主委来自北京高校；由市委教工委系统推荐并当选的政协全国第十三届委员68人，政协北京市第十三届委员73人。38所高校单独设立统战部门，24所高校成立党外知识分子联谊会，12所高校成立归国留学人员联合会，专职统战干部共计110余人。在2017年度北京市无党派人士建言献策优秀成果评选中，北京高校获特等奖2项、一等奖3项、二等奖7项、三等奖8项。

（王建辉）

高校心桥工程实施意见印发

3月3日，市委教工委正式印发《关于新形势下深入推进北京高校统一战线“心桥工程”的实施意见》。文件包括4方面16条内容，要求各高校党委以强化高校党外知识分子思想政治引导为主线，以主题实践活动为抓手，以党外知识分子专业优势为依托，围绕中心、服务大局，更好地发挥统一战线在推动国家和首都经济社会改革发展中的法宝作用，不断开创北京高校统战工作新局面。

（相京　尹传举）

高校民族宗教专题培训班

3月7日，市委教工委举办第八期北京高校民族宗教工作高级研修班。研修班通过集中研修学习、异地教学、撰写研修论文等形式，提升北京高校做好校园民族与宗教

3月7日，市委教工委举办北京高校民族宗教工作高级研修班

（市委教工委相关处室 供）

工作的能力和水平。研修班在京理论学习两周，在甘肃兰州实践教学一周。来自各高校统战、学生、保卫等相关部门负责人和基层院系党委书记100余名学员参加培训。市委教工委在甘肃行政学院建立以民族宗教为主题的“北京高校统战工作理论与实践教学基地”，并于3月21日揭牌成立。

（相京　尹传举）

高校对台交流小组成立

4月6日至7日，市委教工委、市台办、市教委在清华大学举办北京高校对台交流工作小组成立大会暨专题培训会。小组由市委教工委、市教委、市台办有关领导担任正副组长，成员包括组织关系隶属于北京市委的北京地区高校主管统战工作校领导。小组主要职责是发挥北京高校对台工作在教育文化交流合作方面的资源优势，进一步完善高校对台交流工作格局，着力推进高校对台交流工作科学化、规范化、常态化建设。培训会邀请国台办、教育部港澳台办公室领导专家就对台工作形势与任务、两岸教育交流作专题报告。各高校主管领导及统战、港澳台、学工部门负责人共240余人参加培训。北京高校对台交流工作小组另于12月26日至27日，在清华举办北京高校对台工作研讨会，60所高校港澳台部门负责人、部分台湾籍学生150余人参加会议。

（相京）

高校统一战线工作意见印发

5月9日，市委办公厅印发《关于加强和改进新形势下北京高校统一战线工作的意见》。文件强调要以强化党外知识分子思想政治引导为主线，以加强党外代表人士队伍建设为重点，全面推进民主党派、无党派人士、民族、宗教、港澳台侨工作，开创具有中国特色、首都水平、高校优势的北京高校统战工作新局面。文件包括3部分共14条内容，明确提出要坚持党的领导，加强和改进党对高校统战工作的领导，全面落实高校党委主体责任，完善大统战工作格局；坚持大团结大联合的主题，正确处理一致性和多样性的关系，坚持爱国主义和中国特色社会主义，不断巩固高校统一战线的共同思想政治基础；坚持围绕中心、服务大局，引导广大高校党外人士围绕党和国家、市委市政府和高等教育的中心工作，积极建言献策、发挥作用、作出贡献；坚持以人为本，改进方式方法，统筹配置资源，加强人文关怀，服务高校统战成员健康成长成才；坚持首善标准，进一步把握规律、夯实基础、凝练特色、创新发展，稳中求进地做好高校统战工作。

（相京　尹传举）

高校工会工作意见印发

9月20日，市委教工委制定印发《关于加强和改进新形势下北京高校工会工作的意见》。意见包括6章共15条内容，强调全面落实中央和市委关于高校思想政治工作、党的群团工作、教育工作以及市第十二次党代会的决策部署，密切党同教职工的血肉联系，发展和谐劳动关系，改革创新，深化发展，夯实基础，激发活力，大力弘扬劳模精神、劳动精神和工匠精神，发挥教师立德树人、教书育人的主体作用，切实维护教职工合法权益，建设一支高素质的工会干部队伍，努力促进教职工体面劳动、舒心工作、全面发展，团结动员广大教职工为办好人民满意的首都高等教育、建设国际一流的和谐宜居之都作出积极贡献。

（相京　尹传举）

高校统战大讲堂

11月14日，市委教工委举办北京高校统战大讲堂。大讲堂邀请党的十九大代表、中央民族大学历史文化学院副教授蒙曼作题为《骏马偏爱征程美不待扬鞭自奋蹄》专题报告。各高校统战干部、部分高校师生代表600人参加。

（相京）

党外代表人士高级研修班

11月23日至24日，市委教工委举办北京高校党外代表人士高级研修班。培训班包括网络学习、理论教学两个环节，引导广大高校党外骨干以党的十九大精神为指引，进一步增强中国特色社会主义道路自信、理论自信、制度自信和文化自信。来自高校教育、科研、管理岗位的55名高校高层次党外代表人士和后备骨干参加培训。

（相京）

高校系统全国及市政协委员换届

至年底，市委教工委做好高校系统全国及北京市政协委员换届工作。市委教工委坚持把政治标准放在首位，做好68名全国政协委员、73名北京市政协委员的提名推荐、综合评价、资格审查、考察公示等各项工作，确保换届风清气正、平稳有序。

（王建辉　相京　尹传举）

纪检与监察

概述

2017年，北京高校共有纪检监察机构60个。纪检监察专职干部331人，其中，硕士及以上学历245人，占74.3%；35岁以下干部64人，占19.5%；56岁及以上干部18人，占5.5%；女性干部158人，占46%。市纪委市监委驻市委教工委市教委纪检监察组在编干部12人。

（马维娜）

教育系统党风廉政建设工作会议

4月28日，北京教育系统召开党风廉政建设工作会议。会议总结回顾2016年北京教育系统党风廉政建设和反腐败工作，部署2017年主要任务。林克庆参加会议并讲话。他指出，全市教育系统要深入学习贯彻党的十八届六中全会、中央纪委七次全会和市纪委六次全会精神；牢固树立“四个意识”，严明党的政治纪律和政治规矩；夯实全面从严治党政治责任；持之以恒深化作风建设，不断净化育人环境；推进重点问题治理，切实维护教育公平和群众利益；聚焦薄弱环节，进一步完善权力运行制约机制；运用好监督执纪“四种形态”，不断巩固反腐败斗争压倒性态势；树起严格自律的标杆，切实加强纪检监察干部队伍建设。会议要求，北京教育系统要全面把握从严治党的新任务新要求，强化管党治党政治担当，紧紧围绕立德树人根本任务，抓好思想政治建设、基层组织建设、党内监督工作、领导班子和干部队伍建设，使管党治党真正从宽松软走向严紧硬。市委教工委、市教委机关系统和在京高校党政负责人400余人参加会议。

（喻真　谢文全）

直属单位党风廉政建设工作专项督查

11月至12月，市委教工委、市教委、市政府教育督导室开展直属单位党风廉政建设工作专项督查。两委一室组成直属单位党风廉政建设工作专项督查组，采取自查自纠、重点抽查等方式，检查市教委19个直属单位。检查组形成督查报告并向重点督查的直属单位书面反馈，各单位按要求完成整改。

（鲜万标）

“两个专项”治理工作

至年底，驻市委教工委市教委纪检监察组协调配合两委一室机关开展“‘为官不为’‘为官乱为’”“严肃查处群众身边的不正之风和腐败问题”两个专项治理工作。组织两委一室各处室对照职责认真自查，梳理出责任清单、问题清单和任务清单104份。围绕“两个专项”所列重点以及“疏解整治促提升”专项行动和对口援建、扶贫工作情况，对52个机关处室和直属单位重点检查。查处身边不正之风和腐败问题1起，受到党内严重警告处分1人，被市纪委市监委在全市通报1人。

（喻真）

重要时间节点监督检查

至年底，驻市委教工委市教委纪检监察组开展重要时间节点监督检查工作。纪检监察组督促市属高校和驻在部门，严格落实中央八项规定精神，在重要时间节点发出节日通知提醒，强化对党员干部和教职工的纪律要求，畅通举报电话，安排专人值守。联合市纪委，针对元旦、春节和国庆节等时间节点，开展监督检查。对市教委的公车封存情况现场检查，对近20个市属高校和直管单位实地检查，调阅会计凭证，查看公车使用登记情况、调取相关ETC记录。对检查中发现的“四风”问题，以“零容忍”的态度坚决予以纠正，发现一起，查处一起。

（喻真）

重要事项监督检查

至年底，驻市委教工委市教委纪检监察组针对教育系统的重要事项监督检查。对媒体曝光的高校招生问题提出工作意见，督促指导学校纪委核实并作出相应处理；监督两委一室机关及直属单位干部人事工作，取消1名北京市优秀教育工作者候选人资格。纪检监察组组长对新提任和调任的40余名处级干部开展集体廉政谈话。

（喻真）

移送问题线索工作机制建立

至年底，驻市委教工委市教委纪检监察组协调驻在部门相关处室建立移送问题线索工作机制。纪检监察组依照《关于北京市党政机关、人大、政协向纪检监察机关移送涉嫌违纪违法问题线索的暂行办法》《关于规范移送问题线索接收管理工作的程序性规定》，与干部处、审计处、机关纪委组建移送问题线索联席会，建立每月定期会商研判机制，明确问题线索移交的牵头部门、具体流程和移交时限。

（喻真）

发展规划

概述

2017年，市教委发展规划方面重点完成以下工作。筹备北京市教育大会。研究制定筹备工作方案，通过多种方式广泛征求意见，发放征求意见函211份，并在市教委网站开辟专栏向社会征求北京教育改革发展意见建议，共收到反馈88份，已编印成册。根据两委一室领导牵头梳理、社会各界反馈，认真提炼出推进首都教育改革发展需要重点研究的18个问题。开展《首都教育现代化2035》研究编制，搭建文件起草组，建立“周例会、月汇总”的研讨交流机制，形成《首都教育现代化2035》文件初稿。

推进教育疏解协同工作。印发《北京市推进部分教育功能疏解促进协同发展工作方案》和相关分工方案。调减市属高校和普通中等职业学校京外招生计划1000人，推动4所高校从城六区向外疏解学生近1.4万人，指导各区压缩培训机构44个，减少培训人员约2.1万人。研究制定《北京教育疏解腾退空间管理和使用的实施意见》。牵头开展市教委驻城市副中心专班工作，协调城市副中心教育战略与规划研究，研究启动支持河北雄安新区“建3援4”项目。召开京津冀教育协同发展工作推进会，发布《"十三五"时期京津冀教育协同发展专项工作计划》和《京津冀教育对口帮扶项目》，签订《推进京津冀教育协同发展备忘录》。对表京津冀协同发展战略中期目标，研究制定2018—2020年教育系统"疏解整治促提升"专项行动计划和京津冀教育协同发展行动计划。

推进考试招生相关工作。研究制定《北京市深化高等学校考试招生制度综合改革实施方案》，经市委深改组审议通过，并以市政府名义报送教育部。持续调整优化市属高校规模结构，与上年相比，2017年市属高校专科计划减少1500人，本科计划保持稳定，硕士计划增加638人，博士计划增加80人。进一步完善名额分配、市级统筹、校额到校、乡村计划等各项中招方式。顺利完成2017年的考试、招生、录取等各环节任务。

编制完成高校设置规划。完成《"十三五"时期北京市高校设置规划》编制，并以市政府名义报送教育部备案。调整部分院校设置，将北京环境艺术学校并入北京服装学院，推动北京商务科技学校并入北京物资学院。

做好教育事业发展服务保障。坚持依法统计，高质量完成3000余所学校和机构的年度教育事业统计数据采集和信息发布工作，开展历年教育事业统计数据整理挖掘，搭建统计数据服务APP平台，为首都教育宏观管理和科学决策提供支持。结合"十三五"时期首都教育改革和发展的总目标和年度工作思路，编制完成2018年教育预算重点投入方向与项目指南。

（姚林修）

环境与艺术学校并入北京服装学院

3月23日，北京市环境与艺术学校并入北京服装学院。经市教委第二次主任办公会研究通过并报请市政府同意，市教委批准环境与艺术学校并入服装学院，同时撤销环境与艺术学校建制。在环境与艺术学校校区组建"北京服装学院服饰艺术与工程学院"（为非法人二级学院），优化整合两校资源，加强鞋品箱包、珠宝首饰等专业建设。环境与艺术学校更名为北京服装学院附属手工艺学校，作为非法人教学单位，承担中专层次的教学任务；环境与艺术学校现有普通中专在校生按原计划培养，保证教育教学质量，颁发环境与艺术学校毕业证书，环境与艺术学校校章保留至最后一届学生毕业后。环境与艺术学校位于海淀区花园北路29号，1979年3月23日经市政府有关部门批准正式建立。学校原隶属于北京市二轻工业总公司，由北京市皮革公司代管，2000年5月划归市教委。2009年6月学校正式更名为北京市环境与艺术学校。

（丁建　付佳）

成立人大附中通州学校

4月17日，市教委研究决定成立中国人民大学附属中学通州学校。人大附中通州学校为十二年一贯制学校，是市教委直属财政补助的独立法人事业单位。市教委委托人大附中联合总校和人大附中承办。该校服务于北京城市副中心基础教育，探索基础教育学校管理体制改革，并开展教育综合改革。

（丁建）

扩大高校农村地区专项招生工作

6月，市教委扩大高等院校城市发展新区和生态涵养发展区农村专项计划。市教委在农村专项招生中，计划人数从上年的300人扩大到340人，招生院校范围包括市属本科一批招生高等学校。专项计划进一步提高市农村考生升入本科一批比例。

（张桓）

控制市属高校招生规模

7月，市教委根据疏解非首都功能的要求，控制市属高校招生规模。本年，市属高校普通高等教育计划招生76803人，比上年减少1618人，总规模减少2.11%。其中，本科招生47236人，比上年减少208人；高职招生29567人，比上年减少1410人。

（张桓）

"十三五"时期高等学校设置规划

11月，市教委编制完成《北京市"十三五"时期高等学校设置规划》并报教育部备案。"十三五"时期，北京高等教育以"控制规模、优化结构、分类发展、提高质量"为基本原则，不再扩大高等教育办学规模，不再新设立或新升格普通高等学校，不再扩大普通高等学校成人教育、网络教育、自考助学的面授教育规模。同时优化空间布局，支持高校分类发展，规范和支持民办高校发展，促进成人高校调整结构、转型发展。

（丁建）

表彰教育事业统计工作先进

12月，市教委通报表彰2016年度教育事业统计工作优秀集体和优秀个人。表彰依据2015至2016学年度教育事业统计工作质量评估结果评选，面向2016年从事教育事业统计工作的区县教育行政部门、普通高等学校、成人高等学校、普通中等专业学校以及上述单位的统计人员。共评出优秀集体55个、优秀个人55人。

（赵琦　张桓）

编制城市副中心基础教育设施规划

至年底，市教委基本完成城市副中心基础教育设施专项规划编制工作。市教委配合市规划国土委推进教育设施"控规"（控制性详细规划）层面的校核，经反复沟通，逐项目进行地块控规的对接梳理，确定办学规模、占地规模和建设规模，落实基础教育设施385万平方米用地需求。继续推动优质教育资源引进，加强行政办公区周边教育项目的布点布局，拟在行政办公区周边规划建设教育设施13所。其中：幼儿园7所、小学3所、中学1所、十二年一贯制学校2所。分别引入北京市第五幼儿园、北京市第一幼儿园海晟实验园(2址)、北京市北海幼儿园(2址)、西城区黄城根小学(2址)、北京市育民小学、中国人民大学附属中学、北京十一学校等中心城优质教育资源承办，同时经市编办批准，举办北京学校。

(张逊　孙运科)

2月25日，市教委领导视察通州区学校建设情况

(新闻中心　供)

财务

概述

2017年，市教委财务工作创新管理思路，优化结构，简政放权，加强监管，提升资金效益，完成各项工作任务。全年市级财政拨款教育经费预算337.85亿元，其中，市本级预算单位213.37亿元，市对区补助资金124.48亿元。

(李高远　徐达)

决算编报

1月至2月，市教委完成所属预决算单位2016年决算数据审核、汇总、上报工作。决算数据包括市教委机关事业及所属59个事业单位(含25所市属高等院校、11所中等专业学校、23个直属单位)。数据显示，2016年决算全年收入275.41亿元，包括财政拨款232.43亿元；支出248.95亿元。

(李奇)

规范中小学改革发展项目管理

2月16日，市教委、市财政局联合印发《北京市高校、教科研部门支持中小学发展项目管理办法(修订)》《北京市外籍教师参与中小学英语教学改革项目管理办法(修订)》《北京市民办教育机构参与中小学学科教学改革项目管理办法(修订)》。新修订的管理办法包括总则、组织管理、经费管理等方面内容。3个管理办法自3月17日起施行。

(徐达　张晓兰)

预决算公开

3月至8月，市教委完成相关财务预算决算公开工作。市教委3月公开2017年部门预算和“三公经费”，8月公开2016年部门决算和“三公经费”。市教委制定相关公开文件，严格把关，加强数据材料审核，确保公开数据真实可靠。

(李高远)

58个教育项目绩效评价

4月至7月，市教委完成58个教育项目绩效评价工作。其中，25所市属高校的教师队伍建设等项目25个；中专直属单位的设备购置、直属单位业务发展等项目33个。经过专家考评，共评出市属高校优秀项目8个、良好项目17个；中专直属单位优秀项目7个、良好项目24个、一般项目2个。

(李高远)

贯通培养生均定额标准调整

6月2日，市教委、市财政局联合印发《关于调整贯通培养试验院校生均定额标准的通知》。根据文件，高等院校贯通培养试验的中职学生的生均公用经费定额标准，依据独立设置高职院校生均公用经费定额安排。招生类别为外培班的院校，其留学对象国语言为非英语外培班学生的定额标准可进一步提高，留学对象国语言为非英语的学生前5年的定额标准在上述定额标准的基础上乘以1.3倍的系数给予安排。文件同时明确学生境外访学研修经费、贯通培养实验后2年生均经费定额标准等事项。

(李高远)

事业单位产权登记

6月至8月，市教委组织开展事业单位产权登记。参加此次产权登记的单位86家(不含市教委本级和北京教育考试院)，其中，轻工业塑料加工应用研究所为初始登记。截至2016年12月31日，市教委所属事业单位资产总额6481036.57万元，负债总额441202.51万元，净资产6039834.06万元。北京教育考试院为财政补助事业单位，暂缓产权登记。原因为部分房屋与北京开放大学存在产权关系不清，经协商，已明确该房屋所有权人为北京开放大学。

(时阳)

四类基础教育寄宿学生生活补助标准调整

10月17日，市教委、市财政局调整基础教育学校生活补助标准。基础教育相关学生生活补助标准提高，明确九年义务教育学校就读的具有北京市学籍的四类寄宿学生(指具有北京市学籍在北京市中小学就读的城乡低保家庭寄宿学生、在特殊教育学校就读的残疾寄宿学生含〈随班就读学生〉、在十个远郊区公办农村寄宿制中小学就读的寄宿学生、在北京市工读学校就读的寄宿学生)，以及在特殊教育学校就读的具有北京市户籍的普通高中、职业高中残疾寄宿学生，生活补助标准由原来每人每月 240 元提高至小学每人每月 300 元、初中及以上每人每月 360 元，每年按 10 个月计发，同时免收住宿费。提出进一步扩大助学补助范围，将助学补助范围调整为具有北京市学籍，在北京市义务教育学校及相应学段特殊教育学校、专门教育学校就读的城乡低保家庭学生、残疾学生(含随班就读学生)、工读学生及户籍在山区的学生，按照每人每年 300 元的标准给予助学补助。在北京市特殊教育学校就读的具有北京市户籍的普通高中、职业高中残疾学生免收学费和教科书费，寄宿生免收寄宿费，同时每人每年发放 300 元助学补助。政策自 2017 年秋季学期起执行。

(徐达)

预算编制

10 月至 12 月，市教委完成所属预算单位及市对区教育补助 2018 年预算的审核、汇总、上报工作。预算数据包括市教委机关事业及所属 54 个事业单位(含 25 所市属高等院校、6 所中等专业学校、23 个直属单位)。市教委 2018 部门预算全年预算收入 287.02 亿元，其中，财政拨款 208.13 亿元;全年支出 287.02 亿元。市对区教育补助 115.90 亿元。

(李高远　徐达)

部分基本经费拨款制度修订

至年底，市教委修订部分基本经费拨款制度。市属高校、中等职业学校、中小学及特殊教育学校，人员经费按照编制内实有人数人均支出上限(含社保缴费、住房公积金等)进行测算，在职在编无房户职工住房补贴、离休费、离休人员医疗统筹、统筹外退休费、思想政治工作补助、学生助学金按照财政政策由学校据实申报。市属高校学术型研究生与专业学位研究生公用经费定额合并，研究生生均公用拨款不区分学术和专业学位研究生；按照学科大类将相近学科合并，形成新的学科定额类型。

(李高远)

审计

概述

2017 年，北京市教育系统内部审计机构 71 个，包括独立设置机构 39 个；内部审计人员 241 人，包括专职审计人员 142 人。全年完成审计项目 4280 项，其中，财务收支审计 368 项、效益审计 21 项、经济责任审计 518 项、内部控制审计 16 项、基建修缮项目审计 2729 项、科研经费审计 54 项，资产管理审计 5 项，政府采购和招投标管理审计 102 项，其他项目审计 467 项。审计资金共计 1230.58 亿元，促进增收节支 5.47 亿元，提出意见建议被采纳 5626 条。

(赵凤旗)

工程跟踪审计

1 月至 5 月，市教委完成项目跟踪审计。市教委审计部门协调社会中介机构，完成对“市教委新建教育系统综合服务中心等项目”竣工结算、决算审计工作，先后出具《市教委新建教育系统综合服务中心等项目工程结算审查报告》《市教委新建教育系统综合服务中心等项目基本建设工程决算审核报告》。

(李新影)

整改跟踪检查

2 月至 12 月，市教委完成审计项目整改跟踪检查。市教委完成 2016 年 10 名领导干部经济责任审计、25 所市属高校基础设施改造定额项目审计调查，完成 1 个 2015 年度预算执行与决算审计、1 个市属高校参与小学体育美育发展项目、1 个市教委机关本级内部控制项目的整改跟踪检查。检查审核各单位提交的整改材料，制定整改跟踪检查结果清单 38 份。

(徐焕喆)

年度审计工作会

3 月 31 日，市教委召开 2017 年度教育系统审计工作会。会议传达 2017 年全市审计工作电视电话会议精神，总结 2016 年全市教育内部审计工作，布置 2017 年教育系统内部审计工作。刘宇辉参加会议并讲话。他要求一要提高认识，进一步增强做好教育审计工作的责任感和使命感；二要聚焦重点，为教育改革发展保驾护航；三要加强管理，保障内部审计各项任务的圆满完成，提高教育内审工作的科学化、制度化、规范化水平。会上，朝阳区教委、西城区教委、北京工业大学、北京联合大学 4 家单位分别作交流发言。会议同时印发《北京市教育委员会关于做好 2017 年教育审计工作的通知》。各区教委、市属高校、市教委直属单位主要领导和审计机构负责人 150 余人参加会议。

(李新影)

预算执行与决算审计

3 月至 10 月，市教委完成 9 家开展经济责任审计单位的 2016 年度预算执行与决算审计，实现“一审多果”。9 家单位包括北京工业职业技术学院、北京教育科学研究院、北京教育音像报刊总社、北京学生活动管理中心、北京铁路电气化学校、北京市自动化工程学校、北京市国际教育交流中心、北京市教工休养院、北京市教育网络和信息中心。市教委在全面检查单位 2016 年预算管理、预算执行与财务决算的基础上，重点检查项目执行情况，“三公经费”使用情况。审计总金额 35.32 亿元，发现问题 142 个，涉及资金 1.75 亿元，提出审计意见建议 179 条。

（张未）

经济责任审计

3 月至 10 月，市教委完成 9 名领导干部经济责任审计。受市委教工委委托，市教委以《党政主要领导干部和国有企业领导人员经济责任审计规定实施细则》确定的审计内容为基础，根据领导干部的职责权限，结合履职特点，先后完成北京工业职业技术学院、北京教育科学研究院、北京教育音像报刊总社、北京学生活动管理中心、北京铁路电气化学校、北京市自动化工程学校、北京市国际教育交流中心、北京市教工休养院、北京市教育网络和信息中心 9 家单位 9 名领导干部经济责任审计，并出具审计报告、审计结果报告。审计总金额 102.32 亿元，发现问题 226 个，涉及资金 2.65 亿元，提出审计意见建议 265 条。

（李新影）

对两所高校开展内部控制审计

6 月至 10 月，市教委对两所高校开展内部控制审计。市教委对首都经济贸易大学、北京联合大学 2016 年 1 月 1 日至 2017 年 5 月 31 日期间，学校内部控制设计的健全性及运行的有效性检查和评价，并出具审计报告。审计总金额 54.68 亿元，发现问题 35 个，涉及资金 3053.45 万元，提出审计意见建议 50 条。

（赵凤旗）

经济责任审计协调小组会

6 月至 10 月，市委教工委、市教委经济责任审计工作协调小组召开两次会议。协调小组第一次会议审议 2016 年经济责任审计整改情况，通过审计整改确认原则，明确重点关注事项；审定市委教工委市教委《2018 年度经济责任审计计划》及《2018—2022 年经济责任设计五年轮审计划》。第二次会议审定市委教工委、市教委《审计整改工作实施办法》；通报 2017 年局级领导干部经济责任审计情况；审议 2017 年处级领导干部经济责任审计相关问题，强调要加强规矩意识和制度建设，狠抓整改落实。

（李新影）

治理教育乱收费工作会

6 月至 12 月，市教委协调组织召开 3 次市治理教育乱收费联席会议办公室工作会议。会议先后研究开展规范教育收费检查工作，通报自查阶段各单位组织情况和发现问题情况，专题研究《开展 2017 年秋季规范教育收费专项督查工作方案》、检查指标体系，确定专项督查时间、督查流程与督查重点等；以及专项督查中发现问题的整改及后续工作安排。

（李新影）

后续审计工作

9 月至 11 月，市教委先后完成经济责任审计、预算执行与决算审计、市属高校基础设施改造定额项目专项审计的后续审计工作。市教委完成对北京电影学院、中国音乐学院、北京教育技术设备中心、北京开放大学、北京市商务科技学校、北京教育综合服务中心（北京市学生资助事务管理中心）、北京教育志编纂委员会办公室、北京市校办产业管理中心、北京青年政治学院 9 家单位经济责任审计后续审计；完成北京学校后勤事务中心 2015 年度预算执行与决算审计的后续审计；完成首都师范大学、北京舞蹈学院、北京工业大学、北方工业大学、北京服装学院 5 所市属高校基础设施改造定额项目的专项审计调查的后续审计。通过后续审计，了解单位对审计发现问题采取的具体措施及效果，测试类似问题是否再次发生，促进单位完善内部控制，提升管理科学化水平。审计总金额 142012.18 万元，新发现问题 6 个，涉及资金 11955.08 万元，提出审计意见建议 51 条。审计整改完成率 89%。

（徐焕喆）

教育收费检查

9 月至 11 月，市教委协调组织 2017 年秋季教育收费检查工作。检查包括自查和专项督查两个阶段。自查阶段，各级各类学校边查边改，上报发现问题 23 个，涉及问题资金 45.252 万元，清退资金 1.122 万元。专项督查阶段，市教委、市发展改革委、市财政局和市新闻出版广电总局分别调派人员组成 4 个督查组，对 6 个幼儿园、5 所小学、9 所中学、5 所市属高等学校和 5 个市教委直属单位实施现场督查，发现教育收费公示不规范、服务性收费代收费管理不规范等 4 类 18 个问题。对于发现问题，要求各单位边发现边整改，2018 年初全部整改完成。

（李新影）

经责审计总结会

11 月 15 日，市教委召开 2017 年经济责任审计工作总结会。会议通报经济责任审计总体情况，肯定领导干部任期内取得的成绩，分析审计发现问题的类型及产生的原因。要求被审计单位充分认识经济责任审计工作的意义，正视存在的问题，采取积极有效的措施，严格落实审计整改工作，进一步强化责任意识，加强制度的落实，强化审计结果的利用。9 名被审计领导干部及接任领导干部、被审计单位财务部门负责人、审计部门负责人 31 人参加会议。

（李新影）

审计整改工作实施办法

11 月 22 日，市委教工委、市教委印发《审计整改工作实施办法》。办法共包括 14 条内容，明确审计整改工作责任，健全审计整改工作机制，强化结果运用。办法规定接受市委教工委、市教委组织实施的审计项目，被审计单位是审计整改工作责任主体，单位主要责任人作为审计整改工作第一责任人，要切实抓好审计发现问题的整改工作；要在规定期限内，对审计发现的问题采取措施进行纠正和处理。审计工作协调小组要完善审计整改工作会商制度，推进整改工作有效落实；协调小组成员单位要密切配合，共同做好问题查办、线索移送等工作。文件规定审计部门应建立审计整改跟踪检查、审计整改对账销号机制，随审计整改情况动态跟踪；审计协调小组办公室开展审计整改督查工作，对整改不力造成重大影响的提出问责建议，报审计协调小组审定；审计结果和审计整改情况在适当范围内，通过适当方式予以公布。

（赵凤旗）

内审工作质量评价

11 月，市教委会同市审计局对 3 所市属高校开展内部审计工作质量评价。市教委对北京信息科技大学、北京物资学院和北京舞蹈学院 3 所市属高校，分别从管理体制与保障机制、队伍建设、制度建设、审计业务、审计质量控制、审计实效和审计信息化 7 个方面，对学校的内部审计工作质量情况评价。结果显示各高校内部审计管理体制比较健全，内部审计机构管理比较规范；积极开展审计工作，内部审计业务作业有序；重视审计结果利用等。但在制度建设、队伍建设、质量控制等方面仍有改进空间。同时，市教委进一步完善市属高校审计工作质量评价指标体系，通过聘请部属院校专家开展评价方式，搭建市属高校与部属院校交流的平台。

（张未）

基本建设

概述

2017 年，北京市各级各类学校基本建设完成投资 285359.20 万元。其中，国家投资 273002.70 万元（北京市地方安排 164971.70 万元、区安排 108031 万元）、自筹资金 12356.50 万元。在施建筑面积 1653539 平方米，其中，新开工面积 884992 平方米。竣工建筑面积 574117 平方米，其中，教学及辅助用房 435256 平方米、行政办公用房 36838 平方米、生活服务用房 90110 平方米、其他用房 11913 平方米。新增固定资产 119037.5 万元。

（黄莹莹）

规范中小学室内装修改造

2 月 4 日，市教委印发《关于加强中小学室内装修改造管理工作的通知》。通知要求各区教委和学校严格执行国家和北京市有关规定和标准，防控因室内装修改造导致的环境污染问题。要切实抓好关键环节与重点工作管理，严把项目入库和设计关、招标文件和合同管理关、装修材料采购和入场检验关、项目竣工验收关；要加强监督和管控，完善并严格执行制度。要严格按照“安全环保、朴素实用、完善功能”的要求，中小学校施工时，不得现场制作学生贮物柜等家具，音乐教室、舞蹈教室、书法教室、多功能厅等专用教室在满足使用功能的前提下，杜绝复杂、过度装修。文件自 3 月 5 日起执行。

（黄莹莹）

10 月，中关村中学完成实验室改造装修

（中关村中学　供）

中小学基本建设专业培训

4 月 19 日，市教委召开中小学室内装修改造管理工作培训会。会议邀请北京教育科学研究院丰台实验小学校长介绍学校实施装修改造管理经验，海淀区教育后勤中心和朝阳区教委相关负责人汇报交流；邀请学校室内设计专家和空气质量检测专家对装修环保材料的使用、工艺设计要求、教室装修污染检测控制技术等方面详细讲解。各区教委主管主任、基建科长，学校后勤、房管部门负责人，装修改造项目学校副校长、总务主任等 240 余人参加会议。

（黄莹莹）

防汛工作巡检巡查

6 月 21 日至 22 日，市教委开展强降雨防汛工作巡检巡查。市教委印发《关于做好 6 月 21 日至 24 日强降雨应对工作的通知》《关于做好 2017 年中考和夏季高中会考期间防范雷暴雨工作的通知》，就有关工作进行部署。同时成立 3 个防汛专项工作小组，分别走访房山、丰台、昌平和门头沟四个区的教委及相关学校，开展对雨情重点区域和学校巡检巡查。市教委另于 4 月 1 日印发《2017 年北京市教育系统防汛工作要点》，明确 2017 年防汛工作要加强组织领导、推进体系建设；完善规章制度，健全工作机制；开展宣传教育，提升管理水平；加大排查力度，消除安全隐患。要求各单位细化分工和职责、严格落实责任追究制，逐级签订《防汛责任承诺书》。

（黄莹莹）

市教育系统基本建设管理培训

11 月 9 日至 10 日，市教委召开北京市教育系统基本建设工作培训会。市政府审改办、市发展改革委、市规划国土委、市住建委、市经济信息中心相关人员解读北京市公共服务类建设项目投资审批改革试点“一会三函”（其中，“一会”指市政府召开会议集体审议决策，“三函”是指前期工作函、设计方案审查意见、施工意见登记书三份文件）政策、流程及平台操作；市住房和城乡建设科技促进中心相关负责人解读北京市发展装配式建筑政策；邀请有关专家对智慧校园建设、地下空间利用、被动式低能耗创新及建筑信息化管理应用等有关建筑的前沿科技做大会报告。会议另组织区教委、高校分组开展专题讨论。各区教委主管主任、基建科长，各市属高校基建处相关负责人，沙河、良乡高教园区内部属高校及部分直属单位基建工作负责人共计 120 余人参加会议。

（黄莹莹）

首师大附中通州校区改扩建工程开工

12 月 14 日，首都师范大学附属中学通州校区改扩建工程正式开工。首都师范大学附属中学通州校区改扩建工程位于通州区中山路 50 号，原首都师范大学初等教育学院通州校区内南侧，占地约 5.6 万平方米，规划总建筑面积约 8.5 万平方米，计划总投资 8.9 亿元。规划为 48 个班，总在校生数 2280 人。为快速提升通州区基础教育办学水平，根据市政府要求，抓紧推进前期各项手续办理，实现年内开工的目标。工程计划 2019 年 9 月完工。

（张逊）

市属高校新校区建设

至年底，市教委推动市属高校新校区建设。市教委推动部分教育功能有序疏解，加快市属高校新校区建设。北京电影学院怀柔新校区一期工程 18 万平方米校舍 3 月 15 日开工，年底完成结构封顶；二期工程完成方案深化设计工作。北京城市学院顺义新校区二期征地 10.07 万平方米（约合 150 亩），用于三栋学生宿舍楼建设，至年底，一栋教学楼竣工使用；9 月，5000 名新生入住；三期征地 35 万平方米（约合 524 亩），取得市政府规划批复。北京信息科技大学昌平新校区学生公寓 A 组团竣工，学生公寓 B 组团 9 月开工建设，教学组团等正在深化设计方案。北京工商大学良乡新校区二期工程 13 万平方米校舍年底开工建设。北京建筑大学大兴新校区体育馆和行管楼竣工并投入使用。市教委同时优化首都教育布局，按照区区有高校的要求，谋划高等学校布局，开展门头沟布局艺术院校的可行性研究，推动联合大学新校区选址工作。

（王虹）

后勤管理

概述

2017 年，北京市后勤管理工作紧密围绕中心、服务大局，坚持稳中求进内涵发展，牢固树立以生为本理念，推动学校后勤工作转型升级，推进节约型校园建设，发挥“管理育人、服务育人、环境育人”功能，为首都教育事业改革发展提供坚强保障，为广大师生学习生活提供良好服务。一是扎实推进高校后勤标准化建设，制定学生公寓、食堂和物业创建达标验收工作方案、工作手册，完成 50 所高校后勤标准化创建计划方案及全市高校后勤标准化建设的基础数据整理。联合质监局开展高校学生公寓床上用品质量安全专项检查。二是推进学校后勤管理制度体系建设，制定中小学校食堂管理办法、中小学校外供餐管理办法、高校食堂价格平抑资金专项检查办法，加强规范化建设，全年印发后勤管理工作部署类通知 15 件。三是突出抓好校园食品安全，层层落实学校食品安全责任，会同市食药监局开展校园及周边食品安全专项检查，组织开展食品安全周宣传活动，大力推进“阳光餐饮”工程，高标准完成丰台、平谷、怀柔等 5 个区“无证无照”专项治理督查工作以及东城、西城、海淀、顺义等 4 个区“食品安全示范区”创建工作专项评估考核。四是贯彻绿色发展，加强宣传教育，推进节能减排和绿色校园建设。不断完善节能减排工作规划标准，制定印发《北京市教育系统“十三五”时期节能减排行动计划》，坚决完成单位建筑面积能耗下降 10%、人均能耗下降 12% 的约束性指标。研究制定《高校碳排放管理规范》地方标准。组织开展能效领跑者评选、全国节能宣传周和全国低碳日主题宣传活动。为加强节约型学校和绿色生态校园建设，推动生态文明和节能减排教育。组织开展教育系统生活垃圾强制分类试点先期准备工作，明确北京交通大学、北方工业大学、北京城市学院为教育系统先期试点单位。市教委同时完成共享单车进校园、高校校园游乱象整治、中小学安装新风空气净化器等工作。

（武怀海）

《北京市中小学生午餐推荐带量食谱》

4 月，北京学校后勤事务中心完善《北京市中小学生午餐推荐带量食谱》2016 年版。新版食谱加入制定原则、制定食谱的具体要求、制作要点和给家长的建议等内容，详细介绍食谱的研发过程，食谱的设计依据，在实际制作中如何科学烹饪，学生在家就餐家长应该考虑哪些因素等，并就供餐单位如何根据示例食谱结合学校实际情况制定符合本校实际情况的食谱给出指导意见，进一步增强食谱的可操作性与实用性。

（王佳）

“营”在校园平衡膳食行动

5 月至 12 月，市教委、市卫计委共同开展 2017 年“营”在校园平衡膳食行动。该活动向全市中小学生发放“致家长的一封信”，同时开展“吃动平衡促健康”主题宣传。“营”在校园活动始于 2014 年，市教委和市卫计委共同制定《“营”在校园——北京市平衡膳食校园健康促进行动工作方案》，旨在科学引导学生健康饮食行为和习惯，改善北京市中小学生营养健康状况，保障儿童青少年健康成长。

（王佳）

5 月至 12 月，市教委、市卫计委共同开展 2017 年“营”在校园平衡膳食行动　（市教委相关处室　供）

“阳光餐饮”工程建设实施方案

7 月 6 日，市教委印发《北京市教育系统推进“阳光餐饮”工程实施方案》。该工程旨在深入推进市中小学校、幼儿园食品安全信息公开和食品加工操作过程可视化，全面提升学校食品安全管理水平。工程计划利用三年时间，在属地政府的主导下，全市学校食堂基本完成“阳光餐饮”工程建设任务。重点任务包括学校食堂食品安全信息公开、食品加工操作过程可视化、互联网实现信息实时查询、学校食品安全责任落实四个方面。至年底，全市 1520 所中小学幼儿园实现“阳光餐饮”，提前超计划完成年度目标任务。

（程增科　常勇）

中小学校食堂管理办法

9 月 25 日，市教委印发《北京市中小学校食堂管理办法》。文件明确组织管理、食品安全管理、食堂从业人员管理、食堂食品采购、食堂食品储存、食堂食品加工、食堂食品供应、食品营养管理、食堂财务管理、食品安全突发事件应急处置、监督检查 11 个方面的管理要求，共计 13 章 70 条内容。该办法适用于全市中小学校、中等职业学校的食堂管理，幼儿园参照执行。

（程增科　常勇）

中小学校外供餐管理办法

9 月 25 日，市教委、市食药监局、市卫计委联合印发《北京市中小学校外供餐管理办法》。文件明确组织管理、外供餐企业的准入、外供餐学校管理服务规范、外供餐企业的日常监管、外供餐企业管理服务规范、外供餐企业退出、责任追究等方面管理要求，共计 9 章 38 条内容。在本市行政区域内从事中小学校外供餐的企业及其生产经营活动和需要外供餐服务的中小学（含大学附中、附小、民办学校）适用本办法。

（程增科　常勇）

教育系统节能减排培训会

11 月 16 日至 17 日、20 日至 21 日，市教委召开 2017 年北京教育系统节能减排工作培训会。会议总结北京市中小学绿色生态校园建设和节能减排教育活动，表彰活动中获奖的单位和个人，同时邀请先进代表交流发言。会上，市教委邀请专家对北京市“能效领跑者”相关政策进行解读；对研究制定的《高等学校碳排放管理规范》进行宣贯培训；分别就北京市节能环保有关政策，城市整体规划、节能、节水、垃圾强制分类等方面开展专题讲座 8 场。此次会议分高校和各区教委两批次进行，累计培训各级各类学校校长、后勤主管、科技教师等 400 余人。

（黄灵燕　张炀）

高校后勤标准化创建达标验收工作会

11 月 21 日至 22 日，市教委召开 2017 年度高校后勤标准化创建达标验收工作部署暨培训会。会议对高等学校后勤标准化学生公寓、食堂、物业达标验收工作进行部署和培训。各申报达标验收高校后勤相关负责人及验收专家等 230 人参加会议。

（程增科　常勇）

《高等学校碳排放管理规范》地方标准

11 月 24 日，《高等学校碳排放管理规范》北京市地方标准发布。该标准旨在落实《国家应对气候变化规划（2014—2020)》。市教委依据《北京市推进节能低碳和循环经济标准化工作实施方案（2015—2022 年）》，要求各高校建立碳排放管理体系，明确各单位要规范自身的碳排放管理，核算准确的碳排放总量数据，设定合理的碳排放控制目标，提升科学的碳排放控制水平。

（黄灵燕　张炀）

中小学在校就餐工作推进会

11 月 27 日，市教委、市食药监局、市卫计委联合召开北京市中小学在校就餐工作推进会。会议全面总结中小学

4月13日，十九中举办校服展示投票活动
（十九中 供）

校后勤管理工作，深入分析中小学生在校就餐现状，要求合理调整供餐结构，规范在校就餐工作的管理，提升供餐质量和服务水平，构建起以组织领导、法规制度、日常管理、教育培训、应急处置和监督检查为主要内容的管理体系。要求各区要加大政府投入，制定落实优惠政策，降低学校食堂运行成本，坚持公益性原则，严禁学校以任何方式从学校食堂盈利。要求各区各校要因区制宜、因校制宜、分类施策，一区一案、一校一案，加快推进学校食堂建设，补齐硬件条件的短板。同时要坚持底线思维，确保校园食品安全。建立健全食品安全保障机制，定期开展食品安全风险评估，制订食品安全事故应急预案。各区教委主任、主管副主任、负责学校后勤的业务科室和部门负责人，各区食药监局、卫计委相关负责人和部分中小学校幼儿园校长（园长）代表320人参加会议。2017年，全市130万中小学生中，每天在校就餐的学生达93.42万人，占在校学生总数的73.43%；8.13万名寄宿生，一日三餐都在学校；另有41万名在园幼儿，需要全部在园就餐。

（程增科　常勇）

《北京市中小学校服色彩体系》标准

12月3日，《北京市中小学校服色彩体系》发布。宫墙红（赤）、靛青（青）、汉白（白）和瓦灰（灰）四种代表色确立为北京校服的主题色。该项工作由北京学校后勤事务中心指导北京市中小学校服研发中心完成，从北京建城建都历史、地理环境、人文生活和色彩基础理论着手，开展一系列的策划统筹、调查分析、梳理归纳等课题研究工作，最终形成《北京市中小学校服色彩体系》。

（陈娜）

学校基地直供公益平台运行稳定

至年底，北京学校基地直供公益平台运行稳定。全年参与北京学校基地直供平台采购的高校共有75所，供应商55家，平台在售商品336种，年总订单15067个，年总交易额22225万元，年总交易量41028吨，物流补贴额度903万元。北京学校后勤事务中心全年邀请涉及43所高校的专家83人次，参与基地直供工作12个重大事项的论证和决策，保证各校享受同质同价服务和平等参与权。平台的稳定运营，保证高校食堂大宗原材料有序供应，全年在仓储、物流、配送等环节无意外事故等情况发生，未出现食品安全质量问题。全年服务零投诉。北京学校后勤事务中心在北京学校基地直供平台开设精准帮扶专栏，支持两委一室选派到胡家营村的“第一书记”推动当地特产上线，助力当地农民增收致富。

（王帅）

征订学生装104.6万套

至年底，北京市共征订学生装104.6万件（套）。其中，体育装90.2万件（套）、制式装8.1万件（套）、其他款6.3万件（套），共减免3254件（套）；顺义区、朝阳区、燕山地区政府统一购买146140套。政府配发校服试点工作取得成效，朝阳区十八里店学区义务教育阶段的3400名学生穿上政府统一配发的新款校服。本年，北京学校后勤事务中心开展多项措施加强校服管理工作。4月和9月召开两次北京市校服工作会议部署2017年校服工作；联合市质监局召开校服工作培训会，并联合开展“2017年北京市学生装（校服）产品质量抽检评估专项行动”；抽查全市校服征订工作规范性；北京市中小学校服研发中心继2016年推出68套新款校服之后，再推出新款校服50套。

（陈娜）

校园安全工作

概述

2017年，市委教工委、市教委和各高校以推进“平安校园”建设提升工程为主线，以做好党的十九大、“一带一路”国际合作高峰论坛安保工作为重点，着力提升校园安全管理防范水平，有效应对影响校园安全稳定事端，坚持稳中求进内涵发展，牢固树立以生为本理念，坚守校园安全红线，不断加强队伍建设和条件保障，确保北京教育系统持续稳定。完成年度维稳安保任务，同时排查化解涉校矛盾纠纷，维持校园稳定。印发《关于“十三五”时期实施高校“平安校园”建设提升工程的意见》《北京高校安全技术防范和消防系统建设、使用、维护规范》文件。组织高校开展问题隐患排查整治专项行动和专项督查行动，先后完成“一带一路”高峰论坛、党的十九大两大维稳安保任务，保持高校系统总体稳定。3月、6月、9月组织开展三轮高校矛盾纠纷专项摸排，完善矛盾纠纷市校两级挂账机制，实行台账动态更新管理，解决涉校矛盾纠纷。组织高校开展校园周边环境秩序突出问题隐患专项排查。举办2017年“校园安全宣传月”活动和考核25所市属高校开展社会治安综合治理(平安校园建设)工作。面向高校所有新入校学生发放《大学生安全知识手册》和《大学生反邪教知识手册》，累计发放56万册。

6月6日，东城区回民实验小学安全教育课堂，用戏剧形式开展安全教育　（新闻中心　供）

(杨硕　武怀海)

“平安校园”建设提升工程意见印发

2月24日，市委教工委、市教委印发《关于“十三五”时期实施高校“平安校园”建设提升工程的意见》。文件明确实施“平安校园”提升工程的目标原则、重点任务与工作要求，旨在进一步推动学校安全稳定各项工作水平持续提升。

(杨硕)

首都高校安全稳定工作会议

3月1日，市委教工委召开2017年北京高校安全稳定工作会暨全国“两会”安保工作部署会。会议部署2017年度和全国“两会”首都高校安全稳定工作，要求各高校全面加强校园综合防控工作，做好应急值守和信息报送工作，应对处置好各类突发事件。96所高校主管校领导和部门负责人，民办非学历高等教育机构负责人280人参加会议。

(杨硕)

校园周边环境秩序专项排查

3月，市委教工委组织各高校开展校园周边环境秩序突出问题隐患专项排查。专项排查工作通过自查形式开展，重点检查校园周边存在的违法建设、非法经营、治安乱点、交通隐患等严重影响校园周边环境秩序和师生人身安全的隐患问题。共排查突出问题隐患61处，涉及10个区、35所高校，并建立专项工作台账。市委教工委指导各区专项组全面掌握实际情况，研究制定整治措施，对排查出的突出问题隐患开展专项整治工作，持续改善高校周边环境秩序。

(杨硕)

国家安全教育日宣传教育活动

4月10日至15日，市委教工委组织各高校开展2017年度“全民国家安全教育日”主题宣传教育活动。各高校通过召开音乐会、专题讲座、组织闯关游戏等形式开展宣传教育活动。活动期间，中央电视台、北京电视台、中国教育电视台等媒体对清华大学、北京外国语大学、北京航空航天大学等北京高校的宣传教育活动进行报道。

(杨硕)

防治中小学生欺凌和暴力工作交流研讨会

4月13日，市教委组织召开2017年全市防治中小学生欺凌和暴力工作交流研讨会。会议总结2016年以来全市开展校园欺凌专项治理情况，邀请部分学校代表和专家交流工作经验和体会，部署下一步防治中小学生欺凌和暴力长效机制建设工作。会议要求各有关单位要高度重视中小学生欺凌和暴力问题，不断提高对做好防治校园欺凌和暴力工作重要性的认识，加强领导，全面建立防治校园欺凌和暴力的长效机制。采取切实有效措施，坚决遏制校园欺凌和暴力事件的发生，特别要加强对学生的全面教育，提升学校的教育教学管理整体水平，积极主动作好与家长和社会各方面的联系沟通工作。着力提升应急处置能力，积极稳妥、依法依规、及时有效处理好校园欺凌事件。各区教委相关负责人40余人参加会议。

(战先政　房俊焱　王建水)

学校实验室危险化学品安全管理方案

5月16日，市委教工委、市教委印发《加强学校实验室危险化学品安全管理工作方案》。方案明确学校实验室危险化学品安全管理工作领导小组工作原则、领导小组、职责分工等，要求按照“党政同责、一岗双责、失职追责”和“管行业必须管安全，管业务必须管安全，管生产经营必须管安全”要求，确保领导到位、责任到位、部署到位、检查到位、配合到位、落实到位。文件同时要求高度重视，强化责任；健全制度，规范管理；建设平台，动态管理；强化协调，密切配合。

（战先政　房俊焱　王建水）

规范高校技防建设

5月17日，市委教工委印发《北京高校安全技术防范和消防系统建设、使用、维护规范》，规范高校技防建设。文件明确高校重点部位、重点公共区域的安全技术防范系统和消防安全系统建设标准和技术要求，指导高校规范安全技术防范和消防系统建设、使用与维护。

（杨硕）

防治中小学生欺凌和暴力实施意见

5月23日，市委教工委、市教委、市政府教育督导室等11个部门联合印发《关于防治中小学生欺凌和暴力的实施意见》。意见包括加强组织领导、加强学校教育管理、强化学校周边治安综合治理、依法落实家长监护责任、加强社会干预和法律援助、扎实推进“平安校园”建设、营造良好社会环境、加强专项督导检查八方面内容。明确各区成立由区政府主管领导任组长、区教育部门主要领导任副组长、区相关部门领导任成员的区级防治中小学生欺凌和暴力工作领导小组，建立统一领导、分工合作、齐抓共管、属地为主、依法治理的工作制度机制。要求各区、各中小学要加强教育、严格管理、预防为主、稳妥处置，坚持宽容但不纵容、关爱而又严管的原则，全面加强学校的日常规范化管理。

（战先政　房俊焱　王建水）

电气火灾综合治理实施方案

7月11日，市教委印发《北京市教育系统开展电气火灾综合治理实施方案》。方案明确2017年7月至2020年4月在全市教育系统开展电气火灾综合治理工作，要求各单位全面排查整治教育系统各单位电气设备管理、使用和维护等方面存在的隐患和问题，排查建设工程电气设计、施工质量管理和质量管理责任等存在问题，排查整治各单位电气使用维护违章违规行为。主要内容包括建设工程电气综合治理、电器产品使用管理领域综合治理，分动员部署、自查自纠、建章立制、集中整治4个阶段，至年底，全市组成检查组120余个，对1300所学校开展检查5400余次，查改老旧电气线路、违规大功率电器及违规电动车充电等问题6000余处。

（战先政　房俊焱　王建水）

危险化学品安全综合治理三年行动计划

7月28日，市委教工委、市教委印发《北京市教育系统学校危险化学品安全综合治理三年行动计划(2017—2020年)实施方案》。此次危险化学品安全综合治理工作由市委教工委、市教委学校实验室危险化学品安全管理工作领导小组负责组织领导，各高校、各区教委成立党政一把手任组长的组织领导机构组织开展工作，包括部署、治理、总结3个阶段，内容主要包括健全完善学校危险化学品安全管理体制机制、落实学校危险化学品安全管理主体责任、全面摸排学校危险化学品安全风险等八方面内容。两委要求各区县、高校高度重视、加强领导，制订方案、狠抓落实，强化责任、加强督查。

（战先政　房俊焱　王建水）

“校园安全宣传月”活动

9月1日，市委教工委、市教委、市公安局联合举办的2017年“校园安全宣传月”活动启动。活动以开学为契机，以防恐、防火、防盗、防毒品、防诈骗、防传销、防安全事故为重点，运用网上和网下、传统和新兴等多种方式和媒介，开展各级各类学校安全宣传和法治教育。期间，公安部门开展“宣讲团队进校园”活动，与广大师生面对面

平谷区第一幼儿园安全小宣传员开讲

（平谷区第一幼儿园　供）

交流;市委教工委、市教委指导各区、各学校通过校园网络、微信公众号、班会等形式宣传安全知识，加大安全教育的宣传力度和覆盖面，提高学生的安全防范意识和能力。

（杨硕）

小学生交通安全帽配发

9月，市教委为全市新入学一年级小学生配发小学生夜光型交通安全帽（小黄帽）。市财政投入资金760万元，共配发19万套。同时，市教委以小黄帽路队制工作为载体，广泛开展多种形式的交通安全教育，保障小学生道路交通安全。

（战先政　房俊焱　王建水）

投保校方责任保险及附加无过失保险

9月，市教委2017—2018学年度为中小学学生及幼儿园幼儿投保校方责任保险及附加无过失责任保险共计2359.90万元。其中，为137.68万公办中小学学生及幼儿园幼儿投保校方责任保险，投入保费约688.4万元；为121.55万公办中小学学生投保无过失责任保险，投入保费约607.8万元。此举有效转移办学风险，保障学校、家长及学生的合法权益。

（战先政　房俊焱）

中小学校长幼儿园园长安全专题培训

9月至11月，市教委继续组织全市中小学校长幼儿园园长安全专题培训。此举旨在落实“十三五”时期全市中小学校长幼儿园园长安全专题培训计划。培训主要内容包括“中小学校园安全管理概况”“中小学生欺凌和暴力事件的预防与处理”“饮食安全与健康教育”“消防安全教育重在提高安全技能”“中小学生欺凌产生原因及对策分析”“学校安全风险防控的法律问题与法治路径”“全媒体时代中小学校的公共关系与紧急突发事件的舆情处置”，中小学校长和幼儿园园长1200余人参加培训。“十三五”时期全市中小学校长幼儿园园长安全专题培训2016年启动，至2017年底，累计培训1800余人。

（战先政　房俊焱　王建水）

安全隐患大排查大清理大整治专项行动

11月，市教委组织开展全市教育系统安全隐患大排查大清理大整治专项行动。至年底，全市基础教育系统累计组成检查组120余个，出动执法力量17966人次，监督检查11242校园（址），共发现一般问题隐患7688项，重大隐患302项，拆除清理违法建设346处，共计55420.02平方米。关闭取缔非法办园30家。

（李异军　王建水）

平安校园建设考核工作

12月，市委教工委、市教委考核25个市属高校及直属单位社会治安综合治理（平安校园建设）工作。考核通过日常工作评价与自查自评相结合的方式量化计分，整体评价学校全年的安全稳定工作。8所高校和7家直属单位年度综治考核结果为优秀。

（杨硕）

危险化学品安全管理工作

至年底，市委教工委、市教委加强危险化学品安全管理工作。两委召开高校实验室危险化学品管理安全隐患专题工作研究部署会；制定出台《加强学校实验室危险化学品使用安全管理工作方案》，印发《北京市教育系统学校危险化学品安全综合治理三年行动计划(2017—2020年)实施方案》；会同市安监局约谈清华大学等12所存在较大危险化学品使用安全隐患的高校，并共同研究明确高校危化品管理联合工作机制、重点任务分工和安全管理体系建设原则和下一阶段的重点工作。转发《高等院校实验室危险化学品安全管理规范（试行）》，于12月28日对有关高校实验室危险化学品安全管理人员进行宣贯、培训。

（战先政　房俊焱　王建水）

离退休干部与关心下一代工作

概述

2017年，北京市属高校、两委机关及直属单位共有离休干部811人，比上年减少82人，平均年龄87.8岁。其中，中共党员700人；第二次国内革命战争时期参加革命工作的2人；抗战时期参加革命工作的113人；解放战争时期参加革命工作的696人。共有退休干部18552人，比上年增加458人。其中，中共党员10669人，平均年龄70.7岁。有离退休干部分党委16个，离退休干部党总支22个，离退休干部党支部481个。共有老干部活动站（室）72个，建筑面积1.48万平方米。全年，北京高校共举办离退休老同志各类学习班、读书班286期，9000人次参加；举办各类情况通报会、报告会620场，4万人次参加；组织外出参观521批次，2.83万人次参加。共走访慰问老同志3.97万人次，发放慰问金1728万元；为近千名离休干部和6981名退休干部发放困难补助金共计1475.39万元。

2017年，北京教育系统关工委有基层单位96个，其中，高校关工委54个、区教育系统关工委17个、高职中专院校关工委25个。北京教育系统关工委围绕立德树人的根本任务，以理想信念教育、社会主义核心价值观教育为重点，配合教育部门和学校，加强青少年思想道德建设。举办纪念北京教育系统关工委成立25周年大会，表彰百名有突出贡献的“五老”代表。完成北京教育系统关心下一代工作委员会组成人员的调整工作。深入学习宣传贯彻党的十九大精神，组织全市教育系统关工委召开3场报告会，750人参加。

举办关工委工作骨干培训班，200 人参加培训。开展“老师您好，我的好老师”主题教育读书活动，全市 20 万中小学生参与活动。助力京津冀协同发展，开展军训服装捐赠和帮困助学活动，20 所高校共募集军服 1.2 万套。贯彻精准扶贫国家战略，继续开展“老校长下乡”活动，15 名老校长助力北京密云、河北阜平 10 所山村学校。由近 400 名关工委老同志组成的特邀党建组织员、思政课信息员工作队伍，在高校党建和思想政治工作中发挥重要作用。

（杨旭　闫妍）

离退休干部工作实施意见印发

2 月 28 日，市委教工委印发《关于加强和改进北京高校离退休干部工作的实施意见》。文件从指导思想、加强离退休干部思想政治工作和党组织建设、加强对离退休干部发挥作用的组织引导、完善和创新离退休干部服务管理工作、加强对离退休干部工作的组织领导和统筹协调 5 个方面，对全面作好新形势下高校离退休干部工作作出部署，提出明确要求。

（杨旭）

关工委全体委员会议

2 月 28 日，北京教育系统关工委全体委员会议召开。会议传达北京高校思想政治工作会议精神，通报北京教育系统关工委 2016 年工作总结和 2017 年工作要点。与会人员对关心下一代工作建言献策。市委教工委、市教委、北京教育系统关工委领导及委员、部分“五老”代表近 50 人参加会议。

（闫妍）

教育系统离退休干部工作会

3 月 15 日，市委教工委、市教委召开教育系统离退休干部工作会。会议总结上年工作，部署 2017 年工作任务，要求更加注重思想政治引领和党组织建设，切实改进服务保障工作，着力加强对离退休干部发挥作用的组织引导，激励广大离退休干部为党的建设和首都教育事业科学发展贡献力量。会议授予清华大学老同志理论学习组、首都师范大学数学科学学院服务基础教育“红烛”先锋队等 12 支老同志团队为“北京教育系统老党员先锋队”。北京邮电大学党委、北京外国语大学党委、北京联合大学离退休人员工作处、北京信息科技大学离退休党委、北京第二外国语学院老党员先锋队作交流发言。北京教育系统涉老工作部门负责人、北京高校及两委直属单位离退休工作主管领导和部门负责人 160 余人参加会议。

（杨旭）

关心下一代工作会议

3 月 31 日，北京教育系统关心下一代工作会议召开。会议全面总结 2016 年工作，部署 2017 年工作；表彰“关心下一代优秀读物”33 种共 51 本，表彰 2017 年“信息宣传工作先进单位、先进个人”39 个。中国人民大学法学院关工委、西城区委教工委和北京卫生职业学院关工委分别作交流发言。教育部关工委、市委教工委、北京教育系统关工委领导，北京教育系统关工委委员，各高校、区、高职中专院校主管领导、关工委负责人 200 人参加会议。

（闫妍）

北京高校老干部大讲堂

3 月至 11 月，市委教工委分别在中国政法大学、北京师范大学、北京外国语大学举办 4 场北京高校老干部大讲堂。大讲堂邀请外交学院、北京外国语大学、中国人民大学教授以及军事专家分别作《中美关系的新变化与新挑战》《从“丝绸之路”到“一带一路”——解读中国发展战略》《十八大以来治国理政理论与实践》《南海问题的历史与法律依据》专题报告。北京各高校局级离退休干部、离退休干部党支部书记、理论学习骨干千余人参加活动。

（杨旭）

关心下一代教育基地揭牌

4 月 19 日，北京教育系统关工委“关心下一代教育基地”在北京工业大学微特电机博物馆揭牌。该博物馆作为“关心下一代教育基地”将发挥“五老”优势，成为与青少年互动交流的教育平台、加强青少年社会主义核心价值观教育的实践平台。北京教育系统关工委、北工大领导及校相关部门负责人约 50 人参加揭牌仪式。微特电机博物馆建于 2010 年，是在机电学院退休教师董天午收藏的由 15 个国家和地区生产的 1000 余件各种微型特种电机基础上建立起来的，是国内第一家微特电机博物馆。

（闫妍）

高校离退休干部思想状况调查

4 月至 10 月，市委教工委组织开展北京高校离退休干部思想状况调查。市委教工委通过发放调查问卷、召开座谈会等形式开展调查。共发放调查问卷 1000 份，回收有效调查问卷 709 份；组织召开座谈会 6 次。调查结果显示，教育系统离退休人员总体上思想稳定、积极向上，拥护以习近平为核心的党中央，坚定支持党中央和市委市政府的重大决策部署。市委教工委自 2016 年始共组织两次高校离退休干部思想状况调查，每年一次。

（杨旭）

建言党的十九大系列座谈会

5 月，市委教工委召开 5 场“我看新变化、建言十九大”系列调研座谈会。座谈会听取中国人民大学、北京航空航天大学、北京科技大学等 15 所高校 30 名离退休老同志对党的十八大以来各方面建设及即将召开的党的十九大的意见建议。调研显示，离退休老同志对党的十八大以来，经济建设、教育事业发展、党的建设，尤其是反腐败斗争取得的巨大成就给予充分肯定，对即将召开的党的十九大充满期待。

（杨旭）

为党的事业增添正能量系列活动

5月至10月，市委教工委、市教委举办为党的事业增添正能量系列活动。活动以迎接党的十九大胜利召开、“展示阳光心态、体验美好生活、畅谈发展变化”为主题。5月，在首都体育学院举办“喜迎十九大健身乐晚年”北京高校老同志健身项目展示；6月，举办6场“颂歌献给党、喜迎十九大”北京老教育工作者文艺演出；10月，举办“喜迎十九大光影赞辉煌”北京教育系统老同志摄影作品展。北京各高校、各区教育系统离退休老同志共计1.2万人次参加活动。

（杨旭）

6月，市委教工委、市教委举办“颂歌献给党、喜迎十九大”北京老教育工作者文艺演出　　（市委教工委相关处室　供）

离退休党支部书记培训班

5月至11月，市委教工委、北京教育老干部党校共举办四期北京高校离退休干部党支部书记示范培训班。培训班邀请北京高校专家学者，解读党的十八届六中全会、党的十九大，以及习近平系列重要讲话精神，帮助高校离退休干部党支部书记统一思想、提高认识和工作水平。北京各高校近300名离退休干部党支部书记参加培训。

（杨旭）

主题教育读书活动演讲比赛

7月1日，北京教育系统关工委举办“阳光校园我们是好伙伴”主题教育读书活动演讲比赛。演讲比赛设小学、中学两个组别，来自15个区的30名学生参加比赛。经过角逐，北京印刷学院附属小学李文博获小学组一等奖，北京市牛栏山一中实验学校刘偌溪、北京工业大学附属中学次仁桑吉并列中学组一等奖。北京教育系统关工委、全国青少年主题教育活动组委会办公室领导，各区参赛的中小学生、辅导老师、关工委负责人约200人参加活动。

（闫妍）

教育老干部大学建校20周年

8月31日，北京教育老干部大学召开教学研讨会，庆祝建校20周年。会议以“加强教学创新 · 提高教学质量”为主题，总结老年大学建校20年情况，围绕建校历程、办学体制、师资建设等方面交流研讨，总结建校经验，谋划办学方向。老干部大学历任校长和近20名教师参加研讨会。北京教育老干部大学原名北京京教老年大学，1997年6月成立，是市委教工委、市教委举办的面向首都教育系统离退休干部开展继续教育（非学历）的老年教育组织。2011年，经市编办批准，更名为北京教育老干部大学，现有注册学员1100余人次、教师24人，设有9个专业、34个班级，专用教学面积1000余平方米，2016年被评为北京示范老年大学。

（杨旭　钱堃）

教育系统关工委成立25周年

9月2日，北京教育系统关工委召开纪念北京教育系统关工委成立25周年大会。会议总结北京教育系统关工委25年来工作，为今后五年开创关心下一代工作新局面提出思路举措。会议宣读蔡奇对北京教育系统关心下一代工作的批示，他要求教育系统关心下一代工作要“做好理想信念、社会主义核心价值观教育，推动关心下一代事业不断发展”。会议表彰北京教育系统关心下一代工作“有突出贡献的百名‘五老’代表”。北京高校捐赠军训服装工作领导小组副组长、北京物资学院关工委副主任，“老校长下乡”东城区助教分团、北京汇文中学原党总支书记，北京铁路电气化学校党委书记分别作交流发言。中国关工委、教育部关工委、市委、市委教工委、市教委、市关工委、北京教育系统关工委领导及各高校、区、职业院校主管关工委工作的相关人员，“五老”代表300余人参加会议。

（闫妍）

全国职业院校关工委工作交流研讨会

9月21日，市委教工委承办全国职业院校关工委工作交流研讨会。研讨会在北京农业职业学院召开。会议总结交流职业院校关工委工作经验，研究探讨职业院校弘扬工匠精神的思路对策，推动职业院校关工委工作创新发展。会议通报2017年“工匠精神与职业院校德育工作”征文研讨活动评审结果。北京共有17篇征文获奖，其中，4篇获一等奖，其余分获二三等奖，北京教育系统关工委获优秀组织奖。此次征文活动共评出一等奖16篇、二等奖25篇、三等奖76篇，优秀组织奖12个。来自全国28个省、自治区、直辖市教育厅（教委）关工委，新疆生产建设兵团教育局关工委以及各联系点学校相关负责人100人参加会议。

（闫妍）

高校离退休干部工作研讨班

9月26日至29日，市委教工委举办“2017年北京高校离退休干部工作研讨班”。培训班邀请中组部老干部局、中国人民大学、北京科技大学、中国政法大学等相关部门和高校专家学者围绕中央关于离退休干部工作的新要求新任务、习近平总书记“7·26”重要讲话精神、老年权益保障、党的建设等内容作专题报告。参训人员围绕“当前离退休干部思想状况及关注的重点热点问题”“新形势下加快推进离退休干部工作转型发展的切入点、着力点”等研讨交流。各高校离退休工作部门负责人、工作骨干、离退休干部党支部书记共 80 人参加研讨培训。

（杨旭）

关工委换届

10 月 31 日，北京教育系统关工委举行学习贯彻党的十九大精神培训暨换届会。换届会就北京教育系统关工委委员调整作说明，宣布新一届北京教育系统关工委人员构成名单。会上，首都经济贸易大学党委书记作专题讲座，全面系统解读党的十九大报告。教育部关工委、北京教育系统关工委领导，相关单位主管领导、关工委负责人、关工委新老委员等 200 余人参会。

（闫妍）

离退休人员学习贯彻党的十九大精神

10 月，市委教工委部署北京高校离退休干部学习宣传贯彻党的十九大精神工作。市委教工委印发《关于在北京高校离退休干部中学习宣传贯彻党的十九大精神的通知》，明确要求各高校离退休工作部门要切实组织好离退休干部学习宣传贯彻党的十九大精神，每名离退休干部要做到“六个一”，即：听一遍习近平总书记的十九大报告，读一遍报告原文，听一次报告宣讲，参加一次支部学习讨论，写（说）一段学习心得，体验一次学习参观活动。要求各高校通过个人自学、党支部集中学习讨论、送学上门等形式，确保党的十九大精神对离退休干部党组织和离退休干部的全覆盖。

（杨旭）

军训服装捐赠

11 月 9 日，北京教育系统关工委捐赠军训服装仪式在河北省承德市第二中学举行。捐赠仪式上，北京高校关工委代表、大学生代表把募集到的军训服装约 1 万套捐赠给承德二中，邀请清华大学退休教授关冀华为 200 名中学生讲授英语课。这是北京大学生第五次开展捐献军装活动，累计捐献军训服装 6 万余套。北京教育系统关工委、河北省教育厅关工委、承德市教育局领导，清华大学、北京科技大学、北京物资学院相关负责人，承德二中 300 余名师生参加仪式。

（闫妍）

第四届全国中学生朗诵大会

11 月 12 日，北京教育系统关工委、北京市第一〇一中学联合举办第四届全国中学生朗诵大会。活动以“雅言诵读经典，美文立德修身”为主题，设初中、高中两个组别，采取个人独诵或集体朗诵的方式比赛。11 个省市的 29 所中学的选手参赛，其中，初中组 3 支代表队获得特等奖，8 支代表队获得一等奖；高中组 4 支代表队获得特等奖、12 支代表队获得一等奖。北京各区中学生约 300 人现场观摩。

（闫妍）

学习贯彻党的十九大精神专题报告会

12 月 7 日，北京教育系统关工委举办学习贯彻党的十九大精神报告会。报告会邀请北京大学马克思主义学院原院长郭建宁作《新时代、新思想、新篇章》专题报告。报告围绕中国特色社会主义进入新时代、习近平新时代中国特色社会主义思想和谱写新时代中国特色社会主义新篇章三部分内容，对党的十九大报告进行解读。北京高校、区、职业院校的关工委负责人 150 人参加报告会。

（闫妍）

老少同听报告会活动

12 月 8 日，北京教育系统关工委开展老少同听报告会活动。报告会邀请朱德元帅的孙子朱和平将军作题为《信仰的力量》专题报告。他讲述朱德元帅一生追随中国共产党，历经坎坷，矢志不渝坚定共产主义信念的感人故事，强调做真正的共产党员要有追求真理、不忘初心的坚定信仰，要有无限忠诚、光明磊落的坚强党性，要有心系人民 、艰苦朴素的公仆风范，要有一生学习、一生向前的奋斗精神、要有大爱无私、大孝为国的家国情怀。北京大学、清华大学、中国人民大学等高校的学生代表与基层关工委负责人 400 人听取报告。

（闫妍）

语言文字

概述

2017 年，北京市语言文字工作以提高学生和市民语言能力为核心，以提高语言服务水平和完善语言服务供给为重点，注重常规工作与开拓创新相结合，全面加强语言文化建设，传承弘扬中华优秀传统文化，提升语言文字社会应用规范意识。一是加大宣传教育工作力度。组织开展第 20 届全国推广普通话宣传周活动，与光明日报《教育家》杂志合作推出宣传专刊，与商务印书馆合作推出《英语世界》《汉语世界》“迎接北京冬奥会”语言服务专刊，深度宣传全市及各区语言文字工作。继续推进语言文字工作的信息化和政务公开，加强网站建设和维护，提升信息内容质量和数量；通过“北京语言文化数字博物馆”和“通用规范汉字听说读写辅助训练系统”项目验收鉴定，以提高服务社会、服务公众、服务基层的水平。二是提升语言文字工作能力。利用“中小学生语言能力提升”和“市民语言文化大讲堂”两个专项，组织开展百余场形式多样、内容丰富的语言文化活动。与中央电视台合作，在首都师范大学成功举办“中国诗词大会”（第三季）北京地区选拔活动；召开新时代语言文字工作座谈会和年度工作总结会；支持北京语言文字工作协会发起成立语言文化学校联盟，81所学校成为首批联盟校。三是拓展语言文字工作平台。加强京津冀语言文字交流合作，共同举办多种形式的书写作品展和汉字听写大会，并签订《京津冀书法教育基地共建共享合作协议书》，举办京津冀中小学生辩论赛、成语文化龙门阵等语言文化交流活动。成功举办“首届中国北京国际语言文化博览会”，填补世界华语文化圈语言文化主题博览会的空白。四是创新语言文字工作重点。认真开展各级各类学校语言文字规范化达标建设，认定第一批语言文字工作规范化达标建设优秀学校32所和达标学校305所。加大语言文字应用科研工作建设，成立市语委第7个研究基地“北京语言康复教育研究中心”，通过“语言产业经济贡献度研究”“城市社区语言文化建设的理论与实践研究”“语言会展业研究”等一批研究项目结项鉴定。启动国内首个“冬奥会语言服务”主题方面研究项目，出版《北京市民语言文化阅读书系》《北京市民语言文化大讲堂丛书》。进一步推进语言文字测试工作开展，公务员测试和高校测试进展顺利，参与港澳测试工作交流，加强普通话水平测试复审工作，普通话水平测试完成7万余人次。

（邓鸿）

市民语言文化大讲堂启动

4月23日，“北京语言文化主题驿站”揭牌仪式、“北京市民语言文化大讲堂”启动仪式暨新书发布活动举行。活动中，市教委、中国邮政集团公司北京市分公司相关负责人为“北京语言文化主题驿站”和“北京市民语言文化大讲堂”揭牌，老北京叫卖艺术团现场表演京味叫卖和吆喝等口传。活动同时举行商务印书馆出版的《北京市民语言文化阅读书系》新书首发式并向生市民代表赠书。揭牌仪式后，听取题为《留存记忆——老北京地名文化寻踪》的语言文化大讲堂首场讲座。活动旨在推动学习型社会、学习型组织、学习型家庭的建设，让市民更进一步参与“4·23”世界读书日。活动由北京语言文字工作协会、北京市邮政商业信函局联合承办，市语言文字工作部门、邮政部门、有关学校师生及社区市民代表80余人参加活动。“北京市民语言文化大讲堂”由北京语言文字工作协会承办，是《北京市“十三五”时期教育改革和发展规划》《北京市语言文字事业“十三五”发展规划》确定的任务，并列入政府购买教育公共服务项目。至12月，语言文化大讲堂共举办50余场，走入16个区的学校、社区以及企业开展活动。

4月23日，“北京语言文化主题驿站”揭牌仪式暨“北京市市民语言文化大讲堂”启动仪式暨新书首发活动举行 （新闻中心 供）

（邓鸿）

小学生朗诵邀请赛

5月20日，市语委办举办北京市小学生“弘扬传统文化，传承国学经典”朗诵邀请赛决赛。朝阳区芳草地国际学校、东城区府学胡同小学、西城区黄城根小学等学校参加。经过年级选拔、学校推选，最终选拔20名学生、8名青年教师参加跨区决赛。决赛最终决出学生组一等奖6个、二等奖10个、三等奖16个，教师组一等奖4个、二等奖6个、三等奖8个。市语委办、北京语言文化建设促进会、朝阳区语委办、东城区语委等单位相关负责人参加活动。

（邓鸿）

中小学生辩论赛

6月4日，市语委举办的第二届北京市中小学生辩论赛的总决赛在海淀区教育科学研究院举行。来自16个区的1420名辩手围绕“人生规划”“自主招生”“青春偶像”等身边的热点现象展开辩论，经过315场角逐，最终决出一等奖32个、二等奖64个、三等奖64个。第二届北京市中小学生辩论赛为个人赛，根据选手的年龄和赛程积分划分赛区，随机编队，包括预选赛、初赛、复赛、决赛环节。比赛历时3个月，16个区218所学校的1500余名中小学生自愿报名参赛。

（邓鸿）

中小学教师和高中生演讲比赛

6月17日，市语委举办中小学教师“中华经典诗文”诵读比赛和高中生“弘扬社会主义核心价值观”演讲比赛决赛。来自西城、朝阳、海淀等13个区的53名选手参赛。经过角逐，在教师诵读比赛中，8人获一等奖、8人获二等奖、11人获三等奖；在高中生演讲比赛中，8人获一等奖、10人获二等奖、8人获三等奖；比赛另设最佳领队奖、最佳辅导教师奖、优秀领队奖、优秀辅导教师奖。中小学教师“中华经典诗文”诵读比赛和高中生“弘扬社会主义核心价值观”演讲比赛从4月开始，历时两个月，包括各区初赛、半决赛、决赛三个阶段，全市教师及高中生600余人参加比赛。

（邓鸿）

首届国际语言文化博览会

9月11日至13日，市语委、孔子学院总部、市文化局等单位承办的首届中国北京国际语言文化博览会在中国国际展览中心第12届北京国际文化创意产业博览会上举办。语博会以“语言，让世界更和谐，文明更精彩”为主题，分为成就展区、企业展示区和展演互动区，重点展示中国语言文化建设成就、语言类非物质文化遗产、语言文化科技产品。其中，成就展以“语言铺路，文化架桥”为主题，下设“书同文，语同音，人同心”“信息科技，智慧语言”“一带一路，语言铺路”“留下乡音，记住乡情”4个展区。企业展示区汇集十余家企业在语言科技等方面发展的最新成果。展演互动区展示中外语言文化类精品节目。蔡奇、陈吉宁观看语博会。展会期间，北京语言文字工作协会开展北京市民语言文化大讲堂活动，免费向广大市民赠送1.5万册语言文化图书和5000册推普专刊。12日，64个“一带一路”沿线国家的留学生代表共同发出《“一带一路”语言文化交流合作倡议》。同日，以“语言科技与人类福祉”为主题的首届国际语言文化论坛举办，副市长王宁及教育部、市教委、市语委办等单位负责人参加论坛开幕式。来自20个国家200余名专家学者分别参加主论坛及“语言政策与语言教育”“语言智能与产业发展”“工具书与文化传承”“语言康复与人类健康”四个分论坛。首届语博会由国家语委、教科文全国委员会主办，北京语言文字工作协会具体运营。语博会后，副总理刘延东作出重要批示“首届语博会成功举办，对语言文化交流互鉴，增强我国话语权、影响力具有重要意义”。

（邓鸿）

语言康复教育研究中心揭牌

11月7日，市语委研究基地“北京语言康复教育研究中心”在北京语言大学揭牌成立。研究中心是国内第一个语言康复教育领域的研究机构，是市语委依托大学和国企建立的第7个研发服务机构，致力于从事儿童和青少年听力、语言、沟通和认知障碍方面的基础理论研究和应用研究，为北京市基础教育系统提供听力、语言和学习障碍方面的筛查、诊断、评估、早期干预、教育康复和家庭、学校辅导等临床服务。中心包括主任1人、专职研究人员4人、语言治疗师2人、音乐治疗师1人，主要研究领域包括听障、语音构音障碍、口吃、语言发育迟缓、特殊语言障碍、阅读障碍和学习障碍以及和自闭症、注意缺乏相关联的沟通障碍等。主要职责一是面向北京市基础教育系统，开展语言康复教育和语言治疗人才培养；二是针对教育系统内儿童青少年的语言障碍问题，开展科研和康复治疗技术研发；三是构建个性化的全方位教育康复服务体系；四是面向北京基础教育系统开展语言康复教育的科普与公益宣传。市教委及来自学校、医院、企业和康复机构的20余位专家学者参加会议。

（邓鸿）

学校语言文字工作规范化建设检查

11月28日至12月8日，市语委、市政府教育督导室联合开展2017年度学校语言文字工作规范化达标建设检查调研。市语委办公室、市教育督导室专项工作督导处、北京语言文字工作协会有关工作人员和专家组成检查调研工作组，听取各区语委和32所中小学、幼儿园语言文字工作规范化达标创建汇报，通过同时听课、考查校园语言文化环境、查阅档案、座谈交流等方式实地考查16所中小学的语言文字工作。通过检查，达到提高认识、总结经验、促进建设的目的。

（邓鸿）

语言文化数字博物馆项目通过鉴定

12月19日，“北京语言文化数字博物馆”项目通过专家鉴定。该项目由北京师范大学张维佳教授主持，2012年5月启动，2017年11月完成。研发中，形成国内第一份完整系统的语言类非物质文化遗产调查报告《北京语言文化资源调查报告》，编撰多部北京语言文化读本。经过评议，专家组认为“北京语言文化数字博物馆”项目具有重大的文化价值和现实意义，达到立项预定的目标。教育部、市教委、市语委相关人员，项目组负责人及评审专家15人参加项目鉴定会。“北京语言文化数字博物馆”是国内第一个面向语言文化而研发的开放式数字博物馆，包括共时有声资源、历时图文资源，具有时空维度覆盖性广、语言文化资源承载性强的特点，内容涉及北京方言、北京口传文化、北京话土语图典、北京话诗文吟诵、北京地名文化、北京名园楹联匾额、北京三山五园御制诗、北京话研究历史文献等北京语言文化资源。数字博物馆计划2018年上线。

（邓鸿）

语言文字工作规范化建设达标学校评选

12月26日，市教委、市语委公布2017年度语言文字工作规范化建设达标学校名单。通过学校申报、各区审核、市语委检查评估等程序，市教委、市语委认定北京景山学校、北京第一实验小学、北京市劲松职业高中等32所学校为北京市语言文字工作规范化达标建设优秀学校，305所学校为北京市语言文字工作规范化达标建设学校。入选学校为语言文字工作规范化建设第一批全面达标单位，市教委、市语委计划自2017年至2020年，用四年时间完成全市各级各类学校（包括幼儿园）语言文字工作达标建设。

（邓鸿）

语言文化学校联盟成立

2月27日，市语委办召开年度工作总结会暨语言文化学校联盟成立会。会议为首批81所“语言文化学校联盟”校颁发证书。“语言文化学校联盟”由北京市语言文字协会发起成立，通过学校自愿申请、各区语委办推荐、市语委办审核等方式加入该联盟。联盟以语言文字规范化建设为契机，集合部分语言文字建设达标优秀学校，交流经验、共同研发、分享成果，以语言文化传承的方法、内容、途径、现代化手段为研究目标，在联盟中创造语言文化教育新经验，拓展语言文化教育新空间，开创语言文化教育新产品，达到“共识，共思，共享，共创，共赢”目的。会议同时总结2017年工作，布置2018年工作，传达学习刘延东对首届语博会作出的重要批示。各区语委办、语促会、语协与会代表作交流发言。各区语委办、本年度语言文字工作规范化达标建设汇报学校、首批语言文化联盟校、北京语言文化建设促进会、北京语言文字工作协会负责人130余人参加会议。

（邓鸿）

中共北京市委教育工作委员会书记、副书记、委员

书　　记　林克庆

常务副书记　张雪（4月免）　郑吉春（4月任）

副 书 记　刘宇辉　唐立军　郑登文（11月免）

委　　员　王文生　叶茂林　李奕　黄侃　陈江华

北京市教育委员会主任、副主任，巡视员、副巡视员

主　任　刘宇辉

副主任　叶茂林　李奕　黄侃

委　员　王文生（5月免）　王定东（5月免）　张永凯（5月免）　冯洪荣（5月免）　葛巨众（5月免）

巡 视 员　王定东（5月任）

副巡视员　张永凯（5月任）　冯洪荣（5月任）　葛巨众（5月任）

中共北京市委教育工作委员会北京市教育委员会处室负责人

市委教工委（市教委）办公室主任　葛巨众（1月免）

　　刘晓明（1月任）

市教委（市委教工委）办公室主任　周彤

政策研究与法制工作处处长　王艳霞

机关党委办公室主任　王栋

机关工会专职副主席　刘晓明（10月免）　吴雅星（10月任）

离退休干部处处长　刘新军

组织处处长　李丽辉

干部处处长　陈江华（兼）

宣教处处长　王达品

统一战线与群众工作处处长　王建辉（2月任）

安全稳定工作处处长　卢向红

发展规划处处长　姚林修

基本建设处处长　张龙

学前教育处处长　张小红

基础教育一处处长　张凤华

基础教育二处处长　徐建姝

职业教育与成人教育处处长　王东江

高等教育处处长　邵文杰

学生处处长　沈聪伟

科学技术与研究生工作处处长　张宪国

体育卫生与艺术教育处处长　王军

国际合作与交流处处长　潘芳芳

学校后勤处处长　武怀海

语言文字工作处处长　贺宏志

审计处处长　陶春梅

财务处处长　李艳春

人事处处长　杨江林

对口支援与区域合作处处长　王力志（6月任）

中共北京市教育纪律检查工作委员会书记、副书记

书　记　王文生（4月免）

副书记　滕继辉（3月免）　刘刚（3月免）

中共北京市纪律检查委员会、北京市监察委员会
驻中共北京市委教育工作委员会北京市教育委员会纪检监察组组长、副组长

组　长　王文生（4月任）

副组长　滕继辉（3月任）　刘刚（3月任）

（本栏目责任编辑　张晓兰）

11个区和燕山地区成立教育督导委员会

教育督导政策、标准研制工作基本完成

完善第三方教育评估监测机制

发布13个教育督导报告

教育督导改革发展研讨会

教育督导工作会议

2018 | 教育督导

EDUCATION SUPERVISION

- 建立有偿补课长效治理工作机制
- 春秋季开学专项督导检查
- 初中实践活动实施情况调查
- 市级中小学责任督学挂牌督导创新区评估认定
- 学校督导规程印发
- 国家义务教育质量监测工作
- 学前教育发展情况监测
- 督导信息管理应用平台新版上线运行

EDUCATION SUPERVISION 教育督导

综述

11 个区和燕山地区成立教育督导委员会

2017 年，11 个区和燕山地区成立政府教育督导委员会。市政府教育督导室通过实地调研、重点协调等多种方式，推动各区按照“两科一中心”（督学科、督政科、督评中心）或“三科一中心”（督学科、督政科、办公室、督评中心）架构健全机构，成立区政府教育督导委员会。至年底，东城、西城、朝阳、海淀、石景山、门头沟、房山、通州、昌平、密云、延庆 11 个区和燕山地区成立政府教育督导委员会。主要职责包括研究制定区教育督导的重大政策；审议区教育督导发展规划和重大事项；统筹指导全区教育督导工作；聘任区督学；发布区教育督导报告。各区政府教育督导委由副区长担任主任，督导委员会办公室设在区政府教育督导室，承担督导委员会的日常工作。

（乔永）

9 月 27 日，延庆区人民政府教育督导委员会成立暨第一届督学聘任大会举行 （延庆区教委 供）

教育督导政策、标准研制工作基本完成

2017 年，市政府教育督导室基本完成教育督导政策、标准研制工作。市政府教育督导室印发实施《学校督导规程（试行）》《关于进一步加强中小学校经常性督导工作的意见（试行）》《关于进一步加强学校内部督导工作的指导意见（试行）》《北京市中小学校培育和践行社会主义核心价值观督导评估方案（试行）》等系列制度文件，加快研制《北京市各区政府和市政府有关部门履行教育职责督导评价工作方案》《北京市义务教育优质均衡发展督导评价工作方案》《北京教育现代化督导评价工作方案》《北京市中小学全面实施素质教育督导评价方案》，以及中小学德育、体育、美育等 20 余项各级各类教育督导评估实施意见、办法，为规范督导履职奠定基础。

（胥丹丹）

完善第三方教育评估监测机制

2017 年，市教委、市政府教育督导室完善第三方教育评估监测机制。市教委、市政府教育督导室印发《北京市人民政府教育督导室教育评估监测项目委托实施管理办法》《北京市人民政府教育督导室教育评估监测第三方机构库管理办法》《北京市人民政府教育督导室督导评估与质量监测专家委员会管理办法》《北京市人民政府教育督导室评估监测委托实施项目成果验收办法》4 个配套文件，全面规范第三方机构参与组织实施教育评估监测工作，推进“管办评分离”的现代教育治理体系的构建。印发《关于建立北京市教育督导评估与质量监测专家委员会的通知》和《关于建立北京市教育评估监测第三方机构库的通知》，公开遴选高层次督导评估与质量监测专家和高水平第三方机构，经公开报名、资格审查、专家评审等程序，39 家社会第三方机构，699 名高水平专家入库，成为实现高水平教育评估监测工作的重要社会支撑力量。编制印发《教育督导评估监测项目委托实施评审工作方案》，按照公开招标、专家评审等程序，发布本级委托项目33个、政府采购和委托实施教育督导评估监测项目16个，第三方教育评估监测机制运转良好。

（王家兵　赵兴）

发布13个教育督导报告

2017年，市政府教育督导室发布教育督导报告13个。分别是《北京市2016年学前教育发展状况监测报告》《北京市2016年中等职业学校办学能力评估报告》《北京市2016年高等职业院校适应社会需求能力评估报告》《北京市2016年初中实践活动实施情况调查报告》《北京市2016年高等教育本科教学状态分析报告》《北京市2016年教育督导工作报告》《北京市2016年中小学校培育和践行社会主义核心价值观督导调研报告》《北京市2016年深化基础教育综合改革情况督导调研报告》《北京市2016年基础教育学科教学改进情况督导调研报告》《北京市2016年中小学办学重点领域情况督导报告》《北京市2016年中小学绩效奖励机制督导报告》《北京市2016年乡村教师支持计划督导报告》《北京市2016年市属高等学校师德建设情况督导调研报告》。督导报告通过市政府教育督导室网站发布。

（赵兴）

召开专题学习会

2月15日，市政府教育督导室召开专题学习会。会议学习研讨陈宝生在全国教育工作会议上的工作报告。唐立军主持专题学习，市政府教育督导室全体干部参加学习。与会人员一致认为，工作报告提出“稳中求进”“内涵发展”的基本原则，用“六个根本”指明工作方向，对全国、对首都教育及教育督导工作有着重要的指导意义。与会人员还根据2017年教育督导工作要点，结合处室职责，就如何贯彻落实部长讲话精神展开讨论。2017年，市政府教育督导室建立每两周一次的专题学习研讨制度，集中学习习近平总书记系列重要讲话精神和治国理政新理念新思想新战略、国家和北京市的相关教育法律法规政策等，积极开展融合式讨论，深入抓好项目式研究，系统抓好针对性解读，营造加强学习、提升能力、干事创业的浓厚氛围，用党和国家的理论成果武装干部头脑、推动工作实践，切实增强教育督导履职能力。

（胥丹丹）

教育督导改革发展研讨会

2月17日，市政府教育督导室召开北京教育督导30年改革发展研讨会。会议邀请市政府教育督导室老领导围绕《教育督导30年》编写工作和教育督导改革发展征求建议。与会人员回顾市政府教育督导室建立30年来教育督导重要发展阶段和经验做法，围绕教育督导发展历程、经验特色、队伍建设等提出意见和建议。唐立军代表市政府教育督导室对老领导始终支持教育督导发展、积极贡献经验智慧表示感谢。他表示，各位老领导口述教育督导历史，总结很多重要的发展经验，提出很多具有高度思想性、理念性的意见，对《教育督导30年》编写工作，对教育督导工作传承、发扬都有重要意义。

（乔永）

特约教育督导员座谈会

3月2日，市教委、市政府教育督导室召开特约教育督导员座谈会。座谈会向市特约教育督导员通报2016年教育及教育督导工作情况，介绍2017年工作思路及主要任务。特约教育督导员对北京市教育工作，特别是教育督导工作取得的成绩给予肯定，并围绕幼儿园学位扩大、推广中华传统文化教育、鼓励民间资本办学等问题提出意见和建议。市特约督导员代表及市教委、市政府教育督导室相关处室负责人17人参加会议。北京市现有特约督导员12人，广泛参与督政、督学多项重点工作，履行参政议政职责。

（赵兴）

唐立军调研小香玉艺术学校

3月17日，唐立军到北京绿谷小香玉艺术学校调研。他实地察看学校的教学楼、宿舍楼、餐厅等基础设施，走进音乐教室、舞蹈教室、心理咨询室等专用教室和剧场现场观摩教学活动。随后，与平谷区政府、区教委、区政府教育督导室和绿谷小香玉艺术学校领导及部分教师座谈。唐立军听取小香玉艺术学校基本情况和下一步学校建设发展设想，听取平谷区教育改革发展、教育督导发展的基本情况，遇到的困难和进一步建设绿谷小香玉艺术学校的规划情况。他指出，平谷区教育改革取得明显成效，要支持学校走特色发展之路，以艺术教育形式提升学生综合素质，以重点领域突破带动整个区基础教育发展。市政府教育督导室相关处室负责人陪同调研。唐立军另于3月29日调研东城区督学责任区建设情况。

（邸小宝）

教育督导工作会议

4月25日，市政府教育督导委员会在北京会议中心召开2017年北京教育督导工作会议。会议总结2016年北京市教育督导工作，并就2017年全市教育督导工作作出具体部署，同时为第一批全国中小学校责任督学挂牌督导创新区、第二批北京市中小学校责任督学挂牌督导创新区颁发铜牌。会议邀请海淀区教委、门头沟区政府教育督导室负责人，北方工业大学教师、顺义区督学作大会交流发言。王宁参加会议并讲话。他强调，2017年教育督导要适应新形势新要求，突出重点，全面落实各项任务。要服务大局，围绕教育改革发展重点任务加强督导；要加大力度，围绕政府履职尽责加强督导；要突出育人，围绕质量提升加强督导；要直面问题，围绕热点难点加强督导。市政府、市委教工委、市政府教育督导室领导及各区政府、各区教育两委一室、市属高校相关负责人，市政府特约教育督导员和专兼职督学等300余人参加会议。会后，市政府教育督导委员会召开 2017 年第一次全体会议，审议通过 2016 年北京市教育督导报告。报告共 18 篇，涵盖市基础教育、职业教育、高等教育等各级各类教育。

（赵兴）

教育工作满意度调查

5 月，市政府教育督导室发布 2017 年北京市教育工作满意度调查结果。调查工作从政府职责、学校管理、师资队伍、教育效果四个维度，结合北京市近年来深化教育领域综合改革提出的新举措及当前教育领域的热点难点问题，从 26 个二级指标、60 个评价要素开展满意度调查。调查采用发放调查问卷、入户调查、在线网络调查等方式，对象包括学生及家长、人大代表政协委员、学校干部教职员、督学、媒体工作者及社区工作者六类公众群体。调查结果显示，公众对市区域教育工作满意度较高，各区教育工作的满意度均达到比较满意水平；对学校安全、学校收费规范、教育信息公开等方面满意度较高，对教育重点改革项目实施状况的评价较高；对义务教育均衡、统筹社会资源用于学生教育、学校（幼儿园）周边环境等方面提出意见建议较多，主要表现在对义务教育均衡发展、统筹社会资源用于教育、学校（幼儿园）周边环境、课业负担（尤其是睡眠时间指标）等方面的意见较为集中。除学校干部教职员和督学之外，其他调查群体认为学生课业负担有所加重；家长对幼儿园入园难改善情况的关注集中。北京市教育工作满意度调查自 2009 年至 2017 年已连续开展 9 年。

（徐孟军）

教育督导与评价研讨会

6 月 15 日至 16 日，国务院教育督导委员会办公室、市政府教育督导室共同举办北京 2017 教育督导与评价研讨会。会议以"教育督导信息化发展与应用"为主题，来自全国的教育专家、督学共同探讨互联网时代如何以信息化推动教育督导现代化水平。国务院教育督导委员会办公室、教育部、工信部、市政府相关领导参加会议并讲话。唐立军作题为《深入推进教育督导信息化，助力推动首都教育现代化》的主旨报告。报告认为教育信息化是教育现代化的重要基础和关键内容，教育督导信息化关乎教育治理体系和教育治理能力的现代化，对实现教育现代化发挥重要支持、保障和推动作用。会上，同时举行北京市教育督导信息管理应用系统开通仪式，北京市与青岛市就跨区域教育督导协作举行签字仪式。来自国务院教育督导委员会办公室相关领导和专职人员，全国 30 个省市人民政府教育督导部门领导，部分教育专家、督学等近 260 人参加会议。

6 月 15 日至 16 日，国务院教育督导委员会办公室、市政府教育督导室共同举办北京 2017 教育督导与评价研讨会　（新闻中心　供）

（马千里　张军　汤毅）

高招现场专题考察调研

7 月 19 号，市政府教育督导室组织市政府教育督导委员会委员和成员单位督学、市政府特约教育督导员、市级督学代表赴北京市高招现场考察调研。调研组听取 2017 年北京市高等学校招生录取工作情况汇报。北京教育考试负责人介绍市高考综合改革工作情况，从方案的政策背景和编制过程、编制原则和主要内容、考试准备工作推进情况、教育教学准备工作推进情况和下一步重点工作五方面解读高考改革。与会人员就高考高招工作座谈交流。唐立军参加调研并讲话。本次活动是市教育督导委员会成立以来，首次组织对教育重大事项的专项考察调研。

（赵兴）

京津冀（青岛）教育督导区域协作研讨会

11 月 20 日至 22 日，2017 京津冀（青岛）教育督导区域协作研讨会在河北廊坊举行。研讨会由北京、天津、河北和青岛政府教育督导室主办。研讨会以"扎实推进教育督导区域协同发展、全面深化教育督导体制机制改革"为主题。会上，京津冀、青岛市政府教育督导室领导介绍各自 2017 年度工作完成情况和 2018 年工作思路，廊坊市教育局介绍廊坊教育质量监测情况。与会人员分成 3 个小组，围绕贯彻落实党的十九大精神，教育督导如何推进京津冀协同发展战略规划以及如何进一步加强教育督导区域协作展开讨论，并对《2018 京津冀教育督导协作实施方案（讨论稿）》提出意见建议。会议邀请相关专家分别就国家教育改革重点内容、中办国办《关于深化教育体制机制改革的意见》、教育督导改革发展探索与实践、学校如何深化教育改革等作专题报告。北京市、天津市、河北省、青岛市政府教育督导机构相关负责人及省市级督学代表 200 余人参加会议。

（邸小宝）

政府履职督导

建立有偿补课长效治理工作机制

2 月，市教委、市政府教育督导室印发《关于加强北京市中小学校和在职中小学教师有偿补课长效治理工作的意见》。意见明确，要建立健全 7 项工作机制，包括建立常态举报监督机制、严格学校内控机制、建立市区校专项检查督查机制、完善责任追究机制、探索教育联合执法机制、健全完善师德师风建设和减负监测机制，以及建立工作情况报告和通报机制等。该意见明确教育行政部门、学校、教师等不同主体的义务和责任。市教委、市政府教育督导室重点开展举报线索核查工作，随着查处力度不断加大，举报线索明显减少，有偿补课专项治理工作取得阶段性进展。

（沈柳莺）

春秋季开学专项督导检查

3 月和 9 月，市教委、市政府教育督导室共同开展 2017 年春秋季开学专项督导检查。检查发挥责任督学挂牌督导的机制优势，全市近 800 名中小学挂牌责任督学深入全市 2000 余所中小学校、幼儿园和中职学校开展开学督导检查，并对重点问题或存在隐患的学校及时干预、提出整改建议。督导检查结果显示，各校开学准备充分，工作井然有序，师生思想动态和校园网络舆情总体平稳，校园安全工作保障体制机制健全，校舍隐患排查及时并积极整改，全市中小学幼儿园均如期顺利开学，平稳进入新学期。此次检查，市政府教育督导室在北京市教育督导信息管理应用平台设置开学专项督导检查工作信息收集模块，责任督学可及时记录督导检查情况，市区教育督导部门同步查看进展，对利用信息化手段开展专项督导工作是一次有益尝试。

（沈柳莺）

初中实践活动实施情况调查

5 月至 11 月，市政府教育督导室连续第二年统筹组织开展北京市初中开放性实践活动和初中综合社会活动情况网络调查。调查旨在了解相关政策措施落实情况和学生的实际获得。调查对象是初中一、二年级全体学生以及承担组织实施工作的学校教师和资源单位负责人，调查采用网络问卷调查方式进行。共回收有效问卷近 13.05 万份，收到学生、学校和资源单位提出的开放性意见建议 6.5 万条。调查组同时深入西城、朝阳、海淀、石景山、房山、怀柔 6 个区的 18 家资源单位现场观摩教学活动 21 个，实地调研活动实施效果。调查显示，近九成学生表示喜欢参加初中实践活动，对所参加过的活动表示满意；超八成学生认为初中实践活动对个人成长具有较大的促进作用。

（沈柳莺）

市属行业企业履行法定教育职责督导检查

6 月 12 日、19 日和 7 月 6 日，市政府教育督导室开展对部分市属行业企业履行法定教育职责情况督导检查。检查组依据《职业教育法》以及北京市实施办法，对北京一轻控股有限责任公司、北京祥龙资产经营有限责任公司和北京电子控股有限责任公司实地督导检查，通过分组座谈与资料审核方式，重点检查落实职工培训教育法定职责情况。检查结果显示，3 个单位均高度重视职业教育执法检查工作，成立自查工作领导小组，根据检查要求，明确责任分工，认真开展自查自评工作。

（陈琦璐）

6 月 12 日，市政府教育督导室对北京一轻控股有限责任公司开展履行法定教育职责情况督导检查　（市政府教育督导室　供）

区政府履行法定教育职责督导检查

10 月至 11 月，市政府教育督导室组织开展区政府履行法定教育职责情况督导检查。在各区自查基础上，市政府教育督导室、市教委、市发展改革委、市规划国土委相关工作人员及部分市政府督学组成督导检查组，赴西城、朝阳、丰台、顺义、怀柔、密云和昌平 7 个区，重点围绕义务教育及学前教育阶段设施配备和资源供给情况实地督导检查。检查结果显示，各区认真履行教育法定职责，加强组织领导，明确职责任务，完善工作机制，加强督导检查。结合区域特点，优化结构布局，加大资源供给，相关法定职责基本得到落实。

（陈琦璐）

全市幼儿园办园行为专项督导评估

10 月至 11 月，市教委、市政府教育督导室组织开展幼儿园办园行为专项督导评估工作。明确“以评促建、客观公正、注重实效”的工作原则，重点对经审批的民办园和无级类公办园实地督导检查。评估包括幼儿园自评、区级教育督导部门督导评估、市级教育督导部门综合评估 3 个阶段。市政府教育督导室组成 8 个检查组，对 16 个区近 50 所幼儿园实地抽查检查。报告认为北京市各级各类幼儿园整体发展状况良好，绝大多数幼儿园办园行为规范、水平达标，基本达到教育部幼儿园办园行为督导评估指标要求。

（沈柳莺）

区教育督导部门督政工作督导调研

11 月 13 日至 12 月 4 日，市政府教育督导室对各区政府教育督导部门督政工作开展督导调研。调研重点是各区探索建立督政领导机制、督政工作推进机制，督政标准建设、组织实施、结果运用等方面情况。督导调研组在研究分析各区工作情况报告及相关工作报表的基础上，遵循全面了解、突出重点的原则，深入西城、朝阳、丰台、顺义、怀柔、密云和昌平7个区实地调研。通过听取区政府工作汇报、查阅相关资料、召开座谈会等方式深入了解相关情况。调研结果显示，各区在积极推进教育督导综合改革的过程中，重视督政工作体制机制建设，积极探索创新工作模式，不断强化督政工作服务改革发展的推动作用。

（刘奇）

幼儿园责任督学挂牌督导工作启动

11月27日，市政府教育督导室全面部署实施幼儿园责任督学挂牌督导工作。各区结合区域实际，通过挂牌督导、督学责任区统筹实施督导、街乡镇组建督查员队伍共同实施监管等多种方式，实现全市幼儿园挂牌督导全覆盖。市教委、市政府教育督导室于12月5日在东城区北京市东华门幼儿园、北京市六一幼儿院、顺义区顺和花园幼儿园，组织召开北京市幼儿园责任督学挂牌督导工作现场会，市教委、市政府教育督导室领导参加幼儿园责任督学挂牌或揭牌活动，并现场检查指导幼儿园的办园管理和保育教育工作，推动幼儿园责任督学挂牌督导工作全面落实。12月6日，市教委、市政府教育督导室印发《幼儿园责任督学挂牌督导暂行办法》，办法明确幼儿园责任督学的具体工作范围、五项职责、八项经常性督导任务以及相关政策保障等，从工作原则、督导对象、工作程序、作风要求、条件保障等方面对幼儿园责任督学挂牌督导工作提出规范要求。截至12月31日，16个区及燕山地区配备864名幼儿园责任督学，对1500余所幼儿园挂牌督导。其中，公办园917所(987址)、经审批的民办园661所(697址)。

（沈柳莺）

中小学办学体制机制改革情况督导调研

11月至12月，市政府教育督导室组织开展中小学办学体制机制情况督导调研。为深入了解全市中小学办学体制机制改革实践情况，总结梳理工作经验，分析研判存在问题，明晰今后深化改革的着力点，促进教育公平和义务教育优质均衡发展，市政府教育督导室重点围绕不同体制机制下办学主体的组织架构、运行模式、管理方式、政策保障、经验成效以及存在的困难开展督导调研。在各区全面总结的基础上，调研组分别深入西城、朝阳、丰台、昌平、顺义、怀柔、密云7个区实地督导调研，共召开各区相关委办局、教委相关科室、学校校长以及社区代表参加的座谈会21个，实地调研办学体制机制改革学校28所。调研结果显示，市区两级统筹推进办学体制机制和教育管理机制改革的探索实践，呈现出多元、多样态的学校办学和管理模式，形成鲜活的教育改革工作经验，在促进教育公平和提高教育公共服务水平及提升教育质量方面发挥重要作用。

（张士佐）

学校督导

市级中小学责任督学挂牌督导创新区评估认定

3月21日，市教委、市政府教育督导室联合印发《关于认定东城区等六个区为“北京市中小学校责任督学挂牌督导创新区”的通知》。认定东城、西城、石景山、门头沟、通州、昌平6个区为“北京市中小学校责任督学挂牌督导创新区”。9月至11月，市政府教育督导室组织开展第三批北京市中小学校责任督学挂牌督导创新区评估认定工作，丰台等5个区通过自评、提交申请、申报陈述、专家组实地核查等工作程序开展创建工作。北京市中小学校责任督学挂牌督导创新区评估认定工作2015年启动，至年底，认定两批次11个区为“北京市中小学校责任督学挂牌督导创新区”。

（龙梅）

高职院校课堂教学诊断和现状调研

3月至4月，市教委、市政府教育督导室、北京教育科学研究院联合开展高等职业院校课堂教学诊断和现状调研工作。98名专家组成8个调研组，深入全市26所高职院校了解课堂教学现状。调研组采用随机抽取和院校推荐的方式，通过听课、座谈，从教学目标、教学内容、教学准备、教学组织与实施、教学效果和特色创新6个维度，了解高职院校教学运行与管理、师资队伍建设、人才培养情况。调研组共听课1555节次，覆盖教师1013人，占被调研学校专任教师总数近三分之一；覆盖学生43857人，约占被调研院校在校生一半；推荐产生优秀课例23节；召开教师学生座谈会52次，369名学生、421名教师参与座谈。此次调研旨在加强高等职业院校课堂教学工作的监督和指导，引导学校建立完善常态化教学质量保障机制，全面提升高等职业院校人才培养质量。

（龙梅）

中小学校经常性督导和内部督导意见印发

4月25日和9月11日，市教委、市政府教育督导室联合印发《关于进一步加强中小学校经常性督导工作的意见（试行）》和《关于进一步加强学校内部督导工作的指导意见（试行）》。《关于进一步加强中小学校经常性督导工作的意见（试行）》包括指导思想、工作目标、主要任务、组织保障等内容，明确经常性督导旨在推动学校督导工作制度化、常态化建设，促进各区创新学校督导工作模式，完善教育督导工作体系；加强对中小学校工作的监督与指导，促进学校全面贯彻党的教育方针，依法依规办学，全面实施素质教育，切实提高育人质量和办学水平。指出要创新完善督学责任区建设、健全经常性督导工作体系、落实经常性督导工作职责、加强经常性督导队伍建设、探索经常性督导方式方法、完善经常性督导制度体系、提高经常性督导信息化水平、强化经常性督导结果使用。《关于进一步加强学校内部督导工作的指导意见（试行）》包括指导思想和基本原则、主要任务、工作要求 3 个方面内容，明确各个学校是内部督导工作的责任主体，要建立健全内部督导工作体系、完善学校内部督导工作制度、加强内部督导队伍建设、建立发挥第三方教育督导评估结果使用机制、提升内部督导信息化水平、强化内部督导结果使用、建立学校内部督导的长效机制。文件分别列出中小学、职业学校、高等学校内部督导的主要内容。

（龙梅）

中小学培育和践行社会主义核心价值观督导评估方案

5 月 3 日，市教委、市政府教育督导室联合印发《北京市中小学校培育和践行社会主义核心价值观督导评估方案（试行）》。方案明确全市中小学校培育和践行社会主义核心价值观督导评估的指导思想、督导评估原则、督导评估方式、督导评估结果应用等相关内容。明确社会主义核心价值观督导评估内容要围绕育人根本目标，从引领育人、融入课堂、文化熏陶、实践养成、为人师表、家校协同、特色工作和工作效果 8 个方面开展，涉及 28 个评估要素。市教委、市政府教育督导室同时印发《北京市中小学校培育和践行社会主义核心价值观督导评估指标和评分细则（试行）》和《北京市中小学校培育和践行社会主义核心价值观督导评估工具》。

（龙梅）

市属高校师德建设和学风建设督导调研

6 月 7 日至 8 日，市政府教育督导室联合市委教育工委、市教委联合开展市属高等学校师德建设和学风建设督导调研。调研组通过听取学校工作汇报、召开教师座谈会、学生问卷调查等方式，对北京服装学院、北京印刷学院、北京石油化工学院、北京农学院、首都体育学院、首都经济贸易大学、中国戏曲学院、北京电影学院、北京舞蹈学院 9 所市属高校师德建设、学风建设督导调研。调研组总结各校典型经验，分析存在问题，形成督导调研报告，为加强市属高校师德建设、学风建设提供科学决策参考。

（龙梅）

学校督导规程印发

6 月 20 日，市教委、市政府教育督导室联合印发《学校督导规程（试行）》。文件包括《北京市中小学校督导规程》《北京市职业院校督导规程》《北京市属普通高等学校（本科）督导规程》3 部分内容，就中小学、职业院校、普通高等学校的督导原则、督导实施、督导队伍、督导结果做详细说明及规定。文件明确，中小学校实施市区两级督导，采取市级统筹、区级为主的原则，主要督导内容包括依法办学、学校管理、教育教学、队伍建设和育人质量 5 个方面；职业院校采取市、区两级督导，其中，市属职业院校由市政府教育督导室负责实施，区属中等职业院校原则上由区政府教育督导室负责实施，主要督导内容包括依法办学、学校管理、人才培养、队伍建设、教学保障、育人质量、社会服务水平与贡献 7 个方面。中小学校及职业学校主要督导方式包括综合督导、专项督导、经常性督导等方式。高等学校督导工作由市政府教育督导室统筹组织实施，主要督导内容包括依法办学、教育教学、队伍建设、人才培养、质量保障 5 个方面，主要采用专项督导、督导检查、评估监测方式进行。文件同时明确各类督导工作基本工作流程、督学组成等情况。

（龙梅）

学科督导创新探索研讨会

11 月 15 日，市政府教育督导室召开北京市学科督导创新探索研讨会。会议总结交流学科督导工作，展示海淀区开展学科督导工作的实践经验，分享学科督学在推动学校教育教学质量提升方面的做法。会议引导各区结合工作实际，更新教育督导工作理念，创新督导工作方式方法。教育部、国务院教育督导委员会办公室、市政府教育督导室、各区政府教育督导室相关人员及各区中小学校长、挂牌责任督学代表等参加会议。

（龙梅）

11 月 15 日，市政府教育督导室举办北京市学科督导创新探索研讨会　（新闻中心　供）

中小学培育和践行社会主义核心价值观督导调研

至年底，市政府教育督导室组织开展第三年度中小学培育和践行社会主义核心价值观督导调研。督导调研采取“点面结合”方式，一方面组织市级督学深入朝阳、丰台、石景山、昌平、平谷、怀柔、密云、延庆 8 个区 11 所中小学实地督导调研，听课近 40 余节、现场发放学生问卷 300 余份、召开 140 余名干部教师参加的座谈会，充分了解学校工作经验、特色亮点、面临的困难。另一方面，选取 9 所有代表性的中小学校，通过召开校长座谈会、收集学校活动和教育工作经验材料、组织 1200 余名学生做网络问卷调查等形式，发掘学校工作典型经验。调查组结合三年督导调研实际情况，完成《北京市中小学校培育和践行社会主义核心价值观督导调研报告（2015—2017）》，总结分析近三年全市工作情况。调研结果显示，全市中小学校社会主义核心价值观教育机制建设上不断完善和创新，初步建立横向贯通、上下联动的工作体系，形成市级引领、各区推动、学校落实的良好工作局面。

（龙梅）

基础教育学科教学改进情况督导调研

至年底，市政府教育督导室组织开展第三年度基础教育部分学科教学改进情况督导调研。市政府教育督导室组织专家走进朝阳、丰台、石景山、昌平、平谷、怀柔、密云、延庆8个区11所中小学，随堂听课240余节，发放学生问卷400余份，组织北京教育科学研究院各学科教研员深入课堂听课，对教师课堂教学具体指导。通过督导调研了解各区推进学科教学改进工作现状，督促各区和学校进一步提高教育教学质量。市政府教育督导室结合三年督导调研实际情况，完成《北京市基础教育部分学科教学改进工作督导调研报告(2015—2017)》，全面总结分析近三年全市工作情况。调研结果显示，各区基本构建起行政、教研、科研、学校相互支持、协同配合的工作机制；学校以提高教育教学质量为目标，能够依据课程标准组织开展教学，开放性教与学模式基本构建；教师育人理念与方法不断提升，课程领导力明显增加；学生课堂体验良好，实际获得持续增强。

（龙梅）

国家级中小学校责任督学挂牌督导创新区创建工作

至年底，市政府教育督导室组织开展国家级中小学校责任督学挂牌督导创新区创建工作。2月28日，国务院教育督导委员会办公室公布第一批全国中小学校责任督学挂牌督导创新县（市、区）名单，北京市朝阳、顺义、大兴、怀柔4个区入选。7月至8月，东城、西城、石景山、门头沟、通州、昌平、海淀7个区完成第二批全国中小学校责任督学挂牌督导创新县（市、区）材料申报和工作档案上报工作。9月至11月，东城、西城、石景山、门头沟、通州、昌平6个区140所中小学校13万师生完成满意度调查并迎接国务院教育督导委员会办公室专家组实地核查。专家组深入每个区三个督学责任区、三个督学工作站和三所中小学校，采用查阅资料、听取汇报、实地查看、随机访谈等方式，核查各申报区挂牌督导工作情况和工作实效。各申报区中小学校责任督学挂牌督导工作得到专家组充分肯定。

11月1日，石景山区迎接国务院教育督导委员会办公室专家组实地核查（新闻中心　供）

（龙梅）

评估与监测

规范第三方机构教育评估监测工作

3月21日，市教委、市政府教育督导室印发4个文件规范第三方机构教育评估监测。4个文件包括《北京市人民政府教育督导室教育评估监测项目委托实施管理办法》《北京市人民政府教育督导室教育评估监测第三方机构库管理办法》《北京市人民政府教育督导室督导评估与质量监测专家委员会管理办法》《北京市人民政府教育督导室评估监测委托实施项目成果验收办法》。此举旨在进一步规范委托第三方机构实施教育评估监测工作，根据《北京市人民政府教育督导室关于委托第三方机构开展教育评估监测工作暂行办法》制定。

（王家兵）

本科教学工作审核评估启动会

5月22日，市教委、市政府教育督导室召开北京市属高校本科教学工作审核评估启动会。会议就市属高校本科教学工作审核评估作具体部署，强调要全面把握高校审核评估的新任务和新要求；要充分认识“五位一体”评估制度格局；要深刻理解审核评估的实质和内涵，理性看待评估结果。市属高校审核评估坚持主体性、目标性、多样性、发展性和实证性五项基本原则，要引导高等学校更新教育观念，坚持以学生为本，集中精力抓好人才培养和教学工作；引导高等学校科学定位，多样化发展，深化教育教学改革，办出特色、形成优势；充分尊重高校办学自主权，强化高校质量建设和监控的主体地位，激发高校人才培养成效的主动性和创造性。市教委、市政府教育督导室相关处室负责人及市属高校主管校领导、教务处负责人，质量与评估中心等相关部门人员参加会议。

（王家兵　张晓玲）

国家义务教育质量监测工作

5月25日，市教委、市政府教育督导室开展北京地区2017年全国义务教育阶段学生科学学习质量、德育状况监测工作。16个区及燕山地区的195所小学、128所中学的9600名四年级和八年级学生，3500余名校长、教师和班主任参加现场测试。北京测试组织实施工作得到教育部肯定，市政府教育督导室被教育部基础教育质量监测中心授予“省级优秀组织单位”称号，东城区政府教育督导室等 9 个区被授予“县级优秀组织单位”称号。3 月 31 日，市政府教育督导室召开 2017 年北京市实施国家义务教育质量监测工作动员部署会，通报 2015 年国家义务教育质量监测结果，部署 2017 年国家义务教育质量监测北京市实施工作。

（徐孟军 杨旸）

市属高校本科专业评估试点完成

5 月，市教委、市政府教育督导室完成北京市属高校本科专业评估试点。此次评估由市政府教育督导室统筹负责、市教委相关处室参与，委托第三方机构北京教育评估院具体组织实施，包括基础评价、专业评价和综合评价 3 个环节。评估工作 2016 年 7 月启动，评估组通过专家在线评价和会议评审相结合的方式，完成 18 所市属高校英语专业布点 14 个、计算机 15 个、会计学 12 个的评估。结果显示，参评学校和参评专业点在“生源质量与学生发展”“培养目标与培养方案”“毕业要求与目标达成”等方面获得的评分较高，得到评价专家一致认可，其中“生源质量”“学生指导”“学生管理服务”“培养目标定位”“目标方案制订完善”“毕业要求”“创新创业”“毕业发展”二级指标项评分较好、评价成绩较高。

（王家兵 张晓玲）

教育评估监测第三方机构库建立

5 月至 12 月，市政府教育督导室组建北京市教育评估监测第三方机构库，并面向社会公开遴选第三方机构。市政府教育督导室要求申请入库的第三方机构满足“依法设立并具有独立的法人资格”“具有开展教育评估监测的专业能力”“具有一定规模且结构合理的专业团队”等入库条件。经机构申请、资格审查、专家审核、公示程序，共有 39 家社会第三方机构入库。

（王家兵）

本科教学工作审核评估培训会

7 月 6 日，市教委、市政府教育督导室召开北京市本科教学审核评估工作培训会。会议部署北京市属高校审核评估工作，明确本轮市属高校审核评估坚持“质量为本、分类评估、放权分权、保持常态”的理念，重点考察办学定位和人才培养目标与国家建设和区域经济社会发展需求的适应度，专业定位、建设和人才培养目标的达成度，教师和教学资源条件的保障度，教学和质量保障体系运行的有效度，学生和社会用人单位的满意度。会议听取《新形势、新理念、新标准、新文化——做好审核评估建设一流本科》《审核评估组织实施与自评报告撰写》《教学基本状态数据分析报告介绍》等主题报告。教育部高等教育教学评估中心、市教委、市政府教育督导室领导及 21 所市属高校校长、主管副校长、评估相关职能部门负责人近 200 人参加会议。

（王家兵 张晓玲）

学前教育发展情况监测

8 月 31 日，市政府教育督导室完成 2016—2017 学年度北京市学前教育发展状况监测。监测周期为 2016 年 9 月 1 日至 2017 年 8 月 31 日，其中，教育经费和幼儿园建设的有关数据采集的统计时期为 2016 年 1 月 1 日至 12 月 31 日。监测内容为各区学前教育发展状况，主要包括幼儿园结构、分布、建设、分级分类情况、适龄儿童入园情况、学前教育经费投入、教师队伍结构情况等。监测结果显示，2016 学年北京市学前教育事业在原有基础上继续向前推进，学前教育经费不断增加、学前教育规模进一步扩大；但是，入园需求与学位紧张仍是北京市学前教育主要矛盾，按常住人口统计口径，千人学位指标未达市颁标准 (25/ 千人)，幼儿园学位分布均衡度未能改善，优质学位占总比过半但分布欠均衡，无证园存在现象未能好转。

（徐孟军 杨旸）

与北师大签署区域教育质量监测合作协议

9 月 29 日，市政府教育督导室与北京师范大学中国基础教育质量监测协同创新中心举行区域教育质量监测合作框架协议签约仪式。仪式上，双方共同签署《北京市人民政府教育督导室北京师范大学中国基础教育质量监测协同创新中心区域教育质量监测合作框架协议》。根据协议，市政府教育督导室委托北师大基础教育质量监测协同创新中心开展国家义务教育质量监测北京市实施工作，同时双方合作开展北京市义务教育质量监测评价标准研究、义务教育优质均衡发展监测评价标准研究、基础教育质量监测结果应用研究、基础教育质量监测评价领域前瞻性研究，同时建立高效务实的交流合作工作机制。市教委、市政府教育督导室、北京师范大学领导及相关人员，东城、西城、朝阳等区政府督导室，北京市教育督导与教育质量评价研究中心有关负责人参加签字仪式。

（赵兴）

完成 4 所市属高校本科教学工作审核评估

10 月 16 日至 19 日、10 月 30 日至 11 月 2 日、11 月 13 日至 16 日、11 月 20 日至 23 日，市教委、市政府教育督导室组织专家组分别对首都师范大学、北京工业大学、北京建筑大学、首都体育学院开展本科教学工作审核评估入校考察。专家组通过实地走访、深度访谈、听课看课、小型座谈、调阅试卷及毕业论文（设计）材料等方式，围绕学校办学定位和人才培养目标与国家建设和区域经济社会发展需求的适应度，专业定位、建设和人才培养目标的达成度，教师和教学资源条件的保障度，教学和质量保障体系运行的有效度，学生和社会用人单位的满意度，对学校本科教学工作全面考察。通过评估，专家组肯定学校本科教学工作的成绩，把脉存在问题，提出意见建议。评估工作根据教育部关于普通高等学校本科教学工作审核评估工作部署要求和北京市市属高校审核评估工作安排开展，市属高校 2017 年

11月2日，北京工业大学本科教学工作审核评估意见反馈会举行
（新闻中心　供）

至2019年分三批接受本科教学工作评估。

（王家兵　张晓玲）

年度硕士学位论文抽检

12月，市政府教育督导室向北京地区各相关学位授予单位反馈2015—2016学年度硕士学位论文抽检结果。2015—2016学年度北京地区学位授予单位共抽检硕士学位论文（军队系统除外）2457篇，抽检比例5.55%，涉及单位122个。抽检结果显示，2015—2016学年度北京地区抽检合格硕士学位论文2428篇，占抽检硕士学位论文总体的比例98.82%；存在问题学位论文29篇，占抽检硕士学位论文总体的比例为1.18%。

（王家兵　张晓玲）

督学管理与信息化

教育督导信息化工作培训会

3月31日，市政府教育督导室在北京建筑大学举办北京市教育督导信息管理应用平台培训会。会议分析市教育督导信息化建设面临的形势任务，就加强教育督导信息化建设提出工作要求。市政府教育督导室相关负责人介绍北京市教育督导信息管理平台开发情况，参训人员在机房实际操作使用北京教育督导信息管理应用平台功能模块。此次培训标志着市教育督导信息管理应用平台在全市正式推广使用。各区政府教育督导室相关负责人及技术人员50余人参加培训。

（王兆歆）

督学队伍建设情况调研

3月至6月，市政府教育督导室分别对丰台、大兴、通州、昌平、海淀、朝阳和密云7个区开展督学队伍建设情况调研。调研组通过听取各区督导室主任汇报、召开专兼职督学代表座谈会、实地考察等方式，深入了解各区督学队伍建设基本情况、优秀经验及问题和困难。各区表示将进一步贯彻落实《北京市督学管理暂行办法》，有效促进督学队伍专业化发展，努力提高督学的素养能力和工作水平。调研组充分肯定各区的工作成效，在今后工作中将结合各区普遍存在的问题和困难，进一步强化顶层设计，为推动督学队伍专业化建设与发展提供有力支撑。

（单聪）

督学大讲堂

4月6日和6月28日，市政府教育督导室举办两期督学大讲堂活动。大讲堂邀请教育部基础教育质量监测中心、教育部教材局相关专家做《以质量监测为抓手，强化督导作用》《加强教材管理，深化课程改革》的专题报告。全市16个区及燕山地区的专兼职督学参加活动。

（单聪）

市督学培训项目开班

4月18日，2017年北京市督学培训项目正式开班。培训聚焦“教育治理体系下督导制度改革的理论与实践”，结合区域教育督导的创新制度实践，以专家讲座、小组研讨、现场学习、课题研究等形式，提升督学的督导实践操作能力、工作研究能力、问题解决能力。16个区及燕山地区的56名督学参加培训。

（石燕）

教育督导人员信息采集工作

5月至9月，市政府教育督导室开展全市各区教育督导人员信息采集工作。此次信息采集旨在汇总全市督学的基本信息，掌握督学整体状态。采集工作通过北京教育督导信息管理应用平台在线填报，督学可以通过电脑端、手机端完成，主要汇总信息包括督学个人基本信息、工作简历及相关培训信息等。平台内共采集市级督学信息258人、区级督学1429人，除部分区因督学换届外，其他区均完成信息上报工作。

（张军　单聪）

市中小学责任督学挂牌督导工作交流会

6月20日，市政府教育督导室召开北京市中小学责任督学挂牌督导工作交流会。会议旨在全面总结部署中小学责任督学挂牌督导工作，推广交流各区中小学责任督学挂牌督导工作的成功经验和有效做法。与会人员首先观摩东城区督学责任区建设与学校内部督导工作的现场展示。会议总结2016年全市责任督学挂牌督导工作，并对2017年工作的落实进行部署。要求各区要紧盯创新创建目标，高质量达到市级和国家级责任督学挂牌督导创新区标准；要从学校督导工作的特点和任务要求出发，建强责任督学队伍，紧紧围绕立德树人的根本任务，深入推进本年度各项工作；要在教育改革和教育督导改革的大局中统筹谋划，进一步打牢、夯实基础工作，引导责任督学挂牌督导工作的规范化、科学化发展。会议还就创新开展责任督学挂牌督导工作进行经验交流。昌平区用宣传片的方式，直观展示责任督学挂牌督导工作成果与经验；丰台区介绍开展责任督学挂牌督导工作三年来的工作思路与实践；大兴区介绍不断健全工作体系、创新工作机制的思考与探索。唐立军参加会议并讲话。市政府教育督导室、市教委、东城区政府领导，两委一室相关处室，各区教委、区政府教育督导室领导相关负责人及中小学校长、挂牌责任督学代表等共 200 余人参加会议。

（龙梅）

6 月 20 日，市政府教育督导室召开北京市中小学责任督学挂牌督导工作交流会 （新闻中心 供）

督导信息管理应用平台新版上线运行

10 月 1 日，北京市教育督导信息管理应用平台市级新版上线运行。市级新版应用平台增加领导周工作安排模块，升级收发文系统，完善督导人员信息采集管理、研发市级兼职督学补贴功能，加强移动教育督导平台建设等。通过地理信息技术，实现督导业务地图化展示与应用；通过移动互联技术，实现督导管理业务的移动化办公，进一步实现督导业务的数据共享，提升教育督导的工作效率。

（张军 汤毅）

市督学信息化应用专题培训

12 月 5 日，市政府教育督导室就督导信息平台举办市督学集中培训活动。培训内容包括市教育督导信息管理应用平台的主要功能和操作要点、人员角色权限设置，以及移动端蓝信的主要应用等。部分督学在现场进行蓝信 APP 的安装注册和首次使用。市级督学、区级督学 251 人参加培训。

（张军 汤毅）

市督学集中培训

12 月 6 日至 8 日，市政府教育督导室组织开展 2017 年北京市督学集中培训。此次培训是第十届市级督学聘任后首次集中培训，通过专题讲座、分组讨论、大会交流等方式进行。培训对象包括市政府特约教育督导员、市区级专兼职督学。培训中，教育部综合改革司司长刘自成详细解读目前我国教育体制机制改革面临的形势与任务；刘宇辉全面介绍北京市教育综合改革取得的新成就和面临的新形势、新挑战，明确新时代首都教育改革发展的新使命、新任务；唐立军结合党的十九大精神和习近平总书记教育思想内涵，强调教育改革发展的时代使命与责任，指出深化教育综合改革、教育督导改革的方向与重点。培训还邀请北京十一学校校长李希贵、首都经贸大学党委书记冯培两名教育系统十九大代表，深度解读党的十九大报告，进一步阐述教育改革的方向和要点。与会督学围绕如何准确把握党的十九大提出的“办好人民满意的教育”深刻内涵、如何理解深化教育体制机制改革的重要意义等分组研讨。市政府特约教育督导员、市区级专兼职督学及市政府教育督导室人员 200 余人参加培训。

（单聪）

各区教育督导

石景山开展人民满意学校测评

4 月 13 日至 17 日，石景山区政府教育督导室、区教委开展人民满意学校调查测评。调查对象涵盖全区所有中小学校（含民办）、职业高中、培智学校和教育部门举办的幼儿园，采取随机抽样问卷调查的方式，调查问卷分为幼儿园、普通中小学、职业高中、特殊教育学校 4 类。调查内容包括学校管理、师资队伍、德育工作、教学工作、学校环境、教育效果 6 个方面。此次调查共发放人民满意学校各类问卷 9493 份，回收有效问卷 9450 份。调查结果表明，全区学校总体满意率 91.4%，比上年提高 1.3 个百分点。调查工作委托北京教育科学研究院教育督导与教育质量评价研究中心开展。

（王桂洋）

门头沟举办提升深山区学生文化艺术素养活动

4 月 26 日，门头沟区斋堂教育督导工作站在清水学校开展提升深山区学生文化艺术素养活动。年近 80 岁的齐白石艺术研究会创始人、齐白石艺术研究会终身会长、齐白石大师嫡孙齐展仪带领 12 名书画家亲临清水学校，为学生捐献图书，并为现场作笔会书画展示。学校师生 120 人参加活动。

（蒋红）

密云教育督导机构改革

5 月，密云区政府教育督导室实施机构改革。教育督导室设立综合科、督政科、督学科 3 个正科级内设机构，各科室设科长 1 人。综合科承担区人民政府教育督导委员会办公室日常工作；负责教育督导交流与合作；组织开展区督学资格认证，选拔、聘任、管理、培训等工作。督政科的主要职责为：负责制定实施督政工作的政策、标准和规程，组织开展对区政府有关部门、镇政府（街道办事处）执行教育法律法规、履行教育职责情况的督导检查；督促协调区政府相关部门完成市教育督导室推进义务教育均衡发展情况的调研、数据统计等相关工作。督学科的主要职责为：负责制定实施学校工作督导的政策、标准和规程，统筹组织对各级各类学校落实教育法律、法规和国家教育方针、政策，规范办学行为的督导。设置的3个科室所需行政编制由密云区教委内部调剂解决。同时，增设4名事业编制正科级专职督学。

（黄维国）

大兴开展“党建”专项督导

5月9日至6月7日，大兴区政府教育督导室开展“党建”专项督导。督导全区25所小学党支部、2所职高党支部、6个无学生单位党支部共33个教育系统基层党支部的2015至2016年度的党建工作。通过听取部分党支部书记补充汇报、实地查看校园环境、查阅基层党组织党建档案等方式开展，这是区政府教育督导室首次就党建工作开展的较全面的督导评价。

（李盛琦）

海淀首家校外教育单位接受综合督导

5月21日，海淀区首家校外教育单位接受综合督导。海淀区政府教育督导室启动第一轮校外教育机构综合督导，首家接受全面实施素质教育综合督导的校外教育机构为甘家口青少年活动中心。督导组在2016年11月对甘家口青少年活动中心在服务学校、主题教育活动、兴趣小组和学生社团活动等方面前期督导基础上，集中考察该中心三年来全面落实党的教育方针和贯彻落实校外教育职能职责的情况。督导评价组听取中心工作汇报，对照评估指标，查阅档案，实地考察活动中心教育环境，与干部和教师、学校代表座谈。督评组对活动中心工作给予肯定，认为该中心对督导认识正确，迎接督导过程中，以督促改、以督促建，取得较好效果。区教育两委一室相关科室、学区管理中心和各活动中心代表、督评人员50人参与。

5月21日，海淀区首家校外教育单位接受综合督导

（海淀区教委　供）

（宋亚甫）

昌平完成国家义务教育质量监测

5月25日，昌平区20所中小学作为样本校参与2017年国家义务教育质量监测。涉及12所小学和8所中学的569名学生以及200名教师。各样本校严格按照国务院教育督导委员会办公室、教育部基础教育质量监测中心的要求开展工作。区公安、交通、城管部门和涉及的镇（街）政府全力保障样本校周边的安全保卫、交通疏导、环境治理等相关工作。样本校各相关工作人员依据岗位职责，严守工作流程，把握各时间节点，与主监测员、监测员配合，按程序先后完成学生科学和德育测试、科学和德育问卷填答、校长与教师网络问卷填答等工作。区政府教育督导室组建区级领导小组和区级监测协调组、实施组、监督组、保障组及学校监测工作组，确保各项工作顺利开展。

（刘东华）

延庆“减负”督导监测

6月15日至26日，延庆区政府教育督导室开展“义务教育阶段减轻中小学生过重课业负担”督导监测工作。区政府教育督导室对责任督学培训“减负”监测内容、标准和方法；责任督学实地考察42所挂牌学校，通过与学校干部、教师、学生、家长访谈，听课，查阅相关档案资料等方式，完成“减负”督导监测数据网上填报工作。

（李树敏　宋佳）

燕山开展“减负”专项督导

6月，燕山政府教育督导室开展“义务教育阶段减轻学生过重课业负担督导检查”。责任督学下校，通过听取汇报、查看资料、开展访谈、网上答卷等了解“减负”工作，肯定各中小学在减负工作中大胆探索，采取“减负增效，教学相长”的创新工作做法，并针对在“减负”工作中存在的问题提出合理化建议和要求。检查结果显示，燕山地区工作效果显著，形成教师乐教学生乐学的氛围，学科实践活动、德育活动、综合实践活动取得好的经验和做法。

（孙景泉）

海淀优秀督学表彰大会召开

7月10日，海淀区召开第十届兼职督学上岗聘任暨优秀督学表彰大会。会议听取区政府教育督导室作工作报告，表彰奖励海淀区督学突出贡献奖、优秀督学个人和优秀学科督学团队，1名责任督学分享对教育督导工作的理解和认识，1名学科总督学分享作为督学的经验和体会。此次共聘任466名兼职督学，兼职督学人选采用督学自荐、互荐、单位推荐等形式，包括 18 名教育督导知名专家，5 名人大代表，7 名政协委员，53 名在职学区主任、学校校长、书记、校外教育机构负责人等教育系统党政正职，以及中小学副校级干部。平均年龄 48 岁，其中，在职人员 391 人，占比 83.9%；大学本科以上学历者 453 人（包括研究生以上学历 99 人、博士 28 人），占比 97.2%；区级骨干以上教师 221 人（包括特级教师 34 人），占比 47.4%。市政府教育督导室、海淀区政府、区委教工委、区教委、区政府教育督导室领导及第十届兼职督学代表近 400 人参加会议。

（宋亚甫）

海淀调整督导科室职能

7 月，海淀区政府调整督导科室职能。区政府教育督导室实现对督导、评估、监测等工作归口管理，完善“督政、督学、评估监测”督导体系，建立督政科、督学科及综合科。3 个科室共 10 名编制，其中，科长 3 人、副科长 1 人。

（宋亚甫）

怀柔完成教育系统创城专项督导工作

8 月 31 日至 9 月 5 日，怀柔区委教工委、区教委、区政府教育督导室联合对全区中小学（幼儿园）、职业学校开展创建全国文明城区专项督导工作。9 个专项督导小组分别到全区 19 所小学、15 所中学（含高中、职校）、2 所九年一贯制学校、14 所幼儿园及 1 所特殊教育学校（培智学校），共计 51 所学校开展创城专项督导检查工作，共抽查门卫及保安 100 余人次，学生 1000 余人次，教师 370 余人次。检查结果显示，各抽查人员基本达到 100% 熟记背诵，中学生在熟记背诵的情况下，能够理解、掌握核心价值观；小学高年级段能够默写，低年级段能熟记背诵；幼儿园将核心价值观编成拍手歌、儿歌等，幼儿乐于传唱，传唱度高。各学校、单位均在校门口、楼道、教室等显著位置，张贴宣传社会主义核心价值观、文明校园、未成年人思想道德建设等宣传标语，同时各校充分发挥团队优势，组织开展课堂教学、德育活动、主题教育等创城主题活动。

（线金秋　昝晨曲）

密云开展镇街素质教育综合督导

11 月，密云区政府教育督导室开展镇、街素质教育综合督导。区教育督导室印发《关于开展 2017 年镇街素质教育综合督导的通知》，要求各镇、街按照“全面实施素质教育评价指标体系”自查，撰写并提交自评量表、自查报告。区教育督导室认真查阅各镇街自查报告及量表，组织教委各行政科室对镇、街全面实施素质教育工作进行集中评价并汇总成绩，该评价结果纳入区政府对镇、街年度绩效考核。

（黄维国）

通州幼儿园实现责任督学挂牌督导全覆盖

12 月 1 日，通州区幼儿园实现责任督学挂牌督导全覆盖。完成 11 个乡镇和 4 个街道办事处辖区内 527 所幼儿园加挂责任督学公示牌工作，124 名责任督学同步到位，责任督学挂牌督导工作全面启动。责任督学从依法办园、师德师风、安全管理、内部管理、卫生保健、园务公开、保育教育等方面对全区各园所开展教育督导工作，通过监督、诊断、指导和服务，推动园所发展，提升全区幼儿园整体教育水平。

（刘森）

东城启动幼儿园责任督学挂牌督导

12 月 5 日，东城区政府教育督导室召开东城区幼儿园责任督学挂牌督导工作启动会。会议为督学代表颁发督学证，为幼儿园代表授予督学公示牌；区政府教育督导室解读《东城区幼儿园责任督学挂牌督导实施方案》及《关于做好幼儿园责任督学挂牌督导工作实施意见的通知》。会议要求各幼儿园和责任督学高度重视督导工作，根据幼儿园实际情况区分重点、有的放矢、加强督导。区政府、区委教工委、区教委、区政府教育督导室有关领导，东城区全体责任督学、公办园、民办园负责人 150 人参会。幼儿园责任督学挂牌督导工作启动后，东城区责任督学挂牌督导工作实现全部覆盖。此次聘用 31 名责任督学将划分到 8 个学区，每名责任督学负责 1 至 2 所幼儿园。此项工作将东城区所有教育部门、企事业单位、其他政府机关、部队、集体（街道）所办幼儿园，以及经教育行政部门审批的民办幼儿园全部纳入督导范围。

（苏炜　李银姬）

12 月 5 日，东城区幼儿园责任督学挂牌督导工作启动会召开

（东城区教委　供）

房山幼儿园责任督学挂牌督导

12 月 5 日，房山区幼儿园责任督学挂牌督导启动仪式暨责任督学培训会召开。会议宣布《关于聘任房山区幼儿园责任督学的决定》。房山区从乡镇教育助理，资深幼儿园园长、副园长、教研员中聘任责任督学 96 人，按照 2 名责任督学负责 3 至 5 个园所的原则配备人员。培训围绕办园

条件、安全卫生、保育教育、队伍建设、内部管理5个方面，加强和改进对幼儿园的管理，促进幼儿园规范办园行为，保障幼儿身心健康、快乐成长。

（石金生）

燕山幼儿园责任督学挂牌督导

12月6日，燕山地区幼儿园实现责任督学挂牌全覆盖。燕山教委、燕山办事处教育督导室印发《关于燕山地区幼儿园责任督学挂牌督导工作方案》，明确提出责任督学的基本职责、督导内容及督导方式。聘任2名具有多年幼儿园管理及保育教育经验的人员为责任督学，负责燕山地区7所幼儿园的督导工作，不定期入园进行全面督导，每月不少于1次，实现燕山地区所有幼儿园责任督学挂牌督导全覆盖。

（蒋楠）

昌平幼儿园、民办中小学校挂牌督导全覆盖

12月6日，昌平区政府教育督导室把各级各类民办中小学、幼儿园全部纳入挂牌监督范围，实现责任督学挂牌督导“全覆盖”。督导室参照公办中小学正在实施的挂牌督导，把区内各类民办中小学校与幼儿园挂牌督导同步计划安排、同步启动实施。共计安装督学公示牌375块，每名责任督学负责4至5所民办中小学或幼儿园的挂牌督导。100名新任责任督学上岗。新任责任督从全区公办中小学幼儿园中层及以上干部中遴选，通过经常性督导、接听家长来电咨询等方式，围绕师德师风建设、安全风险监督、规范办学行为3个方面，协同相关部门和属地镇政府、街道办事处，对各级各类办学机构监督检查。至此，昌平区对辖区内496所公办民办中小学幼儿园、未经审批的“中小学”“幼儿园”挂牌督导全覆盖。

（王蓉）

西城幼儿园责任督学全覆盖

12月6日，西城区政府教育督导室为注册的75所幼儿园（包括民办幼儿园）配备责任督学，实现幼儿园责任督学全覆盖。区政府教育督导室统一制作责任督学公示牌，标明责任督学的姓名、照片、联系方式和督导事项。公示牌在园门显著位置予以公布。责任督学挂牌后，对幼儿园依法办园情况、安全管理情况、卫生保健情况、保育教育情况、师德建设情况、内部管理情况、园务公开情况进行经常性督导。

（王锦红）

丰台幼儿园责任督学挂牌督导工作现场会

12月7日，丰台区政府教育督导室在丰台区第三幼儿园召开幼儿园责任督学挂牌督导工作现场会。会议介绍丰台区幼儿园责任督学挂牌督导工作进展情况；宣读关于聘任丰台区幼儿园挂牌责任督学的决定，为责任督学颁发聘书，并为幼儿园颁发督导公示牌。丰台区专兼职督学及第二督学责任区幼儿园园长120余人参加会议。

（徐晶）

海淀学前教育督导工作会

12月19日，海淀区召开学前教育督导工作会。会议解读海淀区学前教育督导工作方案和实施细则，3名督学从“管理指标”“保教指标”“保健指标”3个方面解读幼儿园全面实施素质教育评价指标体系，宣读增聘20名责任督学决定，与会人员听取《把握形势，立足实际，不断提升学前教育督导工作水平》专题报告。海淀区在全区依托学区成立17个幼儿园督学责任区，按照每人负责4所幼儿园标准配备责任督学，同时每所园设1名主督、1名副督，实现幼儿园挂牌督导全覆盖。区委教工委、区政府教育督导室及幼儿园园长、督学等200人参加会议。

（宋亚甫）

丰台中小学教育满意度发布

12月20日，丰台区政府教育督导室召开丰台区2017年中小学校教育满意度调查数据发布会。会议发布丰台区2017年满意度调查数据分析报告。2017年，丰台区学生家长对学校教育工作的满意度得分88.6分，学校干部得分93.3分，学校教师得分87.1分。北京市教育督导与质量评价研究中心解读数据报告中的优先发展矩阵图；区政府教育督导中心督学评估室就做好2017年满意度调查数据分析、关注高中教学教育满意度和高中教师满意度提升、重视办学合作校和综合素质教育优质校满意度提升等方面提出意见和建议。市督导评价研究中心负责人、丰台区专职督学、中小学校督导联系人、满意度课题校具体负责人100余人参加会议。

（徐晶）

怀柔幼儿园责任督学挂牌督导

12月，怀柔区87所公办、民办及未经教育部门审批的幼儿园全部实施责任督学挂牌督导。全区幼儿园共划分5个责任区，每个责任区配5名责任督学，每名责任督学负责3至5所幼儿园督导工作。责任督学对幼儿园依法办园、安全管理、卫生保健、保育教育等情况实行经常性督导，促进幼儿园规范办园行为，提升办园水平，为每名幼儿营造安全、健康的成长环境。

（缐金秋　申建勋）

朝阳注册幼儿园挂牌督导全覆盖

12月，朝阳区政府教育督导室实现注册幼儿园挂牌督导全堵盖。依据学区划分及园所布局，将全区幼儿园划分

为 15 个责任片区，按照每 4 至 5 个园所配备 1 名责任督学的标准，260 所 (327 址) 注册幼儿园实现挂牌督导。增补 49 名幼儿园责任督学，对全体责任督学及幼儿园督评主管进行分层培训。责任督学将围绕依法办园、园所管理、教师师德、安全卫生、保育教育等方面开展经常性督导和专项督导工作。

(王茜)

怀柔强化政府督导职能

至年底，怀柔区政府教育督导室强化政府督导职能，教育管理有效提升。完成 14 个镇乡的教育法律法规执行情况督政检查；启动学前教育责任督学挂牌督导工作，实现挂牌督导全覆盖；完成全区 77 所幼儿园的办园行为督导评估；开展“校园欺凌专项治理”等专项督导；完成对全区中小学、公办园共 51 个单位的综合督导，规范教育管理和办学行为。印发《怀柔区督学管理暂行办法》，推动督学管理科学化、规范化。组织参加市、区级督学培训，累计培训 128 人次。

(缐金秋)

朝阳开展中学诊断式督导

至年底，朝阳区政府教育督导室完成部分中学诊断式督导。北京第二外国语学院附属中学、黄冈中学北京朝阳学校、北京工业大学实验学校参与诊断式督导。督导过程注重从问题入手，组织专家多次深入学校诊断和指导，帮助学校挖掘自身优势，梳理成功办学经验，针对学校问题提出具体解决对策和指导建议。督导组认为学校领导班子要围绕办学目标，凝聚全校教职工智慧，以加强教师队伍建设和规范课程管理工作为抓手，推进学校全面发展，不断提升办学质量。

(王茜)

西城全面实施素质教育综合督导

至年底，西城区政府教育督导室会同区委教工委、区教委以及相关直属单位对部分学校开展素质教育综合督导。督导组分别到西城区炭儿胡同小学、西城区顺城街第一小学、北京市第四幼儿园等 8 所中小学校、幼儿园，通过问卷调查、查阅档案资料、听课和访谈干部教师等方式开展督导检查。督导组肯定各单位在三年工作中取得的主要成绩，指出工作中存在的主要问题，针对问题提出具体建议并分别召开督导反馈会。督导检查结果显示各校 (幼儿园) 均能依法办学，着力提升教育水平，提高办学质量，办人民满意的教育。

(杨海蓉)

北京市人民政府教育督导室主任、副主任

主　任　唐立军

副主任　刘莉　关国珍　冯义国

北京市人民政府教育督导室处室负责人

综合处处长　马千里
督政处处长　张士佐
学校督导处处长　龙梅
专项督导处处长　聂荣
督学管理与信息化处处长　韩宝来
评估与监测处处长　张晓玲

各区人民政府教育督导室主任

东城区　付葵
西城区　赵蓬欣
朝阳区　王世元
丰台区　张婕
石景山区　王鑫
海淀区　乔键
门头沟区　杨玉柱
房山区　周靖合
通州区　李少杰
顺义区　李卫国 (8 月免)　张海东 (8 月任)
昌平区　吴彬
大兴区　扈岩江
怀柔区　王恩成
平谷区　王福胜
密云区　王树生
延庆区　闫利宽
燕山地区　张凤玲

（本栏责任编辑　张晓兰）

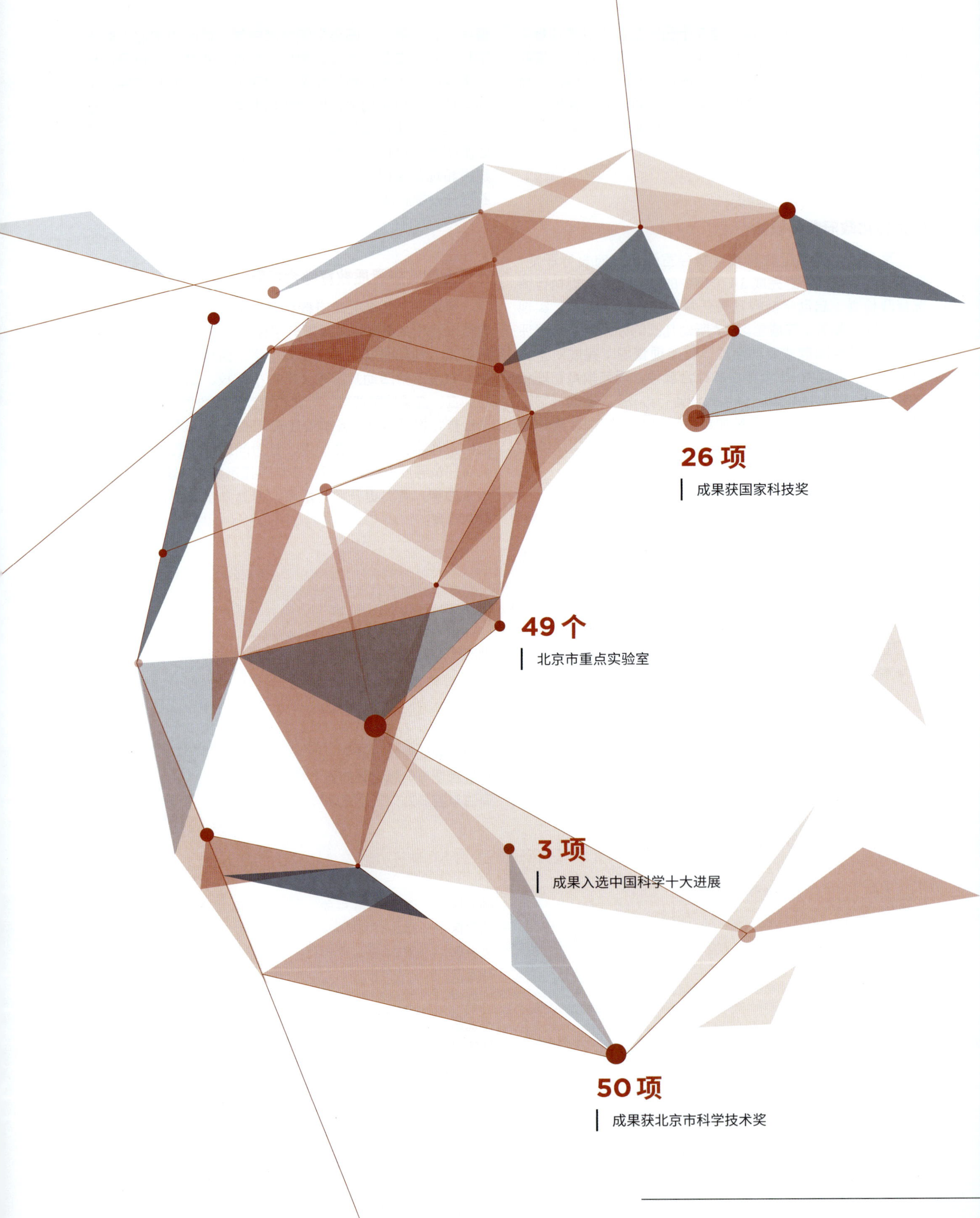
26 项
成果获国家科技奖
49 个
北京市重点实验室
3 项
成果入选中国科学十大进展
50 项
成果获北京市科学技术奖

2018 | 科学研究

SCIENTIFIC RESEARCH

- 科技人员及投入
- 科技活动
- 科技产出
- 科技推广
- 人文社会科学人员及投入
- 人文社会科学活动
- 人文社会科学研究成果

综述

科技人员及投入

2017年，北京地区73所设有理工农医类高校（含25所附属医院）共有教学与科研人员77758人，其中，具有教授职称9077人，具有高级职称20090人（不含教授）；研究与发展人员40946人；科技经费投入共253.69亿元，其中，政府资金投入168.61亿元、企事业单位委托投入77.58亿元。市属42所设有理工农医类高校（含17所附属医院）共有教学与科研人员33437人，其中，具有教授职称1744人、具有高级职称7194人；研究与发展人员14264人；科技经费投入共30.11亿元，其中，政府资金投入22.46亿元、企事业单位委托投入6.54亿元。

（高飞）

科技活动

2017年，北京地区73所设有理工农医类高校（含25所附属医院）有科研活动机构741个；开展科技课题63698项，其中，研究与发展课题55880项、研究与发展（R&D）成果应用及科技服务课题7818项；派遣进修访问学者5268人次，接受进修访问学者5098人次；出席国际学术会议34365人次，交流论文18092篇。42所市属设有理工农医类高校（含17所附属医院）共有科研活动机构共172个；开展科技课题10181项，其中，研究与发展课题9657项、R&D成果应用及科技服务课题524项；派遣进修访问学者790人次，接受进修访问学者837人次；出席国际学术会议5672人次，交流论文2468篇。

（高飞）

科技产出

2017年，北京地区高校出版科技专著853部，大专院校教科书71部，编著361部；发表学术论文96704篇，其中，在国外学术刊物发表45858篇；《科学引文索引》(SCI)收录论文33969篇、《工程索引》(EI)29262篇、《科技会议录索引》(ISTP)8751篇，获奖成果424项，其中，国家级奖75项、省部级奖349项。市属高校出版科技专著53部，大专院校教科书9部，编著2部；发表学术论文18454篇，包括国外学术刊物发表6015篇；《科学引文索引》(SCI)收录论文4346篇、《工程索引》(EI)2170篇、《科技会议录索引》(ISTP)1282篇；获奖成果66项，其中，国家级奖5项、省部级奖61项。

（高飞）

科技推广

2017年，北京地区高校共签订技术转让合同587项，总金额8.56亿元，实际收入6.21亿元；专利出售429项，合同金额6.85亿元，实际收入4.94亿元；申请专利15245项，授权11391项，其中，申请发明专利12864项，授权9099项。市属高校签订技术转让合同138项，总金额0.55亿元，实际收入0.32亿元；专利所有权转让与许可56件，合同金额0.13亿元，实际收入0.10亿元；申请专利2864项，授权2102项，其中，申请发明专利2345项，授权1595项。

（高飞）

人文社会科学人员及投入

2017年，北京地区91所设有人文社科全日制普通本科高校共有人文社会科学活动人员36551人，包括研究与发展(R&D)人员43464人；53所市属高校人文社会科学活动人员14084人，包括研究与发展(R&D)人员12741人。北京地区高校共筹集人文社科研究经费 26.12 亿元，包括政府资金 14.45 亿元、企事业单位委托经费 7.75 亿元、其他资金经费 3.92 亿元；市属高校当年筹集社科研究经费 5.51 亿元，其中，政府资金 4.24 亿元，企事业单位委托经费 1.16 亿元，其他资金经费 0.11 亿元。

（高飞）

人文社会科学活动

2017 年，北京地区 91 所设有人文社科全日制普通本科高校共有在研人文社科课题 40307 项，当年投入人员折合 7901.8 人年，拨入经费 17.97 亿元；举办学术会议 1674 个，参加学术会议 30008 人次，提交论文 11703 篇；受聘讲学派出 3863 人次，来校受聘讲学 5645 人次。进修学习派出 2722 人次，来校进修学习 2802 人次。合作研究课题 1117 项。市属高校当年在研课题 9403 项，当年投入人员折合 2319.9 人年，拨入经费 2.78 亿元；市属高校当年举办学术会议 203 个，参加学术会议 6012 人次，提交论文 2264 篇。受聘讲学派出 762 人次，来校讲学 1362 人次；进修学习派出 1254 人次，来校进修学习 729 人次；合作研究课题 181 项。

（高飞）

人文社会科学研究成果

2017 年，北京地区 91 所设有人文社科全日制普通本科高校共发表学术论文 30923 篇，出版著作 3898 部，获奖成果 195 项。市属高校发表学术论文 7431 篇，出版著作 973 部，获奖成果 45 项。

（高飞）

北京实验室建设

2017 年，市教委加强北京实验室建设。加强对已建北京实验室的组织管理，新建 40 个北京实验室，构建定位清晰、任务明确、布局合理、特色鲜明、开放协同、学科交融、创新卓越、贡献突出的北京实验室发展体系。印发《北京实验室建设发展规划 (2017—2035)》和《北京实验室建设与运行管理办法（试行）》。北京实验室建设启动于 2011 年，以服务国家和北京经济社会发展为出发点，以提高高校科技自主创新能力和竞争力为宗旨，围绕科技进步和发展，整合创新资源和北京高校在前沿科学研究领域的优势，强化产学研结合，促进产学研协同创新，逐步发展成为北京地区高校联合共建、校企互赢和解决重大科技问题的、高水平的创新基地。采取学校牵头、校际合作、企业参与的运作方式。

（邱小培）

26 项成果获国家科技奖

1 月 9 日，在 2016 年度国家科学技术奖励大会上，北京高校（含附属医院)26 项成果（通用项目）以第一完成单位（人）获奖。其中，3 所高校 7 项成果获国家自然科学奖二等奖，5 所高校 6 项成果获国家技术发明奖二等奖，1 所高校 1 项成果获国家科学技术进步奖一等奖，10 家单位 12 项成果获国家科学技术进步奖二等奖。该奖项由国务院评定，2016 年度共评选出国家最高科学技术奖 2 人；国家自然科学奖一等奖 1 项、二等奖 41 项；国家技术发明奖一等奖 3 项、二等奖 47 项；国家科学技术进步奖特等奖 2 项、一等奖 20 项、二等奖 149 项。

（邱小培）

2016 年度国家自然科学奖二等奖（北京高校　第一完成单位）

北京大学
奇点量子化理论研究
碳基纳米电子器件及集成
乳腺癌发生发展的表观遗传机制
具有重要生物活性的复杂天然产物的全合成
清华大学
化学修饰石墨烯可控组装与复合的基础研究
非金属基超常电磁介质的原理与构筑
北京理工大学
超快激光微纳制造机理、方法及新材料制备的基础研究

（邱小培）

2016 年度国家技术发明二等奖（北京高校　第一完成单位　通用项目）

中国农业大学
玉米重要营养品质优良基因发掘与分子育种应用
中国石油大学（北京）
复杂结构井特种钻井液及工业化应用
北京林业大学
木质纤维生物质多级资源化利用关键技术及应用
清华大学
广域宽带协同通信技术与应用
支持服务创新的可扩展路由交换关键技术、系统及产业化应用
北京航空航天大学
基于移动位置数据的城市出行信息服务关键技术与应用

（邱小培）

2016 年度国家科学技术进步奖一等奖（北京高校　第一完成单位　通用项目）

清华大学

- DTMB 系统国际化和产业化的关键技术及应用

（邱小培）

2016 年度国家科学技术进步奖二等奖（北京高校　第一完成单位）

北京林业大学

- 三种特色木本花卉新品种培育与产业升级关键技术

中国农业大学

- 中国荷斯坦牛基因组选择分子育种技术体系的建立与应用

北京工商大学

- 躲不开的食品添加剂——院士、教授告诉你食品添加剂背后的故事

北京科技大学

- 电弧炉炼钢复合吹炼技术的研究应用

北京航空航天大学

- 高动态星敏感器技术与工程应用

清华大学

- 新一代立体视觉关键技术及产业化
- 城市循环经济发展共性技术开发与应用研究

首都医科大学附属北京天坛医院

- 高危非致残性脑血管病及其防控关键技术与应用

北京大学

- 中国脑卒中精准预防策略的转化应用
- 中国严重创伤救治规范的建立与推广

北京协和医学院—清华大学医学部

- 中草药 DNA 条形码物种鉴定体系

中国矿业大学（北京）

- 急倾斜厚煤层走向长壁综放开采关键理论与技术

（邱小培）

49 个北京市重点实验室被认定

1 月 20 日，24 所北京高校（含附属医院）49 个实验室被认定为 2016 年度北京市重点实验室，1 所高校 1 个研究中心被认定为 2016 年度北京市工程技术研究中心。该评选由市科委举办，经资格审查、专家评审、现场考察和公示等程序，全市共有 69 个重点实验室被认定为 2016 年度北京市重点实验室，33 个工程技术研究中心认定为 2016 年度北京市工程技术研究中心。

（邱小培）

2016 年度北京市重点实验室（北京高校）

北京大学

- 固态量子器件北京市重点实验室
- 矿物环境功能北京市重点实验室
- 磁电功能材料与器件北京市重点实验室
- 神经退行性疾病生物标志物研究及转化北京市重点实验室
- 结直肠癌诊疗研究北京市重点实验室
- 女性盆底疾病研究北京市重点实验室
- 眼部神经损伤的重建保护与康复北京市重点实验室

北京邮电大学

- 天地互联与融合北京市重点实验室

清华大学

- 工业大数据系统与应用北京市重点实验室
- 慢性疾病的免疫学研究北京市重点实验室

北京交通大学

- 智能交通数据安全与隐私保护技术北京市重点实验室

北京科技大学

- 金属轻量化成形制造北京市重点实验室
- 城市地下空间工程北京市重点实验室
- 磁光电复合材料与界面科学北京市重点实验室

北方工业大学

- 节能照明电源集成与制造北京市重点实验室

北京石油化工学院

- 深水油气管线关键技术与装备北京市重点实验室
- 燃料清洁化及高效催化减排技术北京市重点实验室

北京航空航天大学

- 微波感知与安防应用北京市重点实验室
- 生物材料与神经再生北京市重点实验室

北京师范大学

- 城市水循环与海绵城市技术北京市重点实验室

神经影像大数据与人脑连接组学北京市重点实验室
北京工业大学
绿色建筑环境与节能技术北京市重点实验室
北京化工大学
能源环境催化北京市重点实验室
先进功能高分子复合材料北京市重点实验室
北京工商大学
塑料卫生与安全质量评价技术北京市重点实验室
北京服装学院
服装工效与功能创新设计北京市重点实验室
首都师范大学
光场成像与数字几何北京市重点实验室
北京建筑大学
建筑遗产精细重构与健康监测北京市重点实验室
建筑结构与环境修复功能材料北京市重点实验室
建筑大数据智能处理方法研究北京市重点实验室
北京理工大学
轻量化多功能复合材料与结构北京市重点实验室
无人机自主控制技术北京市重点实验室
能源经济管理与决策北京市重点实验室
中国矿业大学（北京）
共伴生能源精准开采北京市重点实验室
中国农业大学
农田土壤污染防控与修复北京市重点实验室
植物蛋白与谷物加工北京市重点实验室
首都医科大学
脑功能重建北京市重点实验室
针灸神经调控北京市重点实验室
临床合理用药生物特征谱学评价北京市重点实验室
肝衰竭与人工肝治疗研究北京市重点实验室
出生缺陷遗传学研究北京市重点实验室
冠心病精准治疗北京市重点实验室
北京协和医院
核医学分子靶向诊疗北京市重点实验室
侵袭性真菌病机制研究与精准诊断北京市重点实验室
过敏性疾病精准诊疗研究北京市重点实验室
北京第二外国语学院
“一带一路”数据分析与决策支持北京市重点实验室
首都经济贸易大学
城市群系统演化与可持续发展的决策模拟研究北京市重点实验室
北京信息科技大学
绿色发展大数据决策北京市重点实验室
华北电力大学
新能源电力与低碳发展研究北京市重点实验室

（邱小培）

2016 年度北京市工程技术研究中心（北京高校）

北京师范大学
北京市陆表遥感数据产品工程技术研究中心

（邱小培）

托马斯研究院在北航成立

2 月 4 日，托马斯北京研究院在北京航空航天大学成立。该研究院以 2013 年诺贝尔生理学及医学奖获得者托马斯·聚德霍夫（Thomas C.Südhof）教授命名，由北京市、北航、托马斯教授三方共建。托马斯北京研究院围绕中枢神经系统损伤修复这一世界难题，发挥多学科交叉的优势，在病理生理学、生物材料修饰与制备技术、修复机理等学科领域开展基础性、前瞻性研究。5 月 12 日，该研究院与美国迈阿密大学签署“北京—迈阿密 SCI 修复计划”协议。协议确定并向社会公布中美脊髓损伤合作临床实验具体细节，探讨中国医学临床试验的体制机制如何适应全球协同创新的新形势，

2 月 4 日，托马斯研究院在北航成立

（北航　供）

并对中国原创临床科研成果取得国际认可并走出国门提出具体实施方案。托马斯是美国国家科学院、美国国家医学院、美国文理学院院士。

（朴悦嘉）

3 项成果入选中国科学十大进展

2 月 20 日，科技部公布 2016 年度中国科学十大进展，北京高校 3 项成果入选。分别为清华大学“揭示 RNA 剪接的关键分子机制”、北京大学“研制出首个稳定可控的单分子电子开关器件”和“揭示水的核量子效应”。遴选程序分为推荐、初选和终选 3 个环节。《中国基础科学》《科技导报》《中国科学院院刊》《中国科学基金》和《科学通报》5 家编辑部推荐 278 项科学研究进展，经过初选，30 项进入终选。经过中国科学院院士、中国工程院院士、“973 计划”顾问组和咨询组专家等 2000 名专家学者网上投票，得票数排名前十名的项目入选。遴选活动由科技部高技术研究发展中心举办。

（华蕾　邱小培）

50 项成果获市科学技术奖

4 月 26 日，市委、市政府召开 2016 年度北京市科学技术奖励大会，北京高校（含附属医院）50 项成果以第一完成单位（人）获得北京市科学技术奖。其中，7 所高校 10 项成果获一等奖，11 所高校 18 项成果获二等奖，14 所高校 22 项成果获三等奖。该奖项由市委、市政府颁发，共有 180 项成果获奖，其中，一等奖 27 项、二等奖 60 项、三等奖 93 项。

（邱小培）

2016 年度北京市科学技术奖一等奖
（北京高校　第一完成单位）

北京大学
互联网多模态内容分析与识别关键技术及应用
首都师范大学
京津冀地面沉降多元场耦合模型与调控机制研究
清华大学
电力线路行波保护关键技术及装置开发应用
全热回收的天然气高效清洁供热技术及应用
汽车同轴并联混合动力机电耦合系统关键技术及其产业化应用
中国石油大学（北京）
气体钻井中气体介质高效利用与回收新技术与新装备
首都医科大学
中国 HIV 感染者免疫特征研究
过敏性鼻炎治疗技术的创新与应用
中国医学科学院
冠心病外科手术疗效评价体系的建立及应用
北京工业大学
材料弹塑性行为的微观机制研究

（邱小培）

清华与国家统计局共建数据开发中心

6 月 29 日，清华大学与国家统计局共建的数据开发中心揭牌。该中心是中国首个开发利用政府统计微观调查数据的数据开发中心，将建设一支国内高端、国际一流的经济社会数据开发和研究团队，建立一个高水平的数据服务平台，建设一个对重大经济社会问题深入研究的高端智库，并为世界一流大学建设提供优质的数据服务。

（张含晨 许亮）

167 项成果获市哲社优秀成果奖

8 月 16 日，北京市第 14 届哲学社会科学优秀成果奖评选结果揭晓，北京高校 167 项成果获奖。其中，一等奖 39 项、二等奖 128 项。奖项共设马克思主义理论、哲学、社会学等 12 个评选组，著作类、论文类和调研报告类 3 种成果形式。全市共有 202 项成果获奖，其中，一等奖 45 项、二等奖 157 项。该奖项是市委、市政府设立，由市委宣传部、市教委、市人力社保局共同承办。

（张豫）

世界摩擦学大会首次在中国举办

9 月 18 日至 22 日，清华大学承办第六届世界摩擦学大会。会议由中国机械工程学会摩擦学分会主办，探讨世界摩擦学科学、工程及技术的可持续发展问题，中国科学院兰州化学物理所院士刘维民和以色列魏兹曼科学研究所教授雅各布·克莱因（Jacob Klein）分别作题为《空间科学中的摩擦》和《生物学润滑》报告。会议收到论文 1398 篇，按摩擦学不同研究方向设立摩擦科学、磨损及表面工程和润滑及润滑剂等 9 个主题分会场。会议期间举办摩擦学科技展，邀请 38 家中外展商参展，其中，中方展商 30 家、外方展商 8 家。会议是世界摩擦学大会成立 20 年来首次在中国举办，中外 2000 余名摩擦学工作者参会。

（许亮）

11 人当选工程院院士

11 月 27 日，中国工程院公布 2017 年增选院士名单，北京高校 11 人当选中国工程院院士。其中，机械与运载工程学部 1 人，信息与电子工程学部 3 人，化工、冶金与材料工程学部 3 人，土木、水利与建筑工程学部 1 人，农业学部 1 人、医药卫生学部 2 人。2017 年中国工程院共增选院士 67 人、外籍院士 18 人。

（邱小培）

中国工程院 2017 年当选院士名单
（北京高校）

机械与运载工程学部	清华大学　周济
北京理工大学　孙逢春	土木、水利与建筑工程学部
信息与电子工程学部	清华大学　张建民
北京理工大学　陈杰	农业学部
清华大学　戴琼海	中国农业大学　张福锁
北京交通大学　宁滨	医药卫生学部
化工、冶金与材料工程学部	清华大学附属北京清华长庚医院　董家鸿
北京工业大学　聂祚仁	北京大学第三医院　乔杰（女）
北京理工大学　吴锋	

（邱小培）

9 人当选中科院院士

11 月 28 日，中国科学院公布 2017 年增选院士名单，北京高校 9 人当选中国科学院院士。其中，数学物理学部 2 人、化学部 1 人、生命科学和医学学部 2 人、信息技术科学部 1 人、技术科学部 3 人。2017 年中科院共增选院士 61 人、外籍院士 16 人。

（邱小培）

中国科学院 2017 年当选院士名单
（北京高校）

数学物理学部	清华大学　陈畔光
清华大学　王小云（女）	信息技术科学部
首都师范大学　方复全	北京航空航天大学　郑志明
化学部	技术科学部
北京化工大学　杨万泰	清华大学　欧阳明高　段文晖
生命科学和医学学部	北京大学　魏悦广
北京大学　陆林	

（邱小培）

两个北京实验室建设文件印发

12 月 13 日，市教委印发《北京实验室建设发展规划(2017—2035)》和《北京实验室建设与运行管理办法（试行）》。建设发展规划明确北京实验室建设的指导思想、建设原则、建设目标、建设领域、重点任务和实施保障。管理办法分总则、职责、立项与建设等 7 章 30 条，明确申报、建设、运行、考核与评估等相关原则与标准，强化“自上而下”和“自下而上”有效结合的组织模式，按照“成熟一个，建设一个”的原则，分步分批实施，强化绩效管理，建立激励约束和淘汰机制。10 月和 11 月，市教委认定北京交通大学国家经济安全预警工程北京实验室和北京信息科技大学光纤传感系统北京实验室。

（高飞　邱小培）

两项成果入选中国高等学校十大科技进展

12 月 14 日，教育部公布 2017 年度中国高等学校十大科技进展获奖名单，北京高校两项成果入选。分别是北京大学“非对称微腔光场调控新原理研究”“5 纳米碳纳米管 CMOS 器件”。该评选始于 1998 年，由教育部科学技术委员会组织开展，经形式审查、学部初评、项目终审评选专项工作等程序，8 所高校主持的 10 项成果入选。

（邱小培）

科研管理

122 个课题立项市“十三五”教育技术应用课题

1 月，北京教育网络和信息中心组织完成北京市“十三五”教育技术应用研究 2017 年度课题立项工作。各区中小学校、幼儿园和教育机构申报课题 122 项，经评审，全部确定立项。

（李波）

建设期满的哲学社会科学研究基地评估

4 月，市教委联合北京市哲学社会科学规划办公室检查评估 24 个建设期满的北京市哲学社会科学研究基地。经评审，8 个研究基地被评为优秀。年内，新增北京食品安全战略与政策研究基地、北京文献语言与文化传承研究基地、北京廉政建设研究基地、首都终身教育研究基地、国家税收法律研究基地为北京市哲学社会科学研究基地。至年底，共批准建立 62 个研究基地。

（张豫）

市属高校特色教育资源库项目验收完成

5 月 10 日，市教委完成 2016 年度市属高校特色教育资源库项目验收。9 所高校完成 28 个主题资源包建设，项目在特色资源的内容质量、实施效果、队伍建设与人才培养、组织管理的方面取得新进展。至5月，高校特色教育资源库建设共完成485个，涵盖服装、电影等11个领域的主题资源包，整合图片218.5万张、音视频9.5万个、文字6415.5万字、网页设计14.4万个。

（张豫）

教育行业网络安全监管工作

至年底，市教委加强教育行业网络安全监管工作。印发《2017年北京市教育行业网络安全综合治理实施方案》，部署2017年北京市教育行业网络安全综合治理工作，对80个所属单位开展教育行业网络安全管理专项整治，召开北京市教育行业《网络安全法》培训会，并对东城区教委、首都经济贸易大学等10家单位开展现场检查。

（陈萌）

500个项目入选科研计划项目

至年底,500个项目入选2018年度市教委科研计划项目。经项目申请、学校初选推荐、市教委评审等程序，32所高校500个科研项目入选。科技计划资助项目310项，其中，科技重点项目（市自然基金—市教委联合资助)50项，科技一般项目260项。社科计划资助190项，其中，社科重点项目33项,社科一般项目157项。立项总经费9289.5万元,其中,科技类项目经费7731万元、社科类项目经费1558.5万元。

（高飞　张豫）

科研成果

躲不开的食品添加剂获国家科技奖

1月9日，北京工商大学院士孙宝国组织编写的《躲不开的食品添加剂——院士、教授告诉你食品添加剂背后的那些事》获2016年度国家科学技术进步奖二等奖。该书由化工出版社出版发行，是系统介绍食品添加剂的科普读物，分为概念篇、管理篇、应用篇和安全篇,对涉及的问题,依据《食品安全法》《食品添加剂使用规范》等法律、法规，从专业的角度，用科学、通俗的语言对其解读说明，消除公众对食品添加剂的疑虑、困惑和不解，以便对食品添加剂有更准确、科学、系统、清晰的认知。

（杨蓉　杨巧明）

急倾斜厚煤层走向长壁综放开采关键理论与技术获国家科技奖

1月9日，中国矿业大学（北京）承担的“急倾斜厚煤层走向长壁综放开采关键理论与技术”项目获得2016年度国家科学技术进步奖二等奖。该项成果开发20米以下急倾斜（60°）厚煤层走向长壁综放开采关键理论与技术，创建急倾斜厚煤层综放开采顶煤放出的BBR理论和工艺技术，研制急倾斜厚煤层综放开采的专用支架与采场围岩控制新技术，并首创巷道围岩“蝶形”破坏理论与的层次支护技术。研究成果解决中国60°以下急倾斜厚煤层安全高效开采的技术难题，实现急倾斜厚煤层走向长壁综放开采年产百万吨的目标。研究成果在全国20余个矿井推广应用，经济与社会效益显著。研究成果对于提高中国急倾斜煤层的高效安全开采水平和推动行业科技进步具有重大意义，项目成果达到国际领先水平。

（朱家骏）

电弧炉炼钢复合吹炼技术的研究应用获国家科技奖

1月9日，北京科技大学作为第一完成单位承担的“电弧炉炼钢复合吹炼技术的研究应用”项目获2016年度国家科学技术进步奖二等奖。该项目以实现电弧炉炼钢高效、低耗、节能、优质生产为目标，首次提出并研发新一代电弧炉冶炼技术——“电弧炉炼钢复合吹炼技术”。成果推广至天津钢管集团股份有限公司等60余家国内外钢铁企业百余座电弧炉，项目专利产品成套装备销售达100余套，零备件销售累计超2万件，覆盖国内电炉钢产能的30%以上，相关技术及产品出口至意大利、俄罗斯、韩国等国家。采用该项目后每年可节电8.5亿千瓦时，CO_2减排10亿公斤。成果提升电弧炉炼钢工艺及装备制造水平，推动高端装备制造业和电弧炉炼钢技术进步。

（倪阳）

高危非致残性脑血管病及其防控关键技术与应用获国家科技奖

1月9日，首都医科大学附属北京天坛医院“高危非致残性脑血管病及其防控关键技术与应用”项目获得2016年度国家科学技术进步奖二等奖。项目在开展大样本量社区人群调查和住院队列研究的基础上，发现中国脑血管病防治的适宜且需重点干预人群，并以此为突破口提出“高危非致残性脑血管病”概念，建立高危风险预警体系，开创优化的“双重抗血小板”治疗新技术，使高危患者90 d复发风险在不增加出血的前提下降低32%。成果改写国际、国内指南，在临床得到广泛推广应用，已累计减少74万例脑血管病复发病例，累计降低医疗花费150亿元。

（王于英　陈飞飞）

中国发展指数(2016)与中国发展信心调查(2016)结果发布

1月13日，中国人民大学中国调查与数据中心发布中国发展指数(2016)与中国发展信心调查(2016)结果。数据表明，2016年中国发展指数的4个分指数和15个指标均实现正增长，体现中国的总体发展是良性的、向好的，正在从量变走向质变。自 2006 年起，人民大学每年定期发布中国发展指数，指数在借鉴联合国人类发展指数 (HDI) 的编制思想的同时，更注重结合中国国情，旨在弥补 GDP 指标的片面性，全面体现国家与地区发展。成果每年以中国发展报告（年度）的形式公开出版，并于 2015 年 7 月和 2016 年 12 月在日本和美国分别出版发行日文版和英文版，产生广泛的社会影响。

（王文泽）

揭示 RNA 剪接的关键分子机制入选中国科学十大进展

2 月 20 日，清华大学“揭示 RNA 剪接的关键分子机制”项目入选 2016 年度中国科学十大进展。研究团队在 2015 年解析剪接体的结构之后，2016 年又相继解析 3 个关键工作状态下剪接体以及组装过程中一个剪接体复合物的原子级高分辨率结构。这 4 个高分辨率结构基本覆盖 RNA 剪接的关键催化步骤，从分子层面解释剪接体执行 RNA 剪接的机制，及推动 RNA 剪接研究领域的发展。

（邱小培）

世界首个稳定可控的单分子电子开关器件入选中国科学十大进展

2 月 20 日，北京大学“研制出首个稳定可控的单分子电子开关器件”项目入选 2016 年度中国科学十大进展。研究团队原创性地发展以石墨烯为电极，通过共价键连接来稳定单分子器件的关键制备方法，突破性地构建一类全可逆的光诱导和电场诱导的双模式单分子光电子开关器件，是世界上首个真实稳定可控的单分子电子器件。

（邱小培）

揭示水的核量子效应入选中国科学十大进展

2 月 20 日，北京大学“揭示水的核量子效应”项目入选 2016 年度中国科学十大进展。研究团队基于 STM 发展“针尖增强的非弹性电子隧穿谱”技术，突破传统非弹性电子隧穿谱技术在信噪比和分辨率方面的限制，在单键水平上测量氢核的量子涨落对水 / 盐界面上氢键键强的影响，提出“核量子涨落强化强氢键，弱化弱氢键”的普适物理图像。该技术首次将量子效应研究拓展到原子核，实现对氢原子的电子量子态和原子核量子态的精确测量，在原子尺度上揭示水的核量子效应。

（邱小培）

世界首条超高分子量聚异丁烯中试生产线建成

2 月，北京化工大学建成世界首条超高分子量聚异丁烯中试生产线。该校研究团队在超高分子量聚异丁烯的合成技术及工程化方面取得突破，解决高活性引发中心及快速链增长过程中的关键科学问题，发明具有自主知识产权的可控聚合方法与成套制备技术，解决聚合反应放大过程中的工程化难题，建成世界上首条超高分子量聚异丁烯全流程中试生产线，包括引发体系、聚合反应、凝聚分离及回收精制等化工单元。聚异丁烯产品的黏均分子量高达 500 万甚至 600 万以上，明显超过目前国际上最高分子量聚异丁烯商业化产品的相应指标 (~400 万)，引领该领域相关技术发展，填补产品空白。

（肖勇）

水稻孕穗期耐冷基因克隆与进化研究成果发表

3 月 23 日，中国农业大学教授李自超以通讯作者在《自然通讯》(Nature Communications) 在线全文发表水稻孕穗期耐冷基因克隆与进化研究成果。该研究发现编码作物中十分保守的蛋白激酶基因 CTB4a，能够提高水稻生殖生长期的耐冷性，在低温条件下水稻保持较高花粉育性，从而提高结实率和产量。这一研究结果对有效保障水稻遭遇低温或寒地种植条件下高产稳产性、促进水稻进一步向高海拔高纬度地区种植发展、解决中国对稻米日益增长的需求有重要意义。该研究得到国家重点研发计划、国家自然科学基金、国家重大科技专项等项目支持。

（戴晓曦）

亲本和近等基因系在正常条件（左图）、自然低温胁迫条件（右图）表型
每幅图中左、右株型分别来自云南高原地区耐冷、冷敏感水稻品种

3 月 23 日，农大水稻孕穗期耐冷基因克隆与进化研究取得新进展
（农大　供）

首次建立具有全能性特征的多潜能干细胞系

4 月 6 日，北京大学邓宏魁研究组在国际著名学术期刊《细胞》在线发表研究论文。该研究在国际上首次建立具有全能性特征的多潜能干细胞系，获得的细胞同时具有胚内和胚外组织发育潜能，为干细胞技术治疗重大疾病提供新的可能。研究组通过化学小分子筛选，开发一种全新的培养体系，能够建立具有胚内和胚外发育潜能的小鼠和人干细胞系。这一全新的干细胞被命名为潜能扩展的多能干细胞 (Extended Pluripotent Stem Cells)。

（刘语潇）

超高强韧马氏体时效钢研究成果发表

4 月 10 日，北京科技大学新金属材料国家重点实验室团队创新开发出一种高密度纳米强化的超高强韧马氏体时效钢，研究成果在《自然》(Nature) 发表。该成果有利于降低成本、简化生产工艺，大幅度提高超高强钢铁材料的综合性能，抗拉强度达到 2200MPa、塑性达到 8.2%。

（倪阳）

基金与高线资管业环境压力测试方法发布

4 月 15 日，中央财经大学发布“基金与高线资管业环境压力测试方法”学术成果。该成果是国内首个系统性探讨基金和保险资产管理业投资组合的环境压力测试学术研究成果。该研究以沪深 300 指数为研究目标，分别探讨碳价风险、环保处罚风险和水资源风险对于沪深 300 指数的个股其收益率与市值的影响，实证结果发现碳风险上升将导致沪深 300 指数的收益率下跌，若碳价上升一倍、二倍和三倍则沪深 300 指数的收益率分别下跌 1%、2% 和 3%。研究实证也发现环保处罚增加将导致沪深 300 指数的收益率下跌，并造成沪深 300 指数的市值减损。研究还探讨水资源风险，实证发现水资源风险将导致沪深 300 指数的收益率下跌，并造成沪深 300 指数的市值减损，但是一些水资源行业个股的收益率上升。

（任婷）

基于故障关联信息的站域分布式新型保护系统通过鉴定

4 月 20 日，华北电力大学“基于故障关联信息的站域分布式新型保护系统”通过技术鉴定。该成果与北京四方继保自动化股份有限公司联合研发共同完成。项目鉴定委员会由中国工程院、高校、国家电网公司等单位的 11 名专家组成。专家组认为该项目在基于故障关联信息的站域分布式保护方面开展深入分析研究，解决传统后备保护难以满足电网发展的要求和现有广域保护实现方式难以实用化等难题，全面提升继电保护的性能，为智能变电站及智能电网的发展提供先进的保护技术和发挥工程示范作用。成果推广应用可使国家持续引领站域—广域保护理论研究及工程实践水平发展，进一步确立中国在世界继电保护领域的引领地位。与会专家认为整体处于国际领先水平。

（王振华）

“算表”获吉尼斯世界纪录认证

4 月 23 日，清华大学整理的清华简成果“算表”被吉尼斯世界纪录认证为世界上最早的十进制乘法表。学校入藏战国竹简中有 21 支竹简形制特殊，上端凿有圆孔，孔内有丝带残留，被命名为“算表”。经研究发现，“算表”可通过丝线交叉，运用乘法交换律将两位数乘法转换为 4 个交叉点数字相加，实现快捷运算。是中国留存的最早数学文献实物。

（张含晨　许亮）

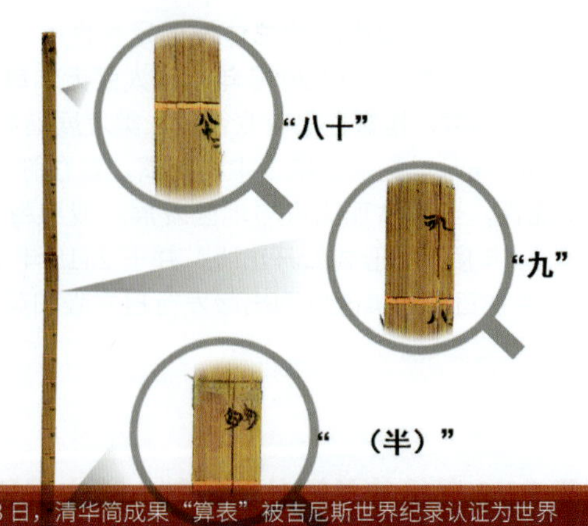

4 月 23 日，清华简成果“算表”被吉尼斯世界纪录认证为世界上最早的十进制乘法表　（清华　供）

金叶紫穗槐生态适应性与繁育技术研究通过验收

4 月 26 日，北京农业职业学院主持的市教委 2015 年度科技计划面上项目“金叶紫穗槐生态适应性与繁育技术研究”通过专家组验收。专家组认为该项目首次发现金叶紫穗槐突变株，对其变叶性状的稳定性、生态适应性、低温胁迫下的生理进行系统研究，揭示金叶紫穗槐抗寒性的生理机理。该项目开展金叶紫穗槐繁殖及栽培技术研究，建立组培快繁技术体系，制订繁殖及栽培技术规程，在金叶紫穗槐的新品种选育、抗寒性评价和繁殖技术研究方面具有创新性，其成果具有潜在的推广应用价值。

（刘宪东）

4 月 26 日，农职院金叶紫穗槐生态适应性与繁育技术研究通过验收　（农职院　供）

“月宫 365”计划实施

5 月 10 日，北京航空航天大学实施“月宫 365”计划。该计划利用中国第一个、世界第三个空间基地生命保障地基综合实验装置“月宫一号”，进行为期 365 天多人次高闭合度的生物再生生命保障系统综合实验。舱内实验志愿者共有 8 人，分为 2 组，设置 3 班，全天候封闭进行科研、学习、生活等。“月宫一号”即“空间基地生物再生生命保障系统地基实验装置”，世界上只有美国和俄罗斯掌握该技术。该项研究对保障中国载人月球基地及火星探测等航天计划的顺利进行、保障航天员生命安全和生活质量具有重大意义。

（朴悦嘉）

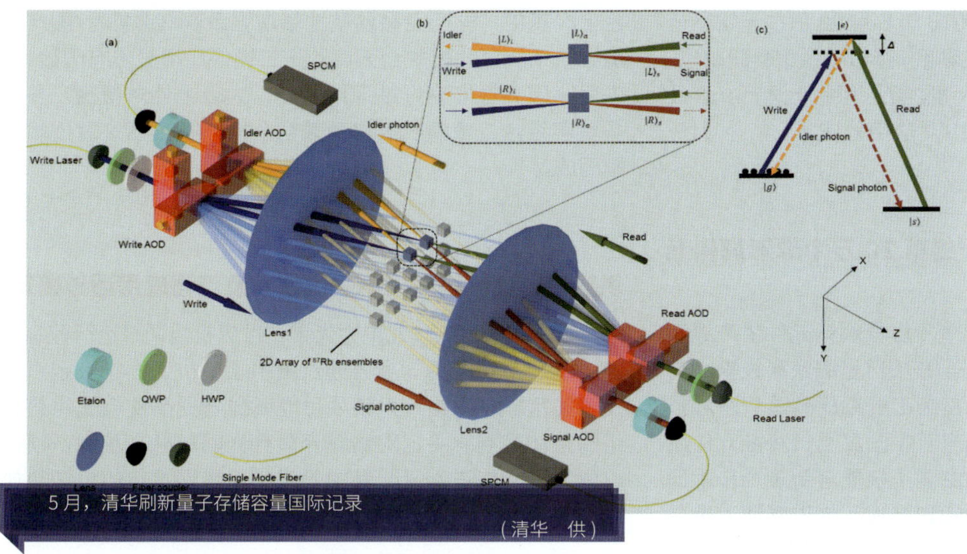

5月，清华刷新量子存储容量国际记录

（清华　供）

成功研制新一代微型化双光子荧光显微镜

5月31日，北京大学举行“成功研制新一代微型化双光子荧光显微镜”专题新闻发布会。在国家自然科学基金委国家重大科研仪器研制专项“超高时空分辨微型化双光子在体显微成像系统”的支持下，北大分子医学研究所、信息科学技术学院、生物动态光学成像中心、生命科学学院、工学院联合中国人民解放军军事医学科学院组成跨学科团队，历时3年多，成功研制出新一代高速高分辨微型化双光子荧光显微镜，并获取小鼠在自由行为过程中大脑神经元和神经突触活动清晰、稳定的图像。

（徐聪颖）

5月31日，北大召开微型化双光子荧光显微镜新闻发布会

（北大　供）

电子商务经济监测、预测、政策模拟平台发布

5月，中央财经大学联合清华大学电子商务交易技术国家工程实验室发布“电子商务经济监测、预测、政策模拟平台”。该平台对全国电子商务经济进行实时监测，从总量、基础环境、规模与走势、市场活跃度与供需关系等多个维度对电商经济进行监控和预测，对中国电子商务经济政策效果进行模拟，监测电商经济和传统经济下总体指标的走势、趋势、规律。电商监测平台将为政府决策和宏观调控提供科学的依据。

（任婷）

量子研究领域取得重要突破

5月和9月，清华大学在量子研究领域取得重要突破。5月，学校交叉信息研究院量子信息中心研究组引入二维量子存储阵列的方法，首次实现具有225个存储单元的原子量子存储器，比国际原有记录提高近20倍。9月，中心研究组实现拥有超过10分钟相干时间的单量子比特储存（量子信息技术中的基本单元），这是目前为止单量子比特相干时间的世界纪录，将之前的世界纪录提高10倍。

（张含晨　许亮）

科学载荷登上国际空间站

6月4日，北京理工大学科学载荷登上国际空间站。“空间环境下在PCR反应中DNA错配规律研究的科学载荷”，在美国佛罗里达州肯尼迪空间中心由负责运营国际空间站科学研究平台的Nano Racks公司通过SpaceX公司“猎鹰9号”火箭乘坐“龙”货运飞船送往国际空间站。该载荷在空间辐射及微重力环境下，在轨开展抗体编码基因的突变规律研究，有助于认知空间环境对微生物生长代谢的影响，将为中国空间生物安全提供基础性研究成果，并为中国深空探测的生物安全问题提供参考。此次搭载项目的实施，是中国空间科学项目首次登入国际空间站，标志着中美空间科学合作取得零的突破。

（杨宝焱）

首次实现人类胚胎干细胞体外诱导为卵泡样细胞

6月12日，清华大学医学院纪家葵课题组在《自然·通讯》在线发表题为《人类胚胎干细胞体外诱导为卵泡样细胞》的研究论文。该研究首次建立人胚胎干细胞定向分化为人卵巢类卵泡样细胞的体外分化体系，证明不借助体细胞，通过在人胚胎干细胞中过表达核糖核酸(RNA)结合蛋白可以体外获得人类卵泡样细胞。

（许亮）

“神威·太湖之光”超级计算机蝉联世界超算冠军

6月19日，清华大学“神威·太湖之光”超级计算机在国际超级计算大会(ISC 2017)上蝉联世界超算冠军。“神威·太湖之光”以每秒12.5亿亿次的峰值计算能力以及每秒9.3亿亿次的持续计算能力，继2016年之后再次斩获世界超算冠军。该计算机由科技部、江苏省政府、无锡市政府投资18亿元，历经3年于2016年6月20日在无锡运行启动，主要服务于国家重大科技项目，有100余家科研单位、100余个大型应用在“神威·太湖之光”系统上运行，涉及气候气象、海洋、航空航天等19个应用领域。

（许亮）

高温气冷堆核燃料元件生产线第20万个球形燃料元件成功下线

7月17日，清华大学高温气冷堆核燃料元件生产线第20万个球形燃料元件成功下线。该项目是国家科技重大专项配套项目，此举标志着全球首条工业规模高温气冷堆核燃料元件生产线建成达产，标志着中国高温气冷堆元件制造水平走在世界前列。该技术由清华核能与新能源技术研究院研发，清华具有完全自主知识产权。该进展还入选中国核学会发布的“2015—2017年度中国十大核科技进展”。

（张含晨　许亮）

7月17日，高温气冷堆核燃料元件生产线建成达产
（清华　供）

小肠干细胞和结直肠癌的调控新机制研究成果发表

9月5日，中国农业大学小肠干细胞和结直肠癌的调控新机制研究成果在《eLife》杂志在线发表。该校生物学院于政权教授为该成果通讯作者。该项研究揭示出一种miR-31的micro RNA在维护正常的肠道健康状态和诱导结直肠癌等肠道疾病的过程中发挥双重作用，阐明肠道中控制上皮细胞更替的新机制，并为结直肠癌等肠道疾病的治疗提供一个新的潜在治疗靶点。

（戴晓曦）

国产卫星导航地基增强系统应用于北斗系统民航飞行测试

10月10日至14日，北京航空航天大学研发的国产卫星导航地基增强系统(GBAS)、国产机载导航系统应用于北斗卫星导航系统民航飞行测试。该飞行测试以中国自主设计制造的喷气式支线客机ARJ21为平台，首次实现四个“国产化”的结合，即将国产卫星导航系统、国产卫星导航地基增强系统、国产机载导航系统结合到国产民用大飞机的平台上。其中，国产卫星导航地基增强系统(GBAS)、国产机载导航系统是北航联合天津七一二通信广播股份有限公司，先后突破高性能完好性风险监测、大范围信号覆盖、多频多星座组合、多模式信号源兼容互操作等多项关键技术研制而成。

（朴悦嘉）

供热机组调峰运行控制关键技术及工程应用通过鉴定

10月17日，华北电力大学“供热机组调峰运行控制关键技术及工程应用”项目通过由中国电机工程学会组织的技术鉴定。专家组认为该项目能够显著提高抽汽式供热机组的整体控制水平，对缓解弃风弃光问题意义重大，项目总体居国际先进水平，其中基于利用热网蓄热的机炉热协调快速变负荷控制技术居国际领先水平。

（王振华）

水果保鲜包装新技术获国家发明展览会金奖

10月，北京印刷学院包装材料与技术科研团队研究的“水果保鲜包装新技术”获第116届国际发明展览会金奖。技术针对水果蔬菜的常温保鲜问题，颠覆只使用一种薄膜制备保鲜袋造成袋子透湿性差、保鲜效果不佳的传统设计，采用两种以上自主研发的保鲜功能薄膜，使得新设计的保鲜包装具备多种功能，在常温下将果蔬的货架期延长一倍以上。

（谢丹）

10月，北印水果保鲜包装新技术获第116届国际发明展览会金奖
（北印　供）

一种虚实结合的建筑施工工艺信息化教学装置获专利

11月17日，北京交通职业技术学院教师团队研究成果“一种虚实结合的建筑施工工艺信息化教学装置”获国家实用新型专利。该装置包括可移动支架部分和虚实结合展示部分，其中，虚实结合展示部分包含建筑典型施工的节点实物立体模型、与实物立体模型相匹配的平面示意图、与实物立体相匹配的工工艺流程、与实物立体模型对应的采用仿真技术制作的微课的二维码。该发明能将建筑实物立体模型与虚拟实际施工过程相匹配，通过实物构造教学装置与虚拟仿真系统一一对应，提供实物立体模型体验感知学习、移动端自学、PC端教学和自学的模式，能够让学

生充分利用课前、课中、课下时间，准确了解并掌握每一个建筑施工工艺过程的人工、材料、机具、工法、规范，提高教学效率和效果。

（杨文生）

非线性地震模拟研究获“戈登·贝尔”奖

11月17日，清华大学地球系统科学系所完成的“非线性地震模拟”研究获“戈登·贝尔”奖。该成果设计实现高可扩展性的非线性地震模拟工具，是超级计算机在地震灾害研究方面的一次成功应用。“戈登·贝尔”奖设立于1987年，是国际高性能计算应用领域的最高奖项，旨在鼓励将超级计算机的超强计算能力投入应用之中。

（张含晨　许亮）

《中华医学百科全书》首批35卷发布

11月24日，北京协和医学院牵头编制的《中华医学百科全书》首批35卷发布。该著作集合医药卫生领域各学科逾6000名专家学者共同编著，共计138卷，分为基础医学、临床医学、药学、中医药学、公共卫生学、军事与特种医学六大类，全面覆盖中国医学领域，对中华现代医学和传统医学的核心知识与基本概念进行系统梳理，按照“全、准、精、新”的基本原则，用准确、精练、规范的语言表达出来，体现中华医学发展及专业认识的深度和广度。

（王卓然）

首台百万燃煤机组飞灰脱汞系统投入商业运行

11月29日，华北电力大学研发的燃煤电厂飞灰在线改性吸附脱汞技术及装备在神华国华徐州发电有限责任公司2号1000MW燃煤机组通过168小时考核，移交生产投入商业运行。该技术以燃煤电厂废弃飞灰为原料，通过机械力和化学方法在电厂对飞灰在线改性，形成脱汞吸附剂；改性后的吸附剂喷射到电厂烟道，对烟气中的汞进行吸附脱除。该技术避免活性炭吸附剂离线改性、远距离运输等多个环节；过程全封闭无泄露；综合成本为活性炭脱汞技术的1/5～1/10。

（王振华）

11月29日，电力大学研发百万燃煤机组飞灰脱汞系统通过168小时考核　　（电力大学　供）

非对称微腔光场调控新原理研究入选高校十大科技进展

12月14日，北京大学“非对称微腔光场调控新原理研究”项目入选中国高等学校十大科技进展。该项目由“极端光学创新研究团队”完成，在非对称光学微腔中提出混沌辅助的光子动量转换新原理，实现光学微腔的高效、超宽谱光耦合。非对称光学微腔打破空间旋转对称性，调控局域光场，从而在支持分立回音壁模式的同时获得准连续混沌模式。研究成果分别发表在《科学》和《物理评论快报》。

（邱小培）

5纳米碳纳米管CMOS器件入选高校十大科技进展

12月14日，北京大学“5纳米碳纳米管CMOS器件”项目入选中国高等学校十大科技进展。该项目在碳纳米管CMOS器件物理和制备技术、性能极限探索等方面取得重大突破，放弃传统掺杂工艺，通过控制电极材料来控制晶体管的极性，抑制短沟道效应，首次实现5纳米栅长的高性能碳管晶体管，性能超越目前最好的硅基晶体管，接近量子力学原理决定的物理极限，有望将CMOS技术推进至3纳米以下技术节点。

（邱小培）

《中国语言文化典藏》丛书发布

12月15日，北京语言大学主编的《中国语言文化典藏》发布。《中国语言文化典藏》为丛书，由商务印书馆出版，共20卷，涵盖官话、晋语、吴语、徽语、闽语、湘语、赣语、客家话、粤语等汉语方言和怀集标话等少数民族语言，具有创新与存史并重、学术性与普及性相结合的特点。该书是教育部、国家语委“中国语言资源保护工程”的标志性成果。

（邱小培）

中国新建本科院校质量报告发布

12月26日，北京教育科学研究院与教育部高等教育教学评估中心共同编制的《中国新建本科院校质量报告(2016年度)——应用型本科建设在路上》出版发布。报告由教育科学出版社出版发行，依据“全国高校教学基本状态数据库”“学生及用人单位满意度调查结果”以及新建本科院校质量报告等数据资料，通过全面调查、大样本比较以及典型个案剖析，对新建本科院校的办学历程、办学质量、办学效益和办学前景予以客观展现，并提出意见和建议。

（孙毅颖）

西藏首现鸟类足迹化石

12月29日，中美古生物学者宣布在西藏首次发现鸟类足迹化石。中国地质大学（北京）一年级新生陈星儒和四名学生在西藏昌都丁青县进行社会实践活动时意外发现，地大（北京）副教授及研究生等经过研究，并在《地质学报》（英文版）上撰文描述，发现的砂岩上两个微小的三趾型印迹被确认是中生代鸟类“韩国鸟”的足迹，是西藏在白垩纪存在过古鸟类的首个确凿证据，在古生物地理分布、古环境复原等方面都有着重要的意义。

（李媛媛）

教育科学研究

北京市教育科学规划项目专家工作管理办法发布

3 月 1 日，北京市教育科学规划领导小组办公室发布《北京市教育科学规划项目专家工作管理办法》。办法进一步增强专家库建设的专业化和规范化。至此，专家库拥有来自 16 个区及燕山地区、48 所高校以及科研院所（含北京教育科学研究院）的 1012 名专家。所属专家均具有高级职称或具有正处级以上行政职务。

（庞立场）

中医药教学化开发成果展示

5 月 19 日，北京教育科学研究院组织中医药教学化开发成果在第十届北京中医药文化宣传周暨第九届地坛中医药健康文化节上展示。北京市 15 所中小学校师生展示中医药课程开发成果。北京市育才学校、北京市第一零九中学、北京宏志中学等 10 所学校 300 余名中小学生参加开幕式特色表演。

（朱娜）

5 月 19 日，北京教科院举行中医药文化节开幕式

（北京教科院　供）

深化教育领域综合改革与学校课程一体化建设主题研讨会

6 月 14 日，北京教育科学研究院在北京市第二中学亦庄学校召开以“深化教育领域综合改革与学校课程一体化建设”为主题的学校课程建设研讨会。会议展示学校通过有效的课程实践回应相关政策的要求，通过创生、改造和统整为学生提供满足其全面而富有个性发展的课程等内容。北京市义务教育项目区域负责人和项目实验校领导、教师，新闻媒体共计 500 人参加活动。

（武泽钰）

北京市生涯指导建设现场会

6 月 22 日，北京教育科学研究院主办的中高考改革背景下 2017 年北京市生涯指导建设现场会在北京市第十二中学召开。会议听取北京教科院生涯教育项目负责人汇报与中高考改革相衔接的北京市中小学生涯指导体系建设研究进展。十二中 4 名心理教师展示 4 节生涯教育微课。北京教育学院丰台分院心理教研室主任阐释丰台区生涯教育的生态系统模型和生涯技术供给侧创新举措。北京教科院项目组人员，各区心育主管领导、心理教师和班主任等 400 人参加活动。

（邓利）

《学习学》系列丛书发布

7 月 9 日，北京教育学院发布《学习学》系列丛书。丛书是“学习与思维”课题研究成果，共 22 本，分为理论卷、中学卷、小学卷、幼儿卷 4 卷。课题组针对学生学习负担过重、教师教学方法陈旧低效等问题，从思维发展角度研究学生学习规律，改进课堂教学方式，历时 25 年，形成《学习学》系列丛书研究成果。

（石燕）

7 月 9 日，北京教育学院发布《学习学》理论与实践研究成果

（教育学院　供）

学习方式变革研讨会

11 月 21 日，北京教育科学研究院主办的北京市中小学生学习方式变革研讨会在北京市第二十二中学召开。会议以“新视野 新流程 新技术”为主题，设置翻转课程观摩、集中研讨两个环节。二十二中教师展示包括数学、语文、英语在内的 10 门学科课程和 1 门综合性 STEAM 课程，展现翻转课堂教学模式在多学科教学过程中的应用；二十二中、二十一中联盟校作“翻转课堂教学模式研究”课题中期汇报，介绍学校以课题为牵引，努力探索并构建中学各

个学科的翻转课堂教学模式。专家点评，肯定学校在翻转课堂教学中取得的阶段性成果，并强调要把握好跨学科教学对学生创新能力的培养，需要多方协同，善用技术共同营造适合真实学习发生的生态。中国教育科学研究院、北京教科院有关专家出席，来自北京市各区教师代表共 225 人参加会议。

（彭靓芳　李银姬）

全国首套数字化家庭教育跟随服务系统建立

11 月 24 日，全国首套数字化家庭教育跟随服务系统在燕山地区正式建立。该系统以燕山向阳幼儿园“谦益学堂”家长会的召开为标志，宣告全国第一套从幼儿园贯通到高中的数字化家庭教育跟随服务编码系统正式建立。燕山教委“谦益学堂”充分利用燕山地区社区、幼儿园、学校、家庭紧密衔接的优势，研究建立儿童身心健康发展关键期家庭教育课程体系和持续跟踪服务系统。此套编码由 10 位数组成，可以精确到每一个学生家庭，准确记录家长学习家庭教育的痕迹，由谦益专家团为编码持有者提供针对性服务。编码系统充分调查家长的现实需求、学校（幼儿园）的教育教学需要和教育专家的建议，收集积累家庭教育学习基础数据，逐步形成燕山家庭教育信息档案库，为家长提供便捷、个性化、有针对性的家庭教育指导服务，给家庭提供从幼儿、小学、初中、高中四个阶段整体一贯的家庭教育方案，为相关教科研服务，为家庭教育指导和决策服务。

（陶勇）

6 节小学禁毒教育课程成功研发

12 月 5 日，北京教育科学研究院承担的“毒品防治分级教育教材编写及培训计划”项目在北京市朝阳区垂杨柳中心小学举办禁毒教育公开课观摩活动。活动展示二、三、五年级 3 节禁毒教育观摩课。至此，项目组成功研发出小学 6 个年级 6 节禁毒教育课程，分别为一年级“学会拒绝，健康身体”、二年级“吸烟有害健康”、三年级“吃药讲科学”、四年级“火眼金睛识毒魔”、五年级“爱我中华——禁毒教育史的启示”、六年级“拒绝诱惑，绽放自我”。课程以“珍爱生命”为主线，以保护自己和家人的身体健康、了解毒品和简单禁毒史、立志做有志少年为具体内容和目标，形成小学禁毒教育课程体系。

（赵澜波）

基于核心素养五大领域的教学实验研究成果研讨会

12 月 25 日，北京教育科学研究院召开“基于核心素养五大领域的教学实验”研究成果汇报及研讨会。会议详细解读实验整体情况，围绕阅读、数学、科学、技术、问题解决五大素养领域分别召开分论坛，汇报研讨各领域实验成果。会议发布《2016 年北京市学生发展核心素养的教与学研究报告》，针对北京市中小学生于核心素养方面存在的主要问题，阐述各素养领域提出的富有实际操作意义的实验干预方案与教学改进策略，清晰描绘核心素养与学习领域、课堂教学之间纵横交错的落实路径图。北京教育学院、北京师范大学、首都师范大学、中国教育科学研究院等单位的专家学者点评指导。北京教科院启动核心素养五大领域的实践路径研究，以教学实验的方式，在 3 年间深入探索核心素养在课堂教学中的有效培养策略。2016 年 9 月至 2017 年 9 月，实验规模涉及北京市 10 余个区 249 个班级 8000 名学生 200 名实验校教师。

（沈俊楠）

职业教育人才培养质量评价研究结题

12 月 26 日，北京教育科学研究院召开市委教工委、市教委委托课题“北京市职业教育人才培养质量评价研究”结题会。课题针对北京市中高职院校课堂教学现状，研究职业教育人才培养质量影响因素，提出职业教育质量提升的政策建议，并起草《北京市关于深化职业教育教学改革的意见（草案）》文件。

（王春燕）

幼儿园课程实践与创新阶段性成果汇报会

12 月 27 日，北京教育科学研究院召开国际视野下北京市幼儿园课程实践与创新阶段性成果汇报交流会。会议以国际视野下北京市幼儿园课程实践与创新课题行动研究阶段性成果汇报为主题，听取西城区槐柏幼儿园、海淀新区恩济幼儿园、昌平区滨河幼儿园、北京市北海幼儿园 4 所实验幼儿园分别从环境、游戏、活动组织形式、幼儿园管理制度等方面作报告；北京教科院组织带领的深圳、珠海学习考察团汇报考察学习情况。北京教科院、各区教研员、各实验幼儿园园长和教师等共计 200 人参与活动。

（张霞）

12 月 27 日，国际视野下北京市幼儿园课程实践与创新阶段性成果汇报交流会　（北京教科院　供）

北京市教育规划课题立项 376 个

至年底，北京市教育规划课题立项 376 个。其中，重大课题 1 项、优先关注课题 26 项、重点课题 40 项、校本研究专项课题 24 项、青年专项课题 40 项、一般课题 245 项。

9 月至 11 月，处理重要事项变更 26 项。其中，课题名称变更 4 项、课题负责人变更 10 项；课题管理单位变更 10 个；撤项申请 2 个。完成 95 项课题完成结题鉴定，其中，集中会议结题鉴定 72 项、单独会议鉴定 13 项、免于鉴定 10 项。12 月 29 日，对逾期未结题的 15 项 2011 年度立项课题予以撤项并公示。

（庞立场）

19 项课题入选全国教育科学规划课题

至年底，北京市教育规划办组织完成全国教育科学“十三五”规划 2017 年度课题申报工作。共报送课题申报材料 121 项，其中，19 项课题获准立项。

（庞立场）

教育教学研究

初中英语听说教学系列研讨活动

3 月 22 日，北京教育科学研究院联合昌平区教师进修学校初中英语教研室在北京市第一六一中学回龙观学校举办 2017 年北京市初中英语听说教学系列研讨活动。研讨以专家讲座、一线教师和区域教研员专题发言、互动交流的形式，聚焦信息化背景下如何提升学生英语学习和教师英语教学的有效性，为教研员和一线教师提供学习、交流和研讨的平台。市、区教研员及一线教师共计 340 人参加研讨活动。

（沈俊楠）

聚焦学生发展核心素养的高中课程创新专题研讨会

3 月 28 日，市教委、北京教育科学研究院在北京市第一〇一中学联合举办“聚焦学生发展核心素养的高中课程创新”专题研讨会。会议总结梳理十年课改中高中学校探索的经验和成果，发挥课程自主创新实验学校的示范引领作用，为即将实施的新高考改革试点工作提供借鉴。各区教委中教科负责人、课程室负责人，部分中小学课程建设负责人、骨干教师，以及高中自主课程实验学校代表近 400 人参加会议。

北京市“聚焦学生发展核心素养的高中课程创新”专题研讨会在海淀召开　（海淀区教委　供）

（武泽钰）

北京市中国传统音乐“神州大地 鼓乐铿锵”主题大课堂教学研讨会

5 月 16 日，北京教育科学研究院在昌平区第一中学召开 2017 年北京市中国传统音乐“神州大地 鼓乐铿锵”主题大课堂教学研讨会。会议探讨音乐教研室采用主题大课堂的形式，打破年龄、班级、学校限制，打通课内外和校内外教学形式，充分调动各种社会资源，传承中华优秀传统文化，实现立德树人的教育目标。教育部、北京教科院、北京市教育学会等领导、专家，以及各区音乐学科教研员和骨干教师 265 人参加会议。

（沈俊楠）

第三届北京市小学语文教学观摩活动

5 月 16 日至 18 日，北京教育科学研究院在北京师范大学附属朝阳学校举办第三届北京市小学语文教学观摩活动。活动主题为“加强语言文字运用，落实核心素养培养”，目的是进一步深化课程改革，建设高素质的教师队伍，推进小学语文教师专业发展，促进教师专业素养的提升。观摩活动涉及到一至五年级，16 个区及燕山地区的优秀教师展示 18 节各具特色的语文课。

（沈俊楠）

中小学教师优秀课堂教学设计征集与评选

5 月 23 日至 26 日，北京教育科学研究院分别在西城、东城、海淀、朝阳、丰台、顺义和通州 7 个区组织开展“2017 年北京市中小学教师优秀课堂教学设计征集与评选”年度终评。此次征集与评选活动主题是“关注学生核心素养的发展”。经过各区推荐和学科终评，包括地方校本课程在内共计 28 个学科的 404 名教师参加现场说课与答辩，北京教科院、北京师范大学、首都师范大学等单位的百余名学科专家及工作人员参与终评工作。活动中，近千名教师到现场观摩，活动还通过网络直播。北京教科院自 2005 年开始，每年组织“北京市中小学教师优秀课堂教学设计征集与评选”活动，通过设立年度研究主题引领全市教师关注课程改革发展趋势，深化课堂教学研究，不断提高学科教学质量。12 年来，将教学设计征集评选工作变成教师培训、促进教师专业发展的重要途径，终评活动也成为优秀教师交流思想及分享经验的平台。

（沈俊楠）

11 月 15 日，北京教科院举办北京市首届中小学主题班会观摩展示活动（北京教科院 供）

21 个单位成为课程建设先进单位

6 月 27 日，北京教育科学研究院组织开展 2017 年课程建设先进单位终评工作。通过文本审阅、现场答辩、综合分析、交流研讨、实地考察等环节，经过区级初评和市级复评、终评，并经北京市课程改革领导小组批准，21 所学校被评为 2016—2017 年度北京市课程建设先进单位。

（武泽钰）

172 节体育课例获“千人百课”优秀教学课例

6 月 30 日至 7 月 2 日，北京教育科学研究院召开 2017 年北京市中小学校体育教学“千人百课”优秀教学课例评审工作会。评审工作以校园足球教学为龙头，在 16 个区的中小学校广泛开展足球、篮球和排球 3 个项目的优秀教学案例征集，共征集课例 200 节。其中，足球 100 节、篮球 65 节、排球 35 节。组织首都体育学院专家、北京市特级教师、一线优秀教师和北京市中小学体育教研员评审上交课例，40 余人参加评审工作，最终共有 172 节课例获奖，其中，一等奖 41 节、二等奖 76 节、三等奖 55 节。

（沈俊楠）

英语课堂教学观摩研讨会

10 月，北京市初中英语基于文本解读的课堂教学观摩研讨会在顺义区仁和中学召开。会议听取仁和中学校长介绍学校课程改革和教师专业发展情况。在市级教研员等专家引领下，历经文本分析、学情分析、完成课堂活动设计等环节；仁和中学教师展示“听说教学”和“阅读教学”研究课。与会专家针对课堂教学如何有效导入、在教学过程中如何有效处理词汇和语言知识的学习、教师如何放手、如何围绕学生优化课堂教学等方面提出意见与建议。会议由北京教育科学研究院主办，市级英语教研员、顺义区教委有关科室负责人、各区初中英语教研员和英语骨干教师，以及顺义区初二、初三年级全体英语教师、初一年级骨干教师代表 400 人参加活动。

（陈偲）

首届中小学主题班会观摩展示活动

11 月 15 日，北京教育科学研究院在北京市第十八中学举办“遵道贵德 相伴成长——北京市首届中小学主题班会观摩展示活动”。活动观摩在北京市中小学主题班会成果征集评优活动中获得特等奖的 5 名班主任展示主题班会。市区领导、专家、各区小学优秀班主任代表等 400 人参加活动。主题班会成果征集评优活动面向 16 个区，区级初评上报 400 节主题班会。经市级专家评审，产生特等奖和一、二、三等奖。

（任敬华）

中小学心理健康教育主题交流展示

11 月 22 日，北京教育科学研究院联合海淀区教育科学研究院在北京市二十一世纪国际学校举办“为爱护航、助力成长”北京市中小学心理健康教育主题交流展示活动。活动观摩北京市三帆中学、朝阳区黑庄户中心小学、二十一世纪国际学校的学生表演校园心理剧。190 人参加活动。

（朱凌云）

中学历史教学设计总结会

12 月 15 日，北京教育科学研究院在顺义区牛栏山第一中学召开 2017 年度北京市中学历史教学设计总结会暨北京市教育学会历史教学研究会年会。会议分初、高中两个会场，开展初高中课堂教学展示、2017 年优秀教学设计及教学论文展示，宣读 2017 年北京市中学历史教学设计评比结果。来自 16 个区及燕山地区的 200 余名教师参加会议。

（沈俊楠）

（本栏责任编辑　华蕾）

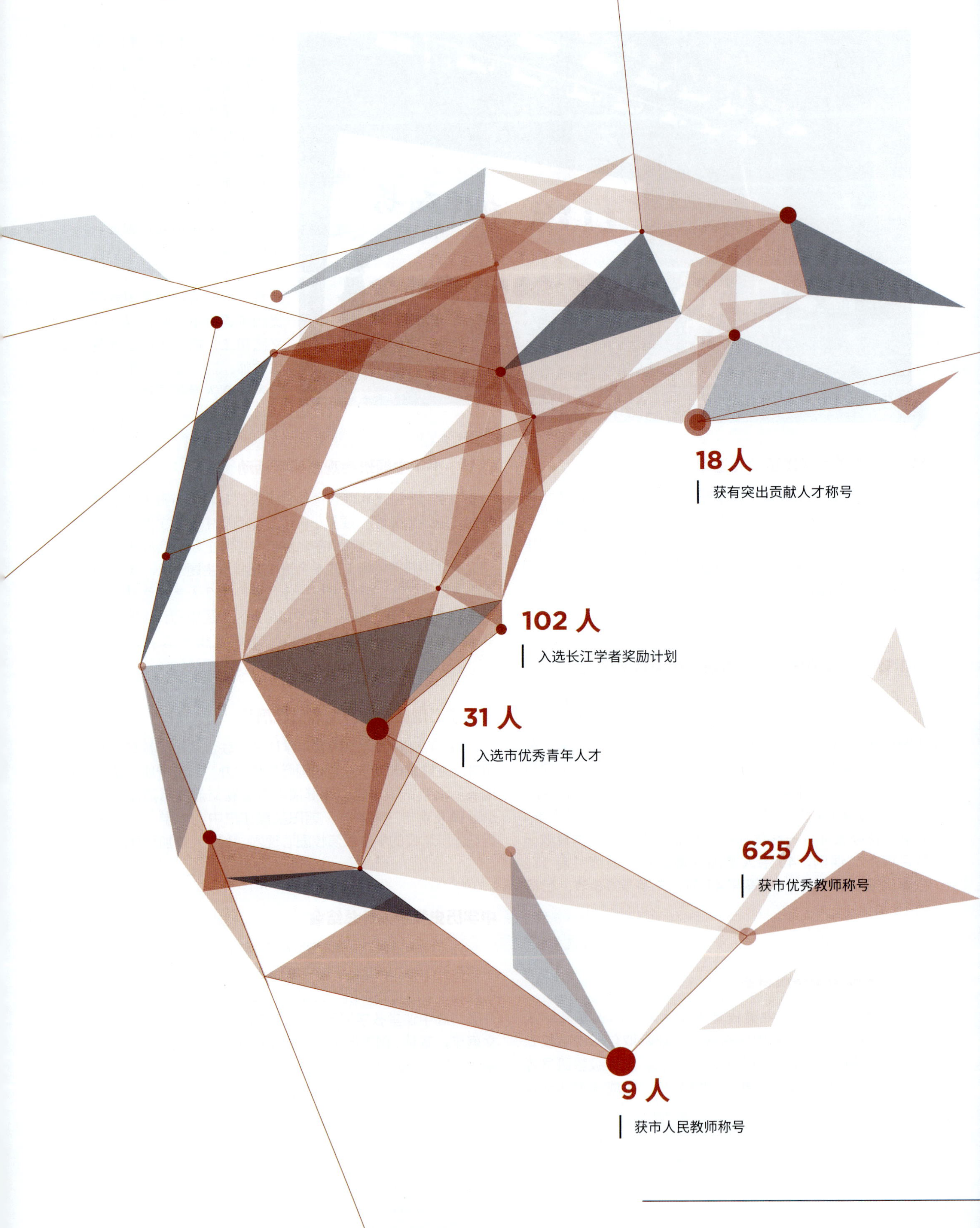
18 人
获有突出贡献人才称号
102 人
入选长江学者奖励计划
31 人
入选市优秀青年人才
625 人
获市优秀教师称号
9 人
获市人民教师称号

2018 | 师资建设

TEACHERS CONSTRUCTION

- 继续实施乡村教师支持计划
- 中小学教师开放型教学实践活动
- 通州区教师素质提升支持计划启动
- 首届新任教师教学风采展示活动
- 222 人获市特级教师称号

TEACHERS CONSTRUCTION
师资建设

综述

继续实施乡村教师支持计划

2017 年，市教委继续实施北京市乡村教师支持计划。一是面向北京地区全日制普通高等学校应届本科及以上学历毕业生和京外“211 工程”师范院校及全国 24 所省属师范院校师范专业应届本科及以上学历毕业生，招聘中小学音、体、美、史、地、政、生等紧缺学科乡村教师 331 人。二是提高乡村教师待遇。落实乡村教师岗位生活补助，把实施乡村教师岗位生活补助政策列入 2017 年市政府重要民生实事项目，建立按月督查机制。截至 11 月 6 日，12 个区全部落实市级财政保障的 383 所学校、17489 名乡村教师的岗位生活补助发放。同时，各相关区政府研究制定区级财政支持的平原地区镇区中小学校和乡村及镇区的幼儿园教师岗位生活补助政策，加大经费投入力度，共参照解决 388 所乡村学校、16169 名乡村教师的岗位生活补助。完善市特级教师、市学科教学带头人和骨干教师评选办法，设立特级教师农村专项指标，规定远郊区在所下达的市级骨干教师推荐指标数中不低于 10% 的比例用于推荐农村中小学和幼儿园教师。本年共评选市特级教师 222 人，包括农村特级教师 20 人；市级骨干教师 2194 人，包括农村地区的骨干教师 195 人。建立乡村教师荣誉制度，联合市人力社保局印发《关于做好乡村学校从教 30 年教师荣誉证书颁发工作的通知》和《关于做好乡村学校从教 20 年教师荣誉证书颁发工作的通知》，发放乡村教师从教 30 年证书 5103 本、乡村教师从教 20 年证书 10643 本。在“北京市人民教师奖”“北京市人民教师提名奖”“北京市优秀教师”和“北京市优秀教育工作者”评选中向乡村教师倾斜。本年共评选“北京市人民教师奖”9 人，包括乡村教师 1 人；“北京市人民教师提名奖”10 人，包括乡村教师 4 人；“北京市优秀教师”625 人，包括乡村教师 21 人；“北京市优秀教育工作者”75 人，包括乡村教师 1 人。三是开展乡村教师培训。市教委组织义务教育阶段教师 59 人参加 4～5 个月跟岗脱产培训。实施协同创新乡村学校计划，通过送培训到乡村学校的方式，开展整校或整学科推进的研修活动，本年 25 所乡村学校参加该计划。开展针对乡村教师的市级高端培训，包括农村校长教学引导力专题研修、小学英语骨干教师（含教研员）国际研修项目等。实施远郊区新教师培训，北京教育学院联合顺义、昌平、大兴和怀柔四区培训新任教师 1233 人。

（杨江林）

中小学教师开放型教学实践活动

2017 年，市教委继续推进市中小学教师开放型教学实践活动计划。市教委要求全市义务教育阶段一线市级骨干教师、学科教学带头人、特级教师和正高级教师开放课堂或研修活动，通过“北京市中小学开放型教学实践活动管理服务平台”申报项目，每人每学期开放 2～4 次；全市义务教育阶段普通教师通过平台自主选课并到实地参加活动，每次实践活动要求选课教师 5～10 人，课后授课教师和选课教师共同研修两个小时。至 12 月 31 日，全市共有 542 个学校和研修机构的 1479 名授课教师开展并完成 5370 次中小学教师开放型教学实践活动，参加并完成活动的选课教师 24079 人，共计 46078 人次，其中，跨区上课 34494 人次。完成活动的乡村学校教师 3394 人，共计 6707 人次。城六区开展并完成活动 2583 次，参加并完成活动的教师 23245 人次，其中，远郊区教师赴城区完成活动 19050 人次，占比 81.95%；乡村学校教师 5571 人次，占比远郊区赴城区教师的 23.96%。

（崔亚超）

通州试点中学教师开放型在线辅导计划

2017 年，“北京市中学教师开放型在线辅导计划”通州区试点工作取得积极效果。市教委于 2016 年 11 月 23

日至2017年1月19日、2017年5月23日至7月12日分两个阶段在通州区试点开展中学教师在线辅导工作。试点期间，全市共招募辅导教师7308人，通过开放型在线辅导管理服务平台，实现基于音频、图片和文本的实时在线辅导。其中，1590名教师完成对4460名学生共计30724次有效的在线辅导，累计辅导总时长4974.20小时；305名教师参与问答中心的问题解答1252个，提供微课4742个。平台通过对学生学科知识掌握情况的精准测评和在线辅导，实现教师服务属性的精细化萃取和在线流转，探索学生在未来开放式学习环境中学习方式的转变和养成，增强学生及其家长的实际获得感。通州区整体试点良好，为下一步试点扩大奠定基础。

（崔亚超）

思政课骨干教师、优秀辅导员人物肖像首发

1月7日，市委教工委、市教委在人民大会堂举办北京高校思想政治理论课骨干教师、优秀辅导员人物肖像首发式。会上，与会领导为教师代表颁发人物肖像照片，为首批北京高校思想政治理论课特级教授、特级教师代表颁发聘书。市委教工委、市教委为高校思政课教师124人、近三年十佳辅导员30人拍摄个人肖像照片，旨在增强北京高校思想政治工作队伍岗位归属感和职业荣誉感。活动由东兴证券股份有限公司捐资。

（刘冰）

18人获有突出贡献人才称号

1月12日，北京教育系统18人获第12批“北京市有突出贡献的科学、技术、管理人才”称号。“北京市有突出贡献的科学、技术、管理人才”由市委、市政府评选表彰，每3年1次，每次表彰原则上不超过50人。经单位提名、系统推荐、公示等程序，共有来自有研稀土新材料股份有限公司的于敦波等55人获奖，其中，教育系统18人。

（付兴锋）

第12批“北京市有突出贡献的科学、技术、管理人才”名单（教育系统）

邢奕	北京科技大学	郝春文	首都师范大学
孙世国	北方工业大学	柳茹	北京市北海幼儿园
孙德智	北京林业大学	祝连庆	北京信息科技大学
李强	清华大学	郭林	北京航空航天大学
李冬梅	北京大学附属中学	郭涵	北京市第一〇一中学
李德才	北京交通大学	郭雷	北京航空航天大学
宋晓艳	北京工业大学	黄天树	首都师范大学
张连城	首都经济贸易大学	彭练矛	北京大学
金奇	北京协和医学院	颜宁	清华大学

（付兴锋）

第五届高校辅导员职业能力大赛

3月30日至31日，市委教工委在北京师范大学举行第五届北京高校辅导员职业能力大赛决赛及颁奖典礼。来自北京高校的20名辅导员进入决赛，经过主题班会、案例分析、主题演讲和谈心谈话4部分现场展示，共评出一等奖10人、二等奖10人。58所高校的学工部门负责人和师生代表200余人观摩比赛。第五届北京高校辅导员职业能力大赛3月20日启动，包括学校推荐、初赛、决赛3个阶段，初赛以笔试为主，内容包括基础知识测试和网文写作。获得一等奖的10名辅导员作为代表参加第六届全国高校辅导员职业能力大赛，经过分赛区比赛、全国总决赛，中国农业大学刘亚楠获二等奖、北京师范大学殷实获三等奖，北京代表队获团体奖第六名，市委教工委获优秀组织奖第一名。

（王星星）

6月16日至17日，第六届全国高校辅导员职业能力大赛在北京交通大学举办 （北交大 供）

102人入选长江学者奖励计划

3月31日，教育部公布2016年度“长江学者奖励计划”入选名单。经学校推荐、通讯评审、会议答辩、人选公示等程序，确定440人入选2016年度“长江学者奖励计划”，其中，特聘教授159人、讲座教授52人、青年学者229人。北京高校102人入选，其中，特聘教授51人、青年学者51人。

（张晓兰）

2016年度“长江学者奖励计划”特聘教授入选名单（北京）

北京大学　陈旻　陈玉宇　崔斌　韩林合　贺灿飞　黄季焜　孔炜　廖可斌　彭锋　王健　王立新　燕继荣　仰海峰　张守文　郑玉峰

清华大学　毕军　李守奎　刘磊　沈晓骅　田轩　汪家道　杨茂君　曾嵘　翟荟　周光权

中国人民大学　贾根良　卢小宾　杨念群　张成思　朱万曙

北京师范大学　毕彦超　黄荣怀　夏星辉　张哲俊

中国农业大学　傅缨　李道亮

对外经济贸易大学　洪俊杰　王永贵

北京航空航天大学　刘刚　王青云　魏振忠　吴淮宁　杨立军

中央民族大学　麻国庆

中国科学院大学　陈大华　王树涛

北京工业大学　陈树君　宋晓艳

北京石油化工学院　宇波

首都师范大学　李海梁　王淑芹

（张晓兰）

2016年度“长江学者奖励计划”青年学者入选名单（北京）

北京大学　安金鹏　董秀芳　葛颢　郝丹　何琼毅　江颖　蒋大兴　廖志敏　路江涌　罗欢　裴永茂　杨汝岱　邹如强

清华大学　陈巍　冯鹏　黄伟希　季帅华　蒋靖坤　劳东燕　李国良　李升波　刘晓华　陆超　庞珣　饶燏　宋成　王浩　温宗国　徐建鸿　薛健　殷柳国　赵亮　朱听

中国人民大学　贾俊雪　聂辉华　许年行　叶光亮　叶康涛

北京师范大学　葛建全　易雨君

中国农业大学　白军飞　霍再林　孙怡朋　王毅

北京外国语大学　马会娟

北京科技大学　尹升华

北京交通大学　柯燎亮　杨立兴

北京邮电大学　高飞　许长桥

中国地质大学（北京）　蒋小伟

中国政法大学　栗峥

北京航空航天大学　程群峰　胡庆雷　刘克松　吴俊杰　吴晓樵

北京理工大学　乔栋　孙健

北京协和医学院　陈厚早

中国科学院大学　谷林　邵涛

北京工业大学　路德春

（张晓兰）

市教委直属事业单位招聘51人

3月，市教委开展直属处级事业单位2017年公开招聘工作。市教委直属处级事业单位结合实际工作需要，面向社会人员和应届毕业生公开招聘69名工作人员。经过资格审查、笔试、面试、公示等程序，共招聘51人。至年底，所有公开招聘人员完成人事调动手续办理。

（房卫青）

31人入选市优秀青年人才

3月，北京教育系统31人入选第八批北京市优秀青年人才。该评选由市委、市政府举办，每三年评选一次，每次表彰原则上不超过60人。经各单位提名推荐、专家评审、市人才工作领导小组审定等程序，共有来自中国人民大学的马亮等64人入选，其中，教育系统31人。

（付兴锋）

第八批“北京市优秀青年人才”表彰人选名单（教育系统）

姓名	单位
马亮	中国人民大学
马晓磊	北京航空航天大学
王启宁	北京大学
王莉宁	北京语言大学
兰峰	首都医科大学附属北京安贞医院
朱军	清华大学
刘珍	北京市通州区潞河中学
刘琉	中国人民大学
许黎黎	首都医科大学附属北京儿童医院
李昕	北京师范大学
李思颉	首都医科大学宣武医院
吴永乐	北京邮电大学

吴南	中国医学科学院北京协和医院
张宁	首都医科大学附属北京口腔医院
张艳	北京联合大学
张新房	北京科技大学
武定宇	北京联合大学
房倩	北京交通大学
郝世杰	中国石油大学（北京）
钟栎娜	北京第二外国语学院
夏俊卿	北京师范大学
郭名	北京交通大学
陶飞	北京航空航天大学
曹正	首都医科大学附属北京妇产医院
董甦伟	北京大学
焦伟伟	首都医科大学附属北京儿童医院
谢萍	首都医科大学
翟侃	首都医科大学附属北京朝阳医院
翟荟	清华大学
薛新颖	首都医科大学附属北京世纪坛医院
魏萍	首都师范大学

（付兴锋）

通州区教师素质提升支持计划启动

4月24日，北京市促进通州区教师素质提升支持计划暨通州区"十三五"教师培训启动大会召开。会议解读支持计划相关内容，明确计划坚持问题和需求导向，从统筹城乡师资配置、优化队伍结构，强化专业培训、促进专业发展，加强学科指导、提升教学实践能力3个方面，通过创新教师编制管理、拓宽教师补充渠道、促进校长教师合理流动等20个项目的精准支持，创新教师资源供给侧结构性改革。实施对象覆盖通州区基础教育各级各类学校干部教师。在实施中，通过乡村教师特岗计划进京指标投放向通州区倾斜、支持通州区新招聘无房教师租赁周转房等方式吸引高水平教师到通州任教。至年底，20个项目全部启动，直接参与、受益的干部教师7366人。

4月24日，北京市促进通州区教师素质提升支持计划暨通州区"十三五"教师培训启动大会召开　　（通州区教委　供）

（崔亚超）

支持高校专业技术人员创新创业实施意见

5月31日，市人力社保局印发《关于支持和鼓励高校、科研机构等事业单位专业技术人员创新创业的实施意见》。文件明确，支持和鼓励专业技术人员兼职创业、在职创业、在岗创业、离岗创业、到企业挂职或参与项目合作。其中，针对兼职或在职创办企业，要求相关人员在履行本单位岗位职责、完成本职工作的前提下，可利用本人及其所在团队科技成果到与本单位业务领域相近的企业、事业单位、社会组织等机构兼职或者在职创办企业，并按规定获取相应报酬。针对在岗创业，明确各单位可根据工作需要设立科技成果转化岗位，用于科研人员进行应用技术研究、项目开发与技术合作、成果推广转化，与企业进行产业化合作等工作。针对离岗创业，明确各单位须与离岗创业人员订立离岗协议，约定离岗事项、离岗期限、基本待遇等内容。离岗创业期限为3年，最长不超过5年。9月，市教委联合市人力社保局在北京工业大学组织市属高校政策宣讲会，对有关政策进行解读和答疑，至9月底，市属高校48人以多种形式创新创业并备案。

（高新民）

青年教师暑期社会实践

7月17日，市委教工委组织开展2017年北京高校青年教师暑期社会实践活动。此次活动是市委教工委"铸魂工程"一部分，26所高校的80余名青年教师赴南京及周边长三角地区学习实践。实践内容包括南京大屠杀遇难同胞纪念馆诵读"抗战家书"活动，南京雨花台烈士陵园、紫金（江宁）科创社区现场教学活动等。

（王宇航　王星星）

625人获市优秀教师称号

8月25日，市委教工委、市教委、市人力社保局等部门联合印发《关于表彰北京市优秀教师北京市优秀教育工作者的决定》。经单位民主推荐、市评选表彰领导小组审议等程序，授予荣新江等625人"北京市优秀教师"称号；授予方新贵等75人"北京市优秀教育工作者"称号。

（杨馨珠）

132人获市高等学校教学名师和青年教学名师奖

8月29日，市教委公布第13届北京市高等学校教学名师奖暨首届北京市高等学校青年教学名师奖名单。共有来自95所高校的132人入选，其中，教学名师82人、青年教学名师 50 人。北京市高等学校青年教学名师评选主要面向 45 岁以下、具有 10 年以上高等教育、高等职业教育或独立设置成人教育教学经历的青年教师。

（张富宇）

当代教师风采微视频获奖

9 月 1 日，教育部公布“当代教师风采微视频”活动获奖名单。经技术筛选、专家初审、专家终审，最终评选出昆明教育电视台《暖暖的梦想》等 20 部优胜作品、北京市海淀区中关村第一小学《点亮童心》等 80 部入围作品。北京市共有 15 部作品获奖，其中，优胜奖作品 5 部、入围作品 10 部。该评选由教育部教师工作司联合中国教育电视台、中国教师发展基金会、北京电教馆共同举办，累计征集作品 5100 部。

（杨馨珠）

当代教师风采微视频优胜作品（北京市）

作品	单位
《筑梦人》	北京市教育和网络信息中心、北京市方庄教育集群
《当代教师风采——陈先达》	中国人民大学
《葵园守望者》	北京市海淀区中关村第一小学
《王洪亮：用雕塑弘扬时代主旋律》	清华大学
《北京市八一学校教师风采》	北京市八一学校

（杨馨珠）

当代教师风采微视频入围作品（北京市）

作品	单位
《点亮童心》	北京市海淀区中关村第一小学
《当代教师风采——杨贺》	北京市海淀区中关村第三小学
《儿童站在美术教育正中央》	清华大学附属小学
《有一种奉献叫坚守》	北京绿谷小香玉艺术学校
《静待花开》	北京市石景山区教育委员会
《最美的遇见》	北京市海淀寄读学校
《光之源》	北京市海淀区教师进修学校
《中国梦北大梦》	北京大学
《薛其坤：遨游在量子世界的科学家》	清华大学
《当代教师风采系列》	中国人民大学

（杨馨珠）

9 人获市人民教师称号

9 月 4 日，市委教工委、市教委、市人力社保局等单位联合印发《关于表彰北京市人民教师的决定》。经各单位民主推荐、市评选表彰工作领导小组审议、市政府批准等程序，授予北京林业大学尹伟伦等 9 人“北京市人民教师”称号，授予北京铁路电气化学校马春英等 10 人北京市人民教师提名奖。“北京市人民教师”称号获得者每人奖励 10 万元。

（杨馨珠）

“北京市人民教师”称号获得者名单

姓名	单位
尹伟伦	北京林业大学
祁京生	北京市通州区潞河中学
汪艳	北京市第八中学
张美荣	北京轻工技师学院
林崇德	北京师范大学
郑丹娜	北京市朝阳区垂杨柳中心小学
崔海明	北京市怀柔区长哨营满族乡中心小学
韩玮	北京市大峪中学
游向红	北京市丰台区第二幼儿园

（杨馨珠）

北京市人民教师提名奖获得者名单

姓名	单位
马春英	北京铁路电气化学校
许美琳	北京市朝阳区教育研究中心
孙建宁	北京中医药大学
孙洪军	北京市平谷区夏各庄中心小学
李文凤	北京市房山区蒲洼乡蒲洼中心小学
张亚红	北京市八一学校
林建华	北京外国语大学
高海颜	北京市密云区新城子中学
诸欣平	首都医科大学
路书芳	北京市昌平区流村中心小学

（杨馨珠）

庆祝教师节暨优秀教师代表座谈会

9 月 6 日，市委、市政府召开庆祝教师节暨优秀教师代表座谈会，庆祝第 33 个教师节。会上，北京林业大学、北京市第八中学、平谷区夏各庄中心小学等学校的 7 名优秀教师代表分别发言。蔡奇参加座谈会并向全市教育工作者致以崇高敬意和节日问候，他强调要完善中小学教师绩效工资制度，稳步提高教师工资水平，增强教师群体的获得感，希望广大教师践行立德树人的使命、努力提高教学质量、勇于推动改革创新。陈吉宁主持会议。市委市政府相关领导及优秀教师代表80人参加会议。

（张晓兰）

7人入选北京学者

9月15日，市人力社保局公布2017年第三批"北京学者"名单。经北京学者专家委员为评审、公示，市人才工作领导小组审定等程序，共有14人入选2017年"北京学者"，其中，教育系统及其高校附属医院7人入选。"北京学者计划"2012年设立，每两年评选一次，是北京市最高层次的人才培养计划。该计划从自然科学、工程科学技术、哲学社会科学领域每次选拔不超过15人，2013年、2015年、2017年三批共计评选42人。

（纪奇明）

北工大信息学部乔俊飞教授入选2017年第三批"北京学者"（北工大 供）

2017年北京学者名单
（教育系统及高校附属医院）

北京工业大学	乔俊飞
北京工商大学	李朝鲜
北京建筑大学	李爱群
首都医科大学附属北京友谊医院	贾继东
首都医科大学附属北京同仁医院	张罗
首都医科大学附属北京安贞医院	周玉杰
首都师范大学	葛根年

（纪奇明）

"紫禁杯"优秀班主任评选表彰30年纪念活动

9月21日，市教委在北京市第一实验小学举办北京市第30届"紫禁杯"优秀班主任表彰暨"紫禁杯"优秀班主任评选30年纪念活动。活动宣读第30届"紫禁杯"优秀班主任表彰决定并颁奖，总结和回顾"紫禁杯"优秀班主任30年评选活动。林克庆、刘宇辉参加会议并讲话，各区教委主任、校长和"紫禁杯"优秀班主任共350人参加活动。"紫禁杯"优秀班主任评选表彰活动始于1988年，至今评选表彰优秀班主任1.2万人次，形成"仁爱智慧魅力"的"紫禁杯"精神。北京银行代表参加活动并表示继续出资支持"紫禁杯"活动。

（陈德时）

9月21日，北京市中小学第30届"紫禁杯"优秀班主任表彰暨"紫禁杯"优秀班主任评选30年纪念活动举办 （市教委相关处室 供）

社会组织党建工作补充调研

9月，市教委对社会组织党建工作开展新一轮排查。在去年"两新"组织摸底调查的基础上，市教委通过发函、电话联系等形式，对社会组织逐户排查，全面摸清党组织隶属、党员数量等基本情况。对已建党组织的，分别归类建立台账、列出清单，明确工作举措和时限要求。对尚未建立党组织的社会组织，按照"一社一策"的要求，首先实现工作覆盖。截至2017年年底，全市教育系统社会组织党组织覆盖率已达74.5%。

（邓永卫）

5103人获乡村学校从教30年证书

9月，教育部、人社部为乡村学校从教30年教师发放荣誉证书。北京市共发放乡村教师从教30年证书5103本。此次颁发面向各相关区乡村和镇区学校任教年限累计满30年的正式在编专任教师、在岗和离退休教师及在乡村学校教学一线任教满30年的学校管理干部，经市教委、市人力社保局审核后，荣誉证书由教育部、人社部统一印制。北京市另发放乡村教师从教20年证书10643本。

（杨馨珠）

市属高校及中小学岗位设置摸底

9月，市教委完成24所市属高校和16个区中小学的岗位设置情况摸底调查。调查结果显示，市属高校与中小学岗位设置的要求与工作实际联系不够紧密，各事业单位对该项工作的重视程度不一；教师的职称评审与岗位管理尚未能完全有效衔接；高等级专业技术岗位需求旺盛，现有结构比例使得部分专业和学科的专业技术人员发展受限制；现有编制制度与教育改革发展需求不相匹配，因编设岗制约学校办学的规模化发展和质量提升。下一步将加大与有关管理部门的沟通协调力度，及时反映相关问题，推动岗位管理工作进一步科学化、规范化。

（高新民）

高校与新闻单位互聘“千人计划”工作座谈会

10 月 13 日，市委宣传部、市委教工委召开北京高等学校与新闻单位从业人员互聘交流“千人计划”工作座谈会。会议总结第四批互聘交流工作情况，部署第五批互聘交流工作。市委宣传部、市委教工委相关人员及新闻单位、市属高校有关负责人，第四批、第五批互聘交流编辑记者和高校教师代表参加会议。2017 年，经各高校和新闻单位双向选择，第五批确定北京联合大学、北京工商大学 2 名教师到新闻单位挂职，北京日报 4 名编辑记者到高校挂职任教。高等学校与新闻单位从业人员互聘交流“千人计划”2013 年启动，北京 5 所高校参与该计划。

（赵国伟）

191 人入选市优秀人才个人项目

11 月 9 日，市人才工作领导小组办公室公布 2017 年度北京市优秀人才培养资助获资助人员（单位）名单。经申报评审，市委组织部及相关部门确定各类项目获资助人员及单位。其中，青年骨干个人项目获资助人员 302 人，教育系统及其高校附属医院 191 人；青年拔尖个人项目获资助人员 50 人，教育系统及其高校附属医院 23 人；青年拔尖团队项目获资助团队 5 个，教育系统及其高校附属医院 3 个；人才工作集体项目获资助单位 20 家，教育系统及其高校附属医院 3 家。

（纪奇明　付兴锋）

35 人入选当代教育名家

11 月 29 日，当代教育名家推选活动组委会公布“当代教育名家”入选名单。该评选由中国教育学会、中国高等教育学会等单位联合举办，经过推荐、审核遴选、专家评审等程序，共推选出当代教育名家 90 人。北京市 35 名教育工作者入选，其中，中小学教育工作者 14 人。

（杨馨珠）

“当代教育名家”名单（北京）

单位	姓名
北京大学	厉以宁　温儒敏
清华大学	吴良镛　钱易　谢维和
北京师范大学	王策三　裴娣娜　朴永馨　王善迈　朱小蔓　吴式颖　何克抗　张厚粲　林崇德　顾明远　郭齐家
首都师范大学	劳凯声　欧阳中石
北京市人大	陶西平
北京市教育科学研究院	文喆　吴正宪
北京市朝阳区实验小学	马芯兰
北京师范大学附属实验中学	王本中
清华大学附属中学	王殿军
北京师范大学附属中学	朱正威
北京市海淀区中关村第三小学	刘可钦
中国人民大学附属中学联合总校	刘彭芝
北京市第二实验小学	李烈
北京十一学校	李希贵
北京市第五中学	吴昌顺
北京大学附属中学	张思明
北京市朝阳区润丰学校	卓立
北京市新英才学校	敢峰
清华大学附属小学	窦桂梅
中国人民大学附属中学	翟小宁

（杨馨珠）

“中国好老师”公益行动计划推进会

12 月 17 日，北京师范大学召开“中国好老师”公益行动计划推进会。会议表彰“优秀育人案例”和“突出贡献网络平台”，公布首批“育人工作室”主持人名单，颁发公益行动计划 2017 年度感动人物奖。会议提出公益行动计划未来四年的发展目标，即数以十计的育人品牌活动和品牌成果，数以百计的参与机构，数以千计的各类育人工作室，数以万计的育人示范学校，数以十万计的育人骨干教师，数以百万计的优秀育人案例，数以千万计的中小学学生获益，数以亿计的相关人群受益。2014 年 12 月，在教育部的支持和指导下，北师大联合高等师范院校和社会公益力量，面向全国发起“中国好老师”公益行动计划，至 2017 年，该计划在全国 31 个省、自治区、直辖市和新疆生产建设兵团发展 6000 余所基地学校。

（申政）

高校及直属单位岗位设置方案调整审核及备案工作

至年底，市教委完成高校及直属单位岗位设置方案调整审核及备案工作。其中，9 家单位按照文件规定结合实际调整岗位设置方案、36 家单位仅对岗位聘用变化情况进行备案。

（高新民）

接收安置军转干部 75 人

至年底，市教育系统接收安置军转干部 75 人。市教育系统各单位按照分配的接收计划数，明确本单位接收安置军转干部的岗位，经报名、资格审核、双选及指令派遣等程序，市教育系统共接收安置军转干部 75 人，包括接收安置团职干部 10 人。

（房卫青）

9 家社团成立

至年底，市教委批准 9 家社团成立。分别是北京志成赛尔未来教育课程研究院、北京市建华实验学校教育基金会、北京市早教源早期教育研究中心、北京中医药大学教育基金会、北京体育大学教育基金会、北京印刷学院教育基金会、北京舞蹈学院校友会、首都医科大学教育基金会、北京石油化工学院教育基金会。

（邓永卫）

教育装备行业协会完成行政机关脱钩

至年底，北京教育装备行业协会完成市教育技术设备中心脱钩工作。脱钩后，协会回归社会本位，成为依法设立、自主办会、服务为本、治理规范、行为自律的社会主体。

（邓永卫）

支持通州区教师素质提升

至年底，市教委依托北京教育学院支持通州教师素质提升。按照“通州区教师素质提升计划”要求，市教委依托北京教育学院成立 12 个名校长、6 个名园长和 65 个名教师工作室，支持 17 所学校参加“协同创新学校计划”，建立市区级各 12 所教师培训培养基地。市教委同时依托北京师范大学未来教育高精尖中心搭建教师网络研修平台，在通州率先实施“北京市中小学在线辅导计划试点”。

（孙运科）

师资管理

班主任队伍建设优秀成果表彰会

1 月 6 日，北京教育科学研究院、北京市教育学会联合召开“2016 年北京市班主任队伍建设优秀成果暨学生喜爱的班主任表彰会”。会议表彰 2016 年北京市中小学班主任队伍建设优秀成果 100 个，其中，一等奖 10 个、二等奖 30 个、三等奖 60 个。表彰第四届北京市中小学“学生喜爱的班主任”200 人。西城区教委、昌平区教师进修学校、海淀区中关村第四小学分别从行政、研究、学校三个层面介绍班主任队伍建设优秀经验。各区教育行政部门、教育研究部门领导，中小学校长、德育干部、班主任代表共计 350 人参加会议。12 月 17 日，另表彰第五届北京市中小学“学生喜爱的班主任”200 人。

（曲怀志）

市优秀班主任研究室成立

3 月 16 日，北京教育科学研究院举办“北京市优秀班主任研究室”挂牌仪式。仪式上，宣读“北京市优秀班主任研究室章程”，开展优秀班主任教育故事展示。研究室围绕班主任专业发展核心素养，基于立德树人根本目标开展研修活动。共招收各区优秀班主任 80 人。

（马金鹤）

中小学教师绩效奖励激励机制项目管理补充办法

4 月 28 日，市教委、市人力社保局、市财政局联合印发《北京市中小学教师绩效奖励激励机制项目管理补充办法》。文件明确，北京市根据新增加的教育综合改革项目的需要，增加绩效奖励资金总体额度，鼓励优质教育资源学校干部教师积极支持参与北京市教育综合改革。新增加的绩效奖励资金主要用于奖励“优质中小学校跨区承办分校”“市级高中统筹项目学校”“体验式培训项目学校”等承担教育教学管理与改革任务的干部教师。要求各项目坚持示范引领和激励导向，体现绩效工资分配的原则和要求，制定分配办法，自行发放。市教委、市人力社保局、市财政局同时印发《关于落实 2017 年中小学教师绩效奖励激励机制相关工作的通知》，要求各区教委在 2014、2015、2016 三年落实绩效奖励激励机制工作的基础上，做好 2017 年绩效奖励激励机制相关工作。

（杨馨珠）

2017 市属高校高水平教师队伍建设支持计划

6 月 15 日，市教委公布 2017 年度北京市属高校高水平教师队伍建设支持计划资助名单。在学校推荐和专家评议的基础上，经北京教育系统人才工作领导小组审定，确定 13 人入选高层次人才引进与支持计划、30 人入选特聘教授支持计划、24 人入选长城学者培养计划、101 人入选青年拔尖人才培育计划、17 人入选高水平创新团队建设计划。

（纪奇明）

108 人进入教师发展基地学习

7 月 10 日，市教委公布 2017 年北京市属高等学校教师发展基地研修人员录取名单。经学校推荐、市教委审核，北京大学、清华大学、北京师范大学、中国人民大学、北京外国语大学、北京交通大学和北京航空航天大学7个“北京市属高等学校教师发展基地”共录取108名研修学员。学员于8月下旬或9月上旬到各教师发展基地开展为期一年的研修学习。“北京市属高等学校教师发展基地”2011年启动，2017年新增北京航空航天大学教师发展基地，至此2017年所有基地校累计培养学员643人。

（纪奇明）

4所高校入选教师考核示范校

8月29日，教育部公布高校教师考核评价改革示范校名单，北京4所高校入选。在高校自主申报、省级教育行政部门遴选推荐基础上，教育部审核认定中国人民大学等40所高校在加强师德考核力度、突出教育教学业绩、完善科研评价导向、重视社会服务考核、引领教师专业发展方面具有较强的示范代表性，入选“高校教师考核评价改革示范校”。北京地区中国人民大学、北京交通大学、中国人民公安大学、北京工业大学4所高校入选。

（纪奇明）

校长境外学历认证

8月，市教委完成27名校长境外学历认证工作。市教委协调中国留学服务中心，完成加拿大教育管理硕士研修班27名中小学校长境外学历认证工作。加拿大教育管理硕士研修班是北京市2012年中小学校长培训重点项目“北京市骨干校长境外研修项目”的子项目之一，由北京市普教系统干部培训中心与加拿大皇家大学（Royal Roads University）合作举办。

（邓永卫）

市教师管理信息系统维护工作

9月，市教委开展北京市教师管理信息系统集中维护工作。此次教师管理信息系统维护分三个阶段，包括维护更新内容阶段、两级审核和上报市教委阶段、数据准确分析和上报教育部阶段。要求各单位完善学校信息变更、完成教师个人信息的采集更新、完成应用管理的更新。至12月31日，共完成2982所学校241073人的信息维护审核。北京市教师管理信息系统2016年启用，通过顶层设计、分期建设方式建设完善系统。一期主要实现信息采集功能；二期主要涉及完善数据采集与管理，实现数据开放共享，多维度统计分析数据，实现初步的分析决策支持；三期提升管理服务平台的综合容纳能力，拓展和对接各种管理类应用，并实现大数据分析与应用，通过数据的汇集实现真正意义上的数据决策分析。2017年，系统增加已审核信息变更模块，增加教师调动、教师交流轮岗审核流程，增加统计分析功能。

（崔亚超）

签订师范生免费教育协议书

9月，市教委、培养学校与2000名师范生首次签订《北京市师范生免费教育协议书》。根据协议，师范生四年修读年限内免缴学费并领取生活补助，同时可享受其他非义务性奖学金。毕业时在需求岗位范围内双向选择，从事本市中小学校、幼儿园教育教学工作不少于5年。2000名师范生培养学校包括首都师范学校、首都体育学院、北京联合大学。市教委继续委托首师大为远郊区定向培养100名“一专多能”乡村教师。

（房卫青）

通州区名校长工作室启动

12月3日，市教委、北京教育学院、北京教育科学研究院、通州区教委等单位联合召开“名校长、名园长、名教师”工作室启动大会。通州区在“名师培养工程”和“教育高端引领工程”两个品牌工程的基础上，成立名校长、名园长、名教师工作室，由北京教育学院和北京教科院做理论与实践的支持指导，于2017年至2020年期间开展研修活动。大会分别为10名理论导师代表、11名实践导师代表以及8名主持人代表颁发聘书。

（冯洋）

2018年度市属高校高水平教师队伍建设支持计划

12月7日，市教委公布2018年度北京市属高校高水平教师队伍建设支持计划资助名单。在学校推荐和专家评议的基础上，经北京教育系统人才工作领导小组审定，确定10人入选高层次人才引进与支持计划，22人入选特聘教授支持计划，37人入选长城学者培养计划，100人入选青年拔尖人才培育计划，21人入选高水平创新团队建设计划。

（纪奇明）

市职业院校教师素质提升计划

12月7日，市教委公布2018年度北京市职业院校教师素质提升计划资助名单。在学校推荐和专家组评议的基础上，经北京教育系统人才工作领导小组审定，确定北京工业职业技术学院张向前等15人入选特聘专家计划，中央音乐学院附属中等音乐学校石海彬等25人入选职教名师计划，中国音乐学院附中赵嘉楠等50人入选专业带头人计划，北京工业职业技术学院贾民政等32人入选专业创新团队计划，丰台区职业教育中心学校巩琳珊等202人入选优秀青年骨干教师计划。

（纪奇明）

首批高校辅导员工作室年度总结考评会

12月21日，市委教工委开展首批北京高校“辅导员工作室”年度总结考评会和第二批北京高校“辅导员工作室”

建设论证会。会上，首批 10 个工作室的负责人汇报工作室目标定位、工作成果、特色亮点和现存问题，并提出 2018 年的建设计划。第二批 12 个工作室的负责人就工作室的三年规划目标、计划安排、预期成果和 2018 年工作任务交流研讨。至 2017 年年底，市委教工委共资助建设 22 个北京高校“辅导员工作室”，工作内容涵盖网络思政、学业辅导、心理健康教育等 18 个专题，市委教工委每年对工作室的运行建设和经费使用情况进行考核。

（王星星）

教师管理服务平台实现中小学教师全覆盖

至年底，北京市教师管理服务平台实现对全市中小学教师的全覆盖。各区中小学教师均可根据需要来申请教师在线账号，通过教师在线账号可以获得与教育教学相关的信息技术支持服务。全年向中小学教师发放账号 3.4 万个，累计服务 16.04 万次。用户问题首次解决率 99%，满意度 98%，在线服务平均时长 25 分钟。教师管理服务平台由市教委主办，北京教育网络和信息中心承办，主要面向全市中小学教师开展信息技术支持服务。

（季茂生　华蕾）

乡村教师特岗计划招聘 331 人

至年底，“北京市乡村教师特岗计划”招聘乡村教师 331 人。此次招聘面向北京地区全日制普通高等学校、京外“211 工程”师范院校和全国 24 所省属师范院校应届本科及以上学历毕业生，为 10 个远郊区和朝阳、海淀、丰台的乡村中小学校，继续招聘中小学音乐、体育、美术、历史、地理、生物紧缺学科教师。经过报名、资格审查、笔试面试等程序，共招聘教师 331 人。

（房卫青）

调剂增加优质高中教育资源校教师编制 465 个

至年底，市教委调剂增加优质高中教育资源校教师编制 465 个。市教委协调解决清华大学附属中学、北京大学附属中学、北京师范大学第二附属中学等部属高校附属中学为市级统筹优质高中教育资源新招聘的教师编制 465 个。市教委为扩大和合理配置市优质高中教育资源，提高基础教育优质资源的辐射能力，自 2015 年建立市级优质高中教育资源统筹工作机制，新招聘教师所需的编制采取占用北京西藏中学编制的办法解决。至此，共协调解决编制 952 个。

（杨伟丽）

市属高校科技成果转化岗备案 58 人

至年底，市教委完成市属高校科技成果转化岗申请备案 58 人。其中，北京工业职业技术学院 5 人、北京信息科技大学 4 人、北方工业大学 3 人、北京石油化工学院 2 人、北京工商大学 1 人、北京物资学院 1 人、北京农学院 42 人。高校科技成果转化岗 2014 年开始设立，2017 年按照个人申请、学校推荐、主管部门审核推荐的程序，共完成 7 所高校 58 人申请备案。

（高新民）

师资培训

“十三五”校外教师系列培训

4 月 20 日，北京市“十三五”校外教师培训工作研讨会召开。会议明确“十三五”北京市校外教师培训工作面临的新形势，部署 2017 年教师培训工作及校外教师培训基地申报工作，解读《“十三五”校外教师培训工作意见》《“十三五”校外教师培训工作方案》，公布《“十三五”北京市校外教师培训基地管理办法》、“十三五”校外教师专业必修课工作方案与课程框架以及 2017 年校外教师基础信息调研结果。9 月 4 日，北京市校外科技教师培训正式开班，主题为“校外科技教育活动设计”，22 家校外教育机构的 60 名科技教师参加培训，培训为期 5 天。10 月 12 日，“十三五”期间校

10 月 24 日，北京市“十三五”时期校外民乐教师专业选修课正式开班　（学生活动管理中心　供）

外教师继续教育专业必修课培训正式开班，59 家校外教育机构的 100 名校外教师参加。10 月 24 日，“十三五”时期校外民乐教师专业选修课正式开班，全市各校外教育机构的 60 名校外民乐教师参加，培训为期 4 天。11 月 3 日至 7 日，2017 年北京市校外教育培训者培训举办，12 家校外教师培训基地的负责人及市校外教研室教研员共 30 人参加培训。11 月 8 日，“十三五”时期校外美术教师专业选修课培训正式开班，各校外教育机构的 60 名校外美术教师参加，培训每周 1 次，连续 5 周。

（高红燕　郭爽）

“十三五”时期中小学教师培训学分管理办法

4 月 21 日，市教委印发《北京市“十三五”时期中小学教师培训学分管理办法》。文件包括总则、必修课程学分、选修课程学分、校本研修课程学分、其他情况学分、附则共 6 部分内容。明确所有教师在 5 年内必须完成累计不少于 36 学分或特定要求学分的培训，包括必修课程 16 学分、选修课程 10 学分、校本研修课程 10 学分。到 2020 年 12 月底完成规定学分的教师，市教委统一核发教师培训结业证书。办法试用范围包括各级各类中小学（含民办学校）、幼儿园、中等职业学校、特殊教育机构、校外教育机构、区教师培训机构、教科研机构等学校和机构的在职教师。

（陈静）

“十三五”时期幼儿园干部教师培训工作实施意见

5 月 11 日，市教委印发《北京市“十三五”时期幼儿园干部教师培训工作实施意见》。文件包括基本形式、指导思想与总体目标、培训对象、主要任务、培训内容、重点工作、组织实施共 7 部分内容。明确“十三五”时期幼儿园干部教师培训工作内容包括必修课内容、选修内容和园本研修三部分。其中，必修课内容的公共必修包括社会主义核心价值观与中华优秀传统文化、信息技术应用能力、幼儿教师（园长）专业标准、幼儿园工作规程等；专业必修课包括幼儿园教育指导纲要、3～6 岁儿童学习与发展指南、学前儿童发展（含核心素养等）、幼儿园课程与教育活动组织（管理）及评价等。文件明确“十三五”时期幼儿园干部教师培训项目包括农村幼儿园干部教师素养提升计划、新任幼儿园教师与非专业教师培训项目、幼儿园市级骨干和学科带头人高端研修项目、幼儿园名师（园长）培养计划、幼儿园管理干部培训项目、培训者队伍建设计划、学历提升计划、园本指导与示范性园本研修计划、幼儿园干部教师在线研修计划、幼儿园干部教师培训基础建设计划共 11 项重点工作。市教委与北京市幼教师资培训中心负责干部教师培训规划、区教委与区级干部教师培训机构负责落实公共必修课和专业必修课培训，同时负责园本培训的组织指导和管理。

（陈静）

9 月 29 日，五幼开展教师团建拓展培训活动

（五幼　供）

第二批名校长发展工程启动

5 月 19 日，市委教工委、市教委在首都师范大学召开北京市中小学名校长（名园长）发展工程第一批学员结业典礼暨第二批启动大会。会议总结第一批名校长（名园长）发展工程项目，为第一批学员颁发结业证书，为第二批导师颁发聘书。会议要求第二批名校长发展工程的培养要有做到以下三个方面的转变。一是转变育人模式，把立德树人放在首位，做学生的引路人。二是转变育人方式，打破各种边界，充分借助各种教育资源，全面提升育人水平，进一步促进学生全面、健康发展。三是转变办学模式，积极服务教育综合改革的大局，做深化教育综合改革的排头兵。各区教工委的主管领导，各培养基地负责人，第一批、第二批名校长工程学员、导师等近 150 人参加仪式。“北京市中小学名师名校长发展工程”于 2014 年下半年启动首批培养项目，经过两年多的培养，共有 20 名中小学校长、9 名幼儿园园长完成规定科目的学习，顺利结业。第二批学员的推荐选拔工作于 2016 年下半年展开，按照好中选优、从严把关的原则，经各级推荐、专家评审、网上公示等环节，共有 39 名校长（园长）进入首都师范大学、北京教育学院等基地学习。从第二批开始，工程在继续坚持和完善双导师制、个性化辅导等成功经验的基础上，进一步采取增加培养基地、丰富课程供给，严格过程控制、实施全程淘汰等措施，提高工程培养的质量和效果。

（邓永卫）

首届新任教师教学风采展示活动

7 月 8 日至 9 日，北京教育学院与中国教育技术协会微格教学专业委员会联合举办北京市中小学新任教师第一届“启航杯”教学风采展示活动。展示活动要求教师以课堂“提问和讲解”技能为主，从教学设计、说课和微格教学三个方面进行展示，涵盖语文、数学、英语等 19 个学科。全市 16 个区 2016 年入职的 771 名教师参加展示活动，约占新入职教师人数的 20% 左右。经现场展示、评委打分，共评出 130 名成绩优异的新教师。9 月 9 日，教育学院对北京市中小学新任教师第一届“启航杯”教学风采展示活动进行总结交流，认为本次活动构建一个交流、展示、研究平台；

发现一群新秀；生成一批资源；通过活动带动、促进一支队伍——新任教师队伍的成长。

（石燕）

9月9日，第一届“启航杯”新教师风采展示活动总结交流大会举办 （教育学院 供）

校长专题培训

10月至12月，市教委组织开展校长专题培训。市教委启动中小学校长卡内基领导力培训，培训开展16期，累计培训校长480人。市教委组织开展北京市中小学校长境外资源引进高端研修项目，培训中小学骨干校长50人。

（邓永卫）

举办中小学美术教师作品展

12月11日至14日，北京教育学院举办的“丹青校园共筑梦想——北京市中小学美术教师作品展”在北京山水美术馆展出。展览作品以“丹青校园、共筑梦想”为主题，共展出市中小学美术教师们创作的国画、书法、雕塑等艺术作品380件。此次展出作品为北京中小学美术骨干教师中小学校园专题创作与展示培训项目成果，全市16个区300名美术教师参加培训。

（石燕）

市级高端教师培训项目

至年底，市教委组织开展市级高端教师培训项目。市教委开展幼儿园中小学干部教师信息技术应用能力提升工程项目，16个区（含燕山地区）及市直属单位共计151677名教师参加学习，提交作业150184篇，干部教师参与活动652029次；开展北京市“中小学生发展规律与育人策略”班主任培训项目，中小学教师200人参加培训；开展小学英语骨干教师（含教研员）国际研修项目，中小学教师50人参加培训；开展中华优秀传统文化涵养师德项目，中小学教师150人参加培训；开展STEM课程（含数学、科学）骨干教师研修，中小学教师100人参加培训；开展第五批北京市中小学名师发展工程项目，中小学教师65人参加培训；开展“北京市幼儿园特级教师工作室”研修项目，从北京市学前教育学科教学带头人和骨干教师中遴选21名中青年教师进行培养。市教委另组织国际教育名师对话北京项目。

（陈静）

中小学各类干部专题培训

至年底，市教委组织开展中小学各类干部专题培训。市教委开展中小学校长团队领导力、境外资源国内引进高端培训、农村校长专题研修——教学引领能力、中小学科研主管高级研修、德育校长高级研修、协同创新等项目。完成平谷、延庆106名校长任职资格培训。完成协同创新项目23个，涉及11个区，15所中小学和13所幼儿园，培训668人。为适应教育改革发展的新形势和新要求，开展教育改革专题培训项目8个，培训349人。开展通州支持计划项目3个，培训221人。12个名校长工作室59人、6个名园长工作室32人的研修活动启动。“新中高考背景下教学干部学科教学和学校治理应对”专题研修活动完成，共培训通州区中学校长、教学副校长、教学主任和初、高中部研修员130人。

（邓永卫）

研发社会主义核心价值观与中华优秀文化公共必修课

至年底，市教委组织专家团队研发社会主义核心价值观与中华优秀文化公共必修课内容。社会主义核心价值观与中华优秀文化公共必修课围绕立德树人根本任务，遵循学生认知规律和教育教学规律，把社会主义核心价值观与中华优秀传统文化融入思想道德教育、文化知识教育、艺术体育教育、社会实践教育各环节，贯穿于启蒙教育、基础教育、继续教育等领域。课程由传统文化经典阅读、传统文化教育通识、传统文化经史导读和传统技艺4个模块构成。该课程为北京市全体中小学幼儿园教师培训必修课，教师通过网络平台进行学习。

（陈静）

25所乡村学校实施协同创新学校计划

至年底，北京市25所乡村学校实施协同创新学校计划。来自通州、房山、顺义、大兴、昌平、平谷、怀柔、密云、延庆9个区的25所中小学幼儿园实施协同创新学校计划。参与针对乡村教师的市级高端培训，包括农村校长教学引导力专题研修、小学英语骨干教师（含教研员）国际研修项目等。北京市中小学教师培训“协同创新学校计划”由北京教育学院牵头，通过市、区、校三级紧密合作，统筹培训资源，联合组建培训项目指导专家团队，以送培训到乡村学校的方式，深入乡村学校开展整校或整学科推进的研修活动，全面提高乡村教师的教育教学水平，促进乡村教师的专业发展。

（邓永卫）

职称评定与资格认定

19263 人通过教师资格认定

3 月至 11 月，北京市 19263 人通过教师资格认定。全市各级教师资格认定机构和依法接受委托的高等学校共受理教师资格认定申请 19396 人，通过现场受理、能力测试等环节，共认定 19263 人。其中，北京市教师资格认定中心和依法接受委托的普通高等学校共受理认定申请 10681 人，其中，高校教师资格 3260 人、高中教师资格 6997 人、中职教师资格 420 人、中职实习指导教师资格 4 人；最终共认定 10548 人，其中，认定高校教师资格 3128 人、高中教师资格 6996 人、中职教师资格 420 人、中职实习指导教师资格 4 人。各区教委共受理教师资格认定申请 8715 人，其中，幼儿园教师资格 3135 人、小学教师资格 3947 人、初级中学教师资格 1633 人；最终共认定教师资格 8715 人，其中，幼儿园教师资格 3135 人、小学教师资格 3947 人、初级中学教师资格 1633 人。

（陈静　石燕）

222 人获市特级教师称号

11 月 8 日，市教委、市人力社保局印发《关于授予雷海环等 222 名同志北京市特级教师荣誉称号的决定》。经市特级教师评选委员会评选、公示，并报市政府批准，市教委、市人力社保局授予雷海环等 222 人“北京市特级教师”荣誉称号，从 2017 年 11 月 1 日起享受特级教师津贴等有关待遇。

（陈静）

高校教师 155 人晋升专业技术职务

至年底，北京市高等学校 155 人晋升专业技术职务。本年共有 54 所高校 196 人申报晋升高校教师、科研（含高校教育管理研究）两个系列专业技术职务。经北京市高校教师职务专业学术评议委员会评议审定，155 人晋升专业技术职务。其中，晋升正高级专业技术职务 60 人、副高级职务 68 人、中级职务 27 人。

（杨伟丽）

中专教师 67 人晋升专业技术职务

至年底，北京市中等专业学校 67 人晋升专业技术职务。本年中等专业学校教师共 84 人申报晋升专业技术职称，经北京市中专教师系列高级专业技术职务评委会评审，67 人晋升专业技术职称。其中，副高级专业技术职务 28 人、中级专业技术职务 34 人、初级专业技术职务 5 人。

（杨伟丽）

中小学教师 71 人晋升正高级教师

至年底，北京市中小学 71 人晋升正高级教师。按人社部和教育部下达的指标，北京市 2017 年共有 86 名中小学教师申报晋升正高级教师。经市中小学教师系列高级（正高级）专业技术职务评委会评审，人社部和教育部审定，71 人晋升正高级教师。

（杨伟丽）

2017 年北京市中小学正高级教师
评审通过人员名单

于会祥	北京市育英学校
于渊莘	北京市朝阳区劲松第一幼儿园
万平	北京市东城区史家胡同小学（史家集团七条校区）
马九林	北京市通州区潞河中学
马广明	北京市第十二中学
马丽红	北京市大兴区教师进修学校
马虹	北京市海淀区教师进修学校
马凌	北京教育科学研究院
王书香	北京师范大学大兴附属中学
王自勇	北京市第十二中学
王运淼	北京市西城区教育研修学院
王丽军	北京师范大学良乡附属中学
王佩霞	北京市东城区教育研修学院
王建	北京师范大学良乡附属中学
王俊成	北京市第八中学
王敏	北京小学大兴分校
王蕾	北京市第一六六中学
支梅	北京教育学院丰台分院
卢凤琪	北京市顺义区教育研究和教师研修中心
毕勤	北京市西城区教育研修学院
刘国富	北京市第十二中学
刘悦	北京市西城教育研修学院
刘德水	北京市顺义区教育研究和教师研修中心
安军	北京市第一〇一中学
严彩莉	北京市丰台区丰台第二中学

苏怀堂	北京市第二中学亦庄学校
李久省	北京市第二十中学
李建丽	北京市西城区棉花胡同幼儿园
李春旺	北京市门头沟区教师进修学校
李春雷	北京师范大学良乡附属中学
李磊	北京市丰台区丰台第五小学
杨凤娟	北京师范大学大兴附属中学
杨碧君	北京市朝阳区教育研究中心
肖伟华	北京景山学校远洋分校
吴凤琴	北京市十一学校
吴莹	北京市求实职业学校团结湖校区
吴颖惠	北京市海淀区教育科学研究院
张忠萍	北京第一师范学校附属小学
张学芳	北京市通州区运河中学
张秋爽	北京市顺义区教育研究和教师研修中心
张雪燕	北京市密云区第二中学
张福林	北京市顺义区第一中学
陈玉宏	北京市昌平区二毛学校
陈立华	北京市朝阳区实验小学
陈金香	北京教育科学研究院通州区第一实验小学
陈姗	北京市海淀区五一小学
武维民	北京小学长阳分校
季茹	北京市东城区教师研修中心
周卫红	北京市昌平区教师进修学校
周晔	北京市东城区特殊教育学校
周靖合	北京市房山区教师进修学校
周群	北京景山学校
孟宜安	北京市延庆区第三中学
赵利剑	北京市第四中学
赵研	首都师范大学附属苹果园中学
赵卿	北京市陈经纶中学
段明艳	北京汇文中学
桂彩丽	北京市延庆区教育科学研究中心
索玉华	北京石油学院附属中学
徐存臣	北京市八一学校
郭建国	北京市昌平区第四中学
黄玉慧	北京市海淀区教师进修学校
黄利华	北京第二实验小学
崔占国	北京市平谷中学
崔峰	北京市第一〇一中学
葛继宁	北京市昌平区第二中学
韩叙虹	北京市第八十中学
韩新生	首都师范大学附属中学
景振刚	北京市平谷区教育研修中心
蔡萍	北京市朝阳区教育研究中心
谭瑛	北京市怀柔区第一中学

（杨伟丽）

组织教师资格考试

至年底，市教委、北京教师资格认定中心组织北京地区 2017 年度国家教师资格考试工作。上半年共有 28525 人报名笔试，通过 9618 人，通过率 42.19%；下半年共有 47290 人报名笔试，通过 15712 人，通过率 41.91%%。全年中小学教师资格面试共报考 27087 人，其中，幼儿园类别 4058 人、小学类别 8894 人、初中类别 3410 人、高中类别 10100 人、中职文化课类别 25 人、中职专业课类别 583 人、中职实习指导类别 17 人。上半年 11417 参加面试，通过 6971 人，通过率 61.06%；下半年 15670 报名面试，面试计划在 2018 年举行。

（陈静　石燕）

（本栏责任编辑　张晓兰）

235318 人

高等教育培养毕业生

4 所

高校入选全国创新创业典型经验高校

97 支

优秀创业团队入驻市级创业园孵化

2018 | 学生管理

STUDENTS MANAGEMENT

- 定向生履约管理
- 首个智能化学生管理中心建成使用
- 高校学生学籍学历与就业情况发展报告发布
- 北京地区高校创新创业峰会
- 落实学生资助政策

STUDENTS MANAGEMENT
学生管理

综述

毕业生就业创业

2017 年，市教委切实把高校毕业生就业创业摆在工作的首要位置。以提升就业质量和服务大学生创新创业为重点，完成工作目标任务，保持首都高校毕业生就业形势总体平稳，就业率继续保持全国领先水平。主要工作包括：强化组织制度保障、加强教育引导、精心服务指导、优化创业生态环境。

（张海涛）

学籍学历管理

2017 年，市教委做好日常学籍学历管理工作。编发《2016 年北京地区高校学生学籍学历与就业情况发展报告》；开展退役大学生士兵免试升本科工作；印发《关于做好普通高等学校学生转学工作的意见》，进一步规范学籍工作，维护首都高等教育公正、公平。

（张海涛）

大学生征兵工作

2017 年，北京大学生征兵工作进展顺利。首次取得三个突破：一是全市适龄青年报名人数首次突破 2 万人；二是报名人数与任务数之比首次突破 6：1；三是大学生征兵比例首次突破 80%。北京市征兵工作持续走在全国前列。

（孙世光）

定向生履约管理

4 月 24 日，市教委印发《北京市教育委员会关于进一步加强定向生履约管理的通知》。文件规定定向生就业派遣，坚持严格管理、放管结合、优化服务，主要内容包括：严格定向生就业管理，明确要求少数民族高层次骨干人才研究生等享受录取分数优惠的定向生不予改派；明确有关政策，包含定向生改派条件、改派程序、改派材料等方面；对各高校提出工作要求，要求各高校准确把握政策，严格控制改派，并制定本校具体实施细则。

（张海涛）

高校毕业生就业创业工作电视电话会议

6 月 8 日，市政府召开北京市就业创业工作暨推进 2017 年普通高等学校毕业生就业创业工作电视电话会议。副市长王宁、卢彦出席会议并讲话。会议传达陈吉宁代市长批示精神，总结 2017 年北京地区毕业生就业创业工作进展情况，分析面临的形势和主要问题，部署下阶段工作重点及任务，确保完成年度工作目标。会议提出三点要求：充分认识高校毕业生就业创业工作的重要意义，进一步增强责任感和紧迫感；坚决贯彻国务院就业创业工作电视电话会议精神，全力做好 2017 年高校毕业生就业创业工作；坚持把就业创业工作作为重中之重，确保完成毕业生就业创业工作任务。市教委设立分会场，各高校和科研单位分管领导、毕业生就业工作部门负责人 100 余人参加会议。

（张海涛）

首个智能化学生卡管理中心建成使用

8 月 30 日，朝阳区建成北京市首个智能化学生卡管理中心。中心设在朝阳区教育信息网络中心，主要工作职责是通过智能化系统为区内学校办理学生证件卡领取业务，并对全年发卡情况进行智能化统一管理。智能化学生卡系统可以实现学生证件卡实时领取，统计发放和智能存储工作智能化，人工登记全部转为电子化，从根本上提升学生卡管理工作效率。至年底，已完成13万张学生卡发放和管理工作。

（吴迎）

高校学生转学工作意见印发

11月30日，市教委印发《关于做好普通高等学校学生转学工作的意见》。意见包括转学条件、转学材料、转学程序、工作要求、其他事项，自发布之日起实施。文件要求学生有下列情形之一的不得转学：入学未满一学期或者毕业前一年的；高考成绩低于拟转入学校相关专业在同一生源地相应年份录取成绩的；由低学历层次转为高学历层次的；以定向就业招生录取的；研究生拟转入学校、专业的录取控制标准高于其所在学校、专业的；无正当转学理由的。

（张道明）

高校毕业生就业质量年度报告发布

12月27日，市教委发布《2017年北京地区高校毕业生就业质量年度报告》。年度报告全面反映2017年北京地区高校毕业生就业创业工作整体情况，由四个章节和附录组成，数据来源于2017年北京地区高校毕业生就业信息库（数据统计时间截至10月31日）和毕业生就业创业状况问卷调查（调查时间为4月11日至6月30日）。调查有效样本量为43842份，约占北京毕业生总数的19%。

（张海涛）

学籍管理

新生学籍电子注册

4月和11月，市教委完成新生学籍电子注册工作。审核注册90所成人高等教育学校新生63439人，比上年减少246人。其中，本科37300人、专科26139人。审核注册39所普通中等专业学校新生10042人（北京生源8010人）。审核注册89所普通高等教育学校（按教育部国标代码计算）新生149515人，比上年减少3016人。其中，本科121498人、专科（高职）25801人、第二学士学位739人、预科生1477人。审核注册140个研究生培养单位新生117790人，比上年增加14550人。其中，博士生23365人、硕士生94425人。

（张道明　张如双）

学历证书电子注册

7月，市教委完成学历证书电子注册工作。审核注册92所普通高等教育学校（按教育部国标代码计算）毕业生学历证书155431本，比上年减少45本。其中，本科120195本、专科（含高职）34517本、第二学士学位719本；审核注册81所成人高等教育学校毕业生学历证书70979本，比上年减少13917本。其中，本科41866本、专科29113本；审核注册17所高校网络教育学院毕业生学历证书239551本，比上年增加22889本。其中，本科92708本、专科146843本；审核注册142个研究生培养单位毕业生学历证书90066本，比上年增加2422本。其中，博士生18113本、硕士生71953本；审核注册38所普通中等专业学校毕业生学历证书12687本，比上年减少10本。其中，毕业证书12599本、结业证书88本。

（张道明　张如双）

高校学生学籍学历与就业情况发展报告发布

3月1日，市教委发布《2016年北京高校学生学籍学历与就业情况发展报告》。报告分为两部分：一是北京高校学生学籍学历情况发展报告，包括新生、在校生及毕业生按学历层次、学校类型、性别等维度的分布情况和每所高校的具体数据，数据来源于北京高等教育学籍学历电子注册数据；包括新生学籍电子注册、在校生学年电子注册和毕业生学历证书电子注册数据，数据采集时间为当年12月31日。二是北京高校毕业生就业情况发展报告，包括毕业生生源、就业去向的总体情况和每所高校的具体数据，数据来源于北京高校毕业生就业数据库，数据采集时间为2016年10月31日。

（张海涛）

创新创业

中国互联网＋大学生创新创业大赛北京赛区启动

4月12日，第三届中国互联网＋大学生创新创业大赛北京赛区启动会在北京航空航天大学召开。会议总结北京市开展创新创业教育、加强创新创业孵化服务、大学生创新创业大赛的赛事组织等方面情况，听取优秀组织奖获奖学校和团队作交流发言，解读创新创业大赛的内容要点。教育部和市教委领导针对北京高校下一步深化创新创业教育改革、抓好互联网＋大学生创新创业大赛提出明确要求和指导意见。教育部、市教委以及91所高校相关部门负责人以及全国高校创新创业投资服务联盟、中国高校创新创业教育联盟等有关负责人和相关企业代表参加会议。

（曾婷）

北京地区高校创新创业教育峰会

5月5日，北京市高等教育学会召开2017北京地区高校创新创业教育峰会。会议围绕“创新、引领、开放、共享”主题，介绍北京市开展创新创业教育改革的情况，清华大学、北京大学和英国南岸大学等10所国内外高校教育专家，以及中国高校创新创业教育联盟、中国教育创新校企联盟、全国高校创新创业投资服务联盟负责人作交流发言。会议还参观北京高校创新创业教育回顾展和教育前沿展区，观摩北京交通大学创新创业公开课，参观学校创客空间和实践基地。教育部高教司、市教委、市高教学会有关负责人，在京60余所高校领导以及教务处、学生处、创新创业教育学院等相关部门负责人和企业代表等共230人参加峰会。

（刘晖　曾婷）

14所高校入选第二批北京市深化创新创业教育改革示范高校

5月27日，市教委公布第二批北京市深化创新创业教育改革示范高校名单。14所高校入选，分别是北京化工大学、北京林业大学、北京中医药大学、中央财经大学、中央美术学院、中国科学院大学、北京工商大学、北京建筑大学、北京石油化工学院、北京财贸职业学院、北京电子科技职业学院、北京信息职业技术学院、北京交通运输职业学院、北京青年政治学院。市教委要求各示范高校充分发挥示范引领作用，加强校企间、院校间交流合作，共同推动北京高校创新创业教育改革走向深入，为国家及北京市培养更多富有创新精神、具备创业素质、勇于投身实践的创新创业人才。

（胡雨）

4所高校入选全国创新创业典型经验高校

7月4日，教育部公布2017年度全国创新创业典型经验高校名单，北京4所高校入选。分别是北京航空航天大学、北京理工大学、北京服装学院、北京财贸职业学院。评选工作于1月启动，经过学校总结、省级推荐申报、全国专家初选、社会调查和实地调研等环节，全国50所高校入选，其中，中央部门所属高等学校13所、省属本科院校30所、高职高专院校7所。

（吴静）

97支优秀创业团队入驻市级创业园孵化

7月27日，市教委公布2017年北京地区高校大学生优秀创业团队评选结果。50所高校报送的414个创业团队参加评选，经专家复评，180个团队参加现场答辩，150个优秀创业团队入选，评出一等奖31个、二等奖50个、三等奖69个。97个获奖团队入驻市级创业园，享受各园区提供的全方位创业孵化服务。

（吴静）

2017年北京地区高校大学生优秀创业团队评选现场
（市教委相关处室　供）

13个中心入选第二批北京高校示范性创业中心

7月27日，市教委公布第二批北京地区高校示范性创业中心名单。评选工作于3月启动，按照“以评促建、重在推进”原则，通过书面评审和答辩评审相结合的方式，最终，13个中心入选。2016年至2017年，累计48所高校（59校次）申报示范性创业中心评选，41个北京地区高校示范性创业中心入选。

（吴静）

北京高校示范性创业中心评选现场
（市教委相关处室　供）

8所高校分园纳入北京高校大学生创业园孵化体系

12月26日，市教委公布首批北京地区高校大学生创业园高校分园名单。评选本着“公平、公正、公开”原则，通过集中审阅材料、专家评议、工作领导小组审议等环节，8所高校创业园入选，并纳入北京高校大学生创业园孵化体系，进一步提升市级创业园辐射能力。市校两级创业园将加大联动互补，充分发挥高校学科领域内示范引领效应及地理位置优势，为大学生提供更高质量、全方位创业指导与孵化服务。

（吴静）

北京地区高校大学生创业园高校分园名单

中国人民大学大学生创业园
北京工业大学大学生创业园（G 星系创客空间）
北京航空航天大学创业园
北京工商大学学生创业园
北京中医药大学杏林众创空间
北京外国语大学“歆创”孵化器
北京信息科技大学大学生创新创业基地
北京财贸职业学院创业孵化中心

（吴静）

毕业与就业

毕业生就业工作会

1 月 5 日，市教委联合市人力社保局召开北京市 2017 年毕业生就业创业工作会。会议总结 2016 年北京地区高校毕业生就业创业工作，并部署 2017 年工作。会议对各高校 2017 年毕业生就业创业工作提出四点明确要求：加强组织领导，确保把毕业生就业创业工作落到实处；坚持基层就业的大方向，服务国家发展的大战略，进一步向基层和重点领域输送高校毕业生；加大创新创业工作力度，继续推进高等教育的综合改革；强化就业服务工作，进一步提高就业指导水平和服务水平。市政府各委办局、总公司相关负责人，北京高校、科研单位和中专学校毕业生就业工作部门及各区人力社保局负责人，有关单位人事部门负责人共 400 人参加会议。

（张海涛）

高校毕业生赴新疆和西藏开展基层工作

至 8 月，市教委配合新疆及西藏组织部门开展优秀毕业生招录工作。经过选拔，共有毕业生 263 人赴新疆和西藏开展基层工作。同时，市教委安排工作人员陪同毕业生进疆进藏。

（张海涛）

毕业生赴新疆、西藏工作动员会

（市教委相关处室　供）

高等教育培养毕业生 235318 人

至 10 月，北京地区普通高等学校、研究生培养单位共培养毕业生 235318 人。其中，北京生源毕业生 60801 人，占毕业生总数 25.84%，就业率 98.0%。按照毕业去向统计显示，升学 38703 人、出国（境）19241 人、拟继续升学 717 人、拟出国 309 人、申请暂不就业 22 人。扣除上述各种情况，实际参加就业 176326 人，占毕业生总数 74.93%。

1 月 5 日，北京市 2017 年毕业生就业创业工作会召开

（市教委相关处室　供）

按教育部统计口径，截至 10 月 31 日，毕业生总体就业率 97.25%，其中，研究生 97.2%、本科生 96.98%、高职生（专科）98.29%。北京地区各高校家庭经济困难等特殊困难毕业生 1.97 万人，就业率 97.65%，高于整体就业率。北京地区高校毕业生到西部地区就业 1.6 万人，基层就业 2.2 万人，实现自主创业 1429 人。

（张海涛）

2018 年毕业生就业工作会

12 月 28 日，市教委联合市人力社保局召开北京市 2018 年毕业生就业创业工作会。会议总结 2017 年北京地区高校毕业生就业创业工作，并部署 2018 年毕业生就业创业工作。会议对各高校 2018 年毕业生就业创业工作提出明确要求：进一步加强基层就业教育引导；积极拓展多渠道就业市场；全力做好大学生创新创业指导服务；精心服务规范管理。北京高校、科研单位和中专学校毕业生就业工作部门，各区人力社保局，市政府各委办局、总公司，各有关单位人事部门负责人共 400 人参加会议。

（张海涛）

2017 年京津冀地区高校毕业生就业创业状况调查报告
（人才交流中心　供）

138 场毕业生双选会

至 12 月，北京高校毕业生就业指导中心举办各类双选会 138 场。服务用人单位 1.6 万家次，服务毕业生约 16 万人次。中心与津冀地区教育就业主管部门以“协同协作、互学互鉴、共享共赢”发展思路，联合举办第三届京津冀学前教育类高校毕业生专场双选会、2018 届京津冀地区理工类毕业生双选会及京津冀地区高校毕业生“猎英计划”直播面试等活动，推进京津冀毕业生就业市场协同发展。

（侯文磊）

征兵工作

退役大学生士兵专场招聘会

4 月 18 日至 19 日，市教委与市征兵办共同举办退役大学生士兵专场招聘会。共有 2306 个工作岗位面向符合条件的 981 名退役大学生士兵。

（孙世光）

大学生退伍士兵专场双选会
（市教委相关处室　供）

高校征兵工作动员部署

5 月 4 日，北京市召开 2017 年高校大学生征兵工作动员部署暨业务培训会。会议听取军地领导动员讲话，部署 2017 年北京地区高校征兵工作任务，解读征兵政策，开展全国征兵报名系统培训。北京地区 92 所高校和 16 个区武装部 100 余名征兵专武干部参加动员培训。

（孙世光）

夏秋季征兵工作动员大会

8 月 3 日，市教委与市征兵办召开 2017 年夏秋季征兵工作动员大会。会议总结 2016 年征兵工作情况，部署 2017 年任务，并表彰上年度征兵工作先进单位。20 所高校被北京市评为 2016 年度高校征兵工作先进单位。

（孙世光）

退役大学生士兵就业就学工作落实

至年底，市教委落实退役大学生士兵就业和升学工作。就业方面，向符合条件的退役大学生士兵提供 2306 个定向招录招聘岗位；升学方面，大学生士兵服役期间获一次“优秀士兵”称号，可免试专科升本科；没有获“优秀士兵”称号，可不受名额比例限制，直接参加专科升本科考试，录取比例不低于 50%。全年共有 590 人免试升入本科、46 人参加专科升本科考试。

（孙世光）

奖贷助学

全国学生资助规范管理年大检查

6 月至 7 月，北京市学生资助事务管理中心开展全国学生资助规范管理年大检查。引进第三方单位，全口径实地抽查 29 家（近 30%）区、校学生资助工作开展情况。通过听取工作汇报、查看资助档案、学生座谈和核查资金台账，查找管理漏洞，立行立改。并对北京工商大学等 16 个单位的学生资助资金管理和使用情况开展经济责任审计，督促学校完成整改。

（罗芳）

北京市"学生资助规范管理年"检查情况总结与工作交流会（资助中心　供）

落实学生资助政策

至年底，北京市学生资助事务管理中心完成各项学生资助政策的落实工作。各项资助资金及时足额拨付到位，从学前教育到研究生教育的各类奖、助、贷、勤、补、免达 20 余项，受助学生（含义务教育"三免两补"）324.53 万人次，资金累计 13.81 亿元，包括中央财政 8520.13 万元、市财政

北京市 2016 至 2017 学年度国家奖学金评审暨评审工作领导小组会（资助中心　供）

92034.69 万元、区级财政 37592.7 万元。完成国家奖学金等重要奖项评审工作，375 名学生获得国家奖学金。

（罗芳）

资助政策十周年

至年底，北京市学生资助事务管理中心举办系列活动庆祝北京市学生资助政策落实十周年。开展"诚信教育活动月"系列活动、"迎接十九大，资助看变化"主题征文活动、第四届"助学筑梦铸人"主题宣传活动、资助育人专题学生演讲稿征集活动，评选"全国百佳学生资助工作单位典型""百名优秀学生资助工作者典型""受助学生优秀事迹典型案例"。

（罗芳）

学生资助制度完善

至年底，北京市学生资助事务管理中心制定系列政策措施，完善学生资助资金管理。制定《北京市学生资助结余资金管理办法（试行）》《北京市国家助学贷款中央奖补专项资金使用细则（试行）》《北京市学生资助事务管理中心网络及信息安全管理制度》《北京市中职学校政府奖学金评审细则（试行）》《北京市属普通本科高校高等职业学校国家奖学金、国家励志奖学金、北京市国家助学金评审细则》《北京市学生资助事务管理中心学生资助档案管理办法》等管理制度。修订完善已有资助管理制度，整理出版《北京市学生资助工作政策汇编》。

（罗芳）

（本栏责任编辑　华蕾）

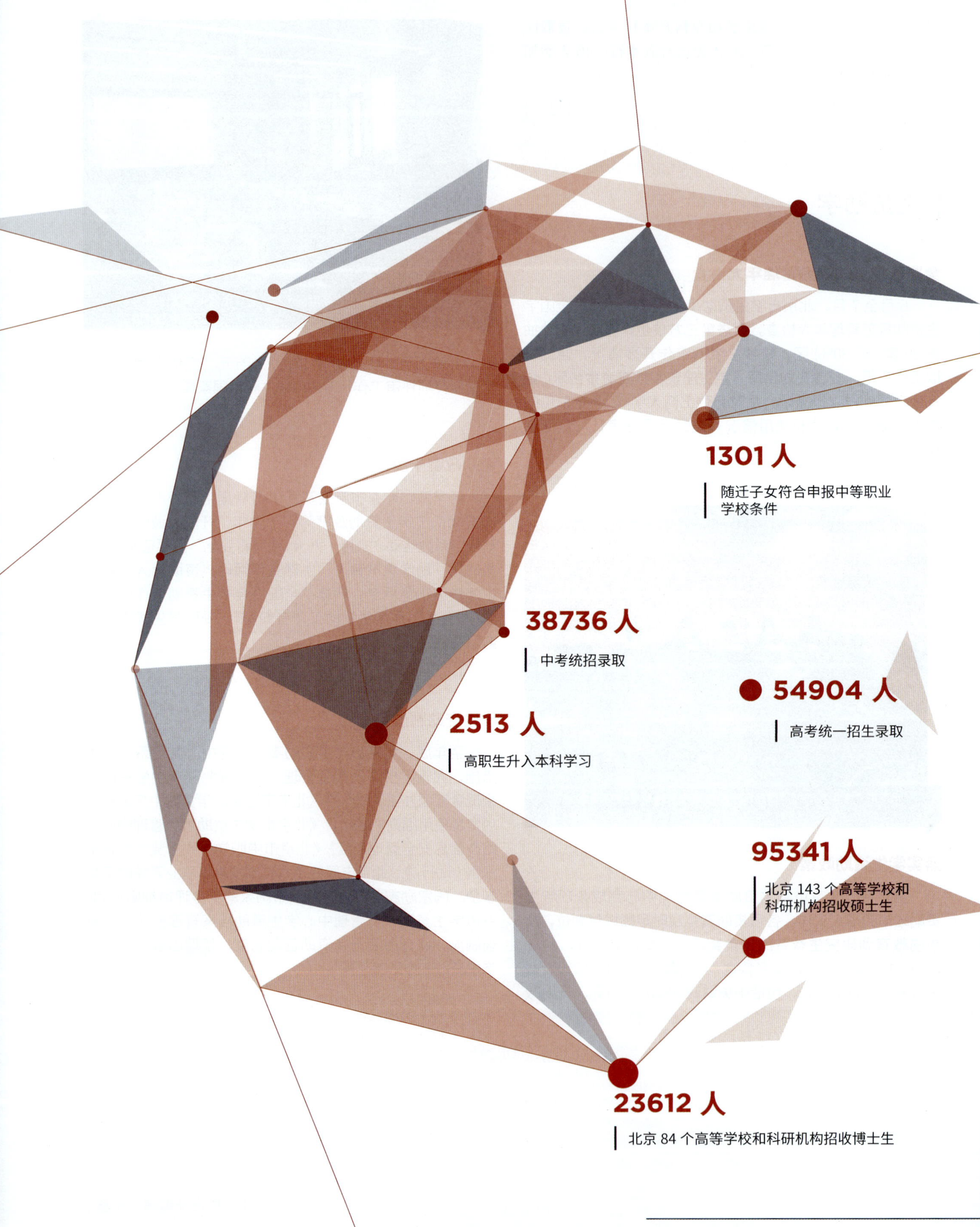
1301 人
随迁子女符合申报中等职业学校条件
38736 人
中考统招录取
54904 人
高考统一招生录取
2513 人
高职生升入本科学习
95341 人
北京 143 个高等学校和科研机构招收硕士生
23612 人
北京 84 个高等学校和科研机构招收博士生

2018 | 招生与考试

ENROLLING AND TESTING

- 落实“大考务”理念
- 考试命题特色鲜明
- 政府统筹义务阶段入选工作
- 中考改革持续推进教育均衡化发展
- 高考综合改革工作机制建立

ENROLLING AND TESTING
招生与考试

综述

落实“大考务”理念

2017 年，北京市持续深化“大考务”理念。全年加强安全保密工作，以“保密宣传教育月”、办公平台等为载体做好经常性安全保密宣传教育，多次召开保密安全工作会，严格落实保密安全责任，强化安全保密意识；重新修订教育考试管理文献选编、考务管理案例汇编和保密文件汇编，为市区两级开展考务培训、处置各类突发情况提供重要遵循和依据；加强高科技防作弊手段推广和运用，全面升级试卷运输卫星定位和移动视频监控系统，在传统验证的基础上将人脸与身份证比对验证等手段运用到考试当中，满足安全考务对高科技技防设备的需求；充分发挥市招考委和局际联席会议成员单位功能，齐抓共管、联防联控，坚决净化考试环境，为各类考试招生保驾护航。

（张晓白　伍亚娜）

考试命题特色鲜明

2017 年，北京市各类考试命题改革积极稳妥，特色更加鲜明。命题反映时代要求和首都教育发展水平，围绕“培养什么人、怎样培养人以及为谁培养人”的根本问题，坚持正确的政治方向和价值导向，进一步深化考试内容改革。将社会主义核心价值观和中华传统文化融入试题当中，将政治认同和社会责任感渗透于整个试卷的谋篇布局当中，不断强化试题教育功能。试题素材选择甄选名家名作和科技前沿，贴合时代主旋律；情境紧扣生产实践、生活实践，问题设计强调应用与实践，加强应用能力和创新考查，注重所学知识活学活用，给学生充分展示自己才能的舞台。2017 年中高考命题反映时代要求和首都教育发展水平，试卷总体难度控制合理、区分度良好，发挥鲜明的导向作用。自学考试命题狠抓命题质量，不断强化政治意识、大局意识，对试卷政治性内容增加审核、复核环节，确保积极正确的命题方向，连续 10 年实现考试安全和命题质量零事故目标。经过制定题库蓝图、分解命题任务、试题初审等环节准备，完成 7 门课程的标准化题库建设，审核完成标准化试题 2317 道。

（伍亚娜）

“四个严”确保平安高考

2017 年，北京市普通高等学校招生落实教育部会同国家教育统一考试工作部际联席会议各成员单位出台的“四个严”措施。措施要求“严格安全保密措施”“严厉打击考试舞弊”“严明考场管理秩序”“严肃开展诚信教育”，综合治理考试环境，整肃考风考纪，确保 2017 年高考安全、平稳举行。北京市做到充分发挥市招考委和局际联席会议成员单位保驾护航的作用，精心组织考试招生各环节工作，顺利实现“考前试题试卷‘零失密’，考中大面积、有组织的舞弊‘零出现’，考后评卷统分‘零失误’”的工作目标，完成美术、体育、高职专升本、高职自主招生、外语口试、港澳台侨学生联招等 9 项单独招生考试。

（张晓白　伍亚娜）

政府统筹义务阶段入学工作

2017 年，北京市义务教育阶段入学工作坚持政府统筹原则。4 月 14 日，市教委公布 2017 年义务教育阶段入学工作的意见，坚持区级为主，坚持免试、就近入学，坚持程序规范的原则。小学入学：凡年满 6 周岁 (2011 年 8 月 31 日以前出生）的北京市户籍适龄儿童均须参加学龄人口信息采集，免试就近入学。根据学位供给情况和户籍、房产、居住年限等因素，积极稳妥探索单校划片和多校划片相结合的入学方式，形成更加公平完善的就近入学规则。初中入学：各区教委根据适龄学生人数、学校分布、学校规模等因素，按相对就近原则，合理划定学校服务范围，根据学生志愿进行派位入学。全市使用统一的小学和初中入学服务系统，将每名学生入学途径和方式全程记录。非本市户籍适龄儿童少年入学工作：因父母或其他法定监护人在本市工作或居住，需要在本市接受义务教育的，由其父母或其他法定监护人持本人在京务工就业证明、在京实际住所居住证明等相关材料，到居住地所在街道办事处或乡镇人民政府审核，通过审核后参加学龄人口信息采集，并到居住地所在区教委确定的学校联系就读。

（华蕾）

中考改革持续推进教育均衡化发展

2017年，北京市中考改革持续推进教育均衡化发展。通过“名额分配”招生方式统筹全市优质教育资源，促进城乡和区域内义务教育优质均衡发展。优质高中名额分配招生计划占招生学校总计划的50.5%，一般初中校学生升入优质高中比例进一步提高，从30%提高至35%。调整“贯通培养计划”分配方式，将招生计划按专业大类分配至各区，并取消“推荐生”。落实教育部文件精神，进一步减少和规范照顾加分，享受照顾加分的人数只占具有升学资格考生的2.6%。

（张晓白　伍亚娜）

高考综合改革工作机制建立

2017年，市教委建立高考综合改革工作机制。印发《北京市普通高中学业水平考试实施办法》和《北京市普通高中学生综合素质评价实施办法（试行）》，明确高中学业水平考试科目、类别、对象、时间、组织、方式与成绩呈现于应用；明确思想品德、学业成就、身心健康、艺术素养和社会实践5项高中学生综合素质评价内容；明确真实记录、公示确认、材料应用3个综合素质评价程序；同时通过组建教学管理、条件保障、学生发展指导等8个专题研究组，深入一线加强过程研究与指导。

（张琳）

高考改革平稳有序实施

2017年，北京市普通高等学校招生考试改革平稳有序实施。实行本科录取批次改革，将本科二三批合并为本科二批，平行志愿院校数由6所调整为10所，扩大考生选择范围和空间，考生和家长对改革反映良好，招生院校对生源表示满意。考生志愿填报更趋合理，前3个志愿高校的满足率89%，高分落档考生大为减少，平行志愿改革成果得到巩固。调整少数民族考生加分政策适用范围，符合加分资格考生仅有4人，有力地促进考试招生公平公正。9月，北京完成高考录取工作，升学率继续保持在80%以上。北京地区参加统考54236人，比上年减少1444人。全国高校在京统招计划招生46927人，实际录取44791人。

（卢杰）

持续调减市属高校和职业学校办学规模

2017年，市教委持续调减市属高校和中职学校招生规模。市教委按照“控制规模、优化结构、分类发展、提高质量”的基本思路，自2013年持续调减市属高校和中职学校办学规模，实现2017年招生计划比2013年减少0.9万人，其中，京外招生计划比2013年减少1.4万人。

（孙运科）

研究生招生改革

2017年，北京市首次统筹全日制和非全日制研究生管理改革。该项改革根据2016年教育部《关于统筹全日制和非全日制研究生管理工作的通知》，准确界定全日制和非全日制研究生；统一下达全日制和非全日制研究生招生计划；统一组织实施全日制和非全日制研究生招生录取；坚持全日制和非全日制研究生教育同一质量标准；做好全日制和非全日制研究生学历学位证书管理工作。统筹将在职人员攻读硕士专业学位招生计划纳入全国硕士生招生计划，同时高级管理人员工商管理硕士统一纳入全国硕士研究生招生。北京教育考试院新增中国政法大学评卷点和北京石油化工学院考点，严密组织

6月，2017年北京市高考数学阅卷现场

（新闻中心　供）

实施，顺利完成改革统筹和考试招生任务。年内，通过网上报考北京招生单位硕士考生 28.9 万人，推荐免试硕士考生 2.6 万人，其中，北京应试考生 10.6 万人，比上年增加 1.8 万人，录取 9.5 万人。博士生报名 6.3 万人，录取 2.4 万人。同等学力全国统考报名 2.6 万人。面向港澳台招收研究生 782 人。

（张晓白　伍亚娜）

成人高考招生继续扩大改革试点范围和规模

2017 年，北京市成人高考招生工作继续扩大改革试点范围和规模。全年共有 16 所市属院校参加“校企合作”“专升本推优免试”“教师二学历免试入学”“三一口语替代”4 个项目的改革试点，并为“校企合作”试点院校制定单独的录取工作方案，结合统考成绩和职业技能测试成绩划定最低控制线，对试点院校稳定生源数量、保证生源质量起到积极的作用，也符合分类考试、综合评价、多元录取的招生考试新模式。成人高考招生工作加强考务管理。加强考点管理与监督，落实三级巡视制度，持续加大对外埠考点检查力度，首次为京内考点配备考生身份识别终端，使用身份验证设备抽查外埠考点，防范高科技作弊行为。年内，成人高考报名 5.8 万人，实际参加考试 5.2 万人，录取 4.4 万人。成人学士学位英语考试报名 15.6 万人。

（尚武）

高等教育自学考试改革稳步推进

2017 年，北京市高等教育自学考试改革稳步推进。落实《教育部关于推进高等教育学分认定和转换工作的意见》精神，制定北京英语口语证书考试与自考英语专业口语课程的认证规则；与北京理工大学合作开展高等学历继续教育学习成果互认项目，获得教育部考试中心许可，推进自学考试与其他教育形式之间“立交桥”衔接。启动《学习及测量平台》手机软件 (APP) 在中等职业教育在校生中的试点工作，方便考生随时学习，积极适应互联网时代的学习需求。坚持服务首都发展定位，推进与市安监局、市公交集团、市农委的合作项目，满足北京各行业对现代应用型人才的需求。针对实践课程考核和收费问题，积极协调主考院校，科学稳妥制定多种替代和过渡性方案，确保实践环节课程平稳调整。全年组织大规模考试 4 次，共计 15.5 万人，报考 58.1 万科次，注册新生 5.1 万人，开考专业 76 个，考试课程 716 门，组织完成 70 门课程大纲的新编和修订工作。

（蒋来）

社会考试顺利完成

2017 年，北京市社会考试工作顺利完成。全国大学英语四六级口试改革工作操作规范、平稳过渡；全国计算机等级考试加密工作管理规范。全年共组织全国大学英语四六级考试、计算机等级考试、国家司法考试、中小学教师资格考试等 8 个项目 14 次考试，考生报名 81.7 万人，比上年增长 72%。

（伍亚娜）

北京成为第二批高考综合改革试点省市

2 月 24 日，教育部发布《关于做好 2017 年普通高校招生工作的通知》，北京市入选全国第二批高考综合改革试点省市。第二批共有北京、天津、山东、海南四省市，要求结合本地教育改革发展实际，研究制订高考综合改革方案，报经教育部备案后向社会公布。北京市根据 2016 年公布的《北京市深化考试招生制度改革实施方案》，出台《北京市普通高中学业水平考试实施办法（试行）》和《北京市普通高中学生综合素质评价实施办法（试行）》。文件要求从 9 月 1 日起，即 2017 级高一学生起实行新的高考综合改革方案，在考试内容与形式、英语听力考试、学业水平考试、综合素质评价、录取批次等方面发生重要变化，对中学教学改革、考生备考、高校招生实施、考务管理等方面提出新的标准和要求。

（张晓白　伍亚娜　华蕾）

完善优质高中名额分配招生

3 月 29 日，市教委公布《关于做好 2017 年高级中等学校考试招生工作的意见》。意见指出：2017 年继续开展优质高中“名额分配”“市级统筹”“校额到校”“乡村计划”等方式统筹优质教育资源配置，促进城乡和区域内义务教育优质均衡发展，“名额分配”批次计划占优质高中招生计划比例不低于 50%，一般公办初中升入优质高中比例达到 35%。年内，全市“名额分配”批次招生计划共 17618 人，占招生学校总计划 50.5%。

（姚转珍）

高考突发事件应急处置领导小组成立

4 月 18 日，北京市高考安全突发事件应急处置领导小组成立。领导小组旨在加强对舆情和应急事件的预判研判，细化完善应急预案，落实集体研判、科学决策、快速响应、协调联动的工作机制，做到快速妥善处置高考突发事件。领导小组由副市长、市招考委主任委员王宁任组长；市政府副秘书长、市招考委副主任委员尹培彦，市教委主任、市招考委副主任委员刘宇辉任副组长，组员单位包括市委教工委、市教委、市委宣传部、市委网信办、市应急办、市公安局、市交管局、市保密局、市无线电管理局、北京教育考试院共 10 个单位。

（卢杰）

教育考试招生工作电视电话会议

5 月 16 日，北京市召开 2017 年教育考试招生工作电视电话会议。会议主会场设在市政府，分会场设在北京教育考试院及各区，王宁参加会议并讲话。市教委、市公安局、市国家保密局、市无线电管理局、丰台区和中国农业大学负责人分别发言，并提出相关工作要求。王宁在讲话中要求：充分认清当前形势，切实增强做好考试招生安全工作的政治责任感和现实紧迫感；严密组织实施，确保“平安考试”目标顺利实现；加强规范管理，确保招生录取公平公正。来自市招考委委员、市国家教育考试局际联席会议成员单位负责人参加主会场会议。

（卢杰）

2018 年中考新增科目

7 月，北京市完成 2018 年中考新增科目考试说明征求意见稿。此次修订经过充分调研、研讨和专家审议，并遵照北京市近几年的高考和中考改革原则，新增思想品德、生物、地理和历史 4 个科目。考试说明的编写严格遵照课程标准。2018 年，北京市将实行“3 必考 +3 选考 + 体育”的新中考模式，即语文、数学、外语为必考科目，其他科目实行选考，从历史、地理、思想品德、物理、生物（化学）中选择 3 门参加考试。文化课考试科目选考工作安排在初三第二学期。

（赵海燕）

高职院校分类考试招生改革推进

9 月，市教委推进高职院校分类考试招生改革。健全“文化素质 + 职业技能”考试招生方式，推进单独招生、高职自主招生等高等职业院校分类考试招生改革。其中，高职院校单考单招报名 6402 人，计划招生 1218 人，实际录取 340 人。自主招生下达招生计划 12892 人，比上年增加 387 人。实际录取 9773 人。自主招生计划中包含招收农村户籍考生 6329 人，比上年增加 806 人。

（张桓）

市属高校研究生招生适度增长

9 月，北京市属高校完成年度研究生招生录取工作，研究生招生规模继续保持适度增长。市属高校实际录取研究生 14153 人，比上年增长 16.5%。其中，博士生 946 人，比上年增长 9.6%；硕士生 13207 人，比上年增长 17.1%。按照教育部安排，2017 年市属高校研究生招生计划 14634 人，其中，博士生招生计划 959 人、硕士生招生计划 13675 人。年内，市教委按照要求统筹全日制和非全日制研究生管理，统一下达全日制和非全日制研究生招生计划，市属高校全日制硕士生招生计划 12194 人，非全日制硕士生招生计划 1481 人。

（卜薇）

市属成人高等教育招生基本稳定

9 月，北京市属成人高等教育招生规模较上年基本稳定。市属成人高等教育实际招生 22143 人，比上年增加 4%。其中，本科（含高中起点本科和专科起点本科）实际招生 10492 人，比上年增加 1.5%；专科（高职）实际招生 11651 人，比上年增加 6.4%。

（卜薇）

全国独立设置音乐院校本科招生工作研讨会

12 月 1 日至 2 日，中国音乐学院召开全国独立设置音乐院校本科招生工作研讨会。会议以“以十九大精神为指导，推动独立设置音乐院校本科招生改革与创新”为主题，研讨“音乐艺术人才选拔需要兼顾的几对关系”“基本乐科招生考试改革的探索与实践”“本科招生制度改革取得的成效与问题”等 10 个议题。来自全国 11 所独立设置音乐院校的招生办公室主任和工作人员参加会议。

（田婷）

高级中等学校招生

概述

2017 年，北京市参加高级中等学校统一招生录取的学校有 308 所，招生计划 47719 人，录取考生 38736 人。其中，特殊学生招生计划 5638 人，录取考生 4456 人；统招机录招生计划 43145 人，录取考生 34280 人。在统招机录中，普通高中招生计划 31688 人，录取考生 29851 人；职技类学校招生计划 11457 人，录取考生 4429 人。全市共有 79289 人报名参加中考，具有升学资格考生 68948 人。共有 116 所学校参加提前招生录取，招生计划 17081 人，实际录取 11603 人。其中，贯通项目有 13 所院校参与招生，招生计划 6505 人，录取考生 3166 人；除贯通项目以外其他学校提前招生计划 10576 人，录取考生 8437 人。在其他学校提前招生中有 22 所公办高中举办中外合作办学项目，招生计划 1650 人，实际录取 1296 人。全市共有 84 所优质高中参加优质高中名额分配，招生计划 9841 人，录取考生 8796 人；参加市级统筹招生学校共 32 所，招生计划 1962 人，录取考生 1175 人；参加校额到校招生录取的学校共 84 所，安排招生计划 2758 人，涉及初中学校 252 所，录取考生 2225 人。乡村计划支持范围调整为面向 8 个远郊区的 41 所初中学校，符合报考条件的考生 193 人，考生 150 人填报志愿，实际录取考生 145 人。

（伊宏）

1301 名随迁子女符合申报中等职业学校条件

3 月 31 日，北京市完成 2017 年高级中等学校统一招生报考及志愿填报工作。全市共有 79288 人报名，在报名考生中具有升学资格考生 68853 人。1965 名随迁子女考生在规定时间提出报考中等职业学校申请，经市人力社保局、市公安局和市教委等有关部门审核，共有1301名随迁子女符合有关升学条件，占提出申请考生的66%。

（伊宏）

5月，北京教育考试院组织全市中考体育考试
（北京考试院 供）

高级中等学校招生简章（2017年）发布

4月30日，北京教育考试院发布《北京市高级中等学校招生简章（2017年）》。共有344所高级中等学校招生，招生计划78795人，其中，示范（重点）高中招生计划30255人，一般高中招生计划23502人，中专、技校、职业高中和五年高职等职技类学校招生计划25038人。提前招生学校114所，招生计划16268人；参加名额分配录取的学校102所，招生计划15710人；参加统一招生学校303所，招生计划45836人。

（伊宏）

1800名考生获得加分和优先照顾录取资格

5月8日，北京市完成2017年高级中等学校统一招生考试加分资格审核工作，全市共有1800名考生获得加分和优先照顾录取资格（少数民族加分考生8人）。根据市教委《北京市深化考试招生制度改革实施方案》，从2017年起中考少数民族考生加分范围调整为从边疆、山区、牧区、少数民族聚居地区在初级中等教育阶段转学到北京市就读的少数民族考生。

（伊宏）

818人参加体育特长生统一测试

5月20日，北京市完成2017年高级中等学校招生体育特长生现场考试。测试在首都体育学院举行，由北京教育考试院负责组织实施。全市818名考生参加测试，测试合格考生792人，合格率96.82%。

（伊宏）

60467人参加中考文化课考试

6月24日至26日，北京市完成2018年高级中等学校统一招生文化课考试。全市共设17个考区，157个考点，2094个考场。共有60467人参加文化课考试。考试阅卷采取试卷扫描后网上评卷的方式，共扫描中考试卷42.5万张。

（伊宏）

中考统招录取38736人

7月28日至30日，北京市完成2017年高级中等学校统一招生录取审批工作。全市参加统一招生学校计划招生47719人，实际录取38736人。7月3日至4日，完成27所加试学校对参加加试的考生的考试及109所提前招生学校对报考考生进行专业加试。15日，完成116所提前招生学校的审核手续，计划招生17081人，录取考生11603人；20日，完成“名额分配”录取审批手续，名额分配计划招生14754人，录取考生12341人；23日，完成128所具有招收特殊学生资格及任务的审核，招收特殊学生人4456人。9月3日，未被录取考生持“补录考生登记表”和“体检表”到自己选定的未完成招生计划学校办理报名手续。

（伊宏）

64979人参加2018年中考英语听说机考

12月24日，北京市举行2018年中考英语听说机考第一次测试。全市共有考生64979人在17个考区220个考点532个考场参加考试。

（伊宏）

高中毕业会考

概述

2017年，北京市参加全市统一高中会考（不含自主会考和替代科目考试）144648人，共报考9个学科431757

科次。91287 人报名参加春季高中会考，报考 9 个学科 316568 科次，自主会考和替代科目考试学校的 17439 人同期参加 41138 科次的考试;53361 人报名参加夏季高中会考，报考 9 个学科 115189 科次，自主会考和替代科目考试学校的 22809 人同期参加 67316 科次的考试。

（接铭远）

91287 人报名参加春季高中会考

1 月 4 日至 6 日，2017 年北京市春季高中会考举行。全市 91287 人报名参加 9 个学科的会考，其中，普通高中考生 90501 人、职技类学校考生 753 人、社会考生 33 人，共报考 316568 科次。全市共设 95 个考点，10940 个考场。

（肖军）

自主会考成绩验收

3 月 24 日和 9 月 8 日，北京教育考试院验收 2017 年春季及夏季自主会考和替代科目考试学校的考试成绩。其中，春季会考共接收 21 所学校 15162 名学生 36022 科次的自主会考成绩，30 所学校 1768 名学生 3463 科次的替代科目成绩；夏季会考共接收 21 所学校 21057 名学生 65774 科次的自主会考成绩，33 所学校 1752 名学生 2707 科次的替代科目成绩。

（肖军）

核发高中会考合格证

5 月 19 日，北京市完成 2017 年“北京市普通高中会考合格证”核发工作。全市共核发会考合格证 46975 份，其中，应届生 46535 人、往届生 424 人、职技类 4 人、社会类 12 人。全市普通高中高三年级学生共计 55733 人，合格率 83.5%。

（肖军）

53358 人报名夏季高中会考

6 月 24 日至 26 日，北京市完成 2017 年夏季高中会考考试。全市共设考点 86 个，4000 个考试场次。共有 53361 人报名参加 9 个学科的会考 115189 科次。同时，全市 21 所自主会考学校的 21057 名学生参加自主会考考试，共计 65774 科次；33 所替代考试学校的 1752 名学生参加替代科目考试，共计 2707 科次。

（肖军）

87938 人报名 2018 年春季会考

12 月 1 日，北京市完成 2018 年春季报名报考统计工作。全市共 87938 人报名参加会考，报考总科次 308859。其中，87267 名普高类学生参加 9 个学科的会考，报考 307418 科次；622 名职技类学生及 49 名社会类学生参加会考，报考 1441 科次。全市共设考点 88 个。另外，全市 20 所自主会考学校的 16232 人进行自行组考，28 所替代科目学校的 1209 人进行替代科目的考试。

（肖军）

普通高等学校招生

概述

2017 年，全国共有 686 所高等学校在北京招生。全市共有 60638 人报名参加 2017 年普通高等学校招生考试，录取 54904 人。在统招部分中，报名 54236 人，录取新生 44791 人。其中，文史类考生 17641 人，录取 13926 人，占录取总数 31.09%；理工类考生 36595 人，录取 30865 人，占录取总数的 68.91%。此外，高职自主招生录取统考考生 4875 人。在高职单独招生部分中，报名 6402 人，录取 5238 人，其中，高职自主招生录取 4898 人、单独考试招生录取 340 人。

（卢杰）

2513 名高职生升入本科学习

3 月 25 日，北京市 44 所高校推荐的高等职业教育（专科层次）优秀应届毕业生 4455 人（含 2017 年首次实施的未获得免试专升本资格的退役士兵考生 40 人）参加“高职升本科”文化课考试。考试在中国劳动关系学院、北京联合大学、北京城市学院和北京工业大学通州分校 4 个考点举行。全市 15 所高校参加招生，计划招生 2623 人，实际录取 2513 人（含录取实行计划单列的退役士兵考生 17 人）。此外，经市教委审核批准，录取符合免试专升本的优秀退役士兵考生 574 人。北京电影学院专升本单独校考录取新生 10 人。根据《教育部办公厅关于 2016 年试点开展大陆专科生赴台接读本科工作的通知》，北京继续试点开展台湾部分科技大学招收大陆专科（高职）学生赴台攻读二年制学士班工作。19 名考生报名，16 名考生符合条件。

（卢杰）

367 人报考高水平运动队招生统一测试

3 月 25 日，北京市完成 2017 年高校高水平运动队招生全市统一测试。测试在北京体育大学举行，测试内容为田径、篮球、排球、足球、乒乓球、游泳、健美操、武术、羽毛球、跆拳道、网球、棒球、垒球 13 个项目。共有 367 人报名参加考试，实际测试 281 人。经测试，达到合格等级考生 277 人，合格率 98.58%；不合格考生 4 人，不合格率 1.42%；86 人放弃测试。

（卢杰）

28 所高校完成高职自主招生 9773 人

3 月 26 日至 27 日，部分高职院校举行 2017 年自主招生考试。参加自主招生改革试点的高职院校 28 所，计划招生 12892 人，10260 人报名参加考试。4 月，完成录取工作，共录取考生 9773 人。

（卢杰）

1146 人参加体育专业测试

4 月 8 日，北京市完成 2017 年普通高等学校体育教育、社会体育、休闲体育专业测试工作。测试在首都体育学院举行，测试项目为田径、篮球、排球、足球、体操、艺术体操（女）、武术、游泳和乒乓球等。全市共有考生 1146 人参加考试。经测试，成绩 90 分（含）以上 22 人，80 分（含）以上 168 人，70 分（含）以上 355 人，70 分以下 601 人。

（卢杰）

36378 人参加外语口试

4 月 15 日至 16 日，北京市完成 2017 年普通高校招生外语口试工作。口试在北京外国语大学、北京语言大学、中国传媒大学、对外经济贸易大学、首都师范大学、北京第二外国语学院 6 个考点进行，共有考生 36378 人参加外语口试。

（卢杰）

649 人参加体育单招文化课统一考试

4 月 22 日至 23 日，北京市组织运动训练、武术与民族传统体育专业招生文化课统一考试。考试科目为语文、数学、政治和英语 4 科，各科试卷满分 150 分，总分 600 分。该项考试在北京市陈经纶中学进行，共有 649 人报名参加考试。

（卢杰）

231 人在京参加港澳台学生联招考试

5 月 20 日至 21 日，北京市完成 2017 年普通高校联合招收华侨及港澳台地区学生的入学考试工作。该项考试在北京科技大学附属中学举行，231 人参加考试。3 月 1 日至 31 日，完成联招北京考点的报名工作，共有 231 人报名。

（卢杰）

50539 人参加高考文化课考试

6 月 7 日至 8 日，北京市 2017 年普通高等学校招生考试在 17 个考区举行。共设立 92 个考点 1791 个考场，其中，统考 86 个考点 1744 个考场、单考 47 个考场。50539 人参加考试，其中，参加普通高考统考的考生 49327 人、高职单考考生 1212 人。6 月 9 日至 23 日，北京市完成 2017 年高考评卷工作。阅卷工作在北京大学、清华大学、北京师范大学、首都师范大学、北京第二外国语学院和北京工业大学 6 个评卷点进行，采用全科目网上评卷的办法，共计扫描考生答题卡 29 万余张，累计评阅试卷 29 万余份，参加评卷教师 1137 人。并于 6 月 14 日在清华大学、北京大学两个评卷点举行北京市 2017 年高考评卷媒体开放日活动，共有 30 余家在京新闻媒体参加。

（卢杰）

普通高校最低录取控制分数线确定

6 月 23 日，北京市招生考试委员会 2017 年第二次会议确定北京市普通高校招生各批次录取最低控制分数线。本科一批文科 555 分、理科 537 分；本科二批文科 468 分、理科 439 分；艺术类本科文科 320 分、理科 300 分；专科（三科总分）文科 150 分、理科 150 分；体育教育、社会体育、休闲体育专业成绩 65 分，文化课成绩文科 320 分、理科 300 分；高职单招分数线 150 分；艺术高职分数线 105 分。

（卢杰）

高校招生计划汇总

6 月，北京市完成 2017 年普通高校招生计划汇总工作。全年在京招生高校共 686 所，计划招生 46927 人，高职班和师资班单独招生计划 1218 人。在统考统招计划中，按科类分：文史类计划 15490 人，占计划总数的 33.01%；理工类计划 31437 人，占计划总数的 66.99%。按学历层次分：本科计划 37327 人，占计划总数的 79.54%；专科计划 9600 人，占计划总数的 20.46%。按学校所在地域分：在京院校计划招生 40323 人，占计划总数的 85.93%，其中，在京部委院校招生计划为 5022 人，占招生计划总数的 10.70%，市属市管院校在京招生计划 35301 人，占招生计划总数的 75.23%，外埠院校招生计划 6604 人，占计划总数的 14.07%。

（卢杰）

高考招生录取 54904 人

7 月 6 日至 8 月 3 日，北京市完成 2017 年普通高等学校招生录取工作。全市统一招生录取 54904 人，其中，统考考生共录取 49666 人（统考本科录取 40937 人、统考专科录取 8729 人），单考单招录取 5238 人。共有 274 所在京参加本科提前批录取的院校录取 9646 人；194 所参加本科一批录取的院校录取 15096 人；372 所参加本科二批录取的院校录取 15124 人。2017 年市属高校继续实施“双培计划”和“外培计划”招生，17 所高校参加“双培计划”招生，招生计划 1608 人，实际录取 1443 人；18 所高校参加“外培计划”招生，招生计划 394 人，实际录取 315 人。6 月 25 日至 29 日，北京市组织完成全市考生填报高考的志愿工作，共有 45015 人统考考生填报本科志愿，197 人填报单考志愿。

（卢杰）

63073 人报考 2018 年高考

11 月 30 日，北京市完成 2018 年普通高等学校招生考试的报名工作。全市共有 63073 人报名参加 2018 年高考，比上年增加 2536 人，增长 4.19%。其中，全国统考报名 56370 人，比上年增加 2189 人，增长 4.04%；高职单考单招报名 6703 人，比上年增加 347 人，增长 5.46%。应届生 5.82 万余人，占报名人数的 92.22%；往届生 4900 余人，占报名人数的 7.78%；男生 3.06 万人，占报名人数的 48.46%，女生 3.25 万人，占报名人数的 51.54%；城镇考生 4.69 万余人，占报名人数的 74.39%，农村考生 1.62 万人，占报名人数的 25.61%。在全国统考报名人数中，文史类考生 18255 人，比上年增加 652 人，增长 3.70%，理工类考生 38115 人，比上年增加 1537 人，增长 4.20%。此外，2018 年北京市继续实施进城务工人员随迁子女在京参加高职招生考试政策，全市共有考生 486 人提出申请，经审核，符合条件并参加高考报名 309 人。

（卢杰）

4252 人参加 2018 年美术类专业统一测试

12 月 9 日，北京市完成 2018 年美术类专业统一测试。测试在北京工业大学、首都师范大学、北京城市学院 3 个考点进行，4395 名考生报名，实际参加考试 4252 人，缺考率 3.25%。12 月 10 日至 27 日，该项考试的评卷工作在首都师范大学和北京服装学院进行，并于 28 日公布北京市 2018 年美术类专业统一考试合格成绩要求。要求为本科合格要求为三门科目总成绩不低于 180 分，且其中两门科目各不低于 60 分；高职（专科）合格要求为三门科目总成绩不低于 120 分；高职单考单招合格要求为三门科目总成绩不低于 120 分。经评定，全市 4161 人取得美术统考合格资格，占报考人数的 94.68%，包括取得本科合格资格考生人数为 3706 人，占取得合格资格考生的 89.07%。

（卢杰）

55295 人报名英语首次听力机考

12 月 16 日，北京市完成 2018 年普通高等学校招生考试的英语首次听力机考工作。该项考试根据《北京市关于深化考试招生制度改革实施方案》的要求，自 2018 年高考开始举行英语听力机考，一年两考。全市共有 55295 人报名参加英语首次听力机考，共设立 17 个考区，152 个考点 384 个考场，共进行 6 个场次的考试。

（卢杰）

1196 人参加 2018 年高水平艺术团招生测试

12 月 17 日，北京市完成 2018 年高水平艺术团招生统一测试工作。测试在清华大学举行。测试全程摄像监控，共设置声乐、管乐、弦乐、键盘、民乐、舞蹈、戏剧七大类 50 个小项，1348 人报名考试，实际测试 1196 人，缺考 152 人。其中，954 人取得合格等级成绩，通过率 79.77%；不合格考生 242 人，占实考人数的 20.23%。

（卢杰）

研究生招生

概述

2017 年，北京市研究生（博士生、硕士生）计划招生 125556 人，比上年增加 19510 人，增长 18.40%。硕士研究生计划招生 101756 人，比上年增加 18217 人，增长 21.81%。其中，全日制学术学位计划招生 45311 人、全日制专业学位计划招生 36417 人、非全日制学术学位计划招生 389 人、非全日制专业学位计划招生 19639 人。全国网上报名系统报考北京招生单位的硕士考生 289495 人，推免服务系统接收的推荐免试硕士考生人数为 26625 人，两项考生人数共计 316120 人，比上年增加 50768 人，增长 19.13%。北京 143 个高等学校、科研机构共招收硕士生 95341 人，比上年增加 12842 人，增长 15.57%，其中，全日制学术学位录取 44263 人、全日制专业学位录取 36350 人、非全日制学术学位录取 220 人、非全日制专业学位录取 14508 人。博士研究生计划招生 23800 人，比上年增加 1373 人，增长 6.12%。北京 80 个高等学校、科研机构（不含解放军在京单位）招收博士生 23612 人，比上年增加 1249 人，增长 5.59%。北京市 29 家招生单位面向香港、澳门、台湾地区招收研究生 782 人，其中，攻读硕士学位 698 人、攻读博士学位 84 人。北京市同等学力人员申请硕士学位外国语水平和学科综合全国统一考试报名人数 25618 人，比上年减少 18 人；共报考 39150 科次，比上年减少 243 科次。

（李青文）

全国统一命题科目评卷完成

1 月 15 日至 25 日，北京市完成 2017 年全国硕士研究生招生考试统考及联考科目评卷工作。评卷科目 13 科，试卷评阅总量 54.5 万余份，评卷点分别设在北京大学、清华大学、北京航空航天大学和中国政法大学。各评卷点和 42 家京内招生单位共选派 1300 余名教师和 160 余名工作人员参与评卷和相关的保障工作。此次评卷工作根据教育部考试中心相关规定调整阅卷方式，新增中国政法大学阅卷点，负责组织法律硕士（非法学）专业学位联考专业基础课、综合课和法律硕士（法学）专业学位联考专业基础课、综合课的 4 个科目的评卷工作。教育部考试中心调整硕士研究生招生考试统一命题科目管理类联考综合能力和英语（二）评卷工作，委托复旦大学评阅。原由教育部考试中心统一组织的英语（二）、管理类联考综合能力、法律硕士（非法学）专业学位联考专业基础课、综合课和法律硕士（法学）专业学位联考专业基础课、综合课评卷工作改由省级考试机构负责组织。

（李青文）

推荐 14628 人免试攻读研究生

1 月 19 日，北京市完成 2017 年推荐优秀应届本科毕业生免试攻读研究生工作。2017 年教育部下达给北京高校推荐名额 14989 人。北京 41 家推荐高校通过“全国推荐优秀应届本科毕业生免试攻读研究生信息公开暨管理服务系统”上报经高校公示的推免生 14628 人。除军队院校以外，北京 84 所高等学校和科研机构共接收推免生 26625 人，其中，硕士研究生 22541 人（含医学长学制转段生 592 人）、直博生 4084 人。

（李青文）

25618 人报考同等学力申请硕士学位全国统考

5 月 21 日，北京市 2017 年同等学力人员申请硕士学位外国语水平和学科综合水平全国统一考试举行。全市设 8 个考点，704 个考场。3 月 1 日至 25 日，2017 年同等学力人员申请硕士学位外国语水平和学科综合水平统一考试网上报名。北京市共有考生 25618 人报名，报考 39150 科次。经学位授予单位审核，全市报考外国语水平考试考生 18813 人；报考学科综合水平考试考生 20337 人。

（李青文）

硕士研究生录取 95341 人

7 月，北京市完成 2017 年硕士研究生录取工作。除军队院校以外，北京 143 个高等学校、科研机构共招收硕士生 95341 人，比上年增加 12842 人，增长 15.57%。其中，全日制学术学位录取 44263 人、全日制专业学位录取 36350 人、非全日制学术学位录取 220 人、非全日制专业学位录取 14508 人。2017 年是统筹全日制和非全日制硕士研究生管理的第一年，原在职人员攻读硕士专业学位（单证）招生计划纳入国家硕士生招生计划统筹管理。同时，高级管理人员工商管理硕士统一纳入全国硕士研究生考试招生，考生参加工商管理硕士专业学位研究生全国统一入学考试。

（李青文）

博士研究生录取 23612 人

7 月，北京市完成 2017 年博士生录取工作。共有北京高等学校、科研机构（不含解放军在京单位）80 家招生单位，共录取博士生 23612 人，比上年增加 1249 人，增长 5.59%。教育部下达招生规模 23800 人（含少数民族骨干计划），比上年增加 1293 人，增长 5.74%。

（李青文）

322897 人报名 2018 年硕士生入学考试

10 月 10 日至 31 日，2018 年全国硕士研究生招生考试进行网上报名。经 57 个报考点现场确认，共确认考生 112483 人，比上年增加 6328 人，增长 5.96%。2017 年全国报考北京招生单位和在京参加考试的考生人数均创历史新高，报考北京招生单位的考生 322897 人（不含推免考生），比上年增加 33402 人，增长 11.54%。

（李青文）

112397 人参加 2018 年硕士生招生考试

12 月 23 日至 25 日，北京地区 2018 年全国硕士研究生招生考试举行。北京设置 57 个考点，3804 个考场，应试考生 112397 人。

（李青文）

成人高等学校招生

概述

2017 年，在京招生成人高等学校有 79 所。其中，市属院校 43 所、部（委）及外埠院校 36 所。全市报名确认考生 57986 人，包括高起专考生 18132 人、高起本考生 9241 人、专升本考生 30613 人，免试生 1199 人。招生专业 1333 个，其中，市属高校招生专业数 708 个、部属高校招生专业数 625 个；按学习形式分，脱产专业数 81 个、业余专业数 1184 个、函授专业数 68 个；按专业层次分，高起专专业数 571 个、高起本专业数 273 个、专升本专业数 489 个。2017 年度共 3 所高校有单考单招专业 8 个。北京市计划招生总数 44335 人（不含单考单招），其中，高起专计划 13767 人，占计划总数的 31.05%；高起本计划 6811 人，占计划总数的 15.36%；专升本计划 23757 人，占计划总数的 53.59%。单考单招计划 1287 人。应考考生 56787 人，实考考生 52271 人，其中，高起专 16990 人、高起本 8538 人、专升本 26743 人。缺考 4516 人，违规 114 人。实际录取新生 44066 人（不含单考单招），完成计划 99.39%，其中，高起专录取新生 13945 人、高起本录取新生 6573 人、专升本录取新生 23548 人，单考单招录取新生 1283 人。北京地区成人本科学士学位英语统一考试上半年 59 所院校共 75281 人报考，实考考生 48878 人，缺考考生 26403 人，缺考率 35.07%，合格率 21.07%；下半年 58 所院校共 80769 人报考，实考考生 52011 人，缺考考生 28758 人，缺考率 35.61%，合格率 18.7%。

（尚武）

75281 人参加上半年成人本科学士学位英语考试

5 月 6 日，2017 年上半年北京地区成人本科学士学位英语考试举行。共设考点 83 个，其中，北京市考点 39 个、外埠考点 44 个。实考考生 48878 人，缺考考生 26403 人，缺考率 35.07%；合格 10299 人，合格率 21.07%。主观题评阅在首都师范大学阅卷基地集中进行。共扫描、评阅试卷 48878 份，其中，北京考点 26621 份、外埠考点 22257 份。6 月 3 日起发放考生成绩与合格证书。3 月 17 日，北京市完成上半年北京地区成人本科学士学位英语统一考试报名等相关工作。全市共有 59 所院校的 75281 人报名参加考试，其中，北京考生 39804 人，占全部考生的 52.87%；外埠考生 35477 人，占全部考生的 47.13%。成人高考考生 26087 人，占全部考生的 34.65%；电大考生 25382 人，占全部考生的 33.72%；网络学院考生 23812 人，占全部考生的 31.63%。

（尚武）

成人高校招生专业比上年减少

8 月 22 日，北京市完成成人高校招生专业核对汇总。有 79 所高校在京招生，比上年减少 4 所。招生专业 1333 个，比上年减少 187 个，下降 12.30%。其中，市属高校招生专业数 708 个、部属高校招生专业数 625 个；按学习形式分，脱产专业数 81 个、业余专业数 1184 个、函授专业数 68 个；按专业层次分，高起专专业数 571 个、高起本专业数 273 个、专升本专业数489个。2017年共有3所高校单考单招专业8个。

（尚武）

71963 人报考成人高校招生考试

8 月 31 日至 9 月 7 日，北京市完成成人高校招生考试网上报名。全市共有 71963 人报名考试，62241 人网上交费成功。经过现场确认，确认考生 57986 人，比上年减少 780 人，下降 1.33%。参加考试 56787 人，比上年减少 1110 人，下降 1.92%。报考高起专考生 18132 人，比上年减少 6335 人，下降 25.89%；高起本考生 9241 人，比上年增加 3834 人，增长 70.91%；专升本考生 26743 人，比上年增加 1721 人，增长 6.88%。免试生 1199 人。京籍考生（持本市身份证号码）19047 人，非京籍考生（持外省身份证号码、户籍在京但身份证号码为外省的本市考生、港澳台及外籍）38939 人。通过教育部学信平台验证的专升本考生 29509 人，未通过验证 1104 人。未通过学历验证的考生在确认现场签署保证书。

（尚武）

80769 人报考下半年成人本科学士学位英语考试

9 月 19 日，北京市完成下半年北京地区成人本科学士学位英语统一考试报名工作。共有 58 所学校的 80769 人报考，其中北京考生 45199 人，占全部考生的 55.96%；外埠考生 35570 人，占全部考生的 44.04%。成考考生 29166 人，占 36.11%，电大考生 26083 人，占 32.29 %，网络学院考生 25520 人，占 31.60%。11 月 4 日，下半年北京地区成人本科学士学位英语考试举行。考试共设考点 84 个，考场 2738 个，其中，京内考点 40 个、考场 1529 个，外埠考点 44 个、考场 1209 个。实考考生 52011 人，缺考考生 28758 人，缺考率为 35.61%；合格 9708 人，合格率为 18.67%。共扫描、评阅试卷 52011 份，其中，北京考点答题卡 30611 份，外埠考点答题卡 21400 份。12 月 1 日起发放考生成绩与合格证书。

（尚武）

成人高校招生统考及阅卷工作

10 月 28 日至 29 日，北京市完成成人高校招生全国统一考试。考试共设 17 个考区，91 个考点，2003 个考场，实考考生 52271 人，缺考 4516 人，缺考率 7.95%。确认违规考生 114 人，其中，违纪考生 19 人、作弊考生 95 人。10 月 30 日至 11 月 8 日，评卷工作在首都师范大学完成。共评阅 19 科 16 万份试卷。11 月 13 日，考试成绩发布。

（尚武）

成人高校招生录取最低控制分数线划定

11 月 22 日，经报请北京市招生考试委员会批准，北京市成人高校招生录取最低控制分数线划定。高起专：文史外语类 118 分、艺术类（不含数学）70 分、理工类 118 分；高起本：文史外语类 171 分、艺术类（不含数学）133 分、理工类 136 分；专升本：文史中医类 188 分、艺术类 174 分、理工类 137 分、经济管理类 128 分、法学类 185 分、教育学类 180 分、农学类 150 分、医学类 193 分。

（尚武）

成人高校招生录取 44066 人

12 月 4 日至 22 日，北京市完成成人高校招生考试录取工作。共确认考生 53470 人（不含单考单招），其中，实考考生 52271 人、免试生 1199 人。共有 79 所院校在京招生，招生专业 1333 个，计划招生 44335 人，录取新生 44066 人，录取率 82.41%。高起专录取 13945 人、高起本录取 6573 人、专升本录取 23548 人。单考单招专业 8 个，单考单招招生计划 1287 人，录取新生 1283 人。

（尚武）

高等教育自学考试

概述

2017 年，北京教育考试院共组织高等教育自学考试 4 次，总计报考 155078 人、581150 科次，注册新生 50628 人。21 所主考学校共开考 76 个专业，其中，专科 36 个、本科 40 个。开考课程 716 门次（不含实习、实践、论文）；

向社会公布教材654种，完成70门课程大纲的新编和修订工作；命制319门课程试题。全年组织笔试课程考试4次，设置考区17个，累计设置考点225个，考场3643个，组织考试20423场次；组织20所主考学校完成4期考试网上评卷325521份，完成2期非笔试课程成绩及毕业论文（设计）成绩网上录入115856科次，发布成绩598214科次，其中，笔试课程482358科次、非笔试课程115856科次。受理成绩复核共26744科次。2017年共有毕业生7056人，其中，本科3827人、专科3229人，同比增长4.17%；3115人获得学士学位。办理考籍5219人次，现场咨询考生5000人次，接听人工电话咨询6万人次，收听语音咨询9万人次。“自考综合服务平台”共有用户88526人，“自考综合服务平台官方微信”共有用户66578人。

（蒋来）

65642人报考4月自学考试

4月15日至16日，22日至23日，北京市组织完成4月高等教育自学考试。17个考区共开考76个专业、349门课程，设立考点校103个，考场1600个。评卷学校20所，共评阅答卷347科141401份。自此次考试开始，实施考生自行打印准考证参加考试。3月1日至9日，完成考试报名，注册新生21668人，65642名考生报考笔试课程217663科次，非笔试报考33683科次。6月9日发布考试成绩272698科次，其中，笔试课程217663科次、非笔试课程37272科次、笔试加实践课程17763科次。

（蒋来）

高等教育自学考试非学历证书考试

5月20日至21日、11月18日至19日，北京市完成两次高等教育自学考试非学历证书考试。考试在西城区和朝阳区举办。上半年考试共注册新生767人，考生6881人报考笔试课程18166科次，实考12093科次，实考率66.57%。共开考2类证书、16门课程，设立考点校12个，考场177个。评卷学校2所，共评阅答卷16科12093份；下半年考试共有考生5971人报考笔试课程13991科次，实考9567科次，实考率68.38%。共开考2类证书、17门课程，设立考点校10个，考场148个。评卷学校2所，共评阅答卷17科9567份。

（蒋来）

74844人报考10月自学考试

10月14日至15日、21日至22日，北京市完成10月高等教育自学考试。考试在17个考区举办，开考76个专业、364门课程，设立考点校100个，考场1718个。评卷学校21所，共评阅答卷364科162460份。实考162460科次，实考率65.90%。9月1日至9日完成考试报名，注册新生28193人，考生74844人报考笔试课程246532科次，非笔试报考50815科次。12月9日发布考试成绩342145科次，其中，笔试课程246529科次、非笔试课程53924科次、笔试加实践课程41692科次。

（蒋来）

自考本科毕业生网上申办学位

至12月，北京市完成上半年及下半年自考本科毕业生网上申办学位相关工作。3月17日至23日，上半年符合要求的自考本科毕业生完成网上申办学位，经由主考学校审核，1712人成功申请办理学位。6月9日至23日，考生完成网上申报毕业，经各区及主考学校资格审核，3343人成功办理毕业手续，其中，本科1834人、专科1509人。9月17日至23日，下半年考生1380人成功申请办理学位。12月9日至23日，考生3758人成功办理毕业手续，其中，本科1786人、专科1972人。

（蒋来）

社会考试

概述

2017年，北京教育考试院举办8个社会考试项目，组织14次考试，报考816707人，比上年474433人增加342274人，增长72.14%。北京英语口语证书考试(BOEC)报考8441人，比上年11155人减少2714人，下降24.33%；全国计算机等级考试(NCRE)报考112639人，比上年108366人增加4273人，增长3.94%；全国计算机应用水平考试(NIT)报考268人，比上年1080人减少812人，下降75.19%；中国书画等级考试(CCPT)报考2665人，比上年2497人增加168人，增长6.73%；北京市国家司法考试报考46958人，比上年40952人增加6006人，增长14.67%；北京市中小学教师资格考试报考75815人，比上年53687人增加22128，增长41.22%；全国大学英语四、六级考试笔试报考543590人，全国大学英语四、六级考试口试报考26331人。组织北京市中、高考英语听说机考测试2次，其中，9月，12.3万名学生参加演练。

（徐卫红）

中小学教师资格考试

3月11日和11月4日，北京教育考试院举办两次北京市中小学教师资格考试(NTCE)笔试。3月11日报名参加考试28525人，共58608科次，2072场次，实考22798人，笔试合格9618人，通过率42.19%；11月4日报名参加考试47290人，共103394科次，3468场次，实考37489人，笔试合格15712人，通过率41.91%。

（宋成）

112639 人报考全国计算机等级考试

3 月和 9 月，北京教育考试院举行全国计算机等级考试常规考试。共开考 4 个级别 22 个科目，所有科目均采取无纸化上机考试形式，使用同一套考试系统进行考试。全市共有 112639 人报名，其中，3 月考试报名 63846 人、9 月考试报名 48793 人。从报考级别情况看，一级考生 33096 人，占考生总数的 29.38%；二级考生 74498 人，占考生总数的 66.14%；三级考生 4222 人，占考生总数的 3.75%；四级考生 823 人，占考生总数的 0.73%。全市共有 37068 人取得合格证书，取证率 32.91%。

（周德松）

北京英语口语证书考试

5 月 20 日、21 日和 11 月 18 日、19 日，北京教育考试院举办两次北京英语口语证书考试（BOEC）。考试全程电子化管理，采用考官与考生一对一口试形式，分为初、中、高三个级别，考试时间分别为初级 5 ～ 7 分钟，中级 8 ～ 10 分钟，高级 12 ～ 15 分钟。全年共有 8441 人报名，其中，初级 5531 人、中级 2472 人、高级 438 人。共发放证书 4136 份，其中，初级 2738 份、中级 1239 份、高级 159 份。

（姜树昕）

中国书画等级考试

5 月 20 日、21 日和 11 月 18 日、19 日，北京教育考试院举办两次中国书画等级考试 (CCPT)。考试设书法、硬笔书法、素描、动漫画、色彩、国画人物、国画花鸟和国画山水 8 个科目，其中，书法、硬笔书法分 9 个级别，素描、动漫画、色彩、国画人物、国画花鸟和国画山水分 6 个级别。全市 2665 人报名参加考试，其中，书法 1724 人、硬笔书法 378 人、素描 190 人、色彩 81 人、动漫画 72 人、国画山水 17 人、国画花鸟 202 人、国画人物 1 人。

（姜树昕）

北京地区全国大学英语四、六级考试

5 月、11 月和 6 月、12 月，北京教育考试院分别组织北京地区全国大学英语四、六级口语考试 (CET-SET) 和全国大学英语四、六级考试 (CET) 考务工作。口语考试 (CET-SET) 共有 26331 人参加，5 月报考 13067 人，其中，四级 7385 人、六级 5682 人，全市设 7 个考点；11 月报考 13264 人，其中，四级 8072 人、六级 5192 人，全市设 16 个考点。四、六级考试 (CET) 共有 543590 人参加，6 月报考 278079 人，其中，英语四级 119146 人、英语六级 157427 人、日语四级 372 人、日语六级 87 人、德语四级 242 人、德语六级 45 人、俄语四级 93 人、俄语六级 35 人、法语四级 632 人，全市设 74 个考点，93 个考试地点，共 9463 个考场（包括四级 4125 个考场、六级 5338 个考场）。12 月报考 265511 人，下半年考试不开设小语种考试，其中，英语四级 103002 人、英语六级 162509 人。全市设 75 个考点，90 个考试地点，共 8934 个考场（包括四级 3476 个考场、六级 5458 个考场）。

（金辉）

北京市国家司法考试

9 月 16 日至 17 日，北京教育考试院接受市司法局委托举办北京市国家司法考试。全市共有 46958 名考生报名考试，涉及 9 个区，共设置 63 个考点，1566 个考场。

（姜树昕）

中外合作考试

概述

2017 年，北京教育考试院举办及承办各项中外合作考试共 170 场，全市共有考生 13959 人参加考试。全年举办伦敦三一学院英语口语等级考试 (GESE)110 场，考生 9524 人；剑桥英语教学能力证书考试 (TKT)39 场，考生 3245 人。承办检定非英语为母语者的英语能力考试（托福 TOEFL）考试 18 场，考生 1060 人；美国研究生入学资格考试 (GRE) 考试 3 场，考生 130 人。举办剑桥英语教学能力 (TKT) 考前培训及英语教师口语教学能力提升培训共 2 期，179 人参加培训。

（胡杰）

9524 人参加英语口语等级考试

至年底，北京教育考试院举办伦敦三一学院英语口语等级考试 (GESE)110 场。全市共有 9524 名考生参加 12 个级别的考试，总体通过率 81.29%。

（胡杰）

3245 人参加剑桥英语教学能力证书考试

至年底，北京教育考试院举办剑桥英语教学能力等级考试 (TKT)39 场。考生 3245 人参加 5 个证书的考试。TKT 考试为证书成绩单一体化，参考考生都会获得一张由剑桥外语考试部印制的证书。

（胡杰）

托福及 GRE 考试

至年底，北京教育考试院分别承办托福及美国研究生入学资格考试 (GRE) 考试。共组织托福考试 18 场，考生 1060 人次；组织 GRE 考试 3 场，考生 130 人次。

（胡杰）

（本栏责任编辑　华蕾）

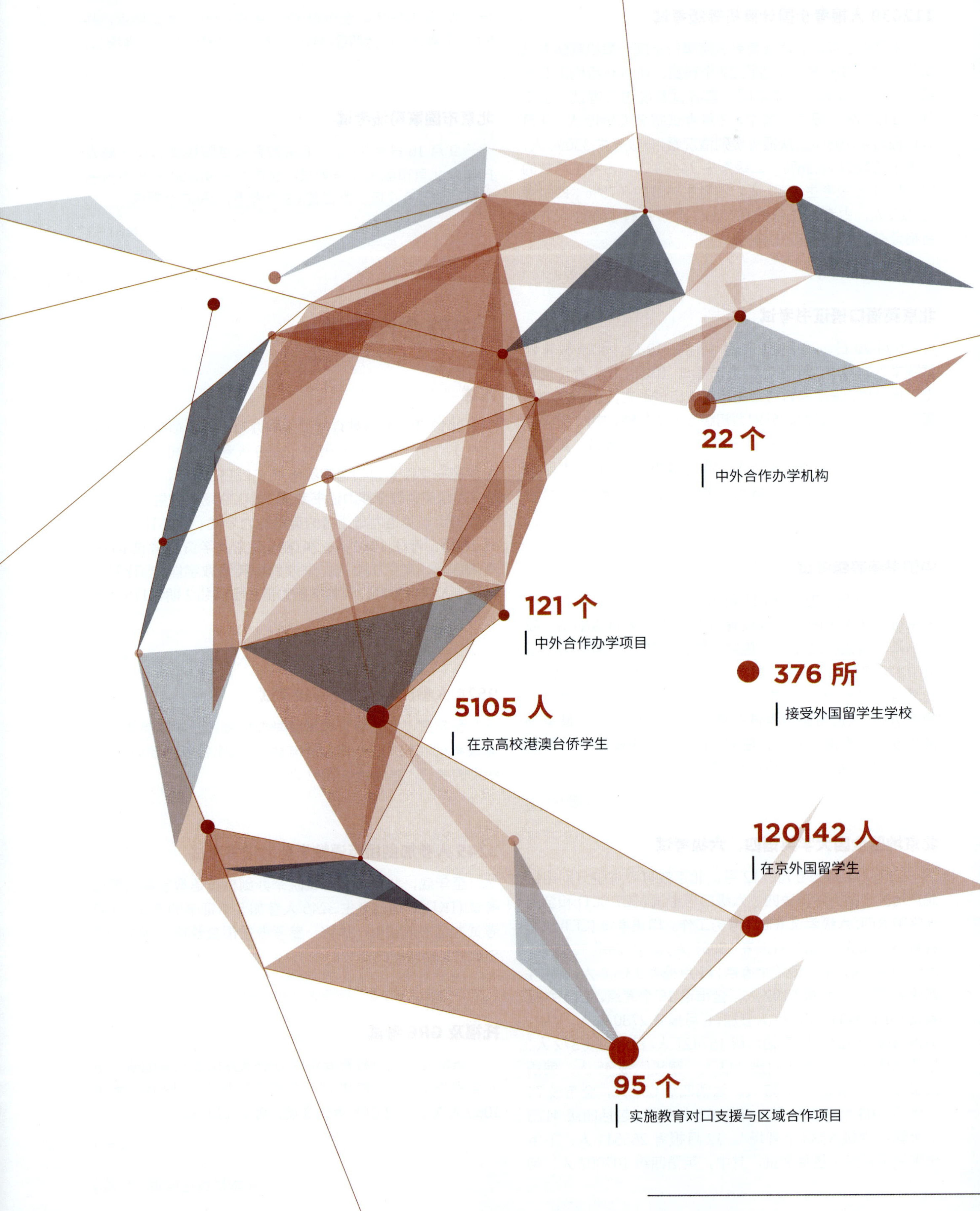
22 个
中外合作办学机构
121 个
中外合作办学项目
376 所
接受外国留学生学校
5105 人
在京高校港澳台侨学生
120142 人
在京外国留学生
95 个
实施教育对口支援与区域合作项目

2018 | 交流与合作

CMMUNICATION AND COOPERATION

- 首都教育对外交往格局优化
- 对外交流层次提高
- 对外交流内容丰富
- 对外推介力度加大
- 加强外籍人员子女学校管理和指导
- 取消自费出国留学中介机构资格认定许可
- 港澳台教育交流力度提升
- 北京市 26 所学校入选首批“一带一路”国家人才培养基地
- 选派干部教师对口支援

COMMUNICATION AND COOPERATION
交流与合作

综述

首都教育对外交往格局优化

2017 年，市教委继续优化首都教育对外交往格局。以领导率团出访和接待国外代表团来访为核心，以举办大型教育活动和开展师生交流项目等方式为载体，继续推进与友好城市之间教育合作，在继续做好与巴黎、首尔、莫斯科、科隆、赫尔辛基、新南威尔士州等友好城市交流的基础上，与布宜诺斯艾利斯等友好城市建立联系，与贝尔格莱德等友好城市建立联系并签订友好协议，与英国国家创新创业教育中心、阿根廷布宜诺斯艾利斯省教育和文化局等国外教育部门就加强师生交流、项目合作、学习培训等内容签署合作协议。

（苏金柱）

对外交流层次提高

2017 年，北京市各级各类教育服务中央和北京市外交大局，推动首都教育国际化发展，对外交流层次提高。举办北京与凡尔赛教育合作签约仪式，见证海淀区教委与法国凡尔赛学区签署合作协议；合作协议被纳入中法人文交流机制框架，进一步扩大中法教育合作与交流内容和范围。服务中央外交，组织北京市学生参加 2017 年度中国高中生赴日学习项目；推选朝阳区 2 所中学参与德国财政部“G20 全球课堂”；推荐 10 所学校参加中法百校交流计划第二批项目。配合市外办友城工作，组织北京第二外国语学院 2 名在校大学生参加雅加达省青年培训项目；推荐 115 所中小学等教育机构参加日本东京都“世界朋友计划”，与日方学校开展交流；作为北京—首尔混委会成员单位，通过开展北京—首尔青少年体育交流大会等学生交流活动，推动两城教育交流与合作。市教委与北京大学联合主办 2017 年北京论坛，为广大专家学者提供跨文化交流和文明对话平台。

（苏金柱）

对外交往内容丰富

2017 年，市教委加大对学生参与境内外交流活动的支持力度，丰富对外交往内容。组织开展学生交流品牌活动，拓展北京学生国际视野，进一步提升首都教育国际影响力，有力宣传汉语和中国文化。继续举办国际学生北京夏令营、京港澳学生交流夏令营、台湾阿里山夏令营、北京—首尔青少年体育交流大会、北京—世宗青少年艺术交流活动、济州道高中生访问交流等一系列学生交流活动，共涉及国内外师生 1353 人，其中，1160 名师生在京活动、193 名师生赴外交流。

（苏金柱）

9 月，北京学生台湾阿里山夏令营

（国际教育交流中心 供）

对外推介力度加大

2017 年，市教委加大首都教育对外推介宣传力度。组织 4 个团组赴境外举办北京教育说明会，46 所大中小学代表

北京教育说明会

（国际教育交流中心 供）

86人次先后赴10个国家13个城市参加教育展，举办说明会，宣传推介北京教育资源，总咨询人数1300人次。其间，在各使馆、政府教育部门、孔子学院、高校、中小学组织32场公务活动，为境内外院校搭建交流平台，提供合作机会。

（冀津　郑静慧）

外籍人员子女学校加强管理和指导

2017年，市教委加强对外籍人员子女学校管理和指导。完善外籍人员子女学校相关政策，出台《北京市外籍人员子女学校审批和管理实施办法》和《北京市外籍人员子女学校管理办法（试行）》，进一步加强学校日常管理工作，强化管理手段；完善外籍人员子女学校和外国驻华使馆学校管理信息系统，通过智能化、大数据等信息化手段，规范学校招生、校园安全等制度，及时了解学校办学状况；结合行政许可事项要求走访学校，对外籍人员子女学校发展中遇到的实际问题进行研究，继续协调市编办、市民政局等有关部门研究解决北京法国学校等5所学校法人登记问题，配合市财政局、地税局研究解决外籍人员子女学校税收问题。指导学校规范办学，有序发展；指导学校做好空气重污染应急防控工作，督查安全隐患大排查大清理大整治行动，保障学校教学秩序和校园安全；妥善处理学生家长对学校的投诉问题。

（任军）

规范因公出国（境）管理

2017年，市教委规范因公出国（境）管理。疏理2017年度因公出访团组情况，制定相关新规定的落实措施；完善因公出国（境）管理制度，切实把好计划核定、任务审批、人员选派、证照保管、经费审核、纪律监督和绩效评价等关键环节；加强教育，认真执行专办员制度和行前教育制度。2017年市教委自组团团组数、人数和出访经费均按有关规定严格控制在规定额度内，完成北京市关于2017年因公出国（境）团组数、人数压缩的量化管理任务。全年派出因公出国（境）团组59个385人次。

（孙蕾）

国家公派出国留学

2017年，北京市教育系统受理国家留学基金公派高级研究学者及访问学者（含博士后）项目等8个大项目14个子项目共321人，录取（含候选人）166人。其中，高级研究学者及访问学者（含博士后）项目受理145人，录取75人；国家建设高水平大学项目受理65人，录取54人；国家公派硕士研究生项目受理22人，录取6人；艺术人才特别培养项目受理16人，录取12人；国际组织实习—联合国教科文组织青年专业人员项目受理11人，录取1人；全国学校体育教师赴美留学项目受理6人，录取4人；日本政府文部科学省博士奖学金项目受理4人，录取候选人3人；上海合作组织大学项目受理12人；CSC-IBM中美百名青年大数据科学家合作项目受理3人，录取1人；中美富布莱特项目受理9人；电通高级人才研究项目受理1人，录取1人；匈牙利政府互换奖学金项目受理10人，录取8人；俄罗斯互换奖学金项目受理5人；莫斯科大学互换奖学金项目受理2人；圣彼得堡大学互换奖项目受理3人；外语高层次人才培养项目受理2人；联合国难民署青年专业人员项目受理1人，录取1人；中国高中生赴日学习项目受理4人。

（任军）

港澳台教育交流力度提升

2017年，市教委提升港澳台教育交流力度。依托已有品牌项目，精心设计新项目，全面推进京港两地、京澳两地以及北京与台湾青少年相互交流。一是加强交流，建立对话机制。2月、5月和9月，香港教育局局长3次到京，与市教委就深化两地教育行政部门的官方交流、加强两地青少年交流等内容达成共识。二是加强与业务主管部门之间联席会议制度，与教育部港澳台办公室、市港澳办、市台办、市侨办等部门开展定期交流，共同研究推进海峡两岸和香港、澳门教育交流合作。与市台办联合主办第三届京台基础教育校长峰会。三是依托校际交流，提升交流力度。以“京港澳姊妹校”和“京台结对校”为抓手，发挥涉台基地校示范作用，通过新设资金、统筹资源等手段，全面提升海峡两岸和香港、澳门基础教育交流力度。四是充分发挥民间

体验北京——香港教师北京访学计划

（国际教育交流中心　供）

交流作用，支持北京高校港澳台侨学生教育管理研究会全方位开展对港澳台交流。

（苏金柱）

法国总理访问北大

2月21日，法国总理贝尔纳·卡泽纳夫访问北京大学并发表演讲。他在演讲中说，法国和中国作为联合国常任理事国和全世界重要经济体，必须相互合作，为维护世界安全、稳定、和平和繁荣共同努力。近年来，法中双边高层互访频繁，在不同领域开展交流与合作。双方在经贸、安全和政治上加强往来，相互依赖，进行民用核能和航空航天方面一系列互补性合作，未来还将开展可持续生态城市、农业、卫生、养老等方面合作，法中企业通过共享资源在非洲和亚洲第三方市场开展项目合作。演讲后，他回答学生关于法国政府如何加强法中两国教育方面合作、如何继续巩固法中关系以及法国高校吸引留学生的独有优势等问题。

（鞠晓）

2月21日，法国总理访问北京大学并发表演讲 （北大 供）

沙特阿拉伯国王访问北大

3月17日，沙特阿拉伯国王萨勒曼访问北京大学。他出席阿卜杜勒·阿齐兹国王公共图书馆北大分馆落成典礼，同时接受北大名誉博士学位称号。沙特国王图书馆北大分馆项目得到两国领导人高度重视，该馆的建成将为中国读者提供丰富的阿拉伯图书资料，成为两国民间文化交流的纽带与桥梁。同时，该馆将与北大古籍图书馆合二为一，为师生提供更好的学术资源和服务。

（刘鹏）

马达加斯加总统访问人民大学

3月27日，马达加斯加总统埃里访问中国人民大学。总统表示，马达加斯加非常希望与中国开展教育文化交流合作，积极鼓励青年学生前往包括人民大学在内的世界各地优质大学留学。

（王文泽）

首都学生外语展示系列活动

3月至11月，市教委举办第六届首都学生外语展示系列活动。活动面向中小学生，以原创英文戏剧比赛形式进行。小学组有13个区151所学校参赛，评出一等奖11个；初中组有15个区103所学校参赛，评出一等奖5个；高中组有16个区53所学校参赛，评出一等奖5个。展示活动鼓励学生用英文创作与表演戏剧，给予广大学生充分的想象与创作空间。参赛师生共计6500余人次。

（冀津）

首都师范大学附属云岗小学学生参加第六届首都学生外语展示活动 （云岗小学 供）

挪威首相访问北大

4月10日，挪威首相埃尔娜·索尔贝格访问北京大学并发表题为《可持续发展——让全球化惠及人类与地球》演讲。索尔贝格表示，在两国大学合作中，人文交往和对彼此文化的了解至关重要，中国高校在学术方面与其他国家合作的潜力非常巨大。

（鞠晓）

取消自费出国留学中介机构资格认定许可

4月21日，市教委与市工商局印发关于废止《北京市自费出国留学中介服务资格认定和监管办法（试行）》通知，取消自费出国留学中介服务机构资格认定行政许可事项。为做好后续工作，市教委按照清退程序，与备用金监管银行梳理止付账户，于7月13日发布解除自费出国留学中介机构备用金监管公告，同时指导北京留学服务行业协会做好留学投诉及行业自律工作。至年底，为73家出国留学中介机构办理备用金清退手续。

（任军）

埃塞俄比亚总理访问外经贸大

5月14日，埃塞俄比亚联邦民主共和国总理海尔马里亚姆德萨莱尼访问对外经济贸易大学。德萨莱尼作题为《埃塞俄比亚的发展模式及其对经济转型的影响，以及中非合作作为“一带一路”倡议实现的见证》演讲，并参加学校举办的“‘一带一路’与深化中国—埃塞俄比亚合作”研讨会。

学校授予德萨莱尼总理名誉教授头衔。

（曹亚红）

第六届世界和平论坛

6月24日至25日，清华大学主办第六届世界和平论坛。论坛主题为“应对国际安全挑战：合力担当变革”。阿富汗前总统卡尔扎伊、澳大利亚前总理陆克文、泰国前副总理素拉杰、中国外交部副部长张业遂等中外政要发表主旨演讲，与会嘉宾围绕会议主题，就世界安全局势面临的挑战、逆全球化趋势下的国际安全、区域安全问题与国际合作、国际安全的不确定性等议题开展大会讨论，并就多个具体议题展开小组讨论。来自美、俄、法、日等20余国的45名智库领导人，以及200余名中外国际关系学界专家学者参加活动。

（许亮）

加拿大总督访问清华

7月14日，加拿大总督戴维·约翰斯顿一行访问清华大学。约翰斯顿表示，加拿大是一个具有多元文化的国家，非常重视教育国际合作，与清华大学等中国高校建立友好合作关系，希望双方拓展更多合作领域，进一步推动两国教育交流。访问期间，约翰斯顿一行参观环境学院饮用水安全实验室。

（许亮）

多米尼克国总理访问清华

8月28日，多米尼克国总理罗斯福斯凯里特一行访问清华大学。会谈中，斯凯里特表示，感谢清华大学对多米尼克国学生的培养，期待来自多米尼克国的清华毕业生把所学先进工程技术带回国，为多米尼克国的建设贡献力量;未来，他将鼓励和支持更多的多米尼克国学生到中国高校求学。

（许亮）

中日大学生千人交流大会

8月29日，纪念中日邦交正常化45周年——中日大学生千人交流大会在北京大学举行。刘延东出席大会并发表主旨讲话。刘延东指出，中日友好的根基在民间、未来在青年。她希望两国青年珍惜机会，交流思想，涵养友谊，相互学习，搭建友谊、理解与互信的桥梁；希望两国青年登高望远，感知时代发展脉搏，分享各自见闻，促进两国民心相通，培育中日友好的社会民意基础；希望两国青年不忘前辈初心，秉持以史为鉴、面向未来的精神，坚定和平共处、世代友好的信念，为两国关系发展注入正能量，用青春谱写中日和平友好新篇章。日本前首相福田康夫发表视频讲话。中日两国1000余名大学生参加会议，并共同发表《中日大学生和平友好宣言》。

8月29日，中日大学生千人交流大会

（北大　供）

（刘语潇）

塔吉克斯坦共和国总统访问清华

9月1日，塔吉克斯坦共和国总统埃莫马利拉赫蒙访问清华大学并发表演讲。拉赫蒙在“清华海外名师讲堂”发表题为《塔中合作新视野:扩大教育科学的合作》演讲。他表示，科学和知识在二十一世纪具有突出意义，将会成为社会发展的主导力量，没有科学文化就没有未来，完善科教体系，在此基础上培养国家未来青年一代，是塔吉克斯坦国家社会政策发展优先方向之一，在此政策框架下，塔吉克斯坦政府一直致力于提高学生培养质量，帮助他们提高科学文化知识水平并树立正确世界观。访问期间，拉赫蒙总统受聘为清华大学名誉教授。

（许亮）

9月1日，塔吉克斯坦共和国总统访问清华大学

（清华　供）

北京市民讲外语游园会

10月，市教委联合市外办举办“2017年北京外语游园会—多国文化秀”活动。活动在北京朝阳公园举行，在多语言文化节目展演基础上，设立英语、法语、西班牙语、德语4个外语交流互动区，通过展板形式向市民介绍4个语种相关国家的语言、城市、文化等知识，并设置有奖竞答活动，加强与市民互动。7所学校500余名学生参与演出及现场互动；1万余名市民参加现场互动及竞赛活动。活动由北京市国际教育交流中心和北京市民讲外语活动组委会办公室承办。

（冀津）

第 14 届北京论坛

11 月 3 日至 5 日，市教委与北京大学联合举办第 14 届北京论坛（2017）。来自 50 余个国家和地区 300 余名专家、学者围绕“文明的和谐与共同繁荣——变化中的价值与秩序”主题，共同探讨面对深度调整的全球秩序与国际格局，如何构建起能够应对全新挑战的全球治理体系与人类命运共同体。论坛共设 8 个分论坛和 1 个学生论坛，相继在钓鱼台国宾馆和北大举办。

（苏金柱　胡雨　鞠晓）

巴拿马总统访问人民大学

11 月 18 日，中国人民大学接待巴拿马总统胡安 · 卡洛斯 · 巴雷拉 · 罗德里格斯到访。学校授予总统名誉博士学位，聘任其为学校拉美研究中心名誉顾问。巴雷拉是首位访华的巴拿马总统，也是中国共产党第十九次全国代表大会后首位访华的拉美国家元首，此次活动对深化中巴友谊和推动两国教育文化事业交流合作具有重要意义。

（王文泽）

11 月 18 日，中国人民大学授予巴拿马总统名誉博士学位

（人民大学　供）

韩国总统访问北大

12 月 15 日，韩国总统文在寅在中国进行国事访问时率团访问北京大学。文在寅发表题为《中韩青年紧握双手，共创美好辉煌未来》演讲。他回顾中国与朝鲜半岛相互影响和合作的悠久历史，指出“韩国人每天都在接受着中国文化”，希望中韩在安全领域强化合作，共同解决目前的东北亚危机；韩中两国在近代史中共同经历战争磨难，期待此次访华能成为两国基于互信深化友好关系的起点。文在寅在演讲中还引述中国宋代诗人王安石诗句“人生乐在相知心”，表示愿中韩两国换位思考，增进彼此了解，推动两国关系进一步发展。

（鞠晓）

12 月 15 日，韩国总统访问北京大学并发表演讲

（北大　供）

国际交流与合作

中外合作办学

概述

2017 年，市教委支持首都高校与国外知名学校通过多种方式合作办学，报教育部审批本科及以上中外合作办学项目 24 个（含延期）、机构 1 个（延期）。批准 20 个高中项目（续办）、2 个高职项目（含续办）、3 个中职项目（续办）、1 个培训机构（续办）。北京市有中外合作办学机构 22 个，其中，硕博教育机构 1 个、本硕教育机构 3 个、硕士教育机构 2 个、本科教育机构 1 个、专科教育机构 2 个、中等学历教育机构 5 个、学前教育机构 3 个、非学历高等教育机构 3 个、培训机构 2 个；有中外合作办学项目 121 个，其中，培训项目 5 个、学历项目 116 个（包括博士项目 4 个、硕士项目 34 个、本科项目 34 个、高职项目 15 个、中等学历项目 26 个、中职项目 3 个）。

（刘斯）

北京中法实验学校揭牌

9 月 1 日，北京中法实验学校揭牌。学校是在中法人文交流机制框架下，在市教委和法国使馆支持下，在北京市建立的又一所中法语言合作项目学校；是海淀区教委与法国凡尔赛学区友好合作项目学校，以法语特色教学项目为依托，扩大中法教育交流与合作，逐步探索十二年一贯人才贯通培养模式。揭牌仪式标志该校正式向“以法语课程为教学特点的北部地区特色学校、海淀区新优质学校以及中法两国基础教育交流示范学校”迈进。学校在原北京市温泉第二中学基础上，增设寄宿制小学部，办学类型变更为包括小学、初中和高中教育的十二年一贯制学校。小学部在全区范围内招收中法双语项目实验班学生，六年后，该实验班小学毕业后自愿选择升学途径，可以直升本校初中。法国凡尔赛学区派驻专门法语教师，与英语同步开课，法方将提供法语教师派遣、中方教师培训、课程设置、教学资源、与法国高等教育衔接等支持和帮助，中关村三小也派出优秀教师指导小学部教学。首批招收的80名一年级学生与60名初一年级新生将开始法语学习，每周开设5课时的综合兴趣法语课程。

（胡雨　宋亚甫）

9月1日，北京中法实验学校揭牌。
（海淀区教委　供）

规范中外合作办学管理

至年底，市教委进一步规范中外合作办学管理工作。一是继续做好本科及以上层次机构和项目评估工作，通报并公示2017年本科及以上层次中外合作办学评估结果，督促整改问题项目。二是召开本科及以上中外合作办学培训会，传达教育部关于中外合作办学最新精神，交流经验，并对下一步工作提出具体要求。三是加强分类指导，进一步规范学校办学活动；结合教育部关于本科及以上中外合作办学、高职中外合作办学和高中中外合作办学最新要求，研究调整北京市中外合作办学工作指导意见。四是加强对中外合作办学的监管，开展对本科以下中外合作办学机构和项目的抽查工作，发现的问题及时要求整改，进一步促进中外合作办学健康发展。

（刘斯）

友好往来

北师大召开金砖国家经贸合作重点议题专家交流会

5月21日，北京师范大学举办2017年金砖国家经贸合作重点议题国内外专家交流会。会议就目前金砖国家贸易投资合作与可持续发展、金砖国家合作的未来前景等诸多热点问题进行讨论。会议与WTO贸易投资与可持续发展中心主办，旨在探讨深入推动金砖国家贸易和投资合作的有效途径，从而促进金砖国家市场一体化，构建一个开放、包容、合作的全球经济政治格局。来自国内外专家学者30人参加会议。

（申政）

2017年金砖国家智库论坛

6月8日至9日，国际关系学院与中国社会科学院国家全球战略智库和光明智库联合主办2017年金砖国家智库论坛。论坛围绕“金砖国家发展战略对接：迈向共同繁荣的路径”主题，通过主旨演讲、自由讨论、总结评议等方式进行研讨。来自巴西、印度、俄罗斯和南非等金砖国家近20名海外专家学者与30余名中方代表参加活动。

（任婉君）

北京—济州道高中生互访交流

6月至7月，市教委与韩国济州道教育厅共同主办北京—济州道高中生访问交流活动。来自济州道25名高中生和5名教师到京访问昌平区前锋学校，双方师生通过一起学习、生活，增进两地青少年彼此了解，加深友谊。

（苏金柱）

78个项目入选北京市中小学友好校交流项目

8月29日，市教委公布中小学友好校交流项目入选学校名单。经学校申报、专家评审、市教委审核等程序，2017年度、2018年度共78个项目入选北京市中小学友好校交流项目，其中，2017年38项、2018年40项。此举旨在通过在基础教育领域开展友好城市中小学之间合作与交流，培养学生跨文化交流能力，辐射和带动本区域内中小学国际合作与交流，提升学校现代化办学水平，助力首都国际交往中心建设。

（胡雨　孔莉）

中美大学校长论坛

9月26日，中国人民大学、美国哥伦比亚大学主办的“中美大学校长和智库论坛”在美国纽约哥伦比亚大学举行。刘延东作主旨演讲。论坛围绕“中美关系未来五十年”主题展开研讨，达成专门大学和智库加强国际交流与合作的共识。教育部部长陈宝生、文化部部长雒树刚、国家卫生和计划生育委员会主任李斌、中国驻美国大使崔天凯等部委负责人，以及前美国国务卿基辛格、芝加哥大学校长罗伯特·智默、耶鲁大学校长苏必德、福特基金会主席达伦·沃克等中美两国大学校长、智库与企业界代表 200 余人参加会议。活动是中美社会和人文对话机制的重要内容。

（王文泽）

中英校长交流会

10 月 30 日，市教委联合英国大使馆文化教育处举办的中英校长交流会在丰台区第五小学教育集团科丰校区召开。会议以“弘扬传统文化 拓展国际视野”为主题，举办校际签约活动，丰台区 14 所学校与英国 14 所学校缔结中外合作友好学校，双方就校园文化建设、师资队伍建设、课程建设等开展深层次交流。英国校长在丰台区学校开展为期 6 天的交流、访问，深入探讨两国教育领域合作事宜。英国校长 14 人，以及市区教育部门领导、基层单位领导 100 人参加活动。活动由北京市国际教育交流中心、丰台区教委承办。

（武卫华）

10 月 30 日，中英校长交流会

（丰台区教委 供）

北京—世宗青少年艺术交流活动

10 月 30 日至 11 月 3 日，由市教委和韩国世宗特别自治市教育厅共同主办的北京—世宗青少年艺术交流活动在世宗市举办。北京市第九中学和北京市京源学校共 40 名师生与世宗市学生代表开展音乐、舞蹈等方面艺术交流，增进沟通和了解。

（苏金柱）

北京—首尔青少年体育友好交流大会

11 月 7 日至 11 日，由市教委与韩国首尔特别市教育厅共同举办的第 18 届北京—首尔青少年体育友好交流大会在首尔举办。北京市第一〇一中学与北京市顺义牛栏山第一中学共 33 名师生代表前往韩国，与首尔学生开展初中女子排球和高中男子足球比赛。该活动自 1996 年以来采用隔年互访形式开展，涵盖教育交流、体育友谊比赛、文化参访等内容，是市教委与首尔教育厅友好交流传统项目和品牌项目。

（苏金柱）

海丝艺术发展国际论坛

12 月 11 日，海上丝绸之路艺术发展国际论坛在中央美术学院举办。论坛围绕“共享的价值——艺术在海丝文化中的多元发展”主题，设“不同的创造——新海丝语境下的多种可能性”“共同的遗产——跨文化的当代诠释”“多元的视角——全球化的拓展与深化”三个分论题，邀请德国、法国、美国、乌克兰等国演讲嘉宾分别从科技、政治、经济、艺术和文化等不同领域演讲与对话，从不同视角诠释多元文化魅力，搭建海上丝绸之路沿线各国沟通渠道与合作平台，探讨海上丝绸之路文化艺术的历史、现状和前景。论坛作为第三届海上丝绸之路国际艺术节系列活动重要内容，由文化部、福建省政府主办，中央美院承办。

（牟亚利）

12 月 11 日，海丝艺术发展国际论坛

（中央美院 供）

一带一路

“一带一路”与中国特色大国外交高端论坛

2 月 3 日，北京语言大学举办“一带一路”与中国特色大国外交高端论坛。论坛以“促进‘一带一路’倡议落实，推动新时代中国特色大国外交全方位发展”为主题，设 4 个分论坛，围绕“新时代中国特色大国外交的理论构建”“中国特色大国外交的实证研究”“‘一带一路’软实力建设的机遇与挑战”“中国国别和区域学术期刊的使命与担当”问题展开讨论。来自北京大学、中国人民大学、北京外国语大学等高校，以及中国社会科学院、中国现代国际关系研究院等单位的 88 名专家学者参加论坛。

（费凡）

“一带一路”中波大学联盟成立

3 月 21 日，北京工业大学与波兰奥波莱工业大学、重庆交通大学发起成立“一带一路”中波大学联盟。联盟成员校包括 7 所北京高校、7 所重庆高校和 9 所波兰高校，旨在发展中国与波兰及中东欧国家高等教育的合作伙伴关系，搭建国际化人才培养、科研协同创新及人文交流平台，提高联盟大学的办学活力、教育质量、科学研究及国际交流与合作水平。

（钟嶷盛）

清华“一带一路”战略研究院揭牌

4月25日，清华大学“一带一路”战略研究院揭牌。研究院与中国侨联联合发起创办，旨在建设服务国家战略的高端智库和培养“一带一路”沿线国家高素质人才的重要基地，研究“一带一路”倡议实施过程中的全局性、战略性、前瞻性问题。

（张含晨　许亮）

首届中国“一带一路”与古丝绸之路重要货源地旅游发展论坛

4月25日至27日，北京第二外国语学院和中国旅游报社主办的首届中国“一带一路”与古丝绸之路重要货源地旅游发展论坛在山西省晋城市阳城县举办。论坛围绕“古丝路、新旅游”主题，就如何借助“一带一路”战略，促进“旅游+”、全域旅游与古丝绸之路货源地融合与发展的问题开展交流与探讨。论坛宣告成立首届中国“一带一路”与古丝绸之路重要货源地旅游城市联盟，各联盟城市共同发布“阳城倡议”。倡议提出，各货源地城市要以互尊互信、互学互助的姿态，共同打造责任共同体、利益共同体；要弘扬丝路文明，促进合作共赢等。来自全国古丝绸之路重要货源地城市、中原城市群核心城市旅游委（局）负责人，以及“一带一路”战略研究和旅游学界专家学者近200人参加论坛。

（王薇）

4月，中国“一带一路”与古丝绸之路重要货源地旅游城市联盟城市共同发布“阳城倡议”　（二外　供）

“一带一路”音乐教育联盟成立

5月5日至7日，中央音乐学院举办“一带一路”音乐教育联盟成立大会暨音乐学术研讨与展演活动。“一带一路”音乐教育联盟成立，“一带一路”沿线国家11所音乐院校和中国9所音乐学院的院长20人共同发出联盟宣言。会议期间共举办4场中外院长论坛、4场学术研讨会、6场音乐会、8场各国音乐表演工作坊等共计29项活动。参加会议的院长和专家就传统音乐遗产与当代音乐教育、丝绸之路与传统音乐、国际交流与未来发展等论题深入探讨。

（王小夕）

高校参与“一带一路”情况新闻媒体座谈会

5月8日，市委教工委在北京第二外国语学院召开北京高校参与“一带一路”情况新闻媒体座谈会。对外经济贸易大学、北京第二外国语学院等10所高校介绍学校参与“一带一路”国家战略的典型案例，《人民日报》、新华社、中央电视台等20余家媒体记者参加。

（赵国伟）

首届“一带一路”涉外法律服务论坛

5月9日，北京联合大学承办首届“一带一路”涉外法律服务论坛。论坛包括“一带一路”涉外法律之企业家视野、“一带一路”与法同行之外交视野、“一带一路”法律保障之学术视野、“一带一路”涉外法律服务之中外律师视野4场主题讨论，以及“中国金融资产公司法律地位和在‘一带一路’中的作用”“律师综合素质的养成与实践：‘一带一路’视野”2场专题讲座，并签署《一带一路涉外法律服务丛书》出版约稿协议。来自高校、法律出版社及法律实务界、企业界、外交界及媒体界的专家学者100余人参加论坛。

（王岩）

“一带一路”沿线国家经济社会发展报告发布

5月10日，北京师范大学发布《“一带一路”沿线国家经济社会发展报告》。根据报告，“一带一路”沿线65个国家综合发展水平排名中新加坡第一、中国第二；排名倒数第一的是阿富汗，其次是叙利亚、也门；经济发展方面，“一带一路”沿线国家大多为低速增长的中等收入国家，其中，经济发展水平较高的国家大多具备丰富的能源储备、拥有较高的开放度和受教育水平，并积累较高的国民储蓄，同时，这些国家在经济发展过程中也面临很多问题；“一带一路”沿线国家生态环境保护形势严峻，社会发展水平普遍较低，但沿线国家营商环境高于世界平均水平，制造业比较优势显著，发展势头强劲，城镇化处在加速发展阶段，国家结构加速转型。

（申政）

六种语言发布《“一带一路”故事》丛书

5月10日，“‘一带一路’与中国国际合作的未来”研讨会暨《“一带一路”故事》丛书（六大语种）新书发布会在中国人民大学举行。来自政府、高校、智库及媒体界近百人共同见证丛书的发布。该套丛书由外文出版社出版发行，由人民大学校长担任主编，分别从古丝路、新丝路、政策沟通、设施联通、贸易畅通、资金融通、民心相通七个维度，

5 月 31 日，海淀民族小学学生代表参加“一带一路”沿线国家儿童共度六一活动 （海淀区教委 供）

通俗易懂地对外阐释“一带一路”倡议的内涵与外延，并在“一带一路”国际合作高峰论坛上展示。

（王文泽）

海淀民族小学参加“一带一路”沿线国家儿童节活动

5 月 31 日，北京市海淀区民族小学学生代表参加“一带一路”沿线国家儿童共度六一活动。海淀民族小学各民族学生及馨星民族乐团成员共 50 人受邀参加，乐团学生演奏《茉莉花》，并与各国大使、儿童共同体验木版画、面塑、兔儿爷绘画等中国传统艺术项目。来自北京市各校及印度、蒙古国、乌克兰等国家 600 人参加活动。

（赵志敏）

《中国与“一带一路”沿线国家经贸合作国别报告》出版

6 月 14 日，中央财经大学《中国与“一带一路”沿线国家经贸合作国别报告（东南亚与南亚篇）》由经济科学出版社出版。该书作为“2017‘一带一路’沿线国家中小企业合作论坛”重要文献，以沿线国家经济现状与产业结构为逻辑起点，通过翔实的数据，采用科学有效的方法深入剖析沿线国家竞争优势产业、外商投资政策与战略规划、双边经贸合作成果等问题，系统梳理“一带一路”倡议以来双边高层交流成果，客观阐释中国企业投资的机会与风险，对中小企业“走出去”具有重要参考价值。国别报告共 100 余万字，分区域以地区篇的形式出版发行，“东亚、中亚与西亚篇”“中东欧篇”于 10 月出版发行。

（任婷）

26 所学校成为首批“一带一路”国家人才培养基地

7 月 31 日，市教委公布北京市“一带一路”国家人才培养基地项目入选学校名单。经学校申报、专家评审、市教委审核等程序，最终认定 26 所学校为北京市“一带一路”国家人才培养基地。基地学校以提升北京教育服务“一带一路”国家战略的贡献力为宗旨，通过开展“一带一路”国家高端人才培养和相关学科专业建设，积极发挥院校的学科专业优势，配合行业企业“走出去”；同时，不断推动本校人才培养、学科建设和科学研究水平提升，推进“一流大学”和“一流学科”建设。基地建设时间 3 年，北京市每年为每个基地提供一定经费支持。

（胡雨　李岩）

北京市“一带一路”国家人才培养基地项目入选学校

北京大学
清华大学
中国人民大学
北京师范大学
北京交通大学
北京化工大学
北京邮电大学
北京中医药大学
中国传媒大学
对外经济贸易大学
中国政法大学
中国石油大学（北京）
外交学院
中华女子学院
北京工业大学
北方工业大学
北京印刷学院
北京建筑大学

首都医科大学
首都师范大学
首都经济贸易大学
北京舞蹈学院
北京联合大学
北京工业职业技术学院
北京信息职业技术学院
北京交通运输职业学院

（胡雨　李岩）

“一带一路”学术出版联盟成立

8月24日，“一带一路”学术出版联盟成立大会在中国人民大学召开。29个国家和地区92家出版商、学术机构和专业团体共同成立学术出版联盟。联盟旨在响应“一带一路”倡议，推动“一带一路”国家文化交流，提升中国学术成果国际影响力。与会代表表示，联盟将在人民大学出版社牵头与带动下，为“一带一路”参与国家学术出版的互利共赢搭建良好沟通机制和合作平台，在联盟框架下，成员单位将在教育出版与文化合作方面获得更多发展机会，为全球学术出版的繁荣发展开创更广阔合作前景。

（王文泽）

8月24日，“一带一路”学术出版联盟成立
（人民大学　供）

首届“一带一路”语言文化高峰论坛

9月13日，首届“一带一路”语言文化高峰论坛在北京语言大学举办。论坛以“东渐西传、文明互鉴”为主题，设人文交流、语言互通、文明互鉴、文化传承、非物质文化遗产保护、“一带一路”语言文化青年论坛6个分论坛，围绕“一带一路”与人文交流、“一带一路”语言规划与语言人才需求等展开研讨。“一带一路”沿线64个国家代表及国内外相关领域专家学者参加论坛，宣读“一带一路”语言文化交流合作倡议书，共同倡议通过语言文化交流推动“一带一路”语言文化交流机制化和“一带一路”语言文化教育联盟建设。论坛由教育部、国家语言文字工作委员会、中国联合国教科文组织全国委员会、孔子学院总部支持，北语承办。

（费凡）

冰雪运动“一带一路”联合实验室成立

9月25日，北京体育大学举行冰雪运动“一带一路”联合实验室揭牌仪式暨冰雪运动科学训练国际论坛开幕式。克罗地亚、瑞士、芬兰、丹麦、瑞典、奥地利、捷克7个国家的专家分别代表各自实验室与北体大签署《共建冰雪运动“一带一路”联合实验室合作意向书》，为冰雪运动“一带一路”联合实验室揭牌。根据意向书，联合实验室开展体育科研领域的全面合作，以冰雪运动为主体建立实验室合作网络；以高水平运动员为服务对象，以提高冰雪运动竞技能力为主要目的，重点围绕训练规律、技能监控、技术诊断与分析、运动员损伤预防等方面开展研究；定期举办论坛、科研讲座、研讨会；支持合作方师生交流、科研人员交流互访；优先为参与国家提供2022年冬奥会备战参赛服。论坛于9月26日至27日举办，中国、瑞士、芬兰、丹麦、克罗地亚、奥地利、瑞典和捷克的9名冰雪运动领域专家学者作学术讲座。来自“一带一路”沿线国家100名留学生参加活动，他们是北体大于5月设立“一带一路”体育人才奖学金项目后对外招收的首批留学生。国家体育总局、教育部等相关部门负责人参加揭牌仪式。

（董健）

“一带一路”建设与全球治理国际研讨会

9月30日，“一带一路”建设与全球治理国际研讨会在中国人民大学召开。斯洛文尼亚前总统达尼洛·图尔克、埃及前总理伊萨姆·沙拉夫、吉尔吉斯斯坦前总理卓奥马尔特·奥托尔巴耶夫等20余个国家的300余名政要、学者参加，共同探讨最富创新性和价值的“一带一路”建设与全球治理理念，为中国可持续发展出谋划策。会上，伊萨姆·沙拉夫和卓奥玛尔特奥托尔巴耶夫受聘为人民大学重阳外籍高级研究员。会议由“一带一路”智库合作联盟与人民大学联合主办。

（王文泽）

9月30日，“一带一路”建设与全球治理国际研讨会
（人民大学　供）

“一带一路”建筑类大学国际联盟成立

10月10日，“一带一路”建筑类大学国际联盟成立。联盟由北京建筑大学发起，成员包括来自中国、俄罗斯、波兰等国家的44所大学。联盟致力于高素质、国际化工程技术人才培养、培育模式的创新实践，实现高层次工程技术人才教育的新突破；以科研项目和技术创新为牵引，创新合作机制，打造跨国界多校对社会的协同创新平台，促进资金、产品、人才和服务的跨国界流动；积极促进大学间跨国界的人员和文化交流，鼓励大学间人员跨国界流动；联合举办各类学术会议、科技竞赛、文化艺术及体育类活动，积极开展各项汉语推广活动。

（马利光）

10月10日，“一带一路”建筑类大学国际联盟成立

（建筑大学 供）

《“一带一路”2017年度十大进展和2018年十大趋势》发布

11月10日，在第二届中国“一带一路”博士论坛上，北京第二外国语学院国家“一带一路”数据分析与决策支持北京市重点实验室发布《“一带一路”2017年度十大进展和2018年十大趋势》。“一带一路”2017年度十大进展包括：“一带一路”写入党的十九大报告和《中国共产党章程》，彰显中国共产党为人类进步事业而奋斗的光辉形象；首届“一带一路”国际合作高峰论坛在京举行，“一带一路”建设动力澎湃激荡；联合国高度评价“一带一路”，人类命运共同体理念、共商共建共享全球治理观纳入联合国决议等。“一带一路”2018年十大趋势包括：进入中国特色社会主义新时代，“一带一路”将进一步汇聚各方智慧，推动沿线国家开展更大范围、更高水平、更深层次的国际合作；“一带一路”将启发沿线各国寻找适合本国国情的发展路径，更好应对经济全球化挑战；中国将设立“一带一路”国际合作高峰论坛后续联络机制，进一步健全和完善国际合作机制等。论坛由二外和中国未来研究会“一带一路”专业委员会共同主办。

（王薇）

“一带一路教育对话”论坛

11月28日，海淀区教委承办“一带一路教育对话：研究、决策与创新”分论坛。论坛由海淀区教委与中国教育科学研究院合作举办，是“海淀教育与世界对话”系列活动之一。“21世纪素养与课程创新”“学生流动与跨境教育”论坛分别在北京市十一学校、海淀凯文学校举办，论坛以开幕式、主旨报告、对话和参观交流形式举办。“儿童早期发展与教育”分论坛代表参观北京明天幼稚集团第一幼儿园并就早期教育相关议题进行交流。来自中国、英国、老挝、泰国、伊朗、墨西哥、柬埔寨、阿塞拜疆等22个国家40余名教育专家、学者和官员参加论坛活动。

（宋亚甫）

“一带一路”经贸合作与民族事务治理研讨会

12月2日，中央民族大学召开“一带一路”经贸合作与民族事务治理研讨会。会议设开幕式、主题报告、“一带一路”经贸合作分论坛、“一带一路”与民族事务治理分论坛、主题论坛，围绕促进“一带一路”沿线国家经济和贸易合作更好发展、总结交流民族事务治理经验等议题展开讨论。12个国家和地区的高等院校、科研机构和政府机构共170名专家学者参会。

（周翊兰）

12月2日，“一带一路”经贸合作与民族事务治理研讨会

（民大 供）

首届“一带一路”大学校长论坛

12月6日至7日，北京化工大学举办首届“一带一路”大学校长论坛。论坛以“教育、科技、合作、共赢”为主题，旨在促进“一带一路”沿线国家高校、研究机构及企业在教育、科技、文化等领域的合作共赢，聚力构建“一带一路”教育共同体。参会高校共同签署《“一带一路”大学校长论坛北化宣言》，共建“一带一路”教育共同体。来自俄罗斯、泰国、印度尼西亚、乌克兰及匈牙利等16个国家36所高校校长、副校长、专家以及研究机构、企业代表100人参加论坛。

（肖勇）

职业教育服务“一带一路”战略

至年底，市教委推动职业教育服务“一带一路”战略。深入开展德国胡格教育模式改革试验，由汽修专业延伸拓展到现代物流专业，构建以培养人文素养、职业素养、职业能力、创新精神为核心的课程、教学和评价体系。3 所高职院校分别与埃及、赞比亚、泰国“一带一路”沿线国家开展职业教育合作项目。

（武晔）

外国学生教育与管理

概述

2017 年，在北京市高校和中小学学习的外国留学生共 120142 人，其中，高校 101583 人、中小学 6774 人、外籍人员子女学校 10425 人、使馆学校 1360 人，高校学历生比例 42.72%。接受外国留学生学校共 376 所，其中，高校 91 所、中小学 285 所，全部纳入资质管理范围。市教委进一步加大对北京市留学环境推介力度，并深入基层调研，指导高校采取有效措施，加大对北京市外国留学生奖学金项目支持力度，统筹推进来华留学规模发展和质量提高。

（冀津）

外国留学生汉语之星大赛

3 月至 6 月，市教委举办 2017 北京市外国留学生汉语之星大赛。比赛吸引来自全球 110 余个国家 1750 名留学生报名，参赛人数创历年新高。经过海选、初赛、复赛、决赛层层选拔，最终来自北京语言大学、首都师范大学等单位 10 名选手获得“汉语之星”荣誉。该比赛自 2009 年以来已成功举办七届，共吸引来自世界各国近 6000 名外国留学生参赛，成为北京外国留学生提高汉语水平、展示来华留学教育成果、宣传中国文化的重要平台。比赛由北京市汉语国际推广中心承办。

（冀津）

国际学生北京夏令营

7 月 15 日至 22 日，市教委、市外办举办 2017 国际学生北京夏令营。来自美国、希腊、西班牙、芬兰等 33 个国家近 800 名师生参加活动，创历届国际学生北京夏令营规模之最。活动内容包括汉语学习、中华文化体验、专题讲座、中外学生交流、主题活动、文化参观等。活动由北京市国际教育交流中心承办。

（苏金柱）

7 月，国际学生北京夏令营

（国际教育交流中心 供）

中国寻根之旅魅力北京夏冬令营

7 月 29 日和 12 月 27 日，2017 年海外华裔青少年“中国寻根之旅魅力北京”京味文化夏令营和迎冬奥冰雪冬令营分别在京举办。夏令营为期 12 天，来自美国、意大利、日本等国家 92 名青少年参加，参观长城、故宫、颐和园等名胜古迹以及国家大剧院、首都博物馆和北京体育大学，观看京剧、相声、京韵大鼓、拉洋片等表演，体验中国快板、评书、茶艺、剪纸等传统工艺，了解中华传统礼仪和传统节日，体悟中华传统文化的魅力。“京味文化营”作为国家级品牌项目之一，旨在增进海外华裔青少年对祖国（籍）、对北京历史文化的了解，引导他们热爱中国、热爱北京。冬令营以“激情冰雪 共享冬奥”为主题，为期 12 天，来自美国、加拿大、澳大利亚、新西兰、瑞典、芬兰、西班牙、南非、日本、印度尼西亚 10 个国家和地区 125 名海外华裔青少年参加，通过参加冰雪体验日活动、在长城上迎新年、游览故宫天安门、欣赏北京传统文化节目等活动，亲身体验、全方位感受文化北京的魅力和冰雪运动魅力。两项活动均由国务院侨务办公室主办，市政府侨务办公室与北京青年政治学院联合承办。

（胡哲）

12 月 7 日，中国寻根之旅魅力北京夏令营开营

（北青院 供）

北京市中小学外国学生汉语节

12月5日，2017年北京市中小学外国学生汉语节文艺展演暨颁奖礼举行。19个学校的32个节目参与展演，与会领导为在书画作品、摄影作品、汉语作文和唱演颂大会中获奖学生代表和优秀辅导教师颁发荣誉证书。汉语节主题为“北京情 中国梦”，前期举办一系列中国文化体验课程与唱演颂大会等活动，共有来自北京30余所中小学校近3000人次外国中小学生参与其中。活动由市教委主办，北京市国际教育交流中心和北京市中小学国际教育研究会承办。

（胡雨）

国际汉语教育

首届汉教英雄会

2月至6月，北京语言大学承办首届“汉教英雄会”。比赛分为海选、遴选晋级、汉教夏令营活动3个阶段，设中、外两个组别，各评选冠军1人、亚军1人、季军2人，“最佳风采奖”“最佳人气奖”中外学生各2人，优秀奖20人。全国84所院校700名中外汉语国际教育专业研究生参加比赛。活动由孔子学院总部、国家汉语国际推广领导小组办公室与全国汉语国际教育专业学位研究生教育指导委员会共同主办。

（费凡）

欧盟来华研修班结业

6月29日，北京语言大学承办的“理解中国——2017年欧盟官员来华研修班”结业。研修班为欧盟官员访华研修活动，包括访问外交部、教育部、商务部等部委，京东、华为世界领先企业，了解中国人民银行丝路基金，参观北京市第十一中学，参加中华文化体验活动等，为期15天。该研修班是国家汉办“孔子新汉学计划”内容之一，也是由中国驻欧盟使团和欧盟委员会教文总司共同举办的中欧高级别人文交流对话机制重要项目之一。学校自2014年承办该项目，共有来自欧盟委员会总司各部门及其下属机构的官员118人参加该项目。

（费凡）

友好城市汉语培训班

7月17日，由市教委、市外办主办的“2017友好城市汉语培训班”在首都师范大学开班。来自土耳其、新西兰、意大利、越南、泰国等10个国家14个城市共19名学员参加为期12天的培训，学习汉语教学法、中华传统文化等内容。培训由北京市国际教育交流中心承办。

（胡雨　白阳）

首都高校学生赴国外教学实习

7月至10月，市教委组织首都高校学生赴国外开展教学实习。首都师范大学、北京第二外国语学院和首都经济贸易大学共100名对外汉语相关专业学生分别到马来西亚中小学以及新加坡、泰国、美国40余所大中小学校和培训机构参加教学实习活动。每名学生实习期3周，内容包括教学实习和中华文化展示等。通过项目实施，使高校汉语国际教育专业学生深入认识各国汉语教育体系、校园特色和课程设置，将所学理论知识和亲身实践相结合，锻炼在非母语环境下的对外汉语教学能力。

（冀津）

首届汉语视听说教学理论与应用研讨会

11月4日，北京第二外国语学院汉语学院、北京语言大学出版社和《国际汉语教学研究》编辑部共同举办首届汉语视听说教学理论与应用研讨会。研讨会是对外汉语界首次关于视听说理论与应用的研讨会，来自全国近30所高校的专家及一线教师近百人参加会议。会上为“汉语视听说教学理论与应用研究中心”揭牌。汉语视听说教学理论与应用研究中心是由二外汉语学院和北京语言大学出版社于2015年共同成立的非实体性研究中心，立足于汉语国际教育事业发展需要，秉承“服务教师、服务教学、服务学科”理念与宗旨，按照“开放、共建、共享、创新”建设原则，顺应数字时代学习方式与教学方式变革，打造成为

教育专业大学生境外实习

（国际教育交流中心　供）

汉语视听说领域的教学研究中心、教材研发中心和教学模式推广中心。

（王薇）

孔子学院及课堂建设

至年底，市教委进一步加大对孔子学院（课堂）建设布局的指导和支持力度。市属学校在 21 个国家和地区开设 20 所孔子学院和 73 个孔子课堂；北京地区各高校、中小学在全球 58 个国家和地区开设 132 所孔子学院和 236 个孔子课堂。

（冀津）

汉语教师和志愿者招募及派出

至年底，北京市国际教育交流中心协助国家汉办完成汉语教师招募及志愿者派出项目 6 个（含交流中心派出赴泰国志愿者 12 人），派出教师和志愿者 121 人。

（冀津）

驻华使馆官员汉语学习课堂

至年底，市教委联合市外办继续举办驻华使馆官员汉语学习课堂。共有 255 名使馆官员参加学习，内容涵盖汉语学习、中国文化体验等。驻华使馆官员汉语学习课堂已连续举办七届，共有 73 个国家 1349 名驻华使馆官员参加学习。

（冀津　郑静慧）

境外汉语教师培训

至年底，市教委组织 12 期境外汉语教师培训班，每期 14 天。培训以首都高校为依托，邀请高校专家及中小学一线优秀教师授课，为学员开展汉语教学理论、实地教学观摩和中国文化体验三部分内容培训。全年共有来自巴基斯坦、泰国、马来西亚、日本、俄罗斯、印度尼西亚等 20 个国家 300 名汉语教师参加培训。

（冀津）

对外汉语教学培训

至年底，市教委针对语言类专业学生进行对外汉语教学技巧、中华文化培训。来自首都 10 余所高校 500 余名对外汉语相关专业学生参加培训，邀请北京语言大学、北京大学、首都师范大学等高校的对外汉语教学专家及中国非物质文化遗产传承人授课，课程内容涵盖汉语本体知识、二语习得教学法、中华文化、现代教育技术等方面内容，旨在帮助学生掌握课堂实际教学技巧，同时组织文化体验活动，通过实地参访学习，加深学生对中华文化理解。

（冀津）

北京汉语网宣传推广

至年底，市教委继续利用北京汉语网开展相关宣传推广工作。北京汉语网全年共发布汉语国际推广新闻、为留学生服务的一站式服务信息 1500 余篇，中国文化信息 1600 余条；组织创作、上传发布完全由北京市一线教师原创的国际汉语教学图文教学课件资料、多媒体教学课件 300 余个，并据此在全市有外籍学生的中小学国际汉语教师中开展对新创课件的投票、交流和评选活动，促进教学水平提升。

（冀津）

港澳台侨交流与合作

概述

2017 年，北京市具有接收港澳台侨学生资质的高校和科研院所共 55 所，其中，51 所学校招收港澳台侨学生。在京高校就读的港澳台侨学生共 5105 人，其中，香港学生 1781 人、澳门学生 874 人、台湾学生 2388 人、侨生 62 人。为营造良好政策环境，配合市台办开展系列惠台政策调研。向教育部推荐 5 名北京中小学教师赴香港担任教学指导教师，推荐北京 10 所学校承担澳门“千人计划”10 所中学到

9 月 17 日，巴拿马大学孔子学院揭牌

（二外供）

京交流任务。推动并实现北京市赴港澳台教育交流经费分类管理，单列“北京市赴港澳台教育交流专项经费”，不纳入“三公经费”统计范畴。全年支持北京市教育系统 296 个团组 5624 人次赴港澳台交流。

（苏金柱）

京港学校交流

5 月 19 日和 6 月 1 日，京港中小学校长研讨会和京港高校交流会分别在北京召开。京港中小学校长研讨会为期 2 天，由北京市国际教育交流中心与丰台区教委共同举办，会议以“特色创新谋发展 两地交流英才”为主题，丰台区 4 所学校分别与香港地区 4 所学校签约，开展校际互联、课程互联等方面合作。市、区教育部门领导，香港教育工作者联会代表、香港学校校长代表以及丰台区基层单位干部代表 80 人参加会议。京港高校交流会由市教委主办、北京大学承办、香港科技大学协办，来自 12 所北京高校的党委书记、校长以及 8 所香港高校的校董会主席、校长共 60 余人参会。会议围绕“推动京港大学参与‘一带一路’领域务实合作，共建教育国际合作交流高地”“筹备创建京港大学联盟，携手共建高水平大学”展开交流和探讨，并达成广泛共识。

（武卫华　苏金柱）

5 月 19 日，京港中小学校长研讨会

（丰台区教委　供）

京港澳职业院校金融投资大赛

5 月 21 日，2017 年北京市职业院校技术技能大赛“京港澳职业院校金融投资大赛”北京总决赛在北京青年政治学院举行。比赛涵盖股票、外汇、期货 3 个大项，来自 11 所高职院校 33 支队伍 99 名选手参赛，经过角逐，北京农业职业学院、首都经济贸易大学和北京吉利学院分别获得 3 个项目冠军。比赛秉承“发掘、培养、成就金融人才”理念，为金融人才提供学习、就业、交流机会，为京港澳职业院校师生搭建金融教学、实训、竞赛、交流四位一体平台，促进学校间切磋交流，提升金融投资领域实践教学水平。比赛始于 2016 年由香港金融数据技术有限公司 (FDT)、北京青年政治学院、香港专业教育学院和澳门科技大学共同举办的京港澳大学生外汇投资邀请赛，这是第二届，也是市教委将该项赛事设置为职业院校技术技能大赛常规赛项的第一届。

（胡哲）

内地与港澳法学教育联盟成立

6 月 2 日，内地与港澳法学教育联盟成立。联盟由中国政法大学、香港中文大学、澳门大学共同发起，秘书处设在政法大学，联盟的成立将促进三地法学教育领军高校间交流与合作，成员院校将共享法学高等教育先进理念、办学经验、优质教育资源。联盟坚持“立德树人、德法兼修”培养理念，以创新法治人才培养体系为己任，通过整合知识教育和实践教育，为国家培养大批德才兼备、全面发展、具有国际视野的法治人才。成立大会上通过《内地与港澳法学教育联盟章程》，产生首届 16 家理事成员，分别是北京大学、清华大学、中国人民大学、中国政法大学、复旦大学、厦门大学、武汉大学、中山大学、暨南大学、华东政法大学、深圳大学、香港大学、香港中文大学、香港树仁大学、澳门大学、澳门科技大学。

（陈泉廷）

北京—澳门中学生科技合作交流

7 月 17 日至 21 日，市教委、澳门教育暨青年局、澳门科学馆主办的第九届北京—澳门中学生科技合作与交流活动暨京澳科技夏令营在北京举办。活动主题为“互联网 + 教育融合发展”，来自北京、澳门各 4 所学校共 80 名师生参加。两地师生共同参观天安门广场、故宫博物院、国家博物馆等北京历史文化景点，并在北京市少年宫举办现场交流和比赛活动。经过专家组评审，并就研究成果进行现场答辩，从合作交流、组织管理、科学探究能力等方面综合考核，评出北京市延庆区第一中学和澳门培正中学联队获得“最佳探究过程奖”和“最具科学表达奖”，北京师范大学大兴附属中学和澳门濠江中学联队获得“最佳网页制作奖”，北京市第十二中学和澳门培道中学联队获得“最佳知识演示奖”，北京学生活动管理中心和澳门浸信中学联队获得“最具吸引力奖”和“团队合作精神奖”。活动自年初启动以来，两地以学校为单位结成联队，围绕主题开展近半年的线上交流和深入研讨，建设 4 个专题网站，完成 12 份深度研究

7 月，第九届北京—澳门中学生科技合作与交流活动

（信息中心　供）

报告。活动由北京学生活动管理中心、澳门电脑学会承办，北京教育网络和信息中心负责技术和专家团队支持。

（覃祖军　苏金柱）

京港澳学生交流夏令营

7月22日至26日，由市教委、香港特别行政区政府教育局、澳门特别行政区教育暨青年局主办的“2017青春祖国行—京港澳学生交流夏令营”在北京举办。来自香港、澳门224名师生和北京100余名师生参加活动。此届夏令营突出国情教育主题，三地学生通过向中国人民抗日战争英烈敬献花篮、天安门广场观看升旗仪式、参访国旗护卫队等活动增强爱国主义情怀。夏令营由北京市港澳台教育交流中心承办。

（苏金柱）

寰宇暑期实习计划

7月，市教委与香港中文大学合作开展的“香港与内地高校师生交流计划——首都医科大学临床见习项目”在首都医科大学完成。第18批香港中文大学学生17人到首都医科大学进行为期1个月暑期实习。活动促进京港两地学生交流，为促进两地医学教育领域交流与合作搭建重要平台。

（苏金柱）

京台基础教育校长峰会

10月26日，第三届京台基础教育校长峰会在北京召开。峰会以“面向未来的基础教育”为主题，国台办交流局、市政府、市台办、市教委、北京教育学院、东城区有关领导和专家，以及台湾116名中小学校长与北京市300余名校长代表共同参加。开幕式后，来自京台两地百余名校长分别到北京市第二中学、北京市第一七一中学、北京市广渠门中学、北京光明小学，围绕“学校的办学理念与校园文化”“教育的均等化与优质化发展”“传统文化与校本课程研发”“教师队伍建设与专业发展”主题展开分论坛的讨论。峰会历时4天。为巩固京台基础教育交流成果，北京教育学院与台湾中小学校长学会牵头成立京台基础教育发展联盟，为京台两地基础教育领域内的中小学等教育机构之间和校长教师等教育工作者之间开展经验交流搭建平台。

（曹天骄　李银姬　石燕）

京沪港澳红十字青年人道问题辩论赛

11月17日至20日，京沪港澳红十字青年人道问题辩论赛在上海举行。辩论赛设初赛、半决赛、决赛3个阶段，辩题为“目前国际人道法是否足以应对武装冲突中恐怖活动带来的问题”。经过角逐，同济大学代表队获冠军，首都师范大学代表队获亚军，华东政法大学代表队和香港红十字青少年代表队并列季军，澳门大学代表队和中华女子学院代表队获优秀奖。来自北京、上海、香港、澳门四地6支红十字青年队伍参加比赛。

（李胜华）

11月17日至20日，京沪港澳红十字青年人道问题辩论赛在上海举行　（市红十字会　供）

香港入境事务处赴内地研修

11月27日至12月6日，中国人民公安大学举办香港入境事务处第43期赴内地研修班。研修班课程分为出入境业务研修、国情研修、文化研修三大模块，20名香港入境事务处学员参加培训。年内，学校承办香港警察赴内地研修班2期，香港入境事务处赴内地研修班5期，澳门司法警

7月，青春祖国行——2017京港澳学生交流夏令营　（国际教育交流中心　供）

察局网络安全培训班 1 期，澳门治安警察研修班 1 期，共计培训港澳地区学员 177 人。

（平李博文）

京港澳姊妹学校及平台建设

至年底，市教委开展京港澳姊妹学校及平台建设。市教委设立“京港澳姊妹校”项目，每年支持 25 所学校邀请 1000 名左右港澳师生来京进行为期 1 周以内的交流访问；每年支持 25 所学校 500 名学生和 50 名教师赴港澳进行为期 1 周以内的交流访问。8 月 29 日，公布京港澳姊妹校交流项目入选名单，2017 年度和 2018 年度共 81 个项目入选，其中，2017 年 34 项入选（20 项赴港澳、14 项来京），2018 年 47 项入选（24 项赴港澳、23 项来京）。9 月 12 日，市教委联合市政协教文卫体委员会、港澳台侨和外事委员会、香港东华三院在北京举办 2017 京港姊妹校签约仪式。北京市第一〇一中学、北京市第一七一中学、北京市第五十中学、北京中学、北京市房山中学分别与香港东华三院黄笏南中学、邱金元中学、卢干庭纪念中学、张明添中学、李嘉诚中学签订姊妹校合作意向书，商定共同推进京港两地学校间教师、学生交流交往。至年底，北京有 70 所学校与香港学校缔结姊妹学校关系。全年执行师生交流项目 14 个，共组织三地 681 名师生参与交流访问。

（苏金柱　孔莉　胡雨）

对口支援与区域合作

概述

2017 年，市教委以首都优质教育资源为依托，以推动新疆、西藏、青海、内蒙古、四川、湖北、河南、河北、辽宁、陕西、江西等受援合作地区教育事业发展为目标，把教育对口支援与区域合作作为一项重要政治任务融入首都教育整体工作。通过干部教师培训跟岗、支教送教、学生培养交流、学校结对帮扶、优质资源远程共享等多种形式，实施教育对口支援与区域合作项目 95 个，有效助力受援合作地区教育事业发展。

（贺捷）

京藏优质教育资源远程互动教学项目启动

4 月 25 日，首次京藏优质教育资源远程互动教学项目启动。该项目由市教委、拉萨市教育局联合主办，北京教育音像报刊总社承办，是列入北京市援藏工作 2017 年度计划的教育人才援藏重点项目。项目计划组织北京名师资源通过网络教学形式为西藏师生在线实时教学。西藏师生可以看到北京教学现场，通过互动教学软件实时与北京师生互动、提问、答疑等。年内，该项目在北京市第一七一中学和北京市第六十六中学实施两次，同时举办一次教研活动。

（王镱达）

京沈教育对口合作

5 月至 12 月，市教委落实北京市与沈阳市教育合作项目任务。推进京沈两地在基础教育、高等教育、职业教育、师资培养等领域的对口合作。5 月 3 日，与沈阳市教育对口合作 2017 年度重点项目“教科研人员赴京跟岗研修”项目正式启动。沈阳市教育研究院 4 名业务骨干到北京教育网络和信息中心开始为期 1 个月的跟岗研修。6 月 13 日，沈阳医学院一行 8 人分别到首都医科大学、北京大学第一医院考察交流，京沈两地高校合作顺利对接。8 月，市教委组织教育考察团赴沈阳参加京沈合作交流会。9 月，举办京沈高职院校教师综合素质研修班，沈阳职业技术学院选派专业教师分别到北京财贸职业学院、北京电子科技职业学院、北京工业职业技术学院研修学习，建立两地职业学校教师之间沟通渠道。

（贺捷　胡雨）

京豫高校合作签约

6 月 3 日，市教委与河南省教育厅签署京豫高校合作协议。北京工业大学与河南科技大学、首都师范大学与河南师范大学、首都医科大学与新乡医学院、首都经济贸易大学与河南财经政法大学、北京工商大学与郑州航空工业管理学院、北京信息科技大学与南阳理工学院、北方工业大学与郑州工程技术学院、北京联合大学与信阳职业技术学院、北京工业职业技术学院与洛阳职业技术学院、北京卫生职业学院与三门峡职业技术学院分别签约。2016 年 8 月，京豫双方针对河南高等教育发展问题专门

京藏远程教育项目授课现场

（音像报刊总社　供）

签订《京豫高等教育合作协议》，决定在学术交流、人才培养、协同创新、学科建设等方面展开合作，明确河南省 10 所高校与北京市 10 所市属高校以“一对一”模式开展全方位合作交流。

（贺捷　胡雨）

对口支援干部教师选派

7 月 7 日，市教委召开北京市援疆援藏干部（教师）培训动员会。会议充分肯定教育援疆援藏工作取得的成绩，并就做好新一轮援疆援藏工作提出具体要求。邀请曾经在西藏拉萨和新疆和田两地挂职的干部教师介绍当地风土人情、自然条件、社会形势等情况。16 个区和 6 所高校的志愿参加新一批援疆援藏工作的干部（教师）及各区教委有关人员参加会议。至年底，市教委完成支援新疆、西藏、青海的干部教师选派工作，完成第九批第一期 55 名援疆教师的选拔派送，并于 8 月底组织援疆教师赴和田及兵团各地开展工作；完成第三批援藏 65 名干部教师选派，并于 8 月初赴西藏拉萨开展工作；完成 5 名对口支援玉树地区教师选派，并于 8 月中旬前往玉树完成前后两批人员的调整换防工作。

（邓永卫）

京津冀沪宁晋川交通职教集团联盟成立

8 月 8 日，京津冀沪宁晋川交通职业教育集团联盟在宁夏银川举行成立签约仪式及首届年会活动。该联盟在原京津沪全国交通职业教育集团化办学联盟基础上，邀请河北省交通职业教育集团、宁夏汽车运用与维修职业教育集团、山西交通运输职教集团和四川交通运输职业教育理事会（四川交通运输产教联盟）加入组成，是全国部分省（市）交通职业教育集团自愿组成、共创共进、合作共赢的非营利性、非社会团体法人的合作同盟。联盟以加快发展现代职业教育，推进集团化办学建设发展为目标，以弘扬专业特色和育人特色为主线，以集团内涵发展为重点，以教师队伍建设为关键，积极探索职业教育特色化、集团化、多元化办学发展道路，充分发挥京津冀沪宁晋川集团化办学各自优势，促进京津冀沪宁晋川交通职业教育工作协调推进与合作共赢。年会以“扩大交流谋发展、互惠多赢促均衡”为主题开展研讨。

（苑媛　赵蕊）

教育系统对口支援相关单位和个人获表彰

9 月 11 日，北京教育系统相关单位和个人在北京市对口支援工作表彰大会上获表彰。其中，10 人被评为“北京市对口支援工作先进个人”；首都师范大学京疆学院、门头沟区教委获得“北京市对口支援工作组织奖”。会议由市委、市政府主办，表彰在北京市对口支援和经济合作工作中作出突出贡献的先进集体和先进个人。此外，6 月 29 日，北京市第六十六中学薛献军、北京市丰台区南苑中学付国栋被中组部、统战部等四部门评选为“对口支援新疆先进个人”，全国共 112 人入选，其中，北京市 7 人。

（贺捷　胡雨）

北京市对口支援工作先进个人名单（10 人）

王力志	北京市教委办公室
杨智	北京教育学院
王洪忠	怀柔区体育运动学校
田福君	北方交通大学附属中学
张蓓	首都师范大学附属云岗中学
张大力	石景山实验中学
张志宏	人大附中翠微学校
陶云明	北京电子科技职业学院
曹燕	北京市第五十中学
董晓惠	延庆区第三小学

（贺捷　胡雨）

公安大学成立西藏人才培养办公室

9 月 27 日，中国人民公安大学举行第五期西藏公安机关少数民族民警专业证书班开班典礼暨西藏人才培养办公室揭牌仪式。学校领导、公安部人事训练局负责人、西藏公安厅负责人参加典礼。活动为西藏人才培养办公室揭牌。办公室旨在统筹协调西藏人才培养工作，加强与有关部门沟通联系，建立常态化的工作指导机制，争取更多政策、资源等方面支持，进一步改善办学条件，营造更好的办学氛围。

（平李博文）

京银教育合作框架协议签订

12 月 2 日，市教委与银川市政府签订《京银教育合作框架协议》。双方本着“首都情怀、首府标准、开放融合、共赢未来”宗旨，坚持“真诚务实、问题导向、目标引领、项目推动”原则，创新构建在“一带一路”倡议引领下的“首都 + 首府”教育合作共同体，在学前教育、基础教育、职业教育、高等教育、师资培训、教育科研、督导评价等领域开启全方位合作。

（贺捷）

西藏内高班教育改革和发展研讨会

12 月 14 日至 15 日，“新高考”背景下西藏内地高中班教育改革和发展研讨会在北京召开。研讨会由教育部民族司、教育部民族教育发展中心、西藏自治区教育厅、市教委联合主办。会议听取题为《普通高中课程标准修订工作介绍》《高考综合改革动态》《新高考背景下高中学校教育改革的浙江行动》《上海教育综合改革下的新中民族教育探索》报告；开展"新课程新高考改革课程实施设计方案""新高考背景下学校发展的有效应对"等主题经验交流；北京师范大学燕化附属中学开展以"创新实践 传承文明"为主题的展示活动。全国各地西藏内高班学校、北京师范大学附属燕山中学木铎片区代表 80 余人参加会议。

（杨琳　姬慧智　李晶莹）

6 月，市教委对口支援河南职教骨干教师培训班教师体验汽修专业"学中做、做中学"（丰台职教中心校　供）

39 个"内涵式"培训班

至年底，市教委为受援合作地区开展"内涵式"培训。北京师范大学、北京教育学院、首都师范大学、北京铁路电气化学校、北京市丰台区职业教育中心学校、北京市昌平职业学校等单位共举办 39 个培训班，受援合作地区干部教师 2500 人参加学习。培训突出分类、分科、分段的方式，注重以学员为中心的"内涵式"培训形式，不断调整培训思路，改进培训方法，使学员能在较短时间内学习名师的先进教学方法，体验科学的管理模式，掌握先进的教育理念。

（贺捷）

"融入式"跟岗研修

至年底，市教委组织协调 10 个区 200 余所中小学接待来自 8 个受援合作地区 561 名干部教师入校跟岗研修。活动注重融入，要求挂职学校全要素全方位开放，并结成"一帮一"对子，使学员能够迅速进入状态，全程参与到办公会、校园管理、教研活动、课堂教学等教育教学活动中；注重引导，明确要求每名学员带着课题来，带着成果回；注重管控，学员到京后，迅速健全组织、加强领导，抓好动员、座谈、讲评等环节；注重总结，要求每名学员跟岗结束后，写出心得，晒出成果。

（贺捷）

"组团式"支教

至年底，市教委开展"组团式"支教。选派第九批一期 54 名中小学教师至新疆和田支教 1 年；选派 64 名管理干部及教师赴西藏拉萨支教 2 年；选派第二批 5 名中小学管理干部赴青海玉树支教 1 年。支教干部教师以团队形式分布在受援地区的教育部门及学校承担教育教学工作，把北京先进的教育理念、教学方法、教研成果传授给受援学校同仁，有效助力当地教育教学水平提升。

（贺捷）

"精准式"送教

至年底，市教委实施"精准式"送教。委托首都师范大学、北京教育科学研究院、北京教育学院以及有关区教委组织选派 190 余名优秀教师，分 16 组赴新疆和田、西藏拉萨、内蒙古锡林郭勒、河北保定、湖北十堰、河南南阳、四川什邡、陕西宁陕等地，开展有针对性的示范讲学活动，受益教师万余人。

（贺捷）

"手拉手"合作落实

至年底，市教委推动部分市属学校与受援合作地区学校开展交流合作，将"手拉手"合作落到实处。首都师范大学附属中学与湖北省十堰市第一中学组成对口协作文理实验班，双方互派管理干部及骨干教师挂职交流。新疆和田洛浦县职业技术学校 27 名师生到"手拉手"学校北京市丰台区职业教育中心学校进行为期 2 个月访学，和田墨玉县职业技术学校与北京金隅科技学校开展学生交流访学活动。11 月 5 日至 12 日，组织由东城区、朝阳区和丰台区中小学校长、德育主任、骨干教师等 18 人组成的中小学"手拉手"送教团赴和田地区送教交流。18 日至 25 日，组织由西城区、海淀区和石景山区教委选派的 19 名学前教育专家赴和田开展"手拉手"送教活动，对和田市 6 所幼儿园进行考察调研，并赴和田市、和田县、墨玉县、洛浦县、新疆生产建设兵团第十四师开展巡回送教。

（贺捷　胡雨）

倾情帮扶受援合作地区内高班师生

至年底，市教委对受援合作地区开展"倾情式"帮扶。委托北京市顺义区杨镇第一中学、北京市密云区第二中学、北京师范大学大兴附属中学、北京实验学校（平谷）、北大附属实验学校继续办好和田对口高中班、玉树对口高中班，完成360名高一新生招收计划。部分市属高校向和田地区定向投放79个招生计划。在拉萨北京实验中学试点设立1个初一年级“京藏宏志班”，面向拉萨市精准招收建档立卡户学生31人。协调60所高校、11所内高班学校完成新一批109名新疆内派服务管理教师接收安置工作，组织部分新疆内派服务管理教师和高校辅导员参加相关业务培训。

（贺捷）

运用信息技术实现资源共享

至年底，市教委运用信息技术实现资源共享。推动实施“京藏优质教育资源互动共享工程”，组织北京市优质中学骨干教师和教研员进入网络互动直播平台，为西藏拉萨市师生开设远程课堂，开展远程教研活动，促进拉萨教学教研水平提升。在不同学段、不同学科，向河北省及有关地区提供优质数字课程资源。

（贺捷）

受援地师生到京游学

至年底，市教委组织受援合作地区师生到京游学。组织新疆和田、西藏拉萨、青海玉树、河北保定共273名中小学师生到京参加游学活动，组织32名玉树乡村教师到京参加“感恩祖国圆梦北京”主题教育活动，安排北京30名师生赴和田参加“首都少年玉都行”交流营活动。在和田对口高中班开展“民族一家亲”活动，组织汉族学生与维吾尔族学生结成伙伴关系，共同学习劳动、参观游览。

（贺捷）

8月，“首都少年玉都行”交流营活动

（市教委相关处室 供）

推动职业教育东西协作行动计划落实

至年底，市教委先后与新疆维吾尔自治区教育厅、新疆生产建设兵团教育局、西藏自治区教育厅、青海省教育厅、内蒙古自治区教育厅、河北省教育厅、沈阳市教育局签署《职业教育东西协作行动计划落实协议》。协议提出，密切援受双方职业院校联系，指导北京市职业教育院校帮助受援地区制订职业院校专业建设规划，协助受援地区职业院校加强课程建设、实验实训条件建设、教学资源建设和信息化建设，打造一批特色专业，共同推进双方职业院校加强师资培训、人员交流和学生培养工作。为落实协议内容，市教委组织北京金隅科技学校等6所职业院校25名专家组成“北京市职业教育示范讲学团”赴和田地区、新疆生产建设兵团第十四师开展示范讲学活动，共举办21场讲座和培训，受益1575人次。推动北京农业职业学院与乌兰察布职业学院、北京卫生职业学院与乌兰察布医学高等专科学校建立对口帮扶关系。为内蒙古乌兰察布市、河北省张家口市、辽宁省沈阳市培训255名职业院校校长、班主任及骨干教师。

（王力志）

加强与河北省扶贫协作

至年底，市教委助力脱贫攻坚，加强与河北省扶贫协作。多次组织考察团赴保定市、张家口市调研，对接教育扶贫工作。会同河北省教育厅、保定市教育局在阜平县召开京保教育精准扶贫攻坚行动工作座谈会，听取6个贫困县工作汇报，研究《京保教育精准扶贫三年攻坚行动计划》。会同张家口市扶贫办、市教育局、8个贫困县在张家口市召开对口帮扶项目分析研讨会，研究教育精准扶贫项目。为两市贫困县培训955名中小学、职业学校干部教师，组织17名专家、教师赴保定市6个贫困县开展巡回讲学，组织61名保定市贫困县中学生来京游学。此举旨在落实2016年10月27日中办国办印发的《关于进一步加强东西部扶贫协作工作的指导意见》，意见提出调整东西部扶贫协作结对关系，北京增加帮扶河北省张家口市和保定市，新增帮扶保定6个贫困县。

（王力志　胡雨）

援助雄安新区办学

至年底，北京市援助雄安新区办学。8月17日北京市政府与河北省政府签署的《关于共同推进河北雄安新区规划建设战略合作协议》中，北京市援助雄安新区4所学校办学项目是重要内容。9月18日，河北省委常委、雄安新区管委会党委书记带队到北京市委教工委，就教育援助雄安工作进行商洽，确定“建三援四”帮扶方案，即北京市支持雄安新区新建3所学校（园），以挂牌新校区方式援助4所学校（园）。10月13日，北京市教育考察团30余人赴雄安新区召开工作对接会，实地考察援建学校规划用地及受援学校（园）办学情况，援受双方学校针对具体问题进行深入细化研究。

（王力志）

（本栏责任编辑 胡雨）

三区市幼儿园骨干教师跨区交流

京津冀中学协同发展工作会

“雄·安·丰·容”电子商务联盟成立

京保石邯职业教育联盟成立

2018 | 京津冀教育协同发展

THE COLLABORATIVE DEVELOPMENT OF EDUCATION IN BEIJING-TIANJIN-HEBEI

- 京津冀教育协同发展备忘录
- 职业教育推动京津冀协同发展
- 12 个京津冀高校联盟成立
- 河北省骨干校长赴京挂职

THE COLLABORATIVE DEVELOPMENT OF EDUCATION IN BEIJING-TIANJIN-HEBEI

京津冀教育协同发展

综述

职业教育推动京津冀协同发展

2017 年，市教委开展多维度交流合作，推动职业教育服务京津冀协同发展。发挥北京市优质职业教育资源优势，构建优势互补、强强联合或强弱帮扶的跨区域职业教育联盟。建立京保石邯职业教育联盟和雄安丰容电子商务联盟，发挥北京 11 个职教集团、京津冀职业教育协同发展研究中心与京津冀职业教育教学协同发展联盟的作用。举办京津冀校长领导力提升培训班。加快京冀职业院校精准对接，开展人才培养合作实验，服务精准扶贫工作，从行政、科研、区域、院校、校企等层面全方位多维度推动三地交流合作，使京津冀职业教育协同发展进入深入实践期。

（武晔）

京津冀教育协同发展工作推进会

2 月 17 日，市教委、河北省教育厅、天津市教委在河北省廊坊市联合召开京津冀教育协同发展工作推进会。会议总结 2014 年以来京津冀教育协同发展成果，发布《“十三五”时期京津冀教育协同发展专项工作计划》和《京津冀教育对口帮扶项目》。其中，《“十三五”时期京津冀教育协同发展专项工作计划》明确“十三五”时期京津冀教育协同发展将重点推进十大项目；《京津冀教育对口帮扶项目》明确“十三五”期间，京津两地将实施“一十百千万”工程，重点是在基础教育、职业教育教学管理以及师资队伍建设等相关领域对河北省张家口、承德、保定三市及 21 个贫困县进行扶持。会上，北京市通州区、天津市武清区、河北省廊坊市签署《关于开展教育协同发展的合作协议》，三地重点在学校共建、资源共享、研训协同、师生交流等方面开展教育合作，探索跨越行政区划的教育协同发展有效模式和路径。市教委和教育部相关司局、津冀教育部门主管领导以及部分教育专家、学校负责人等分成基础教育、职业教育、高等教育三组对进一步推进各级各类教育协同发展进行座谈交流。150 余人参加会议。

（孙运科　胡雨　李壬戌）

京津冀诵读展演大赛

4 月 8 日，北京语言文化建设促进会、北京市初中生辩论俱乐部主办 2016—2017 学年度京津冀初中生经典诵读节目展演大赛。河北省宁晋县第六中学、通州区潞河中学、通州区永乐店中学共 120 名学生参加比赛，表演《百善孝为先》《相见与祝福》《侠骨柔情苏东坡》等节目 15 个。经过评委现场打分，评选出节目及指导奖教师一、二等奖。活动由永乐店中学和北京教育学院通州分院、通州区教师研修中心共同承办。

（王建敏　雷丽媛　王飞鹏）

4 月 8 日，京津冀诵读展演大赛

（通州区永乐店中学　供）

京津冀基础教育装备协同发展框架协议签订

4 月 8 日，北京、天津、河北三地教育装备部门在唐山市签署《京津冀基础教育装备协同发展框架协议》。协议由北京市教育技术设备中心、天津市普通教育装备管理中心、河北省教育技术装备管理中心三方协商签订，以优势互补、合作共享、协调开放为原则，形成加强顶层设计，建立教育装备建设、管理、培训工作交流机制，推进义务教育学校装备标准化建设，推进教育装备质量信息沟通体系，创建中小学图书馆论坛，促进数字化资源共享，加强理论研究合作交流等 8 项合作内容。

（胡雨）

京津冀青少年柔道邀请赛

7 月 1 日至 2 日，首都体育学院举办第二届京津冀青少年柔道邀请赛，同时召开 2017 年京津冀地区体育运动学校校长论坛。邀请赛所有环节均按照中国柔道协会要求，执行国际赛事的比赛标准。共设男女 13 个级别，来自北京、天津、河北共 126 名男女运动员，10 支代表队参赛。论坛围绕京津冀协同发展问题，研讨师资队伍建设、提升赛事水平等事宜，达成打造“京津冀体育运动学校联盟”理念的共识。来自京津冀地区 10 余所体育运动学校校长参加论坛。

（李丹阳）

京津冀红十字青少年交流营

7 月 17 日至 22 日，京津冀三地红十字会在河北省平山县举办 2017 年京津冀红十字青少年交流营。活动以“携手同行、人道追梦”为主题，开设三地红十字青少年工作经验交流、红十字基本知识培训、应急救护知识普及、“青春善言行”同伴教育等活动，并参观西柏坡纪念馆和中共中央旧址等爱国教育基地。来自京津冀三地市区（县）20 余所学校 120 余名红十字青少年参加，其中北京派出 50 名红十字青少年及教师参加。自 2015 年京津冀三地红十字会签署《协同构建人道应急体系创新发展合作联盟框架协议》以来，京津冀红十字青少年交流营已连续举办 3 年。

（李胜华）

京津冀教育协同发展备忘录

8 月 18 日，市教委与河北省教育厅、天津市教委签署《推进京津冀教育协同发展备忘录》。备忘录对制订落实《京津冀教育协同专项规划》行动计划、服务雄安新区建设、优化教育资源布局、探索三省市义务教育深度融合、支持河北教师队伍建设、推进职业教育人才培养合作、落实京津冀教育对口帮扶项目、落实京津冀高等教育同城化试点、实施京津冀大学生思想政治教育工作协作项目和建立统筹协调机制 10 项重点任务达成共识，并明确责任分工。刘宇辉参加签字仪式。

（孙运科　胡雨）

京津冀职业院校校长高级研修班

9 月 21 日至 23 日，市教委联合天津市教委、河北省教育厅在河北省张家口市举办京津冀职业院校校长“领导力内涵建设”高级研修班。来自京津冀三地 49 所职业院校共 52 名校领导参加培训。学员在培训中学习现代管理理论，借鉴企业先进经营理念，加强课程的课上实际体验和课下交流互动，有效提高自身创新思维和管理水平。

（武晔）

京津冀发展报告 (2016) 获奖

9 月，首都经济贸易大学主创的《京津冀蓝皮书：京津冀发展报告 (2016)》获第八届“优秀皮书奖”一等奖。该皮书以“京津冀协同发展的新形势与新进展”为主题，构建发展、协同、生态文明、人口发展和企业发展五大指数，并运用构建的指标体系对京津冀协同发展的进展情况进行测度与评价，指出京津冀区域“大城市病”有所缓解、“1 小时交通圈”正在形成、生态联防联控机制日益完善、产业转移对接步伐加快、创新协同效果显著、公共服务地区间差距逐步减小、市场一体化进程全面提速，并通过专题报告专项分析京津冀三地重点领域。

（黄少卿）

7 月，京津冀红十字青少年交流营

（市红十字会　供）

2017 京津冀校长交流会议

10 月 9 日，2017 京津冀校长交流会议在京召开。来自京津冀的 9 名中小学校长围绕“资源共享，立德树人”主题，结合各自思考和学校实践，从学校课程建设、课堂教学改进、关注学生健康成长、教师专业发展、学校文化营造等不同角度，阐述如何通过学校日常的具体教育教学管理行为，落实立德树人根本任务，并分享各自的学校管理经验。市教委、北京教育学院、天津市教育学会、河北省创新教育学会教育家成长研究会领导以及京津冀三地中小学校长共 100 余人参加会议。

（石燕）

10 月 9 日，2017 京津冀校长交流会议召开
（教育学院　供）

首届京津冀高校辅导员发展论坛

11 月 3 日至 4 日，市委教工委举办“深入学习十九大精神，推进高校立德树人”第一届京津冀高校辅导员发展论坛。论坛邀请十九大代表作十九大精神专题报告，邀请 6 名辅导员代表结合党的十九大学习体会和自身实际工作作大会交流发言。与会人员围绕新时代大学生思想政治工作的发展方向、辅导员自身理论素养提升方式方法、高校辅导员发展路径、高校学工管理模式以及京津冀高校辅导员发展合作机制交流探讨。活动由北京高校辅导员培训和研修基地（北京师范大学）承办，京津冀三地高校 60 名辅导员骨干参加论坛。

（王星星　宇航）

首届京津冀兵棋推演邀请赛

11 月 12 日，北京高校国防教育协会在清华大学举办首届京津冀兵棋推演邀请赛暨第四届北京高校兵棋推演大赛决赛。比赛以“海上禁运、封锁行动”为主题，包括网上推演及战报评审、北京赛区现场赛和京津冀邀请赛 3 个阶段，每场比赛结束后，红蓝双方导演针对赛事过程中选手的思维、方案及推演进行点评。经过角逐，天津大学、清华大学、河北轨道运输职业技术学院分获冠亚季军。来自京津冀 35 所高校 125 个代表队 300 余人参加比赛。

（肖娜　张兵）

第三届京津冀大学生思政教育协作论坛

11 月 17 日，第三届京津冀大学生思想政治教育协作论坛在河北师范大学举行。论坛由北京市委教工委、天津市委教工委、河北省委高校工委、河北省教育厅联合主办，河北师范大学承办。论坛以“学习宣传贯彻党的十九大精神，创新新时代大学生思想政治教育工作”为主题，通过研讨交流，充分发挥三地高校思想政治教育和协同创新优势，提高大学生思想政治教育工作水平。京津冀三地教育部门负责人及部分高校党委宣传部部长、学工部部长和马克思主义学院院长代表 50 余人参加论坛。

（王星星）

京津冀高校大学生艾滋病防控宣传辩论赛

11 月 25 日，市教委联合市卫生计生委及天津、河北等相关部门共同举办 2017 京津冀高校大学生艾滋病防控宣传辩论赛决赛。比赛在中国人民公安大学举行，入选代表队分别围绕“吸毒主要是社会环境原因还是个人自身原因”“艾滋病主要是医学问题还是社会问题”“当今中国，艾滋病的宣传教育方向应该侧重危害警示还是消除恐惧”三组极具关注度和影响力的辩题展开讨论。最终，中国人民公安大学、南开大学、燕山大学 3 支代表队获得一等奖，另有 3 支代表队获得二等奖、6 支代表队获得三等奖。来自京津冀三地 166 所高校代表队参加比赛。

（宋玉珍）

11 月 12 日，首届京津冀兵棋推演邀请赛暨第四届北京高校兵棋推演大赛决赛现场
（国防教育协会　供）

第三届京津冀中学生辩论邀请赛

11 月 26 日，第三届京津冀中学生辩论邀请赛在北京师范大学附属实验中学落幕。比赛由北京市语委、天津市语委、河北省语委支持，全国学联秘书处指导，西城区语委、北京语言文化建设促进会、北京市高中生辩论赛俱乐部主办，北京师范大学附属实验中学承办。比赛于 11 月 18 日开幕，来自京津冀三地 16 支辩论队在小组赛和半决赛中围绕中学生人格塑造、升学就业、未成年人权益、人工智能发展等当下中学生关心的话题展开辩论。决赛中，北京中学和北京昌平新东方外国语学校辩论队以“青春重在多元尝试／青春重在目标集聚”为题展开冠军争夺赛。最终，北京中学获得冠军，北京昌平新东方外国语学校获得亚军，河北省沧州市第二中学和天津市第七中学并列季军。200 余人参加决赛和闭幕式。比赛还得到苏州大学、台湾地区中华口语沟通教育学会关注和支持，比赛冠军队获得苏州大学“东吴杯”全国中学生辩论赛保送晋级资格，比赛冠军、亚军队获得台湾地区“亚洲杯”国际中学生华语辩论锦标赛保送晋级资格。

（胡雨　邓鸿）

11 月，第三届京津冀中学生辩论邀请赛

（市教委相关处室　供）

第一届京津冀中小学生辩论赛

12 月 8 日，第一届京津冀中小学生辩论赛总决赛在海淀区教育科学研究院举行并录制。来自北京、天津、河北 48 名中小学生辩手，跨省市组队辩论。比赛由市语委、天津市语委、河北省语委主办，北京语言文化建设促进会承办，为期 3 个月。比赛沿袭北京市中小学生辩论赛核心理念和赛制，引导学生走进辩论，同伴学习，自主提升辩论技巧；同时，比赛还组织同看一场剧、同游博物馆、体验虚拟演播等一系列学生文化科技活动，让学生感受北京文化，促进三地交流。

（胡雨）

12 个京津冀高校联盟成立

至年底，北京高校牵头成立 12 个京津冀高校联盟。联盟根据合作框架协议，在专业建设、人才培养、师资建设、科技创新等方面展开合作，并探索资源共享、教师交流、学生访学、学科竞赛等多种形式的合作机制。

（赵晓琳）

河北省骨干校长赴京挂职

至年底，市教委持续实施“河北省千名中小学骨干校长教师赴京挂职学习”项目。挂职校长通过参与挂职学校领导班子会议、进课堂听课、听取专题经验介绍等方式学习教科研、校园文化、后勤服务管理等经验。挂职教师编入挂职学校相应教研组，参与各项教研活动，与挂职学校名师建立师徒结对关系，通过听课、试讲等方式，学习先进教学理念等。“河北省千名中小学骨干校长教师赴京挂职学习”项目首期于 2016 年启动，计划举办 5 期，每年选派 200 人（校长 100 人、教师 100 人）赴京挂职培训，累计培训 1000 人。

（孙运科）

学前教育

大兴七幼开展京津冀幼儿园“手拉手”活动

4 月 7 日，北京市大兴区第七幼儿园开展京津冀姐妹园“手拉手”活动。该园分别与天津市北辰区引河里幼儿园、河北省邯郸市涉县更乐镇又上幼儿园签订协议书，根据协议，三方开展环境观摩、教学现场观摩及研讨、共同教研学习等多方面合作。活动中，三方相互介绍园所校园文化和课程理念；开展现场教研，以辩论形式研讨教学案例“多米诺骨牌引发的思考”。40 余人参加活动。

（李京涛）

4 月 7 日，大兴七幼开展京津冀姐妹园“手拉手”活动

（大兴七幼　供）

三区市幼儿园骨干教师跨区交流

6 月 12 日至 23 日，大兴区教委、天津市北辰区教育局与河北省廊坊市教育局共同组织幼儿园骨干教师跨区交流活动。各区市分别选派 10 名幼儿园骨干教师到另外两区市进行为期两周交流，通过听评课、参与班级特色活动、参与园所教研等方式开展学习、交流和研讨。大兴区第二幼儿园与大兴区第五幼儿园承担活动接待任务，两所幼儿园

挑选 10 名区级骨干教师与北辰区和廊坊市骨干教师结对交流学习。活动旨在促进三地资源共享、优势互补、共同提高。10 月 30 日至 11 月 1 日，大兴区教委、天津市北辰区教育局与河北省廊坊市教育局共同组织召开京津冀三区市教育联盟幼儿园贯彻落实《3～6 岁儿童学习与发展指南》现场会。

（徐敏）

北京一幼与崇礼区一幼签约合作

7 月 6 日，北京市第一幼儿园与河北省张家口市崇礼区第一幼儿园签署“京津冀一体化”协同发展协议。根据协议，双方开展管理、教学等方面交流合作，其中，北京一幼负责管理等方面经验输出和工作指导，崇礼区一幼派人到北京一幼跟岗学习。年内，北京一幼接待崇礼区一幼和保定市青年路幼儿园跟岗代培共计 28 人次。

（杨丽娟）

明天幼稚集团与河北易县幼儿园对口支援签约

8 月 22 日，北京明天幼稚集团与河北易县第二幼儿园签署对口支援协议。根据协议，双方确立“手拉手”帮扶关系，落实国家、市区教委关于东西部扶贫和对口支援工作要求，明天幼稚集团定期向易县二幼提供办园指导、教师培训等服务。

（陈艳宇）

8 月 22 日，明天幼稚集团与易县二幼签署对口支援协议（明天幼稚集团 供）

基础教育

京津冀中小学师生美术作品展

1 月 4 日，京津冀中小学师生美术作品展在北京炎黄艺术馆举行。活动由市教委倡议，京津冀三地教育行政部门共同主办，以“我画家乡美，实现中国梦”为主题，展出京津冀 600 余所学校 800 余幅师生作品，包括油画、水彩画、剪纸、书法等多种艺术形态，涵盖历史、自然风光、情感表现等不同题材。该展览将作为京津冀教育协同发展重要组成部分，定期举办，形成常态，共同推进京津冀美育工作融合、融通与共享。三地教育行政部门、各区教委、艺术院校、中小学师生代表 200 余人参加开幕式。

（胡雨）

京津冀中学协同发展工作会

4 月 18 日，通州区教委召开京津冀基础教育学校（中学）协同发展共同体工作会。三地教育部门及共同体学校达成 4 项共同发展内容，包括加强校际间管理人员挂职交流、开展联合教研活动、以学生社团为载体开展校际交流、建立多种教育资源共享平台等。三地教育部门负责人、共同体学校校长以及相关负责人 70 余人参加会议。协同发展共同体成员校包括通州区潞河中学、天津市武清区天和城实验中学、河北省廊坊市第一中学、通州区运河中学、天津市武清区杨村第一中学、河北省廊坊市管道局中学、通州区永乐店中学、天津市武清区城关中学、河北省三河市第一中学、通州区玉桥中学、天津市武清区雍阳中学、河北省廊坊市第四中学、通州区第二中学、天津市武清区杨村第十中学、河北省廊坊市第六中学、通州区第六中学、天津市武清区杨村第八中学、河北省廊坊市第十中学共 18 所学校。

（李瑶 刘凌）

4 月 18 日，通州区教委召开京津冀基础教育学校（中学）协同发展共同体工作会（通州区教委 供）

京津冀中学历史核心素养专题高端论坛

5 月 5 日，北京教育科学研究院在北京景山学校（主会场）、天津市梧桐中学（分会场）、河北省第十七中学（分会场）举办“京津冀中学历史教学教研协同发展”初步探索暨中学历史核心素养专题高端论坛。活动由北京教育科学研究院、天津市中小学教育教学研究室、河北省教育科学研究所、《历史教学》杂志社联合主办，邀请中国社会科学院、北京师范大学、上海市晋元高级中学、天津《历史教学》杂志社等单位领导、专家参加会议。活动核心议题为京津冀中学历史教学教研协同发展背景下“京津冀中学历史网络学习社区”的初步创建，转变学科教学方式和学生学习方式，“聚焦核心素养，服务学生发展”。活动分为“京津冀中学历史教学教研协同发展”启动仪式和“京津冀中学历史网络学习社区”活动展示两部分，旨在充分运用“互联网 +”探索京津冀中学历史教学教研协同发展新模式。

（沈俊楠）

京津冀“非遗进校园”交流活动

5 月 19 日，2017 京津冀非遗进校园交流会暨海淀区非遗进校园成果展在一〇一中学举办　（一〇一中　供）

5 月 19 日，2017 京津冀非遗进校园交流会暨海淀区非遗进校园成果展在北京市第一〇一中学举办。活动由市文化局联合海淀区文化委、区教委主办，一〇一中承办，设立启动仪式、非遗项目体验、非遗成果汇报展、非遗工作交流等环节，来自北京、天津、河北各地中小学生和非遗传承人表演舞狮、五虎棍、古琴等非遗项目；20 余名非遗大师携带亲手制作的精美手工艺品及制作材料与师生面对面交流。天津及河北文化教育系统领导、海淀中北部传统文化教育联盟基地校代表及学校师生 3000 余人参加活动。

（张欣　鲁晓艳）

京津冀青年教师成长五校联盟活动

5 月 27 日，大兴区教委在安定镇中心小学举办京津冀青年教师成长五校联盟活动。活动分为现场听评课和经验分享两个环节，大兴区安定镇中心小学、芳草地国际学校世纪小学、北京教育学院附属大兴实验小学、天津市北辰区天穆小学、河北省大城县留各庄镇白虎中心小学 5 所学校青年教师展示 12 节现场课，课后进行评课和经验分享，北京教科院基础教育教学研究中心主任针对京津冀联盟活动深入开展、青年教师培养等方面进行指导。五校校长、青年教师及大兴区各校教学干部、学科教师共计 200 余人参加活动。

（龚晴）

承德市隆化县、丰宁县中学生北京夏令营

6 月 26 日至 30 日，第二届河北省承德市隆化县、丰宁县中学生“在京一周，影响一生”励志教育夏令营活动在北京农业职业学院举行。来自承德市隆化县中学、郭家屯中学、丰宁县二中 154 名领队教师和中学生参加活动，通过参观农职院、清华大学、北京大学校园，感受中国一流大学、一流科研实验室带来的震撼；通过观看天安门升国旗仪式、参观国家博物馆等活动，开展爱国教育；通过聆听中国人民大学附属中学特级教师《人大附中中考作文取胜之道》、中国农业大学教授《我从农村走来》、中国工程院院士《我的农大梦》励志报告，开展励志教育。

（曹授俊）

京津冀中小学班主任共同体第二届研讨交流年会

7 月 14 日，京津冀中小学班主任共同体第二届研讨交流年会在天津师范大学附属小学召开。会议主题为“展班主任专业技能，促班主任专业成长”，京津冀三地 9 名获奖班主任代表分别作带班育人方略、情景答辩、才艺展示汇报交流。会议由天津市教委、北京市教委、河北省教育厅主办，天津市中小学德育工作者协会、北京教育科学研究院班主任研究中心、河北省德育研究中心承办，京津冀三地班主任代表近 200 人参加展示交流活动。京津冀中小学班主任共同体于 2016 年由北京市教委发起成立，每年举办研讨交流活动。

（胡雨）

京津冀特教学校研讨会

9 月 23 日，京津冀特殊教育学校教学研讨会在平谷区特殊教育中心召开。各校代表介绍学校特点、特色以及教学中面临的困难和困惑等；各校围绕个别化教育计划课程 (IEP) 的制定、重度智力障碍学生的培养目标等方面交流。专家认为“京津冀特教联盟”的做法值得推广，同时指出特教学校的发展不能脱离实践，信息技术的支撑要符合实际教学。北京 4 所、天津 2 所、河北 4 所特教学校校长、教师代表共 30 余人参加会议。

（王红梅）

京津冀地区盲校教育新编教材教学研讨会

11 月 22 日，北京市盲人学校召开京津冀地区盲校义务教育新编教材语文、数学教学研讨会。会议观摩盲人学校语文教师、数学教师作“ia iao ie iu”“解决 8 和 9 的问题”研究课，数学教师以倍数的认识为例谈参编新版盲校小学数学教材的体会，指出“生活中的数学”的内容在教材中有必要呈现。人民教育出版社小学语文室、北京市特殊教育研究指导中心、天津市视力障碍学校相关领导参加会议。

（高爽　付雪松　岳莉莉）

聋校义务教育新编教材京津地区教学研讨会

12月13日，北京市特殊教育研究指导中心主办聋校义务教育课程标准新编教材京津地区教学研讨会。聋校义务教育新编教材小学语文、数学主编分别分析新教材的特点、编写原则、编写思路以及与普校教材的区别；北京启喑实验学校一年级语文、数学教师分别作两节研究课，均突出学科特点，学生参与度高，聋生的语言得到补偿和发展。会议由启喑实验学校承办，全国小学教材编审专家、北京特殊教育研究指导中心、天津市小学教研室相关领导及专家，天津市聋人学校、东城区特殊教育学校、北京市健翔学校、平谷区特教中心领导及教师参加会议。

（沈晓东）

12月13日，聋校义务教育课程标准新编教材京津地区教学研讨会
（启喑实验学校 供）

高等教育

京津冀金融支持产业升级高端论坛

4月21日，北京工商大学举办京津冀金融支持产业升级高端论坛暨第二届京津冀经济与金融创新发展论坛。论坛与北京市金融学会、天津市金融学会、河北省金融学会等单位联合举办，分为项目推介、主旨演讲、互动讨论3个主要环节。项目推介环节，围绕河北省经济金融形势、京津冀金融发展基本情况、各家银行对京津冀产业发展的支持等方面开展项目介绍和合作意向交流。主旨演讲阶段，围绕互联网金融发展趋势与监管、京津冀产业结构生态化演进对能源结构的影响、雄安新区住房与房地产调控政策等问题作主题发言。互动讨论环节，围绕推进县域金融工作的意义、绿色金融的发展潜力和未来优势、供应链金融的实质等议题开展互动交流。来自天津商业大学、河北经贸大学、中国人民大学等高校，京津冀三地政府部门和金融学会专家学者150余人参加会议。

（杨蓉 杨巧明）

京津冀协同创新与科技成果转化论坛

4月，京津冀协同创新与科技成果转化论坛暨北京高校科技成果转化联盟2017年会在河北省张家口市怀来县举办。会议同时举办“政策介绍及成果展示”“高校科技成果转化推进”“中关村企业家论坛”等主题论坛活动。论坛介绍国家及京津冀最新科技成果转化政策、地方政府科技需求以及10余所高校科技创新成果等，怀来县政府与众筹联盟达成战略合作协议，9项高校科技成果和与会区县相关部门达成初步合作意向。年内，众筹联盟多次召开理事会议，持续跟踪相关成果转化项目，决定成立专业委员会、部分高校加入联盟等事项。

（宋慧宇）

京津冀理工类高校魅力汉语大会

5月27日，第二届京津冀理工类高校魅力汉语大会在东北大学秦皇岛分校举办。活动由教育部语言文字应用管理司指导，河北省教育厅、河北省语委主办，北京市语委、天津市语委支持，东北大学秦皇岛分校发起并承办。京津冀三地语言文字专家担任评委。会议以“掌握语言文字规范，领略汉语文化魅力”为主题，以学校代表队为单位开展汉语知识及应用能力竞赛，设置妙语连珠、吟诗作词、汉语源流、汉字演练4个环节，考察选手在成语积累、诗词知识、国学素养和汉字使用等方面能力。来自京津冀9所理工科高校非文科类专业36名学生参赛，经过4轮激烈角逐，东北大学秦皇岛分校、天津职业技术师范大学、首都医科大学代表队获一等奖，河北地质大学、河北工业大学、天津科技大学、北京工业大学、北京信息科技大学、天津理工大学代表队获得二等奖。

（胡雨）

首届京津冀休闲体育论坛

6月16日至17日，首都体育学院与中国高等教育学会体育专业委员会共同举办第六届中国休闲体育·北京论坛暨首届京津冀休闲体育论坛。会议围绕“休闲与冰雪”主题，包含休闲体育专业学组2017年工作会议、第六届中国休闲体育·北京论坛暨首届京津冀休闲体育论坛及休闲冰雪体验活动等环节。会议包括3个主题报告环节，首体院院长作题为《学新发展理念 创体育产业辉煌》主题报告，从创新、协调、绿色、开放、共享五大发展理念入手，提出体育产业需要跨界融合，成为一种健康生活方式，达到合作共赢；北京2022冬奥组委顾问通过作《搭建举办冬奥会平台，提升冬季体育发展水平》报告，讲述中国申办2022冬奥会背后的故事和冬奥会成功的要素，为中国举办2022年冬奥会提供借鉴，并介绍北京2022冬奥组委筹备工作进展；中雪众源（北京）投资咨询有限责任公司董事长结合自身多年的经营滑雪场经验，围绕《滑雪人才培养方向及课程体系设计》，介绍中国滑雪场现状与问题、滑雪场人才培养方向、滑雪专业方向课程体系设计等方面内容。来自全国35家单位93名专家学者及研究生、本科生参加会议。

（李丹阳）

首届京津冀高等学校大学生测绘技能大赛

6月30日至7月2日，首届京津冀高等学校大学生测绘技能大赛在北京建筑大学举办。比赛由北京市、天津市、河北省测绘学会联合主办，北京建筑大学承办，分为专业组和非专业组，包含理论测试、实践测量等多个环节，实测环节既有传统测量设备，也有“电磁波测距”等先进手段。最终北京工业职业技术学院(A1)、北京建筑大学(A2)、天津国土资源和房屋职业学院(A1)获得专业组特等奖，北京交通大学(B2)、中国矿业大学(北京)(B2)获得非专业组特等奖。来自京津冀27所高校共53支参赛队伍400名师生参加比赛。

(马利光)

6月30日，首届京津冀高等学校大学生测绘技能大赛
(建筑大学　供)

京津冀高校首届研究生网络与信息安全技术大赛

9月22日，北京高校10支代表队参加京津冀高校首届研究生网络与信息安全技术大赛。比赛设解题模式、攻防模式、混合模式3种形式，涉及安全编程、漏洞利用、网络流量分析等技术，京津冀地区25所高校34支队伍参加比赛。北京邮电大学、北京信息科技大学获一等奖，国际关系学院、华北电力大学、首都师范大学获二等奖，北京工业大学、北京联合大学、北京交通大学、北方工业大学、北京科技大学获三等奖。

(陈萌)

京津冀农业科技人才协同发展研讨会

9月27日，京津冀农业科技人才协同发展研讨会在北京农学院召开。会议结合工作领域、研究方向，围绕“京津冀人才一体化规划实施方案”“京津冀农业科研人才协同发展”作主题报告，并围绕“京津冀农业科研人才协同发展遇到的问题、需求以及解决问题的方向”展开深入交流研讨。会议由北京专家联谊会主办，农学院和北京市农林科学院承办，京津冀农业科研院所及高校专家、北京专家联谊会农林牧渔界别组专家、农业行业协会专家、北京市委组织部人才主管部门领导、北京市农村工作委员会主管领导、农业龙头企业分管人才工作高管及专家共50余人参加会议。

(王磊)

京津冀协同创新联盟高校首届教育信息化协作论坛

11月3日至4日，京津冀协同创新联盟高校首届教育信息化协作论坛在京举办。会议分为专家报告和圆桌会议两个单元。专家报告单元，教育部科技发展中心主任，清华大学教育研究院教授，市公安局文化保卫总队网安大队政委作专题报告。圆桌会议单元分为管理和技术两个主题分论坛，分别就当前教育信息化工作开展及成立“京津冀地区高校教育信息化协作联盟”相关事宜、当前信息技术发展趋势和高校网络安全态势等问题展开交流和探讨。与会京津冀高校共同发起关于京津冀高校教育信息化工作战略合作倡议。论坛由北京工业大学、天津工业大学和河北工业大学3所高校的信息安全与技术服务中心联合主办。京津冀地区33所高校的信息化部门负责人和技术骨干参加会议。

(刘晖)

京津冀农林高校协同创新联盟年会

11月26日，京津冀农林高校协同创新联盟2017年交流推进会在河北科技师范学院召开。会议主题是“贯彻党的十九大精神，落实乡村振兴计划”。与会各联盟高校领导就联盟后续发展、近期工作等相关事宜开展交流讨论，并分组讨论本科教育教学、科技合作、研究生培养、人才队伍建设等内容。会议期间，联盟各成员高校与中保绿都农林科技有限公司签订共建示范基地协议，在技术研发、成果转化、技术服务、人才培训等方面建立全面合作关系。会议明确联盟各成员高校共建互享教学科研基地，选择代表性基地作为“京津冀农林高校协同创新联盟基地”；决定由河北农业大学牵头成立乡村振兴研究院，依托研究院积极落实乡村振兴战略，服务京津冀协同发展。来自北京农学院、天津农学院、河北农业大学等9所高校55名代表参加会议。

(王磊)

首届京津冀地区东盟留学生汉语大赛

12月16日，北京语言大学承办首届京津冀地区东盟留学生汉语大赛总决赛。来自缅甸、柬埔寨、印度尼西亚、老挝、马来西亚、新加坡、泰国和越南8个东盟国家的15名留学生选手通过海选、初赛、复赛，进入总决赛。决赛限

12月16日，北京语言大学越南留学生阮国偲获第一届京津冀地区东盟留学生汉语大赛总决赛冠军　(北语　供)

定每人考试时间7分钟，包括命题演讲4分钟、才艺表演3分钟。经专家评选，评出一等奖1人、二等奖2人、三等奖3人。来自中国、东盟以及“一带一路”沿线20个国家的留学生代表300人现场观摩比赛。

（费凡）

职业与继续教育

京津冀职业技术技能交流赛

3月30日，北京外事服务职业教育集团联合北京市中职学校酒店服务与管理专业委员会举办2017年京津冀中等职业学校酒店服务专业技术技能交流赛。比赛设中餐宴会摆台与服务、客房中式铺床两个赛项，北京外事服务职业教育集团成员校北京市外事学校、天津市中华职业中等专业学校、张家口市职业技术教育中心与北京市酒店专业委员会成员校共13人参加比赛，评出一等奖4人、二等奖4人、三等奖5人。比赛由北京市外事学校承办。

（张朝辉）

京津冀中职校会计文化节

5月，京津冀中职校会计文化节在北京市商业学校举办。活动由北京现代服务业职教集团主办，北京市职业技术教育学会会计专业委员会协办、北京市商业学校承办，来自现代服务业职教集团所属10余家中职学校及企业代表近500人参加开幕式及相关主题活动。会计文化节主题活动包括诚信宣誓、技能比赛、教师论坛、诚信演讲、文艺演出、文化传承、倡议书等。在会计专业技能比赛现场，来自11所中职学校37名学生获得专业技能比赛一等奖，20名指导教师获得优秀指导教师称号。

（胡雨）

京津冀职成院校中华优秀传统文化传承与创新发展联盟成立

6月1日，北京市职业技术教育学会召开京津冀中华优秀传统文化融入职成教育创新发展大会。会议宣布成立“京津冀职成院校中华优秀传统文化传承与创新发展联盟”。朝阳区职工大学作为联盟发起者，本着“共建、共享、共赢”原则，汇聚社会各方力量，搭建教育与文化合作平台，实施资源共享，实现共同发展，合力推进京津冀中华优秀传统文化传承与创新教育发展。该联盟包括20所院校。

（蒋薇）

京冀职业院校（高职组）中华茶艺技能大赛

6月3日，2017年京冀职业院校（高职组）中华茶艺技能大赛落幕。比赛由北京农业职业学院承办，北京财贸职业学院、北京青年政治学院、北京劳动保障职业学院、河北旅游职业学院及农职院共5所院校选派7支代表队28名选手参加比赛。比赛项目包括绿茶、红茶、乌龙茶3套指定茶艺和创新茶艺、茶席展示、理论试题问答共4个部分，评出一等奖1个、二等奖6个、三等奖8个。

（李翠）

“雄·安·丰·容”电子商务联盟成立

6月9日，“雄·安·丰·容”电子商务联盟暨合作签字仪式在北京市丰台区职业教育中心学校举行。联盟发起单位丰台职教中心校、河北省容城县职业技术教育中心、雄县职业技术教育中心、安新县职业技术教育中心、全国电子商务职业教育教学指导委员会5个单位签署合作框架协议。根据协议，联盟开展以电子商务专业为先行的专业协作，4所学校共建专业人才培养实训基地、共育专业人才、共谋专业技能大赛，共同探讨跨区域跨领域紧密型一体化发展新模式，实现信息、技术、人才共享，开展发展战略、技术复合型人才与产品的战略研究，形成生源链、产业链、师资链、信息链、成果转化链、就业链，促进联盟成员单位共同进步和健康发展。三地职教中心申报电子商务新专业，招收113名新生。

（孙晓娟）

6月3日，2017年京冀职业院校（高职组）中华茶艺技能大赛落幕 （农职院 供）

京津冀民族吹管乐器及打击乐器演奏邀请赛

6月13日，2017年京津冀地区民族吹管乐器及打击乐器演奏邀请赛暨北京市中等职业学校技术技能比赛在中国音乐学院附中举行。比赛由市教委、市职业技术教育学会、北京教育科学研究院联合主办，设置民族吹管乐器组和打击乐

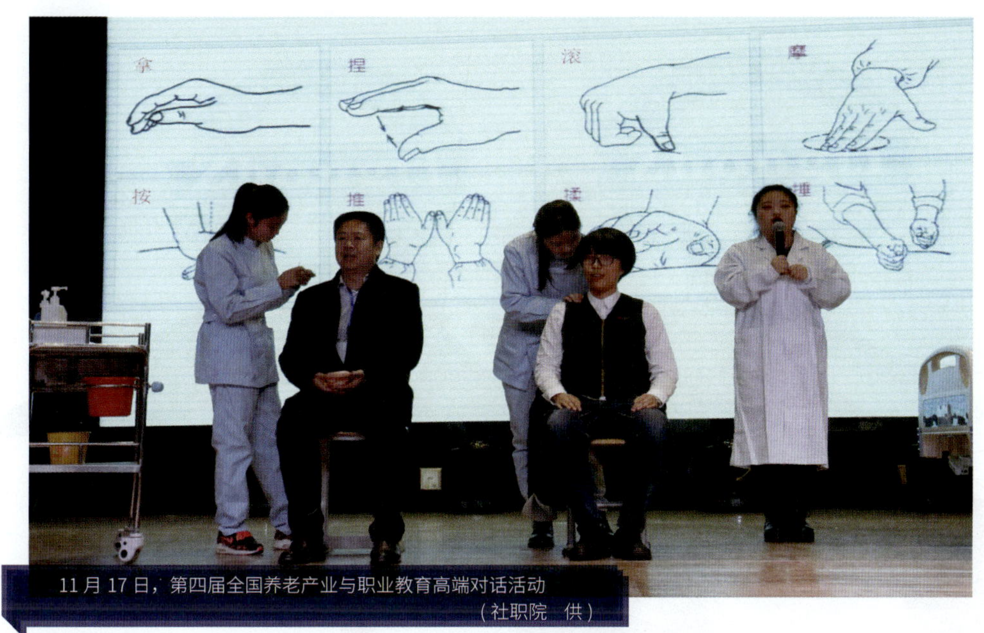

11 月 17 日，第四届全国养老产业与职业教育高端对话活动
（社职院　供）

器组两个组别，包括乐曲演奏、视奏和音乐素质考察 3 项竞赛内容。来自京津冀地区 7 所院校 51 名选手参赛，评选出一等奖 6 人、二等奖 10 人、三等奖 18 人。

（冯琦）

京保石邯职业教育联盟成立

6 月 14 日，京保石邯职业教育联盟成立暨第一届理事会在保定市雄县召开。会议观看北京金隅科技学校编制的《携手同行，共谱新篇》视频短片，汇报联盟筹备情况，公布联盟第一届理事会名单、联盟章程和 2017 年工作计划，听取《京津冀规划与雄安新区战略》主题讲座。北京、保定、石家庄、邯郸 4 个地区教育部门领导为联盟揭牌。金隅学校、北京市丰台区职业教育中心学校、石家庄市鹿泉区职业技术教育中心、雄县职业技术教育中心 4 所学校签订联盟成立后首个合作办学协议。联盟是在市教委职成处、河北省教育厅职成处和北京金隅集团领导下，由北京金隅科技学校牵头，联合京西南方向北京及河北部分职业院校、相关企业、科研单位、协会、服务机构等自愿组成的具有跨区域性和非营利性的组织，有加盟单位 35 家，其中，职业学校 26 所，行业、企业 9 家。

（武晔　陆娜　胡雨）

京津冀出入境服务领域产教联盟启动

6 月 24 日，京津冀出入境服务领域产教联盟启动仪式暨人才培养教学改革论坛在北京青年政治学院举行。会议启动京津冀出入境服务领域产教联盟，北京留学服务行业协会会长、环保蛙（北京）国际文化科技有限公司总经理、北京市外事学校旅游教学部主任、天津商务职业学院外国语学院院长在出入境服务领域人才培养产教论坛上作主旨发言。来自京津冀 20 余家行业企业、中等职业学校和高等院校代表以及北京市职业院校英语导游服务比赛观赛师生共同参加启动仪式。该联盟由北青院牵头，是由出入境服务领域的领军行业企业（境内外留学服务、境内外学游与游学教育培训服务、跨境旅游服务等机构为主）、中高职院校以及研究机构等组成，以英语类专业为纽带，具有职业教育、技术服务、社会培训与应用技术研究等功能的非营利性职业教育联合体，其宗旨是整合教育资源，构筑交流平台，拓展办学空间，疏通就业渠道，建立政府主导、行业指导、校企合作、校校联合的现代职业教育办学模式，整体提升英语类专业职业教育人才培养质量和办学效益，为京津冀出入境服务领域培养高水平技术技能人才，为区域经济社会发展服务。

（胡哲）

第二届京津冀养老高峰论坛

11 月 17 日至 18 日，2017 年第四届全国养老产业与职业教育高端对话活动暨第二届京津冀养老高峰论坛在北京社会管理职业学院举办。活动经教育部、民政部批准，由社职院承办，以“培养高素质专业人才、推动养老服务业发展”为目标，围绕“养老人才职教集团发展”主题，通过主题演讲、直面对话、国际视野以及毕业生供需见面会、项目发布等环节，实现全国养老服务职业教育与产业的深度融合和协同发展。来自全国 150 家养老教育机构、养老服务机构和相关部门、媒体共 500 人参加活动。

（张冼）

京津农广校师资培训交流

12 月 6 日至 8 日，北京市昌平农广校与天津市津南农广校联合举办京津两地师资培训与交流活动。组织教师走进国家级示范社迎新合作社、名洋湖都市庄园和龙达生态园等设施农业园区，学习津南区的先进经验，了解都市现代农业发展前景；与津南区辛庄镇社区成人教育中心教师交流座谈，天津农学院教授和北京农业职业学院教授分别作题为《如何做好成人教育工作》《如何做一名合格的新型职业农民》讲座。昌平区成人教育中心 30 余名教师参加学习。

（崔静　张燕）

（本栏责任编辑　胡雨）

大兴区

怀柔区

平谷区

密云区

延庆区

燕山地区

门头沟区

房山区

通州区

顺义区

昌平区

2018 | 各区教育

DISTRICTS EDUCATION

- 东城区
- 西城区
- 朝阳区
- 丰台区
- 石景山区
- 海淀区

DISTRICTS EDUCATION
各区教育

东城区

概述

2017年，东城区教委辖属教育单位199个（幼儿园52所、小学63所、中学42所、中等职业学校6所、特殊教育学校2所、工读学校1所、成人教育学校4所、其他法人单位29个）。招生27167人（幼儿园5608人、小学9318人、初中6637人、普通高中5310人、中等职业学校215人、特殊教育14人、工读学校65人）；毕业24388人（幼儿园3791人、小学7360人、初中7048人、普通高中4962人、中等职业学校1154人、特殊教育33人、工读学校40人）；在校生109238人（幼儿园15628人、小学54585人、初中20021人、普通高中16157人、中等职业学校2516人、特殊教育211人、工读学校120人）。教职工总数16085人（幼儿园2605人、中小学11524人、中等职业学校634人、特殊教育120人、其他辖属单位1202人）。北京市特级教师50人、北京市骨干教师165人、北京市学科教学带头人16人。设立学区8个。

2017年，东城区教育系统围绕“一条主线、四个重点”战略任务，持续深化教育综合改革，立德树人、全面育人，各级各类教育协调发展，教育质量持续攀升。高标准完成中美高级别外事接待活动，成功承办“面向未来的基础教育”第三届京台基础教育校长峰会，全员参与教育系统及民办机构安全大排查大清理大整治行动，召开2017-2018学年度教育工作会，出台《东城区跨区域合作办学管理办法》及细则。

综合改革取得新进展。“学区制”综合改革成果惠及百姓，新增5对深度联盟学校，新建1所九年一贯制学校；在北京市学区制管理和集团化办学工作推进会上交流经验；适龄儿童少年入学工作圆满完成，义务教育阶段小学就近入学比例达到99.12%，初中就近入学比例达到95.99%，优质教育资源覆盖率达到95%。“学院制”课程资源充分共享，新成立青少年社会实践学院、青少年法治学院2个专业学院，初步形成6个学习领域，3个学习层次，7组核心素养发展课程群。

“健康·成长2020工程”强调身心全面发展。举办足球、武术、田径运动会等阳光体育活动，全区中小学生1万余人次参与；以2022年冬奥会为契机推动青少年冰雪运动发展，7所学校成为首批北京市冰雪项目特色学校，18所学校开设冰雪课程；新增学生食堂12个，新建配餐中心1个。

“文化·传承2030工程”全面铺开。继续通过领悟国粹艺术、普及书法教育、诵读国学经典、研习中医药文化、探访名人故居等形式推进落实文化传承工程；举办10个专业院团的35场民族传统项目专场演出、第二届中小学生民族民间传统文化节、制作“非遗”手工艺等活动；13所学校开设京剧活动课程，2个单位获评第二批全国中小学中华优秀文化艺术传承学校。

德育工作扎实推进。开展“学道德模范 诵中华经典 做有德之人”主题教育、第七届中学生模拟联合国大会、首届中学生时事辩论赛等品牌活动100余项，全区中小学生全员参与。强化德育干部、班主任培训和家校协同机制，全员育人水平持续提升。通过“五四”纪念活动、“六一”庆祝活动等表彰东城区“特优生”“三好学生”“礼仪小标兵”“十佳少先队员”等22类奖项2.40万名学生和近900个先进集体。1个单位获评全国未成年人思想道德建设先进单位，2个案例获评全国中小学德育工作优秀案例。

各级各类教育取得成绩。加快扩充学前教育资源供给，通过加快推进北京市东城区春江小学改建为北京市东城区大方家回民幼儿园春江分园及北京市东城区第二幼儿园崇外分园项目建设、建立北京市东城区东华门幼儿园国职分址、在资源紧张的东直门地区及永定门外地区筹建公办园等举措增加学位 1500 余个；制订第三期学前教育三年行动计划。围绕学生发展核心素养继续深化课程改革，开展主题突出的走进学校、走进学区研讨活动，开展专项视导，搭建多种平台促进教学质量提升。推进落实中高考改革新要求，2017 年中、高考成绩继续保持全市领先水平，学生获高考北京市文科第一名、理科第四名，全区一本上线率接近 70%，本科上线率超过 90%。3 个基础教育教学成果获北京市特等奖。

1 月 5 日，东城区教委举办青少年优秀传统文化教育大讲堂新年首讲活动 （东城区教委 供）

人才战略增添新动力。启动《北京市东城区教育系统中长期人才发展规划 (2018-2035)》前期论证。教育系统深化综合改革人才奖励激励资金增至 8000 万元，交流轮岗 4205 人次。统筹优质资源，在 8 个学区依托“教育集团”“盟贯带”龙头校建立 18 个培训基地。东城区被确定为北京市“社会主义核心价值观与中华优秀传统文化”师德公共必修课培训试点区，并启动试点校培训。开展“做‘四有’好老师、争当优秀引路人”主题活动，评选教育系统“师德标兵”22 人、“教育新秀”105 人、“育人奖”518 人。16 人获评北京市特级教师、6 人获评北京市先进教育工作者、40 人获评北京市优秀教师、1 人获首都精神文明奖章、3 人获首都劳动奖章、1 人获北京青年五四奖章、1 人获全国优秀团干部称号、1 人获评全国“五一”巾帼标兵、1 人获评全国巾帼建功标兵。

（关英　李银姬）

青少年优秀传统文化教育大讲堂

1 月 5 日，东城区教委举办青少年优秀传统文化教育大讲堂新年首讲活动。天坛青少年活动中心以专题短片形式回顾 5 年来京剧教育发展历程，该中心京剧教师及其学生共同表演京剧折子戏《卖水》片段。参会领导为首批“东城区青少年校内校外京剧教育协作体”成员单位颁发证书，为“东城区青少年优秀传统文化教育大讲堂”讲师团首批讲师颁发聘书。中国戏曲学院教授作题为《京剧的表演手法》的讲座。大讲堂活动以讲座论坛、表演欣赏为主，兼具普及、提高与交流功能。区教委相关领导，京剧教育专家，各中小学、校外单位艺术教育主管领导和艺术学科教师近 200 人参加活动。

（周末　李银姬）

小学工作总结会

1 月 11 日，东城区教委召开 2016-2017 学年度第一学期东城区小学工作总结会。会议听取区教师研修中心、区特殊教育研究中心工作总结。区教委围绕“依法治校”“核心素养”“开放有序”3 个关键词梳理工作内容，指出各小学要继续将廉洁教育渗透到学校工作的各个层面，肩负起“一岗双责”的主体责任，规范教育行为，让教育改革普惠百姓。4 所学校从党风廉洁建设、学校课程建设、课堂教学管理、教师队伍建设等角度分享学校工作经验。区教委以《求真务实传承创新建设 彰显东城特色的小学教育》为题，部署未来工作开展方向，解读教育改革背景下核心素养落地的新要求。区教委相关负责人和各小学校长、教学工作主管干部、德育工作主管干部近 200 人参加会议。

（刘哲　李银姬）

“文化·传承 2030 工程”启动

1 月 17 日，东城区教育系统举办“文化·传承 2030 工程”启动仪式。该工程内容有领悟国粹艺术、普及书法教育、诵读国学经典、探访名人故居和研习中医药文化，以非物质文化遗产进校园等为载体，把培育和践行社会主义核心价值观融入到学校美育全过程，逐步实现东城区校园传统文化教育“六个一”，即每个学校均有一门及以上的优秀传统文化教育校本课程、均有一支优秀传统文化教育的专兼职教师队伍、均有一个及以上的优秀传统文化教育特色社团、每年至少举办一次优秀传统文化展示活动、均与一个或多个优秀传统文化社会资源单位牵手合作、每个学生均能掌握一门及以上的优秀传统文化艺术形式。市教委、区政府、区文化委、区体育局、区卫生计生委、区文联、中国教育学会美育研究分会相关负责人 500 人参加启动仪式。

（周末　李银姬）

教育综合改革推进会

1 月 17 日，东城区教委召开教育综合改革推进会。会议发布《2015-2016 学年度东城区“盟贯带”改革政策监测评估报告》。报告指出，东城区教育“盟贯带”改革持续平稳推进，各项政策措施得到主要利益相关者更加广泛的支持，政策效果令人满意；通过改革，学校办学活力和动力得到激发，办学格局和教育生态发生变化，组团发展成为主要办学模式。会上，区教育研修学院、区青少年学院以《传承创新发展——全面推进“学院制”改革》为题汇报对“学院制”改革的思考与认识和“学院制”改革的实践、探索与展望。市教委、区委、区文化委、区体育局、区委教工委、区教委、区政府教育督导室、区卫计委、区文联有关领导等500人参加会议。

（肖彦霖　李银姬）

第20届学生艺术节项目展演

3月20日至25日，东城区第20届学生艺术节项目展演在北京市第六十五中学举行。活动全面展现各校美育教育教学成果，内容包括舞蹈、管乐、管弦乐、民乐4大类，设小学一年级至三年级组、小学四年级至六年级组、九年一贯制组、十二年一贯制组、中学组、小学金帆组和中学金帆组7个组别。全区各中小学7000余名学生参加活动，获金奖68个、银奖61个、铜奖25个。器乐、舞蹈类项目推荐22所学校25个节目参加北京市第20届学生艺术节集体项目展演，获金奖21个、银奖3个、铜奖1个，15所学校获“精神风貌奖”；校园集体舞和民族韵律操项目在市级展演中获最佳表演奖10个、优秀表演奖2个，东城区教委获最佳组织奖。

（周末　李银姬）

3月20日至25日，东城区第20届学生艺术节项目展演
（东城区教委　供）

民办教育机构参与小学教学改革研讨

3月24日，东城区小学“民办教育机构参与中小学教学改革项目”教学研讨活动在北京市东城区体育馆路小学举行。活动通过民办教师上课、教研员评课、项目参与校汇报、集体研讨交流等环节，展示民办教育机构教师课堂生态。北京市通州区金钥匙培训学校、北京市海淀区学而思培训学校、北京市海淀区学大教育培训学校等民办教育机构负责人和东城区14所小学项目校主管领导参加活动。

（韩振娟　李银姬）

交通安全文化节启动

3月27日，东城区教育系统交通安全文化节启动仪式在北京市崇文小学举行。活动以“畅行2017 · 安全文明，从我做起”为主题，由区教委、区交通安全委员会、区文明办和东城交通支队联合举办。启动仪式上，崇文小学学生代表倡议全市中小学生自觉遵守交通法规，规范交通参与行为，做到不满12周岁不骑自行车上路；崇文小学为学生们印发活动宣传明信片。2017年交通安全文化节期间，区教委全面部署共享单车骑行安全教育工作，明确要求校园内部不得停放共享单车，不满12周岁学生不准骑车上路；要求各校针对师生开展有关法律法规和社会公德宣传教育，不恶意破坏共享单车等公共设施，进一步加强与学生家长的沟通，共同做好学生的安全出行教育。

（程桂生　李银姬）

经典诵读实践活动

3月31日，东城区教委举办中小学经典诵读主题教育实践活动暨“学规范 正行为”宣传教育活动。活动以“学道德模范、诵中华经典、做有德之人”为主题，设图片及校园文化环境展示、课程展示、大会交流3个环节。活动展示各中小学经典诵读，以及落实行为规范、传承传统美德教育成果；开放展示课9节，通过汉字文化、吟诵、茶艺等多种载体反映传统文化教育、行为规范教育与课程的有机融合；北京市东城区汇文第一小学、北京市东城区天坛东里小学、北京景山学校、北京国际职业教育学校学生表演吟诵、舞蹈、书法操等节目；表彰13名东城区“美德少年”。区教育系统未成年人思想道德建设领导小组成员单位、区教育研修学院、区教师研修中心负责人近300人参加活动。

（李肇元　李银姬）

教师礼仪规范首发

4月11日，《东城区教师礼仪规范（试行）》首发。教师礼仪规范由“着装、仪容、仪态礼仪”“校园礼仪”“课堂礼仪”“外事礼仪”4个部分组成，涵盖教师在校园内日常行为的主要领域。会议要求各单位贯彻教师礼仪规范，加

4月11日，《东城区教师礼仪规范（试行）》首发
（东城区教委　供）

强教师礼仪教育，结合实际开展培训，在校园内形成学礼仪、讲礼仪的氛围。全体干部教师要用“美”的礼仪滋润心灵，用“范”的准则完善自己，使教师成为东城教育的“金名片”、学校文化特质的“新”化身、学生仿效的“新”榜样。东城区和平里学区200余名教师参加首发仪式。

（谢晓云　李银姬）

学区制改革论坛

4月14日，东城区教委主办的东城区2017年学区制改革论坛在北京市第六十五中学举行。区教委以《携手组团谋发展因地制宜创特色　涵养以学区为单元的教育发展新生态》为题作学区制综合改革工作报告。各学区代表分别汇报学区开展的各项工作和未来学区发展规划。会议肯定学区制改革取得的成效，强调要加快推进教育综合改革，坚持稳中求进，增强责任担当；坚持内涵发展，公平质量并举；找准角色定位，抓好重点工作，为国际化、现代化的新东城建设，为办好人民满意的教育而努力。区教育系统综合改革领导小组成员、各学区工作委员会相关负责人等300人参加论坛。

（肖彦霖　李银姬）

小学世界读书日活动

4月20日，东城区教委举办小学“世界读书日”主题活动。活动以“家是一本永远读不完的书”为主题，设置“我的父母我的家——人生开启的第一本书”“我的集体我的班——永远回味的青春画册”“我的学校我的梦——点燃理想的文化丛书”“我的祖国我的爱——毕生追求的信仰之书”4个篇章，以“朗读＋亲子互动”“朗读＋同伴分享”“朗读＋师生对话”等形式，从文化育人、环境创设、课程建设等维度展示东城区小学“书香校园”建设成果。儿童文学家张之路与小学师生代表现场互动，与学生分享创作心得，并作写作指导。活动为8所获评第三批东城区“书香校园”的小学授牌。全区小学校长代表、阅读工作主管干部、家长、学生代表300人参加活动。

（刘哲　李银姬）

东城教育网络学习中心平台上线

4月21日，东城教育网络学习中心平台上线。平台拥有20万册图书资源、6000余部视频资源、6000余种期刊资源、400余家全国各地的报纸资源。该平台是东城区教育系统第三届书香文化节的一项重要内容，在推出电脑客户端的同时，推出“东教书香”移动手机端APP。网址：study.dcjy.net。

（谢晓云　李银姬）

“1+3”培养试验项目研讨

4月26日，东城区教委召开“1+3”培养试验项目教育教学研讨会。会议以“发展特色共同成长”为主题，设置课程观摩、班会展示、大会交流和项目研讨4个环节。中央工艺美术学院附属中学展示学校在课程整合上的尝试，介绍项目办学成果和具体经验。会议肯定东城区及工美附中在项目实践中取得的成绩，并对学校特色发展提出建议。市教委领导，东城、通州区教委和部分学校相关负责人，工美附中师生、家长代表200余人参与活动。该项目于2016年由市教委推出，面向城六区一般初中校实施，学生在初二年级结束后进入试验校，连续完成初三及高中共4年学习。工美附中作为东城区特色学校承担项目，开展课程整合、教学方法研究等活动，探索美术特色人才贯通培养新方式。

（彭靓芳　李银姬）

校园足球赛

6月18日，阳光体育2017年东城区中小学生校园足球赛闭幕。比赛于5月6日开始，利用周六、周日时间，持续到6月中旬完成全部比赛。北京市崇文小学、北京市东城区安外三条小学、北京市第五中学分校、北京市东直门中学分获小学甲组、小学乙组、初中组、高中组第一名，北京汇文中学、北京市第五十四中学分获传统校组第一名和第二名。来自全区24所小学、17所中学的58支球队780余名学生参赛。比赛由区教委和区体育局联合举办。

（陈红　李银姬）

禁毒教育片首发式

6月22日，2017年东城区中小学毒品预防安全月启动仪式暨“健康·成长2020工程”禁毒教育片《毒殇》首发式在北京市第二中学举行。活动播放二中师生自编、自导、自演、自制的禁毒宣传片《毒殇》，该片以青少年日常生活为背景，呈现青少年染毒典型情境，揭示合成毒品对青少年的侵害和青少年涉毒的家庭社会因素，以及吸毒对个人、家庭、社会的严重危害。东城区始终把未成年人思想道德教育工作摆在首位，重视青少年防毒禁毒教育，并结合“健康·成长2020工程”战略部署，开展一系列毒品预防教育工作。市禁毒办、市公安局、市教委、区教委、区禁毒办、

6月22日，2017年东城区中小学毒品预防安全月启动仪式暨“健康·成长2020工程”禁毒教育片《毒殇》首发式（东城区教委　供）

区卫计委等单位相关负责人参加活动。

（李肇元 李银姬）

学院制改革推进研讨会

9月22日，东城区教委在北京市第六十五中学举办“学院制”改革推进研讨会。活动组织观摩以“共建、共享、共发展”为主题的“学院制”课程集市展示活动。5个专业学院、8个学区分院，北京汇文中学、北京市东城区史家胡同小学等部分中小学，故宫博物院、荣宝斋等社会资源单位，共计40家单位展示体验课程80余门，全区近600名师生根据兴趣爱好，自由选课、自主体验。教育部基础教育课程教材发展中心、市教委、中国社会科学院欧洲研究所、北京教育科学研究院等单位的领导和专家，部分中小学师生600人参加活动。东城区实施“学院制”改革以来，青少年学院面向区域内中小学生发布课程225门，课程中学覆盖率84.20%、小学覆盖率96.70%；2014-2015学年度服务学生22821人次，2016-2017学年度服务学生64453人次。

（耿玺超 李银姬）

年度教育工作会

11月11日，东城区教委召开2017-2018学年教育工作会。会议以“不忘初心 立德树人 攻坚克难 深化改革 促进教育优质均衡可持续发展”为主题，听取区教委《不忘本来，吸收外来，面向未来——东城教育“可持续发展2050工程”的思考和实践》主题报告，报告阐述“可持续发展2050工程”的核心和构架及其对东城教育的启示，明确提出2050东城教育蓝图，并再次强调“十三五”中期东城教育发展核心任务。会议肯定教育系统三年来在教育综合改革各方面取得的成果，要求依靠校长和教师两支队伍办好每一所学校，抓实“健康·成长2020工程”“文化·传承2030工程”和“可持续发展2050工程”。会议设立5个交流板块，11个交流发言，区教委就实施8个项目拓展学位资源、优化结构布局、有效缓解“入园难”问题介绍东城区学前教育改革发展情况，部分学校分享经验。区教育系统各单位党政负责人、教学和德育主管干部，区教委各科室负责人，优秀班主任和青年教师代表以及来自西藏自治区、河北省、江西省等对口支援与区域合作项目地区的挂职干部等500人参加会议。

（李银姬）

青少年科技后备人才拔尖培养计划启动

11月29日，东城区启动青少年后备人才拔尖培养计划。区教委与北京青少年科技中心签订《东城区青少年后备人才拔尖培养计划合作框架协议》。协议明确，双方建立合作会商制度，组建工作领导小组和项目办公室，共同研究年度合作事项；青少年科技中心提供高校和实验室资源平台，组织导师团队负责学生课题指导，为东城区提供骨干科技教师专业培训和特色学生活动。区教委首批建立16所基地校，在基地校中选拔优秀学生加入培养计划，建立专门组织机构，加强对基地校的管理和学生培养，坚持高标准严要求，确保培养质量。

（王司光）

青少年法治教育学院成立

12月4日，东城区召开“12·4”国家宪法日法治宣传教育暨青少年法治学院成立大会。会上，区教师研修中心总结课堂主渠道开展法治教育情况，北京市东城区和平里第四小学、北京市文汇中学教师展示微课《道德与法治》，中小学生展演自编法治情景剧和宪法主题演讲。会议为在首届东城区中小学“道德与法治”优秀教学案例评选中获奖的27名教师，以及在2017年开展的各类宪法主题教育活动中获奖的10所学校及教师颁奖。会议宣布青少年法治学院成立，青少年法治学院与区法院、区检察院、中国法院博物馆等首批15家资源单位签约，聘任19名法律工作者为首批实践基地辅导员。资源单位将按照“四个一”模式参与法治学院建设，即“派驻一名专员、设立一个基地、打造一门课程、组建一支队伍”。市教委、北京教育科学研究院、区政府领导，全区师生代表200人参加大会。青少年法治学院依托北京市东城区职工大学法律专业师资力量和行政执法培训基地资源，推进普法教育体系化、规范化建设，让学生学法、知法、用法。

（陈龙龙 李银姬）

全民终身学习活动周启动

12月13日，第13届东城区全民终身学习活动周启动仪式在故宫博物院举行。活动总结回顾2016年东城区全民终身学习工作情况，表彰在社区教育工作中获得国家、市、区级荣誉的先进集体和个人。北京国际职业教育学校师生与故宫博物院文物修复专家同台展示，市民模特队表演旗袍秀，故宫博物院以《坚定文化自信，做中华传统文化忠实守望者》为题介绍博物馆文化。故宫博物院、北京孔庙和国子监博物馆、北京大学、市教委、区教委、区政府教育督导室有关领导和专家，东城区各委办局、街道、学区市民学习基地（中心）、市民职业体验中心相关干部和市民代

12月13日，第13届东城区全民终身学习活动周启动仪式在故宫博物院举行 （东城区教委 供）

表350余人参加活动。学习周组织东城区第八届清风墨韵书画展、第13届市民业余棋类比赛、第五届市民厨艺大赛、老年教育教学成果展、第二届市民花艺大讲堂插花比赛、第八届中老年市民计算机应用能力竞赛、市民职业体验中心体验课程进社区、社区文艺团体展演、北京大学国子监大讲堂流动课堂、"百姓学堂"系列讲座进社区10项主题活动，并面向市民发放《东城区社区教育报》和市民学习读物。

（连莲　李银姬）

艺术教育成果展示

12月18日，东城区25所中小学展示美育成果。960名师生以"我们共同成长·让梦飞翔"为主题，以传播优秀中华传统文化为主线，以舞蹈、合唱和器乐合奏等艺术形式，以"感恩"为呈现方式，表达在美育之路上"所遇皆师所获皆恩"的深刻寓意，展示东城区美育成果。教育部、文化部、市教委、区委、区政府、区教委领导，全区中小学校长、教师、学生和家长等共同观看演出。

（刘丹　李银姬）

西城区

概述

2017年，西城区教委辖属教育单位390个，其中，幼儿园73所（教育部门办园26所、集体办园10所、民办园19所、其他部门办园13所、地方企业办园2所、部队办园3所）；小学58所（教育部门办校57所、民办校1所）；中学43所（教育部门办校39所、民办校3所、其他部门办校1所），其中，初级中学3所、完全中学35所、高级中学2所、九年一贯制学校1所、十二年一贯制学校2所；中等职业学校4所；特殊教育学校2所；工读学校1所；校外教育机构12个；其他直属单位20个；监管培训机构法人单位177个。招生40172人（幼儿园8297人、小学15050人、初中10181人、普通高中6596人、特殊教育33人、工读学校15人）；毕业30145人（幼儿园4828人、小学10620人、初中7322人、普通高中6464人、特殊教育42人、中等职业学校852人、工读学校17人）；在校生143728人（幼儿园19398人、小学77537人、初中24971人、普通高中20035人、中等职业学校1345人、特殊教育376人、工读学校66人）。教职工总数18078人（幼儿园3496人、小学5675人、中学7913人、中等职业学校781人、特殊教育213人），其中，高级职称2746人（幼儿园67人、小学272人、中学2148人、中等职业学校240人、特殊教育19人），中级职称5619人（幼儿园541人、小学2784人、中学1915人、中等职业学校274人、特殊教育105人）。北京市特级教师73人、北京市骨干教师229人、北京市学科教学带头人42人。全年教育总投入75.50亿元。中小学固定资产总值54.96亿元。成人学校3所。新建小学9所、中学4所。设立学区11个。

2017年，西城区教委以"推动管理转型，提升教育品质"为主线，以立德树人为根本，以改革创新为动力，以提高质量为核心，以促进公平为导向，深化教育综合改革，各项工作取得新成绩。

深化教育综合改革。新成立十五中、三十五中教育集团，至此，全区共有教育集团19个，成员校涉及91所中小学、幼儿园。分类别组建小学精品学校联盟9个、示范高中联合体15个。推进2所中学、4所小学合并重组工作。推进学区制建设，采取学区理事会统筹指导、学区办公室协调管理、以学区内各类教育机构为主体、学区内各类社会教育资源共同参与的组织架构（简称为"1+1+N+X"）；成立学区办公室，对学区办公室首批29名工作人员开展培训。

提升教育教学质量。加强德育建设，以"使命与担当"为主题，组织"开学一课"教育活动。鼓励学校根据自身特色，开展经典诵读、模拟联合国等教育实践活动。规范教学管理和课程管理，落实部编新版教材培训，开展中小学课程、教材备案审查和"问题地图"排查工作，召开课程建设研讨会，开展中小学优质原创课程资源征集和课程建设优秀成果区级评选及市级推荐工作。开展教育教学干部小专题行动研究，组织"2017年西城区小学教学管理案例评比活动"，开展校歌、校训、校史展馆检查工作。开展教学质量监控和常规教育教学视导，召开第17届"金秋杯"活动总结暨小学教育教学质量分析会，组织第13届"西城杯"课堂教学评优活动。加强幼小衔接，组织幼儿园园长和教学干部了解中小学培养目标，树立儿童培养的大课程观。加强艺体美课程建设，引领学生综合发展，组织开展阳光体育系列活动、七彩梦想演出季、西城区科技节等活动和比赛。加大校园足球、冰雪运动、武术特色校推进力度，开展课间武术操检查验收。至年底，全区有14所国家级足球特色学校和2所市级足球特色学校，500余名小学师生参与上冰体验课，600余名师生登上国家大剧院等舞台，138支艺术团队5618人次学生参与艺术节展演。

人才队伍建设。健全职称评审备案工作，完善骨干教师评选、考核方案，完善"名师工作室""导师团"管理工作，召开"导师团"聘任大会。新建17个"名师工作室"，21名教师获评北京市特级教师。进一步落实"多劳多得、优劳优酬"原则，市级绩效激励机制资金主要用于支持义务教育课余活动工作，奖励对教育改革有突出贡献的单位和办学特色学校。建立区级班主任工作智慧库，加强班主任队伍建设。启动"十三五"教师培训工作，分层分类实施教师培训工程。与北京师范大学教育学部合作，为北师大研究生、本科生配备实践导师，输送骨干教师去北师大听课，推进教育理论与教育实践深层融合。

保障学前教育供给。推进幼儿园建设，实现全区15个街道均有教委办园，形成全日制、半日制、小时制等多种办学服务分布方式，提高儿童受教育率。鼓励指导街道、机关企事业单位挖潜扩班或举办幼儿园。新审批4所民办园，指导民办幼儿园新增办学点，扶持普惠型民办幼儿园发展，新增学位 2430 个，比上年度净增在园幼儿 1915 人。实施幼儿园质量提升工程，规范园所办园行为，全年考核幼儿园 44 所、验收幼儿园 7 所、综合督导幼儿园 1 所。

提升教育现代化水平。以“优化课程资源，推进学术探究”为主题，组织 2017 年教育科研月展示活动 29 场，涉及教师专业成长、学科教学方法、学生核心素养等 27 个议题。推进“高校支持小学发展”“西城区中小学生思想道德状况测评及教育对策研究”等项目实施与研究。推进 15 个新建、改扩建、整体改造项目，推进中小学扩班 89 个。

（杨海蓉）

德育“四个一”活动

2017 年，西城区教委推进德育“四个一”活动。分 3 批组织 8000 名初一年级学生观摩天安门广场升旗仪式，组织 7000 名初二年级学生参观国家博物馆，组织 8000 名初二年级学生参观首都博物馆，组织近 1 万名初一年级学生参观中国人民抗日战争纪念馆。每次大型活动前均面向德育干部开展培训，要求学校制订安全预案，做好课程设计，并在活动结束后进行总结教育，巩固活动效果。全年上报参评市教委组织“四个一”活动征集评比课程方案 23 篇，12 篇方案获奖（一等奖 4 篇、二等奖 2 篇、三等奖 6 篇）；推荐上报主题活动案例 18 篇，11 篇案例获奖（一等奖 4 篇、二等奖 2 篇、三等奖 5 篇）。

（詹小雪）

推进中考中招改革

2017 年，西城区推进中考、中招改革。执行市教委将初中毕业会考和高级中等学校招生考试两考分开的做法，凡要求升学的初中毕业年级学生（含往届生），均须参加全市统一组织的高级中等学校招生考试。西城区毕业考试由全区统一命题，学校自行组织完成。升学考试中，文化课考试科目、各科分数权重、阅卷办法、体育科目考试及录取办法均同上年。中招继续执行示范高中将部分招生计划分配到初中校的政策，名额分配招生包括名额分配和市级统筹。西城区示范高中名额分配计划 1222 人；市级统筹一计划 125 人，市级统筹二计划 50 人，市级统筹三计划 31 人；校额到校计划 268 人。职业高中停止招生。

（费非）

“城宫计划”实现义务教育阶段全覆盖

3 月 23 日，西城区教委为 38 所初中“城宫计划”学校颁牌。继 2016 年 59 所小学全部挂牌之后，全区“城宫计划”实现义务教育阶段全覆盖。至年底，西城区建立包括社会名人、专家团队、校外教育机构教师在内的“城宫计划”名师团队资源库，形成涵盖 50 余个项目课程资源包，“城宫计划”形成 4000 余个课外小组和社团，包括 4 类 20 余个学科 100 余门课程，超过 95% 的学生获益，各中小学全面开设艺术、科技、体育、中华传统文化等兴趣小组和社团活动。区教委于 2014 年开始实施“城市学校少年宫”计划（“城宫计划”），将校外教育资源引入校内，让学生在校内、在课后能够参与艺术、科技、体育等方面的活动，为广大学生搭建丰富多彩的课外活动平台。学校通过调动有特长的教师，引进有资质的社会教育机构，挖掘“非物质文化遗产”传承人资源、“高参小”项目高校资源以及学生家长等方式，整合社会资源，建立促进学生全面发展的校内“少年宫”运营机制。为保证“城宫计划”的推进，西城区逐年增加学生课外活动经费，2014 年投入资金 1638 万元；2015 年投入资金 7926 万元；2016 年在市级课外活动经费生均 850 元的基础上，区财政面向九年义务教育阶段学校，增加生均 450 元的经费补贴，区级经费补贴 4000 万元。

（许红）

四十一中“城宫计划”茶艺课

（四十一中　供）

继续整区推进学农实践活动

3 月 26 日至 6 月 17 日和 9 月 17 日至 11 月 24 日，西城区教委分 2 次组织学生前往北京农业职业学院开展农业实践活动。第一次分 9 批组织 3000 余名初二师生参加活动；第二次分 8 批组织 19 所学校的学生参加活动。2017 年是学农实践活动整区推进的第二年。在年初的学农工作总结经验交流基础上，各学校开展行前动员、校院对接、家校沟通，并通过学长介绍、印发学农手册等方式，全面系统介绍学农课程，进一步规范学农实践管理制度，并鼓励学校积极开展学农实践与校本课程融合探索，力争教育效果最大化、最优化。

（詹小雪）

小初衔接课堂教学研讨会

4月14日，西城区教委召开小初衔接课堂教学研讨会。会议以“加强贯通培养，回归课堂精彩”为主题，以数学课堂教学为切入点，分为现场教学和专题研讨两部分，聚焦小初衔接，聚集中小学干部教师，共同探讨、合力研究如何立足学生成长和终身发展，遵循身心发展规律，实现小学与初中贯通培养。

（贺颖）

两个教育集团成立

4月26日，北京市第十五中学教育集团和北京市第三十五中学教育集团成立。十五中教育集团成员校（园）为十五中、北京市第三十一中学、北京市西城区半步桥小学、北京市西城区白纸坊小学和十五中附属幼儿园；三十五中教育集团成员校为三十五中、北京教育学院附属中学和北京市西城区志成小学。西城区成立教育集团旨在探索纵向贯通培养和义务教育优质均衡发展新模式、新经验，通过一所核心校带动成员校共同发展，资源共享，提高各成员校办学水平，实现共同发展。至年底，西城区有教育集团19个，共有成员校（园）91所。2012年9月，西城区以“政府主导、名校牵头、项目运作、专家支持、政策保障、特色发展”为原则，首批成立北京市第四中学、北京市第八中学、北京第二实验小学、北京小学4个教育集团，共有成员校（园）19所。

（杨海蓉）

义务教育入学工作

4月27日，西城区教委制定《西城区2017年义务教育阶段入学工作的实施意见》。初中入学方式包括九年一贯制直升入学、特长生招生、对口直升派位入学、全区派位入学、特色校招生、学区登记入学、学区派位入学和民办学校招生。中小学对口直升入学调整、新增为15所小学对口直升11所中学，录取比例比上年增加10%，对口直升校连续6年学籍的应届毕业生均可自愿参加，按随机派位方式录取具有直升资格的50%毕业生进入对口初中校。取消有条件派位入学方式，新增全区派位入学。符合入学条件的小学应届毕业生，在自愿参加的前提下，在全区范围内填报入学意向，按招生计划通过计算机派位方式入学。符合入学条件，且属西城区及以上人民政府人才引进计划的海外归国人员、各类引进人才子女及各种符合政策的保障对象子女入学，按市教委相关规定在学区内派位入学。符合西城区初中入学条件并未被各种入学方式录取的小学应届毕业生，以初中入学学区为单位，在规定时间内填报入学意向，通过计算机派位方式入学。小学采取免试就近入学。至9月，区教委完成义务教育阶段入学工作。小学入学新生15116人（本市户籍适龄儿童13656人、非本市户籍适龄儿童1460人）。派位入学中新增“多校划片派位”，涉及北京市西城区师范学校附属小学展览路校区、北京市西城区黄城根小学、北京市育才学校3所学校，972人参与网上报名，录取新生208人。初中录取新生10180人（本市户籍8299人、非本市户籍1881人），包括参加学区派位入学7035人；8152人参加全区派位入学，录取学生865人。转学工作顺利完成，转入学生793人，其中，春季转入282人、秋季转入511人。

（费非）

第十届市民讲外语风采大赛

5月10日，北京市西城经济科学大学与西城区委宣传部等单位联合举办西城区第十届市民讲外语风采大赛。比赛以“当好东道主，文明北京人”为主题，来自西城区27家单位的28个团队近600名外语爱好者参赛，采用演唱、舞蹈、童话剧、模特秀、诗朗诵等比赛形式，展示英语、俄语、法语等6个语种的节目43个，展现市民学外语、讲外语、爱生活、爱北京的良好精神风貌。西城经科大外语系教师与中国青年政治学院国际教育交流学院的外国留学生共3人担任评委，坚持普及性、实用性、群众性和趣味性相结合的评比原则，评选出一、二、三等奖共计23个。大赛每年围绕不同主题举办1次，已成为西城区市民学习外语、展现学习成果的窗口。

（何伶）

5月10日，西城区第十届市民讲外语风采大赛

（西城经科大　供）

考核验收56所幼儿园

5月10日至17日和10月23日至12月15日，西城区教委分2批考核验收56所幼儿园。5月，分别考核北京市西城区虎坊路幼儿园、北京市西城区长安幼儿园、北京市西城区和平门幼儿园、北京市宣武回民幼儿园、北京市公安局幼儿园和中部战区空军保障部蓝天宇锋幼儿园6所北京市示范幼儿园。考核结果显示6所幼儿园均符合市级示范园办园标准。10月至12月，考核验收不同办园体制、不同级类的50所幼儿园。按照市级示范园验收标准和市分级分类考核验收细则，围绕幼儿园管理、队伍建设、保教、卫生保健、办园条件等方面情况，采取听取自查自评报告、查看幼儿园环境建设、观摩教学活动等形式，全面检查分析

幼儿园整体建设情况，帮助各幼儿园总结成绩和经验，查找问题和不足。50 所幼儿园均符合现有级类标准。

（王丽萍）

中国京剧梅派艺术传承基地落户

5 月 27 日，北京市西城区棉花胡同幼儿园、北京市志成小学、北京市第三十五中学共同建立中国京剧梅派艺术传承基地。梅兰芳外孙范梅强为基地授牌并签署授权书。基地将开发、设置以梅派京剧艺术为核心的相关课程、编写课程教材，并举办以梅派京剧艺术为主题的相关教育活动。三十五中与梅兰芳纪念馆合作，开发以梅兰芳和梅派艺术为主题的系列讲座、展览，并将梅兰芳纪念馆作为学生爱国主义教育基地之一。

（郭轶琼）

3 所幼儿园晋升级类

6 月 15 日、30 日和 7 月 4 日，市教委委托西城区学前教育考核验收小组，分别对北京市西城区西柳树井幼儿园、北京市西城区南菜园幼儿园、北京市农业局幼儿园进行上级上类考核验收。经验收，3 所幼儿园均达到其所申报的级类标准。西柳树井幼儿园由北京市三级二类幼儿园晋升为北京市二级二类幼儿园；南菜园幼儿园由北京市三级三类幼儿园晋升为北京市二级三类幼儿园；农业局幼儿园由无级无类，晋升为北京市二级二类幼儿园。

（王丽萍）

非遗进校园推进会

6 月 21 日，西城区教委、区文委联合举办西城区非遗进校园推进会暨非遗项目推介活动。活动听取北京市西城区厂桥小学、北京市一五九中学和 3 家非物质文化遗产项目单位代表非遗活动经验介绍，向学校赠送有关非遗的书籍，展示白纸坊太狮、抖空竹、单弦《北京话》、口技与沙画等非遗项目。22 名非遗传承人及 9 家传统文化类社会组织举办“北京鬃人、彩塑京剧脸谱、京派剪纸、绳结、裕氏草编、毛猴”等项目互动和推介。区政府、区教委、区文委相关领导，各中小学、校外教育单位主管领导和相关媒体代表 100 人参加活动。

（许红）

中考中招工作完成

6 月 24 日至 26 日，西城区教委组织北京市高级中等学校招生统一升学考试。报考总计 6994 人，其中，具有升学资格考生 6659 人、借考考生 335 人。中考设考点 16 个，考场 243 个。48 所初中学校考生被录取 6557 人，占全区有升学资格考生的 98.5%。录取考生按招生批次统计，提前招生批次 898 人，占 13.5%；名额分配批次 1409 人，占 21.2%；统一招生批次 4250 人，占 63.8%。录取考生按招生学校统计，示范高中录取 4169 人（本区示范高中录取 4052 人、外区示范高中录取 117 人），占 62.6%；一般高中录取 1798 人（本区一般高中录取 1676 人、外区一般高中录取 122 人），占 27.0%；中专、技校、职业高中和五年高职录取 451 人，占 6.8%；贯通培养项目录取 139 人，占 2.1%。中考落榜生 102 人，占 1.5%，包括有志愿的落榜生 33 人，占 0.5%。

（吴献平）

“高校支持西城区小学发展”项目签约

7 月 7 日，西城区教委举办“高校支持西城区小学发展”第三期项目签约仪式。西城区教委与高校、项目学校逐一签订《“高校支持西城区小学发展”项目合作协议书》，明确协作三方权利和义务。北京师范大学、首都师范大学、北京教育学院分别介绍项目推进构想。根据学校发展需求，第三期项目学校增加至 16 所，包括教育集团校、精品联盟学校、附小直升校等不同办学模式，合作主题相应拓展，包括“管理文化改进”的深化推进、教育评价项目的新定位、课程整体建构等领域的持续研究。“高校支持西城区小学发展”项目每期实施 3 年，一期项目 2010 年 9 月启动、二期项目 2014 年 6 月启动。

（杨海蓉）

完成秋季招生工作

8 月，西城区教委完成普通高等学校秋季招生考试工作。普通高考报名 6966 人，其中，文科 2628 人（包括 3 科考生 81 人）、理科 4338 人（包括 3 科考生 59 人）；297 人参加 28 所高职自主招生并被提前录取。全区 6658 名考生参加普通高考，其中，参加全科考试 6639 人，实考考生 6406 人，上本科线 5260 人，上线率 82.11%；参加高会统招（高职招生中所采用的招生方式，即“高考成绩 + 会考成绩”录取模式）19 人，实考考生 8 人。中学应届实考 5304 人，上本科线 4842 人，上线率 91.29%，其中，文科应届实考 1470 人（上本科线 1205 人，上线率 81.97%），理科应届实考 3834 人（上本科线 3637 人，上线率 94.86%）；专科上线率 100%。普通高考录取 6478 人，录取率 96.37%。考试中心高招办完成高职班单独招生工作。高职单考单招报名人数 438 人，其中，384 人参加 28 所高职自主招生并被提前录取；54 人参加师资班、高职班单独招生考试，实考 24 人，录取 21 人。高职班单独招生录取 405 人，录取率 99.26%。

（王清）

棉花胡同幼儿园松树街分园开园

9 月 1 日，北京市西城区棉花胡同幼儿园松树街分园正式开园。为贯彻落实《西城区二期学前教育三年行动计划》，按照区教委安排，棉花胡同幼儿园于 2016 年接收松树街园址，园所占地面积 2100 平方米、建筑面积 1100 平方米。在区委区政府支持下，投入 342 万元进行设施改造。该分园采用全日制与半日制并举的办学形式，开设教学班 7 个（中小混龄班 1 个、全日制小班 2 个、半日制小班 4 个），招收幼儿 180 人。

（周玉平）

自考工作

至年底，西城区教委完成高等教育自考工作。高等教育自学考试笔试课程全年报考 14533 人次，比上年 11349 人次增加 3184 人次；报考 45288 科次，比上年 29590 科次增加 15698 科次；新生注册 3804 人，比上年 2104 人增加 1700 人；组织考试 1455 场次。查处违纪考生 38 人。

（常忱）

第 13 届“西城杯”小学课堂教学评优活动

至年底，西城区教委举办第 13 届“西城杯”小学课堂教学评优活动。活动以“关注学生需求 拓展学习空间 促进全面发展”为主题，按照校级、校际、区级 3 个阶段推进。在北京第二实验小学召开“校际阶段”评优启动暨培训会，以教育集团校、附小直升校和精品联盟校 3 种办学模式为组织单位，开展说课交流 19 个场次，61 所学校推荐 474 名教师参加“校际阶段”评优，评出说课一等奖 243 人、二等奖 226 人，5 人未参加“校际阶段”评优活动。

（贺颖）

学校资源整合

至年底，西城区整合学校资源。北京市西城区四根柏小学和北京市西城区中华路小学合并，组建北京市西城区志成小学，属于北京市第三十五中学教育集团。学校占地面积 14132 平方米、建筑面积 11671 平方米；教职工 101 人，包括专任教师 92 人；在校生 1185 人。北京雷锋小学和北京市西城区新街口东街小学合并，组建新的北京雷锋小学，属于北京师范大学第二附属中学教育集团。学校占地面积 1.05 万平方米、建筑面积 8963 平方米；开设教学班 27 个；教职工 73 人，研究生学历 3 人、本科学历 67 人；在校生 882 人。新成立北京市正泽学校，为九年一贯制非营利性民办学校，占地面积 1900 平方米，校址北京市西城区小市口胡同 8 号，采取小班化教学，开设教学班 6 个，首批招生 170 人。

（方光志）

朝阳区

概述

2017 年，朝阳区有幼儿园 250 所（包括北京市示范幼儿园 30 所），小学 87 所，中学 94 所（初中 19 所、高中 2 所、完全中学 13 所、九年一贯制学校 35 所、十二年一贯制学校 25 所）。招生 77591 人（幼儿园 34065 人、小学 24693 人、初中 14347 人、高中 4486 人）；毕业 48301 人（幼儿园 16886 人、小学 17964 人、初中 9207 人、高中 4244 人）；在校生 265371 人（幼儿园 78764 人、小学 137932 人、初中 34907 人、高中 13768 人）。教职工 34815 人，其中，幼儿园 14079 人（包括专任教师 7373 人）、小学 7431 人（包括专任教师 7005 人）、中学 13305 人（包括专任教师 10754 人），包括高级专业技术职务教师 2895 人（小学 619 人、中学 2276 人）。北京市特级教师 202 人、北京市骨干教师 355 人、北京市学科教学带头人 63 人。中小学全年教育总投入 88.15 亿元。特殊教育学校 1 所，在校生 284 人。工读学校 1 所，在校生 17 人。职业高中 5 所，招生 489 人（不包括成人中专）、毕业 703 人（不包括成人中专）、在校生 5623 人（包括成人中专）。民办中小学 29 所 42 址（完小 7 所、完中 2 所、九年一贯制学校 7 所、十二年一贯制学校 12 所、职业高中 1 所）；民办幼儿园 148 所 204 址，在园幼儿 47123 人；民办培训学校 226 所。无办学许可证学校 219 所（自办学校 9 所、自办托幼场所 210 个），在校生 21095 人。设立义务教育学区 15 个，实施集团化办学单位 10 个。

2017 年，朝阳区教育系统以办好人民满意教育为使命，坚持立德树人，学生综合素质进一步提升。

德育工作。健全“教委—学区—学校”三级德育工作机制，制定防治学生欺凌和暴力、开展心理干预工作等制度，出台《关于全面优化学生健康成长环境的意见》及实施方案。启动积极心理品质培养课程试点，采取“医教结合”方式加强学生心理健康监测。

学校文化建设。通过评选“十佳”学校文化节和首批 20 个学校文化特色品牌项目，进一步推进学校文化特色建设和内涵发展。持续推进精神文明建设，38 所学校被认定为北京市第二批中小学文明校园。深入开展民族团结教育，4 所学校被评为“北京市民族团结示范校”。逐步完善“1+2+15+N”融合教育支持保障体系，其中，“1”指区特教中心，“2”指培智教育中心（北京市朝阳区安华学校）和自闭症教育训练中心（北京市朝阳区新源西里小学）2 个区域资源中心，“15”指 15 个学区，“N”指融合教育学校（资源教室）。

深化教育综合改革。构建“4—15—40”学区化（把相邻的 4～5 所中小学组成 1 个片区，共 40 个片区，再把相邻的 2～3 个片区组成义务教育学区，共 15 个学区）发展格局，启动义务教育学区、集团化办学学校内部教师轮岗交流试点工作。中高考改革稳步实施，开展新中高考改革和新高中课改应对研究和专题培训，出台加强中考选考、高中课程改革等配套文件，开展选课走班系统改革。推进教育教学改革试点工作，深化人才培养模式改革，“1+3”项目实验校增至 6 所，4 所学校成为直升培养项目校，2 所高中进入市级优质高中教育资源统筹招生计划。深化“智慧校园”建设，11 万道试题资源库全部上线，互动课堂教学平台应用入选第一批国家数字教育资源公共服务体系建设与应用试点平台。

聚焦民生教育诉求。加大学前教育工作力度，研究制订《朝阳区第三期学前教育行动计划》。通过加快新园建设、改扩建项目、以租代建、购买服务等举措，新增学位近1万个，占全市计划扩充学位数的50%。出台《朝阳区幼儿园管理办法》，建立幼儿园责任督学挂牌督导制度。进一步扩充义务教育优质资源，针对15个学位紧张地区，采取借址办学、改扩建教室和内部挖潜等方式，扩充义务教育入学学位2410个；坚持名校办分校，北京中学东坝南校区等4个校址竣工并投入使用，新增优质学位3680个。与北京市第五中学、中国教育科学研究院、北京明远教育书院等学校及单位合作办学。整合升级11所学校，小学就近入学率100%，初中就近入学率95.8%。疏解整治任务按期完成，落实入学政策，整治清理非法办学，压缩职业教育办学规模，促进职业教育转型升级，撤解9个培训机构，依法取缔27所未经审批自办校（园）。

4月26日，朝阳区教委在朝阳实验小学举行STEM项目课程公开展示活动　（朝阳区教委　供）

人才队伍建设。出台《北京市朝阳区“十三五”时期教育人才发展规划》，启动第四轮“双名工程”。加强人才引进与培育，实施人才租赁房政策。推进落实高端人才聚集、卓越人才培育、优秀人才激励和名师名长示范引领4项行动计划。推进人才梯队建设，建立新任教师3年“研训一体”培养模式和追踪指导管理机制。选派4批优秀青年教师赴高校骨干教师基地参加精品培训，聘请近80名外国教育专家开展国际化素养提升培训，4000余名干部、教师受益。

服务区域功能定位。加强民办教育监管，开展多轮幼儿园、培训机构的拉网式检查和定期巡查，制订自办托幼场所3年清理整治工作计划。出台《新时期朝阳区教育对外开放发展行动计划》，规范外籍教师、外籍学生和中外合作办学项目管理，深化STEM课程整合研究、外籍教师口语课程实验等项目。职业教育转型升级取得实效，采用合作办学、成立分校等方式，与天津、河北院校深度合作，“3+2”中高职衔接办学新增7个专业，中高职衔接专业数达到20个。在街乡普遍开展社区教育项目，打造26个重点项目。选定首批6个区级社区学习共同体，开展学习型社团试点培育，举办家长公益大讲堂190场。3个单位（机构）被认定为“北京市民终身学习示范基地”。

（李景）

小学生绘制我家根脉图活动

1月21日至2月20日，朝阳区教委组织全区小学生开展“绘制我家根脉图”活动。活动以“小手拉大手”方式，弘扬优秀家风家训，传承家庭美德，促进社会和谐。坚持“老师指导、学生动手、家长配合”原则，利用新春佳节全家团聚时机，绘制以家庭根脉传承图、家规家训、家风故事为主要内容的家庭根脉图。全区45所核心价值观实验校和26所家风教育实验校的学生参加活动。

（乔春江）

国旗文化培训

3月15日，朝阳区教委组织国旗文化爱国必修课——国旗文化培训。区教委邀请国内相关知名专家为200余名中小学德育校长、德育干部开展专题培训。全国学校升旗手总教官、中国国旗网创办人赵新风作《学校国旗文化建设》专题讲座，系统讲述国家标志、国旗法规、升旗礼仪、如何开展校园国旗文化教育等内容。

（乔春江）

解决入园难问题

3月，朝阳区教委着力解决入园难问题，制订《朝阳区2017年妥善解决适龄幼儿入园工作方案》。具体措施包括，加快推进常营、豆各庄、三间房、崔各庄、东坝、高碑店、东风、小红门地区配套幼儿园建设，开办10所配套幼儿园，增加110个班，3300个学位；在来广营、常营、和平街地区租赁华贸城公共配套、非中心商业用房举办3所普惠性幼儿园，增加30个班，900个学位；加快审批在平房、南磨房、将台、东风、崔各庄、双井、望京等地区举办17所民办园，增加120个班，3600个学位。10月，平稳完成热点地区适龄幼儿入园工作。

（郝晋）

初中学校学科魅力月活动

3月至4月，朝阳区教委举办初中学校学科魅力月活动。全区以义务教育学区为单位，开展课堂教学展示。学校围绕每个学科1个核心问题，如学科命题、复习策略、教与学方式和实验实践等，开展校本化研究，以加强学科研究，适应教育改革需要。4月18日，区教委召开初中语文学科建设推进会。全区普通中学初中教学干部、教师代表等400人参加会议。

（汪烨）

职业能力培养工程

3月至11月，朝阳区教委启动职业能力培养工程。活动覆盖全区中小学，建立职业能力培养工程项目校32个，开设职业体验课程150余门，开发中小学生职业体验资源包2辑，从多个方面帮助学生树立正确理想信念，规划职业生涯，培养学生实践能力。

（王旻昱）

6月9日，望京实验学校启动师生职业能力培养提升工程
（望京实验学校 供）

完善特教工作制度

4月23日，朝阳区印发《朝阳区送教上门管理办法》。办法依据《残疾人教育条例》《朝阳区第二期特殊教育提升计划(2017-2020年)》制定，明确送教责任主体和送教工作方式，主要有送教学生学籍管理、送教档案管理、新生入学管理、送教学生医保及助学补助资金管理等内容，规定普教学籍、特教学籍和无学籍学生分别由所属学校、启蕊康复中心和爱心语润康复中心负责，分类开展送教上门工作。至年底，为119名重度及多重残疾儿童少年提供送教服务1.62万课时。

（李汀）

第十届中小学阅读日学术研讨会

5月18日，朝阳区举办第十届中小学阅读日学术研讨会。会议以“阅读课程设计与实施”为主题，北京市朝阳区花家地实验小学等5所学校分别以学生核心素养为发展目标，以“课本”“读本”“整本”为课程单位，以“读”为基本路径，介绍主题阅读课程体系构建和开展阅读教学的做法。清华大学附属小学商务中心区实验小学作学科内渗透式、学科间融合式和超学科消弥式阅读课28节，参会专家与授课教师进行阅读课程设计与实施对话，清华大学教授以《“阅读”与儿童》为主题作学术讲座。来自市区及天津、江西、广西等省、市、自治区的教师代表500人参加会议。

（王鸿雁）

朝阳区养老人才培养联盟成立

5月28日，北京市朝阳区养老人才培养联盟成立。北京市职业技术教育学会与朝阳区教委联合召开2017健康养老人才培养交流与合作大会，会议以“将朝阳区建设成全国养老服务业综合改革试点地区”为目标，宣布由中国林促会、民政部养老专家委员会、河南护理职业学院、北京劲松职业高中等单位共同组成朝阳区养老人才培养联盟。该联盟主要对“深化产教融合、促进校企合作”职教发展理念进行研究，把握专业发展阶段特征，推进中职养老人才培养工作，深化专业内涵建设工作，改善和提升专业人才培养模式和水平，达成专业人才培养目标和人才培养总目标。

（王旻昱）

幼儿园质量评估

7月至12月，朝阳区教委开展幼儿园质量评估。评估工作以提升保育教育质量为重点，根据《2017年朝阳区幼儿园质量评估工作方案》，确立327所注册幼儿园年度评估工作计划；选拔、培训、考核23名后备兼职评估员，组建146人评估队伍；研发“北京市朝阳区幼儿园质量管理指导评估数据平台”，实现园所评估档案长效追踪。在完成260所幼儿园在线自评工作基础上，组织评估员入园通过查看现场、听取汇报、查阅资料、问卷调查和访谈等方式全面收集信息，完成215所幼儿园实地评估工作。结果显示，223址幼儿园合格、30址幼儿园整改合格、7址幼儿园不合格。

（张翠红）

学区教研工作站成立

9月，朝阳区15个义务教育学区教研工作站成立。每个工作站配置3～5名教研员，由优秀教研员担任工作站负责人，与学区理事会形成合力，助力学区建设与发展。9月1日至7日，79名教研员深入15个学区172所学校，召开座谈会137次、个人访谈293人次、听课177节，了解各学区教学管理、学科教学、教育科研、教师队伍等方面整体情况以及学区教研共同体建设中存在的101个问题，覆盖义务教育学校总数的91%。根据调研结果，区教研中心制订措施，强化教研专业支撑，加强对各学区的个性化帮扶，指导学区确立发展定位，制订发展目标，推动学区特色发展和学校教师共同成长，促进学区内部和学区之间优质教育资源共享。

（何爱英）

中小学教师职称评审完成

9月至11月，朝阳区教委完成中小学教师职称评审。对2017年教育系统申报高级、一级教师职称人员进行评审，同时代评社会力量办学单位申报职称人员。申报 1476 人，包括委托代评 351 人。经过材料审核、听课评课、考核答辩、评议投票、市级验收等程序，评审通过 1287 人，其中，高级教师 360 人、一级教师 609 人、委托代评初级教师 318 人。

（张志达　张婉月）

中小学体质健康标准监测

10 月 29 日至 11 月 15 日，朝阳区教委组织中小学生参加 2017 年教育部体质监测、2017 年北京市学生体质健康标准监测及北京市“一校一品”项目学生体质健康监测。4 所学校 720 名学生参加教育部体质监测；26 所中小学 4848 名学生完成市级学生体质监测；北京市三帆中学 1590 名学生完成“一校一品”体质监测。

（徐芳）

付晓洁办学实践研讨会

11 月 8 日，朝阳区委教工委举办北京第二外国语学院附属中学校长付晓洁办学实践研讨会。付晓洁作《因教育相遇，为更好成长》主题发言，分享创新管理理念，务实求真办学思路，并以此为契机探讨新时代背景下校长应如何更好地成长。清华大学附属中学校长、北京教育学院专家分别作点评发言。会议组织观摩二外附中生态文明教育多学科整合课成果展示。教育学院校长研修学院学员以及朝阳区各中小学校长、书记等 500 人参加会议。

（靳国立）

11 月 8 日，朝阳区委教工委举办付晓洁办学实践研讨会
（朝阳区教委　供）

朝阳区义务教育课程改革项目办公室成立

11 月 16 日，朝阳区教委成立朝阳区义务教育课程改革项目办公室。办公室设在基础教育一科，工作人员由行政人员及专业人员兼职担任。办公室主要任务是研究新形势下如何提高教师育人能力，确定研究课题，制订工作方案，统筹推进实施，组织教师研训，总结研究成果，推广典型经验。

（苏宏杰）

体育教育教学质量提升计划总结会

11 月 17 日，朝阳区教委召开中小学体育教学质量提升计划工作总结会。会议围绕体育教师队伍建设、教师主题性教研培训、教师科研成果、足球冰雪及三大球特色活动、中高考体育考试及体质监测等工作内容，总结 2017 年实施体育质量提升工程成果。区教研中心总结 2017 年中小学体育教学评优工作。各中小学体育主管领导、体育技能教学评优获奖教师 500 人参加会议。

（徐芳）

儿童摄影学校庆祝挂牌 30 周年

12 月 2 日，北京市朝阳区三里屯小学在北京服装学院举办儿童摄影学校挂牌 30 年·北京服装学院三里屯小学“高参小”项目成果展示活动暨新媒介教育联盟成立仪式。活动宣布由学校、媒体机构、展览场馆等 53 家单位联合组建“新媒介教育联盟”公益组织。中国摄影家协会、市教委领导，各界友人和 53 所联盟校代表现场分享摄影特色办学经验，研讨新媒介在教育中的应用策略和途径。校长和学生代表围绕儿童摄影学校教育理念和摄影创作经验作主旨演讲。活动期间，学校通过首届摄影创意嘉年华、摄影展、教育论坛、课程展示等形式展示交流摄影教育成果。三里屯小学于 1987 年挂牌“儿童摄影学校”，开设摄影校本课程，培养学生摄影技能和审美意识。“新媒介教育联盟”公益组织主要开展青少年媒介素养教育活动。

（侯海涛）

宁鸿彬语文教育思想研讨会

12 月 22 日，由北京市教育学会主办的第三届北京语文教育论坛暨宁鸿彬语文教育思想研讨会在北京市第八十中学望京校区举行。会上，宁鸿彬作专题报告，从 6 个方面详细阐述其语文教育思想。研讨会旨在进一步宣传宁鸿彬“以学生发展为本”语文教学思想，推动语文教学改革。全市 400 名教师参加活动。宁鸿彬，男，汉族，中共党员，1955 年毕业于北京师范学校，1976 年调入八十中任教，1986 年被评为北京市语文特级教师，曾获全国教育系统劳动模范奖章。

（方媛）

中外团队教学研究项目

至年底，朝阳区教委支持北京中学、北京市第八十中学、北京市朝阳外国语学校等 11 所中小学与北京 BISS 国际学校联合开展第六期“构建中外教师合作教学新模式，提升学生英语能力”教育教学改革项目。共有 33 名外籍教师及 73 名公办学校英语教师参加，11 所项目校举行项目主题培训 117 次、观课活动 311 次、内部公开课 1 次。5 月 26 日至 27 日，为促进项目学校及学校内部教师之间交流学习，区教委在 9 所项目学校举行项目成果展示活动。

（夏文钦）

中小学主题班会评优活动

至年底，朝阳区教委开展“践行社会主义核心价值观，落实中小学生日常行为规范”主题班会评优活动。全区各学校推荐上交主题班会882节，其中，小学530节、初中270节、高中67节、职业高中15节。最终评出，中学和高中组一等奖43节、二等奖68节、三等奖119节；小学组一等奖78节、二等奖137节、三等奖218节。

（乔春江）

公租房入住

至年底，北京市朝阳区教育国有资产管理中心做好公租房分配工作。分配工作依照区教委《人才用房管理工作方案》《教育系统公租房工作方案》，分期分批推进双合家园、朝丰家园、康营家园公租房入住，解决371个家庭、505名单身职工住房问题。

（张华）

疫情接报处置工作

至年底，朝阳区教委、区卫生计生委辖区教育系统疫情办结率和处置率100%。朝阳区综合疫情报告网络平台接报散发传染病疫情422例，其中，水痘110例、猩红热89例、手足口病117例、流行性腮腺炎52例、流感20例、甲型H1N1流感8例、结核7例、细菌性痢疾6例、诺如病毒感染6例、急性结膜炎3例、麻疹1例、风疹1例、乙型流感2例。聚集疫情118起（集中发热32起），其中，诺如病毒感染疫情50起、手足口疫情31起、集中呕吐27起、疱咽疫情10起。暴发疫情11起，其中，水痘疫情1起、集中腹泻3起、流感样病例6起、手足口疫情1起。入校疫情防控指导46次。

（车凤鸣）

183人受聘成为特殊教育骨干教师

至年底，朝阳区教委聘任特殊教育骨干教师183人，为给特教生送教上门做好师资储备。融合教育、培智教育教研员48人，普通学校专兼职资源教师92人，特殊教育学校、普通学校教师和社会机构专业人员43人。

（李汀）

学生资助工作

至年底，朝阳区完成学生资助工作。依据市、区关于学生的各项减免政策，资助学生337897人次，资助金额3180.26万元。资助学前教育阶段幼儿50人次，资助金额16.09万元；资助义务教育阶段公办校学生312695人次，资助金额2692.70万元；资助义务教育阶段民办校学生23480人次，资助金额216.68万元；资助普通高中阶段学生219人次，资助金额56.52万元；资助职业高中阶段学生1453人次，资助金额198.27万元。

（汤楠）

丰台区

概述

2017年，丰台区教委辖属教育单位283个，其中，幼儿园137所（教育部门办园28所、集体办园24所、民办园63所、其他园22所），小学77所（教育部门办校72所、民办校5所），九年一贯制学校13所（教育部门办校12所、民办校1所），十二年一贯制学校4所（教育部门办校3所、民办校1所），中学31所（教育部门办校25所、民办校6所），中等职业学校5所，特殊教育学校1所，其他法人单位15个。招生35193人（幼儿园15659人、小学10760人、初中5494人、普通高中2486人、中等职业学校794人）；毕业27511人（幼儿园10548人、小学9211人、初中4728人、普通高中2195人、中等职业学校829人）；在校生134456人（幼儿园44323人、小学65463人、初中14845人、普通高中7488人、中等职业学校2180人、特殊教育157人）。教职工总数17883人（幼儿园7077人、小学4838人、中学5467人、中等职业学校465人、特殊教育36人），其中，高级职称1278人、中级职称4096人。北京市特级教师80人、北京市骨干教师162人、北京市学科教学带头人28人。全年教育总投入47.15亿元。中小学固定资产总值26.07亿元。乡镇成人学校1所。设立学区8个。

2017年，丰台区委教工委、区教委积极进取、深化改革，开拓丰台教育发展新局面。

扩大优质教育资源。推进北京市第十中学槐树岭校区、北京市丰台区丰台第二中学、北京市丰台区长辛店铁路中学改扩建工程及中国人民大学附属中学丰台学校中学部和北京市第十二中学钱学森学校建设；通过人大附中小学部开学以及接收大成郡配套中学、建欣苑配套中学、珠江骏景配套九年一贯制学校、东铁营保障房配套小学等工作，新增中小学学位5040个。完成郭公庄车辆段五期配套幼儿园、北京教育科学研究院丰台实验幼儿园、山语城配套幼儿园、中奥嘉园配套幼儿园和新发地红黄蓝幼儿园产权接收。对停招、拆迁、办学条件不达标、新接收教育配套等地区的学校资源进行分析，制订近期布局调整方案。

提高教育质量。推进学前教育优质发展，落实北京市第三期学前教育行动计划，新增学前学位1680个；5所幼儿园晋级为北京市示范幼儿园，市级示范园增至20所；争取市级学前专项经费2亿元，补助46所幼儿园5000余万元、补助6家“社区学前教育服务中心”900余万元，幼儿1.50万余人受益。推进义务教育优质均衡发展，27所学校被评为首都文明校园，27名教师获北京市“紫禁杯”优秀班主任称号，20所学校被评为中考优质校、优类校，45所小学、24所中学被评为全面实施素质教育优质学校；358名有特殊需要的学生在88所中小学随班就读，26人接受送教上门服务。推进民办教育健康发展，新增5所民办幼儿园，增加学位1573个；有效处置大红门红黄蓝幼儿园、雅瀚艺术幼儿园等涉及安全稳定的重大事件；清理整治 3 所违规自办校。推进职成教育一体化发展，组建丰台职业与成人教育集团，加快“丰台区中小学生职业体验中心”建设，为区域中小学生开发实践体验课程 60 余门，并开展社区教育和养老服务人才培训；为新疆和田洛浦职业技术学校提供培训服务，开展与雄安新区蓉城、雄县等地共建合作项目，推进湖北十堰、河南南阳对口支援，建立阜平、沽源、曲阳等 9 个分校，落实贵州黔西南州和河北阜平等地教育扶贫工作。推进学习型城区建设，召开丰台区学习型城区建设领导小组工作会，颁布学习型城区建设实施方案；打造丽泽大讲堂、航天大讲堂、京铁大讲堂等终身学习特色品牌，举办特色大讲堂系列活动和第 13 届丰台区全民终身学习活动周。

深化教育改革。推进教育集群集团发展，全区形成教育集群 8 个，建成教育集团 17 个（含 1 个民办教育集团）。召开“集团发展 集群共享”北京市区域优质资源整合模式现场会及方庄教育集群发展与改革理论座谈会。深化“放管服”改革，起草《关于推进丰台区中小学章程建设的意见》；完成《成立丰台区教育督导委员会的工作方案》，筹备成立丰台区人民政府教育督导委员会及其办事机构。探索人才管理模式，评出高级教师 218 人、一级教师 279 人；启动绩效工资改革试点，提出优绩优酬的绩效工资分配原则；完成事业单位岗位设置改革；建成 10 个“特级教师工作室”，6 名教师获评正高级教师，14 名教师获批北京市特级教师，32 人分获北京市人民教师、北京市优秀教育工作者和北京市优秀教师称号。

凸显教育特色。打造传统文化教育特色，举办第一届国学教育论坛；新增 2 所全国中小学中华优秀文化艺术传承学校，新增 5 个北京市金帆书画院；认定 18 所中小学为首批戏曲教育特色校。打造国防和航天教育特色，新增 1 所国防教育示范校和 12 所国防教育特色校；启动“丰台少年二号暨少年梦想二号”科普卫星课题，成立北京十二中钱学森学校。打造学校体育教育特色，丰台区代表队在北京市第 55 届中学生田径运动会上，获得团体总分第三名；十二中田径队员获得第二届亚洲少年田径锦标赛男子标枪项目冠军。打造国际交流特色，与国外教育部门新签署教育交流合作协议 2 个（美国、加拿大），基层学校新签署国外友好校（英）合作协议 14 个、境外友好校（港）合作协议 8 个。

（陶慧贤　武卫华）

校长书记工作室成立

1 月 11 日，丰台区教委召开“十三五”中学校长工作室和书记工作室启动会。会议听取工作室负责人分别解读工作室研修方案，北京教育学院附属丰台实验学校、北京市第十八中学分别代表学员发言，北京教育学院校长研修学院院长为中学校长工作室作《校长思维品质》专题讲座，市级党建专家为书记工作室作《党建工作的培育与创建》专题讲座。丰台区委教工委、丰台教科院相关领导及工作室全体学员近 30 人参加启动仪式。中学校长工作室由王春平主持，14 名成员分别来自初中、完全中学、九年一贯制学校和十二年一贯制学校；主要职责为通过组织理论学习、交流研讨、实践研究等活动，提升校长专业素养和领导能力，帮助校长尽快确立办学思想，形成自己的办学风格。书记工作室由杨霄楠主持，12 名成员分别来自中小学、直属单位和校外教育机构；主要职责为指导学员梳理党建工作思想，总结成功经验，确定个人研究计划，在学员实施计划过程中，根据学员个性需要给予具体指导等。

（王春平）

首届体育舞蹈比赛

1 月 14 日，丰台区少年宫在少年宫影剧院举办丰台区首届“炫酷宝贝”体育舞蹈比赛。比赛邀请中国国家队总教练张清树担任裁判长，367 名选手参赛，分为 8 岁组、10 岁组、12 岁组和 14 岁组 4 个组别，展示伦巴、恰恰、牛仔桑巴、斗牛舞以及摩登舞中的华尔兹、探戈、快步、狐步舞。比赛以舞蹈技术为基础，以能力实践、艺术表现力为核心，为丰台区青少年提供更好的展示平台。

（辛雨潞）

1 月 14 日，丰台区首届“炫酷宝贝”体育舞蹈比赛
（丰台区教委　供）

3 个劳模工作室成立

1 月 19 日、10 月 24 日和 11 月 3 日，丰台区教委分别成立 3 个劳模工作室。工作室分别以北京市先进工作者或者北京市劳动模范——北京市丰台区丰台第一幼儿园园长朱继文、北京市丰台区丰台第五小学校长李磊、北京小学万年花城分校校长刘显洋命名，作为弘扬、传承劳模精神的载体和平台，为劳模先进人物发挥辐射引领作用奠定坚实基础。工作室以“思想引领、协同互助、思辨研讨、超越自我”为目标，依托劳模人物先进的教育理念，以传帮带为路径，以课题研究为载体，带领工作室教师建设“科学性、实践性、研究性、先进性”为一体的研修团队，同时带动行业及区域内教师业务素养提升。

（王云鹏）

创建文明示范区展示交流会

3 月 15 日，丰台区教委主办的丰台区中小学培育和践行社会主义核心价值观暨创建文明示范区展示交流会在北京市丰台区长辛店学校举行。活动设置课程观摩、活动展示、专题汇报、专家点评、工作布置5个环节。活动组织观摩长辛店学校中小学部现场课8节以及学生舞蹈、武术和旗语等节目表演。长辛店学校宣读《创建文明示范区倡议书》，并作《讲文明，雨荷炫动千人颂；树新风，儒雅吹开万朵花》主题汇报。区教委领导、全区中小学德育干部、学校创建文明示范区联系人300人参加活动。

（刘建）

丰台区职业与成人教育集团成立

4月19日，丰台区整合职业教育中心学校与社区学院资源，组建成立“丰台区职业与成人教育集团”。集团发展定位致力于服务区域产业转型升级和京津冀协同发展，服务高端人才培养、中小学课程改革和区域民生需求，推进现代生活性服务业品质提升和学习型城区建设。集团与丰台区商业联合会联手成立“商联会学院”，服务于区属服务业人才培养；与慧科集团合作成立“慧科互联网学院”，服务于网络空间安全和新媒体高端技术人才培养；与艺术家付林合作成立“付林市民艺术学院”，着力提升市民文化艺术素养；与中国非物质文化遗产保护协会合作成立“老字号工匠培养基地（非遗）”，培养老字号企业非遗技艺传承人才。

（芦倩英）

4月19日，丰台区职业与成人教育集团成立
（丰台职教中心校　供）

首都市民学习之星评选

4月至10月，丰台区开展第八届首都市民学习之星评选活动。经过单位内部评选和网上申报等程序，50人进入初级评选阶段。评审组邀请市级专家指导综合评审，评审专家组全面分析参评材料，经过打分、综合评议等程序，18人被评为“北京市丰台区第八届首都市民学习之星”，并代表丰台区参加北京市第八届首都市民学习之星评选。经北京市建设学习型城市领导小组审核批复，6人被评为“北京市第八届首都市民学习之星”。

（林京秋）

少先队丰台第六次代表大会

5月27日，中国少年先锋队北京市丰台区第六次代表大会召开。会议听取第五届工作委员会题为《牢记嘱托听党话 高举队旗跟党走 准备着为实现中国梦的美好未来接力奋斗》的工作报告，选举产生第六届工作委员会，并为首批丰台区少先队名师工作室和第六届丰台区少先队联合会成员单位颁牌。市少工委等单位领导以及少先队工作专家学者、代表297人参加会议。

（黄菊）

5月27日，中国少年先锋队北京市丰台区第六次代表大会
（丰台区教委　供）

方庄教育集群发展与改革理论座谈会

6月21日，丰台区教委在北京市第十八中学召开方庄教育集群发展与改革理论座谈会。会议听取方庄教育集群发展情况，对教育集群发展提出针对性指导意见，完善“方庄模式”。丰台区副区长代表区委、区政府作总结发言。区教委相关科室负责人以及全区8个教育集群牵头校校长、主管负责人20人参加会议。方庄教育集群组建于2011年，以培养学生核心素养为目标，形成横向贯通、纵向衔接、纵横融通的课程体系。集群成员校学生可根据兴趣，在职业学校、专业学校、普通学校选择课程，“走校制”成为集群特色。至此，集群已开发出新音乐教育、京剧、古琴古筝等50余门以艺术类为主的美育课程，30余门科技类课程为主的实践类课程，10余门从学前教育到高等教育的集群体育特色课程（足球、围棋、桥牌等课程体系比较完备）和以卢沟桥传说、永定河传说、怪村太平鼓等50余项非物质文化遗产为内容的《探索丰台》系列课程。集群有社团223个，参与学生达到6000人次。

（余琴）

大成学校办学实践研讨会

11月2日，丰台区委教工委、区教委共同举办北京市大成学校办学实践研讨会。会议以“特色有成，成长有道”为主题，市教委和丰台区委教工委、区教委领导，中国教育科学研究院、首都师范大学专家学者，来自英国伦敦的10余名校长以及丰台区200名校长和教师共同观摩、研讨大成学校的课堂教学和办学实践。研讨会设置课程观摩和体验、专题汇报和专家点评环节，展示大成学校17年的办学成果。活动由北京教育音像报刊总社承办。

（张晓霞）

“春苗计划”培训项目启动会

11月21日，丰台区教委召开2017年丰台区“春苗计划”培训项目启动会。会议从培训目标、指导思想、培训形式、培训内容、培训任务、考核评价6个方面解读“春苗计划”项目方案。区教委相关领导，“春苗计划”项目30名学员和25名导师以及部分学校领导参加启动会。区教委在新教师120学时入职培训基础上，遴选优秀大学毕业生和青年教师实施“春苗计划”，培养高素质教育拔尖人才。

（刘勇霞）

民办机构参与学科教改项目研讨会

11月27日，丰台区教委召开丰台区民办教育机构参与中小学学科教学改革项目阶段研讨会。会议观摩北京市丰台区扶轮小学学生法语社团、德育社团、英语社团、创客社团展示。民办机构参与中小学学科教学改革项目是市教委推进教育综合改革中的主导项目，通过民办机构选派教师进入公办中小学，开展学科教学、专题辅导、社团活动等工作，扩大优质资源覆盖面、丰富基础教育供给。西城区教育研修学院院长、丰台区11所项目学校和6个民办机构的负责人50余人参加会议。

（李冉）

综合实践课程现场展示

12月10日，北京教育学院丰台分院在大葆台西汉墓博物馆举办2017年全国中学历史课程与教学高端学术研讨会分论坛——大葆台西汉墓综合实践课程现场展示活动。活动以“回眸汉风·传承国韵”为主题，在博物馆书写竹简体验厅开展活动，展示丰台区在区域整体推进综合实践活动课程，实现学校教育与博物馆教育有效衔接方面的研究与探索。北京市东铁匠营第二中学作为优秀代表介绍经验。活动远程连线海南昌江思源实验学校汉文化兴趣小组师生，共同在时空跨越中体验汉风华彩。来自大陆和台湾14个省市的历史教育研究专家、优秀教研团队和一线教师近100人参加活动。

（贺凯强）

“晓月杯”中小学骨干班主任表彰

12月28日，丰台区教委举办“晓月杯”中小学骨干班主任基本功培训与展示活动表彰会，表彰172名获奖班主任。会上，获奖代表以讲述教育故事、说班会、情景问题分析等方式，呈现工作理念和具体实践，反映班主任的实践智慧、专业理性和教育情怀。区教委相关领导以及中小学德育干部、班主任320人参加会议。

（刘建）

12月28日，“晓月杯”中小学骨干班主任基本功培训与展示活动表彰会（丰台区教委 供）

石景山区

概述

2017年，石景山区教委辖属教育单位119个，其中，幼儿园54所（教育部门办园13所、集体办园1所、民办园35所、其他性质幼儿园5所），小学27所（教育部门办校26所、民办校1所），九年一贯制学校8所（教育部门办校4所、民办校4所），十二年一贯制学校4所（教育部门办校3所、企业办校1所），中学11所（教育部门办校10所、民办校1所），中等职业学校3所，特殊教育学校1所，其他法人单位11个。招生13712人（幼儿园5958人、小学3768人、初中2477人、普通高中1415人、中等职业学校94人）；毕业10934人（幼儿园3046人、小学3520人、初中2454人、普通高中1520人、中等职业学校394人）；在校生50703人（幼儿园15514人、小学22804人、初中7028人、普通高中4311人、中等职业学校970人、特殊教育76人）。教职工总数4609人（幼儿园440人、小学1809人、中学1906人、其他事业单位454人），其中，高级职称740人、中级职称1812人。北京市特级教师17人、北京市学科教学带头人及骨干教师60人。全年教育总投入17.27亿元，中小学固定资产总值24.36亿元。区属成人学校2所，培训机构74个。设立学区4个。

2017年，石景山区基础教育集群发展稳步推进，制定完成《石景山区关于进一步深化教育集团办学的指导意见》，成立北大附中附属小学教育集团。区域优质教育资源数量持续增加，带动和促进一批新建学校和薄弱学校发展。

学前教育优质多元发展。新增1所北京市示范幼儿园和1所北京市一级一类幼儿园，全区优质幼儿园达到19所，占园所总数的37%。新增3所配套幼儿园，增加学位990个。

基础教育综合改革扎实有效。完善课程实施方案，推进综合素质评价电子平台建设，构建学业发展指导体系，在2017年北京市教育教学成果奖评选中，获一等奖2个、二等奖7个。

民办教育和职成教育。民办教育综合管理继续加强，中职学校招生规模调减120人，超额完成目标。规范办学行为，清理整顿3所民办培训学校，在全市率先取缔9所未经审批自办幼儿园。

“阳光体育”全面推进。建设9所国家级、2所市级校园足球特色学校，6所全国篮球特色学校，2所市级、16所区级冰雪运动特色学校。2017年全区31400名学生开展体质测试，及格率97.03%、良好率36.91%、优秀率25.67%。

干部教师队伍建设。实施23个培训项目对干部进行分层分类培养，累计培训副校级以上干部1189人次、中层干部1448人次，新评6名北京市特级教师、16名北京市优秀教师、2名北京市优秀教育工作者，2名教师取得正高级教师职称，71名教师被评为北京市骨干教师和北京市学科教学带头人。

保障校园安全稳定。强化制度建设，修订完善《中小学校岗位安全工作指南》《石景山区影响校园安全稳定事件应急预案》等多项制度。

（马健）

中小学综合检查

2月至4月，石景山区教委组织中小学课程、教材和招生检查。检查工作分为统一部署、学校自查、区级普查3个阶段，抽调区教委、北京教育学院石景山分院相关人员组成8个工作组，对公办和民办中小学组织实施。检查结果显示，石景山区学校逐步完善课程教材管理机制，三级课程建设符合要求；学校重视课程整合与学科实践，注重资源统筹和有效利用；各学校均无使用和引进境外课程的情况；公办学校教学用书均能严格在北京市教学用书目录范围中选用，无引进使用境外教材问题；没有招收不符合“五证”条件非京籍学生情况；民办中小学招生简章和广告全部做到向区教委备案，实际发布的招生简章和广告与备案内容一致。

（张树升）

融合教育培训

3月31日，石景山区教委举办随班就读教师融合教育培训。培训以“个别教育计划的撰写与实施”为主题，依托北京市教育科学“十二五”规划课题展开，以促进随班就读学校开展教学研究。区内随班就读学校教师30余人，石景山特教中心巡回指导教师20人参加培训。

（陈曦）

教科研部门支持中小学发展成果展示

4月27日，“教科研部门支持中小学发展研究及成果推广项目”石景山区展示活动在北京市古城中学举行。古城中学教师作展示课8节，分别为地理综合实践Pad课、心理生涯指导课、走近未来的学习之学长课堂、绘制“理想”的蓝图之主题班会课、常规英语Pad课、英语分级阅读课、物理实验Pad课和音乐活动课；该校领导作《通过智慧云课堂和教学诊断，促进学生学业发展的实践与探索》专题报告，汇报教师专业发展和学生学业发展所展现的变化以及以科研课题项目为抓手，学校在智慧云课堂和教学诊断方面的实践与探索、经验与成效等。北京教育科学研究院以及来自全市各区区教委、区教科所、学校的领导、教师等近400人参加活动。

（姜斌）

名著阅读论坛活动启动

5月23日，石景山区“小学初中高中一体化名著阅读论坛”启动。活动以“师生共读经典聚焦素养提升”为主题，来自北京市石景山区古城第二小学和北京市古城中学的5名教师各作1节名著阅读展示课。活动同时举办攀登阅读项目组“线上阅读”启动仪式。“线上阅读”将经典阅读与信息技术有效整合，通过线上、线下阅读的有机结合，以达到激发学生的阅读兴趣，提高阅读质量的目的。全市各区50余名教师参加活动。

（荆林）

接受国家义务教育质量监测

5月25日，国务院教育督导委员会办公室、教育部基础教育质量监测中心对石景山区2017年义务教育质量进行抽样监控测试。此次监测抽取8所初中、12所小学作为样本校；监测科目为科学、德育及其相关因素；监测对象为四年级和八年级学生及其教师和学校领导；测试方式为科学测试、科学相关因素问卷填答、德育测试和德育相关因素问卷填答以及校长与教师网络问卷填答。其间，市教委对北京市第九中学初中部、北京市石景山区金顶街第二小学等监测点进行巡视检查。巡视组肯定石景山区及样本校的组织、测试工作。

（王贤鑫）

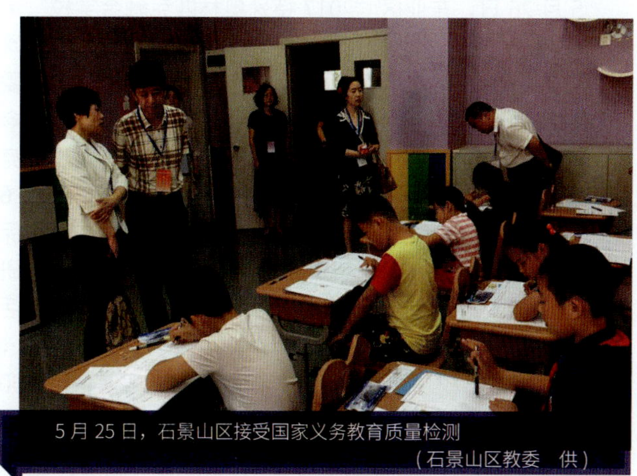

5月25日，石景山区接受国家义务教育质量检测

（石景山区教委　供）

法制共建协议签署

5月25日，石景山区教委与区人民法院重新签订法制共建协议，并举行“相伴青春法官工作室”揭牌仪式和“法知青春”微信公众号启动仪式。共建协议规定，双方建立长期法制共建协作机制，区教委负责配合法院进行审前调查、提供被告人在校期间的表现材料，对法院通过审理案件发现的问题及提出的司法建议反馈整改情况，为法院适用非监禁刑罚的合适未成年犯联系接收学校并协助复学安置；区法院负责围绕审判工作中发现的未成年人教育、保护以及校园安全等有关问题及时深入中小学、幼儿园开展法制教育活动，定期举办“反校园欺凌”专项普法活动，打造平安校园、无诉讼校园，为辖区师生提供法律服务、深入学校开展法制教育、为教委提供典型案例素材和法律信息资源等法律服务，利用法院开放日组织辖区学生参观法庭、旁听案件审理、模拟法庭、开展法制宣传互动等普法教育活动，每年召开联席会议通报在校生犯罪及受侵害情况以及审理的涉及教育机构未成年人民事纠纷情况。双方曾于2012年签署合作协议，在石景山区教委设立“相伴青春法官工作室”，定期为辖区学校提供法律咨询、心理辅导，实施法律教学活动。“法知青春”微信公众号由区法院主办，主要面向全区青少年、家长、学校和教职员工等，发布法律常识知识、普法宣传活动、青少年违法预防和相关传统文化等内容。

（李炬）

5月26日，石景山培智中心校承办东亚区“2017特殊奥林匹克融合学校”运动会　（石景山培智中心校　供）

特殊奥林匹克融合学校运动会

5月26日，东亚区“2017特殊奥林匹克融合学校”运动会在北京市石景山区培智中心学校举行，活动由美国特殊奥林匹克有限公司北京代表处国际特殊奥林匹克东亚区委托该校举办。石景山培智中心校展示空竹、武术、彩虹伞等特色课程。运动会设竞赛体育和趣味运动2个大项，竞赛体育包括“背靠背”“你投我接”和“看谁搭得高”等6个项目，趣味运动包括“看谁搭得多”“看谁搭得准”和保龄球3个项目。石景山培智中心校学生与北京教育科学研究院附属石景山学校学生共同参加比赛，完成普特融合活动。市特教中心、区教委、区教育分院、区残联相关负责人，全市各区特教学校及融合活动合作学校师生代表等共计100人参加活动。

（王丽）

民族团结教育月活动

5月，石景山区教委举办民族团结教育月活动。石景山区民族团结教育成果展示活动——走进实验小学现场会在北京市石景山区实验小学召开，以“民族团结一家亲，同心共筑中国梦”为主题，展示民族体育、品民族美食、赏民族艺术、听民族课程，感受学校民族团结教育成果；听取石景山实验小学《谱写民族团结乐章，构建和谐幸福校园》专题汇报。区教委领导提出各校统一思想，进一步提高对民族团结教育的认识；准确把握民族理论、政策，用正确的认识指引学校民族团结教育工作的方向；真抓实干，打牢中华民族共同体思想基础。活动月中，各学校围绕“各民族共同团结奋斗、共同繁荣发展”主题开展爱国主义教育，组织以“中华民族共同体”教育为主题的组织生活会、主题班会、团日活动等活动。石景山实验小学被市教委和市民委授予第三批“民族团结教育示范学校”称号。

（施爽）

北大附中附小石景山教育集团成立

7月6日，北大附中附小石景山教育集团成立。集团成员校有北京大学附属中学石景山学校、北京大学附属小学石景山学校、北京市石景山外语实验小学分校和北京市石景山区先锋小学4所学校。集团依托北京大学、部队机关和八大处等资源优势，形成教育行政部门、大学、部队、社区共同参与建设教育集团的模式。

（唐倩茹）

全民终身学习活动周

11月22日至29日，石景山区举行第13届全民终身学习周活动。活动周由石景山区建设学习型城市工作领导小组主办，以“服务石景山建设支撑新业态发展”为主题，举办市民公益英语学习、“驼铃古道”模式口历史街区系列文化活动、西山文化讲坛等大型活动；表彰首都市民学习之星、区级学习之星、各类学习型组织和市民教育特色活动的优秀获奖者；表彰获“全国优秀成人继续教育院校（培训机构）”称号的石景山业余大学培训中心以及获全国“终身学习品牌”的石景山业余大学“志愿者送教进社区”项目。

（彭中群）

第三届“少年说”系列教育活动

11月至12月，石景山区教委组织全区中小学校举办第三届“少年说”系列教育活动，通过4个片区比赛推优，选拔80名学生参加区级比赛。活动以“学规范、正行为，挺起时代担当；养习惯、传美德，培育家国情怀”为主题，设置面向小学的“见贤思齐故事会”、面向小学和初中的“颂典承德朗诵会”、面向初中和高中的“立己达人演讲会”和面向高中的“明辨笃行辩论会”4个板块。

（谭春林）

11月至12月，石景山区教委开展第三届“少年说”系列主题教育活动（石景山区教委 供）

教师队伍专业化发展

至年底，石景山区教委整合国内外优质培训资源，借助高校、教科院所、境外、集团、学区等教育资源，推动教师培训高端、高效、高品质发展。深化教师六阶培养体系，针对不同阶段教师群体开发“新任职教师培养”“青年教师创新人才能力提升”“青年骨干教师基础教育学业质量测试与评价研修”“中小学名师培养工程”“名师培养对象研究能力提升”等重点人才项目，提高培训的针对性和实效性。全年培训教师6600余人次，新评北京市特级教师6人、北京市优秀教师16人、北京市优秀教育工作者2人，取得正高级教师职称2人，入选北京市骨干教师和北京市学科教学带头人71人。

（吴兴燕）

对口支援与交流工作

至年底，石景山区教委完善《石景山区关于进一步推进义务教育学校干部教师流动的意见》和实施方案，在教育集团、学区内推进教师交流工作，推动干部教师合理流动和配置相对均衡。通过对口支援，搭建人才交流平台。与内蒙古自治区乌兰察布市、锡林郭勒盟、宁城县和河北省沧州市、保定市、略阳县、南宫市教育局在中小学对口合作、干部教师挂职学习、教师培训等多方面开展交流与合作。选派6名教师赴新疆、西藏、青海支教。

（吴兴燕）

海淀区

概述

2017年，海淀区教委辖属教育单位412个，其中，幼儿园171所（教育部门办园16所、集体办园23所、民办园50所、部队办园36所、地方企业办园2所、其他部门办园18所、事业单位办园26所），独立设置小学84所，九年一贯制学校7所（教育部门办校5所、民办校2所），十二年一贯制学校20所（教育部门办校7所、民办校11所、其他2所），中学79所（教育部门办校52所、民办校20所、其他7所），中等职业学校2所，特殊教育学校2所，工读学校1所，其他法人单位46个；另有非区教委辖属中等职业学校8所（由省区其他部门及国家体育总局等举办）。招生91603人（幼儿园24912人、小学28497人、初中22315人、普通高中13480人、中等职业学校2399人）；毕业72490人（幼儿园15904人、小学24184人、初中17597人、普通高中12477人、中等职业学校2328人）；在校生336895人（幼儿园65555人、小学163408人、初中57261人、普通高中41758人、中等职业学校8438人、特殊教育475人）。教职工总数35192人（幼儿园11343人、小学8277人、中学14377人、中等职业学校822人、特殊教育296人、工读教育77人），其中，高级职称3936人、中级职称8309人。北京市特级教师214人、北京市骨干教师325人、北京市学科教学带头人61人。全年教育总投入118.07亿元，其中，国家拨款（国家财政性教育经费）116.04亿元、自筹经费（事业收入）2.03亿元。中小学固定资产总值117.83亿元。培训机构421个。2所完全中学增设小学部；新建中学3所，其中，初级中学1所（北京十一晋元中学）、十二年一贯制学校2所（北京凯文学校和中国人民大学附属中学航天城学校）。设立学区17个。

2017年，海淀区教育系统坚持稳中求进的工作总基调，深入推进“十三五”规划纵深落实，启动新中高考改革，深化教育体制机制改革，确保海淀教育质量持续提升。推进布局调整，新增3所学校纳入教育集团化办学，新增4对九年一贯对口直升制学校，推进高校科研院所支持中小学办学工作。区教委和法国凡尔赛学区合作项目学校——北京中法实验学校揭牌。

推动京津冀教育协同发展。与雄安主动对接，支持区内优质小学、幼儿园到雄安办学。支持北京城市副中心建设，首都师范大学附属中学通州校区、北京理工大学附属中学通州校区、人大附中通州校区建设工作稳步推进。与津冀地区教育行政部门开展教育交流，30余所学校与津冀地区中小学开展结对帮扶及交流合作。

启动潜力学校提升工程，推进校校优质工程。首批项目校有16所小学、4所中学。聚焦小校、薄弱校、城乡接合部学校。在人大附中西山学校、北京市海淀区双榆树第一小学、北京市海淀区前进小学、北京市二十一世纪国际学校召开新优质学校现场会，展示学校发展特色和成果。跟踪指导新品牌学校建设，建立“专家跟踪指导”“研修工作坊”“阶段展示交流”等常态工作机制，组织专家进校园，促进学校品牌建设和质量提升，形成集群式发展态势。

以课程改革为载体，全面提高育人质量。启用义务教育阶段道德与法治、语文、历史等国家统编教材，加强校本课程备案审议。探索六七年级课程衔接和小初学段衔接，发挥智慧教育大数据作用，科学分析七年级学业水平调研数据，“一校一策”指导中小学改进教学策略。制订初高中课程改革方案，深化地方课程实验和传统文化课程实验，加强综合实践课程建设。新增26个中学学科教研基地，在学区设立小学学科教研基地。

教师中华优秀传统文化培训。以海淀敬德书院为基地，开发建设传统文化课程资源，持续开展各类传统文化培训，提升教师队伍的人文素养。与首师大中国国学教育学院联合举办“中华优秀传统文化教育骨干师资培训班”，发挥骨干教师引领带动作用。设立“中华优秀传统文化传播奖”，表彰在中华优秀传统文化传承方面作出突出贡献的海淀优秀教师。

构筑安全工作新机制。建立和完善“平安校园”创建活动工作机制，开展校园及周边治安综合治理，推广“安全接送家长志愿者”模式，与家委会密切合作，共同整治校园周边交通环境。在全区教育系统推广使用卫星安全教育平台终端，为规范学校安全管理、应急指挥、学生安全教育提供技术保障，通过该平台下发100集安全教育动画片。开展法制安全教育与培训，加强校园安保队伍培训和实战演练。组织安全教育日、“百校百部VR+校园安全教育舞台剧大赛”等各类主题教育活动。建立健全网络安全体制机制，印发《海淀区教育系统网络安全与舆情应对工作方案》，明确网络安全与舆情应对工作的组织机构、任务分工和工作机制。成立网络安全服务大队，加强中小学网络安全监督管理，构建教育系统网络安全防控体系，为全区中小学网络与信息安全提供针对性发展方案。

强化体育教育教学。启动校园足球综合试验区工作。海淀区政府与教育部签署《“全国青少年校园足球综合试验区”改革发展备忘录》，海淀区被确定为教育部校园足球试验区。研究《海淀区校园足球运动员注册管理平台》，举办“首届海淀区校园足球学区联赛”，探索校园足球人才培养新模式。冰雪运动普及不断深入，开展冰雪运动学习、体验和训练活动，发展41所冰雪运动试点学校，把冰雪运动教学列入学校课程，研制校本教材，积极引进冰雪运动人才任教。举办海淀区第二届中小学冰球联赛。

深化育人模式改革。研究制定《海淀区德育常规工作指导手册》，提升德育工作科学化、规范化水平。启动“绿色成长”学科德育项目，开发《学科德育指导手册》，研制首批学科德育示范课例，开展少先队活动课程教学研究。

（尹涛　宋亚甫）

3所学校委托承办

1月11日、4月13日和7月11日，海淀区教委分别宣布中国人民大学附属中学承办北京航天城学校、北京市中关村中学承办北京市知春里中学、清华大学附属中学承办北京市海淀区清河第五小学。区教委、人大附中联合总校、人大附中签署《关于承办北京航天城学校的协议书》。根据协议，航天城学校为区属公办学校，隶属区教委，委托人大附中管理，校址在建设中，位于海淀区北部友谊路航天五院对面，占地面积6.47万平方米、建筑面积8万平方米，计划设立小学、初中和高中部，每个年级6个班，共计72个教学班。9月1日，该校在借用校址举办开学典礼，首批招收小学一年级8个班300余名学生。2014年，海淀区教委联合原总装备部、航天五院启动北京航天城学校建设，解决航天城科技人员子女入学困难问题，扩大优质教育资源覆盖面。知春里中学更名为北京市中关村中学知春分校，为区属公办中学，保持独立建制，招生范围不变，按规定接收义务教育阶段学生入学。学校占地面积1.39万平方米、建筑面积1.23万平方米，教职工123人，在校生1146人。知春里中学始建于1985年，初建时为公办全日制初级中学；1988年增设普通高中，发展成为完全中学。根据区教委和清华附中承办协议，区教委整合区域教育资源，协同区域发展，委托清华附中并在清华和北京体育大学支持下承办清河五小，承办期限12年。清河五小更名为清华大学附属中学上地小学，仍保持独立建制，具有独立法人地位，区属公办小学性质不变，为区教委所属独立核算财政补助事业单位；校长由清华附中校长兼任，学校日常管理和运行由清华附中选派执行校长负责，并执行区教委关于区属公办学校领导班子及干部、教育教学、财务、人事、资产、工会等方面的管理制度；清华附中取得该校所有资产的使用权。清河五小位于北体大院内，前身为朱房小学分校；1980年10月取得独立建制，更名为北京市海淀区清河第五小学，为全日制完全小学；2017年，占地面积3874平方米、建筑面积4079平方米，拥有教职工55人，在校生811人。

（宋亚甫　高岷）

两所学校更名

1月16日和9月30日，北京农业大学附属中学更名为中国农业大学附属中学，北方交通大学附属小学更名为北京交通大学附属小学。根据北京市推进义务教育优质均衡发展的决策部署，中国农业大学响应北京市高校支持附中附小建设工作号召，2014年8月起，与北京农大附中牵手，根据北京农大附中特点，在资源共享、教师专业发展、社团活动发展等方面提供支持。北京农大附中占地面积 5.97 万平方米、建筑面积 5.09 万平方米，教职工 211 人，在校生 1314 人，包括内地新疆高中班学生 288 人，为北京农业大学于 1960 年创办的高级中学；1969 年，与北京市第一二五中学合并，更名为东北旺中学，并发展为完全中学；1985 年恢复原名；2007 年 9 月，承办内地新疆高中班，每年招收内高班预科生近 80 人。北交大附小占地面积 8322 平方米、建筑面积 8960 平方米，有学生 1692 人，教职工 85 人；该校前身为建于 1968 年的向阳小学；1984 年，与青塔院学校小学部合并；2000 年，更名为北方交通大学附属小学；2007 年，与北下关小学合并，沿用北方交通大学附属小学校名。

（宋亚甫）

3 名学生获“市长奖”

3 月 26 日，海淀区 3 名学生获第 15 届“北京青少年科技创新市长奖”。经过面试、答辩等评选环节，北京市十一学校学生王雨轩、北京航空航天大学实验学校中学部学生王铁、北京市第一〇一中学学生张之恒获“市长奖”。“市长奖”旨在奖励在科学研究上有突出成绩且品学兼优的高中生，是为北京市青少年科技爱好者设置的最高荣誉，该奖项 2003 年首次设立，每年评审 1 次。

（宋亚甫）

召开 4 次办学实践及教学实践研讨会

5 月 9 日、11 月 8 日、11 月 23 日和 12 月 7 日，海淀区委教工委、区教委分别召开海淀区教育家办学实践研讨会——北京市育英学校教育家办学实践研讨会、海淀区实验小学教育家办学实践研讨会、北京市第一〇一中学教师丁玉山教育教学实践研讨会和清华大学附属中学杜毓贞教育教学实践研讨会。育英学校教育家办学实践研讨会上，育英学校党委书记、校长分别作题为《发挥红色优势抓好党建 促进发展》和《静静挂在枝头的桃子》的主报告，4 名领导、教师结合案例讲述个人成长发展故事；海淀区及全国各地中小学书记、校长 300 人参加会议。海淀实验小学教育家办学实践研讨会以“固本 · 创新”为主题，集中展现海淀实验小学办学实践和校长赵璐玫的办学理念、办学经验与办学智慧；赵璐玫作《志笃耘沃土 目远望繁星》主报告；有关领导及学校教师 200 余人参加会议。丁玉山教育教学实践研讨会以“传承创新，时代体育”为主题，丁玉山结合自身发展历程介绍对学校体育工作、体育教学方面的工作经验，以及对中学体育教师发展的思考；海淀区有关领导等 500 余人参加会议。杜毓贞教育教学实践研讨会以“涵育化人无声，立德树人有我”为主题，分享政治教师要坚持中国特色的价值引领，践行科学理性的思维培养，肩负知行统一的责任担当；海淀区各中学及清华附中教师代表 500 人参加会议。

12 月 7 日，海淀区举办杜毓贞教育教学实践研讨会

（清华附中 供）

（宋亚甫 张欣 鲁晓艳）

积极心理健康教育研讨

5 月 22 日至 23 日，海淀区教委与中国教育科学研究院联合主办“国际幸福教育 · 积极心理健康教育研讨会暨海淀区第九届心理健康教育活动周”活动。活动采用专题报告、经验分享、论坛研讨、课程观摩等形式，听取海淀区推进积极心理健康教育情况介绍，中国教科院教授、海淀区教育科学研究院院长和 4 名英国、美国、不丹专家作主题报告，海淀区 7 家中小学及活动中心等单位开展积极心理健康教育的经验体会，复旦大学、中国教科院、浙江省教育科学研究院等专家集中访谈；组织参会代表分别走进清华大学附属中学、北京市海淀区中关村第三小学、北京市六一幼儿院等教育机构，实地感受积极心理健康教育氛围。来自美国、英国、澳大利亚、南非、新加坡、菲律宾、不丹 7 个国家的国际代表及广东、四川等 14 个省市代表，海淀区中小学干部、心理教师 650 余人参加会议。

（宋亚甫）

少年科学院成立

6 月 14 日，海淀区少年科学院成立大会在北京市第一〇一中学举行。活动播放《海淀少年科学院成长之路》专题片，向名誉院长、副院长、100 名小院士、30 名专家、30 名科技指导教师颁发聘书，为少年科学院总院、6 个学科领域办公室和 20 个中小学少年科学院分院授牌，百名小院士在院长带领下宣誓。活动发布由北京市海淀区教师进修学校附属实验学校学生设计的少年科学院 logo。4 所中小学表演管乐、科技互动表演、舞蹈和合唱节目。中国科学院、区委、区政府和区教育系统两委一室领导及全区中小学校长、学生 200 人参加活动。海淀区少年科学院由区教委和中科院行政管理局共同主办，是海淀区开展中小学生科技教育的重要平台，通过形式新颖、对中小学生有吸引力、有激励作用的载体，向中小学生普及科技知识，引导中小学生参与科技创新活动，培养中小学生科学意识和科学精神；开展中小学生校外科技教育理论研究，举办中小学生科技交流活动，建立和完善科技教育教师指导队伍。少年科学院由 1 个总院、20 个分院、100 个研究所和 100 名小院士组成，总院设在海淀区羊坊店青少年活动中心。总院院长、分院院长、研究所所长等均为中小学校在校学生，特聘林群院士为名誉院长，区教委主任、中科院行政管理局党委副书记为名誉副院长，30 名中科院科研人员担任特聘科学家，3 名中小学优秀科技教师担任学科指导教师，区教委下属 6 个青少年活动中心作为学科领域办公室为少科院活动提供服务保障。中科院北京地区 50 余个研究所，清华大学、北京大学、中国矿业大学、北京航空航天大学等 60 所高校相关实验室也将对小院士开放。

（宋亚甫）

6 月 14 日，海淀区少年科学院成立

（海淀区教委　供）

宣传思想工作会

6 月 27 日，海淀区召开教育系统宣传思想工作会，并成立海淀教育新媒体联盟。会议由区委教工委组织，学习贯彻习近平总书记讲话精神和市、区宣传思想工作精神。海淀教育新媒体联盟以“海淀教育”微信订阅号为主要平台，加强教育系统新媒体宣传力度，制作和传播内容丰富的网络文化产品，形成宣传合力，提升海淀教育影响力。联盟首批纳入机关科室、学区、学校和直属单位各类成员单位 42 个。会议听取《凝心聚力，强基固本，开创海淀教育系统宣传思想工作新局面》报告，总结和部署全区教育系统宣传思想工作，表彰宣传思想工作先进集体和个人。会议同时举办宣传思想工作主题论坛，来自中小学和学区管理中心的 5 名教师结合工作实际交流经验。有关领导及学校教师 300 人参加会议。

（宋亚甫）

完善义务教育入学规则

6 月，海淀区教委完善义务教育入学规则。具体政策包括小学入学细化实施“六年一学位”政策，探索单校划片和多校划片相结合入学方式，加强对入学资格的审核；优化初中入学途径，全面取消“推优”，将“登记入学”调整为第一途径并扩大“登记入学”范围，区域内所有公办初中（含大学附中）均参加“登记入学”。减少特长生招生比例，控制低于总招生计划的 4%。向民办学校购买服务，向大学附中附小、民办学校购买初中学位 700 余个、小学学位 3939 个，缓解义务教育入学难矛盾。小学入学就近入学比例 99.12%，比上年提高 2.35 个百分点；小升初公办学校就近入学比例 97.30%，比上年提高 3.40 个百分点。

（宋亚甫）

推进中考中招制度改革

至 6 月，海淀区教委推进中考、中招制度改革。扩增优质高中招生计划 213 人，实施校额到校招生方式，确保优质高中名额分配计划达到 50%，保证每所公办初中毕业生至少 35% 的比例升入优质高中，带动一般初中校发展，引导鼓励小学毕业生就近登记入学。中国人民大学附属中学、北京大学附属中学等 8 所学校参加市级统筹招生，安排招生计划 820 个。实施“5+2”高端技术技能人才贯通培养实验项目，全区 459 名学生被贯通培养项目录取。实施“1+3”人才培养模式改革，适度增加招生计划至 555 人。

（宋亚甫）

学生获世界青少年国际象棋冠军

8 月 24 日至 31 日，海淀区学生韦雅卿获 2017 年世界青少年国际象棋锦标赛女子 10 岁组冠军。此次比赛将 12 岁以下和 14 岁以上分开，12 岁（含）以下设 6 个组别，在巴西进行比赛，400 余名选手参赛，中国代表队由 19 名选手组成，获 1 金 1 铜。海淀体育总会国际象棋分会选派棋手韦雅卿，以 8 胜 2 和 1 负积 9 分获女子 10 岁组冠军。

（宋亚甫）

人大附中北大附小联合实验学校开学

9 月 1 日，人大附中北大附小联合实验学校迎来首批学生，小学部招收一年级学生 100 人，开设教学班 5 个，二年级学生（包括转插生）40 人，开设教学班 2 个；中学部招收初一年级学生 180 人，开设教学班 6 个。学校位于海淀区中关村科技园区内，占地面积 10 余万平方米、建筑面积 4.50 万平方米，建设有教学楼、宿舍楼、餐厅、图书馆、钢琴房、千人大礼堂、体操房、足球场、篮球场、游泳馆、标准 400 米塑胶跑道。新校为全日制民办公助学校，前身为创建于 2000 年的北京市科迪实验中学。2016 年，学校经海淀区教委批准成立，并于当年 6 月 1 日取得办学许可证。小学部由北京大学附属小学承办，北大附小教育集团统筹管理，实现集团内部课程共享、师资共享和资源共享，北大附小副校长任小学部执行校长，实行小班化教学，每个班最多 25 人建制，采取走读和寄宿 2 种方式；中学部由中国人民大学附属中学联合总校承办，人大附中教育集团统筹管理，纳入总校管理体系和教师培训系统，共享人大附中优质教育资源，人大附中教学副校长担任中学部校长，每个班 30 人建制，全部寄宿。

（何立新）

首届中小学生学区足球联赛

9 月 16 日，首届海淀区中小学生学区足球联赛开幕式在中国人民大学附属中学足球训练基地举行。区教委、区体育局和 17 个学区领导参加开幕式。联赛由区教委和区体育局联合主办，设高中男子组、初中男子组、小学男子甲组、小学男子乙组、中学女子组和小学女子组 6 个组别，全区 17 个学区 75 支球队参赛。至 30 日，比赛在每周六、日共进行 145 场，采用单循环或分组循环形式，每队每场胜积 3 分、平积 1 分、负积 0 分。最终，海淀学区、青龙桥学区分获高中男子组、初中男子组冠军，上地学区获小学男子甲组、小学男子乙组 2 个冠军，中学女子组、小学女子组冠军分别由温泉苏家坨学区和上庄西北旺学区获得。

（宋亚甫）

网络安全服务大队成立

9 月 18 日，海淀区教育系统网络安全服务大队成立。服务大队将科学规范开展网络安全监督、实施与保障工作，提升海淀区教育行业网络安全水平，增强信息系统防护能力，有效防范和抵御安全风险隐患，保障信息系统（网站）稳定运行和数据安全，共同创建安全的教育网络环境。第一期成员由区教委现代教育技术研究中心、教育网络和数据中心相关工作人员和中小学计算机教师 25 人组成。

（宋亚甫）

中学教育工作会

9 月 19 日至 20 日，海淀区教育系统召开中学教育工作会。会议以“科学、扎实、高效——深入推进课程改革，全面提升育人质量”为主题，听取《科学扎实高效》主题报告，总结、回顾 2016-2017 学年工作，清华大学附属中学介绍建立科学评价体系，助力学生培养和未来发展的经验和做法，北京市海淀区教师进修学校附属实验学校围绕“精准教育”学校变革，分享学校在改革中的探索与思考。会议宣读中学教学工作专家组聘任决定，并为第二批高中学科教研基地颁牌；为 20 名获区高中“风采杯”优秀教学成果展示活动“风采奖”、16 名获北京市第一届中小学新任教师“启航杯”教学风采展示一等奖的教师颁奖；区教师进修学校分别作初、高中教育质量评价报告和工作建议。会议设置分组专题研讨环节，中国教育科学研究院、北京教育科学研究院、北京师范大学、区教科院专家与教师代表围绕校长发声、学科德育、课堂重构、以美育人 4 个专题交流讨论。有关领导专家及校长教师代表 300 人参加会议。

（宋亚甫）

9 月 19 日至 20 日，海淀区召开中学教育工作会

（海淀区教委　供）

疏解整治促提升专项行动

至 10 月，海淀区教委开展“疏解整治促提升”专项行动。区教委制定疏解民办教育机构、控制职业教育规模、完善义务教育入学政策，加快出租房屋回收回购、与津冀地区开展教育合作与交流、支持配合北京市高教资源疏解等举措，统筹推进教育功能疏解工作。全年疏解培训机构 5 家，疏解人口 7960 人，义务教育阶段非京籍子女入学率下降 9 个百分点，非京籍子女在校生比率下降 3 个百分点；职业高中在校生控制在 2405 人。完成 2 所未经审批随迁子女学校疏解工作。超额完成市级绩效督查任务。

（宋亚甫）

整顿未经审批自办学校幼儿看护点

至 10 月，海淀区教委整顿未经审批自办学校和幼儿看护点。该项工作由区教委配合街镇开展，自办学校方面，对拟取缔的 2 所未经审批自办学校开展联合教育执法检查，加大巡察频度，利用招生季节，约谈举办者，努力推进取缔工作，减少安全隐患。属地街镇、公安、消防等各部门配合，按计划完成京豫学校、风华希望小学取缔工作。幼儿看护点方面，开展委托管理试点工作，总结首批西北旺镇 10 个幼儿看护点在办园条件、园所管理、教育教学、卫生保健、园所安全等方面取得的经验，启动第二期汇佳托管工作，并配合街镇对未经注册审批的幼儿看护点开展联合执法检查 81 次。海淀区未经审批幼儿看护点从 2016 年底 206 个减少至 173 个。

（宋亚甫）

小学教育工作会

11 月 28 日，海淀区教委召开小学教育工作会。会议以“规范、质量、实效”为主题，分为专题报告、专家引领、专题研讨、大会总结 4 个单元，听取《规范管理 提升质量 注重实效》《规范管理提高质量 内涵发展回应需求》《海淀区小学教学质量分析及改进建议》《构建面向未来的学习品质评价体系》《学习贯彻十九大精神 办好人民满意的教育》5 个专题报告，3 所小学交流发言。区教委为海淀区小学教育工作指导专家颁发聘书并宣布海淀区第一批小学学科学区教研基地名单；参会代表分别以《课程品质提升与学生素质发展》《学科教学改进与教师能力提升》《培养良好习惯 落实养成教育》《以美育人三位一体促进学生健康成长》《体质提升固基础特色项目创品牌》为题分享工作经验，汇报研讨成果。区政府、区委教工委、区教委、区政府教育督导室等单位领导及小学校长 500 人参加会议。

（宋亚甫）

门头沟区

概述

2017年，门头沟区教委辖属教育单位84个，其中，幼儿园30所、小学22所、中学16所、中等职业学校1所、特殊教育学校2所、其他法人单位13个。招生7362人（幼儿园2767人、小学2193人、初中1571人、普通高中813人、中等职业学校13人、特殊教育5人）；毕业5482人（幼儿园1563人、小学1776人、初中1513人、普通高中583人、中等职业学校41人、特殊教育6人）；在校生15360人（幼儿园7101人、小学1192人、初中4263人、普通高中2433人、中等职业学校296人、特殊教育75人）。教职工总数3675人（幼儿园1094人、小学1119人、中学1271人、中等职业学校128人、特殊教育63人），其中，高级职称743人、中级职称1506人。北京市特级教师14人、北京市骨干教师36人、北京市学科教学带头人6人。全年教育总投入16.80亿元。中小学固定资产总值8.26亿元。

2017年，门头沟区教委致力于解决教育发展不平衡、不充分的问题。教育质量与社会认可度稳步提升。1名教师获“北京市人民教师奖”，区少年宫和首都师范大学附属中学永定分校被市教委授牌“北京市金帆书画院”。

优化统筹教育资源。研究制订《门头沟区教育系统中小学领导干部聘任制工作实施意见》，率先探索实施乡村学校聘请外籍教师任教工作，推进教育国际化，建立“中国—阿根廷友好学校”。成立门头沟区第一幼儿园教育集团，建立北京市门头沟区第一幼儿园龙山分园。

教育服务保障扎实有效。28项市级改善办学条件类工程、77项区级统管修缮项目完成施工。各中小学全年开展志愿服务活动项目259个，参与活动9561人次，累计时长24563小时，服务23631人次。面向镇街居民、中小学生、市民等不同群体开展各级各类培训9045人次，学习型城市建设成果不断推进。768名教师完成安全教育授课3568节，21316名学生参与安全课程学习。

推进民办教育工作。开展民办教育依法办学情况年检，22所民办学校年度报告工作合格。批复设立北京市门头沟区泷悦长安红黄蓝幼儿园。全年完成民办学校终止、地址变更、退费办法及招生简章与广告备案等30个行政审批和备案事项。依法取缔6所无照非法幼儿园。

（张楠）

校园足球德国训练营

1月13日至25日，门头沟区组织中小学生赴德国训练。活动组织北京市门头沟区新桥路中学、北京市门头沟区大峪第二小学22名学生和门头沟区校园足球特色学校14名教师，在德国沃尔夫斯堡足球俱乐部青训基地进行专业训练。授课教师为沃尔夫斯堡俱乐部青年队教练，训练内容包括足球技战术、专业素质和理论训练方法，开展参观沃尔夫斯堡俱乐部、现场观看德甲联赛等足球文化活动。

（王曦）

青年教师风采展示活动

5月4日，门头沟区委教工委、区教委共同举办“五四”表彰暨青年教师风采展示活动。活动以“高举团旗跟党走 不忘初心致青春”为主题，表彰教育系统2016年在共青团工作中表现突出的个人81人、先进集体8个。8个单位的青年教师进行风采展示。区政府、区教育系统两委一室领导，各中小学、幼儿园教师和学生代表等200人参加活动。

（孙颖）

中小衔接课程建设研讨会

5月24日，门头沟区教委在北京市门头沟区妙峰山民族学校举办2017年中小衔接课程建设研讨会。会议以“融通培养，一以贯之”为主题，通过课堂教学和特色活动展示课程教学与学科育人的系统性和一致性。市、区课程专家和中小学校长、学校课程建设负责人等50余人参加会议。

（裴军）

生态课堂建设研讨会

6月20日，门头沟区教委召开“聚焦生态课堂，促进学生实际获得——走进人大附小京西校区课堂文化建设研讨会”。会议观摩中国人民大学附属小学京西校区教师2节现场课展示，学生通过“我提个问题”“我建议”“我质疑你们的数据”等语言和行为生动展现人大附小“掌声、笑声、质疑声和辩论声”的四声课堂文化。区教委借以此举推动全区生态课堂建设，创建课堂文化，提高学校教育内涵发展质量，扩大优质资源辐射引领作用。市教委相关处室，海淀及门头沟两区教委主要领导，门头沟区各小学干部教师100人参加会议。

（李执）

首届书香校园评选表彰活动

7月10日，门头沟区小学校园阅读素养提升工程研讨会暨第一届书香校园评选表彰活动在北京市门头沟区军庄中心小学举行。活动分两部分，第一部分为阅读示范课展示，第二部分为小学校园阅读素养提升工程研讨会和表彰活动。活动观摩军庄中心小学阅读示范课，围绕“共建书香校园，共享读书之乐”主题，开展阅读素养提升工程研讨。会议表彰书香校园活动优秀获奖者。区教委领导、社会学者及全区小学干部、教师100人参加活动。书香校园评优活动通过对各学校阅读环境、阅读课程、平台数据、师生活动等方面的考量，经过2轮评选，北京市门头沟区大峪第一小学、北京市门头沟区大峪第二小学、北京市门头沟区育园小学、北京市门头沟区龙泉小学、北京市第八中学京西附属小学、北京市门头沟区三家店小学、军庄中心小学、北京第二实验小学永定分校和北京市门头沟区黑山小学 9 所学校获门头沟区首届书香校园称号。此外，48 个班级被评为区级书香班级，48 名教师获阅读领航人称号。

（李执）

教育机构变更

9 月，北京市门头沟区第一幼儿园龙山分园成立。幼儿园为区教委所属公益一类事业单位，相当正科级，经费形式为全额事业拨款。幼儿园占地面积 4000 平方米、建筑面积 3491.66 平方米，教职工 28 人，可同时容纳 360 名幼儿就读。12 月，撤销北京市门头沟区人才交流服务中心教育分中心建制，无人员分配。该中心于 2000 年 10 月成立，负责区教委系统人事代理及工作人员档案管理工作。

（吕婕）

第 35 届学生科技节

10 月 24 日至 26 日，门头沟区举办第 35 届学生科技节。科技节以“体验创造分享”为主题，开展“STEM+”项目创意灯具设计挑战赛、科技创新体验活动等 6 项活动。“STEM+”项目创意灯具设计挑战赛吸引 38 支队伍 152 人参加，旨在引导师生树立“绿色创造理念”，应用身边工具与材料开展创新活动，并在创新活动中注重工具使用技能、科学探究方法和创新思维的训练。科技创新体验活动分为“探科学系列活动”和“未来窗口体验园”两部分，学生 200 人参与高空缆车、动力小车挑战、叶脉书签等活动，体验 3D、创意飞行等科技项目。全区科技教师、学生近 2000 人参加科技节活动。

（张娅）

领导干部经济责任审计新举措

10 月 25 日，门头沟区委教工委、区教委研究制定《关于实施领导干部经济责任审计“一任两审制”的工作意见》。文件提出在原有对领导干部实施离任经济责任审计的基础上，推行“一任两审制”工作模式，即领导干部在每个单位任职结束后接受经济责任离任审计，领导干部在一个单位任职时间较长的，任职期间至少接受一次经济责任任中审计。至 2022 年 8 月，区教委将采用政府购买服务的方式完成对各基层单位领导干部的第一轮经济责任审计工作。暑期调整的 10 名领导干部首次由外聘审计机构开展经济责任离任审计。

（邓建民）

教育科研工作大会

12 月 28 日，门头沟区教委、区教师进修学校召开 2017 年教育科研工作大会。会议从课题研究、科研培训、科研成果 3 个方面回顾 2014 年以来门头沟区教育科研工作开展情况，表彰 2016-2017 年市、区科研先进单位以及 2017 年门头沟区教育教学成果奖、2017 年门头沟区教育科研优秀课题、2014-2017 年北京市基础教育优秀科研论文、2015-2017 年北京教育学会教育教学论文、录像课奖项的获奖单位和个人。会议从“学校内涵发展”“教学实践研究”“课程建设研究”3 个方面开展主题论坛活动，分享区域教育科研经验和成果。区教委领导、各基层教育单位负责人和科研负责人 200 余人参加会议。

（张博文）

研学旅行活动

至年底，门头沟区组织 14 所中学 2433 名学生 266 名教师参加研学旅行活动。师生分 36 个批次分别前往 23 个城市研学。通过学生问卷调查，在 10 项满意度指标中，平均满意率 96.01%，活动整体满意率达 97.26%，新的教育形式得到师生和家长认可。

（裴军）

落实乡村教师岗位生活补助

至年底，门头沟区落实北京市乡村教师支持计划。首先结合实际情况，将学校划分为三类地区，分别为一类地区（门头沟城内地区）、二类地区（浅山区）和三类地区（深山区），补助标准分别为每人每月 1000 元、1800 元和 2800 元；学校再根据教师不同岗位和任教年限实行差别化补助标准。补助工作涉及山区教师 1200 人，市级财政投入 2800 余万元、区级财政投入 680 余万元。

（吕婕）

房山区

概述

2017 年，房山区教委辖属教育单位 263 个，其中，幼儿园 103 所（教育部门办园 37 所、民办园 63 所、其他性质办园 3 所），小学 101 所（教育部门办校 96 所、民办校 5 所），九年一贯制学校 6 所（教育部门办校 5 所、民办校 1 所），十二年一贯制学校 1 所（教育部门办校），中学 35 所（教育部门办校 34 所、民办校 1 所），中等职业学校 3 所，特殊教育学校 1 所，其他法人单位 13 个。招生 28366 人（幼儿园 11746 人、小学 8559 人、初中 5214 人、普通高中 2603 人、中等职业学校 160 人、特殊教育 34 人、未审批流动人口学校 50 人）；毕业 20848 人（幼儿园 7282 人、小学 6636 人、初中 4529 人、普通高中 2108 人、中等职业学校 263 人、未审批流动人口学校 30 人）；在校生 98432 人（幼儿园 29663 人、小学 46535 人、初中 13532 人、普通高中 7799 人、中等职业学校 517 人、特殊教育 66 人、未审批流动人口学校 320）。教职工总数 12379 人（幼儿园 4165 人、小学 3516 人、中学 3903 人、中等职业学校 274 人、特殊教育 22 人、未审批流动人口学校 20 人、其他教育单位 479 人），其中，高级职称 238 人、中级职称 297 人。北京市特级教师 24 人、北京市骨干教师 108 人、北京市学科教学带头人 10 人。全年教育总投入 43 亿元。中小学固定资产总值 27.28 亿元。乡镇成人学校 23 所，培训机构 39 个。设立学区 23 个。

2017 年，房山区构建“一环两带三区”优质教育发展格局。“一环”，指平原乡镇农村教育发展环，以学区制建设为手段，打造“一镇一品”教育格局；“两带”，指南部山区教育均衡发展带和北部山区教育均衡发展带，打造南北两沟乡村教育联盟品牌；“三区”，指长阳、良乡和城关 3 个教育聚集区，固化长阳地区与城区优质教育资源共建共享成果、加大高校对良乡地区的支持力度、探索教科研部门支持城关地区学校发展路径，打造 3 个优质教育高地。

推进教育改革。强化学习教育，全面加强党对教育工作的领导。立足教育规律和房山实际，依托“苏霍姆林斯基教育思想研究会”“魏书生教育思想研究会”等平台，将教育理念与学校文化建设及教育教学紧密结合，形成符合区域实际、具有房山特色的核心价值观念。聚焦学生发展核心素养，持续推进“学习课标、研究教材、优化教法”活动落位课堂。中高考改革稳步实施，教育供给不断优化。通过内强外引等方式，优质教育资源集聚效应初步显现。

教师队伍建设。推进乡村教师支持计划，用好乡村特岗计划补充乡村急需学科教师。注重示范引领，推进名师队伍建设。出台《“十三五”时期教师培训工作的实施意见》，推进协同创新项目、名校跟岗研修培训和开放型教学实践活动等。强化德育管理，营造良好育人氛围。

提升教育综合实力。学前教育综合水平稳步提升，新增学位 4300 个，学前三年儿童入园率 97.4%。中小学生核心素养持续提升，房山区中小学生国家体质健康标准测试及格率达到 95.78%，同比提高 0.49 个百分点。举办第二届学生科技节等比赛，第 20 届学生艺术节等活动。加大对外开放合作，举办 2017BIEE 北京学生暑期英语夏令营·房山分营，组织团组出境开展交流学习。中高考质量稳步提升，高三学生升学率 98.17%；3897 人参加中考，升学率 98.79%。

（石金生）

12 月 13 日，房山区第 13 届全民终身学习活动周启动
（房山区教委 供）

职成教育工作

2017 年，房山区职业与成人教育逐步完善。进一步深化产教融合，新增校企合作单位 6 家、校企合作企业 114 家。进一步提升师生综合素养，24 名学生、13 名教师在国家级、市级技能大赛中获奖。坚持完善体系建设和内涵发展，成人教育中心完成专科及以上学历教育招生 870 人，输送专、本科毕业生 950 人，完成社区教育培训 2.40 万人次。推进学习型房山建设，坚持创建常态化建设，全年认定 122 个学习型先进单位和家庭、2 个学习型组织示范点，评选认定区级学习之星 66 人。推进教育改革，坚持依托“一环两带三区”布局实现优质教育资源的精准投放、纵深供给，建立 23 个学区并督促各学区制订建设规划。

（石金生）

乡村教师支持计划推进会

3 月 23 日，房山区召开乡村教师支持计划推进会。会议进一步解读乡村教师支持计划，指出房山区将围绕让乡村教师“下得去、留得住、教得好”工作目标，从拓宽补充渠道、吸引优秀人才，提高教师待遇、改善生活条件，提升职业能力、加强师德教育等方面提供政策支持。全区各中小学校长 150 人参加会议。

（石金生）

两人获全国“最美中学生”称号

3 月 29 日，房山区 2 名中学生被授予 2016 年度全国“最美中学生”称号。分别是北京市房山区房山中学高二年级学生曹雨晗和北京市房山区交道中学高三年级学生张孟琨。该评选活动由团中央学校部、全国学联秘书处、中国青年报社联合举办，在全国寻访一批树立和践行社会主义核心价值观的“最美中学生”和“最美中职生”，经过校级、区级、市级寻访，基层推荐和网络投票等环节，全国 646 名学生被授予 2016 年度全国“最美中学生”称号。

（石金生）

苏霍姆林斯基教育思想研究会成立

4 月 7 日，房山区苏霍姆林斯基教育思想研究会成立。研究会主管单位为房山区教育学会，是非营利的区域性、群众性和学术性社团组织，设在房山区良乡拱辰街道学园路北街 11 号房山教师进修学校内，有会员单位 43 个。社团旨在进一步聚焦教育品质提升、深化教育领域综合改革、推进义务教育均衡发展，切实提高广大教师的综合素养。

（石金生）

与育才教育集团签约合作

6 月 16 日，房山区教委、北京市育才教育集团、房山区韩村河镇政府教育合作签约暨韩村河学区成立揭牌仪式举行。参会领导为“北京市育才教育集团韩村河学区”揭牌。

根据三方协议，韩村河学区成为北京市育才教育集团的组成部分，双方将在学校管理、教师发展、课程建设、教学研究、学生培养方面开展深入合作，7所成员校以一体化的方式接受育才教育集团指导和管理，以此推动韩村河地区教育事业持续、健康、快速发展。韩村河学区由镇域内北京市房山区岳各庄中学、北京市房山区韩村河中学、北京市房山区韩村河镇韩村河中心小学、北京市房山区韩村河镇五侯中心小学、北京市房山区韩村河镇中心幼儿园、北京市房山区韩村河镇岳各庄中心幼儿园、韩村河镇社区成人职业学校7所学校组成。

（石金生）

与首师大附中签约合作

9月2日，房山区教委与首都师范大学附属中学签署合作协议。根据协议，双方将合作建设首都师范大学附属中学实验学校，校址设在房山区，包含九年一贯制校区和中学校区，九年一贯制校区教学班规模36个、中学校区（国际部）教学班规模30个。

（石金生）

与回民学校签约合作

11月30日，房山区教委、北京市回民学校、房山区窦店镇政府签署教育合作协议。根据协议，三方将围绕队伍建设、资源共享、学生交流、教学质量提升等方面内容，依托回民学校优质教育资源和办学优势，通过城乡学校互动，传承与发展民族文化，激活各校内部管理活力，优化教育资源配置，带动教育综合改革，提升教师专业化水平，切实提高窦店西部学区办学水平，进一步缩小城乡教育差距，促进基础教育优质均衡发展。三方将深化北京市房山区窦店中学与回民学校的结对共建工作，把窦店中学和北京市房山区窦店镇窦店中心小学组建为窦店西部学区，依托回民学校优质资源，支持学区建设。

（石金生）

通州区

概述

2017年，通州区教委辖属教育单位272个，其中，幼儿园126所（教育部门办园42所、集体办园42所、民办园40所、其他部门办园2所），小学83所（教育部门办校76所、民办校7所），一贯制学校13所（教育部门办校9所、民办校4所），中学25所（教育部门办校23所、民办校2所），中等职业学校2所，特殊教育学校1所，其他法人单位22个。招生32083人（幼儿园10676人、小学12113人、初中6312人、普通高中2835人、中等职业学校119人、特殊教育28人）；毕业22060人（幼儿园6325人、小学8751人、初中4807人、普通高中2055人、中等职业学校102人、特殊教育20人）；在校生116550人（幼儿园26721人、小学64453人、初中16344人、普通高中8531人、职业高中357人、特殊教育144人）。教职工总数13092人（幼儿园3774人、中小学9088人、职业高中168人、特殊教育62人），其中，高级职称1567人、中级职称3263人。北京市特级教师39人、北京市骨干教师140人、北京市学科教学带头人18人。全年教育总投入42.07亿元。中小学固定资产总值28.19亿元，职业高中固定资产总值1.11亿元。乡镇成人学校11所，培训机构47个。新建小学1所。

2017年，通州区教育系统立足北京城市副中心建设发展大局，提升教育服务能力，推进教育改革、质量提升、教育保障等方面工作。

实施两大专项计划。通州区教委实施《关于促进通州区教师素质提升支持计划(2017-2020年)》《通州区基础教育质量提升支持计划(2017-2020年)》。启动18项重点项目，完成7000余人次培训，6600名城乡教师受益。实施“名校长、名园长、名教师”培养工程，成立78个工作室。31所学校与北京市第四中学、北京市第八中学等市级名校结对合作。

教育综合改革。获批北京市基础教育综合改革试验区，在人才培养、教育保障等体制机制上先试先行。北京市通州区潞河中学、中国人民大学附属中学通州校区率先试点“1+3”贯通培养模式。“互联网+”助力通州区教育综合改革项目见效，31所中学近2万名学生、5000余名教师受益。率先试点双师在线，7300名市区骨干教师一对一帮教通州区学生，在线辅导近3万次，4000余名学生线上学习。

各级各类教育。新建、改扩建幼儿园15所，3所公办园、6所委托办园开园，新审批民办幼儿园2所，全年新增学位4020个；3所幼儿园获批北京市示范幼儿园，6所幼儿园通过北京市一级二类幼儿园验收。北京新城职业学校与澳大利亚职业教育联盟签约，启动职业教育国际合作；建成国家级农村职业教育和成人教育示范区展示与交流平台，开通通州区第一个“通学网”。完成招生入学工作，完善入学服务系统，实现“五证”全线联网审核，增设“五证”审核预约、审核不通过群体标记功能，初中入学增加网上办理功能；新开通15部入学咨询电话，新开设20个网络服务端口。

特色教育。文化建设引领内涵发展，推进学校文化建设、传统文化教育等重点特色工程，27所学校获评北京市文明校园；32所学校参与“中国好老师”公益行动计划。成立区级家庭教育讲堂，组织“家庭教育大讲堂校园行”活动34次，培训家长1.50万人次。文体特色教育，组织中小学生18万人次走进社会大课堂；新获批4所市级冰雪特色校、7所全国校园篮球特色校、18所全国校园足球特色校，举办通州区首届冰雪运动会；建成24个科技探究实验室，成立各类课外兴趣小组和学生社团1100余个；为全区四年级小学生每人配备1支高音竖笛，建立竖笛乐队35支；学生参加市级以上体艺竞赛活动获奖599项，包括国家级、市级一等奖149项。

教育教学质量提升。扩充优质资源，引进北京师范大学附属未来实验学校、北京市西城区黄城根小学、北京市育民小学等城区名校入驻行政办公区办学。启动校园阅读促进项目，聘请10余名外籍教师参与中小学英语教学改革；开展“翱翔计划”“雏鹰建言行动”，引进斯坦福大学生物实验室，探索选课走班，构建开放型教与学模式。加强教师队伍建设，选聘毕业生446人，调入优秀教师63人；109名骨干教师参加开放型教学实践活动，面向全市开放课堂204节；15名教师获评北京市特级教师，22名教师获评北京市优秀教师；制定《乡村教师支持计划实施细则》，落实乡村教师岗位生活补助。

交流与合作。通州区与天津市武清区、河北省廊坊市签订教育协同发展协议，建立学前教育、中小学校发展共同体，职业教育覆盖全学段的教育联盟。开展外籍大学生进校园、京港两地校长交流等活动。潞河中学与香港景嶺书院、香港福建中学等学校缔结为京港姊妹校。8所学校10个项目入选京港澳姊妹校交流项目。

教育布局优化。协助市规划院编制城市副中心专项规划，教育专项规划基本稳定。在155平方千米区域内规划教育用地3.86平方千米，规划新建学校、园所133所，其中，幼儿园69所、小学35所、中学29所，包括行政办公区及周边规划建设中学3所、小学5所、幼儿园12所。通过新建、改扩建项目，新增学位2080个。北师大附属未来实验学校等6项工程加快建设，新建建筑面积30.40万平方米，可提供学位10890个。

安全法制工作。开展安全隐患大排查大清理大整治和无证园治理专项行动，发现一般隐患2227项、重大隐患76项。完成81所学校、幼儿园技防设施更新，优化校园及周边环境。

（白文会）

“互联网+”助力全面深化教育综合改革总结会

3月4日，通州区教委召开“互联网+”助力通州区全面深化教育综合改革项目阶段总结会。北京师范大学未来教育高精尖中心专家分别作《大数据助力区域教育质量提升实践经验——通州整体视角》《“互联网+”促进通州学科评学教一体化的实践路径——学科教学改进视角》报告和《北京市中学教师开放型在线辅导计划》通州试点阶段总结。会议宣读通州学科名师培养计划，该培养计划由区教委、区教师研修中心与北师大专家共同研究并决定实施，涉及语文、地理、历史等9个学科。会议为9个名师工作坊授牌。区教委、北师大未来教育项目团队以及全区初中校干部、教师代表500人参加会议。

（王蕾）

通州区家庭教育研究中心成立

3月10日，通州区家庭教育研究中心成立暨首次研讨会在区教师研修中心召开。会议为家庭教育研究中心揭牌；听取北京教育科学研究院通州区第一实验小学、北京市第二中学通州校区参加北京市家校合作课题研究情况介绍和北京市通州区潞河中学附属学校、北京市通州区梨园镇中心小学2所区级实验校典型经验介绍。来自全区19所学校的领导及实验教师代表50人参加会议。家庭教育中心属于教育学术中心性质，通过研究、探索有效机制、总结提升3个路径开展家庭教育工作，潞河中学附属学校等19所中小学成为中心实验校。

（高伯武）

第20届学生艺术节舞蹈和器乐展演

3月22日至23日，“阳光下成长”通州区第20届学生艺术节舞蹈和器乐专场展演在北京小学通州分校举行。来自全区91所学校的113支队伍近3000名中小学生参加活动。活动特邀中国歌舞剧院教授等10名专家现场评审，北京市通州区第六中学、北京市通州区中山街小学、北京市通州区潞河中学等35支队伍获各组别一等奖。第20届学生艺术节于2016年10月启动。

（王艳霞）

教育高端引领培养工程总结展示会

4月9日，通州区教委召开教育高端引领培养工程总结展示会。会议全面总结该工程（2015年至2017年）实施情况，15个工作站分别以教育故事、站长论坛、技能展示等形式汇报研修成果。该工程于2013年12月启动，聘请2名研究员和13名特级教师组成专家指导团队，15名区研修员为站长，全区360名优秀学科教师为首批成员，采用专家引领模式开展研修活动。2015年至2017年开发实施系列教师研修课程288项，申请立项研究课题231项，出版专著46本，发表论文224篇。市教委、区政府、区教委领导及教师代表500人参加会议。

（白文会　闫德胜）

多种渠道方便入学

4月28日，2017年通州区义务教育阶段入学工作实施细则公布。在上年基础上新增3个变化，部门联合审核入学资格、非本市户籍联合派位学校增至8组、“在京暂住证”改为“北京市居住证”。家长可登录区教委、区教育考试中心网站或关注区教委微信公众号“入学服务”专栏了解入学政策及时间安排。同时开通17部咨询电话、15个现场咨询窗口、网上人工互动平台等，方便家长咨询入学政策。

（白文会）

第35届学生科技节

5月23日至24日，通州区教委、区科委、区科协联合举办通州区第35届学生科技节。科技节以“科技强国，创新圆梦”为主题，举办青少年科技成果展和科技创新大赛等活动，并为12所科技教育示范学校授牌。青少年科技成果展设学校科技成果展示和科学竞技体验活动2个项目。区域内13所北京市科技教育示范学校参与学校科级成果展示，展示科技创新大赛工程类成果以及机器人、航空、航天、航海等方面的课题研究及成果。全区60余所中小学的科技社团参观科技成果展区。科学竞技体验活动强调团队合作与竞技挑战，内容包括机器人、趣味物理冲关、生活化学体验区、生物模型体验区等。

（白文会）

永乐店中学教育联盟成立

5月25日，通州区教委召开北京市通州区永乐店中学教育联盟成立大会。会议介绍永乐店中学教育联盟成立背景，宣读《北京市通州区永乐店中学教育联盟章程》，并为永乐店中学教育联盟成员校、特邀友好学校颁发铜牌及聘书。该教育联盟是在通州区教委领导和指导下，充分发挥北京市示范性普通高中校示范辐射作用，促进区域教育优质、均衡、可持续发展，形成互相促进、互惠互利、互通有无、优势互补的校际关系，促进联盟学校协调发展，推动区域教育整体发展，助力城市副中心建设。教育联盟成员校有永乐店中学、天津市武清区城关中学、河北省三河市第一中学、内蒙古翁牛特旗乌丹第六中学以及北京市通州区柴厂屯中学、北京市通州区觅子店中学、北京市通州区漷县中学、北京市通州区牛堡屯学校、北京市通州区于家务中学、北京市通州区陆辛庄学校、北京市通州区永乐店镇中心小学11所学校，特邀友好校为北京市通州区小务中学。

（郭书彤　李娟　雷丽媛）

隔代育婴培训启动

5月26日，通州区教委启动“社区教育培训大课堂——隔代育婴”系列培训。首次培训由北京市通州区华远铭悦幼儿园副园长及骨干教师担任主讲，120余名家长参加培训。“隔代育婴”是通州区社区教育培训大课堂的重要内容之一，专门为带孩子的老年人在科学喂养与教育上提供专业帮助。

（刘琼）

反校园欺凌教育行动启动

5月31日，通州区反校园欺凌主题宣传月暨“以案释法”进校园大型宣传教育活动启动。该活动由通州区教委、区检察院等单位联合举办，以“反校园欺凌，守幼苗平安”为主题，区检察院代表宣读“反校园欺凌”倡议书，参会领导向11个乡镇、4个街道的中小学代表授“手拉手，反欺凌”旗帜，并赠与相关书籍。活动邀请世界自然医学心理学院博士生导师、台湾省立法院教育委员会委员作《亲职教育》讲座。该活动采取“法治教育进课堂”、加强普法宣传、活动引领、公示校园欺凌专门负责人和救助热线电话、落实家长监护责任5项措施，预防校园欺凌现象发生。各主办单位领导，各学校法治安全工作主管领导、学生及家长代表，北京工业大学实验学院大学生普法志愿者等380余人参加活动。

（李萍）

5月31日，通州区反校园欺凌教育行动启动

（通州区教委　供）

首届“京教杯”教师基本功总结表彰会

6月20日，通州区教育系统召开第一届“京教杯”青年教师教学基本功展示活动总结表彰会。会议表彰展示活动市级奖获奖者69人、区级奖获奖者535人以及优秀组织单位和优秀指导教师。北京市通州区运河中学、北京市通州区永顺镇中心小学和通州区研修中心研修员分别作经验介绍。北京市教育学会、北京师范大学、区委教工委、区教委、区政府教育督导室、区教育工会、区教育学会领导以及各中小学领导和获奖青年教师代表500人参加活动。

（张俊英）

梨园学堂揭牌

6月28日，通州区梨园镇举办梨园学堂揭牌暨讲座活动。活动中，通州区梨园镇成人学校校长介绍梨园学堂建设情况和梨园学堂未来工作内容、目标；参会领导为梨园学堂揭牌并向学堂兼职教师颁发聘书。梨园学堂学员表演舞蹈、自创诗朗诵、陶笛演奏等5个节目。活动邀请北京教育学院通州分院副院长作题为《礼之用，和为贵》的报告作为“梨园学堂·第一课”。梨园镇政府、区教委、区教师研修中心

6月28日，通州区梨园镇举办梨园学堂揭牌活动

（通州区教委　供）

领导及梨园镇22个社区、26个村队的社工、学堂学员130余人参加活动。

（高春英）

接管台湖镇2所配套幼儿园

7月5日至8月1日，通州区教委接管台湖镇润枫领尚小区和泰禾拾景园小区配套学前教育设施。润枫领尚小区配套幼儿园占地面积3060平方米、建筑面积2100平方米，设计规模为8个教学班，增加学位240个；泰禾拾景园小区配套幼儿园，占地面积5000平方米、建筑面积4000平方米，设计规模为12个教学班，增加学位360个。2所配套设施的接管和使用，有利于缓解通州区适龄儿童入园压力。

（李健）

3所幼儿园通过市级示范园验收

7月28日，北京市通州区大方居幼儿园、北京市通州区张家湾镇张家湾中心幼儿园和北京市通州区七零九零幼儿园接受北京市示范幼儿园验收。市级示范园验收专家组通过实地查看园所、查阅档案、座谈等形式开展验收工作。7月10日，市教委公布第十批北京市示范幼儿园名单，3所幼儿园全部通过验收。至此，全区32所公办幼儿园中有北京市示范幼儿园4所、北京市一级一类幼儿园13所、北京市一级二类幼儿园18所、北京市社区儿童早期教育示范基地8个、北京市学前儿童特殊教育示范基地4个。

（王恩承）

乡村教师计划补助补发

8月底，通州区教委完成“乡村教师计划”补助补发工作。根据北京市文件精神，通州区教委制订《通州区乡村教师岗位生活补助发放工作实施方案》，通州区乡村补助政策自2016年9月起实施，将79所乡村中小学、幼儿园4146名教师纳入发放范围，发放补助7161万元。自9月1日起，月补助资金随工资下发。

（张鹏）

潞苑小学投入使用

9月1日，北京市通州区潞苑小学投入使用，进一步缓解永顺相关地区优质学位紧张情况。该小学为富力惠兰美居小区配套教育设施，占地面积19947平方米、建筑面积15958平方米，办学规模36个教学班，规划提供学位1440个，一年级招生232人。区教委于2016年8月接管小区教育配套设施。

（李健）

职成教育定位与发展研讨会

9月26日，通州区教委召开“城市副中心背景下职成教育定位与发展”研讨会。会议听取通州区职业教育、成人教育、社区教育、学习型城区建设4个方面的研修工作报告；门头沟区作《协同与融合——副中心及周边职成教育之趋势》主旨发言。会议提出“跨区域、跨行业、融合、合作、协调”的副中心职业与成人教育发展理念；剖析城市副中心背景下，职成教育的定位、发展、机遇与挑战。

（丁佳）

市民终身学习平台“通学网”开通

11月29日，通州区市民终身学习平台“通学网”正式开通。网站向全区市民提供开放式在线学习服务，汇聚全区各类教育精品课程以及社区教育、农村远程教育等优质教育资源，开发特色微课程，建设终身学习课程超市；通过移动终端提供智能化、基于位置的学习服务，形成具备信息检索、资源推荐、查询、评价等功能的学习信息综合服务地图，支撑50万级用户服务；初期运行开通职成教育、精品课程、学习型组织、大运河文化、通学党建5个板块，采取公共服务与市场运营相结合的运行模式。“通学网”依托北京市终身学习平台（“京学网”）的资源和服务优势，与各区学习网互通互联、资源共享，网址：http://tongzhou.bjlearning.cn。

（侯洋）

顺义区

概述

2017年，顺义区教委辖属教育单位200个，其中，幼儿园100所（教育部门办园54所、集体办园27所、民办园18所、部队办园1所），小学49所（教育部门办校46所、民办校3所），九年一贯制学校2所（教育部门办校1所、民办校1所），十二年一贯制学校7所（全部为民办校），中学24所（全部为教育部门办校），中等职业学校4所，特殊教育学校2所，其他法人单位12个。招生30840人（幼儿园12462人、小学8980人、初中5980人、普通高中3387人、中等职业学校7人、特殊教育24人）；毕业22143人（幼儿园6498人、小学6599人、初中4968人、普通高中3587人、中等职业学校488人、特殊教育3人）；在校生101581人（幼儿园28880人、小学46444人、初中15497人、普通高中10407人、中等职业学校137人、特殊教育216人）。教职工总数11852人（幼儿园2911人、小学3664人、初中1723人、九年一贯制学校167人、完全中学499人、高级中学1333人、十二年一贯制学校1423人、特殊教育132人），其中，高级职称1516人、中级职称3749人。北京市特级教师51人、北京市骨干教师102人、北京市学科教学带头人17人。全年教育总投入52.89亿元。中小学固定资产总值24.50亿元。乡镇成人学校25所，培训机构65个。新建小学1所。设立教育联盟3个（牛栏山一中教育联盟、顺义一中教育联盟、杨镇一中教育联盟）。

2017 年，顺义区教育持续健康和谐发展。

坚持立德树人，促进学生发展。坚持学生德育为先，积极开展“学习总书记讲话、做合格共青团员”“一颗红星闪闪亮、红色故事伴成长”等主题教育实践活动。促进学生身心健康发展，确保学生每天 1 小时体育锻炼时间，完成《国家学生体质健康标准》测试。推广冰雪运动，全年上冰人数 0.56 万人、上雪人数 3.70 万人。组织中学生 1.60 万余人次到天安门广场、中国抗日战争纪念馆等地参加“四个一”活动，7000 人参观“砥砺奋进的五年”成就展。6 万名小学生走进怀柔生存岛、河北村民俗园等资源单位参与社会实践活动。开展科技节等系列活动，丰富学生科技创新体验。

坚持德才并重，提高师资水平。队伍结构不断优化，通过需求调研，公开招聘中小学教师 215 人、学前教师 205 人。采取教师申报、单位推荐与区教委选派相结合的方式，组织教师交流 220 余人。弘扬师德师风，评选“十大师德楷模”及 10 个“师德楷模提名奖”。13 人获评北京市特级教师、3 人获北京市优秀教育工作者称号、19 人获北京市“紫禁杯”优秀班主任称号、24 人获北京市优秀教师称号。在教育部“一师一优课 一课一名师”活动中，获奖数量在全市各区中排名第二。

坚持统筹兼顾，提升教育质量。学前教育更加优质，1 所幼儿园通过北京市示范幼儿园验收，市级示范园数量达到 9 所；3 所幼儿园通过北京市一级二类幼儿园验收，教育部门办园全部达到市一级以上水平。义务教育更加均衡，北京市顺义区空港第二小学投入使用，增加学位 960 个；组织顺义教育二次创业小学教育集团风采展示活动，上海、广东等 5 个省市专家作现场指导；组织初中校开展精品课程展示 500 余节次；通过向农村中小学提供人、财、物全方位支持，促进教育公平。高中教育成绩突出，北京市第四中学顺义分校被评为北京市优质高中学校，印发《顺义区关于进一步规范考试制度的指导意见》，推进示范校尖子生培养工作，制订尖子生培养方案；2017 年高考成绩突出，23 人被清华大学、北京大学录取。进一步完善顺义区特殊支持教育中心相关职责，全面履行融合教育工作指导、培训、管理等职能。对全区有资源教室的 28 所学校进行常规检查评估，对 4 个资源中心进行布局规划。

坚持优化环境，改善办学条件。合理配置资源，接收 4 所配套教育设施，推进 11 项在建工程建设，审批 548 项预算项目，完成 445 项采购项目，审批 307 份资产处置手续。完成 10 个考点校 34 个标准化英语听说考场建设。为 93 处园址（含村办园）部署音视频采集系统，安装监控设备 5472 路。

坚持依法治教，履行行政职能。推进“两个专项治理”工作，严肃查处违法违纪行为。调整优质高中名额分配和普高招生计划，在入园入学热点地区实行公开摇号。印制《顺义区学籍管理工作使用手册》，规范学籍管理制度，提高基层学校学籍管理水平。审计监督全面覆盖，印发《顺义区教育系统审计整改工作实施办法（试行）》，跟踪落实整改。印发《关于进一步做好顺义区教育收费公示工作的规定》，统一规定收费公示内容。启动“数据驱动改进教学评价改革项目”和“中小学学习能力提升与学情诊断评价项目”，7 所学校成为试点校。开发教育评价项目网络管理系统，成为各级各类学校了解教育评价政策的信息库。

（吕心丰）

寒假教育培训大会

2 月 16 日至 17 日，顺义区教育系统寒假教育培训大会分别在北京市顺义区仁和中学和北京市顺义牛栏山第一中学召开。会议包括全员视频大会、干部培训大会等。会议听取区委教工委书记《创新教育管理方式聚焦学生综合素养助力顺义教育内涵发展》主题报告，强调学校一把手要创新管理方法和管理模式，促进师生全面发展，教师积极探索符合时代特点和教育规律的学生综合素养培养途径，教育系统领导干部着力进行思想意识创新，推动教育改革发展。中央民族大学教授、军事评论家、清华大学管理学院教授分别作《传统文化与中国人的修养》《我国周边安全形势与钓鱼岛问题》《水滴与河海》专题讲座。区委教工委、区教委、区政府教育督导室、区教育工会领导及教育系统 9000 余名干部教师参加会议。

（张琪悦）

书院式教育干部培训

3 月 10 日至 4 月 24 日和 10 月 24 日至 11 月 30 日，顺义区教委分别举办第一、第二期书院式干部培训。邀请国内外知名教育专家，市区名校校长、特级教师、优秀专职培训教师 12 人，作《脑科学与基础教育改革》《领导干部的党性修养》《从教学到管理的蜕变》等专题讲座 12 场，培训学员 1300 人次。书院式干部培训是干部全员培训的管理创新，旨在增强课程的丰富性与针对性，满足学员多样化需求，拓展自主选择空间。

（李君美）

非法幼儿园关停专项行动协调会

3 月 16 日，顺义区教委举办非法幼儿园关停专项行动协调会。会议听取各镇、街道主管领导属地非法园现状和近期关停行动推进情况汇报。会议强调，各级有关部门要高度重视，在“服务大局讲政治”“疏解功能谋发展”“直面问题勇担当”3 个方面形成共识；形成“精打细算”的预警机制、“敢抓会干”的协调机制、“述职问效”的督办考核机制；加强统筹，用好政策，为工作提供有力保障。区委教工委、区政府教育督导室有关领导，区教委相关科室负责人、各镇及街道相关负责人 40 余人参加会议。

（李美麒）

教育单位变更

4 月 11 日至 8 月 31 日，顺义区新建 1 所小学，更名 1 所中学、1 所幼儿园和 2 个其他教育单位，撤并 1 所幼儿园。4 月 11 日，北京市顺义区空港第二小学成立，为区教委所属正科级公益一类事业单位，占地面积 1.29 万平方米、建筑面积 1.03 万平方米，拥有教室 27 间，规划班额 24 个，在校生 245 人（一年级至四年级学生），教职工 20 人。4 月 11 日，北京市顺义区第四中学更名为北京市顺义区第四学校，为九年一贯制学校；6 月 26 日，北京市顺义区仁和花园一区幼儿园更名为北京市顺义区仁和花园幼儿园；7 月 7 日，中国共产党北京市顺义区教育研究考试中心委员会更名为中国共产党北京市顺义区教育研究和教师研修中心委员会；8 月 15 日，北京市顺义区教育研究考试中心更名为北京市顺义区教育研究和教师研修中心。8 月 16 日，撤销北京市顺义区后沙峪第二幼儿园，其人员编制、资产、债权债务等划入北京市顺义区后沙峪第一幼儿园，由后沙峪一幼采取“一园两址”的办园模式统一管理。后沙峪二幼成立于 2013 年 11 月，是一所由分园转变为独立园的新建制园，位于顺义区后沙峪清岚花园西区内，是小区配套幼儿园，占地面积 1932 平方米、建筑面积 1115 平方米，独立前为顺义区后沙峪中心幼儿园分园。

（赵芳）

西辛小学教育集团教育风采展示会

5 月 23 日至 24 日，顺义区教育二次创业暨西辛小学教育集团教育风采展示会举行。活动强调未来顺义教育要顺应时代发展，以改革创新为动力，更好地实现科学发展、绿色发展、和谐发展；组织观看“我和西辛的故事”文化展演，展示学校“顺性成格”育人内涵：仁、智、和、美；观摩北京市顺义区西辛小学家校共育专场活动，展示顺义区教育生态。活动围绕家庭教育展开研讨，阐明家风建设、家庭教育对于学生成长的重要性。参加活动的教师通过“选课”进入分层分类课堂，体验选课走班，就探究小学阶段选课走班模式开展论坛讨论。区教委、区教育研究和教师研修中心相关负责人，顺义教育联盟盟主校领导，区内各小学干部教师及兄弟省、市、区教育同仁共计 500 人参加活动。

（黄秋凤）

5 月 23 日至 24 日，顺义区教育二次创业暨西辛小学教育集团教育风采展示会　（西辛小学　供）

国家义务教育质量监测

5 月 25 日，顺义区完成 2017 年国家义务教育质量监测工作。教育部基础教育监测中心、市政府教育督导室等单位人员组成检查团到区考试中心保密室、北京市顺义区石园小学等地检查。监测内容包括学生科学学习质量、德育状况和课程开设、条件保障等相关影响因素。顺义区严格按照国家义务教育质量监测操作程序开展监测工作，为了解学生学习质量和身心健康状况提供数据保障。监测工作涉及 12 所小学和 8 所中学的 600 名四年级和八年级学生以及 270 名教师。

（吕龙梅）

港馨小学凤秧歌参加中国教育电视台节目录制

6 月 7 日，北京市顺义区港馨小学接待中国教育电视台《传承的力量》摄制组，录制凤秧歌，学校校长、凤秧歌传承人和学生代表接受采访。顺义区赵全营镇去碑营村凤秧歌是北京市非物质文化遗产传承项目，港馨小学聘请市、区校外艺术教育专家，创编融入凤秧歌古老元素的现代舞蹈，由 4 名去碑营村民间老艺人对师生进行传、帮、带，提高传承特色项目的教学水平和课外活动水平。5 月 26 日，教育部启动《传承的力量》学校体育艺术教育弘扬中华优秀传统文化成果展示活动，并计划制作成系列专题节目在相关媒体播出，港馨小学凤秧歌入选。

（高艳玲）

6 月 7 日，港馨小学凤秧歌参加中国教育电视台《传承的力量》摄制　（港馨小学　供）

“高参小”班会展示活动

6 月 21 日，顺义区“高参小”项目班会展示活动在北京市顺义区杨镇中心小学校举行。会议分班会展示和专家点评 2 个环节。杨镇中心小学教师展示一年级班会“你是我最好的朋友”；北京市顺义区李桥中心小学校教师、北京市顺义区光明小学教师通过网络直播方式，分别展示二、三年级班会“勇敢表达我自己”“我喜欢我自己”。全区德育干部、骨干教师及杨镇中心小学部分教师 200 人参加活动。

（张伟光）

国学讲堂开讲

6月30日，顺义区社区教育中心举办“义品经典”国学讲堂启动仪式暨“读史与修心”主题讲座。活动聘请北京社会科学院研究员授课。来自全区各单位的学习型城市建设工作主管领导、相关科室负责人300人参加学习。“义品经典”国学讲堂是区学习型城市建设领导小组为弘扬中国民族优秀传统文化，提升区域文明程度和城市文化品位，营造“全民学习、终身学习”的学习型社会氛围而打造的项目。全年共推出9场讲座，邀请多名国学大师授课，面向顺义区各类组织工作人员和市民传授国学文化精髓。

（廖蕊）

全国青少年航海模型总决赛获佳绩

8月18日至22日，顺义区代表队参加第18届“我爱祖国海疆”全国青少年航海模型教育竞赛总决赛获奖。顺义区30名选手参加模型制作赛、模型追逐赛、模型航行赛等10余个项目，获个人金牌1枚、银牌6枚、铜牌3枚；一等奖25个、二等奖14个、三等奖19个。比赛以“驰骋梦想草原，拥抱绿色海疆”为主题，首次引入26所高校的大学生参加航海模型创新赛，形成大、中、小学生同台竞技的场面，将科技、体育融为一体。来自全国25个省市的45支代表队近1600名选手参加竞赛。全国航海模型教育竞赛是目前国内级别最高的科技体育赛事，每年举办1次。

（任立春）

顺义区教育财务管理服务中心成立

8月29日，顺义区教育财务管理服务中心成立。中心加挂顺义区学生资助事务管理服务中心牌子，为区教委所属相当正科级公益一类事业单位。服务中心有工作人员44人，主要负责管理范围内中小学财务工作指导、监督、管理和中小学预决算草案编制与实施工作，相关统计、汇总、分析工作，会计人员业务培训工作，落实推进各级各类学生自主政策以及学生自主工作管理、政策宣传、资助育人等事务性工作。

（赵芳）

特殊支持教育中心迁址

10月10日，顺义区特殊支持教育中心从北京市顺义区特殊教育学校迁址到顺义区教师研究与教师研修院内并挂牌运行。2014年11月13日，顺义区特殊支持教育中心由顺义区机构编制委员会批准成立，办公地点设在顺义特教学校。中心主要职能是负责全区特殊教育领域的教育教学研究、师资培训，对随班就读学校进行教学指导和评价，负责全区随班就读和送教上门教师特殊教育专业培训，为残疾学生家长提供专业咨询以及参与检查评估特殊教育资源教室设计、建设、管理等。

（马英）

多种活动提升教师综合素养

10月，顺义区教育系统各单位组织多种活动提升教师综合素养。北京市顺义区第五中学举办数学学科中小学跨学段联合教研活动，观摩小学六年级和初一年级数学课2节，并围绕听课内容和中小学数学如何衔接问题开展探讨。北京市顺义区第十二中学组织教师到怀柔红螺湖鸟岛体验基地开展“养正”系列拓展活动。东风小学教育集团开展第六届“体验杯”教师基本功大赛，设置硬笔书法书写、教育教学故事演讲、专业技能笔试和课堂展示等环节，锤炼教师教学基本功。北京市顺义区南法信中心幼儿园开展教师礼仪培训，包括着装礼仪、形体礼仪、称呼礼仪等课程。北京市顺义区澜西园四区幼儿园举办语言教学阶段性成果展示活动。

（刘峣）

民族团结教育现场会

11月22日，顺义区教委与北京市民族教育学会联合举办民族团结教育现场会暨顺义区小学民族团结教育培训大会。活动观摩民族特色社团展示、民族团结教育校本教材课、学科融入课和主题班队会；市民族教育学会会长解读《学校民族教育指导纲要》；北京市顺义区后沙峪中心小学校、北京市宣武回民小学、北京市海淀区双榆树中心小学3所学校作民族团结教育经验介绍，展示学校民族团结教育开展措施、现状及成果。市教委、市民族教育学会领导，区内各小学及其他15区争创民族团结教育示范校领导教师80人参加活动。

（沈浩发）

教育人才公租房分配会

12月20日，顺义区教委召开教育人才公租房分配会。会议解读分配方案，并将位于鑫牛南路2号的158套公租房当场配租。区教委领导与学校代表签署配租协议，并向教师代表发放钥匙。公租房分配以“政府持有、只租不售、自愿申请、单位审批、周转使用”为基本原则，以“吸引人才、留住人才、激励人才”为最终目的，参照教职工及其家庭成员的实际情况分类别、分序列进行配租，以低于市场同类房屋的租赁价格，提供给全区教育系统在岗的教育人才用于过渡性居住。

（朱志敏）

中学生古诗文成语大赛

12月27日，顺义区教委举办第四届中学生优学派古诗文成语大赛。北京市顺义牛栏山第一中学、北京市顺义区杨镇第一中学、北京市顺义区第二中学、北京市顺义区第九中学及北京市第四中学顺义分校7支代表队21名选手参赛。最终，评出一等奖1个、二等奖2个、三等奖4个。比赛考查学生对成语文化知识的理解，培养学生的语言积累习惯和团队合作精神，提高学生语言实践运用能力。

（米月）

首师大杨镇实验幼儿园揭牌

12月29日，首都师范大学附属杨镇实验幼儿园揭牌。该园隶属顺义区教委，经费由市、区财政拨付；占地面积1.79万平方米、建筑面积1.23万平方米，设有现代化专用教室、各类室外活动场地等；有教职工107人，包括专任教师66人；在园幼儿787人，其中，小班250人、中班331人、大班206人。揭牌仪式上，首师大和区教委签署战略合作项目协议，根据协议，首师大负责管理、指导、监督；区教委负责日常督导、检查、考核管理和经费支持。

（段晓宇）

校服管理工作

至年底，顺义区政府进一步完善校服管理工作。区政府为非顺义籍学生免费发放校服，使非顺义籍学生享受区政府惠民政策；同时将民办学校的校服工作纳入统一管理，实现全区校服“优质、合体、美观、舒适”配备目标。在执行过程中，项目人落实校服面料的检测，加强生产、加工过程的监督，送货环节的管理，确保每名学生拿到的校服都符合国家标准。全年采购学生校服13万套，涉及资金1722万元。

（张蒙）

昌平区

概述

2017年，昌平区教委辖属教育单位325个，其中，幼儿园137所（教育部门办园28所、集体办园33所、民办园62所、其他部门办园14所），小学92所（教育部门办校76所、民办校16所），九年一贯制学校13所（教育部门办校11所、民办校2所），十二年一贯制学校13所（教育部门办校6所、民办校7所），中学55所（教育部门办校43所、民办校12所），特殊教育学校2所，中等职业学校2所，其他法人单位11个。招生30645人（幼儿园12751人、小学9424人、初中5703人、普通高中1837人、中等职业学校921人、特殊教育9人）；毕业23570人（幼儿园7808人、小学8223人、初中4701人、普通高中1869人、中等职业学校946人、特殊教育23人）；在校生108374人（幼儿园32005人、小学52269人、初中15343人、普通高中5676人、中等职业学校2979人、特殊教育102人）。教职工总数15943人（幼儿园5587人、小学3883人、中学6092人、中等职业学校338人、特殊教育43人），其中，高级职称1453人、中级职称3151人。北京市特级教师36人、北京市骨干教师123人、北京市学科教学带头人24人。全年教育总投入39亿元。中小学固定资产总值27.47亿元。乡镇成人学校20所，培训机构68个。新建小学1所。

2017年，昌平区教育系统全面深化教育改革，优化教育资源，各级各类教育实现新发展。

各级各类教育。学前教育新增6所优质幼儿园。义务教育优质均衡发展水平不断提升，围绕“提高课堂教学有效性”专题，引领学校建设“生态课堂”，25所小学被评为昌平区质量综合评价优秀学校；承办北京市中小学德育工作现场会，18所学校被评为北京市文明学校。高中教育多样化，制订并落实《昌平区高中优秀生群体培养指导意见》；深化课堂教学改革，以新学科课程标准、学科核心素养为重点开展深入培训，聘请专家指导近200人次。职业教育品牌建设增强，产教融合、校企合作，采用“3+2”一贯制人才培养机制，拓宽学生成长通道；昌平职业学校成为“昌平区全域旅游人才培养基地”“昌平区妇女培训基地”；利用电商平台助力昌平区全域旅游，开展“樱桃众筹”、“苹果众筹”、十三陵镇康陵村线上与社区互动等活动；以职教助力精准扶贫，为宁夏银川、吉林扶松和内蒙古自治区乌兰察布及呼伦贝尔等地开办职业院校领导力高级研修培训班，助力中西部地区职业教育发展。成人教育，举办昌平区学习型城区建设成果展示活动，宣传终身学习和推动昌平区学习型城区建设；昌平区成人教育中心农广校被评为“全国首批城乡社区教育特色学校”。高校支持中小学办学成效进一步显现，中央戏剧学院、华北电力大学、北京演艺专修学院、北京农学院、北京化工大学、中国石油大学等高校与各中小学建立长期项目合作关系，丰富学生课外活动，驻区高校团队深入中小学和幼儿园，开展各类讲座、培训近百次，受益学生1万余人。

提高学生综合素养。开展各类活动培养学生体育、艺术、科技素养，推进足球和冰雪特色项目，加快校园足球运动在中小学开展，参与率100%。开展“冬奥冰雪文化进校园”工作，组织2万名师生开展冰雪体验。提升中小学生法治素养，拓宽学生国际视野，105名学生出国访问，开展国际交流；接待日本、韩国学生45人。

深化综合改革。深化义务教育招生制度改革，探索对口直升和多校划片入学改革，北京市昌平实验小学直升北京市昌平区回龙观中学、北京市昌平区南邵中心小学直升北京市昌平区南邵中学、北京市昌平区昌盛园小学（石油附小）直升北京市昌平区第五中学（石油附中）。首次尝试非京籍儿童电脑派位入学，将学位紧张的回龙观、霍营、东小口地区学位整合为大回龙观学区，实行电脑派位，参加派位的2478名非京籍儿童100%在区域内入学，基本保障自有住房的非京籍适龄儿童在家附近入学。教育信息化助推教育教学改革，推进“虚拟学校”项目，40余所中小学参加移动终端下的教学改革实验，近80%教师参与实验并取得成果。承办北京市“互联网+混合式教学”现场展示活动、全国信息化研究课题研讨会、北京市生物学科互动教学现场展示活动和全国“基于大数据优化‘学与教’方式的研究与实践”课题研讨会。

优化教育资源布局。引进的5所名园（北京市棉花胡同幼儿园回龙观园、北京师范大学实验幼儿园新校区幼儿园、北京师范大学未来科技城第一幼儿园、首都师范大学附属回龙观幼儿园、华北电力大学回龙观幼儿园）建成并开园。

加大教育资源建设力度，北京市昌平区财贸幼儿园完成主体和室内装修，北京市昌平实验中学新建教学楼（小学部）、清华大学附属小学改扩建工程开工，对104所学校进行校园避雷设施升级改造。通过新建、改扩建工程，新增中小学、幼儿学位3570个。

（张翠珍）

学生健康体检

2017年，昌平区中小学卫生保健站对区内中小学生64748人（小学44705人、中学20043人）进行健康体检，并建立学生健康档案，建档率100%。学生视力不良检出率59.09%，比上学年度下降0.6个百分点，小学生视力不良检出率下降0.24个百分点，初、高中生视力不良检出率分别上升0.68和0.48个百分点。学生肥胖检出率19.56%，比上学年度上升0.25个百分点，小学、初中生肥胖检出率分别上升0.20和0.51个百分点，高中生肥胖检出率下降0.41个百分点。贫血检出率1.39%，比上学年度下降1.84个百分点，小学、初中、高中生贫血检出率分别下降1.92、2.13和0.35个百分点。沙眼检出率0.03%，同上学年度持平。恒牙龋齿患病率10.44%，比上学年度下降0.10个百分点，小学生龋齿检出率上升0.08个百分点，初、高中生龋患检出率分别下降2.63和4.57个百分点。

（李媛媛）

城乡市民教育大讲堂培训

2017年，昌平区教委开展城乡市民教育大讲堂培训。区教委制订《昌平区2017年城乡市民教育大讲堂工作实施方案》，北京市昌平职业学校和昌平成人教育中心各站校根据镇、街道、社区前期调研制订完善培训实施计划和课程安排，开设中式面点、西点制作、有机蔬菜家里种等30余门培训课程，培训涉及全区20个镇街道的70个社区，全年累计培训市民2.71万人次。培训活动已连续开展10年。

（王颖）

中小学优秀健康教育课评比

3月至5月，昌平区教委、区卫生计生委、区保健站联合开展中小学校优秀健康教育课评比活动。全区中小学51名教师上报健康教育课教案和视频参赛资料。通过区级专家评审组评选，总成绩排在前20名的教师晋级决赛。决赛中，5名专家评委从授课教师精神风貌、讲座内容、授课技巧、课件制作和时间控制5个方面进行现场打分，评出一等奖2人、二等奖4人、三等奖6人、优秀奖8人。

（李媛媛）

非遗入校园交流研讨会

3月3日，昌平区教师进修学校在北京市昌平区阳坊中心小学召开昌平区非遗入校园交流研讨会。龙鼓联盟校、花钹大鼓联盟校和阳坊中心小学分别汇报上学期工作进展和本学期工作计划，阳坊中心小学现场展示“五虎棍”（传统民间武术表演项目）。阳坊中心小学校长、昌平区参与非遗项目9所学校的项目负责领导、教师22人参加会议。

（孙海燕）

教育系统校长培训

4月7日，昌平区教师进修学校举办教育系统校长培训。培训分为新任校长班和教学校长班分别进行，北京教育科学研究院教研员以《考试新政策下的课程与教学变革》为题，从中高考新政策及其影响、对考试变革的内在分析、基于考试变革的课程改进和基于考试改革的教学改进4个方面，阐述中高考政策最新动态、新一轮课程建设基本意义、课程实施面临的问题与挑战以及新课程对教育教学的新要求等内容；北京教育学院教授以《校长胜任力模型及应用》为题，讲解校长胜任力的概念、类型、特点等内容，结合学校实际阐述校长胜任力模型的构建与应用方法。63名学员参加培训。

（张磊）

民族团结教育现场会

4月19日，昌平区教委和北京市民族教育学会联合举办民族团结教育现场会暨《纲要》培训会。会议以“多彩课程推进学校养正文化，和谐校园绽放民族团结之花”为主题，组织观摩4节民族团结教育示范课。会上，市民族教育学会会长作《学校民族团结教育指导纲要》培训，讲解开展民族团结教育的3个意义，通过对指导纲要的重点细则分析，诠释开展民族团结教育的重要性；北京市昌平区城北中心小学、北京市宣武回民小学、北京市海淀区双榆树中心小学分别作民族团结教育经验交流。市教委、市民族教育学会等单位领导，昌平区各中小学领导、教师及外区部分学校领导137人参加活动。

（王英）

学习型城区建设成果展示

4月27日，昌平区学习型城区建设成果展示及经验交

4月27日，昌平区学习型城区建设成果展示活动
（昌平区教委　供）

流活动暨昌平区职业教育宣传月启动仪式在昌平区首都市民终身学习示范基地举行。昌平区学习办公室表彰 11 家学习型企业先进单位和 10 所学习型学校先进单位。活动展示昌平区市民终身学习服务基地红酒知识、插花、针织等培训课程，组织参观昌平职业学校学生技能展示，考察艺麓园（北京）文化产业中心和新型职业农民培育基地——北京鑫城缘果品专业合作社田间学校 2 个分会场，听取 2 个单位工作汇报，实地参观社区、中小学生校外教育课程基地和田间学校教学实训大棚。市教委、各区教委、昌平区建设学习型城区工作领导小组成员单位以及各镇、街道主管领导 210 人参加活动。

（王颖）

首届中高职信息化教学设计比赛

5 月 18 日，昌平区教委、区教师进修学校共同举办首届昌平区中高职“匠心杯”教师信息化教学设计（说课）比赛。来自北京市昌平职业学校、昌平卫生学校、北京交通职业技术学院 3 所学校的 16 名教师参加比赛。北京教育科学研究院 3 名教研员和门头沟区教研人员担任专家评委，从教材分析、教学目标、创新性与职业特色等方面进行评比，评出一等奖 3 人、二等奖 7 人、三等奖 6 人。

（王红梅）

两所幼儿园通过市级一级一类园验收

6 月 15 日至 16 日，北京市昌平区百善镇中心幼儿园、装备学院机械士官学校幼儿园接受北京市一级一类幼儿园验收。市教委验收组通过听取园长汇报，实地考察园所硬件设施，深入班级观摩环境创设、区域活动、集体教育活动等形式，分别从办园条件、队伍建设、教育教学等方面，对 2 所幼儿园进行全面检查，2 所幼儿园顺利通过验收。至此，昌平区有市级一级一类园 35 所。

（张宁）

中招录取工作

8 月，昌平区完成中招录取工作。全区参加中考考生 2828 人，录取 2817 人，升学率 99.43%。高中录取 1829 人（示范高中 834 人、普通高中 995 人），占录取总数的 65.04%；中专录取 293 人，占录取总数的 10.42%；技校录取 65 人，占录取总数的 2.31%；职高录取 279 人，占录取总数的 9.92%；高职录取 346 人，占录取总数的 12.31%。未录取 16 人，其中，复读生 3 人、出国留学 3 人、自愿放弃录取 8 人、休学 1 人、特殊教育学生 1 人。

（李冬梅）

华北电力大学回龙观幼儿园开园

9 月 1 日，华北电力大学回龙观幼儿园开园。该园前期由华北电力大学建设，后期交付昌平区教委管理，为公办日托幼儿园，占地面积 5200 万平方米、建筑面积 2300 万平方米，拥有 8 个普通教室以及科学教室和秘密花园 2 个专用教室，可同时容纳 240 名幼儿在园学习。全年教育经费投入 656.23 万元，固定资产总值 247.62 万元。幼儿园信息化经费投入 280 万元，拥有计算机 20 台，校园网出口总带宽 20Mbps。图书馆藏书 4797 册。特岗和在编教职工 35 人，包括专任教师 15 人。开设教学班 3 个（小班 2 个、中班 1 个）。招生 86 人（小班 60 人、中班 26 人）。

（张媛媛）

学校特色建设现场会

9 月 20 日，昌平区教委在北京市昌平区平西府中心小学召开学校特色建设现场会。活动以“以玉润德，循玉启智，为学生人生发展奠基”为主题，组织参观学校玉文化主题校园、教育成果展室和玉雕实操基地，分组观摩涉及 4 种教学模式的玉文化展示课 12 节，观看学校玉文化专题宣传片和玉文化节目汇演，听取学校关于玉文化特色工作汇报。北京教育科学研究院教研员、区教委副主任点评和总结。昌平区各小学校长 210 人参加活动。

（袁宝山）

9 月 20 日，昌平区学校特色建设现场会

（昌平区教委 供）

高校支持附中附小项目座谈会

10 月 19 日，昌平区教委在中国石油大学附属中学召开“高校支持附中附小项目”工作座谈会。会议听取各项目校工作开展情况、学年工作计划和项目实施过程中遇到问题的汇报。各高校总结前期工作，制订为附中附小提供项目支持的具体计划和措施。区教委强调，此项工作需要双方进一步深度合作，项目中小学要做好长期规划和具体计划，主动对接高校，主动为高校服务，高校精准帮扶附中附小，找准各自发展需求点；项目体制机制要进一步完善，助力附中附小快速发展，增加双方师生的实际获得。区教委相关领导、各高校相关项目负责人及联系人等 20 人参加会议。

（赵存冀）

学生常见病及健康危险因素监测

10月30日至11月29日，昌平区中小学卫生保健站配合区疾控中心完成学生常见病及健康危险因素监测。成立昌平区学校卫生防病工作领导小组，并制订《2017年北京市昌平区学生常见病及健康危险因素监测技术方案》。监测内容涉及基本情况、学生常见病、健康危险因素和学校环境卫生状况调查4个方面。检测5所中小学，计划监测1200人，实际监测1338人（小学515人、初中539人、高中284人），完成率111.50%。

（张丛伟）

首届机器人大赛

12月10日，昌平区教委举办昌平区首届“阳光少年，创想未来”创新作品终极对决“机器人大赛”。比赛设“环保卫士”和“智慧交通”2个项目，北京市第十五中学南口学校“智慧交通”高中三队、北京市第十五中学南口学校“智慧交通”初中八队、北京市昌平区昌盛园小学“智慧交通”二队分获“智慧交通”高中、初中、小学组冠军；十五中南口学校“环保卫士”高中队和初中一队、北京市昌平区第二实验小学“环保卫士”小学队分获“环保卫士”高中、初中、小学组冠军。全区29所学校135支代表队师生300人参加终极对决。7月，昌平区“阳光少年，创想未来”创新作品评比活动启动，设教师组和学生组2个组别。教师组设创新教学课例评审、创新教育论文评审、创新教育自编教学资源评审3个项目；学生组设单片机、3D打印、创意编程、机器人、纸电路（小学）5个项目。教师组、学生组分别征集到参赛作品50件、160件，2个组别共评选出优秀作品50件（一等奖20件、二等奖30件）。

（朱向彤）

课程建设专项视导

12月19日，昌平区教师进修学校课程室完成本学期三级课程一体化建设专项视导。视导采用听取学校课程建设工作汇报、查看学校课程建设工作材料、深入课堂听课等形式，关注学校课程体系构建、三级课程一体化实施、综合实践活动课程（含10%学科实践活动课程）的规划与落实等情况。视导6所学校，包括2所小学、3所初中和1所九年一贯制学校，累计听课27节。

（安琪）

教育史电子库及实物库建设

至年底，昌平区教委完善教育史志电子库、实物库建设工程。征集教育史电子库、实物库教育实物703件，其中，设备类172件、教材教辅类144件、课外阅读类141件、证书徽章类67件、纪念品类100件、学生学习类63件、课外学习类4件、文件档案类12件。实物分别由11所学校、17名教师和社会人士捐赠。实物暂时存放于北京市昌平区流村中学校史馆。昌平区教育史电子库、实物库建设工作于2016年启动。

（刘亚）

教师资格认定

至年底，昌平区完成教师资格认定。春、秋两季社会人员在昌平区进行网上申报606人，现场确认实际受理申请532人，经评审认定532人，其中，幼儿园教师资格69人、小学教师资格312人、初中教师资格151人。另办理申请补办或换发教师资格证13人；北京汇佳职业学院和北京市昌平职业学校学前教育专业应届毕业生456人属于师范院校集体办理，直接认定幼儿园教师资格。

（任蓉）

制作教育专题电视节目56期

至年底，昌平区教委制作《花开未来》教育专题电视节目56期。该节目由区委教工委和区教委监制，借助昌平电视台传播平台，是以宣传教育系统内部信息为主要内容的一档综合类教育栏目。节目包括学校及幼儿园整体宣传类9部、课程教学改革9部、素质教育全面落实10部、优秀教师宣传10部、大型会议活动专题片3部和全区教育新闻综述9期。与《昌平报》合作，推出“法治教育”“教育工会系列报道”“教育综合实践活动”等专版报道，累计36个

12月10日，昌平区教委举办首届机器人大赛

（昌平区教委　供）

专版、8 万余字，宣传推广 45 所学校的特色亮点，展现昌平教育工作成效，提升昌平教育知名度。

（杨松媛　由婉秋）

大兴区

概述

2017 年，大兴区教委辖属教育单位 270 个，其中，幼儿园 90 所（教育部门办园 41 所、企业办园 2 所、部队办园 1 所、事业单位办园 1 所、民办园 45 所），小学 96 所（教育部门办校 85 所、民办校 11 所），九年一贯制学校 9 所（教育部门办校 6 所、民办校 2 所、区级其他部门办校 1 所），十二年一贯制学校 4 所（全部为教育部门办校），中学 32 所（教育部门办校 30 所、民办校 2 所），中等职业学校 9 所（教育部门办职业高中 2 所、民办职业高中 2 所、中等技术学校 1 所、地方企业办中等技术学校 1 所、省级其他部门办中等技术学校 3 所），特殊教育学校 1 所，其他法人单位 29 个。招生 33523 人（幼儿园 13347 人、小学 11666 人、初中 5637 人、普通高中 2341 人、中等职业学校 532 人）；毕业 25228 人（幼儿园 8278 人、小学 9440 人、初中 5050 人、普通高中 2322 人、中等职业学校 138 人）；在校生 124237 人（幼儿园 35029 人、小学 60069 人、初中 15501 人、普通高中 7247 人、中等职业学校 6293 人、特殊教育 98 人）。教职工总数 13268 人（幼儿园 3783 人、小学 4197 人、中学 4834 人、中等职业学校 419 人、特殊教育 35 人），其中，高级职称 1818 人、中级职称 4911 人。北京市特级教师 41 人、北京市骨干教师 134 人、北京市学科教学带头人 15 人。全年教育总投入 43.50 亿元。中小学固定资产总值 32.16 亿元。乡镇成人学校 14 所，培训机构 74 个。新建小学 1 所、九年一贯制学校 1 所。设立学区 8 个。

2017 年，大兴新区教育系统深入贯彻市、区关于基础教育改革的系列部署和要求，以立德树人为根本任务，注重内涵发展。新增北京市大兴区永华实验学校（区级教育部门办九年一贯制学校）、北京小学大兴分校亦庄学校（区级教育部门办校）、北京市大兴区新媒体双语艺术幼儿园（民办园）、北京市大兴区乐新幼儿园（民办园）、北京市大兴区楷妍乾坤艺术幼儿园（民办园）、北京 SOS 儿童村幼儿园（事业单位办园）。撤销北京市大兴区第四小学、北京市大兴区礼贤镇第二中心小学东梁完全小学、北京市大兴区团河小学附设幼儿班和北京市大兴区第一职业学校附设普通初中班。

科学布局，合理补充教育资源。全面落实《新区“十三五”教育改革与发展规划》和《资源布局与基础设施建设规划》；进一步优化亦庄新城、大兴新城北区、新航城地区和农村地区教育布局，将北京市大兴区亦庄中学并入北京市第二中学亦庄学校、北京市大兴区第十小学并入北京市大兴区第七中学、北京市大兴区亦庄镇三羊小学并入北京市第八中学亦庄分校。推进实施 49 个中小学、幼儿园新建、改扩建和接收项目，北京市大兴区第一中学西校区等 17 个项目开工，完成北京小学大兴分校亦庄校区等 7 个项目，新增学位 5280 个。与优质民办教育机构合作，开办永华实验学校；与北京市教育学会、中国人民大学附属中学、北京市建华实验学校、北京市丰台区第五小学开展合作办学，新区优质资源合办校增至 38 所。“点”“线”“圈”格局进一步稳固，协作区“共建、共研、共享、共评、共学”工作机制不断深化。

探索教育内涵发展，深化教育教学改革。开展精品德育展示交流活动，构建学校德育体系；依托社会大课堂资源开展各类主题教育活动。落实新课程计划，开展日常教研、交流展示、主题视导活动，构建生态课堂；试点“选课走班”，落实优质高中招生计划，推进“1+3”培养试验项目实施；推进学生综合素质评价工作。做好第二期学前三年行动计划收尾工作，2 所幼儿园成为北京市示范幼儿园；建设适应学校特点、衔接有序的三级课程体系；推进高中教育特色发展，依托高中特色发展项目、高中教育综合改革实验校项目以及跨区联盟、科技艺术等特色活动，带动高中教育形成特色；继续加强与高等职业院校的合作，通过父母大学开展家长教育培训；推进民办教育规范发展，强化过程监督管理。分 5 批招聘新教师 450 人；继续推进境内外、京内外、区内外相结合的教师培训模式，受训教师 1.20 万人次；发挥名师工作室作用，召开中小学段教师专业发展大会。

（张雪辉）

中学教育工作会

1 月 17 日，大兴区教委召开 2016 年大兴区中学教育工作会。会议听取区教委题为《务实创新立足发展　全面推进中学教育改革》的工作报告；表彰 2016 年中学教育教学工作一、二等奖获奖者，优秀教育协作区，优秀教务主任、政教主任、科研干部，协作区先进个人和优秀学籍管理员。全区各中学校长、书记等相关负责人 280 人参加会议。

（孙会波）

学前教育工作会

1 月 19 日，大兴区教委召开 2017 年新区学前教育工作会。会议听取大兴区委教工委题为《夯实基础深化改革开拓创新——推动新区学前教育事业科学健康发展》的工作报告，部署 2017 年重点工作，表彰 2016 年学前教育工作先进单位和个人。会议结合新区学前教育发展新形势、新机遇和新挑战，重点围绕“讲规矩、顾大局、敢创新、抓安全”4 个方面对 2017 年学前教育工作提出要求。各类型幼儿园园长、获奖教师代表及相关人员 180 人参加会议。

（徐敏）

科研名师工作室开展系列培训

3 月至 11 月，大兴区教师进修学校魏希芬科研名师工作室开展系列培训活动。培训侧重提升工作室成员的研究专项能力，重点围绕文献、调查、案例3种研究方法开展培训学习。工作室为成员购买相关专业书籍，聘请专家开展文献法、调查法、案例法、调查报告和研究论文撰写5次专题讲座。工作室成员结合所承担的课题搜集文献资料、撰写文献综述、设计问卷、开展调查、积累研究素材撰写研究案例。工作室成员分成4个研修小组，每组5人，在个体学习、专家讲座、实践运用的基础上，通过小组研修方式交流经验。魏希芬科研名师工作室成立于2016年，有21名成员，承担19项市、区级科研课题。

3月31日，2017年大兴区中小学生舞蹈节落幕

（大兴区教委　供）

（魏希芬）

首届中学生中华传统诗词大赛

3月至12月，大兴区教委举办第一届中学生中华传统诗词大赛。经过年级比赛、校级预赛、笔试初赛、线上百人团答题等选拔程序，8所学校40名学生和100名线上答题获奖者参加决赛。决赛设8进5、5进3和3强争霸赛3个比赛环节，采用必答题、抢答题、风险题和飞花令4种题型。经过角逐，北京市大兴区第七中学、北京市大兴区兴华中学和北京市大兴区第一中学分获冠、亚、季军，另评出5支优秀代表队。参赛学校师生及家长500余人参加决赛现场活动。12月9日至17日，区教委启动定制化开发百人团线上答题系统，6341人次完成答题。

（范洁）

3月至12月，大兴区教委举办第一届中学生中华传统诗词大赛

（大兴区教委　供）

中招体检工作完成

3月15日至4月6日，大兴区中小学卫生保健所完成中等学校招生体检工作。来自43所中学的4605名初三学生接受体检，其中，完全合格836人，占比18.15%；专业受限3509人，占比76.2%；不合格260人，占比5.65%。学生专业受限及不合格的首要原因是视力低下，共计3720人，占比80.78%；色觉异常（色盲或色弱）94人，占比2.04%；身高不足80人，占比1.74%。

（李影）

中学班主任生涯教育高研班

3月23日至12月28日，大兴区教师进修学校举办中学班主任生涯教育高研班。高研班开设3个模块培训课程，分别为中学生生涯发展特点、生涯教育中的班级团体辅导、生涯教育中的个体辅导；聘请北京教育学院教师授课，采取讲座、体验式学习、沙龙、分组实践等形式，每2周开展1次活动。高研班与北京市大兴区兴华中学和北京教育学院联合举办，是全区首个以生涯教育为主题的高研班。全区高中班主任30人参加培训，全部结业。

（袁沈珍）

中小学生舞蹈节

3月31日，2017年大兴区中小学生舞蹈节系列活动落幕。舞蹈节活动分为两个阶段，第一阶段为赛前讲座培训，聘请专业教师为参与舞蹈节的教师进行培训；第二个阶段为现场比赛。此次舞蹈节在原有校团比赛基础上增设梯队团比赛，比赛设中学组和小学组2个组别，全区中小学71个代表队（小学42个校团、9个梯队团，中学19个校团、1个梯队团）1300余人参赛。经过评委组现场打分，北京亦庄实验中学、北京市大兴区亦庄中学、北京市第八中学大兴分校获中学组最好成绩，北京市大兴区兴华中学仰山校区小学部、北京小学翡翠城分校、北京市大兴区枣园小学获小学组最好成绩。

（刘秀梅）

青少年教育活动基地挂牌

4月6日，大兴区教育关工委为大兴区安定镇中华耕织文化园挂牌青少年教育活动基地。文化园展馆以耕织为主题，以宣传、弘扬中华农业文化遗产，彰显古代农业成就为宗旨。至年底，该基地共接待10000名师生参加活动。该基地为大兴区第一个青少年教育活动基地。

（侯卫英）

高等教育自学考试

4月15日至16日和22日至23日，大兴区教育考试中心举行北京市高等教育自学考试组考工作。大兴区4414名考生报考，报考13608科次，考试分别在北京市大兴区第一职业学校、北京建筑大学附属中学2个普通考点和北京市监狱、北京市女子监狱、北京市外地罪犯遣送处3个特殊考点举行，组织完成考试460场次。

（刘新华）

4个大兴农广校镇工作站挂牌

5月4日和18日，大兴区农广校榆垡镇工作站、大兴区农广校青云店镇工作站、大兴区农广校采育镇工作站、大兴区农广校长子营镇工作站4个镇工作站挂牌成立。工作站致力于培育新型职业农民，构建新型职业教育体系，促进发展乡镇成人教育工作。大兴区14个镇成人学校中有10所成人学校先后挂牌，对农民技能培训及继续教育工作起到推动作用，促进乡镇村成人教育工作进一步发展。

（李苒）

审核小学校本教材

7月4日，大兴区教委启动小学校本课程教材审核工作。审核工作依据北京市课程建设及教材使用管理办法，对于7月以前开设的课程，学校按照相关规定自查；9月以后开设的课程，通过区教师进修学校审核后开课。区教委、区教师进修学校选派7名相关工作人员组成评审小组，审批课程32门和教材15套，5门课程通过、4门课程未通过，其余课程修改后复审；6套教材通过、1套教材未通过，其余教材修改后复审。

（宁书平）

学校布局调整

8月，大兴区教委撤销北京市大兴区第四小学、北京市大兴区礼贤镇第二中心小学东梁完全小学、北京市大兴区团河小学附设幼儿班和北京市大兴区第一职业学校附设普通初中班。大兴四小始建于1960年，位于大兴区黄村镇车站南里20号；由于修建京雄高铁占地，于8月21日经北京市大兴区机构编制委员会办公室批准增加初中教育职责，调整为九年一贯制学校，更名为北京市大兴区永华实验学校，更名后仍为区教委所属公益一类科级事业单位，2017-2018学年度全部师生473人迁入新址。东梁完全小学由于建新机场征地拆迁被撤销，师生50人并入礼贤镇第二中心小学；东梁完全小学始建于1926年，位于大兴区礼贤镇东梁各庄村东文巷6号。团河小学附设幼儿班由于规范办学条件，增加专用教室被撤销，师生60余人，教师被安排到小学任教，幼儿自行解决去处；幼儿班开设于2007年9月，位于大兴区团河苑小区内。大兴一职附设普通初中班由于不再招生被撤销，师生12人，应届生毕业后，教师进入职高任教。

（张静）

新建幼儿园开园

9月1日，北京市大兴区黄村镇第一中心幼儿园狼各庄分园开园。该园位于大兴区黄村镇狼各庄东村，为日托制公办幼儿园，占地面积6365平方米、校舍建筑面积2081平方米，普通教室6个。教职工14人，包括专任教师7人，专科及以上学历6人，中级职称2人；保健医1人。开设教学班3个，小班、中班、大班各1个。幼儿入园24人。

（张静）

北京小学大兴分校亦庄学校投入使用

9月1日，北京小学大兴分校亦庄学校投入使用。学校位于大兴区亦庄新城三海子三号路，占地面积2.25万平方米、建筑面积2.13万平方米，运动场地面积1760平方米，建有乒乓球室、篮球馆、足球场等配套设施。图书馆（室）藏书5万册。固定资产总值1602万元，全年教育经费投入639.50万元。教职工29人，其中，高级职称1人、中级职称3人。专任教师26人，包括北京市骨干教师1人。设计办学规模36个教学班，提供学位1260个。首批招生219人，开设教学班8个。学校有社团5个。

（张静）

9月1日，北京小学大兴分校亦庄学校建成并投入使用

（大兴区教委　供）

魏书生教育实验基地揭牌

9月25日，北京市大兴区永华实验学校举办永华实验学校暨魏书生教育实验基地揭牌仪式。该校是经区委、区政府研究决定，由大兴区教委通过“引智”合作办学模式，于

8月成立的高起点九年一贯制公办学校，特别邀请教育专家魏书生和爱福生教育专家团队指导办学，魏书生担任名誉校长，学校加挂“魏书生教育实验基地”校牌。学校设有魏书生名校长工作室、李胜利高效读写名师工作室、赵殿伟说唱英语名师工作室等工作室。学校总占地面积3.52万平方米、建筑面积3.30万平方米，运动场地面积1.52万平方米。教职工45人，开设教学班13个、在校生467人。

（张静）

大兴一中成为“1+3”培养项目改革试点

9月，北京市大兴区第一中学成为北京市“1+3”培养模式改革试点校。学校招生80人，成立2个“1+3”项目实验班，每班学生40人。项目面向全区，遴选部分学生在初二年级结束后进入该校，连续完成初三及高中共4年学习。进入项目的学生不需参加中考，直接升入大兴一中高中，并且可以在初三中考报名前退出试验，退出后转回原初中校参加当年中考，但不能参加名额分配、校额到校、市级统筹、乡村计划、统招定向等招生录取。第一年为适应期，上学期完成义务教育阶段和初高中衔接课程，下学期开始高中课程学习；数学、英语采取分层走班教学，其余科目固定班级授课。学生除参与为“1+3”项目学生量身打造的校本课、传统文化课、名家讲堂等课程外，还可参加学校高中部社团活动课。

（孙鹏）

二中亦庄学校并入人大附中教育团队

10月30日，北京市第二中学亦庄学校并入中国人民大学附属中学教育团队。大兴区政府、北京经济技术开发区管理委员会与人大附中联合学校总校和人大附中签约合作，根据合约，几方共同举办人大附中北京经济技术开发区实验学校，将位于开发区核心区的二中亦庄学校和位于开发区河西区的校区规划用地一起，作为人大附中北京经济技术开发区实验学校的2个校区；二中亦庄学校作为东校区，学校建制撤销。二中亦庄学校建于1998年，原名为北京经济技术开发实验学校，是由二中和北京市东城区史家胡同小学共同创办的民办学校；2011年9月起，该校转制为公办学校并更名为北京市第二中学亦庄学校。2017年7月12日，北京市大兴区亦庄中学并入二中亦庄学校，成为该校北校区。

（侯萱）

4所成人学校通过新型职业农民培训基地验收

12月20日和22日，大兴区4所镇成人学校接受北京市新型职业农民培训基地验收。市教委、北京教育科学研究院、北京农业职业学院专家组成验收组，分别到4所成人学校实地考察，听取各校基本情况、办学条件、办学特色、管理制度、师资队伍5个方面汇报；安定镇成人学校、采育镇成人学校、礼贤镇成人学校、北臧村镇成人学校4所学校汇报展示学校基本情况和亮点工作。12月27日，市教委公布认定结果，4所成人学校全部通过验收，被认定为首批北京市新型职业农民培训基地。

（宋薇）

亦庄协作区首届科技教育嘉年华

12月30日，北京亦庄协作区首届科技教育嘉年华在北京市第二中学亦庄学校举行。活动以“科技教育与青少年核心素养”为主题，分为启动会和现场观展两部分。启动会上，中国科技馆进行原创科技表演，北京师范大学副教授作科学讲座。现场观展设置协作区科技特色项目、科学秀场、人工智能体验区等28个展区。亦庄协作区8所学校（二中亦庄学校、北京市大兴区亦庄镇第一中心小学、北京市大兴区亦庄镇第二中心小学、北京市第八中学亦庄分校、北京亦庄实验小学、北京亦庄实验中学、首都师范大学大兴附属中学大兴北校区、北京小学大兴分校亦庄学校）400余名师生及家长参加活动。

（侯萱）

推进早期教育工作

至年底，大兴区教委在大兴区早期教育指导中心成立大兴区早期教育研究室。研究室从转变家长育儿观念、环境创设、早教活动3个方面开展研究，组织全区早教教师开展集中培训活动7次。北京市大兴区第十二幼儿园、北京市大兴区联港嘉园幼儿园、大兴区黄村镇第二中心幼儿园和北京市大兴区采育镇第一中心幼儿园通过大兴区早期教育基地验收。全区各早教基地组织家长讲座、亲子活动和育儿知识宣传等形式早教活动，近2000人次参与活动。

（徐敏）

幼儿园市级类别验收

至年底，北京市大兴区第九幼儿园和北京市大兴区黄村镇第一中心幼儿园2所幼儿园晋升为北京市示范幼儿园，北京市大兴区第十幼儿园、北京市大兴区第十一幼儿园、北京市大兴区第十二幼儿园和北京市大兴区亦庄镇第五幼儿园4所幼儿园晋升为北京市一级一类幼儿园，北京市大兴区榆垡镇第二中心幼儿园晋升为北京市一级二类幼儿园。至此，全区有市级一级以上园所45所，占园所总数的46%，包括市级示范园7所。

（徐敏）

怀柔区

概述

2017年，怀柔区教委辖属教育单位136个，其中，幼儿园76所（教育部门办园15所、集体办园16所、民办园41所、教育部门办学前班办班小学4所），小学25所（全部为教育部门办校），九年一贯制学校4所（全部为教育部门办校），十二年一贯制学校1所（民办校），中学18所（全部为教育部门办校），中等职业学校2所（教育部门办校1所、民办校1所），特殊教育学校1所，其他法人单位9个。招生11194人（幼儿园4457人、小学2784人、初中2175人、普通高中1280人、中等职业学校498人）；毕业9330人（幼儿园3342人、小学2610人、初中1918人、普通高中962人、中等职业学校498人）；在校生38366人（幼儿园10956人、小学16868人、初中5652人、普通高中3806人、中等职业学校1003人、特殊教育81人）。教职工总数5887人（幼儿园1623人、小学1672人、中学2233人、中等职业学校323人、特殊教育36人），其中，正高级职称3人、高级职称1080人、中级职称2323人。北京市特级教师14人、北京市骨干教师49人、北京市学科教学带头人6人。全年教育总投入18.10亿元。中小学固定资产总值18.10亿元。各级各类成人教育学校320所（乡镇成人文化技术培训学校14所、村级成人文化技术培训学校284所、社区街道培训学校22所）；社会力量办学培训机构83个。设立学区11个（中学5个、小学6个），学前教育联盟5个。

2017年，怀柔区教委以办人民满意教育为宗旨，深化教育改革，围绕重点推进，教育发展取得新进展。

落实立德树人根本任务。实施“一十百千”“四个一”和优秀传统文化素养提升工程，组织中小学生社会大课堂活动，参与学生4.86万人次。启动“基于核心素养的学科德育实施能力提升项目”。制定《怀柔区中小学养成教育三年行动计划实施方案》，开展“学规范、正行为”主题教育月活动，利用联校包园机制落实日常行为规范教育检查。全区中小学生参加各类体育、艺术、科技赛事获国家级奖项46项、市级奖项528项。

深化综合改革。区委、区政府联合印发《关于推进义务教育优质均衡发展的实施意见》，推动构建优质均衡的教育体系。落实乡村教师支持计划，印发《怀柔区乡村教师岗位生活补助发放办法》。推进对口直升贯通分段培养，实现小学、初中、高中对口直升。坚持义务教育免试就近入学原则，适龄儿童100%免试就近入学。制定《优质高中部分招生计划分配方案》，名额分配比例提高到50%。落实北京市初中开放性科学实践活动和初中综合社会实践活动，推动中考改革举措实施。建设完成初中学生综合素质评价电子平台，推动综合素质评价改革。制订《新时期怀柔教育对外开放工作规划(2017-2020)》，推动教育国际交流与合作。

优化资源结构。依托5个学前教育联盟，依托城区优质园辐射带动镇乡中心园、村级公办园、民办园。完成15所幼儿园的级类验收，至年底，全区有北京市示范幼儿园3所、北京市一级一类幼儿园10所、北京市一级二类幼儿园3所、北京市二级二类幼儿园27所、北京市社区儿童早期教育示范基地7个。实施幼儿园新建和扩班改造工程，累计增加学位1340个。建立“怀柔区市民终身学习”网络平台。开展市民生态文明教育等特色主题活动204期，累计受众4.50万余人次。完成81家民办学校年度考核。完善随迁子女入学资格联审机制。召开怀柔区融合教育工作会，推进融合教育发展。

深化队伍建设。创新师德教育，在市级评选活动中，31人分获人民教师、优秀教育工作者、优秀教师、“紫禁杯”优秀班主任、“学生喜爱的班主任”称号。坚持干部任期制，调整33个基层单位74名干部。重点依托书记发展工作室、中小学校长发展工作室、幼儿园园长发展工作室，培训干部553人次；开办教学副校长研修班、中小学德育主任研修班，培训干部143人。招聘教师159人，527名教师实现岗位晋升。建立吴正宪小学数学教师工作站和杨广馨特级教师工作站。聘请国家级、市级专家为教科研员进行通识培训7次、专题培训20次；教科研员参加国家级、市级外出培训160人次。

强化发展保障，完善服务机制。推进怀柔科学城教育配套建设。完成15所学校清洁能源改造工作。推进信息化基础环境建设，升级怀柔区教育城域网出口链路至万兆。完成中小学优质资源班班通项目补充建设，实现教学区域无线网络全覆盖。建设怀柔区教育资源云平台，提供区、校、个人三级教育资源存储。

11月20日，108名优秀来华留学生参加一〇一中怀柔校区文化交流活动 （怀柔区教委 供）

推进法治安全建设。制订《怀柔区教育系统“七五”普法规划》，开设法治课程，开展法治主题教育活动，建立教育系统法律顾问制度。完善安全管理制度和学校安全预警应急机制，投入近270万元为全区各校食堂安装可视化设备，完成87所幼儿园视频监控系统升级改造。开展消防、防汛、反恐防暴等安全应急演练 100 余次。

（绵金秋）

幼儿园课程建设培训

1 月 4 日至 6 日，怀柔区教委举办“基于本土资源的幼儿园课程建设”幼儿教师培训。邀请首都师范大学学前教育学院、北京教育科学研究院等专家结合当前课程教育改革形势，围绕儿童学习与发展、学科教学科学化、课堂实践等专题解读幼儿园课程建设。提出幼儿园要加强园长队伍建设、教师队伍建设，充分思考园所发展，做好顶层设计；幼儿教师要珍惜培训机会，提升自身教学专业水平。怀柔区各级各类公办幼儿园业务园长、保教主任及骨干教师 258 人参训。

（绵金秋　穆敬华）

板栗修剪培训班

2 月 16 日至 20 日，怀柔区职业学校农广校在琉璃庙镇举办板栗修剪培训班。采取邻村就近培训的方式，邀请怀柔区板栗站板栗专家进行板栗修剪实地培训，将板栗修剪技术与实践相结合，根据不同树龄的枝条，结合生长实际讲解疏枝、短截、回缩、缓放、拉枝、摘心等修剪方法，学员参与动手实践，学习种植板栗管理新技术、掌握板栗种植基础知识、解决种植过程中的实际问题。培训以专业合作社为点，辐射琉璃庙镇 20 余个村，板栗种植户 500 人参加培训。

（绵金秋　于占香）

小学校长发展工作室活动

3 月 8 日和 10 月 13 日，怀柔区教委举办小学校长发展工作室活动。活动分别围绕“核心素养校本化提出”“怎样看待‘校园欺凌’事件”“中华优秀传统文化教育”3 个主题进行阐述；聘请教育专家针对《学校文化实施手册》制订进行讲座，讲述手册的概念界定、实施意义、制订原则及体例。区教委领导、各小学校长和副校长 60 余人参加活动。小学校长发展工作室成立于 2012 年，由怀柔区教委小教科主持，成员包括全区各小学校长、副校长等 50 人，工作室旨在提高校长教育教学管理理论水平和实践能力，促进学校内涵发展，形成办学特色，形成“一校一品”发展格局，提升全区小学整体办学水平。

（绵金秋　孙荣菊）

送教上门研讨交流

3 月 9 日，怀柔区特殊教育中心举办送教上门工作研讨交流活动。活动总结上学期送教上门工作成绩，研讨存在问题并提出合理化建议；安排送教学生家长培训工作；适当调整送教上门学生的个别化教育方案。怀柔特教中心 6 人参加会议。全区 11 名重度脑瘫和多重障碍儿童接受送教上门服务。怀柔特教中心主动探索为全区重度残疾儿童开展送教上门服务，因人制宜开设家庭课堂，进行家庭康复训练，实现重度残疾儿童全员、全程、全面的个别化教育。

（绵金秋　曹秋莲）

第 20 届中小学生艺术节舞蹈比赛

3 月 30 日，怀柔区教委举办第 20 届中小学生艺术节舞蹈比赛。比赛以“阳光下成长”为主题，培养学生健康的审美情趣，推动学校美育改革与发展。比赛设小学一年级至二年级组、三年级至四年级组、五年级至六年级组和初中组、高中组 5 个组别，全区中小学 48 支代表队 800 名学生参赛。经评委现场打分，北京市怀柔区第二小学、北京市怀柔区北房镇中心小学、北京市怀柔区第一小学、北京市怀柔区庙城学校和北京市怀柔区第一中学分获各组别一等奖。

（绵金秋　张丽丽）

评选首届十大美德少年

3 月，怀柔区文明办、区教委、区关工委在全区范围内开展评选、表彰“怀柔十大美德少年”活动。活动面向全区中小学生开展，要求每个学校推荐最少 2 名参选人。“美德少年”评选标准主要有，在家庭，要孝顺父母，尊敬长辈，自己的事情自己做，家里的事情帮着做，勤俭惜时，不盲目攀比；在学校，要尊敬师长，友爱同学，言行文明，关心集体，讲究卫生;在社会，要遵守社会公德，遵守交通规则，言行文明。活动设“怀柔十大美德少年”评选、表彰活动领导小组，经过学校推荐、审核评定等环节，确定 30 名候选人并进行公示和网络投票，累计投票 8 万余张。经过综合评审，10 名学生获“怀柔十大美德少年”称号、20 名学生获“怀柔十大美德少年”提名奖。获“怀柔十大美德少年”称号的学生被推荐参加北京市“百名最美少年”评选。

（绵金秋　王红俨）

民俗旅游接待服务品质提升培训

4 月 17 日，怀柔区职业学校农广校在怀北镇举行民俗旅游接待服务品质提升培训。以“舌尖上的乡味”农家特色菜为主题，聘请紫云山山庄厨师团队为参训教师进行理论讲授和现场教学，讲解“红肖梨的功能、营养价值、开发的菜品”等理论知识。此次培训活动是怀柔农广校与怀北镇政府、怀柔区旅游协会共同助推的一镇一品培训，以怀北镇特产红肖梨为主要食材，重点打造红梨宴。怀柔旅游协会、怀北镇旅游办、怀柔农广校相关领导及 200 余名民俗接待户人员参与培训活动。

（绵金秋　于占香）

融合教育培训会

4 月 26 日和 5 月 22 日，怀柔区融合教育培训会在怀柔区特殊教育中心举行。培训分别以“融合教育现场行动方案——资源教室的建设与运作”和“行为功能介入方案”为主题。怀柔特教中心融合教育教研员解读教育部办公厅印发的《普通学校特殊教育资源教室建设指南》，明确对资源教室和资源教师的要求，辅导资源教室的功能和运作流程；讲解“身心障碍学生行为问题类型及评定”“身心障碍学生行为问题功能调查及观察评定”“身心障碍学生行为问题的前因与后果分析”等内容，并指导教研员如何正确使用学生行为问题评量表（试用版）、行为功能评量表、行为问题观察记录表等评量工具。怀柔特教中心领导、教研员及19所小学融合教育教研员20人参加培训。

（缐金秋　曹秋莲）

市级示范园验收

5月25日至26日，北京市怀柔区第三幼儿园、北京市怀柔区怀柔镇中心幼儿园接受北京市示范幼儿园评审验收。验收组分成管理组、办园条件组、保教组、卫生保健组分别走进园所及班级考察，听取园长幼儿园情况汇报，查看幼儿园园所管理、保教、卫生保健、安全、后勤5个方面的工作档案，随机选择家长30人作幼儿园满意度问卷调查。6月30日，市教委公布北京市示范性幼儿园名单，怀柔三幼入选。

（缐金秋　黄楚婷）

两个学前工作室启动

6月7日至8日，怀柔区教委启动学前教育园长工作室和骨干教师发展工作室，并举办培训。园长工作室成员32人、骨干教师工作室成员60人，主要职责是为学前教育工作者搭建学习共享平台，为打造优质学前教育奠定基础。工作室邀请上海执易企业公司管理者作《园长领导力》讲座，华东师范大学教授作《语言领域 pck 核心经验概述》讲座。区教委相关领导、学前教研室相关负责人以及全区各级各类幼儿园园长、业务干部、骨干教师220人参加培训。

（缐金秋　韩爱萍）

桥梓镇中心幼儿园迁址

9月1日，北京市怀柔区桥梓镇中心幼儿园迁入桥梓镇后桥梓村新园址。新园址建设工程于2016年启动，由桥梓镇政府出资改善办园条件，项目总投资1420.91万元，占地面积6666平方米、建筑面积3934平方米，可容纳9个教学班，260名幼儿。幼儿园原址位于桥梓镇政府南院，为解决镇域内幼儿入学难的问题而迁入新址。

（缐金秋　张松林）

养成教育三年行动计划专题培训会

10月18日，怀柔区教委在教科研中心召开《养成教育三年行动计划》专题培训会。培训邀请北京教育科学研究院德育研究中心教师以《如何进一步增强养成教育的文化自觉——试析〈日常行为规范〉和〈养成教育行动计划〉的隐喻和启示》为题展开专题讲座，同时从新日常行为规范的整体性、养成教育行动计划的阶段性、有序完整和动态优化的德育链条、感悟与启示4个方面进行论述。区教委相关负责人作总结性发言，并部署下一步全区养成教育工作。全区各高中、初中、小学德育副校长、德育主任、班主任代表200余人参加培训。

（缐金秋　马立新）

学科综合实践活动管理机制研讨

10月25日，怀柔区教委召开“中小学学科综合实践活动管理机制实践研究”交流研讨现场会。会议听取北京市怀柔区实验小学教师《我爱景泰蓝》《图书馆中的数学》等5节现场课，参观怀柔区小学学科综合实践活动展览以及学生景泰蓝和中国结等现场制作。会议围绕“怀柔区课程结构化建设与学科综合实践活动的有效落实”“童年愉悦办学理念下学科实践活动课程的实践探索”主题开展交流，解读《学科综合实验活动课程体系构建和评价方案》。专家就如何完善课程设计、增强师生互动等方面提出意见和建议。市教委领导，北京教育学院、北京市教育学会领导专家，课题组成员，课题实验校负责人及教师代表等300人参加活动。

（缐金秋　吕永梅）

10月25日，怀柔区教委举办“中小学学科综合实践活动管理机制实践研究”交流研讨现场会　（怀柔区教委　供）

学前教育联盟半日观摩活动

11月16日，怀柔区第五学区学前教育联盟半日观摩暨启动仪式在北京市怀柔区怀柔镇中心幼儿园举行。活动观摩怀柔镇中心幼儿园整体教育环境和半日活动。启动大会宣读《联盟工作实施方案》，公布各园业务指导联系人名单，北京市怀柔区汤河口镇中心幼儿园作代表发言。区教委、怀柔镇领导及15所幼儿园的园长、教师共计50人参加活动。第五学区学前教育联盟由15所幼儿园组成，通过联盟内3所公办园带动村级园、民办园开展园所间交流、指导、观摩学习、专业知识讲座、园长培训等活动，发挥优质学前教育资源示范辐射作用，实现教育联盟园所整体优化。

（缐金秋　宋春英）

首届小学生攀岩比赛

11月18日，怀柔区教委举办首届小学生攀岩比赛。6所区直属小学60余名选手参赛，北京市怀柔区第六小学、北京市怀柔区第三小学分获速度接力赛甲、乙组冠军；北京市怀柔区第二小学和北京市怀柔区第五小学学生分获横移速度赛新人男、女甲组冠军，北京市怀柔区第一小学和怀柔二小学生分获横移速度赛新人男、女乙组冠军；怀柔二小2名学生分获男、女攀石和难度赛冠军。

（缐金秋　田伟）

11月18日，怀柔区首届小学生攀岩比赛

（怀柔区教委　供）

首届中小学生排球赛

11月20日至26日，怀柔区教委举办首届中小学生排球赛。比赛设初中男子、女子组和小学男子、女子组4个组别，团体赛和排球发球、垫球单项赛。全区中小学25支代表队300人参赛，北京市怀柔区第六小学获小学男子、女子组冠军；北京市怀柔区第三中学获初中男子组冠军；北京市怀柔区第四中学获初中女子组冠军。

（缐金秋　田伟）

第35届学生科技节

12月22日，怀柔区教委举办第35届怀柔区学生科技节。活动以“体验·创造·分享”为主题，设演示区和展览区。演示区内，学生现场演示横梁承重、过山车等历届科技节比赛项目；展览区展出无土栽培、手工制作等学生科技成果。全区38所中小学200名师生参加活动。

（缐金秋　刘颖）

食品安全创新科普进校园活动

12月26日，怀柔区教委与区食药局联合举办“校园e起来共建食安区”暨怀柔区第一届食品安全创新科普进校园活动开幕式。活动以“共创食品安全示范区　共享影视科学新怀柔”为主题，为校园食品安全宣传大使代表颁发证书，宣传大使代表全体学生宣读食品安全倡议书；为在有奖征集活动中获奖的学生颁奖；为10所“食品安全宣传示范基地”学校授牌。区政府、区教委、区政府教育督导室等相关单位领导，各学校、幼儿园主管领导和学生代表230余人参加活动。有奖征集活动征集到幼小组个人漫画作品170幅、青少年组板报作品70个，经过大众官方网络投票评选，评出幼小组一等奖3人、二等奖6人、三等奖9人；青少年组一等奖1人、二等奖2人、三等奖3人。

（缐金秋　刘琳琳）

新建3个镇乡社区教育中心

至年底，怀柔区教委新建3个镇乡社区教育中心。区教委利用宝山镇、长哨营满族乡、喇叭沟门满族乡原中学旧址，改建成具有独立场所、独立法人和独立人员编制的社区教育中心，每个中心配备3～5名管理人员。社区教育中心根据居民需求，借助北京农业职业学院、区内能工巧匠、乡土专家等资源开班授课，与“巧媳妇合作社”合作，聘请专业技师，在3个乡镇开展手工编织培训，共计开设培训班8个，集中培训600余人，其中30余人成为专职编织人员、50余人利用业余时间兼职编织。长哨营满族乡社区教育中心另外开设烘焙、厨艺等课程，培训农民700余人次；开设与满乡文化、民俗旅游有关的礼仪接待和管理等课程。

（缐金秋　王开丽）

30名非京籍应届研究生进入教师队伍

至年底，怀柔区教委分2批引进非京籍应届研究生30人进入教师队伍，提高教师队伍高学历人才比例。引进非京籍应届毕业生是教育系统每年招聘教师的主要工作，也是补充优秀教师的重要途径。年内，教师招聘由以往单一的到院校招聘模式，转变为校招和发布公告招聘2种方式。区人力社保局、区教委联合在哈尔滨师范大学现场招聘，报名90余人，根据学科需求及个人简历择优面试39人，经过面试、体检等环节，聘用11人。此外，通过市、区人力社保局官网发布招聘公告，面向全国招聘应届研究生进入教师队伍，报名151人，参加面试116人。面试考官由用人单位校长、北京市学科教学带头人和北京市骨干教师担任，采取微格教学加答辩的面试形式，报考音乐、美术学科的考生加考专业展示。根据面试成绩，按招聘岗位需要，聘用19人。

（缐金秋）

低收入农户家庭学生资助工作

至年底，怀柔区教委做好低收入农户家庭学生资助育人工作。按照区委区政府《关于加快推进低收入农户增收及低收入村发展的实施意见》要求，结合北京市统一规定，为持有北京市低收入农户登记卡的学生发放资助金94万元，为考入本科、大专等高校的57名低收入农户家庭学生发放帮扶资金25万元。

（缐金秋　申建勋）

平谷区

概述

2017年，平谷区教委辖属教育单位169个，其中，幼儿园72所（教育部门办园5所、集体办园37所、民办园30所），小学46所（教育部门办校45所、民办校1所），初中14所（初级中学12所、九年一贯制学校2所），高中5所（公办完全中学4所、民办高级中学1所），职业高中1所，特殊教育学校1所，成人学校2所，乡镇成人学校18所，其他直属单位10个。招生11734人（幼儿园4749人、小学3091人、初中2334人、普通高中1464人、中等职业学校78人、特殊教育18人）；毕业9394人（幼儿园2970人、小学2727人、初中1957人、高中1620人、中等职业学校67人、特殊教育53人）；在校生40785人（幼儿园12028人、小学17925人、初中5907人、普通高中4543人、职业高中175人、特殊教育207人）。教职工总数6101人（幼儿园697人、小学2183人、中学2625人、职业高中153人、特殊教育65人、其他直属单位378人），其中，正高级专业技术职务2人（小学1人、中学1人），高级专业技术职务1580人（学前29人、小学262人、中学1111人、教委直单位178人）。在岗特级教师9人（小学3人、中学6人），北京市级骨干教师50人（学前2人、小学24人、中学24人），北京市学科教学带头人6人（小学3人、中学3人）。全年教育总投入24.06亿元。中小学固定资产总值12.05亿元。

2017年，平谷区坚持“问题导向、目标引领、质量优先、适度均衡”基本原则，本着办人民满意的教育目标，推出系列改革措施。

深化教育教学改革。开展“以学生实际获得”为评价指标的课堂教学改革，学习研究走班制教学。以提高中高考质量为核心，探索三级课程优化整合，提高校本课程对中高考的补充作用，完成《平谷——我可爱的家乡》区本教材编纂工作。加强薄弱学科建设，规范实验教学工作；强化英语听说能力培养，完成26个英语听说机考考场建设，为非考点校建设练习室13个，分别组织中高考英语听说机考实战演练，为英语听说机考做好准备。加强中高考策略研究。制定《平谷区中小学教育教学质量监控工作意见》，进行小学命题试卷结构和内容改革，同时新增中考选考科目历史、地理、政治、生物4个学科，对接中高考改革。召开区教育系统首届教科研大会，强化教科研在教育教学工作中的重要地位。

完善奖励评价机制。设立中考专项奖励基金，奖励中考前200名考生中留在本区就读高中考生的学籍所在校，控制优质生源外流。制定高三年级奖励实施办法，取消平均分配，各校高考奖励金额8万元至53万元不等。启动实施“党员积分”和“师德积分”双积分评价机制，并将积分结果应用于评优表彰、岗位晋升、职称评定、骨干与优秀教师评选、后备干部选定等工作中。同时，实行“师德一票否决制”和新教师入职宣誓制度，引导教师立德树人，增强教师荣誉感、使命感、责任感。

拓宽合作办学广度。引进区外优质教育资源，合作开办北京第一师范学校附属小学平谷分校、北京第二实验小学平谷分校和北京第二外国语学院平谷分校3所学校。全区合作办学学校15所，聘请区外校长10人。派遣教师12228人次到北京市广渠门中学、北京立新学校、北京师范大学附属中学等市区学校学习。

深化特色学校建设。遵循“自主申报，动态管理，成熟一所，评估一所”原则，按照“有成果、有影响力、有积淀”标准，评估验收特色学校6所。高中特色教育成效逐渐显现，北京实验学校以艺术体育教育为突破口，参加高考94名艺术类考生中，87名考生文化课上线；体育班22名考生中，21人高考文化课达到本科录取分数线。同时，举办教育系统第一届艺术节，恢复中断多年的教育系统中小学生大型运动会。

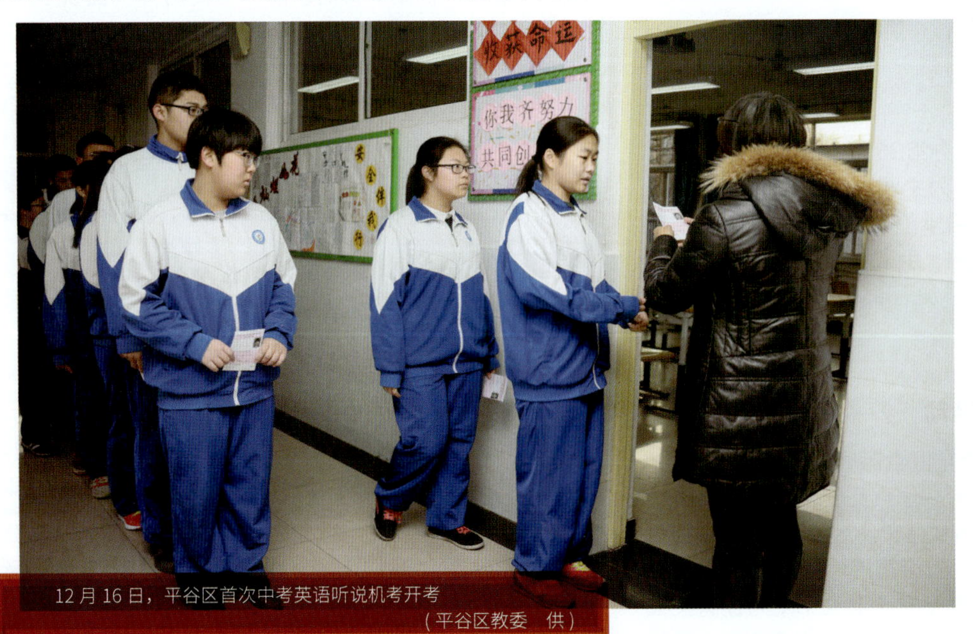

12月16日，平谷区首次中考英语听说机考开考
（平谷区教委 供）

干部教师队伍建设。开设中小学校长领导力提升、校长任职资格等干部专题培训班7个，培训干部522人次。围绕中高考改革需求，组织全区校级骨干、非师范类学校毕业生、紧缺学科教师专业培训；开展为期3年的全区中小学现任英语教师“三一”英语口语培训。组织全区69名历史、地理、政治、生物学科教师进行为期1年的脱产培训，应对中高考改革对“小”学科教学的要求；利用寒暑假，举办3期校级干部培训班。制定《平谷区教研员绩效考核方

案》，要求教研员每周组织 1 次教研活动，每学年入校听课 60 节以上，组织市、区观摩示范课 4 次以上，并要求每人要有 1 项独立立项课题或教研专题，全区教研员入校听课 3000 节，检查教师教案 4000 份。成立新一届“四名”工作室（名校长工作室、名教师工作室、名班主任工作室、名书记工作室），其中，2 个名校（园）长工作室成员 28 人、12 个名师工作室成员 180 人、1 个名班主任工作室成员 20 人、1 个名书记工作室成员 14 人。为 100 名优秀中青年教师建立档案，进行跟踪培养。

（吴玉仙）

教师基本功大赛总结大会

3 月 23 日，平谷区委教工委、区教委共同召开教师基本功大赛总结大会。会议表彰教师基本功大赛获奖人员，总结分析教师基本功竞赛等教研活动，剖析中、小、幼各学段教学现状并提出教学工作对策和建议，为各校开展教育教学活动提供依据，促进教师专业成长。区教育研修中心就各学段教学情况进行分析并提出改进意见和工作要求。区教育系统领导，各中小学、幼儿园、职业学校相关负责人等 300 人参加大会。教师基本功大赛设置评优课和笔试 2 项内容，分别于 2016 年 11 月和 2017 年 1 月 19 日举行，科目涉及幼儿园、中小学、职业学校的 48 个学科，全区 3740 名教师参加比赛。

（吴玉仙）

提高教育教学质量专题论坛

3 月 28 日至 29 日，平谷区教委举办“提高教育教学质量”专题论坛。义务教育阶段学校副校长从学校课程建设、教学常规管理、提高常态课教学实效等方面，交流提高教育教学质量的方法举措、存在的问题和改进建议等。47 所义务教育阶段学校的副校长分享经验。

（吴玉仙）

首届职业学校教师教学基本功竞赛

3 月 21 日，平谷区教委举办平谷区首届职业学校教师基本功竞赛总结交流会。会议针对此次比赛，就理论和技能考试从命题、答题情况及成绩等方面进行分析，提出建议，以达到“明得失，定目标，促发展”的目的。比赛于 2016 年 9 月开始，设置教育教学理论、课堂教学和专业技能 3 项竞赛内容。68 名教师参赛，评出一等奖 16 人、二等奖 24 人。比赛由北京市平谷区职业学校承办。

（徐晓静）

首家民办园晋升市级一级一类园

4 月 18 日，平谷区教委举办北京市平谷区第五幼儿园晋升北京市一级一类幼儿园颁牌仪式。平谷五幼是平谷区首家晋升市级一级一类园的民办幼儿园。平谷五幼创办于 2003 年 3 月，占地面积 2.20 万平方米、建筑面积 1 万平方米，开设教学班 23 个，在园幼儿 800 人。

（吴玉仙）

校（园）长科研领导力提升三年行动计划启动

5 月 9 日，平谷区教委召开《平谷区校（园）长科研领导力提升三年行动计划》启动暨“十三五”校（园）长区级课题开题论证示范会。会议重点解读行动计划，60 项课题开题，其中，国家级课题子课题 1 项、市级课题 34 项、区级课题 25 项。会上，北京市教育学会专家点评《初中班级文化建设内容与方法的研究开题报告》等 3 个开题报告；学前教育专家作《如何有效开展课题研究——以“十二五”课题为例》专题报告。区教育系统两委一室领导，各中小学、幼儿园、职业学校校（园）长等 80 余人参加会议。行动计划以科研兴教、科研强教为宗旨，以全面提升校（园）长科研领导力为目标，以课题研究为支撑，以科研带动学校整体工作创新发展。

（吴玉仙）

学习型城市建设成果展示交流会

5 月 11 日，平谷区教委、区学习办联合举办平谷区学习型城市建设成果展示及经验交流大会。会议听取平谷区学习型城市建设工作汇报和成果汇报，组织参观中国乐谷展示中心和 800 亩豌豆产业基地。北京市建设学习型城市专家组对平谷区创建学习型城市工作给予肯定，并建议平谷区要突出地域优势，发挥中国乐谷文化熏陶作用和本地特色品牌企业的带动作用，借鉴其他区优秀经验，借助专家智力支持，整合教育资源，提升全民文化素养。市教委、区教委、区学习办领导，北京市建设学习型城市专家组特约专家及各区教委相关人员 70 人参加活动。

（张贺颖）

5 月 11 日，平谷区学习型城市建设成果展示及经验交流大会
（平谷区教委　供）

幼儿读书节

5 月 18 日，平谷区教委举办平谷学前幼儿读书节暨颁奖活动。活动以“书香为伴 快乐成长”为主题，表彰 5 所“书香幼儿园”、53 个“书香班级”、60 名“书香教师”、78 个“书

香家庭”和 148 名“书香儿童”。北京市平谷区第一幼儿园、北京市平谷区第二幼儿园、北京市平谷区第三幼儿园和北京市平谷区第四幼儿园 4 所基地园分别围绕“书香溢园 童年蕴趣”“寻书香之路 建成长基石”“做个爱读书的人”“沁润书香 芬芳满园”主题，通过诗朗诵、快板、音乐情景剧、舞蹈和经典文学诵读等形式展示读书活动的形式和成果。区委教工委、区教委相关领导，各小学校长、幼儿园园长及教师、家长、幼儿代表 400 余人参加活动。

（李敏）

5 月 18 日，平谷学前幼儿读书节暨颁奖活动
（平谷区教委 供）

德育体系构建研讨

5 月 24 日，平谷区义务教育学校德育体系构建研讨活动在北京市平谷区东交民巷小学马坊分校举行。活动组织观摩东交民巷小学马坊分校德育校本课《铁杵磨针》；听取《关于构建德育体系的思考》专题讲座以及东交民巷小学马坊分校和北京市平谷区第五中学题为《构建阳光校本德育体系为学生多彩人生奠基》和《构建多元开放德育课程培养精神明亮的五中人》的典型发言。区教委领导对义务教育阶段德育工作作出具体要求。各中小学主管德育工作的副校长、德育主任、年级组长、班主任代表 200 人参加活动。

（吴玉仙）

人事管理系统应用培训会

6 月 14 日，平谷区教委召开人事管理系统应用培训会。63 个基层单位相关负责人 126 人参加培训。培训重点讲解人事管理系统的应用，该系统基于网络运行模式，对人员信息、机构编制、岗位聘用、工资和退休情况作集成化管理。该系统 9 月上线运行，系统的使用有利于提高人事管理系统信息化水平，加快人事数据提取、核校及处理效率，为推进人事管理现代化奠定基础。

（刘远洋）

河西走廊科学考察活动

8 月，平谷区教委举办科学考察活动。活动以“与科学家同行——河西走廊地质地貌和生物多样性”为主题，组织师生分别前往敦煌莫高窟、张掖七彩丹霞地质公园、中科院寒旱研究所临泽站、青海湖、中科院盐湖研究所开展科学考察和学习。学生在科研专家和指导教师的带领下，考察河西走廊地带的植物、气候、地质等地质地貌和生物现状，观察气候和地理因素对沙漠和沙丘的影响，了解中国在荒漠治理方面的新进展，同时完成采集制作植物标本、科考总结和科研小课题汇报展示，并取得科考证书。活动为期 6 天，平谷区创新人才培养协作体 8 所学校师生 20 人参加活动。

（吴玉仙）

常态课视导活动

9 月 12 日至 15 日，平谷区教育研修中心组织常态课视导活动。第一站走进北京市平谷中学，听课 200 余节，涵盖初中、高中所有学段所有教师的课。教研员通过听评课、参与备课、检查学生作业和教师教案等措施把脉课堂，找出问题并提出相应建议。在“诊断反馈提高——走进平中教学视导反馈会”上，教研员汇报视导情况，指出未来教师工作应该在端正态度、提升能力和素质、通透教材、提高命题能力上下工夫。至年底，共视导 50 所中小学（包括 4 所高中），全面了解全区常态课课堂情况。

（张金凤）

农民继续教育教材出版

9 月，平谷区“在希望的田野上——农民继续教育系列教材”《美丽的桃乡》出版。该书由高等教育出版社出版，为 16 开本，全书 10 万字。平谷区职业学校校长担任主编，按照桃乡旅游资源、桃乡特色美食、桃乡休闲体验 3 个模块，为不同人群设计不同季节的吃、住、玩系列休闲体验活动。

（吴玉仙）

主题教育读书活动

10 月 29 日，平谷区五好小公民“阳光校园，我们是好伙伴”主题教育读书活动总结暨“红旗飘飘引我成长”主题教育读书活动启动大会在北京市平谷区第五中学举行。活动观看 2016-2017“阳光校园，我们是好伙伴”主题教育读书活动总结视频，为先进集体、先进个人代表和学生代表颁奖。北京市平谷区黄松峪中学、北京市平谷区第一小学、平谷五中分别作典型发言，6 名学生代表作演讲展示。区教育关工委领导总结 2016-2017 学年度主题教育活动情况，解读《平谷区教育关工委开展“红旗飘飘引我成长”主题教育读书活动方案》，部署 2017-2018 学年度主题教育活动。各校关工委负责人、德育主任、团队干部、退休教师和平谷五中初二年级全体师生 300 人参加活动。

（赵迎利）

初中教学工作汇报交流会

10 月 31 日，平谷区教委举办义务教育阶段提升教学质量研讨周——初中教学工作汇报交流会。各初中校长和学科教研员分析近两年的教学质量监控数据及评优课、常态课等教学常规工作现状。区教育研修中心结合国家、北京市课改新形势及本学科课标要求，对接中高考改革、落实立德树人等新要求，指出各学校扎实有效教学活动开展的少、教师基本功不扎实、教师备课不充分、10% 学科实践活动落实不够，建议各学校要特别关注课堂教学的学生实际获得。区教委负责人作《掀起“课堂革命”提升教学质量》专题发言。17 所初中的校长、教学副校长、教务（教研）主任，区教育研修中心全体初中教研员等 80 余人参加交流会。

（吴玉仙）

幼儿园特色打造系列活动

10 月 31 日至 11 月 1 日，平谷区落实《平谷区振兴教育事业三年行动计划》，开展“推进幼儿园特色打造”系列活动。名园长工作室成员分别就本园特色定位及实施过程中存在的困惑与北京市特级教师吴欣平作交流。全区 72 所幼儿园的园长和骨干教师走进北京市平谷区第二幼儿园，实地观摩“艺术教育”特色开放活动，听取《追求有品质的教育我们在行动》典型发言。区教委相关科室负责人，全区各幼儿园园长及教师等 200 余人参加活动。

（吴玉仙）

新型职业农民培训

10 月至 12 月，平谷区举办新型职业农民经营主体带头人（果品产业）培训。培训由北京市农业广播电视学校平谷区分校组织实施，开展政策法规、宏观管理、发展理念、果品创意、农村电子商务、现代果树最新管理技术、大桃安全生产等培训，培训班分为 6 期，为期 15 天，累计 120 学时，培训 600 余人次。培训根据区农业局关于《2017 年新型职业农民培育工程实施方案》组织实施，旨在培育新型职业农民，加快构建新型农业经营体系，为节水农业、生态农业、休闲农业和安全农业提供人才支撑。

（赵怀宇）

安全隐患大排查

11 月 20 日至 12 月，平谷区教委开展为期 40 天的全区教育系统安全隐患大排查大清理大整治专项行动。依据区教育系统两委一室领导包校、科室包校的工作安排成立 18 个包校组，成员 45 人。各检查组以听取汇报、查看资料、实地检查等方式开展行动，指出个别单位在消防安全、校园周边治理、交通安全、校园治安、食品安全等方面存在的安全隐患，并提出整改建议。检查范围覆盖全区各中小学、幼儿园、区教委直属单位和民办学校，共计 173 个单位。区教委组织召开安全隐患大排查大清理推进会 6 次，检查组深入学校 346 次。

（吴玉仙）

民办园园长观摩活动

12 月 4 日，平谷区教委组织民办幼儿园园长拉练观摩活动。活动组织观摩北京市平谷区澳佳幼儿园、北京市平谷区新知幼儿园和北京市平谷区为明幼儿园 3 所民办示范园，听取园所师资、办学理念、安全管理等方面经验介绍，参观 3 所幼儿园警卫室、监控室、专用教室等设施设备。通过活动树立示范典型，促进各民办幼儿园在工作上取长补短。区教育系统两委一室领导和各民办园园长 40 余人参加活动。

（宇海红）

12 月 4 日，平谷区教委开展民办园园长拉练观摩活动
（平谷区教委　供）

高中学科竞赛

至年底，平谷区教育研修中心在高中学段分别举办语文、数学、英语、音乐、信息技术、综合实践 6 个学科的大型学生竞赛活动。高一年级“诵读中华经典弘扬传统文化”诗词文朗诵比赛，近 1000 名师生参赛，108 人获奖；高一年级数学知识竞赛，500 名师生参赛，127 人获奖；高一、高二年级高中生英语演讲比赛和平谷区高三年级第六届首都学生外语展示系列活动——英文情景剧比赛，377 名师生获奖；音乐知识竞赛，500 余名师生参赛，104 人获奖；第一届高中信息技术知识竞赛，1200 余名师生参赛，81 人获奖；首届高中综合实践活动研学课题展示竞赛，400 余名师生参赛，65 人获奖。

（吴玉仙）

密云区

概述

2017 年，密云区有幼儿园 71 所（教育部门办园 49 所、集体办园 2 所、地方企业办园 4 所、民办园 16 所），小学 39 所，九年一贯制学校 2 所，中学 17 所，高级中学 3 所，完全中学 1 所，中等职业学校 1 所，特殊教育学校 1 所，其他法人单位 11 个。招生 13646 人（幼儿园 4742 人、小学 3536 人、初中 3356 人、普通高中 1849 人、中等职业学校 163 人）；

3 月 23 日，密云区教委开展铁路知识进校园活动

（密云区教委　供）

完成北京市密云区第七小学等在建工程 4 项，建筑面积 7.69 万平方米。投资 2.54 亿元，推进 7 项年度计划工程，建筑面积 4.19 万平方米。投资 8220 万元，实施修缮项目 72 个，涉及 40 个单位。投资 1.39 亿元，加强设备配备及教育信息化建设，全区办学条件显著改善。

师资队伍建设。公开招考、录用新教师 242 人，调整、选聘校级干部 58 人，轮岗交流校级干部 33 人，城乡师资结构进一步优化。9000 余人次干部、教师参加各级各类培训，师资素质整体提升。依据《密云区乡村教师岗位生活补助分配办法（试行）》，2016 年 9 月至 2017 年 8 月，乡村教师岗位生活补助平稳发放，涉及 31 所乡村学校（含中小学及所属完小、幼儿园）的 2776 名教师，补发资金 1.34 亿元。

打造平安校园。2016 年存在的 8 所未经审批幼儿园全部取缔，疏解 660 人。筑牢安全防线，联合公安、消防等部门检查学校 400 余所次，全面排查、整改安全隐患。

（黄维国）

毕业 11908 人（幼儿园 3641 人、小学 3569 人、初中 2702 人、普通高中 1714、中等职业学校 282 人）；在校生 49994 人（幼儿园 13151 人、小学 22095 人、初中 8695 人、普通高中 5379 人、中等职业学校 462 人、特殊教育 212 人）。教职工总数 7399 人（幼儿园 1801 人、中小学 5342 人、中等职业学校 210 人、特殊教育 46 人），其中，高级职称 1112 人（包括正高级 3 人）、中级职称 2432 人。北京市特级教师 21 人、北京市骨干教师 62 人、北京市学科教学带头人 12 人。全年教育经费总投入 23.16 亿元。中小学固定资产总值 11.53 亿元，中等职业学校固定资产总值 3.52 亿元。驻区高等学校 1 所，市民学校 50 所，乡镇成人学校 17 所，培训机构 18 个。设立学区 11 个（小学 7 个、中学 4 个）。

2017 年，密云区教委以“美丽少年教育”为抓手，重点加强行为习惯、革命传统教育。实施城乡一体化办学、名校办分校、建设特级教师工作站等举措，以中高考改革为统领，全面深化教育领域综合改革。区教委获第 17 届华人少年作文大赛优秀组织奖，200 余篇学生作品在市级以上刊物发表。建成国家级足球特色校 8 所，参加北京市传统体育项目比赛，获团体第一名 1 项、团体第三名 2 项。获市级科技竞赛一等奖 162 个，10 项入围国家级比赛。中职技术技能大赛获国家级、市级奖项共计 8 个。认定市民终身学习示范基地 8 个，市级优秀培训机构 3 个，2 人被评为首都市民学习之星，密云区被授予优秀组织奖。

促进教育优质均衡发展。通过现有幼儿园扩容、支持普惠性幼儿园发展，增加幼儿学位供给 785 个，以级类园验收为契机，逐步提升幼儿园品质。参与京津冀职业教育事业协同发展，接待 243 名河北省承德县、涞源县职教中心学生实训学习。开设职业体验课程 89 门，4000 余名学生参与实践体验活动。与 33 家企业建立合作关系，职校办学吸引力进一步增强。开展农民学历教育工作，完成农民学历教育招生 284 人。

聚焦学校建设，促进办学条件改善。投资 3.57 亿元，

干部教师培训

2017 年，密云区教委加强干部教师培训。启动开放型教学实践、信息技术能力提升工程，提高干部教师自主发展能力及信息技术应用水平。实施校长研究工作室、中学教学副校长能力提升专题研修、中小学教学干部专题研修、中学优秀青年教师培训等专项培训，通过多元、专业培养体系带动干部教师走专业发展之路。围绕深化课程改革，举办中小幼干部课程领导力培训、新中考理念下化学生物学科教师培训、中学语文阅读专题研修，面向研修员开展“学科核心素养与基础教育课程改革”专题研修，提高干部教师课程改革与中高考改革背景下的专业素养与专业能力；实施中小学 STEM 教师培训、进京体验式培训，提高干部教师教育创新能力。与中国教师研修网合作，开展入职 1～3 年教师网络研修，提升青年教师教育教学能力。全年 5700 余名干部教师参加各层次培训。

（黄维国）

成人教育社区教育工作交流研讨

1 月 4 日，密云区教委召开镇、街教委 2016 年成人教育、社区教育工作交流研讨会。各镇、街教育助理就镇、村成人学校（社区教育学校）建设和农民学历教育、社区教育培训、学习型组织建设等重点工作进行交流，区社区教育中心部署 2017 年春季成人学历教育招生工作，区教委解读 2017 年

成人教育工作思路。区教委要求各单位在 2017 年工作中坚持统筹协调发展，创新思路、务求实效，围绕经济社会发展需求扎实推进农民学历教育和短期培训工作。来自 22 个单位的 24 人参加会议。

（黄维国）

小学校长研究工作室项目总结活动

1 月 8 日，密云区教委召开“携手同行追求卓越——行走在专业成长的路上”——密云区“小学校长研究工作室”项目总结展示活动。工作室成员从学校文化、课程建设、队伍建设等方面作论坛发言，并围绕工作室研究实践、学校特色发展、教育热点问题交流体会，分享经验。工作室导师以《今天的教育是明天的历史》为题，对 3 年来 7 所成员校取得的成绩给予肯定。区教委相关科室及部门负责人、中小学干部教师代表 206 人参加活动。“小学校长研究工作室”项目自 2013 年启动以来，坚持“激励自主、以校为本、顺势而为”的工作理念，聚焦学校文化改进和关键能力提升。

（黄维国）

中学校长办学实践研讨会

2 月 12 日，密云区教委召开“中学校长研究工作室”校长办学实践研讨会。会议组织观看专题片，回顾项目发展历程。北京市密云区第二中学、北京市密云区第五中学、北京市密云区第六中学、北京市密云区巨各庄中学、首都师范大学附属密云中学校长立足 3 年研究实践，分别围绕学校管理思想、文化建设、课程体系、教师队伍等方面作交流发言。工作室导师对工作室 3 年来取得的成绩给予肯定，并结合北京市育英学校发展实际作案例分享。区教育系统两委一室领导、科级干部，各基层单位领导，镇街教委副主任，中小学校级干部任职资格培训项目学员 150 人参加会议。

（黄维国）

新增 4 所市级一级一类园

2 月，北京市密云区宁静之都德慧幼儿园、北京市密云区檀营蓝天幼儿园、北京市密云区经济开发区幼儿园和北京市密云区嘉士博幼儿园 4 所非教育部门办幼儿园接受北京市一级一类幼儿园验收。专家组按照北京市级类园验收标准，通过听园长汇报、转园所环境、与园长教师交流等方式，对幼儿园管理、保教、卫生保健等工作进行综合评定，4 所幼儿园全部通过验收。至年底，密云区有北京市示范幼儿园 3 所，北京市一级一类幼儿园 25 所（非教育部门办园 9 所、教育部门办园 16 所）。

（黄维国）

幼儿园课程建设交流研讨会

4 月 11 日至 12 日，密云区教委举办幼儿园课程建设交流研讨会。会议以“课程建设认识与思考”为主题，结合幼儿园课程改革——课程领导力系列培训的收获与感悟，交流研讨对课程建设相关概念和理念的理解与认识、对本园课程建设的思考和完善园所课程建设的想法。全区各类型幼儿园园长、业务干部 106 人参加会议。

（黄维国）

名师工作室建设总结大会

5 月 13 日，密云区教委召开名师工作室建设总结大会。全面总结 5 年来密云区名师工作室建设情况，表彰领衔教师、学科指导教师和优秀学员。市教委、区教委相关负责人，各中小学、幼儿园、职业学校、直属单位负责人，各名师工作室成员，教师研修学院研修员等 400 余人参加会议。2011 年，区教委成立覆盖中小学、学前教育、职业教育各领域的 15 个学科名师工作室，累计投入 300 万元，支持工作室围绕研修主题，开展系列研修活动，形成一批引领区域学科发展的优秀教师团队，工作室成员中 50 人晋升高级教师职称、18 人被评为北京市骨干教师、5 人被评为特级教师、1 人被评为正高级教师。

（黄维国）

首届美丽少年诗词大会

5 月 19 日，密云区教委举办第一届美丽少年诗词大会。活动以“植根诗词沃土 · 培育美丽少年”为主题，全区 27 所小学 1.50 万名中高年级学生全部参加校级初赛，各校择优推荐 108 名选手参加区级复赛，经笔试，32 名选手获一等奖并进入现场决赛。现场决赛设置必答题、抢答题、飞花令 3 个环节，北京市密云区西田各庄镇中心小学 2 名学生获中年级组“诗词达人”称号，北京市密云区太师屯镇中心小学 2 名学生获高年级组“诗词达人”称号。

（黄维国）

资源教师走进北庄中心小学

6 月 13 日，密云区研修学院开展走进北京市密云区北庄镇中心小学研修活动。活动观摩北庄中心小学资源教师利用资源教室器材作知识补救课《认识颜色（二）》，1 名 8 岁智力障碍学生在教师引导下通过观察、认知、辨别和游戏活动认识橙色、紫色 2 种颜色，认读和书写“橙”“紫”2 个生字。活动同时举办课程研讨，参观北庄中心小学资源教室档案材料，观看资源教室器材的功能及使用方法现场演示。北庄中心小学资源教师作工作经验分享。全区 12 所学校资源教师和部分学校领导 15 人参加活动。

（黄维国）

小学生水文化之旅活动

7 月 19 日，密云区青少年宫开展“走水文化之旅”活动。活动设置了解水库、感受水库、学习水实验和制作爱水节水倡议书 4 个环节。组织学生登上密云水库零距离感受、感悟水库，到北京市密云区溪翁庄镇中心小学做关于探究水的实验，以小组为单位展示活动收获，并倡导学生和亲人朋友共同加入到节水爱水行列中，把节水爱水落实到行动中，北京市密云区溪翁庄镇中心小学 50 名学生参加活动。

（黄维国）

直播课堂首次授课

9 月 8 日，密云区教师研修学院承担新学期密云教委直播课堂首次授课——“初一新生入学适应讲座”。密云教师研修学院心理研修员作《迈好中学第一步——做阳光美少年》主题讲座，讲座依据初一学生年龄特点，对学生从环境适应、人际交往适应、学习适应等视角进行引领。学生积极与教师互动，在线提问 1400 余条。

（黄维国）

第 35 届学生科技节

9 月 19 日至 12 月 21 日，密云区教委举办密云区第 35 届学生科技节。活动表彰 16 名“科技之星”、14 名优秀辅导教师、17 个优秀组织单位及个人；11 所科技示范学校师生代表交流、分享科技教育成果。全区 52 所中小学的科技主管领导、科技教师、受表彰师生及北京市密云区第二小学 1000 余名师生共同观看“德拉学院”科技表演，体验各资源单位带来的科学课程。

（黄维国）

“倡家风讲规矩传美德”总结表彰会

11 月 2 日，密云区教委召开“倡家风 讲规矩 传美德”总结表彰会。会议总结 2017 年小学家庭教育工作，表彰 2017 年百名小学“最美家长”，为“倡家风 讲规矩 传美德”征文、书法、绘画比赛获奖代表颁奖，为密云区家庭教育专家智库专家颁发聘书。教师和家长代表分别从家校合力育人、如何发挥家长教师协会作用和良好家风培育 3 个方面分享经验。“最美家长”代表，获奖学生代表，各小学、九年一贯制学校、特殊教育学校德育干部 100 余人参加会议。

（黄维国）

小学生演讲展示活动

11 月 3 日，密云区教委举办“美丽少年爱读经典”小学生演讲展示活动。各小学在班级、校级演讲展示活动的基础上，共推荐 54 名选手参加区级展示，展示内容涉及《史记》《上下五千年》《三国演义》等历史、游记类书籍。评出一等奖 23 个、二等奖 31 个。“美丽少年爱读经典”是密云区小学“阅读表达提升工程”系列活动之一，已连续举办 5 年。

（黄维国）

美丽中学生表彰会

12 月 28 日，密云区教委举办 2017 年美丽中学生表彰活动。活动以“践行核心价值观 争做美丽中学生”为主题，表彰区级美丽中学生 500 人、区级最美中学生 10 人，并通过视频展播和现场采访的形式，介绍 10 名区级最美中学生感恩父母、自立坚强、服务社会、勇于担当等方面的感人事迹和成长历程。北京交通大学附属中学密云分校、北京市密云区第三中学、首都师范大学附属密云中学等单位围绕活动主题，表演舞蹈、诗朗诵、歌曲等节目。

（黄维国）

推动职业教育转型发展

至年底，密云区教委推动职业教育转型发展。与河北省承德县、涞源县职教中心开展联合招生、跟班就读、对口交流等全方位合作，接待客户信息服务、汽车运用与维修专业 45 名学生来校学习；开设高低压电工、切割与焊接等特种技能职业培训，培养一批专业技术岗位人才，年均培训 450 人，280 人取得证书；扩大短期职业技能培训规模，年均开展各类短期培训。4000 人次参训，年增长量超过 30%；开设近 50 门职业体验课程，面向全区中小学生开放，促进职普融通、资源共享，全年 5000 余名学生参加职业体验课程学习；为 165 名外来务工人员随迁子女提供中等职业教育服务。

（黄维国）

执行教师准入标准

至年底，密云区教委执行教师准入标准。推行竞聘上岗制度、职称评审及分配制度改革，健全教师进修培训机制，通过专家引领、自身进修、实践锻炼等举措，提升干部教师队伍整体素质。幼儿园专任教师专科及以上学历比例达到 98.90%，小学和中学专任教师本科及以上学历比例分别为 96.10% 和 100%；全区有正高级教师 2 人，特级教师 15 人，市、区、校级骨干教师 1287 人，占专任教师总数的 33.33%，农村骨干教师占全区骨干教师总数的 58%；逐步完善教师和校级干部轮岗交流制度，全区 33.33% 的中小学专任教师和 70% 的校级干部参与轮岗交流，城乡师资配置进一步优化。

（黄维国）

3 所学校建设工程完工并投入使用

至年底，密云区完成北京市密云区第七小学新建工程、首都师范大学附属密云中学综合楼建设工程、北京市育英学校密云分校体育馆及餐厅综合楼建设工程。密云七小位于长城环岛东侧，建筑面积 1.19 万平方米，由市财政投资 8600 余万元建设，开设教学班 24 个，可提供学位 960 个，于 9 月 1 日投入使用，有效缓解城区东南部地区适龄儿童入学难问题。首师大附属密云中学综合楼建筑面积 5446 平方米，由市财政投资 2561.16 万元建设，该综合楼包括科学教室、美术教室、音乐教室、舞蹈教室和阅览室。育英学校密云分校体育馆及餐厅综合楼建筑面积 8492.73 平方米，由市财政投资 5472.86 万元建设。区教委投入 1700 余万元，为 3 所学校配备教学设施设备。

（黄维国）

各项扶贫助学资金发放

至年底，密云区教委发放各类扶贫助学资金 1578.53 万元。发放职业学校免学费补助、国家助学金、政府奖学金 104.73 万元，惠及学生 457 人次；落实“三免两补”资助资金 1379.36 万元，惠及学生 41470 人次；发放普通高中扶贫助学资金 81.75 万元，惠及学生 625 人次；发放学前教育资助资金 12.69 万元，惠及在园幼儿 48 人。

（黄维国）

延庆区

概述

2017 年，延庆区教委辖属教育单位 121 个，其中，幼儿园 54 所（教育部门办园 35 所、集体办园 2 所、民办园 17 所），小学 28 所，九年一贯制学校 5 所（教育部门办校 4 所、民办校 1 所），中学 16 所，中等职业学校 1 所，特殊教育学校 1 所，其他法人单位 16 个。招生 7377 人（幼儿园 2291 人、小学 2028 人、初中 1816 人、普通高中 1149 人、中等职业学校 93 人）；毕业 7178 人（幼儿园 1763 人、小学 1890 人、初中 1909 人、普通高中 1216 人、中等职业学校 400 人）；在校生 29971 人（幼儿园 7863 人、小学 12228 人、初中 4866 人、普通高中 3711 人、中等职业学校 1234 人、特殊教育 69 人）。教职工总数 4984 人（幼儿园 788 人、小学 1316 人、中学 2060 人、中等职业学校 240 人、特殊教育 34 人、其他直属单位 546 人），其中，高级职称 570 人、中级职称 1387 人。北京市特级教师 15 人、北京市骨干教师 58 人、北京市学科教学带头人 8 人。全年教育总投入 23.49 亿元。中小学固定资产总值 12.33 亿元。乡镇成人学校 6 所，培训机构 21 个。设立学区 12 个。

2017 年，延庆区教委围绕“优质、均衡、开放、特色”发展主题，坚持“增加学生实际获得”工作主线，通过加强“多彩课程”建设、深化智慧生态课程构建等方式转变教育方式和育人方式。实施中小学、幼儿园“一三五四”学区制管理（1 个高中教育联盟、3 个初中学区、5 个小学学区、4 个幼儿园学区）。推进区政府重点工作折子工程和实事工程，完成北京市延庆区第七幼儿园、北京市延庆区沈家营镇中心幼儿园建设工程，9 月正式开园并投入使用。

全面实施素质教育。贯彻落实新修订的《北京市中小学生日常行为规范》和《中小学生守则》，启动《养成教育三年行动计划》，10 所学校获评北京市文明校园。开展“传承中华美德——过中国节”主题实践活动，组织 1.40 万名师生参加“清明祭英烈”活动。落实“四个一”工程，组织 1800 名师生观看天安门升旗仪式，1600 名师生参观抗日战争纪念馆和首都博物馆。举办北京市（延庆赛区）第 20 届学生艺术节，参与学生 4000 人次。开展科技节活动，5000 名学生参与。落实中小学生课外活动计划，开展非物质文化遗产传承与学校非遗教育。完善社会大课堂常态化、制度化建设，学生 10 万人次参加活动。

推进教育综合改革。全区公办园及取得办园资格的民办园可提供学位 8160 个。学前三年毛入园率由“十二五”初期的 83% 提高到 95%。高考创造历史最好成绩，本科上线率 91.59%，同比提高 2.09 个百分点，一本上线率 34.95%，同比提高 8.87 个百分点，高考录取率 98.04%。义务教育阶段坚持免试就近入学，市级示范高中（北京市延庆区第一中学）招生名额中分配到全区初中校比例保持在 50%；初中艺术特长生招生比例降低至 4%。实施“1+3”培养模式改革项目，从全区初二年级学生中招收 70 人到延庆一中科技、英语实验班就读。

加强中小学“三级”家长委员会建设，举办全区“家校社协同弘扬中华传统文化活动暨校园开放日”活动，更新市级家教专家资源库 16 人，全年区级家教讲师团到校讲座 200 次。新招收民俗旅游、园林花卉等专业农民中专班学员 1158 人。

2017 年，延庆区开展冰雪运动进课堂活动——冰壶运动
（延庆区教委 供）

干部教师队伍建设。完成 62 名校科级干部交流调整工作。推进青年人才培训班、名校长培养工程、干部东城挂职等培训项目，成立于会祥校长工作室。接待内蒙古自治区兴和县教育系统 38 名干部到延庆区挂职培训。成立“师德榜样”宣讲团，开展“师德宣讲进校园”活动 10 次。实施中小学市级名师培养工程，推进特级教师工作室建设。启动区政府与首都师范大学新一轮区域教育合作项目。印发《延庆区关于深化构建智慧生态课堂的指导意见》，开展青年教师基本功展示、课堂教学评优和网上晒课活动。落实《北京市乡村教师支持计划》，新招聘、调入教师 104 人。

全面普及校园足球、世园冬奥知识和冰雪运动。成立区级青少年校园足球队，组建全国首个小学校园足球联盟，新增全国青少年足球特色学校 4 所，至此，共有全国青少年足球特色学校 11 所。组织 3000 名学生参与滑雪滑冰培训，实现万名学生掌握滑雪滑冰技能目标。参加北京市第一届中小学生冬季运动会，获得团体第二名。

（高天学　赵文新）

教师岗位交流工作

2017 年，延庆区教委开展教师岗位交流工作。城区学校派出教师 93 人（全职交流教师 78 人、兼职交流教师 15 人，包括骨干教师 25 人）到对口川、山区任教；67 人从农村学校到城区学校、幼儿园挂职培训。区教委于 2010 年 6 月出台《中小学幼儿园教师交流工作意见》，建立城乡互动教师双向交流制度：每所城区初中、小学和幼儿园每年选派校级以上骨干教师 3～5 人（至少有 1 人是区级以上骨干教师）交流到对口川、山区学校任教并承担指导青年教师任务，参与教育教学研究工作，农村学校每年选派具有培养潜质的教师 1～2 人到城区学校任教。区教委于 2012 年、2016 年和 2017 年对教师交流制度进行完善和补充。截至 2017 年，城区学校、幼儿园共选派 483 人（全职交流教师 367 人、兼职交流教师 116 人，包括骨干教师 156 人）到农村学校任教；农村学校共选派教师 260 人到城区挂职培养。

（张美丽）

教师业务培训

2017 年，延庆区教委开展各类人员培训。教师境外培训内容有，市级骨干教师 10 人赴美国加州长滩大学参加“信息化教学”专题培训，英语教师 73 人赴加拿大皇桥教育集团参加英语教师国际教育专项培训班等；教师外省培训内容有，1 人赴广西参加农村教师培训，研训员 94 人赴华中师范大学参加高级研修等；教师市级培训内容有，10 人参加北京教育学院名师培养工程，40 人到 3 所市区学校参加伙伴式研修项目，480 人次参加开放型教学实践活动，34 人参加骨干教师高级研修班，156 人参加初中历史、地理、思品、生物 4 个学科专项培训，1409 人参加 22 个专题研修班，81 人到首都师范大学本部参加“2017 延庆区英语、物理、化学、生物教育技术培训项目”，10 人参加首师大名师培养工程等；教师区级培训内容有，利用“延庆区干部教师培训管理平台”开展相关培训工作，各类教师 121 人参加德育队伍培训等。后勤人员各类业务培训内容有，10 人参加“生态校园环境建设布局”课题培训，总务管理干部 80 人参加实验室安全管理专题培训，中小学实验教师 140 人参加实验室管理业务培训，1272 人次参加网管教师常规培训、教师在线平台使用、创客教育、Pad 教室使用等各类培训，实验员 30 人参加账目、仪器、药品管理培训等。

（张美丽）

名师名校长培养项目启动

1 月 11 日，延庆区“双名工程”（名师、名校长）培养项目启动。该项目主要培养学员成为“师德的表率、育人的模范、教学的专家”。从区内北京市学科教学带头人和北京市骨干教师、中小学校长中遴选出 10 名“名师”和 11 名“名校长”学员，采取“双导师制”进行培养，“双导师”由北京市知名教授和有影响力的校长担任。培养期 2 年，共 300 学时。“双名工程”是延庆区“十三五”教师队伍建设规划重要项目之一。

（高天学）

十佳美德少年

2 月至 5 月，延庆区教委和区委宣传部、区文明办等单位联合举办十佳美德少年评选活动。从全区中小学生中，评选尊师孝亲、诚信有礼、助人为乐、自立自强等方面表现突出者。经过校级初评、事迹展播、最终评选和公示环节，评出“十佳美德少年”和提名奖各 10 人。

（张美丽　李向勇）

微德育视频评选活动

3 月 30 日，延庆区教委举办中小学微德育视频评选活动。中小学上交宣传教育、课程建设、学生榜样等 7 类视频作品 24 个。评委组从教育目标清晰、主题突出、内容完整、声画质量好等方面进行评选，评出一等奖 2 个、二等奖 4 个、三等奖 6 个。微德育是新时代学校德育新形式，即时渗透德育，核心是以学生体验为出发点和落脚点，涉及道德、思想、心理、人生观等。微德育视频以视频方式，通过部分学生自身示范，对全校学生产生潜移默化的影响。首届微德育视频评选活动于 2015 年举办。

（张美丽）

农民中专班

4 月 13 日和 6 月 13 日，延庆区教委分别在延庆区康庄镇和珍珠泉乡上水沟村举办农民财会中专班和果蔬花卉中专班。招收农民学员 95 人，学制 3 年，免费学习。财会中专班开设会计学基础、财经法规与职业道德、初级会计电算化等 10 门课程，成绩合格学员取得中专学历证书，通过考试可获得会计从业资格证书。果蔬花卉中专班开设流苏茶种植与管理、园艺花卉、蔬菜种植、果树种植、小杂粮种植等课程，成绩合格学员取得国家成人中专学历证书。自2008年起，区教委在珍珠泉乡共开设文艺中专班、玫瑰花卉种植等中专班13个，培养学员500人。

（宋佳　高寒）

首届中小学生风筝节

4月23日，延庆区举办首届中小学生风筝节。活动以“盼冬奥 迎世园 放飞梦想”为主题，设置硬翅、软翅、板子、现场制作等项目，组委会根据风筝制作工艺、起飞、留空时间、角度4个方面打分。全区23所学校36支代表队180名学生参赛。北京市延庆区姚家营中心小学、北京市延庆区太平庄中心小学、北京市延庆区第二小学、北京市延庆区张山营学校、北京市延庆区下屯中学、北京市延庆区第五中学分获各组别团体第一名。37名选手分获各组别个人项目一等奖。3月，区科技馆组织32所学校43名科技教师成立延庆区风筝社团，通过3次培训活动学习风筝起源、类别、比赛规则、技巧、制作等。

（赵文新）

4月23日，延庆区举办首届中小学生风筝节

（延庆区教委　供）

学校干部到东城挂职培训

4月和9月，延庆区学校干部到东城区挂职培训。培训方式为每周集中1天参加讲座、考察特色校、教研活动等，其余4天固定在1所学校挂职锻炼。挂职干部以校长助理身份在所挂职学校承担一定工作任务，所在学校组织挂职干部参加行政会和市、区两级重大教育教学等活动。全年举办培训2期，每期10人（为期半年）。经考核，挂职干部全部获得北京教育学院东城分院干部培训结业证书。该培训项目于2016年开始，至此，全区中小学和幼儿园干部40人参加挂职培训。

（张美丽）

首届延教杯课堂教学评优课展示

5月17日，延庆区教委举办首届中学“延教杯”课堂教学评优课展示。活动以“构建智慧生态课堂，让课堂充满生命的活力”为主题，北京市延庆区第三中学和北京市延庆区永宁学校教师展示区级一等奖优课2节，获奖教师和研训员代表交流发言，区教委讲解智慧生态课堂指导意见。“延教杯”课堂教学评优活动于2016年10月启动，经过各学区牵头学校组织学区评优，推选选手参加区级评优，评出高中组一等奖33人、初中组一等奖40人；延庆区初中第一学区、第二学区、第三学区和延庆区高中教育集团获优秀组织奖。

（赵文新）

第三届社团嘉年华活动

6月10日，延庆区教委举办第三届中小学社团嘉年华活动。活动包括民俗传统文化、手工艺制作、剪纸衍纸等11个社团展示区，以及舞蹈歌曲器乐类、民俗艺术体育类和曲艺歌舞类3项舞台展演。各社团通过展板、表演、现场互动等形式介绍社团相关情况，采取观众在展板上为喜欢的社团点赞的方式，评出人气社团和精品社团各20个。全区43所中小学94个社团988名学生展示55个节目。区委宣传部、区文明办、区教育系统两委领导，全区各中小学干部师生5000人参加活动。第一届社团嘉年华活动于2015年举办，后每年举办1次。

（张美丽　李向勇）

中学生汉字听写大赛

6月12日至13日，延庆区举办中学生汉字听写大赛。延庆教科研中心语文教研员、中学高级教师担任评委，比赛设置监审组，进行全程监审。比赛分为校级初赛、区级预赛和全区决赛3个阶段。赛制与“中国汉字听写大会”相同，题型有给汉字注音、找出词语中错误字并改正、选出与主题词无关词语、写出音节相同的两字词语、写出给定偏旁相同的两字词语、根据拼音和词义写出原词语等。全区40名初中二年级学生组成8支代表队参赛，北京市延庆区第二中学获一等奖，北京市延庆区永宁学校、北京市延庆区第四中学和北京市延庆区十一学校获二等奖。

（赵文新）

庆祝建园展示活动

7月8日和9月6日，北京市延庆区第一幼儿园、北京市延庆区永宁幼儿园分别举办庆祝建园60周年、5周年展示活动。延庆一幼活动以“情系幼教六十载·体验育人展风采”为主题，贯穿“体验育人”办园理念，浓缩60年发展史，师生表演歌伴舞、小品、武术等节目。延庆一幼1957年建园，当时有教师4人、幼儿24人；2017年，有教职工70人、幼儿460人。永宁幼儿园活动以“春风化雨五年路，凝心聚力谱新篇”为主题，播放5年发展历程专题片，师生表演舞蹈、话剧、朗诵等节目。永宁幼儿园前身是距今有180年历史的缙山书院；2012年7月，成为延庆乡镇地区第一所具有独立法人资格的教委直属园；2017年，园所占地面积11000平方米、建筑面积4224平方米，开设教学班14个，教职工 78 人，在园幼儿 380 人。永宁幼儿园继承缙山书院“储为国器”办学思想，坚持“文化浸润、爱心滋养”办园理念，依托永宁古镇地域文化和缙山书院书香文化，打造生活化、游戏化、地域化园本课程。

（高天学）

7 月 8 日，延庆一幼举办建园 60 周年展示活动
（延庆区教委　供）

区教育督导委成立及区教委内设机构调整

7 月，延庆区政府教育督导委员会成立，区教委机关由上年 13 个科室调整为 14 个。撤销延庆区政府教育督导室原基础教育责任督学和职业成人教育责任督学，督导室新设立督政科和督学科，并成立区政府教育督导委。督政科主要负责区政府教育督导委制度建设、督导研究和日常工作等；督学科主要负责对区内中等及以下学校、教育机构的办学行为、教育教学工作、发展状况和质量进行督导检查、评估、监测等。区教委撤销原计划财务科，设立财务科和基建科；撤销原审计监察科，设立审计科。财务科主要负责指导审核教育系统经费预算和决算编制工作，以及依据市、区相关政策依法筹措教育经费等；基建科主要负责组织编制教育系统基本建设投资规划、计划和预算编制等；审计科主要负责教育系统审计工作、研究制定本系统审计规章制度等。

（张美丽）

两所幼儿园新建工程完成

8 月和 9 月，延庆区教委完成北京市延庆区沈家营中心幼儿园和北京市延庆区第七幼儿园新建工程。沈家营中心幼儿园建设工程总建筑面积 3259 平方米，为框架结构，地上 3 层（局部 4 层），地下 1 层；建设有幼儿活动及辅助用房、办公及辅助用房和生活用房，同步实施室外管线、活动场地、道路、绿化配套工程，投资 1231 万元。沈家营中心幼儿园始建于 1995 年，位于北京市延庆区沈家营中心小学院内，2013 年通过北京市一级二类幼儿园验收；区教委于 2014 年规划建设新园，2016 年 4 月在沈家营中心小学院内开工建设。延庆七幼是新成立的区教委直属幼儿园，位于延庆城区格兰山水二期北区，总建筑面积 3630 平方米，为框架结构，地上 3 层、地下 1 层，可容纳 9 个教学班，同步实施道路、绿化、活动场地及市政管线等工程建设；工程投资 2400 万元，能满足 270 名幼儿入园需求；2017 年 9 月建成并投入使用，开设教学班 8 个，教职工 42 人，在园幼儿 220 人。

（赵文新）

养成教育三年行动计划解读

9 月 14 日，延庆区教委解读《北京市中小学养成教育三年行动计划（2017-2019 年）》。北京教育科学研究院德育研究中心结合北京市新颁布的《中小学生日常行为规范》，对比解读行动计划，从文件出台背景、现实意义和实践启示等方面进行阐释，强调养成教育重要性、系统性和科学性，明确养成教育目标。全区中小学、幼儿园校（园）长、书记、德育副职干部、德育研训员、部分机关科室负责人等 140 人参加学习。

（张美丽）

落实各项减免政策

至年底，延庆区继续落实九年义务教育阶段各项减免政策，落实资金 1147.62 万元，惠及学生 49939 人次。落实义务教育阶段“三免两补”减免资金 897.02 万元，惠及学生 47390 人次；发放高中国家助学金 82.91 万元，惠及学生 864 人次；发放中等职业学校资助 90.10 万元，惠及学生 723 人次；投放精准扶贫资金 65.29 万元，惠及学生 889 人次；发放学前教育阶段资助金 12.30 万元，惠及学生 73 人次。

（赵文新）

教师职称评定工作

至年底，延庆区教委开展教师职称评定工作。从北京市职称评审专家库中随机抽取本区评议组成员 34 人组成评审小组，并进行专项培训。全区参加职称评定教师 243 人，其中，申报正高级教师 6 人、高级教师 56 人、中级教师 63 人、初级教师 118 人。通过评审、评定或晋升职称教师 235 人，其中，正高级教师 2 人、高级教师 55 人、中级教师 60 人、初级教师 118 人。

（张美丽）

教师资格认定

至年底，延庆区教委完成教师资格认定。组建教师资格认定专家审查委员会，考评春、秋季申请教师资格认定人员 474 人。经评审认定教师资格 447 人（包括非师范类专业毕业人员 160 人），其中，初级中学教师资格 40 人、小学教师资格 206 人、幼儿园教师资格 201 人。

（张美丽）

招聘 104 人补充教职工队伍

至年底，延庆区教委招聘 104 人补充教职工队伍。经区人力社保局批准发布教师招聘公告，由区教委统一组织，成立考核组以面试形式进行。北京籍应、往届毕业生和非京籍应届毕业生按照面试考核成绩由高到低确定。招聘工作坚持严格条件、严格审核、严格程序、严格标准，录用教职工 104 人（北京籍 85 人、非京籍 19 人），其中，高中教师 16 人、初中教师 8 人、小学教师 20 人、幼儿教师 55 人、会计 5 人。

（张美丽）

燕山地区

概述

2017 年，燕山教委辖属教育单位 27 个（幼儿园 7 所、小学 7 所、中学 5 所、中等职业学校 1 所、其他法人单位 7 个）。招生 2289 人（幼儿园 760 人、小学 568 人、初中 559 人、普通高中 402 人）；毕业 1815 人（幼儿园 405 人、小学 552 人、初中 547 人、普通高中 311 人）；在校生 8249 人（幼儿园 1874 人、小学 3158 人、初中 2035 人、普通高中 1182 人）。教职工总数 1050 人（幼儿园 200 人、小学 281 人、初中 280 人、高中 141 人、中等职业学校 37 人、其他直属单位 111 人），其中，高级职称 149 人、中级职称 493 人。北京市特级教师 2 人、北京市骨干教师 11 人、北京市学科教学带头人 11 人。全年教育总投入 3.19 亿元。中小学固定资产总值 2.71 亿元。培训机构 7 个。设立学区 4 个。

2017 年，燕山教委推进教育改革，提高教育质量和办学效益，提升人才培养水平，实现地区教育事业健康发展，为“一城两业”（即以智慧城市为引领，打造国家级新材料产业示范园区和国家级养老产业示范区）新布局提供人才保障、智力支撑和精神动力。

各级各类教育。3 所幼儿园晋升为北京市示范幼儿园并面向全市开展学前教育开放交流，完成《燕山地区第三期学前教育行动计划》。结合学区调整方案，完成学区调整后首次招生工作。燕山办事处与北京教育科学研究院开启合作办学，扩大燕山地区优质教育资源。北京师范大学燕化附属中学承办北京市语文专题阅读展示活动、“新高考”背景下全国西藏内高班教育改革和发展研讨会。北京市燕山职业学校综合实训楼建成，市级大课堂资质首次跨区合作，接待北京市房山区佛子庄乡中心小学综合实践活动；进入市级百所综合实践特色校行列，通过中小学综合实践活动特色校验收，被评为 2017 年度北京市中小学生社会大课堂优质资源单位，获“北京市民终身学习示范基地”称号。

继续完善社会教育。成立谦益家庭教育学堂，首创全国数字化家庭教育跟随服务系统，年度培训超过 5 万人次。召开老年大学 5 周年历程回顾暨老年教育推进大会，发布《燕山地区老年教育发展规划（2018-2020 年）征求意见稿》，为燕山地区老年教育指明发展方向。

增强德育实效。深化中小学生社会主义核心价值观教育。制订《燕山地区中小学养成教育三年行动计划（2017-2019）》，开展“学规范 正行为”主题教育系列活动及燕山地区“十佳中学生”和“美德青少年”评选活动。强化学校文化建设，地区中小学实现北京市文明校园全覆盖。

推进阳光体育，夯实卫生基础。举办第 25 届中小学生运动会、中小学跆拳道比赛、中小学生踢毽跳绳比赛等赛事。16 所学校食堂完成 2017 年量化分级工作并全部达到 B 级以上。学校食堂启动明厨亮灶工程，打造校园“阳光厨房”。强化传染病防控，修订并完善相关制度和流程，提升防控和应急反应能力。开展“垃圾分类从我做起”环保主题讲座等健康宣传教育活动。聘请专业体检中心对地区 6000 余名学生进行健康体检。

推进校外教育。召开燕山地区校外教育工作大会。推行中小学生课外活动计划，组织“走进我们的课外活动”展示活动，包括舞蹈、器乐、校园集体舞等 19 项活动，3800 人次参加，2100 余人次在地区、北京市和全国比赛中获奖。打造地区艺术品牌，组织燕山地区中小学生戏剧节和第四届燕山地区中小学生非物质文化体验活动；举办燕山地区中小学传承和弘扬中华优秀传统文化课程与活动展。

教研引领，提升教学质量。教育教学研究针对 2018 年北京市启动新中考模式展开调研，推动新中考改革。开展春、

11 月 19 日，燕山地区中小学生第四届跆拳道比赛——中学组竞技
（燕山教委　供）

秋季2次大型综合视导和第四届“燕翔杯”优课展示活动。强化质量监控和评价功能建设，地区五年级以上所有学科全部实现网络阅卷。召开地区第五届教育科研大会,启动“十三五”科研工作。加强综合素质评价研究，完成燕山地区小、初、高3个学段综合素质评价调研及报告撰写工作。

4月10日，燕山教委第二届“足乐杯”中学足球联赛女足比赛（燕山教委 供）

教师队伍建设。完成新一轮市、区两级学科教学带头人和骨干教师评选认定。启动燕山地区骨干教师专题研修活动。完成16名优秀干部教师“友善用脑”境外培训和5名优秀英语教师境外培训工作。开展地区120余名青年教师专题研修活动。开展全地区教育系统师德建设工作会和师德师风建设展示活动。宣传任教班主任30年以上的10名优秀教师代表的先进事迹。印发《燕山教育委员会关于进一步加强师德师风建设的通知》。

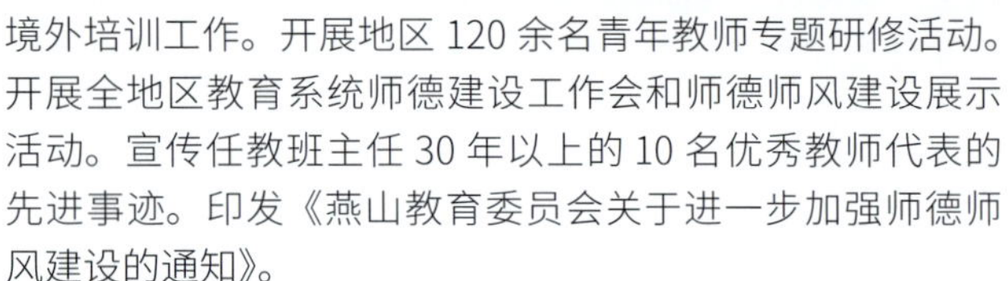

校园安全工作。创建平安校园，召开全地区教育系统安全工作会、党的十九大维稳安保工作动员会等会议，开展消防安全专项检查、高峰论坛和党的十九大期间重点检查等20余次校园安全检查工作。完成视频监控系统和区级视频监控平台的联网维护及升级改造工作，确保7所幼儿园视频监控全覆盖无死角，安装摄像头664个。

（韩巍）

青少年校外教育工作会

1月19日，燕山教委召开燕山地区青少年校外教育工作会。会议听取2016年燕山地区校外教育联席会议工作报告，表彰燕山地区青少年校外教育优秀辅导员，为校外教育先进工作者代表、校外教育活动案例获奖代表、课外活动计划先进个人代表和课外活动计划优秀辅导员代表颁发荣誉证书，布置2017年寒假青少年校外教育活动。迎风街道、北京市燕山前进第二小学和燕山少年宫分别作典型发言。20余家成员单位代表、校外教育辅导员和各中小学校长等90余人参加会议。

（刘海霞）

中小学足球联赛

4月10日至21日和4月24日至6月6日，燕山教委分别举办第二届“足乐杯”中学足球联赛和第三届“足趣杯”小学足球联赛。“足乐杯”中学足球联赛设初中男子组和初中女子组2个组别，8支代表队参赛，采用双淘汰赛制，北京市燕山东风中学、北京市燕山星城中学分获男子组冠、亚军，星城中学、北京市燕山向阳中学分别获女子组冠、亚军。“足趣杯”小学足球联赛设男子组和女子组2个组别，采取主客场赛制，北京市燕山东风小学、北京市燕山前进第二小学分获男子组冠、亚军；北京市房山区燕山羊耳峪小学、北京市房山区燕山星城小学分获女子组冠、亚军。

（王小利）

第五届教育科研工作会

4月18日，燕山教委召开第五届教育科研工作会。会议表彰“十二五”教育科研北京市先进单位2个、燕山地区先进单位5个，燕山地区先进工作者18人，燕山地区“十二五”教育科研优秀成果一等奖5个、二等奖11个、三等奖14个。会议总结“十二五”教育科研工作,部署“十三五”教育科研工作，听取先进代表分别以《立足科研引领提升教学品质》《潜心科研，提升自我》为题发言；听取题为《关注幼儿游戏化学习 提高幼儿教师专业素养》2017年春季学前教育视导工作汇报。北京教育科学研究院、燕山教委、燕山办事处教育督导室相关领导等130余人参加会议。

（刘小兰）

3所幼儿园通过市级示范园验收

5月9日至11日，燕山地区3所幼儿园接受北京市示范幼儿园验收。市教委示范园评审验收组对燕山教委所属北京市房山区燕山星城幼儿园、北京市房山区燕山阳光幼儿园和北京市房山区燕山小天使幼儿园3所幼儿园进行市级示范园评审验收。评审验收组通过家长调查问卷、实地考察、观摩班级半日活动等形式，全面评审幼儿园办园条件、队伍建设、保教工作等方面情况。7月10日，市教委公布第十批北京市示范幼儿园名单，3所幼儿园全部通过验收。

（杜桂红）

首届新任教师教学风采展示活动

6月8日至9日，燕山教委举办中小学第一届新任教师教学风采展示活动。活动由燕山教研中心主办，各学科教研员担任评委，涉及语文、数学、英语、物理、化学、生物、音乐、体育和美术9个学科。新任教师从教学设计撰写、说课和微格教学3个方面展示专业技能。燕山地区12所中小学（8所小学、4所初中）新任教师18人（小学教师8人、初中教师10人）参加活动。

（杜蓉）

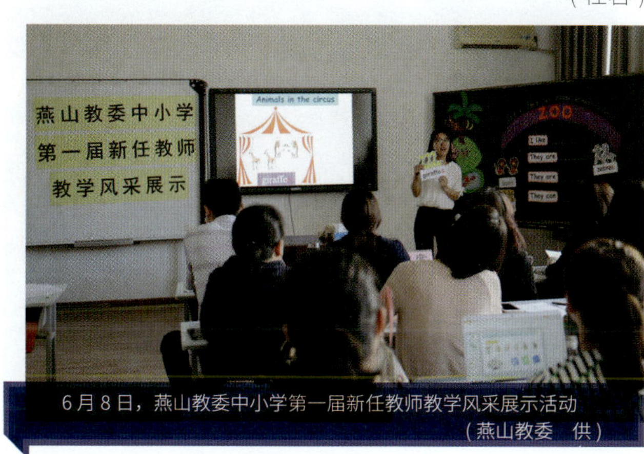

6月8日，燕山教委中小学第一届新任教师教学风采展示活动
（燕山教委　供）

3所优质园半日开放观摩活动

7月5日至6日，燕山教委组织北京市房山区燕山星城幼儿园、北京市房山区燕山阳光幼儿园和北京市房山区燕山小天使幼儿园3所优质幼儿园开展半日开放观摩活动。活动播放幼儿园宣传片，介绍幼儿园基本情况。参加活动人员走进星城幼儿园阅读基地、公共活动区、户外沙水主题活动和种植园观摩幼儿活动；走进阳光幼儿园木工坊、阳光欢乐谷和班级观摩幼儿活动；走进小天使幼儿园室内联合游戏区、生活馆、艺术教室和室外活动区观摩幼儿活动。3所幼儿园接待来自16个区的幼儿园园长、业务园长、教师300余人次。

（李军）

第25届中小学生田径运动会

9月29日至30日，燕山教委举办第25届中小学生运动会。运动会设4个组别，43个项目，576人次参加比赛。北京市燕山星城中学和北京市燕山东风中学分获中学组团体总分前两名；北京市燕山向阳小学、北京市房山区燕山星城小学、北京市燕山前进第二小学分获小学组团体总分前三名。

（王小利）

中小学生健康体检

11月6日至17日，燕山教委开展中小学生健康体检。10所中小学6000名学生参加体检，体检常规项目包括内科常规检查（心、肺、肝、脾），眼科检查（视力、沙眼、色觉），口腔科检查（龋齿、窝沟封闭、牙龈炎）等。体检结束后，各校校医使用健康体检管理系统对体检结果进行数据录入、统计、分析，并针对体检中发现的有严重器质性疾病的学生，及时通知学校和家长进行进一步检查。燕山教委汇总体检数据，依据体检结果制订群体行为干预方案，并对燕山教委所属中小学卫生工作提出合理化建议。

（王小利）

青少年法制教育基地揭牌

11月8日，燕山教委在房山法院燕山法庭举办“青少年法治教育基地”揭牌活动。活动为北京市燕山前进中学、北京市燕山星城中学、北京市燕山东风中学、北京师范大学燕化附属中学4所燕山地区中小学“法治教育宣传站”授旗，聘请燕山法庭法官担任“法治辅导员”，并召开房山法院涉校园侵权案件中未成年人权益保护新闻通报会。燕山教委与燕山法庭以“青少年法治教育基地”为主体，以校园“法治教育宣传站”和校园“法治辅导员”为依托，创新法治宣传和法治教育新模式，实现法律进校园、学生进法庭，进一步推进法庭法治资源的社会共享。燕山教委领导，燕山地区10所中小学的师生代表，房山法院、燕山法庭负责人，媒体记者等80余人参与活动。

（周文明）

9月29日至30日，燕山地区第25届中小学生田径运动会
（燕山教委　供）

非物质文化体验活动

11月12日，燕山地区中小学师生走进老舍茶馆开展第四届燕山地区中小学生非物质文化体验活动。活动以“走进老舍茶馆，感悟传统文化”为主题。学生观看老舍茶馆茶艺师表演“盖碗茶的冲泡及礼仪”茶艺传统项目，欣赏皮影戏、北京琴书、巧耍花坛、川剧变脸、相声等中华传统文化节目。燕山地区10所中小学200余名师生参加活动。

（胡耀丽）

中小学生茶艺大赛

11月22日，燕山教委举办地区第四届传统文化体验活动暨“茶艺大赛”。比赛分为理论知识和操作技能两部分，评委从茶艺表演的编排、冲泡准备、冲泡过程等方面对选手进行综合评定。来自全区9所中小学的27名参赛选手参加茶艺表演。北京市房山区燕山羊耳峪小学和北京师范大学燕化附属中学分获小学组和中学组第一名。

（胡耀丽）

11月22日，燕山地区茶艺大赛——羊耳峪小学盖碗花茶表演（燕山教委　供）

传统文化课程与活动展示

12月8日，燕山教委举办中小学传承和弘扬中华优秀传统文化课程与活动展示。展出10所中小学的学生书法、毛猴、紫砂、剪纸画等作品，同时进行学生现场制作展示。演出以“古韵诗情继传统·文辉艺彩润师生”为主题，分为“校园里的民族情”“粉墨中的春秋颂”“传承中的家国梦”三部分，通过“展示”“感受”“希望”3个篇章，全面展示燕山地区中小学传承和弘扬优秀传统文化的成果。市教委、燕山办事处、燕山教委等领导，各中小学和直属单位领导以及1000余名师生参加活动。

（刘海霞）

12月8日，燕山地区中小学弘扬中华优秀传统文化课程与活动展示（燕山教委　供）

老年教育推进大会

12月18日，燕山教委召开燕山老年大学5周年历程回顾暨老年教育推进大会。会议以“皓首笃学、智慧启航”为主题，分“总结回顾·感恩成长”和“弘规立制·品牌筑梦”2个篇章。燕山老年大学学员演出舞蹈《金色梦燕山情》、情景朗诵《我们的故事》、才艺串烧《多彩校园》、情景快板《幸福的明天比蜜甜》、群体朗诵《用学习描绘未来》和歌舞《不忘初心》等节目。燕山教委印发《燕山地区老年教育发展规划（2018-2020年）》征求意见稿。市教委相关处室、北京市学习型城市研究中心、房山区教委、燕山教工委、燕山办事处相关领导，燕山各街道、各委办局、各学校代表以及老年大学师生等900余人参加会议。

（朱宗宗）

各区委教工委、区教委领导名单

中共东城区委教工委
书　记　刘藻
东城区教育委员会
主　任　周玉玲

中共西城区委教工委
书　记　丁大伟（7月7日任）
西城区教育委员会
主　任　丁大伟

中共朝阳区委教工委
书　记　周炜
朝阳区教育委员会
主　任　肖汶

中共丰台区委教工委
书　记　薛红
丰台区教育委员会
主　任　张洋

中共石景山区委教工委

书　　记　郝显军

石景山区教育委员会

主　　任　郝显军（3月22日免）

　　　　　李秀兰（3月29日任）

中共海淀区委教工委

书　　记　尹丽君

海淀区教育委员会

主　　任　陆云泉

中共门头沟区委教工委

书　　记　李永生（1月24日免）

门头沟区教育委员会

主　　任　李永生（1月24日免）

　　　　　陈江锋（1月24日任）

中共房山区委教工委

书　　记　杜成喜

房山区教育委员会

主　　任　顾成强

中共通州区委教工委

书　　记　张立芳

通州区教育委员会

主　　任　张绍武（2月21日免）

　　　　　申键（2月28日任）

中共顺义区委教工委

书　　记　刘克祥（12月29日免）

　　　　　武捷（12月29日任）

顺义区教育委员会

主　　任　刘克祥

中共昌平区委教工委

书　　记　隋彦玲（9月13日免）

昌平区教育委员会

主　　任　李成旺

中共大兴区委教工委

书　　记　王学军

大兴区教育委员会

主　　任　荣俊艳（2016年12月29日免）

　　　　　王学军（2016年12月29日任）

中共怀柔区委教工委

书　　记　张福利（3月21日免）

　　　　　杜连明（3月21日任）

怀柔区教育委员会

主　　任　李连鑫

中共平谷区委教工委

书　　记　崔东辉

平谷区教育委员会

主　　任　李学东

中共密云区委教工委

书　　记　张文亮

密云区教育委员会

主　　任　杨华利

中共延庆区委教工委

书　　记　王建军

延庆区教育委员会

主　　任　魏旭斌

房山区燕山教育委员会

党委书记　王迪

主　　任　曾辉（7月21日免）

　　　　　张荣波（7月21日任）

（本栏责任编辑　孙晓楠）

北京老教育工作者总会

北京校外教育协会

北京高校国防教育协会

北京教育装备行业协会

北京市红十字会

2018 | 社会团体

SOCIAL GROUPS

- 北京市教育学会
- 北京市高等教育学会
- 北京市职业技术教育学会
- 北京民办教育协会
- 北京市民族教育学会
- 北京市学前儿童保教工作者协会

SOCIAL GROUPS
社会团体

北京市教育学会

概述

2017 年，北京市教育学会设办公室、财务室和《北京教育教学研究》编辑部。有分会 91 个，集体会员 513 家，个人会员 7.50 万人。2017 年，被市民政局再次确定为“AAAAA”级社会组织；被市委批准为“枢纽型”社会组织；由市委社工委批准成立“北京市教育学会党的建设委员会”。学会所属各研究分会及全市各区教育学会共组织学术活动 194 场次，5.67 万人次参加；初中教育研究分会召开换届选举暨第三届理事会成立大会；组织科普活动 75 场次，8.33 万人次参加；组织各类培训 243 次，16.83 万人次受训；组织评审调研课题 12064 项；撰写文章论文集 7641 册，1.20 万人次参与；组织国内教育研讨交流活动 78 次，2.32 万人次参加；组织国际交流 12 次，其中，教师代表队 12 个，150 人次参加；学生代表队 30 个，856 人次参加。年内共申报“十三五”时期滚动课题 469 项，经专家评审批准立项 370 项。全年召开党建委工作会 13 次，先后选送 6 人到北京大学社会组织培训班学习。网址：www.edubj.org。

（马亚莉）

签约支教华师大二附黄中

1 月 4 日，市教育学会一帮一助教研究会（讲师团）5 名专家赴海南省乐东国家级贫困县华东师范大学附属第二中学黄流中学支教。讲师团语文、数学、外语、物理学科专家利用一周时间深入高一课堂，与上海专家共同带领各学科教师听、评课。活动后，该校与一帮一助教研究会正式签订 4 年合作协议。根据协议，一帮一助教研究会的支教将逐步扩展到高中各个学科，并在深度渗透课堂同时，根据学校需求在教师通识教育、班主任工作、德育工作、教材教法、高考辅导等方面，帮助学校整体提升教育教学质量。年内，首批 5 名北京专家陆续赴华师大二附黄中支教。创建华师大二附黄中是上海华东师大扶贫项目，2016 年 9 月 1 日建成并开学，由于学校初建，干部、师资力量相对薄弱，因此邀请一帮一助教研究会协助，促进学校管理、教育教学水平整体提高。

（马亚莉）

马芯兰数学“翼课程”教育思想研讨会

5 月 10 日，市教育学会召开马芯兰数学“翼课程”教育思想研讨会。会议围绕“任百舸争流，我自扬帆引航”主题，从马芯兰“翼课程”研究的起源、如何整体构架“翼课程中的知识体系”以及如何实施“翼课程的主题式教学”3 个方面解读“翼课程”。星河实验小学教师现场作“份、倍、分数”课程。400 余人参加会议。马芯兰创造的以“开发

5 月 10 日，马芯兰数学“翼课程”教育思想研讨会

（市教育学会 供）

学生智力、减轻学生负担，提高教学质量”为目标的“马芯兰教学法”效果显著，为推动小学数学教学改革提供良好经验。“翼课程”立足信息时代学生学习特点，突出对教材结构和知识结构重组，实现现代网络信息技术与教育教学深度融合。

（马亚莉　陈和平）

“通州课程建设人才培养”专题培训

5月19日至20日，市教育学会举办“通州课程建设人才培养”专题培训。培训邀请西城教研中心党总支书记作《怎样通过提升科研素养，助力教师专业成长》专题讲座；北京外国语大学国际教育学院院长、学会健康与幸福课题组牵头人介绍在上海地区推广和实施的“健康与幸福”课程，为通州区学校课程开发和实施提供新思路。通州区4所实验学校领导和教师参加活动。

（马亚莉）

首都书法教育2017学术前沿论坛

6月29日，市教育学会在北京市海淀区民族小学举办“普及书法教育 弘扬传统文化”首都书法教育2017学术前沿论坛教育学会专场。论坛由市教育学会书法教育研究会协办，中教美育科技有限公司承办。论坛介绍书法教育的首都模式；海淀民族小学校长分享百校倡议书法特色学校经验；中国农业大学附属小学教师作书法特色校微课展示。200人参加活动。

（马亚莉）

6月29日，首都书法教育2017学术前沿论坛教育学会专场
（市教育学会 供）

学术年会

11月25日至27日，市教育学会召开2017年学术年会。会议以“学习贯彻十九大精神，深化教育改革，促进学校发展”为主题。国家教育咨询委员会秘书长作《深入贯彻党的十九大精神，加快教育现代化》主旨报告，深入剖析教育现代化在新时代的新定位、新内涵、新举措。北京市十一学校校长以《从十九大报告中寻找教育改革的方向和力量》为主题，阐释十九大精神和此次大会对于深化教育改革的理论价值和现实意义。年会同时设置立德树人与学校发展、

11月25日至27日，市教育学会召开2017年学术年会
（市教育学会 供）

考试改革与学生评价、核心素养与教学改革、核心素养与教师发展、创新教育与资源建设、立德树人与家校协同、国际视野与学校教育7个分论坛，57名学者专家、中小学校长、干部教师作分论坛主题发言；来自北京市第一〇一中学、第八十中学、育才学校的学生在分论坛展示研究成果。年会还为各会员单位在教育创新、教育技术、教育资源等方面研究成果提供展示交流平台。来自北京、重庆、河北、内蒙古等地的学会成员、中小学校长、教师以及专家学者700余人参会。

（马亚莉）

农村中小学教育研究会成立

12月4日，教育学会农村中小学教育研究会召开第一届会员代表大会。清华附中永丰学校执行校长被选举为第一届理事会理事长，10人当选副理事长。研究会主要职责是团结和组织北京市有志于从事农村教育研究和实践的教育工作者、理论工作者，关注和研究北京市农村中小学教育发展的重大理论与实践问题，开展各种学术研究和交流活动。在册单位会员58个，个人会员73人。秘书处设在北京教育音像报刊总社。

（王蕤）

北京市高等教育学会

概述

2017年，北京市高等教育学会有团体会员单位86个，其中，普通本科院校59所、高职院校18所、独立院校5所、教育管理科研院所1所，其他单位3个；所属研究会65个。全年举办各类学术年会、研讨会、学术报告会、学术论坛70余场次；课题研究调研87项；展示会12场次。组织完成各类竞赛10余场次；各类培训25次。网址：www.bjgjxh.org.cn。

（刘晖）

优秀高等教育研究机构评选

4月6日至5月27日，市高教学会开展2017北京优秀高等教育研究机构评选。评选通过单位自评、专家评审两个环节，评出北京优秀高等教育科研机构15个，并从中推选10个机构参加中国高等教育学会第五届全国优秀高等教育研究机构评选，最终，北京大学教育学院、北京教育科学研究院高等教育研究所等8个高等教育研究机构当选全国优秀高等教育科研机构。

（刘晖）

全国研究生英语教学改革研讨会

4月22日至23日，市高教学会研究生英语教学研究分会组织召开2017年全国研究生英语教学改革研讨会。会议围绕“语言功能和文化因素与英语教学”“外语教师的教学与科研能力发展”“学术研究领域拓展与研究生英语教师发展”作主题报告，分享研究生英语教学最新改革实践经验，探讨研究生英语教学标准与课程建设，展望研究生英语改革的未来。来自国内近百所高校230余名代表参会。

（刘晖）

北京高校信息化工作论坛

6月16日至17日，市高教学会信息化研究分会举办2017北京高校信息化工作论坛。论坛旨在探索新时期、新形势下高校信息化发展、创新之路，重点研讨网络安全法、信息中心主任工作面临的挑战与应对策略、高校信息化工作经验与问题，互相学习、互相借鉴，有效促进北京高校信息化工作同行交流和协作。

（刘晖）

电工学青年教师教学比赛

6月，市高教学会电工学研究分会在清华大学举办北京地区电工学青年教师教学比赛决赛。评出一等奖4人、二等奖6人，同时推荐一等奖选手参加7月21日至24日在甘肃兰州举办的全国高等学校青年教师电工学课程教学竞赛，并派遣3名教师参加裁判工作。3名青年教师获得全国二等奖。

（刘晖）

《现代外语教学与研究(2017)》论文集出版

10月，市高教学会完成《现代外语教学与研究(2017)》论文集出版。论文集由研究生英语教学研究分会组织征稿、审稿，中国人民大学出版社出版发行，共收录北京高校教师学术论文50篇。论文以探讨教学思想、教学改革为重点，突出对教学模式与测试以及英语语言技能的研究，同时涉及语言学、翻译学、文学与文化方面，为研究生英语教学领域教师构筑展示科研成果的平台。

（刘晖）

市属高校“双一流”建设专题调研

12月12日，市高教学会对部分市属高校进行“双一流”建设思路和一流本科专业建设专题调研。调研主题包括“双一流”建设背景下学校发展思路、发展特色和定位，如何认识一流本科专业，一流本科专业的评价标准等。调研目的是充分了解市属高校对“双一流”建设的认识，现实基础及存在的问题，从而对市属高校在“双一流”建设背景下如何进一步发展提出建设性意见和建议。

（刘晖）

6个研究分会召开学术年会

至年底，市高教学会6个研究分会召开学术年会。其中，思想道德修养与法律基础研究分会学术年会以“新时代高校思政课建设和高校思政课教师队伍建设”为主题，深度破解高校思想政治理论课教学中重点、难点和热点问题，提高高校思想政治理论课教学实效和魅力，130余人参加会议。研究生教育研究分会学术年会以“提升质量争创一流全面推动研究生教育综合改革与发展”为主题，表彰第十届优秀论文评选获奖论文。50余所高校和研究院所200名代表参加会议。高校国际政治研究分会年会主题为“逆全球化背景下的中国外交”，评选出主题论文一等奖3人、二等奖5人、三等奖4人。京内外近30所高校和科研院所50余名专家学者参会。研究生英语分会年会主题为“京津冀协同发展—加强研究生英语教学，共建共享学术交流平台”，议程包括研究会工作总结、教学论文集相关情况通报、年度硕士研究生学位英语统考工作总结和学术交流4个环节。30余所高校50余名研究生英语教学负责人参加会议。工程图学研究分会年会围绕“新工科背景下的人才培养模式的思考”“制图教学中基于‘雨课堂’的师生互动方法研究与实践”“技术产品文件标准化国内外发展动态”等方向进行交流。北京27所院校70余名教师和科技工作者参加年会。电化教育（教育技术）研究分会年会主题为“智慧学习环境和智慧教室建设”，包括两场技术交流活动，涉及“音频在教育环境中的应用”“互联网+教学在教育环境中的应用”等内容。近130名高校领导、专家、教师和企业代表参加会议，共同探讨智慧教育未来发展。

（刘晖）

北京市职业技术教育学会

概述

2017年，北京市职业技术教育学会设有秘书处（办公室、学术部、编辑部、财务部）和31个分支机构（专业委员会、学科研究会），有团体会员109个，其中，高职院校19个、中专学校19个、职业高中35个、技工学校18

个，市、区科研与服务机构 18 个。有常务理事 49 人、理事 161 人、个人会员 400 人。学会搭建国际交流平台，邀请相关学校与美国曼普洛教育集团开展交流研讨，寻找双方合作的契合点；搭建校企合作平台，联合圣陶教育科技公司在京举办可视通信推动现代职业技术教育发展实践与创新研讨会，推动北京市及河北省中职学校与企业研讨洽谈，开展合作。全年发布《北京职教信息》电子信息报道 48 期。《北京职业教育研究》出刊 4 期，刊登文章 97 篇，为 4 所职业院校进行专栏宣传报道。网址：www.bjszjxh.org。

（胡以伦）

搭建校企合作平台

7 月，市职教学会联合北京圣陶教育科技有限公司举办可视通信推动现代职业技术教育发展实践与创新研讨会。会议作《职业教育依托可视通信的实践与创新》主旨演讲及应用案例演示，分享可视通信在京津冀协同发展背景下应用职业技术教育的建设经验，交流可视通信在京津冀协同发展中如何充分发挥作用，提出合作需求点，研讨如何共同发展。北京市及河北省近 20 所中职学校参加研讨会，部分学校与圣陶公司建立合作关系，开展实质性合作。

（胡以伦）

中职学校公共基础课程教学成果展示

9 月 1 日至 12 月 13 日，市职教学会联合北京教育科学研究院组织中职学校公共基础课教学成果展示活动。活动以中职学校参加各级各类比赛获奖的公共基础课程教学改革成果为基础遴选展示内容，涉及德育、语文、数学、英语、公共艺术、体育 6 门课程，涵盖在全国职业院校信息化教学比赛、全国职业院校技能大赛、北京市中等职业学校“一校一品”评选中的获奖与展示作品。展示活动采用录播方式，现场共 13 件作品登台亮相，集中展示北京市中职学校公共基础课教学改革最新成果，并制作成光盘资源供全市中职学校公共基础课教师学习交流，助推中职学校公共基础课程教学质量提升。

（胡以伦）

与区教委合作开展课题研究

9 月，市职教学会受朝阳区教委委托承担的“职业教育综合服务能力现状研究”课题结题。课题形成近 3 万字的《职业教育综合服务能力现状研究报告》，为职业教育转型升级服务提供翔实资料，并为教育主管部门提出具有针对性和可操作性的对策及建议。课题研究开始于 2 月，向 30 余所北京市职业院校发放调查问卷，从学校基本情况、学校服务产业需求和区域经济发展情况、校企合作情况、社区服务情况、中小学生职业体验情况、社会培训情况等 7 个方面调研职业院校综合服务能力现状，并选定 3 所学校作为重点调研对象开展实地调研。23 所学校上交调查表，包括区属中职学校 14 所、行业所属中职学校 7 所、市教委直属中职学校 1 所、市教委直属高职院校 1 所，其中，3 所重点调研职业学校分别上交《提升职业学校综合服务能力的实践与设想》分报告。

（胡以伦）

北京民办教育协会

概述

2017 年，北京民办教育协会有团体会员单位 610 个，基础教育分会、农民工子女教育分会、互联网教育分会和汉语国际推广分会 4 个分支机构。全年共编辑印发《北京民办教育信息》14 期，发至会员单位、相关民办教育机构及其他省市民办教育行业组织等 500 家。组织专家完成 77 所民办高等教育机构办学状况年度检查工作；完成 42 所民办高校招生简章和广告备案；组织各类活动 15 次。

（王蕾）

政府购买社会组织服务项目监督管理

至 6 月，民教协会对 2016 年北京民办教育领域政府购买社会组织服务项目开展情况和资金使用情况进行监督管理。2016 年，民教协会组织申报北京市政府购买社会组织服务项目，“汇聚行业力量，照亮儿童中国梦——弱势群体儿童帮扶红烛行动”等 21 个项目获批。项目实施过程中，民教协会对项目实施单位及进展情况进行考察，做好过程监督，督促实施单位按照进度开展项目；开设专项微信群、QQ 群，及时了解和解决项目开展中的问题；开展两轮检查和月度计划及总结汇报工作。4 月，协会与第三方共同开展项目中期检查。6 月，召开项目结项预验收专家会，听取项目汇报并审核书面材料，给出评价意见。6 月 30 日，市社会建设工作领导小组办公室专家组对经协会申报的项目实施绩效进行督查验收，听取 21 个项目以及红烛行动相关子项目总结汇报，审核相应绩效材料和财务资料。共组织 40 家单位共同参与，开展各类活动 3683 场，覆盖人群 25 万人次。

（王蕾）

民办高校办学特色经验交流活动

12 月 27 日，民教协会主办首期北京民办高校办学特色经验交流系列活动。活动围绕民办高校办学特色、专业特色、学科建设、人才培养等方面进行分享和交流。北京城市学院、北京吉利学院和北京工业大学耿丹学院等 15 所民办高校负责人参加活动。

（王蕾）

“社会组织公益行”系列活动

至年底，民教协会组织开展“社会组织公益行”系列活动。共协调开展“心心点灯——关注弱势群体子女 服务京郊和谐发展”“中日青年生态绿化示范林”“蓝蚂蚁爱心书屋”等 108 项活动。活动内容以群众需求为导向，以服务百姓为目的，包含扶老助残、心理疏导、支教助学、就业帮扶、生态环保和社会救助等公益活动，举办各种活动场次过百，服务人群超过 50 万人次。

（王蕾）

北京市学前儿童保教工作者协会

概述

2017 年，北京市学前儿童保教工作者协会有单位会员 276 个，从业保教工作者 10696 人；个人会员 160 人，理事 65 人。年内，召开 3 次常务理事会，召开庆祝三八妇女节座谈会、家园共育课题申报研讨会和家园共育项目领导小组会；举办科学创新幼儿趣味体操高级研修班和幼儿园膳食安全、营养烹饪技能专题培训研修;开展“六一儿童节”期间入园调研并参加庆祝活动；深入城区教委和幼儿园调研；慰问西山北京空军干休所、北京市第一福利院老同志。网址：www.bjbjgzzxh.com。

（楚晓娟）

9 月 21 日，深入明天幼稚集团第一幼儿园调研参观
（保教协会 供）

科学创新幼儿趣味体操高级研修班

3 月 29 日至 5 月 3 日，保教协会主办 2017 年科学创新幼儿趣味体操春季高级研修班。来自 11 个区 51 所幼儿园的教师参与研修。培训定位在科学、创编、趣味 3 个关键词，突出幼儿体操运动的科学性、教育性、系统性及安全性，帮助广大幼儿教师丰富教学内容，改良教学方法，全面增强幼儿体质。为落实培训效果，培训教师创造创编教学法、网络教学法、情景教学法、合作教学法、口令教学法等多种领先的教学方法，帮助学员突破空间、时间、个体能力、创新能力等瓶颈，全面提升学习效率。

（楚晓娟）

托幼机构家园共育观摩

4 月 7 日，保教协会在昌平区幸福童年幼儿园举办家园共育昌平地片观摩活动。来自昌平区 40 余所幼儿园近百名园长和教师共话“家园共育”，“北京保教网”编辑部介绍网站性质和基本功能，邀请非会员单位幼儿园加入协会，鼓励投稿并参加协会各项活动。活动还宣传介绍全国“家庭教育指导”专项职业能力培训项目和国家教育资源公共服务平台的幼教频道，解说“家园共育”活动指导杂志《幼教 365》应用方法。

（楚晓娟）

幼儿园膳食安全、营养烹饪技能专题培训

4 月 8 日至 6 月 3 日，保教协会、北京烹饪协会、北京保护健康协会共同举办幼儿园膳食安全、营养烹饪技能（面点）专题培训研修班。课程包括理论课、实操课及课后复习等共 100 课时，包含冷水面团、温水面团和烧卖等 180 余个教学品种。来自相关单位及各区 150 余名幼儿园厨师和后勤负责人参加培训。

（楚晓娟）

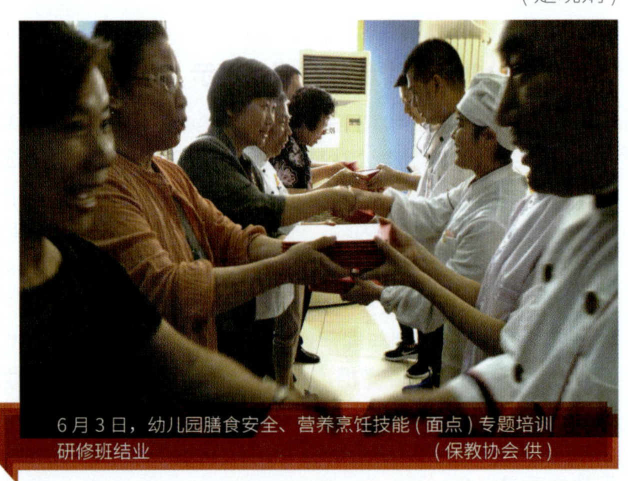

6 月 3 日，幼儿园膳食安全、营养烹饪技能（面点）专题培训研修班结业
（保教协会 供）

北京老教育工作者总会

概述

2017 年，北京老教育工作者总会有团体会员单位 45 个，比上年增加 1 个，即书法研究会。共有会员 121120 人，比上年增加 2595 人。4 月启动会刊《京华烛心》微信公众平台，快捷、即时发布活动信息，全年共制作小微视频 20 条。鼓励引导老教育工作者在社区、党建、学生思想政治工作、教学督导等方面发挥作用；组织优秀教师赴山区支教；为建设学习型城市、学习型社区，通过纵横

汉字输入法培训让更多中老年人迈进信息化社会。网址：ljx.bjedu.com.cn。

（陈继霞）

赴密云支教

3月6日，老教总会组织支教团赴密云十里堡中学支教。支教团为受助学校相关教学人员举办“北京市考试招生改革及其价值取向”专题讲座，150余人参加。支教团由北京教育系统关工委和老教总会于2004年3月联合成立，任务是到北京远郊农村支教。支教团成员是来自城区重点中学或教研中心退休的特级、高级教师。支教团成立至今，先后有116名教师赴密云、平谷、丰台三区共12所学校支教。通过听课、评课、座谈、讲座等形式对受助学校各学科青年教师进行一对一指导，提高受助学校教育质量和教学水平。

（陈继霞）

表彰“融入社区、服务社区”先进工作者

11月22日，老教总会表彰北京老教育工作者“融入社区、服务社区”先进工作者。经各协会推荐，总会审核，授予北京市第二中学徐静敏等324人为“融入社区、服务社区”先进工作者并颁发荣誉证书。同时，将24人的“融入社区、服务社区”工作体会编印成《北京老教育工作者融入社区服务社区经验交流文集》。2004年以来，老教总会为落实“六个老有”（老有所养、老有所医、老有所为、老有所学、老有所教、老有所乐）和积极老龄化方针，深入推进老教育工作者利用自己专业知识和技能特长在“融入社区、服务社区、建设社区”工作平台发挥作用。

（陈继霞）

纵横汉字输入技能大赛

12月9日，老教总会纵横汉字信息技术应用研究会联合北京市建设学习型城市工作领导小组办公室和北京市职业技术教育学会共同举办2017年北京汉字输入技能大赛暨纵横码学术研讨会。比赛于11月17日进行网络大赛，优胜者参加现场比赛。研讨会总结纵横输入法的培训推广工作，评选出获奖论文24篇。纵横汉字输入法免费推广培训工作自2003年开展以来共培训10万人，培训范围覆盖全市各区，培训对象主要是中老年群体。11月，北京市纵横码推介培训被全国终身学习活动周工作小组、中国成人教育协会评为2017年终身学习品牌项目。

（陈继霞）

12月9日，北京汉字输入技能大赛暨纵横码学术研讨会

（老教总会 供）

北京校外教育协会

概述

2017年，北京校外教育协会有会员单位152个，包括校外教育机构64个、场馆43个、社会企事业单位40个、学校及乡镇校外活动站5个；有常务理事单位6个，理事单位32个。组织开展第12届北京阳光少年系列活动；与北京自然博物馆联合承办2017环球自然日——青少年自然科学知识挑战赛；与北京市环境保护宣传中心等单位联合举办北京市2017年度中小学生环保主题演讲比赛。全年组织111个会员单位开展专项培训和交流活动2300余项，240万人次学生参加活动。

（王媛媛　安彦臻）

承办阳光少年系列活动

2月至12月，校外教育协会受市教委委托承办第12届(2017)北京阳光少年系列活动。活动整合全市教育、科技、文化、文物、体育、环保等各方面校外活动场馆资源，包括少年宫、青少年科技馆、青少年活动中心以及图书馆、博物馆、科技馆、实践体验场馆等共111家单位。协会还编印《2017年北京阳光少年活动指南》，收录111家校外活动场所设计的225项活动，免费发放至各区中小学校，为学校和学生自主选择参加校外活动提供帮助。为总结经验，表彰先进，协会评选出2017年北京阳光少年活动优秀组织奖68个。

（王媛媛）

5月24日，第12届北京阳光少年活动启动

（校外教育协会 供）

承办多项校外教育活动

3月至12月，校外教育协会承办多项市级校外教育活动。其中，3月至6月，与北京市环境保护宣传中心等单位联合举办北京市2017年度中小学生环保主题演讲比赛，围绕“践行绿色生活方式 培育环境友好新风尚”主题，15个区组织140个学校近1000名中小学生参加比赛。3月至7月，与北京自然博物馆联合承办2017环球自然日——青少年自然科学知识挑战赛，252支团队参与初选，经过现场展示和专家问辩，共162支团队分获北京地区一、二、三等奖；其中26支团队代表北京参加全球总决选，获得一等奖13个。此外，协会还负责全国校外系统青少年微电影比赛北京赛区活动，将征集到的135部微电影作品报送参加全国比赛，89部作品获奖。

（王媛媛）

7月23日，环球自然日自然科学挑战赛总决赛现场

（校外教育协会 供）

北京高校国防教育协会

概述

2017年，北京高校国防教育协会有本、专科院校会员单位77个，军训基地及相关企业会员单位18个。秘书处办公地点设在清华大学。年内，协会推进引领学生思想的育心工程、增强学生心智体魄的育体工程、提高会员和学生国防素质的育林工程；举办国防教育相关活动18项，2万人次参与，涉及北京地区90余所高校。完成市教委委托起草《北京高校国防教育示范校标准》任务。

（肖娜）

推进引领学生思想的育心工程

3月至10月，国防教育协会推进引领学生思想的育心工程。包括举办国防大讲堂、国防教育主题演讲比赛、国防教育主题摄影比赛、国旗文化教育系列活动等。3月16日和9月11日，先后举办第二届国防大讲堂第一讲和第二讲，分别为空天观主题报告会和纪念中国人民解放军建军90周年主题报告会，邀请空军指挥学院和国防大学教授作报告。两讲共有来自43所高校700余名师生聆听报告。4月23日，举办第四届国防教育主题演讲比赛，45所高校45名选手参赛，通过初赛、决赛，评出一等奖2人。4月至10月，举办首届北京高校国防教育主题摄影比赛，22所高校617幅作品参赛，50幅作品获奖。5月至9月，组织国旗文化教育系列活动，包括在中国农业大学举办第四届国旗论坛暨国旗文化成果展示活动，27所学校代表参加论坛，33所高校国旗仪仗队代表展示国旗文化建设；在北京工业大学举办国旗知识与技能培训，33所高校国旗仪仗队100余名骨干参加；在北京工业大学举办第八届北京高校国旗仪仗队检阅式，36所高校国旗仪仗队参与检阅。

（肖娜）

4月23日，第四届国防教育主题演讲比赛一等奖获得者

（国防教育协会 供）

推进增强学生心智体魄的育体工程

4月至11月，国防教育协会推进增强学生心智体魄的育体工程。其中，4月23日，在奥林匹克森林公园举办第二届北京高校“北斗杯”春季定向越野锦标赛，36所北京高校1000余名学生运动员参赛。11月4日，在北京化工大学昌平校区举办第二届北京高校“铸剑杯”秋季军事定向越野普及赛，40所北京高校1000余名学生参赛。为有效推动定向越野运动普及和发展，协会在锦标赛和普及赛前对高校从事定向运动的教师和学生进行培训。此外，9月24日和11月25日，先后在北京昌平砺志国防教育培训学校和北京财贸职业学院举办两期无线电测向培训与体验性比赛，共上千人次师生参加。

（肖娜）

推进提高会员和学生国防素质的育林工程

4月至12月，国防教育协会推进提高会员和学生国防素质的育林工程。其中，4月7日，在北京昌平砺志国防教育培训学校组织会员单位工作交流与业务培训，清华大学、北京化工大学、北京科技大学、北京乐恩嘉业体育发展有限公司、北京昌平砺志国防教育培训学校5家单位分别就高校国防人才培养、兵役教育与征集、学生国防类社团建设、国防体育的发展与思考、军训基地在学生素质教育中的地位与作用等方面进行交流发言。5月27日，在北京联合大学组织首届优秀在校退役大学生先进事迹遴选。来自22所高校22名选手参加遴选，15名选手被遴选为宣讲团成员。10月14日，在北京航空航天大学举办第二届北京高校学生国防类社团交流与培训。来自北京科技大学、北京化工大学、北京航空航天大学的国防类社团分享社团建设理念和经验，协会研究室主任对参训学生进行辅导。12月17日，在北京电子科技职业学院举办北京高校高职、高专在校退役大学生国防教育主题演讲比赛，12所高职、高专在校退役大学生选手参赛。

（肖娜）

12月17日，北京高校高职、高专在校退役大学生国防教育主题演讲比赛。（国防教育协会 供）

北京教育装备行业协会

概述

2017年，北京教育装备行业协会有会员单位248家，其中，事业单位会员18家、企业单位会员230家。新增会员单位25家。举办第28届北京教育装备展示会；组织北京企业参加第72届和第73届中国教育装备展示会；初步完成北京教育装备行业协会与北京市教育技术设备中心脱钩工作。

（赵文强）

组织参加中国教育装备展示会

5月7日至9日、12月26日至28日，教育装备行业协会组织部分企业分别赴福建省福州市和广东省广州市参加第72届和第73届中国教育装备展示会。协会共组织140家企业参加两届展示会，其中，协会会员企业85家、非会员企业55家；申请展位总数1430个，其中，标展241个、特展1189个。组织部分区教委、区教育装备部门和学校教师参观考察。在第72届全国教育装备展示会开展的产品评选中，北京市11件产品获得展示会金奖。10月25日，在山东省泰安市召开第72届中国教育装备展示会金奖产品颁奖活动，北京市10家会员企业参加颁奖活动、5家会员企业参加授予信用等级授牌活动。

（赵文强）

初步完成脱钩工作

至年底，教育装备行业协会根据中共市委办公厅、市政府办公厅印发关于《北京市行业协会商会与行政机关脱钩工作方案》通知精神，与北京市教育技术设备中心办理脱钩工作。基本完成相关工作目标，初步实现人员、办公场所、财务、外事与原业务主管单位脱离。

（赵文强）

北京市红十字会

概述

2017年，北京市红十字会有学校红十字会基层组织1511个，其中，高等院校89所、中等专业学校19所、中小学1403所。红十字青少年会员53.28万人，包括教职工会员5.60万人。市、区两级红十字会开展应急救护知识普及课程3588节，惠及40.35万人次；开展红十字应急救护取证培训10.87万人次，其中，技能证10.29万人次、救护员证0.58万人次；师资注册管理培训680人次，包括新注册师资124人；获得第四届全国红十字应急救护大赛冠军。开展“青春善言行”同伴教育28期，培养学员979人；探索人道法高校同伴教育培训班培训学员80人，覆盖25所高校、16个区66所中小学，培训125名探索人道法师资；完成首届首都大学生人道问题辩论赛，首都师范大学、

第四届探索人道法师资培训班结业式（市红十字会 供）

中华女子学院分别在 2017 年京沪港澳红十字青年国际人道问题辩论赛获亚军和优秀奖。全国首家“中国红十字会青少年人道教育实验基地”在海淀区红十字会学校工作委员会挂牌成立，海淀区寄读学校成为全国首家红十字青少年人道教育实验基地。北京分库成功捐献造血干细胞 26 例，包括中国政法大学、北京林业大学等 8 所高校 8 名学生捐献干细胞。

（李胜华）

海淀寄读学校成为全国首家红十字青少年人道教育实验基地

3 月 24 日，海淀寄读学校举办中国红十字会青少年人道教育实验基地揭牌暨“青春善言行”项目启动仪式。海淀寄读学校成为全国首家红十字青少年人道教育实验基地。“红十字青少年工作进学校共建品牌战略及实施研究项目”也于同日启动，旨在总结海淀区红十字青少年工作，建立相应理论与实践体系，依托海淀探索中小学开展红十字青少年工作典型模式。

（李胜华）

3 月 24 日，海淀寄读学校成为全国首家红十字青少年人道教育实验基地。（市红十字会 供）

首届首都红十字青年国际人道问题辩论赛

5 月 7 日，市红十字会举办第一届首都红十字青年国际人道问题辩论赛决赛。比赛以“激昂青春，理辩人道”为主题，分初赛、半决赛和决赛 3 个环节，最终首都师范大学获得冠军、中华女子学院获得亚军、中央民族大学和北京中医药大学获得季军。200 人参加活动。11 月 17 日至 20 日，首都师范大学和中华女子学院代表队赴上海参加京沪港澳红十字青年人道问题辩论赛，分别获得亚军和优秀奖。辩论赛设初赛、半决赛、决赛 3 个阶段，辩题为“目前国际人道法是否足以应对武装冲突中恐怖活动带来的问题”，来自京沪港澳四地 6 支红十字青年队伍参加比赛。

5 月 7 日，市红十字会举办第一届首都红十字青年国际人道问题辩论赛决赛。（市红十字会 供）

（李胜华）

2017 人道教育第一课

9 月 8 日，“红十字进校园 关爱青少年”2017 人道教育第一课在北京市第十九中学举行。活动以“用爱浇灌人道花”为主题，旨在宣传贯彻《中华人民共和国红十字会法》，示范推广红十字应急救护、探索人道法、青春善言行等人道教育课程，展示红十字青少年工作在助力青少年身心健康方面的成果，并呼吁社会各界关注青少年人道教育。活动中，海淀区 8 所学校结成首批红十字青少年工作手拉手结对校。

（刘东冬）

海淀区红十字会学工委海淀学区分会成立

10 月 13 日，海淀区红十字会学校工作委员海淀学区分会在北京市第十九中学成立。这是首家学区级学工委分会。7 名红十字教师急救师资任海淀学区分会指导专家，开展相关培训。

（刘东冬）

首届首都高校造血干细胞公益宣传动画大赛

10 月至 12 月，市红十字会举办首届首都高校造血干细胞公益宣传动画大赛。比赛旨在以通俗易懂的动画形式，普及造血干细胞知识，传递科学理念，让更多人了解造血干细胞知识，带动更多学校志愿者、社会适龄人群加入中华骨髓库。中国传媒大学、北京林业大学、北京汇佳职业学院和北京劳动保障职业学院 4 所高校参加，共提交 7 副作品，最终选出优秀作品 3 副、入围作品 4 副。

（谭奕）

通州区实现全区中小学教学班急救箱全覆盖

11 月 16 日，通州区红十字会为通州区张家湾中心学校配发 72 个红十字急救箱。急救箱中包括可塑型急救夹板、多功能口哨、酒精棉球、速效救心丸及藿香正气水等常用急救用具和应急药品。旨在为师生提供安全保障。通州区红十字会自 2015 年开始为全区各中小学配备急救箱，至 2017 年 11 月共发放急救箱 1521 个，实现全区中小学教学班急救箱全覆盖。

（姚铁军）

首都高校手语歌大赛

11月26日，市红十字会主办的第五届首都高校手语歌大赛在北京林业大学举行决赛。比赛分初赛、决赛两个阶段，18所高校红十字会学生分会代表队参加初赛，6支队伍进入决赛。决赛分为手语歌展示、手语微情两轮进行，经过角逐，北京林业大学获一等奖，北京体育大学、北京科技大学获二等奖，首都医科大学、北京中医药大学、中国地质大学（北京）获三等奖，北京科技大学获最佳组织奖，中央财经大学获最佳风尚奖，北京交通大学获最佳创意奖。

（李胜华　朱海燕）

首都高校防艾主题活动

12月，市红十字会举办首都高校预防艾滋病主题系列活动。1日，与中国传媒大学红十字会在传媒大学广告博物馆联合举办首都高校红十字会“12.1”世界艾滋病日“爱在红丝带”系列活动之“中传慈善夜”活动。现场拍卖物品筹款7413元，全部捐给市红十字会基金会用于防艾项目开展。2日，中央民族大学红十字会举办第四届首都高校防艾话剧大赛。比赛主题为“以爱击艾，责无旁贷”，来自6所院校10支队伍参赛，最终北京第二外国语学院ISU队《艾情之争》获一等奖。3日，与北京大学红十字会联合举办第二届首都高校防艾知识定向越野竞赛。比赛主题为“防艾路上，青春予爱”，18所高校132名红十字会员参与，200余人现场参赛，最终评出一等奖3组、二等奖6组、三等奖15组。8日至17日，组织开展2017年度首都高校红十字会十佳防艾活动推选，47所高校4.20万人参加投票，最终10所高校红十字会获奖，并于21日举办颁奖仪式。

（李胜华）

北京市民族教育学会

概述

2017年，北京市民族教育学会有单位会员143个，其中，幼儿园、小学73所，中学52所，大学2所，特殊教育学校12所，校外单位4个；个人会员201人；常务理事95人。与各区教委合作开展贯彻《学校民族团结教育指导纲要》培训，400人参训；先后到北京工业大学附属中学、门头沟区妙峰山民族学校、密云古北口镇中心小学等28所中小学校开展指导纲要和民族政策培训，受教育面3500人以上。全年开展各种活动28次，1.10万人次参加。网址：bj.mzjyxh.cn。

（王振清）

与外省市教育交流

7月6日至9日，市民族教育学会组织部分民族团结教育示范校校长和骨干教师21人赴内蒙古自治区达茂旗开展教育交流。东城区回民小学、宣武回民小学和东城区回民实验小学分别就学校课程规划、非遗传承、学校特色发展作主题发言。通州区民族小学与达茂旗蒙古族学校建立友好学校并签约。还开展与草原英雄龙梅玉荣座谈，参观蒙古族学校博物馆等活动。11月7日至9日，民族学校骨干教师9人赴河北省保定市莲池区五尧乡支教。东城区回民实验小学特级教师讲授六年级口语交际课《中国梦 成长梦》，并为8所小学干部教师作《无拘无束讲，有章有法练》教学专题讲座；现场观摩六年级语文课《伯牙绝弦》、四年级数学课《找次品》和三年级科学课《探究磁铁的秘密》，并组织听课教师开展研讨，解惑答疑；听取保定市莲池区五尧乡教师作四年级语文课《〈卖报歌〉的诞生》，课后进行点评和研讨。

（王振清）

培训基地揭牌

10月31日，市民族教育学会与北京向善教育科技有限公司合作，在密云区穆家峪镇那家贻园举行落实《学校民族团结教育指导纲要》培训暨北京市民族教育学会培训基地揭牌仪式。培训基地设在密云区穆家峪那家贻园，主要任务是对全市中小幼校级领导进行民族政策、民族理论和民族知识培训；开展学校专业教师民族文化艺术、民族歌舞戏剧、民族手工制作、民族传统体育、民族非遗项目等方面培训。学会负责人作《认真学习十九大精神，推动密云区民族教育和民族团结教育广泛深入开展》专题讲座。密云区中小幼校长、学校主管民族团结教育领导70余人参加活动。

（王振清）

10月31日，市民族教育学会培训基地在密云区穆家峪镇那家贻园揭牌。（市民族教育学会 供）

（本栏责任编辑　胡雨）

北京市国际教育交流中心

北京学生活动管理中心

北京市教育技术设备中心

北京教育老干部活动中心

北京高校房地产开发总公司

北京教育志编纂委员会办公室

北京市学生资助事务管理中心

北京教育新闻中心

北京学校后勤事务中心

2018 | 市教委直属单位

INSTITUTIONS DIRECTLY UNDER BEIJING MUNICIPAL EDUCATION COMMISSION

- 北京教育科学研究院
- 北京教育考试院
- 北京教育音像报刊总社
- 北京市教工休养院
- 北京市校办产业管理中心
- 北京教育网络和信息中心
- 北京教育综合服务中心
- 北京市教育系统人才交流服务中心

INSTITUTIONS DIRECTLY UNDER BEIJING MUNICIPAL EDUCATION COMMISSION
市教委直属单位

北京教育科学研究院

概述

2017 年，北京教育科学研究院调整机构设置，设研究机构 14 个，行政处室 8 个，挂靠单位 4 个。在职职工 389 人，包括高级专业技术职务 196 人、中级 103 人；具有本科以上学历 374 人，包括博士 73 人、硕士 166 人；享受政府特殊津贴专家 2 人，北京市特级教师 16 人，北京市中小学骨干教师 13 人。全年北京教科院开展教育宏观决策研究、教育教学研究、教育理论研究；加强对教育科学、教学研究的领导和管理；为政府教育行政部门宏观决策以及学校管理提供服务，为提高学校教育教学质量提供服务。共承担 200 余项重要课题和项目的研究任务，包括各级各类规划课题 17 项、两委委托课题 8 项、市教委下达的业务专项任务 69 项，承担教育部、市委教工委、市教委、市政府教育督导室等上级部门临时性委托任务 63 项，承担各区及学校委托等各类横向项目 50 个。年内，完成市委教工委、市教委委托的 31 项课题结题鉴定和验收。在各类学术期刊发表教育类学术论文 251 篇，包括核心期刊 81 篇（SSCI 期刊 29 篇）、国外刊物 4 篇、中国人民大学复印资料转载 8 篇、新华文摘 1 篇。另在《中国教育报》《现代教育报》等报纸上发表文章 65 篇；出版专著、编著、译著等著作类成果 29 部，省部级以上教材 8 部。1 项成果获得北京市哲学社会科学优秀成果奖。北京教科院获第四届“全国未成年人思想道德建设工作先进单位”称号。网址：www.bjesr.cn。

（倪永娟）

与燕山办事处合作办学

3 月 16 日，北京教科院与燕山办事处签约合作办学。双方合作举办北京教育科学研究院实验学校，北京教科院提供专业的指导和支持，在学校办学规划、教师队伍提升、教学质量提高等方面给出专业意见。燕山向阳中学更名为北京教育科学研究院燕山向阳中学。自 1998 年起，北京教科院与各区合作办学 20 余所。

（佟德）

3 月 16 日，北京教科院与燕山办事处合作办学签约

（北京教科院 供）

北京市课程建设优秀成果评选

5 月 15 日至 16 日，北京教科院组织评选 2016—2017 学年度北京市课程建设优秀成果。在各区初评推优的基础上，232 项成果进入复评阶段，复评分为 4 个评审小组开展评审，终评阶段由全体专家对 4 个小组的评审结果进行评议。最终评出一等奖 36 个、二等奖 78 个、三等奖 101 个。

（武泽钰）

“欢创 N 次方·联盟共成长”六一游学活动

6 月 1 日，北京教科院实验学校“欢创 N 次方 · 联盟共成长”六一游学活动在北京教科院丰台实验小学举行。活动分为四个篇章依次推进，分别是“创美篇——厉害了，我们的伙伴美照”“创诵篇——厉害了，我们的中国诗词”“创艺篇——厉害了，我们的文艺风采”“创智篇——厉害了，我们的游学闯关”，北京教科院实验学校联盟 7 所学校参加活动。北京教科院负责活动设计、准备、实施等环节，为活动提供专业引领与智力支持。“欢创 N 次方 · 联盟共成长”是北京教科院实验学校联盟的系列品牌活动，践行“在最短时间内让每一名平凡家庭的孩子能够获得教育的享受”的办学宗旨。

（佟德）

6 月 1 日，北京教科院实验校开展“欢创 N 次方 · 联盟共成长”六一游学活动 （北京教科院 供）

走进 4 个区开展教学调研

6 月 20 日、9 月 26 日至 27 日、11 月 7 日至 8 日和 11 月 22 日，北京教科院分别走进东城区、通州区、顺义区和怀柔区开展教学调研活动。在东城区，走进府学优质教育资源带府学胡同校区，以“立德为敷礼明伦，树人为学之大成”为主题，市区教研员共听课 56 节，并在课后分成 28 个小组，与授课教师以及学科组教师就如何紧跟教育新形势，在课堂教学层面关注学生的学习和成长开展交流研讨。小学 11 个学科的教研员及特级教师专家团队成员等 30 余人参与调研活动。在通州区，中小学 15 个学科市级教研员和部分外聘专家分别走进潞河中学等 10 所学校，共听课 300 余节，课后交流 150 场次，开展教育综合改革背景下新高考、新中考的考试研究，为全面提高通州区各学科的教学质量提出切合实际的建议。在顺义区，中小学各学科教研员和通州、丰台、房山 3 个区的教研员联动，分别走进顺义九中、顺义十一中、光明小学等 9 所中小学，共听课 200 余节，课后研讨 119 场，集体反馈 9 次，1500 名教师参加活动。在怀柔区，走进怀柔区庙城学校以学科改进工作和培育和践行社会主义核心价值观为主要内容，查看学校环境，进行学生和教师的问卷调查，查阅学校材料并召开座谈会。专家团队共听课 52 节，课后组织交流研讨 29 场。调研与市政府教育督导室联合举办。

（沈俊楠）

“学生欺凌和暴力与学校危机管理”研讨会

10 月 28 日至 29 日，教育科学研究杂志社、北京教科院班主任杂志社共同召开“学生欺凌和暴力与学校危机管理”学术研讨会暨第三届《教育科学研究》学术论坛。会议分为主题报告和学术沙龙两个环节，武汉大学、北京大学等 20 余名专家分别从学生欺凌的界定及其构成、中小学校园欺凌的影响因素、班主任在应对校园欺凌问题时的角色与作用等方面作主题报告。教育部基础教育司、北京教科院相关领导以及来自全国 20 余所高校和研究机构的学者，各地教育行政部门人员、中小学校校长、德育干部和教师代表共计 200 人参加论坛。

（曲怀志）

实验学校联盟年会

11 月 3 日至 4 日，北京教科院实验学校年会暨第 16 次“京沪基础教育快线”论坛在京召开。会议分为专家讲坛、年度报告、学校交流、新中考改革专题培训等环节。北京教科院以及房山区、丰台区、大兴区、海淀区及燕山地区教委的相关负责人，华东师范大学基础教育改革与发展研究所、复旦大学高教所、现代教育报、中国陶行知研究会等单位专家参加会议。

（佟德）

第四届北京教育论坛

11 月 25 日，北京教科院联合中国教育学会共同举办第四届北京教育论坛。主论坛以“学习方式的变革”为主题，同时设“课程教学改革与教研方式对学习方式的影响”“学习方式变革与考试评价及管理改革”“终身学习体系构建及其变革”3 个分论坛。邀请 30 余名国内一流教育研究专家及相关学者作主题报告。来自全国的教育科研工作者、各级各类学校的教育工作者及部分媒体代表 500 人参会。

（姜继军）

国际学生评价项目 (PISA) 培训会

11 月 29 日，北京教科院举办北京市国际学生评价项目 (PISA) 培训会。培训会分为开幕式、通识培训和分领域专题培训三部分。在通识培训单元，分析国际学生评价项目 (PISA) 对教育教学改革的影响；介绍 2018 年 PISA 项目组织工作，以及在北京开展的 PISA 预测试情况。在分领域专题培训单元，以《PISA 数学测试及其教学启示》《我们的 PISA 之旅——2015 年的 PISA 科学素养测试情况》《PISA 阅读素养评价与启示》为题对与会人员进行数学素养、科学素养和阅读素养三个专场培训。来自各区教委、教科所、教研中心的相关部门负责人，参加 2018 年 PISA 测试的中小学、职业学校的相关负责人等 500 人参加培训会。

（吕晓丽）

首届全国可持续发展教育高级培训班

12月11日至14日，北京教科院举办全国首届可持续发展教育高级培训班。培训班依据党的十九大报告强调的生态文明和绿色发展以及落实联合国《2030可持续发展议程》举办，以“面向可持续发展的学习创新”为主题，按照“可持续发展教育政策融入和教师专业发展”“可持续发展教育课程创新与可持续学习课堂”“可持续发展素养的结构框架与监测评估”3个模块开展专题培训，并观摩通州区潞河中学可持续发展教育成果展。来自北京、上海、广东、浙江等多个省市的校长和教师代表100人参加会议。

（王咸娟）

12月11日至14日，北京教科院举办全国首届可持续发展教育高级培训班 （北京教科院 供）

3个质量报告编制完成

12月26日和31日，北京教科院编制完成3个质量报告。26日，《中国新建本科院校质量报告（2016年度）——应用型本科建设在路上》由教育科学出版社出版。报告与教育部高等教育教学评估中心共同完成，依据“全国高校教学基本状态数据库”“学生及用人单位满意度调查结果”，以及新建本科院校质量报告等数据资料，通过全面调查、大样本比较及典型个案剖析，对新建本科院校的办学历程、办学质量、办学效益和办学前景予以客观展现，并提出意见和建议。31日，《北京高等教育质量报告2016（本科）》和《北京高等教育质量报告（高职2016）》编制完成。本科质量报告8万字，内容包括“北京普通高等学校本科教学质量分析报告”“北京市普通高校本科专业评估试点工作总结报告”“政策、文献与信息”3个部分，总结2016年北京本科高等教育质量建设及市属高校开展本科专业评估试点工作的情况；高职质量报告33万字，内容包括1份市级报告、24份院校报告、4份企业报告，从全市层面、院校层面和企业参与人才培养角度，结合典型案例重点分析总结北京高职教育发展概况、学生发展、服务贡献等方面质量建设的重要举措、经验、成效。

（孙毅颖 李震英）

幼儿教师专业素养提升培训

至年底，北京教科院以幼儿教师专业素养提升为核心完成四期培训。培训内容包括“提升青年教师专业能力”高级研修班、“聚焦幼儿、促进发展”高级研修班、“提升职初期教师班级管理能力”指导培训班、“提升幼儿园保教工作质量”高级研修班。2000人参加培训。

（何桂香）

《教育快报》编印完成

至年底，北京教科院编印《教育快报》。教育决策参考版共编发29期，内容涉及京津冀教育协同发展、雄安新区建设对北京教育的影响、人口调控背景下北京市中小学教育资源布局调整等首都教育发展的重点问题。国际教育动态版出刊44期，包括专刊20期，重点关注国外教育智库和专业机构动态，策划全球共同关注的教育主题，开展专题综述和分析。

（李震英）

北京教育科学研究院
院长、副院长
党委书记、副书记

院　　长　方中雄
副 院 长　吴晓川（2016年5月17日免）　桑锦龙
　　　　　褚宏启　张军　刘占军
党委书记　马谊平
党委副书记　熊红（2016年9月7日免）
　　　　　褚宏启（2016年9月7日任）

北京教育考试院

概述

2017年，北京教育考试院占地面积1.43万平方米、建筑面积3.25万平方米。设有20个部门，其中，综合处室5个、综合业务处室5个、业务处室6个以及直属单位4个，包括北京市教育考试指导中心、北京高等学校教育科技发展中心、北京市教育考试招生服务中心、北京考试报社。全额拨款在职人员162人，包括专业技术人员73人。高级职称23人、中级职称41人。全年考试院共组织命制各类试题758套，印制试卷265.1万份，答题卡297.6万张，组织各类考试209次，涉及考生157.8万人，阅卷168.3万份，发放各类证书12.4万份，组织各级各类招生单位录取新生28.5万人。与城市管理广播合作，组织100余所高校走进“教育面对面”高考直播节目等。北京教育考试报拓宽服务领域，改进服务方式，主报发行93期390万份，覆盖全体高考生，专门出版招生专刊22期144万份，北京考试报官方微信公众号关注人数7.4万人，对考生进行全方位宣传服务和政策指导。考试院外网点击5.17亿次，发布4300余条招生考

试政策信息，提供195万科次成绩查询，提供10.6万余名中、高考考生录取结果查询，组织完成80次网上报名报考，组织完成4次大型网上咨询活动，在线回答考生各类问题1.2万个，回答率94.9%。向社会发布考试招生计划、照顾加分名单及高招自主招生名单等公示信息3万余条。网址：www.bjeea.cn。

（伍亚娜）

“艺考面对面”高招广播咨询活动

1月6日至19日，市教委联合北京教育考试院、北京城市广播及北京考试报社共同开播“2017年北京高招——艺考面对面”特别节目。该节目每天播出1.5小时，来自全国29所艺术类院校参加节目。

（卢杰）

学业水平考试（会考）评价体系研究课题结题

5月9日，北京考试院主持的北京市教育科学“十二五”规划重点课题“北京市学业水平考试（会考）评价体系研究”经北京市教育科学规划领导小组办公室审核通过，准予结题。该课题研究依据《国务院关于深化考试招生制度改革实施意见》的精神，以高中学业水平考试（会考）和24所学校自主会考考试数据为证据，结合北京市已有教学评价研究成果和高中学业水平考试（会考）的实际情况，借鉴国际PISA考试评价量表等先进经验，初步构建起高中学业水平考试（会考）试卷的质量评价体系，形成高中学业水平考试（会考）学科内容评价的知识量表，建立试卷质量、学生水平及教学质量分析模型，对完善高中教育质量监测体系有积极意义。

（刘泓）

中招网络及电话咨询

6月17日，北京考试院举办2017年北京市高级中等学校招生网上咨询活动。活动设立北京考试院主会场，各区中考招生办公室、各网上咨询学校在本单位分会场参加咨询。咨询期间，4602人次访问，页面浏览量258661次。提出各类问题4842个，专家答复4512问题，问题回答率93.18%。来自市教委、市人力社保局、市体检中心、各区中考招生办公室负责人及各类学校282个单位相关工作人员参加活动。

（伊宏）

2017年中考情况通报会

10月，北京考试院召开语文、数学、英语、物理等学科的2017年中考情况通报会暨2018年中考《考试说明》通气会。会议面向全市发布2018年中考语文、数学、英语、物理等学科考试说明征求意见稿。各学科秘书分别向与会教研员通报2017年中考的命题思想和原则，结合考试数据、典型试题对中考试卷进行整体分析，并详细解读2018年中考《考试说明》。各区相关学科的初三年级教研员参加会议。

（赵海燕）

中高考英语听说机考系统通过验收

11月17日，北京市中高考英语听说机考系统建设应用软件验收通过。系统首次在12月16日和23日举行的北京市首次高考英语听力机考、中考英语听说机考中应用。系统运行正常。

（纪畅）

针对各区开展考试评价服务

至12月，北京考试院完成16个区和3所中学的高考数据分析、16个区的中考数据分析。北京考试院应相关区要求，组织评价专家为10个区开展分学科的高考数据解读和培训，为9个区开展高考整体数据分析，为6个区开展分学科的中考数据解读和培训，为5个区开展中考整体数据分析。同时，面向部分区和中学开展个性化评价服务，并首次开展针对学校的考试评价服务。与北京市第十八中学签署《关于深入推进北京市第十八中学业水平监测评价项目协议》，为学校开展2015—2017年三年的高考数据分析，同时进行中考、高中会考的数据分析，并首次利用中考数据为十八中开展新高一学业水平分析。按照《关于深入推进石景山区学业水平监测评价项目协议》，完成石景山区和石景山九中的高三一模、高考、中考、高中会考的数据分析。

（刘泓）

中、高、会考考试评价研究

至12月，北京考试院完成2017年北京市中考、高考、高中会考各学科命题质量与考生水平评价研究工作。组织23个学科80余名专家在对北京市中、高、会考生全样本数据定量分析的基础上，结合北京市教育教学实际进行定性研究分析，形成试题评价研究报告、考生水平评价报告56篇，共计53万字。

（刘泓）

北京教育考试院
院长、副院长
党委书记、副书记

院　　长　钱军
副 院 长　臧铁军　李鸿江　许晓革　袁槐莲
党委书记　钱军
党委副书记　张泉利

北京教育音像报刊总社

概述

2017 年，北京教育音像报刊总社下辖北京高教电子音像出版社有限责任公司和北京《健康咨询报》报社有限责任公司 2 个法人企业，1 个事业单位法人现代教育报社，学前教育杂志社、北京教育杂志社、中小学信息技术教育杂志社 3 个出版内设机构，内设 7 个管理部门。在职职工 204 人，包括高级专业技术职务 22 人、中级 39 人。《中国教育报》北京记者站挂靠总社。全年总社立足于“三报三刊”专业化发展，“聚焦首都教育改革中心工作”，探索公益服务，发行量与经营收入稳中有升；完成《北京教育新地图》《身边的好学校》“名师在线”“现代教育大讲堂”“教育系统普法宣传项目”等市教委委托项目；举办多场教育讲座、活动、论坛和研讨会；完成《现代教育报》《北京教育》《学前教育》《中小学信息技术教育》报刊出版许可证年度核验工作。年内，总社各报刊社及官方微信公众号共有 32 件作品获得“全国教育好新闻奖”“2012—2015 年度中国教育期刊优秀作品奖”“北京新闻奖”“第 26 届 (2016 年度) 北京市专业报刊新闻奖”等社外奖项 33 个。网址：www.yxbk.com。新浪及腾讯官方微博：北京教育播报。官方微信公众平台订阅号：bjedu-news。

（张建平）

北京教育音像报刊总社
（音像报刊总社　供）

20 万名中小学生参加丘瑞斯英语达人争霸赛

3 月 25 日，音像报刊总社承办第三届丘瑞斯北京市中小学生英语达人争霸赛决赛。比赛在 16 个区 30 个考点举行，分为英语听说、英语阅读两个环节，学生在电脑上完成模仿朗读、信息获取、信息转述及询问等任务，在线提交录音，系统即时进行智能评分。比赛分初赛和决赛两个环节，初赛于 1 月 21 日至 2 月 24 日举行，全程线上操作，学生在电脑上完成比赛。20 万名学生参加初赛。活动由市教委主办。

（解淑平）

“世界读书日”活动

4 月 11 日和 21 日，音像报刊总社联合“搜狐教育 · 智见”开展 2017 年“世界读书日”专题活动。11 日，总社官方微信公众号“北京教育播报”《现代教育报》与搜狐教育频道同步推出《学生读书状况调查》《家长读书状况调查》《校长、教师读书状况调查》三份调查问卷。21 日，总社举办《掷地有声》名家沙龙——教育跨界尖峰对话，探究“名著阅读如何从应试枷锁中抽离”，与会专家共同分享提升中小学生阅读经典的实践方法，直面当前教师、家长阅读的状况，讨论对这些问题的观察与思考。

（李笑）

实践研训活动

6 月 28 日至 29 日、11 月 27 日，音像报刊总社举办两次研训活动。其中，“面向未来 重构生态——2017 跨界思维下教育创新实践研训活动”内容包含政策理论、文化、哲学等层面的系统研讨及教育教学实践层面的展示交流；“面向未来重构生态——2017 人工智能与创新教育实践研训活动”设置人工智能、机器人教育、未来学校变革和创客教育等议题。两次研训活动参加教师 800 人次，活动期间评出教师创新教学案例一等奖 16 篇、二等奖 35 篇、三等奖 63 篇、优秀奖 82 篇；评出学生创意作品最佳创意奖 14 个、最佳人气奖 7 个、最具推广价值奖 10 个、最佳作品奖 10 个、最佳指导教师奖 2 个、最佳设计奖 12 个、最佳团队奖 4 个、鼓励奖 79 个。研训活动是中小学信息技术教育杂志社基于媒体功能，扩展内容服务的创新模式。活动与中国教育技术协会创新教育实践工作委员会联合主办，中小学信息技术教育杂志社、北京市朝阳区实验小学、北京市十一学校龙樾实验中学承办。人民网、中国教育在线、新浪教育、现代教育报等媒体报道活动内容。

（卢秋红）

6 月 28 日至 29 日，2017 跨界思维下教育创新实践研训活动颁奖
（音像报刊总社　供）

教师节公益活动

9 月 9 日至 10 日，音像报刊总社举办 2017 年北京市教师节庆祝活动。活动以“师爱无尘——难忘师生情”为主

题，通过弘扬师德正能量、教师职业发展及探讨、传统手工艺及生活服务等多方面活动，展示教师从教路上与学生之间的情感，表现师生之间的家国情怀。活动内容包括在名师咨询、名师沙龙、现代教育大讲堂等环节基础上，又特别增设社团互动区、急救知识小课堂、师生同台演出等环节，参与活动市民达数万人。活动从 2012 年开始，已连续举办 6 年。北京电视台《北京新闻》《特别关注》以及《人民日报》《北京日报》等都市报刊媒体、各大互联网媒体均报道教师节活动。

（张秋颖）

第五届高校普法微视频作品征集评选

至 11 月，音像报刊总社举办第五届北京高校普法微视频作品征集及评审工作。活动以“法治强国梦、青春在践行——首都大学生用镜头中讲述法治故事”为主题，共收到来自 25 所学校提交的 115 部作品，其中，微电影作品 91 部、公益视频作品 24 部。上交的作品在思想性、法律性、艺术性上均有大幅度提高，经过专家评审，北京大学报送的《论文的名义》、北京联合大学报送的《班费》等 6 部作品获微电影组一等奖；中国矿业大学（北京）报送的《毒祸》等 20 部作品获微电影组二等奖，北京服装学院报送的《心跳》等 3 部作品获公益视频组二等奖；中央财经大学报送的《这纸合同不简单》等 30 部作品获微电影组三等奖，北京京北职业技术学院报送的《共享》等 4 部作品获公益视频组三等奖。该活动从 2013 年开始已连续举办 5 届，旨在鼓励青年学子亲身实践，用镜头讲述身边的法治故事，引领北京大学生树立法治意识、提高法治素养，构建尊重法律权威、崇尚法治精神的高校校园文化。

（解淑平）

家庭教育公共服务平台设立

至年底，音像报刊总社设立“现代教育大讲堂 · 丽泽大讲堂”家庭教育公共服务平台。总社首次与丰台区教委合作，设立“现代教育大讲堂 · 丽泽大讲堂”家庭教育公共服务平台，拓展讲座的固定场地，让家长有机会与专家交流家庭教育的困惑与难题。全年现代教育大讲堂家庭教育系列公益讲座走进学校、走进远郊区、走进社区，邀请家教专家挖掘社会热点与家长的共性问题，聚焦讲座内容的时效性与可操作性。同时，活动与北京电视台、中国教育电视台、北京时间等多家媒体联动，向全市家长推广科学的家庭教育知识。

（张秋颖）

走进 33 所学校拍摄《身边的好学校》

至年底，音像报刊总社受市教委委托走进 33 所学校拍摄制作《身边的好学校》栏目。全年栏目整合电视、网络和新媒体资源，在中国教育电视台和“教育就业”数字电视频道播出，栏目专题页在人民网上线，全方位展示北京市老百姓家门口的优质幼儿园、中小学校的特色和面貌。微信公众号为家长提供丰富实用的信息，为家长和市民了解学区内的好学校提供便利条件。该栏目自 2014 年 5 月 5 日起在北京市公交、地铁电视中开播，每周推荐播出一所学校，共播出 140 余所学校。

（郝彬）

“健康教育进校园”系列活动

至年底，音像报刊总社组织开展“健康教育进校园”系列活动。活动以“正确饮水 远离含糖饮料”为主题，旨在向广大教师、学生和家长普及健康知识，采取课程讲解加动手实验的形式，不仅让学生认识含糖饮料的危害，也养成正确的饮水习惯，帮助孩子健康成长；在各区开展“专家进校园 健康大讲堂”工作，举办儿童青少年近视预防与控制、学生家庭膳食营养巧搭配、预防艾滋病等主题讲座，内容涉及学生生理及心理健康、合理膳食等，帮助学生预防近视、控制肥胖，保证身心健康；开展“我和家长一起锻炼”摄影作品征集活动，征集学生和家长一起锻炼摄影作品近万件，优秀摄影作品在《健康咨询报 · 学生健康成长专刊》刊登。16 个区参与活动，课程统一采取网络预约的方式，覆盖率 100%。

（任明华）

至年底，音像报刊总社举办健康教育进校园系列活动
（音像报刊总社 供）

北京教育音像报刊总社
党委书记、社长

党委书记 李开发
社　　长 李开发

北京市教工休养院

概述

2017 年，北京市教工休养院有员工 193 人，包括在职事业编制 73 人。占地面积 13.36 万平方米，建筑面积 4.52 万平方米，绿地面积 7.72 万平方米，绿化覆盖率 70%，树

种 200 余种。设有客房 241 间、468 张床位，分为三人间、标准间、单人间、家庭套间、豪华套间、残疾人房间；有大中小餐厅 15 个，能容纳 1000 人就餐；康体包含游泳、羽毛球和保龄球等 13 个项目；接待不同规格人数会议室共计 28 个，有能容纳 600 人培训的计算机教室。组织休养教师活动 66 次，包括文化活动、工艺活动和教育活动等。全年接待休养单位 225 批及休养教师 3.08 万人次。全年接待总人数 9 万人次。网址：www.jiaogong.com；微信公众号：bjyxybg。

（王彦彦）

教工休养院全景

（教工休养院　供）

建立内控制度

3 月至 4 月，教工休养院编制完成《北京市教工休养院内部控制手册（试行）》《北京市教工休养院内部控制管理制度（试行）》。明确规定预算、收支、采购、资产、建设项目、合同等管理领域业务流程，促进院内部管理水平提升。

（王彦彦）

硬件设施改造工程

至 12 月，教工休养院完成硬件设施改造工作。改造项目涉及各区域更新空调、康乐部按摩室改棋牌室、装修改造 1 号客楼、安装空气源热泵、增建充电桩、购置 4 辆运营车辆、两栋客楼加装电梯、员工宿舍安全改造，更换洗衣房设备、厨房设备，并接通网络光纤设备，改造工程共投资 1283.7 万元。

增建充电桩

（教工休养院　供）

（王彦彦）

北京市校办产业管理中心

概述

2017 年，北京市校办产业管理中心设办公室、国资企管部、科技成果推广部、综合事务部 4 个部门，在编 13 人。至年底，北京地区有 52 所高校参加普通高校校办产业统计。其中，教育部直属高校 25 所、其他中央部委属高校 8 所、市属市管高校 19 所。参加统计的 52 所高校所投资企业共 1853 家。其中，大型企业 63 家、中型企业 358 家、小型企业 1090 家、微型企业 342 家。年末资产总计 5030.60 亿元，流动资产合计 3259.54 亿元，非流动资产合计 1771.06 亿元；年末负债总计 3580.53 亿元，流动负债合计 1849.41 亿元，非流动负债合计 1731.12 亿元；所有者权益总计 1450.06 亿元，实收资本（股本）84.94 亿元，未分配利润 131.72 亿元，归属于学校方股东的所有者权益 466.34 亿元。营业收入 1735.37 亿元，包括主营业务收入 1733.44 亿元；营业成本 1591.29 亿元，包括主营业务成本 1428.47 亿元；销售费用 77.83 亿元，管理费用 120.29 亿元，财务费用 98.75 亿元；利润总额 128.51 亿元，净利润 99.04 亿元，包括归属于学校方股东的净利润 30.22 亿元。现金净流量 416.98 亿元，包括经营活动现金净流量 6.32 亿元，筹资活动现金净流量 599.43 亿元。财政补贴收入 559.12 亿元；国有资本经营预算金 74.47 亿元；文化产业专项资金 0.62 亿元；科技创新资金 30.32 亿元；上交国有资本收益 1.96 亿元；企业实际缴纳税金总额 82.48 亿元，包括增值税 15.91 亿元，营业税 14.37 亿元，企业所得税 33.05 亿元，其他 19.15 亿元；当年上交学校利润金额 15.91 亿元。获授权的专利数 1113 项，登记的计算机软件及集成电路版权 228 项，获省市部委、国家级的奖项 330 项。接纳学生实习 8831 人次，学生累计实习 229 万小时，全年累计在培硕士研究生 771 人，全年累计在培博士研究生 103 人。年末职工总数 120923 人，包括接受高等教育学历的人员 59284 人、研究开发人员 16998 人、专职管理人员 14106 人，已参加社保人数 96827 人。实际发放和支付的劳动工资总额 283.06 亿元，包括支付社会保险（含住房公积金）177.86 亿元。职工年教育培训经费 1 亿元。具有学校事业编制的员工人数 1841 人。编印《北京校办产业发展文集》，收录北京校办产业发展历程回顾、高校资产公司简介、历史图片以及数十篇校办产业发展论文。

（宋慧宇）

各项国有资产日常监管工作

至 12 月，校产中心完成各项国有资产的日常监管工作。全年完成市教委所属事业单位所办企业国有资产事项审批 6

件，国有资产评估备案事项4件；继续聘请第三方律师事务所、会计师事务所为全市校办产业系统开展多形式的专业咨询服务，解答校办产业系统及众筹联盟在企业经营管理、国有资产处置、科技成果转化方面的法律和财务事项，事务所与中心各岗位工作人员累计解答高校及企业各类咨询数百件次。同时，中心每月按时完成市财政局月度快报的编辑工作。

（宋慧宇）

事业单位所属企业国有资产产权登记

至12月，校产中心根据市财政局工作安排完成市教委所属事业单位所办企业国有资产产权登记工作。市教委所属34个事业单位所办的145家企业申请办理2017年度的产权登记，其中，占有登记17家、年度检查99家、变动登记7家、暂缓登记22家。市教委所属事业单位所办企业基本纳入国有资产监管范围。

（宋慧宇）

国有企业财务会计决算

至12月，校产中心完成130家市教委所属企业参加市财政局、市国资委年终决算及统计工作。130家企业均进行审计，其中124家出具标准无保留意见审计报告。根据2016年度国有资产统计情况，企业年末资产总额519868.43万元，负债总额129002.66万元，所有者权益390865.77万元，年末国有资本及权益总额388154.54万元，较年初国有资本及权益总额377289.91万元实现国有资产保值增值2.87%。企业营业总收入189591.7万元，比上年增长12.14%；利润总额24191.34万元，比上年增长28.33%。上缴税费13020.3万元，比上年增长10.39%。至2016年底，企业从业人员共有4891人。

（宋慧宇）

校办企业国有资产监管自查

至12月，校产中心完成北京市高校校办企业国有资产监管自查和部分高校实地检查工作。中心依据市教委要求，对全市各级校办企业开展全面的国有资产监管自查工作。重点考察学校与所属企业以及各级企业之间的权属关系情况；企业法人治理结构执行情况，内控制度建设及风险防控情况；企业经营中产权交易和无形资产评估情况及其他需要加强监管的事项等。重点检查投资链条过长及对所办企业控制力弱的问题，长期不能从所投资企业中获得收益的问题，以及不能通过法人治理结构对企业实施有效管理的问题。特别关注是否存在通过关联交易、利益输送等侵吞国有资产和损害学校权益的行为。中心共收到各高校、单位自查报告42份。同时，中心邀请来自北京大学、北京化工大学等8所部委属、市属高校校产负责人组成专家组，到9家单位开展实地检查和调研。中心汇总监管自查工作情况，撰写完成工作总结报告。

至12月，校产中心调研化工大学国资监管自查情况
（校产中心　供）

（宋慧宇）

科技成果转化数据库完善

至12月，校产中心完成2017年科技成果数据库的收集、整理、分类、编辑和入库工作。该项工作共收集北京地区高校产业科技成果转化项目444项，最终整理出100项成果收入数据库，内容包含生物医药、电子通信、机械设备、化学化工及其他五大类，覆盖大数据、云计算、人工智能、智慧交通等热点领域。全部入库科技成果完成数据录入和网上发布。同时，中心收集众筹联盟最新科技成果推介项目近20项，已根据材料完整度、项目具体情况进行分类编辑整理。并完成《智库2018》编印工作，全书包含众筹联盟2018年推广项目近20项、中心推广项目100项，并附有2017年新出台的科技成果转化与产业化政策和支持文件。

（宋慧宇）

北京教育网络和信息中心

概述

2017年，北京教育网络和信息中心设有研究指导部、网络与电子政务部、系统管理部等10个部门，在职职工68人，包括高级专业技术职称14人、中级14人、初级16人。全力支撑教育综合改革取得良好效果，城六区统一使用市级小升初派位系统，小学、初中就近入学比例同比都提高5.16%；构建无边界、跨学科的开放性实践活动平台，完善学生综合素质电子成长档案；为13个平台提供“400”电话的技术支持和问题解答，累计接听电话169018次，通话时长583112分钟。全面保障全市教育系统网络信息安全，为市教委全天候提供技术保障、电子政务技术服务576次，保障各级各类视频会议101次；开展教育行业网络安全综合治理行动，共排查80家单位；网络安全专项培训260余人；完成市属教育行业138个信息系统定级变更工作；修订印发网络安全相关文件10余份并开展应急演练；针对全市教育系统网络信息安全开展安全漏洞修复、安全等级保护、“僵尸”系统清查等工作，完成重要时期网络安全保障工作，有效构建网络信息安全防护体系。教育信息化推动教育现代化取得创新成效，采用政府购买服务方式，依托“北京教师在线”平台向全市教师提供信息技术支持服务 134605 次；1253 节课程在教育部 2017 年“一师一优课 一课一名师”活动中获得国家级优课，104 个作品在全国学生电脑作品评比中获奖；开设网管教师继续教育专业必修课程“中小学校园网实用技术教程”，制作视频课程 30 课时共 1200 分钟。加强教育信息技术服务体系建设，维护北京教育信息网及数据中心 IT 基础设施近千台，对基础设施服务进行梳理，提供三大类 26 项标准化服务，实现北京教育信息网市区级链路稳定运行；完成“三通两平台”工作，光缆总长度 561.42 公里，全年未出现安全事故，保障中高考巡查、义务教育入学等重要服务稳定运行。建立统一教育信息技术服务热线，全年接听学生家长电话 90051 个，为各项教育业务顺利开展提供有效支撑。

（姚景涛）

骨干光纤及信息安全运维

至 11 月，信息中心完成北京教育系统骨干光纤维护管理及信息安全运行维护工作。中心共维护光缆长度 561.42 公里，维护接续盒 504 个，巡视光缆长度 16440.45 公里，巡视接续盒 13189 个，抢修及排除故障 13 次，布放光缆 1.7 公里，增加接续盒 12 个，熔接芯数 430 芯；参加市容市管委及各区市管委架空线入地相关会议 15 次，与各区市管委建立良好沟通机制，未发生计划内光缆拆改造成的未通知性断缆事故；非计划性断缆故障全部及时修复；组织召开中心各合作厂商的网络安全部署会；集中组织开展中心信息安全资产清查梳理。进一步梳理 bjedu.cn 域名，经核实后共注销 180 个域名。实时监控 78、80、82 段流量，定期对中心机房信息系统开展漏洞扫描，全年共发出检测报告 50 余份。

（陈昊）

市教委门户网站运维管理

至 11 月，信息中心完成对市教委门户网站的运维管理工作。市教委门户网站编发各类信息共计 883 条，向“首都之窗”网站报送信息 100 条；建成“网上夏令营”“中考”“高招专科”“高招本科”“成招”5 个专栏，建成“学习宣传贯彻党的十九大精神”专题栏目；协助市教委按季度编写《市教委网站信息内容建设自查情况报告》并开展整改。按照不低于国家三级标准，建成市教委无障碍门户网站。按年开展网站等级保护测评，每半年开展一次网站渗透性测试。同时中心推进网站群整合工作，完成 20 个教委机关处室在用网站全部纳入统一后台管理，实现统筹集约与安全发展，并完成北京教育综合服务中心、北京学校后勤事务中心、北京市教育技术设备中心 3 家直属事业单位网站的整合工作。

（陈昊）

虚拟现实实验教室建成

至年底，信息中心建成虚拟现实实验教室。实验教室旨在利用虚拟现实技术（VR）融合并创造新的教育教学资源，实现教室、教师、校园、社会无界限，研究虚拟现实技术在教育和教学中应用的最佳方法，使虚拟现实技术能够在教育教学中得到推广，以虚拟现实技术促进资源应用，提升教师教学水平和学生学习能力。

（马东）

至年底，虚拟现实实验教室建成

（信息中心　供）

电子政务系统及日常技术支持

至年底，信息中心完成市教委机关电子政务系统支撑服务及日常技术支持服务工作。全年为市教委综合管理平台（OA）、档案管理系统、教育信息文件传输系统、视频会议系统、电子政务邮箱系统提供系统监控维护、账号管理、技术支持等服务。综合管理平台实现各类公文流转 1109 次；制定市教委档案系统运维工作规程，档案系统收录除 1996 年至 2016 年的 81213 条档案条目外，2017 年新增录入 1044 条，合计各类档案数据 82257 条；制定市教委邮件系统运维工作规程，清理账户 99 个，冻结“僵尸”账户 68 个。加强密码管理，扫描弱口令；升级安全证书、增加登录验证码、设立可疑邮件告警机制。同时，中心将邮件附件扩容至 50M，邮箱容量整体扩容至 2G，全年开通、锁定、注销账号 64 个。无线网络服务开展账号清理，加强访问控制。协同移动公司对移动短信平台开展专项整治，有效发送信息 32252 条。配合市教委保障各类网络视频会议，支持教育部、市政府、市委教工委、市教委等各类视频会议 101 次。利用网络直播技术，以市教委为主会场，支持保障“北京市基础教育领导干部大会”“北京市中小学开学工作部署会”两个大型会议，实现市级主会场联通 16 个区分会场。全年电子政务系统未出现重大事故，为市教委机关进行各类技术支持服务 575 次，其中，办公桌面 499 次、电子政务系统 42 次、其他任务 34 次，受理率 100%，一次解决率 99%，遗留问题解决时间不超过 4 日。

（陈昊）

基础设施服务优化改造

至年底，信息中心梳理及优化改造基础设施服务。梳理基础设施服务，提供3大类26项标准化服务，共受理来自各业务部门的变更申请单170余张，涉及网络及服务器调整上千次，域名调整312次，完成率100%。依照《数据中心IT服务协议》，为清华大学附属中学、北京教育科学研究院课程中心、软件外包服务公司、中央电化教育馆提供相关资源及服务器接入等基础设施服务；优化改造及安全加固和平门基础设施，下移市级应用区域网关，通过划分VLAN隔离各业务系统，实现所有设备通过带外管理接入管理VLAN，通过VPN连接堡垒机的方式对所有运维行为进行审计；对机房内网络设备及安全设备进行安全加固。广桥机房对211.153.82.0/24 ,211.153.78.0/24网络进行优化，调整安全策略配置；利用原有设备搭建新的二级安全区域。

（陈昊）

数据中心IT及基础设施维护管理

至年底，信息中心完成对数据中心IT及基础设施的维护管理工作。维护核心电信级大型路由设备31台，汇聚层网络设备55台，各类接入层网络设备120台，各类网络安全设备系统49台（套），网络上线运行的万兆、千兆等通信端口近千个；直接维护各类机架式和刀片式服务器740余台，存储系统4套，虚拟化平台3套，虚拟服务器570台。大型精密空调15组，大型UPS 7台，新风系统2套，机房整体配电系统4套，机房专业消防系统2套。设备故障处理和设备维修共29次，备品备件更换23次。两地空调巡检累计20次，备品备件更换55次。消防巡检备品备件更换9件，机房火灾自动报警系统及气体灭火系统运行良好。完成昌平、顺义、东城、丰台、大兴等区汇聚节点的冗余建设工作。完成广桥机房空调室外机降噪改造工作，在不使设备效率下降的同时满足国家相关噪音标准。12个信息系统部署至六里桥政务云，共使用虚机44台（占用15台华为RH5885 V3物理服务器）、312颗VCPU、约1200G内存、100T磁盘空间、13个VPN与UMA远程运维账号。

（陈昊）

教育信息网及科研网出口运维

至年底，信息中心对教育信息网、互联网及科研网的出口进行运维管理。全年网站出口畅通稳定，时间平均下载带宽7.7Gbps，平均上传带宽40Gbps；互联网出口平均可用性98.93%；4个骨干节点的平均可用性99.29%；20个汇聚节点的平均可用性99.94%；DNS可用性99.99%。网络设备未出现安全事故，网络出口割接2次、大型网络调整3次、网络机房及各区等小型网络调整共计264次。

（陈昊）

北京教育综合服务中心

概述

2017年，北京教育综合服务中心设有机构4个，职工28人，全部在编。全年中心完成北京市教育系统专业技术人员职称评审、高等院校及科研院所学位授予信息管理、市教委政府信息公开和教育行政审批窗口服务、首都教育咨询服务热线(96391)等工作。承担北京市人民教育基金会常务理事会办公室日常管理工作。根据市教委第23次主任办公会决定，首都教育热线(96391)整体并入12345北京市非紧急救助服务平台。

（罗芳）

2017年职称备案

至年底，综合服务中心完成2017年市教委直属单位的职称评审结果备案工作。中心对10个直属单位上年度职称评审结果备案，共备案105人，核发证书84人次。

（罗芳）

专业技术人员职称评审

至年底，综合服务中心完成专业技术人员的职称评审工作。中等专业学校教师中高级专业技术职务评审84人，通过67人，通过率79.76%；高等学校教师专业技术职务学术评议196人，通过155人，通过率79.08%；中小学正高级教师专业技术职务评审86人，通过71人，通过率82.56%。

（罗芳）

北京市教育系统人才交流服务中心

概述

2017年，北京市教育系统人才交流服务中心（北京高校毕业生就业指导中心）在职职工63人，在编36人。中心根据自身职能调整情况，结合业务开展情况，重新调整内设机构，设办公室、信息开发与学籍就业事务部（积分落户服务办公室）、人事服务部、市场发展部、就业创业服务部、研究室、学历认证服务部7个部门。全年中心配合市教委推进“一街三园多点”大学生创业孵化体系建设和发展，完善大学生就业创业政策保障体系，评选出150支高校大学生优秀创业团队，入驻3个市级创业园的大学生创业团队207家；协助北京市积分落户办公室制定北京市积分落户教育背景指标审核办法及流程；编制《2017年北京地区高校毕业生就业质量年度报告》，协助津冀两地编制《京津冀地区高校毕业生就业创业状况调查报告》；

加强就业市场建设，举办各类双选会 138 场，服务用人单位 1.6 万家次，服务参会毕业生 16 万余人次，深化“京津冀协同发展”毕业生人才战略合作，联合举办多次京津冀地区高校毕业生就业供需见面活动及网上双选月活动；管理毕业生档案及城六区教师档案 8800 份；组织北京 100 余所高校和科研单位的 1100 名就业创业指导教师开展 16 次培训交流活动；协助市教委组织教育系统 238 名人事干部开展 3 期专业化培训；完成 92 所普通高校和 89 所科研单位 23.5 万余名 2017 届毕业生就业手续办理，出具报到证 21 万余张，完成各层次新生学籍数据注册 54 万余人；完成市教委直属单位 68 名在编人员及区教委 345 名乡村教师公开招聘工作；协助市委教工委完成 2017 年 111 名博士生、博士后挂职锻炼的管理服务工作；协助教育部受理学历认证申请 12279 份，出具学历报告 10598 份。北京高校毕业生就业信息网：www.bjbys.net.cn；北京教育人才网：www.jyrc.com.cn。

（侯文磊）

“一街三园”大学生创业孵化体系建设推进

至 12 月，人才交流中心推进“一街三园”大学生创业孵化体系建设。中心配合市教委贯彻落实中央及北京市推动“双创”工作指示精神，完成三个市级创业园（理工园、软件园、良乡园）大学生创业团队共 207 家，130 家团队完成工商注册，注册资金 2.35 亿元；91 家团队 2017 年实现营业额 1.22 亿元；获得专利 122 项，注册商标 61 个。

（侯文磊）

理工园示意图

（人才交流中心 供）

北京市积分落户审核

至 12 月，人才交流中心完成北京市积分落户审核工作。中心按照市教委要求，配合北京市积分落户办公室，完成全市积分落户风险评测；完善积分落户操作手册；召开数据接口方案研讨会。同时制定积分落户教育背景指标审核工作流程，中心与学位认证与研究生教育发展中心、全国高等学校学生信息咨询与就业指导中心、教育部留学中心进行方案确认，为此项工作正式实施奠定基础。

（侯文磊）

就业质量年度报告和就业状况调查报告完成

12 月，人才交流中心完成《2017 年北京地区高校毕业生就业质量年度报告》编制印发工作。中心依托首都资源优势，协同津冀两地开展毕业生和用人单位调研，编制包括《2017 届京津冀地区高校毕业生就业状况调查报告》等各级各类调研报告 10 余份，编制 262 所（北京 88 所、天津 55 所、河北 119 所）高校就业状况调查简单陈述报告，为政府决策和高校深化教育改革提供数据支持。

（侯文磊）

12 月，2017 年北京地区高校毕业生就业质量年度报告

（人才交流中心 供）

归档各类教师及未就业毕业生人事档案

至年底，人才交流中心管理各类教师及未就业毕业生人事档案 8800 余份。根据市教委要求，中心围绕市教委直属单位人事档案管理、北京市西藏中学统筹项目教师人事档案管理、教育部公费师范生和北京市属师范就业履约及档案管理、往届未就业毕业生档案管理四个方面，推进完善相关人事服务工作。全年为 11 家教育系统单位及中小学提供人事档案装订服务 626 份。

（侯文磊）

毕业生就业手续办理及学籍审核

至年底，人才交流中心完成毕业生就业手续办理及学籍审核等工作。中心协助市教委完成 92 所高校和 89 个科研院所的 23.5 万名毕业生就业手续办理工作，出具报到证 21 万张，办理改派手续 7857 人次，办理户口恢复手续 1396 人次；完成各层次新生学籍注册数据 54 万余人，学年注册近 224 万人，毕业生注册数据 55 万余条；打印优秀毕业生证书 1.1 万份，发放北京地区普通高等学校毕业生到基层工作荣誉证书 8000 余份，核查大学生征兵资格学历信息 1500 余人，完成中专证书的印制和发放 3 万余份。

（侯文磊）

直属单位及农村中小学公开招聘

至年底，人才交流中心完成市教委直属事业单位及农村中小学的公开招聘工作。中心协助市教委相关处室和朝阳、海淀、东城、丰台、石景山、密云区教委及育新学校完成多项公开招聘工作，安排各类公招考试 15 次，组织安排考试 6308 人。为 11 家市教委直属事业单位遴选 68 名工作人员，为 13 个区教委补充 345 名乡村教师，为北京市教育系统提供优秀教师资源。

（侯文磊）

服务博士生（后）挂职锻炼

至年底，人才交流中心完成 2017 年首都高校博士生（后）挂职锻炼的管理服务工作。中心协助市教委相关处室完成 111 名博士生（后）挂职锻炼的管理服务工作。项目在为高校博士生和博士后提供社会锻炼机会的同时，为相关单位提供高层次人才和专业智慧，促进高校产学研成果的社会化转化。

（侯文磊）

受理学历认证申请

至年底，人才交流中心协助教育部完成学历认证申请受理工作。共受理学历认证申请 12279 份，出具学历报告 10598 份，收缴各类伪造学历证书 32 本。完成教育部认证中心委托的北京地区高校学历证书核查工作，共处理完成协查学历 2689 份，其中，学历查询 1241 份、学位查询 12 份、成绩单查询 1436 份。

（侯文磊）

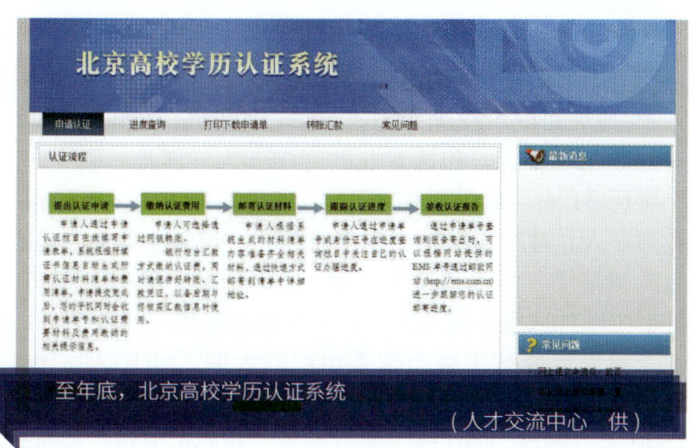

至年底，北京高校学历认证系统

（人才交流中心　供）

北京市国际教育交流中心

概述

2017 年，北京市国际教育交流中心（北京市汉语国际推广中心、北京市港澳台教育交流中心）有教职工 31 人。全年组织市委教工委、市教委及直属单位因公出国（境）48 个团组，出访国家和地区 41 个，服务 484 人次；先后配合教育部、民政部、国家汉办、市政协等中央和北京市单位完成接待任务 20 余项，接待 1300 人次；举办 4 个团组境外教育说明会，全市 46 所大中小学 86 人参加；开展 3 大类 10 项境内外师生交流活动，参与活动的对象覆盖全市 300 余所大中学校师生 7000 人次。全年为大中小学在京外籍学生组织两大类比赛及交流活动，参与学生 4750 人次；开展汉语及中国文化培训，来自 49 个国家的官员 195 人参加学习；组织 480 名首都高校汉语国际教育专业学生境内外教学实习；组织 20 个国家 300 余名汉语教师来京研修；协助国家汉办完成孔子学院志愿者、外派教师的招募工作，派出志愿者 121 人，招募公派教师 16 人；完成国家留学基金委公派高级研究学者及访问学者的 8 个大项目 14 个子项目 327 人的选派任务。网址：www.biee.bjedu.cn。

（郑静慧）

承办 3 次交流夏令营

7 月 14 日至 23 日、21 日至 27 日和 25 日至 31 日，国际教育交流中心承办三次交流夏令营活动。承办第七届国际学生北京夏令营，共有来自五大洲 33 个国家 777 名师生参加，同时新增阿根廷、秘鲁、白俄罗斯、塞浦路斯、尼泊尔、伊朗、哥斯达黎加 7 个国家；承办“2017 青春祖国行——京港澳学生交流夏令营”，共有北京师生 110 人、港澳地区师生 225 人参加活动；承办“2017 北京学生台湾阿里山夏令营”，共有北京及台湾地区师生 150 人参加活动。

（郑静慧）

“中华文化小使者”交流活动

7 月 15 日至 8 月 21 日，国际教育交流中心组织开展

7 月 15 日至 8 月 21 日，2017 中华文化小使者交流活动

（国际教育交流中心　供）

"2017 中华文化小使者"交流项目。来自 15 个区 305 名师生及工作人员分 8 个团分别赴美国、加拿大、英国和俄罗斯开展"2017 中华文化小使者"交流项目。项目通过在境外参加营地活动、学校上课、住宿家庭等形式接触当地师生，体验当地校园文化、深入了解当地社会，在互动过程中宣传展示中华文化、展示北京学生风采、宣传北京教育成果。

（郑静慧）

承办 3 次友好交流活动

10 月 30 日至 11 月 3 日、10 月至 12 月和 11 月 7 日至 11 日，国际教育交流中心承办 3 次友好交流活动。承办第四届"北京—世宗青少年艺术交流活动"，来自北京市第九中学和北京市京源学校的 40 名师生及工作人员赴韩国开展交流活动；承办"体验北京—香港教师北京访学计划"，来自香港的 93 名教师来京参加活动。承办第八届"北京—首尔青少年体育友好交流大会"，来自北京市第一〇一中学女子排球队、顺义区牛栏山第一中学男子足球队的 33 名师生及工作人员赴首尔参加体育比赛交流。

（郑静慧）

11 月 7 日至 11 日，北京—首尔体育青少年体育交流大会

（国际教育交流中心　供）

境内外汉语专业教师及人员培训

至年底，国际教育交流中心多次组织境内汉语教师及境外教育专业人员培训。全年组织 480 名高校汉语国际教育及

至年底，境内汉语教师队伍建设

（国际教育交流中心　供）

其他相关专业学生分类进行汉语教学基础、教学组织与课堂管理和小语种等内容的培训，开展相关中国文化体验式教学，并针对全市 100 余名中小学对外汉语教师举办优质课评比活动，组织 6 次汉语国际教育教研活动；组织来自首都师范大学的 30 名教育专业学生赴美国加州中小学参加境外实习项目。通过跟岗深度学习，了解美国中小学的教育教学理念、课堂管理技巧、教学管理方法、教学评估方法，培养通晓中美教育的国际化教育人才。

（郑静慧）

北京汉语网运维

至年底，国际教育交流中心运行维护北京汉语网。全年共发布 1500 余篇新闻图文报道；搜集发布汉语教学课件资源 150 余件；发布留学服务信息 600 余篇；整理 1600 篇中国文化相关信息。同时于 9 月至 11 月编发《留学北京指南》《北京高校英文授课专业及特色项目介绍》，展示北京优质教育资源。北京汉语网网址：www.bjchinese.bjedu.cn。

（郑静慧）

"2017 国际语言环境建设"项目实施

至年底，国际教育交流中心组织实施"2017 国际语言环境建设"项目。项目包括组织首都学生外语展示系列活动，通过英语戏剧比赛形式进行，共 136 所小学、156 所中学的 3000 余名学生参与；承办 2017 年北京外语游园会"多国文化秀"活动，参与现场表演互动学生 100 余人，留学生国籍以"一带一路"国家为主，覆盖俄罗斯、法国和哈萨克斯坦等 30 余个国家；组织暑期英语夏令营，于 8 月 16 日至 25 日分别在通州区、昌平区、平谷区、房山区和延庆区 5 个营地举行，邀请 102 名外籍教师为 5 个区的 1600 名师生举办全封闭英语夏令营。

（郑静慧）

北京学生活动管理中心

概述

2017 年，北京学生活动管理中心（北京市少年宫、北京市青少年科技馆、北京教学植物园）占地面积 14.42 万平方米、建筑面积 4.92 万平方米。中心内设部门和机构 21 个，有教职工 187 人，包括专业教师 125 人，博士、硕士研究生学历 41 人，高级职称 46 人，特级教师 1 人，市级骨干教师 2 人。建有市级阳光少年舞蹈团、管乐团和手风琴团、金鹏科技团，绿色科技俱乐部；开设艺术、科技、体育类等学生校外兴趣小组 400 个，学员数量每周保持在 7500 人次；承办市委教工委市教委组织的大型活动 61 项，受益学生 100 万人；主办全市性大型活动 9 项，直接参与学生 7000 人；开展"四个一"等社会主义核心价值观教育活动，参与学生36.5万人；开展各类大型实践、体验、演出、竞赛、展览活动60项，直接参与学生3万人；开展阵地开放活动、主题教育活动、植物与环境教育活动100次（项），接待学生10万人；承办国家体育总局、市文物局、市体育局等其他部门大型学生活动10项，直接参与学生8300人。获全国未成年人思想道德建设工作先进单位；入选第一批“全国中小学生研学实践教育基地”。全年举办16次家庭教育系列活动。新引种或补充植物40种，其中，宿根草本植物17种、露地木本植物23种，教学植物园有保存养护植物2057种。

（胡舟野　李蔓）

8项外事出访活动

2月至12月，学生活动中心组织8项外事出访活动。2月11日至20日，组织47人赴澳大利亚参加欢乐春节系列活动；6月25日至7月8日，组织教师赴意大利执行“2017中华文化大乐园——意大利米兰营”教学任务；8月3日至14日，组织48人赴英国爱丁堡参加边缘艺术节；8月16日至29日，组织41人参加莱夫卡斯国际民俗艺术节；9月23日至10月4日，组织68人赴丹麦、比利时参加文化交流活动；10月10日至17日，组织53人赴日本参加校园足球国际交流活动；10月30日至11月3日，中心教师赴韩国参加2017北京—世宗青少年艺术交流活动；12月15日至19日，中心教师赴日本参加2017年奥林匹克教育冬令营。

（于曼　齐景宇　刘星汉）

2次市级自然科学比赛

3月至11月，学生活动中心举办2次市级自然科学比赛。3月至10月，举办北京市中小学生植物栽培大赛，全市师生66467人参加，其中，1517名学生获得一等奖、2563名学生获得二等奖、18851名学生获得三等奖，531名教师获得辅导教师一等奖，253所学校获得优秀组织奖。10月至11月，承办由市教委、市科协主办的北京市中小学生自然科学知识竞赛，参与学生500人。

（马凯）

7次主题教育活动

3月至11月，市少年宫举办7次主题教育活动。3月3日，开展“践行雷锋精神，争做锋行少年”雷锋纪念日主题教育活动，400人参加；3月26日，与天津青少年活动中心、石家庄青少年宫、保定青少年宫共同开展“缅怀小英雄王二小，做共产主义接班人”——京津冀少先队员祭扫小英雄主题教育活动，400人参加；3月至6月，举办第二季“最美宫娃娃”评选活动，2000余人参加；4月至6月，开展“我爱我家，传承美德”第三届首都少年儿童图文创作大赛活动，2000余人参加；6月1日，开展“忆峥嵘岁月，看今朝少年”庆祝“六一”主题教育活动，700余人参加；11月3日，开展“牢记习爷爷教导争做新时代少年”少先队主题教育活动，400人参加；11月17日，开展“关注消防安全 快乐成长体验”消防日主题教育活动，400人参加。

（乔超新　刘毅　李然）

7项市级科技活动

4月至12月，学生活动中心承办7项市级科技活动。4月21日，承办“同在蓝天下，共筑航天梦”——2017年北京市中小学生航天科普进校园活动，学生600余人参加启动仪式，全年在延庆、密云等区开展10次主题活动，3000名师生参加；4月至10月，承办首届北京市中小学生农业体验实践活动；5月至11月，承办第九届“科学建议奖”评选活动，871名中小学生申报；5月至12月，承办北京市学生金鹏科技团评审工作，78家单位入选；7月12日，

3月至11月，中小学生植物栽培大赛

（学生活动中心　供）

承办北京学生科技文化夏令营暨第 35 届北京学生科技节开幕式，600 余人参加；7 月 25 日，承办首届北京市中小学生科学表演创意大赛，15 个剧目获得入围资格；8 月 2 日，承办 2017 年河北（保定）中学生北京夏令营，保定贫困县 6 所学校 61 名师生参加。

（李晨　张峥　蒋小建）

教学植物园建园 60 周年

5 月 17 日至 21 日，学生活动中心举办纪念北京教学植物园建园 60 周年系列科普活动。活动包括面向小学团体的公益科普游园会、小学生课外实践快乐体验营、绿色科技俱乐部活动、周末亲子导赏活动和中学专业教师培训，750 名中小学师生参加活动。5 月 17 日，植物园历任主任、书记和 10 余名退休干部教师参加庆祝活动。活动还举办自然教育经验交流会和 60 周年园史展。教学植物园在彭真关心下，1957 年由吴晗主持创建，位于东城区龙潭湖百果园 3 号，占地 11.65 万平方米，是全国唯一专门为中小学教学服务的植物园。1969 年被迫撤销；1986 年恢复建制；2013 年，北京学生活动管理中心和北京教学植物园整合，重新组建学生活动中心，挂北京市少年宫、北京市青少年科技馆、北京教学植物园牌子。

（李广旺　马凯）

7 项交流活动

5 月至 12 月，学生活动中心完成 7 项交流活动。分别接待孟加拉青年代表团 45 人、泰国青少年工作者代表团 8 人、韩国水原青少年文化中心馆 5 人、全国青联第 48 期国际青年干部（柬埔寨）高级研修班 28 人、台湾台东县海端小学参访团师生 15 人、澳门嘉诺撒圣心中学代表团 24 人；承办第九届北京—澳门中学生科技合作与交流活动暨京澳科技夏令营，澳门 40 余名师生参加。

（于曼）

5 场音乐会

6 月 10 日至 12 月 24 日，市少年宫举办 5 场音乐会。6 月 10 日，举办 3 场庆祝“六一”儿童节系列音乐会，300 名学员参加、2600 名学员观看“孙丽教学成果钢琴演奏会”“刘磊师生教学汇报专场”“‘放牛班的春天’世界经典童声合唱作品音乐会”；8 月 6 日，举办主题为“20 年的梦想”管乐团建团 20 周年专场音乐会，220 名学员参加，观众 1400 人；12 月 24 日，管乐团举办“20 周年团聚音乐会”，音乐会汇聚新老团员 500 人，观众近 600 人。

（李鹤群）

5 项对口支援与合作工作

7 月至 11 月，学生活动中心承担市教委 5 项教育对口支援与合作任务。7 月 17 日至 25 日，组织“热爱祖国，感受北京”新疆和田中小学生民族团结北京夏令营，76 名师生参加；7 月 26 日至 8 月 2 日，组织“感恩祖国 · 圆梦北京”第七届西藏拉萨中小学生北京夏令营，70 名师生参加；8 月 1 日至 4 日，组织河北（保定）中学生北京夏令营，61 名师生参加；8 月 2 日至 8 日，组织北京学生赴和田夏令营，23 名师生参加；11 月 12 日至 20 日，组织“感恩祖国、研学北京——2017 年青海省玉树州高中学生主题教育活动”，36 名师生参加。

（刘美丽　张峥　董默轩）

8 月 1 至 4 日，河北（保定）中学生北京夏令营
（学生活动中心　供）

承办 3 次学生运动会

9 月至 12 月，学生活动中心承办 3 次学生运动会。9 月 3 日至 16 日，参与第 13 届全国学生运动会保障工作，代表团成员包括全市 22 所高校和 21 所中学共计 664 人 18 支代表队，获得 72 枚金牌、54 枚银牌、56 枚铜牌，团体总分 2376 分，在团体总分、金牌榜和奖牌榜上均列第一；11 月 3 日至 5 日，承办第 55 届北京市中学生田径运动会，16 个区 768 名学生参赛；12 月 24 日、29 日至 31 日，承办北京市第二届中小学生冬季运动会，比赛项目包括冰上、雪上 2 个大项 13 个小项，全市近 800 名中小学生参赛。

（董默轩　傅玥　徐颖）

承办 8 项市级体育活动

至 11 月，学生活动中心承办 8 项市级体育活动。1 月 17 日至 22 日和 7 月 10 日，分别承办由北京市青少年校园足球工作领导小组办公室主办的北京市青少年校园足球后备人才梯队建设冬、夏训营，160 名学生参加；4 月至 5 月，承办 2016—2017 年度北京市中小学生足球冠军赛，30 支代表队参加；6 月 29 日至 12 月 30 日，承办由市教委和市体育局主办的 2017 年北京市中小学冰雪运动普及推广活动，中小学生 5 万人参加；7 月 12 日至 17 日，承办由市教委、市体育局主办的 2017 年市青少年体育文化夏令营，16 个区 21 所学校近 170 名师生参加，活动以冰上体育运动为主，还包括综合艺术、科技等活动内容；9 月 23 日至 24 日，承办市第 11 届“和谐杯”乒乓球比赛暨市中小学生乒乓球

11月，2017年阳光少年艺术节舞蹈展演
（学生活动中心 供）

联赛，600名中小学生参加；12月9日至15日，承办市小学生“小球”计划推广比赛，15支足球队、8支排球队和12支篮球队参加；承办2016—2017北京市中小学生校园足球联赛，16个区243所学校396支足球队6152名学生参加。

（池飞龙 傅玥 齐景宇）

承办12项市级体育比赛

至11月，学生活动中心承办由市教委和市体育局主办的市级体育比赛12项。承办4项市中小学阳光体育展示活动，共12项比赛，包括长跑比赛、毽球比赛、跳绳比赛、踢毽比赛、花样跳绳比赛、健美操比赛、啦啦操比赛、轮滑比赛、网球比赛、羽毛球比赛、棒球比赛、乒乓球比赛，全市886所中小学13151名学生参加。

（池飞龙 傅玥 齐景宇）

协办2项全国体育比赛

至12月，学生活动中心协办2项全国体育比赛。4月22日至23日，协办“阿迪达斯”中国高中男子“3×3”篮球联赛（北京赛区），全市64支代表队参加，清华大学附属中学和北京市陈经纶中学分获第一名和第二名；11月18日至12月2日，协办中国初高中篮球联赛（北京赛区）比赛，全市30所学校的500名学生参加，清华附中获高中男子组冠军、北京市东直门中学获高中女子组冠军、北京市第四中学获初中男子组冠军、清华附中获初中女子组冠军。

（池飞龙）

承办6项市级艺术类活动

至12月，学生活动中心承办由市教委主办的6项市级艺术类活动。承办2017年北京市阳光少年艺术节展演活动，42个校外教育机构191个节目、658幅作品参加展演；承办2017年首都学生演出季活动，举办28场演出，30所学校2000余名学生参加；承办2017年民族艺术进校园活动，62家艺术团体参与，演出768场，观众30万人次；承办2017年北京大学生舞蹈节，全市62所高校5288人参加，展演作品125部，观众22183人次；承办2017年北京大学生戏剧节，共收到短剧、朗诵、独幕剧、多幕剧四种门类94部参赛作品，全市43所高校3000余人参加；承办第20届学生艺术节，2万名师生参加，辐射100万名学生。

（曹璐 张君 王杨）

5次主题冬夏令营活动

至12月，学生活动中心举办5次主题冬夏令营活动。1月14日至15日，举办第三届“关注气候变化践行低碳生活”冬令营，以气候变化教育和水仙雕刻为主要内容，全市60余名小学生参加；7月30日，举办“快乐童年 放飞梦想”智力扶贫夏令营，延安市安塞区36名师生参加，安塞区青少年代表表演少儿腰鼓、独唱陕北民歌《兰花花》；8月4日至6日，举办夜游植物园半日夏令营，延续传统环节“虫虫总动员”“探秘标本馆”“夜游植物园”，创新活动“刺猬小吃店”，全市100名中小学生参加；8月7日至10日，组织书画社学员40人参加“童绘·冬奥——京张青少年美术采风夏令营”；8月16日至18日，举办自然探索夏令营，开展农耕用具实物体验、手机拍摄动植物等多项互动活动，师生40人参加。

（马凯 杜怡斋 明冠华）

6次植物主题科普活动

至12月，学生活动中心举办6次植物主题科普活动。4月至5月，举办“百草园春花导赏”活动5期，150名学生参加；4月7日，举办首都义务植树日暨农耕体验活动，设“植物种子大比拼”“农耕体验”“玉米播种”“春天赏花会”“温室探秘”5个板块，学生300人参加；5月21日，举办“爱康复·爱融合”主题活动，师生、志愿者100人参加；6月1日，举办“六一”特别活动“我与花花的约会”，设“百草园赏夏花”“手帕拓染”2个板块，小学生30人参加；7月，举办“2017爱绿一起”首都家庭绿色体验活动4期，活动设“衣食之源”“草木印染”2个板块，150人参加；11月，举办“阳台厨余堆肥”

环保主题活动，22 人参加。

（马凯）

新教务管理系统上线

至 12 月，学生活动中心完成教务管理系统升级。新系统同步开发电脑端和手机微信端，共享底层数据库，双端操作云同步；保留并优化在线网银收单，增加支付宝和微信支付渠道；硬件保障互联网化，7×24 小时不间断服务；实现招生和教科研管理工作网络化、信息共享化。

（葛宜科）

北京市教育技术设备中心

概述

2017 年，北京市教育技术设备中心建筑面积 3144 平方米，其中，标准教学设备展示厅 300 平方米、办公场所 2144 平方米、库房 700 平方米。中心设有办公室、发展规划科、管理科、技术科、采购科 5 个科室，职工 38 人。中心受市教委委托行使教育技术装备的管理和实践教学研究的职能，负责北京市中小学校实验室（专用教室）和教学仪器设备的建设、配备、管理、质量检测及技术服务，承担全市初中开放性科学实践活动管理工作等。开展初中开放性科学实践活动项目管理工作；组织修订《北京市义务教育阶段办学条件标准细则》（修订稿）；组织实验室危化品安全专项培训，继续开展实验室安全调研及排除隐患工作；举办第四届北京市高中学生物理研究性学习实践活动；创建图书馆馆长“李小燕工作室”；举办第七届书香燕京阅读指导活动；做好数据统计及建设工作；召开北京市教育装备工作会。

（赵文强）

“李小燕工作室”成立

4 月 20 日，设备中心成立“李小燕工作室”。工作室主要通过建设课程资源中心的方式，探索图书资源与教育教学资源深度融合的路径，为基地校搭建课程资源体系，丰富课程资源内容，为学校、教师和学生提供优质服务。这是全国首家以中小学图书馆馆长命名的工作室。工作室在北京市第八中学、北京中学、北京市第三十五中学、北京市东直门中学、北京市进步小学 5 所中小学设立工作室基地校，并在工作室的基础上建立“北京市图书馆工作沙龙”，共有 58 名图书馆馆长和教师成为沙龙成员。同时为建构符合学校发展的课程资源体系，探索图书资源与教育教学深度融合的有效路径，设立“李小燕工作室课程资源中心”。李小燕是北京市日坛中学图书馆原馆长，长期致力于中小学数字图书馆建设与应用研究。

（赵文强）

实验室危化品安全专项培训

4 月至 11 月，设备中心举办 7 期实验室危化品安全管理培训。全市 520 所中小学近千名行政后勤副校长、学科教师及实验员参加学习。经市教委批准，此项工作纳入北京市教师继续教育系列，计算学时、学分。

（赵文强）

实验室安全调研及隐患排查

4 月至 12 月，设备中心集中开展实验室安全调研及排查隐患工作。其中，现场调研与测试 5 个区 19 所学校 70 间实验室和 19 个体育场地，以实验室用电安全和体育设施设备安全性能为调研方向，发现、消除安全隐患 16 个；协同市安监局在城六区开展“安全专家服务进校园”活动。

（赵文强）

危化品专用设备评估

4 月至 12 月，设备中心开展危险化学品专用设备安全适应评估。评估以危险化学品柜为研究对象，集成多部门、多层次先进技术指标，合理优化适合中小学使用的危化品柜技术指标，并通过第三方专业测试的方式，验证指标设置的合理性和有效性。设备中心还开展《北京市中小学实验室危险化学品及常用药品存储管理办法》研究，依据课标、教材，梳理中学实验中涉及的危险化学药品，对其危险性能及储存相关规范进行研究，初步形成一套切合中小学校实际的实验室化学药品储存管理办法。

（赵文强）

初中开放性科学实践活动管理

至年底，设备中心开展初中开放性科学实践活动管理工作。春季学期协调管理督查共 423 个项目，派出市、区两级督查员共 743 人次，撰写督查报告 15 份；秋季学期组织全市 181 名市级督查员完成 2758 次督查，包括督查 3 次及以上的项目 646 个，1 次及以上的项目 134 个，未督查到的项目 25 个（只有一、二次课 23 个，只有集体预约 2 个），共提交 14 份督查报告，对出现严重问题的 37 家资源单位进行暂停服务处罚 42 次，对 12 家资源单位进行通报批评 13 次。通过督查对资源单位从场地、人员、课程质量进行全方位管理。秋季学期活动自 10 月 28 日开始至 2018 年 1 月 26 日结束，活动内容涉及 7 大领域 1017 个活动项目。约 18 万七、八年级学生预约课程，完成 90 万人次 270 万课时活动。自 2015 年开始，市教委大规模引进社会教育资源，通过购买服务方式征集北京高校、科研院所、科博场馆、高新技术企业开发科技教育活动项目，面向全市七、八年级学生提供开放式教育服务。全市七、八年级学生每学年应参加 10 次活动，每次活动计 1 分，两学年累计应参加 20 次活动，满分为 20 分，计入物理、生物（化学）科目中考原始成绩。

（赵文强）

北京教育老干部活动中心

概述

2017年，北京教育老干部活动中心有正式职工17人，内设办公室、活动部、生活服务部、宣传教育科4个部门，同时挂北京教育老干部大学和北京教育老干部党校两块牌子，建筑面积5174.4平方米，分为办公区（北楼三层）、文体娱乐区（北楼一、二层，东楼三层）、教学区（东楼一、二层），设有图书阅览、书画、棋牌、台球、乒乓球、茶艺、舞美、卡拉OK、手工制作、健身房、计算机房、多媒体、音乐欣赏等厅室（教室）。文体娱乐区供北京教育系统离退休人员开展各种文体活动；教学区供北京教育老干部大学面向北京市教育系统离退休人员开设非学历教育课程。全年老干部大学开设书法、绘画、摄影、音乐、中医、计算机、文学、英语8个专业，在校班32个，总人数1115人。中心共有直接管理的时装、舞蹈、摄影等兴趣队18支，400余名文体骨干。

（钱堃）

北京老教育工作者门球赛

4月6日至7日，老干部活动中心在地坛公园举办北京老教育工作者门球比赛。比赛经过预赛、复赛、决赛三个阶段，房山区教委、北京工商大学、顺义区教委获得前三名，通州区教委、北京航空航天大学获得精神文明奖。北京教育系统高校、区教委共24支代表队240余人参加比赛。

（李征徽）

两委机关离退休老同志趣味运动会

5月9日，老干部活动中心举办第九届两委机关离退休老同志趣味运动会。运动会设夹乒乓球、飞镖等15项集趣味性、娱乐性、竞技性于一体的比赛项目。同时，运动会邀请盲人按摩师提供免费健康咨询和按摩服务。150余名离退休老同志参加活动。

（钱堃）

两委机关老同志趣味运动会

（北京教育老干部活动中心　供）

高校老同志健身项目展示活动

5月18日，老干部活动中心在首都体育学院举办“喜迎十九大，健身乐晚年”北京高校老同志健身项目展示活动。活动集音乐、体操、舞蹈为一体的健身操和健身舞为主，经过专业评委评定，北京体育大学、北京联合大学、北京化工大学等16所高校获最佳风采奖；中央民族大学、华北电力大学、北京师范大学等15所高校获阳光风采奖。来自31所高校1200人参加活动。

（钱堃）

北京老教育工作者文艺演出

6月9日至23日，老干部活动中心举办北京老教育工作者文艺演出。演出以“颂歌献给党 喜迎十九大”为主题，分别在中国人民大学、北京航空航天大学、对外经济贸易大学、红塔礼堂、大兴区少年宫、海淀区少年宫举办6场北京老教育工作者文艺演出。来自47所高校、16个区及燕山地区4000人参加活动。

（钱堃）

锅炉低氮环保改造

6月17日至11月13日，老干部活动中心完成锅炉低氮环保改造工程。改造工程拆除原有一台1.28蒸吨承压锅炉，安装两台Elco低氮冷凝常压锅炉，共计1.285蒸吨。项目由西城环保局给予建设资金，投资61万元。市教委批复资金，投资17万元进行锅炉环保改造配套天然气改造工程。

（任晓莉）

高校老同志健康咨询义诊活动

11月9日，老干部活动中心在对外经济贸易大学举办北京高校老同志健康咨询义诊活动。活动以“喜庆十九大 真情送健康”为主题，邀请来自北京中医药大学、积水潭医院、阜外心血管病医院、天坛医院、同仁医院的专家，为近百名北京高校老同志开展一对一诊疗和养生保健指导。同时，还举办健康常识图片展，发放养生保健手册200余册。

（钱堃）

北京高校房地产开发总公司

概述

2017年，北京高校房地产开发总公司有正式员工38人，包括具有高级职称员工4人、中级职称12人。公司内部机构设有办公室、党办、财务部、工程部、合同预算部、资产经营部、拓展部、房改办、审计部，有下属北京育新物业管理公司等多家子公司、控股公司和参股公司，有员工 500 余人。总公司具有 GB/T19001:2008 版质量管理体系认证资格，下属北京育新物业管理公司为国家一级资质物业服务企业，下属北京育新实验幼儿园为北京市示范幼儿园。

（高晋峰　张杨）

接管两个小区物业管理服务项目

7 月 15 日和 12 月 1 日，高校房地产总公司下属育新物业管理公司分别接管两个小区的物业服务工作。7 月，物业公司与武警森林指挥部签订兴林嘉园住宅小区物业服务协议。该项目总建筑面积 63841 平方米，庭院绿化面积 4700 平方米。小区共有板式多层建筑住宅楼 2 栋，现有户数 418 户。12 月，物业公司承接正阳门楼物业服务项目。

（王鑫　张杨）

通过三标管理体系再认证

10 月 27 日，高校房地产总公司下属北京育新物业管理公司通过北京中安质环认证中心三标管理体系换版再认证审核。5 月，该物业公司启动三标管理体系换版工作，对 17 个工作程序、31 个工作制度、74 个管理体系表格进行修订及合并或删减。

（王鑫　张杨）

北京德宏盛景物流公司股权出售

11 月 13 日，高校房地产总公司通过北交所完成北京德宏盛景物流公司股权出售。4 月 21 日，总公司控股的北京高房资产管理有限公司决定将控股子公司北京德宏盛景物流有限公司 60% 的股权通过北交所公开股权挂牌进行股权转让。经市教委审批同意，公司严格按照国有资产处置程序开展相关工作，9 月 4 日完成该项目的国有资产评估项目备案；9 月 26 日开始挂牌；11 月 13 日完成产权转让，成交价 5600 万元。

（高益华　张杨）

北京教育志编纂委员会办公室

概述

2017 年，北京教育志编纂委员会办公室设有编辑一室、编辑二室和综合办公室，教职工 15 人，其中，在编 11 人，包括高级专业技术职务 2 人、中级专业技术职务 4 人。年鉴工作开展供给侧结构性改革，创编《北京教育年鉴简本》，编纂完成 2016 卷和 2017 卷简本；开通“北京教育年鉴在线资源平台”网站（njzypt.jyzh.cn）；“北京教育年鉴在线编纂系统”经过一年试运行后正式开通；首次推出网络年鉴；完成正本纸质年鉴全面改版。至此，《北京教育年鉴》通过简本、正本纸质年鉴、网络版年鉴等形式提供更多年鉴呈现形式。教志办在市教委一层大厅举办年鉴应用专题展示。完成第二轮《北京志 · 教育志》初稿、《北京志 · 政府志》教育事业部分初稿。落实修志工作在平时的工作思路，开始编辑出版年度资料汇编和图册。完成 5 集《故学巡礼》校史专题片和《北京教育纪事 (2016)》视频资料制作，出版《北京市八一学校史略》《第三批百年学校史略》《职业教育志稿》《北京市教育委员会文件选编》(2015)(2016) 图书，编印《北京市教育委员会政报》4 期、《北京教育史志丛刊》2 期；编制教育实物资料照片档案 5900 份。《北京教育年鉴》获得中国版协年鉴工作委员会全国年鉴编校质量评比特等奖。

（王永刚）

年鉴新标识系统发布

1 月，北京教育年鉴新标识系统发布。新标识系统整体造型为一本翻开的书，由中间向外呈放射状，融合北京市标志建筑天坛造型特点，象征北京地域文化；中心部分取自钢笔笔尖造型，代表记录、记载。三种元素由一根舞动的红色丝带贯穿，以切割、对称、同构等设计技巧实现，整体简洁庄重，细节严谨自然，现代风格与传统文化相结合。新标识系统经过组稿单位投票、教志办评审、年鉴常务编委会审定等程序确定。

（华蕾）

北京教育年鉴新标识

（教志办　供）

年鉴获全国编校质量特等奖

3 月 8 日，《北京教育年鉴 (2015)》获得中国出版协会年鉴工作委员会举办的 2015—2016 年度年鉴编校质量评比特等奖。为北京市唯一入选特等奖的地方专业年鉴，也是全国唯一入选特等奖的教育类年鉴。另有，《华北电力大学年鉴》《北京理工大学年鉴》获得二等奖。全国各类年鉴 280 余部参评，评选出特等奖 29 个、一等奖 86 个。该评选每两年举办一次。

（华蕾）

年鉴简本创刊

6 月和 10 月，《北京教育年鉴简本》2016 卷和 2017 卷编印完成。教志办为方便读者使用和携带，从 2016 年开始编纂《北京教育年鉴简本》，每年一本。简本收录内容从《北京教育年鉴》正本中精选，重新分类、整理编纂而成，按教育管理、教育教学、教育服务支撑三大系统布局结构，采用分类编纂法，设置 19 个栏目。简本开本为 100mm×180mm，全书彩色印刷，附有随文图片，印制精巧，以口袋书的形式，满足不同需求的年鉴读者。

（华蕾）

北京教育年鉴简本

（教志办 供）

《北京教育史料（2016）》出版

11 月，教志办主持编纂的《北京教育史料（2016）》由中国书籍出版社出版。该书是按年度出版的文献资料书，收录 2016 年国家和北京市两级教育重大事件和重要文献，设置北京教育事业发展总述、教育纪事、文件选登和学校名录四个部分，共计 70 万字。

（张驰）

《北京教育图志（2016）》出版

11 月，教志办主持编纂的《北京教育图志（2016）》由中国书籍出版社出版。该书是按年度出版的资料性图集，收录反映 2016 年北京教育事业发展图片，设置深化改革、科学发展、素质教育以及学前教育、基础教育、高等教育等 12 个部分。全书共计 10 万字，收录图片 600 幅。

（张驰）

北京教育年鉴应用展示举办

12 月 11 日至 15 日，教志办在市教委大厅举办北京教育年鉴应用展示。展览梳理 20 年的年鉴工作，以展板的形式展示 20 年来北京教育年鉴发展历程和取得的成果；以实物的形式展示北京教育年鉴以及高校年鉴、区教育年鉴和中小学幼儿园年鉴；以电子触摸屏的形式呈现北京教育年鉴网络化、信息化的建设成果。

（华蕾）

12 月 11 日至 15 日，教志办在市教委大厅举办北京教育年鉴应用展示

（教志办 供）

北京教育年鉴在线资源平台开通

12 月 28 日，在北京教育年鉴（2018）年鉴工作会上，北京教育年鉴在线资源平台网站正式开通。网站力求以“互联网＋年鉴”模式，通过网络化、信息化手段，实现传播广、受众多、信息量大、检索便捷和互动性强的功能。网站以社会读者为对象、以使用为目标、以广泛的需求为基础，设置年鉴数据资源库、网络年鉴、教育资讯、史志回眸等栏目，在内容上注重服务性、实用性和时效性。其中，“年鉴数据资源库”以《北京教育年鉴》1997 卷～ 2016 卷内容为基础，通过检索框、分类目录检索和原书阅读三种形式，实现读者对相关内容的查找和浏览。至年底，数据库共收录条目 10 万条，文字 5580 万字，图片 1.7 万余幅。教育资讯设有教育专题、最新文件和教育大事记三个栏目。史志回眸以知识性、趣味性为特点记录北京教育历史。

（华蕾）

12 月 28 日，北京教育年鉴在线资源平台开通

（教志办 供）

北京教育年鉴在线编纂系统正式运行

12 月 28 日，在北京教育年鉴（2018）年鉴工作会上，北京教育年鉴在线编纂系统正式运行。系统全面实现北京教育年鉴的信息化编纂，贯穿组稿、审稿、返稿、合稿等年鉴编纂各环节，通过笔记留痕、自动催稿、条目移动、稿件合拢、内容排重等功能，简化管理年鉴工作，整合稿件管理、进度管理、编校管理、稿费管理等关键业务，提升年鉴编纂效率。同时系统与网络年鉴完全对接，在线编纂完成的栏目直接通过系统生成网络版年鉴，极大提高年鉴展示的实时性。编

纂系统于 2016 年试运行。

（华蕾）

网络版年鉴首次发布

12 月 28 日，《北京教育年鉴》网络版首次在“北京教育年鉴在线资源平台”网站发布。网络版年鉴通过文字、图片以及链接文献等形式展示年鉴内容。读者可以根据符号显示查阅与内容相关的图片和文献。文献为条目编写的原始文件，通过链接文献的形式发挥年鉴资料性的重要作用。网络版年鉴收录文字 200 万字、图片 1500 幅、文献 127 个。由于网络年鉴时效快、容量大、功能多的特点，解决纸质年鉴版面限制的问题，丰富年鉴的内容及其表现形式。至此，《北京教育年鉴》以网络版年鉴、纸质正本年鉴、简本年鉴三种形式共存，各有不同、各有侧重。

（华蕾）

《北京市八一学校史略》出版

12 月，教志办与北京市八一学校联合编著的《北京市八一学校史略》由华艺出版社出版。该书追溯学校在战火中创立、辗转进京并发展壮大的 70 年办学历程，提炼学校“军魂铸人”办学特色，凸显学校“继往开来开拓无前”办学精神。全书由彩页、正文、附录构成，共 10 章 18 万字，配图照 140 幅，文末附 1949 年和 1962 年教职工名册。

（林业）

纸质正本年鉴全面改版

12 月，教志办完成《北京教育年鉴（2017）》纸质正本年鉴改版工作。内文由原来的三栏改为双栏排版；由于全书均为彩色印刷，并附有随文图片，因此彩色插图由原来的 32 页精简至 16 页；开本仍为大 16 开本；取消护封，封面采用皮质本色压纹的设计风格，庄重大气。2017 卷年鉴由方志出版社出版发行，收录文字 180 万字；图片 494 幅，其中，彩色插页图片 52 幅、随文图片 442 幅。2017 卷年鉴共收到 201 个一级组稿单位稿件，包括文字稿 300 万字、自查文字资料 200 万字，图片 5589 幅，条目 8574 个。按照年鉴编纂科学化管理的工作模式，经过甄选、核定内容、规范文字等环节完成编纂工作。2017 卷年鉴共设置 26 个一级目，其中，增设“特载”一级目，收录习近平总书记关心北京教育的内容；增设“勘误表”，对 2012 卷至 2016 卷年鉴中发现的错误进行更正；新增综合性条目，置于各类目“综述”二级栏目下，以“2016 年”为时间记述，反映各类目的综合改革情况。

（华蕾）

《薪火相传历久弥新——第三批北京市“百年学校”史略》出版

12 月，教志办编著的《薪火相传历久弥新——第三批北京市“百年学校”史略》由北京出版社出版发行。该书收录 19 所第三批北京市“百年学校”校史，记录学校百年发展脉络。每所学校校史分别附注校名沿革、历任校长、校训校徽。该书图文混排，文前配彩页 16 页，文中配各校历史图片 80 余幅。该书是北京市“百年学校”史略系列图书的第三部，为研究北京“百年学校”提供权威的校史资料。

（林业）

《北京市职业教育志稿》出版

12 月，教志办主持编纂的《北京市职业教育志稿》由方志出版社出版。该书为“北京教育志丛书（1991—2010）”之一，按照章、节、目编排设计，正文以述、记、图、表、录为基本体裁，文前配 16 页彩图。全书设中等职业教育、高等职业教育、学校管理等 6 章，共计 50 万字，全面记录 1991 年至 2010 年间北京市职业教育的发展变化。

（张驰）

北京市学生资助事务管理中心

概述

2017 年，北京市学生资助事务管理中心设有两个部门，有职工 9 人，在编 7 人。全年中心以建立“精准资助”工作机制为抓手，围绕“应助尽助”，落实国家和北京市各项资助政策。完成各类学校学生资助有关信息汇集、统计和分析工作；监管、指导、检查各区及市属高校、市属中等职业学校学生资助工作。中心获全国“百佳学生资助单位典型”称号、全国“助学、筑梦、铸人”活动组织奖。

（罗芳）

结余资金清缴

3 月至 5 月，资助中心清缴由中心下拨的 2016 年及以前年度实有资金账户结余资金。37 所中央在京高校、57 所市属高校和 24 所市属中专学校及北京市职业能力建设指导中心共上缴结余资金 5075.62 万元。

（罗芳）

受助中专学校学生数据核查

6 月 28 日至 7 月 6 日，资助中心全面核查市属中专学校学生数据。区教委对所辖内的职业高中核查全面数据。核查过程中，重点对大龄学生数据进行多次比对，确保学生信息真实有效。

（罗芳）

市属高校国家奖学金评审

10 月 13 日，2016—2017 学年度北京市属高校国家奖学金评审会召开。资助中心对 47 所市属普通高校、高等职业学校和民办高校推选上报参评的375名学生(本科334人、高职41人)申请材料逐一审核，决定全部通过审核，并将评审结果提请评审工作领导小组上报全国国家奖学金评审委员会参加全国评审。

(罗芳)

全级段系统培训班

至12月，资助中心举办5期全级段系统培训班。完成学前教育、义务教育、高中教育、中等职业教育、本专科教育、研究生教育全阶段的资助系统的区校培训，累计培训440人次。

(罗芳)

参与社会捐赠项目

至年底，资助中心参与多项社会募捐事业项目。中心与北京市残疾人募捐事业工作管理中心、北京市残疾人福利基金会、北京凌盛爱心公益基金会等单位合作开展北京市残疾人大学生“凌盛阳光天使奖学金”评选活动；与北京市慈善协会合作开展“2017年爱心成就未来宏图励志奖学金发放仪式”；协助北京市慈善协会合作开展“爱心成就未来助学项目暨大学生慈善助学项目”，增加6所市属高校进入项目资助范围。

(罗芳)

社会捐赠——到北京市低收入村开展捐赠活动
(资助理中心　供)

资助政策宣传力度加强

至年底，资助中心开展多项举措加强北京市学生资助政策的宣传力度。中心抓住学生毕业季、中高招录取、新生入学报到等节点，开展多形式政策宣传。5月，在《北京考试报》高招中招特刊刊登相关学段学生资助政策，初三及高三毕业年级学生人手一份；7月至8月，部署市属高校做好学生资助政策手册随同新生录取通知书寄发工作，印制《北京市学生资助政策汇编》3000本，在16个区及燕山地区和3246所学校发放；利用北京市学生资助网开展工作宣传，撰写和发布14篇北京市学生资助工作动态；与《中国大学生就业》《北京教育高教版》《教育与职业》3家杂志、《北京青年报》《北京晨报》《北京消费日报》3家报纸，以及中国教育新闻网合作，以政策简介、政策问答等形式，累计完成33个版面的资助政策专题宣传；建立学生资助宣传队伍，印发《关于报送宣传工作负责人和资助工作通讯员的通知》，要求各区各校明确宣传工作负责人和宣传工作专员，在北京市学生资助网开设区校工作动态专栏，定期发布各区、各校学生资助工作讯息，全年共接收和发布各区各校资助工作讯息17篇。

(罗芳)

北京教育新闻中心

概述

2017年，北京教育新闻中心设有办公室、策划部、舆情部、网络视频部4个职能科室，职工23人，全部在编。全年中心持续加强正面宣传提升首都教育形象，做好舆情应对和舆论引导，增强首都教育新闻舆论工作影响力。围绕重点工作或时间节点，主动策划“八大宣传”战役，贯穿全年讲好首都教育改革发展好故事；加大先进典型宣传力度，组织媒体记者到教育教学一线开展走基层采访活动；打造首都教育政务新媒体品牌，组成新媒体传播矩阵，持续引导网络舆论场。中心及时回应社会关切，妥善处置负面舆情，采取有针对性措施，有效引导社会舆论。全年中心围绕义务教育入学、中招政策发布、高招工作进展、砥砺奋进的五年成就宣传、乡村教师岗位生活补贴工作等内容组织专题发布18次、各类发布97次。与11家媒体合作拓展全媒体宣传平台，合作开设各类栏目及宣传平台19个，报纸类媒体刊发专栏稿件205篇，制作播出电视专题节目122期、广播节目300余期，新媒体栏目累计发布500余次。“首都教育”微信公众号坚持“服务改革，服务社会，服务受众需求”的运营宗旨，用户量突破35万，每篇文章平均阅读量过万。

(周也青)

首都教育新闻网升级改版

3月，新闻中心升级改版首都教育新闻网。升级改版后实现通过即时通信软件的共享和转发，刊发自创视频1100余条，推出政策解读、十九大精神学习等10期专题报道。网址：news.bjedu.gov.cn。

(周也青)

打造首都教育新媒体传播矩阵

至年底，新闻中心打造首都教育新媒体传播矩阵。全年首都教育政务新媒体“两微一端”用户量超过200万，发布图文消息5000余条，累计阅读数量近6000万次，在教育部公布的全国各省教育厅新媒体排行榜和北京市各委办局政务新媒体排行榜中始终居首；组建的首都教育新媒体联盟成员达74家，新媒体传播矩阵形成，并持续引导网络舆论场。中心获由教育部新闻办联合中国教育学会授予的“2017年度教育政务新媒体综合力十强”称号，获腾讯网颁发的“2017年最具影响力自媒体奖”，获《人民日报》、新浪微博、新浪网联合颁发的“全国十大教育系统微博奖”。

（周也青）

优化网络评论团队结构

至年底，新闻中心优化网络发言评论团队结构。该项工作旨在用“网言网语”对混淆视听的错误和煽动性言论进行驳斥和批判，引导正确理性的网络舆论走向。全系统共有骨干网评员100人参与网络发言工作，落实网评指令45条，在各大门户网站、博客、论坛、微博等阵地撰写引导文章、回帖等1300篇，在重大政策发布和敏感舆情应对工作中有效引导网络舆论走向。

（周也青）

家庭教育全媒体传播与服务平台

至年底，新闻中心建立家庭教育“全媒体”传播与服务平台。中心与报纸、广播电视、网络及新媒体平台合作，建立家庭教育“全媒体”传播与服务平台，解答家长疑问，关注学生成长。全年与北京电视台合作，制作专题节目《与孩子共同成长》；与北京城市广播“教育面对面”栏目合作，制作专题节目《家长课堂》；与北京教育音像报刊总社合作，举办“现代教育大讲堂”活动；在歌华有线数字电视频道增设“首都教育”专区，整合集纳教育理念引导专栏、电视专题节目资源;在微信公众号“教育圆桌”开设“教育良方”专栏，推出家庭教育理念引导类文章。

（周也青）

“命题式”系列采访报道

至年底，新闻中心开展“命题式”系列采访报道。围绕京津冀协同发展、行政副中心建设、扩大优质教育资源、招生考试改革、德育与核心价值观教育、高校思政等主题，组织系列集体采访225次，相关宣传报道上万篇，包括中国教育报刊发头条报道11篇、中央电视台各频道刊播相关报道187条（《新闻联播》6条、《焦点访谈》1期），北京电视台的新闻栏目刊播相关报道593条，包括《北京新闻》132条，持续传递首都教育正面声音。

（周也青）

北京学校后勤事务中心

概述

2017年，北京学校后勤事务中心设有办公室、高等教育科、基础教育科和综合科，职工14人全部在编。全年中心推进全市校服管理、校园安全管理、学生在校就餐和食堂食品安全管理、农校对接基地直供、高校后勤标准化推进、节能减排等业务工作。校服管理方面：组织全市校服工作管理人员和校服企业100余人进行校服工作培训；组织开展北京校服LOGO征集活动，并与校服研发中心共同举办2017北京市中小学校服研发成果展示活动；指导校服研发中心制定并印发《北京市中小学校服色彩体系》标准，并推出新款校服50套。校园安全管理方面：完成2017—2018学年度校方责任保险及附加无过失责任保险投保工作，完成2017—2018学年度北京市初中开放性科学实践活动团体人身意外伤害保险政府采购竞价并组织各区投保；完成3期校长及园长安全培训；参与4次安全检查。学生在校就餐管理方面：撰写《学校食堂食育文化建设的实践报告》及《中小学校食育工作开展的评价建议》；与市卫生计生委共同开展以“吃动平衡促健康”为主题的“营”在校园活动；完成全市中小学校和幼儿园学生在校就餐调查统计工作。平抑资金管理方面：按市级财政拨款新标准将平抑资金拨付完毕，并审计检查31所高校专项资金。高校食堂食品安全方面：完成食品安全监测系统检测19.73万次；基地直供平台总交易额22225万元，交易量41028吨，参与采购高校75所，使用物流补贴903万元，同时邀请43所高校专家83人次，参与基地直供工作12个重大事项的论证和决策，保证各校享受同质同价服务和平等参与权；配合市教委推进高校后勤标准化达标验收工作。节能减排方面：制定《“十三五”教育系统节能减排行动计划》；开展《高等学校碳排放管理规范》地方标准编制工作；组织部分高校节能减排工作负责人（首次区分部属、市属、高职和民办4个层次）赴南京、无锡、上海和西安调研；开展全国节约型公共机构示范单位创建和能效领跑者遴选活动；开展绿色生态校园建设与节能减排教育活动。完成中小学空气净化设备试点工作评估、共享单车进校园、北大清华校园游3项专题调研任务。开展满意度调研，发放各类调查问卷1792份，满意度均在96%以上。

（张楠）

食堂价格平抑资金上调及入校专项审计检查

4月至12月，学校后勤事务中心完成2017—2018学年度北京高校学生食堂价格平抑资金的拨付工作及入校专项检查工作。根据市教委、市财政局《关于调整提高北京高校学生食堂价格平抑资金标准的通知》，自9月1日起，市级财政教育经费拨款“平抑资金”部分由每生每学年150元调整至每生每学年225元；至9月，2017—2018学年度1.9亿元平抑资金如期拨付到位。同时，中心为推动高校进一步加强平抑资金使用的规范性、落实各项配套政策、确保相关投入资金取得实际效果、确保监管责任落实，组织开展专项检查并抽取31所高校进行入校审计。

（崔莲莲）

高校学生公寓床上用品质量抽检

8月至9月，学校后勤事务中心组织开展高校学生公寓床上用品质量抽检工作。根据市教委、市质监局《关于开展2017年度高校学生公寓床上用品质量安全专项检查的通知》要求，在全市高校范围内组织开展入校抽检工作，本着入选企业全覆盖的原则，从 94 所高校中抽取 20 所进行入校抽检，每个被抽检企业均抽取 4 件产品（被子、床单、被罩、枕巾），21 家床品企业共抽取检品 31 批次，按照国家标准和相关要求进行质量检验，年内被抽检的 20 所高校 21 家床品企业推荐性标准全部合格；有 3 所高校 3 家床品企业国家强制性标准不合格，召开抽检结果反馈会并约谈 3 所高校，要求及时整改。

（郭迎庆　崔莲莲）

《北京校服》LOGO 征集活动

10 月，学校后勤事务中心完成《北京校服》标识 (LOGO) 征集活动。活动面向全社会，收到来自全国应征作品 138 个。经过初选，25 个作品进入网评阶段，通过市教委微信公众号“首都教育”收到网评投票 10074 份。最终，经过专家、学校及教师代表等组成的终评组评选，6 个作品获奖，其中，一等奖 1 个、二等奖 2 个、优秀奖 3 个。该活动于 3 月启动。

（陈娜）

《北京校服》LOGO 征集活动获奖作品

（学校后勤事务中心　供）

调研统计中小学校及幼儿园在校就餐情况

11 月，学校后勤事务中心开展 2017 年北京市中小学校及幼儿园学生在校就餐情况的调研统计工作。此次调研统计内容包括校区数、就餐人数、食堂信息、学校供餐方式、校园营养师情况以及外送餐情况等。在征求区教委相关科室意见的基础上优化统计报表，方便准确填报，并新增对幼儿园就餐情况的统计。

（王佳）

加强校园安全管理

至年底，学校后勤事务中心开展多项措施加强校园安全管理工作。9 月，为全市新入学一年级小学生配发小学生交通安全帽（小黄帽）19 万套。完成 2017—2018 学年度校方责任保险及附加无过失责任保险投保工作，校方责任保险投保人数 170.68 万人，保费约 853.4 万元；附加无过失保险投保人数 139.45 万人，保费约 697.25 万元。至 8 月，2016—2017 学年度校方险主险报案数 714 件，结案率 95%，附加险报案数 1124 件，结案率 98%，全市初中开放性科学实践活动无出险报案。继续开展“十三五”北京市中小学校（园）长校园安全培训计划，共培训中小学校长和幼儿园园长 1200 余人。至 12 月，中心配合市教委开展全市教育系统校园安全和秋季开学工作大检查，对全市教育系统进行安全隐患大排查、大清理、大整治专项行动，“一带一路”国际合作高峰论坛战时严控阶段校园及周边安全专项督查和党的十九大维稳安保校园及周边安全专项督查工作共 4 次。

（陈娜　陈鼎琪）

北京市教育系统食品安全监测

至年底，学校后勤事务中心加强北京市教育系统食品安全监测工作。6 月，对 36 家单位（包括高校 25 家、区教委和市教委直属单位 11 家）食堂食品安全监测工作情况开展入校检查，检查内容主要包括食品安全快检设备的日常管理、使用和数据上报以及运行保障、人员配备和实际操作等；9 月，召开市教育系统食品安全监测工作培训会，通报食品安全监测系统 2016—2017 学年度运行情况，内容涉及食品安全专题讲座和技术人员培训等，各区教委、高校、有关直属单位主管食品安全工作领导食品安全检测设备所在单位负责人、检测技术人员等 364 人参训。全年中心共收集来自 175 个监测终端上传数据 197350 个，涉及 86 所高校 130 个监测终端、15 个区教委 32 个监测终端和 11 个直属单位 11 个终端，共排除安全隐患 634 次，排除隐患 305 个，并编制工作月报 8 份。

（王帅）

推动节能减排

至年底，学校后勤事务中心开展系列活动推动节能减排工作。中心组织开展《高等学校碳排放管理规范》地方标准编制，强化和规范高校二氧化碳排放管理和控制工作；制定《“十三五”教育系统节能减排行动计划》；组织开展全国节约型公共机构示范单位创建（北方工业大学）和能效领跑者（首都师范大学、北京工业大学）遴选活动；开展绿色生态校园建设与节能减排教育活动，征集优秀成果作品教师科研论文 149 篇、学校建设方案 142 篇、学生征文 484 篇、微视频 118 篇、摄影照片 367 张，并挑选部分优秀教师科研论文和学校建设方案汇编印刷成《生态文明伴我行》2000 册，印发至各区教委及下属学校；继续在初等教育阶段开展“北京市能效领跑者”评选工作，全市教育系统共有 76 所学校申报，6 所学校入选；召开 2017 年北京教育系统节能减排工作培训会。全年中心通过教育系统节能减排应用平台，实现对教育系统所有用能单位的水、电、气、热、油、煤等用能数据采集，保证基础大数据全面准确。

（张炀）

（本栏责任编辑　华蕾）

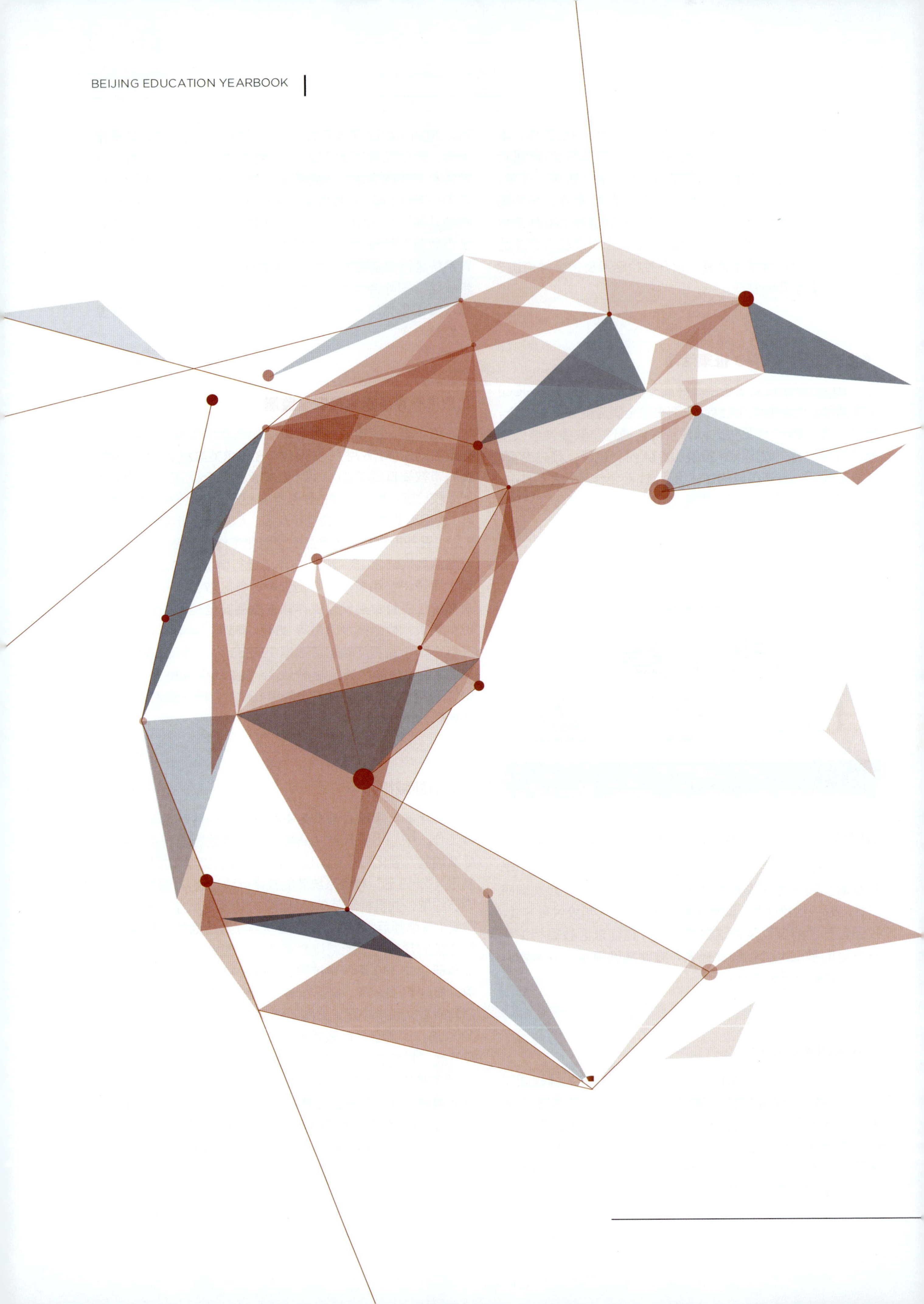

2018 人物

PERSONAGE

- 先进人物
- 逝世人物

PERSONAGE 人物

先进人物

吴良镛获首都杰出人才奖

1月12日，清华大学吴良镛获首都杰出人才奖。吴良镛，1922年生于南京，建筑学家、城乡规划学家、教育家，中国科学院和中国工程院院士，清华建筑与城市研究所所长，先后获得国家最高科学技术奖、世界人居奖、国际建筑师协会屈米奖等。首都杰出人才奖是北京市人才奖励最高奖项，每三年评选一次，每次表彰5人左右，2017年4人获奖。

（付兴锋）

张东晓当选美国国家工程院院士

2月8日，北京大学工学院院长张东晓当选美国国家工程院院士。这是工程科学和技术界最高职业荣誉之一。张东晓，1988年、1989年毕业于东北大学，分别取得学士学位和岩石力学硕士学位；1991年、1992年、1993年毕业于美国亚利桑那大学，分别取得地质工程硕士学位、水文学硕士学位、水文学博士学位。历任美国南加州大学Marshall讲席正教授（终身制），俄克拉荷马大学石油和地质工程系米勒讲席正教授（终身制），北大能源与资源工程系首任系主任，长江学者讲座教授，为地下水文学、非常规油气开采（煤层气、页岩气）、二氧化碳地质埋藏方面的国际著名学者，其随机理论建模、数值计算、历史拟合方面的研究成果已被国际同行广泛采用。

（刘语潇）

丛京生当选美国国家工程院院士

2月8日，北京大学信息科学技术学院“海外高层次人才引进计划”客座教授丛京生入选美国国家工程院院士。这是工程科学和技术界最高职业荣誉之一。丛京生，美国籍，1985年毕业于北大计算机系；1987年、1990年，分别获得美国伊利诺伊大学厄巴纳—香槟分校计算机专业硕士学位和博士学位。2001年，获选美国电气和电子工程师协会院士（IEEE Fellow）；2009年，担任北大高能效计算与应用中心主任。

（刘语潇）

陈掌星当选加拿大工程院院士

6月26日，中国石油大学（北京）石油工程学院国家特聘专家陈掌星当选加拿大工程院院士。陈掌星，1962年出生，博士生导师。教育部“长江学者”讲座教授，加拿大卡尔加里大学终身教授，加拿大国家讲席教授，非常规油气首席科学家，IT首席科学家等。长期从事油藏工程和数值模拟研究，在渗流力学研究、新的油气提高采收率工艺、随钻测量技术及设备、油藏数值模拟理论与方法、可视化技术、技术转让和应用等方面取得突出成果。他在《美国国家科学院院刊》(PNAS)、《自然》(Nature)出版集团《Scientific Reports》等期刊发表论文620篇，出版著作17部，拥有15项国际发明专利，是10余种国际杂志编委。获加拿大国家科学与工程基金会科研与创新奖、加拿大工业数学菲尔兹奖、美国福特总统奖、美国南美杰出华人奖等奖励。

（李强楠）

柴嵩岩获评第三届国医大师

6月29日，首都医科大学附属北京中医医院柴嵩岩获评第三届国医大师。柴嵩岩，女，附属北京中医医院主任医师、教授，1929年出生，1950年起从事中医临床工作，是全国老中医药专家学术经验继承工作指导教师，擅长诊治多种妇科疑难杂症。国医大师评选始于2008年，由人社部、国家卫生计生委和国家中医药管理局组织，作为国家政府部门在全国范围内国家级中医大师的评选，主要授予德高望重、临床医术精湛的名医名家，入选者享受省部级先进工作者和劳动模范待遇。此前两届国医大师分别在 2009 年、2014 年评出，每届 30 人。

（王于英 陈飞飞）

张福锁当选工程院院士

11 月 27 日，中国农业大学资源与环境学院张福锁教授当选中国工程院农业学部院士。张福锁，1960 年 10 月出生，陕西凤翔人。1978 年考入西北农学院土壤农化系，先后在北京农业大学、德国霍恩海姆大学获得硕士和博士学位。张福锁一直从事植物营养科研与教学工作，在植物营养理论和技术创新与应用方面做出突出贡献，系统揭示化肥的增产效应和环境影响，提出协调高产与环保的新思路和可行途径，发现的根际养分活化机理被写入国际植物营养学经典教材，建立以“科技小院”为核心的区域技术应用新模式，大面积推广高产环保技术，推动中国农业可持续发展，为人才培养、农业和化肥产业的转型发展提供范例。

（戴晓曦）

戴琼海当选工程院院士

11 月 27 日，清华大学戴琼海当选中国工程院信息与电子工程学部院士。戴琼海，1964 年 12 月生，清华自动化系教授，国家杰出青年基金获得者，2009 年长江学者特聘教授。1987 年在陕西师范大学取得学士学位，1994 年、1996 年在东北大学先后取得硕士和博士学位。主持国家重点自然科学基金、国家“九五”“十五”课题多项。主要研究领域为计算光学与显微、光场与计算摄像学、多视图三维重建与立体视频、合成视觉及其导航应用等。国家重点基础研究发展计划资助（973）首席科学家。曾获国家科学技术发明奖一等奖、二等奖，国家科学技术进步奖二等奖。

（许亮）

聂祚仁当选工程院院士

11 月 27 日，北京工业大学聂祚仁当选中国工程院化工、冶金与材料工程学部院士。聂祚仁，1963 年 1 月出生，湖南长沙人。1983 年 8 月毕业于武汉理工大学机械系，1997 年 11 月中南大学毕业取得博士学位。2013 年 4 月任北工大副校长。主要从事有色金属冶金材料加工及其循环再造研究。先后主持国际合作和国家“973”课题等 20 余项，以第一完成人获国家技术发明奖二等奖 1 项、国家科学技术进步奖二等奖 1 项；授权发明专利和软件著作权 50 余件；出版专著、教材 4 部。他为长江学者特聘教授，入选国家百千万工程领军人才，被授予全国五一劳动奖章等。

（钟嶷盛）

宁滨当选工程院院士

11 月 27 日，北京交通大学宁滨当选中国工程院信息与电子工程学部院士。宁滨，1959 年 5 月生，山西运城稷山人，工学博士，教授，博士生导师，现任北京交大校长。宁滨长期从事轨道交通列车运行控制系统领域的科研与教学工作，为中国地铁、提速和高铁三个方面的列控系统自主创新做出系统性贡献，是该领域的开拓者和领军者之一。宁滨曾获国家科学技术进步奖特等奖 1 项、二等奖 3 项，授权发明专利 9 项，制定行业标准 3 项，发表期刊论文 60 余篇，获詹天佑大奖，2016 年获何梁何利科学与技术进步奖。在轨道交通工程型创新人才培养方面两次获国家教学成果一等奖。

（高杰）

周济当选工程院院士

11 月 27 日，清华大学周济当选中国工程院化工、冶金与材料工程学部院士。周济，1962 年 10 月生，清华材料学院教授，长江学者特聘教授，国家杰出青年基金获得者。1983 年在吉林大学电子科学系取得学士学位，1991 年在北京大学化学系取得博士学位。长期从事信息功能材料的研究，在低温烧结软磁铁氧体和低温共烧陶瓷（LTCC）介质材料方面取得突破，解决无源电子元器件片式化和集成的若干关键技术难题，为国内片式电感器和无源集成产业的形成和发展做出贡献；提出通过超材料与自然材料融合构筑新型功能材料的思想，在此基础上率先发展出非金属基超常电磁介质等一系列新材料。发表学术论文 369 篇，出版学术专著 1 部，授权发明专利 41 项，作为第一完成人获国家自然科学奖二等奖和国家技术发明奖二等奖各 1 项。

（许亮）

张建民当选工程院院士

11 月 27 日，清华大学张建民当选中国工程院土木、水利与建筑工程学部院士。张建民，1960 年 3 月生，清华水利系教授、土木水利学院院长。分别于 1982 年、1984 年、1991 年获西安理工大学水电学院学士、硕士、博士学位，1997 年在日本东京工业大学建筑系获博士学位。从事土动力学及岩土工程抗震理论与工程应用研究 30 余年，率先将土工抗震从以往的只针对“土体”提升到注重各种“土体

与结构系统”，紧密结合城市地下结构、高层建筑基础、高土石坝、港航与近海结构等工程抗震实践，研发动力测试和动力计算两个技术平台，建立以土体与结构一体化设计为核心的土工抗震理论与技术体系。主编国家标准《地下结构抗震设计标准》。主要成果被国内外专著教材和设计规范采用，直接应用到70余项大型工程抗震设计，发表《科学引文索引》（SCI）和《工程索引》（EI）收录论文220余篇、授权发明专利22项。以第一完成人获2009年国家科学技术进步奖二等奖和2013年国家技术发明奖一等奖。获首都劳动奖章、全国优秀科技工作者等称号。

（许亮）

董家鸿当选工程院院士

11月27日，清华大学附属北京清华长庚医院董家鸿当选中国工程院医药卫生学部院士。董家鸿，1960年3月生，清华临床医学院院长、清华精准医学研究院院长、长庚医院执行院长。1982年在徐州医学院获学士学位，1985年在第三军医大学获得硕士学位，1993年在第三军医大学西南医院肝胆外科获得博士学位。曾在第三军医大学西南医院和中国人民解放军总医院从事肝胆外科工作，担任学科带头人16年。他长期致力于现代肝胆外科理论和技术的研究，在国际上首次提出“精准外科”理念，相继创建三家全国肝胆外科病终点站式诊疗中心和示范基地，打造三支擅长复杂肝胆道病诊疗的精英团队，救治数以万计复杂危重肝胆病患。以第一作者或通讯作者发表《科学引文索引》（SCI）论文87篇，主持制订11部行业指南，主编出版专著5部。主持国家科技支撑计划等项目16项，以第一完成人获国家科学技术进步奖二等奖1项。

（许亮）

吴锋当选工程院院士

11月27日，北京理工大学吴锋当选中国工程院化工、冶金与材料工程学部院士。吴锋，1951年6月出生，江苏常州人，博士生导师，长期从事新型二次电池与相关能源材料的研究开发工作，率先提出采用轻元素、多电子、多离子反应体系实现电池能量密度跨越式提升的学术思想，研发出高比能二次电池新体系与关键材料，自主开发出一系列锂离子电池关键新材料、电池制备新工艺和电池安全性技术，提出通过系列关键材料的协同作用提高电池本征安全性，发明安全性电极、复合型陶瓷类聚合物隔膜、具有阻燃性和电化学兼容性的电解质体系，率先提出电池系统安全阈值边界的概念，并开发出识别与控制技术，发明含锂储氢合金及其制备方法，打破国外对储氢合金的专利垄断，主持创建国家第一个镍氢电池中试基地，设计建成国家第一条镍氢电池自动化示范生产线，研发出系列镍氢动力电池组并成功应用于多款混合动力汽车。以第一完成人获国家技术发明奖二等奖、国家科学技术进步奖二等奖各1项，获得国家发明专利授权81项。

（杨宝焱）

孙逢春当选工程院院士

11月27日，北京理工大学孙逢春当选中国工程院机械与运载工程学部院士。孙逢春，1958年6月出生，湖南临澧人，博士生导师，长期从事车辆工程领域车辆电动化技术研究工作，开创国家“电动车辆、充/换电站、远程实时监控”电动商用车辆系统工程技术体系，创建电动车辆国家工程实验室、新能源汽车运行国家监管平台，在电动车辆系统动力学、节能与再生制动控制、自动机械变速传动控制以及电动车辆运行安全监控等方面进行开拓性研究开发，取得系列成果。发明动力传动系统关键技术，主持研制出国家首辆超低地板电动客车，与21家企业技术合作实现产业化，主持研制的电动客车获国家首个产品公告，主持开发混合动力——线控多轮分布式电驱动关键技术，研制出履带装甲车辆混合动力电传动原理样车、演示验证样车，完成水陆两栖性能试验和3000km可靠性考核，发明电池管理、充/换电站、远程实时监控等技术，创建电动车辆运行标准体系，主持研制出国际首座电动商用车自动快速充/换电站，率先实施北京奥运会、上海世博会、广州亚运会零排放国家重点交通示范工程，提出新能源汽车运行国家—地方政府—整车企业三级监管技术体系，创建新能源汽车运行唯一国家监管平台，完全自主知识产权电动客车和充/换电站成套技术与产品通过国际认证并首次出口欧盟。获国家技术发明授权65项，以第一完成人获国家技术发明奖二等奖2项、国家科学技术进步奖二等奖1项。

（杨宝焱）

陈杰当选工程院院士

11月27日，北京理工大学陈杰当选中国工程院信息与电子工程学部院士。陈杰，1965年7月出生，福建福清人，博士生导师，长期从事控制科学与工程等相关学科领域的教学与科研工作，在动态环境下复杂系统的多指标优化与控制、多智能体协同控制等研究领域内进行研究，提出并建立分布式协同控制的混合智能优化与稳定性的理论与方法，并面向应用将在该领域的研究与装备系统建设密切结合，突破野战阵地信息快速自主获取、多武器平台的分布式协同控制等技术难题，所研制出的装备得到大量列装。以第一完成人获国家自然科学奖二等奖1项、国家科学技术进步奖二等奖2项，以第一发明人获授权发明专利40余项。

（杨宝焱）

乔杰当选工程院院士

11月27日，北京大学第三医院乔杰当选中国工程院院士。乔杰，女，1964年出生，黑龙江省哈尔滨市人，生殖医学专家。1987年毕业于北京医科大学，同年进入北医三院从事医疗、教学和科研工作至今；1996年获得博士学位。曾在美国斯坦福大学做博士后研究，现任北医三院院长、妇产科主任、生殖医学中心主任。是北大—清华生命科学联合中心研究员，国家杰出青年科学基金获得者，中国医师协会生殖医学专业委员会第一届主任委员，《中华生殖与避孕杂志》及《中国微创外科杂志》总编。

（刘语潇）

方复全当选中科院院士

11月28日，首都师范大学方复全当选中国科学院数学物理学部院士。方复全，1964年出生于安徽省，无党派，1986年，本科毕业于华中科技大学应用数学专业，1991年获吉林大学博士学位，2016年任首师大副校长。主要从事黎曼几何与微分拓扑学研究，教育部“长江学者奖励计划”特聘教授，获得国家自然科学奖二等奖等。

（吴文灵）

郑志明当选中科院院士

11月28日，北京航空航天大学数学与系统科学学院郑志明当选中国科学院信息技术科学部院士。郑志明，1953年10月生于上海，教授、博士生导师，2003年至北航工作，历任理学院院长、高等工程学院院长、副校长等职务。郑志明为数学与信息科学交叉领域专家，长期从事空天信息安全与复杂信息系统等数学与信息交叉领域的研究。创立动力学密码——基于代数和动力学融合的密码分析原理和方法，突破空天信息安全高速、低耗、多模式等技术瓶颈，研制成功系列空天安全新装备并列装。面向复杂信息系统，创立调控系统复杂性的理论和方法，建立信息快速传播、信息全局扩散和数据准确分析的新计算模式，产生重要国际学术影响。获国家技术发明奖一等奖、何梁何利科技进步奖等。

（朴悦嘉）

杨万泰当选中科院院士

11月28日，北京化工大学杨万泰当选中国科学院化学部院士。杨万泰，1956年10月出生，1982年毕业于清华大学化工系高分子化工专业，1985年于北京化工学院获硕士学位并留校工作至今。期间于1993—1996年在瑞典皇家理工学院进修/学习获博士学位。2001年评为教育部“长江学者奖励计划”特聘教授。他主要从事高分子材料合成与改性化学的方法学研究。在表面改性领域，发展一整套光催化表面C-H键转化新反应体系，可对聚烯烃等各种高分子进行多层次表面功能化。在聚合领域，建立基于环状芳香频哪醇调节的有工业意义的可控/活性自由基聚合新方法，可制备分子量可控水溶性聚合物和各种功能共聚物。在非均相聚合领域，建立自稳定沉淀聚合绿色新技术，不仅可制备尺寸可控的微/纳粒子，还为解决“全球巨量废弃烯烃利用”难题提供新途径。多项专利成果进入工业应用。

（肖勇）

段文晖当选中科院院士

11月28日，清华大学段文晖当选中国科学院技术科学部院士。段文晖，1967年1月生，1981年至1992年在清华学习，先后获得学士、硕士与博士学位。1992年至1994年在钢铁研究总院从事博士后研究。1994年至今在清华任教。主要从事计算材料科学领域的研究，从原子与电子层次出发开展材料性质预测和微观结构设计。发现对称性选择定则导致的量子输运性质，提出基于石墨烯直接构筑基本器件单元的方案，并预测多种组成简单的二维拓扑材料。提出半导体材料反常表面金属化的氢桥键机制，发现超晶格调制可诱导新铁电相并提高压电性能。揭示磁掺杂拓扑材料中的量子相变机制，发现其薄膜中的负双折射现象。发表《科学引文索引》（SCI）收录学术论文280余篇，两次获国家自然科学奖二等奖（2000年、2014年），并获叶企孙物理奖（2013年）。

（许亮）

欧阳明高当选中科院院士

11月28日，清华大学欧阳明高当选中国科学院技术科学部院士。欧阳明高，1958年10月生，1982年毕业于长沙铁道学院，1993年获丹麦技术大学博士学位。清华汽车安全与节能国家重点实验室主任。欧阳明高从“十一五”开始连续三个五年计划担任国家节能与新能源汽车科技重点专项首席专家，长期从事汽车新型动力系统研究，提出发动机电控高压柴油喷射新方法，发明毫秒级燃油压力波精确调控技术，揭示高比能量锂离子动力电池热失控诱发与蔓延新机制及抑制途径，发展质子交换膜燃料电池系统非线性动态建模与状态辨识理论，建立燃料电池/动力电池能量混合型动力系统设计与最优控制方法，研制出系列新装置与新系统并实现产业化应用。发表《科学引文索引》（SCI）收录论文170篇，多次被列入中国和全球高被引学者榜，授权发明专利75项，曾获国家技术发明奖二等奖2项、

何梁何利科学技术奖等。

（许亮）

陈晔光当选中科院院士

11 月 28 日，清华大学陈晔光当选中国科学院生命科学和医学学部院士。陈晔光，1964 年 8 月生，生命科学学院教授。1983 年毕业于江西大学生物系，1986 年获硕士学位，1990 年获美国福特汉姆大学（Fordham University）硕士学位，1996 年获得美国阿尔伯特 · 爱因斯坦医学院博士学位。2002 年起为清华教授。主要从事细胞信号转导机制及其生理病理作用的研究，在 TGF-β 信号调控方面取得一系列原创性成果，提出 TGF-β 信号转导与受体在细胞不同膜区的空间分布有关、并受细胞内吞的调控，发现 TGF-β 信号转导特异性的结构基础，发现细胞自噬抑制 Wnt 信号现象及其机制，系列研究成果对深入了解胚胎发育、组织稳态、肿瘤发生发展等过程有重要借鉴作用。先后获何梁何利科技进步奖、中国青年科技奖等。

（许亮）

王小云当选中科院院士

11 月 28 日，清华大学王小云当选中国科学院数学物理学部院士。王小云，女，1966 年 8 月生。1983 年至 1993 年就读于山东大学数学系，获得学士、硕士和博士学位。多年从事密码理论及相关数学问题研究。提出密码哈希函数的碰撞攻击理论，即模差分比特分析法，破解包括 MD5、SHA-1 在内的 5 个国际通用哈希函数算法；将比特分析法进一步应用于带密钥的密码算法包括消息认证码、对称加密算法、认证加密算法的分析，给出系列重要算法重要分析结果；给出格最短向量求解的启发式算法二重筛法；设计中国哈希函数标准 SM3。获 2014 年中国密码学会密码创新奖特等奖；2010 年苏步青应用数学奖；2008 年国家自然科学奖二等奖;2006 年陈嘉庚科学家奖、中国女青年科学家奖等。

（许亮）

陆林当选中科院院士

11 月 28 日，北京大学第六医院陆林当选中国科学院生命科学和医学学部院士。陆林，1966 年 9 月出生，安徽省安庆市人，精神病学与临床心理学家，博士研究生导师。1989 年毕业于华北煤炭医学院，1999 年在华西医科大学获医学博士学位，1999 年至 2003 年先后在复旦大学医学院和美国国立卫生研究院（NIH）开展博士后研究工作，2005 年任北大中国药物依赖性研究所所长。现为北大第六医院院长 / 北大精神卫生研究所所长、国家精神心理疾病临床医学研究中心主任、中国疾病预防控制中心精神卫生中心主任、北大临床心理中心主任。为教育部“长江学者奖励计划”特聘教授、国家杰出青年基金获得者、科技部“973 计划”项目首席科学家。

（刘语潇）

魏悦广当选中科院院士

11 月 28 日，北京大学工学院魏悦广当选中国科学院技术科学部院士。魏悦广，1960 年 1 月生，陕西渭南人。1982 年毕业于西安科技大学，1986 年毕业于中国矿业大学北京研究生部获硕士学位，1992 年毕业于清华大学获博士学位。主要从事跨尺度力学、弹塑性断裂力学、复合材料力学等研究。在国际上建立协同考虑应变梯度和表界面效应的跨尺度力学理论；建立可压缩应变梯度理论和适合应变梯度理论的有限元方法，并由此预测出金属的微尺度断裂强度高达其宏观屈服强度十倍以上的重要结论，突破传统力学理论的预测极限。

（刘语潇）

杨迟被授予瑞典皇家北极星勋章

12 月 20 日，北京外国语大学瑞典语教研室杨迟被授予瑞典皇家北极星勋章。瑞典驻华大使林戴安（Anna Lindstedt）出席授勋仪式。瑞典皇家北极星勋章是瑞典国王弗雷德里克一世于 1748 年创建的皇家骑士勋章，奖励为瑞典做出杰出贡献的外国人或无国籍人士。杨迟是北外瑞典语教研室的开创者之一，也是中国瑞典语教学事业的开创者之一。在北外任教的 42 年间，培养 150 余名瑞典语专门人才。

（杜改俊）

逝世人物

李晨逝世

1 月 6 日，李晨遗体告别仪式在北京医院举行。习近平、刘云山等党和国家领导人以个人名义送花圈，林克庆以及李晨生前同事、好友等共计 260 余人参加告别仪式。同日，李晨遗体在八宝山殡仪馆火化。李晨，1920 年 6 月生，湖南湘乡人。1936 年加入抗日民族先锋队。1938 年考入西南联合大学，1939 年加入中国共产党，1940 年任西南联大党总支书记。1943 年考入浙江大学，任浙大党总支书记。解放战争时期，历任周恩来机要秘书、中共中央华北局城市工作部负责人、中共北京市石景山区委书记。新中国成立后，历任北京市总工会秘书长、副主席，中共北京市委建筑工程部副部长，北京工业大学校长、党委书记，北京市教育局局长、党组书记，中共北京市委教育工作部副部长，北京市政府副秘书长，北京市人大教科文委主任，中共北京市顾问委员会常务委员等职务，1996 年离休。2016 年 12 月 29 日因病医治无效，在北京逝世。

（杨旭）

张腾霄逝世

2 月 8 日，中国人民大学教授张腾霄在京逝世，享年 102 岁。张腾霄，1915 年出生于河南洛阳，1937 年 11 月入延安安吴堡战时青年训练班学习，1938 年 10 月加入中国共产党，同年入陕北公学学习和工作。曾任华北联合大学小学教材编写组组长，晋察冀边区雁北专区督学、民教科长，中共中央宣传部教育研究室研究员，徐特立秘书，华北大学教务科长。建国后，历任人民大学教务部副部长、研究部副部长、副校长、党委书记兼副校长，任第六届全国人大代表。

（王文泽）

张公瑾逝世

4 月 26 日，中央民族大学荣誉资深教授张公瑾逝世，享年 84 岁。张公瑾，1933 年出生于浙江温州，著名民族语言学家、民族古籍和文化学家，从事少数民族语言文化和语言学理论教学研究，致力于少数民族古籍文献整理和文化语言学的理论建设。曾任少数民族语言文学学院教授、博士生导师，壮侗学研究所所长，全国古籍工作专家委员会委员、全国高等院校古籍整理研究工作委员会委员、《中国少数民族古籍总目提要》主编。

（周翊兰）

项祖华逝世

7 月 16 日，中国音乐学院教授项祖华因病在北京逝世，享年 83 岁。项祖华是中国著名扬琴演奏家、教育家、作曲家，1934 年 9 月 12 日出生于苏州，自幼学习扬琴、二胡等乐器，师从江南丝竹泰斗任梅初和民乐大师陆修棠。20 世纪 40 年代随卫钟乐、陆修棠、杨荫浏等民乐大师在江苏、上海举行音乐会演出。20 世纪 50 年代调入上海民族乐团并任上海音乐学院扬琴导师。20 世纪 60 年代应聘中国音乐学院和中央音乐学院任教。项祖华是新中国第一代扬琴艺术家和第一位扬琴硕士生导师，曾创作改编近百首中外古今的扬琴及民乐作品，如大型扬琴套曲《国魂篇》等。出版专著《扬琴弹奏技艺》《民族乐器传统独奏曲选——扬琴专辑》等，在海内外发表论文数十篇。

（田婷）

柯俊逝世

8 月 8 日，北京科技大学教授柯俊在北京逝世，享年 101 岁。柯俊是著名科学家、教育家，中国科学院院士，中国金属物理、冶金史学科奠基人。柯俊，1917 年 6 月 23 日出生于吉林长春，1938 年毕业于武汉大学化学系，1948 年毕业于英国伯明翰大学获博士学位，后担任英国伯明翰大学高级讲师。1953 年回国，先后任北京钢铁学院教授、物理化学系主任和副院长，以及北科大校长顾问等职。1980 年当选中国科学院技术科学部学部委员，并担任学部常委。长期从事合金中相变研究，是贝茵体切变理论创始人；发展马氏体相变动力学，探索微量元素在钢中的作用机理，开创超级钢研究。20 世纪 50 年代创立中国第一个金属物理专业，参与创办第一个冶金物理化学专业，推进中国电子显微学的建立和发展；70 年代创办国内第一个科学技术史（工学）博士点；90 年代推动中国工程教育改革并在北科大建立“大材料”试点班。曾获国家自然科学奖、国家教学成果奖和何梁何利基金科技进步奖等。

（倪阳）

姜维壮逝世

8 月 23 日，中央财经大学财政税务学院教授姜维壮因病逝世，享年 94 岁。姜维壮，著名财政学家，1923 年 12 月出生，山东龙口人，1949 年 2 月参加工作，中国财政理论奠基人之一，曾在中央财政金融学院财政系、辽宁财经学院财金系，中央财政金融学院研究所等单位从事教学科研工作。曾获北京市优秀教师、全国优秀教师等称号。1992 年起享受政府特殊津贴，2017 年获中国财政理论研究终身成就奖。

（任婷）

卢乐山逝世

11 月 9 日，北京师范大学教授卢乐山因病医治无效，在京逝世，享年 100 岁。卢乐山，女，1917 年生于天津，湖北沔阳人。1938 年毕业于燕京大学，先后任教于天津木斋学校、协和医院家属幼稚园、成都树基儿童学园及四川省立幼稚师范学校。1948 年赴加拿大多伦多大学儿童研究所进修。1950 年起任教于北师大教育系，1986 年晋升教授。卢乐山是新中国学前教育学科的重要奠基人，曾任北师大学前教育专业首任教研室主任，中国学前教育专业首位硕士研究生导师。曾任第六届中国民主同盟常委兼妇女委员会主任，第六届全国妇女联合会副主席，第七届全国政协委员。

（申政）

萧灼基逝世

11 月 14 日，北京大学经济学院教授萧灼基在北京逝世，享年 84 岁。萧灼基，著名经济学家，第九届全国政协委员，第十届全国政协常委、社会和法制委员会副主任，中国民主建国会会员，第六、七届中国民主建国会常务委员、特别顾问、经济委员会主任。萧灼基，1933 年出生于广东汕头，1959 年毕业于中国人民大学。1959 年开始历任北大经济系助教、讲师、副教授、教授；1986 年 7 月被国务院学位委员会批准为博士研究生导师；1992 起享受国务院有突出贡献专家特殊津贴。主持“七五”国家社会科学重点研究课题“股份制经济研究”和“八五”国家社会科学重点研究课题“证券市场研究”。著有《马克思传》《恩格斯传》《萧灼基选集》等专著 16 部，主编《我国经济建设与经济体制改革》《股份经济学》《中国证券全书》等著作 16 部，曾获“国家有突出贡献专家”、首届“孙冶方经济科学奖”、首届“陈岱孙经济学著作奖”等数十个奖项。

（刘语潇）

（本栏责任编辑　华蕾）

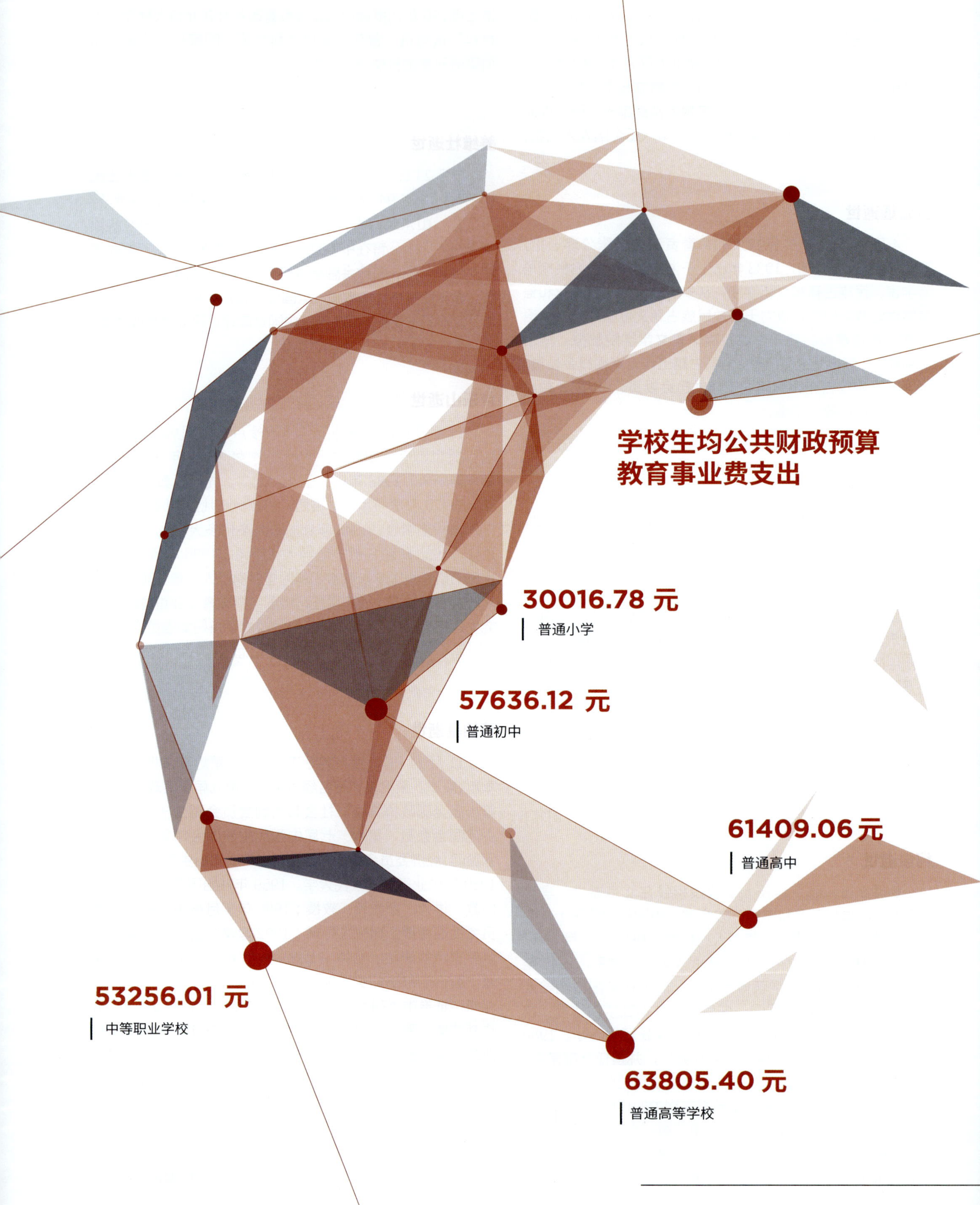
学校生均公共财政预算
教育事业费支出
30016.78 元
普通小学
57636.12 元
普通初中
61409.06 元
普通高中
53256.01 元
中等职业学校
63805.40 元
普通高等学校

2018 调研报告

RESEARCH REPORT

- 关于北京市 2017 年教育经费执行情况的公告
- 北京市 2017 年教育法律法规执行情况督导检查报告
- 北京市 2016—2017 学年学前教育发展状况监测报告
- 北京市 2017 年教育工作满意度调查报告
- 北京市中小学办学体制改革情况督导调研报告 (2017 年度)

关于北京市2017年教育经费执行情况的公告

《中华人民共和国教育法》第五十五条规定："全国各级财政支出总额中教育经费所占比例应当随着国民经济的发展逐步提高"，第五十六条规定："各级人民政府教育财政拨款的增长应当高于财政经常性收入的增长，并使按在校学生人数平均的教育费用逐步增长，保证教师工资和学生人均公用经费逐步增长"。现将2017年北京市教育经费执行情况公告如下：

一、教育经费执行总体情况

本市地方各级政府一般公共预算教育经费（包括教育事业费、基建经费、教育费附加）955.70亿元，比上年增长8.32%。财政部于2004年1月印发了《关于统一界定地方经常性收入口径的意见》，对财政经常性收入口径做出了界定，按此口径调整2017年财政经常性收入4717.77亿元，比上年增长9.16%，一般公共预算教育经费增长比例低于财政经常性收入增长比例0.84个百分点。

2017年本市一般公共预算支出6824.53亿元，一般公共预算教育经费占一般公共预算支出的比例为14%，比上年增长了0.23个百分点。

二、各级教育生均一般公共预算教育事业费支出增长情况

2017年全市普通小学、普通初中、普通高中、普通高等学校、中等职业学校生均一般公共预算教育事业费支出情况是：

（一）全市普通小学为30016.78元，比上年的25793.55元增长16.37%。

（二）全市普通初中为57636.12元，比上年的45516.37元增长26.63%。

（三）全市普通高中为61409.06元，比上年的50802.57元增长20.88%。

（四）全市普通高等学校为63805.40元，比上年的55687.68元增长14.58%。

（五）全市中等职业学校为53256.01元，比上年的38661.50元增长37.75%。

三、各级教育生均一般公共预算公用经费支出增长情况

2017年全市普通小学、普通初中、普通高中、普通高等学校、中等职业学校生均一般公共预算公用经费支出情况是：

（一）全市普通小学为10855.08元，比上年的10308.69元增长5.30%。

（二）全市普通初中为21282.49元，比上年的16707.86元增长27.38%。

（三）全市普通高中为21677.24元，比上年的18425.09元增长17.65%。

（四）全市普通高等学校为32126.86元，比上年的29346.33元增长9.47%。

（五）全市中等职业学校为25370.60元，比上年的15587.33元增长62.76%。

特此公告。

附件：2017年北京市教育经费执行情况统计表

北京市教育委员会
北京市财政局
北京市统计局
北京市发展和改革委员会
北京市科学技术委员会
2018年11月13日

注：

1. 根据《2017年全国教育经费执行情况统计公告》，从2017年起，将“公共财政预算安排的教育经费”修改为“一般公共预算安排的教育经费”；将“公共财政教育经费”修改为“一般公共预算教育经费”；将“生均公共财政预算教育事业费”修改为“生均一般公共预算教育事业费”；将“生均公共财政预算公用经费”修改为“生均一般公共预算公用经费”。

2. 公告中的2017年本市一般公共预算支出6824.53亿元来源于《北京市2017年决算报告》。

2017年北京市教育经费执行情况统计表

表一　一般公共预算教育经费增长情况

地区	一般公共预算教育经费（亿元）	一般公共预算教育经费占一般公共预算支出的比例（%）	一般公共预算教育经费本年比上年增长（%）	财政经常性收入本年比上年增长（%）	一般公共预算教育经费增长与财政经常性收入增长幅度比较（百分点）
东城区	63.58	26.07	27.73	20.50	7.23
西城区	58.54	13.59	6.53	27.44	-20.91
朝阳区	96.22	18.74	8.63	5.00	3.63
丰台区	36.75	16.16	18.53	8.39	10.14
石景山区	16.09	16.31	-3.77	9.13	-12.90
海淀区	104.91	16.95	4.14	4.00	0.14
门头沟区	16.47	17.30	13.76	4.00	9.76
房山区	38.34	17.61	11.91	7.61	4.30
通州区	35.29	11.00	18.92	9.40	9.52
顺义区	39.57	16.28	24.05	18.68	5.37
昌平区	34.85	18.87	10.35	13.15	-2.80
大兴区	36.51	15.94	11.56	4.85	6.71
怀柔区	18.60	13.77	11.08	2.74	8.34
平谷区	20.50	15.63	4.07	0.53	3.54
密云区	20.56	13.62	9.64	5.80	3.84
延庆区	23.81	19.59	52.13	7.74	44.39

表二（1）　各级教育生均公共财政预算教育事业费增长情况

单位：元

地区	普通小学			普通初中			普通高中			普通高等学校		
	2016年	2017年	增减（%）	2016年	2017年	增减（%）	2016年	2017年	增减（%）	2016年	2017年	增减（%）
东城区	30564.25	5563.86	16.36	47001.45	61001.30	29.79	56,133.96	78721.43	40.24			

续表

地区	普通小学			普通初中			普通高中			普通高等学校		
	2016 年	2017 年	增减 (%)	2016 年	2017 年	增减 (%)	2016 年	2017 年	增减 (%)	2016 年	2017 年	增减 (%)
西城区	19386.09	21615.61	11.50	33972.45	43913.54	29.26	45681.37	58,132.20	27.26			
朝阳区	28799.46	31065.67	7.87	44960.24	59690.04	32.76	55663.22	69,549.46	24.95			
丰台区	19139.59	22890.62	19.60	35448.44	46916.88	32.35	48168.08	60,682.71	25.98			
石景山区	26140.89	28931.69	10.68	51175.58	55433.19	8.32	43136.03	50,641.06	17.40			
海淀区	26277.36	29766.82	13.28	42293.97	49787.97	17.72	47390.57	54,357.97	14.70			
门头沟区	42242.87	48633.54	15.13	73602.51	90151.68	22.48	62279.79	75,952.26	21.95			
房山区	22256.62	27019.39	21.40	43947.32	63452.15	44.38	38523.04	41,239.82	7.05	25535.05	71409.72	179.65
通州区	17591.20	22507.34	27.95	33166.70	53427.06	61.09	54127.90	68,651.74	26.83	24581.88	47364.61	92.68
顺义区	33179.37	28014.63	-15.57	72092.56	61537.34	-14.64	69704.34	69,404.97	-0.43			
昌平区	25975.64	30697.43	18.18	47813.04	56932.15	19.07	53402.65	58,158.15	8.90	19502.54	26262.40	34.66
大兴区	21202.03	26362.80	24.34	40328.76	54108.75	34.17	42423.68	51,233.98	20.77			
怀柔区	28056.88	41638.95	48.41	51,126.75	81959.66	60.31	44236.44	60,353.03	36.43	19596.72	27076.82	38.17
平谷区	42181.54	46422.13	10.05	86503.31	95216.59	10.07	48999.30	56,197.54	14.69			
密云区	20830.51	31268.39	50.11	41950.96	59077.21	40.82	33716.07	51,445.36	52.58	17233.83	21534.74	24.96
延庆区	30946.24	50920.48	64.54	48209.85	80396.88	66.76	42523.75	55,644.72	30.86			

表二（2） 各级教育生均一般公共预算公用经费增长情况

单位：元

地区	普通小学			普通初中			普通高中			普通高等学校		
	2016 年	2017 年	增减 (%)	2016 年	2017 年	增减 (%)	2016 年	2017 年	增减 (%)	2016 年	2017 年	增减 (%)
东城区	11638.60	12593.41	8.20	16373.88	22605.17	38.06	16119.65	25685.57	59.34			
西城区	5730.16	7476.37	30.47	8898.87	16534.66	85.81	13528.73	20850.76	54.12			
朝阳区	14760.15	11069.46	-25.00	19912.70	24853.39	24.81	27287.22	30621.88	12.22			
丰台区	6694.88	6703.48	0.13	11761.90	13750.82	16.91	20571.36	23972.06	16.53			
石景山区	8771.45	6754.78	-22.99	20429.44	15792.13	-22.70	10847.06	13173.93	21.45			
海淀区	12485.93	13310.06	6.60	17832.55	20149.36	12.99	18841.02	20826.41	10.54			
门头沟区	22648.04	22725.34	0.34	41416.29	43611.14	5.30	35033.23	41321.55	17.95			
房山区	6358.13	7837.09	23.26	13195.62	27223.31	106.31	8322.45	8951.20	7.55	4576.03	9233.55	101.78
通州区	6792.23	8378.04	23.35	12702.48	25278.45	99.00	27648.19	35740.59	29.27	5269.72	6126.69	16.26
顺义区	8124.83	6278.71	-22.72	17551.22	16230.33	-7.53	18303.83	12184.16	-33.43			
昌平区	8269.54	10128.23	22.48	16396.81	18746.94	14.33	21746.55	22955.74	5.56	11599.77	15550.87	34.06
大兴区	7476.24	8279.80	10.75	12765.77	16226.25	27.11	11923.81	14584.33	22.31			

续表

地区	普通小学			普通初中			普通高中			普通高等学校		
	2016 年	2017 年	增减(%)	2016 年	2017 年	增减(%)	2016 年	2017 年	增减(%)	2016 年	2017 年	增减(%)
怀柔区	8293.80	10686.96	28.85	13523.45	19500.08	44.19	11241.13	14630.68	30.15	3573.85	3588.58	0.41
平谷区	16486.31	10030.03	-39.16	33847.73	21212.43	-37.33	14355.91	14062.27	-2.05			
密云区	6834.17	13250.61	93.89	14636.00	21596.78	47.56	9040.71	20639.54	128.30	400.54	520.28	29.89
延庆区	7965.93	17249.29	116.54	12721.78	27074.34	112.82	12131.06	15503.57	27.80			

北京市 2017 年教育法律法规执行情况督导检查报告

根据《中华人民共和国教育法》等相关法律法规，北京市人民政府教育督导室重点围绕义务教育及学前教育阶段资源供给和设施配备情况，对全市 16 个区进行了督导检查。

此次督导检查采取各区自查与检查组实地督查相结合的方式进行，成立了由市政府教育督导室、市教委、市发展改革委、市规划国土委等相关部门和部分市政府特约教育督导员和市政府督学组成的督导检查组，并对西城、朝阳、丰台、顺义、怀柔、密云和昌平等 7 个区进行了实地督导检查。

督导检查组通过听取区政府工作汇报、查阅相关资料、召开座谈会、实地考察学校及幼儿园等形式深入了解情况。在汇总分析各区落实相关教育法律法规情况自查报告及实地督导检查情况的基础上，形成了 2017 年教育法律法规执行情况的督导检查报告。

一、法律依据

（一）《中华人民共和国教育法》第十八条“各级人民政府应当采取措施，为适龄儿童接受学前教育提供条件和支持。”

（二）《中华人民共和国义务教育法》第五条“各级人民政府及其有关部门应当履行本法规定的各项职责，保障适龄儿童、少年接受义务教育的权利”和第十二条“地方各级人民政府应当保障适龄儿童、少年在户籍所在地学校就近入学。”

（三）国务院《幼儿园管理条例》第四条“幼儿园的设置应当与当地居民人口相适应。”

二、教育法律法规执行情况

各区加强组织领导，明确职责任务，完善工作机制，优化结构布局，强化督导检查，相关法定职责得到基本落实。

（一）重视教育规划落实，教育结构布局进一步优化

重视“十三五”教育发展规划制定工作，发挥教育规划的引领、保障和促进作用。各区围绕区域经济与社会发展特点，结合“全面二孩”政策实施产生的学位需求和北京城市总体规划要求，积极修订完善教育设施专项规划，着力推进规划建设项目实施，促进优质教育资源均衡配置，教育结构布局不断优化。加强学龄人口预测和学位供需预测，统筹考虑人口总量和结构变化、人口政策调整等因素对学位需求的影响，夯实教育资源规划布局基础。

顺义区根据北京市城市总规要求，修订完善了《顺义区基础教育设施专项规划 2016—2035》。深入分析城区和村镇的实际情况，分类别、分地区、分学段，以街区为单位，从规模体量、结构布局、质量水平、现状与发展需求等角度准确分析、精准规划，体现了规划的科学性、前瞻性和引导性。

海淀区将学前教育、义务教育建设规划和布局列为区重点工作，确定了实施中小学办学条件提升工程的时间表和路线图。确立相对就近、统筹推进、整体驱动、统筹配置的原则，科学规划学校布局，优化学校结构，扩大优质教育规模，提出在“十三五”末，再创建 20 所优质学校。

朝阳区规划和教育部门联合对区域内教育规划用地和各街乡公共设施资源情况进行核查分析，研究制定新的《朝阳区扩充教育资源三年行动计划》，重点在学位紧缺地区增加教育资源，缓解局部入学压力突出的矛盾，保证学位供给，优化教育资源配置和布局。

通州区根据北京城市副中心的定位，高度重视教育设施专项规划的编制工作。根据《通州区“十三五”时期教育发展规划》《基础教育设施专项规划》，结合城市副中心建设需求，在原有规划基础上，启动新版《通州区教育设施专项规划》的编制工作，以更高目标和要求谋划设计区域教育发展的未来。

（二）增加学位供给，多措并举保障适龄儿童少年接受教育

为进一步增加学位供给，各区加强统筹保障，加大资金投入力度，加快学校建设速度，积极扩充学位数量，多措并举保障义务教育和学前教育阶段的资源供给和设施配备，保障适龄儿童、少年依法接受义务教育权益。

朝阳区将解决适龄儿童入园工作纳入区政府折子工程和政府实事项目。加大改扩建、居住区配建教育设施接收和教育资源挖潜力度，最大限度增加学位供给。2015年以来，全区新增学前教育学位2万余个，新接收居住区配套教育设施新增学位9600个，对现有教育资源进行挖潜扩充学位4420个。

大兴区“十三五”以来，共新建、改扩建学校28所，新增学位17940个，其中，学前教育学位4140个、义务教育学位13800个，最大限度满足本区域广大人民群众对教育资源的需求。

怀柔区通过新建及改扩建工程，新增学前教育学位4950个，义务教育学位3960个，进一步优化了教育资源布局，解决局部地区学位供给紧张问题。

门头沟区紧紧抓住全面推进旧城改造、新城建设的有利契机，加强规划建设和投资力度，全区新建、改建中小学校及幼儿园38所，建设规模总计44万平方米，投资总额约25亿元。

房山区在优化调整教育布局过程中，通过启用居住区配套教育设施和新建学校，增加学前教育学位3420个、义务教育学位4800个，尽最大努力保障适龄儿童少年进入优质公办校就读。

平谷区大力推进新建和改扩建教育设施工程，实施门楼幼儿园、马昌营中心小学等22个改扩建工程项目，增加学位8820个。新建金海湖学校和镇罗营幼儿园等建设项目，增加学位2310个。

延庆区根据全区学龄人口变化情况，按照“学前小学扩建增容，初中资源优化调整”的思路，以城区及周边地区为重点，对基础教育布局进行再调整，在城区及周边地区新建、改扩建及配套建设一批幼儿园和义务教育学校，在沈家营、旧县、张山营等镇区改扩建一批幼儿园，优化教育发展布局。

（三）进一步完善工作机制，促进居住区配套教育设施交付使用

居住区配套教育设施是教育资源配置的重要方面，多数区不断构建和完善配套教育设施规划建设管理工作机制，落实部门责任，加强过程管理，加大监管考核力度，保障配套教育设施落实到位。部分区还将教育配套的配建补建、新增学位情况纳入对区政府相关部门和街乡绩效考核内容，进一步加大了统筹保障力度。

朝阳区加强居住区配套教育设施的建设和管理，完善区住建、教育等部门的教育配套接收工作联席会制度，加大配套收缴力度，加强教育配套建设全过程的监管，确保近年新建居住区教育配套按时移交。同时，区政府统筹加快推进历史遗留问题的解决，2017年已促成7址建而未交教育配套设施的移交工作。

顺义区坚持将教育工程摆在突出位置，优先审批、优先建设、优先验收，确保教育设施建设到位。特别是在居住区教育配套建设中，一是严把审查关，根据规划设计指标对小区教育配套设施建设进行严格审查，开发企业私自更改或缩减教育设施建设规模的，不予办理商品房预售许可证。二是严把监督关，教育配套设施不按要求同步建设、同步交付使用的，停止其商品房销售资格。三是严把验收关，住宅验收前先验收教育设施，教育设施验收不合格不予办理住宅竣工验收和房屋产权登记。

（四）加强优质教育资源共享，提高区域整体教育水平

各区在区域教育规划布局过程中，坚持均衡优质、创新驱动、统筹协调原则，以均衡优质发展为着力点，促进区域教育质量整体提升。通过内生外引方式，充分发挥优质教育资源的辐射引领作用，探索实践促进区域教育整体提升的管理机制和办学模式，成效显著。

东城区不断完善优质教育资源共享机制，通过“盟贯带团”办学模式，实现了资源共享、组团发展、一体化办学的教育发展新态势。全区义务教育优质资源学校已达91所，优质教育品牌资源覆盖率达到了91.9%。同时充分发挥教育优质资源、教育家办学、组团发展的优势，不断提升教育质量。

西城区本着“做大优质校、做强中等校、做精特色校”的原则，将部分基础较弱及发展条件受限的学校并入优质校，实施集团化发展。目前已有22所小学、15所中学整合到优质学校，新增优质学位近5000个。

海淀区充分发挥优质校的辐射带动作用，创新九年一贯、合作办学、学校联盟等运行模式，组建20个教育集团和合作联盟体，加强中小衔接教育，深化人才贯通培养模式改革，实施新优质学校建设工程，打造一批新品牌学校，提升区域教育整体质量和水平。

房山区引入北京四中、北京小学等一批优质教育资源引领区域教育发展。通过与中国教育科学研究院、首都师范大学、北京工商大学、北京理工大学、北京中医药大学等高校结成新型战略伙伴关系，整体提升区域办学水平。

三、存在的主要问题

各区均意识到生源激增和“全面二孩政策”给学位供给带来的挑战和压力，通过加大建设力度、加强资源统筹等举措增加学位数量。但就全市而言，各区在资源配置、学位供给等方面普遍面临学位总量不足、建设空间有限、局部问题突出等问题。

（一）学位缺口较大，资源供给面临较大压力

根据各区上报数据初步统计，全市2017年学前学位实际缺口为57100个，小学初中学位也有较大压力。

从全市层面看，城市中心区和部分远郊区的老城区由于人口密集，且可规划建设土地资源受限、教育用地贮备不足等原因，学位供需矛盾仍较突出。西城区、海淀区、昌平区等区受学位供给和生源增加等因素影响，学位供需矛盾仍将持续，面临较大压力。

（二）资源分布不够均衡，结构性供需矛盾突出

各区均不同程度存在学位资源分布不均衡、结构性供给矛盾突出问题。主要集中体现在市区的老旧小区和郊区的城镇地区。

通州区玉桥街道、北苑街道、梨园镇，平谷区城镇地区、滨河办事处，朝阳区东坝地区、十八里店地区，大兴区林校路街道、观音寺街道、兴丰街道，房山区阎村镇、顺义区

后沙峪街道、门头沟区部分城镇等地区存在学位缺口，有些地区缺口较大。

（三）规划编制科学性有待进一步提高

部分区规划编制和调整过程中，入学需求只预测户籍人口，未考虑常住人口和二孩政策的全面放开带来的人口变化。有的区只根据可实施的建设项目编制建设规划，未按街区和乡镇为单位进行相对准确的需求分析和资源配置。

西城区在规划制定和调整过程中未考虑常住人口和二孩政策，只按户籍人口进行规划测算；平谷区在统计分析过程中仅做了全区学位缺口的整体预测，未进行精准规划和预测。

（四）教育服务保障水平有待进一步提升

个别区在未经审批学校和幼儿园就读的京籍儿童数量不断增加，教育服务保障水平有待提升。昌平区、丰台区、通州区等区未经审批幼儿园治理压力较大，学前教育学位仍较紧张。

（五）因学位紧张，专用教室被挤占问题较为突出

为应对入学高峰的到来，不断挤压或挤占教学和学生活动空间，直接影响教育教学活动的开展和教育质量的提升。

东城区、西城区、部分远郊城镇地区不同程度存在增班、专用教室调整现象；存在超规模办学情况，影响办学水平提升，个别学校存在安全隐患。

（六）部分教育配套设施未移交教育行政部门使用

由于历史原因，西城区、密云区、房山区、昌平区等区配套教育设施存在未建未交等问题，影响教育资源的供给保障。

四、工作建议

（一）加大统筹力度，确保学生高峰期学位供给

各区政府应根据《北京城市总体规划（2016—2035）》要求，结合本区经济社会发展和教育发展实际，进一步加强教育事业发展规划特别是教育设施专项规划的修订和完善。各区要积极作为、主动作为，切实加大统筹领导力度，新建和改扩建一批学校，保障学位供给。

市政府相关部门要在新建学校的规划设计、土地划拨、资金投入等方面，对各区进行指导和支持。

（二）整合各类资源，融通教育资源供给渠道

统筹盘活区内各类资源，破解重点部位和区域的学位供给问题，确保每个适龄儿童少年接受教育的权利。借助非首都功能疏解，加强对区内腾退、闲置等非教育资源的统筹和盘活，扩大教育资源增量，同时加大对未移交配建教育设施的追缴力度。

（三）完善相关政策，保障教育设施配建项目达标

市区均要结合“二孩政策”的实施以及新城市规划的工作要求，修改完善教育规划建设的资源配置标准（千人指标）。根据公租房配套建设规划，完善针对人口导入区的教育配套支持政策，参照“一会三函”模式，构建教育建设项目的前期审批绿色通道。

（四）加强市区联动，推动重点难点问题破解

“怀柔科学城”横跨怀柔和密云两个区，市政府相关部门与怀柔区和密云区要共同参与“怀柔科学城”的整体规划及教育配套设施建设规划。同时破解回龙观、天通苑以及部分人口导入区突出的教育资源供求矛盾，保障适龄儿童少年受教育权利。

（五）继续深化基础教育综合改革，提升教育基本公共服务水平

对实施学区制管理、集团和集群办学、名校办分校等改革探索的区域和学校，在经费和编制等方面给予政策支持，建立奖励激励机制，推动义务教育优质均衡发展，提高区域教育公共服务保障水平。

（市政府教育督导室　供）

北京市 2016—2017 学年学前教育发展状况监测报告

为贯彻落实《教育部关于印发〈学前教育督导评估暂行办法〉的通知》和北京市教育委员会、北京市人民政府教育督导室《关于对区县学前教育工作进行专项督导的通知》等文件精神和要求，自 2012 年至今，北京市人民政府教育督导室连续 6 年委托北京教育科学研究院早期教育研究所开展对各区学前教育发展状况进行数据监测统计工作，2017 年市政府教育督导室继续按计划完成了该项工作的年度任务，并形成北京市学前教育发展状况监测年度报告。

一、监测工作的基本情况

（一）监测对象和周期

监测对象：北京市各区；监测周期为 2016 年 9 月 1 日至 2017 年 8 月 31 日（其中，教育经费和幼儿园建设的有关数据采集的统计时期为 2016 年 1 月 1 日至 12 月 31 日）

（二）监测内容

监测内容：各区学前教育发展状况。主要包括：幼儿园结构、分布、建设、分级分类情况、适龄儿童入园情况、学前教育经费投入、教师队伍结构情况等。

（三）监测工作过程

1. 研制工作方案，明确指导思想和工作目标。

2. 印发《北京市教育委员会北京市人民政府教育督导室关于做好 2017 年北京市学前教育发展状况监测工作的通

知》，组织实施监测。

3. 数据收集、审核和校验，确保数据的完整性和真实性，并综合分析各区学前教育发展状况监测统计数据形成《北京市学前教育发展状况监测报告》。

二、监测结果综合分析

综合分析监测统计报表并结合《北京市统计年鉴(2017)》《2016—2017 学年度北京市教育事业统计资料》中相关数据，结果显示：2016 学年北京市学前教育事业在原有基础上继续向前推进，学前教育经费不断增加、学前教育规模进一步扩大。但是，入园需求与学位紧张仍是北京市学前教育主要矛盾，按常住人口统计口径，千人学位指标未达市颁标准 (25/ 千人)，幼儿园学位分布均衡度未能改善，优质学位占总比过半但分布欠均衡，无证园大量存在现象未能好转。总之，学前教育发展不均衡、不充分的问题依然严峻。

(一) 全市学前教育规模进一步扩大

2016—2017 学年度，全市共有具有独立法人资质的幼儿园 1570 所，比上年增加 83 所；新入园 (班) 幼儿 15.27 万人，比上年增加 3727 人，在园 (班) 幼儿 41.69 万人，比上年增加 22861 人；幼儿园园长和专任教师共 3.83 万人，比上年增加 2085 人。

其中，公办园 935 所，比上年增加 22 所，在园 (班) 幼儿 26.6 万人；民办园 635 所，比上年增加 61 所，在园幼儿 15.09 万人。

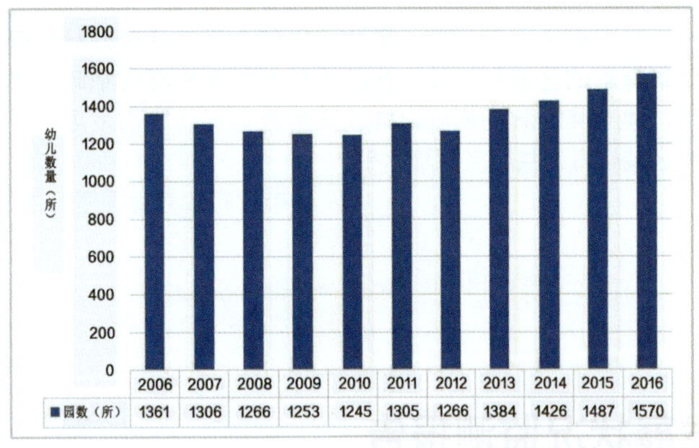

2006—2016 年北京市幼儿园数量变化图

1. 全市新建、改扩建园所数及幼儿园校舍总面积进一步增加。在新建园中，昌平新建 14 所位居全市第一，通州、顺义、平谷分别新建 5 所，并列全市第二名。在改扩建园中，海淀改扩建 21 所，西城改扩建 14 所，朝阳改扩建 8 所，位居本年度全市前三名。上年度本项统计中，前三名为海淀、朝阳、东城。

2016 年全市新增幼儿园校舍面积 19.7 万平方米，幼儿园校舍建筑总面积达到 416.1 万平方米，生均 9.98 平方米 (当年全国生均 6.50 平方米)；幼儿园运动场地总面积达到 225.8 万平方米，生均 5.42 平方米 (当年全国生均 3.94 平方米)。

2.2016 年全市幼儿园学位数进一步增加，新增学位数为 17150 个，其中，昌平增加 4180 个、顺义增加 1770 个、通州增加 1650 个，位居本年度全市前三名。

3. 幼儿园班数进一步增加，全市幼儿班规模稳步上升，从 2006 年的 8051 个班增加到 14913 个班，达 1.85 倍。

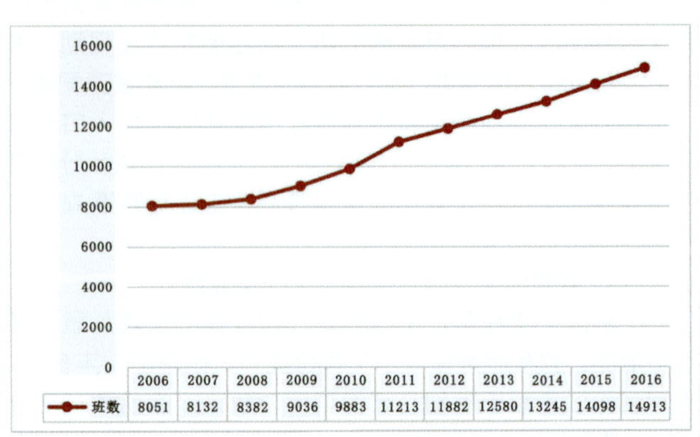

2006—2016 北京市幼儿园班数变化

4. 自 2006 年以来，全市在园儿童数逐年增加，2016—2017 学年度在园儿童数 416982 人，达到有统计数据以来峰值，超过了保持 25 年记录的 1992 年。

5. 入园人数规模继续扩大，但净增幅减缓。2016 年新学年入园人数为 15.2 万人，入园人数较上学年度多 3727 人 (+2.5%)，前三年 (2013—2015) 平均每年 11% 左右 (万余人)。

6. 全市幼儿园专任教师和教职工总数继续增加，2016—2017 学年度幼儿园教职工总数 65806 人，包括专任教师数达到 36071 人。师幼比从上学年的 1:6.4 降至 1:6.3。

(二) 全市公办性质幼儿园在园人数比例保持在 64% 左右

2016—2017 学年，北京市公办幼儿园在园幼儿约 26.6 万人，较上年度增加 1.15 万人，约占全部在园幼儿总数的比例 63.8%；民办幼儿园在园幼儿约 15.09 万人，较上年度增加 1.13 万人，约占全部在园幼儿总数的 36%。

其中，公办性质幼儿园在园人数比例最高的为燕山 100%、其次为顺义 94.42%、东城 91.27%；比例最低的为石景山 43.69%，其次为朝阳 43.74%、房山 51.17%。

(三) 全市普惠性质民办幼儿园比例为 13.36%

2016—2017 学年，北京市属于普惠性质的民办幼儿园共 238 所，在园幼儿 5.5 万人，占全市在园幼儿总数的 13.36%。

教育部等四部门关于实施第三期学前教育行动计划的意见和北京市第三期学前教育行动计划都提出："到 2020 年普惠性幼儿园覆盖率 (公办幼儿园和普惠性民办幼儿园在园幼儿数占在园幼儿总数的比例) 达到 80% 左右"。全市该项占比为 77.16%，与预期目标相差 2.84%，若要达标，以 2016 学年在园总人数为基数计算，未来 2 年中全市共需新增约 1.18 万个公办与普惠性质民办幼儿园学位，平均每年需新增约 5921 个。

（四）幼儿园学位分布均衡度有待改善

1. 人口学位比指标

2016—2017 学年度，北京市户籍人口千人学位数均值为 36(上年度 33)；常住人口千人学位数均值为 22(上年度 21)。户籍人口学位比差异系数由上年度的 0.88 增加至本年度的 1.07，常住人口学位比差异系数由上年度的 0.63 增加至本年度的 0.67，均衡度水平也有所下降。按常住人口统计口径，千人学位指标未达标（市颁标准 25/千人）。由此可见，虽然全市学位规模继续扩大，但学位均值在达标水平之下，本学年全市幼儿园学位分布均衡度有待改善。

2. 优质幼儿园分布状况

在户籍人口统计口径下，全市优质园区级分布的差异系数为 1.38，平均优质学位 20 个 / 千人。在常住人口统计口径下，全市优质园以街乡镇为单位的分布差异系数为 0.94，平均优质学位 13 个 / 千人。

参照不同口径的人口学位比分析，优质学位分别占比为 20：36(户籍人口口径)，13：22(常住人口口径)。通俗来说，就是常住人口中每 1 千人拥有 22 个幼儿园学位，其中，13 个来自一级幼儿园。优质学位占总比过半但分布欠均衡。

（五）学前教育师资规模进一步扩大

北京市学前教育师资规模逐年增长，本年度全市幼儿园专任教师达到 36071 名，较上年增加 2013 人，增幅 0.06%；幼儿园教职工总数 65806 名，较上年增加 3903 人。全市幼儿园专任教师师幼比在经历了十年的逐年下降后，最近三年开始相对稳定，在 1：11.5 附近微幅上下波动；幼儿园教职工师幼比也在 2014—2016 三个学年中波动于 1:6.3 至 1:6.4 区间内，该比例已达教育部颁布标准。

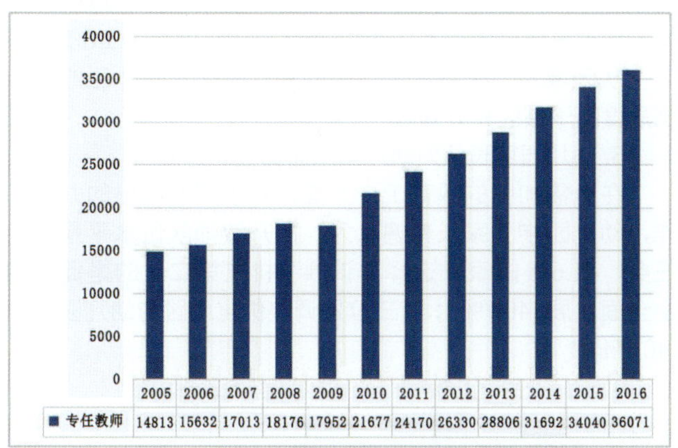

北京市幼儿园师资数量历年变化情况

2016—2017 学年度，北京市幼儿园师资的学历水平正在逐步提升，89.7% 以上的幼儿园教师达到大专及以上学历水平（上年度比例为 86%）；幼儿园教师中获得专业技术职称的人数比例略有提升，43.72% 的幼儿教师已获得初、高级教师系列职称（上年度比例为 41.64%）。

三、北京学前教育在全国教育年度数据中的指标表现

（一）每十万人口平均在园儿童数

北京市每十万人口平均在园儿童数在全国排名情况

年份	每十万人口平均在园儿童数	直辖市中排名
2016	1921	3

北京市在每十万人口平均在园儿童数指标项排名情况，既有自身结构布局发展的原因，更主要的是由于人口持续净流入，2016 年末，北京市常住人口 2172.9 万人，常住外来人口 807.5 万人，占比 37.2%。

（二）平均班额

北京市幼儿园平均班额在全国排名情况

年份	平均班额	全国平均	直辖市中排名
2016	28	29	2

班额大小是幼儿园开展以游戏为基本活动培养儿童发展的必要保障，北京市幼儿园平均班额 28，在四个直辖市中，排名第二。

（三）幼儿园师幼比

2016—2017 学年北京市师幼比与全国标准对照

	专任教师师幼比	教职工比师幼比
2016 学年北京市幼儿园师幼比	1：11.6	1：6.3
《幼儿园教职工配备标准》	1：10 ～ 1：13	1：7 ～ 1：9

《幼儿园教职工配备标准（暂行）》中规定全日制幼儿园保教人员与幼儿比为 1：7 ～ 1：9，且每班应配备 2 名专任教师和 1 名保育员。该标准换算可得专任教师与幼儿比应为 1：10 ～ 1：13。北京市的专任教师师幼比达到 1：11.6，已经达到国家标准。北京市幼儿园专任教师师幼比和教职工师幼比两项排名在全国居于首位。

（四）教师学历与职称

北京市幼儿教师专科以上比例 89.7%(上年度 86.2%)，和同期对照有所提升，在全国排位第五。北京市在幼儿园师资的专业化发展上还有提升的空间。

北京市幼儿园专任教师中进入专业技术职称系列占比 43.7%，对幼儿教师专业化发展的配套服务和支持力度应进一步加大。

（五）学前教育硬件环境

在直辖市间的 10 个硬件生均指标排名中，北京市得到 6 个第一名 4 个第二名，综合水平与首善之区的地位相匹配。

10 项指标中，有 6 项与上年同期比较净增长，3 项数值持平，“当年新增校舍”项较上年同期下降。

2016 年北京市幼儿园在园幼儿生均幼儿园校舍面积 9.97 平方米，生均新增校舍面积 0.47 平方米，生均新增继续保持排名第一，北京市在解决入园难、幼儿园学位紧张而加大投入方面势头未减。

此外，北京市还在图书室和图书、音视频资源、运动场和睡眠室这几个生均指标上领先。上海市则在生均幼儿园校舍、活动室、绿化用地面积四项上继续保持第一。

四、学前教育社会满意度评价

(一)社会公众对北京市学前教育的满意度

在 2016 年北京市教育工作满意度调查(社会公众)中有关学前教育的主要指标，除对"幼儿园入园政策"问题较为集中之外，社会公众对学前教育整体比较满意，尤其是对幼儿园贯彻"以游戏为基本活动形式"比较满意，在遏制"幼儿园小学化倾向"方面也得到了社会公众的肯定。

教育工作满意度调查中幼儿园指标公众满意度

调查内容	公众总体满意度得分
幼儿园入园政策	77.9
幼儿园教师的保育水平	85.0
幼儿的行为习惯	85.1
幼儿园的户外活动	85.6
幼儿园教育教学是否存在小学化倾向	86.0
幼儿园的游戏活动	87.7

(二)幼儿园家长对北京市学前教育的满意度

2016 年幼儿园家长对北京市各区学前教育工作的满意度整体较高，37 项指标有 29 项达到了"比较满意"水平及以上，占总调研项目的 78.4%；与去年相比，13 项指标(35.1%)的满意度得分较上一年有所提升。

1. 满意度高的指标

幼儿园家长最满意的五个方面体现了北京市各区的幼儿园家长和幼儿在情感上对幼儿园的认同，对幼儿园所提供教育服务的评价是积极和正面的。

幼儿园家长对学前教育核心问题最满意的五个方面

		满意度得分
1	学生在幼儿园的安全感	93.7
2	学生对幼儿园的喜欢程度	92.0
3	幼儿园园风	89.8
4	师生关系融洽	89.5
5	幼儿的行为习惯	86.6

例如：幼儿园家长对幼儿园园风的满意度处于高位稳定，连续六年满意度得分均高于全市总体得分(含全体中小学学生家长、幼儿园家长对校风、园风的评价)，2016 年比上一年提高了 0.5 分。

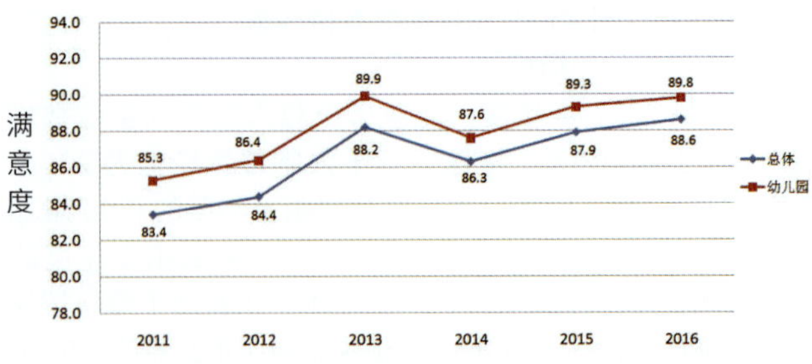

幼儿园家长对幼儿园园风的满意度年度趋势图

"幼儿是否喜欢现在的幼儿园"从六年评价结果对比来看，评价得分处于高位稳定，连续六年评价得分均高于全市总体得分，2016 年比上一年提高了 1.0 分。

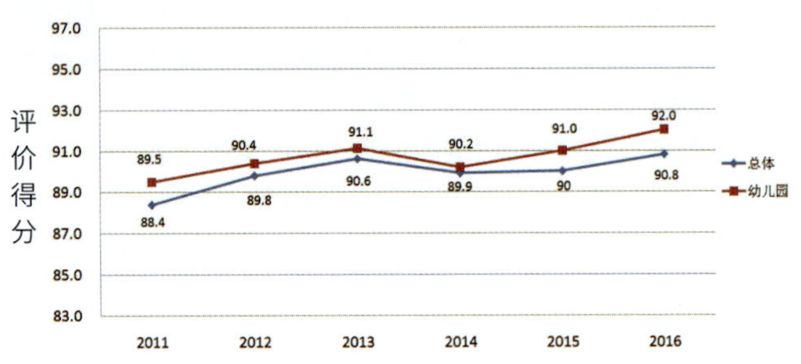

幼儿园家长对"幼儿是否喜欢现在的幼儿园"的满意度年度趋势图

2. 幼儿园家长相对"不满意"的几个方面

综合满意情况分析，幼儿园家长评价不满意集中在幼儿园入园和幼儿园的布局方面，"入园难"的现象仍然存在。

从近五年评价结果对比来看，幼儿园家长对入园难问题缓解情况的满意度处于徘徊状态，连续五年满意度得分均与全市总体得分相等，2016 年比上一年提高了 1.8 分。

从区域差异来看，远郊区的幼儿园家长对本区的入园满意度高于城区和近郊区。

3. 幼儿园家长认为幼儿园亟需加强的方面

在亟需加强的教育工作方面，对于问卷给出的九项工作，幼儿园学生家长普遍认为，提升教师队伍水平是首要任务，41.6% 的家长选择了该项；排在第二位的是促进学生全面发展(40.7%)；第三位是调整优化本区的幼儿园布局(40.1%)。

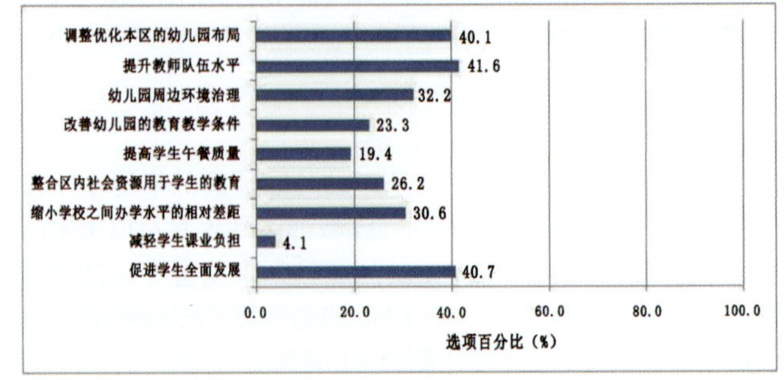

幼儿园学生家长认为教育工作亟需加强的方面

五、政策建议

（一）根据《北京城市总体规划（2016—2035）》，细化落实北京市学前教育发展布局规划

2017 年 9 月 27 日，中共中央国务院关于对《北京城市总体规划（2016 年—2035 年）》的批复提出，到 2020 年，常住人口规模控制在 2300 万人以内，2020 年以后长期稳定在这一水平。

2018 年 1 月，《北京市第三期学前教育行动计划（2018—2020 年）》提出到 2020 年，常住适龄儿童入园率达到 85% 以上，基本解决无证办园问题。

在“2300 万”人口基数和“基本解决无证办园问题”前提下，以近年来 9‰以上的常住人口出生率（每千人常住人口约有 30 名学前三年适龄儿童）为测算依据，结合《北京市居住公共服务设施规划设计指标（2015）》中核定的 25/千人的学位配置标准，尽快细化落实北京市学前教育发展布局规划。

（二）贯彻落实北京市第三期学前教育行动计划的各项任务，进一步扩大学位供给量

大力发展公办幼儿园，继续鼓励各区政府新建和改扩建一批公办幼儿园。支持企事业单位和集体办园，扩大公办资源。

结合城市规划建设的总体目标，加快公办幼儿园规划和建设进度。开展城镇小区配套幼儿园和村镇中心幼儿园清理整治，对未按规定建设或移交、没有办成公办园或普惠性质幼儿园的配套幼儿园和村镇中心幼儿园进行督促整改。

支持社会力量举办幼儿园。坚持市场开放、平等竞争原则，鼓励社会资本以多种形式举办幼儿园。

（三）推进民办幼儿园实行非营利性和营利性分类管理，鼓励扶持普惠性质的民办幼儿园。

实行普惠性质幼儿园财政补助标准动态调整机制，通过购买服务、综合奖补、减免租金、派驻公办教师、培训教师、教研指导等方式，扶持引导普惠性质幼儿园发展，努力扩大普惠性民办幼儿园的覆盖率。

将提供普惠性学位数量和办园质量作为奖励和支持的依据。加强对普惠性质幼儿园的日常监管和保教工作指导，完善准入与退出机制。

（四）多渠道扩大学前教育师资规模，并切实提高学前教育专任教师的素养

根据幼儿园发展情况及学位增加情况，采取有效措施，进一步拓宽幼儿教师来源。极力扩充北京市属大专院校学前教育专业年招生数量，同时积极在京津冀地区建立落实幼儿教师师资代培基地，提前签约各层次学前教育类优秀师范生。

采取职前教育和职后培训相结合的方式，提高幼儿教师的专业素养。

（五）按标准配备幼儿园教职工，逐步提高专任教师比例

按标准配备幼儿园教职工。按照国家颁布的幼儿园教职工配备标准，采取核定编制、公开招聘等多种方式及时补充公办幼儿园教职工；引导和监督民办幼儿园依法配足配齐教职工。

制定幼儿园教职工配备的中长期规划，逐步调整幼儿园教职工人员结构，提高专任教师占教职工总数比例，力争 2020 年超过全国平均水平，追上全国先进水平。

（六）在各区建立公益性质的学前教育人才服务中心，为幼儿园教师提供签订劳动合同、评职称等人力资源方面的服务

依法落实幼儿教师地位和待遇，切实维护幼儿教师权益。将各类幼儿园的教师统一纳入职称评聘、评优评先和表彰奖励范畴，逐年提高各类幼儿园专任教师专业技术职务的评聘比例。

各区应建立公益性质的学前教育人才服务中心，鼓励民办园教师自主选择挂靠人才服务中心，人才服务中心代理幼儿教师与民办园主办方协商工资待遇、签订劳动合同、争取合法劳工权益等事宜，提高民办园教师职业归属感，解除后顾之忧。

（七）落实北京市幼儿园教职工工资保障办法，保障公办园非在编教职工和民办园教职工工资待遇

按照《国务院关于当前发展学前教育的若干意见》中明确提出的“完善落实幼儿园教职工工资保障办法”，研究落实北京市各类幼儿园教职工工资保障办法。

各区要将按规定配备的公办园非在编教职工工资待遇列入教育部门预算，切实解决公办幼儿园非在编教师工资待遇偏低问题，实现同工同酬。

监督民办幼儿园保障教职工工资与福利待遇，将幼儿园教职工依法全员纳入社保体系。《中华人民共和国教师法》第三十二条规定“社会力量所办学校的教师的待遇，由举办者自行确定并予以保障”。民办园教师在争取工资待遇等权益方面处于相对弱势的地位，对此，各级教育行政部门、劳动和社会保障部门应加强监督。

（八）将未注册办园点纳入大数据管理，进行动态监测跟踪，同时积极建立社区学前教育服务中心

对未注册园要加强安全监管，严格排除安全隐患，坚持属地管理。各区要建立动态监测数据库，对未注册办园点校舍安全维护、人员流动变化和招生规模情况进行实时监测，及时跟踪。

加快推进建设社区学前教育服务中心建设，根据社会对幼儿保教的多样化需求，充分调动社会力量，探索政府通过购买服务的方式，建设一批小型的、安全的，突出看护功能的社区学前教育服务中心，在社区内解决入园、入托需求。

（市政府教育督导室　供）

北京市 2017 年教育工作满意度调查报告

为深入了解公众对北京市教育工作的意见和建议，2017 年北京市人民政府教育督导室委托北京市教育督导与教育质量评价研究中心及相关社会机构开展北京市教育工作满意度调查，以期通过全面分析公众对教育工作的舆情评价，了解公众对教育公共服务的获得感。调查内容主要包括公众对政府职责、学校管理、师资队伍、教育效果四个方面教育工作的满意度；同时，结合北京市近年来深化教育领域综合改革提出的新举措及当前教育领域的热点难点问题，单列四类专项指标，共计 26 个二级指标 60 个评价要素。

调查于 2017 年 11 月至 12 月进行，共调查了 11600 名学生及家长，793 名人大代表、政协委员，6504 名学校干部、教职员，992 名督学，750 名社区工作者，56 名媒体工作者，分别采用入户（学生及家长、社区工作者）和网络调查（人大代表、政协委员，学校干部、教职员，督学，媒体工作者）方式。调查的主要结果如下：

一、教育工作评价总体情况

公众对北京市教育工作满意度较高，全市教育工作满意度综合得分为 84.1 分，较 2016 年提高 0.3 分。2017 年北京市公众对教育工作的满意度综合得分为 84.1 分，各区教育工作的满意度综合得分在 80.4 分至 88.3 分之间，均达到了“比较满意”(75 分）以上水平，说明公众对教育工作的满意度整体水平较高。六类公众群体对于教育工作的满意度综合得分均达到了“比较满意”水平以上。

（一）公众对教育工作比较满意的主要方面

1. 公众对教育重点改革项目实施情况的评价较高

公众对三项教育重点改革项目（社会主义核心价值观教育情况、实践育人政策落实效果、15:30 以后开展的课外活动）的实施情况评价较高，总体得分均达到 82 分以上，与 2016 年相比，学校干部教职员、督学对周一至周五 15:30 以后开展的课外活动情况的满意度均有所提升，分别提升了 4 分和 2.9 分，家长的满意度略有下降（下降了 0.7 分）；人大代表政协委员、督学、学校干部教职员对学校的社会主义核心价值观教育情况的满意度有所提升，分别提升了 5.5 分、5.0 分、4.4 分，其他三类群体的满意度持平或略有下降。值得关注的是 2017 年学生及家长对实践育人政策落实效果的满意度比上一年下降了 8 分。结合开放题分析发现，随着以开放科学实践活动为代表的实践育人政策实施，学生及家长的关注点已经从实施之初的“有课上”转变为更高质量要求的“上好课”，并且对于实践活动的地点、时间、活动质量等方面提出了要求，当前开展的实践活动尚未能够满足学生及家长的高期望，导致学生及家长对实践育人政策落实效果的满意度下降幅度较大。

2. 公众对校（园）风方面满意度较高

校（园）风、学生对学校的喜欢程度、师生关系三项指标反映学校整体的精神面貌以及学生与学校、学生与教师的关系。调查表明，校（园）风 (88.6 分）、学生对学校的喜欢程度 (89.9 分）、师生关系 (86.7 分）三项指标的满意度得分均超过 86 分，且三项指标均位列公众满意度得分排名的前五位。从连续三年 (2015—2017 年）调查结果来看，公众对这三项指标的满意度得分呈逐年提升趋势。

3. 公众对校园安全方面满意度较高

校园安全是公众满意度得分排名第一的指标，为 91.2 分，列学生及家长、学校干部教职员、督学和社区工作者满意度得分的前五名。其中，学生及家长 (92.2 分）对校园安全的满意度得分最高，说明校园安全工作得到公众特别是学生及家长的高度认可。从连续三年 (2015—2017 年）调查结果来看，公众对校园安全的满意度得分呈逐年提升趋势，学生及家长对校园安全的满意度得分连续三年超过 90 分。

4. 公众对教育收费规范方面满意度较高

教育收费规范状况位列公众满意度得分的第二名，为 91.1 分，说明教育收费规范状况得到公众的充分认可。从连续三年 (2015—2017 年）调查结果来看，公众对教育收费规范状况的满意度得分均超过 90 分且呈逐年提升趋势。

2017 年公众对教育工作的满意度前五名的方面（由高到低）

排序	公众群体						公众总体
	学生及家长	人大代表政协委员	学校干部教职员	督学	社区工作者	媒体工作者	
1	校园安全	教育收费规范状况	教育收费规范状况	教育收费规范状况	学校组织的班（队）会等教育活动	教育收费规范状况	校园安全
2	学生对学校的喜欢程度	校园安全	教师的工作态度	教育信息公开状况	学生对学校的喜欢程度	社会资源用于学生教育情况	教育收费规范状况

续表

排序	公众群体						公众总体
	学生及家长	人大代表政协委员	学校干部教职员	督学	社区工作者	媒体工作者	
3	教育收费规范状况	教育信息公开状况	校园安全	校园安全	学校组织的大型活动	高考改革方案	学生对学校的喜欢程度
4	校（园）风	高考改革方案	学生对学校的喜欢程度	学生对学校的喜欢程度	校园安全	中考改革方案、学校（幼儿园）的设施条件	校（园）风
5	学校（幼儿园）的设施条件、校（园）风	校（园）风	师生关系	校（园）风	师生关系		师生关系

（二）公众对教育工作提出意见的主要方面

1. 公众对义务教育均衡、统筹社会资源用于学生教育、学校（幼儿园）周边环境等方面提出意见建议较多。主要表现在对义务教育均衡发展、统筹社会资源用于教育、学校（幼儿园）周边环境、课业负担（尤其是睡眠时间指标）等方面的意见较为集中，这些方面也是当前教育的热点难点问题。教师队伍均衡是人大代表政协委员和督学所有调查中关注度较高的指标，从连续三年 (2015—2017 年）调查结果来看，公众虽然对衡量义务教育均衡发展的三项指标的满意度得分呈逐年提升趋势，与 2015 年相比，教师队伍均衡、育人质量均衡和办学校件均衡分别提升 3.5 分、4.7 分和 3.1 分。但仍保持高关注度，提出多方面意见建议。

从连续三年 (2015—2017 年）调查结果来看，学生及家长对“统筹社会资源用于教育”的评价意见较大；学生及家长对学校周边环境的情况连续三年 (2015—2017 年）受到关注，2017 年比 2016 年略有提高。

结合开放题收集的公众意见和建议，对于义务教育均衡发展，公众认为既要促进区内学校之间的均衡，也要缩小区与区之间的差距，应当通过师资交流推动优质资源共享，提高集团化办学的实效性，从而促进均衡发展。通过进一步的追问调查和开放题分析发现，对于统筹社会资源用于教育，关注度高的原因主要在于区内博物馆、图书馆等资源少，不能满足学生需求，场馆开放信息不透明等。对于学校（幼儿园）周边环境，关注度高的原因主要在于学校周边交通拥堵、存在交通安全隐患、学校周边环境较差等方面存在问题。

2. 公众认为学生课业负担有所加重

超过四分之一 (25.6%) 的公众认为总体课业负担“较重”，社区工作者认为课业负担重的百分比最高，其次为人大代表政协委员、媒体工作者、学生及家长、督学，学校干部教职员认为课业负担重的百分比相对较低。值得注意的是，除社区工作者外，其余各调查对象认为校外课业负担（课外补习班等）“较重”的百分比均高于学校课业负担。

与 2016 年相比，除学校干部教职员和督学认为学校、校外、总体课业负担“很重”或“较重”的百分比略有下降或变动不大外，学生及家长、社区工作者、媒体工作者和人大代表政协委员认为学生的学校、校外、总体课业负担均有上升。进一步分析发现，学生及家长和社区工作者认为升学考试、作业多、校外班和家教多是导致学生课业负担重排名前三位的原因；媒体工作者认为升学考试、校外班和家教多、家长要求高是学生课业负担重排名前三位的原因。

3. 家长对幼儿园入园难改善情况的关注集中

2015—2017 年连续三年的调查结果显示，家长对入园难改善情况的评价处于徘徊状态，三年均反映问题比较集中。在开放题中，公立幼儿园入园难也是学生及家长反映意见和建议较为集中的一个方面。

二、公众对教育工作的意见和建议

调查以 1 道多项选择题和 1 道开放题的形式收集了公众对教育工作的意见和建议。

1. 公众认为提升教师队伍水平、调整优化学校（幼儿园）布局、促进学生全面发展是教育工作亟须加强的三个方面

对于多选题给出的九项工作：调整优化本区学校（幼儿园）布局、提升教师队伍水平、学校（幼儿园）周边环境治理、改善学校（幼儿园）教育教学条件、提高学生午餐质量、整合区内社会资源用于学生教育、缩小学校之间办学水平的相对差距、减轻学生课业负担、促进学生全面发展。公众认为教育工作亟需加强的前三个方面统计结果为：第一是提升教师队伍水平；第二是调整优化本区学校（幼儿园）布局；第三是促进学生全面发展。不同群体的统计结果有所不同。

2017 年公众认为教育工作亟须加强的三个方面（多选题）（由高到低）

排序	公众群体						公众总体
	学生及家长	人大代表政协委员	学校干部教职员	督学	社区工作者	媒体工作者	
1	提升教师队伍水平	提升教师队伍水平	提升教师队伍水平	提升教师队伍水平	提升教师队伍水平	调整优化本区的学校（幼儿园）布局	提升教师队伍水平

续表

排序	公众群体						公众总体
	学生及家长	人大代表政协委员	学校干部教职员	督学	社区工作者	媒体工作者	
2	调整优化本区的学校（幼儿园）布局	调整优化本区的学校（幼儿园）布局	整合区内社会资源用于学生的教育	缩小义务教育学校间办学水平的相对差距	促进学生全面发展	提升教师队伍水平	调整优化本区的学校（幼儿园）布局
3	整合区内社会资源用于学生的教育	缩小义务教育学校间办学水平的相对差距	学校（幼儿园）周边环境治理	促进学生全面发展	调整优化本区的学校（幼儿园）布局	缩小义务教育学校间办学水平的相对差距	促进学生全面发展

2. 公众对均衡教育资源、学生课业负担、招生及入学办法、师资队伍建设、学校伙食问题等方面意见和建议较多

本次调查共收集到 4605 条公众对教育工作的意见和建议，经分类编码统计，公众的意见和建议集中的前五个方面是：均衡教育资源、学生课业负担问题、招生及入学办法、师资队伍建设和学校伙食问题。

除上述意见和建议外，各公众群体的意见和建议有所侧重，比如，学生及家长还对统筹规划教育布局和教师工作态度与师德方面意见和建议较多；人大代表政协委员、督学和媒体工作者对于教育领域综合改革的意见和建议较多；学校干部教职员对提高教师福利待遇和加强师资队伍的意见和建议较多。

2017 年公众对教育工作的意见和建议（开放题）集中的前五项（由高到低）

排序	公众群体						公众总体
	学生及家长	人大代表政协委员	学校干部教职员	督学	社区工作者	媒体工作者	
1	学生课业负担问题	均衡教育资源	均衡教育资源	均衡教育资源	招生及入学办法	均衡教育资源	均衡教育资源
2	学校伙食问题	加强学生综合素质培养	教师福利待遇	加强师资队伍	学生课业负担问题	教育领域综合改革	学生课业负担问题
3	招生及入学办法	学生课业负担问题	学生课业负担问题	教育领域综合改革	均衡教育资源	教师福利待遇、课程开设与管理、教师的教育教学水平、学校周边环境的治理、教育信息公开	招生及入学办法
4	统筹规划教育布局	教育领域综合改革	加强师资队伍	招生及入学办法	教师的教育教学水平		加强师资队伍
5	教师工作态度与师德	招生及入学办法	招生及入学办法	统筹规划教育布局	加强学生综合素质培养		学校伙食问题

三、政策建议

基于以上教育满意度调查结果，建议从以下几方面改进教育工作：

一是进一步推动各级政府切实履行教育职责，加大力度促进义务教育优质均衡发展。

公众对政府履行教育职责维度的满意度相对其他维度得分较低，特别是连续三年义务教育均衡发展相关指标的满意度排名靠后，且反映的意见和建议较为集中，义务教育均衡发展问题已经成为影响公众教育满意度进一步提升的重要方面。应当进一步推动各级政府切实履行教育职责，促进义务教育向优质均衡发展。一方面，引导和鼓励各区加大基础教育综合改革力度，扩大优质教育资源覆盖面；另一方面，市教育行政部门应加大统筹力度，缩小义务教育学校办学水平在区域间和城乡间的差异，促进全市义务教育优质均衡发展。

二是加大统筹协调力度，着力解决社会资源用于教育、校园周边环境、幼儿园入园难缓解等公众满意度低的问题。

调查显示，统筹社会资源用于学生教育、校园周边环境、幼儿园入园难缓解等方面一直是公众满意度较低的方面。建议各级政府以教育行政部门为主体，加大统筹协调力度，针对上述满意度较低的方面，制定有针对性的整改措施，逐步解决相关区域内场馆资源少、开放时间短、社会资源不能满足学生需求等问题；统筹协调交通、城管等部门，缓解部分学校周边交通拥堵、环境脏乱等问题；科学规划幼儿园布局，提升学前教育的供给能力，逐步缓解入园难问题。

三是逐步建立区级教育满意度监测机制，强化教育满意度调查结果应用。教育满意度调查是不仅是政府了解民意

的重要途径，也是公众参与教育工作的重要渠道，通过满意度调查，可以发现各级政府、各级各类学校在教育工作中存在的问题，为教育行政部门、教育督导部门和广大教育工作者提供参考信息和决策依据，是“办好人民满意的教育”的重要抓手。各区一方面应结合自身情况，开展学校教育满意度调查活动，逐步建立教育满意度监测机制，为改进学校教育工作提供证据支持；另一方面，应强化对教育满意度调查结果的应用力度，客观看待本区教育工作取得的成绩和存在的问题，制定改进措施，努力提升公众对本区教育工作的满意水平。

（市政府教育督导室　供）

北京市中小学办学体制改革情况督导调研报告（2017 年度）

近年来，为促进教育公平和教育质量提升，推进义务教育均衡发展，解决“择校热”问题，全市不断深化基础教育综合改革，在办学模式和管理方式等方面进行了积极探索。根据 2017 年中办、国办印发《关于深化教育体制机制改革的意见》提出的“试行学区化管理、探索集团化办学的管理模式”精神，为深入了解全市中小学办学体制机制改革实践情况，总结梳理工作经验，分析研判存在问题，明晰今后深化改革的着力点，促进教育公平和义务教育优质均衡发展，市政府教育督导室对全市总体工作推进情况进行了督导调研。

本次督导调研围绕不同体制机制下办学主体的组织架构、运行模式、管理方式、政策保障、经验成效以及存在的困难问题，通过各区工作梳理、调查统计、实地调研、座谈访谈等方式，广泛收集相关信息。2017 年 11—12 月又分别深入西城、朝阳、丰台、昌平、顺义、怀柔、密云等 7 个区进行实地督导调研，召开各区相关委办局、教委相关科室、学校校长以及社区代表参加的座谈会 21 个，实地调研办学体制机制改革学校 28 所。2018 年 1 月 8 日又召开了全市各种改革类型学校校长专题座谈会，深入了解办学体制机制改革的成效和存在的问题。

一、全市办学体制机制改革基本情况

市区两级统筹推进办学体制机制和教育管理机制改革的探索实践，呈现出多元、多样态的学校办学和管理模式，形成了鲜活的教育改革工作经验，在促进教育公平和提高教育公共服务水平及提升教育质量方面发挥了重要作用。

截止到 2017 年 11 月底，根据调研统计，全市共有名校办分校 265 所、城乡一体化学校 65 所；建立学区 131 个、教育集团 95 个、教育联盟 47 个、教育集群 8 个、九年一贯制学校 141 个、优质教育资源带 7 个（详细数据和类型说明见附件 1—3）。

（一）办学模式和运行机制探索呈现多元化、个性化

办学体制机制改革是在市级扩大优质教育资源、实施“城乡一体化学校建设”和“名校办分校”政策框架下，以各区为主体的探索实践，具有很强的个性化特点。本次调研显示，名称上叫法多样，各区探索实践路径或模式不尽相同。存在虽然同一名称，但功能定位、运行机制差异很大的情况；同时也存在名称不同，但功能基本相同的情况。例如在学区制管理中，北京市共有 11 个区实施学区管理，但各区的学区建制、运行机制各不相同。海淀区的学区制管理定位为一种管理模式，成立“学区管理中心”，且是一级法人单位，相当于增加了一个管理层级。东城、西城、朝阳等区的学区制则体现为行政统领、学区主体、共享共治的管理模式。怀柔、昌平等区的学区则是教育行政部门划定的一定范围内学校的“结伴发展”。

（二）名校示范引领成为扩大优质教育资源的主要途径

市区两级在办学体制机制改革探索实践中，均本着区域教育整体优化提升的原则规划设计改革项目，是基于推进教育公平和提升教育质量而实施的发展策略。主要做法是由教育行政部门通过任务驱动，将一批办学相对困难学校合并到名校旗下、或办成名校的分校、或纳入“XX 教育集团”的成员校，最大限度发挥优质资源学校的辐射带动作用。从各区情况看，优质资源学校的示范引领作用在区域范围内基本实现了全覆盖。

（三）资源共享与协同发展成为新常态

在各区体制机制改革过程中，教育发展的资源意识和协同观念日益形成广泛共识。重视资源的挖掘、整合和共享，构建不同范围内的物化资源、品牌资源、人力资源、智力资源、信息资源、社会资源体系，服务学校发展、教师提升和学生成长。几乎所有形式的共同体都有自己的资源清单，由过去单打独斗、各自发展走向共建、共享、共赢的协同发展道路，使资源更加系统化、多样化、特色化。区级主导、区域统筹的管理机制打破了校际间的边界。同时，打开通道、打通壁垒、相融共促的格局在部分区已有显现。

（四）教育开放与社会参与成为教育发展新走势

各区在推进改革实践过程中，注重协同各方力量，进行教育开放与共治的有益探索，教育治理主体更加多元、办学形式更加开放。实施学区制管理、集团化办学、集群联盟发展的过程中，有意识地吸纳和争取社会力量的参与和支持，教委、学校与街镇社区、驻区单位、家长、相关部门、媒体等社会力量共同组成委员会、理事会或监事会等治理组织，共同谋求学区内、集团内教育的良性发展，搭建了交流反馈、监督评价的开放平台和社会支持体系，在招生入学、资源共享、沟通民意、共商共治方面进行了卓有成效的实践。各学区、集团等类似委员会、理事会或监事会等制度和工

作机制初步形成了政府宏观管理、学校主体办学、社会多元评价的办学治理雏形。

二、办学体制机制改革实践取得的初步成效

基础教育综合改革得到区校的积极响应，各区、校积极探索学区制、集团化办学、名校办分校等样态和路径，在较短的时间内有效发挥优质资源的辐射带动作用，提高了教育公共服务水平，初步形成了整体提升的良好态势和成熟案例。

（一）均衡配置教育资源效果明显，教育公平程度逐年提高

市、区两级基于推进教育公平、提升教育质量，不断深化办学体制机制改革。在实践探索过程中，各区实施整体发展战略，注重布局的优化和资源的均衡配置，加强资源挖掘、整合和共享，结构布局更加合理，资源配置更加优化。东城区在推进学区制管理的同时，探索优质带动、协同发展的教育集团办学路径，使使适龄儿童少年就近享受优质教育。东城区史家胡同小学教育集团以史家学区整体规划为指导，依据学区整体管理方案，建立干部教师的流动机制，促进干部跨校任职、轮岗，传播史家精神和文化，鼓励教师跨校交流、联合教研，推进学区内教学质量普遍提升。

西城区完善支持保障机制，推动区域教育整体质量提升。对于办学模式改革的牵头校，按人均较高水平发放奖励并按照成员校数量累计拨付。多址办学的学校每增加一址，增补 7 个编制；集团化办学牵头校按成员校数量（每个成员校增补 1 个编制）增加人员编制，成员校每校增补 1 个编制，为校际间教师交流和共建提供了编制保障。北京第二实验小学、北京小学等优质校以理念共识、资源共享、优势互补、品牌共建为宗旨，通过制度建设、质量建设、特色建设策略，带动了成员校发展。

（二）优质教育资源辐射引领作用明显，教育发展水平整体提升

加强政府统筹，确定改革目标，明确工作要求，制发指导意见和管理办法等制度性文件，指导和支持基层学校积极实践和创新，最大限度发挥优质资源学校的示范、引领、辐射和带动作用。

朝阳区实施共商共治的学区管理，成立学区管理机构，规划学区整体发展、推进资源共享、统筹教育教学研究、构建人才培养体系。朝阳区芳草地教育集团实施“标准导行”的发展策略，制定《芳草教育质量标准体系》，通过标准引领促进发展，推动集团内所有学校共同发展。朝阳实验小学和陈经纶中学秉承“承办一所学校，就办成一所优质学校”的办学目标，在统一质量标准的统领下，强化校区自主发展，推动各校区办学水平和质量的提升。

东城区持续推进学区制综合改革，全方位调整优化教育资源配置，倡导资源共享发展理念，为每一所学校提供办学资源平台。东城区和平里学区提出“所有的学校都是所有学生的学校，所有教师都是所有学生的教师，所有资源都是所有学生的资源”的资源观已成为广泛共识，社会满意程度不断提高。

（三）体制机制改革成效显现，“择校”问题得到有效缓解

在名校办分校、学区制管理、教育集团等模式的发展推动下，薄弱学校与优质资源输出校实现了在课程资源和人力资源上的共享，推动了学生活动的交流与融通，促成了学校文化的相互传递与影响，有效促进了薄弱学校办学水平的提升和社会声誉的提高。跨区跨校的联合培养、人力资源的统筹共享、观念策略的借鉴共通等成功经验不断涌现。

丰台区积极探索集群式发展。教育集群实施龙头校和其他学校“1+N”的共同体发展模式，校际之间强化平等战略伙伴关系，成员校都是优势资源输出的主体，强调共建共享自主发展。丰台区方庄教育集群建立“一平台一基地二论坛三中心”的发展支撑体系，从观念、队伍、资源、策略和生源调剂等方面建立共同体发展的载体和平台，得到社会广泛认可。

海淀区为实现中小学教育的有机衔接、落实就近入学政策，依据街镇行政区划划分了 17 个学区。按照行政工作要求组织协商共治、协调招生入学，保障招生入学公平有序。

东城区赋予教育集团的牵头校长相应的统筹协调权利，如赋予集团内部学校间编制、职称评定和评优评先指标、干部任用等方面一定统筹权，为激发和保持成员校的主动性、创造性提供了机制保障。东城区广渠门教育集团通过学生联招、共同培养、师资统筹等策略实施融合发展，通过一体化评聘奖励、管理联动等举措发挥成员学校主体作用，调动学校、干部、教师积极性和主动性，片区内基本没有择校现象。

（四）城乡一体化办学取得明显进展，相对薄弱地区和学校普遍受益

市教委主导并力促的 65 对城乡一体化学校办学条件得到明显改善。通过名校的带动和引领作用，一大批郊区普通学校或办学相对困难学校的办学理念得到显著提升，师生精神面貌焕然一新。优质资源输出校的校长和部分教师以极大的责任感、使命感承担改革任务，并在合作领域、共享方式、互利互惠、共同发展等方面进行积极探索实践。优质资源输入校的领导和教师抓住机遇、团结合作、自我加压、锐意进取，学校迸发出新的生机与活力，办学水平和教育质量得到较快提升，一批校长和教师迅速成长。

西城区北京小学教育集团以内涵发展作为集团化办学的追求，注重总校和分校的理念共识，带动了大兴区、房山区、通州区等分校区的发展，继而辐射带动区内其他学校的发展。

门头沟区实施区内校际间的协同发展，加强城镇优质学校对山区学校的辐射、引领，建立 16 对城乡学校发展共同体，实施一对一帮扶，提升薄弱校办学水平。

综上所述，各区根据全市深化基础教育综合改革的目标，坚持促进公平和提升质量的价值取向，强化政府统筹和综合施策，探索以优质资源校为示范引领的名校办分校、集团化办学、学区制管理、集群联盟协同发展的区域教育发展策略，拓展优质教育资源供给的有效途径，积极进行体制机制改革探索，不断推动基础教育“供给侧结构性改革”，

教育治理机制和办学模式改革取得明显成效，教育资源配置和结构布局进一步优化，优质教育资源覆盖面进一步扩大，促进了区域办学水平整体提升，初步形成了融通开放、共享共治的教育发展共识和办学治理新格局。

三、存在主要问题

此轮基础教育综合改革基本是自上而下推进，在短短5年时间里，有效发挥了优质教育资源的辐射带动作用，构建了首都基础教育新地图。同时，调研组在督导调研过程中，也发现一些发展过程中存在的问题，需要市区共同研究并完善相关保障性政策，不断深化基础教育综合改革。

（一）持续推进改革保障机制的制度设计未同步

各种体制机制改革主要由教育行政部门通过任务驱动的方式组织实施，部分区印发了实施意见和管理办法，但普遍为宏观和原则性要求，解决发展中出现新问题的策略和措施没有同步跟上。同时缺少人事编制、经费保障、绩效考核等长效机制。如为保障教育集团牵头校更好地组织带领成员校共同发展，在经费支持、编制补充、集团内部评优评先等方面的管理裁量权和项目支持等保障机制的制度化设计还不充分。同时，激发督促教育集团内各成员校协同发展的规范性制度还不够完善。

（二）区域间、校际间教育改革成效存在差异

目前相对成熟的学区制管理、集团化办学等改革探索主要集中在东城、西城、朝阳、海淀、丰台等教育发展水平相对较好的区域。教育发展相对薄弱的远郊区，则略显改革动力不足，改革深入程度不够。部分学校推进状态和工作效果不明显，有的区教育集团虽然成立，但校际间开展活动不活跃。

（三）个别名校办学体量过大，存在管理粗放现象

在构建教育集团和名校办分校过程中，出现个别学校体量过大问题。有的名校在本区内就承办分校达15址（均为同一个法人），部分名校校长精力有限且未给与合理的经济待遇，积极性受到影响。同时，过大的体量带来学校管理上的粗放，学校内部管理有被弱化倾向。随着优质校生源的普遍增加和“二孩”政策实施后，女教师休产假比率升高，导致优质校很难派出优秀干部和教师支持其他分校的发展，被帮扶学校也很难派出教师到优质校跟岗培训，影响辐射带动作用的发挥和被帮扶学校“造血”能力的提高。

（四）过度强调整齐划一的学校管理，部分学校主动性和积极性受到影响

部分区为了方便管理，强调统一法人才可能实现最大程度的管理和带动，有的校长甚至认为如果不是一个法人，成员学校也不可能听从牵头校的组织管理。此种类似集权化的管理倾向，已经出现个别名校的校长不是在“办学”而是在“管学”的现象，导致部分学校管理层主动性和积极性不高。

（五）存在部分学校的文化和特色被弱化现象

改革实施过程中，成员校与牵头校高度的理念一致、管理一致、策略一致、评价一致，在一定程度上会导致办学的同质化，变成多校一面。同时弱化了一批学校原有的学校文化、办学特色，特别是一些百年老校也在合并之列，而这批学校原有的文化底蕴、优良传统和历史痕迹正在逐渐消失。

（六）市级支持政策和统筹项目在区域间不平衡

市级对各区推进综合改革的关注度不平衡，对城六区指导和经费支持比较多，而对远郊区关注和支持不充分。在推进城乡一体化办学过程中，虽然各区办学体量不同，但对部分远郊如延庆、怀柔等个别区支持项目偏少。个别远郊区在市级项目启动前，已与市区的名校合作举办了分校且续签了合作协议，但没有政策和经费支持。如北京小学通州分校、北京小学房山分校等。

四、工作建议

全市基于促进公平、提升质量、扩大优质资源、办好每一所学校的教育体制机制改革，已经由最初的实践探索期进入到了深化改革的攻坚期，需要各级政府深入研究并进行制度设计，推进基础教育综合改革不断深化。

（一）加强对中小学办学体制机制改革的市级统筹

认真学习贯彻中办、国办《关于深化教育体制机制改革的意见》，凝聚改革发展共识，尊重每一个办学主体，以“办好每一所学校”为目标深化教育改革。进一步加强对各种类型、各种模式体制机制的全面分析和研究，尽快研制并出台加强和完善北京市中小学办学体制机制改革指导意见。

（二）加强市级主导改革项目的政策保障和适度平衡

继续支持并扩大城乡一体化学校和名校跨区合作办学等市级主导项目，延长合作办学周期。扶持项目和支持经费向边远地区倾斜。同时，建立奖励激励机制，完善考核评价机制，对办学合作双方进行绩效考核，对效果显著的项目进行奖励，发挥典型带动作用。

（三）各区要关注并妥善解决改革过程中的新问题

1. 要重新核定优质资源输出学校的补编标准，设定一定数量的机动编制，补充优质资源输出学校干部、教师编制不足问题。

2. 要对大体量办学、从高中到幼儿园全学段一个法人办学、增设管理层级等新样态和新模式进行深入研究，尊重办学规律和学校管理及教育教学的客观规律，防止出现教育管理和师生人文关怀的缺失。

3. 关注一批具有优良传统的“百年学校”文化传承，防止学校同质化和千校一面。

4. 完善办学质量效益评估机制和集团化办学成员学校“成熟退出”机制，进一步强化各种体制改革的孵化功能，发挥已经成长起来学校的再孵化作用。

附件：北京市中小学办学体制机制改革各种模式概况

北京市中小学办学体制机制改革各种模式概况

各区积极探索实践办学体制机制改革，最大程度推进教育公平和质量提高，形成了城乡一体化、名校办分校、一贯制学校以及学区制、集团化、教育集群、教育联盟、教

育协作组（片）、教育资源带等多种样态并存的教育办学体制和管理机制。

一、名校办分校

名校办分校主要指在基础教育阶段，依托教育质量和声誉较高学校（社会上称之为名校）的优势，跨区域或区域内整合基础教育资源，促进、提升办学相对困难学校硬件和软件建设的一种机制。目前全市共有名校办分校265所，其中名校跨区举办的分校主要是在市教委主导项目推动下，各区之间或相关区与名校之间的支持性合作，全市共有72所。名校在本区内承办的分校共193所。

（一）跨区名校办分校。主要是城市发展新区和生态涵养区寻求与城市功能核心区优质学校之间的合作，双方签署合作协议，在一定的办学周期内进行合作办学，一般合作周期为三年。优质资源输入区给予名校一定的合作经费支持（几十万到几百万不等）和一定数量的编制支持。在72所学校中，57所学校为独立法人，即原学校的法人不变；15所学校为一个法人，即原学校的法人由名校校长替代，实施一体化管理。跨区名校办分校多为协商合作办学，因此，办学的深入程度和效果差异比较大。在合作的约定上，多数学校有相对固定的经费支持，同时部分名校向分校派驻管理人员和教师，有的则是通过名校开展的项目活动对分校进行指导带动。

（二）区内名校办分校。主要是由区教委委派和任务驱动，协调名校承办新建校或承接办学相对困难校。相对于跨区名校办分校，区内的名校办分校已经成为区域内扩大优质教育资源、提升整体办学水平的重要举措。目前全市区内的193所名校办分校中，独立分设法人的61所，一个法人一体化管理的132所。从区域分布看，西城、朝阳、海淀、丰台、石景山五个区达到183所，其余10所分布在门头沟、大兴、昌平三个区。从学校规模和办学体量看，差异也比较大，多数名校为2—3址（校区），最多达到15址（校区）。

二、城乡一体化学校

城乡一体化学校是通过引入优质教育资源，在农村、城乡结合部或城市发展新区改建或新建一批优质学校。2012年北京市启动《北京市中小学建设三年行动计划（2012—2014年）》，连续两年以政府实事形式，推进“城乡新区一体化学校建设”，助力办学相对困难地区和学校办学水平的提升。城乡一体化学校是市教委主导、市发展改革委立项支持建设的学校，截止目前，共建设65所城乡一体化学校。

按照城乡一体化学校建设要求，推进学校实行“一个法人、一体化管理”的管理体制改革试点。在调查的65所学校中，仅有20所学校是优质学校校长为法人，由优质学校派驻执行校长进行一体化管理，选派教师驻校任教或开展双向师资交流。45所学校为独立分设法人，优质校选派管理人员定期开展工作指导，通过项目带动、研讨交流、培训队伍等方式带动学校发展。

三、学区制管理

据调研统计，目前全市11个区实施学区管理，共设置学区131个，学区启动和开始运转时间分别为：2013年前33个；2014年29个；2015年20个；2016—2017年49个。其中，2017年房山区新划定学区20个。

学区管理是由区教委根据行政地域或者办学状态，将一定数量的学校划归特定学区。本着优化管理机制、促进资源共享、均衡配置资源、实现共建共享的原则实施学区管理，但各区具体的功能定位、运行模式和实践路径不尽相同。比较典型的分为以下几种情况。

（一）区级统筹协调的主体式发展学区。由教育行政部门统筹，实施学区内共建、共治、共享的管理模式。此种类型的学区以东城区为代表，在区级统筹的基础上，突出学区的自治，学区、社会、家庭等各方力量多元参与。学区还成立了工作委员会，负责学区内各种资源的协调、管理与服务。

（二）行政地域式学区（“区—学区—学校”三级管理模式）。以街道行政管理区域为划分依据，设立独立的学区管理机构，赋予学区部分行政管理和协调议事职能。

海淀区依据街镇行政区划划分了17个学区，成立学区委员会和学区管理中心承担对学区内学校的管理职能。学区管理中心为隶属于海淀区教育行政部门的独立法人单位，根据学区所属学校规模核定编制，相当于在区教委和学校中间增加了一层管理机构。区教育行政部门对各学区开展年度评估。

西城区的学区定位为招生入学单位和资源统筹单位。建立学区办公室作为学区管理机构，办公室由教委派出人员组成常设行政机构，接受教委和街道办事处的双重领导与管理，在学区内体现政府赋予的教育管理责任，办公地点由街道办事处提供。

（三）同行协作式学区。主要是以协同发展、研修促进方式，本着优势互补、资源共享的原则，推动学校间的合作交流，相互促进、取长补短、共同发展的发展模式。基本上都是教育行政部门牵头建立学区，区教委领导分别任学区主任，牵头校校长担任副主任，由学区主体负责，共建共商各项工作和活动。

朝阳区成立学区管理机构，机构负责人由学区民主选举、教工委任命的方式产生。机构负责人负责组织召集学区内的成员单位议定学区事务。

大兴区按区域划分为八大教育协作区。区教委设立专项资金支持协作区内组织开展的共建、共研、共享、共学等活动。

（四）相对松散的自主发展式学区。由区教委按照一定原则将若干学校划定为一个学区或者合作联盟，指定一位牵头校校长担任组长并明确相关工作要求，由学区自主开展活动，推动学校发展。昌平、房山、怀柔、平谷、延庆区的学区制运行基本属于此种类型。

四、教育集团

集团管理是依托品牌名校的带动作用，依据共同办学理念组建学校发展共同体，实现集团内优质教育资源辐射引领与优势互补。目前全市实施集团化办学的有10个区，集团内共有95所学校。其中，东城、西城、朝阳、海淀、丰台五个区有 76 所学校，占总量的 80%。法人独立设置的有 75 所学校，占总量的 78%。师资单独配置的有 52 所学校，经费单独预算的有 68 所学校，绩效工资单独设置的有 71 所学校。整体看，更多的教育集团为辐射带动型的发展共同体，大致可以分为以下几种类型。

（一）按法人结构分类：一是一个法人多个校区的“紧密型”教育集团，如北京市朝阳区芳草地国际学校是一所拥有八个校区一个法人的教育集团。二是多个独立法人组成的“独联体型”教育集团，如北京景山学校承办的大兴实验学校、远洋分校都是独立法人单位。三是一个法人多个校区与多个法人和多所学校共同冠名的“混合型”教育集团，如北京小学及其若干分校，其中，有一个法人的多校区模式，也有独立法人单位的学校，共同组成北京小学教育集团。

（二）按合作方式分类：有区校合作型、区际合作型、机构合作型、区内授权型。区校合作型，主要是一个行政区域的教育行政部门与一所非本区的优质品牌学校合作，引进名校的品牌资源，授权其建设或改造一所普通学校，并纳入优质品牌教育集团管理运行。如密云区与海淀区北方交通大学附属中学合作，举办密云分校。区际合作型，是指两个行政区域通过协商合作，授权优质学校在资源输入区举办学校，纳入优质品牌学校集团管理。如东城区与朝阳区合作，授权东城区的北京二中、汇文中学等学校在朝阳区举办分校。机构合作型，是指各区教育行政部门与教育机构合作，授权教育机构在当地举办优质教育资源学校，建立学校集团。如丰台区与北京教育学院合作，在丰台区举办北京教育学院附属丰台实验学校集团。区内授权型，是指在同一行政区域内，教育行政部门授权某优质学校管理承办一所或多所普通学校，并纳入优质资源学校集团。如西城区教委授权北京第二实验小学在本区域建立实验二小玉桃园分校、实验二小白云路分校、实验二小广外分校等。

五、教育集群

教育集群是基于平等互助、资源共享，共同提升的发展策略，拓展为新型的教育发展组织架构。2010 年在丰台区教委和方庄办事处主导下开始集群式发展探索实践。教育集群是龙头校和其他学校形成的“1+N”的区域教育共同体，多个法人组成既合作又自主、平等互助的战略伙伴关系，成员校均为优势资源输出的主体。集群成员单位涉及中小幼职各学段，同时公办民办共存。在组织架构上设有理事会和监事会，负责指导、组织、协同集群工作，集群组织的活动没有强制性，彼此是共建共生的互助共同体。

六、其他模式

除以上五种较为普遍、比较典型的办学体制机制外，各区还实践教育联盟、教育资源带、教育协作组（片）、发展共同体等模式推动学校发展。东城区坚持一体化管理理念，实施学区制管理格局下的“盟、贯、带”发展（盟：建立多校之间的教育联盟；贯：将中学和小学贯通，变成九年一贯制；带：将全区中小学组合成优质资源带）。实施学区制管理和集团化办学的同时，形成了 40 个教育联盟，协同发展。昌平区实施校际联盟，形成 4 个比较固定的联盟。将办学思想相近、学校情况相似的若干所学校组成发展联盟，教委对联盟实行宏观管理，提供资金和业务支持。顺义区本着地域接近、优势互补、资源共享原则，实施“三大教育联盟九大教育组团”的发展思路，鼓励自主开展交流活动，联盟校间相对松散。房山区建立“南北两沟”乡村教育发展联盟，推动农村教育发展。门头沟区加强城镇优质学校对山区学校的辐射和引领，建立 16 对城乡学校发展共同体。通州区建立高中发展联盟和小学发展协作组实施抱团互促发展。

以上学区制、教育集团、教育集群等几种典型的办学模式和管理体制已经成为北京市办学模式和治理模式的新常态。从属性上分析，学区制是按照行政街区、方便招生划分的具有一定管理属性的管理机制；集团（含集群、联盟、资源带）等既有按照学校类型、地域、范围划片的管理属性，又有按照理念融通、管理统合、共建共享原则的办学发展属性；名校办分校（含城乡一体化、区内和跨区办分校）则具有“母体”与“子体”、“输血”与“造血”新型关系的办学属性；独立法人单位的教育集团、九年一贯制办学机制等则具有“家族式”一体化发展特点的办学模式属性。

（市政府教育督导室　供）

中等职业学校机构数
中等职业学校（机构）各类学生数
职业高中分区基本情况
普通中学分区基本情况
小学分区基本情况
工读学校基本情况
特殊教育分区基本情况
幼儿园分区基本情况

2018 统计表

STATISTICAL LIST

- 各级各类学校校数、教职工、专任教师情况
- 各级各类学历教育学生情况
- 各级各类非学历教育学生情况
- 各级民办教育基本情况
- 普通高校分学科研究生数
- 普通本科、专科学生数（分类型、性质类别）
- 高等学校教职工情况

STATISTICAL TABLE

统计表

2017-2018 学年度北京市教育事业统计资料

一、综合

1-1 各级各类学校校数、教职工、专任教师情况

单位：人

	校数（所）	教职工数	
		计	其中：专任教师
总计	3556	376439	236346
一、高等教育	175	145327	69195
（一）研究生培养机构	(146)		(58374)
1. 普通高校	(58)		(47330)
2. 科研机构	(88)		(11044)
（二）普通高等学校	92	138226	66226
1. 中央部委属高校	38	99244	44507
2. 市属高校	54	38982	21719
其中：公办高校	38	32922	18839
民办高校	16	6060	2880
（三）成人高等学校	18	3310	1452
（四）民办的其他高等教育机构	65	3791	1517
二、中等教育	766	99566	74269
（一）高中阶段教育	421	99566	51674
1. 普通高中	304	86966	44040
2. 中等职业教育	117	12600	7634
普通中专	30	3315	1857
成人中专	11	565	308
职业高中	48	5944	4173
技工学校	28	2776	1296
（二）初中阶段教育	345		22595
三、小学教育	984	60904	53782
四、工读学校	6	270	204
五、特殊教育	21	1272	993
六、学前教育	1604	69100	37903

注：
1. “（）”内数据未包含在总计中。
2. 因完全中学中的高中、初中教职工不易区分统计，故普通高中教职工数包含普通初中教职工数。

1-2 各级各类学历教育学生情况

单位：人

	毕业生数	招生数	在校生数	预计毕业生数
总计	**939184**	**1248003**	**3861492**	**633763**
一、高等教育	**537675**	**730023**	**2010392**	**340661**
（一）研究生	84678	111773	312354	114045
1. 高等学校	79341	104496	291593	106272
2. 科研机构	5337	7277	20761	7773
（二）普通本专科	152990	153028	580663	155640
1. 中央部委属高校	74863	79984	314788	77980
2. 市属高校	78127	73044	265875	77660
其中：公办高校	59238	57106	206758	61063
民办高校	18889	15938	59117	16597
（三）成人本专科	69286	60505	155898	70976
1. 成人高等学校	6448	5118	11659	5692
2. 普通高等学校	62838	55387	144239	65284
（四）在职人员攻读硕士学位			58358	
（五）网络本专科生	230721	404717	903119	
二、中等教育	**168125**	**181936**	**522658**	**164404**
（一）高中阶段教育	85692	78673	256254	89277
1. 普通高中	49685	53755	163977	55929
其中：本市户籍	46544	49696	152390	52363
2. 中等职业教育	36007	24918	92277	33348
普通中专	13493	11013	40983	13054
成人中专	9965	5612	22040	8365
职业高中	5523	2797	11488	5304
技工学校	7026	5496	17766	6625
（二）初中阶段教育	82433	103263	266404	75127
其中：本市户籍	65235	75222	192662	56021
三、小学教育	**125938**	**157559**	**875849**	**128698**
其中：本市户籍	74486	113538	575462	75075
四、工读学校	**250**	**224**	**618**	
五、特殊教育	**1545**	**907**	**6440**	
六、学前教育	**105651**	**177354**	**445535**	

补充资料：外国留学生在校学生数为 39141 人。
注：高等教育小计中未包含自学考试的学生数。

1-3 各级各类非学历教育学生情况

单位：人、人次

	毕（结）业生数	在校（注册）生数
总计	**3537670**	**3616057**
一、高等教育	**849097**	**829451**
（一）研究生课程进修班	3363	6134
（二）自考助学班	413	675
（三）普通预科生		1732
（四）进修及培训	845321	820910
其中：资格证书培训	46806	45080
岗位证书培训	102512	105955
二、中等教育	**2688573**	**2786606**
其中：资格证书培训	274023	254610
岗位证书培训	323773	362266
（一）中等职业教育	53652	31697
其中：资格证书培训	18137	9213
岗位证书培训	11171	12265
（二）职业技术培训机构	2634921	2754909
其中：资格证书培训	255886	245397
岗位证书培训	312602	350001

1-4 各级民办教育基本情况

单位：人

	校数（所）	毕业生数	招生数	在校生数	教职工数		兼任教师
					计	其中：专任教师	
总计	**922**	**75354**	**101169**	**303861**	**54257**	**27656**	**3521**
一、高等教育	**81**	**19010**	**16168**	**59531**	**9851**	**4397**	**3222**
民办普通高校	16	19010	16168	59531	6060	2880	1834
民办高等教育机构	65				3791	1517	1388
二、中等教育	**118**	**10836**	**11796**	**32502**	**13136**	**7746**	**236**
（一）高中阶段教育	91	3209	3087	9645	13136	7746	236
1. 民办普通高中	70	2581	2728	7790	12469	7433	67
2. 民办中等职业教育	21	628	359	1855	667	313	169
（二）初中阶段教育	27	7627	8709	22857			
三、民办小学	**59**	**11052**	**7599**	**51350**	**2190**	**1662**	
四、民办幼儿园	**664**	**34456**	**65606**	**160478**	**29080**	**13851**	**63**
另有：民办职业技术培训机构	1178	931703		1257852	82966	26109	8373

注：
民办培训机构毕业生数为结业人次数，在校生数为注册学生数。

二、高等教育

2-1 普通高校分学科研究生数

		毕业生数		
		合计	硕士	博士
总计		**79341**	**65481**	**13860**
其中：女		39908	34301	5607
学术型学位	**小计**	**47208**	**34108**	**13100**
	哲　学	581	406	175
	经济学	2924	2339	585
	法　学	4317	3526	791
	教育学	1545	1259	286
	文　学	3298	2759	539
	历史学	510	367	143
	理　学	6994	3668	3326
	工　学	18190	13306	4884
	农　学	1097	656	441
	医　学	2106	1294	812
	军事学	28	17	11
	管理学	4180	3317	863
	艺术学	1438	1194	244
专业学位	**小计**	**32133**	**31373**	**760**
	哲　学			
	经济学	2929	2929	
	法　学	2978	2978	
	教育学	1760	1734	26
	文　学	1591	1591	
	历史学	80	80	
	理　学			
	工　学	11009	10990	19
	农　学	858	858	
	医　学	2319	1604	715
	军事学			
	管理学	7090	7090	
	艺术学	1519	1519	

单位：人

	招生数			在校生数		
	合计	硕士	博士	合计	硕士	博士
	104496	**85535**	**18961**	**291593**	**211289**	**80304**
	53692	45724	7968	143451	111882	31569
	56875	**38826**	**18049**	**186367**	**109031**	**77336**
	575	365	210	2080	1156	924
	3038	2315	723	9400	5988	3412
	4625	3602	1023	14359	9743	4616
	1820	1403	417	5788	4113	1675
	3614	2910	704	11432	8305	3127
	569	375	194	2056	1161	895
	9774	5266	4508	32654	14712	17942
	22890	15570	7320	76727	44371	32356
	1396	896	500	4315	2232	2083
	2609	1568	1041	7706	4490	3216
				35	21	14
	4556	3453	1103	15340	9407	5933
	1409	1103	306	4475	3332	1143
	47621	**46709**	**912**	**105226**	**102258**	**2968**
	3622	3622		7172	7172	
	3603	3603		8164	8164	
	3213	3170	43	6547	6235	312
	1937	1937		3875	3875	
	123	123		273	273	
	16181	16107	74	37524	37144	380
	1292	1278	14	2293	2279	14
	3035	2254	781	8917	6655	2262
	12228	12228		24791	24791	
	2387	2387		5670	5670	

2-2 普通本科、专科学生数（分类型、性质类别）

		学校数（所）		毕业生数		
		计	其中：中央	合计	专科	本科
总计		92	38	152990	34082	118908
按类型分	本科院校	67	38	128465	9557	118908
	其中：独立学院	5		5438		5438
	专科院校	25		23813	23813	
	其中：高等职业学校	24		22678	22678	
	其他机构（不计校数）	4	1	712	712	
按性质类别分	综合大学	5	3	19551	2563	16988
	理工院校	31	12	62713	14523	48190
	农业院校	3	1	6139	1848	4291
	林业院校	1	1	3235		3235
	医药院校	4	2	3846	1685	2161
	师范院校	2	1	5590	465	5125
	语文院校	10	6	10967	2859	8108
	财经院校	16	2	21221	7127	14094
	政法院校	8	5	10967	2764	8203
	体育院校	3	1	2858	53	2805
	艺术院校	8	3	3185	195	2990
	民族院校	1	1	2718		2718
按举办者分	1. 中央部门	38	38	74863	2377	72486
	教育部	25	25	54314	716	53598
	其他部门	13	13	20549	1661	18888
	2. 地方	38		59238	23142	36096
	教育部门	24		46171	10642	35529
	其他部门	14		13067	12500	567
	3. 民办	16		18889	8563	10326

单位：人

	招生数			在校生数		
	合计	专科	本科	合计	专科	本科
	153028	**25664**	**127364**	**580663**	**77609**	**503054**
	132826	5462	127364	520938	17884	503054
	4776		4776	21542		21542
	19663	19663		57800	57800	
	18528	18528		54310	54310	
	539	539		1925	1925	
	19105	1450	17655	71904	4436	67468
	63113	10500	52613	238945	31216	207729
	6025	1320	4705	22508	4312	18196
	3351		3351	13233		13233
	5325	1918	3407	17349	4763	12586
	5300		5300	21428	284	21144
	11640	2390	9250	45608	7110	38498
	18758	4529	14229	74296	15699	58597
	10731	3285	7446	37172	9094	28078
	3199	90	3109	12400	200	12200
	3675	182	3493	14537	495	14042
	2806		2806	11283		11283
	79984	1561	78423	314788	4503	310285
	59142	331	58811	232280	1205	231075
	20842	1230	19612	82508	3298	79210
	57106	18613	38493	206758	57084	149674
	43985	5969	38016	167824	19970	147854
	13121	12644	477	38934	37114	1820
	15938	5490	10448	59117	16022	43095

2-3 高等学校教职工情况

	教职工数		
	合计	校本部	
		计	专任教师
一、普通高校	**138226**	**120018**	**66226**
其中：女	70454	60576	30690
分类型 本科院校	128611	110517	61168
其中：独立学院	1996	1996	1199
专科院校	9185	9071	4823
其中：高等职业学校	8837	8735	4579
其他机构	430	430	235
分性质类别 综合大学	23435	21261	10149
理工院校	53360	46697	26979
农业院校	4834	4561	2587
林业院校	1863	1779	1195
医药院校	17292	9384	3794
师范院校	5564	5426	3558
语文院校	7632	7214	4367
财经院校	10734	10573	6396
政法院校	6209	6085	2760
体育院校	1662	1631	1083
艺术院校	3748	3601	2162
民族院校	1893	1806	1196
分举办者 1. 中央部门	99244	81840	44507
教育部	67247	58535	31743
其他部门	31997	23305	12764
2. 地方	32922	32118	18839
教育部门	26889	26168	15522
其他部门	6033	5950	3317
3. 民办	6060	6060	2880
二、成人高校	**3310**	**3292**	**1452**
其中：女	1958	1946	963

单位：人

教职工数					
教职工			科研机构人员	校办企业职工	敷设机构人员
行政人员	教辅人员	工勤人员			
24037	**17414**	**12341**	**7612**	**1175**	**9421**
14010	11238	4638	3321	304	6253
21650	16304	11395	7574	1141	9379
315	123	359			
2322	1001	925	38	34	42
2277	959	920	27	34	41
65	109	21			
3866	3855	3391	1398	148	628
9702	4854	5162	4042	639	1982
917	511	546	11	41	221
316	212	56		50	34
1208	3956	426	1889	11	6008
917	720	231	26	112	
1669	764	414	131	25	262
2318	1003	856		115	46
1464	847	1014	21	2	101
387	81	80		12	19
881	467	91	74	20	53
392	144	74	20		67
16001	12925	8407	7397	889	9118
12355	7967	6470	5184	708	2820
3646	4958	1937	2213	181	6298
6735	4060	2484	215	286	303
5235	3330	2081	168	262	291
1500	730	403	47	24	12
1301	429	1450			
884	**628**	**328**	**14**		**4**
519	376	88	9		3

三、中等职业教育

3-1 中等职业学校机构数

	合计	中央部门
总计	**89**	**7**
普通中等专业学校	30	6
成人中等专业学校	11	1
职业高中学校	48	
附设中职班（不计校数）	28	1

3-2 中等职业学校（机构）各类学生数

	毕业生数	
	计	其中：获得职业资格证书
一、中职学生计	**28981**	**18042**
其中：中职全日制学生	24268	17869
中职非全日制学生	4713	173
普通中专学生	13493	8521
成人中专学生	9965	4850
其中：全日制学生	5252	4677
非全日制学生	4713	173
职业高中学生	5523	4671
二、培训学生	**53652**	
三、外国留学生	**239**	

单位：所

地方				民办
计	教育部门	其他部门	地方企业	
61	**37**	**19**	**5**	**21**
23	6	15	2	1
9	2	4	3	1
29	29			19
25	16	9		2

注：中等职业学校中不包含技工学校数。

单位：所

招生数				在校生数
计	其中：应届毕业生		其中：五年制高职 / 中职段	
	计	其中：初中毕业		
19422	**17329**	**16907**	**6801**	**74511**
17848	17268	16846	6801	67806
1574	61	61		6705
11013	10689	10276	5408	40983
5612	3846	3837		22040
4038	3785	3776		15335
1574	61	61		6705
2797	2794	2794	1393	11488
				31697
				154

3-3 职业高中分区基本情况

	校数（所）	毕业生数	招生数
总计	**48**	**5523**	**2797**
首都功能核心区			
东城区	5	610	157
西城区	4	654	
城市功能拓展区			
朝阳区	5	605	489
丰台区	5	277	173
石景山区	3	129	94
海淀区	2	687	736
城市发展新区			
房山区	4	263	160
其中：房山	3	263	160
燕山	1		
通州区	2	102	119
顺义区	5	488	7
昌平区	3	504	359
大兴区	4	32	135
生态涵养发展区			
门头沟区	1	24	13
怀柔区	2	399	33
平谷区	1	67	78
密云区	1	282	163
延庆区	1	400	81

单位：人

	在校生数	教职工数	专任教师
	11488	**5944**	**4173**
	1300	593	453
	1101	781	579
	1708	937	723
	628	465	254
	363	195	120
	2163	472	350
	517	303	232
	517	274	208
		29	24
	357	168	146
	137	169	80
	1198	368	276
	271	436	288
	115	128	87
	402	323	206
	175	156	64
	462	210	141
	591	240	174

四、普通中学

4-1 普通中学分区基本情况

	校数(所)			班数(个)		毕业生数	
	合计	其中：高中及完中	合计	初中	高中	初中	高中
总计	**649**	**304**	**14470**	**9313**	**5157**	**82433**	**49685**
首都功能核心区							
东城区	41	32	1169	641	528	6358	4810
西城区	43	39	1405	766	639	7322	6464
城市功能拓展区							
朝阳区	94	40	2014	1498	516	9143	3794
丰台区	48	20	815	557	258	4728	2195
石景山区	24	9	412	259	153	2454	1520
海淀区	79	63	3038	1771	1267	17597	12477
城市发展新区							
房山区	47	11	804	549	255	5076	2419
其中：房山	42	10	713	489	224	4529	2108
燕山	5	1	91	60	31	547	311
通州区	38	13	788	543	245	4807	2055
顺义区	33	13	760	474	286	4968	3587
昌平区	55	26	825	611	214	4701	1869
大兴区	45	15	785	567	218	5280	2394
生态涵养发展区							
门头沟区	16	5	229	148	81	1513	589
怀柔区	23	5	356	241	115	1918	962
平谷区	19	5	327	197	130	1957	1620
密云区	23	4	441	294	147	2702	1714
延庆区	21	4	302	197	105	1909	1216

单位：人

	招生数		在校生数			教职工数	
	初中	高中	合计	初中	高中	合计	其中：专任教师
	103263	**53755**	**430381**	**266404**	**163977**	**86966**	**66635**
	7497	5299	36025	19937	16088	6570	5616
	10181	6596	45006	24971	20035	7913	6094
	14290	4430	48310	34727	13583	13305	10754
	5494	2486	22333	14845	7488	5467	4265
	2477	1415	11339	7028	4311	2808	2207
	22315	13480	99019	57261	41758	14377	11078
	5773	3005	24548	15567	8981	4318	3321
	5214	2603	21331	13532	7799	3903	2953
	559	402	3217	2035	1182	415	368
	6312	2835	24875	16344	8531	4745	3603
	5980	3387	25904	15497	10407	5145	3705
	5703	1837	21019	15343	5676	6092	4444
	5989	2430	22748	15501	7247	5214	4112
	1571	813	6696	4263	2433	1271	934
	2175	1280	9458	5652	3806	2378	1723
	2334	1464	10450	5907	4543	2836	1578
	3356	1849	14074	8695	5379	2448	1795
	1816	1149	8577	4866	3711	2079	1406

五、小学

5-1 小学分区基本情况

	校数(所)	班数(个)	毕业生数
总计	984	26399	125938
首都功能核心区			
东城区	63	1618	8379
西城区	58	2143	10620
城市功能拓展区			
朝阳区	87	4594	17871
丰台区	77	1980	9211
石景山区	27	748	3520
海淀区	84	4470	24184
城市发展新区			
房山区	108	1572	7188
其中：房山	101	1484	6636
燕山	7	88	552
通州区	83	1763	8751
顺义区	49	1367	6599
昌平区	92	1758	8223
大兴区	96	1805	8792
生态涵养发展区			
门头沟区	22	389	1776
怀柔区	25	493	2610
平谷区	46	606	2727
密云区	39	643	3569
延庆区	28	450	1918

六、工读学校

6-1 工读学校基本情况

	校数(所)	班数(个)	离校人数
合计	6	31	250
其中：女			49

单位：人

	招生数	在校生数	教职工数	
			合计	其中：专任教师
	157559	**875849**	**60904**	**53782**
	10035	55600	5154	4709
	15050	77537	5675	5233
	24570	136971	7431	7005
	10760	65463	4838	4271
	3768	22804	1354	1183
	20497	163408	8277	7744
	9127	49693	3794	3137
	8559	46535	3516	2890
	568	3158	278	247
	12113	64453	4343	3947
	8980	46444	3664	3002
	9424	52269	3883	3366
	11609	60069	4197	3632
	2187	11962	1119	891
	2784	16868	1527	1230
	3091	17925	2130	1580
	3536	22095	2202	1705
	2028	12288	1316	1147

单位：人

	入校人数	在校生数	教职工数	
			计	其中：专任教师
	224	**618**	**270**	**204**
	47	122	116	90

七、特殊教育

7-1 特殊教育分区基本情况

	校数(所)	班数(个)	毕业生数
总计	**21**	**316**	**1545**
首都功能核心区			
东城区	2	26	106
西城区	2	40	101
城市功能拓展区			
朝阳区	1	38	428
丰台区	1	14	63
石景山区	1	11	44
海淀区	2	59	271
城市发展新区			
房山区	1	9	74
其中：房山	1	7	69
燕山		2	5
通州区	1	18	49
顺义区	2	24	44
昌平区	2	19	79
大兴区	1	7	75
生态涵养发展区			
门头沟区	1	9	30
怀柔区	1	6	10
平谷区	1	15	53
密云区	1	12	89
延庆区	1	9	29

单位：人

	招生数	在校生数	教职工数	
			合计	其中：专任教师
	907	**6440**	**1272**	**993**
	45	373	120	101
	66	590	213	184
	216	1425	71	53
	89	391	36	34
	16	152	33	29
	178	1092	296	230
	61	371	22	17
	57	340	22	17
	4	31		
	34	248	62	57
	38	364	132	80
	41	333	43	24
	38	311	34	29
	13	110	26	20
	18	121	36	30
	18	207	68	42
	18	212	46	34
	18	140	34	29

八、幼儿教育

8-1 幼儿园分区基本情况

	园数（所）	班数（个）	离园（班）人数
总计	**1604**	**15810**	**105651**
首都功能核心区			
东城区	54	552	4145
西城区	73	693	4828
城市功能拓展区			
朝阳区	250	3076	16886
丰台区	137	1587	10548
石景山区	56	556	3046
海淀区	171	2141	15904
城市发展新区			
房山区	110	1093	7687
其中：房山	103	1038	7282
燕山	7	55	405
通州区	126	960	6325
顺义区	101	853	6498
昌平区	137	1201	7808
大兴区	90	1209	8303
生态涵养发展区			
门头沟区	31	259	1563
怀柔区	71	401	3342
平谷区	72	479	2970
密云区	71	468	3641
延庆区	54	282	2157

单位：人

	入园(班)人数	在园(班)人数	教职工数	
			合计	其中：专任教师
	177354	**445535**	**69100**	**37903**
	6228	16720	2958	2044
	8297	19398	3496	2073
	34065	78764	14079	7373
	15659	44323	7077	3804
	5958	15514	2398	1249
	24912	65545	11343	5480
	12506	31537	4366	2546
	11746	29663	4165	2422
	760	1874	201	124
	10676	26721	3774	2165
	12462	28880	2911	1564
	12751	32005	5587	2924
	13955	35029	3783	2243
	2767	7101	1094	689
	4457	10956	1623	1035
	4749	12028	1765	890
	4742	13151	1801	1091
	3170	7863	1045	733

52 所

北京市冰雪运动特色学校（第一批）

10 个

2017 年北京市中小学生科学建议提名奖

36 人

2016 年度北京市中小学生金帆奖

2018 附录

APPENDIX

- 第三批北京市民族团结教育示范学校
- 北京市中小学生社会大课堂市级优质资源单位
- 2016 年度北京市科学技术奖二、三等奖
- 部分单位全称简称对照表

基础教育

北京市冰雪运动特色学校名单
（第一批）

东城区（7 所）
小学
北京市东城区前门小学
北京市东城区府学胡同小学
北京市东城区史家小学
九年一贯制
北京景山学校
中学
北京市第十一中学
北京市第六十五中学
北京市广渠门中学
西城区（5 所）
小学
北京第二实验小学
北京市西城区黄城根小学
北京小学
中学
北京市第八中学
北京市第三中学
朝阳区（5 所）
小学
北京市朝阳区芳草地国际学校
北京市朝阳区国美家园小学
清华大学附属小学商务中心区实验小学
中学
北京市润丰学校
北京市陈经纶中学
海淀区（7 所）
小学
北京市海淀区中关村第二小学
北京市海淀区中关村第三小学
北京市第二十中学附属实验学校
北京市海淀区第二实验小学
清华大学附属小学
中学
北京市第一〇一中学
北京理工大学附属中学
丰台区（1 所）
小学
北京市第十八中学附属实验小学
石景山区（2 所）
小学
北京市京源学校小学部
中学
北京市第九中学
门头沟（2 所）
小学
北京市门头沟区大峪第一小学
中学
北京市门头沟区大峪中学分校
房山（3 所）
小学
北京小学长阳分校黄城根小学房山分校
中学
北京市房山区张坊中学
通州（4 所）
小学
北京小学通州分校
北京第二实验小学通州分校
北京市通州区梨园镇中心小学
九年一贯制
北京市通州区梨园学校
顺义（3 所）
小学
北京市顺义区西辛小学
首都师范大学附属顺义实验小学
中学
北京市顺义区第十三中学
昌平（3 所）
小学
北京市昌平区十三陵中心小学
清华大学附属小学昌平学校

中学

北京市昌平区兴寿学校

大兴 (3 所)

小学

北京市大兴区榆垡镇第一中心小学

北京市大兴区庞各庄镇第二中心小学

中学

北京市大兴区庞各庄中学

怀柔 (1 所)

小学

北京市怀柔区杨宋镇中心小学

平谷 (2 所)

小学

北京实验学校附属小学

中学

北京实验学校附属中学

密云 (2 所)

小学

北京市密云区第六小学

中学

北京市密云区水库中学

延庆 (2 所)

小学

北京市延庆区第二小学

中学

北京市延庆区第二中学

(华蕾)

2017 年 (第九届) 北京市中小学生科学建议奖提名奖

李恩泽　北京市西城区白纸坊小学
关于北京博物馆内增加休闲多元化设施的建议

金添　蒋鸣昊　北京市海淀区花园村第二小学
关于医院智能影像胶片电子化的建议

潘冠文　北京市海淀区育鹰小学
关于北京市地铁口推广共享单车立体泊车系统的建议

陈俊廷　闻艺斐　谢思妤　北京市海淀区中关村第一小学
北京市海淀区培星小学
关于通过优化北京城区植被类型减少雾霾的建议

刘心语　北京小学
关于康西草原、京西草原一体化管理，促进共同发展的建议

杨茗雅　北京市怀柔区第二小学
加速怀沙河流域动、植物资源与环境保护的建议

袁思来　北京第二实验小学
关于北京市出租车后排座椅安全带有效可用的建议

吴雨诺　北京市朝阳区星河实验小学
沙河水库和温榆河的河道及周边环境整改建议

贾乐儿　北京市陈经纶中学嘉铭分校 (东校区)
关于公交刷卡机增加语音提示的建议

齐一凡　北京市通州区芙蓉小学
关于给青少年设立网游“安全阀”建议

(卢亭)

第三批北京市民族团结教育示范学校

中央工艺美院附中艺美小学	东城区天坛东里小学
北京景山学校	北京市文汇中学
西城区师范学校附属小学	西城区宏庙小学
北京市第七中学	朝阳区万子营民族小学
北京第二外国语学院附属中学	北京工业大学附属中学
首都师范大学附属小学	海淀区五一小学
海淀区第二实验小学	中央民族大学附属中学
北京市第十中学	丰台区新发地小学
石景山区实验小学	门头沟区妙峰山民族学校
北京市大峪中学	房山区良乡镇官道中心小学
房山区房山第五中学	北京师范大学良乡附属中学
通州区民族小学	顺义区后沙峪中心小学
昌平区城北中心小学	昌平区十三陵中心小学
昌平区西贯市回民小学	大兴区庞各庄镇第一中心小学
平谷区第二小学	怀柔区长哨营满族乡中心小学
怀柔区杨宋镇中心小学	密云区古北口镇中心小学
密云区第二中学	延庆区太平庄中心小学
延庆区永宁学校	北京师范大学燕化附属中学

(华蕾)

2017 年度北京市中小学生社会大课堂市级优质资源单位

中国国家博物馆	故宫博物院
中国人民抗日战争纪念馆	首都博物馆
中国铁道博物馆	中国印刷博物馆
中国电影博物馆	中国园林博物馆
北京自然博物馆	北京鲁迅博物馆
云居寺石经博物馆	周口店北京人遗址博物馆
北京国际都市农业科技园	生存岛
中国影视大乐园	北京野生动物园
黄花城水长城	红星快乐营
北京京城百工坊	北京市燕山职业学校

(牛文国)

2016年度北京市中小学生金帆奖、银帆奖获奖名单

金帆奖（36人）	
李小石	北京市第五中学
崔润萌	北京市第五中学
赵润岩	北京市第五中学
陈佳雯	北京景山学校
许金烨	北京景山学校
陈顺明	北京市文汇中学
陈知怡	北京市第三十五中学
朱晋苏	北京市第三十五中学
韩雨佳	北京市第三十五中学
李福临	北京市西城区师范学校附属小学
汪泽睿	北京市西城区师范学校附属小学
李子修	北京市西城区师范学校附属小学
徐乐曈	中国人民大学附属中学朝阳学校
马语彤	北京市朝阳区白家庄小学
赵米拉	北京市朝阳区白家庄小学
高博文	北京市第一〇一中学
袁荟迪	清华大学附属实验学校
刘欣芃	清华大学附属中学
刘静宜	清华大学附属中学
叶博南	清华大学附属中学
王天祎	北京市海淀区中关村第二小学
李依宣	北京市海淀区中关村第二小学
王攀硕	北京市海淀区中关村第二小学
张文琮	北京市海淀区中关村第二小学
尚凡棋	北京市海淀区中关村第三小学
陈嘉康	北京市海淀区中关村第三小学
黄晓桐	北京市海淀区中关村第三小学
刘昊祎	北京市海淀区中关村第三小学
薛俊辉	北京市海淀区中关村第三小学
王美文	北京市海淀区中关村第三小学
李耀坤	北京市海淀区中关村第三小学
刘子健	北京市海淀区中关村第三小学
李文泽	中国人民大学附属小学
赵雨洋	密云县第六中学
王艺婷	密云县第七中学
丁思嘉	密云县第三小学
银帆奖（197人）	
李木子	北京市第五中学
王镕祥	北京市第五中学
章辰月	北京市第五中学
高佳	北京市第五中学
侯屹	北京市第五中学分校
路鸣	北京市第五中学分校
李芳瑜	北京市第五中学分校
刘文仲	北京市第五中学分校
刘典春	北京市第二十二中学
崔高歌	北京市第二十二中学
徐霈林	北京市第二十二中学
廉欢	北京市第二十二中学
张芮嘉	北京市第一六六中学
张子祥	北京市第一六六中学
许伊祺	北京市第一六六中学
宜怡	北京市第一六六中学
丛一聪	北京市第一七一中学
郝若瑶	北京市第一七一中学
陈思宇	北京市第一七一中学
刘奕昕	北京市东直门中学
李正东	北京市文汇中学
崔祉彤	北京市崇文门中学
李琳	北京国际职业教育学校
晗羽丰	北京市东城区分司厅小学
冯景钰	北京市东城区分司厅小学
陈思润	北京市东城区分司厅小学
曾昭华	北京市汇文第一小学
韩子钊	北京市第四中学
吴越	北京市第四中学
王玉	北京市第四中学
郭健庭	北京市第四中学
李远	北京市第四中学
王砚弈	北京市第四中学
雒亦然	北京市第四中学
黄语琦	北京市第八中学
咸可舒	北京市第八中学
孙尧	北京市第八中学
孙宁远	北京市第八中学
郑子禾	北京市第十五中学
赵松睿	北京市第三十五中学
杨天恺	北京市第六十六中学
江贵夫	北京市第六十六中学
韩雨欣	北京市西城外国语学校
赵俊腾	北京市西城外国语学校
马铭灿	北京市西城外国语学校
贺雨桐	北京市西城外国语学校
曹睿智	北京市育才学校
邵松琪	北京市育才学校
张曦文	北京师范大学附属中学
窦筝	北京师范大学附属中学
郭嘉旸	北京师范大学第二附属中学
汪星辰	北京师范大学第二附属中学

陈以霖	北京师范大学第二附属中学
陈通	北京师范大学附属实验中学
徐明宽	北京师范大学附属实验中学
聂昊明	北京师范大学附属实验中学
齐翼飞	北京市西城区展览路第一小学
赵紫祎	北京市西城区展览路第一小学
张若谷	北京市西城区展览路第一小学
张随兮	北京第二实验小学
吴澍元	北京第二实验小学
刘耘豪	北京第二实验小学
刘博北	京市第八十中学
龙逸天	北京市第八十中学
张杰瑛	北京市第八十中学
张呦呦	北京市第八十中学
董冠霆	北京市第八十中学
何冠德	北京市第八十中学
马克	北京市第八十中学
袁若为	北京市第八十中学
赵宁	北京市第八十中学
常兴阳	北京市日坛中学
卢彤彤	北京市日坛中学
张佳祺	北京市日坛中学
马紫昂	北京市日坛中学
雷瑞茜	北京市陈经纶中学
赵逸轩	北京市陈经纶中学
何悦	北京工业大学附属中学
李桐	北京工业大学附属中学
李佳晗	中国传媒大学附属小学
李雅淇	中国传媒大学附属小学
刘玉衡	中国传媒大学附属小学
马培轩	中国传媒大学附属小学
杨宇晗	中国传媒大学附属小学
张锐	中国传媒大学附属小学
郭尔雨	北京市第十九中学
王秉轩	北京市第二十中学
刘兆晖	北京市第一〇一中学
张宇博	北京市第一〇一中学
张及晨	北京市第一〇一中学
郭京松	北京市第一〇一中学
林子轩	北京市第一〇一中学
闵萌	北京市第一〇一中学
黄依白	北京市第一〇一中学
田秋实	北京市第一〇一中学
王彧辰	北京市第一〇一中学
郭彬然	北京市第一〇一中学
赵一非	北京市中关村中学
王艺菁典	北京市八一学校
曹子恒	北京市八一学校
杨颖晨	北京市十一学校
孙熠雯	北京市十一学校
吕菡玥	北京市十一学校
王涵铄	北京市十一学校
田润泽	北京实验学校（海淀）
高敬伦	北京实验学校（海淀）
许达生	北京实验学校（海淀）
丁可	北京实验学校（海淀）
黄昊祥	首都师范大学附属中学
方子侨	首都师范大学附属中学
郭智博	北方交通大学附属中学
谢鹏晖	北方交通大学附属中学
王傲铮	北方交通大学附属中学
阚为	北京航空航天大学实验学校中学部
郝孟琦	北京航空航天大学实验学校中学部
李昕淼	北京理工大学附属中学
杨洵霁	北京理工大学附属中学
齐玮	北京理工大学附属中学
刘紫晔	北京理工大学附属中学
鲁骜	清华大学附属中学
时炎炅昊	清华大学附属中学
何轩	清华大学附属中学
杜昊宸	清华大学附属中学
崔楠	清华大学附属中学
李润	清华大学附属中学
张珈鸣	清华大学附属中学
李心会	清华大学附属实验学校
黄天泽	中国人民大学附属中学
王艺霏	中国人民大学附属中学
解小曼	中国人民大学附属中学
蒋笑寒	中国人民大学附属中学
贺奕璋	中国人民大学附属中学
潘嵩阳	中国人民大学附属中学
李雨菲	中国人民大学附属中学
张天翊	中国人民大学附属中学
徐家玺	中国人民大学附属中学
郑靖茹	中国人民大学附属中学
张梦漪	中国人民大学附属中学
程炜晗	中国人民大学附属中学
王竞先	中国人民大学附属中学
龙依璇	中国人民大学附属中学
刘子幕	中国人民大学附属中学
石卓诚	中国人民大学附属中学
任绍铭	中国人民大学附属中学
郭梦杰	中国人民大学附属中学
黄滔	中国人民大学附属中学

王宇	中国人民大学附属中学
王闵捷	中国人民大学附属中学
熊景文	中国人民大学附属中学
张国豪	中国人民大学附属中学
熊景详	中国人民大学附属中学
郭梦源	中国人民大学附属中学
甄景博	中国人民大学附属中学
刘阳	中国人民大学附属中学
谭凇宸	中国人民大学附属中学
张子言	北京市海淀区五一小学
王颢景	北京市海淀区五一小学
张泽明	北京市海淀区五一小学
王众	北京市海淀区五一小学
鲁晏辰	北京市海淀区七一小学
罗一洋	北京市海淀区七一小学
赵小溪	北京市海淀区七一小学
赵一达	北京市海淀区七一小学
吕鑫雨	北京市海淀区中关村第一小学
赵玥	北京市海淀区中关村第二小学
方晗语	北京市海淀区中关村第二小学
王子侨	北京市海淀区中关村第三小学
吴永睿	北京市海淀区中关村第三小学
张耀匀	北京市海淀区中关村第三小学
贾宇萌	北京市海淀区实验小学
王艺谣	北京市海淀区实验小学
王泊岩	北京市海淀区实验小学
王博洋	北京市海淀区实验小学
冯熙雯	北京市海淀区实验小学
李霄飏	北京市海淀区翠微小学
陈奕臻	北京市海淀区上地实验小学
孙泽华	北京石油学院附属小学
周水晴	北京医科大学附属小学
张印	中国人民大学附属小学
丰赫冉	中国人民大学附属小学
曹峻桤	中国人民大学附属小学
董雨翔	中国人民大学附属小学
胡羽婵	中国人民大学附属小学
张博涵	中国人民大学附属小学银燕分校
何思远	北京市第十二中学
刘哲凯	北京市第十二中学
王曦	北京市第十二中学
邹家航	北京市第十八中学
张天潆	北京市丰台区东高地第三小学
胡雪涵	北京市丰台区东高地第三小学
黄煜	北京市丰台区东高地第四小学
罗睿	北京市第二中学亦庄分校
贾一超	北京市第二中学亦庄分校
王依	北京市第二中学亦庄分校
汪天楚	北京市第二中学亦庄分校
万芳	北京市大兴区第一中学
王俊辉	北京市顺义区第四中学

（孙晓楠）

2017 年北京市中小学友好校交流项目入选学校

北京市第一零九中学与阿根廷布宜诺斯艾利斯市中西双语学校友好校交流项目

北京市东城区府学胡同小学与以色列马根小学友好校交流项目

北京市东直门中学与俄罗斯莫斯科中央区 1529 中学友好校交流项目

北京市第一六六中学与芬兰拉塔萨利中学友好校交流项目

北京市育才学校与芬兰赫尔辛基美湾中学友好校交流项目

北京市第四中学与新加坡国立大学附属数理中学友好校交流项目

北京市育才学校与美国华盛顿爱思德中学友好校交流项目

北京市第三中学与荷兰大不列颠学校友好校交流项目

北京市月坛中学与日本涩谷教育学园幕张高等学校友好校交流项目

北京市西城区黄城根小学与美国加州帕沙迪那市费尔小学友好校交流项目

北京市第四中学与新西兰基督城男子高中友好校交流项目

北京市朝阳区劲松第四小学与俄罗斯圣彼得堡第 590 中学友好校交流项目

北京市朝阳区第二实验小学与芬兰 Viherkallio 小学友好校交流项目

北京市第八十中学与法国 Coysevox 中学友好校交流项目

中国人民大学附属中学朝阳学校与英国 Saffron Walden County High School（中学）友好校交流项目

北京市海淀区第二实验小学与波兰华沙第九小学友好校交流项目

北京 101 中学与德国图宾根开普勒中学友好校交流项目

北京市海淀区第二实验小学与加拿大 RoseFinch 学校友好校交流项目

清华大学附属中学与德国萨勒姆王宫中学友好校交流项目

北京市海淀区教师进修学校附属实验小学与美国马萨诸塞州波士顿内蒂克布朗小学友好校交流项目

中国人民大学附属小学与阿布扎比哈姆丹·本·扎耶德学校友好校交流项目

中关村第一小学与芬兰奥卢大学教师培训学校友好校交流项目

北京市海淀区枫丹实验小学与加拿大莱斯布里奇学校友好校交流项目

北京市十八中学与法国蒙高非尔中学友好校交流项目

北京市大峪中学与瑞典舍德夫中学友好校交流项目

北京师范大学良乡附属中学与荷兰 Petrus Canisius College 友好校交流项目

北京市房山实验中学与俄罗斯斯科尔科沃国际学校友好校交流项目

北京市房山区窦店中心校与新加坡育能学校友好校交流项目

北京市第四中学房山分校与马克吐温国际学校友好校交流项目

北京市通州区玉桥中学与加拿大 centennial 中学友好校交流项目

北京市通州区永乐店中学与泰国曼谷新加坡国际学校友好校交流项目

北京市通州区后南仓小学与美国圣安德鲁学校友好校交流项目

牛栏山一中与英国圣约翰公学友好校交流项目

北京市大兴区第一中学与加拿大 ROYAL BAY SECONDARY SCHOOL 友好校交流项目

北京小学大兴分校与美国 Sherwood Middle School 友好校交流项目

北京绿谷小香玉艺术学校与俄罗斯 1948 中学友好校交流项目

北京市第一〇一中学怀柔分校与美国洛杉矶国际领导力学校 Ambassador School of Golbal Leadership 友好校交流项目

北京市怀柔区第三小学与美国洛杉矶罗文大街小学友好校交流项目

（胡雨）

2018 年北京市中小学友好校交流项目入选学校

北京市东城区史家胡同小学与法国巴黎马纽埃尔双语学校友好校交流项目

北京市前门外国语学校与意大利 stitutod’IstruzioneSuperiore“A.Fantoni” 友好校交流项目

北京市第五十四中学与德国柏林罗曼罗兰高级中学友好校交流项目

北京市第一七一中学与新加坡克信女子中学友好校交流项目

北京景山学校与美国波士顿牛顿公立学校友好校交流项目

北京市第四中学与英国威斯敏斯特中学友好校交流项目

北京市育才学校与芬兰赫尔辛基美湾中小学友好校交流项目

北京市月坛中学与日本涩谷教育学园幕张高等学校友好校交流项目

北京市第三中学与荷兰不列颠学校友好校交流项目

北京市育才学校与美国华盛顿爱思德中学友好校交流项目

北京市西城区黄城根小学与美国加州帕沙迪那市费尔小学友好校交流项目

北京市第十五中学与韩国现代高等学校友好校交流项目

北京中学与英国亨利福德文法中学友好校交流项目

清华大学附属中学朝阳学校与美国林肯中学友好校交流项目

北京市第八十中学与德国奥希耶斯基中学友好校交流项目

首都师范大学附属实验学校与印度春之山谷学校友好校交流项目

北京朝阳芳草地国际学校与芬兰 MUIJIALA 国际学校友好校交流项目

北京市陈经纶中学与德国维利．勃兰特综合中学友好校交流项目

北京理工大学附属中学与莫斯科英才学校友好校交流项目

北京市中关村中学与俄罗斯圣彼得堡 574 中学友好校交流项目

北京市十一学校与法国圣日耳曼昂莱国际学校友好校交流项目

首都师范大学附属中学第一分校与美国明尼汤卡东部中学友好校交流项目

北外附属外国语学校与德国科隆 Gymnasium Kreuzgasse koln 中学友好校交流项目

北京市海淀区教师进修学校附属实验小学与美国马萨诸塞州波士顿内蒂克布朗小学友好校交流项目

北京市第十二中学与德国辛登芬根史蒂芙茨中学友好校交流项目

北京大成学校与泰国彭世洛醒民学校友好校交流项目

北京市古城中学与西班牙圣伊西德罗中学友好校交流项目

北京市古城中学与美国加州德利中学 (Delhi High School) 友好校交流项目

北京大学附属中学石景山学校与泰国吉拉达学校友好校交流项目

北京市石景山区古城第二小学与斯洛文尼亚伊索拉市维卡斯姆茨小学友好校交流项目

北京市大峪中学与瑞典舍德夫中学友好校交流项目

首都师范大学附属中学永定分校与美国提莫太中学友好校交流项目

北京第四中学房山分校与马克吐温国际学校友好校交流项目

北京市通州区潞河中学与德国柏林西门子中学友好校交流项目

北京市通州区潞河中学与澳大利亚墨尔本艾森姆学校友好校交流项目

北京市顺义第九中学与法国凡尔赛学区欧柏尔兰维勒市凡高普通高中友好校交流项目

北京小学大兴分校与美国 Sherwood Middle School 友好校交流项目

北京市怀柔区第一中学与美国 Steam High School 友好校交流项目

北京市怀柔区实验小学与新西兰达尼丁东北谷示范小学友好校交流项目

北京市延庆区第一中学与美国洛杉矶佛朗西斯科布拉佛医学高中友好校交流项目

（胡雨）

首都医科大学

脑干胶质瘤诊疗关键技术的集成创新和应用

中医药治疗手足口病临床研究及应用

（邱小培）

高等教育

2016 年度北京市科学技术奖二等奖（北京高校）

北京大学

智能电网下的火电机组 AGC 及控制系统性能监督提升技术研发与应用

高分辨率遥感智能飞行处理及无人机车载动态定标—应急新技术

遗传性皮肤病新致病基因确定及发病机理研究

组蛋白修饰酶类参与肿瘤细胞氧化应激的机制研究

新型有机半导体材料的合成与性能研究

北京信息科技大学

智能化立体仓库系统关键技术及应用

北方工业大学

新型环保关键控制技术与大功率高效板式臭氧发生器研发及应用

北京邮电大学

密集多层混合无线网络组网技术

北京工业大学

耐磨耐蚀、高强韧的超细和纳米 WC 基硬质合金的规模化制备与应用

面向交通多领域应用的海量个体出行全过程精准感知及优化决策技术

北京交通大学

MAC 导电陶瓷结构遗传蜕变 MCC 材料及其在高速列车受电弓滑板的应用

北京建筑大学

基于低影响开发的绿色村镇雨污水生态处理与资源化利用技术及应用

北京农学院

京津冀农林废弃物无害化生产园艺基质研究与应用

华北电力大学

大型火电机组频发次同步振荡机理与抑制关键技术研究及应用

清华大学

城市运行风险监测与评估关键技术研究与应用

基于一张图的公共安全信息共享技术与应急现场监测装备研究及应用

2016 年度北京市科学技术奖三等奖（北京高校）

北京交通大学

分布式系统隐私保护认证技术及应用

清华大学

载波聚合通信基站高效功放关键技术与应用

北京工业大学

宇航 / 高性能快恢复二极管关键技术及应用

北京理工大学

高重频激光扫描测距关键技术及其在交通信息采集中的应用

北京林业大学

北京市生态用水调控技术及应用

农林生物质移动式热裂解炼制与产物高值化利用关键技术

抗旱优质树种精准选育分子机制和应用技术研究

北方工业大学

影视照明电源系列关键理论与成套技术研发及应用

北京建筑大学

特大型平头塔式起重机研制及运行安全保障关键技术

北京工商大学

小分子大豆肽制备工艺技术开发及新型干燥工艺的开发与应用

北京大学

乳腺癌腋窝淋巴结手术方式及评估策略的规范应用和优化

遗传性眼病的分子发病机制研究

胰高糖素样肽 1 在胰腺细胞定向分化和功能调控中的作用及机制研究

首都医科大学

我国儿童肺炎链球菌疾病和分离菌株特性的研究

基于提高心脏骤停救治成功率对心肺复苏术的应用机制研究

朱红膏治疗慢性皮肤溃疡疗效机制、安全性评价及应用

解毒凉血健脾法提高慢加急性肝衰竭疗效的创新技术建立及推广应用

中国医学科学院
早期胃癌及癌前病变内镜下诊治关键技术体系建立与分子生物学研究
北京师范大学
服务于土地利用 / 土地覆盖变化检测的遥感方法研究
中国农业大学
三农信息服务精准科普系列
固氮微生物资源、基因组分析及其遗传研究
华北电力大学
用于太阳能转化的微纳结构材料研究

（邱小培）

2018 年度市教委科研计划项目

北京工业大学
高温超导体中的超快动力学研究
面向低空航拍影像的实时目标深度认知技术研究
用于谐振式光纤陀螺的保偏空芯光子晶体光纤设计与制作
MOFs 在农产品污染物检测与去除中的应用探索
基于双相强化的 Mg-Gd-Er-Zn-Zr 合金性能及增效机理研究
微混合 / 反应技术制备纳米流体及其在微型散热器内流动与传热特性研究
基于血流动力学效应优化的体外反搏个性化治疗策略研究
高强钢筋超高性能混凝土结构抗震行为与设计计算方法研究
埋地钢质管道全张量地磁定位与管体损伤诊断技术及实现方法研究
产业价值网络结构复杂特性及演化机理研究
北方工业大学
工业物联网资源访问关键技术研究与实践
北京工商大学
多源干扰下城市污水处理过程关键参数的抗干扰优化控制研究
高性能 FeN 薄膜材料的关键相变控制及磁性能调控
动态多维人体仿生消化体系的构建及其在功能食品开发中的应用
基于功能基因组学对红曲菌中 Monacolin K 基因簇的调控机制研究
侧孢短芽孢杆菌抗菌肽生物抗性研究
生物降解聚酯异向双螺杆挤出建模与调控热降解行为研究
北京建筑大学
流延法制备 EVA 纳米封装膜过程中的流动传热研究
智慧城市中的时空数据深度学习研究
温度和应力耦合作用下的冻土弹塑性本构关系研究
盾构接收中半无限土体的变形规律及盾构掘进参数研究
北京石油化工学院
水下高压干式 GMAW 焊接电弧收缩机理及调控方法
太阳能跨季节土壤蓄热 POD 快速预测技术及系统优化研究
基于非常规定量依据实现 COD、BOD 和毒性一体化在线检测的机理与特性研究
北京农学院
京郊不同尺度生态绿地格局及其对调洪净污功能的影响研究
片突菱纹叶蝉传播枣疯病植原体特性及机制研究
生长素响应因子 ARF 调控叶用莴苣高温抽薹的作用机制
光质调控金鱼草单萜合成的信号机制
MiRNA 调控百合仔球发生童期缩短相变的分子机制研究
首都医科大学
NT-3- 生物材料支架激活成年慢性脊髓损伤后的内源性神经发生的研究
基于肺部多模态图像辅助诊断肺癌的方法及智能化系统研究
lncRNA-TC 作为竞争性内源 RNA 调控 CUL4B 参与苯血液毒性的机制
SphK2 介导内质网应激启动慢性结肠炎癌转化研究
翻译起始因子 EIF3M 在神经母细胞瘤中参与 DNA 损伤修复的新功能及其机制
寨卡病毒感染损害附睾的分子机制及 IFN-λ 的保护作用
在用心脏生物瓣膜毁损机制研究
Notch 信号通路在肝硬化门脉高压形成过程中参与肝脏血管重建的作用机制
GLP-1 受体激动剂改善肥胖小鼠脂肪组织 FGF21 功能及神经酰胺代谢的机制研究
AT1 受体自身抗体通过抑制 BK 通道致小动脉硬化的作用研究
基于耳蜗传入神经突触损伤与修复的耳鸣发生分子机制研究及转基因干预
靶向调控中性粒细胞表型治疗缺血性脑卒中的新方法研究

首都师范大学
量子相干性及其相关研究
激光辅助的光晶格中冷原子及原子腔耦合体系中的量子多体问题研究
超临界 CO_2 调控有序介孔材料结构及应用的研究
热休克蛋白干扰在提升稀土基多功能纳米材料光热肿瘤治疗效果的应用研究
头喙亚目昆虫的谱系演化历史
水库消落带温室气体甲烷产生和消减的微生物作用用机制研究
北京联合大学
基于运动意图识别的动力型智能假肢膝关节基础研究
紫红曲中新型微量强降脂成分的发现与功能评价
北京服务业开放与服务业生产率的关联性研究

（高飞　张豫）

2018 年度社科重点项目

北京工业大学
行动障碍者无障碍服装设计研究
中国公众价值观变动及趋势——基于后物质主义理论的研究
基于国家治理视角的习近平全面依法治国思想研究
大数据驱动的可制造性知识挖掘与管理方法研究
移动互联网背景下高校创业人才培养研究
北京工商大学
京老年人群养老模式偏好的成因与对策研究
北京服装学院
高校服饰时尚设计产业发展研究
北京印刷学院
传统出版与现代出版融合发展的路径与对策研究
北京建筑大学
基于生态保护红线划定的京津冀保护地体系建构研究
北京农学院
北京山区沟域经济规划中的景观美学作用机制
首都医科大学
基于医保支付方式的北京市分级诊疗医联体模式研究
首都师范大学
司马相如赋旧注疏证
国家特殊管理股的法律规制—以北京试点企业为研究样本
北京市中小学校园欺凌行为评估、预警与精准干预的示范性研究
20 世纪中国作曲家田丰创作研究
唐代实用性书迹书写者及书法研究——以敦煌文书所见唐代实用书迹为中心
儿童早期数字心理表征的策略运用与促进研究
国际化视野下北京市中小学 STEM 教育的实践模式与运行机制研究
北京第二外国语学院
非首都功能疏解下中关村科技园跨区环链模块化创新布局与演化研究
更简句法框架下英汉反身代词约束特性的对比研究
北京物资学院
北京市国有企业混合所有制改革效果及提升路径研究——基于国发〔2015〕54 号文件的准自然实验
首都经济贸易大学
京津冀协同发展战略下北京市建设用地减量发展的实施路径与机制研究
北京市人口老龄化对经济发展的影响研究
北京电影学院
中国影视衍生产业发展态势研究 ---- 基于影视衍生产品开发的视角
京津冀电影产业生态系统建构研究
北京舞蹈学院
中国民族民间舞音乐舞蹈地图
北京信息科技大学
民营企业海外并购的融资模式、融资风险与企业信用：以北京为例
基于股权投资科技型企业估值研究
北京联合大学
北京农村集体土地腾退的利益冲突及其权利配置研究
北京青年政治学院
全面二孩背景下北京市学前教育资源供给体系研究
家训与中国古代儿童的道德生活
习近平总书记关于青年成长成才重要论述研究
北京开放大学
基于学习分析的在线协作学习诊断与干预研究

（高飞　张豫）

部分单位全称简称对照表

由于篇幅有限，年鉴中出现的国务院和北京市部分机构名称原则上使用规范简称。学校、市教委直属单位和社会团体等单位名称在本单位栏目内使用简称。以下为部分单位全称简称对照表。

国务院部分机构全称简称对照表

全称	简称
中华人民共和国外交部	外交部
中华人民共和国国家发展和改革委员会	国家发展改革委
中华人民共和国教育部	教育部
中华人民共和国科学技术部	科技部
中华人民共和国工业和信息化部	工业和信息化部
中华人民共和国国家民族事务委员会	国家民委
中华人民共和国公安部	公安部
中华人民共和国民政部	民政部
中华人民共和国司法部	司法部
中华人民共和国财政部	财政部
中华人民共和国人力资源和社会保障部	人社部
中华人民共和国国土资源部	国土资源部
中华人民共和国环境保护部	环境保护部
中华人民共和国住房和城乡建设部	住房城乡建设部
中华人民共和国交通运输部	交通运输部
中华人民共和国水利部	水利部
中华人民共和国农业部	农业部
中华人民共和国商务部	商务部
中华人民共和国文化部	文化部
中华人民共和国国家卫生和计划生育委员会	国家卫生计生委
中华人民共和国海关总署	海关总署
国家税务总局	国家税务总局
中华人民共和国工商行政管理总局	工商总局
中华人民共和国质量监督检验检疫总局	国家质检总局
中华人民共和国新闻出版广电总局	国家新闻广电总局
国家体育总局	体育总局
国家安全生产监督管理总局	国家安全监管总局
国家食品药品监督管理局	国家食品药品监管总局
国家统计局	国家统计局
国家林业局	国家林业局
国家知识产权局	国家知识产权局
国家旅游局	国家旅游局
国家宗教事务局	国家宗教局
国务院国有资产监督管理委员会	国资委

（孙晓楠）

北京市部分机构全称简称对照表

全称	简称
中共北京市委员会	市委
北京市人民政府	市政府
中共北京市委教育工作委员会	市委教工委
北京市教育委员会	市教委
北京市人民政府教育督导室	市政府教育督导室
中共北京市委教育工作委员会、北京市教育委员会和北京市人民政府教育督导室	两委一室
北京市发展和改革委员会	市发展改革委
北京市科学技术委员会	市科委
北京市经济和信息化委员会	市经济信息化委
北京市民族事务委员会	市民委
北京市公安局	市公安局
北京市民政局	市民政局
北京市司法局	市司法局
北京市财政局	市财政局
北京市人力资源和社会保障局	市人力社保局
北京市规划和国土资源管理委员会	市规划国土委
北京市环境保护局	市环保局
北京市住房和城乡建设委员会	市住房城乡建设委
北京市城市管理管理委员会	市城市管理委
北京市交通委员会	市交通委
北京市农村工作委员会	市农委
北京市水务局	市水务局
北京市商务委员会	市商务委
北京市旅游发展委员会	市旅游委
北京市文化局	市文化局
北京市卫生和计划生育委员会	市卫生计生委
北京市审计局	市审计局
北京市人民政府外事办公室	市政府外办
北京市社会建设工作办公室	市社会办
北京市人民政府国有资产监督管理委员会	市国资委
北京市地方税务局	市地税局
北京市工商行政管理局	市工商局
北京市质量技术监督局	市质监局
北京市安全生产监督管理局	市安全监管局
北京市新闻出版广电局	市新闻出版广电局
北京市文物局	市文物局
北京市体育局	市体育局
北京市统计局	市统计局
北京市园林绿化局	市园林绿化局
北京市金融工作局	市金融局
北京市知识产权局	市知识产权局
北京市民防局	市民防局

（孙晓楠）

部分学校全称简称对照表

全称	简称
普通高等学校	
北京大学	北大

中国人民大学 人民大学
清华大学 清华
北京交通大学 北京交大
北京工业大学 北工大
北京航空航天大学 北航
北京理工大学 北理工
北京科技大学 北科大
北方工业大学 北方工大
北京化工大学 化大
北京工商大学 工商大学
北京服装学院 服装学院
北京邮电大学 北邮
北京印刷学院 北印
北京建筑大学 建筑大学
北京石油化工学院 石化学院
北京电子科技学院 电科院
中国农业大学 农大
北京农学院 农学院
北京林业大学 北林大
北京协和医学院 协和医学院
首都医科大学 首医大
北京中医药大学 中医药大学
北京师范大学 北师大
首都师范大学 首师大
首都体育学院 首体院
北京外国语大学 北外
北京第二外国语学院 二外
北京语言大学 北语
中国传媒大学 传媒大学
中央财经大学 中央财大
对外经济贸易大学 外经贸大
北京物资学院 物资学院
首都经济贸易大学 首经贸
外交学院 外交学院
中国人民公安大学 公安大学
国际关系学院 国关学院
北京体育大学 北体大
中央音乐学院 中央音乐学院
中国音乐学院 中国音乐学院
中央美术学院 中央美院
中央戏剧学院 戏剧学院
中国戏曲学院 戏曲学院
北京电影学院 电影学院
北京舞蹈学院 舞蹈学院
中央民族大学 民大
中国政法大学 法大
华北电力大学 电力大学
中华女子学院 女子学院
北京信息科技大学 信息科大
中国矿业大学（北京） 矿大
中国石油大学（北京） 石油大学
中国地质大学（北京） 地大
北京联合大学 联合大学
中国青年政治学院 中青院
中国劳动关系学院 劳关学院
中国科学院大学 国科大
中国社会科学院大学 中国社科大
中国农业科学院研究生院 农科院研究生院
首钢工学院 首钢工学院
北京工业职业技术学院 北工职院
北京信息职业技术学院 信息职院
北京电子科技职业学院 电科职院
北京京北职业技术学院 京北职院
北京交通职业技术学院 交通职院
北京青年政治学院 北青院
北京农业职业学院 农职院
北京政法职业学院 政法职院
北京财贸职业学院 北财院
北京戏曲艺术职业学院 北戏
北京经济管理职业学院 经管职院
北京劳动保障职业学院 京劳职院
北京社会管理职业学院 社职院
北京体育职业学院 北京体职院
北京交通运输职业学院 交通运输职院
北京卫生职业学院 卫生职院

民办高等学校及高等教育机构

北京城市学院 城市学院
北京北大方正软件技术学院 北大方正软件学院
北京经贸职业学院 经贸职院
北京经济技术职业学院 经济职院
北京汇佳职业学院 汇佳职院
北京吉利学院 吉利学院
首都师范大学科德学院 科德学院
北京工商大学嘉华学院 嘉华学院
北京科技职业学院 北科院
北京培黎职业学院 培黎职院
北京邮电大学世纪学院 世纪学院
北京工业大学耿丹学院 耿丹学院

北京艺术传媒职业学院	艺术传媒职院
北京第二外国语学院中瑞酒店管理学院	中瑞学院
北京网络职业学院	网络职院
北京现代音乐研修学院	北音
北京工商管理专修学院	北工商
北京人文大学	人文大学
现代管理大学	现代管理大学
成人高等学校	
国家开放大学	国开大
北京教育学院	教育学院
北京开放大学	北开大
北京宣武红旗业余大学	红旗大学
北京市总工会职工大学	市总职大
北京市西城经济科学大学	西城经科大
国家重点中等职业学校	
北京市昌平职业学校	昌平职校
北京市延庆区第一职业学校	延庆一职
北京市密云区职业学校	密云职校
北京市怀柔区职业学校	怀柔职校
北京金隅科技学校	金隅学校
北京市园林学校	园林学校
中央音乐学院附属中等音乐学校	中央音乐学院附中
北京市什刹海体育运动学校	什刹海体校
北京市外事学校	外事学校
北京市实美职业学校	实美学校
北京市财会学校	财会学校
北京市实验职业学校	实验职校
北京市商务科技学校	商务科技学校
北京市黄庄职业高中	黄庄职高
北京市丰台区职业教育中心学校	丰台职教中心校
北京市电气工程学校	电气工程学校
北京市求实职业学校	求实学校
北京市平谷区职业学校	平谷职校
北京国际职业教育学校	北京国职
北京市大兴区第一职业学校	大兴一职
北京现代职业学校	现代职校
北京铁路电气化学校	京铁电校
北京市商业学校	商业学校
北京商贸学校	商贸学校
北京市供销学校	供销学校
北京水利水电学校	水电学校
北京市自动化工程学校	自动化学校
北京市劲松职业高中	劲松职高
中国音乐学院附属中等音乐专科学校	中国音乐学院附中

（张驰　胡雨）

市教委直属单位全称简称对照表

北京教育科学研究院	北京教科院
北京教育考试院	北京考试院
北京教育音像报刊总社	音像报刊总社
北京市教工休养院	教工休养院
北京市校办产业管理中心	校产中心
北京教育网络和信息中心	信息中心
北京教育综合服务中心	综合服务中心
北京市教育系统人才交流服务中心	人才交流中心
北京市国际教育交流中心	国际教育交流中心
北京学生活动管理中心	学生活动中心
北京市教育技术设备中心	设备中心
北京教育老干部活动中心	老干部活动中心
北京高校房地产开发总公司	高校房地产总公司
北京市学生资助事务管理中心	资助中心
北京教育志编纂委员会办公室	教志办
北京教育新闻中心	新闻中心
北京学校后勤事务中心	学校后勤事务中心

（华蕾）

社会团体全称简称对照表

北京市教育学会	市教育学会
北京市高等教育学会	市高教学会
北京市职业技术教育学会	市职教学会
北京民办教育协会	民教协会
北京市学前儿童保教工作者协会	保教协会
北京老教育工作者总会	老教总会
北京校外教育协会	校外教育协会
北京高校国防教育协会	国防教育协会
北京教育装备行业协会	教育装备行业协会
北京市红十字会	市红十字会
北京市民族教育学会	市民族教育学会

（胡雨）

（本栏责任编辑　华蕾）

INDEX 索引

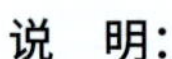

说　明：

一、本索引由主题词、单位名称和人名三部分组成。

二、索引词条均以汉语拼音顺序排列，第一字相同的，按第二字顺序排列，余类推。

三、本索引数码标记依次为：页码、栏序、本栏自上而下条目所处位置，三部分均用“/”隔开。如：爱国主义教育 91/ 左 /2，则表示 91 页左栏第 2 个条目内容涉及“爱国主义教育”。

四、本索引检索范围包括全书各级各类教育的主体部分，特载、调研报告等文章体的内容以及表格、名单均不在检索范围。

五、主题词索引选取出现频次较高、社会关注度较高以及体现新事物、新情况、新发展的词语，检索内容涉及该主题词表述主旨。部分主题词包含二级主题词，例如：“冰雪活动”主题词下设“冰壶运动”“冰雪冬令营”“冰雪运动”“冰雪运动特色学校”“冰雪知识讲座”二级主题词。

六、单位名称索引检索到单位名称标题栏以及除本栏以外的具有检索意义的内容。中小学、幼儿园不单独设单位名称索引，相关内容在所辖区索引内。

七、人名索引不含外国人（外籍华人除外）。

主题词索引

A

爱国主义教育　91/ 左 /2、474/ 左 /1、484/ 右 /1

艾滋病防控　287/ 左 /1、456/ 右 /2、539/ 左 /2、547/ 右 /2

安全工作

安全管理　28/ 左 /1、43/ 右 /2、52/ 左 /1、52/ 右 /2、248/ 右 /1、261/ 右 /2、278/ 左 /1、281/ 右 /1、291/ 右 /3、315/ 右 /2、347/ 左 /1、347/ 左 /2、348/ 右 /2、350/ 左 /1、350/ 右 /1、351/ 左 /3、351/ 右 /1、372/ 左 /3、372/ 右 /3、382/ 左 /1、415/ 右 /2、485/ 右 /1、507/ 右 /4、515/ 右 /1558/ 右 /1、564/ 左 /4、565/ 左 /3

安全红线　348/ 右 /2

安全教育　29/ 右 /3、31/ 左 /2、41/ 左 /1、43/ 右 /2、91/ 左 /2、283/ 右 /1、291/ 右 /3、349/ 右 /1、350/ 右 /2、351/ 右 /1、351/ 右 /3、468/ 右 /1、485/ 右 /1、490/ 左 /1

安全事故　277/ 右 /1、347/ 右 /5、350/ 右 /2

安全隐患　27/ 左 /1、52/ 右 /2、261/ 右 /2、275/ 左 /1、345/ 右 /3、348/ 右 /2、349/ 左 /3、350/ 左 /4、351/ 左 /4、351/ 右 /1、363/ 左 /1、433/ 左 /1、489/ 左 /1、489/ 右 /2、493/ 左 /3、515/ 左 /3、515/ 右 /3、558/ 左 /2、558/ 右 /2、565/ 左 /3、565/ 右 /1

实验室安全　520/ 右 /2、558/ 右 /1、558/ 右 /2

校园安全　261/ 左 /2、348/ 右 /2、350/ 右 /2、351/ 左 /3、363/ 左 /1、484/ 左 /1、565/ 左 /3

校园食品安全　346/ 右 /1、347/ 右 /5、511/ 左 /4

翱翔科学论坛　52/ 左 /2

B

拔尖创新人才　80/ 左 /1、125/ 右 /2、

153/ 右 /2、155/ 右 /2、157/ 左 /2、177/ 右 /1、242/ 右 /1
百千万人才工程　128/ 左 /2、134/ 左 /2、136/ 左 /1、137/ 右 /1、140/ 左 /1、141/ 右 /1、146/ 左 /1、149/ 右 /3、152/ 右 /1、165/ 右 /2、167/ 左 /1、186/ 右 /2、188/ 右 /1、189/ 右 /1、192/ 左 /1、194/ 右 /2、202/ 右 /2
班主任　62/ 左 /1、68/ 右 /2、207/ 左 /2、209/ 左 /2、212/ 左 /2、286/ 右 /1、291/ 左 /1、391/ 右 /1、399/ 右 /1、401/ 左 /5、401/ 右 /1、405/ 左 /3、459/ 左 /4、482/ 左 /4、505/ 右 /1
办学风险　351/ 左 /2
办学实践研讨会　478/ 左 /2、481/ 右 /3、487/ 左 /2、517/ 左 /2
暴力事件　349/ 右 /2、351/ 左 /3
北京汉语网　445/ 右 /1、554/ 右 /2
北京教育法治研究基地　188/ 左 /1、328/ 右 /4
北京教育年鉴在线编纂系统　560/ 左 /4、561/ 右 /2
北京教育年鉴在线资源平台　560/ 左 /4、561/ 右 /1、562/ 左 /1
北京教育新地图　318/ 左 /2
北京教育装备展示会　317/ 左 /1、537/ 左 /2
北京市人民教师　394/ 左 /1、398/ 右 /1
北京市优秀教师　397/ 右 /3
北京市优秀青年人才　396/ 右 /2
北京市重点实验室　128/ 左 /2、132/ 右 /4、138/ 右 /2、140/ 左 /1、141/ 右 /1、142/ 左 /33、144/ 右 /1、147/ 右 /1、149/ 右 /3、155/ 右 /2、169/ 右 /2、170/ 右 /1、170/ 右 /3、171/ 右 /1、189/ 右 /1、190/ 右 /1、192/ 左 /1、193/ 右 /1、379/ 左 /1、442/ 左 /2
北京首届网络教育年会　213/ 左 /3、234/ 右 /3
北京学院　116/ 左 /2、
北京学者　141/ 右 /1、146/ 左 /1、192/ 左 /1、399/ 左 /1
本科教学改革　125/ 右 /1、172/ 左 /1、178/ 右 /1、193/ 右 /1
冰雪活动
冰壶运动　98/ 右 /2、176/ 左 /1、300/ 右 /4、302/ 左 /1、302/ 右 /1、303/ 右 /1
冰雪冬令营　300/ 右 /4、443/ 右 /2
冰雪运动　100/ 右 /2、113/ 左 /1、161/ 左 /2、161/ 右 /1、176/ 左 /1、228/ 左 /2、246/ 左 /1、275/ 右 /1、287/ 左 /3、301/ 左 /1、301/ 右 /1、301/ 右 /2、301/ 右 3、302/ 左 /1、302/ 右 /2、303/ 左 /1、303/ 左 /2、303/ 右 /3、304/ 左 /1、318/ 左 /2、441/ 右 /1、443/ 右 /2、466/ 在 /1、471/ 左 /2、482/ 右 /1、485/ 右 /1、493/ 左 /3、496/ 右 /2、519/ 左 /2、556/ 右 /2
冰雪运动特色学校　91/ 右 /1、287/ 左 /3、289/ 左 /2、303/ 左 /2、304/ 左 /1、318/ 左 /2、483/ 右 /1
冰雪知识讲座　302/ 右 /2
博物馆之春　49/ 左 /1、291/ 左 /2

C

产教融合　121/ 右 /2、208/ 左 /3、220/ 右 /2、224/ 左 /1、226/ 左 /2、249/ 右 /1、251/ 左 /1、268/ 右 /3、274/ 左 /1、309/ 左 /3、314/ 左 /1、477/ 右 /1、492/ 右 /1
产学研　138/ 右 /2、146/ 右 /1、164/ 左 /1、170/ 右 /1、199/ 左 /1、224/ 左 /1、229/ 右 /1、378/ 左 /3、553/ 左 /2
长江学者奖励计划　395/ 右 /2
城宫计划　235/ 右 /3、244/ 右 /1、472/ 左 /3
成人高校招生　426/ 右 /3、426/ 右 /4、427/ 左 /1、427/ 左 /2、427/ 左 /3、427/ 右 /1、427/ 右 /2、427/ 右 /3
城市副中心建设　49/ 右 /2、125/ 左 /3、318/ 左 /2、319/ 右 /2、485/ 左 /1、493/ 左 /3、495/ 左 /1
诚信教育　74/ 右 /2、138/ 右 /2、274/ 右 /1、415/ 右 /1、418/ 右 /1
出国留学　49/ 右 /1、152/ 右 /1、163/ 左 /1、317/ 右 /1、433/ 右 /1、434/ 右 /3、502/ 左 /3
出入境服务　220/ 右 /2、463/ 左 /2
传统文化教育　45/ 右 /1、62/ 右 /1、67/ 右 /2、70/ 右 /2、108/ 右 /1、286/ 左 /1、292/ 右 /1、305/ 左 /3、361/ 右 /1、405/ 右 /2、459/ 左 /1、467/ 左 /1、467/ 右 /1、468/ 右 /2、479/ 右 /1、485/ 右 /1、493/ 左 /3、509/ 左 /3
创客　89/ 左 /1、100/ 左 /1、105/ 左 /1、158/ 右 /1、196/ 左 /2、235/ 右 /2、240/ 左 /1、247/ 右 /1、279/ 右 /1、308/ 右 /2、309/ 右 /2、412/ 左 /1、482/ 左 /2、520/ 右 /2、546/ 右 /2
创新创业　116/ 右 /2、118/ 右 /1、126/ 左 /3、127/ 左 /4、129/ 右 /2、131/ 右 /1、132/ 右 /4、134/ 左 /2、136/ 左 /1、140/ 左 /1、141/ 右 /1、142/ 右 /3、144/ 左 /1、146/ 左 /1、149/ 右 /2、149/ 右 /3、152/ 右 /1、157/ 左 /3、167/ 左 /1、168/ 右 /1、170/ 右 /3、173/ 左 /2、174/ 右 /2、180/ 左 /2、186/ 右 /2、188/ 左 /1、192/ 左 /1、193/ 左 /3、196/ 左 /2、199/ 左 /1、200/ 右 /1、208/ 右 /2、209/ 右 /4、215/ 右 /1、216/ 右 /2、217/ 左 /2、218/ 左 /2、220/ 右 /2、221/ 右 /1、224/ 左 /1、226/ 左 /2、229/ 右 /1、236/ 左 /1、246/ 右 /1、264/ 右 /1、266/ 右 /1、271/ 左 /2、318/ 右 /3、367/ 左 /1、397/ 右 /1、410/ 左 /1、411/ 右 /3、412/ 左 /1、412/ 左 /3、412/ 左 /4、412/ 右 /1、412/ 右 /2、413/ 左 /1、414/ 左 /1
创业孵化服务　411/ 右 /3、412/ 左 /4
从严治党　132/ 右 /4、134/ 左 /1、147/ 左 /2、315/ 右 /3、320/ 左 /3、321/ 右 /2、322/ 右 /2、323/ 右 /3、323/ 左 /3、324/ 右 /1、325/ 左 /2、340/ 左 /1

D

大国工匠　199/ 左 /1、216/ 左 /2、217/ 左 /1
大讲堂　72/ 在 /2、79/ 右 /1、92/ 右 /1、101/ 右 /1、174/ 右 /1、180/ 左 /2、234/ 右 /3、236/ 右 /1、274/ 右 /1、

276/ 左 /1、286/ 右 /1、290/ 右 /3、294/ 右 /2、315/ 左 /3、339/ 右 /1、352/ 右 /1、355/ 左 /2、356/ 左 /1、368/ 右 /1、467/ 左 /1、471/ 左 /3、475/ 左 /4、479/ 右 /1、493/ 左 /3、501/ 左 /2、536/ 右 /1、546/ 左 /1、546/ 右 /3、547/ 右 /1、564/ 左 /2
大学生舞蹈节 131/ 左 /4、304/ 左 /1、305/ 左 /1、557/ 左 /3
大学生戏剧节 182/ 右 /1、305/ 左 /4、557/ 左 /3
当代教育名家 90/ 左 /1、160/ 左 /2、400/ 左 /3
党代会 131/ 左 /3、132/ 右 /3、134/ 左 /1、139/ 右 /1、147/ 左 /2、159/ 右 /2、161/ 左 /1、164/ 左 /3、171/ 右 /2、174/ 左 /1、180/ 左 /1、182/ 右 /3、186/ 右 /1、189/ 左 /2、195/ 右 /2、198/ 右 /1、329/ 右 /1
单位（学校）变更
变更 259/ 左 /3、317/ 右 /1、436/ 右 /2、491/ 左 /1、497/ 右 /4
撤销 49/ 右 /2、124/ 左 /4、133/ 右 /1、196/ 左 /1、197/ 右 /1、206/ 右 /1、209/ 左 /1、212/ 右 /2、260/ 右 /1、341/ 左 /1、491/ 左 /1、504/ 左 /1、506/ 左 /5、507/ 左 /2、522/ 左 /1、556/ 左 /1
更名 87/ 左 /1、148/ 右 /1、151/ 左 /1、186/ 左 /1、226/ 左 /1、234/ 左 /2、269/ 右 /2、336/ 右 /1、341/ 左 /1、353/ 右 /1、486/ 右 /1、486/ 右 /2、497/ 右 /4、506/ 左 /5、507/ 左 /34、542/ 右 /2
迁址 499/ 左 /4、510/ 左 /3
党风廉政建设 40/ 右 /1、147/ 左 /2、316/ 左 /2、321/ 左 /1、321/ 右 /1、323/ 左 /2、331/ 左 /3、340/ 左 /1
德育活动 69/ 右 /1、76/ 右 /1、83/ 右 /1、103/ 右 /1、108/ 右 /1、253/ 左 /1、235/ 右 /3、283/ 左 /1、370/ 右 /2、371/ 左 /2
电脑作品评选 308/ 右 /1
电子商务 221/ 右 /1、238/ 右 /2、246/ 右 /1、250/ 左 /1、251/ 左 /1、270/ 左 /2、385/ 左 /2、454/ 左 /1、462/ 右 /3、515/ 左 /2
电子政务 550/ 右 /2
顶岗实习 241/ 右 /1、251/ 左 /1、263/ 左 /4
订单培养 218/ 左 /1、240/ 左 /1
冬季奥林匹克教育 162/ 左 /1、301/ 右 /1、302/ 左 /1、302/ 左 /3、302/ 右 /2、303/ 左 /2、303/ 右 /2、303/ 右 /4
动漫创客展评 308/ 右 /2
教育督导委员会 360/ 左 /1、361/ 右 /3、362/ 右 /1、369/ 右 /3、370/ 右 /9、469/ 右 /2、479/ 右 /1、522/ 左 /1
毒品预防 173/ 左 /4、274/ 右 /1、287/ 右 /1、350/ 右 /2、389/ 左 /2、469/ 右 /2
对接会 152/ 左 /1、169/ 右 /2、451/ 右 /2
对口支援 126/ 左 /3、155/ 右 /2、158/ 右 /1、207/ 右 /2、216/ 左 /2、233/ 左 /2、240/ 右 /1、331/ 右 /2、448/ 左 /2、449/ 右 /1、449/ 右 /3、458/ 左 /2、470/ 左 /2、479/ 右 /1、485/ 左 /3、485/ 右 /2

E

儿童学习与发展指南 26/ 右 /1、40/ 左 /1、404/ 左 /2、457/ 右 /3

F

法治教育 82/ 右 /1、287/ 右 /1、315/ 左 /1、315/ 左 /3、326/ 右 /2、327/ 右 /1、327/ 右 /2、327/ 右 /3、328/ 右 /2、328/ 右 /3、328/ 右 /4、329/ 左 /8、350/ 右 /2、470/ 右 /1、495/ 左 /3、503/ 右 /3、525/ 右 /3
放管服 134/ 左 /2、258/ 右 /1、314/ 右 /1、326/ 右 /2、329/ 左 /1、479/ 右 /1
非物质文化遗产 158/ 左 /1、198/ 左 /1、246/ 右 /1、250/ 左 /1、262/ 左 /2、289/ 左 /1、356/ 左 /1、356/ 右 /2、441/ 左 /2、445/ 左 /5、467/ 右 /1、472/ 左 /3、474/ 左 /3、481/ 右 /2、498/ 右 /2、519/ 左 /2、523/ 左 /1、526/ 左 /1
非遗进校园 183/ 左 /1、459/ 左 /1、474/ 左 /3

G

港澳台侨交流与合作 338/ 右 /1、339/ 左 /2、418/ 右 /1、433/ 右 /2、445/ 右 /1、446/ 左 /1、446/ 右 /1、446/ 左 /2、447/ 左 /1、447/ 左 /2、447/ 左 /3、447/ 右 /1、447/ 右 /2、448/ 左 /1
高参小 54/ 左 /3、61/ 左 /1、164/ 右 /1、185/ 左 /2、262/ 左 /2、304/ 右 /1、472/ 右 /3、478/ 右 /2、498/ 右 /3
高层次人才引进计划 132/ 右 /4、165/ 右 /2、200/ 左 /2、234/ 右 /3、568/ 左 /3
高等教育自学考试 420/ 左 /2、427/ 右 /4、428/ 左 /1、428/ 左 /2、428/ 左 /3、428/ 右 /1、475/ 左 /1、506/ 左 /2
高级中等学校招生 421/ 右 /2、422/ 左 /1、422/ 左 /2、422/ 左 /3、422/ 左 /4、422/ 右 /1、422/ 右 /2、472/ 左 /2、474/ 左 /4、545/ 左 /3
高精尖创新中心 147/ 左 /1、178/ 右 /2
高水平人才交叉培养 116/ 左 /1、118/ 左 /2
高校教学名师 397/ 右 /4
高校青年教学名师 397/ 右 /4
高校学生转学 317/ 右 /1、411/ 左 /1
高职自主招生 418/ 右 /1、421/ 左 /2、423/ 右 /1、424/ 左 /1、474/ 右 /2
个性化教育 50/ 右 /1
公车改革 320/ 左 /4
工匠精神 175/ 右 /2、207/ 右 /1、217/ 左 /1、226/ 左 /1、339/ 左 /2、353/ 右 /3
共同体 231/ 右 /1、291/ 左 /1、458/ 右 /1、459/ 左 /44
挂职 207/ 右 /2、234/ 右 /1、331/ 右 /2、397/ 右 /1、400/ 左 /1、449/ 左 /1、450/ 左 /2、450/ 右 /2、457/ 右 /1、520/ 左 /1、521/ 左 /2
关心下一代工作 351/ 右 /2、

352/ 左 /2、352/ 左 /4、352/ 右 /2、353/ 右 /3、354/ 左 /1、354/ 右 /2
贯通培养 50/ 右 /1、80/ 右 /1、82/ 右 /1、90/ 左 /1、122/ 左 /1、155/ 左 /1、206/ 右 /2、216/ 左 /1、218/ 左 /1、218/ 左 /2、219/ 左 /1、225/ 左 /2、227/ 左 /2、238/ 右 /2、249/ 左 /1、250/ 右 /1、262/ 左 /1、314/ 左 /1、342/ 右 /3、419/ 左 /1、469/ 左 /4、473/ 左 /3、474/ 左 /4、488/ 右 /1
规范办学 258/ 左 /2、369/ 右 /3、372/ 左 /2、433/ 左 /1、506/ 左 /5
国防教育 288/ 右 /2、294/ 右 /1、294/ 右 /2、294/ 右 /3、295/ 左 /1、295/ 右 /2、296/ 左 /2、456/ 左 /3、536/ 左 /2、536/ 右 /1、536/ 右 /2、537/ 左 /1
国际汉语教育 444/ 左 /2、444/ 左 /3、444/ 右 /1、444/ 右 /2、444/ 右 /3、445/ 左 /1、445/ 左 /2、445/ 左 /3、445/ 左 /4、445/ 左 /5、445/ 右 /1、554/ 左 /2、554/ 右 /1、554/ 右 /2
国家级精品资源共享课 117/ 左 /1
国家技术发明奖 129/ 右 /2、136/ 左 /1、158/ 右 /1、193/ 右 /1、
国家科学技术奖 126/ 左 /3、137/ 右 /1、193/ 右 /1、377/ 左 /4
国家科学技术进步奖 129/ 右 /2、141/ 右 /1、193/ 右 /1、377/ 左 /4、382/ 左 /3、382/ 右 /1、382/ 右 /2
国家宪法日 330/ 右 /2、470/ 右 /1
国家自然科学奖 377/ 左 /4
国旗教育 29/ 左 /1、91/ 左 /1、248/ 右 /1、280/ 右 /1、283/ 右 /1、295/ 左 /1、476/ 右 /1、536/ 右 /1
国医大师 157/ 左 /1、568/ 右 /2

H

海外学习中心 225/ 左 /3、232/ 左 /3
合作办学 58/ 右 /2、108/ 左 /1、225/ 左 /2、240/ 左 /1、240/ 右 /1、247/ 右 /1、249/ 右 /1、250/ 左 /1、253/ 左 /1、463/ 左 /1、466/ 左 /1、504/ 左 /1、512/ 左 /1、523/ 左 /1、542/ 右 /1
红黄蓝幼儿园 27/ 左 /1、31/ 左 /1、261/ 右 /1、479/ 右 /1、490/ 左 /35
胡格教育模式 208/ 左 /2、209/ 左 /3、212/ 左 /1、247/ 左 /10、442/ 右 /3
互联网＋ 207/ 左 /1、214/ 右 /3、234/ 右 /2、411/ 右 /3、446/ 右 /2、494/ 左 /1、500/ 右 /43、561/ 右 /1
环保主题活动 306/ 右 /1、535/ 右 /1、536/ 左 /1、557/ 右 /2
环球自然日 306/ 右 /3、535/ 右 /1、536/ 左 /1
黄大年式教师团队 131/ 右 /1、136/ 左 /1、142/ 右 /1、163/ 左 /1、192/ 右 /1、196/ 左 /2

J

基本功竞赛 212/ 左 /1、213/ 左 /2、328/ 右 /2、482/ 左 /4、495/ 右 /1、513/ 左 /1、513/ 左 /3
基础教育质量提升计划 319/ 右 /4
积分落户 551/ 右 /4、552/ 左 /2
机器人竞赛 308/ 左 /1、503/ 左 /2
集团化办学 32/ 左 /1、39/ 右 /1、48/ 右 /2、51/ 右 /3、52/ 左 /3、53/ 左 /2、53/ 右 /4、62/ 左 /1、106/ 左 /1、229/ 右 /1、314/ 左 /1、449/ 左 /2、475/ 左 /4、485/ 右 /1
纪检监察 339/ 右 /4、340/ 左 /1、340/ 左 /2、340/ 左 /3、340/ 左 /4、340/ 右 /1、340/ 右 /2
家风家训 70/ 右 /2、207/ 右 /3、214/ 右 /3、315/ 左 /3、476/ 左 /1、498/ 左 /1、518/ 左 /3
家庭教育 83/ 右 /1、207/ 右 /4、214/ 右 /3、234/ 右 /3、283/ 右 /1、290/ 右 /3、315/ 左 /3、389/ 左 /1、476/ 左 /1、493/ 左 /3、494/ 左 /2、498/ 左 /1、518/ 左 /3、523/ 左 /1、534/ 右 /1、547/ 左 /2、554/ 右 /3、564/ 左 /2、
家校（园）共育 33/ 左 /1、35/ 左 /2、43/ 右 /1、72/ 右 /2、74/ 右 /2、106/ 左 /1、113/ 左 /1、278/ 右 /1、498/ 左 /1、534/ 左 /15、534/ 右 /1
减负 104/ 左 /1、362/ 右 /3、370/ 右 /2、370/ 右 /3
健康教育 30/ 左 /3、41/ 左 /1、53/ 左 /1、98/ 右 /2、113/ 左 /1、300/ 右 /1、300 右 /2、351/ 左 /3、501/ 左 /3、547/ 右 /1、547/ 右 /7
奖励激励机制 401/ 右 /2
教科研部门支持中小学发展 342/ 左 /3、483/ 左 /3
教师素质提升计划 53/ 右 /1、315/ 左 /2、401/ 左 /4、402/ 右 /4
教师准入标准 518/ 右 /3
教学成果汇报展 226/ 左 /1、304/ 右 /2
教育工作会 50/ 右 /4、300/ 左 /4、332/ 右 /1、470/ 左 /2、489/ 左 /2、489/ 右 /3、504/ 右 /1、504/ 右 /2、508/ 右 /19、524/ 左 /1
教育集群 51/ 右 /3、85/ 左 /1、86/ 左 /1、479/ 左 /1、481/ 右 /2、482/ 右 /1、485/ 右 /1
教育均衡 55/ 左 /1、362/ 左 /1、369/ 右 /3、419/ 左 /1、491/ 右 /3、492/ 右 /5
教育乱收费 344/ 左 /4
教育热线 320/ 右 /2、551/ 右 /1
教育人才公租房 499/ 右 /3
教育史电子库 503/ 右 /1
教育收费 344/ 左 /4、344/ 右 /2、496/ 右 /2
教育体制改革专项小组 314/ 左 /1、318/ 左 /1
教育现代化 316/ 左 /2、316/ 左 /3、340/ 右 /3、360/ 右 /1、362/ 右 /2、471/ 左 /2
教育质量监测 362/ 右 /2、366/ 右 /3、367/ 左 /2、367/ 右 /2、368/ 右 /10、370/ 右 /1、483/ 右 /2、498/ 右 /1
教育装备 317/ 左 /1、401/ 左 /3、455/ 左 /1、537/ 左 /3、537/ 右 /1、558/ 左 /2
教育综合改革 48/ 右 /2、50/ 右 /4、314/ 左 /1、315/ 右 /3、316/ 左 /3、319/ 右 /4、320/ 左 /3、341/ 左 /2、361/ 左 /1、369/ 左 /3、401/ 右 /2、404/ 右 /1、450/ 左 /7、467/ 右 /2、469/ 左 /1、470/ 左 /2、471/ 左 /2、475/ 左 /4、482/ 左 /2、482/ 右 /1、493/ 左 /2、493/ 左 /3、494/ 左 /1、519/ 左 /2

节能减排 346/右/1、347/右/2、564/左/4、565/右/2
金银帆奖 288/左/2
金砖国家交流与合作 437/左/2、437/左/3
经济责任审计 343/左/3、343/右/2、343/右/4、344/左/1、344/左/3、344/右/1、344/右/3、415/左/1、491/左/3
精准扶贫 149/右/3、158/右/1、162/左/2、186/右/2、207/右/2、219/右/1、224/左/1、229/右/1、231/右/1、238/右/2、240/右/1、241/左/1、251/左/1、266/左/32、351/右/2、451/右/1、454/左/1、500/左/3、522/右/2
九年一贯制办学 48/右/2、51/左/2
就业 128/左/2、151/右/3、157/左/2、202/右/1、216/左/2、414/左/24、547/左/44、224/左/1、226/左/2、273/左/2、410/左/1、410/左/2、410/右/2、411/左/2、411/右/2、413/左/1、413/右/2、414/左/1、414/左/2、414/右/4、552/右/1、552/右/2、552/右/3

K

开放型教学 394/右/1、491/右/3、493/左/3、516/右/1、520/左/2
开放性科学实践 49/左/1、558/左/2、558/右/4
开学第一课 103/左/1、138/右/2、171/右/3、172/左/2、244/右/1、245/左/1
考试评价 543/右/3、545/左/2、545/右/2、545/右/3
科技节 287/左/1、310/左/2、471/左/1、491/左/2、491/右/3、494/右/4、496/右/2、511/左/3、518/左/2、519/左/1、555/右/2
科普进校园 309/右/3、310/左/1、511/左/4、555/右/2
科学建议奖 311/右/1
课程改革 54/左/2、55/右/2、55/右/3、121/右/1、308/左/2、390/右/2、391/左/3、466/左/1、475/左/1、478/左/3、481/左/1、485/右/1、489/左/2、516/右/1、517/左/4
空气重污染 319/左/3、433/左/1
孔子学院 168/右/1、356/左/1、444/左/2、445/左/1、553/右/1

L

“两学一做” 321/左/1、321/右/1、323/左/4、323/右/2
联盟
“雄·安·丰·容”电子商务联盟 462/右/3
“一带一路”学术出版联盟 441/左/1
“一带一路”音乐教育联盟 439/左/3
朝阳区养老人才培养联盟 477/右/1
高校联盟 116/右/1、117/左/2、117/右/1、117/右/2、118/右/3、119/左/1、121/左/3、121/右/2、121/右/3、122/右/1、127 右/2、158/左/2、182/右/1、182/右/2、190/右/2、194/左/1、206/右/2、210/左/2、438/右/3、442/左/1、446/右/1、457/左/3、461/右/1、461/右/2
海淀教育新媒体联盟 488/左/1
航天科技教育联盟 309/左/3
京津冀出入境服务领域产教联盟 463/左/2
京津冀青年教师成长五校联盟 459/左/2
京津冀特教联盟 459/右/1
语言文化学校联盟 356/右/4
职业教育联盟 449/左/2、454/左/1、462/右/1、463/左/1
中小学联盟 48/右/1、54/左/1、54/右/2、58/右/2、93/右/1、296/左/3、495/左/1、543/右/2
劳模工作室 28/左/2、480/右/2
老干部大学 163/左/1、235/右/3、353/右/1、559/左/1
留学中介服务资格 434/右/3

M

马克思主义学院 122/右/1、124/左/2、194/右/1、322/左/1、338/左/2
盟贯带 467/左/2、467/右/2、468/左/1
民办教育机构参与中小学学科教学改革 342/左/3、482/左/2
民族团结教育 50/左/1、56/左/3、56/右/2、56/右/3、57/左/1、57/右/1、71/右/27、104/右/1、105/左/1、187/右/1、484/右/1、499/右/2、501/右/2、539/左/3、539/右/1、539/右/2
民族团结教育示范学校 50/左/1、56/右/3
民族团结教育指导纲要 56/左/3、501/右/2、539/右/2
民族艺术进校园 287/左/1、305/左/2
名额分配 340/右/3、419/左/1、420/右/2、421/右/2、422/左/1、422/右/1、472/左/2、474/左/4、488/右/1
名师培养工程 402/右/2、485/左/2、520/左/2
慕课 122/右/2、213/左/1

P

平安校园 348/右/2、349/左/1、350/左/3、351/左/5、351/右/1、484/左/1、515/右/3、523/左/1
普惠性幼儿园 26/右/2、476/右/2、516/左/27
普通高等学校招生考试 419/右/1、423/右/1、424/左/6、425/左/1、425/左/3

Q

青少年科技创新大赛 309/右/1
青少年科技创新市长奖 80/左/1、83/右/2、487/左/1
青少年自然科学知识挑战赛 306/右/3、535/右/1、536/左/1
全国文明校园 140/左/1、292/左/2
全国职业院校信息化教学大赛 207/左/1、210/左/4

R

人工智能 159/右/2、176/左/1、200/左/2、200/右/1、215/右/1、234/右/3、235/右/2、278/右/2、279/左/1、457/左/1、507/右/1、546/右/2、549/右/1
日常行为规范 62/左/1、286/左/1、315/左/3、479/左/1、510/左/4、519/左/2、522/右/1
融合教育 48/左/1、49/右/2、58/左/1、69/右/1、108/右/1、109/右/1、112/左/2、112/右/1、113/左/2、222/右/1、249/左/1、475/左/4、479/左/4、483/左/2、496/右/2、507/右/4、509/右/4
入园难 28/左/1、362/左/1、470/左/2、476/右/2

S

三公经费 342/右/1、343/右/4、445/右/2
三年行动计划 26/左/2、286/左/1、290/左/2、350/右/1、351/右/1、467/左/2、510/左/4、513/右/1、515/左/1、522/右/1
三农 150/右/1、202/右/1
少数民族考生 419/右/1、422/左/2
社会大课堂 49/左/1、289/左/1、291/左/2、291/右/3、292/左/3、293/左/1、293/左/3、318/左/2、493/左/3、504/左/1、507/右/4、519/左/2、523/左/1
社会主义核心价值观教育 62/右/1、95/左/1、243/左/1、288/左/1、292/左/1、292/右/1、351/右/2、352/右/2、353/右/2、365/右/2、523/左/1、554/左/3、564/左/3
社区教育 234/右/3、235/右/3、237/左/4、240/左/1、245/左/1、470/右/2、492/右/1、495/左/2、496/右/1、499/左/1、511/右/1、516/右/2
生态校园 346/右/1、347/右/2、564/左/4、565/右/2
师德建设 27/右/1、33/左/1、44/右/2、45/右/1、59/左/1、63/右1、91/左/2、141/右/1、158/右/1、171/右/1、242/右/1、246/右/1、361/左/1、365/右/2、
示范幼儿园 27/左/2、475/左/4、479/右/1、493/左/3、496/左/2、496/右/2、504/左/1、507/右/3、507/右/4、510/左/1、523/左/1、524/右/2
世界大学生航空发动机设计大赛 310/左/3
世界读书日 355/左/1、469/左/2、546/右/1
视力不良 31/左/2、501/左/1、506/左/2
市民终身学习示范基地 207/右/3、215/左/2、215/左/3
市中小学生武术比赛 299/右/3
首都杰出人才奖 568/左/1
首都市民学习之星 214/右/2、215/左/3、481/左/2、484/右/3
首都学生外语展示 434/右/1、515/右/2、554/右/2
首都学生演出季 305/右/2、557/左/3
书法教育 23/右/1、354/右/3、466/左/1、467/右/1、531/左/2
书香校园 34/左/2、51/左/1、67/左/28、99/右/2、282/左/1、283/右/1、469/左/2、490/右/4
书院 116/左/2、134/左/1、135/右/2、190/右/3、475/左/4、497/右/2、521/右/3
数字化校园 75/右/1、81/右/1、219/右/1
双培计划 116/左/1、116/左/2、116/右/1、141/右/1、155/右/2、163/左/1、172/左/1、424/右/3
双一流 118/右/2、119/左/3、120/右/1、122/左/2、126/左/3、129/右/2、131/右/1、132/右/4、134/左/2、136/左/1、137/右/1、140/左/1、142/右/2、144/左/1、145/左/1、147/左/2、149/右/2、152/右/1、154/左/1、155/右/2、157/左/3、160/左/2、162/左/2、164/右/1、168/右/1、169/右/3、177/右/1、178/右/2、181/右/1、189/左/2、189/右/1、193/右/1、196/左/1、325/右/4、532/右/1
思想政治教育 117/右/3、146/右/1、181/左/1、188/左/1、194/右/1、196/右/1、209/左/4、274/右/1、333/左/4、336/右/1、456/右/1
送教上门 48/左/1、58/左/1、109/右/1、112/左/1、112/右/1、477/左/2、479/左/4、479/右/1、499/左/4、509/左/4
素质教育 61/左/2、97/左/1、252/右/1、263/左/4、266/左/2、267/左/1、280/右/1、360/右/1、364/右/3、370/左/2、371/左/3、372/右/1、373/右/1、482/左/1、503/右/3、519/左/2

T

特色学校 63/左/1、287/左/2、287/左/3、288/右/1、289/左/2、290/左/1、297/左/1、298/左/3
特色园本课程 37右/1、42/左/2
特殊教育 49/右/2、57/右/3、58/左/1、58/左/2、58/右/1、58/右/2、107/右/1、107/右/2、108/左/1、108/右/1、109/左/1、109/右/1、109/右/2、110/左/1、110/右/1、111/左/1、111/右/1、112/左/1、112/左/2、112/右/1、113/左/1、113/左/2、342/右/5、459/右/1、459/右/2、460/左/1、477/左/2、479/左4、509/左/4、509/右/4、
特殊支持教育中心 109/右/1、499/左/4
体育比赛 296/右/2、297/左/2、297/左/3、297/右/1、297/右/2、297/右/3、298/左/2、298/右/2、299/左/3、299/右/1、299/右/2、299/右/3、300/左/1、300/左/2、300/左/3、301/右/1、302/左/2、302/右/1、303/右/1、480/右/1、511/左/1、511左/2、525/右/1、556/右/1、556/右/2、557/左/1、557/左/2

体质监测　478/左/1、478/右/1
通识教育　118/右/3、126/左/3、129/右/2、131/左/2、135/右/2、166/右/1、168/右/1、169/右/1、543/右/4
通学网　215/左/3、496/右/1
通州区基础教育质量提升支持计划　49/左/2、53/右/1、319/左/4
通州区教师素质提升计划　315/左/2、401/左/4
统战工作　314/右/1、322/左/1、338/右/1、338/右/2、338/右/3、339/左/1、339/左/2、339/左/3、339/右/1、339/右/2、339/右/3

W

外国留学生　443/左/1、443/左/2、443/右/1、443/右/2、444/左/1
外国首脑访华　127/右/1、129/左/1、434/左/1、434/左/2、434/左/3、434/右/2、434/右/4、435/左/2、435/左/3、435/右/1、436/左/2、436/左/3
外籍教师参与中小学英语教学改革　342/左/3、493/左/3
外培计划　116/左/1、141/右/1、155/右/2、163/左/1、424/右/3
网络安全　119/左/2、294/左/2、315/右/2、382/左/1、489/左/1、549/右/2
危险化学品安全　350/左/1、350/右/1、351/右/1、558/右/3
微电影　305/右/3、307/左/3、536/左/1、547/左/1
违法建设　349/左/3、351/左/4
维稳安保　315/右/2、348/右/2、565/左/3
文化建设　33/右/1、44/右/2、61/左/2、69/左/1、93/左/1、99/右/1、129/右/2、195/右/1、268/右/3、273/左/2、280/右/1、295/左/2、355/左/1、356/左/1、454/右/1、475/左/4、476/右/1、493/左/3、536/右/1
文化节　32/左/1、193/左/1、294/左/1、388/左/2、435/右/2、462/左/2、468/右/1、475/左/4、526/左/1、
无过失责任保险　351/左/2、565/左/3
无证幼儿园　26/左/3、27/左/1、261/左/2、367/右/1
务工人员随迁子女　49/右/1、421/右/3、425/左/1、489/右/1、518/右/2

X

习惯养成教育　286/左/1
习近平新时代中国特色社会主义思想研究中心　129/左/3、332/左/3
戏剧教育　37/左/1、104/左/2、181/右/1
现代学徒制　210/左/1、210/右/1、216/左/2、221/右/1、226/左/2、226/右/1、227/左/2、247/右/1、251/左/1、270/左/2
乡村教师支持计划　394/左/1、491/右/2、492/右/2、493/左/3、507/右/4、519/左/2
小升初　488/左/2、549/右/2
小学化倾向　26/右/1
校本教研　76/右/1、77/左/1、112/左/2
校额到校　420/右/2、472/左/2、488/右/1
校方责任保险　351/左/2、564/左/4
校际合作　140/左/1、146/左/1、152/右/1、181/右/1、253/左/1
校企合作　129/右/2、137/右/1、189/右/1、210/左/1、215/右/1、217/左/2、224/左/1、226/左/2、228/右/2、229/右/1、234/右/3、236/右/1、237/左/4、238/左/3、238/右/1、238/右/2、241/左/1、241/右/1、247/右/1、249/右/1、250/左/2、253/右/1、262/左/2、263/左/2、263/左/4、263/右/1、264/右/2、268/左/1、268/右/3、270/左/2、272/左/3、420/左/1、492/右/1、533/左/1
校庆　90/左/1、128/左/2、135/右/3、138/左/1、149/右/1、154/左/1、164/右/1、197/右/1、269/右/2
校外教育　287/右/3、288/右/3、305/右/4、306/右/1、306/右/2、306/右/3、306/右/4、307/左/1、307/左/2、307/左/3、308/左/1、308/左/2、308/左/3、308/左/4、308/右/1、308/右/2、308/右/3、309/左/1、309/左/2、370/左/2、403/右/3、471/左/、472/左/3、523/左/1、524/左/1、535/右/1、535/右/2、536/左/1
校园欺凌　315/左/3、349/右/2、495/左/3、543/右/1
校园足球　91/右/1、102/左/2、287/左/2、290/左/1、296/左/3、296/右/1、296/右/2、297/左/1、297/左/2、298/左/3、298/右/1、298/右/3、299/左/1、299/左/2、391/左/2、469/右/1、471/左/2、482/右/1、485/右/1、490/左/2、493/左/3、519/左/1、556/右/2
协同创新中心　138/左/1、151/左/1、152/左/2、184/左/1、187/右/1、208/左/1、251/左/1、367/右/2
心理健康教育　230/右/1、287/右/1、315/左/3、391/右/2、487/右/1
新生引航工程　290/右/1
新型职业农民培训基地　213/右/1、239/右/1、507/左/3
信息化工作　362/左/3、368/左/2、461/右/1、532/左/3
信息化建设　116/右/3、180/左/2、231/右/1、263/右/1、368/左/2
信息化教学　54/左/1、210/左/3、210/右/2、386/右/3、502/左/1
性健康教育　113/左/2
学分课程建设项目　237/左/4、238/左/2
学分银行　213/左/1、231/左/1、234/右/3
学风建设　216/左/2、255/左/1、365/左/2
学籍管理　149/右/3、192/左/1、411/左/3、411/右/1、411/右/2、496/右/1
学科建设　119/左/3、122/右/1、126/左/3、128/左/2、129/左/2、129/右/2、132/右/2、132/右/4、

134/ 左 /2、136/ 左 /1、137/ 右 /1、138/ 右 /2、140/ 左 /1、141/ 右 /1、144/ 左 /1、144/ 右 /1、145/ 右 /2、147/ 右 /1、148/ 右 /1、149/ 右 /3、151/ 左 /3、152/ 右 /1、154/ 左 /1、155/ 右 /2、157/ 左 /3、158/ 右 /1、160/ 左 /2、163/ 左 /1、164/ 右 /1、165/ 右 /2、167/ 左 /1、168/ 右 /1、169/ 右 /2、172/ 左 /1、173/ 左 /4、174/ 右 /1、176/ 左 /1、178/ 右 /2、180/ 左 /1、181/ 右 /1、183/ 左 /1、185/ 左 /2、186/ 右 /2、188/ 左 /1、190/ 左 /1、193/ 右 /1、194/ 右 /2、196/ 左 /2、200/ 左 /2、202/ 右 /1

学前教育服务　26/ 左 /1、28/ 左 /1、479/ 右 /1

学区制改革　53/ 左 /2、314/ 左 /1、469/ 左 /1

学生艺术节　193/ 左 /1、287/ 左 /1、305/ 右 /4、306/ 左 /2、468/ 左 /2、494/ 右 /1、509/ 右 /1、557/ 左 /3

学生职业体验基地　222/ 右 /1

学生资助　135/ 左 /30、415/ 左 /1、415/ 左 /2、415/ 右 /1、415/ 右 /2、479/ 左 /5、499/ 左 /3、511/ 右 /3、562/ 右 /1、563/ 左 /3

学术活动　164/ 右 /1、180/ 左 /2、

学术论坛　123/ 左 /3、141/ 右 /1、150/ 右 /1、152/ 左 /2、200/ 左 /2、531/ 右 /2、543/ 右 /1

学位授予　123/ 左 /1、124/ 左 /1、124/ 左 /3、124/ 左 /4、141/ 右 /1、183/ 左 /1、231/ 右 /1、271/ 左 /2、368/ 左 /1

学校文化建设　475/ 左 /4

学校章程　102/ 左 /1、174/ 右 /1、215/ 右 /1、228/ 右 /2、328/ 左 /2

学院制　467/ 右 /2、470/ 左 /1

Y

研究性学习　92/ 右 /1、294/ 左 /1、308/ 左 /2、558/ 左 /2

阳光少年　305/ 右 /4、306/ 右 /2、307/ 左 /2、307/ 左 3、310/ 左 /1、535/ 右 /2、557/ 左 /3

阳光体育　287/ 右 /2、297/ 右 /1、297/ 右 /2、299/ 右 /1、307/ 左 /2、469/ 右 /1、 471/ 左 /2、523/ 左 /1、557/ 左 /1

养老人才教育　207/ 右 /3、220/ 右 /2、227/ 左 /2、228/ 左 /1、228/ 右 /1、231/ 右 /1、236/ 右 /1、264/ 右 /2、477/ 右 /1、479/ 右 /1

一街三园 314/ 左 /1、551/ 右 /4、552/ 左 /1

一校一策　314/ 右 /2、319/ 左 /4、485/ 右 /1

一校一品　207/ 左 /2、209/ 左 /4、286/ 右 /1、478/ 左 /1

依法治教　315/ 左 /1、315/ 右 /3、326/ 右 /2、328/ 右 /2、496/ 右 /2

以租代建　26/ 左 /1、475/ 左 /4

义务教育均衡发展　362/ 左 /1、369/ 右 /3

优质教育资源　48/ 右 /1、51/ 右 /3、58/ 右 /1、316/ 左 /3、341/ 右 /5、401/ 右 /2、419/ 左 /1、420/ 右 /2、448/ 左 /2、448/ 右 /1、466/ 左 /1、477/ 右 /4、479/ 右 /1、482/ 右 /1、486/ 右 /1、488/ 右 /3、491/ 右 /3、492/ 右 /1、493/ 左 /2、496/ 右 /1、512/ 左 /1、523/ 左 /1、554/ 右 /1、564/ 左 /2

有偿补课治理　248/ 右 /1、362/ 右 /3

幼儿园分级分类验收　26/ 右 /3

幼小衔接　29/ 右 /2、33/ 右 /1、42/ 右 /1、44/ 右 /1、67/ 右 /1、471/ 左 /2

远程教育　212/ 右 /2、231/ 右 /1、232/ 右 /2、233/ 左 /1、282/ 右 /5、496/ 右 /1

Z

招生制度改革　318/ 左 /1、420/ 右 /1、421/ 右 /10、422/ 左 /1、425/ 左 /3、500/ 左 /3、545/ 左 /2

政府奖学金　109/ 左 /1、255/ 在 /1、415/ 左 /2、415/ 右 2、519/ 左 /1、562/ 右 /4

职业教育转型发展　245/ 左 /1、518/ 右 /2

职业素养　154/ 左 /1、178/ 右 /2、195/ 右 /2、207/ 左 /2、207/ 右 /1、209/ 左 /3、250/ 右 /1、251/ 左 /1、253/ 左 /1、263/ 左 /4、442/ 右 /3

治安综合治理　348/ 右 /2、351/ 左 /5、485/ 右 /1

智慧交通　131/ 右 /1、503/ 左 /2、549/ 右 /2

智慧教学系统　140/ 左 /1

智慧校园　207/ 左 /1、278/ 右 /2、346/ 左 /1、475/ 左 /3

智库建设　128/ 左 /2、151/ 左 /3、158/ 右 /1、165/ 右 /1、167/ 左 /1、169/ 右 /2、518/ 左 /3

质量安全专项检查　346/ 右 /1、564/ 右 /2

质量报告　126/ 左 /2、134/ 左 /2、208/ 左 /1、251/ 左 /1、387/ 右 /4、544/ 左 /2

质量监测　158/ 右 /1、206/ 右 /25、360/ 右 /2、366/ 右 /1、366/ 右 /3、367/ 右 /2、370/ 右 /1、483/ 右 /2、498/ 右 /1

中高考英语听说机考系统　545/ 右 /1

中高职衔接　206/ 右 /2、219/ 右 /1、243/ 右 /1、246/ 左 /1、248/ 右 /1、250/ 右 /1、253/ 左 /1、253/ 右 /1、314/ 左 /1、475/ 左 /4

中国奥林匹克引智中心　176/ 左 /1、302/ 左 /3

中国初高中篮球联赛　299/ 右 /2、557/ 左 /2

中国大学生篮球联赛　129/ 右 /2、160/ 左 /2、298/ 左 /2

中国工程院院士　380/ 右 /4、571/ 左 /1

中国好老师　400/ 右 /1

中国足球运动学院　176/ 左 /1、177/ 左 /2

中华文化小使者　553/ 右 /3

中国科学院院士　381/ 左 /2

中华优秀传统文化　286/ 左 /1、289/ 左 /1、290/ 右 /1、390/ 右 /1、462/ 右 /1、467/ 左 /25、485/ 右 /1、526/ 左 /3

中外合作办学　132/ 右 /1、141/ 左 /1、148/ 右 /2、225/ 左 /3、268/ 右 /1、282/ 左 /1、317/ 右 /1、421/ 右 /2、

436/ 右 /1、436/ 右 /2、437/ 右 /1、475/ 左 /4
中小学生职业体验 206/ 右 /1、239/ 右 /1、240/ 左 /1、243/ 右 /1、244/ 右 /1、247/ 右 /1、249/ 左 /1、250/ 左 /1、251/ 左 /1、477/ 左 /1、515/ 右 /3、518/ 右 /3
中学生田径运动会 299/ 左 /3、556/ 右 /1
主题教育 290/ 右 /3、315/ 左 /2、330/ 右 /2、332/ 左 /3、333/ 右 /1、351/ 右 /2、353/ 左 /3、451/ 左 /2、468/ 右 /2、514/ 右 /2、555/ 右 /1
专门教育 293/ 右 /1、293/ 右 /2、294/ 左 /1、294/ 左 /2、294/ 右 /1、342/ 右 /5
卓越警务人才 125/ 右 /3 174/ 左 /2
资源共享 54/ 左 /1、54/ 右 /2、93/ 右 /1、117/ 左 /1、119/ 左 /1、233/ 左 /1、263/ 左 /2、455/ 左 /1、457/ 左 /3、462/ 右 /1、473/ 左 /2、496/ 右 /1
资源整合 49/ 左 /2、51/ 右 /3、121/ 右 /3、475/ 左 /3、479/ 右 /1
紫禁杯 207/ 左 /2、241/ 左 /1、249/ 左 /1、286/ 右 /1、399/ 右 /1、479/ 右 /1、496/ 右 /2
自闭症 107/ 右 /2、109/ 左 /1、110/ 左 /1、111/ 右 /1、111/ 左 /1、111/ 右 /1、112/ 右 /1、113/ 左 /2、356/ 左 /2、475/ 左 /4
自然科学基金 131/ 右 /1、132/ 右 /4、134/ 左 /2、136/ 左 /1、137/ 右 /1、138/ 右 /2、145/ 左 /2、146/ 左 /1、147/ 右 /1、151/ 左 /3、158/ 右 /1、161/ 左 /2、163/ 左 /1、165/ 右 /2、168/ 右 /1、169/ 右 /2、173/ 左 /4、176/ 左 /1、196/ 左 /2、199/ 左 /1
自学考试 317/ 右 /1、418/ 左 /2、420/ 左 /2、427/ 右 /4、428/ 左 /1、428/ 左 /2、428/ 左 /3、475/ 左 /1、506/ 左 /2
综合社会实践活动 49/ 左 /1、289/ 左 /1、507/ 右 /4

单位名索引

B

北方工业大学 138/ 右、300/ 左 /4、331/ 右 /4、333/ 右 /3、344/ 右 /1、346/ 右 /1、403/ 右 /2、448/ 右 /3、565/ 右 /2
北京北大方正软件技术学院 263/ 左
北京财贸职业学院 208/ 右 /2、224/ 左、324/ 左 /3、412/ 左 /2、448/ 右 /2、536/ 右 /2
北京城市学院 208/ 左 /3、262/ 左、346/ 左 /3、346/ 右 /1
北京大学 117/ 左 /2、118/ 右 /3、123/ 左 /1、124/ 左 /2、126/ 左、298/ 左 /2、322/ 右 /1、331/ 右 /1、331/ 右 /4、380/ 左 /1、381/ 右 /2、383/ 左 /2、383/ 右 /2、385/ 左 /1、387/ 右 /1、387/ 右 /2、432/ 左 /2、434/ 左 /1、434/ 左 /2、434/ 右 /2、435/ 左 /3、436/ 左 /1、446/ 左 /1、446/ 右 /1、470/ 右 /2、484/ 右 /2、530/ 左 /1、539/ 左 /2、557/ 右 /1、568/ 左 /2、568/ 左 / 3、571/ 左 /1、572/ 左 /3、572/ 右 /1、573/ 右 /3
北京第二外国语学院 163/ 左、331/ 右 /4、432/ 左 /2、439/ 左 /2、439/ 右 /2、444/ 右 /2、444/ 右 /3
北京第二外国语学院中瑞酒店管理学院 273/ 左
北京电影学院 184/ 左、324/ 左 /3、344/ 右 /1、365/ 左 /2、423/ 右 /2
北京电子科技学院 148/ 右
北京电子科技职业学院 218/ 左、296/ 左 /2、331/ 右 /4、412/ 左 /2、448/ 右 /2、537/ 左 /1
北京服装学院 142/ 右、334/ 右 /1、341/ 左 /1、344/ 右 /1、365/ 左 /2、412/ 左 /3、478/ 右 /2
北京高校房地产开发总公司 559/ 右
北京高校国防教育协会 294/ 右 /2、294/ 右 /3、294/ 右 /4、295/ 左 /1、295/ 左 /2、295/ 右 /1、295/ 右 /2、296/ 左 /2、456/ 左 /3、536/ 左
北京工商大学 141/ 右、324/ 左 /3、382/ 左 /3、400/ 左 /1、403/ 右 /2、412/ 左 /2、448/ 右 /3、460/ 左 /2
北京工商大学嘉华学院 268/ 左
北京工商管理专修学院 275/ 左 /1
北京工业大学 123/ 左 /1、132/ 右、210/ 左 /1、295/ 左 /2、331/ 右 /4、334/ 右 /1、335/ 右 /4、336/ 右 /2、344/ 右 /1、352/ 右 /2、367/ 右 /3、402/ 左 /1、438/ 右 /3、448/ 右 /3、461/ 右 /1、536/ 右 /1、565/ 右 /2、569/ 左 /3、572/ 右 /3
北京工业大学耿丹学院 272/ 左
北京工业职业技术学院 209/ 左 /4、210/ 右 /1、212/ 左 /1、216/ 左、343/ 右 /4、344/ 左 /1、403/ 右 /2、448/ 右 /2、448/ 右 /3
北京国际职业教育学校 249/ 左 /1、470/ 右 /2
北京航空航天大学 116/ 左 /02、117/ 右 /2、119/ 左 /2、134/ 左、290/ 右 /2、295/ 右 /2、300/ 左 /4、310/ 左 /3、311/ 左 /1、322/ 右 /1、324/ 左 /3、325/ 右 /3、332/ 右 /2、379/ 右 /1、384/ 右 /2、386/ 左 /3、401/ 右 /4、411/ 右 /3、412/ 左 /3、537/ 左 /1、559/ 右 /2、571/ 左 /3
北京化工大学 140/ 左、219/ 左 /2、292/ 左 /2、294/ 右 /3、324/ 左 /3、332/ 左 /2、333/ 右 /3、336/ 右 /2、383/ 左 /4、442/ 右 /2、536/ 右 /2、571/ 左 /4
北京汇佳职业学院 265/ 右、503/ 右 /2
北京吉利学院 266/ 左、446/ 左 /2/、533/ 右 /3
北京建筑大学 146/ 左、331/ 右 /4、

333/ 右 /1、333/ 右 /3、336/ 右 /2、367/ 右 /3、368/ 左 /2、412/ 左 /2、442/ 左 /1、461/ 左 /1
北京交通大学　131/ 右、305/ 左 /1、331/ 右 /4、334/ 左 /2、336/ 右 /1、346/ 右 /1、381/ 右 /1、401/ 右 /4、402/ 左 /1、412/ 左 /1、569/ 右 /1
北京交通运输职业学院　209/ 左 /3、212/ 左 /5、229/ 右、412/ 左 /2
北京交通职业技术学院　219/ 右、386/ 右 /3
北京教育考试院　331/ 右 /4、342/ 右 /4、420/ 右 /3、422/ 左 /1、422/ 左 /3、423/ 左 /2、427/ 右 /4、428/ 右 /2、428/ 右 /3、429/ 左 /1、429/ 左 /2、429/ 左 /3、429/ 左 /4、429/ 右 /1、544/ 右
北京教育科学研究院　27/ 右 /1、51/ 右 /2、52/ 左 /3、53/ 右 /2、55/ 左 /2、55/ 右 /2、126/ 左 /2、208/ 右 /1、210/ 左 /3、212/ 左 /3、305/ 右 /1、308/ 左 /1、309/ 左 /1、311/ 左 /2、324/ 左 /3、327/ 右 /1、343/ 右 /4、344/ 左 /1、364/ 右 /1、366/ 左 /1、369/ 右 /1、387/ 右 /4、388/ 左 /2、388/ 右 /1、388/ 右 /3、389/ 左 /2、389/ 左 /3、389/ 右 /1、389/ 右 /2、390/ 左 /1、390/ 左 /2、390/ 左 /3、390/ 右 /1、390/ 右 /2、391/ 左 /1、391/ 左 /2、391/ 左 /3、391/ 右 /1、391/ 右 /2、391/ 右 /3、401/ 左 /5、401/ 右 /1、402/ 右 /2、450/ 右 /1、458/ 右 /2、459/ 左 /4、462/ 右 /4、507/ 左 /3、533/ 左 /2、542/ 左、551/ 左 /1
北京教育老干部活动中心　559/ 左
北京教育网络和信息中心　306/ 左 /1、306/ 右 /4、308/ 右 /1、309/ 右 /2、381/ 右 /3、403/ 左 /1、446/ 右 /2、448/ 右 /2、549/ 右
北京教育新闻中心　319/ 右 /3、563/ 右
北京教育学院　51/ 右 /3、53/ 左 /3、233/ 左、331/ 右 /4、388/ 右 /2、394/ 左 /1、401/ 左 /3、402/ 右 /2、404/ 右 /1、404/ 右 /2、405/ 左 /2、405/ 右 /3、447/ 左、450/ 右 /1、456/ 左 /1、474/ 右 /1、505/ 右 /1
北京教育音像报刊总社　53/ 右 /2、328/ 右 /3、331/ 右 /4、343/ 右 /4、344/ 左 /1、448/ 右 /1、481/ 右 /3、531/ 右 /1、546/ 左、564/ 左 /2
北京教育志编纂委员会办公室　344/ 右 /1、560/ 左
北京教育装备行业协会　317/ 左 /1、401/ 左 /3、537/ 左
北京教育综合服务中心　124/ 左 /3、344/ 右 /1、550/ 左 /2、551/ 右
北京金隅科技学校　241/ 左 /1、450/ 右 /2、463/ 左 /1
北京京北职业技术学院　219/ 左
北京经济管理职业学院　226/ 左、331/ 右 /4
北京经济技术职业学院　264/ 右
北京经贸职业学院　263/ 右
北京开放大学　213/ 左 /3、234/ 右、331/ 右 /4、342/ 右 /4、344/ 右 /1
北京科技大学　137/ 右、382/ 右 /1、384/ 左 /1、537/ 左 /1、573/ 左 /3
北京科技职业学院　268/ 右
北京劳动保障职业学院　210/ 右 /1、227/ 左
北京老教育工作者总会　534/ 右
北京理工大学　136/ 左、291/ 右 /1、297/ 右 /3、300/ 左 /4、309/ 左 /3、322/ 右 /1、324/ 左 /3、385/ 右 /2、412/ 左 /3、420/ 左 /2、570/ 左 /2、570/ 右 /1、570/ 右 /2
北京联合大学　197/ 右、208/ 左 /3、331/ 右 /4、334/ 右 /1、344/ 左 /2、400/ 左 /1、402/ 右 /1、439/ 右 /2、448/ 右 /3、537/ 左 /1
北京林业大学　152/ 右、331/ 右 /4、412/ 左 /2、539/ 左 /1
北京民办教育协会　258/ 右 /1、259/ 左 /1、259/ 左 /2、262/ 左 /1、533/ 右
北京农学院　151/ 左、365/ 左 /2、403/ 右 /2、461/ 左 /3
北京农业职业学院　210/ 右 /1、221/ 右、353/ 右 /3、384/ 右 /1、451/ 左 /3、459/ 左 /3、462/ 右 /2、472/ 右 /1、507/ 左 /3
北京培黎职业学院　258/ 右 /2、270/ 左
北京青年政治学院　220/ 右、331/ 右 /4、344/ 右 /1、412/ 左 /2、443/ 右 /2、446/ 左 /2、463/ 左 /2
北京人文大学　275/ 右
北京商贸学校　252/ 左 /1
北京社会管理职业学院　228/ 左、463/ 右 /1
北京师范大学　54/ 左 /3、122/ 左 /2、158/ 右、308/ 左 /2、322/ 右 /1、328/ 右 /4、331/ 右 /1、331/ 右 /4、334/ 左 /2、335/ 左 /1、336/ 右 /2、336/ 右 /3、352/ 右 /1、356/ 右 /2、367/ 右 /2、389/ 左 /3、395/ 右 /1、400/ 右 /1、401/ 左 /4、401/ 右 /4、437/ 左 /2、439/ 右 /3、456/ 左 /2、573/ 右 /2
北京石油化工学院　147/ 右、324/ 左 /3、333/ 右 /3、365/ 左 /2、401/ 左 /2、403/ 右 /2、412/ 左 /2
北京市财会学校　244/ 右 /1
北京市昌平职业学校　208/ 左 /1、238/ 右 /2、501/ 左 /2、503/ 右 /2
北京市大兴区第一职业学校　249/ 右 /1
北京市电气工程学校　210/ 右 /1、247/ 右 /1
北京市丰台区职业教育中心学校　246/ 右 /1、450/ 右 /2、462/ 右 /3、463/ 左 /1
北京市高等教育学会　122/ 左 /2、123/ 右 /2、214/ 左 /1、311/ 左 /1、317/ 左 /1、412/ 左 /2、531/ 右
北京市供销学校　252/ 右 /1
北京市红十字会　537/ 右
北京市怀柔区职业学校　240/ 右 /1
北京市黄庄职业高中　246/ 左 /1、301/ 右 /2
北京市教工休养院　547/ 右
北京市教育技术设备中心　52/ 左 /1、52/ 右 /2、308/ 左 /2、455/ 左 /1、537/ 右 /1、550/ 左 /2、558/ 左
北京市教育学会　53/ 右 /3、304/ 右 /2、307/ 右 /3、309/ 左 /1、401/ 左 /5、478/ 右 /3、530/ 左
北京市劲松职业高中　254/ 左 /1
北京市盲人学校　110/ 左 /1
北京市密云区职业学校　240/ 左 /1
北京市民族教育学会　56/ 左 /3、56/ 右 /1、56/ 右 /2、57/ 左 /1、

57/ 左 /2、499/ 右 /2、501/ 右 /2、539/ 左
北京市平谷区职业学校 248/ 右 /1、513/ 左 /3
北京市求实职业学校 248/ 左 /1
北京市商务科技学校 245/ 右 /1、344/ 右 /1
北京市商业学校 208/ 左 /1、251/ 左 /1、462/ 左 /2
北京市什刹海体育运动学校 243/ 左 /1
北京市实美职业学校 244/ 左 /1
北京市实验职业学校 245/ 左 /1
北京市外事学校 243/ 右 /1
北京市西藏中学 105/ 左 /2
北京市西城经济科学大学 237/ 左、473/ 右 /1
北京市校办产业管理中心 344/ 右 /1、548/ 右
北京市学前儿童保教工作者协会 534/ 左
北京市学生资助事务管理中心 344/ 右 /1、415/ 左 /1、415/ 左 /2、415/ 右 /1、415/ 右 /2、562/ 右
北京市延庆区第一职业学校 239/ 右 /1
北京市园林学校 241/ 右 /1
北京市职业技术教育学会 462/ 左 /2、462/ 右 /1、477/ 右 /1、532/ 右 /2、535/ 左
北京市自动化工程学校 253/ 右 /1、343/ 右 /4、344/ 左 /1
北京市总工会职工大学 213/ 左 /2、236/ 右
北京水利水电学校 253/ 左 /1
北京体育大学 176/ 左、302/ 左 /3、303/ 右 /4、423/ 右 /3、441/ 右 /1
北京体育职业学院 228/ 右
北京铁路电气化学校 250/ 右 /1、343/ 右 /4、344/ 左 /1
北京外国语大学 117/ 右 /1、122/ 右 /2、162/ 左、291/ 右 /1、294/ 右 /2、352/ 左 /3、352/ 右 /1、401/ 右 /4、531/ 左 /1、572/ 右 /2
北京网络职业学院 274/ 左
北京卫生职业学院 230/ 右、448/ 右 /3、451/ 左 /3
北京舞蹈学院 121/ 左 /1、185/ 左、305/ 左 /1、331/ 右 /4、344/ 右 /1、345/ 左 /2、365/ 左 /2
北京物资学院 121/ 左 /3、169/ 右、298/ 左 /1、345/ 左 /2、353/ 右 /2、403/ 右 /2
北京戏曲艺术职业学院 225/ 右、291/ 右 /2、305/ 左 /3
北京现代音乐研修学院 274/ 右
北京现代职业学校 250/ 左 /1
北京校外教育协会 304/ 左 /2、306/ 右 /1、306/ 右 /2、306/ 右 /3、307/ 左 /2、307/ 左 /3、310/ 左 /1、535/ 右
北京协和医学院 154/ 左、387/ 左 /2
北京信息科技大学 118/ 左 /2、118/ 左 /3、192/ 左、345/ 左 /2、381/ 右 /1、403/ 右 /2、448/ 右 /3
北京信息职业技术学院 210/ 左 /1、210/ 右 /1、217/ 左、412/ 左 /2
北京宣武红旗业余大学 235/ 右
北京学校后勤事务中心 344/ 右 /1、346/ 右 /2、348/ 左 /1、348/ 左 /2、348/ 右 /1、550/ 左 /2、564/ 左
北京艺术传媒职业学院 273/ 左
北京印刷学院 145/ 左、331/ 右 /4、334/ 右 /1、365/ 左 /2、386/ 右 /2
北京邮电大学 122/ 右 /1、144/ 左、322/ 右 /2、328/ 右 /2、333/ 右 /3
北京邮电大学世纪学院 271/ 左
北京语言大学 164/ 右、356/ 左 /2、387/ 右 /3、438/ 右 /2、441/ 左 /2、444/ 左 /2、444/ 左 /3、461/ 右 /3
北京政法职业学院 223/ 左
北京中加学校 93/ 右 /2
北京中医药大学 118/ 右 /2、157/ 左、300/ 左 /4、334/ 左 /1、412/ 左 /2

C

昌平区 29/ 左 /3、29/ 右 /3、40/ 右 /1、41/ 左 /1、54/ 左 /3、71/ 左 /1、71/ 右 /1、72/ 左 /1、72/ 左 /2、72/ 右 /1、95/ 右 /1、96/ 左 /1、96/ 右 /1、106/ 右 /1、112/ 左 /1、261/ 左 /4、277/ 左 /1、277/ 左 /2、282/ 左 /1、302/ 右 /2、360/ 左 /1、370/ 右 /1、372/ 左 /2、390/ 左 /2、463/ 右 /2、500/ 左
朝阳区 29/ 左 /2、29/ 右 /1、34/ 右 /1、35/ 左 /1、35/ 左 /2、51/ 左 /2、52/ 右 /1、61/ 左 1、61/ 右 /1、62/ 左 1、62/ 右 /1、82/ 左 /1、82/ 右 /1、83/ 左 /1、83/ 右 /1、83/ 右 /2、105/ 左 /1、109/ 左 /1、260/ 右 /2、261/ 右 /2、294/ 左 /1、294/ 右 /1、300/ 右 /4、304/ 左 /2、305/ 右 /1、306/ 左 /2、360/ 左 /1、372/ 右 /2、373/ 左 /2、420/ 右 /3、462/ 右 /1、476/ 左

D

大兴区 41/ 左 /1、41/ 右 /2、55/ 左 /2、73/ 左 /1、73/ 左 /2、97/ 左 /1、97/ 左 /2、97/ 右 /1、98/ 左 /1、112/ 左 /2、261/ 左 /3、277/ 右 /1、278/ 左 /1、282/ 右 /1、283/ 左 /1、291/ 左 /2、370/ 左 /1、457/ 右 /2、457/ 右 /3、459/ 左 /2、504/ 左
东城区 29/ 左 /4、30/ 左 /3、31/ 左 /1、31/ 右 /1、32/ 左 /1、32/ 右 /1、52/ 右 /1、55/ 左 /3、57/ 右 /3、58/ 右 /1、59/ 左 /1、59/ 左 /2、77/ 右 /1、77/ 右 /2、78/ 左 /1、78/ 右 /1、79/ 左 /1、104/ 左 /1、104/ 左 /2、107/ 右 /1、107/ 右 /2、306/ 左 /1、360/ 左 /1、371/ 右 /2、447/ 左 /3、466/ 左
对外经济贸易大学 168/ 右、213/ 右 /4、331/ 右 /4、434/ 右 /4、440/ 左 /1

F

房山区 27/ 左 /2、30/ 左 /1、39/ 左 /1、50/ 右 /3、68/ 左 /1、92/ 左 /2、303/ 左 /3、360/ 左 /1、371/ 右 /3、491/ 右
丰台区 28/ 左 /2、29/ 左 /1、30/ 左 /2、35/ 右 /1、36/ 左 /1、36/ 左 /2、51/ 右 /3、55/ 左 /1、57/ 右 /3、63/ 左 /1、63/ 右 /1、64/ 左 /1、64/ 左 /2、84/ 左 /1、85/ 左 /1、85/ 右 /1、85/ 右 /2、

86/ 左 /1、109/ 右 /1、207/ 右 /4、260/ 右 /2、279/ 左 /1、279/ 右 /1、310/ 右 /1、372/ 左 /4、372/ 右 /2、438/ 左 /1、446/ 左 /1、479/ 右、547/ 左 /1

G

国际关系学院　174/ 右、437/ 左 /3

国家开放大学　213/ 左 /1、231/ 右

H

海淀区　27/ 左 /1、30/ 右 /2、37/ 左 /2、37/ 右 /1、38/ 左 /1、38/ 右 /1、55/ 右 /2、58/ 左 /1、65/ 左 /1、65/ 右 /1、65/ 右 /2、66/ 左 /1、66/ 右 /1、87/ 左 /2、87/ 右 /1、88/ 左 /1、88/ 左 /2、89/ 左 /1、89/ 右 /1、90/ 左 /1、90/ 左 /2、91/ 左 /1、105/ 右 /1、106/ 左 /1、110/ 右 /1、208/ 左 /3、262/ 左 /1、276/ 右 /1、280/ 左 /1、280/ 右 /1、292/ 左 /2、293/ 左 /2、294/ 左 /2、296/ 左 /1、296/ 右 /1、309/ 左 /3、360/ 左 /1、370/ 左 /2、370/ 右 /4、372/ 右 /1、436/ 右 /2、440/ 左 /1、442/ 左 /3、457/ 左 /2、458/ 左 /2、459/ 左 /1、485/ 右

华北电力大学　121/ 右 /2、189/ 右、384/ 左 /3、386/ 右 /1、387/ 左 /3、502/ 左 /4

怀柔区　42/ 左 /1、42/ 左 /2、51/ 右 /1、54/ 右 /1、58/ 左 /2、73/ 右 /1、74/ 左 /1、98/ 右 /1、98/ 右 /2、107/ 左 /1、112/ 右 /1、291/ 左 /1、302/ 右 /1、303/ 左 /1、309/ 右 /1、371/ 左 /2、372/ 右 /3、373/ 左 /1、507/ 右

M

门头沟区　38/ 右 /2、67/ 左 /1、67/ 右 /1、67/ 右 /2、91/ 左 /2、91/ 右 /1、92/ 左 /1、106/ 左 /2、261/ 右 /1、299/ 左 /3、303/ 右 /1、360/ 左 /1、369/ 右 /2、490/ 左

密云区　30/ 左 /4、43/ 右 /1、43/ 右 /2、75/ 右 /1、76/ 左 /1、100/ 右 /2、101/ 左 /1、101/ 右 /1、101/ 右 /2、304/ 左 /1、360/ 左 /1、369/ 右 /3、371/ 左 /3、515/ 右

P

平谷区　28/ 右 /1、28/ 右 /3、30/ 右 /1、30/ 右 /2、42/ 右 /1、43/ 左 /1、74/ 右 /1、74/ 右 /2、75/ 左 /1、99/ 左 /1、99/ 右 /1、99/ 右 /2、100/ 左 1、100/ 右 /1、113/ 左 /1、303/ 右 /3、459/ 右 /1、512/ 左

Q

清华大学　117/ 左 /2、129/ 右、212/ 右 /3、292/ 左 /2、298/ 左 /2、325/ 右 /3、331/ 右 /4、333/ 左 /4、334/ 左 /3、339/ 左 /1、380/ 左 /1、380/ 右 /1、383/ 左 /1、384/ 左 /4、385/ 右 /1、386/ 左 /1、387/ 左 /1、435/ 左 /1、435/ 右 /1、439/ 左 /1、456/ 左 /3、532/ 左 /4、568/ 左 /1、569/ 左 /2、569/ 右 /2、570/ 左 /1、571/ 右 /1、572/ 左 /1

S

石景山区　31/ 左 /1、36/ 右 1、37/ 左 /1、50/ 右 /2、54/ 右 /3、64/ 右 /1、86/ 右 /1、87/ 左 /1、109/ 右 /2、290/ 右 /3、301/ 右 /2、360/ 左 /1、369/ 右 /1、482/ 右

首都经济贸易大学　125/ 右 /2、170/ 右、455/ 右 /3

首都师范大学　160/ 左、291/ 左 /1、318/ 右 /3、404/ 右 /1、444/ 右 /1、571/ 左 /2

首都师范大学科德学院　267/ 左

首都体育学院　161/ 左、301/ 左 /2、455/ 左 /2、460/ 右 /2、559/ 右 /1

首都医科大学　155/ 右、382/ 右 /3、568/ 右 /2

首钢工学院　215/ 右

顺义区　39/ 右 /1、40/ 左 /1、58/ 左 /2、70/ 左 /1、70/ 右 /1、70/ 右 /2、94/ 左 /1、94/ 右 /1、95/ 左 /1、111/ 右 /1、281/ 左 /1、281/ 右 /1、301/ 左 /1、496/ 右

T

通州区　39/ 左 2、53/ 右 /1、68/ 右 1、68/ 右 /2、69/ 左 /1、69/ 右 /1、92/ 右 /1、93/ 左 /1、93/ 右 /1、111/ 左 /1、261/ 左 /1、302/ 左 /2、302/ 右 /2、307/ 左 /1、315/ 左 /2、319/ 左 /4、360/ 左 /1、371/ 右 /1、394/ 右 /2、397/ 左 /1、402/ 右 /2、458/ 右 /1、493/ 左

W

外交学院　125/ 右 /1、172/ 左、307/ 左 /4、307/ 右 /1、308/ 右 /3

X

西城区　33/ 左 /1、33/ 右 /1、34/ 左 /1、34/ 左 /2、50/ 右 /3、54/ 右 /2、58/ 左 /2、59/ 右 /1、60/ 左 /1、60/ 右 /1、61/ 左 /1、79/ 右 /1、80/ 左 /1、80/ 右 /1、81/ 左 /1、81/ 右 /1、81/ 右 /2、104/ 右 /1、108/ 左 /1、108/ 右 /1、261/ 左 /2、278/ 右 /2、299/ 左 /2、360/ 左 /1、372/ 左 /3、373/ 右 /1、460/ 左 /1、471/ 左

现代管理大学　276/ 左 /1

Y

延庆区　28/ 右 /2、29/ 右 /2、30/ 右 /3、44/ 左 /1、44/ 右 /1、44/ 右 /2、76/ 右 /1、76/ 右 /2、102/ 左 /1、102/ 右 /1、103/ 左 /1、113/ 左 /2、278/ 右 /1、283/ 右 /1、298/ 左 /3、301/ 右 /3、360/ 左 /1、370/ 右 /2、519/ 左

燕山教委　27/ 左 /2、45/ 左 /1、45/ 右 /1、45/ 右 /2、77/ 左 /1、103/ 右 /1、360/ 左 /1、370/ 右 /3、372/ 左 /1、449/ 右 /3、523/ 左

Z

中国传媒大学 165/ 右
中国科学院大学 124/ 左、200/ 左 /2、309/ 右 /1
中国劳动关系学院 199/ 左
中国农业大学 149/ 右、300/ 左 /4、383/ 右 /1、386/ 左 /2、569/ 左 /1
中国农业科学院研究生院 202/ 右
中国青年政治学院 124/ 左 /2、198/ 右、201/ 右 /1
中国人民大学 128/ 左、434/ 左 /3、436/ 左 /2、437/ 右 /3、441/ 左 /1、572/ 右 /4
中国人民公安大学 118/ 左 /1、125/ 右 /3、173/ 左、447/ 右 /2、449/ 右 /1
中国社会科学院研究生院（中国社会科学院大学） 118/ 右 /4、201/ 右
中国石油大学（北京） 194/ 右、568/ 右 /1
中国戏曲学院 183/ 左
中国音乐学院 119/ 左 /1、121/ 右 /1、123/ 右 /1、178/ 右、421/ 右 /1、573/ 左 /2
中国音乐学院附属中等音乐专科学校 255/ 左 /1
中国政法大学 188/ 左、317/ 左 /3
中华女子学院 190/ 右
中央财经大学 167/ 左、384/ 左 /2、385/ 左 /2、440/ 左 /2、573/ 右 /1
中央美术学院 180/ 左、291/ 右 /1、303/ 右 /2、304/ 右 /1、322/ 右 /2、412/ 左 /2、438/ 右 /1
中央民族大学 56/ 右 /1、117/ 右 /3、186/ 右、291/ 右 /1、316/ 左 /1、331/ 右 /4、333/ 左 /1、442/ 右 /1、539/ 左 /2、573/ 左 /1
中央戏剧学院 181/ 右、291/ 右 /1、305/ 左 /4、322/ 右 /2、331/ 右 /4
中央音乐学院 177/ 右、291/ 右 /1、322/ 右 /2、331/ 右 /4、439/ 左 /3
中央音乐学院附属中等音乐学校 242/ 右 /1

人名索引

C

蔡奇 318/ 右 /1、320/ 右 /4、325/ 右 /4、332/ 右 /3、353/ 右 /2、356/ 左 /1、398/ 右 /2
曹文轩 323/ 右 /1
柴嵩岩 568/ 右 /2
陈宝生 120/ 右 /1、319/ 左 /2、361/ 左 /2、437/ 右 /3
陈吉宁 317/ 左 /4、356/ 左 /1、398/ 右 /2、410/ 右 /2
陈杰 380/ 左 /4、570/ 右 /2
陈露 301/ 左 /1
陈星儒 387/ 右 /5
陈旭 129/ 右 /2、325/ 右 /3、325/ 右 /4
陈晔光 381/ 左 /1、572/ 左 /1
陈掌星 568/ 右 /1
池燕明 90/ 左 /1
丛京生 568/ 左 /3

D

戴琼海 380/ 右 /4、569/ 左 /2
邓宏魁 383/ 右 /2
邓铁涛 158/ 左 /1
丁玉山 487/ 左 /2
董家鸿 380/ 右 /4、570/ 左 /1
杜毓贞 487/ 左 /2
段文晖 381/ 左 /1、571/ 右 /1

F

范梅强 474/ 左 /1
方复全 160/ 左 /1、381/ 左 /1、571/ 左 /2
方汉奇 129/ 右 /1
付林 246/ 右 /1、481/ 左 /1
付晓洁 478/ 左 /2

G

高凤林 216/ 左 /2、217/ 左 /1

H

何巍 309/ 右 /3

J

姜维壮 573/ 右 /1

K

柯俊 573/ 左 /3

L

李晨 572/ 右 /3
李革 90/ 左 /1
李磊 406/ 右 /1、480/ 右 /2
李喜 138/ 右 /1
李自超 383/ 右 /1
林克庆 316/ 左 /2、316/ 右 /1、316/ 右 /2、317/ 左 /3、317/ 左 /4、318/ 左 /1、323/ 左 /1、323/ 右 /1、323/ 右 /3、324/ 右 /1、325/ 右 /4、330/ 左 /2、340/ 左 /1、399/ 右 /1、572/ 右 /3
刘立宏 303/ 左 /1
刘诗白 129/ 右 /1
刘维民 380/ 右 /3
刘显洋 480/ 右 /2
刘延东 117/ 左 /2、128/ 右 /2、137/ 左 /2、160/ 左 /2、316/ 左 /1、318/ 右 /3、356/ 左 /1、357/ 右 /4、435/ 左 /4、437/ 右 /3
刘宇辉 123/ 右 /3、318/ 右 /2、319/ 右 /2、343/ 右 /3、369/ 左 /3、399/ 右 /1、420/ 右 /3、455/ 右 /1

刘竹生 309/ 右 /3
卢乐山 573/ 右 /2
陆林 381/ 左 /1、572/ 左 /3

N

聂祚仁 132/ 右 /4、380/ 右 /4、569/ 左 /3
宁滨 131/ 右 /1、380/ 右 /4、569/ 右 /1
宁鸿彬 478/ 右 /3

O

欧阳明高 381/ 左 /1、571/ 右 /2

Q

乔杰 380/ 右 /4、571/ 左 /1

S

单霁翔 290/ 右 /1
孙宝国 141/ 右 /1、142/ 右 /2、382/ 左 /3
孙逢春 380/ 右 /4、570/ 右 /1

T

唐立军 317/ 左 /3、361/ 左 /2、361/ 左 /3、361/ 右 /2、362/ 左 /2、362/ 右 /1、368/ 右 /4、369/ 左 /3
屠呦呦 158/ 左 /1

W

王晨 303/ 右 /1
王春平 480/ 左 /1
王黎光 119/ 左 /1、178/ 右 /2
王宁 86/ 左 /1、123/ 右 /3、316/ 右 /1、316/ 右 /2、317/ 左 /4、318/ 左 /1、325/ 右 /4、356/ 左 /1、361/ 右 /3、410/ 右 /2、420/ 右 /3、420/ 右 /4、
王铁 487/ 左 /1
王小云 381/ 左 /1、572/ 左 /2
王雨轩 487/ 左 /1
韦雅卿 488/ 右 /2
魏书生 491/ 右 /3、506/ 右 /3
魏悦广 381/ 左 /1、572/ 右 /1
吴锋 380/ 右 /4、570/ 左 /2
吴良镛 400/ 左 /3、568/ 左 /1

X

习近平 123/ 左 /3、124/ 左 /2、125/ 右 /3、126/ 左 /3、128/ 左 /2、129/ 左 /2、137/ 左 /2、147/ 左 /2、149/ 右 /3、150/ 右 /1、171/ 右 /2、173/ 左 /4、184/ 左 /1、185/ 左 /1、188/ 左 /1、196/ 左 /2、292/ 右 /3、293/ 左 /2、316/ 左 /2、316/ 右 /2、317/ 左 /3、318/ 右 /1、318/ 右 /3、319/ 右 /1、320/ 右 /4、321/ 右 /1、322/ 左 /3、323/ 右 /2、323/ 右 /3、325/ 左 /1、325/ 右 /1、325/ 右 /2、326/ 左 /4、330/ 左 /3、332/ 左 /3、332/ 右 /3、333/ 左 /2、334/ 左 /2、334/ 右 /2、335/ 左 /1、335/ 左 /2、335/ 右 /1、335/ 右 /4、336/ 右 /3、352/ 右 /3、353/ 左 /2、353/ 右 /4、354/ 左 /2、354/ 右 /1、361/ 左 /2、369/ 左 /3、488/ 左 /1、562/ 左 /3、572/ 右 /3
项祖华 573/ 左 /2
萧灼基 573/ 右 /3

Y

杨迟 572/ 右 /2
杨万泰 140/ 左 /1、381/ 左 /1、571/ 左 /4
杨霄楠 480/ 左 /1
尹培彦 420/ 右 /3
于政权 386/ 左 /2

Z

张东晓 568/ 左 /2
张福明 138/ 右 /1
张福锁 380/ 右 /4、569/ 左 /1
张公瑾 573/ 左 /1
张建民 380/ 右 /4、569/ 右 /3
张清树 480/ 右 /1
张思明 90/ 左 /1、400/ 左 /3
张腾霄 572/ 右 /4
张悦 303/ 左 /1
张之恒 487/ 左 /1
赵璐玫 487/ 左 /2
赵新风 476/ 右 /1
郑吉春 132/ 右 /4、317/ 左 /3、319/ 右 /1、323/ 左 /1、326/ 左 /3、329/ 右 /1、336/ 右 /1
郑志明 133/ 左 /2、381/ 左 /1、571/ 左 /3
周国治 138/ 右 /1
周济 380/ 右 /4、569/ 右 /2
周晔 107/ 右 /1、406/ 右 /1
朱继文 28/ 左 /2、480/ 右 /2

（本栏责任编辑 华蕾 张晓兰 孙晓楠 胡雨）

版权声明

编辑部地址：北京市东城区夕照寺街东玖大厦 B 座 802 室

邮 政 编 码：100061

电　　　话：87194371

传　　　真：87194370

电 子 信 箱：szb@bjedu.gov.cn